Die Welthandelsorganisation und die Regulierung internationaler Wirtschaftsdynamik

Gewidmet meiner Familie und den vielen Personen, die mich unterstützt haben. Danke! Besonderer Dank gilt meinen drei Gutachtern: Prof. Johannes Weiß, Prof. Eike Hennig und Prof. Wolfgang Hein. Herzlichen Dank. Dissertation im Fachbereich Gesellschaftswissenschaften an der Universität Kassel, Datum der Disputation 26.08.2008.

Uwe Hermanns, St. Augustin, 1. Oktober 2008.

Hinsichtlich der Regeln der Welthandelsorganisation befindet sich die Arbeit auf dem Stand des 7. April 2008.

Die Deutsche Bibliothek verzeichnet diese Publikation in der Deutschen Nationalbibliografie: detaillierte bibliografische Daten sind im Internet über http://dnb.ddb.de abrufbar.

Ausgabe in 4 Bänden: Bd. 1 (Abschnitte 'A', 'B', 'C', 'D'', E'); Bd. 2 (Abschnitte 'F', 'G', 'H', 'I'); Bd. 3 (Abschnitte 'J', 'K'); Bd. 4 (Abschnitte 'L', 'M', 'N').
Dies ist Bd. 1 (Abschnitte 'A', 'B', 'C', 'D', 'E').

Druck: DIP-Digital-Print, 58453 Witten.
© 2008 Trade Focus Verlag, Zedernweg 45, 53757 St. Augustin
http://www.tradefocus.de
ISBN 978-3-9810240-4-3

Inhaltsverzeichnis   Bd. 1 (Abschnitte 'A', 'B', 'C', 'D', 'E')

Teil I

A	Die Welthandelsorganisation und das Konzept der Wirtschaftsverfassung	1
1.	Fragestellung	2
2.	Grundlegendes über die Welthandelsorganisation	3
3.	Inhaltsübersicht	17
4.	Wirtschaftsverfassung als Rechtsordnung	22
4.1	BRD	24
4.2	EU	34
4.3	GATT und WTO zwischen Wirtschaftsverfassung und Wirtschaftsordnung	53
B	Nationale und internationale Wirtschaftsverfassung aus ordoliberaler Perspektive	73
1.	Einleitung	74
2.	Ordoliberale Wirtschaftspolitik	75
3.	Zusammenfassung	102
3.1	Vorraussetzungen für das Funktionieren der ordoliberalen Theorie	105
3.2	Ordoliberale Theorie und staatliche Interventionen	106
3.3	Ordoliberale Theorie und Außenhandelspolitik	108
C	Die wirtschaftswissenschaftliche Perspektive der Neoklassik	111
1.	Kritische Darstellung der Neoklassik	112
1.1	Einleitung	112
1.2	Konsum	115
1.3	Produktion	120
1.4	Gleichgewicht	123
2.	Empirie des Marktverhaltens	127
2.1	Preisaufschläge und oligopolistisches Preisverhalten	128
2.2	Preisdisziplinierende Wirkungen durch Märkte und Marktöffnung	131
2.3	Zwischenfazit	135
2.4	Die Nutzung dynamischer Variablen in Modelluntersuchungen	137
3.	Paretos Wohlfahrtsökonomie	139
4.	Fazit	144
D	Internationaler Handel	147
1.	Einleitung	150
2.	Ricardo-Modell, relative komparative Vorteile	150
3.	Pareto-Optimalität internationalen Handels	153
4.	Ricardo-Modell mit absoluten komparativen Vorteilen, 'technologische Lücke'	155
5.	Weltmarktpreise, Austauschbedingungen 'Terms of Trade'	161
6.	Das Heckscher-Ohlin Modell	188
7.	Intra-Industriehandel	217

8.	Multinationale Konzerne, Direktinvestitionen und Vorproduktehandel	232
9.	Sich ergänzende Modelle des internationalen Handels	238
10.	Zahlen zum Welthandel	242
11.	Sektorale Entwicklungen	254
12.	Fazit Welthandel	254

E	**Einwände gegen die Neoklassik aufgrund dynamischem Wettbewerb, Politischer Ökonomie und Entwicklungsökonomie**	317
1.	Einleitung	319
2.	Einwand gegen Neoklassik Nr. 1: Statik vs. Dynamik	322
3.	Einwand gegen Neoklassik Nr. 2: Fehlende Theorie des Staates	324
4.	Einwände gegen die Neoklassik durch dynamischen Wettbewerb und Entwicklungsökonomie	346
4.1	Nirwana Vorwurf	346
4.2	Theorie des Zweitbesten	346
4.3	Marktversagen I: Theorie der Verfügungsrechte	347
4.4	Marktversagen II: Versagen von Marktfunktionen und staatliche Interventionen	350
5.	Externalitäten	378
5.1	Nicht-marktgemäße Externalitäten	379
5.2	Nicht-marktgemäße Externalitäten und interventionistische Eingriffe	380
5.3	Marktgemäße Externalitäten	382
5.4	Empirische Untersuchungen über externe Effekte	388
5.5	Externalitäten und Risikoreduzierung	390
6.	Marktversagen der Kapitalmärkte	394
7.	Regionalförderung	396
8.	Patentschutz, Wissensdiffusion und Innovationsanreize	397
8.1	Internationale Allianzen in den Industrieländern	402
9.	Informationen	403
10.	Faktormobilitätshindernisse	404
10.1	Faktormobilitätshemmnisse in Entwicklungsländern	405
11.	Subventionswettlauf	406
12.	Fazit Abschnitte 'C', 'D', 'E'	406
13.	Frühe Entwicklungsökonomie	409
13.1	Wachstumstheorie	410
13.2	Theorie des Strukturwandels	412
13.3	Der weitgehende Perspektivwechsel liberaler Theorie	414

F	**Entwicklungsländer, Wissensverbreitung und technologische Fähigkeiten**	421
1.	Einleitung	422
2.	Wissensverbreitung	422
2.1	Die Kanäle	422
2.2	Wissensverbreitung auf internationaler Ebene	424
2.3	Technologietransfer und Direktinvestitionen	427
3.	Technologische Fähigkeiten als Erklärungsansatz	428
4.	Ergebnisse auf der Firmen- und Länderebene	435
4.1	Ausgebildete technologische Fähigkeiten	435

4.1.1	Koreas Automobilindustrie	436
4.2	Firmen mit mittleren technologischen Fähigkeiten	441
4.2.1	Beispiel Indien	442
4.3	Firmen mit geringen technologischen Fähigkeiten	458
4.3.1	Beispiel Afrika	458
5.	Fazit	460
G	<u>Exportorientierung: Dogmatisch liberal vs. moderat liberal</u>	463
1.	Einleitung	465
2.	Der Übergang von Importsubstitution zur Exportorientierung	466
3.	Die Politikelemente der Exportorientierung	471
3.1	Wechselkurspolitik	473
4.	Exportorientierung nach Krueger/Bhagwati/Balassa	484
5.	Exportorientierung in dogmatisch liberaler Form	497
6.	Zwischenfazit	508
7.	Daten zu Wechselkursentwicklung und Exporten	509
8.	Die Exportorientierung-Wachstums Kausalhypothese	511
9.	Länderstudien	525
10.	Korea	525
10.1	Die frühen Jahre	527
10.2	Der HCI-Plan	532
10.3	Korea im Vergleich zu Brasilien	535
10.4	Die Anreize des HCI-Plans	536
10.5	Erfolge des HCI-Plans	537
10.6	Direktinvestitionen	542
10.7	Strukturpolitische Beeinflussung	542
10.8	Wettbewerbspolitik	544
10.9	Fazit	546
11.	Taiwan	548
12.	Brasilien	553
12.1	Fünf außenhandelspolitische Zeitphasen	553
12.2	Die Frühphase brasilianischer Entwicklung	554
12.3	Das siebziger Jahre mit der Neo-IS Strategie	558
12.4	Schuldenkrise und verlorenes Jahrzehnt	564
12.5	Die Dimensionen der brasilianischen Industriepolitik	565
12.6	Fazit Industriepolitik bis zu den neunziger Jahren	568
12.7	Beispiel Automobilindustrie	572
12.8	Progressive Liberalisierung in den neunziger Jahren	575
12.9	Sektorale Entwicklungen in den neunziger Jahren	576
12.10	Die Entwicklung technologischer Fähigkeiten	578
12.11	Die aktuelle Position Brasiliens auf dem Weltmarkt	586
12.12	Zusammenfassung	587
13.	China	589

14.	Afrika	593
14.1	Einleitung	593
14.2	Zwischen Sozialismus und Marktwirtschaft	595
14.3	Die Debatte um die Erklärungsfaktoren der afrikanischen Entwicklung	597
14.4	Die Relevanz des verarbeitenden Sektors	600
14.5	Importsubstitution, Wechselkursüberbewertung, Strukturanpassung	603
14.6	Exportorientierung und Liberalisierung	605
14.7	Wie weit soll Liberalisierung in Afrika gehen?	607
14.8	Länderbeispiel Kenya	624
14.9	Textil/Bekleidung: Warum neue Präferenzregeln wirksam sind	628
14.10	Textil/Bekleidung: Der südafrikanische Raum	631
14.11	Regionale Integration	634
14.12	Fazit	634
15.	Zusammenfassung Abschnitt 'A' bis 'G'	637

Teil II

H	Die Nachkriegsordnung des eingebetteten Liberalismus	651
1.	Einleitung	653
2.	Die Gründung der Internationalen Handelsorganisation scheitert	659
3.	Das GATT	664
4.	Mengenmäßige Beschränkungen und Zahlungsbilanzmaßnahmen	666
5.	Meistbegünstigung	670
5.1	Ausnahmen von der Meistbegünstigung	675
5.2	Regionale Integrationsprojekte, Freihandelsabkommen und Allgemeines Präferenzsystem	677
6.	Sondergenehmigungen, Exportsubventionen und die Großvaterklausel	678
6.1	Der audiovisuelle Sektor	681
6.2	Landwirtschaft und das GATT	682
7.	Inländerbehandlung	688
8.	Verbindliche Zölle und Zollneuverhandlungen	697
9.	Beitrittsverhandlungen	698
10.	Das GATT Streitbeilegungssystem	699
11.	Nicht-Mitglieder des GATT	702
12.	Keine Zuständigkeit des GATT	703
13.	U.S. Sec. 301 und das Neue Handelspolitische Instrument der EU	708
14.	Schutzmöglichkeiten im GATT	719
14.1	Schutzklausel	723
14.2	Antidumping	729
14.3	Ausgleichszölle	761
15.	Subventionen im GATT	768

15.1	Tokio-Runde, Subventionen und freiwillige Selbstbeschränkungsabkommen	773
15.2	Die faktische Relevanz von Subventionen	775
15.3	Die Europäische Kommission	776
15.4	Eisen- und Stahl	777
15.5	Schiffbau	781
15.6	Regionalförderung	782
15.7	Automobile	784
15.8	Krisenhilfen	784
15.9	Forschungs- und Entwicklungssubventionen	785
15.10	OECD Subventionshöhen	788
15.11	Marktverzerrende Wirkungen von Subventionen	792
16.	Staatliche Konzerne	792
17.	Öffentliche Auftragsvergabe	797
18.	Zollsenkungsrunden	797
18.1	Die Situation nach dem Zweiten Weltkrieg	797
18.2	Empirie des Allgemeines Präferenzsystems	801
18.3	Liberalisierung bis Anfang der neunziger Jahre	806
18.4	Stand der Liberalisierung heute	812

I	<u>VERs</u>	817
1.	Einleitung	820
1.1	Was ist 'managed trade'?	820
1.2	Interessengruppen	825
1.3	Industriepolitik	827
1.4	Weitere Gründe für die VER Abkommen	834
2.	Automobile	835
3.	Eisen- und Stahl	851
4.	Landwirtschaft	866
5.	Textilien und Bekleidung	870
6.	Schuhe	894
7.	Chemische Produkte	897
8.	Maschinenbau	900
9.	Unterhaltungselektronik und sonstige Elektronik	900
10.	Speicherchips	903
11.	Sonstige Produkte	908
12.	Weitere Beschränkungen	909
13.	Auswirkungen des 'managed trade'	910
14.	Fazit aus dynamisch ordoliberaler Perspektive	913
15.	Kritik des 'embedded liberalism'	918

Teil III

J	**Die Regeln der WTO aus dynamischer Perspektive bewertet**	**923**

Teil A Streitbeilegung der WTO		**926**
1.	Grundlagen	929
2.	Exklusive und breite Zuständigkeit	930
3.	Entscheidungsmaßstab	931

Teil B Schutzmöglichkeiten		**941**
4.	Zollneuverhandlungen	942
5.	Staatliche Förderung wirtschaftlicher Entwicklung	943
6.	Schutzklausel	944
6.1	Einleitung	944
6.2	Vergleich nationaler Schädigungsformulierungen	949
6.3	Irritation über die Auslegung der Schutzklausel	950
6.4	Die Interpretation der Schutzklausel	952
6.4.1	Drei Grundsatzentscheidungen	952
6.4.2	Die Regeln des Schutzklauselabkommen	961
6.4.3	SG Fallübersicht	969
6.4.4	Parallelismus	984
6.5	Die China Schutzklausel	991
6.6	Drei Beispiele für nicht in der WTO angegriffene Schutzklauselnutzungen	991
6.7	Fazit Schutzklausel	993
6.8	Von der Schutzklausel zu Antidumping	999
7.	Antidumping	1000
7.1	Einleitung	1000
7.2	Informationen über die Antidumpingnutzung nach der WTO Gründung	1000
7.3	Die neuen Antidumpingnutzer	1003
7.4	Länderbeispiele zur Antidumpingnutzung	1003
7.5	Bestimmungsfaktoren	1008
7.6	Die Verhandlungen der Uruguay-Runde	1011
7.7	Das WTO Antidumpingabkommen	1015
7.7.1	Regelübersicht	1015
7.8	Einleitung Fallübersicht	1024
7.8.1	AD Fallübersicht	1025
7.8.2	Sunset Review	1078
7.8.3	Die 'Zeroing' Fälle	1087
7.8.4	Der Antidumping Entscheidungsmaßstab	1089
7.9	Fazit	1099
7.10	Entwicklungsländer und das WTO Antidumpingabkommen	1108
7.11	Fahrräder: Ein in der WTO nicht angegriffener Antidumpingzoll	1110

8.	Subventionen und Ausgleichsmaßnahmen	1114
8.1	Einleitung	1114
8.2	SCM Teil I Definition von Subventionen	1117
8.3	SCM Teil II Exportsubventionen	1123
8.3.1	SCM Teil II Fallübersicht	1123
8.3.1.1	Luftfahrt: Brasilien und Kanada	1123
8.3.1.2	Australien: Leder für Automobile	1132
8.3.1.3	Vereinigte Staaten: Foreign Sales Corporation	1135
8.3.1.4	Kanada: Milch	1138
8.3.1.5	Vereinigte Staaten: Baumwolle	1139
8.3.1.6	EU: Zucker	1141
8.3.1.7	Korea: Schiffe	1142
8.3.2	SCM Teil II Sonderbehandlung für Entwicklungsländer	1142
8.3.3	SCM Teil II Fazit	1145
8.4	SCM Teil III Anfechtbare Subventionen	1147
8.4.1	SCM Teil III Fallübersicht	1148
8.4.1.1	Indonesia: Automobile	1148
8.4.1.2	Vereinigte Staaten: Baumwolle	1152
8.4.1.3	Korea: Schiffe	1158
8.4.2	SCM Teil III Sonderbehandlung für Entwicklungsländer	1160
8.5	SCM Teil V Ausgleichsmaßnahmen	1165
8.5.1	SCM Teil V Fallübersicht	1166
8.5.2	SCM Teil V Sonderbehandlung für Entwicklungsländer	1185
8.5.3	SCM Teil V Fazit	1186
8.6	Gesamtfazit SCM	1190

Teil C Streitbeilegung der GATT Artikel und die Grundlagenentscheidungen		**1198**
9.	Art. XI Allgemeine Beseitigung der mengenmäßigen Beschränkungen	1199
10.	Art. I Meistbegünstigung	1201
11.	Art. III Inländerbehandlung	1204
12.	Art. XX Allgemeine Ausnahmen	1221
13.	SPS Übereinkommen über gesundheitspolizeiliche und pflanzengesundheitliche Maßnahmen	1226
14.	TBT Übereinkommen über technische Handelshemmnisse	1230
15.	TRIMS Übereinkommen über handelsbezogene Investitionsmaßnahmen	1233
16.	Nichtverletzungsbeschwerden	1242
17.	Art. XVIII Zahlungsbilanzausnahme für Entwicklungsländer	1246
18.	Präferenzsysteme	1255
19.	Art. XVII Staatliche Unternehmen	1260
20.	Art. XIII Nichtdiskriminierende Anwendung mengenmäßiger Beschränkungen	1263
21.	Landwirtschaft	1269
22.	Flexible Zölle	1270
23.	Zollverwaltung	1273
24.	Ursprungsregeln	1274
25.	Art. XXIV Regionale Integrationsprojekte, Zollunionen, Freihandelsabkommen	1284

Teil D TRIPS		**1286**
26.	Einleitung	1286
26.1	Patentschutzindikatoren	1288
26.2	Wie geistige Eigentumsrechte in die WTO gelangten	1288
26.3	Überblick über die TRIPS Regeln	1290
26.4	Neuausrichtung des TRIPS durch die AIDS Pandemie	1293
26.5	Die TRIPS Regeln	1299
26.5.1	Art. 27 Normalfall	1299
26.5.2	Die Debatte über Patentqualität	1300
26.5.3	Höhere Schutzniveaus in Industrieländern als TRIPS Verstoß	1301
26.5.4	Nationale Unterschiede im Normalfall der Patentvergabe	1302
26.5.5	Inlandsausübungszwang	1305
26.6	Ausnahmen von der Patentierbarkeit: Art. 27.2 und Art. 27.3	1306
26.7	Zwangslizenzen	1313
26.8	Wettbewerbspolitische Ausnahmen	1317
26.8.1	Abhilfe durch Zwanglizenzen	1317
26.8.2	Wettbewerbsbeschränkende Klauseln in Lizenzverträgen	1318
26.9	Preiskontrollen	1320
26.10	TRIPS Wirkungen auf die weltweite Wohlfahrt	1321
26.10.1	Die dynamisch ordoliberale Theorie des Patentschutzes	1321
26.10.2	Die empirischen Auswirkungen des TRIPS	1327
26.10.3	Forderung nach kürzerer Patentlaufzeit	1337
K	**Fazit: Fünf Prinzipien zur Balancierung multipler Ziele**	**1341**
1.	Einleitung	1342
2.	Übersicht über die Abschnitte	1348
3.	Fünf dynamisch ordoliberale Prinzipien zur Bewertung der WTO Regeln	1356
4.	Wirtschaftspolitik in Entwicklungsländern	1370
5.	Dynamisch liberale und extrem liberale Theorie angesichts der Gefahr der Heterodoxie	1375
6.	Globalisierung als Prozess der Ermöglichung von Dynamik	1380
7.	Die Zukunft der Weltwirtschaft	1381
8.	Warum die realistische Theorie internationaler Beziehungen die WTO Regeln nicht erklären kann	1382
9.	Ausblick	1384
10.	Kommentar zur Doha-Runde	1385

Teil IV

L	**Informationen**	1387
1.	GATT Fallübersicht	1388
2.	WTO Fallübersicht	1397
3.	Definitionen	1411
4.	Abkürzungsverzeichnis	1412
M	**Literatur**	1415
N	**Tabellen**	1541

A Die Welthandelsorganisation und das Konzept der Wirtschaftsverfassung

Inhalt

1.	Fragestellung	2
2.	Grundlegendes über die Welthandelsorganisation	3
3.	Inhaltsübersicht	17
4.	Wirtschaftsverfassung als Rechtsordnung	22
4.1	BRD	24
4.2	EU	34
4.3	GATT und WTO zwischen Wirtschaftsverfassung und Wirtschaftsordnung	53

Die Welthandelsorganisation und die Regulierung internationaler Wirtschaftsdynamik

"Um so mehr ist es geboten, sich zu den Dingen selbst zu wenden und in der Realität des 21. Jahrhunderts zu sehen, worum es sich handelt. Soziale Sicherheit und soziale Gerechtigkeit auf weltweiter Ebene zu erreichen ist das große Anliegen der Zeit. Die soziale Frage ist seit Beginn der Industrialisierung mehr und mehr zur Zentralfrage menschlichen Daseins geworden. Sie ist eine eminente geschichtliche Kraft. Auf ihre Lösung müssen Denken und Handeln vor allem gerichtet sein."[1]

A   Die Welthandelsorganisation und das Konzept der Wirtschaftsverfassung

1. Fragestellung

In dieser Arbeit soll untersucht werden, inwiefern die Regeln der Welthandelsorganisation angesichts internationaler Wirtschaftsdynamiken in einem normativen Doppelsinn richtig sind: Erstens soll herausgefunden werden, ob die WTO Regeln in einem normativ wirtschaftswissenschaftlichen Sinn sachgerecht sind und zweitens, ob sie normativ, in einem ethisch-moralischen Sinne, akzeptabel sind. Viel spricht dafür, daß beides zutrifft, wenn sie eine optimale Wohlfahrts- und Effizienzsteigerung auf weltweiter Ebene ermöglichen. Eine optimale Wohlfahrts- und Effizienzsteigerung wird hier definiert als Erwartung eines breit angelegten, hohen Wirtschaftswachstums in vielen Länder in einem common sense Sinn. Fragen nach den Auswirkungen der Wirtschaftsdynamiken auf die länderinterne Umverteilung oder Ungleichheit werden ausgeklammert.

Im Verlauf werden wohlfahrts- und effizienzsteigernde Politiken empirisch überprüft, darunter solche, die neoklassischen Vorstellungen folgen und es wird eine dynamisch ordoliberale Vorstellung wirtschaftlicher Vorgänge rekonstruiert. Für die internationale Ebene wird zwar das Konzept der Wirtschaftsverfassung kritisiert, aber die Annahme, daß Wirtschaft nicht ohne zugrundeliegende Rechtsregeln und einen internationalen Ordnungsrahmen denkbar ist, aufrechterhalten. Obwohl eine Abgrenzung von der neoklassischen Theorie vorgenommen wird, wird eine liberale Vorstellung von wirtschaftlichen Wirkungsketten nicht verlassen. Schlußendlich führt diese Tour durch Recht, Wirtschaftstheorie und Empirie zu interessanten Ergebnissen, wie eine optimale Wohlfahrtssteigerung für viele Länder in der Zeit der Globalisierung erreicht werden kann.

---

[1] Im Original von Walter Eucken lautet das oben vom Verfasser veränderte und aktualisierte Zitat folgendermaßen: "Um so mehr ist es geboten, sich zu den Dingen selbst zu wenden und in der Realität des 20. Jahrhunderts zu sehen, worum es sich handelt. Soziale Sicherheit und soziale Gerechtigkeit sind die großen Anliegen der Zeit. Die soziale Frage ist seit Beginn der Industrialisierung mehr und mehr zur Zentralfrage menschlichen Daseins geworden. Sie ist eine eminente geschichtliche Kraft. Auf ihre Lösung müssen Denken und Handeln vor allem gerichtet sein." Vgl. Eucken 1952: 1.

2. Grundlegendes über die Welthandelsorganisation

Mit der Unterzeichung der Schlußakte der Uruguay-Runde am 15. April 1994 in Marrakesch, Marokko, wurde die Welthandelsorganisation (World Trade Organization, 'WTO') errichtet. Mit dem Inkrafttreten des Überkommens zur Gründung dieser internationalen Organisation am 1.1.1995, gelang es eine in vieler Hinsicht neuartige Institution zu etablieren, deren Aufgabe im weitesten Sinn die Stabilisierung und Regulierung der weltweiten Handelsströme und wirtschaftlichen Dynamiken ist. Die Vorläuferorganisation, auf der die WTO aufbaut, ist das Allgemeine Zoll- und Handelsabkommen (General Agreement on Tariffs and Trade, 'GATT').[2]

Als Ziele der WTO werden in der Präambel formuliert, den Lebensstandard auf der Welt zu erhöhen, Vollbeschäftigung, ein beständig steigendes Einkommen und eine effektive Nachfrage sowie ein breit angelegtes Wachstum der Produktion und des Handels mit Gütern und Dienstleistungen zu gewährleisten. Ziel ist es weiterhin die Ressourcen der Welt optimal zu nutzen, unter Beachtung der nachhaltigen Entwicklung und dem Schutz der Umwelt. Gleichzeitig sollen positive Anstrengungen erfolgen, damit die Entwicklungsländer, speziell die am wenigsten entwickelten Länder, einen Anteil am wachsenden Handel erhalten, gemäß ihrer Entwicklungsbedürfnisse. Konkreter wird ausgeführt, daß es darum gehe, daß die Länder gegenseitig vorteilhafte Arrangements etablieren, um Zölle und sonstige Handelsbarrieren abzubauen.[3]

Das WTO-Abkommen wurde als Paketlösung mit komplexen wirtschaftlichen Verteilungswirkungen ausgehandelt, wobei auf der einen Seite eine Verbesserung der Marktzugangsbedingungen für Waren aus den Entwicklungsländern erfolgte, durch das Auslaufen des Multifaserabkommens (MFA) und dem damit verbundenen verbesserten Marktzugang für Textilprodukte. Im Gegenzug gelang es, allerdings noch unvollkommen, die gesamte Bandbreite der Dienstleistungen und, vollkommener, den weltweiten Schutz geistiger Eigentumsrechte, miteinzubeziehen.[4] Erstmals wurden zudem länderübergreifend Regeln für die Agrarpolitik, Investitionen und ernstzunehmende Regeln für Subventionen ausgehandelt, womit die außerordentliche Breite der WTO-Regeln verdeutlicht werden kann.[5]

---

[2] WTO 1995; WTO 1998; Benedek 1998: 1. Nähere Informationen zur WTO und zu dessen Vorläuferorganisation, dem Allgemeinen Zoll- und Handelsabkommen bzw. General Agreement on Tariffs and Trade (GATT) werden im weiteren Verlauf des Textes gegeben.

[3] Übereinkommen zur Errichtung der Welthandelsorganisation (WTO) bzw. Marrakesh Agreement Establishing the World Trade Organization, 15. April 1994. WTO 1995: 6; WTO 1998: 45. Stoll/Schorkopf (2002) bemerken treffenderweise dazu, daß hier nicht Freihandel erwähnt wird, sondern daß diese grundlegenden Zielvorgaben eher an den EG-Vertrag und an das deutsche Stabilitätsgesetz erinnern. Dort wird eine ausgeglichene Handelsbilanz neben Stabilität der Preise und ein hoher Beschäftigungsstand angestrebt. Stoll/Schorkopf 2002: 31.

[4] Howse/Nicolaidis 2000: 4.

[5] Einen Überblick über die WTO-Regeln geben Hauser/Schanz 1995; Hoekman 1995; Hoekman/Kostecki 1995, 2001; Jackson 1997; Kareseit 1998; Senti 1994; Stoll 1995; Stoll/Schorkopf 2002; Prieß/Berrisch 2003; van den Bossche 2005; umfassend sind: Trebilcock/Howse 2005; aktuell, genau und ausführlich sind Mavroidis 2005; Matsushita et al. 2006. Zur Streitbeilegung Gabler 1997; Letzel 1999; Palmeter/Mavroidis 2004; WTO 2004. Siehe zur völkerrechtlichen Einordnung Hahn 1996; Emmerich-Fritsche 2002. Speziell zum Thema Zollverhandlungen siehe Hoda 2002. Eine Verhandlungsgeschichte bieten: Croome 1995; Preeg 1995; Steward 1993; Stewart 1999; siehe auch Dryden 1995: 279-380; und Devereaux et al. 2006a.

Das Fundament der WTO besteht in der Senkung und verbindlichen Festschreibung der Außenzölle innerhalb der Verhandlungsrunden. Als Novum der WTO-Gründung wurde eine weitgehende Abschaffung mengenmäßiger Beschränkungen (voluntary export restraints, 'VERs') beschlossen. Diese wurden vorher von den Staaten in einigen Bereichen, ähnlich wie Zölle, festgelegt oder wurden, als freiwillige Exportbeschränkungsabkommen, untereinander, ausgehandelt.[6] Mit diesen Regeln und solchen für die Verwendung von Einfuhrbarrieren zum Schutz vor Zahlungsbilanzdefiziten und, noch deutlicher, bezüglich der Finanzdienstleistungen sowie Exportsubventionen wird zudem von der WTO in makroökonomische Wirkungszusammenhänge, darunter wechselkurspolitische Aspekte und in wirtschafts- und entwicklungspolitische Optionen, unter anderem zur Strukturanpassung eingegriffen.[7]

Entscheidungen werden in der WTO nach dem Konsensprinzip gefällt.[8] Schon am GATT ist erkennbar, daß es während der Verhandlungsrunden auch zu Mehrheitsentscheidungen kommen kann. Dies ist im WTO-Vertrag nun explizit vorgesehen und auch zur Vertragsänderung sind spezielle Mehrheitsregeln niedergelegt, solche Fälle bleiben aber die Ausnahme.[9] Interessanterweise ist die Uruguay-Runde, die zur Gründung der WTO führte, durch eine knappe Mehrheitsentscheidung beschlossen worden.[10]

Faktisch zieht das Konsensprinzip nicht notwendig eine Stärkung weniger mächtiger Akteure nach sich, es kann aber in dieser Hinsicht wirken. Wenn die Entwicklungsländer sich einig sind, können sie die Industrieländern blockieren, wenn allerdings mehrere wichtige Industrie- und Entwicklungsländer die Verhandlungen vorantreiben, fällt es vielen anderen Ländern schwer diese Dynamik zu stoppen.[11] Dies liegt u.a. daran, daß die Teilnahme besonders der kleinen Entwicklungsländer an den

---

[6] Hoekman 1995: 16.
[7] Die Dienstleistungsliberalisierung bezieht auch die Tätigkeit von Banken im Ausland ein, welche dort, bei Finanzkrisen etwa, ein anderes Verhalten als die heimischen Banken zeigen können. Dadurch, und durch die Beschränkung der Optionen für die Gastländer darauf zu reagieren, wirkt das Dienstleistungsabkommen auf den Bereich makroökonomisch relevanter Prozesse ein. Zu diesem Aspekt des Dienstleistungsabkommens innerhalb der WTO (General Agreement on Trade in Services, 'GATS') siehe Schuknecht/Kono 1998: 4-5. Die Strukturanpassungsprogramme des IWF, die unter anderem die Inflationsbekämpfung zum Ziel haben, können nicht nur makroökonomisch orthodox, sondern auch heterodox ausgelegt sein. Darunter wird verstanden, daß Inflationsbekämpfung nicht nur durch eine Verringerung der Geldmenge vollzogen werden kann, sondern beispielsweise auch durch eine Förderung der Wirtschaft, deren Produktivität erhöht werden kann und deren Angebotsengpässe angegangen werden können, um Preise zum Zwecke der Inflationsbekämpfung zu verringern. Vgl. dazu Taylor 1988: 10-13, 33-43, 141, 143. Inwieweit die Regeln der WTO staatliche Politiken bei Zahlungsbilanzbeschränkungen, Exportsubventionierung und Subventionierung etc. beschränken, wird im Verlauf der Arbeit geklärt.
[8] Zum Konsensprinzip in der WTO siehe Benedek 1990: 232-234; und Footer 1997.
[9] Siehe Art. IX Beschlußfassung des Übereinkommens zur Errichtung der Welthandelsorganisation (WTO) bzw. Marrakesh Agreement Establishing the World Trade Organization. In Art. X sind weitere Regeln für Mehrheitsabstimmungen zur Veränderungen der WTO-Regeln niedergelegt. WTO 1995: 11-12. Auch für Sondergenehmigungen ('waiver') und den Beitritt neuer Mitglieder gilt das Konsensprinzip, dies wurde eigens festgehalten in WT/L/93, 24 November 1995. Hoekman/Kostecki 2001: 58.
[10] Die Uruguay-Runde ist durch eine Mehrheitsentscheidung gestartet worden: Zumindest gab es ein Jahr vor der Konferenz in Punta del Este in Uruguay auf Betreiben der USA einen GATT-Beschluß, den Start der Runde von einer Mehrheitsentscheidung abhängig zu machen, wobei dieser Beschluß wiederum nur durch eine knappe Mehrheit zustande kam. Dryden 1995: 322.
[11] Zumindest die wichtigsten Akteure müssen in den unterschiedlichen Verhandlungsgremien ihre Zustimmung signalisieren. Faktisch sind oft die großen Staaten in der Entscheidungsfindung maßgeblich. Dies muß aber nicht notwendig so sein, etwa wenn Einigkeit unter den Entwicklungsländern besteht. In diesem Sinne Footer 1997: 668. Das Verhandlungsgeschehen wird hier nicht eigens thematisiert, siehe dazu Kwa/Jawara 2004; Wolfe 2004. Wenn Länder nicht mit bestimmten Regeln einverstanden sind, sind sie frei nicht beizutreten. Dann partizipieren sie aber auch nicht an den Rechten, die ihnen dieses Abkommen zugestehen würde. Von den 125 Teilnehmerstaaten der Uruguay-Runde haben 14 Staaten die Schlußakte nicht unterzeichnet: Burkina Faso, Dominikanische Republik, Gambia, Grenada, Haiti, Lesotho, Malediven, Ruanda, St. Kitts und Nevis, St. Vincent/Grenadinen, Sierra Leone, Tschad, Togo und Swaziland. Vgl. Langer 1995: 2.

Verhandlungsrunden, unter anderem aufgrund mangelnder personeller und monetärer Ressourcen, weniger intensiv ausfällt.[12]

Institutionelles Kernstück der WTO-Architektur ist ein für Mitgliedstaaten verbindliches Streitbeilegungssystem, das, mit einer Berufungsinstanz, über zwei Stufen verfügt.[13] Schon dadurch läßt sich zur Vorläuferorganisation der WTO, dem Allgemeine Zoll- und Handelsabkommen (GATT), eine deutliche Abgrenzung vornehmen. Neben seiner Grundfunktion, der Verwaltung von Zollsenkungsabsprachen, verfügte zwar schon das GATT über diverse Rechtsregeln, die mit der Zeit weiterentwickelt und ausgedehnt wurden und über ein Streitbeilegungsverfahren. Durch das Veto eines von einem negativen Ausgang betroffenen Staates konnte die Annahme eines Berichts und die Umsetzung der Empfehlungen allerdings blockiert werden. In einigen, nicht aber in allen Fällen, gelang es der GATT-Streitbeilegung, oft nach einer gewissen zeitlichen Verzögerung, eine Einhaltung der, oftmals allerdings relativ flexiblen, Regeln zu garantieren. Somit war schon mit dem GATT ein Regelwerk für einige Aspekte des internationalen Handels entwickelt worden, das eine, angesichts der vorherrschend informellen Aspekte, unerwartet hohe Wirksamkeit erzielen konnte.[14]

Das WTO-Streitbeilegungsverfahren beruht dagegen auf einer automatischen Autorisierung der Mitgliedstaaten zum Aussetzen von Marktzugangskonzessionen, wenn die Klage erfolgreich war und wenn der Staat, der die WTO Regeln verletzt hat, keine Anstrengungen zur Umsetzung der Empfehlungen unternimmt, um die WTO-Konformität seiner Aktivitäten sicherzustellen.[15] Die Autorisierung zur Rücknahme von Konzessionen ist das 'harte' Durchsetzungsinstrument, über welches die WTO verfügt. Sie verfügt weiterhin über ein weicher einzuschätzendes Instrument, über den "Entscheidungsdruck" ausgeübt wird:[16] Nämlich den eindeutig formulierten Anspruch, daß Maßnahmen, die den WTO Regeln widersprechen, letztendlich zurückgenommen werden müssen. Die Rücknahme von Konzessionen wird als temporäre Maßnahme angesehen, die die Durchsetzung eines WTO konsistenten Zustandes beschleunigt.[17]

---

[12] Vor allem die kleineren Entwicklungsländer verfügen nur über 1 bis 4 Personen in Genf, die an den Vorgängen in der WTO teilnehmen können, wenn sie überhaupt eine permanente Repräsentanz dort haben. Dies genügt nicht, um bei den Verhandlungen, die oft in mehreren Gremien parallel ablaufen, präsent zu sein. Zu einem Überblick mit diesbezüglichen Zahlen: Michalopoulos 1998a.
[13] Siehe die frühe, überzeugende Darstellung von Gabler 1997: 44-66; und WTO 2004: 43-86.
[14] Benedek 1990: 27-48, 302; Hilf 1991: 299-301. Diese Formulierung wird hier bewußt so gewählt, denn der Verfasser ist der Meinung, daß das GATT nicht extrem schwach war. Insbesondere in den technischen Fällen, als es um unfaire Regeln in den außenhandelspolitischen Gesetzesinstrumentarien ging, konnten Mindeststandards durchgesetzt werden. Zu den Gründen für die einschränkende Formulierung in diesem Satz später mehr. Zum GATT siehe etwa: Long 1985; Benedek 1990; Jackson 1969, 1978, 1989; 1990; Hudec 1975, 1987, 1991; Senti 1986a.
[15] Einzige Ausnahme stellt der Konsens aller Mitgliedstaaten dar, darunter des Staates, der einen Streitfall gewonnen hat. Sind alle Staaten darin einig, daß der Streitbeilegungsbericht mitsamt seiner Implikationen nicht erwünscht ist, ist er auch nach den WTO-Regeln nicht gültig. Gabler 1997: 36-92.
[16] Emmerich-Fritsche 2002: 203.
[17] Siehe Art. 3.7, Art. 21.6, Art. 22.1 DSU. Ein Instrument, welches dem DSB zur Verfügung steht, ist die kontinuierliche Überwachung der Implementierung der Streitschlichtungsentscheidungen. Das Ziel, Konformität mit den WTO Regeln herzustellen, wird betont in der WTO eigenen Publikation über den Streitbeilegungsmechanismus: WTO 2004: 88-89.

Hinsichtlich der zugrundeliegenden Struktur ist damit ein dezentrales völkerrechtliches Durchsetzungssystem ('decentralized legal order') geschaffen worden. Die begriffliche Einstufung wird aber dadurch erschwert, weil die WTO durch die Struktur der Durchsetzung wiederum zum Teil in die Nähe des klassischen Völkerrechts mit seinen Selbsthilferechten gerückt werden kann. Es gibt aber ebenso Aspekte, die sich davon entfernen.

Das klassische Völkerrecht zeichnete sich dadurch aus, daß die Staaten, angesichts einer fehlenden zentralen Durchsetzungsinstanz, durch Selbsthilfe versuchen mußten, beispielsweise in Verträgen ausgehandelte Rechte durchzusetzen. Zur Selbsthilfe (vor der Gründung der Vereinten Nationen auch im militärischen Sinne akzeptiert) werden u.a. Instrumente wie Notwehr, Nothilfe, Retorsionen und Repressalien, Verweigerungen eigener Leistungen aus einem völkerrechtlichen Vertrag und auch Rücktrittsrechte aus einem Vertrag gerechnet. Eine Repressalie ist definiert als einzelner Eingriff "in den durch das VR geschützten Bereich des Gegners bei grundsätzlicher Aufrechterhaltung friedlicher Beziehungen."[18]

Der Begriff Repressalie wird in bezug auf die WTO nicht verwendet, meist ist die Rede von Vergeltungsmaßnahmen ('retaliation') oder Sanktionen ('sanctions').[19] Dies liegt daran, daß die WTO durch ihre spezielle Struktur eine Reihe von Unterschieden sowohl zum klassischen aber auch zum modernen Völkerrecht der Kooperation aufweist. Zuerst einmal sind es nicht die Staaten selbst, wie im klassischen Völkerrecht oder ein Gremium, wie im Völkerrecht der Kooperation, der Sicherheitsrat der Vereinten Nationen (VN), sondern eine unparteiische gerichtsförmige Institution, nämlich die Streitbeilegungsinstanz ('dispute settlement body', DSB), die eine Regelverletzung feststellt. Diese solcherart zustandegekommene Feststellung und die damit verbundene Autorisierung zu Vergeltungsmaßnahmen rückt die WTO wieder in die Nähe des klassischen Völkerrechts.

Schon an der Vorgängerorganisation der WTO, dem GATT, ist erkennbar, daß sich die Durchsetzung durch Selbsthilfe, zum Zwecke der Beendigung eines völkerrechtswidrigen Zustandes, auf die

---

[18] Verdross/Simma 1984: 902; siehe auch Emmerich-Fritsche 2002: 144-146. Grundsätzlich kann nach dem traditionellen völkerrechtlichen Vertragsrecht ein Vertrag suspendiert werden, um Beugezwang bzw. eine Repressalie gegenüber einem Staat durchzuführen, der eine völkerrechtlich unerlaubte Handlung begangen hat. Hahn 1996: 47-90, 374-375. Die Beschreibung völkerrechtlicher Regeln als dezentralen Durchsetzungsmechanismus findet sich zum Beispiel in Kelsen 1949: 325-327. Dort wird angemerkt, daß es sich um ein primitives System handelt, weil die Staaten selber, allerdings im Rahmen völkerrechtlich eingegrenzter Optionen, über Regelverletzungen entscheiden können und dementsprechend Sanktionen, also Retorsionen und Repressalien, gegenüber anderen Staaten verhängen können: "It is especially worthy to note that the application of law, too, is completely decentralized. General international law leaves it to the parties to a controversy to acertain whether one of them is responsible for a delict, as the other claims, and to decide upon, and execute, the sanction. General international law is, in this respect, too, a primitive law. It has the technique of self-help. It is the State, violated in its right, which is authorized to react against the violator by resorting to war or reprisals. These are the specific sanctions provided by general international law". Kelsen 1949: 327; siehe auch Morgenthau 1967: 265. Dies ist sozusagen die negative Seite des allgemeinen völkerrechtlichen Prinzips der Gegenseitigkeit oder Reziprozität, das leitend ist, wenn Staaten untereinander vertragliche Verpflichtungen aushandeln. Primitiv ist dieses System aus zwei Gründen. Erstens kann ein Staat selbst, ohne die Beachtung von weiteren Regeln, die etwa die sachliche Richtigkeit einer Feststellung einfordern oder gar ein gerichtsförmiges Verfahren, eine Feststellung über Regelverletzungen treffen. Zweitens erfolgen die Sanktionen nach der Talionsregel ('lex talionis'): Auge um Auge, Zahn um Zahn. Die zunehmende Bindungskraft und Ausdehnung völkerrechtlicher Regeln, sowie neutrale Verfahren, die sich auf diese Aspekte beziehen, können diesem Zustand entgegenwirken. Zu Retorsion und Repressalie grundlegend Tomuschat 1973: 184-188; Simma 1972: 15-24; Hahn 1996: 47-90; Verdross/Simma 1984: 901-903.
[19] WTO 2004: 81.

institutionelle Struktur abgefärbt hat. Das Fundament des GATT, die bilateral ausgehandelten Zollsenkungen, etablieren eine Struktur bilateraler gegenseitiger Verpflichtungen, deren Rücknahme ebenso zur Rücknahme eigener Zugeständnisse berechtigte. Dazu kam, daß schon die Streitbeilegung des GATT, im Prinzip jedenfalls, ebenfalls vorsah, daß Staaten, die die GATT Regeln nicht einbehalten hatten, zur einseitigen Aussetzung von Vorteilen autorisiert wurden, etwas das als Repressalie gedeutet werden kann.[20] Das geschah im GATT aber nur ein einziges Mal.[21]

Daß es nur in einem Fall eine solche Autorisierung gegeben hat, zeigt nicht, daß Selbsthilfe ganz zurückgedrängt werden konnte. Diese Autorisierung wurde über diesen Fall hinaus durchaus von den Staaten beantragt, gerade dann wenn Länder einen Streitfall gewonnen haben. Der potentiell von der Rücknahme der Zugeständnisse betroffene Staat konnte aber die Autorisierung per Veto blockieren.[22] In einigen Fällen gab es den unilateralen Einsatz von Repressalien im Sinne von Zollerhöhungen, aber auch in Form von 'Vergeltungssubventionen' bzw. eben Subventionswettläufen. Unilateral insofern, weil es verweigert wurde, sich zuvor einer Bewertung und Autorisierung durch die GATT Streitbeilegung zu unterziehen. Etwa dadurch, daß ein Panel, welches explizit zur Bewertung der Aussetzung der Zugeständnisse eingesetzt wurde, per Veto, GATT konform blockiert wurde und dann eben unilaterale Zollerhöhungen vollzogen wurden.[23] Die meisten dieser Maßnahmen wurden von den USA ab Mitte der achtziger Jahre eingesetzt, als Grund wurde das wachsende Handelsdefizit angeführt.[24] Publizierte Fälle einer Androhung von Vergeltungen, zumal gegen Entwicklungsländer

---

[20] Die Struktur der Vorläuferorganisation der WTO, das GATT, basierte auf einer Struktur gegenseitiger Verpflichtungen, deren einseitige Aussetzung als Repressalie verstanden wurde, weil diese zu dem Zweck erfolgen konnten, GATT-Regeln durchzusetzen. Vgl. dazu grundlegend Hahn 1996.

[21] Die Niederlande wurde am 8. November 1952 dazu autorisiert, Konzessionen zurückzunehmen, die sie gegenüber der USA eingegangen sind, dies sind 60.000 t Weizenmehlimporte. Grund waren Handelseinschränkungen der USA im Milchbereich. Siehe dazu den Fall United States - Import Restrictions on Diary Products, BISD 1S/31-32, die Autorisierung erfolgte am selben Tag, BISD 1S/32-33. Die Autorisierung wurde später bestätigt und es wurde den Niederlanden erlaubt, diese Konzessionsrücknahme bis 1956 auszudehnen. BISD 4S/31-32, 1956.

[22] So blockierte die USA mehrfach Anträge von der EU und Kanada auf Vergeltungsmaßnahmen in der Nachfolge des Streitfalls Mexico, Kanada, EU vs. USA - Superfund Taxes BISD 34S/136, 1988. Hudec 1991: 535-537.

[23] Drei Fälle können hier genannt werden: Der 'Chicken War', bei dem es um die Zurücknahme eines verbindlichen Zolles für deutsche Huhnimporte ging, als damals die EU Agrarpolitik etabliert wurde und stattdessen variable Importabgaben etabliert wurden. Weil diese ein viel höheres Niveau als zuvor erreichten, protestierten die USA dagegen, indem sie sich garnicht erst auf Kompensationsverhandlungen einließen und sofort Zölle aussetzten. Die GATT Streitbeilegung wurde erst spät damit befaßt, als die Höhe der Rücknahme der Konzessionen zum Streitthema wurde. Hier übernahmen die USA und die EU dann den Vorschlag des Panel. Hudec 1991: 33. Weiterhin gab es einen GATT Streit aus dem Jahre 1987 gemäß dem Tokio-Kodex über technische Standards für Wachstumshormone. Zugrunde lag ein EU-Importban für U.S. Rindfleisch, das mit Wachstumshormonen behandelt war, wogegen die USA klagten. Eine Einigung gelang nicht. Die EU etablierte den Importban Anfang 1989, daraufhin erhoben die USA nur die EU betreffende Zölle von 100 % auf bestimmte Waren, gesamter Wert US$ 100 Mill. Als die EU aufgrund dieser Vergeltungsmaßnahmen ein Panel einsetzen wollte, wurde dies von der USA blockiert. Etwas später kam es zu einer partiellen Annäherung der Parteien, die Zölle blieben aber teils bestehen. Siehe USA vs. EU - Animal Hormones Directive sowie EU vs. USA - Hormones Retaliation. Daran wird deutlich, wie die GATT Struktur solche unilateralen Vergeltungsmaßnahmen zumindest erleichtert. Hudec 1991: 545-546; 574-575. Teilweise gelang es Vergeltungsmaßnahmen auszuweichen, indem das Recht Vergeltungsmaßnahmen zu erheben, einer Partei, hier Kanada, seitens der EU eingestanden wird, die Vergeltung aber nicht umgesetzt wurde. Siehe den Fall Canada vs. EU - Compensation in Art. XXIV: 6 Negotiations. Hudec 1991: 460-461.

[24] Aufgezählt werden in Hudec (1991: 111-112) die folgenden weiteren Fälle, wobei darauf hingewiesen wird, daß diese Aufzählung nicht vollständig ist, weil angedrohte Vergeltung nicht dazugezählt wird: Im USA vs. Brasilien 'Pharmaceuticals' Fall, etablierten die USA Vergeltungsmaßnahmen. Ebenso in zwei Fällen gegen Japan: 'Semiconductors' und 'Leather'. Vergeltungsmaßnahmen wurden ebenso gegen die EU durchgeführt, in USA vs. EU 'Subsidies Pasta' und 'Tariff Treatment of Citrus Products', hier schlug die EU aber beidesmal zurück und es kam schließlich zu einer vorläufigen Einigung. Hudec 1991: 493-495, 503-505. Ebenso kam es zu U.S. Maßnahmen als Spanien und Portugal in die EU aufgenommen wurden und fortan die EU Agrarpolitik auch für diese Länder Geltung hatte, auch hier wandte die EU 'counterretaliation' an. Hudec 1991: 112, 550. Vergeltungssubventionen wurden gegen die EU im Weizenbereich eingeführt, indem der

gibt es wenige. Eine Vergeltung drohte die USA etwa gegenüber Brasilien an, aufgrund von dessen Politik des Aufbaus eines eigenen Computerindustrie, welche mit massiven Handelsbeschränkungen verbunden war, hier kam es zu einer Einigung, als Brasilien den Verkauf eines Software Programmes erlaubt.[25] Ebenso in bezug auf Brasilien hatte die USA unilaterale Zollerhöhungen angewandt, gestützt auf eine Sec. 301 Untersuchung[26], um das Land zu Patentschutz im Pharmabereich zu bewegen.[27] Teils waren dies nicht mehr Rücknahmen von Zugeständnissen im engen Sinne, denn angesichts fehlender GATT Regeln für Dienstleistungen und Patentschutz lag keine GATT Regelverletzung vor, die mit einer Vergeltungsmaßnahme beantwortet werden konnte.[28]

Die WTO hat diese strukturelle Anlage übernommen, verfügt aber gegenüber dem GATT und im Vergleich zum klassischen Völkerrecht gesehen, über ein neuartiges Profil. Strittig dürfte sein, wie relevant diese Unterschiede sind und wie die WTO begrifflich eingeordnet werden kann. Und zwar insbesondere dann, wenn der weiche 'Entscheidungsdruck' versagt und die 'harte' Struktur der Streitbeilegung in den Vordergrund tritt: Nämlich erstens die zwanghafte Durchsetzung der WTO Regeln durch die Autorisierung zur Rücknahme von Zugeständnissen. Zweitens die Möglichkeit, eine Rücknahme von Zugeständnissen durch andere zu akzeptieren und sich dadurch einer Umsetzung der Empfehlungen des Streitbeilegungsgremiums solange wie möglich zu verweigern.

Es ist nicht einfach abzuschätzen, welches 'Gesicht' der WTO sich durchsetzen wird. Es ist beispielsweise nicht ganz ausgeschlossen, daß Staaten, temporär oder sogar langfristig, Vergeltungsmaßnahmen anderer Staaten auf sich nehmen und sich einer Einhaltung bestimmter Regeln verweigern. Dies würde den WTO Regeln widersprechen, die eine Herstellung des WTO konformen Zustandes für erforderlich halten. Warum ist diese Frage wichtig? Weil das 'weiche' Gesicht schwache Staaten eher vor Regelverletzungen schützen wurde. Die 'harte' Struktur bevorzugt tendenziell wirtschaftlich starke Staaten, denn kleinere Staaten sind nicht in der Lage mit Vergeltungsmaßnahmen einen größeren Schaden auszulösen und damit Druck zur Etablierung eines WTO konformen Zustandes auszurichten. Dies ist genau ein Vorwurf, der auch dem klassischen Völkerrecht gemacht werden konnte. Große Staaten können effektiveren Nutzen aus der Streitbeilegung ziehen, weil wirtschaftliche schwächere Staaten vom Aussetzen von Zollkonzessionen bzw. dem Wegfall des Marktzugangs stark getroffen werden.[29] Das Streitbeilegungssystem bleibt

---

ägyptische Weizenmarkt 1982 von den USA im Handstreich genommen wurde. 1985 wurden gegen die EU gerichtete Exportsubventionen eingeführt. Dahinter stand der von der USA blockierte GATT Fall USA vs. EU 'Wheat Flour' gemäß dem Subventionskodex der Tokio-Runde. Hudec 1991: 490-492.

[25] Brasilien nahm Rekurs auf die GATT Streitbeilegung, die USA antwortete darauf aber nicht. Durch Verhandlungen kam es zu einer Einigung. Die angedrohte Vergeltung lag mit US$ 700 Mill. sehr hoch und wurde in Verbindung mit einer detaillierten Liste brasilianischer Produkte präsentiert. Hudec 1991: 553.

[26] Mehr dazu in Abschnitt 'H', Punkt 13, Sec. 301.

[27] Die USA konnte die Etablierung eines GATT Streitfalls erst blockieren, dann in seinen Terms-of-Reference beschränken, sodaß die Nutzung von Sec. 301 gegen Brasilien ausgeklammert wurde. Schließlich kam es zu einer Einigung mit Brasilien, nach der dieses Land ein Patentschutzgesetz etablieren sollte, welches aber 1992 noch nicht in Kraft war. Hudec 1991: 571.

[28] Hudec 1991: 110. Siehe dazu Abschnitt 'H', Punkt 13, zu Sec. 301 des U.S. Trade Act, der solche Maßnahmen ermöglicht.

[29] "Das Durchsetzungsverfahren begünstigt große Wirtschaftsmächte, weil sie Gegenmaßnahmen ertragen können, umgekehrt aber, wenn sie z.B. Zollkonzessionen aussetzen, schwächere Volkswirtschaften durch den Wegfall eines großen Marktes schwer treffen können" Emmerich-Fritsche 2002: 198. Im klassischen Völkerrecht waren starke Staaten gegenüber schwachen Staaten bevorzugt, wenn es um die

somit unvollkommen, weil wirtschaftlich mächtige Staaten es weniger spüren, wenn kleinere Staaten nach einem gewonnenen Streitbeilegungsfall von der WTO zur Aussetzung von Zugeständnissen autorisiert werden und damit versuchen Umsetzungsdruck auszuüben.[30] Wie dem auch sei, wenn es um gleich oder ähnlich große Staaten geht, kann aufgrund der Möglichkeit, bei der Vergeltung viele private Akteure in sensiblen Bereichen (und in 'sensiblen' Wahlkreisen) zu treffen, dies in erkennbarer Art und Weise zur Regelbefolgung führen.[31] Gleichzeitig bleibt es ebenso wahr, daß sich etwa die USA und die EU in einzelnen Fällen, trotz Vergeltung, einer Umsetzung verweigern. Eine erfolgreiche Umsetzung der Streitbeilegungsempfehlungen gelang in den ersten fünf Jahren in 69 % der Fälle und in den zweiten fünf Jahren in 54 % der Fälle.[32] In der Literatur ist aufgrund dieser Unsicherheit in der Bewertung eher vorsichtig die Rede von einer "Institutionalisierung von Mitteln, um Streitschlichtungsentscheidungen durchzusetzen".[33] Mit den folgenden drei Punkten kann aber das neuartige Profil der WTO verdeutlicht werden, welches den Vorwurf, daß sie sich in der Nähe des klassischen Völkerrechts befindet, immerhin abmildert:

(1) Im Einklang mit dem klassischen Völkerrecht werden Streitigkeiten von der WTO grundsätzlich als bilaterale Auseinandersetzungen zwischen zwei Staaten verstanden, es wird also ein "zwischenstaatliches Verfahren" etabliert und die Rücknahme der Zugeständnisse erfolgt prinzipiell nur zwischen den Streitparteien.[34] Obwohl dies in der Geschichte des GATT mehrfach von Entwicklungsländern gefordert wurde und auch heute wieder diskutiert wird, gibt es keine Möglichkeit zur Autorisierung von Kollektivsanktionen, geschweige denn die Möglichkeit solche automatisch durchzuführen, wodurch sich u.a. das Problem der unterschiedlichen Durchsetzungskraft wirtschaftlich unterschiedlich starker Länder korrigieren ließe.[35]

Rechtsdurchsetzung ging. Dazu und in bezug auf die WTO Emmerich-Fritsche 2002: 144-145, 198-199, ebenso Anderson 2002: 10, 16; und Islam 2004: 479.

[30] Hoekman 1995: 5; Gabler 1997: 64; Emmerich-Fritsche 2002: 189-199; Anderson 2002: 10, 16.

[31] Die EU hatten ihre Produktliste für eine mögliche Vergeltung gegen Stahlschutzmaßnahmen der USA genau auf die Wahlkreise von U.S. Präsidenten Bush ausgerichtet. Deutlich wird hieran auch, daß Vergeltungsmaßnahmen selbst in den großen, wirtschaftlich starken Ländern als politisch und ökonomisch unangenehm angesehen werden können. Lawrence 2003: 53-54.

[32] Diese absinkende Tendenz wird mit Sorge betrachtet und es werden Vorschläge gemacht, wie dies zu verbessern ist. Einen empirischen Überblick bietet Choi 2007: 1043. Einen solchen Vorschlag, der die Einzahlung einer bestimmten Geldsumme impliziert, welche bei einem verlorenen Fall dem Gewinner zukommt, macht Yenkong 2006. Siehe auch Lawrence 2003: 76-77.

[33] Emmerich-Fritsche 2002: 207.

[34] Emmerich-Fritsche 2002: 181; WTO 2004: 81.

[35] Wenn von der GATT Streitschlichtung festgestellt würde, daß Maßnahmen der Industrieländer auf Entwicklungsländer negativ wirken, wurde bereits 1966 gefordert, daß dann automatisch zu Gegenmaßnahmen autorisiert werden müßte, weiterhin sollte über 'collective action' nachgedacht werden, zudem wurden sonstige monetären Kompensationen vorgeschlagen. BISD 14S/139, 1966. Im Jahre 1966 führten diese Forderungen nur dazu, daß spezielle Regeln für Entwicklungsländer aufgenommen wurden, die vorsehen, daß der Generaldirektor des GATT vermitteln soll. BISD 14S/18, 1966. Ein ähnlicher Vorschlag von Brasilien wurde im Rahmen der Tokio-Runde 1977 wieder aufgenommen. Diese Vorschläge fanden keine Unterstützung. Hudec 1991: 42. Ähnliche Vorschläge, die am Anfang der Uruguay-Runde gemacht wurden, fanden ebenso keine Unterstützung. Letzel 1999: 338. Hinweis auf letztere Literaturstelle in Emmerich-Fritsche 2002: 199. In bezug auf die heutige Debatte über die Reform der Streitschlichtung wird etwa gefordert, daß andere WTO Mitglieder Teile der Aussetzung von Zugeständnissen übernehmen könnten, wenn ein Land dazu, aufgrund seiner Größe oder der Struktur seiner Wirtschaft nicht in der Lage ist. Dazu Anderson 2002: 16. Für einen Zulassung kollektiver Vergeltungsmaßnahmen zur Durchsetzung von WTO Regeln hat sich aktuell eingesetzt: Pauwelyn 2000; 2003; siehe auch Islam 2004.

Somit liegt strenggenommen kein Übergang vom traditionellen Völkerrecht zum Völkerrecht der Kooperation vor, denn dieses zeichnet sich durch die Ermöglichung von Zwangseinwirkung durch ein gemeinsames Organ der Staatengemeinschaft, dem Sicherheitsrat der Vereinten Nationen, aus.[36] Die 'klassisch' bilaterale Struktur der WTO muß aber nicht nur negativ bewertet werden, es scheint nämlich ein weise Lösung zu sein, weil dadurch internationalen Spannungen aus dem Weg gegangen wird, die mit einer kollektiven (statt nur bilateralen) Durchsetzung verbunden wären. Am Europäischen Gerichtshof, der ähnlich weitreichende Entscheidungen in bezug auf Wirtschaft wie die WTO fällt, wird diese Problemdimension beispielhaft sichtbar. Dessen Entscheidungen führten zu weniger Akzeptanzproblemen, weil "die Durchsetzbarkeit des Rechts in kleineren Gemeinschaften besser gelingt, weil das gegenseitige Verpflichtungsgefühl und der daraus resultierende Wille, die vertraglichen Verpflichtungen einzuhalten größer ist."[37] Denkbar ist also, daß ein durch kollektive Durchsetzung gestärkter Zwangscharakter der WTO zu größeren Spannungen führen würde, als dies jetzt zu beobachten ist. Und aus diesen Gründen mag es, der feststellbaren Ungerechtigkeiten zum Trotz, weise sein, daß hier noch kein Übergang zu einem Weltrecht im engen Sinne erfolgt ist.[38]

Immerhin nähert sich die WTO diesem Zustand an, denn es ist schon jetzt möglich, daß mehrere Staaten gleichzeitig gegen einen bestimmten Aspekt der Wirtschaftspolitik in einem WTO Mitgliedsland klagen können, wobei dies dazu führen kann, daß mehrere Staaten gleichzeitig zu Sanktionen autorisiert werden können. Dadurch wird der Durchsetzungszwang erhöht. Dies wird durch die sog. multiplen Beschwerden ('multiple complaints') ermöglicht.[39] Hintergrund solcher 'multiple complaints' kann es beispielsweise sein, daß wirtschaftlich starke Staaten auf diplomatischer Ebene politische Koalitionen mit schwachen Staaten eingehen und versuchen in der Streitbeilegung auch deren Interessen durchzusetzen. Dies erhöht die Durchsetzungskraft schwacher Staaten.[40]

---

[36] Emmerich-Fritsche 2002: 147, 208.
[37] Emmerich-Fritsche 2002: 154-155.
[38] Zwar wird erwähnt, daß die "Institutionalisierung von Mitteln, um die Streitbeilegungsentscheidungen durchzusetzen" ein weltrechtlicher Ansatz ist, bezweifelt wird aber, daß die WTO dem im engen Sinne schon entspricht. Emmerich-Fritsche 2002: 198, 207.
[39] DSU Art. 9. Emmerich-Fritsche 2002: 199; Palmeter/Mavroidis 2004: 111-112. In DSU Art. 9.2 wird aber festgehalten, daß wenn eine der Streitparteien dies wünscht, ein separater Panelbericht veröffentlicht und die Panelberichte mehrerer Kläger nicht in einen Bericht zusammengefaßt werden. Palmeter/Mavroidis 2004: 11. Die WTO Streitbeilegung ist dabei flexibel. So werden ähnliche Klagen, bei zwei Klägern, nicht unbedingt immer zusammengefaßt und auch die Anhörungen finden getrennt statt, wenn es etwa nicht um komplexe Fakten oder wissenschaftliche Beweisführungen geht, wie im EC - Hormones Fall. Der AB Bericht erfolgte dann aber zusammengelegt. EC, Japan vs. United States - Anti-Dumping Act of 1916, WT/DS136/AB/R, WT/DS162/AB/R 28 August 2000, S. 39, Para. 150.
[40] Dies eröffnet eine komplexe Fragestellung, die nicht so eindeutig beantwortet werden kann. Im GATT und auch in der WTO werden in einem multilateralen Vertrag bündelartig zweiseitige Rechte- und Pflichtenverhältnisse zusammengefaßt. Durch diesen zweiseitigen Charakter ausgelöst versuchen unmittelbar von bestimmten staatlichen Maßnahmen betroffene Staaten ihre Rechte gegenüber einem anderen Staat durchzusetzen. Es kommt nicht dazu, daß etwa der Allgemeine Rat der Mitgliedsstaaten daraufhin ähnliche Praktiken anderer WTO-Mitgliedsstaaten auch für WTO-inkonform erklärt und auch von denen eine Rücknahme fordert. Es besteht somit kein Anspruch der einzelnen Vertragsparteien auf eine Einhaltung aller Entscheidungen der WTO-Organe durch andere Vertragsparteien. Diese These kann aufrechterhalten werden, obwohl es eine gewisse Aufweichung gibt. Denn erstens können nach DSU Art. 9 mehrere Verfahren in ein einheitliches Verfahren zusammengefaßt werden. Ausdrücklich wird aber darauf hingewiesen, daß die Rechte der Mitgliedsstaaten nicht dadurch beeinträchtigt werden dürfen, im Vergleich zu einem nur zwei Staaten betreffenden Verfahren. Zweitens werden, DSU Art. 10, dritte Parteien zugelassen, die gehört werden, Zugang zu den Unterlagen bekommen und sich schriftlich beteiligen können. Eine erga omnes Rechtsstruktur, wie sie etwa aus Menschenrechtsverträgen bekannt ist, liegt aus diesen Gründen aber nicht vor. Hahn 1996: 137, 144-146, 150-151, 381; siehe zu erga omnes Verpflichtungen grundlegend Verdross/Simma 1984: 40, 907-912. Es ist aber durchaus möglich, daß auf diplomatischen Wege ausgehandelt wird, daß ein wirtschaftlich mächtiger Staat im Interesse vieler anderer Staaten die Einhaltung bestimmter Prinzipien von einem anderen mächtigen Staat einfordert. In einen solchen Fall löst sich die bilaterale Struktur der WTO zwar

(2) In bezug auf den Repressalienaspekt der WTO ist zu beachten, daß die Aussetzung der vorher eingeräumten Begünstigungen, die durch die Streitbeilegungsinstanz gebilligt wird, dem Streitwert entsprechen muß ('equivalent').[41] Begrenzend wirkt hier weiterhin, daß die Streitbeilegung nur 'prospective remedies' erlaubt, ein retroaktiver Effekt ('retrospective remedies') wird nicht akzeptiert, sodaß bei der Bestimmung des Streitwerts, die Zeit ab Annahme eines Panelberichts etwa, geltend gemacht wird.[42] Der obsiegende Staat kann somit die Intensität der Vergeltungsmaßnahmen nicht selbst bestimmen. Auch für die Bereiche, in denen die Sanktionen genutzt werden, gibt es Regeln, deren Durchsetzung von den Schlichtern ('arbitrators') überwacht werden. Grundlegend müssen sich die Vergeltungsmaßnahmen auf die Sektoren richten, auf die sich der Streit bezogen hat. Zu diesem Zwecke sind auch das Dienstleistungsabkommen GATS und das TRIPS Abkommen in 11 und 9 Bereiche eingeteilt wurden, innerhalb derer die Vergeltung stattfinden darf. Seit der Gründung der WTO ist auch eine bereichsübergreifende Vergeltung ('cross retaliation') möglich. Dies bezieht sich zuerst einmal, als 'cross retaliation I', auf das GATS und TRIPS. Hier dürfen, wenn "it is not practicable or effective" im Dienstleistungsbereich statt etwa in der Untergruppe der Finanzdienstleistungen in der Untergruppe der Distributionsdienstleistungen Zugeständnisse rückgängig gemacht werden. Das 'cross retaliation II' ermöglicht, unter strengeren Bedingungen, eine abkommensübergreifende Vergeltung. Selbst wenn es in einem Fall nur um Waren oder Dienstleistungen geht, kann ein Land dazu autorisiert werden, Zugeständnisse im Bereich geistiger Eigentumsrechte auszusetzen. Diese Möglichkeit wird im Prinzip auch den mächtigen Staaten eingeräumt. Die Schiedsgerichtsbarkeit der WTO wird die 'cross-retaliation'-Möglichkeit aller Wahrscheinlichkeit aber vor allem kleinen Ländern einräumen und damit deren Druckpotential erhöhen. Dies wird sichtbar am ersten Beispiel einer derartigen Anwendung, als Ecuador im Zusammenhang der Klage gegen die EU-Bananenmarktordnung dazu autorisiert wurde, geistige

---

nicht formal aber de facto auf. Auf diese Weise kann die Durchsetzung beispielsweise der Einhaltung grundlegender WTO-Verpflichtungen zum Vorteil sehr vieler Staaten ermöglicht werden. So konnte die EU gegen unilaterale Maßnahmen der USA vorgehen und wurde dabei gestützt von Brasilien, Kamerun, Kanada, Kolumbien, Costa Rica, Kuba, Ecuador, Dominica, Dominikanische Republik, Hongkong, Indien, Israel, Jamaica, Japan, Korea, St. Lucia und Thailand. Siehe EU vs. United States - Sections 301-310 of the Trade Act of 1974, WT/DS152/R, 22 December 1999. In diesem Fall hätten viele der kleineren Länder ebenso Konsultationen fordern können und hätten den Fall auch ohne die EU gewinnen können, wobei sie jeweils einzeln von der Streitbeilegung dazu autorisiert worden wären, Vergeltung gegen die USA zu nutzen. In der Streitbeilegung ist es mittlerweile zum Normalfall geworden, daß sich Koalitionen bilden und mehrere Staaten gegen einen einzigen Staat vorgehen. Dabei kommt es vor, daß sich schwächere Staaten zusammenschließen. Aktuell etwa Thailand und Indien, die gegen dieselben Maßnahmen der USA erfolgreich geklagt haben: Thailand vs. United States - Measures relating on Shrimp from Thailand, WT/DS343/R, 29 February 2008, India vs. United States - Customs Bond Directive for Merchandise Subject to Anti-Dumping/Countervailing Duties, WT/DS345/R, 29 February 2008. Genauso ist zu erkennen, daß einige Fälle von wirtschaftlich mächtigen Staaten, aufgrund gemeinsamer Interessen, hier im Automobilbereich, gemeinsam geführt werden so klagten die USA, die EU und Japan gemeinsam gegen den schwächeren Akteur Indonesien in: Indonesia - Certain Measures Affecting the Automobile Industry, WT/DS54/R, 29 November 1996. Spektakulär war der Stahl-Schutzklauselfall, als quasi die ganze Welt gegen die USA klagte. Siehe dazu Abschnitt 'J', Schutzklausel. Kurz: Die WTO hat durch diese Ermöglichung variabler Geometrien, nicht in allen, aber in vielen Fällen klar erkennbar einen machtausgleichenden Effekt und stellt in dieser Hinsicht eine Verbesserung gegenüber dem GATT dar.

[41] DSU Art. 22 Abs. 4. Dazu WTO 2004: 82; Emmerich-Fritsche 2002: 197.

[42] Mit weiteren Referenzen. Rosas 2001: 140. Im GATT sowie in der WTO gibt es dazu divergierende Panelentscheidungen. Betont wird in der Literatur, die Mitgliedsländer der WTO keine Änderung dieser Praxis sehen wollen. Grane 2001: 763-770. Abweichend schließt in der WTO der Panel in United States vs. Australia - Automotive Leather (1999-2000), dort wird auch deutlich, daß u.a. die USA hier 'prospektiv' die Wirkung einer Subvention berechnet, siehe Abschnitt 'J', Punkt 8, Subventionen und Ausgleichsmaßnahmen.

Eigentumsschutzrechte auszusetzen.[43] Mit dieser institutionellen Einhegung des Repressalienaspekts, die den Staaten die Höhe der Vergeltung vorgibt und zumindest im Ansatz versucht, Unterschiede zwischen starke und schwachen Staaten abzumildern, entfernt sich die WTO vom klassischen Völkerrecht, welches einen ähnlich ausgerichteten, aber nicht so eng geführten Grundsatz der Verhältnismäßigkeit ('proportionality') vorsah.[44]

Im Einzelfall kommt es dazu, daß der Schlichtungsausschuß nicht allein die Höhe des Streitwerts beachtet, sondern das Verhalten der Streitparteien miteinbezieht, angesichts des Ziels der WTO Streitbeilegung Regelbefolgung zu erreichen ('compliance'). Als sich beispielsweise Kanada ganz weigerte, Empfehlungen umzusetzen, wurde Brasilien zu einer 20 % höheren Vergeltung autorisiert.[45] Ähnlich entschied der Schlichtungsausschuß in einem weiteren Fall.[46] Innerhalb der Schlichtung ist dies heftig umstritten.[47] Insgesamt gesehen kommt es nicht in vielen Fälle zu einem Rekurs auf DSU Art. 22.6 (von 62 Fällen wird etwa nur in 6 eine solche Autorisierung zu Vergeltungsmaßnahmen verlangt[48]). Schon die 'normalen' äquivalenten Vergeltungsmaßnahmen können erhebliche Eingriffe in den internationalen Handel auslösen und werden deshalb kritisch betrachtet.[49] Hintergrund des Fokus auf Regelbefolgung statt Vergeltung ist u.a. DSU Art. 22.1, welcher in der Literatur oft so interpretiert wird, daß eine Regelbefolgung vorrangiges Ziel der WTO sei und sonstige Möglichkeiten, etwa Kompensation oder auch Vergeltung, nur ein temporäres Zwischenstadium darstellen dürfen.[50]

---

[43] Siehe für 'cross retaliaton I' Dispute Settlement Understanding Art. 22.3 (b) und für 'cross retaliation II' Dispute Settlement Understanding Art. 22 Abs. 3 (c). Diese Benennung stammt vom Verfasser, siehe dazu in diesem Sinne aber Hoekman 1995: 6; WTO 2004: 83; Anderson 2002: 12-13. Bei der letzteren Option ('cross retaliation II') ist die Schwelle für die Autorisierung höher. Ein Entwicklungsland kann diese Schwelle aber leichter überspringen, wenn die Rücknahme bestimmter Zugeständnisse, etwa im Inputgüterbereich seine eigene Wirtschaft schädigen würde oder durch die Rücknahme von GATS Verpflichtungen eine Verunsicherung der Investoren, die das Investitionsklima schädigen würde, ausgelöst würde. Wenn nur noch bestimmte andere Möglichkeiten bleiben, Konzessionen von angemessener Höhe zurückzunehmen und zudem der von der WTO inkonformen Handlung in anderen Ländern betroffene Handel bzw. Teil der Wirtschaft für das Land von Wichtigkeit ist, wird eine Autorisierung von 'cross retaliation II' wahrscheinlicher. WT/DS27/ARB/ECU, S. 19-29. Das Schiedsgericht mißt sich dabei Autorität zu, zu überprüfen, ob dieses Ansinnen den hier relevanten WTO Regeln entspricht. WT/DS27/ARB/ECU, S. 14. Erstmals wurde die Frage des 'cross retaliation' im Bananenfall aktuell, dort wurde Ecuador autorisiert, den Urheberrechtsschutz auf Musik, geographische Ursprungsbezeichnungen, Industriedesigns auszusetzen, um die EU zu einer Umsetzung ihrer Verpflichtungen zu bewegen. WT/DS27/ARB/ECU, S. 29, 37.

[44] Zum klassischen Völkerrecht: "It is generally agreed that all countermeasures must, in the first place, have some degree of equivalence with the alleged breach, this is a well known rule." Verdross/Simma 1984: 911. Repressalien waren aber nicht gerade institutionell eingeschränkt und konnten "in jeden beliebigen Rechtsbereich des Gegners eingreifen. Sie konnten auch mit militärischen Mitteln (z.B. durch Blockade eines Hafens oder Küstenstriches oder Besetzung eines solchen) erfolgen." Aus: Verdross/Simma 1984: 907.

[45] Brazil vs. Canada - Export Credits and Loan Guarantees for Regional Aircraft, WT/DS222/ARB, 17 February 2003, S. 32-33, Para. 3.121. Charnovitz 2002: 423.

[46] Hier geht es darum, daß sich die USA weigern, nach 4 Berichten der Streitbeilegung, die Empfehlungen umzusetzen. Die EU wurde daraufhin, u.a. auch wegen der speziellen SCM Verpflichtungen, zu Vergeltungsmaßnahmen in Höhe von US$ 4,043 Mrd. autorisiert. EU vs. United States - Tax Treatment for "Foreign Sales Corporations", WT/DS108/ARB, 30 August 2002, S. 33, Para. 8.1.

[47] Jürgensen 2005: 328. Einen detaillierten Überblick über die Schlichtungsfälle und deren Argumentation bietet: Jürgensen 2005: 328; und Spamann 2006.

[48] Bis zum 20. September 2002. Charnovitz 2002: 412.

[49] Charnovitz (2002) argumentiert gegen 'Sanktionen' und fordert, daß eine Neubalancierung ebenso sinnvoll wäre, welches auch Kompensationen einbeziehen könne: Charnovitz 2002: 419. Hier gibt es eine lebhafte Debatte, bei der u.a. i.S. der 'public choice' Position als Lösung vorgeschlagen wird, daß Individuen eingeräumt werden sollte, direkt WTO Regelbefolgung vor nationalen Gerichten durchsetzen zu können. Rosas 2001: 139. Anderson (2002) beklagt in diesem Zusammenhang: "national governments are gradually becoming less appropriate bodies to defend the interests of multinational corporations. When will the day come when firms will be allowed to defend their trade interests directly at the WTO?" Anderson 2002: 17.

[50] "However, neither compensation nor the suspension of concessions or other obligations is preferred to full implementation of a recommendation to bring the measure into conformity with the covered agreement." Dispute Settlement Understanding, Art. 21.1. WTO

(3) Ein weiterer wichtiger Aspekt, der das Streitbeilegungssystem auszeichnet, ist dessen breite Zuständigkeit, die in DSU Art. 23.1 und Art. 23.2 formuliert wird.[51] Einzige Ausnahme sind wesentliche Sicherheitsinteressen, mit denen sich Handelsembargos begründen lassen. Diese werden immer noch tendenziell als 'wrong cases' angesehen, die von den betroffenen Staaten ignoriert werden. Zwar beanspruchte schon das GATT und die WTO auch hierfür Zuständigkeit, mit dem Ausnahmeartikel GATT Art. XXI 'Ausnahmen zur Wahrung der Sicherheit'. Die GATT Fälle führten aber zu keinem Ergebnis und in bezug auf den Helms-Burton Act der USA, der sich gegen Kuba richtet, kam es zwischen den EU und der USA zu einer Einigung und Vermeidung eines WTO-Streitfalls.[52]

Davon einmal abgesehen ist die WTO-Streitbeilegung tendenziell für alle sonstigen Handelskonflikte zuständig und schränkt unilateral einsetzbare handelspolitische Schutz-, Druck-, und Bewertungsinstrumente in deutlicher Art und Weise ein. Das unilaterale U.S. Druckinstrument Sec. 301 wurde innerhalb des Verhandlungspakets der Uruguay-Runde als WTO widrig eingestuft und kann nicht weiter genutzt werden, in EU vs. United States - Section 301 Trade Act (1999).[53] Dies wurde bestätigt in drei weiteren Fällen, gegen eine zu frühe Erhöhung von U.S. Zollkautionen in EU vs. United States - Certain EC Products (2000)[54] und ein EU Druckinstrument gegen koreanische Schiffbausubventionen, Korea vs. EC - Commercial Vessels (2005).[55] Im aktuellen Fall European Communities vs. United States - Continued Suspension (2008)[56] hatte die USA anläßlich der neu begründeten Hormonfleischverordnung der EU eigenhändig 'festgestellt', daß diese den WTO Regeln widersprach und Vergeltungsmaßnahmen, zu denen sie zuvor durch die WTO bezüglich einer früheren

---

1995: 422. Letztendlich ist diese Hierarchie nicht durch die Streitbeilegung geklärt. Es gibt hier unterschiedliche Meinungen in der Literatur. Charnovitz 2002: 415, 419.

[51] " (...) they shall have recourse to, and abide by, the rules and procedures of this Understanding." Dispute Settlement Understanding Art. 23.1 WTO 1995: 425-426. Siehe Gabler 1997: 43.

[52] Eigentlich ist das GATT 1994 auch für sicherheitspolitisch begründete Handelsbeschränkungen zuständig. Das GATT 1994 sieht auch hier einschränkende Bedingungen vor, denn nur unter bestimmten Vorraussetzungen ist ein Rekurs auf Art. XXI (b) Ziff. (i)-(iii) möglich. De facto haben sich mächtige Staaten durch die WTO nicht daran hindern lassen, wirtschaftliche Instrumente zur Durchsetzung sicherheitspolitischer Ziele einzusetzen. Die USA beharrte gegenüber Nicaragua und Polen und die EU während des Falkland-Kriegs gegenüber Argentinien auf ihren Spielräumen bzw. eben Handelsembargos. Der Fall USA vs. Nicaragua wurde im GATT verhandelt und der Bericht von den USA sogar angenommen, er führte aber zu keinen Konsequenzen, weil die USA vorher klargestellt hatten, daß Art. XXI nicht direkt diskutiert wird. Hudec 1991: 176, 527-528. Gegen den Helms-Burton-Act, durch den die USA ein Handelsembargo gegen Kuba verhängten und kommerzielle Aktivitäten von Ausländern, die in irgendeiner Weise mit früher enteignetem U.S.-Besitz in Verbindung stehen, sanktionierten, wollte die EU zunächst in der WTO klagen, es kam dann aber zu einer Einigung zwischen EU und USA, die dazu führte, daß der Fall nicht WTO-rechtlich verhandelt wurde. Zu den Fällen und Kriterien: Kuilwijk 1997; Stern 1997. Grundsätzlich: Hahn 1996: 389-391.

[53] Dabei geht es u.a. um DSU Art. 23 Abs. 2 (a). WTO 1995: 426; siehe EU vs. United States - Sections 301-310 of the Trade Act of 1974, WT/DS152/R, 22 December 1999, S. 327, Para. 7.97. Interessant ist diesbezüglich, daß die U.S. Umsetzungsgesetzgebung ambivalent in dieser Hinsicht blieb und sich Möglichkeiten unilateralen Handels offenhielt. U.a. in bezug auf den geistigen Eigentumsschutz sind Sanktionsmöglichkeiten vorbehalten, auch wenn sich ein Land im Einklang mit dem WTO TRIPS Abkommen befindet. Es gibt aber auch die andere Seite der U.S. Gesetzgebung, die unilaterale Handlungen nicht zwangläufig vorsieht. Leebron 1997: 232-233.

[54] Panel und AB: EU vs. United States - Import Measures on Certain Products from the European Communities, WT/DS165/R, 17 July 2000. EU vs. United States - Import Measures on Certain Products from the European Communities, WT/DS165/AB/R, 11 December 2000, S. 31, Paras. 110-111.

[55] Nur Panel. Korea vs. EC - Measures Affecting Trade in Commercial Vessels, WT/DS301/R, 22 April 2005, S. 75-80, Paras. 7.36-7.54.

[56] European Communities vs. United States - Continued Suspension of Obligations in the EC - Hormones Dispute, WT/DS320/R, 31 March 2008.

Verordnung der EU autorisiert wurde, aufrechterhalten. Dies akzeptiert der Panel nicht.[57] Die EU hatte ähnlich unilateral gehandelt, hierzu gab es keinen Streitfall.[58] Die Streitbeilegung reklamiert dabei Zuständigkeit auch für Gesetze und Maßnahmen, von denen die Staaten behaupten, daß sie etwa keine Maßnahmen gegen Antidumpingzölle[59] oder Subventionen[60] darstellen. Gelingt es, zu zeigen, daß doch ein Zusammenhang besteht, werden diese Maßnahmen überprüft. Ebenso gelten die WTO Regeln auch für handelsbezogene Maßnahmen, die zur Durchsetzung von Umwelt- und Arbeitsstandards eingesetzt werden könnten[61], wobei die WTO im Umweltbereich unilaterale Maßnahmen zwar nicht ganz ausschließt, aber beansprucht, deren WTO-Konformität Fall-zu-Fall festzustellen.[62] Handelsbezogene Repressalien im Sinne einer unilateralen, autonomen Selbstdurchsetzung ('Handelsembargos') sind somit nur noch eingeschränkt möglich, ohne in Berührung mit den WTO Regeln zu geraten.[63]

Unklar bleibt, inwiefern Abmachungen auf der Ebene der Diplomatie davon betroffen sind. Japan hat sich zwar durch die Gründung der WTO teils emanzipiert[64], aber dennoch noch nach Gründung der

---

[57] Diese eigenmächtige Feststellung der USA, daß eine Regelverletzung der EU weiter vorlag und die Aufrechterhaltung der Vergeltungsmaßnahmen führt zu einem Verstoß gegen DSU Art. 23.1 und Art. 23.2 (a). Die WTO verfügt über kein spezielles Verfahren für die Aufhebung einmal autorisierter Vergeltungsmaßnahmen. In diesem Fall wurde die USA nach einem gewonnenen Fall von der WTO zu Vergeltungsmaßnahmen bezüglich des EU Importbans für mit Hormonen behandeltem Fleisch autorisiert und sie hielt diese, angesichts der neuen Hormonfleischverordnung der EU, weiter aufrecht. Die USA argumentiert, daß es nicht sein könne, daß ein Staat generell verpflichtet sei, seine Vergeltungsmaßnahmen bei Umsetzungsmaßnahmen aufzuheben, weil durch betrügerische Gesetzgebung ("scam legislation") ein endloser Prozess der Streitigkeiten ausgelöst werden könne. Der Panel antwortet, daß auch durch "other implementing measures", die gemäß Treu und Glaube ('good faith') implementiert werden, ein endloser Prozess der Streitigkeiten möglich sei. In diesem Fall hatte die EU ein längeres Entscheidungsverfahren mitsamt Europäischem Parlament vorzuweisen, welches "all the signs of a measure adopted in good faith" zeigt. Daraus wird ein Verstoß gegen Art. 23.1 und Art. 23.2 (a) geschlossen. European Communities vs. United States - Continued Suspension of Obligations in the EC - Hormones Dispute, WT/DS320/R, 31 March 2008, S. 184-185, Paras. 7.234-7.238, S. 187, Para. 7.251. Der Panel betont weiterhin die Relevanz des Prinzips von Treu und Glaube, wobei dies die EU nicht davor schütze, von der USA verklagt und, in diesem Fall, mit ihrer Umsetzungsmaßnahme vom Panel anhand von DSU Art. 22.8 überprüft zu werden. S. 206, Paras. 7.358-7.359. Das Ergebnis: Ein zusätzlicher Verstoß der USA gegen DSU Art. 22.8 liegt nicht vor. Dieser Artikel besagt, daß eine Vergeltungsmaßnahme nur solange aufrechterhalten werden kann, solange eine WTO inkosistente Praxis vorliegt. Weil die EU inkonsistent handelte, indem ihre Maßnahme nicht den Kriterien des SPS Abkommens entsprach, lag der Verstoß der USA aber nicht vor. S. 311-312, Paras. 7.856-7.857. Die USA wird aufgefordert, sich ohne Verzögerung der Prozeduren der WTO zu bedienen, um den Streit beizulegen. Gemeint ist damit, so der Eindruck hier, die Rücknahme der Vergeltungsmaßnahmen, bis zum Zeitpunkt einer erneuten Autorisierung durch die WTO, S. 312, Para. 8.3.

[58] Die EU hatte vor dem Urteil eines Schlichters zum U.S. 1916 Act am 24. Februar 2004 eine 'Gegengesetzgebung' verabschiedet, nämlich am 15. Dezember 2003. Diese Gesetzgebung wurde aber nicht angewandt. Dazu Antoniadis 2007: 609.

[59] So gelingt es zu zeigen, daß ein U.S. Gesetz, der 1916 Act, welches wettbewerbsrechtliche Regeln, aber auch Antidumpingregeln aufwies, unter das AD Abkommen fiel. EU vs. USA - Anti-Dumping Act of 1916, WT/DS136/R, 31 March 2000. S. 149, Para. 6.162. Japan vs. USA - Anti-Dumping Act of 1916, WT/DS136/AB/R, WT/DS162/AB/R, 28 August 2000. S. 36, Para. 132-133. Ebensolches gelingt für das sog. Byrd Amendment: Australia, Brazil, Chile, European Communities, India, Indonesia, Japan, Korea, Thailand vs. United States - Continued Dumping and Subsidy Offset Act of 2000, WT/DS217AB/R, WT/DS234/AB/R, 16 January 2003. S. 103, Para. 318 (a). Siehe auch Movesian 2004: 152

[60] Für das EU TDM: "the Panel finds that the TDM Regulation is 'specific action' within the meaning of Art. 32.1 of the SCM Agreement because it has a strong correlation and inextricable link with the constituent elements of a subsidy". Korea vs. EC - Measures Affecting Trade in Commercial Vessels, WT/DS301/R, 22 April 2005, S. 105, Para. 7.143.

[61] Hahn 1996: 368-373.

[62] Die komplexe Geschichte kulminiert in der Art. 21.5 Klage Malaysias gegen die USA im Shrimp-Meeresschildkröten Fall. WT/DS58/AB/RW, 22. Oktober 2001. Auf diesem aktuellen Stand sind Srivastava/Ahuja 2002: 6-13; Trebilcock/Howse 2005: 530-540.

[63] Repressalien sind erst dann wieder erlaubt, wenn sich ein Staat nicht den WTO-Regeln unterwirft und trotzdem unilaterale Maßnahmen ergreift. Als Reaktion auf eine solche Vertragsverletzung sind dann wieder autonom durchführbare Repressalien möglich. Hahn 1996: 393-394.

[64] Siehe Abschnitt 'J', Punkt 16, Nichtverletzungsbeschwerden.

WTO auf Verhandlungen mit den USA eingelassen und einer sogenannten freiwilligen Importabmachung zugestimmt, die besagt, daß die japanische Automobilindustrie den Anteil der Teile erhöht, die von U.S. Firmen gekauft werden (sog. voluntary import expansion, 'VIE').[65] Dies ist nicht unproblematisch, weil mit WTO Gründung die sog. freiwilligen Selbstbeschränkungsabkommen eigentlich abgeschafft wurden.[66] Aus diesem Grund lief eine Abmachung der EU mit Japan über die Beschränkung von Automobilexporten, welches ebenso noch nach 1995 Bestand hatte, bis zum 31. Dezember 1999 aus.[67] Die Abschaffung der VERs gelang weitgehend, aber nicht perfekt. Nicht mit der WTO vereinbar ist auch das neulich geschlossene U.S. Mexico Agreement on Cement.[68] Auch zwei der Softwood Lumber Abkommen zwischen USA und Kanada fallen in die WTO Zeit und deren Konformität mit den Regeln ist umstritten. Für beide Fälle findet sich aber kein Kläger.[69] Ist ein Land einem solchen Druck durch ein anderes Land ausgesetzt, kann es immerhin auf eine Inkonformität mit den WTO Regeln hinweisen und im Falle der Nutzung solcher regelinkonformer unilateraler Druckmaßnahmen die Streitbeilegungsinstanz anrufen.

Ein weiterer Punkt muß festgehalten werden. Mit der WTO Streitbeilegung lassen sich nur die WTO Regeln durchsetzen, nicht darüberhinausgehende Forderungen, beispielsweise nicht Forderungen in bezug auf Investorenschutz oder Wettbewerbsrecht.[70] Hier muß aber die Einschränkung gemacht werden muß, daß es während der WTO Beitrittsverhandlungen durchaus üblich ist, sogenannte WTO-Plus Forderungen zu stellen. Am Beitritt interessierten Entwicklungsländern werden nicht immer Flexibilitäten erlaubt, die den Entwicklungsländern, die Gründungsmitglieder der WTO sind, zugestanden wurden.[71]

Insgesamt gesehen wirkt die WTO - tendenziell - im Sinne eines Übergang von einem macht- zu einem regelbasierten Welthandelssystems, wiewohl über die Art und Weise und den Grad dieser

---

[65] Am 28. Juni 1995 drohten die USA etwa mit Zöllen auf japanische Luxusautomobile in Zusammenhang mit diesen sog. 'auto-pact'-Verhandlungen. Danach kam es in Genf zu einer Abmachung unter dem Namen: 'US-Japan.Autos and Auto Parts Consultations'. Krishna/Morgan 1998: 1443; OECD 1996: 197-198. Es kann gezeigt werden, daß die diesen Verhandlungen zugrundeliegenden Anschuldigungen gegenüber Japan, daß es unzureichend offen für amerikanische Unternehmen ist, unbegründet sind. Dazu und zu dieser Abmachung, über deren Verpflichtungscharakter Unsicherheit besteht, Latham 1996: 7-8; modelltheoretisch wird gezeigt, daß ein solches Abkommen zu höheren Preisen auf den heimischen Märkten führt Greaney 1996: 149-153.
[66] Agreement on Safeguards Art. 11.1 und Art. 11.3. WTO 1995: 321. Siehe: Petersmann 1997: 219; siehe Abschnitt 'H', Punkt 15.1 sowie Abschnitt 'I', Punkt 1.1.
[67] In dieser Abmachung erklärte sich Japan bereit seine Exporte in die EU zu beschränken. OECD 1996: 198. Das Auslaufen wird bestätigt in: Trade Policy Review European Communities 2000: 100, 103. Die Exporte nach Japan stiegen danach zwar nicht dramatisch, aber doch erkennbar an, von US$ 13,2 Mrd. 2000 auf US$ 17,3 Mrd. 2003. CCFA 2006.
[68] Weil es quantitative Beschränkungen und Gebietsaufteilungen enthält. U.S. Mexico Agreement on Cement 2006: 15-16. Über dieses Thema gab es einen WTO Antidumping Streitfall, der mit dieser WTO inkompatiblen Einigung abgebrochen wurde. Inkompatibel deshalb, weil gemäß des AD Abkommen entweder Zölle auferlegt werden dürfen oder preisliche Abmachungen (sog. 'undertakings') erlaubt sind, nicht aber mengenmäßige Beschränkungen oder Gebietsaufteilungen. WT/DS281/6, 17 January 2006.
[69] Zu den ersten beiden U.S.-Kanada Softwood Lumber Abkommen, mit der Beobachtung, daß sich bei diesen bilateralen Abkommen keine Kläger finden werden Lee 2002a: 155-165. Siehe Abschnitt 'J', Punkt 7, Antidumping zu weiteren Information zu diesem Thema und den Punkt Schutzklausel zur Frage, warum es unsicher sein mag, daß das Abkommen ein VER ist.
[70] Siehe für das Wettbewerbsrecht aber die Grauzone, die in Abschnitt 'J', Punkt 16, Nichtverletzungsbeschwerden, aufgezeigt wird.
[71] Kennett 2005: 134-148; Evenett/Prima Braga 2005: 4-7; die Diskretion während der Beitrittsverhandlungen ist breit, bestimmte WTO Artikel stellen aber immerhin gewisse Limits dar. Parenti 2000: 157.

Tendenz gestritten werden kann.[72] Gegenüber der Situation im klassischen Völkerrecht sind einige signifikante Verbesserungen erkennbar. Ebenso ist ein Unterschied zur Zeit des GATT erkennbar, dessen in der Literatur hervorgehobene Effektivität nur in Teilbereichen erkennbar ist.[73] Weiterhin wurde mit der WTO eine internationale Institution etabliert, die, wenn auch noch unvollkommen, über einen Mechanismus zur Regeldurchsetzung verfügt, der eine gewisse Wirksamkeit aufweisen wird, wenn sich die politischen Bedingungen nicht völlig verändern. Inwiefern dies als konkrete Verbesserung aus der Fairnessperspektive bzw. der Perspektive kleiner Länder und Entwicklungsländer bewertet werden kann, muß angesichts der weiter bestehenden rechtsdurchsetzungsbezogenen Asymmetrien noch als fraglich angesehen werden. Es ist immerhin nicht ganz ausgeschlossen, daß die Wirkung der WTO in einigen Jahren auch dahingehend als positiv bewertet werden kann.

Um hier eine vollständige Aufzählung der Bereiche anzubieten, die von der WTO berührt werden, seien noch die Ursprungsregeln, Regeln zu Einfuhrlizenzverfahren, zur Versandkontrolle, allgemeine Regeln zur Transparenz in der Handelspolitik und zu deren Unterstützung die Einführung eines Berichtsmechanismus über die Handelspolitik der Staaten, die Trade Policy Review Publikationsreihe, erwähnt. In sensible Politikfelder wie den Gesundheitsschutz stoßen vor die Regeln für technische Handelshemmnisse und das u.a. Grenzwerte für schädliche Stoffe und Maßnahmen bei Tier- und Pflanzenseuchen betreffende Übereinkommen über sanitäre und phytosanitäre Maßnahmen. Dazu kommt, daß die WTO anhand bestimmter Kriterien regionale Integrations- und Handelsabkommen überprüft, ebenso können die Präferenzabkommen mit den Entwicklungsländern vor der WTO auf die Einhaltung von bestimmten Prinzipien hin überprüft werden.

Die WTO hat dabei nicht das Privileg Regeln für den Handel aufzustellen. Sichtbar wird dies an der steigenden Anzahl von Freihandels- und Zollabkommen, die teils eine ähnliche Komplexität (im Fall der EU eine noch erheblich größere Komplexität) aufweisen, wie die WTO selbst. So hat etwa die EU in ihren Abkommen mit den Mittelmeeranrainerstaaten und dem AKP-Abkommen und die USA mit der NAFTA oder dem Carribean Basin Abkommen und Freihandelsabkommen mit den ANDEAN-Staaten meist den darin eingebundenen Entwicklungsländern größere Zollpräferenzen eingeräumt, als etwa im seit langem bestehenden Allgemeinen Präferenzsystem für Entwicklungsländer.[74]

Die WTO ist aber der Regenschirm, der alle diese Abkommen überdeckt und der einen Rahmen absteckt innerhalb derer diese Abkommen wirksam werden können, wiewohl diese Abkommen

---

[72] Diese Debatte wird schon bezüglich des GATT geführt, bekommt aber durch die spezielle Natur der WTO-Regeln eine ganz neue Brisanz. Damals gab es die Unterscheidung zwischen einer 'power-oriented versus rule-oriented'-Ausgestaltung des GATT-Systems, womit unter anderem der Gegensatz zwischen einer auf Rechtsregeln oder einer eher auf diplomatischen Verhandlungen basierenden Streitbeilegung gemeint war (hier ist auch vom Gegensatzpaar Legalismus versus Pragmatismus die Rede). Siehe Benedek 1990: 249-354.
[73] Abschnitt 'H', Punkt 10, Streitbeilegung.
[74] Einen Überblick bietet OECD 2003a; sowie das WTO Sekretariatspapier WT/REG/W/39, 17. July 2000. Über regionale Integrations- und sonstige Freihandelsabkommen in Afrika schreibt Joshua 1989; einen Überblick über Präferenzregime gibt UNCTAD 2001b; siehe auch UNCTAD EU GSP Handbook 2002; UNCTAD USA GSP Handbook 2000: 4-8.

Regeln enthalten können, die über die der WTO hinausgehen können. Fragen, die diese regionalen Abkommen betreffen, können hier nur am Rand erwähnt werden.

Schließlich und endlich sind dem WTO-Regelwerk sogenannte plurilaterale Abkommen angeschlossen, die aber aus dem eigentlichen Verhandlungspaket zur Gründung der WTO herausgefallen sind. Die Zahl der Mitgliedstaaten ist hier geringer. Es geht um Regeln für das öffentliche Beschaffungswesen und um ein Übereinkommen über den Handel bzw. auch die Subventionen, die im Bereich der Unternehmen der zivilen Luftfahrt eingesetzt werden. Auch für diesen Bereich ist die WTO-Streitbeilegung zuständig.

3. Inhaltsübersicht

Ziel dieser Arbeit ist es, das aktuell gültige Regelwerk der WTO, also das GATT 1994 sowie die in den WTO-Abkommen seit 1995 erfolgten Entwicklungen darzustellen.[75] Damit nicht genug. Es soll versucht werden, einen Eindruck davon zu vermitteln, wie die WTO-Regeln und ihre Effekte auf die nationalstaatlichen Politiken vor dem Hintergrund der Dynamiken der Weltwirtschaft normativ bewertet werden können. In diese Arbeit sollen deshalb auch die wirtschaftlichen Dynamiken einbezogen werden, die von den WTO Regeln unterstützt und ermöglicht werden. Erst dann ist nämlich die hier schon anfangs aufgeworfene Frage besser zu beantworten, ob diese Regeln alles in allem eine breit angelegte Wohlfahrtsteigerung und damit auch eine bessere Stellung der schwachen Staaten bewirken. Dies hängt nicht nur von der Struktur der Streitbeilegung, sondern auch von den dadurch durchgesetzten Regeln und den zuordenbaren wirtschaftlichen Dynamiken ab.

Dabei geht es um zwei Bedeutungsdimension des Terminus 'normativ':

Erstens können die WTO-Regeln als wirtschaftspolitisch effizienzfördernd und somit als sach- und funktionsgerecht in bezug auf internationale wirtschaftliche Dynamiken angesehen werden und damit, aus liberaler Perspektive, normativ[76] im Sinne einer Wirtschaftsverfassung gerechtfertigt werden. Diese Argumentation geht davon aus, daß rechtliche bzw. verfassungsrechtliche Regeln von wirtschaftswissenschaftlichen Modellannahmen und diesen zugrundeliegenden empirischen Erkenntnissen abgeleitet werden können.

---

[75] Ein Teil der WTO-Rechtsregeln läßt sich auf das GATT-Recht zurückführen. Der Originaltext des GATT ist heute noch gültig und dient als Grundlage der WTO. Bezeichnet wird dieser Teil als GATT 1947. Eine Vielzahl der WTO-Regeln lassen sich zudem aus der GATT-Regelauslegung durch den damals schon tätigen Streitbelegungsausschuss herleiten. Schließlich stellt der Fundus der GATT-Streitbeilegungsfälle einen Orientierungspunkt zur Auslegung der WTO-Rechtstexte dar.

[76] Eine normative Ökonomik unterscheidet sich von einer positiven Ökonomik dadurch, daß sie sich damit beschäftigt was sein soll und es werden von vorneherein Werturteile einbezogen. Die positive Ökonomie basiert auf dem Dreischritt: Analytischer Rahmen, Hypothesen, empirische Rechtfertigung, ohne daß ein größerer Bezugrahmen oder weitergehendere Fragestellung vorhanden sein muß. Zweifel/Heller 1997: 22-24. Dazu gleich mehr, wenn es um den ordoliberalen Ansatz geht.

Zweitens können die WTO-Regeln, wenn sie denn effizienzfördernd und sach- und funktionsgerecht sind, auch als wohlfahrtssteigernd beschrieben werden und es wäre möglich diese Regeln im Sinne einer sozialstaatlichen Politik normativ bzw. ethisch-moralisch[77] zu begründen.

Dieses eng miteinander verschränkte Verhältnis von Recht, wirtschaftswissenschaftlichen Annahmen und empirischen Feststellungen sowie eine sich möglicherweise vollständig überdeckende gleichermaßen funktional normative und moralisch normative Rechtfertigungsoption eines Regelwerks ist Grund genug, sich diesem Thema zu widmen. Diese Rechtfertigungsoption wird dazu verwendet, die WTO-Regeln zu begründen und eine Bindung von Staaten an diese Regeln zu legitimieren.[78] Vorbehalte gegen diese Rechtfertigung könnten sich u.a. dann ergeben, wenn es angesichts abweichender empirischer Ergebnisse möglich erscheint, mit anderen oder partiell modifizierten Regeln, ebenso effiziente Ergebnisse zu erzielen.

Zugrunde liegt dieser Arbeit eine common sense Definition von Wohlfahrt bzw. Effizienz, diese wird gleichgesetzt mit einem möglich breit vorhandenen wirtschaftlichem Wachstum bzw. einem steigenden Bruttosozialprodukt und einer Wohlfahrtsteigerung auf weltweiter Ebene.[79] Die Auswirkung des wirtschaftlichen Wachstums auf die Verteilung des Reichtums innerhalb der Staaten wird hier nicht an zentraler Stelle thematisiert. Es wird davon ausgegangen, daß die Staaten sich nicht durch verteilungspolitische Erwägungen davon abhalten lassen, langfristig die größte mögliche Wohlfahrtsmaximierung anzustreben, die im Bereich ihrer Möglichkeiten liegt, wobei sie dabei auch

---

[77] Der Terminus Sozialstaat ist eng mit dem eindeutig normativen bzw. moralischen Wert der sozialen Gerechtigkeit bzw. sozialen Sicherheit verbunden. Siehe Isensee 1987: 651. Hieran schließt sich die Diskussion diverser Perspektiven auf den Gerechtigkeitsbegriff ein: Leistungsgerechtigkeit, Besitzstandsgerechtigkeit, Bedarfsgerechtigkeit, wobei alle drei zu einem Ausgleich gebracht werden sollen. Es wird ein Doppelziel konstatiert: Mehrung des Wohlstands und Teilhabe von möglichst vielen Personen daran. Zacher 1987: 1077- 1079.
[78] So weist Palmeter (2005) darauf hin, daß freier Handel (und Regeln, die freien Handel befördern) ethisch-normativ begründbar ist, weil er zu Wohlfahrtsgewinnen führt. Dazu wird Immanuel Kant und John Rawls angeführt. Er bemerkt aber, daß die Verlierer Kompensationen erhalten müssen. Palmeter 2005: 464-466.
[79] Hier wird nicht versucht, Effizienz ausgehend von einer enger geführten Definition zu diskutieren. Effizienz wird im weitesten Sinne verstanden als Wohlfahrtssteigerung auf internationalem Niveau, dies schließt nationale Wohlfahrtssteigerung aber auch solche durch die internationale wirtschaftliche Verflechtung durch den internationalen Handel mit ein. Generell wird Effizienz in der Wirtschaftswissenschaft ausgehend von Knappheit definiert. Angesichts knapper Mittel, also Produktionsfaktoren und Ressourcen, geht es darum zwischen konkurrierenden Verwendungsmöglichkeiten zu wählen. Diese Wahl treffen die Individuen zu ihrer Bedürfnisbefriedigung. Höchste Effizienz wird erreicht, wenn die Mittel zur dynamisch veränderlichen Bedürfnisbefriedigung jeweils auf größtmöglich wirtschaftliche Art und Weise genutzt werden und keine weiteren Mittel erforderlich sind. So die Definition in Streit 1991: 3. Eine allgemeine Bewertungsregel wird durch das Pareto-Kriterium vorgegeben. "Danach wäre eine Versorgungslage einer anderen vorzuziehen, wenn durch die Reallokation, die die zu beurteilende Versorgungslage erforderte, zumindest ein Individuum einen Nutzenzuwachs erführe und kein anderes eine Nutzeneinbuße hinnehmen müßte." Dieses Modell ist aber nur gültig, wenn bestimmte Bedingungen erfüllt sind, unter anderem eine optimale Kombinationen von Produktionsfaktoren, eine optimale Arbeitsteilung und ein optimaler Güteraustausch im neoklassischen Sinne. Siehe dazu Streit 1991: 10; Fritsch et al. 1993: 12-15, 37. Das Pareto-Kriterium hängt von diversen Vorabannahmen ab, die teils nicht realistisch sind und ist deshalb ungeeignet für die Bestimmung gesellschaftlicher Wohlfahrt. Gerken 1999: 88-89. Die Verwendung vom Sozialprodukt als Effizienzmaßstab ist nicht unproblematisch, weil hier tendenziell unklar ist, ob dies in einem gesellschaftlichen System vollzogen wird, in dem die Präferenzen der Individuen respektiert werden. Insofern muß hier mindestens ergänzt werden, daß hier ein wirtschaftliches Wachstum gemeint ist, daß unter den Bedingungen von Demokratie und zumindest einer partiellen Garantie von Freiheitsrechten stattfindet. Damit ist es immer noch möglich, daß individuelle Präferenzen teilweise mißachtet werden, um die Effizienz zu erhöhen. Im großen und ganzen kann sich aber mit dieser gradualistischen Argumentation gegen den Vorwurf des Totalitarismus und auch gegen den in diesem Zusammenhang erhebbaren Vorwurf wissenschaftlicher Unsauberkeit, der in bezug auf die Wahl des Sozialprodukts als Effizienzanhaltspunkts erhoben werden kann, zur Wehr gesetzt werden. Vgl. zur diesbezüglich richtigerweise genauen Diskussion, aber mit aus der hier vertretenen Sicht unplausiblem Ergebnis Gerken 1999: 86-89.

temporär bestimmten gesellschaftlichen Gruppen Kosten auferlegen können, wenn langfristig alle Mitglieder der Gesellschaft profitieren.[80]

Diese dreiteilig angelegte Arbeit weist folgende inhaltliche Struktur in ihren Abschnitten und Unterpunkten auf:

Teil I widmet sich der Theorie und Empirie der Wirtschaftsverfassung. Der erste **Abschnitt 'A'** weist mehrere Schwerpunkte auf. Nach der schon erfolgen Darstellung grundlegender Strukturmerkmale der WTO in Punkt 2 werden in den Punkten Punkte 4.1 und 4.2 anhand der BRD und der EU die verfassungsrechtlichen Rahmenbedingungen für die Wirtschaftstätigkeit auf nationaler und regionaler Ebene dargestellt. Anhand der BRD wird dabei verdeutlicht, daß die Verfassung eine Diversität wirtschaftspolitischer Orientierungen zuläßt. Auf liberalen Annahmen basierende rechtliche Regeln, die etwa einen gestärkten Schutz von privatem Eigentum zur Beschränkung von Regierungshandeln vorsehen, sind zwar partiell wirksam, erhalten aber keinen übermäßigen Einfluß. Das Verfolgen einer liberalen Wirtschaftspolitik wird von der Verfassung aber nicht ausgeschlossen. Wiewohl Effizienz nicht als eigenständige Kategorie in der Verfassung der BRD enthalten ist, tritt dieses Ziel in der Anfangszeit der europäischen Einigung in den Vordergrund. Anhand des Integrationsprozesses der EU ist ebenso wie an der BRD erkennbar, daß liberale Vorstellungen nicht ohne Modifikationen übernommen werden, wodurch die EU-Wirtschaftsverfassung einen eigenständigen Charakter erhält. Die rechtlichen Regeln ermöglichen weiterhin Spielräume für interventionistische Wirtschaftspolitiken. Bei allen, immer noch verbliebenen Ausnahmen, ist aber zu beachten, daß in der EU ein progressiver Liberalisierungsprozess zu beobachten ist. Obwohl Effizienz keine zentrale Rolle in der BRD und EU Wirtschaftsverfassung einnimmt, wird hier davon ausgegangen, daß Effizienz in der Öffentlichkeit zur Rechtfertigung einer Verfassungsordnung bzw. von Schwerpunktsetzungen innerhalb der Verfassungsordnungen beitragen kann. Unter Punkt 4.3 wird der Stand der Verfassungsdebatte in bezug auf das GATT und die WTO zusammengefaßt und ein erster Überblick gegeben, welche Ziele, Funktionen und Prinzipien dem GATT und WTO Regelwerk in der Literatur gegeben werden. Die WTO wird hier als internationale Wirtschaftsordnung, nicht aber als

---

[80] Verteilungspolitische Argumente stoßen im Rahmen dieser Arbeit auf Skepsis, weil damit sowohl für Industrie- als auch Entwicklungsländer, ohne daß immanent aus diesem Ansatz eine Abstufung begründbar wäre, breit angelegte Handelsbeschränkungen begründet werden können. Verteilungspolitische Begründungen von Schutz beruhen oft darauf, daß angenommen wird, daß die so geschützte Gruppe eine größere Neigung zum Sparen hat, woraufhin eine Erhöhung der Investitionsrate und des Wachstums erhofft wird. Ricardo hatte so die Abschaffung der Beschränkungen für Weizenimporte begründet, denn er nahm an, daß dies die Profite der Städter gegenüber den Renten auf dem Land erhöht. In der Entwicklungstheorie nach dem Zweiten Weltkrieg wird oft angenommen, daß der verarbeitende Sektor höhere Sparraten erzeugen kann und hat darauf ein Schutzargument basiert. Dabei wird u.a. vergessen, daß diese Annahmen nicht zutreffen mögen und der Schutz noch andere, negative Wirkungen haben kann. Corden 1974: 284-285; siehe auch Meade 1955: 272-289. Wie dem auch sei, Priorität des verteilungspolitischen Arguments ist es nicht, eine vorteilhafte Arbeitsteilung zwischen arm und reich anzustreben, Augenmerk ist die innerstaatliche Verteilung. In dieser Arbeit wird zwar nicht pauschal geschlossen, daß der internationale Handel vorteilhaft für alle beteiligten Staaten ist. Immerhin wird aber die potentielle Möglichkeit festgestellt und eine vorteilhafte Arbeitsteilung für denkbar gehalten. Dies wiederum impliziert eine, wie auch immer moderat gestaltete, Handelsliberalisierung, die Verteilungszielen widersprechen kann. Angenommen wird, daß eine staatliche Entwicklungspolitik vor allem an Effizienzmaximierung interessiert ist und dabei auch einer Liberalisierung zustimmen kann, die auf den ersten Blick verteilungspolitischen Gesichtspunkten widerspricht, welche aber langfristig die Wohlfahrt erhöht. Davon einmal abgesehen, wird Schutz, anders begründet, immer wieder in dieser Arbeit thematisiert. In Abschnitt 'D', Punkt 6.1 wird ein klassisch verteilungspolitisches Schutzargument erwähnt, im Zusammenhang mit dem Heckscher-Ohlin Modell.

Wirtschaftsverfassung eingeordnet. Einer faktisch erkennbaren Liberalisierungswirkung zum Trotz, bleiben auch hier Ausnahmeregeln bestehen, die wirtschaftspolitische Spielräume ermöglichen. Eine Charakterisierung der Wirtschaftsverfassung von GATT und WTO erfolgt an dieser Stelle nicht.

Die zentrale Fragestellung dieser Arbeit richtet sich sodann auf die WTO und darauf, inwiefern Effizienz zur Rechtfertigung des WTO Regelwerks herangezogen werden kann. Anders und allgemeiner formuliert: Es wird gefragt, welche Eigenschaften die Regeln einer internationalen Wirtschaftsordnung aufweisen müssen, um das Effizienzziel zu erreichen. Um diese Frage zu beantworten muß festgestellt werden, auf welche Weise liberale und andere Theorien annehmen mit welchen Wirkungsmechanismen, darunter auch rechtlichen Regeln und institutionellen Arrangements, Effizienz bzw. Wohlfahrtssteigerung erreicht werden kann. Aus diesem Grund werden liberale wirtschaftspolitische Konzepte einer Wirtschaftsordnung d.h. den rechtlichen Regeln, die der Wirtschaftstätigkeit zugrundeliegen, rekonstruiert. Die Grundlage dazu wird in **Abschnitt 'B'** gelegt, mit der in Punkt 1 und 2 dargestellten ordoliberalen Theorie. Diese wird hier im Einklang stehend mit einer auf breiter Ebene akzeptierten Konzeption des Wettbewerbsprozesses, der dynamischen Theorie des Wettbewerbs, gedeutet und als dynamisch ordoliberale Theorie ausformuliert. Daran anschließend, im **Abschnitt 'C'**, werden unter Punkt 1 und seinen Unterpunkten neoklassisch liberale Standpunkte, u.a. zur disziplinierenden Wirkung der Liberalisierung beschrieben, aber auch kritisiert. Nachfolgend werden in **Abschnitt 'D'** neoklassische, aber auch andere Theorien des internationalen Handels rekonstruiert und die diesbezügliche Relevanz der vorgelegten empirischen Beweise abgeschätzt. Diese Studien legen nahe, daß der internationale Handel potentiell aber nicht automatisch als wohlfahrtssteigernd angesehen werden kann. Diese Erkenntnisse über die Relevanz aber auch die Abweichungen von neoklassischen und anderen Theorieansätzen werden in **Abschnitt 'E'** durch die Einbeziehung der Politischen Ökonomie und dynamischer Theorien des Wettbewerbs ergänzt. Dabei wird eine Debatte rekonstruiert, die sich seit vielen Jahren innerhalb der Wirtschaftswissenschaften und der Entwicklungsökonomie abspielt. Systematisiert wird diese Diskussion anhand der Theorie des Marktversagens. Von neoklassischen liberalen Theoremen abweichende Konzeptionen werden dort anhand einer liberalen, aber dynamischen Theorie des Wettbewerbs auf ihre reale Umsetzbarkeit und empirische Wirksamkeit zur Erhöhung der Effizienz bzw. Wohlfahrt befragt. Es geht u.a. darum, ob und inwiefern auch Wirtschaftspolitiken, die auf von der Neoklassik abweichenden Konzeptionen beruhen, dazu geeignet sind, Wohlfahrt zu steigern.

Mit diesem theoretischen und empirischen Fundament, wird sich in den **Abschnitten 'F'** und **'G'** auf die wirtschaftlichen Wachstumsprozesse der Entwicklungsländer konzentriert. Es wird untersucht, welche Faktoren beim Strukturwandel dieser Ökonomien wichtig sind und, neben den Wirkungen der Märkte und des internationalen Handels, werden Technologiediffusion und die Wirkungen der Außenwirtschafts- bzw. Handelspolitik thematisiert. Anhand der Theorie technologischer Fähigkeiten, die dynamische Prozesse der Ausbildung technologischer Fähigkeiten auf Firmenebene beschreibt, wird unter 'F' versucht, einen Eindruck von den Erfolgsfaktoren für Firmen und von Gründen für Marktversagen in diesen Ländern zu bekommen. Ein Schwerpunkt liegt hier auf Korea, Indien und

Afrika. Ein Faktor, der schon hier als wirksam erkannt wird, ist das Anreizsystem der Außenhandelsregime. In Abschnitt 'G' geht es darum, wie das Konzept der Exportorientierung als außenhandelspolitisches Anreizsystem entstanden ist, wie es definiert und wie die Politik der Exportorientierung in den einzelnen Ländern umgesetzt wurde. Es geht auch darum, welche sonstigen Faktoren wirksam wurden, darunter auch staatliche Eingriffe in die Wirtschaft und welche Erfolge diese aufweisen können. Dabei wird u.a. auf die negativen Erfahrungen von Argentinien mit dem konkurrierenden Konzept der Importsubstitution, auf die positiven Wirkungen der Exportorientierung in der Türkei und auf Entwicklungen in Indonesien und auf Erfolge staatlicher Wirtschaftsförderung in Chile rekurriert. Angesichts der teilweise vorhandenen Wirksamkeit liberaler Wirkungsketten und der teilweisen Erfolge liberaler Politikrezepte, geht es fortan vor allem darum, ob ein moderater oder ein extremer liberaler Kurs der Exportorientierung als sinnvoll angesehen werden kann. In einem Exkurs werden ökonometrische Untersuchungen zur Exportorientierung zusammengefaßt, die nur eingeschränkt aussagekräftig sind. Sodann wird die sonstige Literatur zur Exportorientierung, mit dem Schwerpunkt auf umfassenden Länderstudien des IWF und der Weltbank, zusammengefaßt. Hier wird kritisch aufgezeigt, daß diese umfassenden Länderstudien, die als Beweis für den Erfolg der Exportorientierung angesehen werden, in bezug auf die hier verfolgte Fragestellung das Manko aufweisen, nur auf frühen Daten zu beruhen. Staatliche Wirtschaftspolitiken, darunter in der Außenhandels- und Industriepolitik, werden nur unzureichend thematisiert, sodaß es kaum gelingt, die Wirkung der Exportorientierung überzeugend herauszulösen. Die Frage der Wirkung der exportorientierten Außenwirtschaftspolitik - muß - deshalb anhand von fünf Länderkapiteln, Korea, Taiwan, Brasilien, China und Afrika genauer untersucht werden. Obwohl in dieser Arbeit keine vollständige Distanzierung von liberalen wirtschaftspolitischen Annahmen erfolgt, wird es möglich anhand der in diesen Länderkapiteln gewonnenen Erkenntnissen, eine moderater ausgerichtete liberale Position einzunehmen. Diese moderater liberale Position basiert nicht mehr auf neoklassischen Modellen, sondern auf dynamischen liberalen Theorieansätzen, anerkennt Marktversagen und sieht, die Warnungen liberaler Theoretiker vor der Gefahr staatlicher Interventionen teils akzeptierend, dennoch Möglichkeiten, daß der Staat sinnvoll zur Förderung der Wirtschaft aktiv wird. Abschließend wird eine moderat liberale Theorie skizziert, auf deren Basis dann diskutiert werden kann, in welcher Art und Weise dem WTO Regelwerk normative Qualitäten zukommen.

Teil III: Die WTO Regeln können nur dann als sachgerecht und als effizient gerechtfertigt werden, wenn sie angesichts der zugrundeliegenden Dynamiken der Weltwirtschaft einen effizienten und funktionsfähigen Ablauf wirtschaftlicher Prozess ermöglichen bzw. unterstützen. Im dritten Teil wird somit in **Abschnitt 'J'** das WTO-Regelwerk dargestellt, wobei es ausführlicher um die Schutzmaßnahmen gehen wird, die auch heute noch nutzbar sind, aber nun einer, teils merklichen Regeldisziplin unterliegen. Der Darstellung rechtlicher Sachverhalte folgt dabei ein kurzer Kommentar zur wirtschaftspolitischen Begründbarkeit der jeweiligen Regeln. Schlußendlich wird in **Abschnitt 'K'** die internationale Wirtschaftsordnung der WTO charakterisiert und ein Fazit in bezug auf die Angemessenheit der WTO Regeln in bezug auf eine weltweite optimale Wohlfahrtsmehrung gezogen.

Teil II: Bislang wurde der zweite Teil nicht erwähnt. Hier geht es um die Vorläuferorganisation der WTO, das GATT und um die Darstellung der Wirtschaftspolitiken der Nachkriegszeit. Damit wird zweierlei erreicht: Die grundlegenden Regeln des GATT, die immer noch der WTO zugrundeliegen, können bereits, in **Abschnitt 'H'**, erörtert werden und ermöglichen später in Teil III eine schnellere Abhandlung der WTO. In direkter Zuordnung zu den Regeln des GATT und den Spielräumen, die diese Regeln ermöglicht haben, können zentrale Aspekte der internationalen Wirtschaftspolitik der Nachkriegszeit beschrieben werden. Dabei wird ein Eindruck davon vermittelt, welcher Grad staatlicher Intervention in diesem Zeitabschnitt vorlag, etwa hinsichtlich Subventionen. Die ebenso für die Nachkriegszeit charakteristischen freiwilligen Selbstbeschränkungsabkommen werden im gesonderten **Abschnitt 'I'** thematisiert. Ohne das Ausmaß der Nutzung dieser Maßnahmen abzuschätzen, kann eine Charakterisierung der Nachkriegszeit nur unzureichend gelingen und die Relevanz der Gründung der WTO ist schwer verstehbar, denn eine zentrale Errungenschaft des WTO Verhandlungspakets ist es, diese Maßnahmen abgeschafft zu haben. Anhand dieser Informationen kann versucht werden, abzuschätzen, wie es aus normativer wirtschaftswissenschaftlicher Perspektive um die Effizienz und wie es aus ethisch-moralisch normativer Perspektive um die moralische Qualität dieser Ordnung bestellt war. Die hier gewonnenen Erkenntnisse fließen in die Bewertung der WTO in Teil III der Arbeit ein.

4. Wirtschaftsverfassung als Rechtsordnung

Am weitesten in der Zuschreibung normativer Qualitäten bezüglich der WTO geht derzeit eine liberale Theorierichtung, die diese als internationale Wirtschaftsverfassung beschreibt und davon ausgeht, daß derzeit eine weltweite Tendenz der Verfassungsbildung ('constitutionalization') zu beobachten ist, in deren Folge derzeit, mit regionaler oder weltweiter Gültigkeit, Regeln und Rahmenbedingungen für politische und wirtschaftliche Aktivitäten aufgestellt werden, die sich von rein zwischenstaatlichen Verträgen weiterentwickeln zu rechtsähnlichen Regelwerken oder sogar einer verfassungsähnlichen Ordnung.[81]

Diese Verträge stärken partiell und zu einem gewissen Grad, unmittelbar oder mittelbar, individuelle Freiheitsrechte bzw. Individualrechte oder es werden andere Regeln beschlossen, die der politischen

---

[81] Erstens erfolgt die Nutzung des Terminus 'constitutionalization' bezüglich des Prozesses einer verfassungsähnlichen Regelausbildung, die anhand der EU diagnostiziert wird. Kriterium sei die Ausbildung eines Rechtsregelwerks, daß als "higher law" über den nationalen Systemen steht, das durch ein Gericht durchgesetzt werden kann und von dem eine, allerdings schwer zu definierende, Transformation der politischen Sphäre ausgelöst wird. Vgl. Weiler 1997: 104, 97-105; Weiler 1999: 294-295. Die Ähnlichkeiten der EU mit der WTO sind nicht von der Hand zu weisen. Ähnlich wie in der EU der Europäische Gerichtshof, wacht in der WTO ein Streitbeilegungsverfahren, mit weitgehenden Befugnissen, über ein zugrundeliegendes, komplexes Regelwerk. Auch die WTO ist eine Institution, die durch einen intergovernmentalen Vertrag gegründet worden ist. Allerdings ist seitens der WTO bislang kein direkter Durchgriff auf nationale Rechtsregeln vorhanden, wiewohl sie aber durchaus Effekte auf die nationalen Rechtsordnungen hat. Das Konzept der Verfassungsausbildung wird von Autoren abgelehnt, die davon ausgehen, daß in der EU und umsomehr in der WTO, die zwischenstaatlich-internationale Ebene noch vorherrschend ist und daß statt einer Regelbindung die regelverändernden Interessen der Staaten weiterhin ausschlaggebend sind. Aus kritischer Perspektive kann dieser Ansammlung von Verfassungselementen die demokratischen Legitimität abgesprochen werden. Somit kann auch von einer verfassungsähnlichen Ordnungsstruktur ohne Verfassungscharakter ("constitutional order without constitutionalism") gesprochen werden. Vgl. Weiler 1999: 297-298.

Entscheidungsfindung zugrundeliegen und deren wirtschaftspolitische Optionen beeinflussen und beschränken. Dieser Aspekt führt zur Nutzung des Terminus der Verfassungsbildung durch liberale Autoren[82], die diese Entwicklung begrüßen, nicht zuletzt um, so die Erwartung, liberalen, effizienzfördernden Wirkungsmechanismen zur Geltung zu verhelfen.[83] Es sind aber nicht nur die Theoretiker der internationalen Verfassungsbildung, die die These vertreten, daß liberale Wirkungsmechanismen, gestärkt durch liberale Außenhandelspolitiken und marktbasierte Transaktionen effizienz- , wohlfahrts-, bzw. entwicklungsfördernd sind. Diese These wird von einem breiten Strom liberal ausgerichteter Wirtschaftswissenschaft und Entwicklungsökonomie vertreten.[84]

Läßt man sich auf die ungewohnte internationale wirtschaftspolitische und politische Dimension ein und fragt, welche Wirtschaftsordnung und welche Regeln dort gelten sollen, ist ein anderes Verständnis des Verfassungsbegriffs nötig, der die internationale nicht in direkte Analogie mit der nationalen Ebene begreift, sich aber vorstellen kann, daß durch ein "Entstehen eines Netzwerks von Verfassungselementen" auch auf der internationalen Dimension gewohnte Verfassungsfunktionen ausgeübt und bewirkt werden können.[85] Die einzelnen Staaten können daran interessiert sein, sich in solche Regelwerke einzubinden, weil sie sich von einer Beteiligung am Aufbau internationaler Regelwerke sachbezogene Regeln erhoffen sowie wünschen, daß Souveränitätsverluste durch den

---

[82] Zweitens wird der Terminus 'constitutionalization' seitens liberaler Denker verwendet, die den westlichen Verfassungen vorwerfen, sie würden nicht genügend gegenüber Interessengruppen schützen und die deshalb versuchen neue 'Verfassungsregeln' zu entwickeln. Diese Denkrichtung nennt sich konstitutionelle politische Ökonomie gesprochen ('constitutional political economy'). Brennan/Buchanan 1993; Vanberg 1992. In bezug auf diese Diagnose vom mangelnden Schutz vor Interessengruppen wird von "Verfassungsversagen" gesprochen ('constitutional failure'). Petersmann 1988: 241. Dieses Verfassungsversagen soll durch "democratic constitutionalism" korrigiert werden, indem das GATT bzw. die WTO als supranationale Ordnung, nach Vorbild der EU Integrationsordnung gesehen wird, und in ähnlicher Weise direkt erzwingbare private Freiheitsrechte etablieren soll, damit protektionistische Politiken und andere Eingriffe in den Außenhandel unterblieben. Tumlir 1983: 81. Diesen internationalen Regeln wird es zugeschrieben, eine 'zweite Verteidigungslinie von Verfassungsprinzipien' ("second line of national constitutional entrenchment") aufzubauen. Tumlir 1983: 80. Dabei wird unterstellt, daß die nationalen Verfassungen liberale Freiheitsrechte besser schützen sollten, denn dies sei in den USA schon gefährdet. Die internationale Wirtschaftsordnung soll dabei den nationalen Ordnungen zur Hilfe kommen. Tumlir 1983: 79. Als internationale Wirtschaftsverfassung wird die WTO konzipiert von Tumlir 1983; 1985; Petersmann 1986; 1988; 1989; 1997: 34-42. Hier wird nicht nur für klare Regeln und einen Streitbeilegungsmechanismus plädiert, um Rechtssicherheit zu erhöhen und Liberalisierung zu stabilisieren, also etwas, daß auf mittelbare Weise einen freien Handel befördert, sondern auch dafür, daß nationale Gerichte unmittelbar von Privatpersonen angerufen werden können, um solche internationalen Regeln gegenüber dem eigenen Staat durchzusetzen. Ersteres konnte zu einem gewissen Grad, letzteres bislang noch nicht erreicht werden. Stoll 1997: 137-143. Vgl. im Detail zur EU Van den Bossche 1997; zur USA Leebron 1997; zu Japan Iwasawa 1997; zu Brasilien Casella 1997. Diese Theorierichtungen überdeckt sich teilweise mit der 'public choice'-Theorie, zumindest dann, wenn sich diese auf liberale wirtschaftswissenschaftliche Annahmen stützt. Dazu weiter unten mehr. Frey 1984; Vaubel 1986. Zumindest Tumlir und Petersmann lassen sich zu dieser Theorierichtung zählen. Zu Tumlir Hauser et al. 1988: 224-226. Mit einem anderen Schwerpunkt: Langer 1995. Moderater liberal gibt sich Stoll 1997.

[83] Es wird erwartet, daß die Beförderung von individuellen Freiheitsrechten und ein freier internationaler Handel die nationale und internationale Wohlfahrt befördert: "Diese, bis auf die Lehren von Adam Smith und David Ricardo zurückgehende Erkenntnis ist kaum ernsthaft bestritten". Stoll 1997: 87. Ausgangspunkt der Ausführungen wird die "allgemeine Vorteilhaftigkeit des internationalen Handels" bei Langer 1995: 10. Eine extreme Version wird vertreten, wenn Liberalisierung kombiniert mit der Abwesenheit jeglicher Eingriffe von Regierungen, die per se als effizienzmindernd angesehen werden, als effizienzmaximierend angesehen wird. Ziel einer Verfassungsbildung ist es, vor Interessengruppen zu schützen, die effizienzmindernde Schutzmaßnahmen wünschen, beispielsweise Zölle. Petersmann 1995: 9-10, 15-16; Petersmann 1986: 248-249; Petersmann 1988: 240-241; Petersmann 1997: 10-16. Pauschal wird angenommen, daß "liberal (free) trade is the best policy for all countries" von Tumlir 1983: 75.

[84] Little et al. 1970; Bhagwati 1978; Balassa et al. 1982; Williamson 1990; Krueger 1978, 1997, 1998, 2000; Dollar 1992; Srinivasan/Bhagwati 1999.

[85] Walter 2000: 7. Siehe zur Debatte um diese Verwendung des Begriffs Verfassung auf internationaler, nationaler sowie EU-Ebene auch Krajewski 2001: 124-127, 185-188.

Einfluß auf andere Rechtsordnungen kompensiert werden.[86] Wie auch immer diese Konzepte zu bewerten sind, sei bemerkt, daß es nicht ungewöhnlich ist, in der völkerrechtlichen Diskussion in bezug auf Regeln, die sich auf das internationale System der Staaten beziehen, von Verfassung zu sprechen. Zum Beispiel war in bezug auf die VN-Charta und die internationalen Menschenrechtsabkommen bereits die Rede von einer "völkerrechtlichen Nebenverfassung".[87] So könnte etwa, womöglich zum gegenwärtigen Zeitpunkt noch, die Charta der Vereinten Nationen als Verfassung der weltweiten Staatengemeinschaft angesehen werden.[88] Oder es werden "Ansätze zu einer Konstitutionalisierung" der Völkerrechtsordnung ausgemacht, welche die Staaten an "höhere Werte" binden, im Unterschied zu einem "reinen, auf dem Willen der Staaten aufbauenden Koordinationssystems."[89] Zu diesen Ansätzen wird u.a. die Entstehung der völkerrechtlichen *ius cogens* Normen, bestimmte Grundsätze zum Umgang mit Gewalt, der Menschenrechtsschutz, die WTO und das VN-Seerechtsabkommen sowie Umweltschutzabkommen gezählt.[90]

4.1 BRD

Um diese Diskussion auf eine solide Grundlage zu stellen, soll erst einmal am Beispiel der BRD geklärt werden, wie Verfassung auf nationaler Ebene konzipiert wird. Deutlich wird, daß diese Verfassung nicht primär auf wirtschaftliche Aspekte ausgerichtet ist. Dennoch enthält sie wirtschaftsbezogene Grundsätze, die eine Diskussion und terminologische Einordnung der Ausrichtung einer nationalen Wirtschaftsverfassung ermöglichen. Anhand dieser Darstellung können weiterhin die Spannungen verdeutlicht werden, die im Verhältnis nationaler zu übergeordneten, supranationalen Regelwerken entstehen können.

Die staatliche Verfassung soll nach dem allgemeinen Verständnis am Ende des zwanzigsten Jahrhunderts nicht nur über Vorschriften zur Organisation demokratischer Verfahren verfügen, sondern auch materiale Wertebezüge enthalten.[91] Eine Verfassung sollte bestimmte Anforderungen erfüllen und bestimmte diesen entsprechende Funktionen ausführen. Ausgehend vom Gewaltmonopol des Staates, nötig um Sicherheit zu garantieren und eine friedliche Konfliktbearbeitung zu ermöglichen, werden von ihr grundlegende Organisationsstrukturen bzw. demokratische Verfahren des

---

[86] Walter 2000: 4.
[87] Tomuschat 1978: 52, 62. Der Verweis darauf in Krajewski 2001: 186. Siehe auch die nächste Fußnote.
[88] So jedenfalls für die Situation vor dem 11. September 2001. Fassbender 1998; Frowein 1998. In der völkerrechtlichen Literatur wird der Verfassungsbegriff somit auf eine multilaterale Ordnungsstruktur mit explizit materialen, wertebezogenen Aspekten und zentralen Organen, etwa den Sicherheitsrat, beschränkt. Der wichtigste Grundsatz der VN-Charta ist das Gewaltverbot. Dazu kommen andere Prinzipien, etwa das Recht auf Selbstbestimmung sowie Verweise auf Menschenrechte. Verdross/Simma 1984: 72-74. Siehe auch Wolfrum in VN-Charta Kommentar 1991: 11-14. Schon die traditionelle, weniger organisierte Völkerrechtsordnung wird aber als "Verfassung der nichtorganisierten Staatengemeinschaft" bezeichnet. Verdross/Simma 1984: 59.
[89] Frowein 2000: 428.
[90] Frowein 2000: 429-445.
[91] Die Verfassung wird folgendermaßen definiert und enthält formale und materiale Bezugsdimensionen: "Verfassung ist die höchstrangige normative Aussage über die Grundprinzipien der Herrschafts- und Wertordnung im Staat." Stern 1977: 59. Demokratisch deshalb, weil das Verfassungsverständnis der westlichen Welt auf der Idee der verfassungsgebenden Gewalt des Volkes basiert: "Die normative Verfassung ist der Ausdruck des Staatsethos, das den einzelnen nicht nur in seinem staatsfreien Dasein, sondern auch in seiner politischen Existenz als Mitverantwortlichen und Mitentscheidenden ernst nimmt und ihn nicht als bloßes Objekt betrachtet." Werner Kägi in Stern 1977: 58.

Staates festgelegt (Organisationsfunktion). Die Herrschaftsunterworfenen, also die Staatsbürger, werden in die Begründung von Herrschaft einbezogen werden und dadurch wird staatliche Machtausübung legitimiert (Legitimationsfunktion, Demokratieprinzip). Die Verfassung soll weiter staatliche Macht begrenzen und kontrollieren (Machtbegrenzungsfunktion) und Freiheit, Rechtsschutz und Selbstbestimmung des Individuums garantieren. Schließlich enthält sie Leitgrundsätze über materiale Staatsziele und die Rechtsstellung der Bürger (d.h. sie etabliert neben einer formalen bzw. prozeduralen eine materielle bzw. materiale Legitimation) und sie kann durch die kontinuierliche Geltung bestimmter Prinzipien eine Stabilisierungsfunktion ausführen.[92]

Staatliche Machtausübung und eine Rechtsordnung sind nur dann legitim, wenn sie sich auf eine Verfassung stützen können. Durch die Verfassung wird Herrschaft begrenzt und begründet.[93] Rechtliche Ordnung ist nach diesem Verständnis kein Selbstzweck, sondern ist als "inhaltlich bestimmte, 'richtige' und deshalb legitime Ordnung aufgegeben."[94] Dabei geben die Grundrechte und die Verfassung materiale Ordnungsprinzipien vor, also Wertentscheidungen, die ein "bestimmtes Kultur- und Wertsystem" vorprägen.[95] In diesem Zusammenhang werden die Grundrechte als "objektive Wertordnung" gedeutet, dies wird in ständiger Rechtsprechung vom Bundesverfassungsgericht bestätigt.[96] Dieser Ansatz ist kompatibel mit der Diskurstheorie von Habermas, der dem in demokratischen Institutionen erfolgten Austausch von Argumenten zuspricht, Entscheidungen herbeizuführen, die Kraft des besseren Argumentes erfolgen, welche potentiell als Vernunftentscheidungen anzusehen sind und denen auch eine moralische Qualität zukommen kann. Je nach moralischer Qualität können die daraus resultierenden Normen eine universelle Gültigkeit beanspruchen. Diese Entscheidungen können in Form von Rechtsregeln dauerhaft wirksam werden.[97] Dies bedeutet nicht, daß die Grundrechte im Sinne ethischer Lebensorientierungen zu deuten sind. Sie stellen vielmehr tendenziell moralisch begründbare Normen dar, die in ihrer Abstraktheit gewisse Spielräume gegenüber ethisch begründeten Lebensentwürfen implizieren.[98] Dieses Spannungsfeld spiegelt sich in der Verfassungsauslegung wieder. Teilweise ist die Verfassung bewußt offen, arbeitet mit "abstrakten und ausfüllungsbedürftigen Begriffen (...), um politischen Kräften (...) Entfaltungsspielräume zu gewähren".[99] Aber: "Die Verfassung läßt nicht nur offen, sondern sie legt auch verbindlich fest, was nicht offen bleiben soll."[100]

Zur Verfassung gehören materiale Ordnungsprinzipien, beispielsweise die Strukturprinzipien bzw. Staatszielbestimmungen, etwa Abs. 1 mit dem sozialen Bundesstaat oder Art. 28 Abs. 1 in dem vom

---

[92] Modifiziert nach Isensee 1987: 630-640; 644-645; Stern 1977: 61-62; Hesse 1999: 10-14; Walter 2000: 5.
[93] Stern 1977: 62-63, 65.
[94] Hesse 1999: 10.
[95] Stern 1977: 77. Siehe dazu das Lüth-Urteil des BVerfGE 7, 198. In: Bundesverfassungsgericht 1997a: 44.
[96] Mit Verweisen auf weitere dementsprechende Urteile Schmidt 1990: 102.
[97] Habermas 1992: 154-155.
[98] Siehe die Debatte mit Charles Taylor und anderen Autoren in Habermas 1997: 320-336.
[99] Stern 1977: 65.
[100] Hesse 1999: 12. Im selben Sinn: Stern 1977: 65.

soziale Rechtsstaat und der freiheitlich demokratischen Grundordnung die Rede ist.[101] Nicht zuletzt diese materialen Leitgrundsätze machen die Verfassung "zur Grundlage der staatlichen Rechtsordnung" und zur "normativen Grundordnung des Staates".[102] In der auf den Staat bezogenen Verfassungstheorie bzw. dem Staatsrecht, werden diese materialen Ordnungsprinzipien und Funktionen über alle anderen gestellt. Für den Bereich der Wirtschaft ist dies bedeutsam, weil im Konfliktfall diese objektive Wertordnung als Grundlage für eine grundrechtliche Güterabwägung dient.[103]

Die Wirtschaftsordnung und deren Aufgaben werden nicht von den Grundrechten konkretisiert. Es ist Auffassung des Bundesverfassungsgerichts in der BRD, daß sich die Verfassungsgeber nicht für ein bestimmtes Wirtschaftsmodell entschieden haben und dies wird als 'Neutralität des Grundgesetzes' bezüglich wirtschaftspolitischer Fragen bezeichnet.[104] Die jeweiligen Regierungen sollen die ihnen jeweils als sachgemäß erscheinende Wirtschaftspolitik betreiben, wobei sie aber das Grundgesetz beachten müssen. Dies bedeutet somit nicht, daß die Grundrechte dafür unwichtig sind, sondern es geht vor allem darum, daß es das Bundesverfassungsgericht bei der Überprüfung von Gesetzen beispielsweise für irrelevant hält, ob sie wettbewerbsneutral sind, mit der herrschenden wirtschaftspolitischen Lehrmeinung übereinstimmen, ob sie im Interesse von Gruppen erlassen wurden, ob sie im Einklang mit der bisherigen Wirtschafts- und Sozialordnung stehen oder ob sie marktkonform sind.[105] Auch eine nur mit marktkonformen Mitteln gesteuerte soziale Marktwirtschaft ist nicht vom Grundgesetz garantiert.[106] Es gibt auch keinen Zwang, gleiche Wettbewerbschancen herbeizuführen.[107] Anders formuliert: Es gibt kein Subventionsverbot oder ein Recht auf freien Wettbewerb und schrankenlosen Eigentumsschutz. Welche Relevanz haben dann bestimmte Grundrechte?

Aus der Interpretation von Rechtsgrundsätzen, wie der Berufsfreiheit, Eigentumsfreiheit, Vertragsfreiheit und Wettbewerbsfreiheit, die partiell geschützt sind, lassen sich wohl Rechte herleiten und aus diesen Einzelgrundrechten punktuelle Anhaltspunkte, aus deren Perspektive sich Gesetze, die sich auf die Wirtschaft beziehen, beurteilen lassen. Das Bundesverfassungsgericht kann beispielsweise aufgrund der Berufs- und Eigentumsfreiheit ein Gesetz als nichtig ansehen, dies ist aber, bei weiten Regulierungsspielräumen für den Gesetzgeber, nur dann möglich, wenn etwa die

---

[101] "Die entscheidende Frage ist daher nicht, ob die Verfassung eine materiale Grundordnung darstellt, sondern inwieweit sie Festlegungen trifft und welche". Stern 1977: 77; siehe dort auch 19, 76-78.
[102] Stern 1977: 78.
[103] Schmidt 1990: 102.
[104] Hesse 1999: 12, 191-192; Schmidt 1990: 74-75. Siehe dazu das Investitionshilfeurteil BVerfGE 4, 7 (17). Hintergrund war eine einmalige staatliche Besteuerung von Unternehmen, um andere Branchen, hier Kohle und Stahl, zu subventionieren. Siehe auch Apothekenurteil BVerfGE 7, 377 (400); Mitbestimmungsurteil BVerfGE 50, 290 (338).
[105] BVerfGE 4, 7 (18); BVerfGE 7, 377 (400), BVerfGE 50, 290. Schmidt 1990: 75.
[106] BVerfGE 4, 7 (17); BVerfGE 12, 341 (347-348). Schmidt 1990: 75. Wiewohl das Bundesverwaltungsgericht Urteile fällt, die teils solche Kriterien verwenden, sind sie nicht vom BVerfGE bestätigt worden. Schmidt 1990: 122.
[107] Automatenaufsteller BVerfGE 14, 19 (23). Schmidt 1990: 75. Siehe auch BVerfGE 12, 341 (347). Auch das Stabilitätsgesetz, Art. 1, das postuliert, daß die Maßnahmen im "Rahmen der marktwirtschaftlichen Ordnung" erfolgen müssen, läßt nicht den Schluß zu, daß eine Verfassungsgarantie für eine bestimmte wirtschaftspolitische Ausrichtung vorliegt. Schmidt 1990: 304.

Gemeinwohlerwägungen nicht vernünftig begründet und die Substanz dieser Rechte angegriffen wird.[108] Von den Einzelgrundrechten ausgehend, lassen sich zudem keine klaren Verpflichtungen in bezug auf die höhere, wirtschaftssystemische Ebene ableiten, welche hinsichtlich einer bestimmten Wirtschaftsordnung konkretisiert werden könnten.[109] Diese Flexibilität wird auch daran deutlich, daß in Art. 15 GG eine Sozialisierungsbefugnis enthalten ist, welche die Vergesellschaftung von Grund und Boden, Naturschätzen und Produktionsmitteln ermöglicht, mit der Voraussetzung, daß ein Parlamentsgesetz zur Entschädigung vorliegt.[110]

Die Bundesregierung beherrscht die wirtschaftpolitische Gesetzgebung und installiert die unterschiedlichsten Behörden, die eine Wirtschaftsverwaltung durchführen. Wichtig ist hier im Grundgesetz besonders Art. 74, der eigentlich für die konkurrierende Gesetzgebung von Bund und Ländern vorgesehen wurde, wobei die jeweiligen Bundesregierungen ihre Zuständigkeiten sehr weitgehend ausgeschöpft haben und diesen Artikel immer mehr ausweiteten, beispielsweise auf Vorschriften für Nr. 24, die Luftreinhaltung und Nr. 13, die Förderung der wissenschaftlichen Forschung, und damit den Ländern wenig Spielräume für die eigene Gestaltung der Wirtschaft einräumten.[111] Dem Bund wird somit durch die Verfassung ausdrücklich in breiter Form eine Zuständigkeit für die Wirtschaftsordnung zugesprochen: In Art. 74 Nr. 11 wird das Recht der Wirtschaft (Bergbau, Industrie, Energiewirtschaft, Handwerk, Gewerbe, Handel, Bank- und Börsenwesen, privatrechtliches Versicherungswesen) genannt, in Nr. 12 das Arbeits- und Betriebsverfassungsrecht sowie die Arbeitsvermittlung, in Nr. 16 die Verhütung des Mißbrauchs wirtschaftlicher Machtstellung und in Nr. 17 die Förderung landwirtschaftlicher Erzeugung und Sicherung der Ernährung sowie in Nr. 19 und 20 der Schutz vor Tier- und Pflanzenkrankheiten.[112]

Wie weit die Befugnisse des Bundes gehen wird an folgendem Zitat aus einem Urteil das BVerfG deutlich: "Nach Art. 74 Nr. 11 GG können auch Bundesgesetze erlassen werden, die ordnend und lenkend in das Wirtschaftsleben eingreifen."[113] Darauf basierend kann der Bund eine Wirtschaftsverwaltung durchführen, die durchaus einschränkende Wirkungen beispielsweise auf Vertragsfreiheit und das Eigentumsrecht hat. Solche Auswirkungen haben zum Beispiel Gesetze über die Gestaltung von Unternehmensformen, das Patent- und Urheberrecht, das Verbraucherschutzrecht, sicherheitsrechtliche Regelungen, Außenwirtschaftsrecht, das Umweltschutzrecht und das

---

[108] Zum Beispiel wird in BVerfGE 14, 19 festgestellt, daß die Gemeinwohlbegründung nicht überzeugend ist und somit der Eingriff in die Berufsfreiheit als übermäßig anzusehen ist. Hier kann nur ein kleiner Ausschnitt aus der relevanten Terminologie wiedergegeben werden, wobei diverse weitere Rechtsgrundsätze wirksam sind. Genaueres in Schmidt 1990: 117-129 (Berufsfreiheit); 129-147 (Eigentumsfreiheit); 165- 172 (allgemeiner Gleichheitssatz); 179-182 (Übermaßverbot).
[109] Denn wenn die einzelnen Grundrechte insgesamt genommen werden, um daraus Anhaltspunkte dafür zu gewinnen, welche Wirtschaftsgesetze (hier geht es um das Mitbestimmungsgesetz) vor der Verfassung Bestand haben könne, dann liegt dies in der Nähe davon, doch eine Vorstellung von einem Wirtschaftssystem auszubilden. Das BVerfGE bleibt aber dabei, daß es keine Wirtschaftsverfassung in das Grundgesetz hineinliest und legt Wert auf eine "deutliche Akzentuierung der Einzelgrundrechte". Schmidt 1990: 76-77. Siehe das Mitbestimmungsurteil BVerfGE 50, 290.
[110] Die Entschädigung muß noch nicht einmal dem vollen Verkehrswert entsprechen. Auf der anderen Seite muß der Eigentumswert beachtet werden. Schmidt 1990: 144-145.
[111] Maunz in Maunz/Dürig 1997: 9-10.
[112] Maunz in Maunz/Dürig 1997: 9-10, 27, 70. Schmidt 1990: 392.
[113] Investitionshilfeurteil BVerfGE 4, 13. Siehe dazu Maunz in Maunz/Dürig 1997: 66.

Wettbewerbsrecht.[114] Generell, so die Meinung in den Kommentaren, fällt die Tätigkeit der Wirtschaftssubjekte in den Sozialbereich und dies eröffnet weite Regelungsspielräume.[115]

Mit dem Außenwirtschaftsrecht bzw. dem nun vorrangig geltenden Exportkontrollrecht der EU gestehen sich die Bundesregierung, aber auch die Regierungen der Bundesländer, die hier noch zum Teil Zuständigkeiten haben, zu, den Warenverkehr mit fremden Wirtschaftsgebieten zu kontrollieren und bestimmte Schutzmaßnahmen zu ergreifen.[116] Eingriffe in Verträge und Eigentumspositionen sind hierbei weitgehend zulässig. Obwohl das Außenwirtschaftsgesetz generell von einem freien Handel ausgeht, sind diese interventionistischen Optionen vom Bundesverfassungsgericht nicht beanstandet worden.[117] Anders formuliert: Freier Handel wird nicht auf schrankenlose Art und Weise garantiert.

Eingriffsgründe für Einschränkungen des Außenhandelsverkehrs sind der Schutz der Sicherheit und der auswärtigen Beziehungen oder wenn Importe heimische Industrien schädigen. Letzterer Eingriffstatbestand ist beispielsweise an die Anforderungen der GATT-Schutzklausel angeglichen worden, wobei angemerkt wird, daß der Schutz eines heimischen Wirtschaftszweiges "weitgehend politischer Bewertung überlassen" bleibt.[118] Weitere Eingriffe in den grenzüberschreitenden Warenverkehr können zum Zwecke des Schutzes der öffentlichen Ordnung, der Umwelt, der menschlichen Gesundheit, der Tier- und Pflanzenwelt, dem gewerblichen Rechtsschutz, dem Schutz von Kulturgütern u.a. erfolgen.[119] Die diesbezüglichen BRD-Gesetze und die für den Außenwirtschaftsverkehr geltenden Richtlinien und Verordnungen der EU-Handelspolitik (etwa auch

---

[114] Genaugenommen stützen sich nur Teile des Umweltschutzrechts auf diesen Artikel. Siehe zu diesem Abschnitt Maunz in Maunz/Dürig 1997: 66-67, 90-91. Schmidt 1990: 291-298.
[115] Schmidt 1990: 164-165.
[116] Zum Außenwirtschaftsrecht der BRD grundlegend Putzier 1987; Reuter 1995; Kareseit 1998a.
[117] Die Kaufleute und sonstigen Gewerbetreibenden müssen im Außenwirtschaftsverkehr damit rechnen, daß solche Eingriffe erfolgen. Wichtige rechtsstaatlichen Gebote, etwa Rechtssicherheit, Vertrauensschutz, stehen unter diesem Vorbehalt. Andere verfassungsrechtliche Grundsätze sind zwar wirksam, etwa der Grundsatz der Verhältnismäßigkeit, der Geeignetheit, der Zumutbarkeit und der Gleichbehandlungsgrundsatz, es bleiben aber weite Spielräume. Nur sehr selten entstehen Konflikte mit Grundrechten, etwa mit dem Recht auf Berufsfreiheit oder der Eigentumsfreiheit. Generell wird davon abgeraten, das Bundesverfassungsgericht in dieser Frage zu behelligen, zumal die meisten Aspekte längst von EU-Recht wahrgenommen werden. In bezug auf die EU gibt es jedoch bis heute keinen Grundrechtekatalog. Das Außenwirtschaftsrecht regelt in breiter Weise Eingriffe unter anderem auch in den Kapitalverkehr. Weiterhin sind Eingriffe bzw. Embargomaßnahmen abgedeckt, die aus Gründen der nationalen Sicherheit oder der Störung des friedlichen Zusammenlebens der Völker erfolgen. Ausführlich Putzier 1987: 34-39; und Reuter 1995: 255, 276-277.
[118] Putzier 1987: 81, 78-83. Nach Para. 10 Abs. 3 AWG kann die Einfuhr beschränkt werden, wenn "Waren in derart erhöhten Mengen und unter solchen Bedingungen eingeführt würden, daß ein erheblicher Schaden für die Erzeugung gleichartiger oder zum gleichen Zweck verwendbarer Waren im Wirtschaftsgebiet droht, und wenn dieser Schaden im Interesse der Allgemeinheit abgewendet werden muß." Siehe BGBl. Teil I, 1961, S. 485. Diese Regeln sind im Prinzip mit dem GATT vereinbar, werden aber durch das EU-Exportkontrollrecht beschnitten bzw. umgesetzt. Reuter 1995: 258.
[119] Kareseit 1998a: 415-447. Deutschland kennt nicht den Begriff Handelspolitik, sondern teilt das Warenverkehrsrecht in Außenwirtschaftsrecht und Zollrecht auf. Dies sind die übergreifenden Rechtsrahmen, die aber durch weitere Gesetze konkretisiert werden, beispielsweise das Arzneimittelgesetz, das Betäubungsmittelgesetz, das Sprengstoffgesetz, die Fleischhygiene-Verordnung und das Bundesnaturschutzgesetz. Im Zolltarif werden Verbote und Beschränkungen mit dem Zeichen 'VuB' gekennzeichnet, und es werden Nummern angegeben, die auf die Vorschriftensammlung der Bundesfinanzverwaltung hinweisen. Die oben genannten Sachbereiche beruhen auf der Klassifikation, die in dieser Sammlung verwendet wird. Siehe grundlegend Kareseit 1998a: 440.

die von der Kommission festgelegten mengenmäßigen Kontingente), werden dann auf nationaler Ebene mit Hilfe der nationalen Verwaltungen umgesetzt.[120] Siehe dazu beim Thema EU gleich mehr.

In der BRD ist weiterhin durch das Sozialstaatsprinzip der Leitgrundsatz aufgegeben, eine soziale Marktwirtschaft zu etablieren, der einerseits weitgehende sozialstaatliche Aktivitäten abdeckt.[121] Wiewohl daraus keine direkten Rechte herleitbar sind ('soziale Grundrechte'), ist doch festzuhalten, daß es sehr wohl ein, an den Staat gerichtetes, aber auch "subjektives, öffentliches Recht auf Fürsorge" bzw. auf ein "Minimum an äußeren materiellen Leibes- und Lebensbedingungen" bzw. auf ein "Existenzminimum" gibt.[122]

Mit welcher Wirtschaftspolitik das Sozialstaatsprinzip umgesetzt wird, ist, siehe oben, nicht geregelt. Somit ist es durchaus denkbar, daß eine liberale Politik, die eine Wohlfahrtsmaximierung zum Ziel hat, mit diesem Prinzip übereinstimmt.[123] Ausdrücklich wird auch das marktkonforme Modell, daß in der BRD, mit Einschränkungen, faktisch etabliert wurde, als verfassungskonform akzeptiert und als soziale Marktwirtschaft bezeichnet.[124] Ebenso sind aber Politiken, die regulative Eingriffe beinhalten und protektionistische Instrumente nutzen verfassungskonform, solange dies nicht eine bestimmte Schwelle überschreitet. Eine allgemeine Verantwortung für das Marktgeschehen außerhalb einer Sozialpolitik im engen Sinne nimmt der Staat in der BRD durch das Stabilitätsgesetz wahr.[125]

Obwohl die Verfassung gewisse Spielräume bezüglich der Wirtschaft aufrechterhält, orientiert sich die Wirtschaftspolitik an einer ordoliberal konzipierten sozialen Marktwirtschaft, aber in einer Ausformung dieser, die Ausnahmen von liberalen Prinzipien zuläßt, dazu im weiteren Verlauf der Arbeit mehr. Die liberale Komponente dieser als relativ flexibel anzusehenden Wirtschaftsordnung wird durch ein punktuell wirksames Netz der Grundrechte gestützt, die sicherlich darauf hinwirken, daß faktisch die Einführung eines gänzlich anderen Wirtschaftstypus nicht erfolgt, zum Beispiel weil dies nicht bezahlbare Entschädigungsverpflichtungen, die bei einer Enteignung von Privateigentum entstehen würden, nach sich ziehen würde. Aus diesen Gründen ist zumindest eine Tendenz hin zur Erhaltung einer liberalen marktwirtschaftlichen Ordnung aus der Verfassungsregeln herleitbar.[126]

---

[120] "Zur Beachtung des gemeinschaftsrechtlichen Außenwirtschaftsrechts genügt deshalb formal die Beachtung des nationalen Außenwirtschaftsrechts." Putzier 1987: 10. Die Europäische Kommission koordiniert die nationalen Zuteilungen der Kontingente. Kareseit 1998a: 425-428; 484-485.
[121] Das aber keine individuellen Rechtsansprüche beinhaltet. Hesse 1999: 94. Siehe dazu näheres in Fußnote 38. Vgl. Zacher 1987: 1109; Isensee 1987; 651; Herzog 1988: 105.
[122] Vgl. Hesse 1999: 91-92; Herzog 1988: 105-106. Sowie: Dürig in: Maunz/Dürig 1997: Art. 1, Rn. 43.
[123] Hier sei etwa auf das ordoliberale Argument, daß die beste Sozialpolitik Wettbewerbspolitik sei, verwiesen. Siehe etwa Külp 2000: 171.
[124] Schmidt 1990: 69. Siehe dazu das frühe Urteil zur Investitionsbeihilfe, bei der explizit soziale Marktwirtschaft mit dem Begriff "marktkonforme Mittel" in Verbindung gebracht wird. BVerfGE 4, 7. In: Bundesverfassungsgericht 1997a: 23.
[125] Siehe: Gesetz zur Förderung der Stabilität und des Wachstums der Wirtschaft, 8. Juni 1967, in: BGBl. 1967 I S. 582. Stoll 1997: 89. Siehe die frühe kritische Analyse von Tuchfeldt 1973. Aus heutiger ordoliberaler Sicht: Oberender 1989: 334-336.
[126] Es wird darauf hingewiesen, daß die Eigentumsgarantie faktisch die Abschaffung von Markt und Wettbewerb verhindert. Schmidt 1990: 74. In anderen Kommentaren wird ausgeführt, daß vieles in der Verfassung dafür spricht, daß zumindest ein Zentralverwaltungssystem nicht mit der Verfassung kompatibel ist, nicht zuletzt, weil dies auch auf die Freiheit der Berufswahl und die Koalitionsfreiheit einschränkend wirken kann. So Papier in Maunz/Dürig 1994: 35.

Derselbe Autor bemerkt aber, daß sich dies nicht direkt aus den Grundrechten herauslesen ließe.[127] Somit bleibt es bei relativ weiten Regelungsspielräumen[128], die nicht nur von den Grundrechten sondern auch den demokratisch gewählten, parlamentarischen Mehrheiten abhängen.[129] Beispielsweise ist deshalb, mit Verweis auf die Subventionsvergabe, bezüglich der BRD nicht von einer marktwirtschaftlichen, sondern einer "gemischten Wirtschaftsverfassung" die Rede.[130]

In bezug auf die völkerrechtliche Ebene und die Optionen sich in einem offenen Verfassungsstaat bzw. in "offener Staatlichkeit"[131] an völkerrechtliche Regeln zu binden, dies ermöglicht Art. 24 Abs. 1 GG, ist hervorzuheben, daß auch hier ein demokratisches Moment verbleibt, nämlich der Mitwirkung des Bundestags beim Abschluß völkerrechtlicher Verträge mit weitgehender Wirkung.[132] Die Verfassung erlaubt damit die "Verlagerung von Rechtssetzungsbefugnis auf zwischenstaatliche Einrichtungen und öffnet damit ihren Herrschaftsbereich fremder, aus verschiedenen nationalen Hoheitsgewalten zusammengesetzer internationaler bzw. supranationaler Hoheitsgewalt."[133] Darunter fällt beispielsweise auch der WTO-Vertrag.[134] Nach diesen Ausführungen zum bundesdeutschen Verfassungsrecht werden Spannungslinien sichtbar, die durch die Einbindung der BRD in internationale Verträge entstehen. Denn wiewohl die Staatensouveränität bezüglich der Regulierung der eigenen Wirtschafts- und Eigentumsordnung zum Verständnis des völkerrechtlichen Wirtschaftsrechts von Bedeutung bleibt, nicht zuletzt weil von seiten der Verfassung diverse wirtschaftspolitische Spielräume eingeräumt werden, ist zu beobachten, daß das internationale Wirtschaftsrecht staatliche Handlungsspielräume immer deutlicher einschränkt.[135] Die EU, aber auch die WTO, wirken in einer relativ weitgehenden, wenn nicht unbedingt direkten Art und Weise (bzw. nicht im Sinne einer unmittelbaren Anwendbarkeit) auf innerstaatliche Rechtsregeln ein und dies beschränkt, siehe unten, wirtschaftspolitische Spielräume, die die Verfassung eigentlich einräumt.[136]

Die Staaten selbst haben aber in souveränen Entscheidungen dem Eingehen dieser völkerrechtlichen Bindungen zugestimmt, insofern kann der Grundsatz der Staatensouveränität nicht als vollständig

---

[127] Schmidt 1990: 74.
[128] Näheres dazu in Abschnitt 'H' dieser Arbeit: Damit war der gesamte Katalog staatlicher Eingriffe in die Wirtschaft, der in der Nachkriegszeit in der BRD vorgenommen wurde, verfassungskonform: Schutz von Industrien, Subventionen, spezielle Regulierungen für Industriebereiche, etwa für Banken und Versicherungen oder für Eisen-, Stahl-, oder Kohle.
[129] Krajewski 2001: 196.
[130] Anhand des Beispiels, daß in der BRD Subventionen vergeben werden. Nicolaysen 1996: 320.
[131] Randelzhofer in Maunz/Dürig 1994: 13. Dabei ist Offenheit kein Begriff des positiven Verfassungsrechts, sondern gehört der "akademischen Theoriebildung" an und bezeichnet in bezug auf die BRD u.a. die Beachtung völkerrechtlicher Regeln in der nationalen Gesetzgebung durch den Grundsatz der völkerrechtsfreundliche Auslegung. Dagegen gibt es je nach Bereich aber auch Vorbehalte, dies wird oben schon in bezug auf die EU deutlich. Grundlegend zur Offenheit der Verfassung bezüglich des Eingehens von Verpflichtungen durch internationale Verträge. Tomuschat 1992: 487; Tomuschat 1978: 16-26; Hobe 1998; Randelzhofer in Maunz/Dürig 1994.
[132] Grundlegend zum Parlamentsvorbehalt Art. 59 Abs. 2 GG Fastenrath 1986: 217-218; Mosler 1992. Die Formulierung von Art. 24 Abs. 1 GG lautet: "Der Bund kann durch Gesetz Hoheitsrechte auf zwischenstaatliche Einrichtungen übertragen." Siehe im Detail Randelzhofer in Maunz/Dürig 1994. Allgemeine Regeln des Völkerrechts haben nach Art. 25 GG Vorrang vor einfachen Gesetzen nicht aber vor der Verfassung selbst. Andere Regeln des Völkerrechts, etwa völkerrechtliche Verträge, bedürfen, gemäß Art. 59 Abs. 2 GG, der Zustimmung des Bundestags. Hesse 1999: 44.
[133] Hobe 1998: 531; Mosler 1992: 601.
[134] Hilf 1997: 123.
[135] Schmidt 1990: 200, 214-215; Burkhardt 1995; 26; Walter 2000: 3.
[136] Schmidt 1990: 200, 202, 214-215.

verabschiedet darstellt werden, zumal diverse Bereiche der Wirtschaftspolitik, etwa die Wirtschaftspolitik und die Eigentumsordnung, weiter einer autonomen nationalen Gestaltung zugänglich sind.[137] Es kann aber bezüglich solcher vertraglichen Regelwerke, unter Vorbehalt, konstatiert werden, daß sich die Geschlossenheit der Verfassungsordnung aufhebt zugunsten einer Offenheit für außerhalb der Verfassung stehenden öffentliche Gewalten, die das nationale Recht überlagern und zunehmend kommt es zu einer Einflußnahme von außerstaatlichem Recht, etwa dem Europarecht aber auch dem WTO-Recht auf das binnenstaatliche Recht.[138]

Auch in der WTO werden Rechtsprinzipien etabliert, die auf nationale Rechtsordnungen abfärben, auch dann, wenn eine wortwörtliche Übernahme in die nationale Gesetzgebung nicht erforderlich ist und eine Einklagbarkeit der WTO Regeln durch private Akteure, weltweit, von den Staaten nicht ermöglicht wird.[139] Die EU lehnt beispielsweise eine unmittelbare Anwendbarkeit bzw. Geltung von WTO-Rechtsregeln und Entscheidungen der Streitbeilegungsinstanz bezüglich des Gemeinschaftsrechts ab, damit können private Akteure nicht auf Einhaltung der WTO-Verpflichtungen klagen.[140] Der WTO-Vertrag führte nichtsdestotrotz zu einer umfassenden Umsetzungsgesetzgebung, die etwa diverse Änderungen unter anderem der EU-Handelsgesetzgebung nach sich zog.[141] Ein ähnlich komplexes Durchführungsgesetz wurde in den USA verabschiedet.[142] Das WTO-TRIPS Abkommen über geistige Eigentumsrechte ist sogar, allerdings als Ausnahmefall, in der BRD unmittelbar gültig und hat damit den Status eines normalen Bundesgesetzes.[143] Generell verpflichten sich die WTO-Mitglieder sicherzustellen, daß "seine Gesetze, sonstigen Vorschriften und Verwaltungsverfahren mit seinen Verpflichtungen (...) im Einklang stehen."[144]

Auch aus der Perspektive einer Verfassungsauslegung, die dem Gesetzgeber weitreichend Spielräume zur Regulierung der Wirtschaft einräumt, ist es prinzipiell möglich, nicht nur die EU, sondern auch die WTO auf den Prüfstein zu stellen. Nicht nur der europäische Einigungsprozeß, sondern auch der NATO-Vertrag[145] konnte einer Überprüfung durch das Bundesverfassungsgericht ausgesetzt werden, denn die "vertragsschließende Gewalt ist nicht nur an die formellen, sondern auch an die sachlichen Normen des Grundgesetzes gebunden", wobei hier Schranken zumindest hinsichtlich eines

---

[137] Schmidt 1990: 214.
[138] Hesse 1999: 51; das BVerfGE 58, 202 (207) zur EU, es ist "eine eigenständige Rechtsordnung der Europäischen Gemeinschaften entstanden, die in vielfältiger Weise mit der innerstaatlichen Rechtsordnung der Bundesrepublik Deutschland verschränkt ist und in wachsendem Maße in sie hineinwirkt." BVerfGE 58, 202 (207). Verweis in Schmidt 1990: 202.
[139] Vgl. zur EU Van den Bossche 1997; zur USA Leebron 1997; zu Japan Iwasawa 1997; zu Brasilien Casella 1997.
[140] Petersmann 1997a: 325; grundlegend Ott 1997.
[141] Vgl. 22.12.1994, ABl. L 349/1-201. Van den Bossche 1997: 90-92.
[142] Der Uruguay Round Agreement Act (URAA) umfaßt 650 Seiten Text. Dazu kommt das wichtige Statement of Administrative Action (SAA) siehe Leebron 1997: 205-218.
[143] Siehe BT-Drs. 12/7655, 345. Dies gilt ab 1996. Dazu Stoll 1997: 127. In Deutschland wurden nur wenige Gesetzesänderungen, aufgrund des GATS, in bezug auf die Rechtsanwaltsordnung, das Rechtsberatungsgesetz und die Wirtschaftsprüferordnung, nötig. Es werden etwa Anwälte aus dem Ausland zugelassen, die aber nur in bezug auf ihre ausländische Rechtsordnung tätig werden können. Hilf 1997: 133.
[144] Übereinkommen zur Errichtung der Welthandelsorganisation, Art. XVI Abs. 4. WTO 1998: 55.
[145] BVerfGE, 2 BvE 6/99 vom 22.11.2001, Absatz Nr. 1-164.

Kernbereiches von Grundrechten bestehen.[146] Ausgangspunkt waren in den gleich erwähnten EU-Fällen aber nicht wirtschaftspolitische Fragen, sondern die mangelnde Rückbindung an demokratische Prozeduren und eine fehlende Bindung an grundrechtliche Prinzipien und Ziele. Es kann somit gefordert werden, daß völkerrechtliche Verträge, insbesondere internationale vertragliche Integrationsordnungen zumindest ansatzweise demokratische Prinzipien aufweisen und an grundrechtliche Prinzipien gebunden sein müßten sowie verfassungskonforme Ziele verfolgen. Eine derartige Argumentation in bezug auf die EU fand sich beispielsweise in den Solange-Fällen des Bundesverfassungsgerichts, wobei schließlich 1986 im Solange II-Urteil anerkannt wurde, daß der Grundrechtsschutz der EU den Standards der bundesdeutschen Verfassung genügt.[147] Im Maastricht-Urteil von 1993 wird die Klage zwar abgewiesen, aber auf das Demokratieprinzip abgehoben und festgestellt, daß ein weitergehender Integrationsprozeß Grenzen hat, solange die demokratische Legitimation der EU vor allem durch die nationalen Parlamente bzw. Regierungen mittels des Ministerrats erfolgt. Es müßten dabei dem deutschen Bundestag substantielle Befugnisse und Aufgaben verbleiben. Weitere Integrationsschritte bedürfen einer Zweidrittelmehrheit des Parlamentes, einer Mitbefragung des Bundesrats und können vom Verfassungsgericht, welches fortan wieder in ein "Kooperationsverhältnis" zum EuGH tritt, überprüft werden.[148]

Genuin aus dieser verfassungsrechtlichen Perspektive soll die WTO hier aber nicht kritisiert und diskutiert werden, weil eine diesbezügliche Arbeit von Krajewski (2001) bereits vorliegt. An zentraler Stelle wird sich dort dagegen ausgesprochen, daß eine völkerrechtlich vereinbarte Rahmenordnung für die Weltwirtschaft, wie die der WTO, als Verfassung für die Weltwirtschaft angesehen werden könne, wenn diese nur individuelle Freiheitsrechte, etwa Eigentumsfreiheit und Außenhandelsfreiheit schütze. Überzeugend wird argumentiert, daß eine rein auf diesen Prinzipien beruhende Ordnung andere Aspekte wie auf demokratischem Weg beschlossene Verteilungspolitiken erschwert oder verunmöglicht und dabei Grundrechte wie auf soziale Sicherung, normativ begründete Ziele wie Gerechtigkeit, soziale Sicherung aber auch Gesundheitsschutz, Arbeitsschutz sowie grundlegende Menschenrechte nicht beachtet. Dadurch bestünde die Gefahr, daß nationale verfassungsrechtliche Grundsätze ausgehebelt werden.[149] In dieser Arbeit wird weiterhin angemahnt, daß es nicht ausreicht,

---

[146] Badura 1966: 41. In anderen Worten: "Es ist selbstverständlich, daß die Verfassung für ein solches Handeln der mit der Führung der Außenpolitik betrauten Organe die Einhaltung sowohl ihrer Kompetenzvorschriften als auch der von ihr aufgestellten materiellen Schranken vorschreibt. Verträge bleiben somit grundsätzlich Objekt der verfassungsrechtlichen Überprüfung und prägen nicht ihrerseits den Verfassungsinhalt." Tomuschat 1992: 500. Wiewohl es hier unterschiedliche Meinungen gibt, kommt hierfür aber wohl nur ein "Grundgefüge der Verfassung" bzw. ein Kernbereich in Frage, der eine Schranke für die Übertragung von Hoheitsrechten darstellen stellen kann. Zum Zitat Eurocontrol BVerfGE 58, 1 (40); siehe auch Solange II 73, 339 (375). Siehe: Randelshofer in Maunz/Dürig 1994: 57-62; Tomuschat 1992: 509. Diese Ausführungen stehen unter dem Vorbehalt, daß der auswärtigen Gewalt Handelsspielräume zugestanden werden: "Gerichte können nur auf richtige und hinreichend vollständige Tatsachenfeststellung sowie auf Willkürlichkeit hin überprüfen; sie dürfen aber nicht ihre eigene Beurteilung an die Stelle derjenigen der Regierung setzen." Fastenrath 1986: 253. Weiterhin sind die Kriterien des Verfassungsprozeßrechts einzuhalten. Benda/Klein 1991.
[147] Solange I, BVerfGE 37, 271; Solange II, BVerfGE 73, 377. Siehe Hilf 1987. Am Rande: In Solange II wird gegen die Anwendung einer handelsbeschränkenden Schutzmaßnahme im Agrarbereich geklagt und das Bundesverfassungsgericht spricht damit mittelbar auch den EU-Behörden zu, im Außenhandelsverkehr mit Staaten außerhalb der Gemeinschaft keinen erhöhten Grundrechtsschutz einräumen zu müssen.
[148] Maastricht, BVerfGE 89, 155, 173. Hesse 1999: 48-49.; Tomuschat 1993. Der nach Maastricht eingefügte Art. 23 erhöht die Schwellenwerte für eine Vertragsfortbildung dadurch, daß eine Zweidrittelmehrheit des Bundestags und eine Einbeziehung des Bundesrates für erforderlich bestimmt wird. Randelzhofer in Maunz/Dürig 1997: 123-132.
[149] Krajewski 2001: 157-158, 205.

wenn die WTO ihre Legitimität allein aus der Perspektive der Staaten bezieht, die diesen völkerrechtlichen Vertrag abgeschlossen haben, der auf der Ebene von Spezialisten ausgehandelt wurde. Heutzutage würden aus der Sicht der Bürger an völkerrechtliche Verträge Rechtfertigungsanforderisse gestellt, die zunehmend an die Legitimationsgrundsätze erinnern, auf denen innerstaatliche Herrschaft basiert.[150] Davon ausgehend wird auf Defizite in der Legitimation der WTO hingewiesen, unter anderem der für den Abschluß völkerrechtlicher Verträgen typischen mangelhaften Einbindung nationaler Parlamente oder es wird auf die wenig transparenten Entscheidungsprozesse in der WTO selbst hingewiesen. Somit wird auch das Demokratieprinzip und Transparenzprinzip durch die WTO "beeinträchtigt".[151] Diese Kritik wird hier als plausibel erachtet und zuerst einmal nicht mehr im Detail weiterverfolgt.

In dieser Arbeit ist der Fokus eingeschränkter. Wiewohl bereits am Anfang erwähnt, interessiert hier nur aus der Perspektive der Effizienz die Frage, inwieweit sich, angesichts herrschender wirtschaftlicher Dynamiken, Staaten an teils internationale rechtliche Regeln binden und wirtschaftlich öffnen können, ohne daß Gefahr droht, daß die staatlichen Organe ihrem allgemeinen, nicht zuletzt in der Verfassung erwähnten, Ziel einer sozial zuträglichen Politik, d.h. auch immer einer wohlfahrtserzeugenden Politik, nicht mehr nachkommen können.

Normalerweise geht das Argument denn auch andersherum: Die verfassungsrechtlich angelegte Offenheit bezüglich der Bindung an internationale Regelwerke wird als Chance angesehen, dem Auftrag einer wohlfahrtserzeugenden Politik nachzukommen. Die Ratifikation des WTO Regelwerks wird, aus Sicht der BRD, nicht im Konflikt mit der Verfassungsgrundsätzen gesehen, weil die Effekte dessen als sozial zuträglich und wohlfahrtserzeugend erachtet werden.[152] In bezug auf die EU-Integration wird dies schon früh so gesehen und explizit mit liberalen Vorstellungen verbunden.[153] Somit gelangt über die Hintertür der Wohlfahrtserzeugung das Effizienzargument, wenn auch nicht in

---

[150] "Entspricht der Legitimationsgrad der Regeln einer 'völkerrechtlichen Nebenverfassung' nicht dem Legitimationsgrad der nationalen Verfassungsregeln, entsteht eine normative Lücke in der Verfassungsordnung, da die internationale Rechtsordnung nationale Herrschaft begrenzt ohne entsprechend legitimiert zu sein." Krajewski 2001: 207-208. Diese Grundlagen seien einerseits ergebnisorientiert (nach Grund- oder Menschenrechten oder nach dem Sozialstaats bzw. Wohlfahrtsprinzip) oder verfahrensorientiert und darauf basiert die Legitimität der staatlichen Ordnung und es wird davon ausgegangen, daß sich diese beiden Facetten nicht gegenseitig ausschließen, sondern daß zumindest "verschiedene Zielvorgaben (...) miteinander im Einklang gebracht werden könnten, daß sie sich nicht gegenseitig ausschließen, sondern jeweils optimal verwirklicht werden". Hiermit wendet sich der Autor gegen eine rein auf Verfahren und formalen Anforderungen an Normen basierenden Rechtfertigung von völkerrechtlichen Regeln und Verträgen. Krajewski 2001: 220. Die Kritik richtet sich an Franck 1988: 1994. Dieser Autor entwirft eine Theorie, die die Legitimität völkerrechtlicher Normen auf formale, nicht aber materiale Aspekte zurückführt. Siehe zur Demokratietheorie Schmidt 1995a; und zu Anwendungsvorschlägen für die kosmopolitische Ebene Held 1995.
[151] Kajewski 2001: 197. Hier können nicht alle Kritikpunkte wiedergegeben werden. Siehe Krajewski 2001: 223-230. Vorschläge zur Behebung der Legitimationsdefizite finden sind in Krajewski 2001: 241-268; sowie in Krajewski 2001a.
[152] Zur Gründung der WTO führt die Bundesregierung aus: "Das beachtliche Wachstum des Welthandels ist ein sichtbarer Beweis für die Funktionsfähigkeit des internationalen Handelssystems. (...) Dieser Erfolg bedeutet für Deutschland aufgrund seiner starken internationalen Verflechtung auch einen ganz entscheidenden Schritt zur Sicherung des Wirtschaftsstandortes Deutschland, z.B. für Investitionen, Arbeitsplätze und Wachstumsimpulse sowie zur Unterstützung des im Januar 1994 verabschiedeten wirtschaftspolitischen Aktionsprogramms. Die Ergebnisse tragen auch der entwicklungspolitischen Verantwortung Deutschlands Rechnung." Bt. Drucksache 12/7655 (neu), 1994.
[153] Siehe etwa Walter Hallstein 1969 zitiert in Ipsen 1972: 774. Dieses Zitat wird weiter unten im Text reproduziert.

die verfassungsrechtliche Terminologie, wohl aber in die öffentliche Debatte und wird zu einem oft überzeugend wirkenden Argument in der Begründung politischer Entscheidungen.

Ebenso begründet kann natürlich auch gefragt werden, inwiefern die WTO Regeln aus nationaler aber auch aus weltweiter Perspektive gesehen, angesichts derzeitiger wirtschaftlicher Dynamiken, das Erreichen nationaler sozialstaatlicher Ziele möglicherweise gefährden. Inwiefern dies zu befürchten ist, dazu soll die wirtschaftspolitische Diskussion dieser Arbeit weiter unten beitragen. Dem Ergebnis vorgreifend ist festzustellen, daß die bestehenden WTO Regeln nicht in einem absoluten Sinne dazu nutzbar sind, die Eigentums- und Außenhandelsfreiheit zu schützen.

4.2 EU

Wiewohl der Begriff Effizienz nicht in der nationalen Verfassungstheorie der BRD vorkommt, wird deren Verfolgung etwa über liberale Politiken nicht ausgeschlossen. Daß Effizienz als Rechtfertigungsgrund benutzt wird, ist deutlicher an der Diskussion um die Gründung der Europäischen Wirtschaftsgemeinschaft (EWG) sichtbar. Mit ähnlichem Inhalt werden hier die Termini: Effizienz, Sachgemäßheit, Funktionalität und Wohlfahrtserzeugung bezüglich rechtlicher bzw. völkerrechtlicher Regeln benutzt. Dieser Begründungsansatz soll hier an der EU näher untersucht werden, insbesondere weil hier von demokratischen Verfahren und sonstigen Erwägungen abgehobene Rechtfertigungsargumente verwendet werden, die später in bezug auf die WTO wiederkehren.

Von den meisten Autoren, die sich mit dem Prozess der europäischen Integration befassen, wird eine Verbindung zwischen liberalen Wirtschaftspolitiken, darunter die durch rechtliche Regeln abgesicherte Öffnung nationaler Märkte, und einer sozialpolitisch wünschenswerten Wohlfahrtserzeugung gezogen.[154] Es ist also nicht Flexibilität, sondern Regelbindung, der diese Qualität zugeschrieben wird, eine Auffassung, die in der ordoliberalen Theorie unter anderem als Prinzip der Konstanz der Wirtschaftspolitik bekannt ist.[155] Folgt man dieser Argumentation kann der Verfassungsauftrag, einen sozialen Wohlfahrtsstaat zu gründen, nicht nur, aber sicherlich auch dadurch verfolgt werden, sich einer solchen regelbasierten supranationalen Integrationsordnung anzuschließen. Bemerkenswert ist in dieser Hinsicht, daß bei der EU aber keine liberale Wirtschaftspolitik in Reinform etabliert wird, sondern ein planerisches und interventionistisches Moment verbleibt. Eine solche Konzeption des europäischen Integrationsprozesses findet sich schon früh bei Hans Peter Ipsen (1972). Seine Deutung der Stellung und der Aufgaben der EWG-Integrationsordnung des Jahres 1957[156] und seine Charakterisierung der Institutionen als sach- und

---

[154] Ipsen 1972: 774. "The economic arguments in favour of the creation of the EEC included a positive impact through increased competition on efficiency in production and employment of resources; an extension of markets demanded by specialization and economies of scale; an expansion of R&D and the creation of new and improved goods and services and technologies; a reduction of risk and uncertainty; a tendency towards factor-price equalization; and an improvement in management." Jovanovic 1997: 9. Siehe für eine Darstellung der Geschichte der EU Integration siehe Jovanovic 1997: 41.

[155] Hamm 2000: 103.

[156] EWG-Vertrag 1957. Nur in diesem Abschnitt ist von EWG die Rede, ansonsten wird durchgängig das Kürzel EU verwendet.

funktionsgerecht, von demokratischen Gremien unabhängig handelnd, ist heute noch in der Diskussion relevant, wenngleich sich die EU weiterentwickelt hat.[157] Definiert wird die EWG als Zweckverband funktionaler Integration. Die Rede ist davon, daß eine staatenübergreifende "fremde"[158], nicht staatliche Rechtsordnung zuerst einmal eine Bindungswirkung auf die Staaten[159] und später, abgestuft angelegt, auch Rechte von Individuen gegenüber diesen Staaten[160] einräumen kann. Diese Durchsetzbarkeit gemeinschaftlicher Beschlüsse gegenüber Staaten wird dabei als "Supranationalität" bezeichnet.[161] Die sogenannte Verfassung der EWG wird dabei durch ein Prinzip geprägt, das "Integration"[162] genannt werden kann, daß den staatlichen Verfassungen aus naheliegenden Gründen fehlt, weil sie eben schon, mal abgesehen von diversen Zuständigkeiten, die den Bundesländern in der BRD noch verbleiben, wenigstens in bezug auf die Wirtschaft schon integriert sind. Bei der Integration geht es unter anderem darum, "öffentliche Aufgaben hoheitlich unter Überwindung einzelstaatlicher Verantwortung und Erledigung einem von ihnen geschaffenen selbstständigen Verband zur ganzheitlichen Wahrnehmung zu überantworten."[163] Dieser Zweckverband funktioneller Integration wird so beschrieben, daß er eine "auf bestimmte Sachaufgaben beschränkte Aufgabenstellung, zu deren Wahrnehmung der Zweckverband weder Gebiets- noch Personalhoheit benötig und beansprucht"[164], ausübt und gemeinschaftlich wahrnimmt. Eine der Hauptaufgaben der Integration und Vergemeinschaftung der EWG sei "'der Sache nach ... ein Aspekt des Wohlfahrtsstaates', wobei es auf Wohlfahrt, nicht auf Staatlichkeit ankommt."[165] Verteidigt wird dabei die Tätigkeit von sachlich handelnden Funktionären und das Bild von neutral handelnden Bürokraten wird beschworen, die allein sachgerecht (und funktionsorientiert) handeln.[166] Diese auf Wohlfahrt ausgerichtete, funktionale Integration sei auf eine Vereinheitlichung der Wirtschaftspolitik, aber auch der Sozialpolitik angelegt, und wurde schon damals, zumindest zum Teil, auf liberale

---

[157] Bis heute für aktuell hält einen solchen Ansatz Majone (1996). Dies basiert bei ihm auf einem nicht-majoritärem Demokratiemodell, welches sich dem Minderheitenschutz verschrieben hat und deshalb Anwendung auf die EU beansprucht, weil behauptet wird, daß ohne solche nicht der demokratischen Abstimmung zugänglichen, stabilisierenden Elemente sich die EU völlig zerstreiten wird. Majone 1996: 284-287. Dieser Theorierichtung muß man sich nicht anschließen. Eine komplexe Diskussion führt Joerges (2001), der ebenso Ipsen einbezieht und die prägende Rolle der Kommission und der Verwaltung im Ausschußwesen der EU betont, aber gleichzeitig bemerkt, daß dieses Verfahren ebenso Mitgliedstaaten Mitspracherechte einräumt und deliberative Elemente hat. Joerges 2001: 8-24; siehe auch Joerges/Neyer 1998 und Joerges 2000. Diese Diskussion wird oben nicht geführt, weil es vor allem darum geht, wirtschaftspolitische Tendenzen der EU über die Zeit herauszuarbeiten und eine funktionale Sicht der EU, als eine, sicher aber nicht einzig relevante Sicht, herauszuarbeiten.

[158] Dort wird extra dazu angemerkt: 'fremde', nicht 'feindliche'. Ipsen 1972: 63.

[159] Nicht durch staatliche Zwangsgewalt, aber durch Gerichtsverhandlungen gegen die Mitgliedsstaaten. Ipsen 1972: 67.

[160] Hier gibt es die direkten Klagen, der Kommission gegen einzelne Mitgliedsstaaten oder der Mitgliedsstaaten untereinander. Weiterhin das Vorabentscheidungsverfahren, um einheitliche gemeinschaftsrechtliche Maßstäbe anzuwenden, die dann von nationalen Gerichten umgesetzt werden. Dadurch werden Klagen privater Personen, im Sinne des Individualrechtsschutzes ermöglicht, denn die nationalen Gerichte können sich an den EuGH wenden, um ein abschließendes Urteil zu Auslegung einer gemeinschaftsrechtlichen Fragestellung anzufordern. Unter gewissen Bedingungen wird Privatpersonen eine unmittelbare Klagemöglichkeit am EuGH eingeräumt, etwas die Nichtigkeitsklage gegen Gemeinschaftsakte (Art. 173) und die Untätigkeitsklage, aber nur wenn diese Personen unmittelbar von Rechtsakten betroffen sind. Schmidt 1990: 250-251. Schweizer/Hummer 1996: 146-154, 157-158.

[161] Ipsen 1972: 66.

[162] Ipsen 1972: 66.

[163] Ipsen 1972: 66.

[164] Ipsen 1972: 198. Am Rande bemerkt: Die begriffliche Abgrenzung wurde damals auch deshalb vorgenommen, um auf Europa nicht bereits den Bundesstaatsbegriff mit all seinen Folgen für die Souveränität (und für die Verfassungsauslegung) der Mitgliedsstaaten, anzuwenden. Everling 1977: 32-37.

[165] Herv. im Original. In diesem Zitat befindet sich auch ein Zitat von Badura. Siehe: Ipsen 1972: 198.

[166] Ipsen 1972: 200.

wirtschaftswissenschaftliche Vorstellungen gestützt, die davon ausgehen, daß wohlfahrtserzeugende Marktkräfte erst ohne staatlich-hoheitliche Beschränkungen "funktionieren" können.[167] Dies deckt sich mit einer Vielzahl der Formulierungen in der Präambel des EWG-Vertrags.[168] Der Gemeinsame Markt wird dabei als Mittel angesehen, um die Aufgaben der Gemeinschaft zu fördern, die in Art. 2, als Vertragsziele, genannt sind.[169] In diese Artikel kann zwar keine Entscheidung für eine vollständig liberale Politik hereingelesen werden.[170] Auf der anderen Seite besteht aber auch kein Zweifel daran, daß eine liberale Wirtschaftspolitik als sachgerecht und funktionsorientiert angesehen wurde. In den Worten von Walter Hallstein (1969):

"Im ganzen geht es (...) um drei Operationen: die Abschaffung der Wirtschaftsgrenzen; die Herstellung gemeinschaftlichen Rechts; gemeinsame Politiken. (...) Alle drei sind heute notwendig, um das herbeizuführen, was man beabsichtigt: 'binnenmarktähnliche Verhältnisse', den Gemeinsamen Markt, die Verschmelzung der Volkswirtschaften. Dies sind aber die Bedingung für die Kettenwirkung, in der der wirtschaftliche Sinne der Integration gesehen wird: Erhöhung der Standortvorteile, insbesondere Erweiterung der Standortwahl; bessere Arbeitsteilung; stärkere Spezialisierung; Massenproduktion; billigere Produktion; Hebung des Lebensstandards."[171]

Auf diesen Aufgaben und Zielbestimmungen der Verträge gründen nun bestimmte Elemente der rechtlichen Ordnung der EWG, die, den Abweichungen zum Trotz, als liberale Wirtschaftsverfassung angesehen wurden und werden.[172] Von grundlegender Bedeutung ist dabei die Errichtung einer

---

[167] Ipsen 1972: 199.
[168] Präambel: "Entschlossen, durch gemeinsames Handeln den wirtschaftlichen und sozialen Fortschritt ihrer Länder zu sichern, indem sie die Europa trennenden Schranken beseitigen; In dem Vorsatz, die stetige Besserung der Lebens- und Beschäftigungsbedingungen ihrer Völker als wesentliches Ziel anzustreben; In der Erkenntnis, daß zur Beseitigung der bestehenden Hindernisse ein einverständliches Vorgehen erforderlich ist, um eine beständige Wirtschaftsausweitung, einen ausgewogenen Handelsverkehr und einen redlichen Wettbewerb zu gewährleisten." EWG-Vertrag 1957: 99. Art. 2: "Aufgabe der Gemeinschaft ist es, durch die Errichtung eines Gemeinsamen Marktes und die schrittweise Annäherung der Wirtschaftspolitik der Mitgliedsstaaten eine harmonische Entwicklung des Wirtschaftslebens innerhalb der Gemeinschaft, eine beständige und ausgewogene Wirtschaftsausweitung, eine größere Stabilität, eine beschleunigte Hebung der Lebenshaltung und engere Beziehungen zwischen den Staaten zu fördern, die in dieser Gemeinschaft zusammengeschlossen sind." EWG-Vertrag 1957: 100. Art. 3: "Die Tätigkeit der Gemeinschaft im Sinne des Artikels 2 umfaßt nach Maßgabe dieses Vertrages und der darin vorgesehen Zeitfolge a) die Abschaffung der Zölle und mengenmäßigen Beschränkungen bei der Ein- und Ausfuhr von Waren sowie aller sonstigen Maßnahmen gleicher Wirkung zwischen den Mitgliedsstaaten." EWG-Vertrag 1957: 101.
[169] Ipsen 1972: 545-546.
[170] Auch der hier zugrundelegende Autor ist gezwungen, neben den liberal ausgerichteten EWG-Regeln, solche aufzuzählen, die nicht mit liberalen Erwartungen übereinstimmen, nämlich die gemeinsame, interventionistische Landwirtschafts- und Verkehrspolitik, Sozialpolitik, die Errichtung einer europäischen Investitionsbank, die in weniger entwickelten Gebieten wirtschaftliche Entwicklung finanziell unterstützen soll. Ipsen 1972: 546-547. Siehe auch Scherer 1970: 100.
[171] Walter Hallstein (1969) zitiert in Ipsen 1972: 774. Genauso wird dies heute formuliert: "Der größere Markt vermittelt dem Produzenten ein größeres Nachfragepotential, dem Verbraucher ein größeres Angebot aus allen Teilen des Marktes; der Handel intensiviert sich. Der größere Absatz ermöglicht und fordert moderne Produktionsmethoden, also größere Investitionen für größere und aufwendigere Anlagen, evtl. auch für Forschung und Entwicklung, wie Klein- und Mittelbetriebe sie oft nicht leisten können. Die Chancen im Wettbewerb erhöhen sich mit der gegenseitigen Durchdringung der Märkte, aber ebenso steigt der Druck auf die Konkurrenz. Nach marktwirtschaftlichen Prinzipien sollen sich leistungsfähige Anbieter durchsetzen, wenn ihnen bisher geöffnete Märkte geöffnet werden, die schwächeren müssen sich ohne den bisherigen Schutz anpassen, z.B. durch Steigerung ihrer Leistung, Verbesserung der Qualität oder durch Spezialisierung sonst werden sie vom Markt verdrängt; eine bessere Arbeitsteilung kann die Folge sein. Insgesamt werden die Wirtschaftsfaktoren so eingesetzt, daß der größte Nutzen erzielt wird ('optimale Allokation der Ressourcen'). Dabei kann die Nutzung günstiger Angebote zu Ersparnissen führen, die Kaufkraft und Nachfrage vergrößern und somit weitere Wachstumsimpulse erzeugen. Die positiven ökonomischen Wirkungen lassen sich mit dem Begriff 'Wohlfahrtseffekte' zusammenfassen." Nicolaysen 1996: 26-27.
[172] Dies ist auch die Überschrift "Elemente der Wirtschaftsverfassung der Gemeinschaften". Ipsen 1972: 546-547; 563-567.

eigenen Rechtsordnung, die sowohl die Mitgliedstaaten als auch die Gemeinschaftsbürger verpflichten kann, denn es besteht Vorrang der Gemeinschaftsrechts gegenüber nationalem Recht. Die Gemeinschaftsbürger können dabei weiterhin gegenüber den Mitgliedstaaten (nicht aber gegenüber der EU und gegenüber Dritten) die Umsetzung von Verordnungen und unter bestimmten Bedingungen auch der Richtlinien einklagen (Direktwirkung bzw. unmittelbare Anwendung).[173] Als Elemente einer liberale Wirtschaftsverfassung gelten die Zollunion, das Wettbewerbsrecht und vor allem die Grundfreiheiten des Gemeinsamen Marktes, die zudem als unmittelbar anwendbare, durch den Gemeinschaftsbürger einklagbare, Vertragsvorschriften eingestuft werden: freier Warenverkehr, freier Personenverkehr (Arbeitnehmerfreizügigkeit und Niederlassungsfreiheit), Dienstleistungsfreiheit, freier Kapital- und Zahlungsverkehr und das eng damit verbundene Diskriminierungsverbot, dazu gleich mehr.[174] Den Mitgliedstaaten verbleiben weiterhin wirtschaftspolitische Spielräume, etwa die Zuständigkeit für ihre Eigentumsordnung, damit sind Verstaatlichungen und die Etablierung öffentlicher Unternehmen weiter möglich, wobei hier aber Grenzen durch das Wettbewerbsrecht gezogen werden. In diesen Bereichen ist es möglich über ein Nichtigkeits- oder Untätigkeitsklage gegen Entscheidungen der Gemeinschaftsorgane vorzugehen.[175] Dementsprechend wird darauf verwiesen, daß die Gemeinschaft innerhalb dieser Wirtschaftsverfassung auch Planung zuläßt, der wiederum durch den Fokus auf "gesteigerten Wettbewerb" bestimmte, allerdings recht vage, Grenzen gezogen werden.[176] Trotz dem Fokus auf liberale Politiken und Wohlfahrt wird also auch noch eine planerische bzw. interventionistische, "technokratische" Komponente zugelassen.[177] Die sonstige Wirtschaftspolitik, also beispielsweise die Konjunkturpolitik, die nicht vom EWG-Vertrag explizit berührt wird, bleibt in der Verantwortung der einzelnen Mitgliedstaaten.[178] Weiterhin wird der Phasencharakter der Integration herausgestellt, nämlich daß "die Erreichung einer neuen Stufe soviel Belohnungen verspricht, daß die Lasten der Anpassung in Kauf genommen werden."[179] Bestimmte, extremer liberale, aber gleichzeitig ordoliberal ausgerichtete Autoren stimmen den liberalen Elementen in Ipsens Ansatz zu, sie kritisieren aber schon damals seine 'technokratische' bzw. interventionistische Seite und fordern eine Wirtschaftsverfassung der europäischen Gemeinschaft, die auf diese staatlichen Eingriffe verzichtet, sich "an die Vorschriften des Vertrages und ihre Zwecke"[180] hält, die bürgerlichen Freiheiten stärker schützt und dadurch staatliche Spielräume beschränkt und

---

[173] Zum Unterschied zwischen 'Verordnungen' und 'Richtlinien' Borchart 1996: 139-149; grundlegend Hilf 1993. Der Rechtsschutz für private Kläger erfolgt mittelbar über die nationalen Gericht via des Vorabentscheidungsverfahrens siehe oben. Schmidt 1990: 251.
[174] Ipsen 1972: 545-668; Borchard 1996: 58-60. "Als Wirtschaftsverfassung der Gemeinschaft könnte also begriffen werden: die normative Gesamtentscheidung der Gemeinschaftsverträge zur Verwirklichung der Gemeinschaftsziele, die in der Zollunion der Gemeinsamen Marktes unter Planung der Gemeinschaftsorgane im rechtlich geordneten Wettbewerb national nicht unterschiedener, in ihrer Wirtschaftstätigkeit freier und gleicher Marktbürger verfolgt wird." Ipsen 1972. 567.
[175] Art. 295 (ex Art. 222) "Dieser Vertrag läßt die Eigentumsordnung in den verschiedenen Mitgliedstaaten unberührt." Geiger 2000: 901-902. Weiterhin gibt es Verhaltensgrundsätze für öffentliche Unternehmen. Diese sind aber nicht sonderlich weitreichend und nicht durch private Klagen durchsetzbar. Letzteres gilt auch für das Wettbewerbsrecht, das auch für öffentliche Unternehmen gilt, also zum Beispiel das Kartellverbot oder ein Verbot des Mißbrauch einer marktbeherrschenden Stellung. Bezüglich des Wettbewerbsrechts sind allerdings Nichtigkeitsklagen möglich. Dazu in Abschnitt 'H' mehr. Schmidt 1996a: 208; Groeben/Thiesing/Ehlermann 1991: 2536.
[176] Ipsen 1972: 566-567.
[177] Joerges 1994: 112.
[178] Ipsen 1972: 784.
[179] Ipsen 1972: 198, Fußnote 45.
[180] Mestmäcker 1984: 19.

marktwirtschaftlichen Prozessen den Vorrang einräumt.[181] Sowohl der Ansatz Ipsens als auch der ordoliberale Ansatz bezieht sich dabei auf "außerrechtliche Vorraussetzungen"[182], nämlich die ordoliberale Überzeugung, daß die Wirtschaft bestimmten Gesetzmäßigkeiten unterliegt und diese durch rechtliche Regeln ermöglicht werden müssen oder die Überzeugung, daß Wohlfahrtserzeugung am besten durch liberale Politiken kombiniert mit einer technokratische Verwaltung erzielt werden kann.[183] In beiden Ansätzen lassen sich die Aktivitäten der EWG normativ (sie handelt gemäß vertraglicher Grundlage) und funktional (sie handelt um ihre Aufgaben zu erfüllen) legitimieren, dies impliziert, daß eine demokratische Rechtfertigung nicht mehr als notwendig angesehen wird.[184] Erst wenn es zu einer dezidiert interventionistischen Ausweitung von Gemeinschaftskompetenzen kommen würde, werden beispielsweise von diesen, in bestimmter Weise ordoliberal orientierten Autoren demokratische Elemente für erforderlich gehalten.[185] Dennoch wird eine extreme Ausprägung eines liberalen, ordnungspolitischen Ansatzes, der unter anderem Interventionen der EU-Organe in Wirtschaft ablehnt, von Anfang an nicht ohne gravierende Abschwächungen als Grundlage für die rechtliche Interpretation des EWG-Vertrags akzeptiert.[186] Dies lag unter anderem daran, daß in einigen Ländern, etwa Frankreich, ein öffentlicher und privater Wirtschaftssektor nebeneinander etabliert wurde und somit ein "Mischsystem" mit aber eher unverbindlich planerischen Elementen ('planification') bestand.[187] Zwar setzte der EWG-Vertrag dieser Vielfalt auch Grenzen. Diese sind allerdings nur von der negativen Extremperspektive her eindeutig faßbar: So wird geschlossen, daß eine Zentralverwaltungswirtschaft, aber auch eine extreme Ausprägung einer neoliberal regellosen laisser-faire Wirtschaft nicht mit den EWG-Prinzipien vereinbar ist.[188]

Eines haben die vielen Versuche eine knappen, begrifflichen Eingrenzungen der wirtschaftspolitischen Prinzipien des EWG-Vertrags gemeinsam: Sie schließen sowohl liberale Grundsätzen als auch nationale wirtschaftspolitische Spielräume, angleichende Politiken sowie Interventionen der EWG-Organe ein: Dieser Doppelcharakter wird, bis heute gültig[189], im folgenden Statement von Peter

---

[181] Schon damals wird die dirigistische Tendenz der EWG kritisiert. Badura 1966: 77-78; Scherer 1970: 199-200. Vor allem im deutschen Schrifttum wird schon früh die Meinung vertreten, daß sich die EWG für eine Marktwirtschaft entschieden hat. Es wird sich zudem von einem 'laisser-faire'-Liberalismus abgegrenzt. Die dirigistische Tendenz der EWG wird von einigen Autoren kritisiert. Scherer 1970: 199-200.
[182] Dies wird auf diese klare Art und Weise formuliert von Joerges 1994: 103.
[183] Die ordoliberale Perspektive in Behrens 1994: 76-77; die technokratische Einordnung Ipsens in Joerges 1994: 103.
[184] Mestmäcker 1987: 19-20; siehe auch Mestmäcker 1984: 93.
[185] Vgl. zu der Terminologie 'normativ-funktional' aus seiner ordoliberalen Perspektive Mestmäcker 1987: 19-20; Mestmäcker 1984: 93; die hier verwendete Aufweitung auf den Ansatz von Ipsen stützt sich auf Joerges 1994: 101-102. Siehe Abschnitt 'B' zur Darstellung der unterschiedlichen ordoliberalen Schulen, wobei der erstere Autor hier zur neoklassisch beeinflußten Schule gehört.
[186] Französische Autoren heben die Spielräume hervor, die der EWG-Vertrag für eine gemischtes, teils marktwirtschaftliches, teils dirigistisches Wirtschaftssystem eröffnet. Wieder andere Autoren sprechen von der "weitgehenden wirtschaftspolitischen Neutralität des EWGV", dies ist das Ergebnis der Diskussion von Scherer 1970: 205. Eine Überblick über die damals bestehenden Ansätze liefert Scherer 1970: 199-205; siehe auch Badura 1966: 77-83.
[187] Badura 1966: 81; Scherer 1970: 175. Die französische Planung ist aber keinesfalls mit einem dirigistischen Wirtschaftssystem zu verwechseln. Die Pläne wurden von diversen gesellschaftlichen Akteuren erarbeiten und sind nicht verpflichtend. Es sind vor allem die staatlichen Konzerne, dazu einen Beitrag leisten sollen, also Strom, Erdöl, Automobil, Flugzeug- und Rüstungsindustrie, staatliche Bahnen und Schiffahrtsgesellschaften. Siehe Albrecht 1964.
[188] Hier wird der Begriff reine Marktwirtschaft verwendet, gemeint ist eine Wirtschaft, die durch Monopolmißbrauch oder ein Verbot kollektiver Verhandlungen geprägt ist, also eine Extremform neoliberaler Wirtschaft. Scherer 1970: 53-57, 201-202.
[189] Schmidt 1990: 82.

Badura (1966) als 'geordnete und geregelte Wettbewerbswirtschaft' bezeichnet und wirtschaftspolitisch begründet:

"Der Grundsatz der europäische Wirtschaftsverfassung ist die liberalem Denken entspringende und in ihrer Wirkung durch Erfahrung bekräftigte marktorientierte Wettbewerbswirtschaft. Allerdings ist das Konzept der Europäischen Verträge nicht der staatsfeindliche Liberalismus der Klassiker, sondern der Neuliberalismus der durch die soziale Frage aufgerüttelten, durch die Weltwirtschaftskrise ernüchterten und durch Keynes belehrten Gegenwart. Für dieses Denken ist der Wettbewerb nicht Naturvorgang, sondern eine Veranstaltung des Staates, d.h. einer die Wirtschaft beobachtenden und in ihr den unverfälschten Wettbewerb notfalls interventionistisch herstellenden Wirtschaftspolitik. Insofern kann das Wirtschaftssystem der Europäischen Verträge eine "geordnete" oder "geregelte" Wettbewerbswirtschaft genannt werden. Mit diesem Grundgedanken vereinbar ist auch, daß in Bereichen, in denen unverzerrter Wettbewerb nicht herstellbar oder aus sozialpolitischen Gründen nicht wünschbar ist, wie in Land- und Montanwirtschaft, der Privatwirtschaft eine Marktorganisation oktroyiert wird."[190]

Diese Debatte wiederholte sich unter ähnlichen Vorzeichen zum Anlaß der Vertiefung der europäischen Integration durch die Wirtschafts- und Währungsunion und deren Binnenmarktprogramm, enthalten in der EEA und im EG-Vertrag zur Gründung einer Europäischen Union vom 7.2.1992.[191] Im EG-Vertrag wird das marktwirtschaftliche Prinzip deutlich hervorgehoben. In Art. 3 a Abs. 1 jetzt Art. 4 wird formuliert, daß sie dem "Grundsatz einer offenen Marktwirtschaft mit freiem Wettbewerb verpflichtet ist."[192] Noch immer ist dies kein rechtlicher Maßstab, der direkte Auswirkungen auf die Politik hat oder gar einklagbar ist, sondern er ist an den Ermächtigungen und Grundrechten der Gemeinschaft zu messen. Somit bleibt letztendlich "die juristische Meßlatte der Vertrag selbst in den jeweils einschlägigen konkreten Regeln."[193] Auch in der EG gibt es folglich sowohl Rechtsregeln, die eine Liberalisierung und einen freien Wettbewerb befördern, wie auch solche, die staatliche Eingriffe in die Wirtschaft zulassen. Generell ist eine Tendenz zur Liberalisierung festzustellen, eine Stärkung liberal ausgerichteter, unmittelbar wirksamer Rechtsgrundsätze, ein Rückbau interventionistischer Praktiken und eine Stärkung der Institutionen, die für eine liberal ausgerichtete wettbewerblich geprägte Wirtschaft stehen, gemeint ist das Wettbewerbsrecht. Es gibt aber auch eine Gegenbewegung. So wurden im Maastricht-Vertrag industriepolitische Ziele erneut explizit in den Vertrag aufgenommen. Dazu kommt die Harmonisierung als eigenständiger Effekt. Diese drei Tendenzen lassen sich wie folgt zusammenfassen:

---

[190] Badura 1966: 77-78.
[191] Geiger 1995: 5-6.
[192] Geiger 1995: 21; im Vergleich zur BRD kann festgestellt werden, daß in die Betonung der Marktwirtschaft deutlicher ausfällt. Nicolaysen 1996: 319.
[193] Zu diesen beiden Sätzen Nicolaysen 1996: 320-321.

(1) Bezüglich der liberalen Tendenzen spielt der Gemeinsame Markt die entscheidende Rolle, die erste der vier Grundfreiheiten. Er wird im EG-Vertrag definiert: siehe ex Art. 7a, jetzt Art. 14 "Der Binnenmarkt umfaßt einen Raum ohne Binnengrenzen, in dem der freie Verkehr von Waren, Personen, Dienstleistungen und Kapital gemäß den Bestimmungen des Vertrags gewährleistet ist."[194] Aufbauend auf dem Verbot von Zöllen und mengenmäßigen Beschränkungen wurde von EuGH dazu eine relativ restriktive Vertragsauslegung entwickelt, die ausgerichtet ist gegen "Maßnahmen von Mitgliedsstaaten, die geeignet sind, den innergemeinschaftlichen Handel unmittelbar oder mittelbar, tatsächlich oder potentiell zu behindern."[195] Mit dieser Formel wird dem EU-Bürger das individuell einklagbare Recht auf Teilhabe am grenzüberschreitenden Warenverkehr eingeräumt, allerdings unter dem Vorbehalt, daß dies gemeinschaftskonform erfolgt. Fortan sollten divergierende technische Standards-, Qualitätsnormen-, Umweltschutz-, Gesundheits-, Steuerregeln kein Grund mehr dafür sein, die Einfuhr aus anderen Staaten abzulehnen. Diese gegenseitige Anerkennung von Regeln und Kontrollen des Herkunftslandes gilt aber nicht uneingeschränkt. Liegt ein "zwingendes Erfordernis" vor, kann zum Beispiel ein Mitgliedstaat auf einem eigenen, zusätzlichen Zulassungsverfahren bestehen. Der Liberalisierungseffekt wird nun dadurch ausgelöst, daß weitere Anforderungen gestellt werden, so wird überprüft, ob eine solche Maßnahme "geeignet, erforderlich und angemessen ist"[196], ob sie notwendig ist (dies impliziert, daß die Regelung "in einem angemessenen Verhältnis zum verfolgten Zweck steht" und wenn es hier eine Wahl gibt ist "das Mittel zu wählen, das den freien Warenverkehr am wenigsten behindert"[197]) und ob das Prinzip der Verhältnismäßigkeit beachtet wird: Nur dann darf eine Maßnahme aufrechterhalten werden, beispielsweise im Bereich Umweltschutz nationale Pfandflaschenregeln.[198] Ausnahmen vom freien Warenverkehr sind, dies zieht sich quer durch den EU-Vertrag: "aus Gründen der öffentlichen Sittlichkeit, Ordnung und Sicherheit" rechtfertigbar, wobei teils weitere Gründe, allem voran der Schutz der Gesundheit und des Lebens von Menschen, hinzukommen oder die gerade genannten Gründe ausdifferenziert werden, etwa hin zum Umwelt- und Verbraucherschutz.[199] Die Rechtsprechung ist durch eine Gradskala geprägt,

---

[194] Geiger 1995: 60.
[195] 'Dassonville'. EuGH, Rs. 8/74, 11. Juli 1974, Slg. 1974, S. 837. In: Hummer et al. 1994: 512. Siehe Nicolaysen 1996: 43.
[196] 'Schottische Moorschneehühner'. EuGH, Rs. C-169/89, Slg. 1990, 2143. In: Petersmann 1993: 119.
[197] 'Reinheitsgebot für Bier'. EuGH, Rs. 178/84, 12. März 1987, Slg. 1987, Para. 28. In Hummer et al. 1994. Somit sollte das 'mildere' Mittel gewählt werden. Siehe auch Geiger 2000: 245.
[198] Siehe zu diesen Kriterien etwa Petersmann 1993: 110-122. Grundlegende Urteile sind: 'Cassis de Dijon'. EuGH, Rs. 120/78, 20. Feb. 1979, Slg. 1979, S. 649. Nicolaysen 1996: 58-62, 107. Verkaufsmodalitäten, darunter die wettbewerbsrechtliche französische Mindestpreisregelung oder Ladenschlußzeiten fallen nicht unter die Dassonville-Formel, weiterhin aber Produktmodalitäten. Siehe 'Keck'. EuGH, Rs. C-267 u. C 268/91, 24. November 1993. In: Hummer et al. 1994: 512-521. Zu einer kritischen Darlegung von 'Keck', wobei bezweifelt wird, daß Verkaufs- und Produktmodalitäten im Hinblick auf die Warenverkehrsfreiheit unterschieden werden können vgl. Schwintowski 2000: 38-59. Das Prinzip der Verhältnismäßigkeit ist grundlegendes Prinzip der EU-Rechts, erstmals so benannt in 'Handelsgesellschaft' EuGH, Rs. 11/70, 17. Dezember 1970. Slg. 1970, S. 1125. In: Hummer et al. 1994: 90. Das Verhältnismäßigkeitsprinzip ist auch im Völkerrecht grundlegendes Prinzip. Siehe Delbrück in EPIL 1984: 396-400.
[199] Ausnahmegründe, die explizit zum freien Warenverkehr zugeordnet sind, finden sich in Art. 30 (ex Art. 36) sind "aus Gründen der öffentlichen Sittlichkeit, Ordnung und Sicherheit, zum Schutze der Gesundheit und des Lebens von Menschen, Tieren und Pflanzen, des nationalen Kulturgutes von künstlerischem, geschichtlichen oder archäologischem Wert oder des gewerblichen und kommerziellen Eigentums gerechtfertigt sind". Für die Niederlassungsfreiheit gibt es Art. 45 (ex Art. 55) mit einer Ausnahme für die Ausübung öffentlicher Gewalt und in Art. 46 (ex. Art. 56) findet sich eine knapperer Formulierung wie in Art. 30 'aus Gründen der öffentlichen Ordnung, Sicherheit und Gesundheit'. In Art. 55 (ex. Art. 66) wird auf Art. 45 und 46 verwiesen und damit gelten für die Dienstleistungsfreiheit dieselben Ausnahmen wie für die Niederlassungsfreiheit. Für die Freizügigkeit der Arbeitnehmer ist die Situation ähnlich, siehe Art. 39 (ex Art. 48),

Gesundheitsschutz ist noch am ehesten der nationalen Kompetenz vorbehalten, etwa bezüglich Grenzwerte für schädliche Stoffe (dabei akzeptiert die EU das Vorsorgeprinzip[200]) bei Tier- und Pflanzenseuchen oder bei Arzneimitteln, im Einzelfall aber auch bei Holzbearbeitungsmaschinen.[201] Ausdrücklich nicht akzeptiert werden wirtschaftliche Gründe, also beispielsweise der Schutz vor den Aktivitäten ausländischer Arbeitnehmer oder ausländischer Konkurrenz.[202] Können Maßnahmen diesen Kriterien nicht genügen, werden sie als mengenmäßige Einfuhrbeschränkungen angesehen, welche verboten sind.[203] Weiterhin darf eine Maßnahme nicht diskriminierend sein und eine verschleierte Beschränkung des Handels darstellen.[204] Nichtdiskriminierung bzw. Inländerbehandlung impliziert im EU-Kontext, daß alle Benachteiligungen von Unionsbürgern aufgrund ihrer Staatsangehörigkeit oder deshalb, weil jemand in einem anderen Mitgliedsstaat ansässig ist, zu unterlassen sind.[205] Dazu zählen auch "versteckte Formen der Diskriminierung", die durch vorgeblich neutrale Kriterien dennoch zum gleichen Ergebnis, nämlich dem Schutz heimischer Unternehmen führen, es sei denn die Kriterien sind durch sachliche Gründe gerechtfertigt.[206] Die weiteren drei grundlegenden Freiheiten, die der EU-Vertrag unter gewissen Vorbehalten schützt, beziehen sich auf den freien Personenverkehr (Arbeitnehmerfreizügigkeit und Niederlassungsfreiheit), die Dienstleistungsfreiheit und den freien Kapital- und Zahlungsverkehr. Unter anderem durch Urteile des EuGH aufgrund von Individualklagen wurde diesbezüglich eine merkliche Liberalisierung durchgesetzt, wobei auch hier die grundlegende Vertragsbestimmung der Nichtdiskriminierung und auch das Prinzip der Verhältnismäßigkeit gilt. Die mit der Liberalisierung verbundenen Rechtsfragen bleiben aber komplex. Bezüglich der Niederlassungsfreiheit sind Ausnahmen für die Ausübung öffentlicher Gewalt eingeräumt und trotz Dienstleistungsfreiheit ist es weiterhin möglich, Regelungen zu treffen, die das Allgemeininteresse befördern (wenn das Verhältnismäßigkeitsprinzip beachtet wird[207]), auch wenn diese Regeln einen nationalen Focus haben und sich ungünstig auf andere Wirtschaftsteilnehmer auswirken.[208] Die nun in der Entwicklung befindliche EU-Verfassung mit ihrem

---

hier findet sich eine spezielle Aussetzung für Beschäftigung in öffentlichen Verwaltungen, Art. 39 Abs. 4. In Geiger 2000: 240, 273, 306-308, 332; Nicolaysen 1996: 110-114.

[200] Bender/Sparwasser 1995: 18.

[201] Nicolaysen 1996: 66-73.

[202] Mit Verweisen auf die dementsprechenden Urteile Nicolaysen 1996: 71, 178-179. Das Recht eine Mitgliedsstaates darf "nicht dazu dienen, die gegebenen Verbrauchsgewohnheiten zu zementieren, um einer mit deren Befriedigung befaßten inländischen Industrie einen erworbenen Vorteil zu bewahren." 'Reinheitsgebot für Bier'. EuGH, Rs. 178/84, 12. März 1987, Slg. 1987, Para. 32. In: Hummer et al. 1994.

[203] Art. 28 (ex Art. 30). Siehe Geiger 2000: 230-238.

[204] Kodifziert als Art. 30 (ex Art. 36). Geiger 2000: 240-247.

[205] Art. 12 (ex-Art. 6) Geiger 2000: 198-202. Nichtdiskriminierung ist eine Ausformung des allgemeinen Gleichheitssatzes: "der verlangt, daß vergleichbare Sachverhalte nicht unterschiedliche behandelt werden, es sei denn, daß eine Differenzierung objektive gerechtfertigt wäre". In: 'Bananen'. Rs. C-280/93, 5.10.1994, S. I-5062. Siehe auch Geiger 2000: 1999.

[206] Siehe 'Sotgiu'. EuGH, Rs. 152/73, 12. Februar 1974, Slg. 1974, S. 153. In: Hummer et al. 1994: 165.

[207] Dieses besagt wiederum, daß die Einschränkungen sachlich geboten und nicht über das Notwendige hinausgehen sowie ihr Zweck nicht durch mildere Maßnahmen erreichbar sein. Nicolaysen 1996: 181. Für "zwingende Gründe des Allgemeininteresses" gibt es keine abschließende Liste von Gründen, es werden aber etwa der Verbraucherschutz, der Schutz von Arbeitnehmern, sittliche Erwägungen, Betrugsbekämpfung, kulturpolitische Aspekte in der Rundfunkordnung genannt. Nicolaysen 1996: 179-180.

[208] Hier können die einschlägigen Urteile nicht sämtlich aufgezählt werden, die in den Urteilssammlungen zum Europarecht zusammengefaßt sind in Hummer et al. 1994: Beispielsweise zur Arbeitnehmerfreizügigkeit Rs. 118/75, Watson und Belmann, 7. Juli 1976, Slg. 1976, S. 118;, zur Niederlassungsfreiheit Rs. 2/74, Reyners, 21. Juni 1974, Slg. 1974, S. 631; Dienstleistungsfreiheit siehe: Rs. 33/74, van Binsbergen, 3. Dezember 1974, S. 1299. Zur Dienstleistungsliberalisierung und Niederlassungsfreiheit im obengenannten Sinne vgl. Everling 1987; Nicolaysen 1996: 173-184. Zur Kapitalverkehrsliberalisierung siehe den Artikel von Gleske 1987.

Grundrechtekatalog ist insofern nicht neu, weil die EuGH-Rechtsprechung seit langem davon ausgeht, daß es "gemeinschaftsrechtliche Grundrechtsgehalte" gibt.[209] Mit Verweis auf den Eigentumsschutz durch die Europäische Menschenrechtskonvention (EMRK)[210] zählen dazu unter anderem das Eigentumsrecht und das Recht auf freie Berufsausübung. Ähnlich zum Vorgehen des BVerfGE erfolgt dieser Schutz aber nur deutlich eingeschränkt, wenn sie dem allgemeinen Wohl dienen und kein unverhältnismäßiger und untragbarer Eingriff vorliegt, der das Grundrecht in seinem Wesensgehalt berührt.[211] Die Bananenmarktordnung hatte etwa trotz Rekurs auf diese Begründungen vor dem EuGH bestand.[212] Im Amsterdamer Vertrag wurden Grundfreiheiten nun im Primärrecht (und nicht mehr nur in der Präambel erwähnt) wodurch die vier Freiheiten weiter gestärkt werden.[213]

Zu den Politiken bzw. Rechtsregeln mit liberalisierender Wirkung kann weiterhin an wichtiger Stelle die schon früh etablierte europäische Wettbewerbspolitik erwähnt werden, die schließlich 1989 durch eine EU-Zusammenschlußkontrolle vollendet wurde.[214] Die Entscheidungen der Europäischen Wettbewerbsbehörde können vom EuGH überprüft werden, aber nur wenn die Parteien, darunter auch Dritte, "direct and individual concern" darlegen können.[215] Bemerkenswert für die frühe Phase der europäischen Wettbewerbspolitik sind Grundsatzurteile, etwa zum Kartellverbot[216], zu vertikalen Vertriebsbeschränkungen (hier wird als eigenständiges Kriterium die Beeinträchtigung des Handels zwischen Mitgliedsstaaten einführt)[217] und zum Mißbrauch marktbeherrschender Stellung.[218] Durch Einzel- und Gruppenfreistellungen werden wettbewerbspolitische Ausnahmebereiche markiert, wobei versucht wird, den Wettbewerb aufrechtzuerhalten.[219] Es sind allerdings Schwellenwerte zu beachten, denn die EU-Wettbewerbskommissare greifen erst dann ein, wenn der Handel zwischen Mitgliedsstaaten betroffen, die Freiheit dieses Handels gefährdet sowie die Einschränkung spürbar

---

[209] Zitiert aus einem Weißbuch der EU. Schmidt 1990: 290. Eine detaillierte Übersicht über weitere diverse fundamentale Rechte, die vom EuGH angenommen werden, unter anderem im Bereich sozialer Rechte gibt Ball 1996.

[210] Das Zusatzprotokoll 1 der Europäischen Menschenrechtskonventionen vom 20.3.1952 stellt eine Recht auf Achtung des Eigentums fest, dieses darf aber aufgrund des öffentlichen Interesses eingeschränkt werden. In der Spruchpraxis des Europäischen Menschenrechtsgerichtshofes wird dieses Recht auf Eigentum bestätigt und bei allen Fragen, etwa Enteignungen und Benutzungsregelungen vor allem das Prinzip der Verhältnismäßigkeit eingefordert. Siehe Seidel 1996: 166-171.

[211] Diese Formulierungen findet sich erstmals im Urteil 'Hauer' Rs. 44/79, 13. Dezember 1979, Slg. 1979, S. 3727. Sowie in 'Schräder' Rs. 265/87, 11. Juli 1989, Slg. 1989, S. 2237. In: Hummer et al. 1994: 350, 352. Verweis in Schmidt 1990: 290-291.

[212] Siehe 'Bananen' Rs. C-280/93, 5.10.1994, S. I-5065.

[213] Dies gilt auch, wenn mit dem Amsterdamer Vertrag weitere offenbar als Verfassungsgrundsätze formulierte Prinzipien für Europa gültig sind, die allerdings nicht ohne Verweis auf die Freiheitsrechte, die mit dem Gemeinsamen Markt verbunden sind, bleiben. Diese Verfassungsgrundsätze gelten seit dem 1.5.1999, dem Datum des Inkrafttretens des Amsterdamer Vertrags. Gemäß Art. 6 I EU beruht die Union "aus den Grundsätzen der Freiheit, der Demokratie, der Achtung der Menschenrechte und Grundfreiheiten sowie der der Rechtsstaatlichkeit." Somit ist im Primärrecht verankert, was vorher in der Präambel des EU-Vertrag festgehalten wurde. Bemerkenswert ist, daß die Beachtung der Grundfreiheiten auf die wirtschaftlichen Grundfreiheiten hin formuliert wird und somit den EuGH mit seinen Entscheidungen für den Binnenmarkt eng an diese Grundsätze anbindet. Hummer/Obwexer 2000: 486.

[214] Siehe Kerber 1994; Bellamy/Child 2001; Schmidt 1996a: 193-194; Jovanovic 1997: 130-167.

[215] Es ist aber nicht jede Interessengruppe dazu befugt, sondern erstens die direkt davon betroffenen Firmen und hier auch Arbeitnehmervertreter dieser Firmen, sodann Wettbewerber und es werden neben prozeduralen Fehlern auch fehlerhafte Argumentationen angekreidet. Es wird allerdings ein Ermessensspielraum eingeräumt, der sich richterlicher Überprüfung entzieht. Bellamy/Child 2001: 457-462.

[216] Rs. 48/69, ICI-Teerfarbenkartell, 14. Juli 1972, Slg. 1972, S. 619. In Hummer et al. 1994.

[217] Rs. 56 u. 58/64, Consten-Grundig, 13. Juli 1966, Slg. 1966, S. 321. In Hummer et al. 1994.

[218] Rs. 27/76, Chiquita-Bananen, 14. Februar 1978, Slg. 1978, S. 207. In Hummer et al. 1994.

[219] Schmidt 1996a: 194-198.

ist.[220] Wohl deshalb kann eine unterschiedliche Wirksamkeit europäischer wettbewerbsrechtlicher Rechtevereinheitlichung bezüglich der einzelnen Staaten festgestellt werden. Auffällig ist dies unter anderem in bezug auf Frankreich. Dort wurde seit langem seitens der Politik Einfluß auf die Wirtschaft geübt, etwa durch die Enteignung und staatlicher Kontrolle von Industrien, Preiskontrollen und Subventionen.[221] Eine erwähnenswerte Wettbewerbspolitik wurde erst 1977 etabliert, um damalige Pläne einer europäischen Zusammenschlußkontrolle zu verzögern.[222] Zwischen 1977 und 1986 wurden nur 8 Zusammenschlüsse untersucht.[223] Auch nach einer Veränderung des Gesetzes nach 1986 und einer Akzeptanz von Konzepten des freien Marktes, bleibt der Wirtschaftsminister letztendlich verantwortlich für Zusammenschlußentscheidungen.[224] Bis heute ist eine industriepolitische Ausnahme in der französischen Zusammenschlußkontrollgesetzgebung enthalten, Art. 2 Para. 1 (b).[225] Zwischen 1992 und 1995 wurden 32 Fälle dem Conseil de la Concurrence übermittelt, nur in ein paar Fällen wurde sich gegen einen Zusammenschluß ausgesprochen und der Minister überstimmte in weiteren Fällen diese Institution.[226] In der Bewertung der wettbewerblichen Auswirkungen von Firmenzusammenschlüssen spielt die internationale Wettbewerbsfähigkeit eine wichtige Rolle. Zusammenschlüsse werden erlaubt, wenn die internationale Wettbewerbsfähigkeit erhöht wird, auch wenn der Wettbewerb auf dem französischen Markt nachläßt.[227] Erwähnenswert ist weiterhin die unzureichende Bekämpfung von national wirksamen Kartellen in Belgien (hier wurden Preise politisch reguliert) und in den Niederlanden, welches in der Literatur als Europas Kartellparadies bezeichnet wird. Dort ist erst seit 1991 ist ein neues, effektiveres Wettbewerbsgesetz verabschiedet und erst 1998 eine neue Wettbewerbsbehörde institutionalisiert worden.[228] Bis heute bleiben somit die nationalen Wettbewerbspolitiken wichtig und enthalten auch spezielle Regeln, die sich auf europäischer Ebene nicht finden, etwa in bezug auf Mindestpreise.[229] Die für einen unverzerrten Wettbewerb wichtige Beihilfekontrolle wird erst Mitte der achtziger Jahre verschärft, wobei bis heute Spielräume verbleiben.[230] Ähnliches gilt für die erst sehr langsam verschärften Richtlinien für Unternehmen im Besitz der öffentlichen Hand.[231] Zu den beiden letzteren Punkten in

---

[220] Schmidt 1996a: 193-194.
[221] Souam 1998: 206; Demarigny 1996: 158-159.
[222] Souam 1998: 207. Dies blieb nicht ohne Auswirkungen auf die Konzentration in Frankreich. Frühe Untersuchungen zeigen, daß es seit den 1960ziger Jahren einen Konzentrationstrend in Frankreich gibt. Im Jahre 1969 hatten 30 % der Firmen 4-Firmen Konzentrations-Ratios von 60 % und mehr (USA 17 %). Jenny/Weber 1978: 194.
[223] Souam 1998: 208.
[224] Souam 1998: 211.
[225] Schmidt 1995: 979.
[226] Souam 1998: 225.
[227] Souam 1998: 225.
[228] Zur Situation in Portugal Barros/Mata 1998; Belgien: Sleuwaegen/van Cayseele 1998: 190-193; seit 1993 gibt es in Belgien ein neues Wettbewerbsrecht, die Wettbewerbsbehörde wird aber noch als schwach beschrieben. Koning et al. 2001: 844; Frankreich Souam 1998; zur Situation in den Niederlanden, mit dem Verweis auf den bekannten Artikel von H. W. de Jong aus dem Jahre 1990: 'Nederland: het kartelparadijs van Europa?' siehe Asbeek/Griffiths 1998; Koning et al. 2001: 845; Italien: Gobbo/Ferrero 1998.
[229] Nicht nur die Wettbewerbspolitik der EU bleibt wichtig, sondern ebenso die speziellen Regeln nationaler Behörden, so ist etwa eine nationale Regel, die den Verkauf zum Verlustpreis verbietet, wie es dies in Frankreich gibt, nicht unvereinbar mit dem Binnenmarkt. Vgl. dazu Schwintowski 2000: 41-44.
[230] Schmidt 1990: 261-265. Die Beihilfekontrolle wurde erst langsam verschärft und in bezug auf diverse sektorale Politiken gibt es zwar, seit Mitte der achtziger Jahre, eine Fall-zu-Fall-Überprüfung, wobei aber staatliche, interventionistische Politiken teils noch zugelassen werden und unklare Höchstgrenzen vorliegen. Siehe Klodt/Stehn 1992: 166-183, und die umfassende Darstellung in Rosenstock 1995.
[231] Schmidt 1990: 265-267.

Abschnitt 'H' der Arbeit mehr. Oben wurde bereits erwähnt, daß der Montanbereich (Eisen- und Stahl) und die Landwirtschaft als Sektoren einer Marktorganisation ausgesetzt wurden und somit hier der Wettbewerb von der EU Kommission politisch reguliert wurde.

(2) Damit nicht die gesamte Last der Ausbildung eines gemeinsamen Marktes beim EuGH liegt, wurde sich zu einer breit angelegten Rechtsangleichung entschlossen, die im Sinne einer Liberalisierung, Harmonisierung und auch einer Hebung von Standards wirken kann, durch die Kommission.[232] Schwerpunkt sind unter anderem die Sachbereiche, die bezüglich einer durch das EuGH erfolgenden richterlichen Liberalisierung schwer zugänglich sind und politische Entscheidungen bedürfen: Verbraucherschutz, gewerblicher Rechtsschutz, Lebensmittelrecht, Arzneimittelrecht, technische Normen und Steuern.[233] Weiterhin gibt es erste Ansätze einer Harmonisierung von Sozialpolitik, die sich jedoch nicht auf eine Harmonisierung von der Arbeitszeiten oder Lohnniveaus erstreckt.[234] Die fundamentaleren Kernarbeitsnormen, darunter die Versammlungs- und Vereinigungsfreiheit bzw. das Recht Gewerkschaften zu bilden, werden in der EU unter anderem durch die Europäische Menschenrechtskonvention geschützt.[235]

(3) Zur planerischen bzw. interventionistischen bzw. wirtschaftspolitische Spielräume ermöglichenden Seite Europas: Politische Interventionen in den Gemeinsamen Markt werden vollzogen von der Agrar- und Verkehrspolitik sowie der sonstigen Strukturpolitik, die aus Regionalförderung, Forschungs- und Technologiepolitik sowie Industriepolitik besteht.[236] Die im Vertrag zur Europäischen Gemeinschaft für Kohle und Stahl (EGKS) enthaltenen Instrumentarien wie Preisfestsetzung und Investitionskontrolle bzw. die Möglichkeit der Festsetzung von Erzeugungsquoten sind dirigistisch[237], die gilt ebenso für die Agrarmarktordnung[238] und eine Gemeinsame Fischereipolitik.[239] Die Industriepolitik bzw. Forschungs- und Technologiepolitik wird bereits in der EEA als "grundlegende

---

[232] Siehe dazu Art. 100 und der in der EEA hinzugefügte Art. 100a EGV. Die EU nimmt hier eine Harmonisierung und Rechtsangleichung vor, vor allem im Bereich Verbraucherschutz, im Lebensmittelrecht, Arzneimittelrecht, technische Normen. Nicolaysen 1996: 107-109.
[233] Nicolaysen 1996: 107-130.
[234] Einige dieser Politiken werden unter das Label "European social policy" subsumiert und damit wird auf eine genuin soziale Dimension des europäischen Einigungswerks hingewiesen, von Leibfried/Pierson 1995: 4. Viele dieser Aufgabenfelder und Ziele Europäischer Politik sind durch den Maastricht-Vertrag neu hinzugekommen. Mestmäcker 1994. Die ersten Richtlinien, die von den Sozialpartnern und der Kommission ausgearbeitet worden sind, sind: Über befristete Arbeitsverträge: Richtlinie 1999/70/EG des Rates vom 28. Juni 1999. In: ABl. L 175/43, 10.7.1999. Zur Teilzeitarbeit: Richtlinie 97/81/EG des Rates vom 15. Dezember 1997. In: ABl. L 14/9, 20.1.98. Bezüglich Elternurlaub: Richtlinie 96/34/EG des Rates vom 3. Juni 1996. In: ABl. 145/4, 19.6.96.
[235] Weiterhin unverbindlich, aber doch eindeutig festgehalten werden diese Rechte in der Europäischen Sozialcharta 18.10.1961, einer Erklärung des Europäischen Parlaments zum Vertrag zur Gründung der Europäischen Gemeinschaft vom 12.4.1989 und einer vom Europäischen Rat angenommenen Gemeinschaftscharta der sozialen Grundrechte der Arbeitnehmer vom 9.12.1989. Siehe Seidel 1996: 121-125.
[236] Siehe die frühe Aufzählung von Ipsen 1972: 546-548; und die aktualisierenden Ergänzungen von Streit 1998: 188-191. Klodt/Stehn 1992: 1-7.
[237] Dies gilt für Preisfestsetzung Art. 61 und Investitionskontrolle Art. 54 Abs. 5 Schmidt 1990: 82. Art. 58 ermöglicht Erzeugungsquoten. Schweitzer/Hummer 1996: 519. Vgl. zu einer Übersicht über Entwicklungen der EGKS Schweitzer/Hummer 1996: 511-526.
[238] Art. 32-38 (ex Art. 38-46). Geiger 2000: 251-272. Siehe zur Umsetzung und den Instrumenten Gerken 1997; Jovanovic 1997: 98-129.
[239] In Art. 38 der Römischen Verträge erstreckt sich die Definition von Agrarprodukten auch auf Fische. Dies ist die einzige rechtliche Basis für die 1970 installierte Gemeinsame Fischereipolitik, welche aber erst 1983 ernsthaft umgesetzt wird mit einem Zugang für EU-Fischer in sämtliche EU-Gewässer außerhalb der exklusiven 12 Meilen Zone, festgelegten Fangquoten, einer Preisstützung, einer Modernisierungspolitik sowie der Aushandlung von Fischereiabkommen mit Dritten Ländern durch die EU Kommission. Jovanovic 1997: 125-127.

Zielsetzung bezeichnet, und durch Maastricht wird die "Stärkung der Leistungsfähigkeit der Industrie" erstmals als Aufgabe der Gemeinschaft bezeichnet.[240] Den Staaten und der EU bleiben weitere Spielräume, um ausgleichende und soziale Politiken anzuwenden. So wird, über die EU-Regionalpolitik, die eigenständige Regionalförderung der Staaten von der Beihilfekontrolle vor allem dann zugelassen, wenn es sich um benachteiligte Regionen handelt.[241] Ergänzt wird dies durch die fördernden Sozialpolitiken, die in der Verantwortung der einzelnen Länder liegen, wobei diese Politiken zusammen mit den anderen, eben aufgezählten Politiken, sozial ausgleichende Wirkungen haben und haben sollen.[242] Hinsichtlich des Schutzes geistigen Eigentums ist erst vor kurzem ein bedeutsamer Schritt zu einem funktionierenden europäischen Gemeinschaftspatentschutz getätigt worden, einen EU-Patentgerichtshof wird es erst im Jahre 2010 geben.[243]

Von zentraler Bedeutung ist weiterhin die Außenwirtschaftspolitik der EU. Hier findet sich zu Beginn des Abschnitts über die Gemeinsame Handelspolitik in Art. 131 ein allgemeines Bekenntnis zum "schrittweisen Beseitigung der Beschränkungen im internationalen Handelsverkehr".[244] Schon im nächsten Artikel werden aber der EU umfassende Kompetenzen zur Einflußnahme auf den Handel zugesprochen, darunter Ausfuhrbeihilfen (Art. 132) und dann ein gemeinsamer Außenschutz durch den Gemeinsamen Zolltarif und das Ergreifen handelspolitischer Schutzmaßnahmen (Art. 26 und Art.

---

[240] Art. 157 (ex Art. 130). Geiger 2000: 596. Immerhin sind einstimmige Beschlüsse der Rates erforderlich, allerdings nur für die Einrichtung langfristiger Programme. Für die Implementation reichen Mehrheitsbeschlüsse aus. Joerges 1994: 122-123.

[241] Scharpf 1996: 117-120. Diese Politiken sollen ausgleichende Wirkungen haben und sogar zur Konvergenz der Pro-Kopf-Einkommen führen, ohne daß es hier aber einen Zeitplan gibt. Schon in der Präambel der römischen Vertrage gab es eine Zielformulierung, allerdings ohne Handlungsverpflichtung, daß die Mitgliedsländer beabsichtigen "ihre Volkswirtschaften zu einigen und deren harmonische Entwicklung zu fördern, indem sie den Abstand zwischen einzelnen Gebieten und den Rückstand weniger begünstigter Gebiete verringern." Klodt/Stehn 1992: 54. Seit der Einheitlichen Europäischen Akte vom 28.2.1986 gibt es eine konkretere Bestimmung, nämlich Art. 130a. Artikel 130a geht in den Maastricht-Vertrag zur Gründung der EG ein: "Die Gemeinschaft entwickelt und verfolgt weiterhin ihre Politik der Stärkung ihres wirtschaftlichen und sozialen Zusammenhalts, um die harmonische Entwicklung als Ganzes zu fördern. Die Gemeinschaft setzt sich insbesondere zum Ziel, die Unterschiede im Entwicklungsstand der verschiedenen Regionen und den Rückstand der am stärksten benachteiligten Gebiete, einschließlich der ländlichen Gebiete, zu verringern." Nach Amsterdam Art. 158. Hier geht es nicht um direkte Einkommenstransfers, aber um Maßnahmen zur Stärkung der Wirtschaft. Klodt/Stehn 1992: 34. Speziell zu den umverteilenden Wirkungen der Regionalpolitik, von der Griechenland, Spanien, Irland und Portugal profitieren, deren monetärer Stellenwert allerdings nicht überwältigend hoch ist: Costello 1993; Klodt/Stehn 1992.

[242] Dazu ausführlich Klodt/Stehn 1992: 75-97. Im Endeffekt wird reicheren Regionen die Regionalförderung erschwert, aber nicht verunmöglicht, weil etwa die Infrastrukturpolitik hier nicht darunterfällt. Dies ändert nichts daran, daß eine konsequentere Verfolgung des Konvergenzziels in der EU denkbar ist. So Klodt/Stehn 1992: 96-97.

[243] Im Jahre 1975 erfolgte mit dem Luxemburger Abkommen der erste Schritt zu einem einheitlichen europäischen Patentschutz. Später, 1989, gab es eine Vereinbarung über Gemeinschaftspatente, ABl. Nr. L 401/1, 30.12.1989, die nicht unmittelbare Geltung beansprucht und der vor allem die neuen EU-Mitglieder nicht beitraten: Mitglieder sind 1996 Frankreich, Deutschland, Griechenland, Dänemark, Luxemburg, England und die Niederlande. Spanien, Portugal, Österreich, Schweden und Finnland bleiben außen vor. Der Patentschutz in Europa beruht also, trotz der aktuellen, am 4.3.2003 beschlossenen Neuerungen, noch bis zum momentanen Zeitpunkt, auf internationalen Verträgen. Europäische Kommission 1997: 6-8. Siehe für Gründe dafür Schäfers/Schennen 1992: 640. Erwähnt werden diese einige Fußnoten weiter.

[244] Grundsätze der Handelspolitik. Art. 131 (ex Art. 110). Geiger 2000: 523.

133).[245] Hier wird zwar der allgemeine Grundsatz einer Wareneinfuhrfreiheit ausgesprochen, dieser Grundsatz gilt aber nur unter Vorbehalt von Beschränkungen.[246]

In Abschnitt 'H' und 'I' dieser Arbeit werden noch diverse Maßnahmen aufgezählt, darunter mengenmäßige Beschränkungen, die die Wareneinfuhrfreiheit diskretionär beschränkt haben. Um diese Maßnahmen nicht durch den EU-internen Handel unterlaufbar zu machen, wurden zudem gemäß Art. 115 Warenverkehrsbeschränkungen für den internen EU Handel umgesetzt, die u.a. auch als mengenmäßige Beschränkungen wirksam wurden.[247]

Jährlich wird der Gemeinsame Zolltarif publiziert, der die Meistbegünstigungszölle gemäß dem GATT und die autonomen Zölle für Nicht-Mitglieder der WTO enthält.[248] Der Gemeinsame Zolltarif beruht dabei auf dem Harmonisierten System.[249] Dazu kommen die niedrigeren Zölle für bestimmten Waren (die aber bis 1994 teils mit Höchstmengen oder Quoten verbunden waren), die allen Entwicklungsländern über das Allgemeine Präferenzsystem eingeräumt werden (general system of preferences, 'GSP', darin verankert ist auch die Everything but Arms, 'EBA', Initiative der EU).[250] Das GSP der EU hat den Textil- und Bekleidungsbereich von der Teilnahme der Länder am Multifaserabkommen abhängig gemacht, sodaß das GSP hier offenbar zusätzliche Quoten bereitstellte (die USA hatte den Textilbereich fast ganz aus ihrem GSP ausgeklammert).[251] Das EU GSP der neuen

---

[245] Diese sind Art. 26 (ex Art. 28), welche die Kompetenzgrundlage für den Rat darstellt, autonome d.h. den nicht-vertraglichen Teil der Zollsätze zu verändern, also die Zölle für Nicht-GATT-Mitglieder. Sonstige Zollveränderungen, die innerhalb des GATT mgl. sind, stützen sich auf Art. 133 (ex Art. 113). Und als Nachtrag: Art. 132 ist ex Art. 132. Relevant sind eigentlich alle Regulierungen des Dritten Teils, Titel I, Titel IX. Geiger 2000: u.a. 525-527. Die Einführung des Gemeinsamen (Außen-) Zolltarifs zum 1. Juli 1968 stützte sich weiterhin auf die sog. Lückenermächtigung Art. 308 (ex. Art. 235), weil dafür bis dato keine Kompetenzgrundlage im EWG-Vertrag vorhanden war. Siehe Kareseit 1998a: 127.
[246] Diese Formulierungen finden sich ähnlich auch in den Verordnungen. Somit handelt es sich somit ähnlich wie beim deutschen Außenwirtschaftsrecht nicht um ein Verbot, bei dem nur die Ausnahmen den freien Handel ermöglichen, sondern es wird umgekehrt der Grundsatz der Freiheit verwendet mit einem Beschränkungsvorbehalt. Kareseit 1998a: 271, 291.
[247] Im Jahre 1982 gab es 284 solcher Maßnahmen. Eine der wenigen Literaturquellen zu diesem Thema ist Schuhknecht 1992: 74, 73-97.
[248] Siehe Verordnung (EG) Nr. 2263/2000 der Kommission vom 13. Oktober 2000 zur Änderung des Anhangs I der Verordnung (EWG) Nr. 2658/87 des Rates über die zolltarifliche und statistische Nomenklatur sowie den gemeinsamen Zolltarif. In: ABl. L 264, 18. Oktober 2000.
[249] Aufgestellt vom Rat für die Zusammenarbeit auf dem Gebiet des Zollwesens (inoffiziell World Customs Organization). Das HS ist Basis der Kombinierten Nomenklatur des Gemeinschaftlichen Zolltarif, welches möglich ist, weil gemäß Art. 3 Abs. 3 des HS-Abkommens nationale Erweiterungen des HS System etwa zu statistischen Zwecken, aber auch zu einer weiteren Untergliederung der Warenpositionen erlaubt sind. Kareseit 1998a: 350.
[250] Seit 1994 werden keine Obergrenzen und Quoten mehr angewandt, aber die Zollverringerungen von der 'Sensitivität' der betroffenen Produkte abhängig gemacht. Neu ist der Graduierungsmechanismus, der Länder wie China oder aber bestimmte Sektoren in Ländern vom GSP ausschließt. Die Zollverringerungen laufen oft nicht auf eine gänzliche Abschaffung von Zöllen hinaus. Siehe Verordnung (EG) Nr. 2501/2001 des Rates vom 10. Dezember 2001 über ein Schema allgemeiner Zollpräferenzen für den Zeitraum vom 1. Januar 2002 bis 31. Dezember 2004. In: ABl. Nr. L 346, 31.12.2001, S. 1-60. Waer/Driessen 1995: 110-111. Siehe dazu und zur EBA, die sich auf die LDCs bezieht und fast alle Waren einbezieht (außer einige Agrarprodukte, hier bleiben die AKP-Staaten besser gestellt) genauer: UNCTAD EU GSP Handbook 2002. Allgemein zum GSP: OECD 1983a; Langhammer/Saphir 1987; UNCTAD 1998. Siehe zum GSP Abschnitt 'H', Punkt 18.2 sowie Abschnitt 'J', Punkt 18, Präferenzsysteme.
[251] Verordnung (EWG) Nr. 4259/88 des Rates vom 19. Dezember 1988 zur Anwendung allgemeiner Zollpräferenzen für Textilwaren mit Ursprung in Entwicklungsländern im Jahr 1989. In: ABl. Nr. L 375, 31.12.1988, S. 83-85. Siehe auch Karsenty/Laird 1987: 264. Das GSP deckt 1,3 % der US-Importe ab. Siehe zum US-GSP UNCTAD USA GSP Handbook 2000: 4. Das GSP der EU wurde sozusagen von China (25 %, die LDCs nur 1,7 %, dazu Waer/Driessen 1995: 97) und anderen asiatischen 'Entwicklungsländern' gekapert, wie Hongkong und Korea, Taiwan aber auch Brasilien, Singapur, Jugoslawien, Mexiko, Indien, Philippinen, Malaysia genutzt, hinsichtlich der absoluten Werte kommen in der Liste erst später Länder wie Pakistan, Bangladesch und Peru. Als einziges afrikanisches Land taucht die Elfenbeinküste auf. Karsenty/Laird 1987: 272.

Generation hat großzügerer Zollsenkungen für die Länder anzubieten, die minimale Arbeitnehmerrechte erfüllen, den tropischen Regenwald schützen und Drogen bekämpfen.[252] Dazu kommen die diversen sonstigen Handelsabkommen der EU, darunter das AKP-Abkommen mit Entwicklungsländern aus Afrika und der Karibik und des Pazifik.[253]

Ergänzt wird der Gemeinsame Zolltarif von den Durchführungsvorschriften zum Zollkodex der Gemeinschaften, welcher die wichtigen allgemein gültigen Ursprungsregeln enthält, von deren Einhaltung abhängt es u.a.[254] abhängt, ob die Waren mit 'normalen' Meistbegünstigungszöllen verzollt werden oder ob Präferenzzölle angewendet werden können (ggf. geht es sogar um Antidumping- und Ausgleichszölle).[255] Eine Ware ist dann Ursprungsware eines Landes: "in dem sie der letzten wesentlichen und wirtschaftlich gerechtfertigten Be- oder Verarbeitung unterzogen worden ist (...) und zur Herstellung eines neuen Erzeugnisses geführt hat oder eine bedeutende Herstellungsstufe darstellt."[256] Unter diese Regel fallen viele Waren problemlos.[257] Bei Waren, die unter substantieller Heranziehung von Inputgütern hergestellt werden und die sich nur wenig verändern, wird es aber schwieriger.[258] In einigen Bereichen werden spezielle Ursprungsregeln angewandt.[259] Diese Regeln, aber teils auch die normalen Ursprungsregeln, können insofern protektionistisch wirken, weil sie die Zersplitterung der Produktion auf viele Orte verhindern, so gelten spezielle Regeln für TV-Geräte, die postulieren, daß im Montageland 45 % des Wertes hinzugefügt werden muß (oder je 35 % und dann wird Ursprung dort angenommen, wo es etwas mehr ist).[260]

---

[252] UNCTAD EU GSP Handbook 2002: xx-xxii.

[253] Beschluß des Rates und der Kommission vom 25. Februar 1991 über den Abschluß des Vierten AKP-EWG-Abkommens. In: ABl. L 229, 17.8.1991, S. 1-305. Eigentlich gilt dieses Abkommen 10 Jahre, es wurde aber nach 5 Jahren revidiert: Beschluß des Rates vom 27. April 1998 über den Abschluß des am 4. November 1995 in Mauritius unterzeichneten Abkommens zur Änderung des Vierten AKP-EG-Abkommens von Lome In: ABl. L 156, 29.5.1998. S. 1-78. AKP-Mitglieder sind die afrikanischen Staaten unterhalb der Sahara plus Antigua und Barbuda, Bahamas, Barbados, Belize, Dominica, Grenada, Guyana, Jamaika.

[254] Ursprungsregeln gehen noch etwas weiter. Wenn das Einfuhrrecht dies vorsieht, muß ein Ursprungszeugnis beigelegt werden. Ist dies nicht vorhanden, kann es Schwierigkeiten bei der Einfuhr geben. Ebensolche Schwierigkeiten kann es geben, wenn Zweifel an den Angaben bestehen. In der EU gibt es Geldstrafen etc., wenn dies festgestellt wird. Dafür ist in der EU die Anti-Betrugsbehörde OLAF zuständig. Vermulst/Dacko 2004: 34.

[255] Ursprungsregeln werden auch dazu benötigt, um feststellen zu können, ob überhaupt auf bestimmte Waren Schutzklausel, Antidumping- oder Ausgleichszölle erhoben werden können. Ebenso geht es darum, bei der Auferlegung von Antidumpingzöllen etwa zu verhindern, daß ein Unternehmen einfach durch den Wechsel in ein anderes Land den Zöllen entgehen kann. Dazu sind die Anti-Umgehungsregeln ('anti-circumvention', in der EU im Zollkodex Art. 25, s.u.) gedacht. Vermulst/Dacko 2004: 2.

[256] Siehe Art. 24: Verordnung (EWG) Nr. 2913/92 des Rates vom 12. Oktober 1992 zur Festlegung des Zollkodex der Gemeinschaften. In: ABl. L 302, 19. Oktober 1992. Für die Ursprungsregeln siehe hier Art. 22-26. Präferentielle Ursprungsregeln finden sich in Art. 27. Weiterhin: Verordnung (EWG) Nr. 2454/93 der Kommission vom 2. Juli 1993 mit Durchführungsvorschriften zu der Verordnung (EWG) Nr. 2913/92 des Rates zur Festlegung des Zollkodex der Gemeinschaften. In: ABl. L 253, 11. Oktober 1993. Für die Ursprungsregeln relevant sind hier Art. 35-36, speziell für Textilien Art. 36-38. In Anhang 9, 10, 11 dieser Verordnung werden die Waren aufgezählt, für die die allgemeine Definition des Erwerbs von Ursprung nicht zutreffen. Vermulst/Dacko 2004: 4-6.

[257] Auch deshalb, weil oft ein 45 % Wertschöpfungstest angewandt wird, sodaß 55 % Vorprodukte bzw. Teile oder Montageabläufe in anderen Ländern stattfinden können. Genauer: Vermulst/Dacko 2004: 6-11.

[258] Es besteht ein gewisser Freiraum diese Formulierung aus Art. 24 auszulegen. Am ehesten ist der Ansatz der EU zu erkennen in den Verhandlungen zur Harmonisierung der Ursprungsregeln im Rat für Zusammenarbeit auf dem Gebiet der Zollfragen. Vermulst/Dacko 2004: 6.

[259] Etwa für Fleisch, Eier, Wermuthweine, Radio, Kassettenrecorder, Fernsehgeräte, Schuhe, Keramikprodukte, Fruchtsäfte, Wälzlager, Integrierte Schaltungen, Photokopiergeräte, Textilprodukte. Anhang 11. Verordnung (EWG) Nr. 2454/93 'Durchführungsvorschriften'. In: ABl. L 253, 11. Oktober 1993. S. 249-251. Vermulst/Dacko 2004: 5.

[260] Die 45 %-Regel wird auch auf CD-Player angewendet und auch auf andere Montage-Waren angewandt. Zudem wird versucht, einfache Montage von komplexeren Aktivitäten abzugrenzen. Dazu mit Verweisen auf Urteile des EuGH. Vermulst/Dacko 2004: 7, 13-14.

Besonders weitgehend haben Ursprungsregeln den Textil- und Bekleidungshandel beeinflußt. Die 'normalen' Ursprungsregeln für Textilien besagen, daß im Fall Baumwolle (etwa Denim-Stoffe) teils, diese lokal aus roher Baumwolle hergestellt werden müssen, teils ist das mit importieren Garnen möglich. Bei Bekleidung wird Ursprung für das Land konstatiert in dem sog. 'vollständiges Herstellen' vorliegt, definiert als Herstellung der Bekleidungsstücke aus zugeschnittenen Textilteilen. Länder können somit Textilteile einführen und dann als Bekleidung wieder exportieren. Dabei stoßen sie dann allerdings auf die noch vorhandenen Textil- und Bekleidungszölle der Industrieländer.[261]

Aufgrund dieser Zölle versuchen viele Ländern, den präferentiellen Ursprungsregeln zu genügen, um Präferenzzölle eingeräumt zu bekommen. Die präferentiellen Ursprungsregeln sind bei Textilien im Fall Baumwolle gleichartig, für Bekleidung wird Präferenzursprung nur dann gewährt, wenn die lokal durchgeführte Produktion der Bekleidung aus lokal hergestellten Textilien erfolgt, die wiederum aus importierten Garnen hergestellt werden dürfen ('double jump'). Präferenzursprung wird nicht erworben, wenn die Herstellung aus importierten Textilien direkt erfolgt, dies gilt etwa für das AKP-Präferenzabkommen. Immerhin können damit Garne vom Weltmarkt importiert werden.[262] Die präferentiellen Ursprungsregeln des Allgemeinen Präferenzsystems (general system of preference, 'GSP') weisen ebenso spezielle Ursprungsregeln auf, die in einigen Fällen strenger angelegt sind. Sie sehen die Herstellung aus lokal angebauten Baumwollfasern ('triple jump') vor.[263] Auf den ersten Blick erscheint es, daß die präferenziellen Ursprungsregeln die Importe aus diesen Länder erleichtert haben. Ebenso ist es so, daß ein gänzliches Fehlen von Ursprungsregeln dazu führen könnte, daß etwa afrikanische Länder nur noch Durchgangsstation für die Lohnveredelung ohne viel lokale Wertschöpfung werden.[264] Auf den zweiten Blick zeigt sich aber, daß die Ursprungsregeln die Nutzung der Präferenzen erheblich erschwert haben.[265] Denn oft verfügten diese Länder nicht über Garn- oder über Textilfabriken oder hatten Schwierigkeiten in den vorhandenen Fabriken eine gute Qualität oder eine große Bandbreite von Stoffen herzustellen, um substantielle Marktanteile der

---

[261] Siehe: Baumwolle (ex 5201), darunter fallen auch Baumwollgewebe. EU Zolltarif 1999: 250. Bemerkenswerterweise sind die normalen Ursprungsregeln teils toleranter als die präferentiellen, so wird vollständiges Herstellen definiert als Zusammenfügen von Textilien als ursprungserzeugend im HS 61 angesehen. Ein 'double jump' von Garn zu Textilien zu Bekleidung wird damit nicht für erforderlich erachtet. Siehe: Verordnung (EWG) Nr. 2454/93 'Durchführungsvorschriften'. In: ABl. L 253, 11. Oktober 1993. S. 242. Hier sind bis zum 1. Januar 2005 noch die EU MFA-bzw. ATC-Regeln wirkungsmächtig, diese dürften aber mittlerweile identisch sein mit denen im Zollkodex Vermulst/Dacko 2004: 15-16. Daß die Ursprungsregeln des MFA ebenfalls 'assembly' akzeptierten, um Ursprung festzustellen, wobei dies das Herstellen von Bekleidung aus Textilien meinte, wird aus der Perspektive der USA beschreiben von Mattoo et al. 2002: 3.

[262] Hier wird nur auf HS Kapitel 61 rekurriert, in HS 62 werden für teils 40 % des Wertes Inputgüter zugelassen. Beschluß des Rates und der Kommission vom 25. Februar 1991 über den Abschluß der Vierten AKP-EWG-Abkommens. In: ABl. L 229, 17.8.1991, S. 168. Das U.S. AGOA Präferenzabkommen akzeptierte Anfangs nur die Herstellung aus Garn aus den USA oder aus den AGOA Ländern in Afrika und selbst hier wurden bestimmte prozentuale Grenzen an den U.S. Einfuhren auferlegt. Südafrika und Mauritius, die über eine Textilindustrie verfügen, fallen aber nicht unter das AGOA. Mattoo et al. 2002: 8. Siehe Abschnitt 'G', Punkt 14, Afrika, der speziell auf diese Frage eingeht.

[263] Vermulst/Dacko 2004: 1, 19-28. Siehe für die wiederum abweichenden GSP Präferenzursprungsregeln, hier darf Baumwollstoff aus einfachen Garnen hergestellt werden, aber HS 61 (nicht aber HS 62) muß den 'triple jump' schaffen, aus Fasern zu Garn zu Textilien zu Bekleidung: Anhang 14 und 15 der Verordnung (EWG) Nr. 2454/93 'Durchführungsvorschriften'. In: ABl. L 253, 11. Oktober 1993. S. 282-286.

[264] Mattoo et al. 2002: 18.

[265] So schon Langhammer/Sapir 1987: 80; aus heutiger Perspektive bestätigen diese Einschätzung Mattoo et al. 2002: 17; Mayer 2004: 8.

Bekleidungsmärkte der Industrieländern zu erkämpfen.[266] Empirischer Beweis für den handelsbeschränkenden Effekt der Ursprungsregeln ist, daß eine partielle und auf Länderebene selektive Rücknahme dieser Ursprungsregeln etwa im aktuellen Präferenzregime (African Growth and Opportunities Act, 'AGOA') der USA zu einer deutlichen Steigerung der Ausfuhren geführt hat.[267] Mehr zu dieser Frage in Abschnitt 'G' anhand Afrikas und in Abschnitt 'I' zum Multifaserabkommen.

Ähnliche Wirkungen haben die Ausnahmeregeln vom Zollkodex für den Lohnveredelungshandel ('outward processing trade'), weil diese auf einer Abhängigkeit von im Ausland hergestellten Inputgütern angelegt sind. Immerhin wird aber auch hierdurch Lohnveredelung ermöglicht. Nach dem Vorbild der USA hat auch die EU eine solche Regel eingeführt.[268] Das schon seit 1971 in der USA installierte PSP HTS Chapt. 98[269] ist eine Art Frühform bürokratisch beschränkter Globalisierung, die von den Firmen nutzbar ist, wenn andere Länder Vorteile bei der Weiterverarbeitung haben, seien dies Lohnkostenvorteile aber auch andere Vorteile: Es basiert auf dem Prinzip, daß wenn amerikanische Güter im Ausland weiterverarbeitet werden und dann als Teile wieder eingeführt werden, der Zoll im Wert der ausgeführten Güter zurückerstattet wird.[270] Der insgesamte PSP Handel stieg von 1971 US$ 2,7 Mrd. auf 1996 US$ 68 Mrd., damals 9 % der gesamten U.S. Importe.[271] Ab den neunziger Jahren ist der Rekurs auf diese Zahlen weniger aussagekräftig, da immer mehr dieses Handels über regionale Integrationsabkommen wie NAFTA und Präferenzregime stattfindet.[272] Interessanterweise wird auch Handel mit den Industrieländern Japan und Deutschland über das PSP HTS abgewickelt, selbst wenn bei der Weiterverarbeitung dort nur wenige U.S. Inputgüter involviert waren, es geht schließlich darum Zölle zu sparen.[273] Viele Inputgüter aus den USA sind dagegen involviert im PSP Handel mit Mexiko, Malaysia, Philippinen und kleinere Staaten aus Lateinamerika und der Karibik, eben 'production sharing' im Bereich von Bekleidung-, aber auch Halbleiter-, Elektronik- und Automobilteilen zur Nutzung niedriger Löhne.[274] Die EU hat nach U.S. Vorbild ebenso eine solche Ausnahme installiert, dies nennt sich hier 'outward processing trade bzw. OPT'. Diese Ausnahme vom EU-Zollkodex ermöglicht die zollfreie Einfuhr von Güter in die EU, wenn gezeigt werden kann, daß zur Produktion dieser Waren Inputgüter mit Ursprung (s.o.) aus der EU benutzt werden. Die Zollbehörden legen dabei eine Rate fest, mit der diese europäischen Güter eingesetzt werden müssen. Ebenso wird ein Zeitraum abgemacht, wenn der Reimport erfolgen soll. Die Zölle werden rückerstattet genau gemäß dem Wert der europäischen Güter, die bei der Lohnveredelungsoperation eingesetzt

---

[266] Siehe die Textilindustriestudie über Kenya von Pack 1987: 67-81, 172; Pack 1993: 10-13.
[267] Mayer 2004: 8. Zum AGOA, der seit dem 18. Mai 2000 wirksam ist und nicht in Südafrika und Mauritius, sondern in den unter das AGOA fallenden LDCs wie Madagaskar, Kenya, Swasiland, Lesotho zu Exportsteigerungen geführt hat. Mattoo et al. 2002: 3. Mehr hierzu in Abschnitt 'G', Punkt 14, Afrika.
[268] Hier konnte nicht verifiziert werden, seit wann diese Regel in der EU in Kraft ist.
[269] Die USA verfügt in Unterkapital II, Kapital 98 der Harmonized Tariff Schedule of the United States (HTS), über diese sog. 'Production-sharing provisions ('PSP') of HTS Chapter 98'. Weitere Details in USITC 1997b: I-3.
[270] USITC 1997b: 1-3.
[271] USITC 1997b: v, B-2.
[272] Davor ist noch relevant das U.S. Kanada Freihandelsabkommen und der U.S. Kanada Autopakt. USITC 1997b: 1-5.
[273] USITC 1997b: B-6.
[274] USITC 1997b: B-6. Von allen Zolleinsparungen kommt Bekleidung auf 53 %, dieser Bereich stellt aber nur 13 % vom gesamten Wert des Handels dar, der über PSP läuft. USITC 1997b: v.

wurden. Diese Ausnahmeregel steht unter der Bedingung nicht die Interessen europäischer Produzenten zu verletzen.[275] Hier gehen diese Regeln, die im Handel mit Polen, Ungarn und der Tschechei genutzt wurden, nahtlos über in die beitrittsvorbereitenden Abkommen mit den osteuropäischen Staaten.[276]

Diese Problematik ist als Überleitung geeignet, denn die Ursprungsfeststellung ist auch die Vorraussetzung für die Erhebung von Antidumpingzölle[277] gegenüber Firmen, die mutmaßlich quersubventionierende Preispolitiken in unterschiedlichen Märkten verfolgen oder Verkäufe unter den Gestehungskosten durchführen. Ebenso gibt es das handelpolitische Instrument der Ausgleichszölle gegen subventionierte Waren. Beide Optionen werden auf Antrag von betroffenen Industrieorganisationen von den darauf spezialisierten Behörden untersucht.[278] Bei Ablehnung eines solchen Antrags ist eine Klage der Industrieorganisationen vor dem EuGH möglich.[279] Für Untersuchungen gegenüber nicht-marktwirtschaftlich ausgerichteten Ländern gibt es spezielle Regeln, die mehr Spielräume in den Untersuchungen ermöglichen.[280] Durch das Fehlen der letzteren Option und dem fehlenden Antragsrecht der Industrieverbände zeichnet sich das Schutzzollverfahren aus, welches nicht mehr mit unfairen Handelspraktiken begründet wird. Hier wird innerhalb eines Gemeinschaftlichen Informations- und Konsultationsverfahren beschlossen tätig zu werden. Dabei kann etwa der Beschluß gefaßt werden bestimmte Warenströme nachträglich zu überwachen, um Daten zu sammeln. Wird dagegen eine vorherige Überwachung beschlossen, muß der Einführer ein spezielles Überwachungsdokument der Gemeinschaftlichen Einfuhrregelung abzeichnen lassen (und ihm wird dabei bewußt, daß seine Wareneinfuhren besonders beobachtet werden).[281] In einem weiteren Schritt kann dann beschlossen werden Schutzmaßnahmen zu verhängen, eine Fristverkürzungen für die Gültigkeit von Einfuhrdokumenten und schließlich ein Einfuhrgenehmigungsverfahren, wobei die Kommission regeln.[282] Diese Schutzmaßnahmen können,

---

[275] Art. 145 bis 160 des Zollkodex: Verordnung (EWG) Nr. 2913/92 des Rates vom 12. Oktober 1992 zur Festlegung des Zollkodex der Gemeinschaften. In: ABl. L 302, 19. Oktober 1992.

[276] Burstein et al. 2005: 9.

[277] Die Feststellung von Ursprung ist Vorraussetzung dafür, daß Antidumpingzölle erhoben werden können. Wird festgestellt, daß in einem Land eine unzureichende Weiterverarbeitung erfolgte, um Ursprungseigenschaften zu verleihen, wird neu untersucht, in welchen Land die Wertschöpfung hauptsächlich erfolgt und dann in bezug auf dieses Land und die dort ansässigen Firmen ermittelt. Dies kann zur Folge habe, daß eine Firma rückwirkend Antidumpingzölle zahlen muß. Vermulst/Dacko 2004: 13.

[278] Kareseit 1998a: 271-290; siehe auch Reuter 1995. Mit betroffenen Industrieverbänden ist hier gemeint, daß es tatsächlich Industrieverbände sein müssen, in denen Unternehmer vertreten sind, deren Produktion mehr als 50 % der Gemeinschaftsproduktion umfaßt (bei Ausgleichszöllen wird ein Antrag abgelehnt, wenn ihn nicht mindestens 25 % unterstützen). Nur ausnahmsweise kann eine Untersuchung ohne einen solchen Antrag erfolgen. Der Antrag kann auch in einem Mitgliedsstaat der EU gestellt werden und wird dann an die Kommission weitergeleitet. Bei Antidumpinguntersuchungen wird eine Anhörung veranstaltet, bei der alle interessierten Parteien geladen sind, auch Verbraucherorganisationen. Wird ein Antidumpingzoll befürwortet muß diesem im Ministerrat noch mit einfacher Mehrheit beschlossen werden. In den jeweiligen Verordnungen werden den daran beteiligten Parteien, d.h. auch ausländischen Unternehmen, die im Rahmen der Verfahren nach Kosten, Preisen oder Subventionen befragt werden, auch bestimmte Rechte zugestanden, die diese auch mittels des EuGH einfordern können. Kareseit 1998a: 271-290. Siehe Abschnitt 'J', Punkt 7, Antidumping.

[279] Kareseit 1998a: 292.

[280] Kareseit 1998a: 273.

[281] Kareseit 1998a: 297; Reuter 1995: 126-127.

[282] Kareseit 1998a: 297.

im Gegensatz zu den Antidumping- und Ausgleichszöllen, die für das gesamte Zollgebiet der EU gelten, nur für ein bestimmtes Land zugeschnitten werden.[283]

In bezug auf die Antidumping- und Ausgleichszölle sowie die Schutzmaßnahmen (die Ursprungsregeln werden von der WTO erwähnt, aber noch nicht wirksam geregelt) müssen die Rechtsakte mit den diesbezüglichen WTO-Abkommen übereinstimmen, die sich detailliert auf diese Möglichkeiten beziehen. Zahlen zur Nutzung dieser handelspolitischen Instrumente und die davon ausgegangenen Effekte werden in Abschnitt 'H' und 'J' präsentiert. Im sog. Neuen Handelspolitischen Instrument wird die Existenz dieser handelspolitischen Möglichkeiten der EU noch einmal betont. Zudem wurde darin ein diplomatisches und verhandlungsbezogenes Vorgehen gegen Handelshemmnisse in dritten Ländern beschlossen. Ebenso wird eine Klage vor dem WTO-Streitbeilegungsverfahren als Handlungsoption angesehen. Gemäß dem Neuen Handelspolitischen Instruments können neben Produzenten auch Konsumenten und rohmaterialprozessierende Industrien eine Klage veranlassen, die aber von der Kommission mit viel politischen Spielraum bewertet wird.[284]

Hinsichtlich der Zollpolitik wird von der EU nicht nur Liberalisierung anvisiert: Neben "der Notwendigkeit, den Handelsverkehr zwischen den Mitgliedstaaten und dritten Ländern zu fördern", werden weitere Gesichtspunkte benannt, die bei der Zollpolitik beachtet werden sollen: "Zunahme der Wettbewerbsfähigkeit der Unternehmen", Sicherung der Versorgung mit Rohstoffen und Halbfertigwaren, Vermeidung ernsthafter Störungen, "rationelle Entwicklung der Erzeugung", "Ausweitung des Verbrauchs innerhalb der Gemeinschaft".[285] Die Mitgliedstaaten können durch ihre Handelspolitik weiterhin zu Maßnahmen autorisiert werden, die in den innergemeinschaftlichen Handel eingreifen, wodurch der Grundsatz der freien Warenverkehrs aufgehoben wird.[286] Auf sehr spezielle Art und Weise, etwa mit flexibel festgesetzten Einfuhrabgaben, Abschöpfungen bzgl. Inhaltsstoffen (etwa Zucker) und Exporterstattungen wird zudem der Außenhandel mit Agrarprodukten durchgeführt.[287] Mit seinen bis in die achtziger Jahre vielen Ausnahmen vom freien Markt bleibt Europa also ein Spezialfall, der sich nicht erst seit der offiziellen Aufnahme der Industriepolitik in den EG-Vertrag in Maastricht nicht unter ein rein liberales Bild subsumieren läßt.[288] Weiterhin hat es innerhalb Europas keine plötzliche, sondern eine über die Jahre intensivierte

---

[283] Kareseit 1998a: 293.
[284] Schoneveld 1992: 31-33; Kareseit 1998a: 298-300.
[285] Grundsätze für die Zollpolitik. Art. 27. Geiger 2000: 229.
[286] Schutzmaßnahmen der Mitgliedstaaten. Art. 134. Geiger 2000: 536.
[287] Gerken 1997: 40-58.
[288] Zu den neuen industriepolitischen Optionen der Gemeinschaft nach Maastricht, die ggf. mit den privaten Rechten in Konflikt stehen könnten Mestmäcker 1994: 165-167, Streit 1998: 191-192. Damit ist die Debatte zwischen Staat und Markt in einer neuen Variante eröffnet. Der Konflikt wird jedoch wohl vor allem deswegen nicht offen ausgetragen, weil die wichtigsten Staaten, Frankreich, Deutschland und England, sämtlich von der Liberalisierung profitieren werden und sich somit in der dortigen Öffentlichkeit wenig Widerstand regt. Den anderen Staaten, etwa Italien und Spanien, gelingt es bislang noch ihr komparativen Vorteile zu Geltung zu bringen. Aber auch innerhalb Europas blieb, zumindest anfangs, eine Diskussion der verteilungspolitischen Wirkung der EU-Regeln nicht aus: So wurde von Spanien das Europäische Patentabkommen blockiert, weil befürchtet wurde, daß die technologische Abhängigkeit speziell von Deutschland zunehmen würde. Vgl. Schäfers/Schennen 1992: 640. Aus Spanien ist dem Verfasser auch ein kritische Reaktion bekannt, die sich gegen den Ausverkauf der eigenen Industrie wehrt. Vgl. López-Pina 1996: 144.

Liberalisierung gegeben hat, die in zwei Stufen erfolgte, wodurch Anpassungsprozesse erleichtert wurden.

Nichtsdestotrotz kann besonders seit den achtziger Jahren in bezug auf den innergemeinschaftlichen Handel eine zunehmende Beschränkung der Interventionen, in anderen Worten eine Liberalisierung, festgestellt werden und bei dieser Liberalisierung haben rechtliche Regeln eine entscheidende Rolle gespielt. Bei der Wahrnehmung ihrer Aufgaben unterliegen die Organe der EU aber keinem einschränkenden, ausformuliert vorliegenden Grundrechtekatalog und es kann, dies heben besonders die liberalen Autoren in ihrer Kritik am Maastricht-Vertrag hervor, durchaus Rückschritte bezüglich eines Verfassungsbildungsprozesses geben, der nach ihrer Ansicht nur auf unverfälschten Wettbewerb ausgerichtet sein kann.[289] Unter Beibehaltung dieser Spannung, ohne sich sich jedoch um eine Tendenzaussage bezüglich der Relevanz marktwirtschaftlicher Prinzipien herumzudrücken, wird geschlossen: "Die Gemeinschaft wird vielmehr durch unterschiedliche Prinzipien geprägt, unter denen das marktwirtschaftliche System dominant ist."[290] Es verbiete sich aber "Marktfreiheit" als "subjektives öffentliches und privates Recht zu behaupten".[291] Es ist nicht einfach in bezug auf die EU zu einer abschließenden These zu kommen, denn es gibt weiterhin Autoren, die auch hier eine "gemischte Wirtschaftsverfassung annehmen"[292] oder von einer wirtschaftspolitischen Neutralität der EU ausgehen, mit dem Argument, daß über das Verhältnis von Markt und Intervention nicht entschieden ist.[293]

Unter anderem aus diesen Gründen geht vielen liberalen Autoren der Schutz privater Freiheitsrechte in der EU nicht weit genug.[294] Immerhin, dies anerkennt auch die liberale Theorie, werden durch die EU private Freiheitsrechte gestärkt, darunter das Recht auf Teilnahme am Gemeinsamen Markt und es werden rechtliche Abwägungsmechanismen etabliert, mit denen versucht wird, gerechtfertigte Eingriffe in den freien Güteraustausch von solchen zu unterscheiden, die womöglich sogar nur heimische Produzenten schützen, unter vorgeschobenen Verbraucher- oder Umweltschutzgründen (siehe den Reinheitsgebot-Fall).[295] Dadurch wird sicherlich unter anderem die Wirksamkeit des Preismechanismus gestärkt, denn vorgeschobene Maßnahmen, die vor einem freien Wettbewerb schützen, werden nicht akzeptiert und die "Wirtschaftregulierung der Mitgliedsstaaten beschränkt"[296], einmal abgesehen von den verbliebenen bzw. wieder eröffneten interventionistischen Maßnahmen.[297]

---

[289] Als Rückschritt wird die Aufnahme von industriepolitischen Zielen im Maastricht-Vertrag angesehen, in Art. 3 (ex Art. 3) lit. (k), (m), (n) sowie in Art. 157 (ex Art. 130). Zur Kritik der neuen industriepolitischen Optionen der Gemeinschaft nach Maastricht, die ggf. mit den privaten Rechten in Konflikt stehen könnten. Mestmäcker 1993: 18-22; Mestmäcker 1994: 165-167; Streit 1998: 191-192.
[290] Schmidt 1990: 83.
[291] Kritisch gegen Fikentscher, der diese These aufstellt. Schmidt 1990: 84.
[292] Nikolaysen 1996: 320.
[293] VerLoren van Themaat in Mestmäcker 1987: 16. Früh wird die These einer "weitgehenden wirtschaftspolitischen Neutralität des EWGV" aufgestellt in der ausführlichen Analyse von Scherer 1970: 204-205.
[294] Behrens 1994: 86-90; Mestmäcker 1993: 18-22; Mestmäcker 1994: 165-167; Streit 1998: 191-192.
[295] Das Recht eine Mitgliedsstaates darf "nicht dazu dienen, die gegebenen Verbrauchsgewohnheiten zu zementieren, um einer mit deren Befriedigung befaßten inländischen Industrie einen erworbenen Vorteil zu bewahren." 'Reinheitsgebot für Bier'. EuGH, Rs. 178/84, 12. März 1987, Slg. 1987, Para. 32. In: Hummer et al. 1994.
[296] Behrens 1994: 82, 84.
[297] So wird durch die industriepolitischen Optionen die Innovation wieder dem Preismechanismus entzogen. Behrens 1994: 88.

Durch den Vorrang des Gemeinschaftsrechts gegenüber dem nationalen Recht werden die Aspekte der Liberalisierung gegenüber der nationalen Verfassung der BRD irreversibel abgesichert.[298] In Abschnitt 'H' wird anhand einzelner Rechtsbereiche und der Darstellung von deren empirischen Wirkungen, etwa der Beihilfekontrolle, eine Tendenz zur Liberalisierung und zum Rückbau von Interventionen in der EU noch deutlicher und konkreter nachgezeichnet. Aufgrund dieser so erzielten, erhöhten Konstanz der Wirtschaftspolitik werden von der liberalen Theorie höhere Investitionsniveaus und damit mehr Arbeitsplätze erwartet.[299] Auf der anderen Seite wird die These vertreten, daß staatliche Handelsspielräume zur Erreichung nicht nur umwelt- sondern auch sozialpolitischer Ziele weiter verbleiben sollen und daß europarechtliche und internationale Regeln diese Spielräume allzusehr einschränken können. Auch aus dieser Perspektive werden die industriepolitischen Zielsetzungen von Maastricht als nötige Abrundung der liberale Tendenz begrüßt: "Es wäre schlicht unverantwortlich, würde man die europäische Wirtschaft strikten Deregulierungsstrategien aussetzen, ohne zugleich Vorsorge gegen deren mögliches Versagen zu treffen."[300] Es wird konstatiert, daß eine rein funktionale Rechtfertigung für die Vergabe von Befugnissen und eine wirtschaftliche Integration, die nur auf Recht basiert nicht mehr ausreicht und über die Konzeption der Gemeinschaft als "Zweckverband" hinausgehend eine demokratisch-politische Komponente zur Legitimation der Gemeinschaftsrechts hinzukommen muß.[301] Insofern läßt sich auch für die EU als Verfassungsordnung nicht eine alleinige Verfolgung von Effizienzprinzipien feststellen.[302]

Wenn auch keine direkte Anwendbarkeit vorliegt, ist es dennoch so, daß sich die EU nicht gänzlich und auf breiter Ebene den WTO-Regeln entziehen kann, weil die WTO-Regeln die EU-Regeln sozusagen überwölben. Kurzum: Die WTO-Regeln müßten wenigstens beachtet werden, wenn die Wirtschaftsverfassung der EU endgültig charakterisiert werden soll. Anhand einer Analyse internationaler Wirtschaftsdynamiken und Entwicklungsfragen liegt in dieser Arbeit aber der Schwerpunkt darauf, eine Schlußfolgerung hinsichtlich der sachlichen und funktionalen Angemessenheit der WTO-Regeln zu ziehen.

4.3 GATT und WTO zwischen Wirtschaftsverfassung und Wirtschaftsordnung

Alles in allem behält, nicht zuletzt aufgrund der liberalen Tendenzen innerhalb der europarechtlichen Integrationsordnung, die als effizienzsteigernd angesehen werden, eine auf Effizienz sowie sachgerechten und funktionalen Regeln basierende Rechtfertigung einer supranationalen

---

[298] Borchart 1996: 42-45. "Die Staaten haben somit dadurch, daß sie nach Maßgabe der Bestimmungen des Vertrages Rechte und Pflichten, die bis dahin ihren inneren Rechtsordnungen unterworfen waren, der Regelung durch die Gemeinschaftsrechtsordnung vorbehalten haben, eine endgültige Beschränkung ihrer Hoheitsrechte bewirkt, die durch spätere einseitige, mit dem Gemeinschaftsbegriff unvereinbare Maßnahmen nicht rückgängig gemacht werden können." 'Costa/ENEL' Rs. 6/64, 15. Juli 1964, Slg. 1964, Para. 13. In: Hummer et al. 1994. 88.
[299] Hamm 2000: 103.
[300] Joerges 1994: 108.
[301] Wobei dies wiederum das Legitimationsproblem verschärft und auch ein interessenpolitischer Mißbrauch droht, welchem aber nur durch eine Demokratisierung entgegengesteuert werden sollte. Joerges 1994: 105, 108-123.
[302] So auch der Schluß von Krajewski 2001: 181.

Integrationsordnung - zumindest partiell - ihren Charme und ihre Überzeugungskraft und es ist nicht verwunderlich, daß diese Rechtfertigung auch für das GATT und die WTO verwandt wird:

Aus der extrem liberalen, normativen wirtschaftsverfassungsrechtlichen Perspektive, werden, siehe schon oben, die GATT Regeln (und auch die der WTO) u.a. von Tumlir (1983) und Petersmann (1988) danach bewertet, ob sie Eingriffe von Regierungen verunmöglichen, weil ein freier Handel als effizienzmaximierend angesehen wird.[303] Ausgehend von dieser Analyse fordern sie sowohl eine Stärkung der Welthandelsregeln in einem extrem liberalen Sinn als auch, daß private Akteure mit private Klagen die Einhaltung solcher Regeln erzwingen können - zunächst einmal auf der nationalen Ebene, vor nationalen Gerichten (dies wird bisher von den Gerichten abgelehnt[304]) - und zweitens im Sinne von privaten Klagen (also z.B. ich selbst) vor dem GATT und der WTO - damit private Akteure auf internationaler Ebene die Einhaltung der Regeln erzwingen können (auch dies ist nicht möglich, weil nur Staaten eine solche Klage initiieren können).[305] Letztendlich folgt dies aus der Idee eine Weltwirtschaftsverfassung - denn eine Verfassung impliziert die Möglichkeit privater Akteure eine Klage wegen Verfassungsverstößen einreichen zu können.

---

[303] Wenn Liberalisierung bzw. freier Handel kombiniert mit der Abwesenheit jeglicher Eingriffe von Regierungen, per se als effizienzmaximierend angesehen wird, können jegliche Formen von Eingriffen als effizienzmindernd angesehen werden und deshalb Regeln gewünscht werden, die diese verunmöglichen. Petersmann 1995: 9-10, 15-16; Petersmann 1988: 240-241. Pauschal wird angenommen, daß "liberal (free) trade is the best policy for all countries" von Tumlir 1983: 75. Angesichts der damaligen Ausbreitung handelspolitischer Schutzmaßnahmen, die mit den GATT Regeln übereinstimmten, den VERs, stützten eine ganze Reihe von Autoren die Position, daß das GATT Regeln benötigt, die gegen nationale Rentensuche wirksam sind. Aufmerksam auf das Problem macht u.a. Curzon/Curzon Price 1979; siehe dann z.B. Hauser 1986; Lembruch 1986; Rowley/Tollison 1986; Frey/Buhofer 1986.
[304] Nur vorübergehend wurden GATT Regeln in diesem Sinne von nationalen Gerichten verwandt. Stoll 1997: 127-131.
[305] Derzeit können nur Staaten klagen, ebenso ist keine Klagemöglichkeit eines WTO Organs vorgesehen, siehe gleich den Begriff 'Offizialklage' im Zitat: "Diese Defizite der Durchsetzung des GATT bzw. der WTO-Rechtsordnung insgesamt ließen sich, abgesehen von einer Art 'Offizialklage' von den Organen der WTO nur beseitigen, wenn einzelne Betroffene die Bestimmungen geltend machen können." Stoll 1997: 136; die Diskussion über die Ermöglichung von Privatklagen erwähnt auch Jackson (1990): "As some point in the future (it cannot happen soon), the participants in the international multilateral trade system might consider an approach to disputes and rule application that allows some modified means of direct access to procedures by individuals and private firms, perhaps after an appropriate international 'filter' to prevent spurious complaints." Jackson 1990: 76-77. Eine Privatklage vor der WTO kann auch so konzipiert werden, daß sie, aus diesem Blickwinkel so erscheinende, Defizite, fehlender Privatklagen auf nationaler Ebene wettmachen können. Stoll 1997: 136. Privatrechte auf Meistbegünstigung, durchsetzbar vor nationalen Gerichten fordert: Tumlir 1985: 64, 70-72; "Die Freiheitsgarantien und Diskriminierungsverbote des Außenhandelsrechts der EWG würden durch eine GATT-konforme Auslegung im Außenhandel mit den GATT-Mitgliedstaaten wesentlich erweitert werden und die Gemeinschaftsbürger auch vor solchen Diskriminierungen und Handelsbeschränkungen schützen, die nach der bisherigen Rechtsprechung des Europäischen Gerichtshofs trotz ihrer GATT-Widrigkeit von geschädigten Gemeinschaftsbürgern hinzunehmen ist." Petersmann 1988: 249. Es wird beobachtet, daß eine nationale Umsetzung solcher Regeln sogar eine internationale Handelsordnung obsolet machen könnte: "Handelsgeschäfte werden durch Verträge und Übertragung von Eigentumsrechten vorgenommen. Freier Marktzugang, Vertragsfreiheit, Eigentumsfreiheit, Rechtsschutz, Stabilität und Konvertibilität der Währungen gehören daher zu den rechtlichen Funktionsvoraussetzungen einer liberalen, marktwirtschaftlichen Prinzipien verpflichteten Handelsordnung. Würden die Handelsnationen diese Rechtsgrundsätze autonom nicht nur für nationale sondern auch für grenzüberschreitende Handelsgeschäfte respektieren, wäre der Bedarf für eine völkerrechtlich organisierte und institutionalisierte Handelsordnung gering." Petersmann 1988: 250. Am Rande bemerkt: Teilweise geht die Diskussion implizit noch weiter: So wird behauptet, daß eine "global business civilization" entstanden sei, die notwendig zu einer Erosion staatlicher Souveränität führen würde, weil sie von einem Netz vorteilhafter Abmachungen ('bargain') zwischen privaten und privaten Akteuren, staatlichen und private Akteuren und zwischen Regierungen abgelöst werden. Strange 1985: 233-234. Diese Diagnose wird als Faktenbeschreibung übernommen und von bestimmten Autoren als unabwendbar dargestellt. Evans 2000: 238. Würden solche Netzwerke von Abmachungen einfach hingenommen werden, die sich ggf. auch auf die WTO Regeln erstrecken könnten, ohne daß ein starker Staat verbleibt, wäre dies keineswegs akzeptabel, denn dies würde ggf. bedeuten, daß private Akteure ihre Macht so stärken können, daß sie z.B. auf internationaler Ebene Wettbewerbsbeschränkungen durchführen könnten, siehe auch Abschnitt 'B' und das Fazit in Abschnitt 'K'.

Von Palmeter (2005) wird angenommen, daß freier Handel und damit auch Regeln, die freien Handel befördern, ethisch-moralisch normativ begründbar sind, weil er "overall benefit" mit sich bringt, auch wenn die Notwendigkeit von Kompensationen für Verlierer gesehen wird.[306] In der Literatur wird Effizienz weiterhin als Rechtfertigungsgrund für die "supernational adjudicatory legitimacy" der Streitbeilegung vorgeschlagen.[307]

Somit trägt die Effizienzbegründung, teils eng an extrem liberale Vorstellungen gebunden, in der Öffentlichkeit und in der völkerrechtlichen Fachwelt dazu bei, daß die Arbeit der WTO als begründet empfunden wird.

Die Frage nach Legitimität der WTO Rechtsordnung mit ihren zugeschriebenen Prinzipien und Funktionen erschöpft sich aber nicht in wirtschaftspolitischen Fragen im engen Sinne. Auf internationaler Ebene gelten grundlegende völkerrechtliche Prinzipien und dort stellen sich, deutlicher erkennbar als auf nationaler oder regionaler Ebene, auch Machtfragen. Es sind Machtfragen, die auch Berührungspunkte mit der wirtschaftlichen Dimension haben. So haben völkerrechtliche Grundsätze, wie das Recht auf Selbstbestimmung und das Prinzip der Nichtinterventionen konkretisiert durch das Recht zur freien Wahl des wirtschaftlichen, sozialen und kulturellen Systems, die während den Auseinandersetzungen über eine Neue Weltwirtschaftsordnung eine Aufwertung erfahren haben, nicht nur eine eigenständige Geltung, die Machtausübung abmildern soll, sondern durchaus sinnvolle wirtschaftspolitische Implikationen.[308] Daß der Respekt vor nationaler wirtschaftspolitischer Souveränität aus wirtschaftspolitischer Sicht Sinn macht, kann eindeutig anhand des Extremfalls einer 'beggar thy neighbour'-Politik[309] gezeigt werden. Wenn mächtige Staaten versuchen würden, Regeln

---

[306] Palmeter (2005) argumentiert, daß freier Handel (und somit auch Regeln, die freien Handel befördern, Anmerkung des Verfassers) ethisch-normativ begründbar ist, weil es dadurch zu Wohlfahrtsgewinnen kommt. Dazu wird u.a. Immanuel Kant und John Rawls angeführt. Er bemerkt aber, daß die Verlierer Kompensationen erhalten müssen. Palmeter 2005: 450, 464-466.
[307] Im Literaturüberblick von Casus 2001: 45.
[308] Aus der 'Friendly relations declaration' siehe z.B. "Every state has an inalienable right to choose its political, economic, social and cultural system, without interference in any form by another state", 24. October 1970, GA Res. 2625 (XXV), in GAOR, 25th sess., Suppl. No. 28, S. 121ff. Sowie: 'Permanent sovereignty over national ressources, 14. December 1963, GA Res. 1803 (XVII), in GAOR, 17th sess., Suppl. No. 17, S. 15. Auch in der Charta der wirtschaftlichen Rechte und Pflichten der Staaten wird das Prinzip einer souveränen, freien Wahl des wirtschaftlichen Systems sowie einer Souveränität über die natürlichen Ressourcen wieder betont. In diesem Text ist aber gleichermaßen von einer Ausweitung des internationalen Handels gemäß den Bedürfnissen der Entwicklungsländer die Rede, sodaß sich diese beiden Aspekte nicht auszuschließen scheinen. Siehe Art. 2 und Art. 13 in Charter of Economic Rights and Duties of States, GA Res. 3281 (XXIX), in GAOR, 29th sess, Suppl. No. 31, S. 50-52. Obwohl dem letzterem Text nur eine politische Bedeutung zugesprochen wird, ist doch die freie Wahl des wirtschaftlichen Systems ein Prinzip, daß sowohl von Industrieländern und Entwicklungsländer konsensuell anerkannt wird, wiewohl andere Passagen nicht konsensuell getragen werden. Dazu Bulajic 1993: 263; Tomuschat 1976: 450. Die Charter wird von 120 Ländern dafür, 6 dagegen und 10 Enthaltungen ratifiziert. Bulajic 1993: 272. Ebenso relevant ist natürlich die Charta der Vereinten Nationen, vor deren Hintergrund diese UN-Deklarationen zu deuten sind. Siehe dort vor allem Präambel Abs 4, Art. 1 Abs. 3, Art. 55 lit. a). Die Vereinten Nationen fördern nicht zuletzt konkret den internationalen Handel und den wirtschaftlichen Aufbau durch technische Hilfe für Entwicklungsländer und beispielsweise auch durch die Kommission für internationales Handelsrecht. Innerhalb der Debatte und der Rechtstexte der Vereinten Nationen spiegeln sich die unterschiedlichen wirtschaftspolitischen Ansätze wieder, dazu die Debatte über eine Neue Internationale Wirtschaftsordnung. Siehe VN-Charta Kommentar 1991: 706-717. Dazu im Kapital über das GATT mehr.
[309] Dieser Begriff wird gemeinhin auf die Zeit der Wirtschaftskrise nach 1929 bezogen und damit wird erstens eine Politik gemeint, bei der die Staaten jeweils versuchen ihre nationalen Interessen zu schützen, indem sie Schutzzölle erhöhen und sich einer Kreditvergabe verweigern und dabei ihre Nachbarn (und sich selbst) schädigen. Zweitens impliziert dieser Begriff in einer bestimmten politikwissenschaftlichen Theorierichtung, daß in dieser Zeit nicht zu beobachten war, daß eine hegemoniale Macht Verantwortung gezeigt hat und öffentliche Güter ('public goods') auf weltweiter Ebene geschützt hat, indem sie für freien Handel, Kreditvergabe gesorgt hat. Siehe Kindleberger 1986: 9.

durchzusetzen, die allein zu ihrem Vorteil gereichen und dies die Wohlfahrtserzeugung in anderen Staaten (etwa kleinen Nachbarländern) massiv behindern würde, wäre das sowohl aus heutiger völkerrechtlicher Sicht als auch aus effizienzorientierter wirtschaftspolitischer Perspektive gesehen nicht akzeptabel.[310] Eine solche Politik wurde vom nationalsozialistischen Deutschland gegenüber anderen Ländern verfolgt.[311]

Die Regeln der WTO und das Streitbeilegungssystem können also zuerst einmal auf den Effizienzaspekt und weiterhin daraufhin untersucht werden, ob sie völkerrechtliche Grundsätze beachten und eine Machtkontrolle bzw. eine Begrenzung staatlicher Machtausübung im internationalen System der Staaten bewirken und damit Funktionen ausüben, die ähnlich der einer nationalen Verfassung sind.[312]

Die Politikwissenschaft, welche sich im Bereich der Internationalen Beziehungen (International Relations, 'IR') auf Machtfragen konzentriert, sollte dabei die liberale, effizienzbezogene Option zur Rechtfertigung von Regeln zumindest zur Kenntnis nehmen. Beispielsweise wäre die Ausübung von Macht in Verhandlungen als weniger problematisch anzusehen, wenn die dadurch etablierten Ergebnisse und Regeln für den Sachbereich Wohlfahrt wirtschaftspolitisch sachgerecht erscheinen und im Ergebnis eine weltweit einigermaßen gleichmäßige oder zumindest wahrnehmbar besser verteilte Wohlfahrtssteigerung für die Mitgliedsstaaten nach sich ziehen würden.[313]

---

[310] Dies würde nicht nur diametral den Prinzipien der Selbstbestimmung und Nichteinmischung widersprechen. Siehe Bulajic 1993: 262-271; sondern auch gegen der Recht auf Nahrung, das festgehalten wird im Menschenrechtspakt über wirtschaftliche, soziale und kulturelle Rechte. Dazu Hilf 1987a: 132.

[311] Hierzu die einschlägige Untersuchung von Hirschmann (1945). Unter anderem sollte die Industrialisierung der von Deutschland abhängigen Staaten verhindert werden, sie sollten Agrarprodukte nach Deutschland ausführen im Tausch gegen Industrieprodukte, bei denen Deutschland eine monopolistische Stellung beanspruchte. Für die Agrarprodukte wurden sogar etwas höhere Preise gezahlt, um die Kosten eines Abbruchs des Handels zu erhöhen. Siehe etwa Hirschman 1945: 34-37.

[312] Es wäre im Umkehrschluß aber nicht überzeugend der WTO solche Rechtfertigungsgründe zuzugestehen, wenn die Macht dominierender weltpolitischer Akteure nicht beschränkt wird und wenn die Regeln und die dadurch beeinflußten weltwirtschaftlichen Dynamiken vor allem den mächtigen Akteuren zugute kommen. Zum Aspekt der Machtkontrolle siehe gleich die Diskussion der Funktionen und Prinzipien der GATT bzw. WTO Handelsordnung. Den machtabmildernden Aspekt der WTO Streitbeilegung erwähnt im hier verwendeten Sinne: Cass 2001: 42; siehe ebenso die Ausführungen zum Thema "negotiation or rule application" u.a. zu U.S. Sec. 301, von Jackson 1990: 59-80.

[313] Wenn liberale Annahmen von der Vorteilhaftigkeit des internationalen Handels zumindest teilweise zutreffen, dann würde dies die Machtdebatte in einer gewissen Hinsicht entschärfen, wenn auch nicht ganz aufheben. Dann kann gemeinsames Handeln vieler Staaten, darunter mächtiger Staaten, im Sachbereich der Wohlfahrtserzeugung zumindest viele der daran beteiligten Staaten besser stellen. Wenn Regeln in Verhandlungen gefordert werden, die einem solchen Anspruch genügen, könnte, unter Umständen, auch die Rede von kommunikativem Handeln und Überzeugung sein, wobei sich die besten Argumente durchsetzen. Dazu Müller 1994; Zangl/Zürn 1996; und Deitelhoff 2006. Oft erscheint es für die WTO aber so, daß sich vernünftige Regelbestandteile quasi zufällig gebildet haben, nachdem ein Kompromiß zwischen Interessen gefunden wurde. In solchen Fällen fand in den Verhandlungen, aller Wahrscheinlichkeit nach, keine idealtypische Manifestation eines Diskurses über gute Gründe statt. Zudem gibt es im Sachbereich Wohlfahrt weiterhin Konflikte, etwa um die Distribution von Wohlfahrtsgewinnen und es können handelspolitische Maßnahmen getroffen werden, die anderen Parteien schädigen. Ebenso kann von einer Entschärfung der Machtdebatte erst die Rede sein, wenn Verlierer oder schwache Staaten kompensiert und nicht einfach ignoriert werden, wenn gleichzeitig viele andere Staaten Vorteile verzeichnen. Insgesamt wird sich hier aber der These angeschlossen, daß der Sachbereich der Wohlfahrtserzeugung hinsichtlich seiner Kooperationschancen besser bewertet werden kann, als etwa der Bereich der Sicherheitspolitik. Zu dieser Bewertung eines Theoretikers der internationalen Politik, der die Strukturen und Probleme des Sachbereiches zum einem wichtigen Ausgangspunkt für eine Bewertung der Kooperationschancen zwischen Staaten nimmt, siehe Rittberger 1995: 180-183; Rittberger et al. 1996: 37, 59-68. Diese Herangehensweise ist allerdings nicht verbreitet in der Theorie internationaler Politik. In der realistischen Theorie wird davon ausgegangen, daß Machtfragen Sachfragen vollständig überlagern. Rittberger et al. 1997: 66.

Eine Antwort auf die traditionsreiche Kontroverse zwischen, einerseits, der realistischen Theorie, die davon ausgeht, daß Machtfragen Sachfragen völlig überlagern und die völkerrechtlichen Regeln und internationalen Institutionen nur einen 'schwachen' Bindungscharakter zuweist und, andererseits, einer moderater neoliberalen, liberalen oder konstruktivistischen Theorie, welche sich durchaus eine machtabmildernde und modifizierende Wirkung von 'starken' internationalen Institutionen vorstellen kann, speziell wenn diese historisch gewachsen sind, wird hier nicht gegeben.[314] Einiges scheint zwar für letztere Position zu sprechen, der Verfasser nimmt aber auch den Hinweis von Grieco (1990) ernst, der darauf hinweist, daß ein Staat (teils) an defensiv positionalistischen Aktivitäten interessiert sein kann.[315] Ebenso weist er plausiblerweise darauf hin, daß ein Staat aus realistischer Perspektive anspruchsvollere Erwartungen an internationale Institutionen haben kann: Diese sollten nicht nur Unsicherheiten reduzieren, wie die neoliberale Theorie erwartet, sondern auch Flexibilitäten erlauben, wenn sich in Zukunft die Situation ändert und periodische Überprüfungen ermöglichen, damit die Staaten immer wieder neu darüber verhandeln können, ob die Vorteile noch die Lasten aufwiegen.[316] Weiterhin hat die Theorie hegemonialer Stabilität, welche sich der Frage widmet, wie eine relativ offene Weltwirtschaft begründet und erhalten werden kann, einige Überzeugungskraft[317] und ist seit dem Beitrag von Ikenberry (2001) nicht mehr allein der realistischen Schule zuzurechnen.[318] Die

---

[314] Zum Realismus prägnant: Grieco 1988: 488; siehe u.a. Morgenthau (1967) "International law owes its existence and operation to two factors, both decentralized in character: identical or complementary interests of individual states and the distribution of power among them. Where there is neither community of interest nor balance of power, there is not international law." Morgenthau 1967: 266. 269-273, 410. "Differences of national strength and power and of national capability and competence are what the study and practice of international politics are almost entirely about. This is not so only because international politics lacks the effective laws and the competent institutions found within nations but also because inequalities across nations are greater than inequalities within them." Waltz 1954: 143; Bull 1977: 139-145. Etwas moderater, aber nicht gänzlich abweichend argumentiert die neoliberale Schule bzw. die Theorie internationaler Regime, die zwar Institutionen und völkerrechtliche Regeln einbezieht, welche aber als Resultat von Machtdurchsetzung angesehen werden und von der Voraussetzung bestehender gemeinsamer Interessen abhängig gemacht werden. Dazu Keohane 1984: 6; präzise dazu Rittberger et al. 1997: 30. Einen liberalen Ansatz präsentiert Moravcsik 1997; den konstruktivistischen Ansatz Wendt 1999. Die unterschiedlichen Schulen thematisieren etwa Jervis (1999) und Karns/Mingst 2004: 35-56.

[315] Am Beispiel einzelner EU Aktivitäten im GATT Grieco 1990: 219; siehe auch Grieco 1988: 499. Um einen (mächtigen) Staat als defensiven Positionalisten einzustufen, müßten allerdings die insgesamten Aspekte der WTO Abkommen gewichtet werden. Wenigstens das TRIPS Abkommens scheint hier zu einem gewissen Grad der These Griecos entgegenzukommen, siehe Abschnitt 'J', Punkt 26, siehe aber Abschnitt 'K', Punkt 8.

[316] "Indeed realists would argue that the problem with neoliberal institutionalism is not that it stresses the importance of institutions but that it *understates* the range of functions that institutions must perform to help states work together. Realists would agree that international institutions are important because they reduce cheating; yet, realists would also argue, they must do much more than that if cooperation is to be achieved. " Herv. im Original. Grieco 1990: 234.

[317] Karns/Mingst 2004: 48-49.

[318] Ikenberry (2001) macht die Beobachtung, daß die progressiv ausgestaltete, tendenziell liberale Ordnung der Nachkriegszeit, mitsamt ihren Spielräumen, vor allem deshalb so erfolgreich war, weil die USA zwar auch ihre Interessen damit verfolgt haben, sich aber gleichzeitig selbst Regeln unterworfen haben (und damit eine 'starke' Institution bewußt zugelassen und weiter 'wachsen' haben lassen, d.h. auch anderen Ländern einen Einfluß auf die Regeln zugestanden haben) und solche Regeln toleriert haben, die das Aufholen anderer Länder im Bereich der Wohlfahrt nicht ganz verunmöglicht haben: "The lesson of American order building in this century is that international institutions have played a pervasive and ultimately constructive role in the exercise of American power. Traditional realist theory misses the way institutions relate to power. The conventional view is that they tend to be antithetical: more of one entails less of the other and, because power is the ultimate determinant of outcomes in international relations, institutions do not matter. But power and institutions are related to each other in a more complex way. Institutions can both project and restrain state power. If the United States had not endeavored to build the array of regional and global institutions that it did in the 1940s, it is difficult to imagine that American power would have had the scope, depth, or longevity that it in fact has had. International institutions can make the exercise of power more restrained and routinized, but they can also make that power more durable, systematic, and legitimate." Ikenberry 2001: 273. Die Zuordnung zur realistischen Schule wird dadurch unsicherer, weil hier beschrieben wird, wie ein mächtiger Staat sich selbst bindet. Zwar erfolgt dies auch deshalb, um eigene Interessen wahrzunehmen, es erfolgt aber ebenso, um die Legitimität der Ordnung zu erhöhen, unter anderen, weil es eine machtabmildernde Wirkung

realistische Theorie hat etwa Schwierigkeiten, das Meistbegünstigungsprinzip des GATT zu erklären.[319] In der vorliegenden Arbeit werden anderen Fragen verfolgt, wenngleich Informationen vorgelegt werden, die für diese Diskussionen hilfreich sind. Zuletzt, in Abschnitt 'K', Punkt 8, erfolgt ein kurzer Kommentar zur Relevanz realistischer Erklärungen der WTO Regeln.

Auch die Debatte um *Global Governance* und um die Verrechtlichung kann von dieser Arbeit profitieren. Die *Global Goverance* These von der Notwendigkeit internationaler Institutionen zur globalen Problembearbeitung wird als plausibel erachtet, dennoch könnte sie davon profitieren, wenn hier ein Rahmen vorgeschlagen wird, welcher es ermöglicht die WTO als Teil dieser Architektur sachlich d.h. auch kritisch zu bewerten.[320] Mit der These der Verrechtlichung wird auf die zunehmende Bedeutung unabhängiger Streitbeilegungsinstanzen und internationaler Regeln hingewiesen, wobei die WTO zentrales Beispiel angeführt wird.[321] Relativ zu anderen internationalen Institutionen gesehen, deuten zwar die Streitbeilegung und die relativ genauen Regeln auf einen 'hohen Grad' und eine 'präzise Art und Weise' der Verrechtlichung. Beachtet werden müßte aber zusätzlich, ob sich das 'weiche' oder 'harte' Gesicht der WTO durchsetzt wird, d.h. inwiefern die Mitgliedstaaten bereit sind, ihren Verpflichtungen und den Empfehlungen der Streitbeilegungsinstanz nachkommen. Ebenso ist relevant, welchen Inhalt die Regeln der WTO haben und wie sie verfaßt sind, so erscheinen einzelne Regelbestandteile weniger 'präzise'.[322]

---

hat. Letzterer Aspekt ist nicht mehr in der realistischen Tradition angesiedelt. Eine Zuordnung der Theorie hegemonialer Stabilität zur realistischen Theorie findet sich in Karns/Mingst 2004: 48.

[319] Keohane (1986) erwähnt, daß das Meistbegünstigungsprinzip kaum mehr aus realistischer Perspektive zu erklären ist, weil es hier um eine so diffuse Reziprozität geht, deren Auswirkungen nicht mehr auf den machtmaximierenden Wunsch einer Verhandlungsmacht zurückgeführt werden kann, weil es das Aufholen von Staaten erlaubt, wobei nicht mehr genau prognostiziert werden kann, welche Staaten dies sein werden. Der Autor rettet sich mit dem Argument, daß so etwas dann toleriert werden kann, wenn die sonstigen Regeln des Regimes hart und zuverlässig sind. Zugestanden wird sodann weiterhin, daß das Konzept der Machtinteressen auch so breit sein kann, daß es die Wohlfahrt vieler anderer Staaten einschließen kann. Siehe Keohane 1984: 24-25. Dadurch wird die Behauptung der Machtdurchsetzung aber diffus, denn viele Staaten haben Gründe diesem Prinzip freiwillig zu folgen. Es stellt sich die Frage, warum die realistische Theorie selbst dann darauf beharren würde, eine solche weltgemeinwohlfördernde Politik allein auf den Aspekt der Macht- und Interessendurchsetzung mächtiger Staaten zu reduzieren. Letzteres rückt die realistische Theorie in die Nähe einer Ideologie.

[320] Die Diskussion von Global Governance kann hier nicht aufgearbeitet werden. Hier nur der Verweis auf relevante Beiträge von: Efinger et al. 1990; Kohler-Koch 1993; als "komplexes Weltregieren" bei Zürn 1998: 309; Zangl/Zürn 2004a, 2004b; Brand (2003) fordert von diesen Autoren nachvollziehbarerweise sich vermehrt u.a. um die von ihm kritisch gesehenen liberalen Inhalte ('liberaler Konstitutionalismus') der WTO Regeln zu kümmern. Brand 2003: 153; eine Antwort darauf gibt Wellmer 2003.

[321] Die WTO wird als Beispiel zuerst einmal genannt, weil sie über eine Streitbeilegung und ein genaueres Regelwerk verfügt. Goldstein et al. 2000: 389; Abbott et al. 2000: 406, 414; Zangl 2005: 77; Zangl 2006: 48-57; siehe zur Verrechtlichung als Teil von Global Governance Zangl/Zürn 2004a, 2004b; siehe auch Wolf/Zürn 1993.

[322] Wenngleich dies, im Vergleich zu anderen internationalen Regimen, stimmen mag, wird dabei vergessen, daß die WTO Streitbeilegung an der Schnittstelle zwischen internationalen Regeln und staatlicher Regelbindung über einen komplex ausgerichteten Entscheidungsmaßstab verfügt, der teils sogar je nach Abkommen und Abkommensteil variiert und etwa die Korrektur von einzelnen Aspekten von Verwaltungsentscheidungen ermöglicht. Auch mögen die Regeln zwar 'präzise' sein, sie eröffnen aber unterschiedlich große wirtschaftspolitische Spielräume. Kurz: Es kommt darauf an, ob Verrechtlichung enger und formal definiert wird oder eine inhaltliche Analyse des Sachbereichs erwünscht ist. Interessanterweise unterscheiden Abbott et al. (2000) zwischen WTO Regelbestandteilen. Sie ordnen dem WTO TRIPS präzise Regeln ('high') und der Inländerbehandlung weniger präzise Regeln ('low') zu. Abbott et al. 2000: 406, 414 Fußnote 34. Unten wird dagegen gezeigt, daß die Inländerbehandlung durchaus streng ausgelegt wird. Abschnitt 'J', Punkt 11, Inländerbehandlung. Den Charakter der WTO, der neben 'enforcement', auch 'management' und 'adjudication' Aspekte aufweist, trifft plausibel Zangl 2001.

Auch die Internationale Politischen Ökonomie (International Political Economy, 'IPE') berührt diese Arbeit. Aufgrund der uneinheitlichen und empirisch kaum abgestützten Thesen und der unterschiedlichen Fragestellungen, ist sie aber schwer als Bezugspunkt zu verwenden. Gilpin (1987, 2001) nimmt in bezug auf die zentrale Frage nach der wohlfahrtssteigernden Wirkung staatlicher Eingriffe in die Wirtschaft keine einheitliche Haltung ein: Mal werden staatliche Interventionen, mal die Neoklassik bzw. freie Märkte und Liberalisierung als wohlfahrts (und macht-) erhaltend angesehen.[323] Das Aufholen schwacher Staaten wird als möglich angesehen, gleichzeitig wird von persistenten Zentrum- und Peripheriestrukturen ausgegangen, die auf den Einfluß mächtiger Staaten auf die internationale Wirtschaftsordnung zurückgeführt wird.[324] Pauschal wird gefordert, Verteilungswirkungen und ungleichgewichtige Dynamiken an zentraler Stelle zu thematisieren.[325] Diese Thesen sind nicht uninteressant, es liegt aber auf der Hand, daß hier eine andere Antwort gegeben werden muß, je nachdem ob die Wirkung neoklassischer Prinzipien angenommen wird oder ob mächtigen Staaten weitgehende Fähigkeiten zugesprochen werden, weltwirtschaftliche Dynamiken zu modifizieren. Erfolgt beides parallel und ohne viel empirische Hintergründe, ist der Erkenntniswert nicht sonderlich hoch.[326] Grieco/Ikenberry (2003) können diese Unsicherheiten ebenso nicht beheben.[327] Gill/Law (1988) betonen die Relevanz von Interessengruppen.[328] Spero/Hart (1997) sind

---

[323] Einmal wird der Einfluß der Politik mächtiger Staaten auf die Wirtschaft und die Verteilung der Vorteile betont: "It is certainly true that economic and technological forces are profoundly reshaping international affairs and influencing the behaviour of states. However, in a highly integrated global economy, states continue to use their power to implement policies to channel economic forces in ways favorable to their own national interests and the interests of their citizenry. These national economic interests include receipt of a favorable share of the gains from international economic activities and preservation of national autonomy. Movement toward such regional arrangements as the European Union (EU) and the North American Free Trade Agreement (NAFTA) exemplifies collective national efforts to reach these goals." Gilpin 2001: 21. Ein anderes Mal wird die eigenständige Rolle von Technologie und Märkten anerkannt: "The ways in which the world economy functions are determined by both markets and the policies of nation-states, especially those of powerful states; markets and economic forces alone cannot account for the structure and functioning of the global economy. The interaction of the political ambitions and rivalries of states, including their cooperative efforts, create the framework of political relations within which markets and economic forces operate. States, particularly large states, establish rules that individual entrepreneurs and multinational firms must follow, and these rules generally reflect the political and economic interestes of dominant states and their citizens. However, economic and technological forces also shape the policies and interest of individual states and the political relations among states, and the market is indeed a potent force in the determination of economic and political affairs. The relationship of economics and politics is interactive." Gilpin 2001: 23. Siehe schon Gilpin 1987: 10, 190, 226-229.

[324] Eine Konvergenz asiatischer Länder und der Industrieländer sei möglich, wenn eine soziale und politische Infrastruktur bereitgestellt wird. Für die Entwicklungsländer generell wird aber, ohne weitere Untersuchung, geschlossen: "economic performance has been weak and uneven" Gilpin 2001: 185.

[325] Gilpin 2001: 40, 56, 103-104.

[326] Gilpin (2001) nimmt die Relevanz der neoklassischen Modelle an: "political economists of almost every persuasion do in fact, accept most, or at least much, of the corpus of conventional neoclassical economics." Gilpin 2001: 74, 106. Gleichzeitig kritisiert er die Neoklassik und vertritt diverse davon abweichende ökonomische Theorien, darunter die ökonomische Geographie, u.a. um die Zentrum/Periphery These aufrechtzuerhalten. Angenommen wird etwa, daß wenn Schutz erniedrigt wird, die Industrien in das Zentrum wandern. Gilpin 2001: 121. "In effect, increasing economic dependence among national economies means that many economic activities will concentrate in a small number of regions populated by oligopolistic firms that enjoy economies of scale and/or lower transport and transaction costs." Gilpin 2001: 122. Dies führt notwendigerweise zu Spannungen: "necessarily lead to economic tensions and even political conflict between the dominant core economy and dependent peripheral economies." Gilpin 2001: 122. Letztere Thesen etwa sind empirisch fragwürdig, da sie entgegengesetzte Tendenzen und vor allem die Möglichkeiten des Staates entgegenzusteuern, ignorieren, etwas das Gilpin an anderen Stellen betont. Siehe zu diesen Fragen den weiteren Verlauf der Arbeit, etwa Abschnitt 'E' und 'G'.

[327] In bezug auf die Entwicklungsländer wird holzschnitthaft der Erfolg Asiens, der Stillstand Lateinamerikas und der Rückschnitt Afrikas behauptet. Nach einer kurzen Diskussion von Importsubstitution und Exportorientierung mit wenigen Referenzen wird es als Konsens dargestellt, daß Handel wirtschaftliche Entwicklung voranbringt, dabei werden diverse Fragen ausgeklammert, u.a. die nach Industriepolitik. Grieco/Ikenberry 2003: 256-257.

[328] "This does not mean that in all cases particular economic interests will inevitably shape United States policies, especially when security considerations are at issue. However, in the case of foreign economic policies in general, and policies towards foreign investment, at least

empirischer orientiert, präsentieren aber ebenfalls nur wenig Informationen über entscheidende Fragen.[329]

Selbst dann, wenn die WTO in der Lage wäre, Effizienz- und Wohlfahrtssteigerung wirtschaftspolitisch sachgerecht zu ermöglichen und zudem eine Eindämmung der Machtausübung im internationalen System bewirken würde, welches, wie in der Einleitung angedeutet, wenigstens zu einem gewissen Grad gelungen ist - und somit, vorsichtig formuliert, zwei Kandidaten für Verfassungsfunktionen in der WTO vorhanden wären - stellt sich aber immer noch erstens die Frage nach demokratischer Begründung und zweitens der Beachtung weiterer Dimensionen verfassungs- und menschenrechtlicher- sowie wertbezogener Grundsätze.[330]

Die erstere Frage demokratischer Begründung ist ernstzunehmen, denn selbst dann, wenn eine Delegation von Verantwortlichkeit auf intergouvernementaler Ebene durch Staaten (hier an ein rechtlichsförmiges Streitbeilegungsgremium) als unproblematisch angesehen würde, ist offenkundig, daß die Rechenschaftspflicht solcher Organe suboptimal beschaffen ist und es stellt sich deshalb die Frage, wie pragmatisch Kontroll- und Partizipationsmöglichkeiten geschaffen werden können.[331]

Auf die zweiten Anforderungen an eine Verfassung hat einer der Protagonisten der Konstitutionalisierungsdebatte, Petersmann (2001, 2003, 2003a, 2003b), der die WTO als internationale Wirtschaftsverfassung begreift, insofern reagiert, daß er diese nicht mehr als Wirtschaftsverfassung zur Durchsetzung extrem liberaler Vorstellungen, sondern als Verfassung des Welthandels begreift, deren Streitbeilegungssystem zu komplexeren Abwägungsentscheidungen in der Lage ist.[332]

---

since World War II, what we have termed 'internationalist' interests have tended zu prevail." Gill/Law 1988: 206. Genauer gesagt: Klasseninteressen. Wobei aber hier wiederum die Unsicherheit besteht, daß manchmal Sicherheitsinteressen diese überstimmen. Gill/Law 1988: 50, 65, 85, 205, 208. Diese Autoren führen u.a. eine frühe Globalisierungsdiskussion durch: Gill/Law 1988: 92.

[329] Hier nur ein Beispiel für eine nicht sehr genaue Beobachtung: "The success of the Asian NICs and the failure of protectionist and statist policies led to a rethinking of effective stategies for development and to the adoption of liberal domestic and international policies." Spero/Hart 1997: 164. Siehe für eine deutsche Perspektive auf die Politische Ökonomie Tudyka 1990.

[330] In dieser Arbeit muß die Diskussion um Möglichkeiten demokratischer Legitimation nicht aufgearbeitet werden, inwiefern in der WTO hier einzelne Elemente, etwa Transparenz, bereits vorhanden sind bzw. eine Demokratisierung möglich wäre. Krajewski 2001: 218-265; ähnlich Evans 2000: 221-240; zur Transparenz Marceau/Pedersen 1999. Explizit den bezug zu Werten, ähnlich wie in der Beschreibung der deutschen Verfassung, s.o., zieht Cass (2001): "The tribunal's jurisprudence not only draws upon constitutional rules, but associates itself with deeper constitutional values." Cass 2001: 52. In bezug auf die WTO als Verfassung formuliert Cass (2001) vorsichtig: "My argument, then, is not that bodies of law that exhibit in their jurisprudence the features described in this article are necessarily constitutional bodies; that the WTO is developing into a constitutional structure equivalent to a domestic constitution. It is only the much weaker claim that the scholarship of constitutionalization can be understood as referring to the ways in which the emerging jurisprudence of the WTO is beginning to develop a set of rules and principles which share some of the characteristics of constitutional law; and that this in turn is what contributes to the constitutionalization of international trade law (...) this process can be distinguished from general international law judicial interpretation (...) because it draws upon constitutional doctrines, subject matters, system mechanisms and values thereby creating an architecture reminiscent of a constitutional system." Cass 2001: 52.

[331] "In world politics, accountability for most power-wielders is likely to be less constraining than is optimal." Grant/Keohane 2005: 40. Autoritativ zu dieser Frage: Grant/Keohane 2005: 34, 39-40; siehe auch Buchanan/Keohane 2006; Gerling/Kerler 2007.

[332] Petersmann 2001, 2003, 2003a, 2003b.

Diese These lenkt die Aufmerksamkeit auf die Qualität bzw. die wertebezogenen Grundlagen der Abwägungsentscheidungen in einer internationalen Institution. Wenn akzeptiert würde, daß eine internationale Institution eine Abwägung zwischen Grundsätzen durchführen darf, stellt sich die Frage nach der Qualität dieser Abwägung und den Regeln, die den Abwägungsentscheidungen zugrundeliegen. So wird in der Literatur zugestanden, daß die WTO sich hier in letzter Zeit flexibler gezeigt hat, dennoch wird dem EuGH eine höhere Qualität der Entscheidungen zugeschrieben und bezweifelt, ob die WTO derzeit die Fähigkeit hat und über die nötigen Regeln verfügt, Werte gegenüber ökonomischen Faktoren abzuwägen.[333]

Dies sonstigen Ausführungen von Petersmann (hier 2003b) sind insofern instruktiv, weil er sich nicht weit von seiner liberalen Grundhaltung entfernt und mit seinem modifizierten Theorieansatz nun vorzuschlagen scheint, wie Abwägungsentscheidungen innerhalb der WTO aus dieser Sicht zu erfolgen haben. Dabei werden von ihm zwar nicht mehr extreme aber immer noch - sehr - liberale Vorstellungen verwandt, welche die Abwägungen die Streitbeilegung prägen sollten. Er versucht 'freedom to trade' als Menschenrecht neu einzuführen und betont zunächst nur Menschenrechte, die freie wirtschaftliche Austauschprozesse absichern.[334] Der Staat wird mit seinen Möglichkeiten der Wohlfahrtsförderung kaum beachtet, so wird die Schutzklauselnutzung nicht bezüglich industrie- oder entwicklungspolitischer Möglichkeiten thematisiert, sondern sie fällt unter soziales Sicherungssystem.[335] Postuliert wird ein Menschenrecht der Konsumentenwohlfahrt (was es nicht gibt), welches im Zusammenhang mit anderen Freiheitsrechten stehen würde, wobei es darum geht, daraus ein Recht auf den freien Außenhandel ("freedom to trade"[336], ein Recht, daß es so nicht gibt[337]) abzuleiten.[338] Am Rande: Die ordoliberale Theorie wird als Schützer der Konsumentenwohlfahrt angeführt, welche zu diesem Zweck Regeln für den Wettbewerb aufstellt.[339] Immerhin wird das

---

[333] Der EuGH geht nur in extremen Fällen gegen nationale Maßnahmen vor. U.a. verwendet er das Proportionalitätsprinzip, welches zwar auch Handelsaspekte einbezieht, aber hier sehr vorsichtig vorgeht: "as long as standards of protection have not been harmonized, the Court will rarely interfere with the Member States's own balancing of economic against non-economic interests." Neumann/Türk 231-233. So legt der EuGH kein hohen Anspruch an die wissenschaftliche Beweisbarkeit an. Wenn Unklarheit über das nötige Schutzniveau besteht, dürfen sich die Länder selbst das Schutzniveau aussuchen, auch im Rahmen des Proportionalitätsprinzip, zu einer Entscheidung des EuGH in Jans 2000: 252; ähnliches Ergebnis auch im genauen WTO EuGH Vergleich in bezug auf das SPS in Slotboom 2003: 596.

[334] Die Präferenz für den Markt ist klar, wenn auch der Staat weiter erwähnt wird: "By assigning liberty rights and property rights (e.g. to acquire, possess, use, and dispose of scarce resources), and by defining individual responsibility and liability rules, human rights create incentives for saving, investments, efficient use of dispersed knowledge, mutually beneficial cooperation, and decentralized markets aimed at satisfying consumer demand and consumer preferences. Economic markets inducing investors, producers and traders to supply private goods and services demanded by consumers involve democratic 'dialogue about values' which are no less important for effective enjoyment of human rights than the political markets for the supply of public goods by governments." Petersmann 2003b: 69, 64-69.

[335] Petersmann 2003b: 84.

[336] Petersmann 2003b: 55, 57.

[337] Wie schon oben bei der Beschreibung des Außenhandelsrechts der BRD Verfassung beschrieben, geht zwar das Außenhandelsrecht von freien Handel aus, ebenso besteht aber das Recht auf staatliche Eingriffe in diesen. Vor diesem Hintergrund ist es irreführend, wenn in der Literatur von "grundrechtlicher Handelsfreiheit" die Rede ist. Stoll 1997: 90.

[338] Petersmann 2003b: 55, 57.

[339] Das Ziel des Ordoliberalismus sei es Regeln aufzustellen, für das "game of competition", welches die allgemeine Konsumentenwohlfahrt fördere, nicht aber für die Spezialinteressen der Produzenten. Diese seien mit Rentensuche gleichzusetzen. Petersmann 2003b: 51. Dies stimmt mit dem Konzept des Ordoliberalismus in dieser Arbeit nicht überein, weil hier ein breit angelegter Wohlfahrtsbegriff benutzt wird und eine abgestufte Argumentation in bezug auf Rentensuche, die hier nur partiell zustimmen würde.

Wettbewerbsrecht erwähnt.[340] Neu ist, daß er innerhalb einer liberalen ausgerichteten Wirtschaftsverfassung, wie der EU, sowohl private Freiheitsrechte als auch soziale Rechte für akzeptabel erachtet.[341] Dies führt aber nicht zu einer nur graduellen Änderung der liberalen Position. Eine wohlfahrtssteigernde Aktivität des Staats wird aus 'public choice' Sicht bezweifelt.[342] Ein Recht auf Entwicklung wird erwähnt, aber dem freien Handel überlassen, armutsbekämpfend wirksam zu werden.[343] Handelsbeschränkungen seien nur selten ein effizientes Instrument: Dies müsse beachtet werden, wenn eine Abwägungsentscheidung getroffen wird, zwischen den Rechten und Pflichten eines exportierenden Landes die Menschenrechte zu schützen und denen des importierenden Landes die Menschenrechte zu schützen: Eine solche Abwägung müsse dazu führen, daß das importierende Land nur selten Schutz etablieren darf.[344] Dazu sei bemerkt, daß die WTO solche Abwägungsentscheidungen nicht fällt. In Rekurs auf Art. XX 'Allgemeine Ausnahmen' wird anerkannt, daß die dort vorgesehenen Ausnahmen als legitime Schutzziele gelten können und es wird sodann eine modifizierte, aber endgültige Liste solcher Ziele vorgeschlagen, mit denen Handelseinschränkungen gerechtfertigt werden können: Schutz von Leben, Gesundheit (darunter den Zugang zu AIDS-Medikamenten), Nahrungsmitteln, Bildung, eine saubere und nachhaltige Umwelt sowie soziale Absicherung.[345] Die WTO eröffne genau diese Möglichkeiten: "By prohibiting discriminatory and protectionist abuses, the general exceptions in WTO law aim at reconiling freedom of trade with the human rights functions of safeguard measures restricting liberal trade (e.g. in order to protect human rights and social security in the importing country)."[346]

Wie dem auch sei, aufgrund der Ausklammerung zentraler Frage, u.a. des Demokratieaspekts der Rechtfertigung einer Verfassung und der unklaren Argumentationsbasis, die u.a. offen läßt, warum eine direkte Abwägung zwischen freiem Handel und anderen Werten überhaupt stattfinden muß[347], stellen diese Beiträge sicher nicht den Endpunkt der Konstitutionalisierungsdebatte dar. Unklar ist zudem, ob eine extrem liberale Position wirklich verlassen wurde, denn mit der Betonung privater

---

[340] Nicht ohne eine Stichelei gegen das Europäische Wettbewerbsrecht, welches angeblich den Wettbewerber schützen möchte, im Gegensatz zum U.S. Recht, welcher richtigerweise davon ausgehe, daß private Macht weniger problematisch sei als politische Macht. Petersmann 2003b: 61. Warum hier wiederum allein eine extremer liberale Denkrichtung rezipiert wird, welche falsch ist, siehe Abschnitt 'E'.
[341] Petersmann 2003b: 62-63.
[342] "public choice theory questions whether government institutions have the power, information and motivation for correcting the manifold market imperfections." Petersmann 2003b: 52.
[343] Das Recht auf Entwicklung wird erwähnt, Armutsbekämpfung aber als Aufgabe eines internationalen Freihandelssystems dargestellt, wobei auf bestimmte grundlegende Güter zwar bereitgestellt werden müssen, im normativen Sinne von sollte. Dies könne aber durchaus der Markt durchführen. Petersmann 2003b: 64, 68-69.
[344] "The rights and obligations of the importing country to protect the human rights of its citizens need to be balanced also with the corresponding rights and obligations of the exporting country, and also with the economic insight that trade restrictions are only rarely an efficient instrument for correcting market failures and supplying public goods." Petersmann 2003c: 84.
[345] Petersmann 2003b: 79-83. "There appears to be no evidence, however, that past GATT practice under Article XX has been inconsistent with human rights." Petersmann 2003b: 85.
[346] Petersmann 2003b: 84.
[347] Diesen Ansatz, damals u.a. Thomas Cottier zugeschrieben, charakterisieren Howse/Nicolaidis (2003) folgendermaßen: "The largely unspoken premise in describing such a function as constitutional or constitutionalizing [adjudication of competing values in WTO dispute settlement] is that these trade-offs (say between freer trade and protection of human health and safety) are made, not so much in the framework of international law, but in light of the WTO 'constitution', the principles of trade liberalization taken as constitutional norms, and with a view to the *telos* of the WTO itself - economic freedom. Thus, competing human values enter into the picture as narrow, and carefully policed exceptions or limits, to the overall constitutional project of freer trade." Herv. im Original. Howse/Nicolaidis 2003: 310, 321.

Freiheitsrechte als Menschenrechte wird darauf bestanden, daß diese Rechte eigenständig begründbar sind, unabhängig von der Effizienz solcher Regeln.[348]

Hier wird nicht davon ausgegangen, daß es derzeit möglich ist mit einer solchen, immer noch - sehr - liberalen Argumentation die WTO als rechtfertigbare Verfassung des Welthandels anzusehen. Dies steht im Einklang mit der Kritik von Howse/Nicolaidis (2003) an den beiden Formen liberaler Vorschläge in dieser Hinsicht.[349] Dabei ist es nicht so, daß diese Autoren eine Diskussion über eine internationale Wirtschaftsverfassung ablehnen. Sie zeigen sich dafür offen und formulieren treffend, daß sie Verfassungsbildung nicht als negativ ansehen, sondern daß sich Verfassungen als Antwort auf (auch kritische) Fragen nach Legitimität verstehen lassen.[350] Als Antwort auf die so erkannte Legitimitätskrise der WTO schlagen sie vor, daß diese mehr politische Sensibilität und mehr Akzeptanz gegenüber nationalstaatlichen Wertentscheidungen zeigen solle und sich, soweit wie möglich, nicht als letzte Autorität im Hinblick auf die Prioritätssetzung bei der Abwägung menschlicher Werte gegeneinander sehen sollte.[351] Die Ablehnung des Verfassungscharakters des WTO Regelwerks wird schließlich auch dadurch gestützt, daß die Mitgliedstaaten dies bei ihrer Gründung - implizit - abgelehnt haben, denn der Vorschlag zur Gründung der World Trade Organization i.S. einer 'constitution' von Jackson (1990), enthält auch den Vorschlag ein "executive council" einzurichten.[352] Somit stand durchaus zur Debatte, ob der WTO die Möglichkeit eingeräumt

---

[348] In bezug auf Petersmann: "WTO members must protect intellectual property rights, for example, not because doing so necessarily maximises global or domestic welfare (in many cases, it may be welfare-reducing for a given polity) but because these are private rights, with a moral foundation independent of predicted welfare effects." Howse/Nicolaidis 2003: 321. Eine solche eigenständige Begründung wird hier nur teils akzeptiert, im Einklang mit der ordoliberalen Theorie Walter Euckens. Dazu mehr in Abschnitt 'B'.

[349] "So neither the first nor the second variant of constitutionalization seems to provide an adequate or realistic response to the WTO legitimacy conundrum." Howse/Nicolaidis 2003: 310. Mit der ersten Variante ist der frühe Tumlir (1983), Petersmann (1988) Ansatz gemeint: "The first variant, liberal in the libertarian sense, sees the WTO's constitution function in terms of pre-commitment by which politicians tie their hands in such a manner to resist the depredation of economic rights by domestic interest groups, who demand rent-conferring interventionist/protectionist government." Howse/Nicolaidis 2003: 309. Die zweite Variante ist die gerade beschriebene Abwägungsvariante Petersmanns (2003b). Howse/Nicolaidis 2003: 310. Auch Evans (2000) lehnt eine reine bzw. extrem liberale Konzeption einer internationale Wirtschaftsverfassung ab und favorisiert ein "trade stakeholder model". Evans 2000: 239.

[350] Dieser wichtige Artikel könnte ganz zitiert werden: "The argument must be analysed against the backdrop of the broader debate over the legitimacy of international institutions. The connection between constitutionalism and legitimacy is a complex one. Constitutionalization emerges in part as a response to concerns about legitimacy, while the prospect of constitutionalization itself contributes in giving rise to such concerns [social rights, environmental and developmental concerns] in the first place. In the short run, at least, the application of the language of constitutionalism to the WTO is likely to exacerbate the hopes of globalization's friends that economic liberalism can acquire the legitimacy of a higher law - irreversible, irresistible, and comprehensive. At the same time, it is likely to exacerbate the fears of the 'discontents' of globalization that the international institutions of economic governance have become a supranational Behemoth, not democratically accountable to anyone. Thus there is a real risk that importing constitutional language and concepts into the current debate about the WTO and its legitimacy will increasingly polarize the system's advocates and critics. This risk exists to a lesser extent with modest or cautious proposals for a constitutional understanding." Hinzufügung des Kontextes durch den Verfasser. Howse/Nicolaidis 2003: 308.

[351] "To the extent that its Member States and Courts are ready to act in the spirit of global subsidiarity, the WTO need not have the kind of legitimacy that it would require if it were to act as the final authority in the prioritization of diverse human and societal values." Howse/Nicolaidis 2003: 311. Ebenso wird interessanterweise ein "renewed spirit of embedded liberalism" gefordert, der 'may require that global institutions not only let the state go about its protective business, but also empower the state (and sub-national) units to do so, in a manner compatible with its international obligation." Howse/Nicolaidis 2003: 311.

[352] "The basic thrust of the proposal is to have a new treaty instrument contain the organizational 'constitution' for an institution which could be variously named, but which I will call (for simplicity's sake) a World Trade Organization (WTO)."; "The overall structure for the 'governance' of the organization would be spelled out, and might (like the OTC draft structure) include an 'assembly' of all members (one vote per member), plus a smaller 'executive council'. The latter would undoubtable be a sensitive issue, but needs to be considered." Jackson 1990: 96. "Particularly persuasive to proponents of WTO constitutionalization is the European Court's transformation of the European treaty system into a constitutional order. This account is of special interest since, in the Uruguay Round, the membership of the GATT rejected the

werden sollte, ähnlich wie die EU durch die Kommission, über ein Organ zu verfügen, das eine eigenständige Politik betreibt, wodurch sich neue Möglichkeiten ergeben hätten, die Verfassungsdebatte zu führen.

Dieser Stand der Debatte wird nicht überall akzeptiert. Von Evans (2000) wird schon für die bestehende WTO davon ausgegangen, daß die "trade constitution has become a primary space for global lawmaking", sodaß 'nur' noch die Legitimität erhöht werden muß[353], dies sei hier aber nur am Rande erwähnt. Schließlich sei bemerkt, daß weitere Protagonisten der Konstitutionalisierungsdebatte insofern keine überzeugenden Antworten vorlegen können, weil sie diesen Begriff der internationalen Wirtschaftsverfassung als 'Leitmotiv' verwenden, ohne ihn wirklich einer Analyse zu unterziehen.[354]

Wie dem auch sei, weiter relevant bleibt hier das enger gefaßte Ziel dieser Arbeit. Die Frage nach Effizienz und Wohlfahrt, Regeln und Wirtschaftsdynamiken bleibt eine der - mehreren - zentralen Fragen bezüglich der Rechtfertigbarkeit der WTO und deshalb soll nach einer Antwort darauf gesucht werden.

Speziell diese Frage bleibt im Rahmen der Debatte merkwürdig offen: Die extrem liberale Schule geht davon aus, daß die Intensivierung von Regelbindung, Liberalisierung und Zugang privater Parteien zu gerichtlichen Formen der Streitbeilegung gleichbedeutend mit Effizienzsteigerung ist. Die Kritik formuliert nicht weniger entschieden, daß die WTO Regeln: "produce, contrary to their express claims, disastrous global disparities in income and welfare"[355] und argumentiert, daß die Regeln von einer mächtigen Staatengruppe zu deren Vorteil ausgehandelt wurden.[356] Merkwürdig ist, daß in dieser Diskussion die tatsächlich vorhandenen Regeln der WTO weitgehend ausgeklammert bleiben, welche nicht zwangläufig eine liberale Interpretation nahelegen.

Um auch hierzu einmal eine Basis anzubieten, werden im folgenden einige Charakterisierungen der Wirtschaftsverfassung des GATT und der WTO in der Literatur wiedergegeben. Dem GATT bzw. WTO Regelwerk werden eine ganze Reihe von Prinzipien bzw. Regeln zugeschrieben, die bestimmte

---

invitation to reconceive the global trade system in constitutional terms, that is, as an autonomous level of governance, despite proposals to create regulatory powers in the WTO." Dort der Verweis auf Jackson (1990), siehe: Howse/Nicolaidis 2003: 325. Siehe für den Teil der Debatte, die für die WTO die EU als Vorbild sehen, die, politisch reguliert, aber vom einem telos des freien Handels angeleitet, ihre Aufgaben erfüllen soll, Howse/Nicolaidis 2003: 325.

[353] Er favorisiert ein 'trade stakeholder' Modell, welches Einspruchsrechte diversen Akteure überläßt, u.a. solchen von Firmen, aber auch von NGOs. Evans 2000: 239-242.

[354] Um was es eigentlich beim Terminus 'constitutionalization' geht, bleibt in der Literatur oft unbestimmt und offen, sodaß Cass (2001) in einem Überblick höflich, aber bestimmt schließt: "Instead, constitutionalization appears as a kind of leitmotif of the argument rather than a functional analytical tool." Cass 2001: 48. Cass (2001) schließt u.a.: "I have suggested that the type of constitutionalization practice described here, - that is 'constitutionalization' by judical norm and structure generation - contains within it some difficult debates about trade liberalization and globalization, about legitimacy, democracy and international order, about how legal systems are made, and by whom." Cass 2001: 72.

[355] Davis/Neascu 2001: 2. Kritisch auch Raghavan 1990: 39-40.

[356] Davis/Neascu 2001: 51.

Funktionen ausführen sollen.[357] Ist das GATT hier noch eher unklar, werden in der Präambel der WTO Ziele durchaus abgewogen und komplex formuliert. Das Wort Freihandel kommt nicht vor und es wird eine Rücksichtnahme auf die Bedürfnisse der Entwicklungsländer und der nachhaltigen Entwicklung erwähnt.[358]

Begonnen wird mit dem frühen Werk von Jackson (1969) über das GATT, der eine Reihe von Prinzipien erwähnt, die eine internationale Handelsordnung bestimmen sollen und, wenn auch unzureichend, teils schon bestimmen[359]: Erstens soll die Verwundbarkeit von weniger mächtigen Staaten gegenüber den egoistischen Politiken mächtiger Staaten minimiert werden, wobei dies bedeutet, daß keine Nation einer anderen eine Wirtschaftspolitik aufzwingen kann, sodaß auch vom Selbstbestimmungsprinzip ('principle of self-determination' bzw. 'principle of national economic sovereinty') die Rede ist. Wirtschaftspolitiken sollten dabei so viele Variationen aufweisen können, wie es innerhalb dieser Ordnung möglich ist ("so that no one nation can impose its will on the domestic policy of other nations, but to allow as much freedom as possible for variations among specific national goals"[360]). Somit wird hier das Prinzip der Machtkontrolle an eine zentrale Stelle gerückt. Zweitens (hier wird eine gewisse Spannung zum ersten Prinzip ausgemacht) sollte Handelsliberalisierung von einer Gruppe von Staaten angestrebt werden können, die ein solches gemeinsames wohlfahrtsmehrendes Ziel verfolgen, wobei es auch vorkommen kann, daß einige Staaten unter den Politiken der größeren Gruppe leiden. Drittens muß es deshalb eine Art von Minderheitenrechten gegenüber der Mehrheitspolitik geben, die als Vorzugsbehandlung für weniger entwickelte Länder umgesetzt werden können. Viertens sollten die internationalen Handelsregeln faire Wirkungen haben. Beispielsweise darf Gleichbehandlung nicht zum Steckenpferd werden, den gleiche Behandlung von Ungleichen sei unfair. Es sei aus diesem Grund zu überprüfen, ob die Regeln faktisch faire Auswirkungen haben. Fünftens sollte die Effektivität von Normen überprüft werden. Weiterhin

---

[357] Für eher allgemeine Prinzipien bzw. Funktionen einer internationalen Handelsordnung siehe Jackson 1969: 755-780; Benedek 1990: 78-83. Eine Auflistungen von Prinzipien und dazugeordneten Funktionen, mit Schwerpunkt auf liberale wirtschaftspolitischen Wirkungen, findet sich in Stoll 1997: 116-131; Oppermann/Conlan 1990: 83; Petersmann 1988: 243-244; Petersmann 1989: 59-62; Beise 1994: 200; Molsberger/Duijm 1997: 560.

[358] Ähnlichkeiten weist die WTO auch deshalb mit der EU auf, weil nicht nur wirtschafts- oder handelsbezogenen Ziele genannt werden: "Die Vertragsparteien dieses Übereinkommens in der Erkenntnis, daß ihre Handels- und Wirtschaftsbeziehungen auf die Erhöhung des Lebensstandards, auf die Sicherung der Vollbeschäftigung und eines hohen und ständig steigenden Umfangs des Realeinkommens und der wirksamen Nachfrage sowie auf die Ausweitung der Produktion und des Handels mit Waren und Dienstleistungen ausgerichtet sind, gleichzeitig aber die optimale Nutzung der Hilfsquellen der Welt im Einklang mit dem Ziel einer nachhaltigen Entwicklung gestatten sollen, in dem Bestreben, den Schutz und die Erhaltung der Umwelt und gleichzeitig die Steigerung der dafür erforderlichen Mittel zu erreichen, und zwar in einer Weise, die mit dem jeweiligen Entwicklungsstand entsprechenden Bedürfnissen und Anliegen vereinbar ist." Präambel Rahmenübereinkommen zur Errichtung der Welthandelsorganisation. WTO 1998: 45. Als unklar wird die ältere, partiell übereinstimmende Präambel des GATT bezeichnet von Beise 1994: 1999. Oben wurden schon Stoll/Schorkopf (2002) zitiert, die treffenderweise dazu bemerken, daß hier nicht Freihandel erwähnt wird, sondern daß diese grundlegenden Zielvorgaben eher an den EG Vertrag und an das deutsche Stabilitätsgesetz erinnern. Dort wird eine ausgeglichene Handelsbilanz neben Stabilität der Preise und ein hoher Beschäftigungsstand angestrebt. Stoll/Schorkopf 2002: 31.

[359] Diese Prinzipien werden als Idealanforderungen präsentiert, nichtsdestotrotz werden einige der Funktionen dem GATT zugeschrieben. Insbesondere wird die Machtausübung in Verhandlungen kritisiert sowie die Möglichkeit mächtiger Staaten von den rechtlichen Regeln abzuweichen. Es werden aber auch diverse positive Elemente erwähnt unter anderem das Einhalten von Regeln durch "moral pressure". Jackson 1969: 763, 755-768, 772, 779-780.

[360] Jackson 1969: 774.

wird erwähnt, daß eine Streitbeilegung wünschenswert sei und Druck auf Staaten, die bestimmte Regeln nicht einhalten.[361]

Von Benedek (1990) werden dem späten GATT zwei Hauptfunktionen, die aber mehrere Unterfunktionen enthalten, zugeschrieben: Rechtssicherheit, die zu einer Stabilisierung der Rahmenbedingungen für den internationalen Handel führt und dadurch kooperative Beziehungen im internationalen Handel fördert[362]; geordneter Interessenausgleich und Streitbeilegung durch ein "Gleichgewicht der Vorteile und Verpflichtungen"[363], das durch Streitbeilegung eingefordert werden kann und eine Abmilderung ungleicher Machtverhältnisse in Verhandlungen durch ein Interesse auch der mächtigen Staaten an der Aufrecherhaltung der grundlegenden Prinzipien der Handelsordnung (als Schutzfunktion beschrieben). Zudem wird hier die Vorzugs- bzw. Präferenzbehandlung der Entwicklungsländer angeführt.[364] Letzteres wird, wenn es angemessen erscheint, auch von liberal ausgerichteten Autoren erwähnt, die sogar ein "Prinzip der nationalen Wirtschaftssouveränität"[365] (wenn auch in widersprüchlicher Art und Weise[366]) annehmen, welches es jedem GATT-Mitgliedsstaat ermöglicht, die Intensität seines nationalen Zollschutzes selbst zu entscheiden. Weiterhin fallen darunter die Möglichkeit Subventionen zu verwenden, staatliche Handelsunternehmen zu etablieren, Steuern einzutreiben und Rückgriff auf Schutzklauseln zu nehmen, darunter Schutzmaßnahmen für die heimische Industrie und solche aus Gesundheits-, Umwelt-, und Ressourcenschutzgründen.[367] Auf solche Ausnahmen abhebend wird auch die These vertreten, daß viele Prinzipien, die im Zuge der Verhandlungen zu einer Neuen Weltwirtschaftsordnung relevant wurden, im GATT-Recht wiederzufinden sind: Zollpräferenzbehandlung; sonstige Vorzugsbehandlungen für Entwicklungsländer, den Verzicht auf Reziprozität in Zollverhandlungen, die Toleranz für regionale Integrationsabkommen, Freiräume für Handelsrestriktionen im Zuge von Zahlungsbilanzkrisen, solche für die wirtschaftliche Entwicklung und sonstige prozedurale Regeln, etwa das Konsensprinzip sowie solche bezüglich der Streitbeilegung.[368] Damit ist aber keineswegs allen Forderungen entsprochen worden, die im Kontext der Neuen Weltwirtschaftsordnung gestellt

---

[361] Zudem sollte sich die Organisation den dynamischen Veränderungen der Weltwirtschaft anpassen können, Daten sammeln, sowie eine universelle Mitgliedschaft haben, die impliziert, daß alle Staaten unverbindlich ihre Meinung kundtun können. Jackson 1969: 773-780.
[362] Rechtssicherheit wird in weitere Unterfunktionen aufgefächert: Die "Ordnungs- und Stabilitätsfunktion" wird dynamisch interpretiert, von einer Ordnung für die Liberalisierung zu einer umfassenden Rahmenordnung für den internationalen Handel. Weiterhin ist die "Transparenzfunktion" wichtig, der vorgesehene Informationsaustausch und die Konsultationspflichten bezüglich nationaler handelspolitische Maßnahmen. Weiterhin die "Schutzfunktion", die durch die Schutzklauseln ermöglich wird, die eine Interessenwahrung vorsieht und eine "machtrelativierende Funktion", die herrschende Ungleichgewichte etwas mildert ("Schutz des Schwächeren"), etwa dadurch, daß eine "Schutz der Zugeständnisse" erfolgt und eine Nicht-Diskriminierung vorgesehen ist. Benedek 1990: 78-83.
[363] Benedek 1990: 81.
[364] Hier wird erwähnt, daß dieser Interessenausgleich aber keinesfalls einen bestimmten Gleichgewichtszustand anstrebt, sondern eher durch die Faktizität der Verhandlungen geprägt wird, in denen etwa mächtige Akteure einen neuen Interessenausgleich fordern können, wenn ihnen das bisher Erreichte nicht mehr genügt. Benedek 1990: 80-82.
[365] So in den frühen Artikeln von: Petersmann 1987: 212; Petersmann 1988: 244.
[366] Der Souveränitätsgrundsatz wird in einem anderen Text nicht mehr in diesem Sinne interpretiert. Es wird angeführt, daß "reale Freiheit (Souveränität) der Bürger" im Mittelpunkt stehen und eine "Einschränkung handelspolitischer Instrumente" angestrebt werden sollte. Weiterhin wird behauptet, daß dieser Grundsatz eng mit dem völkerrechtlichen Reziprozitätsprinzip zusammenhängt und impliziert, daß eine Gegenseitigkeit der Marktöffnung erforderlich ist. Ein einseitiger Schutz ihrer Bürger widerspreche damit dem Souveränitätsprinzip. Diese etwas gewagte Argumentation findet sich in Petersmann 1989: 60, 62.
[367] Petersmann 1988: 244.
[368] Petersmann 1987: 216-217.

worden sind.[369] Inwieweit das GATT diese ebengenannten Prinzipien umsetzen konnte, wird erst im Verlauf dieser Arbeit zu klären sein.

Einen ähnlichen, aufgrund der verwendeten Begrifflichkeit interessanten Ansatz vertritt Langer (1995), der davon ausgeht, daß jeder souveräne Staat eine sozialstaatliche Verantwortung hat, aber aufgrund der Verflochtenheit der internationalen Wirtschaft eine "wechselseitige Abhängigkeit und Beeinflussung der staatlichen Sozialordnungen" vorliegt.[370] Das GATT und die WTO werden dem Primat der Politik zugeordnet, wobei es darum gehe, "die über die internationalen Wirtschaftsbeziehungen vermittelten wechselseitigen 'Störungen' des sozialen Ausgleichs so auszubalancieren, daß sie sich auf ein für alle beteiligten Staaten akzeptables Maß beschränken (*zwischenstaatlicher Ausgleich*)."[371] Staatliche Maßnahmen, etwa Subventionen, werden als Instrumente eingestuft, um legitime sozialstaatliche Ziele zu erreichen.[372] Deutlich wird, daß es schwierig ist, die sodann auftretenden Fragen, wie eine "Ausbalancierung" gelingen kann, mit diesem Ansatz zu lösen.[373]

Aus liberaler wirtschaftspolitischer Perspektive wird die Aufzählung der Prinzipien bzw. Funktionen meist näher an die vorhandenen Regeln angelehnt und detailreich solche Regeln betont, die im Einklang mit liberalen wirtschaftspolitischen Annahmen stehen, siehe dazu die moderat liberale Aufzählung von Stoll (1997) in bezug auf die WTO: Eingrenzung und Rationalisierung, nicht aber Abschaffung staatlicher Außenhandelspolitik, Installierung einer an Rechtsregeln gebundenen Ordnung mitsamt eines rechtsförmigen Streitbeilegungsverfahrens, damit Stabilisierung des Welthandelssystems durch Rechtssicherheit, Förderung der Rechtsstaatlichkeit in den Mitgliedsstaaten[374], Beförderung marktwirtschaftlicher Wirkungsmechanismen durch bestimmte Prinzipien, wie das Meistbegünstigungsprinzip[375], ein "spezifisches Verhältnismäßigkeitsgebot" der Handelsbeschränkungen durch Umwandlung von sonstigen Beschränkungen in Zölle (Tarifizierung), denen zugesprochen wird, daß sie "effektiver als Kontingente wirken, weniger soziale Kosten

---

[369] Nicht auf solche Forderungen der Neuen Weltwirtschaftsordnung, die eine aktive Anstrengung seitens der Industrieländer erfordern, etwa Technologietransfer, Schuldenerlaß, beschleunigte Anpassung an die komparativen Vorteile der Entwicklungsländer. Siehe etwa Declaration of the United Nations. Principles for Governing International Trade Relations Conducive to Development (1970). In: Bulajic 1993: 99-103.
[370] Langer 1995: 66.
[371] Herv. im Original. Langer 1995: 66. Auch von Langer (1995) wird ähnlich wie in Stoll (1997), siehe weiter unten, eine Diskussion der Prinzipien der GATT bzw. WTO Handelsordnung durchgeführt, im Vergleich zu Prinzipien der EU Integration. Langer 1995: 84-329.
[372] Langer 1995: 263. Damals, als dem Autor noch nicht bekannt sein konnte, daß SCM Art. 6.1 wegfallen wird, wird u.a. die Subventionsdisziplin der WTO als zu strikt angesehen: "Aber der Subventionskodex 1994 formuliert Verpflichtungen in einem Ausmaß, wie es sich wohl kaum ein Staat bisher in seiner eigenen Finanzverfassung oder seinem Haushaltsrecht selbst auferlegt hat." Langer 1995: 263. Siehe zum SCM Abschnitt 'J', Punkt 8.
[373] U.a. wird neben der Beachtung des sozialen Zwecks, gefordert, weltwirtschaftliche Funktionalität zu beachten. Was damit gemeint ist, bleibt aber unklar. Langer 1995: 276-277. Es ist unzufriedenstellend, wenn allein versucht wird, diese Fragen durch eine möglich plausibel klingende, dichte Argumentation zu klären. Beispiel: "Je tiefer die gegenseitige Durchdringung der Märkte also reicht und je intensiver sich die wettbewerblichen Interdependenzen entwickeln, desto schärfer werden auch die Anforderungen an die Rechtfertigung der staatlichen Subventionierung." Langer 1995: 278. Angesichts der Subventionen ist die Rede von "massiven Souveränitätskonflikten". Langer 1995: 263. Hier wird versucht, solche Fragestellungen aus einer wirtschaftswissenschaftlichen Perspektive heraus zu lösen.
[374] Stoll 1997: 116-118. Ähnlich Petersmann 1989: 59.
[375] Stoll 1997: 119-121. Ähnlich Petersmann 1988: 243.

verursachen und damit die Allgemeinheit weniger stark belasten"[376], Ermöglichung von Liberalisierung, unter anderem durch Prinzipien, die eine Diskriminierung oder verdeckte Rücknahme von einmal eingegangenen Verpflichtungen erschweren sowie Inländerbehandlung.[377]

Von Petersmann (1987, 1988, 1989) werden in bezug auf das GATT weitere Punkte erwähnt. Dabei wird deutlicher auf liberale Wirkungsmechanismen verwiesen, beispielsweise auf das Verbot von sonstigen und mengenmäßigen Handelsbeschränkungen und die Präferenz für Zölle, die den marktkonformen Preismechanismus sowie die individuelle Handels-, Eigentums-, und Vertragsfreiheit schützen und grenzüberschreitenden Kartellen vorbeugen würden.[378] Das Verhältnismäßigkeitsprinzip wird nicht nur auf die Zölle beschränkt, sondern mit weiteren Regeln in Verbindung gebracht, die sämtlich so interpretiert werden, daß sie die in der liberalen Wirtschaftstheorie entwickelte Präferenz für 'optimale Interventionen' bzw. Hierarchien für den effizienten Einsatz wirtschaftspolitischer Instrumente widerspiegeln, darunter nationale Produktionssubventionen, Steuern und nichtdiskriminierende interne Regelungen, welche nichttarifären Handelshemmnissen vorgezogen werden sollten.[379] Vom "Prinzip möglichst unverfälschten Wettbewerbs" ergänzt, wird im Anschluß darauf hingewiesen, daß beschränkende Regeln für Antidumping- und Ausgleichszölle und Subventionen wünschenswert sind, um einen freien Wettbewerb zu etablieren.[380] Weiterhin wird der Funktion der Zurückdrängung von heimischen Interessengruppen und ihrer Schutzanliegen ein Schwerpunkt zugewiesen. Erzielt werde dies durch völkerrechtliche Selbstbeschränkungen, die unter anderem durch Verhandlungen zustandekommen, bei denen sich Freihandelsinteressen gegenüber protektionistischen Interessengruppen durchsetzen können, denn nur durch eigene Konzessionen könne ein verbesserter Marktzugang in anderen Ländern durchgesetzt werden. Ein solche Funktion wird als wohlfahrtsmaximierend angesehen.[381]

Damit wurden hier eine ganze Reihe von Funktionen aufgezählt, die eine internationale Wirtschaftsverfassung oder neutraler, eine internationale Handelsordnung, haben kann, darunter einer Vorbeugung gegen Machtmißbrauch und eine allgemeinen Stabilisierung des internationalen Handels durch eine Vermehrung von Rechtssicherheit und Streitbeilegung, wobei dies auch aus liberale Perspektive gefordert wird. Sodann wird, je nach wirtschaftspolitischer Überzeugung, ein gradueller

---

[376] Stoll 1997: 121.
[377] Stoll 1997: 123.
[378] Petersmann 1989: 59-60.
[379] Das Verhältnismäßigkeitsprinzip wird so gedeutet, daß im Einklang der Theorie der Wirtschaftspolitik eine festgelegte Hierarchie von Instrumenten zum Einsatz kommt, wobei Instrumente, die als weniger effizient angesehen werden, möglichst von den Regeln erschwert werden sollen. Diese Feststellung erstreckt sich nicht nur auf die Präferenz von Zöllen gegenüber anderen nichttarifären Handelshemnissen, sondern auch auf das Zulassen von Subventionen und Steuern. Diese wird als effektiv angesehen, aber es wird direkt danach angemerkt, daß dies mit freiem Handel nicht zu vereinbaren ist. Petersmann 1988: 244; 1989: 59; diese Hierarchie im Sinne einer normativen wirtschaftswissenschaftlichen Theorie findet sich etwa in Corden 1974: 5-57. Siehe dazu Abschnitt 'E'.
[380] Petersmann 1988: 244.
[381] Petersmann 1986: 249-250; 258-264; Petersmann 1989: 60-62. Eher vorsichtig, unter Hinweis auf staatliche außenhandelspolitische Spielräume und mit Referenz auf die Begriffe "Mindestmaß an Rationalität und Sachgerechtigkeit" wird sich dem Punkt angeschlossen, daß GATT Regeln helfen den Staaten internen protektionistischen Druck abzuwehren in Stoll 1997: 113-116, 124.

Übergang sichtbar, von eher moderaten Beschreibungen bis hin zu Forderungen nach einem vollständig liberalisierten Handel, der von staatlichen Interventionen ganz frei ist.

Wird die Verfassungsfrage ausgeklammert und nur die normativ wirtschaftswissenschaftliche Vorstellung von optimaler Effizienz- und Wohlfahrtssteigerung fokussiert, läßt diese Aufzählung bereits erkennen, daß nicht nur die nationale und europäische Wirtschaftsverfassung mal mehr und mal weniger intensive Abweichungen von Wirtschaftpolitiken zuläßt, die gemeinhin als liberal bezeichnet werden, sondern auch das GATT und die WTO. Wie dies bewertet werden kann, wird im folgenden zu klären sein. Erst nachdem im Laufe der Arbeit nachgezeichnet wurde, wie die GATT Regeln tatsächlich wirksam waren und die WTO Regeln ausgestaltet worden sind, macht eine genauere begriffliche Einordnung Sinn.

Wie im Fall der EU, welche mit ihrer Wirtschaftsverfassung immer wieder aus liberaler bzw. auch ordoliberale Perspektive kritisiert wurde, wurde das GATT aufgrund diverser Ausnahmebestimmung und Nichtdurchsetzung bestimmter Prinzipien einer Kritik unterzogen. Diese Debatte kann dadurch charakterisiert werden, daß aus extrem liberaler Perspektive, aber auch aus der Motivation eine realistische Einschätzung abzugeben, die durch das GATT tolerierten Ausnahmen und faktischen Abweichungen von liberalen Wirtschaftspolitiken hervorgehoben wurden.[382] Daraus kann, mit Gründen, die Schlußfolgerung gezogen werden, daß das GATT und seine Prinzipien, ihrem Wesen nach, nicht unbedingt in Verbindung mit liberalen Ideen gebracht werden müssen. Als Beispiel dafür kann J. Michael Finger (1991) mit seiner These vom merkantilistischem Wesen des GATT, angeführt werden, etwa mit dem Zitat: "The GATT was built on a mercantilist sense of economic welfare and a mercantilist sense that domestic producers had a higher claim than foreign producers to the domestic market."[383] Diese Beschreibung des GATT als merkantilistisch ist nicht als Lob gemeint, denn hier wird bezug genommen auf die Zeit vor Adam Smith, als der Gedanke beiderseitiger Vorteile durch den internationalen Handel noch nicht entwickelt war und die Staaten versuchten, sich gegenüber den Waren anderer zu schützen und Exporte zu vermehren sowie Importe zu vermindern.[384]

Wiewohl dieses Zitat sich schon in recht spezieller Form auf wirtschaftstheoretische Grundlagen bezieht, die zur Bewertung des GATT Regelwerks herangezogen werden, könnte diese Argumentationsrichtung zum Beispiel auch auf Robert E. Hudecs (1970, 1975) realistische

---

[382] Aus einer ordoliberalen Perspektive werden die Defizite des GATT beschreiben von: Molsberger/Kotios 1990: 93-115. Weiter Autoren beschäftigen sich mit der Toleranz für VERs, siehe zuerst Curzon/Curzon Price 1979; dann Hauser 1986; Lembruch 1986; Rowley/Tollison 1986; Frey/Buhofer 1986. Diese Maßnahmen werden in Abschnitt 'I' thematisiert.
[383] Finger 1991: 137. Diese These wird J. Michael Finger schon länger vertreten, siehe etwa Molsberger/Koitos 1990: 102.
[384] Mit Merkantilismus werden diverse wirtschaftstheoretischen Beiträge zwischen 1450 und 1750 bezeichnet. Der anglo-irische Bankier Richard Cantillon (1680-1734) verfaßte hier eines der Hauptwerke. Es geht in dieser Theorie vor allem darum den Reichtum und die Macht eines Landes zu mehren, dafür ist die Höhe der Edelmetallbesitztümer wie Gold und Silber ausschlaggebend. Um diese zu erhöhen wird Handel getrieben und das Ziel ist es, mehr an das Ausland zu verkaufen, als an dieses zu bezahlen. Durch höhere Edelmetallbestände konnte eine stimulierende Geldmengenausweitung betrieben werden. Inflationsgefahr bestand damals aufgrund von Unterbeschäftigung und hoher Angebotselastizität weniger. Handel und Gewinnstreben wird damals zwar nicht mehr abgelehnt, der freie Markt und Handel hat sich aber noch nicht als Ideal etabliert. Es ging eher darum, daß der Staat und die Wirtschaft in enger Koordination versuchen Exportüberschüsse zu erwirtschaften und Importe zu behindern. Der Fernhandel wird durch Handelsmonopole attraktiv gemacht. Siehe Söllner 1999: 10-18.

Einschätzung bezogen werden, der bei der damaligen Streitbeilegung die diplomatischen ('power oriented') und nicht die rechtlichen ('rule oriented') Aspekte[385] hervorgehoben hat. Theses ist, daß das GATT "eher als Forum für internationale Handlungsdiplomatie denn als Ordnungssystem mit verbindlichen Regeln angesehen werden" kann.[386]

Bei dieser Hervorhebung der diplomatischen Seite des GATT wird aber, dies zeigen später Hudec (1991) und Petersmann (1997) überzeugend, unzureichend beachtet, daß es eine zunehmende Verrechtlichung der Streitbeilegung gegeben hat. Ein Indikator dafür ist, daß beispielsweise im Jahre 1976 ein 39 Seiten Bericht über Minimum-Importpreise im Zusammenhang mit der EWG-Agrarpolitik vorgelegt wird, dies war damals der bei weitem längste GATT Bericht. Spätestens seit der Etablierung der "GATT's Legal Office in 1983", werden die Berichte aber länger und rechtssystematisch gehaltvoller.[387] Wann eine neue Dimension der GATT Streitbeilegung hinsichtlich der Qualität der Panelentscheidungen und einer damit verbundenen erhöhten Effektivität bzw. Wirksamkeit der Regeln auf die Staaten vorlag, darüber läßt sich streiten. In der Literatur wird dies für die Zeit ab Mitte der achtziger Jahre angenommen.[388] Alles in allem, konnte das GATT System, seiner konsensbasierten bzw. per Veto zu blockierenden Streitbeilegung zum Trotz, eine gewisse Effizienz erreichen, mehr dazu in der Darstellung der Nachkriegszeit des GATT in Abschnitt 'H'.[389] Dies gestehen auch die Kritiker zu.[390] Dazu kommt, daß die GATT Verhandlungsrunden, trotz aller Ausnahmen, eine progressive Liberalisierung des Außenschutzes erreichen. Somit scheint es eine Frage mit Abstufungen zu sein, ob dem GATT liberale Tendenzen zugesprochen werden können. Hier wird davon ausgegangen, daß sich das GATT durch eine nur partielle Prinzipiendurchsetzung und eine progressive Liberalisierungswirkung auszeichnete, die durch die Gründung der WTO einen neuen Schub bekommen hat.

Andere Autoren betonen nun die liberale Seite des GATT und schreiben dieser destruktive Effekte zu, so könne die Theorie der komparativen Vorteile verdecken, wer vom internationalen Handel am

---

[385] Petersmann 1997: 84-85.
[386] Molsberger/Koitos 1990: 102. Daß anti-legalistische Haltungen auch seitens der USA und der EU durchaus vorgelegen haben und dies der Grund für diverse Abweichungen von GATT Regeln waren, soll hier nicht geleugnet werden, dies war besonders für die sechziger Jahre prägend. In den siebziger Jahren begann aber schon eine Restaurationsphase. Siehe dazu Hudec 1991: 11-15.
[387] Petersmann 1997: 85; Hudec 1991: 11-15.
[388] Dies war 23 Seite länger als der bisher längste Panelbericht. Bis 1989 stieg die durchschnittliche Länge auf 32 Seiten an, der längste Bericht war bis dahin 82 Seiten lang. Diese originelle und doch aussagekräftige Beobachtung ist zu verdanken Hudec 1991: 49. In der ausführlichen Darstellung der Geschichte der Streitbeilegung wird etwa die These vertreten, daß es erst zwischen 1985 und 1989 zu einer solchen Ansammlung von Fällen kam, die gleichzeitig eine so hohe Qualität hatte, daß es zu einer breit angelegten Entwicklung von neuen rechtlichen Prinzipien in diversen Feldern kam. So Hudec 1991: 199. Zwar ist es so, daß es in den achtziger Jahren auch zu 20 % zurückgezogenen oder aufgegebenen Fällen kam, welches auf größere Spannungen zwischen den Akteuren hindeutet, diese Zahl ist aber auch vor dem Hintergrund der damals stark gestiegenen Zahl von 115 Streitfällen zu deuten. In den drei Jahrzehnten zuvor wurden insgesamt 92 Fälle verhandelt, von denen nur 4 % zurückgezogen oder aufgegeben wurden. Hudec 1991: 292. Von Jackson (1990) wird aber weiterhin in bezug auf die achtziger Jahren der Gegensatz "negotiation or rule application" thematisiert und dies auch mit Belegen in bezug auf die Haltung bestimmter Diplomaten in Genf begründet. Es gab somit zu dieser Frage keine einheitliche Haltung. Einerseits wurde die Meinung vertreten, daß das GATT weiter Ort von vor allem Verhandlungen sein sollte, die andere Seite fordert eine mehr regelbezogene Ausrichtung. Jackson 1990: 59-80.
[389] Kritisch zustimmend dazu: Abschnitt 'H'.
[390] Molsberger/Koitos 1990: 93-95.

meisten profitiert.[391] Zudem wird auf eine, als neo-merkantilistisch bezeichnete, weitere Seite des GATT hingewiesen. Nämlich, daß die GATT Verhandlungen, die mit der Gründung der WTO abgeschlossen wurden, dazu geführt hätten, daß durch die Einbeziehung der Patentrechtsfrage der Zugang zu Technologie erschwert würde.[392]

Die Wahrheit, so die These hier, liegt dazwischen und ist vielschichtiger, weil sowohl der Norden wie auch der Süden Protektionismus in der Zeitperiode des GATT einsetzte, sodaß es durchaus Spielräume für Entwicklungspolitiken gab und zwar in beiden Ländergruppierungen. Auffällig ist weiterhin, daß die durch das GATT vorangetriebene Liberalisierung von den Industrieländern schon früh in einigen Bereichen gegenüber den Entwicklungsländern nur mit verminderte Intensität umgesetzt wurde. Dazu kamen die GATT inkonformen, protektionistischen Maßnahmen, die in Abschnitt 'I' thematisiert werden, die dazu beitrugen, daß im Endeffekt die Entwicklung bzw. die Effizienz- und Wohlfahrtssteigerung in den Entwicklungsländern und letztendlich damit auch in den Industrieländern erschwert wurde. Kurz: Um mehr Klarheit bei der Charakterisierung der Nachkriegszeit zu gewinnen, ist es hilfreich, mehr Informationen über konkrete Wirtschaftspolitiken in dieser Zeit vorliegen zu haben sowie über eine realistische, dynamische Theorie des Wirtschaftsgeschehens zu verfügen. Dann fällt die Bewertung der Politik der Nachkriegszeit aus der Gerechtigkeits- und Fairnessperspektive für die Industrieländer nicht unbedingt positiv aus, wobei hier der Augenmerk darauf liegt, daß sie dadurch Möglichkeiten der eigenen und weltweiten Effizienz- und Wohlfahrtsteigerung verschenkt haben.

---

[391] Raghavan 1990: 92-94.
[392] Raghavan 1990: 39-40.

B   Nationale und internationale Wirtschaftsverfassung aus ordoliberaler Perspektive

Inhalt

1.	Einleitung	74
2.	Ordoliberale Wirtschaftspolitik	75
3.	Zusammenfassung	102
3.1	Vorraussetzungen für das Funktionieren der ordoliberalen Theorie	105
3.2	Ordoliberale Theorie und staatliche Interventionen	106
3.3	Ordoliberale Theorie und Außenhandelspolitik	108

B   Nationale und internationale Wirtschaftsverfassung aus ordoliberaler Perspektive

1. Einleitung

Von einer internationalen Handelsordnung oder internationalen Wirtschaftsverfassung kann erwartet werden, Grundsätze und Regeln zu beinhalten, die auf sachliche und normative Probleme zugeschnitten sind, die durch die weltwirtschaftlichen Dynamiken aufgeworfen werden, um letztendlich eine weltweite, breit verteilte Wohlfahrtssteigerung zu ermöglichen. Mit einem solchen internationalen Regelwerk wird angestrebt, nationale wirtschaftsrechtliche Ansätze auf internationaler Ebene zu ergänzen und einen Ordnungsrahmen zu etablieren, der diese beiden Dimensionen verbindet. So kann der staatenübergreifende Abbau von Zöllen und anderen Handelshemmnissen und die Stabilisierung des Marktzugangs sachlich bzw. funktional, aus ordoliberaler Perspektive, damit begründet werden, Erwartungen von privatwirtschaftlichen Akteuren zu stabilisieren, denn dadurch steigen deren Anreize, wohlfahrtsfördernde Investitionen durchzuführen. Die damit verbundene Ausweitung des internationalen Handels kann ebenso als wohlfahrtssteigernd angesehen werden. Auf der anderen Seite könnte in einem solchen Regelwerk beachtet werden, daß sachgerechte und funktionale d.h. wohlfahrtssteigernde Politiken, die beispielsweise auf nationaler Ebene bestehen, nicht gänzlich verunmöglicht werden. Mit anderen Worten, auch eine gewisse Flexibilität könnte von einer internationalen Wirtschaftsverfassung vorgesehen werden, es fragt sich nur, wie weitgehend diese sein darf, um nicht wiederum kontraproduktiv auf wohlfahrtssteigernde wirtschaftliche Vorgänge zu wirken.

Der Terminus normativ, im Zusammenhang mit einer Wirtschaftsverfassung oder einer Handelsordnung verwendet, weist auf zwei Aspekte hin: Einerseits ist es normativ, im Sinne von moralisch, begründbar, eine internationale Wirtschaftsverfassung zu etablieren, die das Ziel einer weltweiten Wohlfahrtssteigerung anstrebt. Andererseits wird von den liberalen Wirtschaftswissenschaftlern der Terminus normativ benutzt, um die wirtschaftspolitische Instrumente, Regeln und Institutionen zu bewerten, von deren Ausrichtung eine Wohlfahrtssteigerung erwartet wird. Letztere verstehen normativ im Sinne von sachlich richtig, in bezug auf die der Wirtschaft zugrundeliegenden Dynamiken, die letztendlich in ihren Wirkungsketten zu einer klar erkennbaren Wohlfahrtssteigerung führen sollen.[393]

---

[393] So die Definition normativer Analyse von Nelson/Winter: "the proper task is the analysis and comparison of existing institutional structures and the design of alternatives that show promise of superior performance in the actual situation as it exists. It is also, we would emphasize, a task best approached in a practical and undogmatic spirit, with considerable wariness regarding the possibility that institutional change will produce important unanticipated effects. Abstract analysis of institutional arrangements that would be 'optimal' in idealized situations is at best only one useful heuristic for the main work, and at worst a diversion from it." Nelson/Winter 1982: 404. Der weiter unten verwandte ordoliberale Ansatz strebt zwar auch Effizienz an, unterscheidet sich aber dadurch, daß er bestimmte materiale Werte zusätzlich thematisiert, die eine Wirtschaftsordnung beachten soll.

Um welche liberalen Vorstellungen es auch immer gehen mag, dabei dürfen die empirischen Auswirkungen nicht aus dem Auge verloren werden, denn wenn die liberalen Instrumente systematisch und auf breiter Front nicht funktionieren würden, wären die ihnen zugeschriebenen Wirkungen falsch angegeben.[394] In der Theorie außenhandelspolitischer Schutzes werden zum Beispiel nicht nur "'arguments' for protection and free trade" aufgezählt, sondern es geht auch um "assessing the social benefits or costs from systems of protection."[395] Es ist ein Hauptziel der liberalen Theorie, zu beweisen, daß ihre wirtschaftspolitischen Theorien faktisch auch funktionieren.[396] Von liberalen Theoretikern wird deutlich darauf hingewiesen, daß diese Theorien auf bestimmten Annahmen beruhen, um zu funktionieren und darauf, daß auch wirtschaftliche Fakten (neben Werturteilen) Gründe für abweichende Politiken liefern können.[397] Anders formuliert: Ein klares Problem für diesen theoretischen Ansatz würde entstehen, wenn bestimmte nicht-liberale Wirtschaftspolitiken effizient sein würden, denn dann müßten Abweichungen von den engen neoklassisch liberalen Politikvorgaben ermöglicht werden.[398]

2. Ordoliberale Wirtschaftspolitik

Für diese Ansätze gilt bereits, daß sie sich einer bestimmten Theorierichtung verschreiben, nämlich einer normativen Ordnungsökonomik oder Ordnungspolitik, die sich von einer rein erklärenden Behandlung wirtschaftlichen Verhaltens dahingehend unterscheidet, daß es hier um die "Analyse von Möglichkeiten und Grenzen zielorientierter Gestaltung von Ordnungen" geht.[399] Historisch gibt es

---

[394] Dieser Vorwurf an die Neoklassik ist insofern fragwürdig, weil die Neoklassik zuerst einmal nicht Wohlfahrtssteigerungen, sondern Konsumentenentscheidungen unter Knappheitsbedingungen beschreibt, ohne daß das Niveau der Wohlfahrt eine Rolle spielt und Produktionsentscheidungen unter den Bedingungen mit diesen Grenznutzens. Die Neoklassik kann auf der Ebene dieser grundlegenden Modelle auch unter sehr ärmlichen Verhältnissen und Negativwachstum das Vorliegen optimaler Effizienz behaupten, solange der Marktpreis Konsum und Produktionsentscheidungen lenkt. Werden diese mikroökonomischen Grundlagen z.B. in der Theorie internationalen Handels zugrundegelegt, wird aber sehr wohl behauptet, daß es um Wohlfahrtssteigerungen im common sense Sinn geht. Kurz: Es ist oben doch nicht ganz falsch, wenn der Neoklassik ein common sense Versprechen nach Wohlfahrt unterstellt wird. Dazu mehr in Abschnitt 'C' und 'D'.
[395] Corden 1971: 1. In bezug auf seine Analyse gesteht etwa Corden freimütig zu, daß er sich weniger mit der tatsächlichen Messung von Zöllen und partikularen Ländern und ihren Erfahrungen mit diesen Maßnahmen beschäftigt, sondern seine Diskussion anhand von simplifizierenden Modellannahmen aufbaut. Corden 1971: 3. Zur weiteren Lektüre, die diese Defizite ausgleichen soll, verweist Corden an dieser Stelle auf zwei der frühen Studien zu diesem Thema: Little et al. 1970; und Balassa et al. 1971. Zu diesen Studien später mehr.
[396] Einschlägig aufgrund ihrer liberal ausgerichteten Ergebnisse sind: Little et al. 1970; Balassa et al. 1971; Krueger 1978; Bhagwati 1978; Balassa et al. 1982. Differenzierter: Chenery et al. 1986. Diese Stellungnahmen werden weiter unten differenziert dargestellt.
[397] Hierzu klar und offen W. M. Corden: "Finally, and most importantly, this book is only theory. (...) The author has view about economic policy in some countries at some times, but these views are influenced not only by an appreciation of the relevant theory but also by a knowledge of the relevant facts and likely reactions to policies, and by value judgements about such matters as income distribution. Theory is vital, but it is not enough. Theory does not 'say' – as is often asserted by the ill-informed or the badly taught – that 'free trade is best'. It says that, given certain assumptions, it is 'best'. Appreciation of the assumptions under which free trade or alternatively any particular system of protection or subsidization is best, or second-best, third-best, and so on, is perhaps the main thing that should come out of this book." Corden 1974: 7-8.
[398] Interessanterweise gesteht dies die liberale Theorie in einer ihrer Ausformungen selbst ein. Wenn beispielsweise staatliche Förderungspolitiken im High-Tech-Sektor erfolgreich sein können, dann könne ein Beharren auf einem Verbot solcher Politiken wohl kaum sinnvoll sein, weil dadurch Wohlfahrtseinbußen entstehen. Die liberale Theorie, die eigentlich gegen staatliche Interventionen ist, rettet sich damit, trotzdem die Eigentumsfreiheit zu postulieren, den einzelnen Staaten aber zu überlassen, wie stark sie den ausgestaltet wird. Daß es in irgendeiner Form einen starken Respekt vor den wirtschaftlichen Freiheitsrechten geben sollte, gilt als ausgemacht. Hinzu tritt dann aber das Konzept vom Wettbewerb der Staaten um die effizientesten Regulierungssysteme und damit können durchaus auch Experimente gemacht werden, die von der liberalen Theorie sonst nicht gerne gesehen werden. Gerken 1999: 46-53.
[399] Streit/Wohlgemuth 1999: 3.

prominente Vorläufer, die Anhaltspunkte in dieser Hinsicht entwickelt haben.[400] Von Walter Eucken, Franz Böhm, Wilhelm Röpke und Alfred Müller-Armack wurde vor und während des Zweitens Weltkriegs eine solche Vorgabe für eine nationalstaatliche Wirtschaftsverfassung und eine Ordnungspolitik entwickelt[401], die umfassender ist als die in Abschnitt 'C' thematisierte und kritisierte Neoklassik und die in Abschnitt 'E' beschriebenen, eng mit der Neoklassik verbundenen 'public choice'-Ansätze. Die ordoliberale Theorie zeichnet sich u.a. durch eine etwas aufgeweitete Einbeziehung von Wirkungsfaktoren aus, ohne daß eine liberale Vorstellung von Wirtschaftsprozessen aufgegeben wird. Die ordoliberale Theorie wird durch empirische Studien bestätigt, dies wird in Abschnitt 'C' und 'E' detaillierter dargelegt.

Wiewohl nicht alle dem ordoliberalen Ansatz zustimmen[402], liegt er nur wenig verändert noch heute den gültigen liberalen Vorstellungen von Wirtschafts- und Ordnungspolitik zugrunde.[403] Geläufig ist die Bezeichnung Ordoliberalismus.[404] Die Erkenntnisse einer liberal ausgerichteten Ökonomie und Politischen Ökonomie werden vom Ordoliberalismus substantieller ausformuliert, mit einem normativen Kompaß versehen und in die Sprache des Rechts und der demokratischer Institutionen und Politikprinzipien übersetzt, welche fortan die Rahmenbedingungen für die Wirtschaft etablieren. Diese Rahmenbedingungen können als Wirtschaftsverfassung oder Gesellschaftsvertrag[405] einer Gesellschaft zugrunde liegen, wobei gerade die Wirtschaftsordnung der Bundesrepublik Deutschland und die

---

[400] Hier können Klassiker der Nationalökonomie genannt werden, darunter Adam Smith, die österreichische Schule, darunter Carl Menger und Ludwig von Mises. Streit/Wohlgemuth 1999: 3.
[401] Eucken 1932, 1940, 1946a, 1946b, 1953: 37; Böhm 1929, 1933; Röpke 1944, 1950, 1953; Müller-Armack 1946, 1948, 1956; siehe auch den frühen Umsetzungsbericht von Erhard 1957.
[402] Keine Zustimmung bekommt Walter Eucken vom Inhaber des Eucken-Lehrstuhls an der Universität-Freiburg Victor Vanberg, gleichzeitig der aktuelle Direktor des Walter Eucken Instituts in Freiburg und Autoren aus diesem Umfeld. Hervorzuheben sind hier Vanberg 1997; Pies 1996. Diese Denker beziehen sich auf vertragstheoretische Konzepte von Buchanan. Vgl. Brennan/Buchanan 1993. Diese Theorie hält jedoch keiner common sense demokratietheoretischen und philosophischen Überprüfung stand, weil dort reiche Bürger bzw. Unternehmer jegliche Form der ethisch begründeten Umverteilung bzw. jegliche politische Entscheidung gegenüber anderen reichen oder armen Bürgern per Veto blockieren können. Damit werden zwar Interessengruppen handlungsunfähig gemacht, genauso wird aber eine demokratische gelenkte Wirtschaftspolitik verunmöglicht, die womöglich durch andere Arten und Weise, etwa einem offenen Diskurs zu einer Korrektur von fehlerhaften Entwicklungen, unter anderem auch bezüglich Interessengruppen, kommen kann. Dazu Ulrich 1989: 13. Vgl. zur Kritik auch Kley 1987; Kersting 1994: 321-351. Mit der Kritik an ordoliberalen und demokratischen Positionen vollzieht sich der Übergang zur genuin neoliberalen Theoriebildung, in der es nicht nur um die Zurückdrängung von Interessengruppen, sondern generell um die Privatisierung sämtlicher Aspekte des gesellschaftlichen, privaten und beruflichen Lebens geht, bis hin zum Militär und der Polizei. Vgl. dazu das Extrembeispiel Rothbart 1973. Vgl. zur Kritik des neoliberalen Modells kurz und prägnant Habermas 1998: 140-144.
[403] Vgl. zu einer grundlegenden beschreibenden Darstellung der Gedanken Euckens, die sich großteils mit den hier gemachten Aussagen überdeckt, vom ehemaligen Direktor des Walter Eucken Instituts in Freiburg, Lüder Gerken. Gerken/Renner 2000; siehe auch Zeppernick 1987; Grosser et al. 1990; Oberender 1989; Cassel/Rauhut 1998. Als zusätzliche Momente zu einer modernen Ordnungsökonomik kommen detailliertere Modelle über privaten Einfluß auf die Politik, die die Vorstellungen von Eucken ergänzen. Von seiten der Neuen Institutionenökonomik wird die Rolle von Institutionen betont. Dies wird befürwortet, aber darauf hingewiesen, daß dieser Ansatz nur die Effizienzgewinne bestimmter institutionelle Arrangements bewertet, ohne die gesamte Ordnung zu thematisieren. Zudem verzichtet die moderne Ordnungsökonomik auf überzogene Vorstellungen von vollkommenen Märkten, ohne aber dauerhafte Machtpositionen zu akzeptieren. Damit reagiert sie auf Ansichten Hayeks. Sämtliche dieser neuen Ansätze finden sich entweder in irgendeiner Form auch bei Eucken oder sind mit seinen Vorstellungen nicht unkompatibel. Vgl. Streit 1995: 42-45; Streit/Wohlgemuth 1999.
[404] Zugrunde liegt hier der Bezug zum mittelalterlichen, christlichen bzw. philosophisch-metaphysischen Ordo-Gedanken, der eine sinnvolle Zusammenfügung des Mannigfaltigen zu einem Ganzen annimmt. Weiterhin sollte diese Ordnung der Natur der Sache entsprechen, eine Natur, die der Mensch vermittels seiner Partizipation an der göttlichen Vernunft, zumindest ansatzweise erkennen kann. Letzteres hatte Thomas von Aquin herausgearbeitet. In diesem Sinne Eucken 1952: 372-373.
[405] Und stellen somit eine Alternative zu anderen denkbaren Gesellschaftsverträgen dar, unter anderem denen von Nozik und Buchanan. Vgl. Kersting 1994: 292-355.

Verfassungsinterpretation seitens des Bundesverfassungsgerichts von diesem ordoliberalen Ansatz geprägt ist, wenn auch ordoliberale Prinzipien die Auslegung nicht gänzlich dominiert haben, wie in Abschnitt 'A' ausgeführt.[406] Hier wird, wie üblich, die Darstellung ordoliberaler Ansätze vor allem auf Eucken (1952) gestützt.[407]

Ergänzend werden hier wettbewerbstheoretische Aspekte hinzugeführt, die von Eucken nicht detailliert ausgearbeitet wurden, aber allgemein akzeptiert sind und dem Ordoliberalismus zugeordnet werden können. Die Ideen Euckens stellen sich dabei als kompatibel mit der in der Wettbewerbstheorie akzeptierten Theorie dynamischen Wettbewerbs heraus. Als umfassend wird der ordoliberale Ansatz hier deshalb bezeichnet, weil er tiefergehende Einflußfaktoren thematisiert, die für das Funktionieren der Märkte und die wirtschaftlichen Wachstumsprozesse nötig sind und somit die Beachtung dieser Faktoren und Dynamiken einfordert. Dies wird in der Literatur zu diesem Thema nur unzureichend thematisiert.

Die spezifisch inhaltliche Ausarbeitung ordoliberaler Ideen bleibt ein genuin deutscher Beitrag, viele Kernelemente dieses Ansatzes finden aber beispielsweise auch unter Wirtschaftstheoretikern in den USA Zustimmung, nicht zuletzt deshalb, weil es sich um bis heute gültige, konsensuell geteilte Fundamente einer sozial- und wohlfahrtsstaatlichen Politik der Nachkriegszeit handelt, die sich, chronologisch gesehen, in den USA, in bezug auf Wettbewerbspolitik, wiewohl mit vielen Lücken, schon früh entwickelt haben (und nach dem Zweiten Weltkrieg komplettiert wurden), wohingegen Europa in bezug auf sozialpolitisch motivierte Eingriffe des Staates eine Avantgarde-Rolle eingenommen hatte, die die USA erst mit Roosevelts 'New Deal'-Politik nachholen konnten (wobei Europa in bezug auf die Wettbewerbspolitik Nachzügler war).[408]

---

[406] Auf die faktischen Abweichungen, etwa Subventionen, die Globalsteuerung oder eine weniger strenge Wettbewerbspolitik, weist hin Oberender 1989. Die eher 'neutrale' Haltung des Verfassungsgerichts zur Wirtschaftsordnung impliziert, daß eine ordoliberale Politik durchaus mit der Verfassung im Einklang stehen würde. Den direkten Bezug der ordoliberalen Theorie zur deutschen Verfassungsordnung zieht etwa Mestmäcker 1975: 383. Bezüglich der Tarifautonomie verwendet das Bundesverfassungsgericht die Argumentation Euckens, siehe dazu auch weiter unten. Rieble 2000: 201-202. Charakteristisch für den ordoliberalen Ansatz ist, dies wird auch vom Verfassungsgericht in allgemeiner Form geteilt, daß unter anderem auch marktwirtschaftlich ausgerichtete Wirtschaft nicht dem sozialen Staatsziel entgegensteht. Eine an demokratischen Regeln gebundene Politik und das Prinzip der Rechtsstaatlichkeit, samt den wirtschaftsverfassungsrechtlichen Aspekten, verhilft dazu, die materiellen Güter bereitzustellen, die es erleichtern sozialstaatliche Ziele zu erreichen. Dies ist die Bedeutung des Begriffs sozialer Marktwirtschaft. So etwa Zacher 1987: 1080-1082; Herzog 1988: 198. Dazu kommen dann die sozialstaatlichen Aufgaben im engen Sinne, die von der Verfassung nicht vorgegeben werden und deshalb zum großen Teil im Ermessen der Politik stehen. Ein individuell einklagbares Rechts auf sozialstaatliche Leistungen gibt es nicht. Allerdings limitiert das verfassungsrechtliche Sozialstaatsprinzip das Ermessen der Politik. Sie sollte ein Mindestmaß an Gerechtigkeit anstreben und der Staat muß eine Garantie des Existenzminimums übernehmen. Hierzu, in dieser Abfolge: Zacher 1987: 1109; Isensee 1987; 651; Herzog 1988: 105.
[407] Partiell wird auch einbezogen Eucken 1940. Auf die zentrale Rolle Euckens weist hin: Oberender 1989: 321; siehe weiterhin Gerken/Renner 2000; Külp/Vanberg 2000.
[408] Die Verbindungen Euckens mit der U.S.-amerikanischen Denktradition bzw. Demokratietheorie liegen tief. So steht der Gedanke Euckens der Zurückdrängung von Interessengruppen und damit auch der Gedanke des Marktes als Entmachtungsinstrument im Einklang mit den Thesen des Federalist Paper No. 10 von James Madison, einem der Gründerväter der U.S.-Verfassung, der in diesem Artikel die Eingrenzung sowohl politischer als auch privater Macht durch das politische System als wünschenswert ansieht, damit nicht eine Interessengruppe auf Kosten anderer bzw. des Gemeinwohls handeln kann. Verweis darauf im Kontext der ähnlichen Ziele der Wettbewerbspolitik in Scherer/Ross 1990: 18-19; siehe das Original Madison 1787: 71-73. Mit dem Sherman Act aus dem Jahre 1890 verfügen die USA über das erste moderne Wettbewerbsgesetz, welches gegen vertikale und horizontale Wettbewerbsbeschränkungen gerichtet war und ein Monopolisierungsverbot enthielt. Mit dem Standard Oil Urteil 1911, welches die Firma wegen wettbewerbsbeschränkenden Praktiken auflöste, und dem Clayton Act wird seine Effektivität ausprobiert und ausgebaut. Dieses Gesetz wird allerdings erst durch Ergänzungen, vor

Auch die internationale Ebene wird, schon damals als es das GATT bzw. die WTO noch gar nicht gab, in die ordnungstheoretischen Konzeptionen miteinbezogen und es wird ein stabiler institutioneller Rahmen für den internationalen Wirtschaftsaustausch als wünschenswert angesehen.[409] Die dauerhafte Öffnung hin zur internationalen Konkurrenz wird als eine der vielen Facetten der staatlicher Ordnungspolitik angesehen und, unter anderem als Ergänzung der Wettbewerbspolitik, begriffen,[410] und wird somit als nahtlose Ergänzung der nationalstaatlichen Wirkungssphäre angesehen. Weiterhin wird für den Außenhandel das Gesetz der komparativen Kosten als prägend angenommen und davon ausgehend eine Bereicherung der daran beteiligten Volkswirtschaften erwartet.[411]

Charakteristisch für den ordoliberalen Ansatz ist, daß der Wirtschaft bestimmte Zielaufgaben und Funktionen zugeschrieben werden, die anhand von ebenbürtig wirtschaftspolitisch sachlichen und wertebezogen normativen[412] Ansprüchen ausgewählt werden, zu deren Aufrechterhaltung eine rechtliche und verfassungsrechtliche Basis und eine, an ordnungspolitischen Prinzipien orientierte, Politik erforderlich ist.[413] Dabei kommt der Ausgestaltung einer der modernen Wirtschaft angemessenen Rechtsordnung besondere Bedeutung zu.

Konkreter Ausgangspunkt für die ordnungspolitische Analyse war die schon vor dem ersten Weltkrieg[414] ansetzende, empirisch abgesicherte, Erfahrung einerseits allzu freier privater Akteure

---

allem nach dem Zweiten Weltkrieg, den Celler-Kefauer Art 1950, der auch verdeckte Aktien und Besitzkäufe einschloß sowie die Fusionanmeldepflicht des Hart-Scott-Rodino Act 1976 auf den heutigen Stand gebracht. Schmidt 1996a: 212; Wells 2002: 29-31; Rodino 1994: 1059-1062. Einen Überblick über die Situation in den USA in den Zwischenkriegsjahren, die hinsichtlich zögerlicher Umsetzung Ähnlichkeiten mit der Situation in Europa hat, findet sich in Audretsch 1989: 119-125. Präsident Roosevelt läßt in der Rezession ab 1937 die Wettbewerbspolitik erstarken. Wells 2002: 37-40. Für die Nachzüglerrolle Europas bezüglich der Einführung des Wettbewerbsrechts vgl. Davidow 1994. Einen Überblick über die Entwicklung des Kartellrechts in den Industrieländern liefert Scherer 1994: 17-34; Schmidt 1996a. Vgl. die Formulierung eines U.S.-Konsens von Miller (1962), der stark an ordoliberale Konzeptionen erinnert, daß die Kräfte des freien Marktes durch rechtliche Rahmenbedingungen und politische Institutionen gebunden werden müssen, darunter eine Wettbewerbspolitik. Dazu der Verweis, daß der Staat im Einzelfall auch in der Wirtschaft tätig werden kann. "Modern societies have long since abandoned the naked spontaneous market system as a device for economic administration." Siehe: Miller 1962: 3, 1-4. Es wird, um sich gegenüber der Kritik von Marx in Schutz zu nehmen, darauf hingewiesen, daß die liberale, individualistisch-utilitaristische Vorstellung von freien Märkten und Privateigentum nicht gänzlich gilt. Diese müssen durch Demokratie, Sozialgesetzgebung, Monopolzerstörung und -kontrolle und eine progressive Besteuerung modifiziert werden. Vgl. hierzu, zudem unter Hinweis auf weitere Autoren wie Gunnar Myrdal und R. Robbins, die Stellungnahme von Rostow 1960: 331. Dies entsprach der Rhetorik und teils auch der Politik von Präsident Roosevelt. Aus der europäischen Perspektive ungewohnt ist, daß das Wettbewerbsrecht unter Roosevelt auch gegen Gewerkschaften eingesetzt wurde. Erst 1941 wird dies vom obersten Gerichtshof als verfassungswidrig eingestuft. Wells 2002: 40, 55.

[409] Eucken 1952: 222. Vgl. für eine Ausarbeitung ordnungspolitischer Thesen in bezug auf das internationale Handelssystem etwa Molsberger/Duijn 1997; sowie Langer 1995.
[410] Eucken 1952: 222, 266-267.
[411] Eucken 1952: 167. Weiterhin wird die internationale Integration als Erfordernis der 'Sache' dargestellt, der aus einer zunehmenden Industrialisierung resultiert. Eucken 1952: 222.
[412] Eucken 1952: 15, 166, 184, 199, 204, 221, 273, 370.
[413] Eucken 1952: 255, 289.
[414] Damals wurden Kartelle zu vielen Zwecken gegründet, darunter als europäische Kartelle zum Schutz vor amerikanischer Konkurrenz, die sogar Preissenkungen beschließen oder es gibt Marktaufteilungsabsprachen zwischen Europa und Amerika und schließlich gibt es die rein nationalen Kartelle. Einen Überblick über die Zeit nach dem Ersten Weltkrieg bietet Herriot 1930: 136-164. Dieser Autor nimmt die erfolgreiche grenzüberschreitende Koordination der Unternehmen in Europa zum Anlaß ein vereinigtes Europa zu fordern, daß auf dieser Kartellverwaltung aufbaut. Vgl. für die Zeit vor dem Ersten Weltkrieg das Beispiel des internationalen Kartells der Bromindustrie, 1892 bis 1902, bei dem U.S.-Produzenten und deutsche Unternehmen, organisiert in der Deutschen Bromkonvention, sich gegenseitig zusichern, nicht in ihre Heimatmärkte zu exportieren. Levenstein 1997: 119.

("laisser faire"), die mit heute unerlaubten Mitteln, etwa Kartellen und Syndikaten, die Freiheit anderer Wirtschaftsakteure beschränkten ("Hang zur Monopolbildung"), wobei insbesondere in Deutschland die Haltung dazu unklar war[415], und andererseits einer Wirtschaft, die in den kommunistischen, sozialistischen und faschistischen Ordnungen entweder vom Staat, in Form einer Zentralverwaltungswirtschaft, gelenkt oder unentwirrbar zu einen Geflecht einer politisch-wirtschaftlichen Entität transformiert war.[416] Diese beiden Möglichkeiten werden abgelehnt, weil es dort entweder auf privater oder staatlicher Seite zu allzu großen Machtkonzentrationen kommt und in der sozialistischen und faschistischen Version zu einer Schwächung des Staates angesichts einer Durchdringung durch private Wirtschaftsinteressen.[417] In bezug auf sämtliche dieser Szenarien wird die Gefahr betont, daß dabei nicht nur der Wettbewerb, auf dem Wohlfahrtssteigerung beruht, sondern

---

[415] Eucken 1952: 31, 41, 49-55, 128. Eine laisser faire Wirtschaftspolitik führte damals zu unfairen Vorgehensweisen von Unternehmen, die heute, eben aufgrund des an den Prinzipien Euckens orientierten Rechts und der Politik kaum mehr bekannt sind. Damals gehörte zum normalen Geschäftsgebaren: Kartellbildung und sonstige Abmachungen gegen Konkurrenten, darunter seitens der Kartelle ein Vorgehen gegen neue Investitionen in der Nähe ihrer Märkte. Genutzt wurden weiterhin: Rohstoffsperren; Patente, die als Sperren genutzt werden, ohne daß sie benutzt oder Lizenzen vergeben wurden; sowie Weigerungen zu normalen geschäftlichen Konditionen Produkte herauszugeben, wenn ein Unternehmen sich vorher gegen die eigenen Interessen gewendet hat. Diese Monopolkämpfe waren unter anderem deshalb schädlich, weil der Wettbewerb eingeschränkt wird und Macht den Ausschlag gibt, ob eine Firma weiter besteht und nicht ihre Effizienz. Eucken 1952: 41-43. Patente wurden zudem mit Outputrestriktionen und Preisvereinbarungen kombiniert, oft werden auf internationaler Ebene Märkte aufgeteilt. Wells 2002: 74, 86-89. Die frühe Situation in Deutschland in dieser Hinsicht beschreibt Kestner 1912. Grundlegend wandte sich gegen diese Abkehr vom eigentlich wünschenswerten Leistungswettbewerb in Deutschland Böhm 1933: 212. Solche Geschäftspraktiken sind nach dem heutigen Kartellrecht, welches sich teils auch auf patentrechtliche Aspekte wie die Lizenzgegnung erstreckt teils explizit und teils dann, wenn eine marktbeherrschende Stellung bzw. wenn andere Aspekte, etwa eine Diskriminierung, vorliegt, nicht mehr erlaubt. Vgl. für Deutschland Immenga/Mestmäcker 1992: 1231-1371; die EU Bellamy/Child 2001: 7-001-8-144; und die USA Hovenkamp 1999: 191-332; speziell für Lizenzvereinbarungen mitsamt Länderüberblick Byrne 1998. Auch der Staat nutzte damals monopolitische Praktiken. Die Ausnutzung eines Nachfragemonopols konnten Unternehmer gegenüber den Arbeitern durchsetzen, wenn diese nicht mobil genug waren. Unterstützt wurde dies vom Staat, der dies mit Mobilitätsbeschränkungen unterstützt hat. Eucken 1952: 272. Für einen zeitbezogenen Überblick, der u.a. 2500 Kartelle in Deutschland schätzt und deren europaweite und internationale Ausdehnung beschreibt, für die Zeit nach dem Ersten Weltkrieg siehe Herriot 1930: 136-164. Dieser Autor unterschiedet allerdings, im Gegensatz zum Ordoliberalismus und in gewisser Seelenverwandtschaft mit der Chicago-School, siehe Abschnitt 'E', zwischen effizienzmaximierenden und, eher unerwünschten, preissteigernden Kartellen. Eine grenzüberschreitende Kartellverwaltung wird hier nicht nur als sachliche Notwendigkeit, sondern auch als Keimzelle für ein geeinigtes Europa angesehen. Der Autor ist Mitglied der französischen Delegation, die an der Etablierung eines internationalen Stahlverbands beteiligt war. Herriot 1930: 129, 153, 158. Dies korrespondiert mit der damals in Deutschland verbreiteten Toleranz gegenüber Kartellen, propagiert vor allem von Robert Liefmann, der sie als stabilisierende Faktoren in bezug auf Konjunkturschwankungen ansieht. Der Wettbewerb des freien Marktes wird als gefährlich angesehen und es wird argumentiert, daß der freie Markt schnell zu Monopolen führt. Von zentraler Bedeutung ist dabei das Urteil des Reichsgerichtshofs vom 4.2.1897, der Kartellverträge mit normalen Verträgen gleichstellt, was eine Einklagbarkeit impliziert. Zwar erwähnt der Reichsgerichtshof Beschränkungen, etwa wenn Monopole angestrebt werden oder eine "wucherische Ausbeutung der Konsumenten" vorliegt. Blaich 1970: 676. In Deutschland konnte damals aber keine klare politische Haltung gegenüber Kartellen gefunden werden. Dazu ist besonders die Debatte zum Standard Oil Fall in den USA instruktiv, die ebenfalls 1897 im Reichstags stattfand. Interessant ist hier etwa die Haltung der SPD, die Kartelle positiv bewertet, weil auch Arbeiter davon profitieren. Wiewohl es ein erstes Kartellgesetz 1923 gibt, wird dieses verwässert beschlossen und nicht umgesetzt. Eine Konzentrationswelle, die ab 1924 stattfindet, wird als Rationalisierungsbewegung bewertet. Im Jahre 1927 tritt Franz Böhm, Mitglied des Kartellreferats im Reichswirtschaftsministerium, später dem ordoliberalen Kreis zugehörig, mit einer klaren Analyse, die sich, trotz aller Rationalisierung, klar gegen Kartelle wendet, hervor. Böhm 1929; ausführlich Böhm 1933. Zu Böhms Einfluß auf die Gesetzgebung der BRD nach dem Zweiten Weltkrieg Günter 1975. Zu diesen Punkten: Blaich 1970; Blaich 1974. Vgl. ähnlich detailliert, mit einer empirisch genauen Beschreibung des Verhaltens der Kartelle Voigt 1953: 1962. Die Nationalsozialisten führten die Politik einer Tolerierung von Kartellen und die Priviligierung von Großkonzernen gegenüber kleinen Konkurrenten zum "radikalen Abschluß" durch ihre Zwangskartellisierung zum Nutzen großer Konzerne, mit schädlichen Auswirkungen für kleinere Unternehmen, denen dadurch eigentlich Schutz versprochen wurde. Neumann 1984: 146-147. Umso bemerkenswerter ist es, daß die USA schon früh eine strengere Haltung in bezug auf Kartelle ausgebildet hatte. Connor 2005: 20; genauer Wells 2002: 30-38. Einen Forschungsüberblick über die Nutzung von Kartellen in den Industrieländern seit 1614 legt vor Connor 2005: 5. In Abschnitt 'D', Punkt 5, Weltmarktpreise, Austauschbedingungen, 'Terms of Trade' finden sich Referenzen zu internationalen Rohstoffkartellen.
[416] Eucken 1952: 55-104; 94, 104.
[417] Eucken 1952: 327.

auch die Handlungsfreiheit einzelner Personen und eine demokratisch-eigenständige Wirtschaftspolitik stark eingeschränkt werden.[418] Grundlegend ist weiterhin, daß anhand der Strukturmerkmale einer modernen, komplexen Wirtschaft geschlossen wird, daß bestimmte Ordnungsformen generell nicht dazu taugen, die Funktion der Wirtschaft zu ermöglichen. Einer Zentralverwaltungswirtschaft könne es, aller Erfahrung nach, nicht gelingen, an zentraler Stelle über soviele Informationen zu verfügen, daß eine Lenkung von Wirtschaft effizient erfolgt.[419] Der Ablauf der Wirtschaft erfolgt über das Preissystem und den Wettbewerb weitaus besser, sodaß der Markt als geeignetes Koordinationsinstrument erscheint. Auch in einer Krise sollte der Staat nicht einzelne Wirtschaftszweige unter seine Verwaltung stellen, weil dann immer die Gefahr besteht, daß er sich zu einer Zentralverwaltungswirtschaft entwickelt.[420]

An diesen Ausführungen werden bereits mindestens drei normative, wertende Aspekte deutlich, die, im deutlichen Spannungsverhältnis zum Wertfreiheitspostulat Max Webers[421], die wirtschaftspolitische Diskussion strukturieren: Zu den normativen Zielen gehört die Erhaltung der Freiheit der individuellen unternehmerischen Akteure[422], gleichzeitig wird die Begrenzung und Ausbalancierung privater Macht in ihrem Verhältnis zum Wirtschaftsgeschehen und zur politischen Willensbildung angestrebt[423] (dies könnte auch als Dezentralisierung oder Demonopolisierung zum Schutz der Demokratie bezeichnet werden) und nicht zuletzt erfolgt die Entscheidung für eine den anderen Ordnungsformen überlegene Leistung der Wohlfahrtssteigerung durch eine marktbasierte Verkehrswirtschaft, weil sie für eine bessere Versorgung der Bevölkerung sorgen kann und eine gerechte Verteilung möglich macht.[424]

---

[418] Eucken 1952: 55-104; 104.

[419] Eucken 1952: 53-84; 106-139.

[420] Damit verbunden ist die Warnung Euckens davor, daß im Extremfall, wenn der Staat dazu gezwungen wird, zum Beispiel aus sozialpolitischen Gründen, aber auch aus Gründen einer Krise in diesem Bereich, die Verwaltungen eines Wirtschaftszweigs (etwa Kohle- oder Stahl) zu übernehmen, große Vorsicht zu walten hat, weil ansonsten ein schleichender Übergang in die Zentralverwaltungswirtschaft ansteht, mit den damit verbundenen Effizienzverlusten. Eine solche Übernahmen wird durch die Existenz von Monopolen begünstigt. Eucken 1952: 150-151.

[421] Eucken 1952: 341. Das Spannungsverhältnis zum Wertfreiheitspostulat besteht darin, daß hier explizit Werte thematisiert werden und als verbindlich angesehen werden, die einer Wirtschaftsordnung zugrunde liegen sollen, unter anderem deshalb, weil sonst die Funktion der Ordnung, die das Erreichen dieser Werten ermöglicht, selbst als gefährdet erscheint. Die Verfolgung von Werten erscheint gleichermaßen als sachlich angebracht und als der Natur der empirisch vorliegenden Wirtschaftsdynamiken angemessen und entnommen. Dies löst den Gegensatz zwischen dem empirischen Sein und der Sphäre des Sein-Sollens insofern auf, daß eine seiende Wirtschaftsordnung ethischen Ansprüchen weitgehend genügen kann, ohne extreme Effizienzeinbußen aufzuweisen und es droht somit kein dramatisches Auseinanderklaffen dieser beiden Sphären. Zwar liegt hier kein direkter Widerspruch gegenüber dem Ansatz Webers vor, der vor allem für eine klare Differenzierung der beiden Sphären des Seins und des Sollens eintritt. Dennoch kann argumentiert werden, daß Max Webers Ansatz dem Vorgehen des Ordoliberalismus sicher nicht einladend und verständnisvoll entgegenkommt. An zentraler Stelle im Objektivitätsaufsatz steht immerhin These Webers, daß die empirische Ebene kein Ausgangspunkt für bindende Ideale und Normen bieten kann. Damit wird scheinbar eine Theorie ganz abgelehnt, die sich empirischen Gesetzmäßigkeiten widmet, die es ermöglichen Werte aufrechtzuerhalten. Weber 1988: 149, 154-155, 181.

[422] Eucken 1952: 175-180.

[423] Eucken 1952: 53. Die zentrale Rolle der Machtbegrenzung und Machtbalance, die sich in vielen Institutionen der Wettbewerbsordnung widerspiegelt, darunter dem Markt und der Wettbewerbspolitik, wird deutlich an folgenden Zitat: "Niemand darf mehr und darf weniger wirtschaftliche Macht besitzen als notwendig ist, um eine Wettbewerbsordnung zu verwirklichen" (Kursiv im Original). Eucken 1952: 376.

[424] Verteilungsfragen sind nicht von der Frage der Lenkung der Wirtschaftsordnung zu trennen. "Wenn es also richtig ist, daß nur verteilt werden kann, was vorher produziert wurde, dann muß die erste Frage aller Sozialreformer auf die Wirtschaftsordnung mit dem höchsten wirtschaftlichen Wirkungsgrad gerichtet sein." Eucken 1952: 315; siehe auch Eucken 1952: 12, 126-127; 300.

Das Kunststück der Ordnungsökonomik besteht darin zu beweisen, daß eigentlich nur diese kapitalistische, verkehrswirtschaftliche Ordnung in Frage kommt, wenn es darum geht die moderne Wirtschaft funktionieren zu lassen[425] und es genau diese Ordnung ist, mit der wichtige wertbezogene Ziele gemeinsam mit und durch das Ziel wirtschaftlicher Effizienz angestrebt werden können.[426]

Basierend auf der Annahme einer Interdependenz wirtschaftlicher mit politischen Ordnungsformen werden auch Zukunftsprognosen aufgestellt. Erwartet wird, daß die Etablierung einer totalitären Regierung notwendigerweise zu einem staatlich kontrollierten Wirtschaftssystem führt und eine demokratische Regierung in einem wirtschaftlichen System, daß durch hochkonzentrierte Wirtschaftsblöcke ausgezeichnet ist, nicht bestehen kann, weil der Staat dann vielfach in wirtschaftliche Vorgänge eingreifen muß und die Trennung der beiden Sphäre ihre Wirksamkeit verliert.[427]

Somit wird eine auf Eigentumsschutz und Marktkonkurrenz basierende Wirtschaft gleichermaßen angesichts ihrer überlegenen Effizienz und Koordinierungsleistung, aber auch aufgrund ihrer dezentralen, die individuelle Freiheit der Wirtschaftsteilnehmer erhaltende Struktur, akzeptiert. Meist ausgeblendet wird in der Literatur aber[428], daß die zentrale Rolle, die vom Ordoliberalismus dem Markt zugemessen wird, nicht - allein - auf einem Verweis auf liberale Modellvorstellungen, etwa vom vollständigen Wettbewerb und einer dadurch behaupteten effizienten Ressourcenallokation und Wohlfahrtssteigerung oder auf dem Aufzeigen der Funktionen des Preismechanismus beruht, sondern - zusätzlich bzw. ergänzend - mit einer konkreten Analyse der Struktur, der Fähigkeiten und der Hintergrundbedingungen und der Wettbewerbsprozesse der modernen Wirtschaftstätigkeit begründet wurde.

Den Unternehmen, die unter diesen modernen Bedingungen agieren, schreibt Walter Eucken unter anderem Anpassungsfähigkeit zu, wobei erst dadurch die Ergebnisse einer intensiven Konkurrenz zu erwarten sind. Vier Charakteristika der modernen Wirtschaft werden aufgezählt: Durch sinkende Transportkosten und breiter angelegte Transportangebote nimmt die Konkurrenz zu, sodaß lokale Monopole zurückgedrängt werden, etwas daß auch den mobileren Arbeitern zugute kommt und ihre Position stärkt. Weil immer mehr Produkte hinsichtlich ihres Gebrauchs- und Konsums ähnlichen

---

[425] Eucken 1952: 245.
[426] Als weiterer Wert wird von Eucken bereits der Umweltschutz anerkannt, siehe dazu auch weiter unten. Gerken/Renner 2000: 23. "Die Aufgabe bleibt immer die gleiche: die Herstellung einer funktionsfähigen und gerechten Ordnung' (Herv. d. Verf.), "Es ist aber nur die eine Seite der Wettbewerbsordnung, daß sie auf die Durchsetzung der ökonomischen Sachgesetzlichkeit dringt. Ihre andere Seite besteht darin, daß hier gleichzeitig ein soziales und ethisches Ordnungswollen verwirklicht werden soll. Und in dieser Verbindung liegt die Stärke." (im Original gesperrt) Eucken 1952: 166, 370. Genauso Zeppernick 1987: 47.
[427] Darauf weist hin Kaufer 1980: 511.
[428] In der Sekundärliteratur wird meist nur auf die Funktionen des Preiswettbewerbs hingewiesen. Streit 1991: 33-34, 84. Oder es werden wichtigste Prinzipien der Ordnungsökonomie aufgezählt, die unter anderen für den Wettbewerb sorgen. Funktionsfähiges Preissystem vollständiger Konkurrenz; Geldwertstabilität; Freier Marktzutritt; Privateigentum; Vertragsfreiheit; Haftung; Konstanz der Wirtschaftspolitik. Gerken/Renner 2000: 10. Eine materiale Analyse vorhandener Faktoren, die die Dynamik der Wirtschaft bestimmen erfolgt dort nicht. Die erfolgt aber, mit unterschiedlichen Schwerpunkten, in der Wachstumstheorie und vielen sonstigen wirtschaftstheoretischen Analysen, etwa in der Theorie der Wettbewerbspolitik.

Zwecken genügen, nimmt die Substitutionskonkurrenz zu, so zwischen unterschiedlichen Stofffasern oder Transportmitteln. Weiterhin nimmt durch das verbreitet vorhandene technische Wissen die Fähigkeit zur Anpassung zu: "Durch die neuere Entwicklung des technischen Wissens hat der moderne Industrieapparat in hohem Maße an Fähigkeit zur Anpassung gewonnen."[429] Die Unternehmen stellen ihre Produktion relativ schnell um, treten als Konkurrenten auf neuen Märkten auf und es gibt keine kontinuierliche Zunahme fixer Kosten, auch weil durch die Elektrizität auch kleinen Unternehmen flexibel Energie zur Verfügung steht. Schließlich sei, von Ausnahmen abgesehen, eine ständige Vergrößerung der Fabrikationsanlagen nicht zu beobachten.[430] Insgesamt wird geschlossen, daß die Unternehmen, vermittels ihres technischen Wissens, welches relativ gut zugänglich ist, aber auch aufgrund ihrer geldlichen Rücklagen sowie der Finanzmärkte die Option haben, sich gegen Marktanteilsverluste zu wehren. Sie können ihre Produktion modernisieren, umstellen oder auf neuen Märkten als Konkurrent aufzutreten, sodaß monopolistische oder oligopolistische Strukturen abgewächt werden.[431]

Mit dieser komplexen Sicht auf das Wirtschaftsgeschehen öffnet sich Eucken einer Reflexion über weitere Faktoren bzw. "Akkumulationsgegenstände"[432] und für die Art und Weise des Wettbewerbsprozesses[433], die für die Entwicklung einer Volkswirtschaft von Bedeutung sind und für die Frage inwiefern diese von der rechtlichen Ordnung beeinflußt wird. Typischerweise werden in der Wirtschaftstheorie bestimmte, hauptsächlich als wirkungsmächtig angesehene Faktoren ausgesondert, etwa die Ausweitung des Produktivkapitalbestands, die Verfügbarkeit von Rohstoffen, die Weitergabe bzw. Diffusion bisherigen und die Gewinnung neuen Wissens und die Ausführung von Innovationen, um die Entwicklung und das Wachstum der Wirtschaft zu erklären.[434] In Eucken kommen diese Faktoren ebenso vor, deutlich wird aber gemacht, daß institutionelle und rechtliche Rahmenbedingungen dazu kommen müssen, um die Wirksamkeit dieser Faktoren ermöglichen und um deren Dynamiken zu beeinflussen. Er stellt in seiner Analyse fest, daß wenn die von ihm genannten Vorraussetzungen vorliegen, viel dafür spricht, daß eine Marktwirtschaft zufriedenstellend im Sinne der Wohlfahrtssteigerung funktionieren kann.

Eine zentrale Rolle kommt in diesem Wirkungsgeflecht dem Preismechanismus zu, der die Aktivitäten der Wirtschaftsteilnehmer koordiniert und der Anpassungshandlungen auslöst. Höhere Preise lassen es angeraten erscheinen, in einem Markt als zusätzlicher Konkurrent einzutreten. Niedrigere Preise, bei denen ein Unternehmen nicht mehr kostendeckend produzieren kann, geben Anreize nach technischen Neuerungen Ausschau zu halten.[435] Diese Vorstellung von der Leistung von Märkten entspricht dabei

---

[429] Eucken 1952: 229.
[430] Eucken 1952: 227-235.
[431] Eucken 1952: 225-240.
[432] Streit 1991: 107.
[433] Olten 1995: 65-70.
[434] Streit 1991: 107.
[435] Eucken 1952: 70, 246-249, 274.

weitgehend heutigen Konzeptionen.[436] Erst das Recht auf Privateigentum ermöglicht aber die Fähigkeit zur Anpassung und die Verfügbarkeit von Ressourcen. Dadurch wird es nicht nur ermöglicht wirtschaftliche Macht aufzubauen, sondern die Konkurrenten erhalten Gegenmacht und können sich, wie oben erwähnt, als resistent bzw. anpassungsfähig gegenüber Veränderung erweisen.[437]

Insgesamt gesehen wohnen dem Preismechanismus, gestützt von der rechtlichen und politisch aufrechterhaltenen Wettbewerbsordnung, neben disziplinierenden, lenkenden[438] somit auch antikonzentrative[439] und gleichgewichtserhaltende[440] Tendenzen inne. Zu erwarten sei unter diesen Vorraussetzungen nicht, daß die Märkte in extremer Form von Monopolen oder Oligopolen dominiert werden.[441] Dies wiederum vereinfacht die Kontrolle der zu erwartenden geringen Zahl von Monopolen und Oligopolen. Entstehen diese doch, muß der Staat dafür sorgen, daß sie sich weiterhin marktkonform verhalten. Für diese Kontrolle hat Eucken Kriterien ausgearbeitet.[442] Im großen und ganzen ist eine interventionistische Wirtschaftspolitik unter diesen Umständen weniger oft gefragt.[443] Zudem reagiert die private Wirtschaft in diesem System auf die Bedürfnisse der Konsumenten.[444] Kurz: Der Preismechanismus steht im Ordoliberalismus nicht so allein, wie in der Neoklassik. Er hat mehrere, unterschiedliche Funktionen. Dabei wirkt er zurück auf die Wirtschaftsdynamiken, welche wiederum den Preismechanismus dabei unterstützen, diese unterschiedlichen Funktionen ausführen zu können. Die institutionellen und rechtlichen Rahmenbedingungen ermöglichen dies in einem passiven Sinne, wirken aber auch aktiv, im Sinne der Erhaltung einiger dieser Funktionen.

Um die Anpassungsfähigkeit der Firmen zu erhalten, fordert Eucken die Reform des damals existierenden Patentrechts, weil es die Verbreitung der Technologie zu stark hemme und

---

[436] Zur Definition eines funktionsfähigen Wettbewerbs werden heute die folgenden Faktoren aufgezählt: Die Verteilung der Markteinkommen entsprechend der Marktleistung, Verteilung des Angebots an Waren und Dienstleistungen entsprechend der Bedürfnisse der Konsumenten, Anpassung der Produktion an veränderte Rahmenbedingungen, etwa der Technik. Dazu kommt die Freiheitsfunktion, etwa durch das Vorhandensein von Handlungsalternativen. Schließlich die Faktorallokation, also der effizienteste Einsatz von Produktionsfaktoren in die jeweilige produktivste Verwendungsmöglichkeit. Dies wird auch geläufig mit dem internationalen Handel in Verbindung gebracht wird. Vgl. Fritsch et al. 1993: 8-9.
[437] Eucken 1952: 274.
[438] Die Bemerkungen von Eucken zu den Wirkungen des Preissystems, die teilweise auch unter dem Label des Privateigentums beschrieben werden, erfolgen sehr verstreut und befinden sich oft im Zusammenhang mit der Kritik an monopolistisch verzerrten Vorgängen der Preisbildung. Eucken bezeichnet das Preissystem als "Knappheitsmesser", "Rechenmaschine". Und als "...Kontrollapparat. Es hat eine zwingende Kraft. Wenn die Kosten den Erlös überschreiten, so zwingt diese Disproportionalität auf die Dauer den Betrieb, sich umzustellen oder aus dem Markte auszuscheiden." Eucken 1952: 70. Siehe auch Eucken 1952: 160-162, 274.
[439] Nicht nur die Anpassung der Fähigkeiten durch das Preissystem wirkt antikonzentrativ, ebenso das Privateigentum, das Kreditsystem, wodurch über Ressourcen verfügt werden kann, die Anpassung erleichtern. Eucken 1952: 228, 274. Zudem können Firmen, die unter Konkurrenzbedingungen arbeiten, nicht soviele Gewinne erwirtschaften, sodaß ihre Macht nicht schnell und unlimitiert ansteigt.
[440] Eucken 1952: 81, 274.
[441] Eucken 1952: 292-293. Auch in der weiteren Sekundärliteratur werden die Preisfunktionen ähnlich betrachtet wie oben in Fritsch et al. 1993: 8-9. Ebenso sollen Preise auch Wettbewerbsfunktionen ausüben ("Auslesefunktion - Rationierung der Anbieter"). Es wird aber weniger klar darauf hingewiesen, daß die Preise im Prinzip die gesamte Wettbewerbsordnung widerspiegeln und auch antikonzentrative und gleichgewichtserhaltende Wirkungen haben. Dies wird von Streit (1991) als Leistungswettbewerb begrifflich abgegrenzt und entspricht der oben benutzten Wettbewerbskonzeption, bis auf den Punkt, daß hier eine evolutorische Wirtschaftsentwicklung nicht als akzeptabel erachtet wird und auch nicht der Eindruck besteht, daß notwendig immer Ungleichgewichte, preislicher und wettbewerblicher Art, bestehen müssen. Streit 1991: 33-40.
[442] Eucken 1952: 295-299.
[443] Eucken 1952: 292-293. So auch Zeppernick 1987: 31-32.
[444] Eucken 1952: 71.

monopolistische Tendenzen fördere.[445] Zu einem gewissen Grad spiegelt sich seine Haltung nach dem Zweiten Weltkrieg wieder. So wurden Zwangslizensierungen benutzt, aus nationalem Interesse oder bei Wettbewerbsverstößen, welches zum Teil Technologiediffusion gefördert hat.[446] Für Patente räumten die fortgeschrittenen Industriestaaten eine Schutzfrist von 17 Jahren, USA oder 18 Jahre, Deutschland, ein, die Entwicklungsländer lagen bei 12 Jahren, Korea oder 14 Jahren, Indien.[447]

Für diese, neben dem Preismechanismus und dem Markt, diversen rechtlichen Elemente, die das Aufrechterhalten eines funktionierenden Marktes ermöglichen, wird der übergreifende Terminus der Wettbewerbsordnung verwendet.[448] Darunter werden die diversen Rechtsinstitute aber auch die politischen Institutionen subsumiert. Dazu gehört beispielsweise das Recht auf Eigentum, das Haftungsrecht, die Vertragsfreiheit und eine Gerichtsbarkeit.[449] Um eine Vermachtung des Marktes zu verhindern, die eine Abschwächung des Wettbewerbs nach sich zieht und um gleichzeitig einem privatwirtschaftlichen Einfluß auf die Politik vorzubeugen, sowie um die Freiheit anderer Wirtschaftsakteure zu erhalten, tritt ein Wettbewerbsrecht und die über eine Institution ausgeführte Wettbewerbspolitik ("Monopolaufsicht", "positive Wirtschaftsverfassungspolitik") hinzu.[450] Der Wettbewerbspolitik kommt somit eine zentrale Rolle zu, die nicht nur eine Dezentralisierung der wirtschaftlichen Struktur erzeugen soll, sondern auch eine wirtschaftliche Ordnung aufrechterhalten soll, in der für einzelne individuelle Akteure Anreize Innovationen anzustreben bestehen bleiben, aber wettbewerbsbeschränkende Praktiken und ähnliche wirkende strukturelle Stellungen, also Monopole, verhindert werden. Wettbewerbspolitik hat dabei zur Folge, daß partiell die Vertragsfreiheit eingeschränkt wird, beispielsweise sind bestimmte Verträge, etwa zur Bildung eines Kartells, verboten.[451] An diesem Punkt wird deutlich, daß der Ordoliberalismus Abwägungen und Eingriffe in Rechte zuläßt, auch in die vom extremen Liberalismus absolut gesetzten Freiheits- und

---

[445] Eucken 1952: 269.
[446] In einer ganzen Reihe von Industrieländern, darunter den USA, Deutschland und Kanada, wurde in den ersten drei Jahrzehnten nach dem Zweiten Weltkrieg auf Zwangslizensierung zurückgegriffen. D.h. Patente von Firmen werden auf Anordnung der Regierung, die nationales Interesse anmeldete oder aufgrund von Wettbewerbsverstößen an andere Firmen lizensiert, teils sogar ohne Lizenzzahlungen vorzusehen. In den meisten Fällen wurden die Lizenzzahlungen in den USA durch die Regierung oder gerichtlich festgelegt und lagen sehr niedrig, etwa zwischen 3 % und 10 %. Betroffen waren Patente auf Raketenmotoren, das Patent von Howard Hughes auf geostationäre Satellitentechnologie, die Plutoniumproduktion, Xerox Patente auf Kopierer, General Electrics Glühlampenpatent sowie viele Medikamentenpatente. In Deutschland wird in den siebziger Jahren gegen das Patent auf Valium von Hoffmann-LaRoche vorgegangen, es gelingt aber nicht Patentmißbrauch zu beweisen. Damit wurde der Patentschutz insgesamt nicht ausgehebelt, in den USA werden etwa erhebliche Strafzahlungen für Patentverletzungen fällig, etwa 900 Mill. für Kodaks Verletzung eines Patents von Polaroid. Überblick in Scherer 2003: 3-13. Historisch gesehen ist Zwangslizensierung nicht neu, sie gab es schon im 18. Jhd. Haber 1958: 200.
[447] In Entwicklungsländern war die Schutzperiode kürzer angelegt, in Indien etwa 14 Jahre, bei Pharmazeutika und Nahrungsmitteln 7 Jahre. Hilpert et al. 1997: 209. Deutschland räumte bis 1978 18 Jahre ein. Straus 1996: 200. Die USA lag bei 17 Jahren. Scherer 1980: 439. Siehe Abschnitt 'H' und Abschnitt 'J', Punkt 26, TRIPS. In einer ganzen Reihe von Bereiche wurden, auch von Industrieländern, Patente nicht akzeptiert. Siehe: **Tabelle 1**.
[448] Eucken 1952: 266-267.
[449] Eucken 1952: 270-285.
[450] Bei Eucken findet sich die Forderung des Verbots eines Behinderungswettbewerbs, ein Tatbestand, der noch heute im deutschen Kartellrecht zu finden ist und einer Monopolaufsicht, deren Funktionen der heutigen Fusionskontrolle ähneln. Eucken 1952: 255, 267, 298-299.
[451] Eucken 1952: 278-279.

Eigentumsrechte individueller Akteure. Wie oben schon erwähnt, kann aber die Öffnung von Märkten gleiche Effekte haben, wie eine wettbewerbspolitische Entscheidung.[452]

Dieses eindeutige Votum für eine Wettbewerbspolitik muß auch auf grenzüberschreitende Vereinbarungen bezogen werden. Denn nicht nur in den Binnenmärkten gab es damals vielfach Kartelle, sondern dazu kamen die Exportkartelle, also heimische Firmen, die sich zum Exportieren zusammenschlossen und Preise vereinbarten und internationale Kartelle, etwa solche, die eine Marktaufteilung vornahmen, sodaß es als Effekt zu überhaupt keinem Handel kam oder daß dem einen Produzenten ein bestimmter regionaler Markt zuerkannt wurde. Daß diese Praktiken damals, genauso wie die binnenstaatlichen Organisationen, verbreitet waren, wurde nicht zuletzt durch die umfassende Beschlagnahme und Offenlegung von geschäftlichen Daten während und nach dem Zweiten Weltkrieg deutlich.[453] Zwischen 1937 und 1949 wurde die Kartellbekämpfung zur Priorität der U.S.-Politik, sowohl unter Präsident Roosevelt als auch unter seinem Nachfolger Truman. Dabei ging es anfangs darum, die Demokratie vor dem Machtzuwachs privater Interessengruppen zu schützen.[454]

Diese Hochzeit amerikanischer Wettbewerbspolitik hatte zum Ergebnis, daß die meisten internationalen Kartelle aufgelöst wurden, wodurch es erheblich erschwert wurde, in Zukunft wieder funktionierende Kartelle zu Gründen. In dieser Zeit wurden umfangreiche Untersuchungen in Auftrag gegeben, die die Wirksamkeit vieler Kartelle beschrieben, es ging aber auch um die Industriestruktur selbst. Für die heimische Ebene zeigten diese Untersuchungen, daß die U.S.-Industrie in einigen Bereich stark konzentriert war. So wurde etwa noch 1954 immerhin 29 % der U.S. Industrie als monopolistisch klassifiziert.[455]

Schon vor dem Zweiten Weltkrieg wurden von den U.S. Behörden die internationalen Wettbewerbsbeschränkungen kritisch gesehen, etwa komplexe Abmachungen, die um Patente angesiedelt waren.[456] Nach Ausbruch des Zweiten Weltkriegs wurde dann ein enger Zusammenhang zwischen Kartellen und der Verbreitung des Faschismus gesehen sowie die Nutzung von Kartellen

---

[452] Eucken 1952: 266-267.
[453] Wolff 1996a: 239-240.
[454] Präsident Roosevelt am 29. April 1938 in einer Message from the President of the United States to the Congress of the United States: "...the liberty of a democracy is not safe if the people tolerate the growth of private power to a point where it becomes stronger than their democratic state itself. That, in essence, is facism - ownership of government by an individual, by a group, or by any other controlling private power...", "Private enterprise is ceasing to be free enterprise and is becoming a cluster of private collectivisms; masking itself as a system of free enterprise after the American model, it is in fact becoming a concealed cartel system after the European model." In: Hadley 1970: 455. Im Januar 1947 drückt Präsident Truman in seiner State of the Union Address seine Sorge über "growing concentration of economic power and the threat of free competitive enterprise" aus. Rodino 1994: 1060.
[455] Die Kriterien können hier nicht reproduziert werden, siehe Nutter/Einhorn 1969: 90; geschätzt wird, daß 56 % der U.S Ökonomie 1958 unter Bedingungen effektiven Wettbewerbs abläuft. Shepherd 1982: 619. Eine umfangreiche Studie, in der auch Kartellpraktiken beschrieben werden, die aber nicht auf numerische Ergebnisse hinausläuft, wurde geschrieben von Wilcox 1940. Daß viele Bereiche, aber sicherlich nicht die gesamte amerikanische Ökonomie von Oligopolen geprägt ist, und vor allem der Verbraucher vielfach seinen Konsum unter Wettbewerbsbedingungen erwerben kann, wird betont von Wilcox 1950: 73.
[456] Im U.S. Kongreß wird in einer Untersuchung des Temporary National Economic Committee 1937 die Webb Pomerene Ausnahme für Exportkartelle und besonders der Mißbrauch von Patenten kritisiert (damals 17 Jahre Patentschutzfrist). Damals sind Patente Ausgangspunkt internationaler Kartelle (etwas das General Electric Glühbirnen Kartell). Gefordert wird in dieser Untersuchung, Patente nach dem Ende der Schutzfrist, an jede interessierte Firma zu staatlich kontrollierten, fairen Lizenzpreisen zugänglich zu machen. Wells 2002: 40.

und internationalen Vereinbarungen durch die Nationalsozialisten hervorgehoben, zum Zwecke der Schwächung der Produktionskapazitäten der Kriegsgegner.[457] Auf der internationalen Ebene werden zwischen 1945 und 1949 von seiten des U.S.-Justizministeriums 60 Vollstreckungsklagen gegen internationale Kartelle angestrengt, die in vielen Fälle eine Auflösung bewirkten.[458] Diese Aktivitäten können als bedeutsamer Sieg der Antitrust-Bewegung bezeichnet werden:

---

[457] Präsident Roosevelt kommuniziert im September 1944 an den Außenminister Cordell Hull: "Moreover, cartels were untilized by the Nazis as government instrumentalities to achieve political ends." Siehe: Wells 2002: 97. Die dazugehörige Hintergrundpublikation ist 'Germany's Master Plan. The Story of an Industrial Offensive' von Borkin/Welsh 1943.

[458] Seit dem Sherman Act aus dem Jahre 1890 haben die USA die rechtlichen Möglichkeiten gegen Kartelle bzw. Preisabsprachen vorzugehen. Hovenkamp 1999: 49. Bis Mitte der vierziger Jahre des 20 Jhd. gab es nur einen langsame Steigerung der Aktivitäten der Wettbewerbsbehörde und wenige explizite Kartellfälle. Dazu kam, daß die USA durch den Webb-Pomerene Act aus dem Jahre 1918 Exportkartelle zuließen. Der sog. 'silver letter' der Federal Trade Commission, welche die Exportassoziationen verwaltete, führte zudem dazu, daß das Engagement von U.S. Firmen in internationalen Kartellen als akzeptabel angesehen wurde. Erst im März 1944 wird die Argumentation des 'silver letter' angegriffen und anhand der Gesetzgebungsgeschichte dargelegt, daß der Webb-Pomerene Act die Teilnahme an internationalen Abkommen nicht erlaubt. Wells 2002: 33, 105-107. Das Landwirtschaftsministerium partizipierte damals beispielsweise an Kartellen für Weizen und Zucker. Wells 2002: 37. Exportkartelle, die allein heimische Firmen betreffen, sind für U.S. Firmen bis heute erlaubt. Dies ist in vielen Ländern so. Schoenbaum 1994: 419. Erst spät werden in der New Deal Politik von Präsident Roosevelt privatwirtschaftliche Machtballungen thematisiert. Zuerst einmal verbreiteten sich während der Rezession der dreißiger Jahre Kartelle und es wurde diskutiert, ob die Regierung nicht über Kartelle ein rationale Wirtschaftspolitik steuern kann. Sein National Recovery Act (NRA), suspendierte die Wettbewerbpolitik, Wettbewerb sollte über Codes geregelt werden. Im Jahre 1935 erklärt der oberste Gerichtshof den NRA für verfassungswidrig. Wells 2002: 35-37. In seiner zweiten Amtszeit entdeckt Roosevelt die Wettbewerbspolitik als Stimmenfänger. Seit 1937 wird die Wettbewerbsbehörde gestärkt und statt 58 wurden nun 200 Rechtsanwälte damit befaßt. Die Zahl der Fälle stieg von 11 auf 92 jährlich. Wells 2002: 37-40. Zum Vergleich: In den zwanziger Jahren wird etwa gegen die internationalen Gummi und Potasche Kartelle vorgegangen, weil dies U.S. Interessen schädigte. Wells 2002: 33. Insgesamt zögerlich wird die Aktivität der U.S. Wettbewerbsbehörden in bezug auf die Kartellbekämpfung in der Zwischenkriegszeit beschrieben von Connor 2004: 214. Im Jahre 1937 ändert sich die Situation, es wird etwa gegen das Aluminiummonopol von Alcoa vorgegangen, 1939 greift die Wettbewerbsbehörde das Nitratkartell von DuPont, Allied Chemicals und dem Land Chile an, welches nachteilige Wirkung auf die Düngemittelversorgung hatte (mittelbar waren auch IG Farben, ICI und Norske Hydro in Europa involviert), dazu kommt der Patentfall Ethyl. Spätere Fälle standen unter dem Eindruck des Zweiten Weltkriegs, wie Bausch & Lomb, welche Optik für das Militär herstellen und ihre Bindung von Zeiss auflösten. Hier wurde sich gegen Monopolisierung mit Hilfe von Patenten gewandt. Im Januar 1941 wird die Magnesiumherstellung dekartellisiert. Dies geschieht nicht zuletzt, um den Krieg zu gewinnen und eine billigere Versorgung und Produktion zu ermöglichen. Wells 2002: 58, 64-65; 66. Um das damalige Ausmaß internationaler Kartelle zu verdeutlichen, sei auf die 800 unterschiedlichen Vereinbarungen des englischen Chemiekonzerns Imperial Chemical Industries (ICI) hingewiesen. Wells 2002: 45. Die Chemieindustrie war damals durch komplexe Abmachungen verbunden. DuPont (USA) und ICI (England) räumten sich gegenseitig Patente und gegenseitig exklusiven Marktzugang ein. ICI stimmt zu, die gegenüber DuPont eingegangenen Verpflichtungen in Abmachungen mit weiteren Firmen ebenso durchzusetzen, etwa in Verträgen mit der Firma Anglo-Persian (Öl), der belgischen Solvay (Chemie) oder der IG Farben. In Auslandsmärkten gründeten DuPont und ICI gemeinsame Unternehmungen. Wells 2002: 45, 99. Die deutsche IG Farben (schon eine Fusion zwischen den größten Färbestoffherstellern) war nur als 'IG' Kartell bekannt, welches sehr breit angelegt war. Besonders enge Verbindungen hatten damals IG Farben und Standard Oil of New Jersey (später Esso). Ihr Abkommen umfaßte den gesamten Petrochemiebereich. Wells 2002: 45. IG Farben verkaufte damals die Rechte der Kohleverflüssigung (bis auf den deutschen Markt) an Standard Oil, welches durch den damit verbundenen Technologietransfer seine Raffinerietechnik verbessern konnte. 1930 wird eine gemeinsame Joint American Study Company (Jasco) gegründet, damit beide Firmen zusammen Entdeckungen in der Petrochemie verwerten und deren Verwertung kontrollieren konnten. Jasco kontrolliert 1939 etwa den Prozess zur Herstellung synthetischen Gummis, welcher für die Kriegsführung wichtig wird. Erst 1942 werden auf Intervention der Wettbewerbsbehörde anderen amerikanischen Firmen gebührenfrei dafür Lizenzen eingeräumt. Wells 2002: 45-47, 73. Die Bekämpfung dieser Kartelle und Abmachungen wird nach Kriegseintritt der USA im Dezember 1941 weiterverfolgt. Wells 2002: 71-83. Nach einer kurzen Pause, die durch die Konzentration aller Kräfte auf den Krieg begründet war, übernimmt Wendell Berge im Herbst 1943 die Wettbewerbsbehörde und initiiert bis zum Frühjahr 1945 gut begründete 19 Fälle gegen die komplexen internationalen Kartellstrukturen. Wells 2002: 126. Die Fälle bezogen sich auf Färbemittel, Magnesium, Aluminium, Presseagenturen, Optik für militärische Zwecke, Streichhölzer, Plastik, eine Substanz zum Gerben von Leder, Fotochemikalien, Tungsten Karbidstahl, Glühlampen, fluoreszierende Lampen, Magnesiumstücke, chemische Stoffe, Medikamente, Titanoxide (Bestandteil weißer Farbe), Alkali, Bestandteile von Getreidemühlen. Wells 2002: 240-241. In diesen Fällen wird u.a. klargestellt, daß diese Abmachungen Auswirkungen auf den heimischen Markt der USA haben und die Webb Pomerene Ausnahme wird rückgangig gemacht, sodaß komplexe internationale Abmachungen nicht mehr ohne weiteres vom Wettbewerbsrecht gedeckt sind. Wells 2002: 33, 105-107. Oft ging es in diesen Fällen um den Austausch von Patenten und darauf aufbauende Patente für Produktionsprozesse und technische Verbesserungen, mit denen von Außenseitern verunmöglicht wurde, in die Industrie einzusteigen und damit verbundene Marktaufteilungen und Preisabsprachen. Ebenso geht es um Exportkartelle und es wird etwa verboten wird, gemeinsame ausländische Produktionsstätten zu betreiben. Wells 2002: 128-129. Die Rechtslage über Patente und

"Taken together theses decisions represented perhaps the greatest victory for antitrust prosecution since World War I. They made illegal the participation of American firms in international cartels through patent accords, joint ventures, or Webb Pomerene associations illegal under most circumstances, even if the cartels were not specifically directed at American markets. (...) The implications reached far beyond the United States. Because American firms were among the leading concerns in most industries, the ban on their participation in international cartels made the construction of such organizations an uncertain proposition at best."[459]

Es kann in der Wettbewerbspolitik auch darum gehen, kleine Firmen vor größeren Firmen zu schützen und eine breite Verbreitung von Technologie zu ermöglichen, um das Gemeinwohl zu fördern. Auf diese, in der historischen Situation nach dem Ende des Zweiten Weltkriegs, schon[460] genutzte Begründung, soll hier kurz hingewiesen werden. Durch die durch die Politik vorgenommenen Investitionen während des Krieges war eine Konzentration von Produktionskapazitäten in den Händen weniger Unternehmen damals noch gefördert worden. Dazu merkt Wendell Berge von der amerikanischen Wettbewerbsbehörde 1946 an:

"There can be no denying that the war has resulted in a concentration of productive facilities in the hands of a relatively small number of gigantic corporations. (...) It is not in the public interest to allow the small competitors to be killed in the uneven fight. (...) Without any doubt the sensible thing for us to do is to make research and technology available to the little fellow as well to his big competitor."[461]

Eucken wird dahingehend kritisiert, daß er mit der Verwendung des Terminus der "vollständigen Konkurrenz"[462] und dem Verweis auf das Preissystem sich in die Nähe neoklassischer Modellkonzepte

---

Lizensierung bleibt bis heute komplex. Zwei Beispiele aus dem U.S. Wettbewerbsrecht: Immerhin sind 'nackte' Marktaufteilungen verboten und werden einem Kartell gleichgestellt, nicht aber Bestimmungen in Lizenzabkommen, die Verkäufe auf bestimmte Regionen beschränken. Hovenkamp 1999: 205, 245-247. Obwohl es die Wettbewerbsbehörden mit Unwohlsein erfüllt, gilt auch die General Motors Entscheidung aus dem Jahre 1927 immer noch, welche besagt, daß wenn eine Lizenz nur an ein Unternehmen übertragen wird, es auch Absprachen über den Preis geben darf. Schließlich solle durch ein Patent ja ein Monopol eingeräumt werden, welches sich auch auf ein lizensierendes Unternehmen erstrecken kann. Verboten sind aber gegenseitig eingeräumte Lizenzen, die Preisabsprachen enthalten, wenn sich dies auf einen gesamten Industriebereich erstreckt. Dies resultiert wiederum aus einem der damals abgeschlossenen Fälle (U.S. vs. Line Material Co. 1948). Hovenkamp 1999: 243-244; Wells 2002: 129. Insgesamt gesehen entwickelt sich somit mit Unterstützung von Präsident Roosevelt ein relativ gut abgestimmter Druck in Richtung der Bekämpfung internationaler Kartelle und parallel dazu hin zu freierem Handel. Siehe auch die damaligen Publikationen, die eine Überblick und eine Kritik internationaler Kartelle leisten Stocking/Watkins 1947; sowie 'Cartels. Challenge to a Free World' vom damaligen Leiter der U.S. Wettbewerbsbehörde Wendell Berge. Berge 1946. Wichtige Beiträge leistete dazu auch Außenminister Cordell Hull, der sich gegen den Protektionismus im Rahmen der bilateraler Zollsenkungs- und GATT Verhandlungen einsetzte. Ebenso Edward S. Mason, der im Cartel Comittee des Außenministeriums eine klare Linie gegen internationale Kartelle einschlug und damit die Wettbewerbsbehörde im Justizministerium unterstützte. William Clayton widmet sich derweil der Aushandlung eines relativ entschieden formulierten Verbots internationaler Kartelle im Text der Internationalen Handelsorganisation (International Trade Organization, 'ITO'), deren Gründung aber scheitert. Wells 2002: 107-125.

[459] Wells 2002: 135.
[460] Bis heute wird dies von der Wettbewerbspolitik als relevant angesehen und führt u.a. dazu, daß bestimmte Formen horizontaler Kooperation zwischen kleinen- und mittleren Unternehmen erlaubt oder sogar gefördert werden. Für das EU Wettbewerbsrecht. Hildebrand 2002: 13.
[461] Berge 1946: 34.
[462] Eucken 1952: 237.

eines Wettbewerb der vollkommenen Information und schnellen Anpassungsfähigkeit begibt, bei dem Unterschiede der Leistungsfähigkeit der Anbieter nicht auftreten dürfen, Gleichgewichte vorherrschen und demzufolge keine Leistungsanreize, die durch innovationsbedingte Vorteile entstehen, geduldet werden. Diese Kritik kommt hier von Friedrich August von Hayek und anderen Autoren, die Innovationsvorteile und Machtpositionen als unerläßlich für das Wirtschaftswachstum ansehen.[463] Und zudem von solchen Autoren, die neoklassische Annahmen als unrealistisch ansehen.[464] Dazu mehr in Abschnitt 'C' und 'E' über die Neoklassik.

Daß Eucken einen solchen vollkommenen Wettbewerb nicht anstrebe noch zugrundelegt und beispielsweise Innovationsgewinne zuläßt, wird nicht nur an seinen Beschreibungen der 'vollständigen Konkurrenz' deutlich, an denen formuliert wurde, daß der Markt große Betriebe nicht völlig, sondern nur 'weitgehend' entmachtet[465], sondern auch daran, daß er ein Patentgesetz akzeptiert, wobei er allerdings kritisch darauf hinweist, daß es nicht allzu exklusive Rechte einräumen soll, weil dies monopolistische und konzentrative Tendenzen fördert.[466] Ebenso spricht die Nutzung des Terminus 'Anpassung' dafür, daß innovativen Firmen für eine bestimmte Zeit ein Vorsprung eingeräumt wird. Allerdings darf der Vorsprung nicht für eine allzu lange Zeit bestehen, damit sich keine Monopole etablieren. Um dies zu verhindern, ist beispielsweise die Diffusion von Wissen wirkungsvoll.[467]

---

[463] Streit/Wohlgemuth 1999: 13-14. Siehe auch Arndt 1979: 48-49. Zugestandenermaßen wird im Kontext des Privateigentums von Eucken Rekurs auf die Gleichgewichtsidee genommen, ohne daß allerdings solche Erwartungen wie oben beschrieben werden. Eucken 1952: 274. Siehe für eine nicht auf Gleichgewicht rekurrierende Beschreibung des Preissystem in der übernächsten Fußnote zitiert nach Eucken 1940: 201-202.

[464] Diese Kritik erfolgt aus verschiedenen Perspektiven und richtet sich gegen mutmaßlich liberale vereinfachte und idealisierte Darstellungen von Anpassung und dem Funktionieren von Märkten. Siehe dazu Fritsch et al. 1993: 15. Sowie weiter unten im Text unter dem Punkt 'C', Neoklassik.

[465] Auf dem Markt kann es durchaus zu Situationen kommen, die sich dem neoklassischen Ideal annähern. Eucken richtet hier sein Augenmerk darauf, daß das Preissystem wirksam wird, sobald mehrer Anbieter und Nachfrager aktiv werden: "Kein Anbieter und Nachfrager beeinflußte Angebot, Nachfrage und Preise durch seine Handlungen so, daß er mit der Reaktion seiner Käufe oder Verkäufe auf dem Markte rechnete. In seinem Wirtschaftsplan war der Preis ein Datum. Kein Anbieter von Wirkwaren und von Roggen war auf einen besonderen Nachfrager angewiesen und ebensowenig umgekehrt der einzelne Nachfrager auf einen besonderen Anbieter." Eucken 1940: 201. Vollständige Konkurrenz wird nun zwar als wünschenswert, aber als extremer Grenzfall angesehen, der in der Realität durch einen graduale Abstufungen gekennzeichnet ist: "Vollständige Konkurrenz auf allen Märkten und Zentralverwaltungswirtschaft sind sogar extreme, einander entgegengesetzte Grenzfälle. Bei annähernder Verwirklichung vollständiger Konkurrenz übt jeder Anbieter und Nachfrager faktisch eine kleine Wirkung aus." Eucken 1940: 202. So sehen dann die graduellen Abstufungen aus: "Der große Fabrikbetrieb oder der große landwirtschaftliche Betrieb hat erfahrungsgemäß gegenüber seinen Abnehmern oder gegenüber seinen Arbeitern oft größere Macht als der kleine Betrieb. Ergibt sich daraus, daß die Macht des Einzelbetriebs in der Verkehrswirtschaft nicht allein auf seiner Marktstellung, sondern auch auf seiner Größe beruht? (....) Die Größe des Betriebes konstituiert also nicht ohne weiteres wirtschaftliche Macht, sondern sie schafft nur dann und nur insoweit Machtpositionen, wenn sie zur Bildung monopolistischer oder oligopolistischer oder anderer Marktformen führt, die außerhalb der vollständigen Konkurrenz liegen. Je größer der Betrieb, um so größer die Chance, in einer solchen Marktform zu kaufen oder zu verkaufen und auf diese Weise wirtschaftliche Macht auszuüben. Mehr nicht. Somit ist es in der Verkehrswirtschaft eben doch die Marktstellung, die über die Machtstellung entscheidet. Und es bleibt dabei, daß in der vollständigen Konkurrenz auch die großen Betriebe weitgehend entmachtet sind. " Eucken 1940: 202. Siehe für eine Beschreibung dynamischer Wettbewerbsprozess, die nicht auf ein vollkommenes Gleichgewicht zu reduzieren sind, auch Eucken 1940: 125, 189, 190. Insofern viel zu oberflächlich ist die Kritik an Eucken von Arndt 1979: 48-49.

[466] Eucken 1952: 268-269. Immerhin in einer Fußnote wird dieser problematische Aspekt anerkannt. Gerken/Renner 2000: 19.

[467] "Durch die neuere Entwicklung des technischen Wissens hat der moderne Industrieapparat in hohem Maße an Fähigkeit zur Anpassung gewonnen. (...) Würden nicht Patente oder Lizenzgebühren den Übergang behindern, so würde das Fluktuieren der Firmen von Markt zu Markt noch stärker sein." Eucken 1952: 230.

Wiewohl aufgrund der ausdifferenzierten Diskussionslage eine pauschale Zuordnung immer schwierig ist, kann somit geschlossen werden, daß im großen und ganzen eine Kompatibilität der Ideen Euckens mit Konzepten des funktionsfähigen Wettbewerbs vorliegt, dem wettbewerbspolitischen Leitbild der BRD, das beispielsweise eine optimale Wettbewerbsintensität bei weiten Oligopolen mit mäßiger Produktdifferenzierung und unvollkommener Markttransparenz erwartet.[468]

Dies steht im Einklang mit den eher indirekten Bemerkungen Euckens direkt zum Thema Wettbewerbsprozeß. Immerhin wird in Teilen der Literatur darauf hingewiesen, daß Eucken kein statisches Modell vollkommener Konkurrenz seiner Theorie zugrundelegte, zumal er den Terminus 'vollständige Konkurrenz' verwendet und auf die dynamischen Aspekte der Wirtschaft hinweist.[469] Walter Eucken eröffnet damit eine umfassende, komplexe Sichtweise auf den Wettbewerbsprozess in einer modernen Wirtschaft, die im Einklang steht mit heute allgemein akzeptierten Annahmen über diese Prozesse, die nicht nur in der allgemeinen Wirtschaftstheorie so gesehen werden[470], sondern in der Theorie der Wettbewerbspolitik begrifflich benannt werden als dynamischer, funktionsfähiger oder wirksamer Wettbewerb.[471] Dabei werden sowohl Prozesse und Ergebnisse benannt, etwa Wettbewerb

---

[468] So Borchert/Grosseketeler 1985: 136-137. Zum Leitbild Kantzenbach/Kallfass 1981: 110. Siehe auch Fritsch et al. 1993: 37-45; Olten 1995: 65-70.

[469] Zur 'Dynamik' bei Eucken: "Alle konkrete Wirtschaft ist dynamisch". Eucken 1940: 180. "Alles wirtschaftliche Werden kann in zwei Formen zum Ausdruck gelangen: in Veränderung der konkreten Wirtschaftsordnung und in Veränderung des Wirtschaftsprozesses, der innerhalb dieser Ordnung abläuft. Das heißt: Das Ordnungsgefüge der Wirtschaft erfährt Umgestaltungen. Das ist das Eine. Und der wirtschaftliche Alltag wiederholt sich nicht in völlig gleicher Weise, sondern Art und Ausmaß der Güterversorgung, Einsatz der produktiven Kräfte, Größe des Produktionsmittelapparates, angewandte Technik und Standort verändern sich. Das ist das Andere." Eucken 1940: 180. Zur 'vollständigen Konkurrenz': "Die Marktform der vollständigen Konkurrenz, die wir bald näher kennenlernen, ist oft unbeliebt. Sie unterwirft den einzelnen der Kontrolle des Marktes, entmachtet ihn weitgehend, zwingt zur Leistungssteigerung, nötigt zu dauernden Anpassungen und besitzt in der Verlustgefahr und im Konkurs die nötigen Zwangsmittel." Eucken 1952: 237, 239, 247-248. Zur dynamischen Prozessen "Die industrialisierte Wirtschaft ist in einem noch höheren Grade dynamisch" Eucken 1952: 6, 3-7, 239; dabei wehrt er sich gegen Modelle die statisch sind oder ein vollkommenes Gleichgewicht annehmen, kurzum, er wendet sich gegen die Neoklassik. Er anerkennt aber, daß die komparative Statik sinnvoll einsetzbar ist, wenn untersucht wird, welche besonderen, dynamischen Einflüsse, dazu geführt haben, daß es zu dem zweiten statischen Zustand gekommen ist. Eucken 1940: 125, 149, 180, 185, 189-190, 195. In dieser Weise wird der Terminus 'vollständiger Konkurrenz' auch gedeutet von Gutmann 1972: 9-13; den Abstand Euckens zur Neoklassik betonen auch Gerken/Renner 2000: 32. Insbesondere von Miksch wird damals ein dynamischer Wettbewerbsprozeß beschrieben, es werden von diesen Autoren ebenso die 'dynamischen Aspekte' bei Eucken hervorgehoben. Mit weiteren Verweisen Borchert/Grosseketeler 1985: 136-137. Die andere Interpretationsrichtung, welche Eucken in die Nähe der Neoklassik stellen, vertreten Streit/Wohlgemuth 1999: 14.

[470] Aus der Perspektive der Wirtschaftstheorie: Nelson/Winter 1982: 5, 30-43; Nelson/Winter 1982a; Fritsch et al. 1993: 37-45. Bestätigend aus der Perspektive der Industrieökonomie Scherer/Ross 1990: 621-626. Mit ähnlichen Schwerpunkten die Beschreibungen der dynamischen Vorgänge im europäischen Binnenmarktes in Jovanovic 1997: 130-147, 215-231. Sowie aus der Wirtschaftsgeschichtsschreibung David 1975: 2-16.

[471] Der Begriff dynamischer Wettbewerb wird meist rein deskriptiv verwendet, ohne auf eine spezielle Schule zu verweisen. Der Begriff funktionsfähiger Wettbewerb ('workable competition') ist der amerikanischen Harvard-School zuzuordnen, die eine industrieökonomisch informierte Sicht auf Wettbewerbsprozesse verwendet und davon ausgeht, daß der Wettbewerbsprozess sich signifikant von den Annahmen der neoklassischen Ökonomie unterscheidet. Der locus classicus ist Clark 1940; siehe auch Mason 1939, 1949; Bain 1950; Chamberlain 1950; Clark 1950; die deutsche Ausarbeitung erfolgt u.a. von Arndt 1952. Dazu Olten 1995: 65-70. Die Harvard-Schule ist schwer in wenigen Worten zu beschreiben, da sie sich im Lauf der Zeit gewandelt hat. Ein rein auf Marktstrukturen bezogenes vorgehen wird zwar von Mason (1949) kritisiert, der darauf hinweist, daß Skalenökonomien aus Gründen des Erreichens von Effizienz toleriert werden sollten, selbst wenn es dann zuwenig Firmen für 'workable competition' gäbe. Mason 1949: 1269. Anfangs wird die Harvard-Schule aber geprägt von den Untersuchungen von Bain (1951, 1954, 1964), der den Einfluß von Marktstrukturen auf die Preisgestaltung und die Wettbewerbsintensität untersucht und fordert, daß die Wettbewerbsbehörden gegen die Ausübung von Marktmacht vorgehen müssen, etwa in der Zusammenschlußkontrolle. Erwartet wird von ihm, daß die Marktstruktur sehr wohl einen Einfluß auf das Firmenverhalten hat und bei einem engen Oligopol die Wahrscheinlichkeit ansteigt, daß die Preise erhöht werden. Später wählt die Harvard-Schule einen pragmatischeren case-by-case Ansatz, der sich vom allzu engen Bezug auf Marktstrukturen bzw. den damit verbundenen Verhaltenserwartungen löst. Die Kartellbehörden sollen die jeweiligen Märkte genau untersuchen, aber nur dann, wenn wirklich Marktmachtphänomene vorliegen,

und Wohlfahrtssteigerung, aber auch Abläufe und Bedingungen sowie Nebenaspekte und zwar nicht nur in bezug auf die rechtliche Rahmenordnung. So wird die Zunahme des Wettbewerbs, der Wegfall monopolistischer Stellungen (und damit verbunden niedrigere Preise für Verbraucher und andere Unternehmen), eine sowieso erfolgende aber auch damit einhergehende beschleunigte technologische Entwicklung und die Effekte einer Diffusion von Wissen beschrieben, wobei das Wirtschaftsgeschehen in verständlicher Weise aus der Perspektive privatwirtschaftlicher Akteure beschrieben wird. Aus der Sicht der Unternehmer werden Anreize erwähnt, überhaupt im Wirtschaftsgeschehen präsent zu bleiben und zu investieren. Dies geschieht durch eine bestimmte Mixtur von Risiken und solchen Faktoren, die wiederum Planungssicherheit zu einem gewissen Grad erhöhen:

Einerseits führen in der modernen Wirtschaft Innovationen zu Vorsprungsgewinnen und dadurch wird das Eingehen von Risiken (durch Investitionen in Forschung- und Entwicklung, in Produktivitätsverbesserungen etwa durch das Erreichen von Skalenökonomien und Verbundvorteilen, s.u.) belohnt. Andererseits wird der auf solche Weise intensivierte Wettbewerb, der durchaus konkurrierende Firmen bedrohen kann (und dadurch Unsicherheiten auslöst, ob investiert werden soll) dadurch abgemildert, weil es Möglichkeiten zur Anpassung, sprich Imitation oder eigene Innovationen, gibt. Dadurch besteht zwar nicht kurzfristig, aber doch längerfristig wieder eine gewisse Planungssicherheit.

Für diese, von Eucken erkannte, Anpassungsfähigkeit bzw. Anpassungsflexibilität werden heute die Begriffe Innovation oder Imitation verwendet oder auch der Terminus der technologischen Fähigkeiten. Diese Anpassungsfähigkeit wird durch den Zugang zu Technologie, Wissen und schlußendlich auch zu Kapital, also zu Krediten, ermöglicht.

Durch den Wettbewerb ist nach einer gewissen Zeit zu erwarten, daß Vorsprungsgewinne erodieren und sich die Marktanteile wieder stabilisieren, wobei allerdings die meisten Firmen

---

intervenieren. Hierbei wird sich den Methoden der neoklassischen Analyse geöffnet. Somit wird die Chicago-Schule nicht ignoriert, aber vorsichtig rezipiert. Schmidt 1996a: 1-24; ähnlich der Überblick von Hildebrand 2002: 120-136; so läßt sich auch das Gesamtwerk charakterisieren von Scherer/Ross 1990. Die Harvard-Schule ähnelt im großen und ganzen dem Ansatz, der versucht eine optimale Wettbewerbsintensität in einem weiten Oligopol nachzuzeichnen, also dem von Kantzenbach 1966. So Borchert/Grosseketeler 1985: 151-161. Bei beiden stehen zudem die Aufgaben, die der Wettbewerb zu erfüllen hat, im Mittelpunkt und nicht etwa die Konsumentenwohlfahrt oder Effizienz wie in der Chicago-Schule. Schmidt 1996a: 11. Die Chicago-Schule, die seit 1957 so benannt wird, läßt sich kurz und knapp dadurch charakterisieren, daß sie weniger mißtrauisch gegenüber Marktmacht ist und sich mehr auf Konzepte der neoklassischen Ökonomie verläßt. Siehe Archibald 1961; Bork 1978; Posner 1979. Der Begriff des wirksamen Wettbewerb läßt sich ebenso auf Clark zurückführen ('effective competition') und wird als übergreifender Begriff für dynamische Wettbewerbsprozesse verwendet, die von Clark, Arndt, Kantzenbach und auch Schumpeter angenommen werden, wobei hier aber auch eine Öffnung hin zu heute relevanten Autoren erfolgt Schmidt 1996a: 46-70; Hildebrandt 2002: 120-126. Auch der eher an privaten Freiheitsrechten orientierte Hoppmann sieht Wettbewerb als dynamischen Prozeß an. Schmidt 1996: 11. Zu Hoppmann Borchert/Grosseketeler 1985: 146-151. Insgesamt gesehen ist es in der Wettbewerbstheorie nach kontroversen Auseinandersetzungen zu einer pragmatischen Sicht der Dinge gekommen. Diese ordnet sich nicht gänzlich der Chicago-School unter, sondern nimmt weiterhin an, daß zu große Marktmacht verhindert werden muß. Konsens ist, daß der Wettbewerbsprozess nicht gänzlich nach den Vorstellungen neoklassischer Ökonomie abläuft. Olten 1995: 83-107. Neoklassische Modelle werden aber nicht gänzlich abgelehnt. Dies ist auch in den USA so zu beobachten ('Post-Chicago Economics'). Dazu Royall 1995; Borenstein et al. 1995; siehe auch den autoritativen Überblick in Hildebrand 2002: 105-169. Eine allgemeine Kritik an neoklassischen Annahmen aus der Perspektive eines Wettbewerbstheoretikers bietet Arndt 1979.

Produktivitätsfortschritte gemacht haben. Beides, Wettbewerb und Produktivitätsfortschritte führen wiederum zu niedrigen Preisen. Für die Firmen bleiben aber trotzdem permanente Anreize bestehen effizienzsteigernde Innovationen auszuführen, um sich Profite zu sichern. Vermittels des Markt- und Preismechanismus wird zudem noch gemäß den Wünschen der Konsumenten produziert.[472]

Am Rande: Interessanterweise spielt damit Unsicherheit eine positive Rolle, sie darf aber nicht einen gewissen Grad überschreiten, um nicht zu groß zu werden, wodurch etwa Investitionen abgeschreckt werden. Zum Thema wird dadurch die Rolle von Informationen und Möglichkeiten der Koordination, wodurch Unsicherheiten abgemildert werden können, wobei aber der Wettbewerb nicht zum Erliegen kommen darf, weil durch Unsicherheiten wiederum Chancen eröffnet werden, Vorsprungsgewinne zu erzielen.[473] Kurzum: Ohne den Zugang zu Technologie, Wissen und Kapital wäre Wettbewerb kaum in breiter Ebene wohlfahrtssteigernd, weiterhin müssen Anreize (die sowohl Risiken als auch Planungssicherheit umfassen) bestehen bleiben, um Investitionen auszuführen und Kredite zurückzahlen zu können. Es muß also eine Balance zwischen den unterschiedlichen Wirkungsmechanismen und Marktdynamiken etabliert werden. Insgesamt steigert der Wettbewerbsprozeß sodann die gesellschaftliche Wohlfahrt.

Daß es schwierig, aber nicht unmöglich ist, eine solche Balance zu finden, bei denen Anreize bestehen bleiben in Innovationen zu investieren, wobei aber Technologieverbreitung nicht zum Erliegen kommen darf, ist heutzutage unter anderem auch aus der Diskussion der Wirksamkeit des Patentsystems (und wettbewerbspolitisch motivierten Eingriffen in das Patentsystem) bekannt.[474] Dies

---

[472] Diese Beschreibungen stehen im Einklang mit denen von Fritsch et al. 1993: 37-45; Olten 1995: 65-70; Streit 1991: 39-40; Borchert/Grosseketteler 1985: 174-179. Und ebenso mit den Beschreibungen in Nelson/Winter 1982: 5, 30-43; Nelson/Winter 1982: 114-115. Und sie stehen im Einklang mit der 'National Systems of Innovation' Forschung Lundvall 1992; ähnlich Porter 1991; sowie im Einklang mit dem Ansatz, der den Erwerb technologischer Fähigkeiten untersucht Pack/Westphal 1986; Dahlman et al. 1987, Lall 1990, 1992. Kurzfristig höhere Gewinne durch Innovationen wurden etwa hervorgehoben in der von Vernon (1966: 193-196) begründete Produktzyklustheorie und nicht zuletzt von Adam Smith 1776: 53. Eucken beschreibt nicht nur dynamische Wirtschaftsprozesse, sondern er argumentiert auch mit den Begriffen Risiko und Unsicherheit Eucken 1940: 180, 190. Schumpeter hat in seiner Theorie der wirtschaftlichen Entwicklung (1912) ebenso eine dynamische Sicht des Wettbewerbs herausgearbeitet ('schöpferische Zerstörung'). Seine Theorie behauptet aber, daß Großunternehmen hinsichtlich Innovationen und Vorteilen der Massenfertigung das Wirtschaftsgeschehen notwendig dominieren werden. Diese Entwicklung zeigt sich bis heute nur partiell in dieser Weise. Damit ist auch seine Prognosen von einem Übergang in einen von großen Unternehmen geprägten Sozialismus nicht überzeugend. In diesem Sinne die Zusammenfassung von Söllner 1999: 283-285. Siehe auch Schumpeter 1946.

[473] Siehe Richardson (1960): "Without some measures of planning and co-operation, whether public or private, harmony between competitive or complementary investment decisions may not be achieved, market uncertainty may not be brought within tolerable limits and the risks of investment may present too great a deterrent to individual firms. Without some degree of competition, on the other hand, it may be difficult for monopolistic exploitation to be checked, for the authority to allocate resources to pass to those most fitted to exercise it, for diversity to be preserved and for the springs of individual energy and initiative, on which all economic progress must ultimately depend, to be kept unchoked". Richardson 1960: 233. Obwohl auf den ersten Blick irritierend, sind diese Ausführungen kompatibel zu Eucken und zur Theorie dynamischen Wettbewerbs, denn Informationen zur Verringerung von Unsicherheiten werden durch Preise gegeben, durch Marktstudien und durch Informationen über technologische Entwicklungen. In konkreterer Form reduzieren Firmen intern Unsicherheit durch Anpassungsfähigkeit ('adaptability'), etwa durch den Einsatz flexiblerer Produktionstechnik oder Vorratshaltung. Neben solchen Informationsquellen, die mit liberalen Vorstellungen kompatibel sind, werden aber auch solche erwähnt, die vom Staat etabliert werden oder von Firmen unter Umgehung der Wettbewerbsregeln, etwa Investitionskoordination. Richardson 1960: 150-151, 196-197. Erwähnt wird auch, im Einklang mit der Annahme von der Relevanz von Vorsprungsgewinnen, daß bei perfekten Informationen weniger Anreize bestehen zu investieren, weil keinerlei Akteure gibt, die einen Informationsvorsprung haben. Richardson 1960: 58. Der Hinweis auf dieses wieder aktuelle Buch findet sich in Chang 1994.

[474] Scherer/Ross 1990: 621-626; Maskus 2000: 136-139.

wird in der Wettbewerbspolitik beachtet, beispielsweise wenn es um die wissensverbreitenden Effekte strategischer Allianzen geht (wobei diese aber auch Marktmacht steigern können).[475] Aber nicht nur dort, denn auch ohne Patente sind Geheimnisse und Vorsprungsgewinne von Relevanz, wenn es um kurz- und mittelfristige Vorteile gegenüber den Konkurrenten geht. Es kommt darauf an, wie schnell sich Technologie und Wissen verbreitet und auf der anderen Seiten, wie gut die Aneignung ('appropriability') bzw. Kontrolle des eigenen Wissens gelingt. Beide Kräfte können empirisch nachgezeichnet werden und stellen ein eigenständiges Forschungsthema innerhalb der Wirtschaftswissenschaften dar.[476] Von zentraler Bedeutung ist dabei, daß der Ansatz des dynamischen oder funktionsfähigen Wettbewerbs die Annahmen, die den Modellen der neoklassischen Ökonomie bzw. der Wohlfahrtsökonomie zugrundeliegen, nicht als realistisch ansieht und nicht mitträgt: Vollkommener Wettbewerb, Gleichgewichtspreise, vollständige Markttransparenz und unendlich hohe Reaktionsgeschwindigkeit etc.[477]

Gleichzeitig wird sich bei der Untersuchung dieser Fragestellungen nicht ganz von der Neoklassik verabschiedet. Marktfunktionen, die von der neoklassischen Theorie betont werden, sind auch weiterhin, wenigstens der Tendenz nach[478], erwünscht. So werden etwa von Wettbewerbstheoretikern folgende Ansprüche an den Markt vorgetragen: Verteilung der Markteinkommen entsprechend der Marktleistung, Angebot an Waren und Dienstleistungen gemäß den Konsumentenpräferenzen, Lenkung der Produktionsfaktoren in ihre produktivste Verwendungsmöglichkeit, Anpassung der Produktion an veränderte Rahmenbedingungen. Auch wird erwartet, daß es zu einer Markträumung kommt, ein Ausgleich der Angebots- und Nachfragemengen durch Preisvariation, um unausgelastete Kapazitäten, Haldenbildung und Warteschlangen zu verhindern. Weiterhin sollte es keine übermäßigen Preisschwankungen und zumindest eine Tendenz hin zum Gleichgewicht geben. Zudem wird eine Renditenormalisierung, also eine mittel- bzw. langfristige Erosion von Vorsprungsgewinnen erwartet. Der Wettbewerbsprozeß muß somit eine Übermachterosionsfunktion haben und dauerhafte Innovationsrückstände verhindern, wobei dies durch eine Innovationsverbreitungsfunktion erleichtert wird.[479] Auch diese Beschreibung dürfte von Walter Eucken nicht angezweifelt werden, zumal er

---

[475] Auf der positiven Seite stehen größere Konkurrenz, durch Stärkung der Innovationsfähigkeit auch kleiner Firmen durch Technologieverbreitung, die Forschungs- und Entwicklungsrisiken mit weniger Risiken gemeinsam ausführen. Dadurch werden auch 'first-mover'-Vorteile schneller abgebaut. Auf der negativen Seite weniger Wettbewerb bei strategischen Allianzen, die nur weniger große Firmen untereinander eingehen, dadurch höhere Markteintrittsbarrieren, weniger und langsamere Innovationen, begrenzter Technologiezugang, monopolistische Marktbeherrschung in nachgelagerten Märkten. Franz 1995: 51-52, 74, 135-136. Ähnliche Argumente in Fuchs 1989: 75-89.
[476] Davies 1979; Mansfield 1980, 1985; Mansfield et al. 1977, 1981, 1982; Levin et al. 1985, 1987; Cohen/Levinthal 1989. Mit Focus auf den internationalen Technologietransfer Stobough/Wells 1984; Wakelin 1997; Pack/Saggi 1999; UNCTAD 1996b. Dazu mehr in Abschnitt 'E'.
[477] Fritsch et al. 1993: 35-38; Schmidt 1996a: 10-11. Nicht einmal die wettbewerbspolitische Chicago Schule leugnet, daß Wettbewerb dynamisch abläuft. Sie vollführen allerdings das Kunststück, diesen Wettbewerb allein im Einklang mit neoklassischen Modellen zu bewerten, sodaß, trotz der Existenz großer Firmen, weiter angenommen wird, daß der Wettbewerb nahezu perfekt ist, niedrige Gleichgewichtspreise vorliegen, optimale Ressourcenallokation erfolgt und maximale Effizienz erzielt wird. Diese Position ist nicht haltbar. Hildebrandt 2002: 143-148.
[478] So ausdrücklich aus der Perspektive der ordoliberalen Theorie Borchert/Grossekettler 1985: 137.
[479] Fritsch et al. 1993: 39-51; Borchert/Grossekettler 1985: 174-176; ähnlich Schmidt 1996a: 11. Siehe auch die Vorarbeit von Bain (1950): "On a highly provisional level I would suggest the following general signs of nonworkable competition in oligopoly: a profit rate averaging quasi-perpetually well above an established normal return on investment (or falling persistently below it); scale of many firms seriously outside the optimal range; considerable chronic excess capacity not justified by secular change or reasonable stand-by provision; competitive

schon wünscht, daß es nicht zu einem vermachteten Wettbewerb kommt.[480] Es geht hier nicht darum, diese einzelnen Aspekte zu diskutieren, weil dies im Verlauf des Textes noch erfolgt[481], sondern die allgemeine Richtung zu beschreiben.

In diesem Zusammenhang ist weiterhin bemerkenswert, daß es nicht nur in einem neoklassisch konzipierten, sondern auch innerhalb von Modellen, die einen dynamischen Wettbewerbsprozess nachzeichnen, bei denen etwa Innovationsvorsprünge und Vorteile größerer Firmen zugelassen werden, nach einer gewissen Zeit zu Gleichgewichtszuständen kommen kann. Dabei weisen die Marktstrukturen teils (aber nicht immer) deutliche Veränderungen und auch Konzentrationsprozesse auf (Stichwort: Strukturwandel).[482]

Eine Wettbewerbspolitik ist somit unerläßlich, um angesichts solcher Prozesse den Wettbewerb aufrechtzuerhalten und kann diese Prozesse, unter anderem durch die Zusammenschlußkontrolle, zu einem gewissen Grad mitgestalten. Dies gilt auch deshalb, weil die Firmen versuchen Vorsprungsgewinne auch durch kontraktuelle Innovationen zu erzielen oder etwa durch Veränderungen ihrer Firmenstrukturen, Stichwort etwa vertikale Integration, um Transaktionskosten zu senken.[483] Solche Verhaltensweisen müssen nicht, können aber wettbewerbsbehindernd wirken.

Somit ist die Herangehensweise Euckens eindeutig kompatibel mit dem Konzepts eines dynamischen Wettbewerbsprozesses (Clark 1940, Arndt 1952), bei dem davon ausgegangen wird, daß Marktunvollkommenheiten dem Wettbewerb förderlich sein können.[484] Der dynamische Wettbewerbsprozess wird von letzterem Autor folgendermaßen konzipiert:

---

selling costs exceeding a stated proportion of total cost; persistent lag in adoption of cost-reducing technical changes or persistent suppression of product changes which would advantage buyers." Bain 1950: 37.

[480] Eucken 1940: 195; Borchert/Grossekettler 1985: 136-137.

[481] Diese Diskussion findet sich beispielsweise auch mit Referenzen auf empirische Studien geordnet nach dieser Begrifflichkeit in Borchert/Grossekettler 1985: 170-297.

[482] Temporär bestehende Gleichgewichtssituationen, die sich aus Nicht-Gleichgewichtssituationen im Prozess des Wettbewerbs entwickeln, die dezidiert nicht auf neoklassischen Annahmen beruhen, werden theoretisch modelliert in Nelson/Winter 1982: 315, 341-342, 401. Siehe ebenso Nelson/Winter 1982a: 123-131. "Evolutionary models are consistent with, and can "predict" the same sorts of characteristics of equilibrium and the same kinds of qualitative response to changed market conditions, as can models built out of more orthodox components. However, the explanations for these patterns are different, and so are the assumptions that delimit the circumstances under which these patterns might be expected to obtain." Nelson/Winter 1982: 401. In Nelson/Winter (1982) finden sich zwei erwähnenswerte Modellsimulation: In Simulation 1 ist die Technologiediffusion größer, alle 4 innovativen Firmen wachsen gleichmäßig, es gibt weniger Technologievariation, weniger Forschungsausgaben und niedrigere Preisniveaus. In Simulation 2 nutzen die Firmen aggressivere Strategien, es gibt Innovationsgewinner, die Industriestruktur verändert sich und zwischendurch sind niedrige Preisniveaus vorhanden. Im großen und ganzen steigt die Produktivität aber nicht so an, wie in Nummer 1 und am Ende sind die Preise für die Konsumenten höher, war zu Folgerung führt, daß die sozialen Kosten von Nummer 2 höher sind als in Nummer 1. Nelson/Winter 1982a: 123-131.

[483] Dies wird beschrieben in der institutionelle Theorie des Kapitalismus, die auch das Konzept der Transaktionskosten entwickelt hat, von Williamson 1985: 18-32. Transaktionskosten sind Kosten, die Auftreten können, wenn unter der Annahme eingeschränkter Rationalität und Vorhersagbarkeit von Versprechen sowie opportunistischem Verhalten versucht wird, wirtschaftliche Transaktionen zu stabilisieren. Hier können staatliche Institutionen aber auch institutionelle Innovationen der Firmen selbst helfen, diese Kosten zu reduzieren. Williamson 1985: 18-32.

[484] Arndt 1952: 250-251. Aus Clark (1940) geht ebenso hervor, daß ein 'second best' durch ein anderes korrigiert werden kann. Diese These ist aber schwer in die Wirklichkeit umzusetzen, siehe Abschnitt 'E', die Nirwana Frage. Seine Theorie funktionsfähigen Wettbewerbs impliziert aber ebenso, daß ein Zustand angestrebt werden sollte zwischen einem reinen Oligopol und sehr niedriger Preise, die bei perfektem Wettbewerb auftreten könnten. Hildebrand 2003: 120-122. In seinen späteren Publikationen verfügt er über dasselbe Konzept dynamischen Wettbewerbs, mit Vorsprungsgewinnen und Imitation, wie oben. Clark 1961: 204-206.

Bahnbrecher, heute: Innovatoren, die auf Innovationen basierende temporär höhere, monopolartige Vorsprungsgewinne erzielen wodurch sich ihre Investitionen auszahlen

Nachahmer, heute: Imitation, dadurch werden die Marktpositionen und Gewinnsituationen der Innovatoren wieder nivelliert und Preise sinken allmählich auf die Produktionskosten ab

Diese beiden Aspekte des Wettbewerbs müssen sich allerdings "zu einer übergeordneten Einheit ergänzen"[485], damit kein langfristig bestehendes Monopol entsteht: "Weder der Wettbewerb der Nachahmer noch der Wettbewerb der Bahnbrecher können somit für sich allein langfristig vorkommen. Nur wenn Nachahmen und Bahnbrechen sich wechselseitig ergänzen, können beide zeitlos andauern."[486] Oder: "Erst wenn Wettbewerb der Nachahmer und Wettbewerb der Bahnbrecher miteinander vereinigt werden, entsteht der Prozeß des Wettbewerbs."[487] Und: "Der reine wirtschaftliche Wettbewerb ist ein Prozeß, der aus dem Zusammenwirken des Wettbewerbs der Bahnbrecher und des Wettbewerbs der Nachahmer entsteht, und der sich dadurch auszeichnet, daß er die schöpferischen Wirtschafter zu einer Verbesserung der Bedarfsdeckung durch neue Waren, neue Produktionsverfahren u. dgl. anhält und daß er durch die Nachahmer den Preis aller Waren, auch der der jeweils neu eingeführten, allmählich auf die Produktionskosten absinken läßt."[488]

Hinsichtlich der marktstrukturelle Bedingungen, die diesen Prozeß stützen sollen, wird ein weites Oligopol favorisiert. Dies wurde von Kantzenbach (1966) in etwas übersteigerter Form herausgearbeitet.[489] An zentraler Stelle wird von ihm auf die Rolle von Skalenökonomien bzw. einer technisch effizienten, innovativen und kosteneinsparenden Produktion, die den Investoren Rentabilität verspricht, als Motor des wirtschaftlichen Wachstums und Wohlstands hingewiesen und es wird versucht, diesem im Wettbewerbsrecht Rechnung zu tragen.[490]

Heute würde nicht mehr eine solche klare Erwartung an ein bestimmtes Verhalten in einer bestimmten Marktstruktur aufrechterhalten. Schon Kantzenbach hat aber keine pauschale Schumpeter-Hypothese aufgestellt, welche zum Beispiel Innovation einzig sehr großen Firmen zugeschrieben hat, zudem fordert er nicht enge, sondern weite Oligopole. Empirische Untersuchungen zeigen, daß Innovationen in einzelnen Fällen in Märkten zunehmen, in denen eine relativ hohe Konzentration besteht, dies ist aber nicht generalisierbar, auch weil industriespezifische Faktoren eine Rolle spielen. In Untersuchungen für die USA findet sich etwa das Ergebnis, daß kleine Firmen (etwa mit einem Umsatz unter US$ 50 Mill.) für viele wichtige Innovationen aufkommen, aber daß große Firmen ein

---

[485] Arndt 1952: 250.
[486] Arndt 1952: 250.
[487] Arndt 1952: 251.
[488] Arndt 1952: 258.
[489] Kantzenbach 1966. Er arbeitet dabei ein Konzept aus, daß bereits formuliert wurde von Bain (1950): "The best combination may be a moderate number of large and strong concerns, preferably still trying to expand, and a fringe of smaller ones, some doing speciality types of work, and the most efficient of which have a chance to grow to match their bigger rivals." Siehe Bain 1950: 95.
[490] Kantzenbach 1966: 64-68.

ebenso starkes Ergebnis vorweisen können.[491] Entsprechend Industriecharakteristikas sind kleine Firmen eher in den Bereichen Maschinen- und Instrumentebau, große Firmen eher in den Bereichen Lebensmittel, Chemie, Metall, Elektroingenieurwesen, Raumfahrt und Pharma erfolgreich.[492] Generell wird heute keine Zurückhaltung in der Wettbewerbspolitik als nötig angesehen, konzentrierten Sektoren aus Gründen der Innovationsförderung toleranter gegenüberzustehen.[493] Insgesamt gesehen sind bestimmte Aspekte der damaligen Ansichten weiterhin theoretisch und empirisch relevant, wobei Wettbewerbs als Prozess verstanden wird, bei dem immer wieder neue Gleichgewichtszuständen auf neuen Niveaus entstehen, wobei hier weiter Wissensdiffusion und Aufholprozesse relevant bleiben, ebenso wie Innovationsanreize durch Vorsprungsgewinne, konzipiert in den dynamischen Modellen von Nelson/Winter (1982).[494] In bezug auf Skalenökonomien kann es schon eher zu einem Dilemma führen, denn Skalenökonomien fördern Wohlfahrt, könnten aber zu Monopolen führen und durch monopolistisches Verhalten könnten die Wohlfahrtsgewinne durch Skalenökonomien wieder zunichte gemacht werden.[495] Hierzu wird davon ausgegangen, daß sich Skalenökonomien in den meisten Fällen mit einem weiten Oligopol und damit Wettbewerb vereinbaren lassen. Dies trifft für die Industrieländer mit ihren großen Märkten in nicht wenigen Fällen auch zu.[496] Anhand von empirischen Untersuchungen, in denen es um Innovation (Technologieeinsatz und Skalen) sowie Rentabilität geht, wird versucht, folgende drei Typen festzulegen:

- atomistische (polypolistische) Märkte
- oligopolistische Märkte (weite Oligopole)
- monopolistische Märkte (enge Oligopole, Duopole, Monopol)

---

[491] Dies wird einer Untersuchung aus dem Jahre 1976 entnommen. Symeonidies 1996: 7.
[492] Symeonidies 1996: 8. Für Pharma Symeonidies 1996: 20.
[493] Symeonidies 1996: 33-34.
[494] Hier ist auf das Werk von Nelson/Winter (1982) hinzuweisen, daß den Titel 'Evolutionary Theory of Economic Change' hat, aber inhaltlich dynamische Wettbewerbsprozesse herausarbeitet und theoretisch modelliert. Obwohl es die Autoren selbst nicht erwartet haben, kommt es dort tatsächlich nicht nur zu Nicht-Gleichgewichtssituationen, die sie zur Kritik an der neoklassischen Ökonomie herausheben, sondern trotz der Existenz von Innovation, Skalen und Vorteilen von großen Firmen nach einiger Zeit der Konkurrenz oft wieder zu neuen Gleichgewichtssituationen im Sinne eines Strukturwandels auf ein neues Niveau. Die Autoren brauchen allerdings 265 Seiten bis sie erstmals das Phänomen der Imitation erwähnen und damit zum Thema Anpassungsfähigkeit kommen. Nelson/Winter 1982: 265-268, 311-312, 314, 401. Der Betonung der Schumpeter-Hypothese in Nelson/Winter (1982) wird sich hier nicht angeschlossen, weil diese nicht empirisch aufrechtzuerhalten ist, siehe eben den Verweis auf Symeonidies 1996: 33-34. Die Empirie des Wettbewerb ist das Thema der Industrieökonomie. Im diesbezüglichen Kapital über Innovation des Standardwerkes von Scherer/Ross (1990) wird im Einklang mit Kantzenbach geschlossen, daß eine gewisse Firmengröße und Marktkonzentration, etwa eines weiten Oligopols, dazu beitragen kann, daß die Innovationstätigkeit stimuliert wird. Die Innovationsbereitschaft geht bei monopolistischen Märkten wieder rapide zurück. Scherer/Ross 1990: 637, 660. Ähnlich auch, siehe gleich die Zitate zum Abschluß: Hildebrand 2002: 168-169. Ein solches Herangehen ist ergebnisoffen und fällt somit nicht unter der Verdikt von Eucken (1940), der sich gegen dynamische Theorien dann ausspricht, wenn sie historische Gesetzmäßigkeiten vorhersagen glauben können, wie dies Karl Marx versucht. Eucken 1940: 182-183. Das bedeutet aber nicht, daß Wirtschaft deshalb nicht dynamisch konzipiert werden kann. So wird Dynamik und das vorurteilsfreie Untersuchen von Einflußfaktoren etwa dadurch möglich, indem zwei statische Zustände angenommen werden, durch deren Setzung die dazwischen erfolgten Dynamiken besser verstanden werden können. Eucken 1940: 180, 188-189.
[495] Dieser Pendelumschlag kann als das zentrale Dilemma der Wettbewerbspolitik bezeichnet werden, deren Aufgabe es ist die gesellschaftliche Wohlfahrt zu fördern. Kantzenbach/Kallfass 1981: 112; Kantzenbach 1994: 296, 295-302.
[496] Monopolkommission 1984/85: 231-269; siehe auch Scherer et al. 1975; Scherer/Ross 1990; Pratten 1988. Siehe Abschnitt 'E', Skalenökonomien.

Die Innovations- und Imitationswilligkeit ist in oligopolistischen Märkten am meisten ausgeprägt, weil es eine "absatzpolitische Reaktionsverbundenheit"[497] gibt.[498] In polypolistischen Märkte führen Vorsprungsgewinne bei anderen Firmen nicht zu spürbaren Marktanteilsverlusten, auch weil die verfügbaren finanziellen Ressourcen der innovativen Firma nicht sehr hoch sind ('Schlafmützenkonkurrenz'). Im Monopol gibt es per definitionem keine Reaktionsverbundenheit. Im engen Oligopol versuchen die Firmen ihre Strategien abzustimmen, um nicht dem Risiko ausgesetzt zu sein, plötzlich erhebliche Verluste zu machen. Dies kann zu einer geringen Bereitschaft zur Innovation führen. Im engen Oligopol gibt es eine enge Reaktionsverbundenheit, auf Preissenkungen wird auf der anderen Seite sofort auch im Preissenkungen reagiert, sodaß beide Firmen schlechter stehen. Deshalb besteht dort tendenziell eine Tendenz zu Absprachen, Verträgen, Kartellen etc.[499] In weiten oligopolistischen Strukturen ist die größte, wirtschaftlich optimale Wettbewerbsintensität zu erwarten, weil absatzpolitische Reaktionsverbundenheit vorhanden ist, die Marktanteilsgewinne etwa durch Innovationen aber nicht so groß sind und damit das Rentabilitätsrisiko nicht extrem hoch ist und deshalb große Anreize bestehen, durch eigene Innovationen Marktanteile zu halten oder wiederzuerobern (siehe: Imitation, Nivellierung).[500] Generell kann weiterhin zwischen einer defensiven und offensiven Oligopolstrategie unterschieden werden.[501] Im großen und ganzen wird mit diesem Ansatz das Marktstruktur-Marktverhaltens-Marktergebnis-Paradigma (structure-conduct-performance-paradigm) weiterhin akzeptiert. Mit einer gewissen Wahrscheinlichkeit kann von der Marktstruktur auf ein bestimmtes Verhalten geschlossen werden.[502] Diese Ideen gingen früh ein in 'Ein neues Leitbild für die Wettbewerbspolitik', daß zur Durchsetzung einer Zusammenschlußkontrolle in Deutschland von Wolfgang Kartte (1969), dem späteren langjährigen Direktor des Bundeskartellamts, verfaßt wurde

"der Gedanke, daß eine Bevorzugung der den technischen Fortschritt und das gesamtwirtschaftliche Wachstum fördernden, dynamischen Funktionen des Wettbewerbs tendenziell zu einer Schwächung der statischen Funktionen (Sicherung der Handlungsfreiheit, leistungsgerechte Einkommensverteilung) führt;
- der Gedanke, daß monopolistische Element in den Marktstrukturen allenfalls bis zum weiten Oligopol akzeptabel sind;
-der Gedanke, daß des enge Oligopol unerwünscht ist;"[503]

---

[497] Olten 1995: 90.
[498] "Die optimale Wettbewerbsintensität wird nicht in extremen Marktformen, sondern in weiten Oligopolen mit beschränkter Produkthomogenität und Markttransparenz erreicht." Kantzenbach 1966: 138.
[499] Kantzenbach 1966: 90.
[500] Olten 1995: 58-61.
[501] Olten 1995: 60.
[502] Kantzenbach/Kallfass 1981: 121. Der Zusammenhang von 'performance' und Marktanteilen wird nicht nur von der Harvard-Schule, sondern auch von der Chicago-Schule akzeptiert, mit dem Unterschied, daß letztere die höheren Profite nicht der Marktmacht, sondern der höheren Effizienz zuschreibt. Schmidt 1996a: 54-55. Daß bei steigender Konzentration höhere Preise veranschlagt werden, läßt sich bis heute empirisch nachzeichnen. Siehe Abschnitt 'C'.
[503] Kartte 1969: 45.

Aus der Perspektive der Wettbewerbspolitik wird etwa für drei Fälle Marktversagen angenommen: (1) bei wettbewerbsverhindernden Skalenökonomien, (2) ruinöser Konkurrenz, die es den Firmen nicht mehr ermöglich sich zu refinanzieren, (3) wenn die Nachfrage mit hohen Transaktionskosten belastet sind.[504]

Alles in allem läßt sich mit Eucken Anschluß finden an die bis heute herrschenden Vorstellungen von Wettbewerb. Aus der Perspektive einer modernen Ordnungsökonomik wird sich zudem der Kritik Hayeks nur partiell angeschlossen und es wird als normal angesehen, wenn aufgrund des dynamischen Wettbewerbs Firmen für Innovationen nicht nur belohnt werden, sondern es wird weiterhin als wünschenswert erachtet, daß wirtschaftliche Macht "ständig neu verteilt" wird.[505] Speziell dann, wenn es neue technologische Möglichkeiten gibt, ist es somit beispielsweise erwünscht, wenn sich wirtschaftliche Macht neu verteilt und bestehende monopolistische Elemente wieder zurückgedrängt werden.[506] Es geht hier also nicht ums Prinzip, sondern um eine, allerdings nicht gerade unwichtige, Debatte um Intensitätsgrade mit denen privaten Marktteilnehmern Rechte eingeräumt werden und um wettbewerbspolitische Schwerpunktsetzungen.[507] Gemäß der Theorie funktionsfähigen Wettbewerbs kann darüber gestritten werden, ob der Wettbewerbsprozeß mehr dem Typ einer vollkommenen Konkurrenz angenähert werden soll oder ob nicht mehr monopolistische Elemente zugelassen werden sollten, etwa mit der Begründung, auf diese Weise Innovation zu fördern.[508] Die folgenden Zitate aus der neuen Konzeption des europäischen Wettbewerbsrechts durch Hildebrand (2002) beziehen sich in gleicher Weise auf diese Fragestellung[509]:

"According to the European School, the following conclusions can be drawn: market power may speed up productivity and growth and reduce the costs of the growth process despite a tendency to a less than optimal allocation of resources in static equilibrium. Certain firms, those adept at tracking new technology, tend to prosper and grow at the expense of other; growth confers further advantages, while decline compounds the difficulties. Over time, then, there would be a tendency for concentration even in an industry initially composed of equal-sized firms. The protection of intellectual property or sunk costs may given innovators some temporary market power and rewards for innovation, but skilful and aggressive imitators tend to drive prices to costs unless the innovator can successfully retain a first

---

[504] Dieser Verweis hier nur, um generell deutlich zu machen, daß die Wettbewerbspolitik den Terminus Marktversagen kennt und akzeptiert. Olten 1995: 73. Zum Marktversagen ausführlicher weiter unten.
[505] Streit 1991: 52; mit anderen Worten: "zwischenzeitlich vergleichsweise hohe Gewinne" werden akzeptiert, diese müssen aber von "nachstoßenden Wettbewerbern wieder 'wegkonkurriert' werden können". So: Zeppernick 1987: 30.
[506] "What is needed for technological progress is a subtle blend of competition and monopoly, with more emphasis in general on the former than the latter, and with the role of monopolistic elements diminishing when rich technological opportunities exist." Scherer/Ross 1990: 660.
[507] Streit/Wohlgemuth 1999: 13.
[508] Auf diese prinzipielle Unsicherheit die durch die Abkehr vom neoklassischen Ideal entsteht weist treffenderweise bereits hin: Chamberlin 1950: 86.
[509] "Where imitations are easy or patent protection imperfect, smaller incumbants and entrants will tend to make the major innovations and the dominant firm will find it profitable to follow through imitations. As a result, rather than a simple link between market structure and firm sizes on the one hand and with the rate of innovative activity on the other, the economic reality seems to support a more complex relationship. Both the dominant firm and its smaller competitor have the incentive to develop innovations that will also significantly benefit the other firm's cost structure provided that competitor licensing is permitted by antitrust authorities and the licensing income is sufficiently high to permit the licensor to face a more efficient rival." Hildebrand 2002: 168.

mover status for several subsequent technological advances. Thus, in general, it is not evident that a concentrated market structure as such tends to necessarily stimulate innovation or that it plays a role at all stages of the product cycle."[510]

Als Ziel der Europäischen Wettbewerbspolitik wird die Wissens- und Technologiediffusion eigenständig neben dem Wettbewerb, der Innovation stimulieren soll, genannt. Es wird aber nicht ganz so weit gegangen wie hier im Text, denn genauso wird betont, daß Technologie in der Hand von Firmen eine wichtige Erfolgsbedingung ist: "Generally speaking the aim of EC competition policy is to pursue an active and effective role in promoting technological development, firstly by ensuring that there is a climate of free enterprise among firms that is conducive to innovative behaviour, and secondly by establishing conditions that favour the dissemination of technology."[511]

Daß die EU Wettbewerbspolitik das Ziel der Wissensdiffusion nicht ganz vergißt, wird aber daran deutlich, daß bei problematischen Zusammenschlußverfahren etwa, als Abhilfe beschlossen wird, daß in Oligopolen dem fortan schwächeren Wettbewerber eine F&E Einrichtung und bestimmte Lizenzen für Technologie eingeräumt werden.[512] Oder es werden gemeinsame Forschungsprojekte erlaubt, die zu Technologietransfer zwischen Firmen führen.[513]

Der Staat läßt sich bei Eucken gleichermaßen als stark und als begrenzt charakterisieren.[514] Gerade um den Staat frei von Einflüssen der Wirtschaft zu halten, sollten Eingriffe des Staates nur in begründeten Ausnahmefällen erfolgen.[515] Eine Lenkung der Wirtschaft sollte nicht erfolgen.[516] Stark sollte der Staat gegenüber Interessengruppen auftreten.[517] Nicht zuletzt aufgrund der Diffusion privater Macht durch den Markt wird erwartet, daß auf diese Weise sowohl eine von privatwirtschaftlichen Interessengruppen gleichermaßen unbeeinflußte Demokratie[518] und Wirtschaftspolitik[519] erhalten

---

[510] Hildebrand 2002: 169.
[511] Allerdings wird ebenso das Wissen- bzw. Technologie als wichtige Ressource der Firmen betont. Damit wird der alleinige Wert der Wissensdiffusion abgeschwächt. Weiterhin wird aber angemerkt, daß Technologie als Markteintrittsbarriere wirken kann. Hildebrand 2001: 18. Bezüglich Eucken und seiner Betonung von Wissensdiffusion hält sich Hildebrand (2002) zurück. Nur der folgende Satz könnte so gedeutet werden, daß er auf die Bedeutung von Wissensdiffusion hinweist: "Moreover, depending on the configuration ot the other factors conditioning competition, market power may be diffused even if the market tends toward oligopoly or even monopoly." Hildebrand 2002: 158.
[512] Du Pont/ICI. Entscheidung der Kommission, 30.9.1992. In: ABl. L 7/13, 13.1.1993. Du Pont/ICI erhöhen ihren Marktanteil in Europa auf 43 %, mehr als zweimal soviel wie der nächste Wettbewerber: Rhone-Poulenc/SNIA. Darüberhinaus hatten sowohl Du Pont als auch ICI mehr in F&E investiert als ihre Wettbewerber. Die Kommission entscheidet daraufhin, daß ein Dritter Anbieter von Du Pont/ICI eine Forschungs- und Entwicklungsabteilung auf dem Qualitätsstand eigener Einrichtungen eingerichtet bekommt, die zur Hälfte zudem mit dem Personal von Du Pont/ICI ausgestattet wird. Ebenso sollte Verkaufspersonal angeregt werden, bei dem Dritten Unternehmen zu arbeiten. Schließlich wird ein Warenzeichen exklusiv an den Dritten ohne Kosten lizensiert bzw. übertragen. Siehe dort: S. 22-23. In einer Entscheidung der japanischen Wettbewerbsbehörde, der Fair Trade Commission, wurde die Technologieweitergabe im Stahlbereich eingefordert. Scherer 1994: 73.
[513] Bellamy/ Child 2002: 314-326. Siehe z.B. Bayer/BP Chemicals. Entscheidung der Kommission, 5.5.1988. In: ABl. L 150/35, 16.6.88.
[514] Streit/Wohlgemuth 1999: 6. Zeppernick 1987: 68, 70. Vgl. auch Eucken 1952: 329.
[515] Eucken 1952: 255, 327-337.
[516] Eucken 1952: 336.
[517] Eucken 1952: 238, 328.
[518] Vor allem Monopole und sonstige Zusammenballungen wirtschaftlicher Macht beeinflussen die Willensbildung des Staates. Eucken 1952: 53.

werden kann.[520] Einzelne Instrumente, etwa Subventionen, Einfuhrverbote, Preiskontrollen, Zwangsmonopole, sollten gar nicht angewandet werden, weil sie unvereinbar sind mit dem Preismechanismus und der Wettbewerbsordnung.[521] Nur Zölle sollte die Außenhandelspolitik anwenden, weil diese partiell noch den Preismechanismus zulassen. Ziel sollte aber der Abbau der Zölle sein, um vollständige Konkurrenz zu etablieren. Und zwar nicht nur, um Kartelle und rentenartige Einkommen zu verunmöglichen, sondern auch um eine Verzerrung einzelner Produktpreise zu verhindern, die das gesamte Gefüge der Produktion verändern.[522] Staatliche Institutionen, etwa die Wettbewerbskontrolle sollten unabhängig sein und bestimmten Regeln folgen.[523] Darüberhinaus erstreckt sich der Begriff einer "positiven Wirtschaftsverfassungspolitik" nicht nur auf das Wettbewerbsrecht und die schon oben genannten Rechtsinstitute, sondern auch auf eine stabilitätsorientierte Geld- und Kreditpolitik (mit Zentralbank).[524] Am Rande sei hier darauf hingewiesen, daß heutzutage von der Aufrechterhaltung von Wettbewerb auch eine makroökonomisch wirksame inflationsbekämpfende Wirkung erwartet wird.[525] Zudem sollte eine einheitliche Haltung in der Wirtschaftspolitik nicht nur Gesetzgebung, sondern auch Rechtsprechung und Verwaltung prägen.[526] Der Staat hält somit die Rahmenbedingungen aufrecht, beschränkt sich in seinen Politikoptionen, widmet sich aktiv einer Politik der Öffnung für den Wettbewerb, und übernimmt schon damit, und zusätzlich durch die Wettbewerbskontrolle, die Rolle eines "fairen Schiedsrichters".[527] Durch eine progressive Einkommenssteuer soll der Verteilungsprozeß in einem sozialen Sinne korrigiert werden, ohne daß aber die Investitionsbereitschaft nachläßt.[528] In einem speziellen Fall von inversem Angebotsverhalten, werden staatliche Korrekturmaßnahmen, Minimallöhne, toleriert, wenn Löhne immer weiter sinken und das Angebot weiter steigt.[529] Schließlich darf der Staat bei externen Effekten ("Rückwirkungen") eingreifen, bei gesundheitlichen Schäden durch Umweltverschmutzung und bezüglich Arbeiterschutz, denn es ist nicht im

---

[519] Monopole und sonstige Zusammenballungen wirtschaftlicher Macht versuchen die wirtschaftspolitische Willensbildung des Staates zu beeinflussen und sich durch Zölle, Einfuhrverbote, Devisenbewirtschaftung zu schützen, um ihre Position zu erhalten. Gegen diese Rentensuche wehrt sich Eucken 1952: 238. Ebenso abgelehnt wird es, wenn solche Unternehmen eine verbraucherfeindliche Preispolitik betreiben oder eine unternehmensfeindliche Nachfragemacht ausüben können. Dagegen ist eine umfassende Wettbewerbs- und Kartellpolitik nötig und eine auf diese Gefahren abgestimmte Patentpolitik. Eucken 1952: 50, 53, 175-177, 183, 221, 238, 267-268. Ist dies vorhanden, werden sich auf die Oligopole "annähernd so benehmen wie im Falle der Konkurrenz". Vgl. Eucken 1952: 299.
[520] Die Argumentation von Eucken geht noch ein Stück tiefer: Er zitiert Kant, der Handlungsfreiheit als Vorbedingung für moralische Handlungen ansieht. Eucken 1952: 176. Darauf weisen hin: Streit/Wohlgemuth 1999: 5.
[521] Eucken 1952: 255.
[522] Eucken 1952: 266.
[523] Eucken 1952: 294.
[524] Eucken 1952: 254-270; die Geldpolitik mit dem Ziel der Geldwertstabilität wurde vor allem von der deutschen Bundesbank verfolgt, daneben war es einzig die schweizerische Nationalbank, die ein solches Ziel konsequent verfolgt. Alle anderen Zentralbanken visierten zwischendurch auch den Wechselkurs mit ihren Steuerungsinstrumenten an. Selbst die deutsche Bundesbank läßt Überschreitungen der Geldmengenziele speziell in den Jahren zu, in denen Aufwertungstendenzen bestanden. Bofinger et al. 1996: 272-279. Insgesamt gesehen haben sich aber fast alle Zentralbanken dem Ziel der Geldwertstabilität bzw. Preisstabilität verpflichtet, wiewohl dieser Begriff inhaltlich nicht konkretisiert wird. In der Praxis bedeutet dies oft eine Ausrichtung der Geldpolitik auf ein bestimmtes Inflationsziel. Bofinger et al. 1996: 11-17. Der trade-off der Inflationsbekämpfung gegenüber dem Ziel der Bekämpfung der Arbeitslosigkeit wird ebenso beschrieben in Bofinger et al. 1996: 27-31.
[525] Przyblyla/Roma 2005: 7.
[526] Eucken 1952: 306-307.
[527] Zeppernick 1987: 70.
[528] Eucken 1952: 301.
[529] Eucken 1952: 303-304.

Gesamtinteresse, wenn die Gesundheit der Arbeiter durch die Arbeitsbedingungen gefährdet wird. Dann darf die Planungsfreiheit der Betriebe begrenzt werden.[530]

Diese engen Bedingungszusammenhänge, bei dem wirtschaftliche und politische Institutionen gleichzeitig unterschiedliche Funktionen ausüben, wobei sie in ein Netz von Rahmenbedingungen eingebettet sind, daß auf ähnliche Weise das Erreichen multipler Ziele stützt, werden von der ordoliberale Theorie als Interdependenz der Ordnungen[531] bezeichnet. Anders formuliert: Wirtschaftspolitische Grundfragen können nicht willkürlich beantwortet werden, sondern die effektive Funktion aber auch die normativen Ziele setzen eine bestimmte, nicht in bezug auf die Elemente dieser Ordnung frei veränderbare Abstimmung der Regeln aufeinander voraus, die "sachnotwendige Zusammenhänge" zueinander aufweisen.[532] Wenn eine ungeschickte Änderung erfolgt, ergeben sich Tendenzen zu unerwünschten Ordnungstypen, wie etwa der Zentralverwaltungswirtschaft.[533] Wie oben schon angedeutet, impliziert dies keinesfalls einen allwissenden und überall präsenten Staat, sondern einen solchen, der der privaten Wirtschaft Freiräume offenhält und eben nur im, womöglich wettbewerbspolitisch motivierten, Ausnahmefall interveniert.[534]

Ein weiteres wichtiges Prinzip Euckens, daß schon mehrfach implizit in den Formulierungen enthalten war, ist das der Konstanz der Wirtschaftspolitik. Um maximale Investitionshöhen zu erreichen, und Fluktuationen wirtschaftlicher Abläufe zu vermeiden, die seit Keynes zum zentralen Problem geworden sind, wird eine langfristig stabile Wirtschaftspolitik vorgeschlagen.[535] Diese mache nach Ansicht von Eucken eine Konjunkturpolitik unnötig.[536]

Einem weiterer wichtiger Aspekt gesellschaftlicher Machtbalance, der gleichzeitig wichtige Verbindungen mit dem wirtschaftlichen Wachstum und dem sozialen Ausgleich hat, wird in der Sekundärliteratur nicht gerade eine herausragende Stellung eingeräumt.[537] Zu einer Wettbewerbsordnung und Wirtschaftsverfassung gehören für Walter Eucken die Gewerkschaften hinzu, weil sie ebenfalls für einen Machtausgleich zwischen Akteuren sorgen und ein Gegengewicht zur Macht der Unternehmer bilden.[538] Zudem vergrößern sie den Anteil der Arbeiter am

---

[530] Eucken 1952: 302.
[531] Es geht nicht um Wirtschaft oder Politik, sondern darum zu erkennen, in welcher speziellen Art und Weise die Wirtschaft auf die Politik bezogen ist, und welche wirtschaftlichen, rechtlichen und politischen Ordnungsformen sich entwickeln sollten, um auf sämtlichen Ebenen unerwünschten Tendenzen entgegenzuarbeiten. Zentrales Moment ist hier bei Eucken, daß ein massiver Eingriff des Staates in die Wirtschaft sich hin zu einer Zentralverwaltungswirtschaft entwickelt, in der die Freiheit des Menschen, zu der auch die der wirtschaftlichen Betätigung zählt, aufgehoben wird. Auf der anderen Seite besteht die Gefahr, daß die Wirtschaft zuviel Macht erhält, die Märkte monopolistisch und wettbewerbsfeindlich umgestaltet und dadurch ebenfalls die individuelle Freiheit und Demokratie obsolet gemacht werden. Vgl. Eucken 1952: 21, 126.
[532] Eucken 1952: 342.
[533] Eucken 1952: 333.
[534] Streit/Wohlgemuth 1999: 6.
[535] Eucken 1952: 252. Siehe aus heutiger Sicht: Hamm 2000.
[536] Eucken 1952: 311.
[537] Streit/Wohlgemuth 1999: 18-20. Erst auf Seite 291 wird die Tarifautonomie im Kontext anderer Verbände erwähnt in Streit 1991. Vgl. aber die Diskussion dieses Punktes von Rieble 2000. Gegen das Streikrecht spricht sich etwa aus: Hayek 1971: 343.
[538] Eucken 1952: 46, 322. Dies steht im Einklang mit der Sicht des Bundesverfassungsgerichts, daß die Gewerkschaften eine strukturelle Unterlegenheit des Arbeiters bei der Aushandlung seines Arbeitsvertrags ausgleichen können. Dazu Rieble 2000: 201-202.

Sozialprodukt.[539] Eucken bleibt insofern skeptisch gegenüber den Gewerkschaften, weil sie ihre Macht auch destruktiv einsetzen können und appelliert an ein konstruktives Verhalten der gewerkschaftlichen Führungspersönlichkeiten, weil er es nicht gerne sieht, daß der Staat als Schlichter auftritt oder sogar andere Maßnahmen ergreifen muß.[540] Diese Machtstellung der Gewerkschaften spiegelt sich nicht nur in der deutschen Verfassung als Grundrecht auf Koalitionsfreiheit wieder, daß sich im übrigen auch auf die Arbeitgeberverbände erstreckt und umsomehr eine starke Stellung der Gewerkschaften begründet erscheinen läßt.[541] Fast wortgetreu wird dies vom Bundesverfassungsgericht bis heute genauso gesehen.[542] Schließlich bleiben bei Eucken auch Arbeiterschutz[543], Arbeitszeitbegrenzungen, Mindestlöhne[544], Sozialversicherungen[545], Betriebsräte[546], eine progressive Besteuerung[547] und Sozialpolitik nicht unerwähnt.[548] Sozialpolitik wird dabei aber nicht unbedingt mit Verteilungspolitik und dem, stark umstrittenen, Wert der Gerechtigkeit gleichgesetzt. Ein großer Anteil der Sozialpolitik wird von Eucken plausiblerweise als identisch mit der Politik der Ordnung der Wirtschaft ("Es gibt nichts, was nicht sozial wichtig wäre"[549]) angesehen. Damit löst sich Sozialpolitik von der gemeinhin angenommen Nähe zu Interventionen in das Wirtschaftsgeschehen, sondern wird über weite Strecken gleichbedeutend mit der aktiven und passiven Aufrechterhaltung der dynamisch ordoliberalen Wettbewerbsordnung. Gelingt dies, hat der Staat schon einen Hauptteil seiner sozialpolitischen Hausaufgaben gemacht.[550] Daß diese These zumindest partiell überzeugend ist, wird nicht zuletzt daran sichtbar, daß zur Wettbewerbsordnung auch die Koalitionsfreiheit mit ihren kaum zu leugnenden gerechtigkeitsfördernden Verteilungsfolgen gehört. Dieser Schwerpunkt der ordoliberalen Politik wird, obwohl es sich bei der Koalitionsfreiheit um ein weltweit anerkanntes Prinzip handelt, nicht selten, zusammen mit anderen Politiken, insbesondere in bezug auf die deutsche Ausformung der sozialen Marktwirtschaft kritisiert. Mit der Diskussion um das aber keineswegs eindeutig ausmachbare Spannungsfeld zwischen Gerechtigkeit und wirtschaftlicher Effizienz kann sich hier nicht beschäftigt werden.[551]

---

[539] Weitere Gründe für eine verbesserte Stellung der Arbeiter war die Auflösung des Nachfragemonopols von Firmen durch die Verbesserung des Verkehrs. Eucken 1952: 44, 46, 322.

[540] Zu den anderen Maßnahmen zählt auch die Beschränkung der monopolistischen Gewerkschaftsmacht. Eucken 1952: 214, 217, 322-324. Insofern ist es falsch zu sagen, daß Eucken nicht über ein Korrektiv der Gewerkschaftsmacht verfügt. Dies wird ihm vorgeworfen von Rieble 2000: 201. Eucken kritisiert sogar, daß Gewerkschaften den Staat schwächen, aber nur in Bezug auf erweiterte Kompetenzen von Gewerkschaften, die etwa die Handelspolitik mitbestimmen. Eucken 1952: 328.

[541] Die Leistungen der Gewerkschaften werden begrüßt, da sie ein Gleichgewicht zwischen den beiden Partnern, Unternehmen und Arbeiter herstellen. Übermäßigen, destruktiven Druck sollten Gewerkschaften allerdings nicht ausüben, auch nicht auf ihre eigene Klientel, etwa durch Koalitionszwang. Eucken 1952: 48, 303-322.

[542] Rieble 2000: 201-202. "Tarifautonomie ist darauf angelegt, die strukturelle Unterlegenheit der einzelnen Arbeitnehmer beim Abschluß von Arbeitsverträgen durch kollektives Handeln auszugleichen und damit ein annähernd gleichgewichtiges Aushandeln der Löhne und Arbeitsbedingungen zu ermöglichen." Rieble 2000: 202. Vgl. auch Geue/Weber 1998.

[543] Eucken 1952: 302-303.

[544] Im Kontext einer Arbeitsmarktpolitik, die von zuviel Angebot geprägt ist, werden diese Optionen diskutiert von Eucken 1952: 304.

[545] Eucken 1952: 319.

[546] Eucken 1952: 320.

[547] Mit dem Vermerk, daß dadurch die Investitionstätigkeit nicht allzustark beeinträchtigt werden darf. Eucken 1952: 301.

[548] Vgl. Eucken 1952: 9-12, 30, 258, 254-255, 267.

[549] Eucken 1952: 313.

[550] Eucken 1952: 304.

[551] Ausführlich Streit 1988; Cassel/Rauhut 1998; Paraskewopoulos 1998.

3. Zusammenfassung

Der ordoliberale Ansatz befaßt sich mit der Analyse der Vielschichtigkeit der Wirkung unterschiedlicher wirtschafts- und handelspolitischer Instrumente, Rechtsprinzipien und Institutionen, die in bezug auf relativ eigenständig operierende Bereiche, dem Markt und den Wettbewerb, gesehen werden. Aufgepaßt wird dabei, daß sich die Regeln und Ansprüche nicht gegenseitig im Weg stehen und darauf, daß sie sich in der Wirkung möglichst gegenseitig verstärken, um das Wachstum zu verstärken und die Notwendigkeit von staatlichen Interventionen zu verringern oder gar unnötig zu machen. Deutlich wird die Vielschichtigkeit der Wirkungen der rechtlichen Rahmenbedingungen für das Wirtschaftsgeschehen an den unterschiedlichen Funktionen, die dem Markt zugesprochen werden. Das Wettbewerbsrecht stärkt mit der Bekämpfung von Monopolen und der Kontrolle bestimmter Verhaltensdimensionen enger Oligopole den Markt in seinen Funktionen und somit das Erreichen normativ begründbarer Ziele. Der Markt verringert durch den Preiswettbewerb die Marktmacht der Wirtschaftteilnehmer. Durch den vom Markt ausgelösten Wettbewerb wird das Produktivitätswachstum beschleunigt und Anreize für die Innovationstätigkeit bereitgestellt. Die zu einem gewissen Grad vorhandene und erwünschte Verbreitung von Wissen stützt zum Teil ebenfalls diese Ziele, indem sie die Anpassungsfähigkeit der Unternehmen fördert. Die Anpassungsfähigkeit der Unternehmen wird aber auch durch Vorsprungsgewinne und sonstige erfolgreiche Marktstrategien ermöglicht. Durch funktionsfähige Märkte wird weiterhin die privatwirtschaftliche Freiheit der Individuen erhalten, die demokratische staatlicher Willensbildung vor privaten wirtschaftlichen Machtkonzentrationen geschützt und auch das Erreichen sozialpolitischer Wohlfahrtsziele ermöglicht. Wichtige Prinzipien dieser Wirtschaftsverfassung sind Privateigentum und ein stabiler, starker Staat mitsamt Rechtssystem und Institutionen.

Insgesamt gesehen läßt sich erst durch ein Zusammenwirken sämtlicher dieser Aspekte ein verkehrswirtschaftliches Wirtschaftssystem begründen und sein langfristig effizientes Funktionieren erwarten. Damit diese Ziele sämtlich erreicht werden können bzw. die Funktionen nicht gefährdet wird, müssen die für die Marktordnung grundlegende Rechtsprinzipien partiell durchbrochen werden, so wird die Gültigkeit der Vertragsfreiheit durch das Wettbewerbsrecht eingeschränkt.[552]

Die von Walter Eucken in der hier vorliegenden Darstellung seiner Theorie herausgehobenen Wirkungszusammenhänge lassen sich für die Industrieländer, teils auch empirisch, nachzeichnen. So ist es unumstritten, daß die Wirtschaftsverfassungen der Industrieländern, die zwar keinen absoluten, aber doch relativ weitgehenden Schutz des Eigentums und der Vertragsfreiheit ermöglichten, wachstumsförderlich gewirkt haben. Dieser Beitrag ist aber schwer mathematisch zu messen. In

---

[552] Vertragsfreiheit stellt zwar eine der Grundlage des rechtlichen Rahmens dar, der die wirtschaftlichen Aktivitäten ermöglicht, sie ist aber nicht absolut, erstreckt sich beispielsweise eben nicht auf Verträge zur Abschaffung der Konkurrenz, also solche die unter das Kartell- oder Wettbewerbsrecht fallen. Ebenso werden die Unternehmen durch Arbeiterschutzgesetze in ihrer Vertragsfreiheit beschränkt. Eucken 1952: 276-279, 303.

Untersuchungen, die sich dieser Frage widmen, kann vorerst nur gezeigt werden, daß Inflation sich klar negativ auf die Investitionsneigung wirkt.[553]

Wiewohl die Marktpreisbildung sich in einigen Sektoren nicht genau nach den Vorstellungen der Neoklassik abspielt, kann empirisch gezeigt werden, daß die Märkte ein wirksames Instrument im Sinne Euckens sind. Empirisch kann gezeigt werden, daß die Wissensdiffusion eine wichtige Rolle einnimmt, wenn es darum geht, den Wettbewerb aufrechtzuerhalten und zwar ohne daß dies Vorsprungsgewinne verunmöglicht. Die Charakterisierung der modernen Wirtschaft als flexibel und anpassungsfähig stimmt noch heute mit den Beobachtungen Walter Euckens überein. Zu diesen Punkten in den Abschnitten 'C' und 'E' mehr.

Aufgrund dieser Überlegungen kann sich einem 'institutional consensus' angeschlossen werden, der annimmt, daß es sowohl für die Industrie- als auch Entwicklungsländer unerläßlich ist, über einen starken Staat zu verfügen, der eine Wirtschaftsverfassung rechtlich durchsetzt, die Eigentumsrechte schützt, einen Markt ermöglicht sowie über wettbewerbspolitische Absicherungen dieses Wirkungszusammenhangs verfügt. Dieser Konsens schließt ein interventionistisches, zentral verwaltetes Wirtschaftssystem aus. Präjudiziert wird die Art und Weise und der Grad möglicher staatlicher Eingriffe in das Marktgeschehen zwar der Tendenz nach, aber nicht vollständig.[554]

Mit ihren Argumenten unterscheidet sich die ordoliberale Ordnungstheorie von liberalen Ansätzen, die nur einzelne liberale Rechtselemente herausheben und diese nicht in Beziehung zu gesellschaftlichen Werten und zum gesamten wirtschaftlichen Marktgeschehen mit seinen möglicherweise auch destruktiven und selbstzerstörerischen Dynamiken setzen. Im Extremfall wird sich in solchen liberalen

---

[553] Veränderungen der Profitabilität stehen damit nicht im Zusammenhang. Es wird aber diskutiert, ob hohe Inflation nicht für weitere Aspekte staatlichen Versagens steht und umgekehrt, stabile liberale Politiken Investitionen anziehen. Pindyck/Solimano 1993: 297, 315.

[554] Dazu die Weltbank im Weltentwicklungsbericht 1997: "The consequences of an overzealous rejection of government have shifted attention from the sterile debate of state versus market to a more fundamental crisis in state effectiveness. In some countries the crisis has led to outright collapse of the state. (...) But the lesson of a half-century's thinking and rethinking of the state's role in development is more nuanced. State-dominated development has failed, but so will stateless development. Development without an effective state is impossible." World Development Report 1997: 25. Dieser effektive Staat muß dabei erst einmal grundlegende Funktionen etablieren und erfüllen, darüber hinaus sind aber, unter bestimmten Bedingungen, aber weitergehende Aufgaben lösbar, sogar im Rahmen der Industriepolitik und dem Korrigieren von Marktfehlern. Inwiefern diese weitergehenden Aufgaben tatsächlich vom Staat erfolgreich anzugehen sind, wird hier versucht anhand von empirischen Untersuchungen genauer zu bewerten. Siehe dazu weiter unten. Hier noch ein zentrales Zitat aus dem Bericht der Weltbank: "Countries with low state capability need to focus first on basic functions: the provision of pure public goods such as property rights, macroeconomic stability, control of infectious diseases, safe water, roads, and protection of the destitute. In many countries the state is not even providing these. Recent reforms have emphasized economic fundamentals. But social and institutional (including legal) fundamentals are equally important to avoid social disruption and ensure sustained development. Going beyond these basic services are the intermediate functions, such as management of externalities (pollution, for example), regulation of monopolies, and the provision of social insurance (pensions, unemployment benefits). Here, too, the government cannot choose whether, but only how best to intervene, and government can work in partnership with markets and civil society to ensure that these public goods are provided. States with strong capability can take on more-activist functions, dealing with the problem of missing markets by helping coordination. East Asia's experience has renewed interest in the state's role in promoting markets through active industrial and financial policy" World Development Report 1997: 26-27. Selbst China kann hier nicht als Gegenbeispiel verwendet werden. Auch wenn z.B. in China ein System der Zentralverwaltung teilweise erfolgreich war (mit hoher Belastung für die Landwirte), ist es weder ausgeschlossen, daß eine frühere Einführung privater Eigentumsrechte diesen Erfolg noch gesteigert hätte, noch ist es umstritten, daß es heute sinnvoll ist, private Eigentumsrechte einzuführen. Eine Einführung von Eigentumsrechten bedeutet zudem nicht unbedingt eine Privilegierung großer Konzerne, sondern kann sogar gegen sie gerichtet sein, etwa bei einer Landreform. Todaro 1997: 305-308.

Ansätzen bewußt einer evolutorischen Offenheit verschrieben, obwohl diese das Potential haben demokratische Errungenschaften aufzuheben und die Art und Weise des Wettbewerbs extrem zu verändern.[555] Diese Neugier auf völlig veränderte gesellschaftliche Umstände wird in dieser Arbeit nicht geteilt.

Fazit: diesen ordoliberalen Erwägungen folgend sollte eine Wirtschaftspolitik und auch die rechtliche Ausgestaltung einer Wirtschaftsordnung angestrebt werden, die auf folgende Prinzipien aufbaut:

- ein frei wirksames Preissystem und freie Märkte sollen die wirtschaftlichen Entscheidungen lenken
- der Zugang zu Märkten soll offen sein, auch für ausländische Wettbewerber
- Zölle werden in deutlicher Art und Weise vor anderen Instrumenten, etwa Einfuhrverbote, vorgezogen, weil sie das Preissystem aufrechterhalten
- Vertragsfreiheit, Privateigentum sind, wiewohl Abwägungen gegenüber anderen Rechten möglich sind, geschützt
- das Prinzip der Konstanz der Wirtschaftspolitik erhält hohe Investitionsniveaus
- ein starker Staat soll, unabhängig von Interessengruppen, die Wirtschaftsverfassung sichern und gegen inakzeptable wirtschaftliche Machtstellungen und Eingriffe in das Preissystem mit dem Wettbewerbsrecht vorgehen
- Interventionen in den Marktprozeß sollen systemkonform erfolgen und nur in eng begrenzten Ausnahmefällen genutzt werden. Subventionen, Preiskontrollen, Zwangsmonopole sollten möglichst nicht genutzt werden[556], denn interventionistische Politiken führen zu politischen Veränderungen bis hin zu einer ineffizienten Zentralverwaltungswirtschaft
- als Machtausgleich gegenüber den Unternehmen steht den Arbeitern die Koalitionsfreiheit zu, dies führt, zusammen mit einer progressiven Besteuerung, mit zur Erreichung sozialer Zielsetzungen
- die Werte der Demokratie, des sozialen Ausgleichs und die im Rahmen von Abwägungen geschützten individuellen Freiheitsrechte werden zusammen mit einer überlegenen Effizienz nur in einer marktwirtschaftlichen Ordnung erreicht, wobei jedem dieser Aspekte gleichermaßen eine Bedeutung beikommt, sodaß eben nicht nur der Eigentums-, Vertrags-, oder gar Außenhandelsfreiheit Beachtung finden sondern auch der Effizienz eine großes Gewicht zukommt, sodaß dann, wenn Effizienz- und Wohlfahrtssteigerung nicht optimal gelingt, ggf. auch private Freiheitsrechte in Frage gestellt werden können, ohne daß aber die wichtigen Prinzipien dieses Ansatzes dadurch in Frage gestellt werden dürfen.[557]

---

[555] Einige liberale Autoren begrüßen den Wettbewerb nicht weil er Wohlstand ermöglicht, sondern weil eine Evolution gesellschaftlicher und politischer System nach sich ziehen wird. Darunter gibt es Autoren, die sogar die direkte Parallele zur Evolution in der Natur ziehen, als ob damit bereits bewiesen wäre, daß der Mensch es genauso machen müßte. So Schwintowski 1996: 166-167. Die spontan entstandenen, evolutorischen Ordnungen werden betont, im Gegensatz zum zweckmäßig gesatzten Recht, von Hayek 1971: 77. Die weisen Gesetzgeber sollten diese evolutorisch entstandenen Regeln, ohne weitere Fragen zu stellen, übernehmen. Vgl. Streit/Wohlgemuth 1999: 9-10.
[556] Ähnlich: Molsberger/Duijm 1997: 551; Oberender 1989: 322; Gerken/Renner 2000: 19.
[557] Liberal orientierte Autoren behaupten, daß es Eucken vor allem um die individuellen Freiheitsrechte geht, sodann wird postuliert, daß auf den Effizienzmaßstab bei der Bewertung von ordnungspolitischen Grundsätzen verzichtet werden muß, weil, dies habe Hayek gezeigt, im konkreten Fall nicht erkannt werden kann, welchen Anteil sie an der Effizienzerzeugung haben. Deshalb sollten nur die individuellen Freiheitsrechte geschützt werden und auf eine Politik verzichtet werden, die bewußt versucht Effizienz zu befördern. Gerken/Renner 2000: 16, 30-31. Siehe in bezug auf den internationalen Handel Gerken 1999: 46-53. Dort wird etwa, unter Ablehnung von Effizienzargumenten,

Drei Aspekte sind weiterhin zu beachten und nicht von der ordoliberalen Theorie zu trennen:

3.1 Vorraussetzungen für das Funktionieren der ordoliberalen Theorie

Die ordoliberale Theorie Euckens basiert auf einer konkreten Analyse der Struktur, der Fähigkeiten, der Hintergrundbedingungen und der Wettbewerbsprozesse der modernen Wirtschaft, wie sie in den USA und Europa in dieser Zeit faktisch vorlagen. Auf dieser Analyse basierend werden liberale Thesen formuliert. Anders formuliert: Beim Abweichen und Fehlen solcher Vorraussetzungen, die beispielsweise für bestimmte Entwicklungsländer diagnostiziert werden können, beispielsweise fehlende Wissensdiffusion, unter anderem beispielsweise durch ein mangelhaftes Bildungssystem, sonstiges Marktversagen oder strukturelle Defizite bei den Kapitalmärkten[558], ist denkbar, daß die ordoliberale Analyse und die Vorgaben für eine Wirtschaftsverfassung in einigen Punkten anders ausgefallen wäre: Zum Beispiel kritisiert Eucken ein zu strenges Patentsystem, weil es die Wissensdiffusion bremst, die als wichtig angesehen wird, um die Anpassungs- bzw. Innovations- und Imitationsfähigkeit zu erhalten. Als Vorraussetzungen für das Funktionierung einer ordoliberaler Wirtschaftsverfassung sind somit wenigstens die folgenden Punkte zu nennen, die allesamt zu einem Wettbewerbsprozess führen, der durch vollständige Konkurrenz geprägt sein soll:

Anpassungsfähigkeit der Firmen also die Möglichkeit zu Innovation und Imitation, wird gestützt durch die Informationen durch die Marktpreisbildung, durch das Bildungssystem und ein funktionierendes Bankwesen. Und durch eine faktisch vorhandene, aber auch rechtlich nicht verunmöglichte, relativ gut funktionierende Diffusion des technischen Wissen und eine Wettbewerbspolitik, die das Entstehen

---

sondern nur anhand einer Diskussion von Handelsregeln, die die Wirtschaftsordnung bestimmen sollen, ein individuelles Freiheitsrecht darauf Güter aus dem Ausland zu importieren und Güter in das Ausland zu exportieren vorgeschlagen, nicht aber das Recht ausländischer Exporteure in das Inland zu importieren. Gerken 1999: 218. Oben konnte dagegen gezeigt werden, daß Eucken mit seinem Ansatz auf mindestens zwei Werten Demokratie und einer fairen Machtverteilung, soziale Zielerreichung sowie einem Kriterium, nämlich Effizienz basiert. Nun wird von den Autoren selbst eingeräumt, daß das Effizienzkriterium sehr wohl eine zentrale Rolle bei Eucken spielt, angezweifelt wird aber die Möglichkeit dies, über den ordoliberalen Rahmen hinaus, in konkrete Handlungsrezepte umzusetzen. Diese theoretischen Schwerpunkte resultieren aus der Abwendung der liberale Ökonomik von dem "Paradigma der gesellschaftlichen Maximierung" hin zum "Paradigma der gesellschaftlichen Koordinierung". Stellt man letzteres absolut in den Mittelpunkt, interessieren nur noch normative Rechte und Verfahren, so etwa bei Brennan/Buchanan (1993), nicht mehr Effizienz und soziale Wohlfahrt. So wird der Abbau von Handelsschranken nicht mehr durch Effizienz begründet, sondern als einen Vorgang schierer normativer Notwendigkeit. So argumentiert Buchanan. In: Hohmann/Pies 1996: 235. Aber warum? Denn ordnungspolitisch fragwürdige Politiken werden oft wegen ihrer mangelnden Effizienz kritisiert, und im Einzelfall könnte es durchaus so sein, daß ein Teilaspekt ordoliberaler Politik kritisiert wird, wenn er zu klar erkennbar ineffizienten Folgen führt. Weiterhin ist es unangebracht, Effizienz nur aus "dem Freiheitsrecht der Menschen" (Gerken/Renner 2000: 31) resultierend zu erachten. So führt die staatliche Regulierung einer sozialen Absicherung zu Effizienzeffekten, durch Sicherheit, Bildung, Gesundheit, sie kompensiert für eingegangene Risiken und stellt Anreize sich wieder am Markt zu beteiligen. Dieser Nexus zwischen sozialen Leistungen und Effizienz wird überzeugend aufgezeigt von Pies 1998: 113-118; Hohmann/Pies 1996: 217-230. Plausiblerweise wird darauf hingewiesen, daß sich soziale Leistungen nicht notwendig mit normativen Argumenten begründen lassen müssen, sondern auch damit, "daß der Markt durch Sozialpolitik produktiv gemacht werden kann" (Herv. durch die Autoren). Hohmann/Pies 1996: 224-225, 227; ähnlich wie hier argumentieren gegen die freistehende Begründung anhand von Freiheitsrechten ohne Beachtung der Effizienz auch Howse/Nicolaidis 2003: 321. Weiterhin bewirkt die demokratische Grundordnung ein Wirtschaftssystem, daß auf abgewogenen Freiheitsrechten beruht, aber auch eine breit akzeptierte Form von Konfliktbearbeitung bereitstellt. So gesehen ermöglich und fördert auch Demokratie Effizienz. Kurz: Der Fokus dieser Arbeit auf Effizienz und nicht primär auf Freiheitsrechten kann hier, unter Anerkennung der anderen Aspekte der ordoliberalen Theorie beibehalten werden.

[558] Wagner 1997: 105; 116; für Indien Bardhan 1984: 37; allgemein Stiglitz 1989: 197-198.

extremer Machtstellungen verhindert. Dadurch etabliert sich ein Wettbewerbsprozess, der den Firmen kurzfristige Vorteile als Belohnung für Investitionen und Innovationen einräumt und langfristig aber zu breit angelegten Produktivitätssteigerungen führt, weil es vielen Firmen gelingt, sich an die neuen Bedingungen anzupassen. Es kommt also unter anderem auf die Fähigkeiten der Firmen an, die in einem bestimmten Grad auch von ihrem institutionellen Umfeld und den sonstigen Anreizen beeinflußt werden.[559] Bezüglich der Marktstruktur wird davon ausgegangen, daß die Betriebsgrößen trotz dem Erreichen einer effizienten Produktion nicht in sehr vielen Fällen zu natürlichen Monopolen führen. Trotzdem sollte die Wettbewerbspolitik versuchen vollständige Konkurrenz im Sinne Euckens zu erhalten. Liegen diese Bedingungen vor, ist gegen Vertragsfreiheit, Eigentumsschutz, Wettbewerbspolitik und auch gegen einen weitgehend freien Außenhandel innerhalb der Ländern, in denen diese Bedingungen vorliegen, wenig einzuwenden. Somit hat:

- Die ordoliberale Theorie verfügt durch die konkreten Beschreibungen wirtschaftlicher Prozesse über die Möglichkeit Marktversagen zu konzipieren, etwa ein unzureichendes Ausbildungssystem und mangelnder Zugang zu Wissen und Kapital.

- Wissensdiffusion hat eine eigenständige Relevanz in der dynamisch ordoliberalen Theorie und führt mehrere Funktionen gleichzeitig aus.

- Das Patentsystem etabliert zusätzliche Innovationsanreize, muß aber die wichtige Funktion der Wissensdiffusion beachten.

3.2 Ordoliberale Theorie und staatliche Interventionen

Eucken lehnt Interventionen des Staates, von wenigen Ausnahmen abgesehen, ab, zumal das Preissystem als Lenkungsinstanz als genügend angesehen, aber auch befürchtet wird, daß ansonsten eine Tendenz hin zur Zentralverwaltungswirtschaft bestehen würde. Eine ähnliche Skepsis hegt Friedrich August von Hayek. Dieser kritisiert die Fähigkeiten des Staates aus einer dezidiert informationstheoretischen Perspektive, und bezweifelt darauf basierend die Lenkungsfähigkeiten politischer Akteure bezüglich der Wirtschaft.[560] Andere ordoliberale Denker sind staatlichen Interventionen nicht gänzlich abgeneigt, solange sie nicht gegen bestimmte Kriterien verstoßen. Kurzum: Sie sollen marktkonform sein. Dies wird nur für wenige Fälle angenommen.[561] Von Röpke (1950) werden folgende Kriterien vorschlagen: "Eingriffe des Staates sollten sich vom Grundsatz leiten lassen, daß sie nach Möglichkeit nicht der schließlich doch unhaltbaren oder nur mit steigenden Opfern durchzusetzenden Erhaltung eines überholten Zustandes (Erhaltungsinterventionen) dienen.

---

[559] Dazu mehr im Abschnitt 'F'.
[560] "Into the determination of these prices and wages there will enter the effects of particular information possessed by every one of the participants in the market process - a sum of facts which in their totality cannot be known be any single brain". Hayek 1974: 4; Streit/Wohlgemuth 1999: 11.
[561] Bei Marktunvollkommenheiten, wenn Verträglichkeit mit Wettbewerbsordnung überprüft wird. Külp 2000: 173. Zeppernick 1987: 57-66. Wissenschaftlicher Beirat 1979.

Sie werden vielmehr um so eher zu billigen sein, je mehr es Ziel ist, lediglich die notwendige Anpassung eines Wirtschaftszweiges an neue Verhältnisse zu erleichtern (Anpassungsintervention)."[562] Weiterhin werden von Autoren Interventionen bei Marktversagen akzeptiert, es wird hier aber nur die Grundlagenforschung genannt und sich gegen eine selektive Forschungs- und Industriepolitik gewandt.[563] Ebenso seien Interventionen dann gerechtfertig, wenn Probleme bei der Steuerung über Märkte und Preise nicht zufriedenstellend gelöst werden können, etwa bei öffentlichen Gütern und externen Effekten. Hier wird aus ordoliberaler Perspektive aber eine skeptische Haltung eingenommen, weil sich mit Rekurs auf diese Argumentation eine Vielzahl von Eingriffen lassen begründen lassen.[564] Wichtig ist weiterhin der folgende Aspekt in bezug auf Marktversagen: Weil der ordoliberalen Theorie keine neoklassischen Idealvorstellungen, sondern eine eher komplexere, wirklichkeitsnahe Vorstellung des Wettbewerbsprozesses zugrundeliegt, kann in Rekurs auf Eucken nicht schon jede Abweichung vom neoklassisch konzipierten vollkommenen Wettbewerb zum Anlaß genommen werden staatliche Interventionen zu fordern. Dies bewirkt schon eine pragmatische Haltung gegenüber den Möglichkeiten, die mit staatlichen Interventionen verbunden werden. Auf der anderen Seite wird der Wettbewerbsprozess, etwa hinsichtlich der Wissensdiffusion aber genau genug beschrieben, daß extreme Nichterfüllungen von Marktfunktionen[565] auch in diesem Bereich Anlaß dazu geben können, über Interventionen nachzudenken. Siehe dazu Abschnitt 'E'. Es folgt daraus:

- Staatliche Interventionen aufgrund von Marktversagen sind im Ausnahmefall denkbar, dürfen aber keinesfalls zu einer Zentralverwaltungswirtschaft führen.

- Für die Interventionen im Ausnahmefall liegen strenge Kriterien vor, sie dürfen etwa nicht aus Gründen der Rentensuche erfolgen. Speziell in den Ländern, in denen das wirtschaftspolitische Umfeld stimmt, ist der Sinn von Interventionen bezweifelbar.

- Der Staat kann Anpassung an veränderte Umstände, die z.B. durch den internationalen Handel erfolgt und bei der Sektoren aufgegeben werden, beschleunigen.

---

[562] Röpke 1950: 58; ähnlich Röpke 1944: 229. Diese Unterscheidung wird bis heute vorgenommen Streit 1998: 191; Molsberger/Duijm 1997: 556.
[563] Zeppernick 1987: 62.
[564] Zeppernick 1987: 18-20, 23-25.
[565] Indizien für die Funktionsfähigkeit von Wettbewerb, auf deren Grundlage Kriterien zur Bestimmung von Marktversagen ableitbar sind, sind folgende Marktfunktionen: "(1) Markträumungsfunktion: Ausgleich von Angebots- und Nachfragemengen durch Preisvariation und damit Verhinderung von unterwünschten Warteschlangen, Güterhalden und unausgelasteten Kapazitäten; (2) Renditennormalisierungsfunktion: Ausgleich der (risikobereinigten) Renditen, welche auf einem bestimmten Markt erzielt werden, mit der gesamtwirtschaftlichen Normalrendite durch Beschleunigung oder Verzögerung des Kapitalzuwachses und damit Verhinderung von unerwünschten Engpässen und Überkapazitäten; (3) Übermachterosionsfunktion: Verhinderung der dauerhaften Übermacht einer Marktseite durch Stukturvariation, insbesondere durch Markteintritte auf der stärkeren Marktseite; (4) Innovationsverbreiterungsfunktion: Verhinderung dauerhafter Rückstände hinsichtlich von Innovationen im Produkt- und Verfahrensbereich." In: Fritsch et al. 1993: 39.

3.3 Ordoliberale Theorie und Außenhandelspolitik

Bezüglich der Außenhandelspolitik ist nicht völlig klar, wie der ordoliberale Ansatz aussieht.[566] Daß größtmögliche Offenheit angestrebt werden sollte, ist die Haltung von Röpke (1950) und besonders Miksch (1947).[567] Eucken erwähnt Zölle und geht davon aus, daß Zölle Preissignale nicht gänzlich verunmöglichen. Einfuhrverbote lehnt er ab. Somit folgt aus der ordoliberalen Theorie nicht notwendig die Forderung nach Freihandel. Womöglich könnte sich Eucken sogar permanente Zölle vorstellen, wenn dies Preissignale nicht verunmöglichen würde. Immerhin lassen Zölle Preissignale zu einem gewissen Grad zu und es kann nicht vorrausgesagt werden, welche Mengen importiert werden, insofern kann Wettbewerb durchaus bestehen.[568] Anderseits ist aber eine progressive fortschreitende Form der Liberalisierung sicher ebenso im Sinne Euckens, schon deshalb, weil damit der Marktmacht größerer Konzerne entgegengesteuert wird. Weitere Anhaltspunkte lassen sich finden. So fordert Eucken einen starken Staat, der unabhängig von Interessengruppen handeln sollte. Dieser müßte also ein Ansinnen auf Zollschutz ablehnen, wenn dieses bloß dazu dient die Profite von Firmen zu erhöhen, die ansonsten wettbewerbsfähig sind. Die Skepsis gegenüber staatlichen Interventionen deutet auch darauf hin, daß Zollschutz nicht zu industriepolitischen Zwecken genutzt werden sollte. Selbst dann, wenn staatliche Anpassungsinterventionen toleriert werden, bedeutet dies, daß sich die Unternehmen an die Strukturveränderungen, die vom internationalen Handels ausgehen, anpassen müssen.[569] Weiterhin wird, ähnlich wie oben, darauf hingewiesen, daß freier Handel aus der Perspektive der Wettbewerbspolitik gesehen, ein Instrument ist, welches weniger starken heimischen Wettbewerbs intensivieren hilft, wenn dort konzentrierte Industriestrukturen vorherrschen.[570] Für den Außenhandel ist auch das Prinzip der Konstanz der Wirtschaftspolitik relevant.[571] Es herrscht aber nur eine ungefähre Vorstellung über den Grad von staatlich induzierter Unsicherheit, den die Wirtschaft erträgt, ohne mit Investitionszurückhaltung zu reagieren[572], sodaß argumentiert werden kann, daß der Außenhandel einen gewissen Grad an Unsicherheit, d.h. etwa selektive Interventionen, die großteils temporär bleiben, erträgt, zumindest dann, wenn den Unternehmen weiterhin ein Ausweichen auf den heimischen Markt oder andere ausländische Märkte verbleibt. Aus dieser Perspektive können Zölle aber eindeutig als außenhandelspolitisches Instrument vorgezogen werden, weil beispielsweise bei mengenbeschränkenden Kontingenten unsicher ist, wann diese ausgeschöpft sind.[573] Auch die Relevanz anderer grundlegender ordoliberaler Prinzipien können in bezug auf den Außenhandel diskutiert werden, so die wachtumsförderlichen Effekte der Eigentums- und Vertragsfreiheit, welche ebenso daraufhin deuten, den Außenhandel weitgehend vor Überraschungen zu schützen. Somit steht

---

[566] Molsberger/Duijm 1997: 552.
[567] Röpke 1950: 58; Miksch 1947: 181. Siehe in diesem Sinne auch Molsberger/Duijm 1997: 552.
[568] Gillis et al. 1996: 511-512.
[569] Insofern müßte der Staat "auch im Außenhandelsbereich die sich einstellenden Marktergebnisse grundsätzlich akzeptieren" Molsberger/Duijm 1997: 553, 556.
[570] Zudem sollte eine Wettbewerbspolitik gewählt werden, die den Zugang von ausländischen Anbieter, etwa durch vertikale Beschränkungen, nicht hemmt. Beide Punkte in Molsberger/Duijm 1997: 555.
[571] Molsberger/Duijm 1997: 555.
[572] Hamm 2000: 103.
[573] Molsberger/Duijm 1997: 556.

eine graduelle Liberalisierung der Zölle auch im Zusammenhang mit einem Schutz der Eigentumsfreiheit. Argumentiert wird hier weiter unten, daß bei extremen Störungen der oben erwähnten wünschenswerten Marktabläufen und Wettbewerbsdynamiken, Ausnahmen von diesen Prinzipien denkbar sind. Solche Ausnahmen werden in Abschnitt 'E' unter dem Terminus Marktversagen näher diskutiert. Probleme, die durch die Integration weniger entwickelter Länder in die Weltwirtschaft entstehen, deren Unternehmen weder über die Fähigkeiten verfügen noch ein stützendes institutionelles Umfeld eingebettet sind, werden von Eucken nicht thematisiert, siehe dazu die Abschnitte 'F' und 'G'. Daraus folgt:

- Der Zugang zu Märkten soll auch für ausländische Wettbewerber offen sein, wenn ein Umfeld für die Wirtschaft im ordoliberalen Sinn etabliert ist.

- Der internationale Handel ergänzt die disziplinierende Wirkung der Wettbewerbspolitik.

- Obwohl ein liberalisierter internationaler Handel positiv bewertet wird und die Eigentumsfreiheit und Konstanz der Wirtschaftspolitik befördert, muß kein absolut sicherer Zustand etabliert werden. Ein verbindlich fixierter, weltweiter freier Handel in sämtlichen Bereichen der Wirtschaft, ohne Ausnahmen für Länder oder Sektoren, in denen das Umfeld für die Wirtschaft nicht stimmt, folgt nicht aus der ordoliberalen Theorie, ggf. kann sogar argumentiert werden, daß bei Marktversagen, Zollschutz oder andere staatliche Interventionen begründbar sind, solange das marktwirtschaftliche System prägend bleibt und die Möglichkeiten der Wohlfahrtssteigerung durch den internationalen Handel wahrgenommen werden.

Schlußendlich sei daran erinnert, daß die hier erfolgte Rekonstruktion der ordoliberalen Ideen nicht in allen Publikationen nicht so erfolgt. In vielen Publikationen wird Eucken in die Nähe neoklassischer Modellvorstellungen gerückt.[574] Andere Theoretiker reproduzieren die Kritik an Interessengruppen, wodurch sie hinsichtlich ihrer Schlußfolgerungen in die Nähe neoklassischer Theorien geraten, wenn sie staatliche Interventionen jeglicher Art ablehnen würden.[575] Zu denselben Schlußfolgerungen bezüglich staatlicher Interventionen könnte eine Theorie kommen, wenn sie nur die Freiheitsrechte betont.[576] Staatlichen Interventionen, die bei Marktversagen genutzt werden könnten, wird aus der Erfahrung Deutschlands skeptisch gegenübergestanden.[577] Ebenso wird aber an Deutschland sichtbar, daß, obwohl es nicht gelang, die ordoliberalen Theorien "lupenrein" umzusetzen, wirtschaftlicher

---

[574] Auf die "neoklassische Rezeption der Konzeption Euckens", welche bis auf wenige Ausnahmen verbreitet war, weisen hin Gerken/Renner 2000: 32. Arndt (1979) wirft Eucken vor in der Nähe der Neoklassik zu stehen. Arndt 1979: 48-49. Hildebrand (2002) stellt heraus, daß Eucken "perfect competition" gefordert hätte, ebenso wird aber erwähnt, daß er neoklassische Modelle für nicht aussagekräftig hielt: Hildebrand 2002: 160-161; Borchert/Grosseketteler (1985) stellen ihn als dynamischen Theoretiker vor. Borchert/Grosseketteler 1985: 136-137.

[575] Cassel/Rauhut 1998: 22-24; etwa abgestufter Zepperndick 1987: 57-66.

[576] Streit 1998: 194; daß auch die ordoliberalen Rahmenbedingungen nicht hinsichtlich Effizienz zu bewerten sind, ist Konsequenz aus dem Ansatz von Gerken/Renner (2000: 30), der bezweifelt, daß überhaupt Wissen darüber vorliegt, wie Effizienz zu erreichen ist.

[577] Zepperndick 1987: 57-66; ähnlich kritisch äußert sich zum Thema Marktversagen Streit (1991). Letztendlich wird aber ein pragmatischer Kosten/Nutzen Ansatz gewählt, wenn es um staatliches wirtschaftspolitisches Handeln geht., der zudem informiert ist durch das Problem staatlicher Akteure über genügend Wissen zu verfügen. Streit 1991: 23.

Erfolg erzielt wurde.[578] Einen Übergang in Richtung einer Zentralverwaltungswirtschaft hat es nicht gegeben. Dies spricht dafür, daß die Frage nach der Effizienz in dem hier verwendeten common sense Sinne aufrecherhalten werden. Speziell weil es diese 'Grauzone' (mit ihren Gefahren aber eben auch Chancen) bezüglich der ordoliberalen Theorie gibt, die den Markt als zentral herausstellt, aber keine absolut geltenden Prinzipien vorgibt, kann hier im folgenden mit Grund versucht werden anhand empirischer Studien zu überprüfen, inwiefern, unter Beibehaltung einer sowieso schon wohlfahrtssteigernden ordoliberalen wirtschaftspolitischen Ausrichtung, zusätzliche effizienz- und wohlfahrtssteigernde Effekte durch staatliche Interventionen erzielbar sind (und welche überhaupt begründet und erfolgreich eingesetzt wurden). Dies ist Ziel der Abschnitte 'E', 'F' und 'G'. Im Fazit 'K' werden die hier aufgeworfenen Fragen noch einmal aufgenommen und fünf Prinzipien vorgeschlagen, an denen sich eine dynamisch ordoliberale Theorie orientieren sollte.

---

[578] Cassel/Rauhut 1998: 15, 23. Diese Beobachtung eines gewissen Spielraums in dieser Hinsicht richtet sich nicht per se gegen die Kritikpunkte der Autoren an der deutschen Wirtschaftsverfassung, so sind gewisse Spielräume innerhalb der deutschen Wettbewerbsrechts tatsächlich bedenklich und auf Interessengruppeneinfluß zurückzuführen. Cassel/Rauhut 1998: 17. Ebenso ist die Kritik an der hohen Abgabenlast in Deutschland berechtigt. Ohne diese hätte die deutsche Leistung noch besser ausfallen können. Paraskewopoulos 1998: 227. Hier wird sich allerdings nicht der Meinung angeschlossen, daß vor allem sozialpolitisch motivierte Verteilungspolitiken suboptimale Leistungen auslösen und vor allem diese Politiken abgeschafft werden sollten.

C Die wirtschaftswissenschaftliche Perspektive der Neoklassik

Inhalt

1.	Kritische Darstellung der Neoklassik	112
1.1	Einleitung	112
1.2	Konsum	115
1.3	Produktion	120
1.4	Gleichgewicht	123
2.	Empirie des Marktverhaltens	127
2.1	Preisaufschläge und oligopolistisches Preisverhalten	128
2.2	Preisdisziplinierende Wirkungen durch Märkte und Marktöffnung	131
2.3	Zwischenfazit	135
2.4	Die Nutzung dynamischer Variablen in Modelluntersuchungen	137
3.	Paretos Wohlfahrtsökonomie	139
4.	Fazit	144

C   Die wirtschaftswissenschaftliche Perspektive der Neoklassik

"However, real-world markets are almost never purely and perfectly competitive."[579]

1. Kritische Darstellung der Neoklassik

Die Ausführungen von Walter Eucken gehen nicht auf mathematisch herleitbare wirtschaftswissenschaftliche Modelle ein.[580] Geht man davon aus, daß dies bewußt so erfolgt, scheint ein Grund dafür zu sein, daß eine konkrete, wohlinformierte Analyse wirtschaftlicher Dynamiken ausreichend ist, um begründete Aussagen zu treffen.

Auf der anderen Seite kann nicht so getan werden, als ob es bis und nach Eucken keine Nationalökonomie gab. Viele der nach dem Zweiten Weltkrieg vonstatten gegangenen Kontroversen, gerade solche der Entwicklungsökonomie, aber auch in bezug auf die Deutung internationalen Handels, sind ohne die auf bestimmten Modellannahmen basierende neoklassische Richtung der Wirtschaftswissenschaft (und deren Kritik) nicht zu verstehen. Deshalb dieser Abschnitt, denn dadurch können zentrale Fragen, die mit dem Schlagwort Marktversagen und der Frage nach staatlichen Interventionen zusammenhängen (die später bezüglich der Entwicklungsökonomie wiederkehren), transparenter dargelegt werden. Es geht also, genauso wie im vorherigen Abschnitt zur ordoliberalen Wirtschaftspolitik, in den folgenden Ausführungen darum, welche Wirtschaftspolitiken vorgeschlagen werden, um Effizienz zu erreichen.

Im Unterschied zu der unter anderem auf Werten basierten ordoliberalen Theorie, geht die neoklassische Theorie anders vor. Neben einer viel wichtigeren Rolle mathematischer Modelle, bekommen die Vorabannahmen dieser Theorierichtung eine zentrale Relevanz, wenn es um die Bewertung von Wirtschaftspolitiken geht. Mit der Darstellung der neoklassischen Ökonomie und einer ersten partiellen Kritik, soll die Debatte eröffnet werden, die dann in Abschnitt 'D' in die Theorie des internationalen Handels übergeht, weil sich hier theoretische Überdeckungen ergeben. Danach wird diese Debatte anhand der Theorie des Marktversagens und anhand empirischen Beispielen für dynamischen Wettbewerb in Abschnitt 'E' systematisiert.

1.1 Einleitung

Mit ihren Vorläufern im 19 Jhd. bis heute von zentraler Bedeutung ist die neoklassische Ökonomie und die teils darauf basierende Wohlfahrtsökonomie. Wiewohl eine vielgestaltige Strömung, läßt sich die Neoklassik, erstmals im Jahre 1900 von Thorstein Veblen so benannt[581], von ihren

---

[579] Scherer 1980: 444.
[580] "The economic theory at the time of the development of the ordoliberal concept (the static neo-classical price theory, as outlined in the previous section) was according to the Freiburg School not suitable for an analytical model." Hildebrand 2002: 161.
[581] Söllner 1999: 50.

wirtschaftswissenschaftlichen Vorläufern vor allen durch ihren mikroökonomischen Ansatz und ihren Rekurs auf mathematische Modellbildung abgrenzen.[582] Ihre standardisierten Grundannahmen finden sich in Lehrbüchern für Mikroökonomie, oft ohne Angabe der historischen Quellen.[583] Welches sind die Grundlagen der neoklassischen Ökonomie? Es geht, gemäß der Annahme des methodischen Individualismus, um das Verhalten einzelner Wirtschaftssubjekte und Unternehmen, nicht aber von Ländern oder sonstigen Gruppen. Zwei grundlegende Vorgehensweisen sind für die Neoklassik charakteristisch: Erstens widmet sie sich der Optimierung bestimmter Ziele (Nutzen, Gewinn, Kosten) bei paralleler Existenz bestimmter Nebenbedingungen (Einkommen, Faktorausstattung, Produktionsmenge). Diese Optimierung erfolgt meist unter Bedingungen der marginalen Analyse bzw. der Grenzwerttheorie. Bezüglich der Individuen wird die rationale Abwägung innerhalb eines System knapper Ressourcen mit Nutzenmaximierung gleichgesetzt und erwartet, daß sich die Individuen demgemäß verhalten. Zweitens wird dem Gleichgewicht eine wichtige Ankerfunktion zugemessen. Einerseits werden Marktgleichgewichte (einmal auf einzelnen Märkten, Partialanalyse; und auf allen Märkten: Totalanalyse, allgemeines Gleichgewicht) untersucht und weiterhin individuelle Gleichgewichte, wenn es darum geht, daß Konsumenten ihren Nutzen maximieren.[584]

Mit der Erwähnung dieser beiden Schwerpunkte sind die Probleme, die die neoklassische Ökonomie aufwirft aber nur unzureichend charakterisiert, denn es kommt weiterhin an zentraler Stelle darauf an, welche Zusammenhänge die Modelle postulieren und unter welchen Bedingungen die Modelle überhaupt Geltung beanspruchen können.

Mit einer partiellen Kritik an diesen Modellen, anhand empirischer Abweichungen, soll nun aber keineswegs überhaupt die wirtschaftswissenschaftliche Modellanalyse kritisiert werden.[585] Bei diesen, mittlerweile sehr vielfältigen und eben auch mit dynamischen Variablen bestückbaren Modellen, geht es darum in simplizierter Form (und dazu sind Vorabannahmen unerläßlich), Wirkungszusammenhänge zu konstruieren, wobei dies schon einmal einen Erkenntnisgewinn in der Hinsicht darstellt, daß die komplexe Wirklichkeit vereinfacht wird und sich über die Berennung bestimmter grundlegender Einflußfaktoren geeinigt wird. Dies ist selbst dann ein Erkenntnisfortschritt, wenn die Realität nur ungenau getroffen wird. Immerhin kann sich in diesem Fall, auch anhand empirischer Daten, darüber gestritten werden, welches Modell weniger oder mehr partiell mit der Realität übereinstimmt. Somit greift es zu kurz, ein wirtschaftspolitisches Modell damit zu kritisieren, daß es partiell nicht mit der Realität übereinstimmt. Auf der anderen Seite sollte die Modellbildung aber spätestens dann, wenn sie wirtschaftspolititscher Entscheidungsfindung zugrundegelegt wird,

---

[582] Daß diese spezielle Form einer mathematisierten Beschreibung individueller Handlungen eine bemerkenswerte Errungenschaft ist, welche Ähnlichkeiten mit der damaligen Physik aufweist, die die neoklassische Ökonomie seit 1870 von den Werken der Klassiker, etwa Adam Smith, klar unterscheidet, betont Mirowski 1989: 195.
[583] Fast durchgängig ohne Quellenangaben das Lehrbuch von Varian 2001; genauso Stigum/Stigum 1968. Die genauen Quellenangaben finden sich dagegen in Söllner 1999; eine noch detailliertere und kritische Beschreibung, unter anderem aus der Perspektive der Ähnlichkeiten der Neoklassik zur physikalischen Theorienbildung, die zur Untermauerung der eigenen Wissenschaftlichkeit gewünscht waren, bietet Mirowski 1989: 224-225, 361, 387-388.
[584] Söllner 1999: 52-53.
[585] Kürzer, aber teils ähnlich die Verteidigung der Modellbildung im Kontext der Außenhandelstheorie in Rose/Sauernheimer 1999: 566.

wenigstens in Teilbereiche reale Wirkungsketten wiederspiegeln können, die empirische Überprüfung müßte ernstgenommen werden und auch dazu führen, daß die Modelle verändert werden. Den Stabilisierung- und Strukturanpassungsprogrammen des IWF liegt beispielsweise ein relativ einfaches Modell von Jaques Polak schon mehr als 30 Jahre lang zugrunde und hat dadurch einen zweifelhaften Ruf bekommen.[586]

Seitens der neoklassischen Mikroökonomie sollen hier vier Aspekte herausgehoben werden: Zuerst einmal die Theorie der Entscheidungen auf der Seite der erstens Konsumenten und zweitens der Unternehmer, die dann drittens im Gleichgewicht einzelner Märkte zusammenfinden. Viertens geht es um die Wohlfahrtsökonomie. Während die ersten drei Aspekte der neoklassischen Ökonomie als positive Theorie verstanden wird, die nur auf die Erklärung von wirtschaftlichen Sachverhalten abzielt, ist die Wohlfahrtstheorie explizit normativ. Sie will der Gesellschaft Ziele vorgeben und sie will verschiedene Situationen und wirtschaftspolitische Instrumente beurteilen und ist somit nicht mehr als wertfrei anzusehen.[587] Bezüglich der positiven Theorie geht es darum, inwiefern die Modelle überhaupt in einem positiven Sinne mit der Realität übereinstimmen (dies wird immer wieder behauptet[588] und genausooft wieder zurückgenommen[589]). Weil die Wohlfahrtsökonomie auf den positiven Modelle der Neoklassik aufbaut hängt ihre normative Geltung also auch von der Qualität der positiven Modelle ab. Der Ansatz der Wohlfahrtsökonomie wird beispielsweise auch in der Entwicklungsökonomie als Ausgangspunkt benutzt, um beispielsweise staatliche Eingriffe in die Wirtschaft in Entwicklungsländern zu kritisieren.[590] Die Theoreme und Lehren bauen aufeinander auf und finden sich auch in der deskriptiven[591] und normativen[592] Außenhandelstheorie wieder.

---

[586] In diesem Modell geht es darum zwei exogene Einflüsse, Exportveränderungen und heimische Bankkredite daraufhin zu untersuchen, welchen Einfluß sie auf die heimische Geldmengenentwicklung haben. Die Geldmengenentwicklung steht weiterhin in Beziehung zu den Währungsreserven. Zudem wird eine Geldnachfrage- und Importnachfragefunktion gebildet. Anhand der Erfahrungen in der Schuldenkrise wird festgestellt, daß dieses Modell ein zu hohes Gewicht auf die Zunahme der Währungsreserven legt (mit denen die Kredite an den IMF zurückgezahlt werden sollen), wobei um dies zu erzielen, eine womöglich zu hohe Kreditkontraktion vorgenommen wird. Dies kann u.a. zu einer Rezession führen. Nicht beachtet sind in diesem Modell ebenso relevante Faktoren wie Kapitalflüsse aus dem Ausland, Wechselkursbewegungen, heimische Zinssätze. Der IMF gibt das Modell nicht auf, beachtet aber zunehmend auch die nicht in dem Modell enthaltenen Aspekte. Polak 1997: 16-19. Gleichzeitig gilt aber, daß es im großen und ganze schwer ist, Alternativen gegenüber der IMF-Herangehensweise zu finden. Taylor 1983: 202; für eine Kritik an diesem Modell siehe Taylor 1988: 154.
[587] Söllner 1999: 125; Stigum/Stigum 1968: 277.
[588] "These conditions are quite realistic" Stigum/Stigum 1968: 251. Bezüglich der unternehmerischen Produktionsfunktion sei das abnehmende Grenzprodukt bei eine physischem Output grundsätzlich besser zu beobachten, wie dies bei den Konsumenten der Fall ist. Varian 2001: 309-310.
[589] Kritisch zum Realitätsbezug der Produktionsfunktion aber Söllner 1999: 74. Dezidiert gegen die Annahmen neoklassischer Modelle sprechen sich, in unterschiedlichen Intensitätsgraden, aus: Sämtliche Kennzeichen auf einmal treffen niemals zu, einige aber wohl: Herdzina 1993: 119. Eine durchgängige Kritik findet sich in Mirowski 1989: 316-369.
[590] Lal 1983: 10-16.
[591] Die Annahmen vollkommner Märkte und Gleichgewichtspreise etwa gehen in die neoklassisch inspirierten Außenhandelsmodelle ein. Gerken 1999: 15; Krugman/Obstfeld 1997: 117-121.
[592] So wird die Pareto-Analyse auch auf den internationalen Handel und Fragen der Handelspolitik angewendet: Siehe Johnson (1971: 90) mit folgendem Zitat: "The first principle is an application of the standard theory of Paretian welfare maximization. According to that analysis, the necessary conditions for welfare maximum entail equality of the marginal social rates of substitution among goods with the marginal social rates of transformation among them in both domestic production and foreign trade." Im weiteren werden die bekannten Argumente gegen Zölle daraus gefolgert. Eine Vielzahl von Anwendungen neoklassischer Modelle, darunter Pareto-Modelle, in bezug auf den internationalen Handel finden sich in Zweifel/Heller 1997.

1.2 Konsum

Die Theorie der Konsumentenpräferenzen, die auf John R. Hicks zurückgeht[593], besagt, daß die optimale Entscheidung bzw. der optimale Konsum oder Nutzen dort erreicht wird, wo die Budgetgerade von einer der konvex geformten Indifferenzkurve, welche die Konsumentscheidung zwischen zwei Gütern darstellt, tangential berührt wird.[594] Die Budgetgerade basiert dabei auf dem Geld, das der Konsument zur Verfügung hat und zusätzlich auf der Annahme des Güterkonsums von 2 Gütern. Sie zeigt an, daß sobald sich die Werte nicht mehr im Binnenraum oder auf der Gerade selbst befinden, sie nicht mehr vom Konsumenten bezahlt werden könnten. Weiterhin mißt die Budgetgerade schon die Opportunitätskosten, nämlich inwiefern der Mehrkonsum von einem Gut zum Verzicht auf das zweite Gut führt, denn das Geld des Konsumenten ist begrenzt. Diese jeweiligen aktualisierbaren Güterkombinationen sind in diversen Variationen denkbar.[595]

Sodann wird sich den Präferenzen der Konsumenten in einer eigenständigen Form gewidmet. Den Konsumenten wird in den meisten Modellen unterstellt, daß sich ihre Präferenzen als konvexe, sich nicht überlappende Indifferenzkurven realistisch darstellen lassen. Mit dieser konvexen Form wird in bezug auf die Entscheidung zwischen zwei Güter eine abnehmende Grenzrate der Substitution unterstellt: Je mehr von einem Gut vorhanden ist, desto weniger ist das Invididuum bereit auf das zweite Gut zu verzichten.[596] Damit wird hier auf das Prinzip einer marginale Analyse Rekurs genommen, die einen abnehmenden Grenznutzen bei erhöhtem Konsum eines Gutes annimmt.[597] Wiewohl andere Formen von Indifferenzkurven denkbar sind, wird (obwohl empirische Forschungen zu den Grenzraten der Substitution möglich wären[598]) meist auf die "normale" Cobb-Douglass Funktion, die eine Schar konvexer Kurven darstellen läßt, zurückgekommen, um damit den Nutzen zu messen. Mit dieser Funktion wird es möglich eine höhere Zahl (bzw. einen höheren Nutzen) einer Indifferenzkurve zuzumessen, die sich vom Nullpunkt wegbewegt.[599] Die optimale Konsumentscheidung läßt sich jetzt eindeutig feststellen, nämlich indem eine Schar von konvexen Indifferenzkurven in ein Koordinatensystem eingetragen wird, in dem sich auch die Budgetgerade

---

[593] Ebenso wichtig dafür ist die Präferenztheorie von Paul A. Samuelson, siehe Söllner 1999: 63-69.
[594] Varian 2001: 31-81; Sigum/Stigum 1968: 37-39.
[595] Varian 2001: 22. Die Budgetgerade geht von zwei Gütern (es kann auch ein konkretes und ein anderes, daß für abstrakt viele Güter steht angenommen werden) aus, deren Preise angenommen werden und es werden jeweils die Preiskombinationen angezeichnet, die möglich sind, solange das Budget nicht überschritten wird. Dadurch ergibt sich eine schräg verlaufende Gerade, die in den Nullpunkten der x oder y-Achse anzeigt, wieviel von einem Gut gekauft werden kann, wenn auf den Kauf des anderen Gutes vollständig verzichtet wird. Varian 2001: 19-24, 48. Beispiel: 15 Euro sind vorhanden, die in Milchshakes 3 Euro und Hamburger 1,50 Euro umgesetzt werden. Dann ist der Hamburgerpunkt der x-Achse bei 10, denn es können 10 Hamburger für 15 Euro gekauft werden und der Milchshakepunkt bei 5, weil mit 15 Euro nur 5 Milchshakes gekauft werden können, wenn diese 3 Euro Kosten. Weil bei der vertikalen y-Achse der Anfangspunkt bei 5 liegt und auf der x-Achse bei 10 ankommt, liegt eine negative Steigung von - 0,5 vor. Dazwischen sind dann diverse Kombinationen denkbar, der Verzicht auf ein Milchshake macht es möglich überhaupt erst 2 Hamburger zu kaufen. Beispiel Lovewell 2002. Siehe auch Varian 2001: 19-30.
[596] Varian 2001: 35, 48-40.
[597] Dazu die ideengeschichtlichen Referenzen in Söllner 1999: 50-74.
[598] Varian 2001: 62.
[599] Varian 2001: 5359-60. Es sind diverse andere Indifferenzkurven denkbar, und hier können auch Nutzenfunktionen zugeordnet werden, wenn etwa ein Gut immer gleichartig gegen ein anderes getauscht wird und somit auf eines ganz verzichtet werden kann, wenn das andere in jeweils angemessenen Einheiten vorliegt. Eckig werden Indifferenzkurven, wenn Güter unbedingt zusammen konsumiert werden müssen, etwa rechte und linke Schuhe. Es gibt hier diverse Abweichungen Varian 2001: 34-42, 50-67.

befindet.[600] Dabei muß nur angenommen werden, daß eine weiter außen liegende Kurve mit der höheren Zahl gewählt wird, weil dies mehr Nutzen impliziert. Anhand der Indifferenzkurven läßt sich weiterhin messen, zu welcher Rate der Konsument weniger Konsum eines Gutes gegen mehr Konsum eines anderen Gutes einzutauschen bereit ist. Diese Rate läßt sich anhand der Steigung der Indifferenzkurve messen, wobei der Konsument hin zur optimalen Konsumentscheidung am Tangentenpunkt tendiert. Dort wird dann die sog. Grenzrate der Substitution bzw. marginale Rate der Subsitution gemessen (marginal rate of substitution 'MRS', dieser Begriff taucht weiter unten wieder auf).[601] Die neoklassische Ökonomie nimmt an, daß ein Konsument, dem es gelungen ist, seine Wahl zu treffen sozusagen gleichzeitig einsieht, daß dies der maximale Nutzen ist, den er erreichen kann und es folglich keinen Grund gibt seine Wahl zu verändern, somit liegt zusätzlich ein Gleichgewicht vor.[602] Diese Gleichungen werden weiterverwendet und führen auch in anderen Modellzusammenhängen zum Schluß, daß an diesem Punkt ein optimaler Nutzen für den Konsumenten vorliegt. So können anhand dieser Annahmen auch Nachfragefunktionen berechnet werden, die nachzeichnen, wie Einkommens- und Preisveränderungen zu Konsumveränderungen führen (Annahme homothetisch steigender Präferenzen[603]).[604] Wenn diese konvexe Form, die eng mit der Grenznutzenannahme zusammenhängt, nicht vorliegt, bekommt die neoklassische Wirtschaftswissenschaft Schwierigkeiten.[605]

Verständlicher wird dies, wenn der Ansatz der marginalen Analyse anhand eines konkreten Beispiels, hier anhand Hamburgern und Milchshakes, erklärt wird: Zuerst einmal impliziert die Wahl der marginale Analyse, daß ein Grenznutzen angenommen wird, dies ist ein abnehmender Nutzen bei erhöhter Konsumption eines Gutes. Es wird angenommen, daß dies mit der Realität übereinstimmt. Dieser Grenznutzen wird nun einem einem Modell mit zwei Gütern einbezogen, in dem der Konsument eine ganze Reihe von Güterkombinationen zusammenstellen kann, die allesamt für ihn dasselbe Nutzenniveau haben. Weil angenommen wird, daß der Grenznutzen bei einer erhöhten Konsumtion eines Gutes abnimmt, wird davon ausgegangen, daß beispielsweise dann, wenn viele Hamburger konsumiert werden, insofern ein abnehmender Nutzen zu beobachten ist, daß relativ viele Hamburger konsumiert werden müssen, um jeweils den Verzicht auf ein Milchshake zu kompensieren. So sind im hier verwendeten Modell zum Beispiel 12 Hamburger (also Kompensation sozusagen, bei abnehmenden Grenznutzen) nötig, um den Wunsch nach nur einem 1 Milchshake (bzw. den Verzicht auf mehr Milchshakes) akzeptabel machen (insgesamt 13 Einheiten). Auf einem anderem Abschnitt

---

[600] Varian 2001: 68-69.
[601] Varian 2001: 45-46.
[602] "Our second important point is that all the principal choices the consumer makes have the same basic character; they all force him to make a choice within limits set by a certain constraint. (...) Throughout this discussion we shall refer to the consumer's resolution of each of the principal choices that confront him as his equilibrium choice or equilibrium position. A consumer who succeeds in making choices that maximize his satisfaction will presumably have neither reason nor inclination to alter his choices; in other words, he will be in equilibrium. Stigum/Stigum 1968: 15.
[603] Keine Güterbündel werde den anderen bevorzugt oder weniger nachgefragt bei steigendem Einkommen. Als nicht sehr wirklichkeitsnahe Annahme eingeschätzt von: Varian 2001: 96. Bei der Theorie internationalen Handels ist diese Annahme wieder ein wichtiger Aspekt.
[604] Varian 2001: 90-92.
[605] Diese Fußnote ist nicht ganz unwichtig, denn die neoklassische Ökonomie bekommt Schwierigkeiten, wenn sie es mit Kurven zu tun bekommt, die nicht Konvex verlaufen und keine eindeutigen Schnittpunkte mehr zulassen. Dies kann zu weiteren Problemen führen, etwa zu Mengen, die nicht mehr mit Gleichgewichtspreisen übereinstimmen. Man spricht dann generell vom Problem der Nicht-Konvexität. Steigende Skalenerträge in Produktionsfunktionen sind ein weiteres Beispiel dafür. Varian 2001: 526.

der Kurve ist der Konsument ebenso damit zufrieden, nur 4 Hamburger zu konsumieren, wenn er dafür 3 Milchshakes bekommt (insgesamt 7 Einheiten). Aus diesem Grund wird diese Kurve auch Indifferenzkurve genannt, weil die Konsumenten mit den darauf liegenden Aufteilungen zufrieden sind bzw. eben diesbezüglich indifferent sind. Siehe Abbildung A aus Lowell 2002: 1.

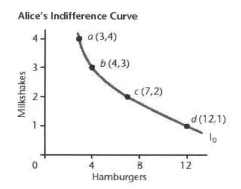

Durch diese Grenznutzenannahme bekommt die Kurve eine konvexe Form und wird dann so eingezeichnet, daß sie die Budgetgerade an einem einzigen Punkt tangiert, in diesem Beispiel bei einem Konsum von 4 Milchshakes und 3 Hamburgern (abnehmende Grenzrate der Substitution). Dieser Punkt bzw. dieser konsumierte Güterkombination wird als optimal bezeichnet, weil, bei vorhandener Budgetlinie, optimal viel konsumiert wird (eine Indifferenzkurve, die etwas weiter nach innen verschoben ist, impliziert weniger Konsum und ein Punkt weiter außen kann nicht bezahlt werden). Sichtbar in Abbildung B aus Lowell 2002: 2.

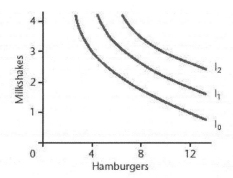

Worauf es ankommt, ist daß der optimale Nutzenpunkt mathematisch gefunden werden kann und darüber hinaus die Aussage getroffen wird, daß hier eine individuelle optimale Nutzenmaximierung vorliegt. Siehe Abbildung C aus Lowell 2002: 3.

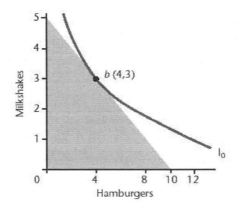

Weiterhin ist die Steigung an diesem Tangentenpunkt gleich der Steigung der Budgetgeraden und drückt die Grenzrate der Substitution aus (marginal rate of substitution, 'MRS'). Im hier gewählten Beispiel liegt diese bei einem Preis von 1,50 Euro für einen Hamburger und 3 Euro für Milchshakes = 0,5. Siehe dazu auch die Budgetgerade in Lowell 2002: 3.

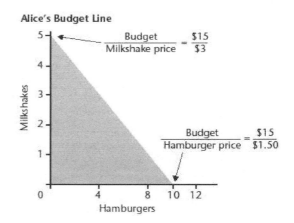

Sinkt nun der Preis für Hamburger auf 1 Euro, dann sinkt die Grenzrate der Substitution bzw. marginale Transformationsrate (marginal rate of transformation, 'MRS') auf 0,33 ab (1 Euro Hamburger/3 Euro Milchshakes = 0,33).[606] Die Budgetgerade liegt dann flacher und schiebt die Indifferenzkurve etwas weiter nach außen, da nun mehr Konsum möglich ist. Liest man dann ab, liegt der optimale Konsum bei 3 Milchshakes und 6 Hamburgern.[607]

Wenn eines der Güter als Geld angesehen wird, kann die Grenzrate der Substitution als Eurobetrag interpretiert werden, den ein Individuum bezahlen würde, um von dem einen Gut etwas aufzugeben.

---

[606] Diese MRS wird weiterhin als marginale Zahlungsbereitschaft interpretiert, wenn Gut 2 für alle anderen Güter steht. In obigen Fall gibt der Wert 0.33 Euro an, um wieviel Euro Milchshake verzichtet wird, um einen gleichen Teil eines Hamburgers zu erlangen. Varian 2001: 48.

[607] Beispiel aus Lovewell 2002. Zur Theorie ausführlich Varian 2001: 31-81.

So kann die marginale Zahlungsbereitschaft gemessen werden.[608] Dadurch wird es wiederum möglich Nachfragekurven zu bilden.[609] Von diesem Schluß aus erfolgt nun direkt der Sprung zum (Markt-)Gleichgewicht, dazu gleich mehr. Kurz muß darauf hingewiesen werden, daß schon diese neoklassische Konzeption des Konsums es vorraussetzt, daß es vollkommene Märkte gibt, in denen Konsumenten (und Firmen) keine Marktmacht haben und Preise als gegeben angenommen werden. Alternative Konzeptionen, etwa eine strategische Interaktion zwischen zwei Marktteilnehmern, würde dazu führen, daß die neoklassischen Annahmen nicht mehr aufrechterhalten werden könnten.[610] Das Konzept der optimalen Entscheidung und Nutzenmaximierung kann nämlich nicht überzeugend vertreten werden, wenn Konsumenten beispielsweise über Marktmacht verfügen sollten, diese aber nicht einsetzen, das wäre nämlich nicht mehr optimal aus Konsumentensicht.[611] Andersherum ist es nicht mehr als optimal zu bezeichnen, wenn in einer monopolistischen oder oligopolistischen Marktstruktur die Preise der Unternehmen in strategischer Interaktion festgelegt werden können.[612]

Ein Grund für das Unwohlsein, das mit diesen Modellen verbunden werden kann, ist darin begründet, daß schon kleine Abweichungen, etwa bzgl. der Annahmen, dazu führen, daß die Gleichungen ihre Aussagekraft verlieren. Bei externen Effekten im Konsum tritt dieses Problem auf. Die Individuen dürfen nur ihr Präferenzen und die Marktpreise kennen, wenn sie darüberhinaus über Informationen über das Verhalten anderer Akteure verfügen oder das Verhalten dieser Akteure sie beim Markttausch positiv oder negativ beeinflußt, können die theoretischen Vorraussagen nicht mehr aufrechterhalten werden.[613] Eine einzelne optimale Konsumaufteilung gibt auch dann nicht mehr, wenn Konsumenten verwirrt sind oder sich irrational verhalten.[614] Eine Annahme, die oft getroffen wird, die aber nicht wirklichkeitsnah ist, sind homothetische Präferenzen, d.h. mit steigendem Einkommen haben neue Güterbündel dieselben Grenzraten der Substitution (Engel-Kurven) wie vorher, hier können aber auch andere kompliziertere Kurven benutzt werden.[615]

Selbst Douglass North (1981), der neoklassische Annahme des menschlichen Verhaltens nicht ganz ablehnt und die hohen Wachstumsraten der Industrieländer darauf zurückführt, daß diese durch ihren Schutz der Eigentumsrechte immer 'neoklassischer' geworden sind, wird es anhand der individuellen Nutzenfunktion unwohl: "Individual utility functions are simply more complicated than the simple

---

[608] Hier läßt sich etwa die inverse Nachfragefunktion bilden, die mißt, wie der Preis sein muß, damit eine bestimmte Menge nachgefragt wird. Varian 2001: 106-108; 255.
[609] Varian 2001:
[610] Varian 2001: 274-276. Wenn nur zwei Akteure gegenüberstehen, werden sie ihre jeweilige Marktmacht erkennen und sich nicht dem Marktpreis fügen, sondern versuchen ihre Situation zu verbessern. Varian 2001: 512.
[611] Varian 2001: 512.
[612] Varian 2001: 453-476, 507.
[613] Varian 2001: 555.
[614] Nelson/Winter 1982: 8; Varian 2001: 68-81. Daß dies nicht nur ein theoretischer Kritikpunkt ist, wird daran deutlich, daß die Bereitstellung von meritorischen Güter vom Staat mit irrationalem Verhalten begründet wird, dies sind Güter bei denen eine zu geringe Nachfrage bestehen würde, wenn dies allein dem Markt überlassen würde. Beispiel: Zwangsweise Krankenversicherung, Schulpflicht. Oder es werden schädigende Güter verboten (Drogen) oder hoch besteuert (Alkohol, Zigaretten). Umstritten ist, inwieweit der Staat eine solche Vormundschaft ausdehnen darf und ob dies in weiteren Fällen wirklich begründet werden kann. Fritsch et al. 1993: 251-253.
[615] Varian 2001: 96.

assumptions so far incorporated in neoclassical theory."[616] Er geht davon aus, daß nicht nur Interesse bzw. Nutzmaximierung, sondern auch Ideologien bzw. Werte menschliches Verhalten lenken können und sogar signifikant dazu beitragen können, Transaktionskosten zu senken, wobei letztere ebenso von den neoklassischen Modellen ausgeklammert werden.[617]

1.3 Produktion

Die Neoklassik stellt die Unternehmer vor ähnliche Optimierungsprobleme wie die Konsumenten, nur sind die Beschränkungen anders gelagert. Angestrebt wird Gewinnmaximierung oder Kostenminimierung, wobei die Firmen vor dem Problem stehen welche Outputmenge und welche Kombination von Inputfaktoren sie einsetzt, um diese unterschiedlichen Ziele zu erreichen.[618] Dies erfolgt wiederum unter den Bedingungen der marginalen Analyse, also einem abnehmenden Grenznutzen. Zugrunde liegt den Modellen der Gewinnmaximierung oder Kostenminimierung eine Produktionsfunktion, die bestimmte Inputfaktoren, also Land, Rohstoffe, Kapital und Arbeit in ein Verhältnis technisch realisierbarer Produktionskombinationen (die dem Grenznutzen unterliegen) zueinander setzt, die den jeweils maximal möglichen Output bei einer gegebenen Inputmenge (oder auch bei Kombinationen zweier Inputs) mißt (die Cobb-Douglass Isoquante wird dazu oft benutzt).[619] Wenn es nun darum geht, eine bestimmte konstante Outputmenge zu erzeugen, können, mit Rekurs auf die Produktionsfunktion, Opportunitätskosten berechnet werden. So kann gefragt werden, wieviel von einen Faktor mehr benötigt wird, wenn der andere Faktor auf einer geringeren Intensitätsstufe eingesetzt wird. Aus dem 'Abstand' zur Stufe davor, läßt sich die technische Rate der Substitution berechnen, die an den jeweiligen Punkten mit der (immer unterschiedlichen) Steigung der Isoquate bzw. Produktionsfunktion identisch ist. Wenn ein Faktorinput stabil gehalten wird und einer variabel ist, kann gefragt werden, wieviel Einheiten der Outputveränderung der Mehreinsatz auslöst. Dies wird als Grenzprodukt des jeweiligen Faktors bezeichnet.[620]

Grundlegend ist auch hier die Grenznutzenannahme, die hier als abnehmende Rate der technischen Substitution wirksam wird.[621] Im simpelsten Fall besagt das Grenznutzenprinzip, daß ein unlimitiert steigender Einsatz eines Produktionsfaktors (oder einem konstanten und einem steigenden Faktor) keine konstante Outputsteigerung nach sich zieht.[622] Einige Autoren argumentieren, daß sich diese Beziehung, im Gegensatz zur Nutzenmaximierung des Konsumenten, anhand von konkreten Beispielen beobachten ließe, dieser postulierte Realitätsbezug wird aber auch kritisiert.[623]

---

[616] North 1981: 46, 190-191.
[617] "Without an explicit theory of ideology or, more generally, of the sociology of knowledge there are immense gaps in our ability to account for either current allocation of resources or historical change. In addition to being unable to resolve the fundamental dilemma of the free rider problem we cannot explain the enormous investment that every society makes in legitimacy." North 1981: 47.
[618] Varian 2001: 315-317; 333-337.
[619] Varian 2001: 303-307.
[620] Varian 2001: 308-309.
[621] Varian 2001: 310.
[622] Varian 2001: 310.
[623] Dieses abnehmende Grenzprodukt ist bei eine physischem Output sei grundsätzlich besser zu beobachten, wie dies bei den Konsumenten der Fall ist. Varian 2001: 309-310. Kritisch zum Realitätsbezug der Produktionsfunktion Söllner 1999: 74.

In den Modellen wird weiterhin von konstanten Skalenerträgen ausgegangen. Es wird also angenommen, daß doppelt soviel Output entsteht, wenn beide Inputmengen verdoppelt werden. Dazu wird das Argument angeführt, daß es einem Unternehmen möglich sein müßte, zu kopieren, was es schon einmal gemacht hat. Steigende Skalenerträge würden dagegen bedeuten, daß bei einer Erhöhung um eine Inputeinheit der Output um mehr als diese Einheit steigt, sodaß die Produktionsfunktion nicht mehr in dieser Form verwendet werden können[624] und die Modelle und die darauf aufbauenden Konzepte nicht mehr in dieser Form aufrechterhalten können.[625]

Nun kann der Markt und die Preisbildung hinzugenommen werden, und zwar in Form des vollkommenen Konkurrenzmarktes, der sowohl für die Outputs als auch die eingesetzten Inputfaktoren, Preise in der Form vorgibt, daß sie jedenfalls nicht mehr vom Unternehmen verändert werden können. Wie ist unter diesen Bedingungen Gewinnmaximierung und Kostenminimierung möglich? Diese Frage läßt sich innerhalb der Modelllogiken beantworten: Wenn Gewinn (kurzfristig, bei einem variabler Faktor) maximiert werden soll, dann ist die höchste, mit der vorliegenden Produktionfunktion bzw. Input- und Outputkombination erreichbare Isogewinnlinie anzustreben. Diese tangiert die Produktionsfunktion am gewinnmaximierenden Punkt. Wenn die Gewinne eines Unternehmens maximal sind, sollte es einerseits nicht möglich sein, sie durch Steigerung des Einsatzes des einen Faktors zu steigern, andererseits darf der Wert des Faktors, also der Faktorpreis nicht den Wert des Grenzproduktes übersteigen. Der Wert des Grenzprodukts ist somit mit dem Faktorpreis identisch. Der maximale Gewinn wird am Punkt gefunden, an dem die Steigung der Isogewinnlinie gleich der Steigung der Produktionsfunktion, gleich dem Grenzprodukt gleich dem Faktorpreis ist.[626] Wenn Gewinne, die Differenz zwischen Umsatz und Kosten maximiert werden sollen, wird beispielsweise das Outputniveau so gewählt, daß an diesem Punkt der "zusätzliche Erlös einer weiteren Outputeinheit gerade gleich den zusätzlichen Produktionskosten einer weiteren Einheit ist".[627] An diesem ist Punkt der Grenzumsatz gleich den Grenzkosten. Solange nun der Marktpreis höher ist, als die Grenzkosten, würde es sich lohnen die Produktion zu steigern. Wenn aber der Marktpreis gleich den Grenzkosten ist, produziert eine Firma auf ihrem gewinnmaximierenden Outputniveau.[628] An diesem Punkt ist der Gewinn gleich Null, liegt das Niveau darunter, kann er gesteigert werden.[629] Wenn Kosten bei gegebenen Outputniveau minimiert werden sollen, dann können jeweils Inputkombinationen als Isokostengerade gezeichnet werden, die dieselben Kostenniveaus zweiter Inputkombinationen spiegeln. Dort wird dann eine Isoquante eingezeichnet, welche die technischen bzw. Outputsbeschränkungen angibt, die mit den beiden Inputs erzeugt werden können. Die Minimierung der Kosten gelingt an dem Punkt, wo die Isokostengerade die

---

[624] Varian 2001: 312.
[625] Die Firmen würden bei gegebenen Marktpreisen mehr Outputs erzeugen wollen, dies ist aber gemäß den Gleichgewichtspreisen nicht zu konzipieren. Varian 2001: 528.
[626] Varian 2001: 321.
[627] Varian 2001: 365.
[628] Varian 2001: 366.
[629] Varian 2001: 319-321; 365-366; 383-389

Produktionsfunktion tangiert. An diesem Punkt ist auch die technische Rate der Subsitution gleich dem Faktorpreisverhältnis.[630]

Mit gleichem Ergebnis, aber anderer Art und Weise argumentiert ein Modell, daß ebenso in der Theorie internationalen Handels für zwei Länder verwendet wird. Statt zwei Länder werden zwei Unternehmen beschrieben, die jeweils zwei Produkte produzieren, dabei aber spezifische Produktionsfaktoren einsetzen. Auch innerhalb einer Volkswirtschaft ist es denkbar, daß es an einem Ort einfacher ist Weizen zu produzieren und an einem anderen die Arbeiter besser ausgebildet sind, Tuch herzustellen. Es ergibt sich bei beiden Unternehmen eine Produktionsmöglichkeitsmenge, die ist durch die Faktorausstattung begrenzt und durch die spezifischen Produktionsfaktoren ergeben sich zwei unterschiedliche sog. Transformationskurven. Beim ersten Unternehmen verläuft die Produktionsgrenze bei einer höheren Menge Weizen und beim zweiten ist eine höhere maximale Menge Tuch und weniger Weizen als beim ersten Unternehmen möglich. Die jeweiligen Grenzraten der Transformationen auf der Transformationskurve geben sodann die Opportunitätskosten an, die mit dem Verzicht auf die Produktion eines Gutes, wenn ein anderer vermehrt produziert wird, verbunden sind. Werden nun zwei Vergleichspunkte ausgewählt, kann gezeigt werden, daß der erste Produzent bei einer zusätzlichen Einheit Weizen auf relativ wenig Tuch verzichten muß. Die Grenzrate der Transformation zwischen Weizen und Tuch ist dort gering. Der zweite Produzent muß am Vergleichspunkt auf sehr viel Tuch verzichten, wenn er die Weizenproduktion erhöhen will. Die Grenzrate der Transformation ist hoch. Nun können Punkte berechnet, welche die Maximierung der Gütermengen ermöglichen. Dies ist dann möglich, wenn eine gemeinsame Grenzrate der Transformation gefunden wird. Wenn es eine Wirtschaftsplanung gäbe, würde die dafür sorgen, daß der Produzent, der den komparativen Vorteil im Tuchbereich aufweist, sich vom Weizenanbau zurückzieht, bis zu einen Punkt, der den Opportunitätskosten des ersten Unternehmens entspricht. Diese gemeinsame Grenzrate wird auch bei vollkommenen Wettbewerb erreicht[631], nicht zuletzt deshalb, weil sich die Preise für Produktionsfaktoren bei vollkommenen Märkten angleichen und es damit gar keine komparativen Vorteile mehr gibt und es nur noch eine einzige Transformationskurve vorliegt. Damit ist es aber wieder unklar, an welchem Punkt der Transformationskurve die Produktion erfolgen soll bzw. welcher Güterbündel gewählt werden soll. Dafür versucht dann Vilfredo Pareto eine Lösung zu finden.[632]

Kritisch kann hierzu folgendes angemerkt werden: Von seiten der ökonomischen Geschichtsschreibung wird darauf hingewiesen, daß die Vorstellung einer Allokation von Faktoren in einem kontinuierlich angelegten mathematischen Feld nicht mit einer als diskontinuierlich beschreibbaren Realität übereinstimmt. Die ökonomische Geschichtsschreibung lehrt, daß es eine kontinuierlich angelegte Faktorsubstitution kaum gibt, sondern daß meist ein plötzlicher Wechsel im Bereich der Inputfaktoren vorliegt, der zu einem qualitativ anderes gelagerten Output und einen ganz

---

[630] Varian 2001: 335.
[631] Zweifel/Heller 1997: 68-71, 382, Fußnote 1.
[632] Varian 2001: 528-533.

anders gelagerten Produktionsprozeß führt.[633] Ebenso wird von den neoklassischen Produktionsfunktionen ein bestimmtes, quantitativ definierbares Outputniveau ignoriert, bei dem zu minimalen Kosten produziert werden kann. Optimale Faktoreinsatzmengen sind oft unabhängig von Outputniveaus.[634] Hierzu liegen etwa Ingenieursschätzungen zum Thema mindestoptimaler Betriebsgrößen bzw. Skalenökonomien vor. Ebenso sind zunehmende Skalenerträge empirisch belegt, dies bedeutet, daß bei zunehmenden Output weniger Inputs benötigt werden (und damit eben keine konstanten Skalenerträge mehr vorliegen)[635] Auch werden in den neoklassischen Modellen Lerneffekte ('learning by doing') ausgeklammert, also Produktivitätssteigerungen, die ohne weitere Investitionen in Produktionsanlagen allein durch eine Verbesserung des Produktionsablaufes erzielt werden[636], welche empirisch ebenso dokumentiert sind.[637] Externalitäten werden ebenso nicht einbezogen, also positive oder negative Effekte auf die Produktion, die etwa durch andere Unternehmen oder durch die Größe des Marktes ausgehen.[638] Diskontinuierlich ist auch die Abfolge eines Produktzyklus von der Produktentwicklung bis hin zu den ausgewachsenen standardisierten Gütern.[639] In der Realität ist Produktion auch nicht zeitlich frei reversibel, wie dies die Kurven suggerieren. Ebenso kann die Produktion nicht sofort und ohne Kosten auf andere Güter umgestellt werden.[640] Schließlich wird, auf fundamentaler Ebene, keinerlei Beziehung zwischen den Kosten und dem Preis eines Produkts angenommen und damit wird die Produktionstheorie ohne substantiellen Bezugspunkt formuliert.[641]

1.4 Gleichgewicht

Das zentrale Konzept der neoklassischen Theorie ist der vollkommene Wettbewerb. In der neoklassischen Preistheorie wird er so beschrieben, daß sehr viele Anbieter bestehen und jeder einzeln betrachtet keinen Einfluß auf den Preis ausüben kann. In einer solchen Situation wird der Preis zum sog. Datum, weil er als unveränderlich wahrgenommen wird.[642] Die gerade beschriebenen individuellen Nachfrage- und firmenspezifischen Angebotskurven werden dann zu Marktnachfrage und -angebotskurven zusammengefaßt, die wiederum zur Bestimmung des Gleichgewichtspreises auf

---

[633] Mirowski 1989: 316-317.
[634] Mirowski 1989: 327.
[635] Pratten (1971) in Shaw/Sutton 1976: 17; Pratten 1988: 76-80; Monopolkommission 1984/1985: 231-269. Siehe **Tabelle 2**, **Tabelle 3**, **Tabelle 4**.
[636] Diese werden im Kontext der Wachstumstheorie thematisiert von Arrow (1962), er zitiert auch die relevante Literatur, entschließt sich aber dazu, Lerneffekte über Investitionen zu messen. Bei Lerneffekten geht es aber eigentlich um Produktionssteigerungen, die nicht allein durch solche Größen gemessen werden können. Arrows 1962: 157. Siehe auch David 1975: 105.
[637] Dies fängt an bei Untersuchungen über die Nummer 2 Mühle der Firma Lawrence Baumwolltextilien, für die Lerneffekte von 1834-1856 dokumentiert sind. In den fünfziger Jahren wird die Schwedische Horndal Stahlfabrik als Beweis für Lerneffekte angeführt. In bezug auf die neoklassischen Vereinfachungen wird angemerkt: "...the discipline which adopted it thereby was led away from conceptions of economic progress which integrated observations from the real world, and within which history was of some consequence." Siehe David 1975: 10, 2-10.
[638] Varian 2001: 554.
[639] Beschrieben von Vernon 1966.
[640] Dies folgt nicht aus den hier beschriebenen Modellen, wird aber noch in einem Buch von Varian aus dem Jahre 1978 angenommen. Mirowski 1989: 320.
[641] Mirowski 1989: 324.
[642] Dies geht zurück auf Augustin A. Cournot 1838. Söllner 1999: 77.

dem Markt genutzt werden.[643] Der Bestimmung des Gleichgewichtspreises liegt die Annahme zugrunde, daß die Menschen ihren Konsum optimal aus ihrem Budget auswählen und die Unternehmen ihren Faktoreinsatz optimal einrichten.[644] Weil bei vollkommenen Märkten aber der Preis außerhalb der Kontrolle der Nachfrager und auch der Anbieter liegt, obliegt es diesen einfach nur zu entscheiden, zu diesem vorgegebenen Preis Nutzenmaximierung oder Gewinnmaximierung (bei vorgegebenen Inputpreisen) vorzunehmen, also ihre "bestmögliche" Handlung zu tätigen.[645]

Angesichts dessen erscheint es euphemistisch, trotzdem noch zu argumentieren, daß dennoch die insgesamten Handlungen aller Akteure diesen Preis bestimmen.[646] Dadurch wird es aber möglich einfach und freischwebend[647] das Marktgleichgewicht zu setzen. Es wird simplerweise als der Punkt berechnet, an dem sich Angebots- und Nachfragekurve schneiden. Geschlossen wird, daß an diesem Punkt die Nachfrage genauso groß wie das Angebot ist. Gleichgewichtspreis wird deshalb dazu gesagt, weil aus den anderen Modellen über die Konsumenten- und Unternehmerentscheidungen hergeleitet werden kann, daß sie angesichts bestimmter Beschränkungen jeweils optimale Entscheidungen treffen. Wenn sich nun diese beiden Kurven treffen, wird - automatisch - auf eine optimale Situation hin geschlossen.[648] Das Gleichgewicht wird definiert als "eine Situation, in der alle Akteure die bestmögliche Handlung für sich selbst wählen und in der das Verhalten jeder einzelnen Person mit dem der anderen übereinstimmt."[649]

Damit deckt sich der Gebrauch des Terminus optimaler Entscheidungen kaum noch mit der alltäglichen Wortbedeutung dieser Begrifflichkeit, wenn es um konkrete Konsum- und Produktionsentscheidungen geht.[650] Er deckt sich auch nicht mit dem Verständnis von Gleichgewicht in der Wettbewerbstheorie, denn dort werden die Reaktionen der Firmen aufeinander und deren Anpassung auf jeweilige Vorsprungsgewinne anderer als Motor dynamischer Produktivitätsentwicklung gesehen, wobei dieser gesamte Prozess in seiner wechselseitigen Ergänzung "zeitlos andauern" kann, also ein dynamisches Gleichgewicht erreicht.[651]

---

[643] Varian 2001: 274-275.
[644] Varian 2001: 274-275.
[645] Varian 2001: 275.
[646] Varian 2001: 275.
[647] Eben freischwebend von Phänomenen, die eine Preisanpassung verhindern, etwa Konsumenten, die nicht den Erwartungen gemäß konsumieren oder Firmen, die nicht so liefern, wie angenommen und dies womöglich sogar langfristig.
[648] Wobei es nicht wichtig ist, aus welchem Optimierungsverhalten die Angebots- und Nachfragekurve hervorgeht, es genügt die "Tatsache, dass ein funktionaler Zusammenhang zwischen Preis und jener Menge besteht, welche die Konsumentinnen zu diesem Preis anbieten oder nachfragen wollen, um wichtige Aussagen treffen zu können". Varian 2001: 275.
[649] Varian 2001: 275.
[650] Auch wenig zufriedenstellende Situationen, etwa Aktivitäten der Unternehmer bei viel zu niedrigen Preisniveaus, bei denen Skalenökonomien oder ausreichende Qualität überhaupt nicht zu erzielen wären, würden - innerhalb der gegebenen Beschränkungen - als optimal bezüglich des Faktoreinsatzes bezeichnet. Und Individuen maximieren ihren Nutzen nicht insofern, daß sie alles oder mindestens genügend haben können. In der neoklassischen Analyse maximieren die Individuen ihren Nutzen dann, wenn sie innerhalb bestimmter Beschränkung eine Entscheidung vornehmen, auch unter Bedingungen extremer Armut findet Nutzenmaximierung in optimaler Art und Weise statt.
[651] Arndt 1952: 250. "The dynamic process is, according to Clark, the result of moves and responses. The activities of pioneering companies and the quick response of so-called imitating followers or other innovating companies are the essentials. Under the condition that the process stays free, the circle will never end. Stronger market positions are allowed for a limited period of time as long as market entry is always possible." Ohne Herv. im Original. Hildebrand 2002: 125.

Bemerkenswert ist weiterhin, daß das Gleichgewicht von Angebot und Nachfrage ex negativo erklärt wird. Gleichgewicht existiert, dies impliziert die Definition, wenn es für keine der Gruppen einen Anreiz für eine Verhaltensänderung gibt. Die Unternehmer würden bei Ausweitung des Angebots nur auf Halde produzieren, die Konsumenten bei geringeren Preisen nicht genügend Güter bekommen. Daraus wird gefolgert, daß beide Seiten nur beim Vorliegen des Gleichgewichtspreises zufrieden sind.[652]

Am Rande: Noch die klassische Ökonomie hatte keine Probleme damit, sich vorzustellen, daß etwa Güter auf Halde produziert werden, denn sie konnte sich einen substantiell definierten natürlichen Preis vorstellen, den die Güter auch später noch behalten.[653]

Es handelt sich bei der Gleichgewichtsherleitung somit um ein statisches Modell, das einen einmal erreichten Zustand postuliert und nicht erklären kann, warum dieser entsteht oder warum er überhaupt in dieser Idealität eingehalten werden sollte. In der Realität gibt es beispielsweise wohl kaum Situationen, in denen die Akteure, trotz gleichbleibender Umstände, über lange Zeit keine Impulse zur Veränderung ihrer Handlungsstrategien verspüren. Dem statischen Charakter dieses Konzeptes zum Trotz, wird nun dennoch in den Lehrbüchern der allgemein bekannte dynamische Mechanismus von Angebot und Nachfrage erwähnt, der sich vollzieht, wenn der Preis - nicht - als Gleichgewichtspreis vorliegt. Die sodann erfolgende Bewegung hin zu einem neuen Preisniveau wird aber als Konvergenz hin zum - einzigen - Gleichgewichtspreis gedeutet: Ändert man nun, ausgehend von einem einmal angenommenen Gleichgewichtspreis die Preise oder die angebotene Mengen, dann können in der sog. komparativen Statik Verschiebungen von einer zu einer anderen Gleichgewichtssituation berechnet werden.[654] Wenn die Nachfrage größer als das Angebot ist, dann erhöht sich der Preis, denn die Unternehmer erkennen, daß sie zu höheren Preisen verkaufen können und andersherum sinkt er, wenn die Unternehmen merken, daß sie nur zu niedrigen Preisen die erwarteten Mengen verkaufen können.[655] Die Neoklassik geht davon aus, daß diese Verschiebungen zwischen zwei statischen Zuständen kaum "Besonderheiten" enthalten, sodaß sich kaum eine Analyse lohnt, welche bestimmten Einflüsse bzw. Dynamiken beim Übergang zwischen den zwei statischen Zuständen wirksam werden. Eine solche Analyse, die solche Besonderheiten einbezieht, wird dagegen von Eucken (1940) gefordert.[656]

---

[652] Varian 2001: 276; Stigum/Stigum 1968: 210; Fritsch et al. 1993: 32.

[653] Wenn der Marktpreis vom natürlichen Preis abweicht, dies wird durch abweichende Profitraten deutlich, fließen Ressourcen in die Etablierung von neuen Industrien, bis es wieder zu einer Annäherung zum natürlichen Preis kommt. Eine vollständige Markträumung mußte dazu nicht angenommen werden. Mirowski 1989: 239.

[654] Varian 2001: 278-279.

[655] Varian 2001: 276.

[656] Er nennt dies "Variationsmethode" und grenzt sich damit gegen eine deterministisch dynamische Theorie etwa von Marx ab, die vorgibt, dynamisch Prozesse vollständig beschreiben und deren Ausgang kennen zu können. Dagegen wird eine Methode vorgeschlagen, die zwei statische Zustände nimmt, in der Vergangenheit und heute. Davon ausgehend kann vorurteilsfrei nach sämtlichen, darunter dynamischen Einflußfaktoren, gesucht werden Eucken 1940: 188-189. "Die Variationsmethode versagt indessen, wenn sie nicht in der richtigen Form durchgeführt wird. Sie versagt z.B., wenn sie nur von einem Zustand vollkommenen allgemeinen Gleichgewichts ausgeht, der ja in der wirtschaftlichen Wirklichkeit sehr selten auch nur annähernd verwirklicht ist, und wenn sie statische Zustände mangelnden allgemeinen

Solche Verschiebungssprozesse können mathematisch modelliert werden. Wenn bestimmte Verhältnisse zwischen einzelnen Märkten angenommen werden, kann in einem Multi-Marktmodell eine gesamte Volkswirtschaft repräsentiert werden kann, und es findet eine Abkehr von einer Partialanalyse hin zu einer Totalanalyse statt. Wird dies modelliert, finden komplexe Anpassungsprozesse statt, bei denen Konsumenten und Firmen auf jeweils veränderte Preisbedingungen reagieren, indem sie ihre Nachfrage oder ihr Output bzw. ihren Inputmix anpassen.[657] Im Prinzip ist es auf diese Art und Weise möglich, Gleichgewichtspreise aller Inputs und Outputs einer Volkswirtschaft zu berechnen.[658] Unter Nutzung neoklassischer Vorraussetzungen wird ein allgemeines Gleichgewicht für eine Ökonomie etwa von Kenneth W. Arrow und Gerard Debreu (1954) berechnet.[659] Unter Hinzufügung bestimmter restriktiver Annahmen, etwa festgesetzter Faktorproportionen und konstanten Skalenerträgen, kann auch eine Input-Output Analyse betrieben werden, die die Allokation von Ressourcen, etwa Arbeit, primäre Inputs und Zwischenprodukte, nachzeichnet und auch prognostiziert (beispielsweise ist vom Agrarbereichsoutput US$ 14 Mrd. im selben Bereich als Input nötig ist, US$ 22 Mrd. wird in der Tabak- und Lebensmittelindustrie verbraucht wird, US$ 5 Mrd. fließt die individuelle Versorgung mit Lebensmitteln und US$ 2 Mrd. in den Export).[660] Eine reine Input-Output Analyse bedarf aber keiner neoklassischer Mathematik und verleitet nicht notwendigerweise, aber potentiell zu planerischer Hybris, weil etwa sichtbar wird, in welchen Bereichen mutmaßliche Produktionslücken bestehen bzw. viele Importe benötigt werden.[661] Angeregt wurde davon nicht zuletzt die entwicklungsökonomische Analyse der Wirtschaft gemäß Rückwärts- und Vorwärtskopplungen, die Albert O. Hirschman entwickelte, welche als Hinweise für industriepolitische Entwicklungsprioritäten interpretiert wurden.[662] Realitätsnähe bekommt die neoklassische Theorie aber erst dann, wenn beispielsweise empirisch ermittelte sog. Nachfrage- bzw. Angebotselastizitäten in die Preisbildungsberechnungen miteinbezogen werden, denn hier geht es um faktisch vorliegende, unterschiedlich dynamische Beziehungen etwa zwischen nachgefragter Menge

---

Gleichgewichts einfach beiseite läßt. - Sie versagt weiter, wenn die Abfolge der einzelnen Vorgänge bis zum neuen statischen Zustand nicht genau untersucht wird, sondern wenn einfach der neue neben den alten statischen Zustand gestellt wird." (Ohne Herv. im Original). Eucken 1940: 189.

[657] Stigum/Stigum 1968: 253.

[658] Stigum/Stigum 1968: 260.

[659] Arrow/Debreu 1954. Die Vorraussetzungen sind: Die Produktionsmöglichkeitskurve einer Ökonomie ist konkav, zunehmende Skalenerträge sind ausgeschlossen; die Indifferenzkurven der Haushalte sind konvex; Haushalte stellen Arbeit zur Verfügung und konsumieren Güter; die Haushalte verfügen über eine Anfangsausstattung und kommen in den Genuß von Unternehmergewinnen; Das Gleichgewicht definiert sich folgendermaßen: Die Unternehmen haben ihre Gewinne maximiert, die Haushalte ihren Nutzen, negativen Preise sind ausgeschlossen, wenn ein Überangebot existieren wird auf der Güterpreis auf Null gesetzt. Dazu und zur Kritik und weiteren Entwicklung der Gleichgewichtsmodelle Söllner 1999: 115.

[660] Die Input-Output Analyse geht auf W. W. Leontief zurück. Stigum/Stigum 1968: 267, 261-276. Söllner 1999: 260-261.

[661] Hier wird nur berechnet, welche Inputs eine Industrie aus einem anderen Sektor benötigt. Wenn sich aber Verschiebungen ergeben, kann sich diese prinzipiell auf alle anderen Industrien auswirken, wodurch sich wiederum die Input- bzw. Outputkoeffizienten für viele andere Sektoren ändern. Um dies zu lösen braucht es für ein 42-Sektor-Tabelle damals 56 Stunden Rechenzeit auf dem Harvard Mark II Computer. Leontief 1951: 16; zur Anwendung auf Entwicklung und internationalen Handel Leontief 1963: 180-181: Söllner 1999: 260-261.

[662] Am Beispiel der Eisen- und Stahlindustrie, die sehr hohe Kopplungseffekte aufweist. Hirschman 1967: 101. Der Autor ist sicherlich nicht als pauschaler Befürworter staatlicher Interventionen anzusehen, grenzt sich allerdings auch nicht davon ab und verfügt über keinerlei systematischer Darstellung der Fähigkeiten des Staates und der des Marktes, sodaß sich stark interventionistische Politiken mit ihm legitimieren lassen. Sein Motor wirtschaftlichen Wachstums sind Zwänge, Spannungen und Ungleichgewichte, die auch staatlich hergestellt werden können. Mehr dazu immer wieder im Verlauf des Textes. Hirschman 1967: 195.

und Preis.[663] Solche Berechnungen haben aber mit den Gleichgewichtsmodellen im engen Sinne nichts mehr zu tun, sondern markieren den Übergang zu einer dynamischen Modellbildung, denn die Nachfrage- bzw. Angebotselastizitäten bekommen ein eigenständiges Gewicht, das sich nicht aus den Gleichgewichtsmodellen herleiten läßt.

Schon innerhalb der neoklassischen Modellannahmen sind Situationen vorstellbar, in denen Annahmen des Gleichgewichtsmodells umgekrempelt werden müssen, zum Beispiel, wenn ein konstantes Angebot vorliegt, daß sich unabhängig vom Preis verhält oder wenn zu einem konstanten Preis jede gewünschte Menge geliefert wird.[664] Auch wenn dies nicht der Fall ist, können sich die Marktpreise in der Realität sprunghaft oder zu starr verhalten, wenn es etwa sehr unelastische kurzfristige Reaktionen auf Nachfrageänderungen gibt, langfristig aber plötzlich viele Firmen ihr Angebot erhöhen. Dann können, trotz vollkommener Märkte, leicht solche Preisschwankungen eintreten, bei denen ein einmal erreichter Gleichgewichtpreis wenig bedeutet.[665] Weiterhin kann es bei asymmetrischen Informationen über die Produktqualität dazu kommen, daß überhaupt keine Märkte entstehen.[666] Weiterhin wird auch von der neoklassischen Schule die monopolistische und oligopolistische Preisgestaltung untersucht. Immerhin wird anerkannt, daß hier die Preise oberhalb des Gleichgewichtspreises bei vollkommenem Wettbewerb liegen können (klassisches Monopol).[667] Bei zwei Firmen (Bertrand-Gleichgewicht), weiten Oligopolen (Cournot-Gleichgewicht mit vielen Unternehmen) wird der Preis aber wieder als identisch mit dem Gleichgewichtspreis identisch angesehen.[668]

2. Empirie des Marktverhaltens

Faktisch besteht in nicht wenigen Märkten nicht ein vollkommener Wettbewerb, sondern eine Konkurrenz weiter und auch engerer Oligopole.[669] Diese Firmen verhalten sich nicht gemäß der zuletzt erwähnten, den neoklassischen Erwartungen angepaßten, Monopol- und Oligopolmodelle, zumindest nicht in dem Sinne, daß ein Gleichgewichtspreis im Sinne vollkommenen Wettbewerbs erzielt wird. Werden andere Modelle benutzt, kann für ein Cournot-Oligopol mit fünf gleich großen Firmen, also einem eher engen Oligopol gezeigt werden, daß der Output bei 83 % (gegenüber 100 % bei vollkommen Wettbewerb) liegt und es ist möglich für die Firmen die Preise 10 bis 30 % über die

---

[663] Varian 2001: 257-268, 284-285.
[664] Varian 2001: 276.
[665] Am Beispiel von Tankschiffmärkten Stigum/Stigum 1968: 214-218.
[666] Varian 2001: 632.
[667] Der Output liegt in diesem Fall unter dem Niveau der beim Gleichgewicht erreicht würde. Varian 2001: 406.
[668] Varian 2001: 466-468. Bei Augustin A. Cournot ist das Verhalten des Konkurrenten im Duopol vom Verhalten dieser völlig unabhängig, es gibt keine Lerneffekte. Es pendelt sich ein, allerdings nur auf diese Situation bezogener, Gleichgewichtspreis ein. Söllner 1999: 90-91; aus der Perspektive der Wettbewerbstheorie wird dieses Modell als Vereinfachung kritisiert. Hovenkamp 1999: 159. Für dieses und weitere Modelle siehe auch Borchert/Grossekettler 1985: 47, 76-81. Generell ist es bei Cournot-Modellen und deren Weiterentwicklungen so, daß je mehr Firmen vorhanden sind und je weniger ihr Verhalten voneinander abhängig definiert wird, desto wahrscheinlicher es ist, daß der Preis sich auf einem wettbewerblichen Gleichgewichtsniveau einpendelt. Dasselbe gilt andersherum. Scherer/Ross 1990: 207-208.
[669] In bezug auf den U.S.-Markt. Scherer/Ross 1990: 661. Siehe **Tabelle 5**, aus: Scherer/Ross 1990 77. Für die EU **Tabelle 6**. Davies/Lyons 1996: 52.

Grenzkosten zu erhöhen, je nach der Nachfrageelastizität. Dies liegt immerhin deutlich unter der Preissteigerung bzw. Outputbeschränkung, die ein reines Monopol erlauben würde.[670] Dies stimmt mit der Realität tendenziell überein.[671]

2.1 Preisaufschläge und oligopolistisches Preisverhalten

Als Einstieg in diese Fragestellung kann die Studie von Hall (1988) zitiert werden, der feststellt, daß von den Firmen Preise verlangt werden, die nicht mit den marginalen Kosten übereinstimmen. Firmen verkaufen ihre Waren für deutlich mehr als sie für die Inputs bezahlen.[672] Dies gibt einen Hinweis darauf, daß vollkommener Wettbewerb im Sinne neoklassischer Modelle in der Realität nicht vorliegt.

Werden Erwartungen nicht mehr rational, wie in den bisher genannten Modellen, sondern adaptiv konzipiert, dann ist sogar ein "gleichförmiges Preisverhalten" denkbar, bei dem sich ein Unternehmen als Preisführer verhält und alle anderen Unternehmen jeweils später mit Preiserhöhungen nachfolgen (dieses Verhalten ist nicht identisch mit dem neoklassischen Stackelberg-Modell[673]).[674] Die Unternehmen bleiben nicht beim alten Preis, durch den sie von zusätzlicher Nachfrage profitieren könnten. Sie entscheiden sich für einen höheren Preis und können erwarten, daß ihre Marktanteile ungefähr gleich bleiben werden. Von dieser Strategie profitieren dann alle Unternehmen in einer Branche.[675] Generell gilt allerdings für die Oligopoltheorie: Im Oligopol ist alles möglich, mal führen die Strategien zu höheren Preisniveaus, mal scheinen die Preisniveaus identisch mit dem vollkommenen Wettbewerb zu sein.[676] Empirisch kann aber nachgezeichnet werden, daß die Preise in konzentrierten Sektoren höher liegen (bzw. bei Firmen mit großen Marktanteilen die Profite höher liegen), als dies eigentlich bei Wettbewerb zu erwarten ist und daß Firmen in der Lage sind hohe Preisaufschläge durchzusetzen.[677] Manchmal gilt aber auch diese Tendenzaussage nicht, sondern die

---

[670] Hovenkamp 1999: 160. Für weitere Modelle, darunter spieltheoretische und solche mit dominierenden Firmen: Scherer/Ross 1990: 199-233.

[671] Auch empirisch wird die Frage untersucht, welches Modell eher auf faktische Vorgänge in oligopolistischen Sektoren zutrifft. Hier wird etwa festgestellt, daß in konzentrierten Sektoren die durchschnittlichen Preis/Kosten-Relationen höher sind als im Cournot-Gleichgewicht, aber niedriger als bei einem reinen Monopol. Domowitz et al. 1987: 380.

[672] "The basic fact found in this paper is neither new nor surprising. When output rises, firms sell the output for considerably more than they pay for the incremental inputs. Most economists have been content to invoke the idea of cyclical fluctuations in productivity in thinking about this fact. My point in the paper is that the fact may involve a dramatic failure of the principle that marginal cost is equated to price. Marginal cost is literally the increase in the cost of inputs needed to produce added output. That increase is small, so marginal cost is small. When it is compared to price, a large gap is found in many industries. The most obvious explanation of the finding of price far in excess of marginal cost is monopoly power in the product market. Since few American industries are simple monopolies, the finding probably requires an interpretation in terms of theories of oligopoly and product differentiation. Then the finding lends strong support to the view that these theories are more realistic than the simple theory of competition." Hall 1988: 945.

[673] Varian 2001: 453-464.

[674] Dies wird auch als "Politik der festen Preisrelation" bezeichnet. Entwickelt wurde dieser Aspekt der Oligopoltheorie von Ernst Heuss. Siehe Heuss 1960: 178. Siehe auch Borchert/Grossekettler 1985: 82, 85-88. Diese Oligopolpreistheorie ist nicht nur in Deutschland bekannt. Siehe ähnlich schon Mason 1939: 70; aus heutiger U.S.-Sicht Hovenkamp 1999: 160-177.

[675] Borchert/Grossekettler 1985: 82, 85-88.

[676] Mit weiteren Modellen, darunter Axelrods 'tit-for-tat'. Scherer/Ross 1990: 220.

[677] Die ausdifferenzierte Diskussion kann hier nicht im Detail nachgezeichnet werden. Auch die Chicago-School gesteht etwa eine positive Korrelation zwischen Marktanteil und Gewinnen zu, schreibt den kausalen Einfluß auf die höheren Gewinne aber nicht dem Marktanteil sondern der Effizienz der Unternehmen zu. Clarke et al. 1984; Schmidt 1996a: 55. In vielen, aber nicht allen Studien wird aber ein Zusammenhang von Konzentration und höheren Preisen (oder Profiten) nachgezeichnet und nicht immer dürfte dies nur an der Effizienz der

Preise liegen sehr niedrig, etwa weil die Industrie eine längerfristige Strategie der Verbreitung eines Produkts verfolgt (dies war etwa bei der U.S.-Aluminiumindustrie der Fall), um erst später die Preise langsam zu erhöhen.[678]

Die nachfolgende Literatur hat die These hoher Preisaufschläge über die marginalen Kosten von Hall (1988) relativiert, so ist die Rede von 0 % bis 30 % statt von 100 %. Bemerkenswert sind aber wieder die Ausnahmen, beispielsweise 38 % für Unterhaltungselektronik in den USA, 50 % für Industriechemikalien in Kanada, 64 % für Getränke in Frankreich, 75 % für Arzneimittel in Japan, Automobile liegen in dieser Untersuchung zwischen 6 % und 14 %.[679] Es werden weiterhin höhere Preisaufschläge in Sektoren gefunden, in denen es wahrscheinlicher ist, daß Marktmacht ausgeübt werden kann. In Bereichen mit höherer Konzentration ('segmented') wirkt auch eine größere Produktdifferenzierung und größere Investitionen in F&E hinsichtlich einer Verstärkung von Marktmacht, weil damit Eintritte neuer Firmen abgeschreckt werden.[680]

Festgehalten kann werden, daß sich die Preisentstehung in der Realität auf komplexere Art und Weise vollzieht, als dies die neoklassischen Modelle postulieren.

In der neueren industrieökonomischen Theorie wird von Sutton (1991, 1998) und etwa Lyons et al. (2001) davon ausgegangen, daß es unterschiedliche Typen von Industrien gibt. Zuerst einmal solche die homogene Produkte herstellen und über Produktdifferenzierung ihre Marktanteile erweitern können (Typ 1). Ein weiterer Typ setzt strategisch Investitionen ("endogeous fixed cost competion"[681]) in Werbung oder in F&E ein (Typ 2A 'Advertising' und Typ 2R 'Research & Development'; wenn beides zusammenfällt Typ 2AR). In letzteren Bereichen versuchen Firmen durch Investitionen in Werbung und/oder F&E größere Marktanteile erreichen und lösen, wenn dies gelingt, oft einen Strukturwandeln in den betroffenen Branchen aus und werden durch höhere Skalenökonomien, d.h. niedrigere Kosten, belohnt. Insgesamt erhöhen sich dadurch Eintrittsbarrieren, um in diesem Industriebereich einzutreten. Folge ist, daß solche Industriebereiche tendenziell eine höhere Konzentration aufweisen.[682]

Firmen liegen. Die These von Bain (1951), daß es eine genauer zu bestimmende Schwelle gibt, ab dem Konzentration profitsteigernd wirkt, läßt sich heute nicht mehr bestätigen. Hier können relevante Studien nur aufgezählt werden: Ravenscraft 1983; Geroski/Cubbin 1987; Geroski/Jaquemin 1988; Kelton/Weiss 1989; Schmalensee 1989; Yamawaki 1989; Yamawaki et al. 1989; Scott 1993; Goddard/Wilson 1996; Hay/Liu 1997. Eine Übersicht in Schmidt 1996a: 54-55. Es ist nicht nur so, daß sich die Studien darauf beschränken statistische Auswertungsmethoden zu verwenden. Siehe den teils statistisch und teils wohlinformiert argumentierenden Beweis von Marktmacht und Konzentrationseffekten in der Lebensmittelindustrie in den USA und Europa von Sutton 1991.

[678] Mit diversen Beispielen wird die Theorie oligopolistischen Preissetzens eingeführt bei Scherer/Ross 1990: 355-356. Siehe auch Scherer/Ross 1990: 199-233.

[679] Siehe **Tabelle 7**, aus: Oliveira Martins et al. 1996: 11-14; siehe auch Oliveira Martins/Scarpetta 1999: 13-14; Oliviera Martins et al. 1996a: 84.

[680] Oliveira Martins et al. 1996: 11-14; Oliviera Martins et al. 1996a: 87. Siehe zur Unterscheidung zwischen 'segmented' und 'fragmented' weiter unten im Text sowie **Tabelle 8**.

[681] Lyons et al. 2001: 3.

[682] Lyons et al. 2001: 2-4; siehe für eine solche Klassifikation der Industrien auch **Tabelle 6**. In: Davies/Lyons 1996: 52. Vorbild ist die Forschung von Sutton (1991), der sich dort auf die Relevanz von Werbung und auf Lebensmittelindustrien konzentriert: Sutton 1991: 307-321. In Sutton (1998) werden weitere Industriebereiche einbezogen. Nicht alle Industrien entsprechen diesen Erwartungen. Sutton (1998) versucht sog. 'high alpha' Industrie zu finden, bei denen sich diese Eskalation in bezug auf Werbungs- und F&E Investitionen in Profiten

Es ist nicht ersichtlich, wie diese Forschungen die Theorie Baumol (1982) bestätigen sollten, der für viele Fälle suggeriert, daß ein in Zukunft potentiell drohender Markteintritt ausreicht, daß sich Firmen wie in neoklassisch perfekten Märkten verhalten. Mit dieser Kritik an dieser These wird nicht unterstellt, siehe schon oben, daß es weit verbreitet ist, daß Firmen Preise i.S. extrem monopolistischen Verhaltens verlangen. Das Gegenargument ist, daß Eintrittsbarrieren mal höher und mal niedriger sind und dies Auswirkungen auf das Firmenverhalten haben kann. Markteintrittsbarrieren sind zudem nicht verboten, die Wettbewerbspolitik interveniert nur, wenn der Wettbewerb beschränkt wird, wenn eine marktbeherrschende Stellung mißbräuchlich genutzt wird und sie verbietet Firmenzusammenschlüssse. Bei der Analyse dieser Vorgänge, können aber mehr oder weniger hohe Markteintrittbarrieren eine Rolle spielen.[683]

Bis heute kann somit davon ausgegangen werden, daß es den von Eucken postulierten "Hang zur Monopolbildung"[684] gibt. Sichtbar ist dies daran, daß es immer wieder Versuche gibt (auch internationale[685]) Kartelle zu begründen. Und daran, daß die Firmen versuchen eine profitmaximierende oligopolistische Preisgestaltung zu nutzen, wenn dies aufgrund der Marktstrukturbedingungen möglich ist:

Dokumentiert ist ein solches adaptives, gleichförmiges Preisverhalten etwa für das enge Oligopol der amerikanischen Automobilindustrie.[686] Auch die deutschen Autohersteller erhöhten ihre Preise von 1969 bis 1982 kontinuierlich (trotz Nachfragerückgängen) und machen dabei hohe Profite.[687] Das Bundeskartellamt stellte diesbezüglich sogar Untersuchungen an, brachte aber keine Klage vonstatten,

---

auszahlt. Dies wiederum hängt auch von den Technologiepfaden ab, auf denen sich die jeweiligen Industrie befinden. So fingen zwei Firmen (Northern Telecom, Canada, Ericsson, Schweden) hohe F&E Ausgaben zur Entwicklung digitaler Vermittlungsstationen zu machen. Daraufhin wurden die Wettbewerber zu Zusammenschlüssen gezwungen, um ebensolche F&E Ausgaben finanzieren zu können. Innerhalb von 10 Jahren gab es nur noch 7 Wettbewerber in diesem Bereich. Sutton 1998: 116, 133-152. Ebenso geht es um Filmhersteller, die ebenso ihren Erfolg auf hohen F&E Ausgaben begründen können. Sutton 1998: 116-132. Firmen, die Strömungsmeßinstrumente herstellen, sind durch eine größere Breite technologischer Möglichkeiten, dieselbe Aufgabe zu lösen, geprägt. Hier entwickelt sind die Industriestruktur weniger konzentriert und die Firmen setzen Produktdiversifizierung ein. Sutton 1998: 170. Im Bereich von Generatoren haben große Firmen nicht wegen einer F&E Eskalation, sondern schon deshalb Vorteile gegenüber kleineren Firmen, weil die Größe der produzierten Einheiten rapide anstieg, von 200 Mw 1955 auf 1200 Mw 1975. Sutton 1998: 178. Weitere Informationen präsentiert Sutton (1998) über die Pharma-, Halbleiter- und Luftfahrtindustrie. Sutton 1998: 197-228 (Pharma); 358-377 (Halbleiter); 386-411 (Computerstandards); 415-471 (Luftfahrt).
[683] Baumol 1982; ähnlich wie oben, aber weniger konkret: Hildebrand 2002: 136-140.
[684] Eucken 1952: 31, 41, 49-55, 128.
[685] Kartelle sind so alt wie die Wirtschaft. Einen Überblick gibt Connor 2005: 13-26; die internationalen Kartelle der neunziger Jahre beschreibt Connor 2002: 17; Informationen über die Tätigkeiten der unterschiedlichen Wettbewerbsbehörden finden sich in Connor 2004: 250-264.
[686] Für die U.S. Automobilindustrie kann, von weniger Jahren einmal abgesehen, eine durchgängige Preissteigerung seit Anfang der fünfziger Jahre bis in die späten achtziger Jahre nachgezeichnet werden. Perioden der Rezession zum Trotz hat General Motors eine Preisführerschaft übernommen und es erfolgten jeweils zeitlich etwas später gleichförmige Preiserhöhungen der anderen Wettbewerber. Japanische Produzenten passen sich dem in den siebziger Jahren an. Dies erhöht die Profite der Automobilindustrie. Genaueres bei Boyle/Hogarty 1975; Kwoka 1984; Bresnahan 1987; Adams/Brock 1990: 111. Als Effekt liegen die Investitionsraten und die Profite bei ca. 10 Prozent, gegenüber 5 Prozent im Industriedurchschnitt, beispielsweise zwischen 1955-1958. Boyle/Hogarty 1975: 92.
[687] In Deutschland wurde der Wettbewerb dadurch verringert, daß der Markt in untere und mittlere Klasse sowie Oberklasse nach Herstellern getrennt war. Es gab zwar Wettbewerb, etwa durch die Modellpolitik, auf der anderen Seite waren die Profite der Automobilindustrie generell 0.8 Prozent höher als im Industriedurchschnitt und VW konnte in den siebziger Jahren hohe Profite machen, so 6 Mrd. DM 1978. Die durchschnittlichen Profitzahlen mögen zu niedrig liegen, weil damals zudem massive Investitionen erfolgten. Berg 1984: 198-199, 209-211.

die eine abgestimmte Verhaltensweise hätte unterstellen können.[688] Ähnliche Preispraktiken waren in Europa möglich, weil es national dominante Produzenten gab, die als Preisführer agierten und durch vertikale Beschränkungen (und die VERs mit Japan) Importe beeinflußt werden konnten. Deshalb lagen in Frankreich und Italien die Preise um 18 Indexpunkte höher als in Deutschland, wovon natürlich auch die deutschen Produzenten profitierten.[689]

Auf der anderen Seite ist es sicherlich so, daß es dies nicht in allen Sektoren gibt und es vielen kleineren Unternehmen schwerer fällt, solche Preisstrategien zu verfolgen. Die neoklassischen Annahmen eines geringen Einflusses speziell kleinerer Unternehmen auf die Preisbildung scheinen somit zumindest der Tendenz nach richtig zu sein. Eine generelle Annahme, daß kleinere Unternehmen keine Marktmacht haben, ist aber nicht begründbar, denn zumindest in den Industrieländern existieren spezialisierte kleinere Unternehmen beispielsweise in oligopolistischen Nischenmärken oder haben lokale Monopole inne[690] oder es werden ihnen Ausnahmen vom Wettbewerbsrecht zugestanden, welche koordiniertes Verhalten erleichtern.[691]

2.2 Preisdisziplinierende Wirkungen durch Märkte und Marktöffnung

Empirische Untersuchungen bestätigen, mit gewissen Differenzierungen und Abstrichen, tendenziell größere Preiserhöhungsspielräume in oligopolistischen Märkten, ebenso aber, in vielen Fällen jedenfalls, die preisdisziplinierende Wirkung der Märkte, der Marktöffnung und des Wettbewerbs.

Empirische Untersuchungen zeigen, daß Firmen in den Industrieländern in konzentrierteren Bereichen teils höhere Preise in Relation zu ihren Kosten durchsetzen können, keinesfalls nähern sich die Ergebnisse aber einer Situation in einem vollständig ausgebildeten Monopol an.[692]

---

[688] Einmal argumentierte die Automobilindustrie, daß sie höheren Kosten ausgesetzt war. In einem anderen Fall wurde dieses Argument nicht vom Bundeskartellamt akzeptiert und es wurde aufgezeigt, daß eine Rationalisierung der Produktion eigentlich hätte zu sinkenden Automobilpreisen führen müssen. In diesem Fall verzichtet das Bundeskartellamt auf eine Klage, weil bereits neue Modelle eingeführt wurden und es vertritt selbst die Auffassung, daß mißbräuchliche Preissetzungen, die in der Vergangenheit stattgefunden haben, nicht verfolgt werden können. 1976, Deutscher Bundestag, 8. Wahlperiode, Drucksache 8/704, S. 53. In einem weiteren Fall gab es klare Beweise, daß die Preise über die Kostensteigerungen hinaus angehoben wurden, aufgrund möglicher strategischer Gründe für die Preiserhöhung sieht das Kartellamt abermals von einer Klage ab. Siehe: Deutscher Bundestag, 8. Wahlperiode, Drucksache 8/1925, S. 56; ähnlich Deutscher Bundestag, 8. Wahlperiode, Drucksache 8/1925, S. 24; and 1974, Deutscher Bundestag, 7. Wahlperiode, Drucksache 7/3791, S. 54. Siehe für die Referenzen nicht für die Interpretation Berg 1984: 198-199, 209-211. Im Prinzip kann dies als abgestimmte Verhaltensweise verfolgt werden, die Abgrenzung zum unbewußten Parallelverhalten muß mit diversen Indikatoren bewiesen werden, dies ist für die Wettbewerbsbehörden aber nicht gänzlich unmöglich. Immenga/Mestmäcker 1992: 1181-1186.

[689] Die freiwilligen Exportbeschränkungen (VER) mit Japan, die besonders Italien und Frankreich geschützt haben beschreibt. OECD 1987: 169; siehe Abschnitt T. In Ländern mit einem dominanten Produzenten, Renault in Frankreich, Fiat in Italien, waren die Preise 14 und 18 Indexpunkte höher als in Deutschland. Hier geht es um einen Indexwert der sich auf Preis nach Steuern bezieht: Belgium 100, France 125, Germany 111, Italy 129, United Kingdom 144. In England mögen andere Faktoren einen Rolle spielen, etwa höhere Produktionskosten unter anderem dadurch ausgelöst, daß Autos für den Linksverkehr gebaut werden müssen. Dadurch wird England auch vom europäischen Markt isoliert. Mertens/Ginsburgh 1985: 159, 165.

[690] Niosi/Rivard 1990: 1539-1541.

[691] Für Deutschland Immenga/Mestmäcker 1992: 329-330. Für Belgien Schröter 1999: 2/131. Mit dem Argument einen Ausgleich gegenüber großen Firmen zu erreichen für das EU Wettbewerbsrecht Hildebrand 2002: 13.

[692] Domowitz et al. 1987: 380.

Gezeigt werden kann, daß es durch Importe schwieriger wird höhere Preise durchzusetzen und bestätigen damit das Funktionieren von Marktkräften bzw. die preissenkende Wirkung des Wettbewerbs.[693]

Ebenso kann empirisch gezeigt werden, daß Firmen auf kurzfristige Verluste von Marktanteilen mit Anstrengungen reagieren ihre Wettbewerbsfähigkeit wieder zu verbessern und daß dies auf lange Sicht zu einer erhöhten Effizienz dieser Firmen führt.[694] Insgesamt gesehen unterscheiden sich die Sektoren aber hinsichtlich der Wettbewerbsintensität.[695]

Obwohl der Tendenz nach somit diese preisdisziplinierende Wirkung der Marktöffnung und des Wettbewerbs empirisch nachgezeichnet werden kann, zeigen Studien, daß es die Preisniveaus und Preisaufschläge in den Branchen (und Ländern[696]) unterschiedlich hoch liegen.

Preisaufschläge sind tenzenziell in den Branchen höher sind, in denen eine höhere Konzentration vorliegt und es ist zusätzlich erkennbar, daß über Innovationen, Werbung und Produktdifferenzierung Marktmacht ausgeübt werden kann ('fragmented' vs. 'segmented'). So haben segmentierte Industrien, besonders solche mit hoher Produktdifferenzierung ('segmented, 'high-differentiation'), höhere Preisaufschläge zu verzeichnen, wenn es auch weiterhin signifikante Länderunterschiede gibt. Darunter fällt etwa die Unterhaltungselektronik, der Pharmabereich und die Computerausrüstung.[697]

In einer weitere Studie wird festgestellt, daß einige Länder Europas (Dänemark, Finnland und Frankreich) hinsichtlich ihrer hohen Markups und steigenden Preis/Kostenmargen nicht auf das Binnenmarktprogramm reagieren. Dies wird auf wenig intensiven Wettbewerb zurückgeführt. In Deutschland, Portugal und Spanien sind aber deutlichere Reaktionen zu erkennen, die als Intensivierung des Wettbewerbs durch EU-interne und externe Liberalisierung gedeutet werden.[698] Dies bestätigt die These, daß der Begriff Gleichgewichtpreis allein nicht sehr aussagekräftig ist. Es ist eine empirische Frage, welches Preisniveaus und Preisaufschläge ('mark-ups') vorliegen, wobei der Intensitätsgrad des Liberalisierung aber auch industriestrukturelle Charakteristika eine Rolle spielen.

---

[693] Einen Überblick über Studien, die bestätigen, daß durch Liberalisierung Preise absinken, gibt Scherer/Ross 1990: 371; siehe auch Jaquemin et al. 1980; Jaquemin 1982: 82; und für den deutschen Sprachraum Großman et al. 1998: 72-76. Speziell für die Türkei zeigt dies Levinsohn 1993. Für die USA wird diese These bezüglich Effekte auf die Preis/Kosten-Relation ('price cost margins') in konzentrierten Sektoren für die Zeit von 1964 bis 1968 bestätigt. Danach gehen die Preise aber wieder relativ zu den Kosten gesehen hoch. So Katics/Petersen 1994: 278, 284.
[694] Hay/Liu 1997: 614-615.
[695] Hay/Liu 1997: 610.
[696] In den einzelnen EU Ländern herrschen immer noch unterschiedliche Preisniveaus, trotz des Binnenmarktprogramms. Diese Daten sind aber schwer zu interpretieren, weil es Endverbraucherdaten sind, die noch durch die Marktmacht der Kaufhäuser und Supermärkte verzerrt werden. Direkt auf Wettbewerbsintensität läßt sich somit daraus nicht rückschließen. Siehe dazu **Tabelle 9**. In: European Central Bank 2002: 43.
[697] Siehe: **Tabelle 7** und **Tabelle 8**. Oliveira Martins et al. 1996: 13-14, 28; siehe auch Lyons et al. 2001: 2-4.
[698] Sauner-Leroy 2003: 26-27.

Daß Liberalisierung nicht immer im Sinne einer Intensivierung des Wettbewerbs wirkt kann zuerst einmal anhand von Studien über England und Belgien gezeigt werden. Dort liegen steigende Gewinnmargen nach einer Liberalisierung in Sektoren vor, die von multinationalen Konzerne dominiert werden.[699] Für Kanada liegen ähnlich differenzierte Ergebnisse vor.[700] Als Erklärung solcher Phänomene schlagen Lyons et al. (2001) die schon erwähnte These vor, daß es Industrien gibt, die vor allem über hohe Werbungs- und F&E Kosten konkurrieren (sog. Typ 2 AR Industrien). Bei denen sei es unwahrscheinlicher, daß es zu einer Zunahme des Preiswettbewerbs kommt. Dazu kommt, daß speziell diese Industrien auf EU Ebene höhere Konzentrationsniveaus erreichen. Geschlossen wird, daß es bei diesem Typ Firmen unwahrscheinlich ist, daß eine Zunahme der Marktintegration zu einer weniger konzentrierten Marktstruktur und einem anderen strategischem Verhalten führen wird.[701]

In den Niederlande gibt es erst seit 1998 eine Wettbewerbsbehörde, die gegen die bis dahin verbreitete Kartelle vorgehen könnte, dies aber bis heute unzureichend durchführt. Für dieses Land kann festgestellt werden, daß Importe bis heute keine preisdisziplinierende Wirkung haben, denn die Importeure ziehen es vor, die hohen Preisniveaus nicht in Frage zu stellen, um selbst davon zu profitieren. Sie 'kaufen' sich somit in die hohen Preisniveaus mit ein.[702] Für die EU kann in einer weiteren Untersuchung generell keine Korrelation zwischen zunehmenden Importen und einer Veränderung von Profitraten gezogen werden. Dies ist schwieriger zu deuten. In vielen Fällen mag dies auf interne Kostensenkungen zurückzuführen sein, welche als Reaktion auf eine Zunahme des Wettbewerbs erfolgen. Als erste Reaktion auf mehr Wettbewerb erfolge hier oftmals eine Entlassung von Arbeitskräften, dies wird u.a. daran sichtbar, daß die Arbeitskosten pro Einheit produziertem Output in der EU kontinuierlich abgesunken sind.[703]

Diese Debatte wird etwa von den Zentralbanken vorangetrieben, weil sich durch Preisaufschläge in konzentrierten Märkten Inflation gut erklären läßt (67 % der Variation von Inflationsrate kann damit erklärt werden[704]) und Wettbewerb inflationsmindert wirken soll, sodaß hier großes Interesse besteht

---

[699] Großmann et al. 1998: 73. Immerhin wird durch Importe bei 70 % der untersuchten Unternehmen die Preisdisziplin unterschiedlich intensiv verbessert. Unter den weiteren 30 % befinden sich multinationale Konzerne, die diesen Effekt nicht aufweisen. Insgesamt wird geschlossen, daß Offenheit die größten Effekte auf exzessive Profite hat, wenn die Industriesektoren stark konzentriert sind, die Nachfrage zurückgeht, absolute Kostenbarrieren hoch und die Präsenz von multinationalen Konzernen niedrig ist. De Ghellinck et al. 1988: 13. In anderen Untersuchungen werden für Belgien (im Vergleich zu den Niederlanden etwa) aber niedrigere Preisaufschläge ('mark ups') gefunden und dies wird dem erhöhten Wettbewerbsdruck durch Importe aber auch einer zu laxen Wettbewerbspolitik in den Niederlanden zugeschrieben. Interessanterweise steigen die Preisaufschläge aber in Belgien an, was gemäß Liberalisierung nicht passieren dürfte. Auch in Belgien wird die Wettbewerbspolitik noch als unzureichend eingeschätzt. Konings et al. 2001: 844, 849-853.

[700] Für die Zeit der siebziger Jahre als die durchschnittlichen Zölle von 10,7 (1970) auf 7,8 (1978) abfielen und der Anteil der Importe an der heimischen Konsumption von 26 % (1971) auf 32,6 % (1979) ansteigt. In dieser Studie finden sich für 29 % der Industrien statistisch signifikante Verringerungen der 'mark ups', in 15 % der Fälle stiegen die 'mark ups' aber an. Es wird zudem ein schwacher Hinweis darauf gefunden, daß die disziplinierende Wirkung der Importe dann weniger weitgehend ist, wenn die Industrien ausländischen Investoren gehören. Die Liberalisierungseffekte sind bezüglich Kanada in dieser Zeitepoche somit nicht einheitlich im Sinne der liberalen Theorie, die einen Zunahme des Preiswettbewerbs erwartet. Thompson 2001: 4, 17.

[701] "In such industries, there can be no presumption that the opening up or further integration of markets will result in a substantially less concentrated market structure. Consequently, there may be little or no intensification of price competition, with interfirm rivalry, instead, being channeled into endogenous fixed costs." Lyons et al. 2001: 9.

[702] "Thus foreign importers join the cartel paradise in the Netherlands." Konings et al. 2001: 852.

[703] Geroski et al. 1996: 129; zu den Arbeitskosten pro Einheit produzierten Outputs Sauner-Leroy 2003:18, 23.

[704] Cavelaars 2003: 78.

den Wettbewerb zum Zwecke der Inflationsbekämpfung zu intensivieren, auch um Instrumente zur Inflationsbekämpfung weniger hart einsetzen zu müssen (sprich die Zinsen können niedriger bleiben).[705]

Kurz zur 'main question' empirischer Industrieökonomie, in der die Kontroverse der Chicago und der Harvard Schule kulminiert[706]: Dies ist die von Demsetz (1973) aufgeworfene Frage nach den Erfolgsgründen großer Firmen. Seine Behauptung lautet, daß die erfolgreichen, oft großen Firmen erfolgreich sind, weil sie effizienter sind. Die Gegenseite würde darauf hinweisen, daß große Firmen durch oligopolistische Preisführerschaft und Abstimmung mit anderen Firmen bevorzugt gewachsen sind, sodaß sich weiterhin tendenziell aus Analyse der Marktstruktur folgern läßt, daß enge Oligopolen und Konzentrationsprozesse zu den davon auslösbaren Ineffizienzen führen.[707] In empirischen Studien wird geschlossen, daß es beide Effekte gibt, deshalb sei weiterhin eine durchsetzungsfähige Wettbewerbspolitik nötig, um 'agreement effects' zu vermindern.[708] Mittlerweile wird auch in der Wettbewerbpolitik der USA in der Post-Chicago Schule wieder Abstand von allzu einfachen neoklassischen Schlußfolgerungen genommen.[709] Von Hildebrand (2002) wird überzeugend und differenziert geschlossen:

"Overall, the empirical work gives limited support to the Chicago view. The traditional view that market power matters seems unshaken. Whether this power can be exercised by only one pure monopolist or can be effectively share among two, three, or some other number of larger firms in an industry is uncertain. Probably, the critical number or market share varies from industry to industry, depending on elasticity of demand for the product, ease of entry and intra-industry mobility, economies of scale, homogeneity of product, and other structural features. Thus the Chicagoans'

---

[705] Przyblyla/Roma 2005: 29,31-32; Leith/Malley 2003: 19; Caverlaars 2003; Neiss 2001. Die Niederlande hätte bei intensiverem Wettbewerb nicht 2,8 % sondern nur 1,7 % Inflation. Cavelaars 2003: 79. Bemerkenswert ist auch, daß eine Korrelation zwischen Offenheit und Inflation zwar bestehen mag, diese Korrelation ist aber nicht signifikant. Liberalisierung ist offenbar kein Allheilmittel, mindestens muß eine Wettbewerbspolitik dazukommen. Caverlaars 2003: 83. Auch in anderen Studien wird gefunden, daß Liberalisierung zwar in anderen Ländern die Inflation eindämmt, nicht aber in OECD Ländern. Neiss 2001: 575.

[706] Die Chicago Schule wendet sich gegen Untersuchungen, die versuchen einen Zusammenhang zwischen hohen Preisen, Markteintrittsbarrieren und oligopolistischen Strukturen zu zeigen. Generell ist die Chicago Schule skeptisch, ob Marktmacht existiert. Obwohl sie dynamisch denkt, stützt sie sich auf neoklassische Modelle, sodaß sie letztendlich behaupten könnte, daß Firmen mit 80 % Weltmarktanteil sich nahe am perfekten Wettbewerb bewegen und für eine optimale Allokation der Ressourcen sorgen. Die Firma, die erfolgreich ist, wird unterstellt, daß sie auch am effizientesten ist. Dies sind fragwürdige Annahmen. Ähnlich, aber weniger konkret formuliert: Hildebrand 2002: 144-148. Hier besteht aber ebenso der Eindruck, daß es der Chicago Schule immerhin gelungen ist, auf Schwächen der Harvard Schule hinzuweisen und diese zur Überprüfung ihrer Theorien zu zwingen. Hildebrand 2002: 165.

[707] Scherer/Ross 1990: 432; Jakubson et al. 2004: 1. Monopole bzw. Oligopole können zu weniger starken Anreizen führen, die Kosten niedrig zu halten, Innovationen durchzuführen, hohe Profite können dazu führen, unnötig hohe Werbeausgaben und excessive Produktdifferenzierung zu tätigen, um monopolistische Profite aufrechtzuerhalten. Die Vorteile großer Firmen, Skalenökonomien und anderer Größenvorteile, beim Kauf von Rohstoffen, können dies teils wieder aufheben. Dies ist u.a. der Hintergrund für die Demsetz-These. Fraglich ist nur, ob die Kosten der engen Oligopole nicht immer noch überwiegen. Diese Frage wird offengelassen in: Hildebrand 2002: 114, 134-136.

[708] Am Beispiel von Korea, welches über ein laxe Wettbewerbspolitik verfügte Jakubson et al. 2004: 29. In Scherer/Ross (1990) wird geschlossen, daß ebenso beide Hypothesen aufrechterhalten werden können und eine bessere Datenlage nötig sei, um hier Licht in das Dunkle zu bringen. Es gibt weiterhin über längere Zeit andauernde Profitunterschiede zwischen Firmen und zwischen Industrien und ebenso empirische Beweise für höhere Profite bei höheren Marktanteilen. Scherer/Ross 1990: 446-447.

[709] Fokus der 'Post-Chicago' Theorie ist nicht mehr Effizienz, sondern die Konsumentenwohlfahrt durch wettbewerblich niedrige Preise, wodurch es ggf. leichter Fälle, übermäßige Marktkonzentrationen zu verbieten. Hildebrand 2002: 150-153.

contention that difference in profitability among U.S. firms is inevitably the result of differences in efficiency and not in market power has not been sustained."[710]

2.3 Zwischenfazit

Insgesamt gesehen kann eine nach liberalen Annahmen ablaufende Vorstellung von wirtschaftlichen Prozessen aufrechterhalten werden. Wettbewerb und Märkte beschränken die Marktmacht der Unternehmen und trotz vieler Unvollkommenheiten bliebt der Markt (zumal wenn er mit einer mutigen Wettbewerbspolitik kombiniert wird) das genialste Entmachtungsmodell der Geschichte, wie dies die Überzeugung Euckens war. Er vollzieht sich aber nicht wie es von den neoklassischen Modellen vorgeben wird, als vollkommener Wettbewerb. Die Relevanz von dynamischen Faktoren zeigt sich, von Wissen und Technologie, F&E , Firmengröße und Skalenökonomien, die zusätzlich zu marktstrukturellen strategischen Optionen zur Erklärung hinzugezogen müssen. Dies wird gleich im Abschnitt 'D' zum internationalen Handel wieder sichtbar.

Daraus folgt, daß die Feststellung, daß Wettbewerb herrscht, fortan die Zusammenfassung der Erkenntnisse der Spezialisten aus dem Bereich Wettbewerbspolitik ist, weil diese die Intensität des Wettbewerbs bzw. die Abbnahme bzw. Zunahme von Wettbewerb in den Wirtschaftsräumen und Sektoren am besten einzuschätzen können.[711] Ebenso können Indizien in dieser Hinsicht hinzugezogen werden.[712] Aller Zögerlichkeit bezüglich dieser Frage zum Trotz, gibt in bezug auf die Wettbewerbsintensität in den USA, Deutschland und die EU nach dem Zweiten Weltkrieg durchaus Feststellungen in diesen Hinsicht:

So wird der Wettbewerb in diesen beiden Ländern nicht als vollkommen aber als relativ intensiv bezeichnen, wobei die gute 'performance' der Firmen hervorgehoben wird.[713] In einer Gesamteinschätzung für die USA, die mehrere Faktoren einbezieht, darunter den Einfluß von Importen, der Wettbewerbspolitik, der Deregulierungspolitik und marktstrukturelle Faktoren wird von Shepherd (1982) vorgenommen. Hier wird geschlossen, daß 1980 für 76 % der U.S.-Industrie effektiver Wettbewerb vorliegt, verglichen mit 56 % im Jahre 1958. Den größten Einfluß darauf hätte

---

[710] Hildebrand 2002: 148.
[711] Die Wettbewerbpolitik zieht sich deshalb plausiblerweise auf die Position zurück, daß die Funktionsfähigkeit von Märkten durch ein "indiziengesteuertes Gutachterurteil" bewertet wird, "für das keine bestimmte Form" vorliegt (ohne Herv. d. Originals). Borchert/Grossekettler 1985: 136-137. Dies wird deutlich in jedem Bericht der deutschen Wettbewerbsbehörden und ist dezidiert die Aufgabe der Monopolkommission. Statt vieler der Bericht 'Mehr Wettbewerb ist möglich'. Monopolkommission 1973/1975: 17-31.
[712] Welche Indizien können verwendet werden? Es wird beispielsweise untersucht, inwiefern sich kurzfristige Profitspitzen auf ein in breiter Form vorliegendes Niveau einpendeln und dies wird als Hinweis auf eine gleichermaßen vorliegende Wettbewerbsintensität gesehen in Japan und den USA. Yamawaki 1989: 392-393. Von anderen Autoren wird dies als Kriterium der Renditenormalisierung verwendet und es deutet auf die Funktionsfähigkeit von Märkten hin Fritsch et al. 1993: 39-45. Siehe die Untersuchung der Auswirkungen von Wettbewerb auf die Effizienz von englischen Firmen, wobei hier durchaus unterschiedlichen Niveaus von Wettbewerbsintensitäten in den unterschiedlichen Sektoren konstatiert werden. Hay/Liu 1997: 610.
[713] Für die USA: "No profound analytic vision is needed to discern that industrial performance in the U.S. economy, which has been our principal focus, is not at all bad. Even though the economy is shot through with monopolistic and oligopolistic elements that might lead one to predict dire consequences, performance has in fact been rather good." Scherer/Ross 1990: 661. Für Deutschland Sohmen 1959: 994.

die Wettbewerbspolitik gehabt.[714] Für die USA wird eine Zunahme der Sektoren diagnostiziert, in denen ein effektiver Wettbewerb vorliegt. Noch bis zu den sechziger Jahre hätten Wirtschaftswissenschaftler, die von einem effektiven Wettbewerb ausgehen, mit dieser Aussage zur Hälfte falsch gelegen, nun lägen sie nur noch zu einem Viertel falsch. Reine Monopolstellungen oder marktbeherrschende Firmen finden sich nur noch in 5 % der U.S.-Wirtschaft. Im großen und ganzen fänden in drei Vierteln der Wirtschaft Wettbewerb statt. Gründe dafür: Steigender Wettbewerb durch Importe, Deregulierung und Wettbewerbspolitik.[715] Sicher gibt es aber auch Sektoren, in denen durch Konzentrationsprozesse und Verhaltensänderungen in immer engeren Oligopolen Wettbewerb zunehmend nachläßt und Marktmachtphänomene beklagt werden: Dies wird speziell für den Weizenexport, den Saatgut und Agrochemiesektor in den USA beklagt.[716]

Für die EU wird auf den ersten Blick sichtbar, daß die Konzentrationsniveaus generell niedriger liegen als in den USA. Die USA weist etwa insgesamt ein durchschnittlicher 4-Firma Konzentrationsratio von 31,4 % auf, die EU kommt auf 20,1 %.[717] Dies bestätigt sich auf einer disaggregierteren Ebene.[718] Dies wird oft dadurch erklärt, daß die Industriestrukturen sich in Europa eher auf nationaler Ebene gebildet hätten und es viele parallel Industriegründungen gab. Bei näherem Hinsehen wird aber deutlich, daß in bestimmten Industrien ebenso Konzentrationsniveaus erreicht werden, die dem U.S. Niveau entgegenkommen. Dies gilt zuerst einmal für die Konzentrationsniveaus auf der Ebene der großen EU-Mitglieder Deutschland, Frankreich, England und Italien. Zum zweiten trifft dies für bestimmte Industrien zu, nämlich tendenziell solche, die über Werbung und/oder F&E-Investitionen konkurrieren.[719]

Ein solcher Strukturwandel hin zu einer höheren Konzentration resultiert auch aus einer toleranteren Haltung in der Zusammenschlußkontrolle und in bezug auf andere Aspekte der Wettbewerbspolitik. Dies ist in den USA zu beobachten und resultiert in den EU partiell zumindest aus der Annahme EU-weiter oder weltweiter Märkte bei der Definition relevanter Märkte (auf der die Bewertung der Markteffekte des Zusammenschlusses basiert), wodurch Zusammenschlüsse, die zu hohen Konzentrationsniveaus in den nationalen Teilmärkten führen, gerechtfertigt werden können. In anderen Staaten, so Kanada, wird sogar internationale Wettbewerbsfähigkeit bei der Wettbewerbspolitik einbezogen und mit diesem Grund das Entstehen größerer Firmen toleriert.[720]

Bezüglich der EU muß weiter beachtet werden, daß es eine Zusammenschlußkontrolle erst seit 1989 gibt und daß die nationalen Wettbewerbsbehörden unterschiedliche Ansätze verfolgt haben. Dazu

---

[714] Shepherd 1982: 619, 622-624.
[715] Shepherd 1982: 624.
[716] Hier wird sogar auf weltweiter Ebene dieser Prozess beklagt und eine WTO Diskussion gefordert. MacLaren/Josling 1999: 4, 23.
[717] Lyons et al. 2001: 11. Einige Bereich sind stärker konzentriert, viele weisen eine geringe Konzentration auf. Trotzdem wird eine höhere Intensität des Preiswettbewerbs in den USA angenommen. Weitere Daten und Verweise dazu in Davies/Lyons 1996: 87, 103. Siehe: **Tabelle 5**.
[718] Siehe: **Tabelle 6**.
[719] Lyons et al. 2001: 11. Siehe: **Tabelle 10**; sowie **Tabelle 6**. Für ein frühes Abbild der EU Industriestruktur siehe: **Tabelle 11**.
[720] Hermanns 2005a: 48-73, 78.

kamen diverse, wettbewerbsmildernde Regierungseingriffe ab Mitte der siebziger Jahre, sodaß wenigstens für diese Zeit ein Übergang zu "guided or controlled competition during the 1970s and early 1980s" festgestellt wird.[721]

2.4 Die Nutzung dynamischer Variablen in Modelluntersuchungen

Faktisch wird in vielen relevanten wirtschaftswissenschaftlichen Untersuchungen nicht auf neoklassische Modelle im engen, statischen Sinn zurückgegriffen. Dies gilt etwa für die Industrieökonomie, welche die Analyseinstrumente für die Wettbewerbspolitik bereitstellt.[722] Auch die Wachstumstheorie, die auf eine neoklassische Produktionsfunktion zurückgreift, weist eine eigenständige Logik und eigene Vorabannahmen auf, so wird etwa von einem frei verfügbaren, weltweit einheitlichem technischen Wissen ausgegangen. Es geht darum, bislang nicht thematisierte Zusammenhänge genauer zu erfassen, wie Effekte des Bevölkerungswachstum und der Investitions- und Sparrate, die, wenn die Erhöhung der Investitionen das Bevölkerungswachstum ausgleicht, einen 'steady state'-Zustand etablieren.[723] In ökonometrischen Untersuchungen wird versucht, mit statistischen Methoden das Verhalten und die Zusammenhänge wirtschaftlicher Variablen ohne neoklassische Annahmen zu klären.[724] In den partiellen Gleichgewichtsmodellen, die etwa zur Prognose von Trends genutzt werden, werden Gleichgewichtsmodelle durch exogen gesetzte Variablen und durch Angebots- und Nachfrageelastizitäten ergänzt, um dynamische Trends erfassen zu können, wobei dies explizit als Vorteile dieser Modelle angesehen wird.[725] Für den internationalen Handel werden auf bilateraler Ebene etwa unterschiedliche Elastizitäten gemessen.[726] Die allgemeinen Gleichgewichtsmodelle, die oftmals in Form von komplexen Simulationsprogrammen dazu genutzt werden etwa Vorteile von Handelsliberalisierungen zu berechnen, nutzen neoklassische Ansätze in umfassender Form und sind deshalb statisch. Einige der neoklassischen modellierten Verhaltensannahmen werden jedoch so modelliert, daß sie mit empirisch vorfindbaren Daten übereinstimmen.[727] Weiterhin wird auf einige empirisch vorliegende, zeitlich veränderliche exogene Variablen zurückgegriffen. Diese werden teils von Experten geschätzt und direkt in die Programme eingegeben, etwa Haushaltseinkommen und deren Elastizitäten, Produktivitätsverbesserungstrends, Wachstum der Zahl der Arbeiter, Wachstum der Kapitalausstattung durch Investitionen. Somit kann, wiewohl statisch, eine veränderliche Abfolge von Zuständen beschrieben und damit dynamische Wachstumsprozesse modelliert werden.[728] Als die Vorteile des europäischen Einigungsprozesses berechnet werden, liegen den Modellen empirisch gewonnenen Schätzdaten über die Kosten der

---

[721] Hildebrand 2002: 73, 162. Zu den Regierungseingriffen in dieser Zeit: Abschnitt 'H'. So gab es in Italien erst seit 1992 eine aktive Wettbewerbspolitik und in Frankreich erst ab 1977 eine Zusammenschlußkontrolle, die bis heute politisch beeinflußt werden kann. Siehe Gobbo/Ferrero 1998: 251-252; Souam 1998: 211.
[722] Scherer/Ross 1990: 29-33.
[723] Homburg 1996: 67-70.
[724] Ronning 1996: 78-133.
[725] Goldin et al. 1993: 29.
[726] Marquez 1990: 70-77.
[727] Goldin et al. 1993: 29.
[728] Siehe die Beschreibung des OECD RUNS Gleichgewichtsmodells: Goldin et al. 1993: 28-30, 40-57.

Grenzformalitäten und eine Einschätzung der Kosten der Handelsschranken durch die Unternehmen zugrunde.[729] In einem zweiten Berechnungsansatz werden auch empirisch geschätzte Einsparungen durch Skalenökonomien einbezogen, einmal durch die Erweiterung der Märkte und einmal durch die Umstrukturierung (die Übernahme kleinerer durch größerer Unternehmen).[730] Es wird also letztendlich versucht, in unterschiedlicher Intensität dynamische Variablen zu integrieren, um die faktisch veränderlichen Prozesse zu modellieren.

Diesen Einwänden und Abweichungen zum Trotz wird in der neoklassischen Theorie weiterhin der Gleichgewichtspreis als wichtiger Referenzpunkt für wirtschaftspolitische Analysen und Bewertungen benutzt.[731] Dies ist deshalb bemerkenswert, weil der Gleichgewichtspreis zum Referenzpunkt wird, um von dort Verzerrungen überhaupt feststellen zu können, wobei diese dann meist negativ bewertet werden. Tendenziell ist es aus diesem Grund so, daß Verzerrungen von sämtlichen Phänomenen ausgehen, die den Vorabannahmen der neoklassischen Modelle widersprechen und diese führen entweder zu hoher oder zu niedriger Produktion, Konsum, Angebot oder Nachfrage. In Gütermärkten ergeben sich solche Abweichungen etwa durch Lohn- und Preisstarrheiten, unvollständiger Konkurrenz (durch Marktmacht oder Skalenökonomien), Externalitäten oder etwa Eingriffe in die Außenwirtschaft durch Export- oder Importbeschränkungen, die teils mit staatlichen Eingriffe zusammenhängen.[732] Bei Preiskontrollen wird etwa angenommen, daß gegenüber der Situation mit einem Gleichgewichtspreis eine Überschußproduktion etabliert wird, wobei postuliert wird, daß diese nicht auf dem Markt abgebaut werden kann.[733] Steuern erhöhen den von Konsumenten gezahlten Preis und verringern den Preis, den die Anbieter erhalten. Selbst dann, wenn der Staat die Steuern insofern wieder zurückgibt, daß der Wert der staatlichen Leistungen gleich diesen Verlusten ist, ist noch ein Wohlfahrtsverlust zu beklagen, weil durch die verringerten Verkäufe überhaupt geringere Mengen besteuert werden. Dies wird als reiner Wohlfahrtsverlust bezeichnet (Wohlfahrtsverlust ist also ein Terminus, der nicht nur auf die Wohlfahrtsökonomie beschränkt ist).[734] Dies hört sich dramatisch an, es ist aber schon fraglich, ob dies bei leicht ansteigender Nachfrage überhaupt so eintreffen muß. Dagegen verringern Subventionen den Preis, den der Konsument bezahlt und erhöhen die Menge der produzierten und verkauften Produkte, dies wird aber als eine gegenüber dem Gleichgewichtspreis zu hohe Produktion abqualifiziert.[735] Ebenso greifen auch sämtliche Außenhandelsmaßnahmen in die theoretisch konstruierbaren vollkommenen Weltmärkte ein. Dadurch weichen etwa beim Zoll die importierten Mengen vom Gleichgewichtspreis ab, sind suboptimal (bzw. die heimische Produktion liegt zu hoch und ist dadurch ineffizient) und verzerren das Preisgefüge sodaß die Nutzenmaximierung und Gewinnoptimierung nicht mehr nach dem Prinzip Grenzkosten = Grenznutzen = Inlandspreis = Auslandspreis stattfinden kann.[736]

---

[729] Emerson et al. 1988: 199.
[730] Emerson et al. 1988: 206.
[731] Varian 2001: 278-279; Stigum/Stigum 1968: 212-214.
[732] Sauernheimer 2004: 4.
[733] Stigum/Stigum 1968: 228.
[734] Varian 2001: 287.
[735] Stigum/Stigum 1968: 228.
[736] Sauernheimer 2004: 4.

Daß die Ergebnisse neoklassischer Modellbildung auch deutlich andere wirtschaftspolitischen Implikationen etwa für Steuern und Subventionen haben können, wird etwa an Alfred Marshall deutlich, der 1890 die Auswirkungen von Steuern und Subventionen anhand abweichender Ausgangsannahmen untersucht.[737] Er benutzt dazu das neoklassische Konzept der Konsumentenrente[738] und seine Ergebnisse sind intuitiv plausibel. So kann in einer Industrie mit schnell wachsenden Skalenerträgen durch eine Subvention eine derartige Produktionsausweitung und Stückkostensenkung erzielt werden, daß der Zuwachs an Konsumentenrente größer als der Subventionsbetrag ist. Die Besteuerung eines Gutes, daß unter Bedingungen abnehmender Skalenerträge produziert wird, führt zu einer solchen Produktionseinschränkung und Stückkostenabnahme, daß die Einbuße an Konsumentenrente kleiner ist als die Steuereinnahme. Im Vergleich zum Marktgleichgewicht läßt sich damit durch eine Subvention die Summe der Konsumentenrenten erhöhen.[739] Einmal davon abgesehen, wie realistisch dies ist, kann hier zumindest angemerkt werden, daß sich neoklassische Modelle, die solche wohlfahrtsbezogene Vorzüge staatlicher Interventionen darlegen, etwa durch Steuern und Subventionen, in den meisten aktuellen Lehrbüchern der Neoklassik weggelassen werden.[740]

3. Paretos Wohlfahrtsökonomie

Diese Annahmen der neoklassischen Theorie kumulieren in den Modellen der Wohlfahrtsökonomie, die sich nicht länger mit einzelnen Märkten und damit einer Partialanalyse beschäftigen (auch das obige Beispiel von Alfred Marshall gehört in letztere Kategorie). Die Wohlfahrtsökonomie betreibt eine Totalanalyse, die sich "direkt mit der gesamtgesellschaftlichen Wohlfahrt" beschäftigt.[741] Der zentrale Terminus der Wohlfahrtstheorie ist Effizienz (und nicht mehr Nutzen, Gewinn, Optimierung, Gleichgewicht, Allokation, diese Phänomene finden gleichzeitig effizient statt, wenn die Paretokriterien erfüllt sind), wobei diese umfassende Effizienzerzielung von einer sehr speziellen Art von (Pareto-)Fairness geprägt abläuft.

Unter anderem Kenneth J. Arrows (1951a) entwickelte dabei die mathematische Umsetzung der Wohlfahrtsökonomie, die von Vilfredo Pareto (1909) begründet wurde.[742] Pareto definiert die effiziente Allokation von Ressourcen als ein Stadium, in dem es nicht mehr möglich ist durch Reallokation von Input- oder Outputressourcen die Wohlfahrt von Individuen zu steigern, ohne daß

---

[737] Söllner 1999: 126.
[738] Konsumentenrente bezeichnet den Vorteil des Konsumenten einen geringeren Preis zahlen zu müssen, wenn es andere Konsumenten gibt, die einen höheren Preis bereit sind zu zahlen. Fritsch et al. 1993: 32; Varian 2001: 240, 236-252.
[739] Söllner 1999: 126.
[740] Immerhin wird die Ansicht Marshalls noch in der moderat liberalen entwicklungsökonomischer Vergleichsstudie erwähnt. Dort wird die Frage diskutiert, ob Skalenökonomien Grund für Subventionen sein können. Little et al. 1970: 151.
[741] Die Wohlfahrtstheorie von Pigou (1920) geht unter anderem davon aus, daß bei einer möglichst gleichmäßigen Verteilung von Volkseinkommen die Wohlfahrt zunimmt, weil der Grenznutzen von Einkommen bei zunehmenden Reichtum sinke. Vorraussetzung für diese Feststellung ist aber, daß es möglich ist den Nutzen zu vergleichen und die Nutzenfunktionen der Individuen identisch sind. Söllner 1999: 127.
[742] Arrows 1951a; Söllner 1999: 136.

dies die Wohlfahrt von nur einem anderen Individuum mindert. Diese Situation wird als Paretoeffizient oder Pareto-optimal bezeichnet. Eine Pareto-Verbesserung ist also dann zu beobachten, wenn mindestens ein Individuum besser gestellt wird, ohne daß es einem anderen schlechter geht.[743] Aus einer anderen Perspektive gesehen: Die Gesellschaft verhält sich ineffizient, wenn sie darauf verzichtet, die Wohlfahrt von Individuen zu steigern, wenn gleichzeitig keine Wohlfahrtsverluste für andere Personen auftreten. Solange ein oder mehrere Individuen ihre Wohlfahrt erhöhen können und diese bei allen anderen gleich bleibt, ist der Zustand der Pareto-Effizienz zu konstatieren.[744] Logisch damit verbunden werden kann die Idee der Ausgleichszahlung: Im Prinzip kann jede Art von wettbewerblichem Gleichgewicht potentiell als Pareto-optimal bezeichnet werden, wenn jeweils der einzig schlechter gestellte Konsument Ausgleichzahlungen bzw. Kompensationen vom Gewinner für seine Verlust erhält (in einer Ausformung auch als Kaldor-Kriterium bekannt).[745]

In seiner einflußreichen philosophischen Theorie der Gerechtigkeit kritisiert John Rawls (1975) Vilfredo Pareto, geht aber nur soweit über ihn heraus, daß er fordert, daß die schwächsten Mitglieder der Gesellschaft besser (und nicht gleichbleibend) gestellt werden müßten, wenn die bereits bevorzugten Mitglieder erhebliche Vorteile einheimsen.[746] Pareto-Fairness ist von liberalen Vorstellungen geprägt: Individuell eigennütziges Handel erhöht die gesellschaftliche Wohlfahrt, die gegebene Verteilung (auch wenn es extreme Niveaus von Armut und Reichtum gibt[747]) kann nicht bewertet werden. Über Pareto-Bedingungen hinausgehende Gerechtigkeitskriterien werden abgelehnt, denn Nutzenvergleiche werden aufgrund der schwierigeren Vergleichbarkeit individueller Präferenzen abgelehnt. Weil zudem davon ausgegangen wird, daß am Nutzenstreben orientierte Austauschbeziehungen die Wohlfahrt, aber eben im neoklassischen Sinne, steigern, "bedürfen Eingriffe bzw. Beschränkungen von Handlungsfreiheit grundsätzlich einer Rechtfertigung."[748]

---

[743] Fritsch et al. 1993: 13; Wiese 2002: 261; Söllner 1999: 131. Darüberhinaus gehende Gerechtigkeitskriterien werden bewußt abgelehnt, weil interpersonelle Nutzenvergleiche als unmöglich angesehen werden und somit kein Vergleich von bestimmten Situationen möglich ist, bei denen einige Individuen einen Nutzengewinn haben und andere einen Verlust. Söllner 1999: 131. Dies ist nicht unplausibel, denn nur mit viel Selbstbewußtsein kann man sagen, daß es einem selbst in einem Jahr besser gehen soll und daß dies insgesamt für die Volkswirtschaft einen Gewinn darstellt, selbst wenn es einer anderen Person dadurch schlechter geht. Aus diesem Grund wird das eher neutralere Pareto-Kriterium verwendet.

[744] Söllner 1999: 131; noch ausführlicher Fritsch et al. 1993: 12-31.

[745] Postuliert durch Kenneth W. Arrow (1951). Von Kaldor/Hicks wurde schon früher, im Jahre 1939, dieses Kriterium vereinfacht. Sie sehen jede Wirtschaftspolitik als wohlfahrtssteigernd an, wenn eine Kompensation der Verlierer durch die Gewinner theoretisch gelingen würde. Dies wird aber kaum mehr praktisch gefordert. Siehe Söllner 1999: 136; ähnlich Wiese 2002: 262.

[746] "Ich behaupte; daß die Menschen im Urzustand zwei ganz andere Grundsätze wählen würden: einmal die Gleichheit der Grundrechte und -pflichten; zum anderen den Grundsatz, daß soziale und wirtschaftliche Ungleichheiten, etwa verschiedener Reichtum oder verschiedene Macht, nur dann gerecht sind, wenn sich aus ihnen Vorteile für jedermann ergeben, insbesondere für die schwächsten Mitglieder der Gesellschaft." Rawls 1975: 31-32; 81-104. Rawls kritisiert die rein auf ökonomischen Ideen basierten Gerechtigkeitsvorstellungen und fordert, daß freie Märkte in politische und juristische Institutionen eingebettet werden müssen, um seinen Anforderungen zu genügen. Rawls 1975: 40-52, 93.

[747] Ein Tauschoptimum liegt etwa auch denn vor, wenn ein Konsument garnichts erhält und ein anderer alles. Fritsch et al. 1993: 22; siehe auch Varian 2001: 507.

[748] Ausgegangen wird von der "Unmöglichkeit kardinaler Nutzenmessung bzw. interindividueller Wohlfahrtsvergleiche". Fritsch et al. 1993: 12. Das Pareto-Kriterium ist insofern liberal, denn es geht davon aus, daß der Nutzen eines Individuum steigen kann und andere keine Nutzeneinbußen haben. Übersetzt bedeutet das unter anderem, daß individuell eigennütziges Handeln die gesellschaftliche Wohlfahrt erhöht. Fritsch et al. 1993: 12-13. Ebenso weil es Verteilungsfragen ausklammert: "Eine Auswahl unter den Paretooptima ist offensichtlich sehr problematisch, da sich bei Verteilungsfragen kaum ein allgemein akzeptables Kriterium finden kann. Das Paretokriterium ermöglicht also Wohlfahrtstheoretikern die Konzentration auf das weitgehend unstrittige Effizienzziel unter Ausklammerung der sehr kontroversen

Wie kann das Pareto-Optimum beschrieben werden? Das Pareto-Optimun hängt eng mit dem Konzept des Gleichgewichts auf dem Markt zusammen. Zunächst einmal können schon einzelne Aspekte in der Konsum- und Produktionstheorie so gedeutet werden, so ist das Marktgleichgewicht insofern paretooptimal, denn Mengen unterhalb des Marktgleichgewichts sind nicht Pareto-optimal, weil immer noch zwei Akteure besser gestellt werden können. Erst das Gleichgewicht ist optimal.[749] Das Pareto-Optimum integriert aber den Konsum- und Produktionsaspekt und es kommt zu einer allgemeinen Gleichgewichtsanalyse.[750] Es ist eigentlich ein Kunststück, zu beweisen, daß ein Pareto-Optimum vorliegen kann, gleichzeitig fällt es durch die Vorarbeit in den obengenannten Modellen eigentümlich leicht. Der Beweis gelingt, wenn drei Bedingungen erfüllt sind. Ist das der Fall, dann sind in Bezug auf alle Verhältnisse der ökonomischen Akteure untereinander keine Pareto-Verbesserungen mehr möglich, also keine weiteren Nutzen bzw. Gewinnmaximierungen für Konsumenten bzw. Produzenten und es wird kein Akteur schlechter gestellt. Die drei Bedingungen[751]: (1) Die Grenzrate der Substitution zweier Güter muß für alle Individuen (bzw. Haushalte), welche die Güter konsumieren, gleich sein. (2) Bei der Produktion muß für Unternehmen die zwei Güter produzieren die Grenzrate der Substitution zweier Produktionsfaktoren für alle Unternehmen gleich sein, die diese Faktoren einsetzen. (3) Für die Produktion erhält man ein Transformationskurve Pareto-optimaler Produktionsmengen. Die Steigung an einem bestimmten Punkt dieser Kurve wird als Grenzrate der Transformation bezeichnet. In der Verbindung der Sphären von Konsum und Produktion müssen diese beiden Grenzraten, also die Grenzrate der Substitution und die marginale Grenzrate der Transformation gleich sein, sonst sind Verbesserungen der Pareto-Effizienz möglich.

Um dies aufzuzeigen wird ein kistenartiges Koordinationssystem, die Edgeworth-Box, konstruiert, die dadurch entsteht, daß zum ersten Koordinatensystem, das bei der Konsumentenanalyse verwendet wurde, ein zweites hinzugefügt wird, nur um 180 Grad gedreht und von oben übergestülpt. In der Kiste werden entweder zwischen zwei Konsumenten zwei Gütermengen (Tausch-Edgeworth Box) oder in der zweiten Version zwischen zwei Unternehmern zwei Inputmengen (Produktions-Edgeworth Box) so aufgeteilt, daß eine Linie Pareto-effizienter Aufteilungen entsteht (die sog. Kontraktkurve bzw. Produktionskurve). Die Breite und Höhe der Box repräsentiert dabei die vorhandenen Mengen und Aufteilungsmöglichkeiten. Diese werden dadurch erhalten, daß von A (links unten) und B (rechts oben) jeweils Indifferenzkurven aufeinander zukommen, deren Tangentialpunkte diese Kontraktkurve ergeben. In der Tausch-Edgeworth Box geht es um die Aufteilung zweier Güter X und Y mit festgelegten Mengen. Man darf sich diese Aufteilung so vorstellen, daß die beiden (oder vielen) Akteure untereinander solange handeln, bis eine solche Pareto-effiziente Aufteilung entsteht. Die Tangentialpunkte geben dabei die Orte an, an denen der Konsum Pareto-optimal ist, also der Nutzen eines Individuum nicht mehr zu steigern ist, ohne daß ein anderes schlechter gestellt wird. Diese

---

Verteilungsfragen." Söllner 1999: 131. Anders formuliert, ist problematisch am Pareto-Optimum, daß es viele gleichermaßen effiziente Allokationsmöglichkeiten gibt, die aber hinsichtlich der Verteilung von Wohlfahrt sehr unterschiedlich sind. Söllner 1999: 131.
[749] Varian 2001: 292.
[750] Varian 2001: 491.
[751] Söllner 1999: 132-135; Fritsch et al. 1993: 16-29.

Tangentialpunkte lassen sich in einer Nutzenmöglichkeitskurve (jeweils unterschiedlicher, nicht vergleichbarer Nutzenniveaus, wobei ein Tauschoptimum auch dann gegeben ist, wenn ein Individuum nichts erhält) darstellen.[752] Siehe die Ableitung der Kurve effizienten Tausches in der Edgeworth Box aus Fritsch et al. 1993: 22.

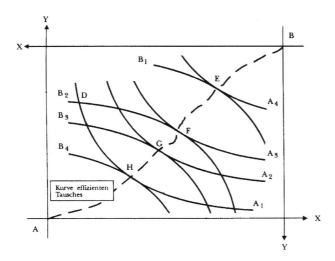

Unter den Bedingungen der vollkommenen Konkurrenz sind die Steigungen dieser Tangentialpunkte alle identisch, denn die Preise der Güter sind für sämtlich Haushalte jeweils gleich und die Budgetgeraden weisen dieselbe Steigung auf. Die sog. Grenzrate der Gütersubstitution bzw. marginalen Rate der Substitution (MRS, s.o.) entspricht dann dem Preisverhältnis der Güter (der Steigung der Budgetgeraden).[753] Das Pareto-Kriterium wird sodann mit der Produktions-Edgeworth Box auf die Güterproduktion angewendet. Es geht somit darum wieviel maximal von einem Gut produziert werden kann, ohne daß die Produktion einer Einheit eines anderen Guts reduziert werden muß. Zwei Produktionsfaktoren werden mit fester Menge angenommen, etwa Kapital und Arbeit, bei denen aber bei einem Faktor eine Faktorvariation zugelassen wird und somit werden konvexe Isoquanten eingezeichnet, deren Punkt die Faktorkombinationen beschreiben, mit denen eine Produkt produziert werden kann.[754] Wenn sich die Isoquanten dieser zwei Güter in der Edgeworth Box treffen, genügen die entstehenden Tangenten dem Pareto-Kriterium, d.h. eine Pareto-optimalere Ausweitung der Produktion ist nicht mehr möglich, ohne daß ein Verzicht auf die Produktion des zweiten Gutes erfolgt. Sie weisen weiterhin für beide Güter die gleiche Steigung auf, die die Grenzrate der Faktorsubstitution darstellt. Dies resultiert daraus, daß die Firmen bei vollständiger Konkurrenz auf den Faktormärkten die gleichen Faktorpreise aufweisen, damit weisen die Isokostenlinien die gleiche Steigung auf. Wenn die Minimalkostenkombination angestrebt wird, dann befindet sich diese dort, wo

---
[752] Fritsch et al. 1993: 22-23.
[753] Fritsch et al. 1993: 21-23.
[754] Fritsch et al. 1993: 17-19; Varian 2001: 532.

sich Isokostenlinie und Produktionsisoquante tangieren und somit ist auch die Grenzrate der Faktorsubstitution für alle Unternehmen gleich.[755] Damit ist die zweite Bedingung erfüllt. Aus den Pareto-effizienten Punkten läßt sich eine Transformationskurve konstruieren, welche in ihren Punkten angibt auf wieviel die Produktion eines Gutes reduziert werden muß, um vom zweiten Gut eine zusätzliche Menge zu produzieren: Die Steigung an einem Punkt in dieser Transformationkurve wird benannt als Grenzrate der Transformation bzw. marginale Transformationsrate (marginal rate of transformation, 'MRT').[756] Nun erfolgt die Verbindung mit der Produktions-Box mit der Tausch-Box. Erst wenn gezeigt werden kann, daß die Präferenzen, die durch die Grenzrate der Substitution ausgedrückt werden mit der Grenzrate der Transformation übereinstimmen, dann ist das dritte Kriterium erfüllt. Was passiert, wenn die Grenzrate der Subsitution nicht mit der Grenzrate der Transformation übereinstimmt? Dann kann gezeigt werden, daß eine Umstellung der Produktion, etwa die Ausweitung bei einem Gut, die Individuen beim Tausch besser stellen könnte. Denkbar wäre dies, denn es gibt viele Pareto-effiziente Güterkombinationen bzw. Punkte auf der Transformationskurve. Nur dann, wenn die Grenzrate der Transformation mit der Grenzrate der Substitution übereinstimmt, ist dies nicht mehr möglich.[757] Erst wenn diese dritte Bedingung erfüllt ist, ergibt sich ein simultanes Konsum- und Produktionsoptimum.[758] Es kann gezeigt werden, daß Pareto-Verbesserungen möglich sind, wenn die beiden Grenzraten nicht übereinstimmen.[759] Bei vollkommenen Märkten läßt sich nun zeigen, daß die dritte Bedingung erfüllt werden kann und innerhalb der Gleichungssysteme Punkte, die davon abweichen, mit Pareto-Wohlfahrtseinbußen verbunden sind.[760]

Das Gleichgewicht einer Wettbewerbswirtschaft (davon kann es viele geben) kann also, wenn bestimmte Vorraussetzungen zutreffen, Pareto-optimal sein.[761] Davon das gerechteste Pareto-Optimum auszuwählen wird erschwert, dadurch daß Nutzenvergleiche ausgeschlossen sind und unterschiedliche Nutzenverteilungen zwischen zwei Individuen durchaus Pareto-optimal sind. Die Versuche, eine gesellschaftlich wünschenswerte Verteilung herauszufinden, mit einer sozialen Wohlfahrtsfunktionen und sozialen Indifferenzkurven, haben zu einer Debatte geführt, die hier nicht weiterverfolgt werden kann. Immerhin ist aber bemerkenswert, daß eine Gesellschaft beschließen könnte, ein bestimmtes Nutzen- und Produktionsniveau auszuwählen.[762]

---

[755] Fritsch et al. 1993: 19-20.
[756] Fritsch et al. 1993: 20.
[757] Anhand von Zahlenbeispielen, die hier nicht reproduziert werden. Fritsch et al. 1993: 24-25; Varian 2001: 533.
[758] Fritsch et al. 1993: 23.
[759] Fritsch et al. 1993: 25.
[760] Fritsch et al. 1993: 29.
[761] Söllner 1999: 136-137.
[762] Fritsch et al. 1993: 29-31. Der dritte Hauptsatz von Arrow beschäftigt sich damit, wie dieser optimale Zustand gefunden werden kann. Weil Nutzenvergleiche ausgeschlossen sind, ist es nicht möglich, dieses "optimum optimorum" zu finden (eine Diktatur wird dabei ausgeschlossen). Damit wird eine Frage beantwortet, die von Bergson und Samuelson aufgeworfen wurde. Siehe dazu Arrow 1951b. Mit dieser Frage beschäftigt sich die 'Social Choice'-Theorie, darunter Amartya K. Sen. Söllner 1999: 137-138.

4. Fazit

Das Pareto-Modell definiert, daß bei vollkommen Märkte und Gleichgewichtspreisen ein optimaler Zustand erreicht wird, bei dem die Individuen ihren Nutzen maximieren, die Firmen ihre Produktionsfaktoren optimal einsetzen und die Gesellschaft ihre Wohlfahrt Pareto-optimal, ohne Verlierer steigert. Inwiefern ist das Pareto-Modell aber überhaupt brauchbar, um festzustellen, daß Wohlfahrt im allgemein gebräuchlichen Sinne erhöht wird? Ein Pareto-optimaler Zustand liegt beispielsweise in einer sehr armen Volkswirtschaft dann vor, wenn wenige Individuen ihren Besitz mehren können und die Produktion in diesem Land gemäß den dort vorliegenden Preisen, die die dortigen Grenzkostenniveaus spiegeln, stattfindet. Schon anhand dieses Beispiels stellt sich die Frage, ob durch Abweichungen von den neoklassischen Bedingungen nicht eine darüberhinausgehende Wohlfahrtsverbesserung denkbar ist, etwa dadurch, daß Industrie ihre Output über die Gleichgewichtsnachfrage hinaus erhöhen und dadurch zunehmende Skalenerträge nutzen, die letztendlich die Güter verbilligen könnten. Oder es wäre denkbar, daß der Staat Marktversagen korrigiert, indem er dem privaten Sektor hilft Investitionen zu tätigen, die dieser auf dem privaten Kapitalmarkt nicht finanzieren kann. Interventionen, etwa in die Preise, führen aber bei Pareto (und bei den neoklassischen Modellen) notwendig in die Welt des 'second best' und der Wohlfahrtsverluste.

Problematisch ist zweitens, daß die Vorabbedingungen, die es erst ermöglichen, daß Pareto-Effizienz erzielt wird, teilweise explizit gegen dynamische wohlfahrtsteigernde Wettbewerbprozesse wirken können. So kann vollkommen Märkten erodierende, auf Null zustrebende Gewinne unterstellt werden und bezweifelt werden, ob dies genug Anreize zum technischen Fortschritt bietet.[763] Das Pareto-Modell und seine Vorabannahmen könnte, wenn es wirklich die Realität beschreiben würde, aus dieser Perspektive gesehen wohlfahrtsmindernde Auswirkungen haben. Daraus wird geschlossen: "Der statische Charakter dieses Modells läßt seine Eignung zur Beurteilung dynamischer Wettbewerbs*prozesse* fraglich erscheinen."[764]

Auf der anderen Seite sind liberale Wirkungsmechanismen nicht gänzlich abzulehnen, weil sie eben wohlfahrtssteigernde Wirkungen haben können. Die Neoklassik und Pareto können aber keinen Beitrag dazu leisten, ob es über vollkommene Märkte hinaus (und den 'vollkommenen' Verzicht auf staatliche Eingriffe in sämtliche Determinanten des Wettbewerbs) wohlfahrtmaximierende wirtschaftspolitische Arrangements bzw. Wirtschaftsverfassungen geben könnte. Wiewohl liberalen Wirkungsmechanismen, die von der Neoklassik herausgehoben werden, sicher auch in der Realität wirkungsmächtig sind, besteht hier der Eindruck, daß diese Realität dynamisch geprägt ist und weiterhin wird die These vertreten, daß noch einige Wirkungsfaktoren mehr beachtet und näher untersucht werden müssen, wenn es um Wohlfahrtssteigerung und Effizienz geht. Dies fällt der neoklassischen Theorie schwer zuzugestehen:

---

[763] Fritsch et al. 1993: 37.
[764] Herv. im Original. So der Schluß in Fritsch et al. 1993: 37.

Aus Pareto-Sicht würde immer, wenn von den Optimalbedingungen abgewichen wird, womit oft zu rechnen ist, wenn irgendwie geartete Eingriffe erfolgen (bsp.: auch Zölle beim internationalen Handel), erwartet, daß von einer effizienten, erstbesten zu einer nicht mehr so effizienten zweitbesten Welt ('first best' vs. 'second best') gewechselt wird.[765]

Wie schnell die Schlußfolgerung getroffen wird, daß vom Pareto-optimalen Zustand abgewichen wird, wird daran erkennbar, daß mit dem Pareto nur Pauschalsteuern ('lump sum tax') vereinbar sind, weil sie die Verhaltensanreize der Individuen bei Konsumentscheidungen nicht verändern. Pauschalsteuern sind allerdings kaum als distributive Instrumente tauglich und deshalb in der Realität wenig verbreitet.[766] Als, aus der Pareto-Perspektive gesehen, zweitbeste Lösung wird in der Steuertheorie auf Steuern mit Redistributionseffekten zurückgegriffen. Aus dieser Debatte resultiert letztendlich die Annahme, daß Redistribution aus der Pareto-Perspektive generell zu Lasten der Effizienz geht.[767] Auch diese Annahme kann differenzierter diskutiert werden.

---

[765] Fritsch et al. 1993: 36-38. Söllner 1999: 139.
[766] Kenneth J. Arrow hat nicht nur den ersten Hauptsatz der Wohlfahrtstheorie gefunden, nämlich, daß unter bestimmten Voraussetzungen das Gleichgewicht einer Wettbewerbswirtschaft Pareto-Optimal ist. Der zweite Hauptsatz besagt, daß beinahe jedes Pareto-Optimum erreicht werden kann, wenn Ausgleichszahlungen erfolgen. Diese Ausgleichszahlungen sind aber nur in Form von solchen Steuern möglich, die nicht in die Nutzen- und Produktionsfunktionen eingreifen, also sog. Pauschalsteuern (lump-sum taxes), bei denen es nicht darauf ankommt, ob jemand arm oder reich ist. Diese Instrumente gibt es aber in der Realität nicht bzw. sie werden nicht eingesetzt. Deshalb gilt für die Wohlfahrtstheorie, daß alle Umverteilungsmaßnahmen zur Lasten von Effizienz gehen. Söllner 1999: 137-138.
[767] Siehe den Überblick zur Theorie der optimalen Besteuerung von Söllner 1999: 144-148.

D   Internationaler Handel

Inhalt

1.	Einleitung	150
2.	Ricardo-Modell, relative komparative Vorteile	150
2.1	Daten zum Ricardo-Modell	152
3.	Pareto-Optimalität internationalen Handels	153
4.	Ricardo-Modell mit absoluten komparativen Vorteilen, 'technologische Lücke'	155
4.1	Daten zu absoluten Ricardovorteilen, 'technologische Lücke'	157
4.2	Güterklassifikation nach Technologieintensität	159
5.	Weltmarktpreise, Austauschbedingungen 'Terms of Trade'	161
5.1	Daten zu Terms of Trade: Überblick	165
5.2	Theorie der Terms of Trade im Grundstoffbereich	166
5.3	Gründe für Terms of Trade im Grundstoffbereich	168
5.4	Preisstabilisierung durch internationale Rohstoffabkommen	174
5.5	Preisstabilisierung durch ad hoc Kartelle	177
5.6	Preisstabilisierung durch Instrumente der Finanzmärkte	178
5.7	Fazit Preisstabilisierung	178
5.8	Daten zu Terms of Trade im Grundstoffbereich	180
5.8.1	Net barter terms of trade	180
5.8.2	Income terms of trade	182
5.9	Nominale und reale Preisentwicklungen	182
5.9.1	Nominale Preisentwicklungen	182
5.9.2	Reale Preisentwicklungen	183
5.10	Afrika und die Auswirkungen der Terms of Trade Schocks	184
6.	Das Heckscher-Ohlin Modell	188
6.1	Theoretische Prognosen des Heckscher-Ohlin Modells	189
6.2	Wie weit geht die Angleichung der Faktorpreise?	193
6.2.1	Transportkosten	193
6.2.2	Lohnkosten	194
6.2.3	Kapital und Arbeit	198
6.3	Exkurs China: Ist eine neue Theorie internationalen Handels nötig?	199
6.4	Empirische Beweise für das Heckscher-Ohlin Modell	207

6.5	Heckscher-Ohlin plus Technologie und Diversifizierungskegel	211
6.5.1	Technologie	212
6.5.2	Diversifizierungskegel	213
6.6	Kommentar aus ethisch-moralischer Perspektive	214
6.7	Daten zum Heckscher-Ohlin Modell	216
7.	Intra-Industriehandel	217
7.1	Daten zum Intra-Industriehandel	219
7.2	Intra-Industriehandel und Heckscher Ohlin	220
7.3	Intra-Industriehandel aus ethisch-moralischer Perspektive	222
7.4	Wie kann Intra-Industriehandel erklärt werden?	222
7.4.1	Nachfrageeffekte, Güterheterogenität, Spezialisierung und Skalenökonomien	222
7.4.2	Vertikale Differenzierung in innovationsintensive und standardisierte Güter	224
7.4.3	Vertikale Differenzierung beim Handel multinationaler Konzerne	226
7.4.4	Horizontale und vertikale Spezialisierung bei Güterheterogenität in der EU	226
7.4.5	Intra-Industriehandel bei nicht vollkommenem Wettbewerb	228
7.5	Fazit	231
8.	Multinationale Konzerne, Direktinvestitionen und Vorproduktehandel	231
9.	Sich ergänzende Modelle des internationalen Handels	238
9.1	Die sieben Modelle	240
9.2	Theorie des internationalen Handels und Strukturwandel	241
10.	Zahlen zum Welthandel	242
10.1	Anteile der Güterbereiche und Einordnung der Größenordnungen	242
10.2	Historische Entwicklungstendenzen der Handelsintegration	247
10.3	Daten zum Welthandel in einer Aufgliederung nach Technologiekategorien	250

11.	Sektorale Entwicklungen	254
11.1	Automobile	254
11.2	Chemische Industrie	262
11.3	Eisen und Stahl	264
11.4	Schiffbau	266
11.5	Maschinenbau	267
11.6	Energieanlagenbau	269
11.7	Telekommunikationsausrüstung und Computer	271
11.8	Unterhaltungselektronik und Haushaltwaren	280
11.9	Pharmaindustrie	282
11.10	Sonstige verarbeitete Produkte	284
11.11	Textil und Bekleidung	288
12.	Fazit Welthandel	294
12.1	Die zukünftige Relevanz der fünf Modelle	294
12.2	Elemente der Unsicherheit über die zukünftige Entwicklung	300
12.2.1	Autoteile	300
12.2.2	'Production shifting' von U.S. Unternehmen und Arbeitsplatzverluste	301
12.2.3	Japans Diskussion um das 'hollowing out'	302
12.2.4	Segmentierung der Märkte in unterschiedliche Qualitätskategorien	303
12.2.5	Antidumping	304
12.2.6	Dynamiken regionaler Polarisierung und Zollschutz in Asien	304
12.2.7	Lateinamerika verliert Weltmarktanteile im Bereich verarbeiteter Produkte	306
12.3	Wirtschaftlich normatives und ethisch-moralisches Zwischenfazit	306
12.3.1	Effizienz oder Freiheitsregeln?	307
12.3.2	Ist Pareto Handel gleichbedeutend mit 'first best' Wohlfahrtsmaximierung?	309
12.3.3	Ethisch-normative Bewertung der Dynamiken des internationalen Handels	312

D   Internationaler Handel

1. Einleitung

Nach dieser theoretischen, teils aber bereits empirisch basierten Klärung erster Gründe warum hier eine dynamischer Vorstellung von Wettbewerbsprozessen zugrundeliegt, sollen Theorie und Empirie nun auf den internationalen Handel ausgedehnt werden. Zur Erklärung des internationalen Handels und zur normativen Herleitung seiner möglichen wohlfahrtsfördernden Wirkungen werden unterschiedliche Modelle verwendet. Die sieben wichtigsten werden hier vorgestellt, wobei der Schwerpunkt darauf liegt, empirische Untersuchungen zu den Modellen vorzustellen, um deren Überzeugungskraft abzuschätzen.

Allen diesen sieben Modellen kommt nach Ansicht des Verfassers eine partielle Überzeugungskraft zu. Sie beschreiben, sich teilweise überdeckend, die Realität auf eine plausible Art und Weise. Am Ende dieses Abschnitts folgt sowohl eine wirtschaftspolitisch normative als auch eine ethisch-normative Bewertung der zu erwartenden bzw. faktisch schon eingetroffenen Folgen des internationalen Handels, die auf diesen Modellen und den empirischen Erkenntnissen beruhen.

Dieses längere Kapitel wird auch deshalb für nötig erachtet, weil in der Diskussion des internationalen Handels oft ein Modell gegen das anderen ausgespielt wird. Oder es wird gänzlich die Relevanz bestimmter Annahmen, etwa vom Vorteil internationalen Handels, geleugnet. Beides scheint eine vereinfachende Herangehensweise zu sein. Die meisten hier vorgestellten Studien haben ein differenziertes Ergebnis. Ihnen liegt oft eine akribische, detailgenaue Analyse zugrunde, die zu abgewogenen Schlußfolgerungen führen. Solche Ergebnisse ermöglichen es, den internationalen Handel im Rahmen der Globalisierung mit seinen Wohlfahrtswirkungen besser einzuschätzen. Aus diesen Gründen wird hier die Überzeugungskraft einer Vielzahl von Studien abgeschätzt und gegeneinander gestellt. Dieser Abschnitt ist eigenständig angelegt und weicht deshalb von der Terminologie dynamisch ordoliberaler Theorie ab, stellt aber eine Grundlage für die Bewertungen im weiteren Verlauf der Arbeit dar.

2. Ricardo-Modell, relative komparative Vorteile

Das Ricardo-Modell[768] geht davon aus, daß der internationale Handel die Wohlfahrt eines Landes verglichen zum Zustand der Autarkie (also vor der Öffnung zum Güteraustausch mit anderen Ländern) verbessert.[769] Dieses Argument beruht auf einem Vergleich mit den Autarkie-Preisen, die allerdings

---

[768] Die folgende Literatur liegt dem Ricardo-Abschnitt zugrunde: Balassa 1963; Evans 1989a; Gerken 1999; Krugman/Obstfeld 1997; McDougall 1951; 1952; Mill 1848; Ricardo 1817; Söllner 1999.
[769] Diesem Abschnitt über den internationalen Handel liegt die hier aufgezählte allgemeine Literatur zugrunde: Bender 1999; Gerken 1999; Gillis et al. 1996; Krugman/Obstfeld 1997; Rose 1981; Rose/Sauernheimer 1999; Sauernheimer 2004; Söllner 1999; Schwarz 2004; Varian 2001; Weise 2002; Zweifel/Heller 1997.

"inherently unknowable"[770] sind.[771] Mit dem von David Ricardo (1817) erarbeiteten Prinzip wird gezeigt, daß die relativen (komparativen) Kosten innerhalb eines Landes ausschlaggebend sind, um festzustellen, ob es vorteilhaft für ein Land ist, sich auf den internationalen Handel einzulassen.[772] Im Ricardo-Modell werden diese relativen Kosten allein mit den für die Produktion einer Gütereinheit notwendigen Arbeitsstunden gemessen.[773] Tendenziell ist es vorteilhaft für ein Land sich auf die Produktion eines Gutes zu spezialisieren, für dessen Produktion es relativ weniger Arbeitsstunden benötigt und das Gut einzuführen, mit dem es einen relativ größeren Anteil Arbeitskosten einsparen kann. Damit sind hier auch die internen Opportunitätskosten relevant. Ob sich dieser Vorteil ergibt hängt davon ab, ob es auf dem Weltmarkt einen Preis erzielen kann, der sich zwischen den beiden Opportunitätskosten einpendelt.[774] Dies läßt sich an folgendem Zahlenbeispiel darstellen[775]:

Wenn es in der Heimat 1 Stunde dauert um eine Einheit Käse herzustellen und 2 Stunden um eine Einheit Wein herzustellen, dann kostet eine Einheit Käse den Verzicht auf die Produktion einer 1/2 Einheit Wein. In einem Zwei-Länder und Zwei-Güter Modell können die Zahlen so gewählt werden, daß das Ausland sowohl für die Herstellung von Käse- als auch von Wein-Einheiten mehr Arbeit braucht, es sich aber trotzdem für beide Länder lohnt sich via internationalem Handel zu spezialisieren. Im Ausland dauert es 6 Stunden, um eine Einheit Käse herzustellen und 3 Stunden um 1 Einheit Wein zu produzieren. Die Opportunitätskosten für Käse liegen dort bei 2, denn der Verzicht auf die Herstellung von 1 Einheit Käse führt dazu, daß es möglich wird, 2 Einheiten Wein herzustellen. Wenn sich Heimat auf Käse und Ausland auf Wein spezialisiert, kann Heimat auf effizientere Art und Weise Wein dadurch produzieren, indem es Käse produziert. Dies gilt, obwohl Ausland in beiden Güterbereichen absolute Kostennachteile hat. In der Produktion, ohne internationalen Handel, führt in Heimat eine Stunde Arbeit zu 1/2 Einheiten Wein. Pendelt sich jetzt

---

[770] "The central problem with this elegant theory is that it links the observables to be explained, outputs, to inherently unknowable, if not metaphysical, autarky prices." Harrigan/Zakrajsek 2000: 1. Siehe auch Zweifel/Heller 1997: 91. Wenn im Autarkiezustand die Preise in zwei Länder die Handel treiben gleich wären, würden die Gütermengen, die die beiden Länder herstellen, schon als Punkt auf der Welt-Transformationskurve liegen und es wäre keine Wohlfahrtssteigerung möglich. Zweifel/Heller 384.

[771] Immer implizit wird auch, daß der Handel zwischen zwei Länder ausbalanciert ist. Die Autarkiepreise könnten, wenn es möglich ist, ein Handelsdefizit zu finanzieren, auch so niedrig sein, daß dies zu einem Handelsüberschuß führt, der wiederum so groß sein kann, daß es zu einem Wohlfahrtverlust durch den Handel kommen könnte. Anhand von einem Modell: Deardorff 1994: 5-7.

[772] Siehe das Stoff/Wein bzw. Portugal/England-Beispiel in Ricardo 1817: 82-86. Dieses Prinzip wird von John Stuart Mill später genauer ausformuliert. Dazu das Zitat "As i have said elsewhere after Ricardo (the thinker who has done the most towards clearing up that subject) "it is not a difference in the absolute cost of production, which determines the interchange, but a difference in the comparative cost." Mill 1848: 348. Dazu Gerken 1999: 10-11; siehe auch Söllner 1999: 40-44; Krugman/Obstfeld 1997: 15-27; ausführlich, mit diversen weiterentwickelten Modellen Evans 1989a: 11-68.

[773] Ricardo 1817: 82. Krugman/Obstfeld 1997: 15. Weil Ricardo Kapital dann doch erwähnt und annimmt, daß es international immobil ist, ist heute kontrovers, ob das Ricardo-Modell gilt. Denn Ricardo selbst argumentiert schon, daß mobiles Kapital eigentlich in das Land fließen müßte, in dem absolute Arbeitsproduktivitätsvorteile in bezug auf beide Güter vorliegen und von dort aus müßte es beide Märkte beliefern. Sowohl Ricardo als auch Mill erwähnen aber, daß es Kapitalverkehrsbarrieren gibt, die bleiben, obwohl Kapital immer mobiler wird. Weil heutzutage vollständige Mobilität erreicht sei, wird argumentiert, daß das Ricardo-Modell nicht mehr gilt. Söllner 1999: 47. Andere Autoren schließen aber, daß diese Mobilität heute noch nicht vollständig erreicht sei und die nationale erzielte Sparrate die Investitionsrate bestimmt. Feldstein/Horioka 1980: 328; kritisch, aber nicht gänzlich das Gegenteil beweisend Baxter/Crucini 1993: 432.

[774] Die Opportunitätskosten sind eng mit den relativen komparativen Vorteilen verbunden. Mit den Opportunitätskosten kann ein vorliegendes Verhalten auf seine Wirtschaftlichkeit hin eingeschätzt werden, indem beachtet wird, welche Kosten der Verzicht auf die Wahrnehmung einer alternativen Tätigkeit ausmacht. Beim Konsum: Um mehr vom einen Gut zu konsumieren, muß auf anderen Konsum verzichtet werden. Varian 2001: 22, 316.

[775] Aus Krugman/Obstfeld 1997: 23.

der Weltmarktpreis als Weltgleichgewichtspreis zwischen den beiden Opportunitätskosten für Käse 1/2 und 2 ein, hier wird 1 angenommen, kann gezeigt werden, daß der Handel für beide Länder vorteilhaft ist. Durch den Verkauf (bzw. Verzicht) von einer Einheit Käse durch die Heimat kann nicht 1/2 sondern 1 Einheit Wein erworben werden. Andersherum kann das Ausland beim Verkauf von 1 Einheit Wein 1 Einheit Käse kaufen. Um eine Einheit Wein zu produzieren braucht das Ausland 3 Arbeitsstunden, für 1 Einheit Käse benötigt aber 6 Arbeitsstunden. Um eine Einheit Käse herzustellen, muß somit auf 2 Einheiten Wein verzichtet werden. Durch den Tausch von 1 Einheit Wein in 1 Einheit Käse, spart das Ausland somit 6 Arbeitstunden ein. Ausland kann also durch den Verkauf von 1 Einheit Wein in Arbeitsstunden gemessen, doppelt soviel Käse herstellen, gegenüber einem Zustand ohne Handel. Anders formuliert: Ausland kann 1 Arbeitstunde dazu nutzen 1/6 Käse zu produzieren oder 1/3 Einheit Wein. Wenn es 1/3 Einheit Wein wählt und durch den Handel 1/3 Einheit Käse erwirbt, wird die Verdoppelung ebenso sichtbar. Und Heimat kann durch den Verkauf von 1 Einheit Käse, doppelt soviel Wein herstellen, gegenüber dem Autarkiezustand.[776] Handel wird dadurch zu einer indirekten Methode eine effizientere Produktion bzw. mehr Wohlfahrt zu erreichen.[777]

2.1 Daten zum Ricardo-Modell

Die Ricardo-Theorie der internationalen Handels stellt die These auf, daß Unterschiede in der Arbeitsproduktivität erklären, in welchen Bereichen Länder exportieren.[778] Gemessen wird dies beispielsweise mit Arbeit/Output Koeffizienten: Wenn diese niedrig sind, dann wird dies als hohe Arbeitsproduktivität gedeutet und erwartet, daß diese Produkte exportiert werden.[779] Dies impliziert, daß andere Produktionsfaktoren entweder unbedeutend sind oder die Länder ihre Faktoren gleich intensiv in der Produktion einsetzen. Diese Prämisse muß empirisch nicht akzeptiert werden und stellt den Anlaß dafür dar, daß, siehe unten, das Heckscher-Ohlin Modell Faktorintensitäten einbezieht.[780] In frühen empirischen Untersuchungen wird die Relevanz von Arbeitsproduktivität (Output pro Arbeiter) für die Erklärung des Handel zwischen England und den USA bestätigt, nämlich in dem Sinne, daß in den Bereichen höherer Arbeitsproduktivität jeweils mehr Exporte existieren, als aus dem anderen Land importiert wird.[781] Dabei wird der Handel zwischen beiden Ländern im Bereich verarbeiteter Produkte und nicht im Agrar- oder Rohstoffbereich beschrieben. Es kommt dabei nicht zu einer vollständige Spezialisierung der Länder, es liegen aber auf beiden Seiten höhere Exporte und höhere Steigerungsraten der Exporte in den Bereichen mit höherer Produktivität vor, beide Seite exportieren aber weiterhin dieselben Produkte, auch solche mit niedrigerer Arbeitsproduktivität, in das jeweils andere Land.[782] Nach diesen frühen Studien gab es wenig weitere Forschung über diese These. Grund dafür ist auch, daß die Ricardo-Theorie keine Aussage darüber erlaubt, warum sich

---

[776] Krugman/Obstfeld 1997: 23; siehe auch Zweifel/Heller 1997: 78-79.
[777] Krugman/Obstfeld 1997: 21.
[778] Wakelin 1997: 12-15.
[779] Helpman 1998: 2.
[780] Zweifel/Heller 1997: 80.
[781] McDougall 1951; 1952. Dazu Zweifel/Heller 1997: 90-91.
[782] Zahlen für 1937. McDougall 1951: 711-712, 720. Mit Zahlen für 1950 wird dieselbe These bestätigt von Balassa 1963: 232, 238.

Arbeitsproduktivität zwischen den Länder unterscheidet. Die Relevanz weiterer Faktoren wird von anderen Modellen, etwa dem Heckscher-Ohlin Modell, besser erfaßt, wiewohl dieses Modell aber das Phänomen Arbeitsproduktivität ausklammert.[783]

Aktuell ist das Interesse an dieser Theorierichtung wieder erwacht. Auf Firmenebene bestätigt sich der Zusammenhang Arbeitsproduktivität und Exporte für die USA.[784] Ebenso kann die zusätzliche Einbeziehung von Produktivitätsunterschieden helfen, andere Modelle überzeugender zu machen, etwa das Heckscher-Ohlin Modell, welches Produktivitäts- oder auch Technologieunterschiede (nicht aber Kapitalausstattungsunterschiede) ausklammert. Dies gibt einen Hinweis auf eine immerhin denkbare partielle Geltung der Ricardo-Annahme.[785] Zuletzt: In der Literatur wird es auch als generalisierte Ricardo-These bezeichnet, wenn versucht wird, Handel nicht nur durch Arbeitsproduktivitäts- sondern auch durch Technologieeinsatzunterschiede zu erfassen.[786]

3. Pareto-Optimalität internationalen Handels

Die Lehre vom Pareto-effizienten Tausch kann auch auf den internationalen Handel angewandt werden, zum Beispiel innerhalb des Ricardo- oder eines Heckscher-Ohlin Modells.[787] Unterschied zwischen den Modellen ist, daß das Zwei Länder, zwei Güter Ricardo Modell national unterschiedliche und konstante Opportunitätskosten annimmt, denn nur die Arbeitsproduktivität ist jeweils unterschiedlich. Beim Zwei Länder, zwei Güter, zwei Faktoren Heckscher-Ohlin Modell werden die sektoralen Produktionsfunktionen mit zunehmenden Opportunitätskosten ausgestattet, um die relativ reichere Ausstattung mit einem Faktor darzustellen.[788] Der Tendenz nach wird vom Heckscher-Ohlin Modell angenommen, daß sich die Länder auf das Gut spezialisieren, zu dessen Produktion derjenige Faktor besonders intensiv eingesetzt wird, der im Land relativ reich vorhanden ist.[789] Für beide Modell kann aber (teils analog zum Zwei Unternehmen, zwei Güter, zwei Faktoren Modell[790]) gezeigt werden, daß der internationale Handel durch die Angleichung der Transformationskurven und der Grenzraten der Gütersubstitution, wobei dadurch auch die Grenzraten der Faktorsubstitution gleich dem Faktorpreisverhältnis bei vollkommenen Wettbewerb sind, Pareto-Verbesserungen gegenüber dem Autarkiezustand möglich sind. Eine ganze Liste von Annahmen müssen aber vorrausgesetzt werden.[791] Pareto Verbesserung bedeutet erst einmal nur, daß der

---

[783] Harrigan 1997: 475; Helpman 1998: 2; Helpman 1999: 123; Eaton/Kortum 1997: 1.
[784] Selbst auf einer 4stelligen Ebene der Warenklassifizierung bestätigt sich, daß exportierende Firmen generell 33 % produktiver sind und gegenüber nicht exportierenden Firmen einen 15 % Vorteil haben. Gemessen wird Arbeitsproduktivität. Bernard et al. 2003: 7.
[785] Trefler 1993: 981.
[786] Helpman 1999: 123; Harrigan 1997: 475; unter Nutzung des Modells von Dornbusch et al. (1977) siehe Eaton/Kortum 1997: 2-3.
[787] Zweifel/Heller 1997: 381-383; Krugman/Obstfeld 1997: 67-68.
[788] Samuelson 1948: 172.
[789] Zweifel/Heller 1997: 136.
[790] Beispiel in Zweifel/Heller 1997: 68-69.
[791] Das Heckscher-Ohlin Modell basiert auf einer ganzen Reihe von Annahmen, die nötig für dessen Geltung sind. Dies gilt speziell für die Faktorpreisangleichungsvariante des Heckscher-Ohlin Modells. Dazu gehören: Produktionsfunktionen mit abnehmenden Faktorgrenzkosten, konstante Skalenerträge und zwei unterschiedliche Produktionsfunktionen für die insofern unterschiedlichen Güter. Weiterhin werden homothetische Nutzenfunktionen angenommen, welche implizieren, daß die Güter zu allen relativen Preisen konsumiert werden und die Nachfrage unabhängig vom Einkommen auf beiden Seiten gleichbleibt. Dazu wird es nicht zugelassen, daß sich die Faktorpreise umkehren

internationale Handel dazu führt, daß ein Land besser gestellt ist, während das andere Land gleichgestellt bleibt. Dann kann nicht nur für Ricardo, sondern auch für Pareto-Heckscher-Ohlin gezeigt werden, daß, wenn eine gleichbleibende Einkommens- und Vermögensverteilung unterstellt werde, der freie Handel mit für die Welt insgesamt höherem Wohlstand verbunden ist, als ein Zustand ohne Handel.[792] Meist prognostiziert das Heckscher-Ohlin Modell aber durch Aufnahme des internationalen Handels Einkommensumverteilungen im Land, wobei tendenziell diejenigen Personen, die mit dem reichlichen Faktor in Verbindung stehen, profitieren, die andere Gruppe verliert dagegen.[793] Um diesbezüglich, trotz dieser Allokationsveränderungen, auch gegenüber den Konsumenten darlegen zu können, daß freier Handel gegenüber Autarkie vorzuziehen ist, wird vorgeschlagen für diese Verliergruppen innerhalb der jeweiligen Staaten Kompensationen zu zahlen, die aus den Handelsgewinnen bezahlt werden. Erst dann kann wieder auf Pareto-Wohlfahrtsgewinnen durch den internationalen Handel bestanden werden (Skitovsky-Kompensationskriterium).[794] Nach Pareto müssen die Kompensationen als Pauschalleistungen ('lump sum') erfolgen, es ist aber eine Debatte darüber entstanden, ob nicht auch Steuern und Subventionen einsetzbar wären.[795] Es können sogar die Vorabannahmen gleichgroßer sowie kleiner Länder fallengelassen werden, dann sind internationale Kompensationszahlungen nötig.[796]

Die Pareto-Theoretiker haben weitere Ergebnisse vorzuweisen. In Rekurs auf eine statische Herleitungsweise wird gezeigt, daß die Teilnahme am internationalen Handel ebenso für Länder egal welcher Größe, selbst wenn sie einer unterschiedlichen Nachfrage oder Veränderungen der Weltpreise ausgesetzt sind und selbst beim Einsatz von Zöllen gegenüber dem Autarkiezustand Pareto-optimal bleibt, wenn es Kompensationszahlungen der Gewinner an die Verlierergruppen gibt.[797] Weiterhin wird argumentiert, daß ein Pareto-optimaler Zustand immer künstlich erzeugt werden kann, wenn es Kompensationszahlungen auf internationaler Ebene gibt.[798] Bei der Konstruktion einer sozialen Wohlfahrtsfunktion für die Welt wird festgestellt, daß der freie Handel zu einer reduzierten Wohlfahrt in bezug auf einige dieser Funktionen führt und daß diesbezüglich Kompensationszahlungen begründet werden können.[799]

(durch die Nachfrage etwa der überschüssige Faktor sogar teuerer wird als der zweite Faktor). Dazu kommt vollkommene Konkurrenz (die Staaten haben keine Marktmacht, sie sind gleich groß), d.h. es besteht ein freier Markt und damit die Möglichkeit des Einschwenkens auf neue Gleichgewichtspreisniveaus. Weiterhin wird angenommen, daß sich die jeweiligen Faktorpreise, also etwa für Kapital oder Arbeit, im Zuge des Handel (dazu müssen die Faktoren nicht unbedingt mobil sein) angleichen.

[792] Zweifel/Heller 1997: 383. Im Ricardo-Modell beeinflußt Handel die Einkommensverteilung nicht. Krugman/Obstfeld 1997: 39.
[793] Krugman/Ostfeld 1997: 77.
[794] Nach der Aufnahme des Handels soll jedes Wirtschaftssubjekt ein gleiches Güterbündel wie zuvor kaufen können und der Gesellschaft sollte zusätzlich ein Vorteil verbleiben. Zweifel/Heller 1997: 395; siehe auch Grandmont/McFadden 1972: 110-111.
[795] Hier wird für Steuern und Subventionen argumentiert: Dixit/Norman 1986: 121; als noch schwieriger einschätzbar als Pauschalleistungen wird dieser Vorschlag abgelehnt von Kemp/Wan 1986: 110. Mittlerweile wird angezweifelt, daß Pauschaltransfers möglich sind, weil ein Anreiz bestünde, hier einen zu hohen Betrag zu fordern. Zudem sei es kaum möglich, die relevanten Informationen zu erhalten. Eine Überblick über die Debatte mit eigenen weiteren Ideen gibt Facchini//Willmann 1999; Willmann 2000: 12.
[796] Grandmont/McFadden 1972: 111.
[797] Der Gewinner wird als 'princeps' bezeichnet. Kemp/Wan 1972: 511.
[798] Grandmont/McFadden 1972: 111-113.
[799] Chipman/Moore 1972: 170.

Insgesamt gesehen geben diese Pareto-Optimalkonzepte dem bei Ricardo ausgeprägten Prinzip relativer Vorteile aus dem internationalen Handel einen deutlich andere Ausrichtung: Der internationale Handel, wiewohl für die Welt insgesamt gesehen wohlfahrtssteigernd, ermöglicht auf dem Länderniveau im schlimmsten Fall, der immer noch als effizient angesehen wird, nur das Aufrechterhalten des Wohlfahrtsniveaus. Zudem implizieren die Pareto Heckscher-Ohlin Modelle, daß innerhalb der Länder bestimmte Gruppen durch die Aufnahme des internationalen Handels verlieren. Kritik kann gegenüber diesen Pareto-Modellen internationalen Handels auch deshalb angemeldet werden, indem das extreme, liberale Gesamtpaket angezweifelt wird. Angesichts fehlenden Einbezugs dynamischer Effekte wie den hier ausgeschlossenen Skalenökonomien und bei Nullgewinnen bei vollkommenen Märkten kann gefragt werden, ob freier Handel nicht anders und unter Einbeziehung dynamischer Phänomene noch wohlfahrtssteigernder konzipiert werden kann, wobei auch staatliche Eingriffe ins Spiel kommen könnten. Fraglich ist weiterhin, welche Effekte die faktisch vorhandenen empirischen Abweichungen von den Vorabanahmen der Pareto-Modelle auf die Pareto-Feststellung der Effizienzvorteile des internationalen Handels haben, dazu gehört die eingeschränkte Mobilität einiger der Faktoren und eine eingeschränkte Konvergenz der Faktorpreise und eigenständige Entwicklungen der Weltmarktpreise bzw. der Terms of Trade, die den Grad der Wohlfahrtsteigerung beeinflussen können (und in Ländern, die sich gemäß Heckscher-Ohlin spezialisierten, teils zu sinkenden Einkommen führten). Dazu kommt, daß es Kompensationen, die diesem Namen gerecht werden, auf internationaler Ebene nicht gibt.

4. Ricardo-Modell mit absoluten komparativen Vorteilen, 'technologische Lücke'

Im Ricardo-Modell wird der technologische Fortschritt nicht in seiner eigenständigen Rolle thematisiert, jedenfalls nach der verbreiteten Interpretation. Durch den Einsatz von Technologie erweitern sich aber die Produktionsmöglichkeitskurven und ein Arbeiter ist in der Lage mehr Output herzustellen bzw. seine Arbeitsproduktivität erhöht sich. Dies verändert die Spezialisierungsmuster.[800] Weiterhin wird im Ricardo-Modell davon ausgegangen, daß beide Länder eigentlich in der Lage sind ein Gut herzustellen, erst später spezialisieren sie sich und haben dann, gemäß des Modells, im Vergleich zum Autarkiezustand beide Vorteile bzw. beide Länder haben dann, relativ zueinander gesehen, komparative Vorteile. Anders formuliert: Sie müssen nicht absolute Vorteile in allen Bereichen haben, um vom internationalen Handel zu profitieren.[801]

Dieser Ansatz wird von der Theorie technologischer Lücken ('technological gap') in Frage gestellt, die davon ausgeht, daß der internationale Handel durch klare Unterschiede in den technologischen Ausstattungen der Länder angetrieben wird.[802] Es wird angezweifelt, ob es überhaupt relative Vorteile

---

[800] Krugman/Obstfeld 1997: 100-101.
[801] Hinweis auf diesen wichtigen Aspekt: Krugman/Obstfeld 1997: 25.
[802] Dosi et al. 1990: 3-13. Einen Überblick über die statistischen Untersuchungen der Wirkungen von Innovationen auf den Handel, eingeschlossen von Dosi et al. (1993) und Sveikauskas (1983) gibt Scherer 1992: 10-13. Diese Theorie wurde schon in den sechziger Jahren entwickelt. Referenzen in Stewart 1984: 86. Diese Theorierichtung ist nicht identisch mit Versuchen, Technologie in die Heckscher-Ohlin Modelle zu integrieren. Wie z.B. in Harrigan 1997: 476.

sind, die den Handel prägen. These ist, daß absolute Ricardo-Vorteile vorliegen können und daß dies erklärt, warum ein Land in bestimmten Technologiebereichen absolut und dominierend erfolgreich wird, sodaß sich in diesem Bereich die Produktion ausdehnt, die Weltmarktanteile ansteigen und ebenso die Löhne höher angesiedelt werden können. Parallel dazu kommt es in bezug auf andere Wirtschaftssektoren in diesen erfolgreichen Ländern nicht zu einer Spezialisierung oder Kontraktion, sondern es liegen "unchanged world market shares in all other sectors" vor.[803] Empirisch kann für 22 Nationen, anhand von deren Anteilen an den U.S. Patenten gezeigt werden, daß die derzeit durch Innovationen geprägten Sektoren signifikant mit Exporterfolgen korreliert werden können und dies wird als Hinweis auf absolute Ricardo-Vorteile in diesen Bereichen angesehen.[804] Weiterhin wird die These aufgestellt, daß sich die Länder hinsichtlich ihrer Charakteristikas immer mehr annähern. Die Unterschiede der Arbeitsproduktivitäten seien heute nicht mehr so extrem, sodaß David Ricardo mit seiner Spezialisierungsthese in Erklärungsnöte kommen müsse. Vielmehr seien höhere Kapital/Arbeits-Relationen Ausdruck beständiger technologischer Weiterentwicklung hin zu mehr Automation und Innovation, die im Kapital und Produktionsprozessen verkörpert sind. Die Länder mit der höchsten Arbeitsproduktivität würden paradoxerweise zudem die geringste Kapitalintensität bezüglich des Outputs aufweisen. Aus dieser Gruppe von Länder ergäbe sich eine Gruppe von "productivity leaders", die, dies wird damit impliziert, in breiten Bereichen den Welthandel dominieren.[805] Diese Ländern hätten dann hohe Pro-Kopf-Einkommen.[806] Eingestanden wird allerdings, daß selbst diese führenden Industrieländer teils stark divergierende Produktivitätsniveaus auf sektoraler Ebene haben.[807] Dies ist ein Hinweis darauf, daß diese These, daß einzelne Länder den Welthandel in allen Bereich dominieren und sich gänzlich dem entziehen können, daß andere Länder potentiell auch ihnen gegenüber Faktorvorteile haben, nicht in ihre vollen Breite haltbar ist.[808]

Eine abgeschwächte 'technology gap'-These ist aber nicht uninteressant, auch deshalb, weil sie im Einklang steht mit der Erwartung dynamischen Wettbewerbs, daß bahnbrechende Firmen auch auf Weltmärkten Vorsprungsgewinne erzielen, nur sind es hier bahnbrechende Sektoren in bestimmten Ländern, die diese Gewinne erzielen. Zudem stellt sich die Frage, inwiefern und wann andere Länder in welchen Sektoren aufholen können.[809] Relevant sind diesbezüglich auch staatliche Eingriffe, wie die

---

[803] Ohne die Hervorhebung im Original. Dosi et al. 1990: 153, 142-167.
[804] Dies sind organische Chemikalien, Pharmaprodukte, sämtliche Produkte im Maschinenbaubereich, darunter der Investitionsgüterbereich, sowie der Elektrotechnik- und Elektronikbereich, darunter Büromaschinen, Kommunikationstechnik, wissenschaftliche Instrumente, Raumfahrt und Raketentechnik. Weniger klar trifft dies zu auf Haushaltwaren, Unterhaltungselektronik und Transportgüter, Automobile, Schiffe sowie Nahrungsmittel. Dosi et al. 1990: 176-183.
[805] Dosi et al. 1990: 60, 137, 187-191; ähnlich auch Dollar 1993: 431.
[806] So aber Dosi et al. 1990: 62-63.
[807] Siehe die detaillierte Tabelle in Dosi et al. 1990: 58-59. Weiterhin spricht gegen diese These, daß es Faktorausstattungs bzw. -kostenunterschiede gibt, die in Kostendifferenzen resultieren können. Daß dies der Fall ist zeigt Baldwin/Hilton 1984: 107. Zwar kann Technologie immer wieder versuchen, solche Kostennachteile aufzufangen, an irgendeinem Punkt mag aber das Grenznutzenprinzip wirksam werden. Weiterhin spricht viel dafür, daß Unternehmer im Falle der relativen Mobilität des Kapitals in anderen Ländern Faktorvorteile nutzen, um Investitionen in Technologie zu umgehen.
[808] Siehe auch Abschnitt 'E', Punkt 8. Hier werden weitere empirische Studien präsentiert, die zuerst einmal zeigen, daß die technologischen Fähigkeiten der meisten Industrieländer auf einem hohem Niveau liegen, weiterhin sind einige Länder aber bei den Innovationen führend und es zeigen sich Spezialisierungsmuster, sodaß alle Länder Technologie einführen müssen. Die stützt teils die Relevanz der hier präsentierten These, spricht aber auch wiederum dagegen, speziell weil viele Länder über solche Fähigkeiten verfügen.
[809] Dosi et al. 1990: 187-191.

Förderung von Ausbildung von hoher Qualität und die Subventionierung von F&E und es stellt sich, wenn es um das Aufholen geht, auch die Frage, wie Wissensdiffusion auf nationaler und weltweiter Ebene verfaßt ist. Wird angenommen, daß die Welt nur durch technologischen Wandel als Erfolgsfaktor charakterisiert werden kann und die Technologieverbreitung auf die nationale Ebene beschränkt bleibt, wäre es denkbar, daß ein Land seine technologische Führung unlimitiert aufrechterhält.[810]

4.1 Daten zu absoluten Ricardovorteilen, 'technologische Lücke'

Zuerst Informationen zu Forschung und Entwicklung und zum High-Tech-Handel: Technologische Lücken müssen nicht, können aber in den Bereichen vorliegen, in denen die industrialisierten Länder einen klaren Vorsprung vor den Entwicklungsländern haben. Dies können beispielsweise Bereiche sein, in denen F&E ein Grund für Wettbewerbsvorteile ist. Ein Vorsprung der Industrieländer ist klar erkennbar. Von den weltweiten Ausgaben für F&E (privat und öffentlich) werden 96 % in den industrialisierten Länder getätigt (1990).[811] Deren Handel ist aber nicht von High-Tech-Produkten dominiert. Geschätzt wird, daß 26 % des OECD-Handels aus High-Tech-Produkten besteht.[812] Der Welthandel ist ebenso nicht von High-Tech-Gütern dominiert, dieser Bereich wächst allerdings. Für das Jahr 1996 kann ein Anteil von 21,1 % für High-Tech-Produkte am Welthandel berechnet werden. Zwischen 1980 und 1996 hat diese Kategorie die höchsten Steigerungsraten verzeichnet und die Anteile am Welthandel stiegen um 9,8 % für die Industrieländern und 21,1 % für die Entwicklungsländer. Die Daten für andere Bereiche (so wächst der Medium-Tech Bereich ähnlich stark) werden unten noch erwähnt.[813]

Empirisch kann gezeigt werden, daß technologisch führende Länder, wie Dollar (1993) vermerkt, etwa Japan, Deutschland und die USA, sehr hohe Weltmarktanteile in bestimmten Warenkategorien erreichen, etwa im Jahre 1985 für Farbfernseher (Japan 49,5 %), elektromedizinische Geräte (USA 46,6 %), Rotationsdruckmaschinen (Deutschland 51,1 %).[814] Dies weist auf klare technologische Vorsprünge dieser Länder in diesen Bereichen hin und auf technologische 'Lücken' in anderen. In anderen Warenkategorien lagen die Weltmarktanteile aber niedriger und in nicht wenigen Kategorien aus diesen Listen mit den wertmäßig höchsten Exporten werden moderatere Weltmarktanteile von 15 % erreicht.[815] Somit waren eine Vielzahl von Ländern, oft die Industrieländer, damals auf diesen

---

[810] Diese Beschreibung beansprucht nicht, das Modell des Autors genau darzustellen. Eine weitere Bedingung ist immobiles Kapital. Es geht hier nur darum, auf die normativen Implikationen einer solchen theoretisch modellierbaren Entwicklung hinzuweisen. Nicht ganz gerecht wird dies somit der Arbeit von Wälde 1994: 11.
[811] Coe et al. 1995: 1.
[812] OECD 1996c: 103.
[813] Lall 2000: 344. Siehe: **Tabelle 12** und **Tabelle 13**.
[814] Der Hinweis darauf und auf die Quelle dafür, nämlich Porter (1990), in Dollar 1993: 431. Siehe: **Tabelle 14**, **Tabelle 15**, **Tabelle 16**, **Tabelle 17**.
[815] Siehe: **Tabelle 14**, **Tabelle 15**, **Tabelle 16**, **Tabelle 17**.

Märkten präsent. Zunehmend konnten sich Entwicklungsländer, zuerst waren dies Korea, Taiwan etc., im Bereich verarbeiteter Produkte mit gewissen Weltmarktanteilen positionieren.[816]

Heute ist eine solche technologische Lücke, moderater ausgeprägt, im Bereich der IT-Hardware erkennbar. U.S. Firmen haben hier klare Vorteile. Die USA verfügt über 36 von 55 führenden Firmen in diesem Bereich. Diese Firmen konnten Verkäufe von 1998 insgesamt US$ 790 Mrd. realisieren, damals mehr als das BSP von Brasilien von 1997 US$ 773 Mrd..[817] Dies ist eine der wenigen Bereiche in der die USA noch über einen Handelsüberschuß (Exporte US$ 35,1 Mrd., Importe US$ 26,3 Mrd.) verfügt, der aber geringer wird.[818] Die EU verzeichnet etwa ein klares Handelsdefizit gegenüber der USA in diesem Bereich, verfügt aber immerhin über eine eigene Produktion.[819] Ebenso scheinen japanische und koreanische Hersteller in einigen fortgeschrittenen Bereichen des Computerzubehörs und der Unterhaltungselektronik über absolute Vorteile im hier beschriebenen Sinne zu verfügen, sichtbar an hohen Weltmarktanteilen.[820]

Anhand der hier verwendeten Tabelle von Industriebereichen, die durch hohe F&E Ausgaben gekennzeichnet sind, wird weiterhin deutlich, daß viele diese Firmen heutzutage über die Industrieländer verstreut sind, sodaß es sich nicht unbedingt um 'technologische Lücken' handelt, jedenfalls nicht in dem Sinne, daß ein einziges Land Weltmarktführer in einem Industriebereich ist.[821] Dies wird bestätigt im Sektorüberblick in Punkt 12. Die Relevanz von F&E bleibt aber unbestritten. Dazu kommt, daß seitens vieler Firmen in den Industrieländern Firmenzusammenschlüsse in F&E intensiven Branchen vollzogen werden, um diesen Vorteil weiter zu stärken. Wenn nicht in allen Industriebereichen, besteht doch mindestens in manchen ein Zusammenhang zwischen F&E und Weltmarktanteilen, allein schon deshalb, weil hier in den neunziger Jahren an Anstieg der Zusammenschlüsse zu beobachten sind, die diese Anteile erhöht haben.[822]

Weil dieser Erklärungsansatz technologischer Lücken somit für bestimmte Sektoren, aber nicht für alle gelten mag, und es, siehe oben, weiterhin sektorale Produktivitätsunterschiede gibt, die ebenso mit komparativen Kostenvorteilen oder Heckscher-Ohlin Faktorproportionen zu erklären sind, sind weitere Erklärungsansätze für den internationalen Handel gefragt. Für den Handel technologisch fortgeschrittener Länder mit ähnlichen Gütern ist der Intra-Industriehandel als Erklärungsansatz relevant.

---

[816] Siehe: **Tabelle 18**.
[817] Nolan 2001: 767; siehe **Tabelle 19**.
[818] USITC Tradeshifts Electronic Products 2004: 10.
[819] European Commission Electronic Sector 2006.
[820] Siehe den Paragraph Computer und Unterhaltungselektronik in Punkt 11. Siehe auch: **Tabelle 20**.
[821] Siehe: **Tabelle 19**.
[822] Siehe: **Tabelle 21**. Dies wird ebenso bestätigt im Sektorüberblick hier ab Punkt 12. Zu der Zusammenschlußwelle siehe Kleinert/Klodt 2000: 4-13.

4.2 Güterklassifikation nach Technologieintensität

Eine Klassifikationsmöglichkeit, die diese Aspekte teils einbezieht und mit der Intensität der eingesetzten Technologie ('technology intensity') kombiniert, soll hier bereits präsentiert werden.[823] Später erfolgt die Diskussion von Daten internationalen Handels nach diesen Kategorien.

(1) Ressourcenbasierte verarbeitete Produkte ('resource-based manufactures'): weiterverarbeitete Lebensmittel und Tabak, einfache Holz- und Mineralölprodukte, Farbstoffe, Leder (aber keine Lederprodukte), Edelsteine und organische Chemikalien (die aus Öl-, Kohle oder teils auch aus Pflanzenölen gewonnen werden können). Bei diesen Gütern reicht teils eine einfache Weiterverarbeitung aus, so bei einigen Lebensmitteln oder bei der Leder- oder Edelsteinbearbeitung. Bei der Erdölverarbeitung oder bei der modernen Lebensmittelverarbeitung sind dagegen komplexe technologische Fähigkeiten nötig. Skalenökonomien werden wichtig, Kapital und qualifizierte Arbeitskräfte werden benötigt: Komparative Vorteile resultieren in diesem Bereich somit nur teilweise daraus, daß die Rohstoffe vorhanden sind.

(2) Low-Tech verarbeitete Produkte ('low-tech manufactures'): Textilien, Bekleidung, Schuhe, Lederprodukten, einfache Metall- und Plastikwaren, Möbel und Glaswaren. Die Technologien zur Produktion dieser Güter sind weit verbreitet und standardisiert. Erforderlich ist eine Kapitalinvestition in Ausrüstung. Es gibt wenig F&E Ausgaben, keine hohen Anforderungen an die Ausbildung von Arbeitskräften und es sind nur geringe Skalenökonomien vorhanden. Arbeitskosten haben einen größeren Anteil an den Produktionskosten und es gibt einen Bereich standardisierter Massenproduktion, der nicht durch Mode oder Stil beeinflußt wird. Hier liegen die Markteintrittsbarrieren relativ niedrig. Der Wettbewerb erfolgt vor allem über den Preis. Zusatzinformation: Im Bereich Bekleidung kann allerdings der Zuschnitt automatisiert werden und große Bekleidungsfirmen führen diese oft selbsttätig durch, wodurch sich erklärt, warum es gängige Praxis ist, Stoffe erst zu schneiden und dann zum Nähen in Entwicklungsländer zu schicken, wobei diese Ländern dann hohe Importanteile haben.[824]

(3) Medium-Tech verarbeitete Produkte ('medium-tech manufactures'): Automobile, Chemieprodukte, Maschinenbau und standardisierte elektrische und elektronische Produkte, also auch Haushaltsgeräte und einfache Geräte der Unterhaltungselektronik. Diese Produkte weisen komplexe, teils standardisierte aber teils noch schnell veränderliche Technologien auf. Die F&E Ausgaben sind teils hoch[825] und der Zugriff auf fortschrittliche Technologien, auf Wissen und Design, ist wichtig, dazu

---

[823] Zugrunde liegt hier. UNIDO Industrial Development Report 2002/2003: 30; siehe auch Lall 2000: 342-343; sowie die Klassifikationsübersicht in: **Tabelle 22**.
[824] Diese Information wird den Ausführungen von UNIDO hinzugefügt aus Nordas 2004: 6.
[825] Zwei Beobachtung werden an dieser Ausführung der UNIDO geändert. Zuerst einmal ist dort die Rede von nicht schnell veränderlichen Technologien. Dies ist sicherlich falsch, denn bei Automobilen, Maschinenbau und Elektronikprodukten verändern sich die Technologien zwar nicht von Grund auf, die Art und Weise des Technologieeinsatzes verändert sich aber schnell. Zweitens ist es irreführend von moderaten F&E Ausgaben ("moderate levels of R&D expenditures") zu sprechen. Dies mag zwar hinsichtlich der Größenordnung richtig

kommt, daß Skalenökonomien in der Produktion vielfach wichtig sind. Eintrittsbarrieren sind hoch, weil der Kapitalaufwand hoch ist, die Firmen Produktdifferenzierung als Strategie wählen und trotzdem Skalenökonomien zu erreichen versuchen. Daneben gibt es Lerneffekte, die erst während der Produktion zu verzeichnen sind. Zunehmend wird ein Zulieferernetzwerk benötigt, bei dem die an der Wertschöpfungskette beteiligten Akteure eng zusammenarbeiten.

(4) High-Tech Produkte ('high-tech manufactures'): Komplexe elektronische Produkte der Telekommunikation, des Instrumentebaus, der Medizintechnik, dazu kommen Spezialchemikalien und pharmazeutische Erzeugnisse und die Luftfahrt. Die Produkte lassen sich durch fortgeschrittene, schnell wechselnde Technologien charakterisieren. Qualifizierte Mitarbeiter und hohe Investitionen in F&E sind nötig und gute Verbindungen zu Universitäten und Forschungsinstitutionen. Dadurch bestehen hohe Eintrittsbarrieren. Speziell im Elektronikbereich sind aber einige Abschnitte der Produktion arbeitsintensiv, sodaß niedrige Löhne einen komparativen Vorteil darstellen. Dazu kommt, daß sich der Transport über weite Strecken lohnt, weil die Güter einen hohen Wert relativ zum Gewicht haben.[826] Innerhalb diese Kategorie sind zudem 'low tech'-High-Tech Produkte angesiedelt, etwa im Telekommunikationsbereich die Telefone, die oft als High Tech klassifiziert werden, aber anders eingestuft werden müßten, weil die technologischen Fähigkeiten, die für deren Produktion nötig sind, auf einer niedrigeren Stufe liegen.[827]

Eine letzte Bemerkung: Mit dem Terminus der Dominanz und der technologischen Lücke wird auch impliziert, daß ein Land für dieses Produkt durch Marktmacht sehr hohe Preise veranschlagen bzw. seine Terms of Trade verbessern kann. Dies kann, aber muß nicht so sein, denn aus der Preistheorie ist bekannt, daß etwa auch dominierende Produzenten den Preis niedrig ansetzen, um neue Markteintritte nicht profitabel zu machen, um damit potentielle neue Investoren abzuschrecken.[828]

---

sein, weil es Bereiche gibt, in denen die F&E Intensität noch höher ist. Dennoch bleibt F&E in diesen hier aufgezählten Bereichen wichtig und kann über Wettbewerbsvorteile entscheiden. Siehe dazu Punkt 12.

[826] UNIDO Industrial Development Report 2002/2003: 30; siehe auch Lall 2000: 342-343; sowie **Tabelle 22**.

[827] Diese Information wird den Ausführungen von UNIDO hinzugefügt. Dies wird besonders angesichts Chinas deutlich, siehe die Informationen bei sonstigen verarbeiteten Gütern, Punkt 12.

[828] Es ist denkbar, daß ein heimisches Monopol Preise auf den internationalen Märkten bestimmt, wenn es dort Marktmacht ausüben kann. Dies wird durch wettbewerbsrechtliche Ausnahmen für Exportkartelle vereinfacht. Jaquemin 1982: 85. Zu Exportkartellen bzgl. BRD Immenga/Mestmäcker 1992: 369-385. Angenommen werden kann aber ebenso, daß eine dominanten Firma ihren Preis absenkt, je wahrscheinlicher der Eintritt neuer Firmen ist. So zumindest im Gaskins-Modell in Scherer/Ross 1990: 374. Dies muß nicht so sein, denn in einer oligopolistischen Situation sind viele Verhaltensweisen denkbar. Beim 'limit pricing' hält eine Firma ihren Preis relativ hoch und toleriert, daß kleinere Firmen in den Markt eintreten und Marktanteile erobern. Insgesamt gesehen kompensieren die höheren Profite für die Marktanteilsverluste. Wenn eine Firma technologisch führend ist und über Vorteile und Skalenökonomien im Bereich Produktion, Distribution, Kauf von Inputgütern, Marketing und Zugang zum Kapital verfügt und zudem über eine ausdifferenzierte Produktpalette plus ein Markenimage bzw. eine Qualität, die schwer zu schlagen ist, fällt ihr eine solche Preisstrategie leichter, denn sie kann höhere Preise allein schon wegen ihres Images verlangen und trotzdem große Marktanteile erobern. Wenn sie den Preis dann dennoch so niedrig hält, daß der Eintritt neuer Firmen behindert oder verlangsamt wird, hat sie die Möglichkeit, längere Zeit Vorsprungsgewinne zu erzielen und kann trotzdem das Wachstum anderer Firmen in Kauf nehmen. Scherer/Ross 1990: 360-361.

5. Weltmarktpreise, Austauschbedingungen 'Terms of Trade'

Zurück zum obengenannten Ricardo-Beispiel, bei dem die Vorteilhaftigkeit des Tausches nicht zuletzt von den Austauschbedingungen in bezug auf bestimmte Warengruppen abhängt. Auf welcher Ebene sich der Preis zwischen den Ländern einpendelt, darüber erlaubt das Ricardo- und das Heckscher-Ohlin Modell keine Aussage, einmal davon abgesehen, daß davon ausgegangen wird, daß sich ein Gleichgewichtspreis zwischen den Preisniveaus für beide Güter vor der Aufnahme des Handels einpendelt.[829] Auch im Pareto-Heckscher-Ohlin Modell werden meist unterschiedliche Nachfragestrukturen und Ländergrößen[830] ausgeklammert, die u.a. einen Effekt auf die Preise haben könnten. Es wird davon ausgegangen, daß sich nach der Aufnahme des Handels die Grenzrate der Transformation und die Grenzrate der Substitution gleich den internationalen Terms of Trade entwickeln.[831] In beiden Modellen ist es auch denkbar, daß kein Handel aufgenommen wird, wenn sich gegenüber dem Autarkiezustand keine Vorteile ergeben, im Ricardo-Modell etwa, wenn die Terms of Trade ungünstig sind. Beim Heckscher-Ohlin Modell würde es nicht zum Handel kommen, wenn die Grenzraten der Transformation im Autarkiezustand schon gleich sind, also die Preisverhältnisse auf den Binnenmärkten übereinstimmen.[832] Ebenso bestimmen Preise die Spezialisierungsmuster. Wird beispielsweise angenommen, daß die Nachfrage den Preis (dies impliziert ein neues Opportunitätskostenverhältnis) für ein Gut relativ zum anderen Gut gesehen hochtreibt, und zwar über den Rahmen des bisherigen Opportunitätskostenverhältnisses hinaus (Beispiel: Käse wird immer teuerer gegenüber Wein auf dem Binnen- und Weltmärkten), dann könnte es sich sogar für Heimat und Ausland lohnen, sich auf dieses Gut zu spezialisieren und der Grund für den Handel zwischen den beiden Ländern würde entfallen. Umgekehrt würden sinkende Preise für Käse dazu führen, daß es sich die Produktion von Wein für beide Länder zunehmend lohnt.[833]

Damit wird nebenbei eine Vorabannahme des Ricardo-Modells deutlich: Es geht davon aus, daß Länder zwei Güter produzieren, die über die Opportunitätskosten in Relation zu einander stehen, sodaß beide (relativen) Preise nicht gleichzeitig absinken können. Im Eingüter-Modell (das etwa auf afrikanische Länder teils zuzutreffen scheint, s.u.) des internationalen Handels[834] wäre so ein 'Ausweichen' bei stark sinkenden Preisen nicht mehr möglich und das Land würde simplerweise ganz aufhören zu handeln.

Am Eingüter-Modell kann eine weitere Vorabannahme aller hier präsentierten Theorien erklärt werden. In den Modellen internationalen Handels werden nicht-handelbare Güter ('non tradables')

---

[829] Krugman/Obstfeld 1997: 20-21. Zweifel/Heller 1997: 384
[830] Rose/Sauernheimer 1999: 388.
[831] Zweifel/Heller 1997: 160, 136, 158-159.
[832] Zweifel/Heller 1997: 384.
[833] Gemäß dem Beispiel oben: Wenn für 1 Einheit Käse 3 Einheiten Wein auf dem Weltmarkt zu erwerben sind (ein Preisanstieg für Käse), dann würde ein Tausch für Heimat implizieren, daß für 1 Stunde Käse Wein im heimischen Wert von 6 Arbeitsstunden eingetauscht werden kann. Das Ausland kann sich für 6 Arbeitsstunden Käse Wein im heimischen Wert von 9 Arbeitsstunden einheimsen. Beide würden sich auf die Käseproduktion spezialisieren. So mit einem anderen Beispiel und anderen Zahlen Rose/Sauernheimer 1999: 388.
[834] Zweifel/Heller 1997: 31-61.

ausgeklammert. Bezöge man diesen Bereich ein, könnte argumentiert werden, daß Opportunitätskosten relativ zur Produktion im Bereich der nicht-handelbaren Güter bestehen: Ob beispielsweise die Aufrechterhaltung des Handels trotz eines Opportunitätskostenäquivalents von 30 Stunden Produktionsdauer für eine Gütereinheit statt einer einzigen Stunde (trotz hohem Weltmarktpreisniveau) für ein Land aus der Wohlfahrtsperspektive sinnvoll erscheint, wird spätestens dann fraglich, wenn dies impliziert, daß über den Friseur hinaus noch die Köche und Hebammen in der Exportgüterproduktion beschäftigt werden und niemand mehr übrigbleibt, der die primäre Reproduktion aufrechterhalten kann.[835]

Auf einen Aspekt dieses Problems hat der bekannte Artikel von Bhagwati (1958) aufmerksam gemacht. Er zeigt, daß es durch eine extreme Zunahme des Angebots, etwa bei einem exportorientiertem Wachstum, passieren kann, daß die Nachfrage nicht mehr Schritt hält. Im wenig wahrscheinlichen Extremfall könnten dadurch sogar die positiven Effekte auf die heimischen Wirtschaft, die durch den Ausbau der heimische Produktionskapazität ausgelöst wurden, konterkariert werden. Dieser Fall, in dem ein einzelnes Land als einzelner auslösender Faktor den Preisverfall der eigenen Güter zustande bringt, wurde als Verelendungswachstum ('immiserizing growth') benannt und wird in der Wirtschaftswissenschaft als unwahrscheinlich eingeschätzt. Daß dies bei mehreren Ländern, die dieselben Güter produzieren, wahrscheinlicher wird, liegt auf der Hand, besonders ungünstig ist es natürlich, wenn solche Ländern nur dieses eine Gut produzieren.[836]

Daß diese Überlegungen so weltfremd nicht sind, wird an einer Debatte in Kanada sichtbar. Selbst ein Land, daß mehrere Güter exportiert, kann einen Wohlfahrtsverlust erleiden, wenn die Preise, die es für seine Güter erhält, absinken. So wird für Kanada derzeit beobachtet, daß in den Bereichen, die dem Handel mit den USA ausgesetzt sind, ein starkes Produktivitätswachstum stattfand und daß dadurch ein Preisverfall ausgelöst wurde. Entgegen der Erwartung gab es keine positiven Wachstumseffekte in diesen Vorteilsbereichen zu verzeichnen, wodurch Wohlfahrtsverluste für Kanada erklärt werden.[837]

Dies sind genug Gründe, sich näher mit den Austauschbedingungen bzw. Weltmarktpreisen zu befassen. Die Frage nach der eigenständigen Wirkung von Angebot und Nachfrage wurde von John Stuart Mill (1848) erstmals thematisiert, der beobachtet, daß sich der Weltmarktpreis nach Angebot

---

[835] Dies mag übertrieben formuliert sein, zeigt aber ein Dilemma armer und kleiner Länder auf, die nicht einmal über eine große Bevölkerung verfügen. Sie müssen am Handel teilnehmen, um die für 'primäre Reproduktion' nötigen Güter einführen zu können, etwa Ölprodukte, ohne die ihr Transportsektor nicht aufrechtzuerhalten wäre. Handel ist soweit schonmal vorteilhaft, weil der Transportsektor zum internen Wachstum beitragen kann. Hier geht es darum, zu zeigen, daß die hier verwendeten Theorien durchaus einen Bezug zur Realität haben. So wie Konsumenten müssen Länder angesichts von Devisenknappheit, Entscheidungen über wohlfahrtsmaximierende Importprioritäten treffen. Dieses Argument läßt sich auf die Frage nach der Umweltübernutzung im Falle des Rohstoffhandels und auf unerwünschte Lohnsteigerungseffekte durch die Exportproduktion ausdehnen.
[836] Dieses Konzept geht auf Jagdish Bhagwati zurück und stammt aus dem Jahre 1958. Dieser Titel findet sich nicht in der Literaturliste dieser Arbeit. Siehe dazu Krugman/Obstfeld 1997: 103. Für den Fall mehrerer Länder bestätigen die obige Argumentation Zweifel/Heller 1997: 215.
[837] Diese Diskussion findet im Kontext einer Debatte über die NAFTA-Auswirkungen in Kanada statt. Es geht um die Implikationen eines mutmaßlichen Rückstands Kanadas relativ zum starken Wachstum der Produktivität in den USA in den letzten Jahren gesehen. Harris/Kherfi 2001: 2, 20-21.

und Nachfrage einpendelt und daß es dieser Preis ist, der bestimmt, inwiefern die Länder vom internationalen Handel mehr oder weniger große Vorteile erzielen können.[838] Kurz: Günstige und ungünstige Austauschbedingungen bzw. Terms of Trade.

Letztere werden definiert ohne Rekurs auf interne Bedingungen als Preise für die Exporte dividiert durch die Preise für die Importe. Die Terms of Trade können aus Länderperspektive, aber auch auf weltweiter Ebene berechnet werden. Eine der üblichen Formen der Terms of Trade-Berechnung, die weiter unten zuerst verwendet wird, beruht auf der Preisentwicklung im Bereich Primärprodukte in Relation zur Preisentwicklung im Bereich verarbeiteter Güter, wobei steigende Terms of Trade als Wohlfahrtsgewinn und sinkende als Wohlfahrtsverlust interpretiert werden ('net barter terms of trade' oder 'real commodity prices').[839] Eine zweite Definition der Terms of Trade bezieht die Exportvolumina ein und mißt damit, inwiefern etwa eine Ausweitung der Exportvolumina gegenüber absinkenden Terms of Trade kompensieren kann bzw. eben das Einkommen evtl. aufrechterhalten werden kann ('income terms of trade').[840] Mit einer Einbeziehung der Kosten für Faktorinputs in die Berechnung könnten Produktivitätssteigerungen gemessen werden, denn wenn sich die Produktivität erhöht und dadurch etwa die Preise sinken, kann dies die Wohlfahrt erhöhen, zumindest wenn die Preise nicht soweit absinken, daß die Produktivitätserhöhung keine Erhöhung der Gewinnspanne ermöglicht und somit womöglich doch dasselbe Wohlfahrtsniveau wie zuvor erreicht wird ('single factoral terms of trade').[841]

Ebenso in diese Rubrik gehört die Diskussion über Wechselkursabwertungen, die ebenso die Terms of Trade beeinflussen. Generell wird dem internationalen Handel diesbezüglich eine ausgleichende Funktion zugesprochen: In einem Gleichgewichtsmodell, welches Wechselkursaufwertungen einbezieht, kann bei flexiblen Wechselkursen gezeigt werden, daß Handelsüberschüsse zur Aufwertung führen und damit eine zunehmende Nachfrage konterkarieren und garantieren, daß Einkommen und Beschäftigung zweier Länder auf demselben Niveau bleibt.[842] Ebenso wird angenommen, daß durch angemessene, gleichgewichtige Wechselkurse ermöglicht wird, daß die Anreize für Exporte auf einem akzeptablen Niveau bleiben, sodaß eine ausgeglichene Zahlungsbilanz

---

[838] Verweis auf diesen wichtigen Punkt in Gerken 1999: 11. Krugman/Obstfeld argumentieren so: "While the actual price depends on demand, we know that is must lie between the opportunity costs of cheese in the two countries". Dieser ist 1/2 in Heimat und 2 im Ausland. Im Beispiel wird aber einfach angenommen, daß Wein und Käse 1 zu 1 tauschbar sind. Krugman/Obstfeld 1997: 23. Siehe die folgenden Zitate von John Stuart Mill: "If, therefore, it be asked what country draws to itself the greatest share of the advantage of any trade it carries on, the answer is, the country for whose productions there is in other countries the greatest demand, and a demand the most susceptible of increase from additional cheapness"; "Thus an increase of demand for a country's exports in any foreign country, enables her to obtain more cheaply even those imports which she procures from other quarters. And conversely, an increase of her own demand for any foreign commodity compels her, ceteris paribus, to pay dearer for all foreign commodities." Mill 1848: 357.
[839] Krugman/Obstfeld 1997: 94, 98-99; Gillis et al. 1996: 468; Borenstein et al. 1994: 1.
[840] Dazu werden simplerweise die 'net barter terms of trade' mit dem Exportvolumen multipliziert. Gillis et al. 1996: 470.
[841] Meist ist das Ergebnis hier, daß der Produktivitätsindex und der Faktorinputindex nicht so schnell steigt, wie das Exportvolumen, was bedeutet, daß exportierende Länder einige ihrer Vorteile mit den importierenden Länder teilen bzw. nicht alle Vorteile für sich behalten können. Gillis et al. 1996: 471. Zu dieser Unterscheidung und einer Studienübersicht Diakosavvas/Scandizzo 1991: 232-237.
[842] Eben zweier an diesem Austausch beteiligter Länder. Dornbusch et al. 1977: 838. Siehe zur makroökonomischen Dimension des Güterhandels auch Dornbusch/Fischer 1992: 190-199. Auf die Relevanz von Wechselkursen weist hin Elsenhans 1996: 27.

ermöglicht wird.[843] Einen Effekt auf die Terms of Trade hat dies, insofern bei einer Wechselkursabwertung sich die Einnahmen aus den Exporten verringern. Die Produkte werden für das Ausland billiger, und sodann kommt es auf die Nachfrageelastizitäten an, ob es trotzdem gelingt, höhere Exporterlöse zu erzielen, weiterhin verteuern sich die Importe.[844] Wechselkursabwertungen werden bei überhöhten Wechselkursen vorgeschlagen, um eine Politik der Exportorientierung einzuleiten und die Anreize zur Produktion handelbarer Güter zu erhöhen. Ebenso sind Wechselkursabwertungen im Zusammenhang mit makroökonomischen Zusammenhängen zu sehen, so wenn eine Abwertung unerläßlich ist, um eine inflationären Erhöhung heimischer Preisniveaus zu kompensieren oder als Reaktion auf Zahlungsbilanzkrisen. Dies ist bekannt aus den Stabilisierungs- und Strukturanpassungsprogrammen des IWF, dazu weiter unten mehr.[845] In Abschnitt 'G' wird zudem gezeigt, daß Wechselkurse, im Einklang mit IWF Regeln, politisch beeinflußt werden können.

Mit den Terms of Trade sachlich eng verbunden ist die Messung von dynamisch wirksamen d.h. potentiell auch unterschiedlichen Preiselastizitäten zwischen den Ländern. Dies ist aber insofern ein anderes Thema, weil es hier um die Messung der Reaktion der gehandelten Volumen auf eine Veränderung im Preis geht. Bei Spezialfall der Einkommenselastizität wird gemessen, wie sich das nachgefragte Volumen bei einer Erhöhung des Einkommens in einem Land entwickelt.[846]

Die weiter unter verwendeten Heckscher-Ohlin-Modelle definieren diese dynamischen Aspekte wieder weg, weil sie davon ausgehen, daß sich die Gleichgewichtspreise, etwa zwischen zwei unterschiedlichen Faktorbereichen, auf ein neues Niveau einpendeln, denn es wird meist davon ausgegangen, daß in einem Zwei-Länder Modell die Nachfrage nach den Gütern des anderen Landes jeweils gleich stark ist.[847]

Alles in allem ist die Entwicklung der Terms of Trade und der Angebots- und Nachfrageeffekte aus keiner Diskussion über den internationalen Handel wegzudenken.[848]

---

[843] Hier wird zwischen einem internen, der Räumung der Märkte für nicht-handelbare Güter und einem externen Gleichgewicht, bezüglich der Zahlungsbilanz differenziert. Edwards 1989: 8.
[844] Krugman/Obstfeld 1997: 484.
[845] Inflation kann aber auch allein mit einer kontraktionären Geldpolitik bekämpft werden. Aghevli/Montiel 1996: 616-617; 625-627, 633; Edwards 1989: 1-8; Krueger 1978: 1-4, 199-141. Mehr dazu in Abschnitt 'G'.
[846] Bei der Analyse internationalen Handels wird oft die Einkommenselastizität untersucht. Meist liegt diese bei 1, also eine Erhöhung des Einkommens führt zu einer proportionalen Steigerung der nachgefragten Menge. Bei bestimmten Güter ist aber auch denkbar, daß eine Erhöhung des Einkommens zu einer höheren (niedrigeren) Nachfrage führt. Diese werden Luxusgüter (inferiore Güter) genannt. Die Elastizität hängt auch davon ob, welche substituierbare Produkte es gibt. Varian 2001: 267; Zweifel/Heller 1997: 219. Siehe die empirische Untersuchung internationalen Handels von Marquez (1990). Hier weisen Japan und die weniger entwickelten Länder eine niedrigere Einkommenselastizität auf, d.h. eine Einkommenssteigerung führt nicht zu einer dementsprechenden Steigerung der nachgefragten Menge. Die OPEC-Länder haben den Wert 0 oder sogar negative Werte, hohe Elastizitäten weisen Kanada, Deutschland, England und die USA auf. Bezüglich der bilateralen Elastizitäten sind signifikante Unterschiede zu bemerken. Marquez 1990: 72-73. Mit der Messung von Einkommenselastizitäten, also eine Relationierung von BSP Zuwächsen zu Zuwachsraten der Importe schätzt etwa der Bela Balassa (1974) die handelserzeugenden und handelsumlenkenden Wirkungen der EU-Integration ein, wobei ersteren der Vorrang zukommt. Zweifel/Heller 1997: 374-375.
[847] Krugman/Obstfeld 1997: 52-53, 76-79.
[848] "The issue of terms of trade effects of a transfer, however, arises in a surprisingly wide variety of contexts in international economics." Krugman/Obstfeld 1997: 105.

Auf weltweiter Ebene gibt es somit ständig, wenn auch langsam wirksame, Angebots- und Nachfrageeffekte und Veränderungen der Terms of Trade, die u.a. auch aus Wachstumsprozessen und den damit verbundenen Nachfrageveränderungen resultieren. So ist es als stilisiertes Szenario denkbar, daß, wenn im Ausland ein Wachstumsprozeß einsetzt, der sich aber relativ stark auf den heimischen Markt konzentriert, tendenziell die Terms of Trade für das Heimatland absinken. Umgekehrt wäre es, wenn vom Ausland während des Wachstums mehr Importgüter benötigt würden.[849] Dabei spielt natürlich auch die Substituierbarkeit von Gütern eine Rolle. So wie die Angebots- sind ebenso die Nachfragebedingungen relevant für die Erklärung internationalen Handels, so können etwa bestimmte Güter von anderen ersetzt werden.[850]

Somit kann schon allein Nachfrage helfen, die Struktur des internationalen Handels zu erklären. Besonders das große Handelsvolumen zwischen den Industrieländern könne schwerlich beispielsweise allein mit Unterschieden in der Faktorausstattung erklärt werden (so aber das Heckscher-Ohlin-Modell). Die diesbezüglich entwickelte Linder-These beobachtet Nachfrageänderungen, die diskontinuierlich bei Veränderungen der Pro-Kopf-Einkommen auftreten. In Indien werden beispielsweise 60 % des Einkommens für Ernährung bzw. für Güter des Primären Sektors genutzt, in den USA nur 13 % (Daten für 1982), wobei also 87 % für Konsumgüter aus dem Bereich der verarbeiteten Produkte bzw. der Dienstleistungen zur Verfügung stehen.[851]

5.1 Daten zu Terms of Trade: Überblick

Wie entwickeln sich empirisch die Terms of Trade?[852] In Krugman/Obstfeld (1997) wird gezeigt, daß sich die net barter terms of trade der Industrienationen seit Anfang der siebziger Jahre bis 1995 um 6 % verschlechtert haben. Die Ölpreisentwicklung spielte dabei eine wichtige Rolle. Eine erste Verschlechterung fand zum Zeitpunkt der Ölkrise 1973 statt. Im Jahre 1986 wurde wieder ein Wert erreicht, der 1973 bestand. Danach stiegen die Terms of Trade wieder im Sinne einer positiven Entwicklung für die Industrieländer an. Wenn zugrundegelegt wird, daß Importe 18 % des BSP ausmachten (für 1990), bedeutet dies, daß ein Einkommensverlust durch den Rückgang der Terms of Trade von geringfügigen 1,1 % zu beklagen war.[853] In anderen Berechnungen (mit einer anderen Zeitperiode) stiegen die net barter terms of trade für die Industrieländer zwischen 1978 und 1989 um 5,1 % an. Dagegen sanken sie für die Entwicklungsländer um -31,4 % ab. Für Afrika -41,0 %, für Asien -3,9 %, für Lateinamerika -32,9 %, für den Mittleren Osten -42,1 %.[854] Kurz ein Hinweis auf die

---

[849] Krugman/Obstfeld 1997: 102.
[850] Krugman/Obstfeld 1997: 104-105.
[851] Die Daten sind 1982 für das Land mit dem damals niedrigstem Pro-Kopf-Einkommen, Indien, und dem Land mit dem damals höchsten Pro-Kopf-Einkommen, die USA, angegeben. Dieser Zusammenhang findet sich aber in vielen weiteren Ländern wieder. Siehe Markusen 1986: 1003-1004. Dies ist als Lindner-Hypothese bekannt. Markusen 1986: 1002-1003. Ebenso könnte hier Engels Gesetz zur Erklärung herangezogen werden.
[852] Siehe hierzu: Krugman/Obstfeld 1997: 103-104; Zweifel/Heller 1999: 212-227.
[853] Diese Zahlen für 'advanced countries', wahrscheinlich für die OECD-Länder, in Krugman/Obstfeld 1997: 104.
[854] Aghevli/Montiel 1996: 625-629; siehe **Tabelle 23**.

Wechselkurse: Während afrikanische Länder oft eine sehr starke Abwertung (-96,9 %) der Wechselkurse und ungünstige Terms of Trade verzeichnen, findet in asiatischen Ländern ein starke Abwertung (-46,2 %) statt, aber, siehe oben, keine so ungünstige net barter terms of trade Entwicklung.[855] Dazu gleich genauer.

5.2 Theorie der Terms of Trade im Grundstoffbereich

Für Entwicklungsländer, die vom Export von Primärprodukten abhängig sind, sieht die Situation ungünstig aus. Seit der Prebisch/Singer-These (1950) hinsichtlich absinkender Terms of Trade der Primärprodukte gegenüber den verarbeiteten Produkten ist diese Frage von besonderer Relevanz.[856]

John Maynard Keynes, den insbesondere die Preisschwankungen in diesem Güterbereich besorgten, schlug die Gründung einer internationalen Organisation mit dem Namen 'Commod Control' vor, die neben der IBRD ('International Bank for Reconstruction and Development' später Weltbank) und dem IWF bestehen sollte.[857] Immerhin finden sich diesbezüglich diverse Sonderbestimmungen für sog. Grundstoffe ('commodities'), die auch Rohstoffabkommen ermöglichen, in den Artikeln der Internationalen Handelsorganisation (International Trade Organization, 'ITO') wieder, sind aber schon abgeschwächt formuliert[858] und in das GATT gingen diese quasi nicht mehr ein.[859] Der IWF verfügt seit 1963 über Kreditinstrumente, die den Zweck haben, einen solchen kurzfristigen Preisverfall (bei Importeuren auch Preisanstieg) zu kompensieren.[860] Der Stabex-Fonds, der durch die EU Lomé bzw. Fidji-Abkommen etabliert wurde, hat versucht bei negativen Tendenzen im Rohstoffpreisbereich gegenüber den AKP Ländern Erlöseinbußen zu kompensieren, erst mit niedrig verzinsten Krediten, dann seit Lomé IV (1990), mit nicht rückzahlbaren Transferzahlungen.[861] Faktisch ist es auch die

---

[855] Aghevli/Montiel 1996: 625-629; siehe **Tabelle 23**.
[856] Prebisch 1950: 3.
[857] Keynes 1942: 301. Schon früher hatte sich Keynes mit dieser Frage beschäftigt: Keynes 1938.
[858] Die USA und andere "major countries" haben sich damals gegen Interessen gewehrt, die eine breite Ausnahme für Grundstoffe in der ITO etablieren wollten. Deshalb wurde versucht viele Einschränkungen im Abkommenstext unterzubringen. Josling et al. 1996: 17. Zur ITO in Abschnitt 'H' der Arbeit mehr. ITO Art. 27 besagte, daß Grundstoffabkommen (Agrarprodukte, Forstwirtschaftliche Produkte, Fischereiprodukte und mineralische Ressourcen) nicht als Ausfuhrsubventionen angesehen werden, ITO Art. 55 erkannte ausdrücklich Schwierigkeiten mit den Marktentwicklungen in diesem Bereich an, insbesondere die starken Preisschwankungen. Es werden zwischenstaatliche Grundstoffabkommen ausdrücklich als geeignet angesehen, dem entgegenzusteuern. Für diese Abkommen, insbesondere die Kontrollabkommen, welche Preisregelungen enthalten dürfen, werden in ITO Art. 60 bis 70 spezielle Regeln festgehalten, darunter das Recht der ITO Mitglieder in einem solchen Abkommen Mitglied werden zu dürfen, ohne diskriminierende Regeln befürchten zu müssen. Hummer/Weiss 1997: 61-62, 95-106.
[859] Als Rudiment bleibt im GATT die Referenz im Artikel: 'Allgemeine Ausnahmen' Art. XX (h). Für die frühe Debatte über Rohstoffabkommen, die stark die Versuche der UNCTAD einige Jahre später vorprägt, siehe Josling et al. 1996: 18-19.
[860] Im Jahre 1963 wird die erste Kompensatorische Finanzierungsfazilität des IMF etabliert. Michaelowa/Naini 1995: 90. Neben dieser Compensatory Financing Facility (CFF) gibt es mittlerweile noch die Contingency and Compensatory Financing Facility (CCFF). Borensztein et al. 1994: 21; Cashin et al. 2000: 200; Guillaumont 1987: 637. Seit 1981 kann der Anstieg von Getreideimportausgaben, seit 1988 auch andere Umstände, gestiegene Importkosten etwa, bei günstigen Zinssätzen finanziert werden. Windfuhr 1996: 82-83.
[861] Der Stabex-Mechanismus wird aus entwicklungspolitischer Sicht als fragwürdig angesehen. Angeführt werden in der Literatur die folgenden Gründe: Daß erfolgreiche Rohstoffproduzenten mehr Zahlungen erhalten, weiterhin dauere es zu lange, bis die Zahlungen erfolgen, teilweise werden sie gekürzt. Aus einer genauen Diskussion mit konkreten Beispielen (u.a. wurde Stabex an Baumwollexporteure wie dem Tschad ausgeschüttet, Hinweis hier ohne Fußnote) resultiert diese Bewertung aber nicht. Hier kann nur auf die kurze Charakterisierung hingewiesen werden in Michaelowa/Naini 1995: 90-92, 127-128; der Stabex-Mechanismus umfaßt nicht alle Exporte, sondern nur die in die EU. Guillaumont 1987: 638. Siehe zu Stabex auch Windfuhr 1996: 82-83.

Entwicklungshilfe, die die Importfähigkeit von sehr armen Ländern bei einem Verfall der Terms of Trade zusätzlich aufrechterhält.[862]

Die Prebisch/Singer-These kann aus heutiger Sicht, mit Einschränkungen, bestätigt werden. Generell kann eine langfristige Tendenz zum Absinken der Grundstoff bzw. Rohstoffpreise (dies gilt sowohl für die 'commodities' als die 'non-oil commodities'), also nicht nur landwirtschaftlicher Produkte sondern auch der mineralischen Rohstoffe, festgestellt werden. Dies gilt für die Terms of Trade, d.h. das relative Verhältnis der Rohstoffpreise zu den Preisen für Industrieprodukte. Auf der Ebene einzelner Gütern liegen aber teils auch uneinheitliche und positive Trends vor. Diese heute wenig überraschende Einsicht war in den siebziger Jahren, als es einen temporären Rohstoffpreisboom gab, noch nicht selbstverständlich.[863]

Charakteristisch für die Rohstoffpreise sind weiterhin die Preisschwankungen, also Zeiten des Booms und des Preisverfalls, die nach der relativ ruhigen Zeit der fünfziger und sechziger Jahre deutlich zunahmen.[864] Geschätzt wird, daß durch diese Preisbewegungen innerhalb bestimmter Zeitabschnitte, etwa zwischen 1980 und 1991 Einkommensverluste von jährlich US$ 25 Mrd. bis zu US$ 50 Mrd. für die Entwicklungsländer verbunden waren.[865]

In letzter Zeit, zwischen Ende 2003 und Ende 2005 sind die Preise für Grundstoffe, d.h. mineralische Rohstoffe und Agrarprodukte, insgesamt angestiegen. Dies liegt auch an steigenden Energiepreisen, die etwa zu höheren Aluminiumpreisen geführt haben. Derzeit stabilisieren sich diese Preise wieder und gehen teils wieder zurück, sodaß hier noch nicht von einer generellen Trendumkehr ausgegangen wird.[866] Was sind eigentlich Grundstoffe bzw. Rohstoffe? Dies muß wenigstens kurz angesprochen werden. Dieser Begriff umfaßt, je nach benutztem Rohstoffindex, neben Kaffee und Kakao auch Öl, Wolle und mineralische Rohstoffe wie Gold sowie eben den Aluminiumgrundstoff Bauxit und sogar Aluminiumstücke.[867]

---

[862] Importe schön und gut. Gemeint waren damit Importe aus den jeweiligen Geberländern. Neben einem 'open general licence'-System, das die freie Wahl der Importländer zuläßt, ist es bis heute üblich vorzusehen, daß Importe aus den Geberländern genutzt werden müssen. Im Jahre 1988 wurde beispielsweise erst die 'open general licence' in Tansania eingeführt, die damals für 10 % der Importe angelegt wurde. Tansania Ndulu/Semboja 1991: 541.
[863] Einen umfassenden Überblick über ältere Studien zu diesem Thema, die keinesfalls sämtlich sinkende Terms of Trade feststellen bzw. prognostizieren, u.a. weil dies in den siebziger Jahren eben vielfach nicht der Fall war, geben Diakosavvas/Scandizzo 1991: 238-239.
[864] Hier sind erst einmal nur die 'net barter terms of trade' gemeint. Mehr Details weiter unten. Borensztein et al. 1994: 6-7; Bloch/Sapsford 1996: 65; Cashin/McDermott 2002: 196. Die Preisschwankungsbreite nimmt fünffach zu für alle 'non-oil commodities' und für 'food' sogar sechsfach zwischen 1972 und 1993. Borensztein et al. 1994: 8; dazu auch Cashin et al. 2000. Ähnlich: Windfuhr 1996: 53-63, 78; Léon/Soto 1995: 17; South Centre 1996: 6. Einen detailreichen Überblick bieten Cuddington 1992: 215-217; Diakosavvas/Scandizzo 1991: 250.
[865] South Centre 1996: 6.
[866] World Bank 2005: 1.
[867] Es gibt keinen allgemein verbindlichen Katalog, deshalb liegen den Untersuchungen auch immer unterschiedliche Listen zugrunde. Wichtig ist, darauf hinzuweisen, daß es, neben tropischen Produkten, also Kaffee, Kakao, Tee, Tabak, tropische Getränke, generell um Nahrungsmittel, also auch um Gemüse und Obst geht. Dazu kommen diverse andere Güter, die als Grundstoffe bzw. Rohstoffe eingestuft werden: Die Grundnahrungsmittel Weizen, Reis, Soja; Energierohstoffe Öl, Kohle; mineralische Rohstoffe Zinn, Zink, Blei, Nickel, Kupfer, Kobalt, Eisenerz (sowie Eisenstücke), Bauxit (sowie Aluminiumstücke), Uran, Gold, Silber und Phosphat. Sodann auch: Holz, Sisal, Flachs, Hanf, Jute, Naturkautschuk, Tierhäute, Ölsaaten (Palmenöl, Erdnußöl, Kokosnußöl, Sojabohnenöl) und zudem die Textilrohstoffe Wolle und Seide. Manchmal werden sogar Garn und standardisierte Textilstoffe in den Indexen geführt.

Somit wird hier weiterhin davon ausgegangen, daß diese Tendenzen problematisch sind, besonders weil viele afrikanische, asiatische und lateinamerikanische Staaten und neuerdings auch bestimmte Transformationsländer noch zu einem hohen Anteil Rohstoffexporteure sind. Dazu kommt, daß dort ein großer Teil der Bevölkerung in der Landwirtschaft beschäftigt ist.[868]

5.3 Gründe für Terms of Trade im Grundstoffbereich

Für die Terms of Trade Entwicklungen im Grundstoffbereich gibt es eine Reihe von Gründen. Es reicht nicht, wie oft in der Literatur, nur auf inelastische Nachfrage und substituierende Produkte zu verweisen. Im folgenden Überblick kann allerdings nicht klar zwischen der Wirkungskraft der Einflußfaktoren differenziert werden:

(1) Erstens besteht im Agrar- bzw. Lebensmittelsbereich, gemäß Engels Gesetz[869], eine inelastische Nachfrage nach diesen Waren, allerdings kombiniert mit einer, teils durch die Agrarpolitik in den Industrieländern ausgelösten, hohen Produktivitätssteigerung:

In den USA stieg die pro Kopf Nahrungsmittelkonsumption 1950 bis 1970 um 1,94 % und zwischen 1970 und 1990 um 1,37 % im Jahr an.[870] Demgegenüber steht eine deutliche jährliche Produktivitätssteigerung im Landwirtschaftsbereich: 1950 bis 1970 um 6,07 % und 1970 bis 1990 um 3,26 % (im verarbeitenden Sektor zwischen 1960 bis 1990 liegt dieser Wert bei 2,83 %).[871] Die interventionistischen Agrarpolitiken waren dazu gedacht, diese aus diesem Angebotsüberschuß resultierenden absinkenden Preistrends[872] aufzufangen. Schon 1933 hat Roosevelt deshalb im Agricultural Adjustment Act, eines der ersten breit angelegten Gesetze um den Agrarbereich in den Industrieländern zu stützen, nicht nur Minimalpreise und preisstützende Aufkäufe eingerichtet, sondern, trotz der zeitgleich um Brot schlangestehenden New Yorker, Anreize gesetzt die Produktion zu vermindern.[873] Das Ziel den Output einzuschränken oder gar die Produktivitätsentwicklung abzuschwächen gelingt der Agrarpolitik der Industrieländer aber nicht, weil die Stützungspreise klar über den Produktionskosten lagen und Flächenstillegungen unzureichend funktionierten bzw. unterlaufen wurden.[874] Seit 1954 verkauft die USA Überschüsse auf den Weltmärkten subventioniert, speziell an Entwicklungsländer, um den traditionellen Weizen- und Fleischexporteuren Kanada, Australien, Neuseeland und Argentinien nicht in die Quere zu kommen.[875] Für die EU hat der Ministerrat seit 1976 die Möglichkeit geschaffen Überschüsse durch Exportsubventionen auf den

---

[868] Siehe **Tabelle 24**, **Tabelle 25**, **Tabelle 26**.
[869] Die Nachfrage für Agrarprodukte steigt gemäß Engels Gesetz bei steigendem Einkommen unterproportional.
[870] Scherer 1996: 23.
[871] Scherer 1996: 23.
[872] So sank der Weizenpreis in den USA von 1950 und 1970 kontinuierlich ab. Scherer 1996: 21.
[873] Scherer 1996: 33.
[874] Mit Public Law 480, bekanntgeworden als 'Food for Peace' Programm. Scherer 1996: 39-55.
[875] Scherer 1996: 39.

Weltmärkten zu verkaufen.[876] Die agrarmarktbezogenen Subventionspolitiken der Industrieländer, darunter die Exportrückerstattungen, haben temporär im Weizenbereich, aber auch bzgl. Reis, Fleisch, Zucker und Ölsaaten zu niedrigen Weltmarktpreisen beigetragen.[877] Somit lag es nicht nur an der hohen Weltproduktion, sondern auch an der Ausweitung der U.S. Subventionen und Exporterstattungen von US$ 7,3 Mrd. (1984) auf US$ 26 Mrd. (1986), daß der Weizenpreis 1987 auf einen Tiefstand sank.[878]

(2) Zweitens hat die Agrarpolitik der Industrieländer, durch hohen und auf sehr breitere Ebenen durchgeführten Zollschutz, Zollkontingente, Ursprungsregeln etc. den Import von Agrarprodukten aus Entwicklungsländern erheblich erschwert und dadurch zu deren inelastischer Nachfrage beigetragen.[879]

(3) Drittens wird bis heute bei den tropischen Agrarprodukten, deren Einfuhr zugelassen wurde, und bei sonstigen Grundstoffen, oft eine Zolleskalation benutzt, sodaß die Entwicklungsländer weniger Anreize hatten in die Weiterverarbeitung in diesem Bereich einzusteigen. Die EWG erhob 1973 für Rohkupfer keine Zölle, aber für weiterverarbeitete Kupferprodukte zwischen ca. 7 und 10 % (heute teils noch 5,2 %), für Rohaluminium 7 %, für weiterverarbeitete Produkt zwischen 7,5 und 12 % (heute teils 7,5 %), ähnlich die Situation für Zink (heute aber nur noch 2,5% für weiterverarbeitete Produkte), Zinn (heute ganz frei) und die anderen unedlen Metalle.[880] Diese Zolleskalation besteht auch im Bereich tropischer Agrarprodukte. Dies hindert bei der Diversifizierung bzw. der Produktion höherwertiger Produkte: Beispiele MFN-Zölle EU: Kaffee ist nicht geröstet 1,7 %, geröstet 10 % (1973: 9,6 %, 15 %); Kakaobohnen 1 % Zoll, Kakaopulver 10,7 % (1973: 5,4 %, 16 %). Bei Schokolade kommt zum 8,7 % Zoll die Zuckeranteilsabschöpfung von etwa 27,3 Euro/100 kg dazu, maximal 18,7 %[881]; die Einfuhr von Curry ist frei, aber es besteht ein 16,7 % Zoll, wenn Curry gemahlen ist. Im Jahre 1973 war gemahlener Curry noch frei.[882] Die hier erwähnten MFN-EU Zölle wurden erst durch die Zollverhandlungen der Uruguay-Runde auf diese neuen Niveaus abgesenkt.

---

[876] Höhmann-Hempler 1997: 21.
[877] Valdes/Zietz 1995: 920; Borensztein et al. 1994: 14. Nach einer Schätzung lösten die Agrarpolitiken der Industrieländer folgende, gegenüber einem freien Markt, niedrigere Weltmarktpreise aus, für den Zeitraum 1984-1986: Weizen - 20, Reis - 43 %, sonst. Getreide -15 %; Fleisch - 13 %; Zucker - 27 %. Eine Übersicht über derartige Studien in Valdes/Zietz 1995: 920.
[878] U.S. Subventionsdaten in Reblin 1993: 35; der Weizenpreis lag in den siebziger Jahren allerdings schon einmal ähnlich tief. Er sinkt von 1980 Indexwert 117 auf 1987 Indexwert 70 kontinuierlich ab. Weizenpreisdaten in FAO 1995: 76; Weltproduktionsdaten in Höhmann-Hempler 1997: 92.
[879] Dazu WTO 2001a: 46-57.
[880] Dies sind die Zölle für GATT-Vertragparteien. Für Nicht-Parteien liegen sie höher, zwischen 10 % und 20 %. Hier sind die saisonalen Veränderungen nicht beachtet, sondern die geringfügig höheren Zölle oben zitiert. Zolltarif EWG 1973.
[881] Trade Policy Review Cote d'Ivoire 1995: 80.
[882] Hier sind die saisonalen Veränderungen nicht beachtet, sondern die leicht höheren Zölle für den ersten Teil des Jahres zitiert. Zolltarif EU 1999. Siehe auch **Tabelle 275**. Hinweise auf die Zolleskalation etwa in Todaro 1997: 464-465. Diese Zolleskalation ist zwar nicht allein ausschlaggebend, mindestens aber mitverantwortlich, wenn es um Weltmarktanteile geht: Die kakaoproduzierenden Ländern haben folgende Marktanteile im Wirtschaftsjahr 1997-98: Kakaobohnen 90 %; Kakaolikör 44 %; Kakaobutter 38 %; Kakaopulver und Kakaokuchen 29 % und Schokolade 4 %. Hier gehen teilweise die Marktanteile der produzierenden Länder sogar zurück: 1984/85 noch 41 % bei Kakaopulver und Kakaokuchen; noch 43 % bei Kakaobutter; noch 77 % bei Kakaolikör. Die sonstigen Weltmarktanteile (bis 100) werden kakaoimportierenden Ländern zugeschrieben. UNCTAD 1999a: 6; Statistical Annex 7. Dies steht im Einklang mit den Informationen zu rückgängigen, mittlerweile vernachlässigbar kleinen Weltmarktanteilen der LDCs im Bereich verarbeiteter Lebensmittelprodukte. FAO State of Agricultural Commodity Markets 2004: 26-27.

Immerhin profitierten die afrikanischen Länder in bezug auf ihre Exporte in die EU (nicht aber in der Schweiz und Japan) seit einiger Zeit bereits von Zollfreiheit für einige Agrarprodukte (oft in Kombination mit Kontingenten und sonstigen Zollbefreiungen) im Rahmen des AKP-Abkommens. Die sehr detaillierte Zollbefreiungsregelung mindert aber den Wert dieser Zollbefreiung. Darunter fallen beispielsweise nicht frische Chilis aber getrocknetes Chilipulver. Es fallen darunter getrocknete Früchte, Marmelade (hier wird auch der Zuckerzusatzzoll nicht erhoben) und eingelegtes Gemüse. Die Zuckeranteilsabschöpfung ist für Schokolade ausgesetzt, nicht aber für Kakaopulver.[883] Kakaobutter wird mit 9,1 % bzw. 8,4 % verzollt und wird nicht in die AKP Präferenzen einbezogen.[884]

Dazu kommen Ursprungsregeln, durch die Zollbefreiungen von weiterverarbeiteten Agrarprodukten aus den AKP Ländern wiederum verunmöglicht oder zusätzlich erschwert werden. So können Backwaren, darunter Kakaogebäck nicht dadurch Ursprungseigenschaften erwerben, daß sie mit lokalem Weizenmehl hergestellt sind (es sind überhaupt nur Gebäcktypen erlaubt, die kein Weizen- oder sonstiges Mehle einsetzen). Und bei Gemüse muß sämtliches Gemüse aus dem Land stammen.[885] Schokolade hat gemäß AKP-Ursprungsregeln nur dann Ursprungseigenschaften, wenn der Wert der zugefügten Zuckerstoffe nicht über 30 % liegt, dies gilt auch für Obstkonserven und Marmelade. Weil bei der Herstellung von Marmelade bekanntlich 50 % Zucker bei der Produktion benötigt wird, dürfte es so sein, daß Ursprungseigenschaften nur dann erworben werden können, wenn eine lokale Zuckerproduktion vorliegt, sonst müßten die MFN-Zölle bzw. die sonstigen Vorschriften der EU-Agrarmarktordnung Anwendung finden.[886]

(4) Viertens sankt die Nachfrage nach einigen Grundstoffen durch die Einführung substituierenden Produkte, etwa Baumwolle/Synthetikfasern, Vanille/künstliches Vanillearoma, Kautschuk/künstlicher Kautschuk (bei niedrigen Rohölpreisen[887]).

(5) Fünftens wird der Einsatz substituierender Produkte teils politisch beschleunigt. Zur sinkenden Nachfrage nach Kakao trägt beispielsweise die Richtlinie der EU bei, die es zuläßt, daß fortan zur Schokolade 5 % Palmöl statt Kakaobutter zugesetzt werden darf.[888] Die Butterbeihilfe der EU-Landwirtschaftspolitik ist dazu vorgesehen, pflanzliche Fette (also etwa Palmöl aus der Elfenbeinküste, Indonesien etc.) in der Produktion durch Butter zu ersetzen.[889]

---

[883] Dies sind nur Beispiele, siehe ABl. Nr. L 229, 17. August 1991, Viertes AKP-EWG Abkommen, unterzeichnet am 15. Dezember 1989 in Lome. S. 267-269. Es kann nur spekuliert werden, warum keine Schokoladenproduktion in der Elfenbeinküste aufgebaut wird. So kann dies womöglich an hohen Kosten für Wasser, Elektrizität und Transport liegen, an Arbeitskosten wohl nicht. Siehe Trade Policy Review Elfenbeinküste 1995: 80. Es kann auch an den Entscheidungen des französischen Konzerns Cacao-Barry liegen. Wangwe 1995: 256.
[884] Die Zölle variieren saisonal, deshalb sind zwei Werte angegeben. Zolltarif EU 1999: 91. ABl. Nr. L 229, 17. August 1991, Viertes AKP-EWG Abkommen, unterzeichnet am 15. Dezember 1989 in Lome. S. 269.
[885] ABl. Nr. L 229, 17. August 1991, Viertes AKP-EWG Abkommen, unterzeichnet am 15. Dezember 1989 in Lome. S. 152.
[886] ABl. Nr. L 229, 17. August 1991, Viertes AKP-EWG Abkommen, unterzeichnet am 15. Dezember 1989 in Lome. S. 150, 152.
[887] Michaelowa/Naini 1995: 24.
[888] Richtlinie 2000/36/EG des Europäischen Parlaments und des Rates vom 23. Juni 2000 über Kakao- und Schokoladeerzeugnisse für die menschliche Ernährung ABl. Nr. L 197 vom 3.8.2000. S. 19-25.
[889] Gerken 1997: 63.

(6) Als weiterer Faktor ist die zunehmende Produktion der primär- und rohstoffbasierten Güter in den Entwicklungsländern erwähnenswert. Seit 1983 haben sich die Importe aus den Entwicklungsländern vom Volumen her verdoppelt. Insgesamt nimmt der Anteil dieser Produkte am Welthandel wertmäßig ab.[890] Nach einer anderen Abgrenzung steigen zwischen 1980 und 1991 die Exportvolumen der Primärprodukte aus den Entwicklungsländern um 45 % und die aus den Industriländern sogar um 60 %.[891]

(7) Weiter wurden sinkende Preise von großen Handelsunternehmen nicht in gleichem Maße an die Konsumenten weitergegeben wurden und insofern auf mögliche zusätzliche Nachfrage verzichtet.[892] Zwischen 1975 und 1993 sank der Preis für Kaffee auf den Weltmärkten um 18 %, stiegt aber für Konsumenten in den USA um 240 %. Auch für Bananen, Fleisch, Kaffee, Zucker, Weizen und Reis kann gezeigt werden, daß die Weltmarktpreise nicht oder nur sehr eingeschränkt an die Konsumenten weitergegeben wurden. Für diese Grundstoffe stiegt der Preisaufschlag ('mark up') von 1970 50 % auf 105 % 1991 an, danach sank er auf 80 % ab, dies lag in dieser Periode tatsächlich an sinkenden Kaffee- und Zuckerpreisen.[893] Für Fleisch führte ein Preisverfall auf den internationalen Märkten zu gar keiner Absenkung der Konsumentenpreise. Für Kaffee wurden Preisbewegungen weitergegeben, aber weitaus geringer, als es möglich wäre.[894] Dies führt zu einer geringeren Nachfrage als anderweitig denkbar.[895] Diverse Einflußfaktoren können zur Erklärung herangezogen werden. Einer wird in der Literatur ausgeschlossen, nämlich die Marktmacht der exportierenden Länder (siehe unten die Diskussion der Rohstoffabkommen), denn diese erstreckt sich wohl partiell auf die Weltmarktpreise, nicht aber auf die Verbraucherpreise in den Industrieländern.[896] Diverse Gründe werden für die Preisaufschläge diskutiert. So sind Arbeitskosten und die Qualität bzw. der technologische Aufwand zwar womöglich gestiegen, aber Kosten für die Distribution und das Marketing sind gesunken.[897] Einiges spricht somit dafür, daß die Marktmacht der großen Handelshäuser als Erklärungsfaktor einbezogen werden muß, die zwischen den verkaufenden Ländern und den Einkäufern tätig werden (und zudem vertikal integriert sind, also über Produktion, Transportschiffe- und Lagermöglichkeiten verfügen).[898] In der Literatur werden auch auffällig hohe Gebühren erwähnt, die innerhalb der Konzernteile fällig werden, etwa für Technologie (bsp. Cacao Barry, Kakao, Elfenbeinküste) oder für Lizenzen (bsp. Capral-Nestlé, Instant Kaffee, Elfenbeinküste) sowie hohe Gebühren, die für den Handel seitens der global operierenden Handelsteilen dieser Konzerne (etwa Nestlé-WTC) den

---

[890] Borensztein et al. 1994: 12-14. Seit 1983 nimmt das Exportvolumen um 50 % zu, wiewohl das BSP in den Industrieländern um 30 % wächst. Borensztein et al. 1994: 12. Der Anteil der primär- und rohstoffbasierten verarbeiteten Produkten am Welthandel geht aber zurück, von 43 % 1985 auf 26 % im Jahre 1998. Siehe wieder: **Tabelle 12**. Dies sind Daten für die Kategorien 'primary' und 'ressource based' zusammengenommen. Siehe Lall 2000: 343-344.
[891] South Centre 1996: 30; dort auch **Tabelle 27**. Ähnliche Daten in Borensztein et al. 1994: 12.
[892] Morisset 1997: 28.
[893] Morisset 1997: 31.
[894] Morisset 1997: 35.
[895] Morisset 1997: 28.
[896] Morisset 1997: 36.
[897] Morisset 1997: 39, 46-49.
[898] Morisset 1997: 40.

produzierenden Tochterunternehmen auferlegt werden.[899] Solche künstlich erhöhte Kosten für die 'Weiterverarbeitung' vor Ort, können auch dazu führen, daß der Anteil der Produzenten am letztendlichen Verbraucherpreis klein bleibt: Für Tabak wird der Anteil auf 6 %, für Bananen 14 %, für Jute zwischen 11 % und 24 % und für Kaffee zwischen 12 % und 15 % geschätzt.[900]

Die Marktmacht These wird dadurch untermauert, daß sechs oder weniger Handelshäuser 70 % des internationalen Handels in bestimmten Rohstoffbereichen kontrollieren.[901] Bei Bananen haben eine prägende Rolle Del Monte, Standard Fruits und United Brands.[902] Groß sind ebenfalls japanische Handelshäuser, zum Beispiel C. Itoh, welches Agrarprodukte im Wert von US$ 20 Mrd. handelt.[903] Für den Weizenexport spielen Cargill, Continental, Andre, Dreyfuss und Bunge-Born eine wichtige Rolle.[904] Cargill und Continental sind in 60 Ländern fast monopolistisch für den Weizenhandel zuständig.[905] Cargill gelang es zudem durch den Kauf der Abteilungen von Continental, die mit Getreidevermarktung ('grain merchandising') befaßt sind, seinen Marktanteil des U.S. Marktes auf 40 % zu steigern. Obwohl von den Wettbewerbsbehörden Verkäufe als Bedingung auferlegt wurden, wurde damit zugelassen, daß der größte Weizenexporteur den zweitgrößten Weizenexporteur kaufen könnte.[906]

Dieser Konzentrationsprozess wird in der agrarwissenschaftlichen Fachliteratur, zusammen mit Konzentrationsprozessen in der landwirtschaftlichen Inputindustrie, also Saatgut und Agrochemikalien, die aus Zusammenschlüssen der 'life-science'-Industrien resultierten, als so problematisch angesehen, daß gefordert wird, hierüber Verhandlungen in der WTO stattfinden zu lassen.[907]

---

[899] Cacao Barry kontrolliert Saco und die Technologieberatungsgebühren gehen etwa deutlich über die jährlichen Investitionssummen hinaus. Für Capral-Nestlé werden von CFA Franc 22 Mrd. Verkäufen CFA Franc 1,3 Mrd. Lizenzgebühren erhoben. Wangwe 1995: 254, 258-259. Diese Unternehmen haben in der Elfenbeinküste eine quasi monopolistische Stellung inne. Saco, Kakao: Anteil am heimische Markt 76 %, am Export 91,59 %; Capral-Nestlé, Instant Kaffee: Anteil am heimischen Markt 87,7 %, am Export 91,59 %. Zahlen für 1995. Wangwe 1995: 255-256. Diese beiden Firmen werden zusätzlich über Zölle geschützt: Effektive Protektionsraten von Capral-Nestlé, 60 %, 1990, Saco 32 %, 1990. Wangwe 1995: 255, 257.

[900] OECD 1997a:12.

[901] Morisset 1997: 41. "Thus, a few MNEs account for 85 percent and more of world trade in wheat, coffee, cocoa, grains, iron ore, jute, timber, tobacco and tea." OECD 1997a: 12.

[902] Morisset 1997: 41. Auf den Konsumentenmärkten halten Chiquita, Dole und Del Monte in den USA ein 63 %igen Marktanteil, in Europa 66 %, in Japan 64 %. Etwa 60 % der Bananenproduktion aus dem lateinamerikanischen Raum wird von den großen Konzernen kontrolliert, 40 % kommen aus privaten bäuerlichen Betrieben und Produktionsgenossenschaften. Die lateinamerikanischen Ländern sind Hauptexporteure, daneben konnte sich aber die Philippinen etablieren, als Folge des Engagements multinationaler Konzerne. In Afrika wurden in Kamerun und der Elfenbeinküste größere Produktionen aufgebaut. Aus der EU selbst kommen 1991: 686.642 t Bananen (Kanarische Inseln, Guadeloupe, Martinique, Madeira, Kreta). Die AKP-Länder liefern 591.788 t (Elfenbeinküste, Kamerun, Surinam, Somalia, Jamaika, St. Lucia, St. Vincent und Grenadinen, Dominica, Belize, Kap Verde, Grenada, Madagaskar sowie Dominikanische Republik). Der Rest, 2.382.860 t, kommt aus Lateinamerika. Genauer, auch zur EU-Bananenmarktordnung: Osorio-Peters et al. 1997: 37, 36-40.

[903] Morisset 1997: 41.

[904] Morisset 1997: 41.

[905] Morisset 1997: 42,

[906] Diese Statements beziehen sich auf die Situation in den USA. Die Konsequenzen für kleinere Bauern werden u.a. thematisiert in Murphy 1999. Es liegen diverse Gesetzgebungsvorschläge zu diesem Thema in den USA vor. Es wird aber behauptet, daß die bestehenden wettbewerbsrechtlichen Instrumente ausreichen. Zu dieser Diskussion siehe: ABA Proposed Agribusiness Legislation 2000.

[907] MacLaren/Josling 1999: 4, 23. Eine WTO-Diskussion zu diesem Thema wird auch gefordert von Morisset 1997: 48. Siehe weiterhin zu diesem Thema: Abbott 1998; Loseby 1997; Murphy 1999; OECD 1996i.

(8) Staatshandel durch Industrie- und Entwicklungsländer. Die Marktmacht privater Unternehmer ist aber nur in bestimmten Bereichen ausgeprägt. Dabei agieren die Industrieländer[908] genauso wie auch eine Vielzahl von Entwicklungsländer[909] mit staatlichen Außenhandelsvermarktungsgesellschaften ('state trading', 'marketing board') auf dem Weltmarkt. Dazu gehört Kanada mit seinem Wheat Board, der Canadian Diary Commission, dem Ontario Bean Producers' Marketing Board und der Freshwater Fish Marketing Corporation.[910] Und die USA mit der U.S. Department of Agriculture's Commodity Credit Corporation.[911] Auch die Aktivitäten dieser Akteure können Preisschwankungen auslösen, zusätzlich dazu, daß sie heruntersubventionierte niedrige Weltmarktpreise bewirken können. In Japan importiert etwa die Food Agency größere Mengen Gerste, Weizen, Reis; für China liegt der Importhandel, trotz WTO Beitritt, für große Anteile im Weizen, Reis und Baumwollbereich (nicht bei Ölssaaten) unter staatlicher Kontrolle. In Indonesien war Badan Urusuan Logistic ein monopolistischer Importeur, hier werden seit 1998 private Importe zugelassen. Pakistan hat 1999 private Importe von Getreide wieder gestoppt.[912] In Ägypten ist privater Weizenimport seit 1992 für höherwertigen Weizen erlaubt, die General Authority of Supply for Commodities importiert parallel dazu Weizen für die sonstigen Bedürfnisse. Der Weizenmarkt für höherwertigen Weizen ist dort abgetrennt vom sonstigen heimischen Markt, auf dem ein bestimmtes administrativ festgelegtes Preisniveau als Produktionsanreiz aufrechterhalten wird.[913]

Der generelle Vorwurf der neoklassisch liberalen Literaturrichtung, daß es vor allem dem staatlichen Einfluß auf Agrarpolitiken zugeschrieben werden kann, Preisschwankungen auszulösen und sogar zu erhöhen (durch die Isolation heimischer Preise vom Weltmarkt, welches angeblich der Grund für weniger elastische Marktreaktionen sei), ist wissenschaftlich nicht aufrechtzuerhalten.[914] Schon deshalb kann eine vollständige Liberalisierung nicht unbedingt das sachlich begründbare Ziel einer weltweiten Agrarhandelsordnungspolitik sein. Schließlich haben auch die Wechselkursentwicklungen

---

[908] Darauf weist hin Murphy 1999: 4-8.
[909] Übersicht in Ingco/Ng 1998: 27-28.
[910] Nicht mehr zu diesem Bereich gehören die Provincial Liquor Control Authorities. Siehe die WTO-Notifikation unter State Trading von Kanada: G/STR/N/4/CAN, 5 November 2002: 1.
[911] Siehe die WTO-Notifikation unter 'state trading' der USA: G/STR/N/4/USA, 24 November 2003: 1. Schon 1995 und 1996 wird das CCC als Staatshandelunternehmen bei der WTO notifiziert. USDA 1999: 4.
[912] USDA 1999: 8; in China übergibt COFCO die folgenden Prozentzahlen an private Händler: Weizen 10 %; Mais 40 %; Reis 50 % (Japonica), 10 % (Indica). Der Rest bleibt in den Händen des Staatshandelsunternehmens. Staatshandel besteht im Baumwollbereich. Im Ölsaatenbereich findet eine progressive, aber weitgehende Liberalisierung statt. Siehe: Hermanns 2001: 279-282.
[913] Kheralla et al. 2000a: 6-8; 35, 147-153.
[914] Dies zeigt am Beispiel des Reismarktes Jayne 1993: 62-86. Empirisch kann gezeigt werden, daß geringe Angebotselastizitäten nicht an mangelnder Weltmarktintegration liegen, sondern schon in den Ländern selbst erkennbar sind. Weiterhin wird in der liberalen Literatur nicht diskutiert, welche Preisschwankungen im alternativen, liberalen Szenario auftreten würden. Preisschwankungen würde es auch in einer vollständig liberalen Welt geben, denn diese liberale Welt ist auch im Agrarbereich nicht von neoklassischen, sondern vom dynamischen Wettbewerb geprägt, der impliziert, daß es Marktversagen wie Unsicherheiten und Informationsmängel gibt. Ebenso gibt es das Problem höherer Erträge durch technischen Fortschritt, welcher wiederum Kleinbauern bedroht. Nur dazu: Gabre-Madhin et al. 2003. Staatliche Akteure können natürlich auch in problematischer Art und Weise wirken. Es gibt aber keine überwältigend klaren Gründe dafür, das jetzige System vollständig abzulehnen und als ineffizient anzusehen. Jayne 1993: 3-6. Das bedeutet wiederum nicht, daß eine partielle Liberalisierung auch im Agrarbereich nicht effizienzerhöhend sein kann.

und die oft wenig erfolgreichen Versuche, die Preise zu stabilisieren, einen Einfluß auf die Preisentwicklungen[915]:

5.4 Preisstabilisierung durch internationale Rohstoffabkommen

Eine Stabilisierung dieser Preise wurde und wird noch im Einzelfall mit Rohstoffabkommen (international commodity agreements, 'ICAs') versucht. Teils wurden diese Rohstoffabkommen, mitsamt ihrer Vorratslager, von den Konsumentenländern mitfinanziert und diese hatten dort eine mal mehr und mal weniger einflußreiche Repräsentanz inne. Dazu kamen Abstimmungsversuche der der Produzentenländer untereinander, die teils ad hoc stattfanden. Hier werden die Beispiele Kautschuk, Zinn, Kaffee und Kakao näher beschrieben[916]:

Erwähnenswert ist, daß diese Rohstoffabkommen ein Grund dafür waren, daß in Entwicklungsländern staatlich kontrollierte Vermarktungsgesellschaften bzw. sog. Marketing Boards gegründet wurden, denn diesen haben nicht nur intern versucht Preisniveaus zu stabilisieren, sondern auch Vorratslager unterhalten.[917]

Auffällig ist zuerst einmal, daß der nach langen Verhandlungen im Rahmen der Forderung der Entwicklungsländer nach einer Neuen Weltwirtschaftsordnung beschlossene Gemeinsame Fonds zur Rohstoffpreisstützung ('common fund'), dessen Erster Schalter ('first account') seit dem 19.6.1989 auch über eine Mindestfinanzierung verfügt, bislang nicht benutzt wird.[918] Die lag an bestimmten, ungünstigen Erfahrungen mit der Preisstabilisierung in Rohstoffabkommen, aber auch daran, daß die Industrieländer seit Beginn der neunziger Jahre Interventionen zunehmend abgeneigt waren.

Kautschuk. Bis heute zu Interventionen in der Lage ist das seit 1980 bestehende Naturkautschukabkommen. Es verfügt über Angebotsbeschränkungen, ein Ausgleichslager, welches

---

[915] Cashin/McDermott 2002: 196. Dazu kommen noch die Auswirkungen von Importeinbrüchen und neuer Exportstrukturen, die durch die Länder der ehemaligen Sowjetunion ausgelöst worden sind. Borensztein et al. 1994: 25.
[916] Michaelowa/Naini 1995: 21-24 (Kautschuk), 24-27 (Zinn), 28-30 (Kakao), 32 (Kaffee). Das Zuckerabkommen gibt es seit 1984 nicht mehr. Das Tropenholzabkommen verfügt über keinen Interventionsmechanismus. Von Gilbert (1995) werden auch ad hoc Versuche der Produzentenländer beschrieben, ohne Abkommen, auf die Preise einzuwirken. Siehe Gilbert 1995: 12-13.
[917] Borensztein et al. 1994: 19-20; Cashin et al. 2000: 200.
[918] Auf der UNCTAD IV 1976 in Nairobi wurde ein sog. Integriertes Rohstoffprogramm (integrated programme for commodities, 'IPC') für die zehn Kernrohstoffe Kaffee, Kakao, Zucker, Zinn, Kautschuk, Baumwolle, Baumwollgarn, Jute, Juteprodukte, Hartfaser, Hartfaserprodukte (Sisal), Tee, Kupfer und für acht weitere Rohstoffe, pflanzliche Öle, Bananen, Rindfleisch, tropische Hölzer, Bauxit, Eisenerz, Mangan, Phosphate gefordert. Im Juni 1980 wurde die Errichtung eines Gemeinsamen Fonds beschlossen, neun Jahre später, 19.6.1989, waren die Pflichtbeiträge zur Gründung und für den sog. Ersten Schalter für Interventionen im Rohstoffbereich u.a. für Vorratslager bezahlt und der Gemeinsame Fond begann in Amsterdam, mitsamt Governeursrat, seine Arbeit. Vorgesehen ist, daß der Gemeinsame Fonds sich mit den bestehenden Rohstoffabkommen assoziiert, von diesen Einlagen erhält und Kredite vergibt. Es gelingt anfangs nicht, den Zweiten Schalter zu aktivieren, weil die USA ihre Beiträge nicht zahlen und die Ratifizierung verweigern. Australien und Kanada ziehen sich 1992 und 1993 aus dem Fonds zurück. Der Erste Schalter ist aktiv, wird aber bislang nicht genutzt, auch nicht für das Kautschukabkommen, welches den Anforderungen entsprechen würde. Insgesamt gesehen ist es auch nicht ratsam den Ersten Schalter zu nutzen, weil unklar ist, ob dadurch nicht Spielräume für die Rohstoffabkommen eher beschränkt werden, z.B. bzgl. einer Kreditaufnahme. Mittlerweile ist auch der Zweite Schalter ('second account') aktiv, er fördert etwa Marketingprojekte für Rohstoffprodukte aus Entwicklungsländern, verfügt aber über keine Interventionsmechanismen. Michaelowa/Naini 1995: 13-21, 37-39, 41-56.

zu gleichen Teilen von exportierenden und importierenden Ländern finanziert wird. Ein Grund für den Erfolg ist, daß es nur sechs Erzeugerländer gibt, mit 94 % am Weltexport, darunter sind Thailand, Indonesien und Malaysia die wichtigsten Produzenten und die USA, EU und Japan importieren 60 % der Gesamtimporte. Dies erleichtert die Abstimmung untereinander. Hier gelang es mit der Festlegung eines realistisch angelegten, dem Markt nicht völlig widersprechenden Preisbandes und dem Anlegen von Vorratslagern, eine Preisstabilisierung nicht aber Preiserhöhung in den achtziger Jahren zu erreichen.[919]

Zinn. Das seit 1956 bestehende Zinnabkommen ist das Negativbeispiel. Durch die Dominanz von sechs Produzentenländern im Zinnrat wurde versucht, die in den siebziger Jahren ansteigenden Preise in den achtziger Jahren aufrechtzuerhalten und noch weiter zu erhöhen, obwohl es damals zu einem Produktionsanstieg in Bolivien, China und Brasilien kam, Länder, die nicht an dem Abkommen beteiligt waren und sich schon deshalb ein Preisverfall ankündigte. Schon 1982 war das Vorratslager gefüllt und es gab immer weniger Gelder für zusätzliche Käufe. Am 24.10.1985 wurden die Käufe ganz eingestellt und es kam zu einem starken Preisverfall, der zu dem teuren (und damit für andere Abkommen abschreckenden[920]) Ende des Abkommens führte.[921]

Zucker. Auf dem internationalen Zuckermarkt wurde seit 1864 versucht eine Preisstabilisierung herbeizuführen. Ein Zuckerabkommen gibt es seit 1937 bzw. 1953. Das Abkommen von 1953 scheiterte 1956/1957 während der Suezkrise, später wegen der Verlagerung der kubanischen Exporte in die Sowjetunion. Im Jahre 1968 trat ein neues Abkommen in Kraft, dem allerdings die USA und die EU fernblieben. Erneut verhandelt wurde 1977 und 1983. Damals wehrte sich die EU, die seit Mitte der siebziger Jahre als Nettoexporteur auf dem Weltzuckermarkt auftrat, gegen Exportquoten. Später, 1983 ist die EU mit einer Exportmenge von 4,35 Mill. t einverstanden, dies wird aber von Kuba und Australien nicht akzeptiert (dies entsprach den europäischen Exporte in diesem Jahr, die hernach absinken, hier wäre also durchaus Verhandlungsspielraum gewesen).[922] Die Preise für Zucker sinken nach einem kurzen Hoch aber 1980/1981 bis 1986/1987 um 30 % ab.[923] Dies geschieht, während die

---

[919] Eine Preiserhöhung wird nicht angestrebt, denn bei Niedrigpreisperioden wird nicht interveniert. Ein Problem, auf welches hier gestoßen wird, ist, daß die Qualität des Kautschuks abnimmt, wenn er zu lange gelagert wird. Dies erschwert eine Preisstabilisierung. Michaelowa/Naini 1995: 21-24, 60-64. Zu den Niedrigpreisperioden Gilbert 1995: 23-25.
[920] Gilbert 1995: 15.
[921] Bis 1985/1986 lag der Preis bei US$ 12000/t, ab 1987 lag der Preis bei US$ 5000/t, um 1990 herum gab es einen Preissprung auf US$ 10000/t und dann wieder ein Absinken auf den Wert von 1987. Das Zinnabkommen wurde am 31. Juli 1990 liquidiert, mit Schulden von DM 3,8 Mrd.. Unklar sind die entwicklungspolitischen Vorteile des Abkommen, weil nicht nur die Industriestaaten höhere Preise zu zahlen hatten, sondern auch etwa Indien und Ecuador, und diese höheren Einkünfte gingen an Länder wie Malaysia, die relativ weiter entwickelt waren. Michaelowa/Naini 1995: 60-64.
[922] Borchert et al. 1987: 128-135; Gilbert 1995: 13.
[923] Ab 1983 lag der Preis unter 10 Cents/Pfund, er sank teils auf 3-5 Cents/Pfund ab. Geschätzt wird, daß die Produktionskosten in tropischen Ländern bei 10-12 Cents/Pfund liegen, obwohl der Zuckerrohranbau wiederum eigentlich Kostenvorteile aufweist. Borchert et al. 1987: 122, 133.

EU die Exporte ausweitet und 1980/81 schon mehr als die Hauptexportländer exportiert. Dies führt zu sozialen Problemen in Zuckerexportländern wie den Philippinen.[924]

Kaffee. Das Kaffeeabkommen hat eine lange Geschichte hinter sich. Seit 1936 gab es Bestrebungen der Produzentenländer die Preisniveaus zu stabilisieren und seit 1963 bestand ein Exportquotensystem. Im Jahre 1983 umfaßte die Internationale Kaffeeorganisation 51 Produzenten und 21 Verbraucherländer. Das Abkommen geriet in eine Krise durch einen Streit über die Quotenfestlegung zwischen Produzenten der Robusta-Sorte (Brasilien, Indonesien und bestimmte afrikanische Länder), die traditionell größere Quoten hatten und den Arabica-Ländern (Mittelamerika, Kolumbien, Kenya, Tansania mit Unterstützung der USA), deren Kaffeesorte zunehmend nachgefragt wurde. Zudem fand eine Überproduktion statt. Im Jahre 1993 scheiterte der letzte Versuch des Kaffeerates, neue Quoten zu entwickeln. Seither besteht das Kaffeeabkommen weiter, ist aber nur noch für den Informationsaustausch vorgesehen.[925] Das Kaffeeabkommen stand (ähnlich wie die OPEC 1986 von Saudi Arabien diszipliniert wurde) die meiste Zeit unter der Drohung Brasilien, seine Vorräte zu verkaufen, was zu einem extremen Preisverfall geführt hätte. Diese Vorräte gingen aber in der Zeit des Scheiterns des Abkommens zur Neige.[926] Es gelingt jedoch wenig später unter der Federführung Brasiliens eine Alternative zu finden. Die neue 1994 wirksame Organisation heißt Association of Coffee-Producing Countries (ACPC). Es gelingt auch afrikanische Staaten und Indonesien zu integrieren und seither wird wieder versucht, mit Exportkontrollen den Kaffeepreis zu stabilisieren.[927]

Kakao: Ein weiteres wichtiges Internationales Rohstoffabkommen ist das seit 1972 bestehende Internationale Kakaoabkommen. Es ist in den siebziger Jahren inaktiv, weil der Preis 1976-1979 weit über dem vorgesehenen Interventionspreis lag. Durch diesen Preisanreiz und Schwierigkeiten beim Kakaoanbau in Ghana wird die Elfenbeinküste zum größten Kakaoproduzenten. Brasilien, Indonesien und Malaysia kommen neu hinzu. Die Elfenbeinküste tritt dem Abkommen nicht bei. In den achtziger Jahren scheitern Stabilisierungsversuche, weil die Vorratslager zu schnell gefüllt sind, Gelder fehlen und der steigende Dollar Vorhersagen erschwert. Ingesamt gesehen kann das dritte und vierte Kakaoabkommen ein langfristiges Absinken des Kakaopreises in den achtziger Jahren nicht stoppen und wird als "wirkungslos" eingestuft.[928] Das fünfte Internationale Kakaoabkommen verabschiedet sich von einem Vorratslagermechanismus und versucht seither mit Produktionseinschränkungen die Preise zu stabilisieren.[929]

---

[924] Die Produktion in den Philippinen sinkt von Anfang der achtziger Jahre von 3,5 Mill t auf 1985 1,6 Mill. t. Anpassungsprobleme sind von der philippinischen Zuckerinsel Negros überliefert. Dort haben es Großgrundbesitzer leichter als Kleinbauern ihre Produktion auf andere Güter umstellen. Borchert et al. 1987: 134.
[925] Im Jahre 1993 scheiden die USA endgültig aus. Die BRD bleibt als größter Verbraucher weiter Mitglied. Michaelowa/Naini 1995: 30-32. Als besserer Kaffee- und Länderkenner weist sich aus: Gilbert 1995: 19.
[926] Gilbert 1995: 20.
[927] Gilbert 1995: 30-32.
[928] So kommt es zu einem Zwischenhoch von 120 US cts/lb 1984, bis 1989, dem Ende der Interventionen, sinkt der Preis auf 60 cts/lb. Michaelowa/Naini 1995: 67.
[929] Der drittgrößte Produzent Indonesien hält sich nicht an die Absprachen. Generell werden die Aussichten im Kakaobereich über Produktionseinschränkungen Preise zu stabilisieren skeptisch eingeschätzt Gilbert 1995: 16-18, 37-38; so auch Michaelowa/Naini 1995: 27-30.

Weizen, Fleisch, Milch. Seit 1971 besteht ein Internationales Weizenabkommen, das innerhalb der Verhandlungen der Tokio-Runde wiedererweckt werden sollte, dies scheitert aber an vollkommen unterschiedlichen Interessen.[930] In dieser Verhandlungsrunde wurde auch ein Internationales Milchabkommen und ein Internationaler Fleischrat etabliert, die aber keinen Einfluß auf das Marktgeschehen haben.[931]

5.5 Preisstabilisierung durch ad hoc Kartelle

Diese neue Organisation kaffeeproduzierender Länder wird von einigen Staaten als außerhalb der Internationalen Rohstoffabkommen angesiedelt angesehen und als Kartell bezeichnet.[932] Solche ad hoc Produzentengemeinschaften außerhalb der ICAs gibt es mehrere.[933] Die Entwicklungsländer können mit diesen ad hoc versuchen, höhere Preise durchzusetzen, sich aber teils nicht gegen große Unternehmen durchsetzen. Weil im Bananenbereich vier multinationale Konzerne ca. 75 % des Welthandels kontrollierten, scheiterte in den siebziger Jahren ein Versuch bananenexportierender Länder eine Exportsteuer zu erheben.[934]

Es nicht nur die Entwicklungsländer, die solche Preisstabilisierungen versuchen. Im Aluminiumbereich wurde angesichts fallender Preise durch den Markteintritt russischer Unternehmen ein weltweites Produktionssenkungsabkommen ausgehandelt.[935] Vermeldet wird weiterhin, daß Entwicklungsländer, die Bauxitexporteure (Inputgut für die Aluminiumherstellung) sind, versuchten, eine Exportabgabe zu etablieren. Die Marktmacht großer Aluminiumkonzerne führt dazu, daß diese Exportabgabe verringert wurde.[936]

---

[930] Josling/Tangermann 1996: 91.
[931] Josling/Tangermann 1996: 90-93.
[932] Dies ist die Position der USA, die Position der EU ist aufgeschlossener Gilbert 1995: 40.
[933] Hier wird eine unkommentierte Aufzählung reproduziert: "Inter African Coffee Organization; Afro-Malagasy Coffee Organization; Cocoa Producers Alliance; Association of Coffee Producing Countries; Group of Latin American and Caribbean Sugar Exporting Countries (GEPLACEA); Union of Banana Exporting Countries (UPEB); Association of National Rubber Producing Countries (ANRPC); African Timber Organization; Asian and Pacific Tropical Timber Community; African Groundnut Council; Asian and Pacific Coconut Community; International Pepper Community; Intergovernmental Council of Copper Exporting Countries (CIPEC); Organization of Petroleum Exporting Countries (OPEC); Organization of Arab Petroleum Exporting Countries (OAPEC); Association of Tin Producing Countries (ATPC); Primary Tungsten Association." Aus South Centre 1996: 82, Fußnote 39.
[934] South Centre 1996: 53.
[935] Ein sog. Aluminium Memorandum of Understanding wurde auf Druck der EU Aluminiumindustrie, unter Federführung der Kommission nach Antidumpinguntersuchungen und nachfolgenden Verhandlungen auf die Ebene eines VERs erhoben, welches dann auf Regierungsebene mit U.S.-Produzenten abgestimmt wurde. Das U.S. Justizministerium leitete daraufhin eine Untersuchung wegen Verstoßes gegen das Kartellverbot ein. Gilbert 1995: 33-37. Dahinter steht, daß die U.S. Regierung 1994 eine Gründung eines Aluminiumkartells mit russischen Produzenten erlaubte, wobei Ann Bingaman, die zuständige Staatssekretärin der Wettbewerbsbehörde, in einer turbulenten Sitzung Widerstand leistete, aber vom State Department überstimmt wurde. Die Kartellabmachung wurde sodann vage formuliert, um einer Verfolgung durch die Wettbewerbsbehörden zu entgehen, wobei das Kartell nur bis 1995 bestand. Im Jahre 2000 tauchten Gerüchte auf, daß sich die beiden größten russischen Aluminiumproduzenten auf ein abgestimmtes Geschäftsverhalten geeinigt haben. So wird die Geschichte zuende erzählt von einer Person, die bei dieser Sitzung unter Präsident Clinton anwesend war. Stiglitz 2002: 204-205, 297.
[936] South Centre 1996: 53.

5.6 Preisstabilisierung durch Instrumente der Finanzmärkte

Eine Preisstabilisierung durch die Instrumente der Finanzmärkte stößt auf diverse Probleme, darunter für Entwicklungsländer hohe Informationskosten, dazu kommen intransparente Märkte, die womöglich sogar künstlich erzeugt werden, um großen Investmentfonds für Spekulationsstrategien Anreize zu geben. In bezug auf sinnvoll einsetzbare Instrumente sind oft zu wenige Marktteilnehmer vorhanden und es gibt Schwierigkeiten Verträge anzubahnen, auch weil einige Entwicklungsländer nicht als kreditwürdig angesehen werden. Wiewohl es nicht unmöglich ist und einzelne Preisabsicherungsverträg zustande kommen, bestehen diese Schwierigkeiten.[937] Burkina Faso hat beispielsweise zweimal seine Baumwollproduktion mit einem 'forward contract' preislich abgesichert. Einmal mußten bei einer Mißernte Strafzahlungen aufgebracht werden, einmal konnte Zahlungen entgegengenommen werden, als die Weltmarktpreise stark absanken.[938] Die Weltbank führt derzeit Studien durch, um die Nutzbarkeit solcher Finanzierungsinstrumente zu untersuchen. Beim Thema Dürreversicherung gesteht die Weltbank zu, daß es begründbar wär, eine solche Versicherung staatlich zu subventionieren, wenn der Großteil der Wirtschaft von einer Nahrungsmittelresource abhängt und gezeigt werden kann, daß durch die Subventionierung zusätzliche Investitionen in Technologie erfolgen.[939] Bei der Beschäftigung mit diesem Thema wird ebenso deutlich, daß es durchaus möglich ist, staatliche Agrarbanken erfolgreich zu administrieren, so in Marrokko und in Thailand. Die privaten Finanzmärkte bieten diesen staatlichen Banken solche Finanzierungsinstrumente gerne an, wohingegen sich die privaten Finanzmärkte aus dem Geschäft mit Kleinbauern, in Ländern Afrikas, zurückziehen, weil dies als zu risikoreich bewertet wird. Versicherungen werden dort Exporteuren angeboten.[940]

5.7 Fazit Preisstabilisierung

Insgesamt gesehen werden die Wirkungen der Rohstoffabkommen und der ad hoc Versuche, Rohstoffpreise zu beeinflussen, skeptisch und differenziert gesehen. Zwar sei eine temporäre Verringerung der Preisschwankungen und sogar in einem gewissen Rahmen eine Preisstabilisierung (bei sinkenden Preisen) möglich, wenn Preisbänder realistisch gesetzt werden (bsp. Naturkautschuk). Oft seien die Preisschwankungen aber zu hoch, sodaß dies durch Vorratslager kaum aufgefangen werden könne. Dazu bewirken höhere Preise, die gegen den Markttrend gehalten werden, den Einstieg neuer Produzenten (oder den Ausstieg von Ländern aus dem Abkommen) und sind langfristig schon aus diesem Grund schwer aufrechtzuerhalten. Angezweifelt wird, ob Rohstoffabkommen zur

---

[937] Die Bewertungen können hier nur zusammengefaßt werden. Die Beschwerde über "Preisbeeinflussung" durch Investment-Fonds stammt nicht von linken Kritikern, sondern vom Deutschen Kaffeeverband. Michaelowa/Naini 1995: 98-101; ähnlich skeptisch auch aus dem Blickwinkel des IMF. Erwähnt wird immerhin, daß die International Finance Corporation einige 'commodity swaps' für Privatunternehmen in Entwicklungsländern abgesichert hat. Borensztein et al. 1994: 22.
[938] Hermanns 2005b: 105.
[939] Hermanns 2005b: 104-105.
[940] Ebenso scheitern Gründungsversuche für Agrarbanken in Afrika aufgrund von Managementproblemen, so in Kamerun. Hermanns 2005b: 105.

Preissteigerung bzw. Stabilisierung geeignet sind.[941] Andere Autoren äußern sich differenzierter und erwarten, daß im Falle Kakao und Zucker durch die Abkommen keine Anreize für den Einstieg neuer Länder ausgehen würden und bewerten die Erfahrungen so, daß der Kollaps der Preisstabilisierung von einem temporären Überangebot ausging. Anders sei dies im Fall von Kaffee und Zinn zu bewerten, hier sei versucht worden durch die Abkommen höhere Preisniveaus zu etablieren, die auch zu neuer Produktion Anreize boten. Dadurch sei es zum Zusammenbruch der Abkommen gekommen.[942] Auch hinter der aktuellen Debatte, welchen typischen Zeithorizonte die Preisschwankungen haben, steht die Frage, ob Preisstabilisierung auf weltweiter Ebene für Rohstoffe überhaupt möglich ist. Wenn die typischen Preisschwankungen eher kurzfristig wären, könnte die Finanzierung von Vorratslagern leichter gelingen, als wenn es sich um Preisschocks handelt, die typischerweise mehr als fünf Jahre anhalten:

Typischerweise erholen sich die folgenden Grundstoffe nach weniger als 1 Jahr von einem Preisschock: Bananen, Speiseöl, Lederhäute, Weichholz (Stämme), Weichholz (geschnitten), Zucker (EU), Tee und Zinn. Von 1 bis 4 Jahren brauchen: Aluminium, Fischmehl, Benzin, Eisenerz, Lammfleisch, Naturkautschuk, Sojabohnen, Sojabohnenmehl, Zucker (USA), Weizen. Von 5 bis 8 Jahren dauert die Erholung bei: Rindfleisch, Kokosnußöl, Kupfer, Erdnußöl, Blei, Mais, Palmenöl, Phosphat, Sojabohnenöl, Wolle (grob), Wolle (fein), Zink. Von 9 bis 18 Jahren: Kaffee ('other milds'), Baumwolle, Nickel, Zucker (freier Markt), Reis. Keinerlei Erholungstrends weisen auf: Kakao, Kaffee ('robusta'), Gold, Hartholz (Stämme), Tabak und Drei-Superphosphat.

Geschlossen wird daraus, daß in vielen Fällen Preisstabilisierungsmaßnahmen kaum aufrechtzuerhalten bzw. finanzierbar sind.[943]

Selbst wenn die diesbezüglichen Chancen optimistischer gesehen werden, ist es realistisch gesehen nur dann wahrscheinlich die Ziele zu erreichen, wenn die Abkommen bestimmten Bedingungen genügen. Diese sind nach Ansicht des South Centre (1996) derzeit nur für folgende Grundstoffe vorhanden: Kaffee, Kakao, Zinn, Tee und Naturkautschuk.[944]

---

[941] Michaelowa/Naini 1995: 85-87.
[942] Gilbert 1995: 26.
[943] Dazu kommt noch, daß die positiven Preisschocks kürzer anhalten, als die negativen Trends. Cashin et al. 2000: 210-204. Siehe auch Cashin/McDermott 2002; Cashin 2003.
[944] Die Bedingungen: Das Weltangebot muß von dem Abkommen weitestgehend abgedeckt werden, alle Produzenten und auch möglichen Produzenten sollten das Abkommen unterstützen, die Weltnachfrage muß inelastisch sein, das Abkommen sollte flexibel sein und eine realistische Preisgestaltung anstreben und eine zuverlässig kontinuierliche Politiklinie sollte verfolgt werden. Es sollten realistischerweise weiterhin keine anderen mächtigen Akteure vorhanden sein, etwa multinationale Konzerne, noch sollte es einfach sein, das Produkt zu substituieren, wie etwa im Bereich der Pflanzenöle. Oder es dürfen keine neue Technologien eingesetzt werden, die Einsparungen beim Verbrauch erzielen. South Centre 1996: 50-51 (Bedingungen im engen Sinn), 52-54 (realistische Hinzufügungen).

5.8 Daten zu Terms of Trade im Grundstoffbereich

Wie sehen die Terms of Trade-Entwicklungen aus? Einstieg ist hier die stochastische Trendanalyse von Cuddington (1992), der für den Zeitraum von 1900 bis 1984 herausfindet, daß 16 von 26 Grundstoffpreisen (ohne Öl, aber mit Kohle) keinen klaren Trend aufweisen, fünf haben negative und fünf positive Trends. Dieser Artikel wird kritisiert von Léon/Soto (1995), welche mit einer ähnlichen Methode für 15 von 24 Grundstoffpreisen (ohne Energierohstoffe) in einer längeren Zeitperiode, 1900 bis 1993 einen negativen Trend nachzeichnen kann (-1,5 % pro Jahr), sechs sind ohne klaren Trend und drei klar positiv (0,9 % pro Jahr).[945] Insgesamt wird ein Preisabfall von 16 % für die gesamte Zeitperiode berechnet und die Prebisch/Singer-These bestätigt gefunden.[946]

5.8.1 Net barter terms of trade: Bezüglich der net barter terms of trade von Grundstoffen (mit Öl, Kohle) im Vergleich zu Industriegütern werden negative Trends festgestellt.

Cashin/McDermott (2002) stellen einen langfristigen Trend von jährlich - 1 % seit 140 Jahren fest.[947] Bemerkenswert sind temporär stark absinkende net barter terms of trade (für sämtliche Güter, die in dem Index befindlich sind): Zwischen 1862 und 1999 gibt es 8 mal einen Verfall von 25 % und mehr, zwischen 1951 bis 1971 von 106 % und zwischen 1973 und 1975 ein Verfall von 39 %.[948] Dies sind aber nun lange Zeiträume und es ist fraglich, welche Aussagekraft diese Ergebnisse für die heutige Situation haben:

Von Diakosavvas/Scandizzo (1991) wird dieser langfristig abfallende Trend bestätigt, indem eine negative net barter terms of trade-Entwicklung von 1900 bis 1960 nachgezeichnet wird, nicht aber für die Zeitperiode 1960 bis 1982.[949] Für 1948 bis 1986 finden aber Bloch/Sapsford (1996) durchaus eine negative net barter terms of trade-Entwicklung, von -0,8 % pro Jahr. Ohne eine Expansion des Outputs im Bereich des verarbeitendem Sektor in der Weltwirtschaft wäre es zu einem - 4,5 % Trend gekommen.[950]

Einige konkretere Daten: Nimmt man 1960 als Ausgangspunkt lagen im Bereich Getränke die net barter terms of trade 1982 wieder auf dem Indexwertniveau von 1960, nämlich 145, dazwischen gab es

---

[945] Die 24 Grundstoffe sind: Aluminium, Bananen, Fleisch, Kaffee, Kakao, Kupfer, Baumwolle, Lederhäute, Jute, Lammfleisch, Blei, Mais, Palmenöl, Reis, Gummi, Silber, Zucker, Tee, Holz, Zinn, Tabak, Weizen, Wolle und Zink. Léon/Soto 1995: 14-15. Für welche Grundstoffe diese Trends zutreffen wird nicht angegeben.
[946] "Finally, as regards to the Prebisch-Singer hypothesis results are mixed: though the majority of cases exhibit a negative long-run trend there are cases of zero or positive trends, rendering this negative trend a common, though not universal phenomenon." Léon/Soto 1995: 17. Hinter diesen Daten liegen strukturelle Brüche, so der Preisverfall im Jahre 1921, der einen irreversiblen Rückgang von 40 % beinhaltet hat. Diese Schätzung liegt um ein Drittel niedriger als in Studien zuvor. Léon/Soto 1995: 4, 17.
[947] Cashin/McDermott 2002: 196.
[948] Anhand des Economist's Index of Industrial Commodities, hier ist Öl und Kohle vertreten, es fehlen aber einige tropische Produkte, wie Tee, Kaffee, Kakao etc. Einbezogen sind dagegen aber, teilweise jedenfalls, Textilrohstoffe: Wolle, Garn, Textilien und Seide. Siehe für die Details der Daten Cashin/McDermott 2002: 191.
[949] Diakosavvas/Scandizzo 1991: 242.
[950] Bloch/Sapsford 1996: 65.

1978 einen Anstieg auf 300. Weizen lag 1960 auf dem Niveau 75; 1982 auf dem Niveau 50. Nahrungsmittel stiegen von 75 auf 80; Agrarprodukte sanken von 85 auf 80; Zucker sank von 300 auf 100 (ist mal auf 550, 1967, und dann auf 30, 1975); Baumwolle sank von 150 auf 85; Naturkautschuk von 290 auf 190 (mit deutlich geringeren Schwankungen[951]).[952]

Auch aktuellere net barter terms of trade-Daten können präsentiert werden, aber in aggregierterer Form: So sanken die net barter terms of trade für Primär bzw. Agrarprodukte (ohne Öl: 'real non-oil commodity prices') seit dem Erreichen eines temporär höheren Niveaus im Zeitraum von 1984 bis 1992 um 45 % ab und erreichten ihren niedrigsten Stand seit 90 Jahren.[953] Sinkende net barter terms of trade lagen insbesonders für afrikanische Länder vor und implizieren Wohlfahrtsverluste [954] Wie sieht es für die gesamten Exporte in der Zeit der Schuldenkrise für die Entwicklungsländer aus? Zwischen 1980 und 1985 gelang es nur Brasilien, Indien, Bangladesh, Costa Rica, Jugoslawien und Korea die Exporte zu steigern ohne net barter terms of trade Verschlechterungen hinnehmen zu müssen.[955]

5.8.2 Income terms of trade. In bezug auf die income terms of trade kann ein etwas positiveres, aber weiterhin ambivalentes Bild gezeichnet werden. Denn erst einmal ist festzustellen, daß es den Entwicklungsländern - abgesehen von Sub-Sahara Afrika - gelingt durch die Steigerung der Exportvolumina einen absolut höheren Geldwert ihrer Grundstoffexporte (ohne Öl) zu erwirtschaften. Insgesamt gesehen sanken dadurch die income terms of trade bzw. die Kaufkraft weniger stark ab, als dies die Zahlen für die net barter terms of trade erwarten lassen, von 1980 mit dem Indexwert 100 auf 91 im Jahre 1991.[956] Diese Feststellung gilt für alle Ländergruppen, bis auf Afrika unterhalb der Sahara, welches absolut gesehen einen Wertverlust von 1980 US$ 16,3 Mrd. auf 1991 US$ 13,8 Mrd. (Volumen stieg von Indexwert 100 auf 115, Wert pro Einheit sank auf 74) hinnehmen mußte. Süd- und Südostasien erwirtschaftete eine Wertsteigerung von US$ 34,3 Mrd. auf US$ 49,7 Mrd. (Volumen erhöhte sich von 100 auf 149, Wert pro Einheit sank auf 89). Lateinamerika und Karibik steigerten ihr Einkommen von US$ 46,3 Mrd. auf US$ 53,8 Mrd. (und das Volumen stieg von 100 auf 140, Wert pro Einheit sank auf 78); andere Regionen erhöhten die Einkünfte von US$ 12,1 Mrd. auf US$ 16,2 Mrd. (Volumen stieg auf 140, Wert pro Einheit sank auf 95).[957]

---

[951] Vorsicht: Dies sind terms of trade und keine Preisschwankungen.
[952] Daten je für 1960 und 1982 abgelesen aus den Abbildungen von Diakosavvas/Scandizzo 1991: 255-258.
[953] Borensztein et al. 1994: 1.
[954] Die Exporterlöse gingen zwischen 1980 bis 1992 zurück für Burundi –3,7; Elfenbeinküste –8,2; Kenya –5,4; Tansania –5.6; Ausnahme: Senegal plus 3,6; Mauretanien 13,2. In Lateinamerika gingen die Erlöse für Bolivien –0,7 Prozent zurück. Andere Länder, etwa Brasilien, Kolumbien, Mexiko, Uruguay, Malaysia, Pakistan, Philippinen, Sri Lanka, Thailand haben steigende reale Exporteinkommen, wobei diese Länder auch verarbeitete Produkte exportierten. Borensztein et al. 1994: 1-4.
[955] In bezug auf die gesamten Exporte wird dies in der Studie berechnet. Die anderen Länder mit zwischen 2 % und 10 % sinkenden Terms of Trade sind: Argentinien (-6 %), Chile (-8%), Kolumbien (-1%), Elfenbeinküste (-7%), Jamaica (-10 %), Marokko (-3%), Peru (-8%), Philippinen (-1%), Uruguay (-6%), Malaysia (-5 %), Nicaragua (-10 %), Pakistan (-3%), Sudan (-6%), Thailand (-6%). Siehe für die Reproduktion einer Studie über den Zeitraum der achtziger Jahre, die den Zusammenhang Schuldenkrise, Exportsteigerung und dadurch sinkende Terms of Trade thematisiert: Zweifel/Heller 1997: 215-216.
[956] Siehe **Tabelle 27**. Mit Ricardo ließe sich hier fragen, inwiefern nicht eine Allokation der Ressource Arbeitsproduktivität in anderen Bereichen nicht sinnvoller angelegt gewesen wäre.
[957] South Centre 1996: 95.

5.9 Nominale und reale Preisentwicklungen

Nominale und reale Preisentwicklungen. Die Terms of Trade Daten setzen die Rohstoffpreise in ein relatives Verhältnis mit Industriegütern. Dies mag der Konvention entsprechen und zeigt die Effekte für Volkswirtschaften, die immer auch von Importen abhängig sind. Diese Daten zeigen aber nicht die direkten Auswirkungen auf der Ebene der Preisanreize beispielsweise für Kleinbauern. Wichtig für diese Akteure sind die nominalen Preise und die Preise für die Betriebsmittel (Düngemittel etc.). Zusätzlich zu beachten für die Einkommenssituation ist die Inflationsrate, welche bestimmt, wieviel sich ein Kleinbauer für seine Einkünfte kaufen kann.

5.9.1 Nominale Preisentwicklungen. Die nominalen Preise für wichtige Agrarprodukte bzw. Rohstoffe zeichnen sich durch vermehrte Fluktuationen nach 1970, durch oft relativ kurze Booms und längere, teils sehr lange oder sogar permanente Niedrigpreisperioden aus.[958] Nur für Agrarprodukte steigen die nominalen Preise seit 1961 (Indexwert 35) allerdings bis 1980 klar an (Indexwert 100), danach fluktuieren die aggregierten Preise um den Indexwert 100, weisen aber z.B. seit 1996 einen Abfall vom Indexwert 110 auf 90 auf.[959] Dahinter verstecken sich für wichtige Agrarprodukte wie Kaffee, Kakao, Baumwolle, Palmenöl und Zucker seit 1980 negative nominale Preisentwicklungen.[960]

Bei den Grundnahrungsmitteln Mais, Weizen und Reis ist die Situation anders gelagert. Hier gibt es ebenso Schwankungen, die zum Teil auf die Subventionswettläufe zwischen USA und EU zurückzuführen sind (erkennbar besonders deutlich Ende der achtziger Jahre). Die Preise blieben aber auf einem nominal ähnlichem Niveau:

Mais kostet pro Tonne seit 1980 zwischen US$ 110 und US$ 80, dies kann nicht als extreme Schwankungsbreite bezeichnet werden und es ist schwer hier eine absinkende Tendenz festzustellen. Für Weizen sind die Schwankungen extremer: Typischerweise fluktuiert Weizen zwischen US$ 280/t und US$ 380/t. Zwischen Juni 1995 und Dezember 1996 lag der Preis über US$ 420/t, bei einem Höchstwert US$ 653/t im Mai 1995. Diese Hochpreissituation kehrte danach nicht wieder. Die Reispreise starten 1980 mit US$ 365 t und sanken nach einem Höhepunkt bei US$ 535 t im Oktober 1981 kontinuierlich ab und lagen im Juli 2000 erstmals unter US$ 200/t. Diese Niedrigpreisperiode hielt bis September 2003 an. Von Juli 2004 bis September 2005 steigen die Preise deutlich über US$ 230/t an (bis auf US$ 280/t).[961]

---

[958] Weniger als 1 Jahr dauern die Schocks bei Bananen, Heizöl, Häuten, Weichholz, Zucker (EU), Tee und Zinn. Zwischen 1 und 4 Jahre halten die Schocks an bei: Aluminium, Fischmehl, Benzin, Eisenerz, Lammfleisch, Gummie, Sojamehl, Sojabohnen, Zucker (USA), Weizen. Zwischen 5 und 8 Jahren: Fleisch, Kokosnußöl, Kupfer, Erdnußöl, Blei, Mais, Palmenöl, Phosphatrock, Sojaöl, Wolle (grob und fein), Zink. Den sehr langen Schock von 9 bis 18 Jahren weist auf: milde Kaffeesorten, Baumwolle, Nickel, Zucker (freier Markt), Reis. Und permanent sind die Schocks bei: Kakaobohnen, Robusta Kaffee, Gold, Hartholz, Gas, Rohöl, Tabak, dreifaches Superphosphat. Cashin et al. 2000: 202, 204.
[959] FAO 2004c: 11.
[960] Siehe: **Tabelle 28**, **Tabelle 29**.
[961] Siehe: **Tabelle 30**.

Die Kleinbauern in Afrika sind somit nicht durchgängig mit extremen Preisrückgängen und Schwankungen in bezug auf die Weltmarktpreise bei ihren Grundnahrungsmitteln ('food crops') Mais, Weizen und Reis konfrontiert. Es besteht allerdings das Problem temporär absinkender Preistrends auf dem Weltmarkt, welches Investitionsentscheidungen erschwert. Oft sind Grundnahrungsmittel nur 'semi tradables' und werden nur auf lokal oder auf regionaler Ebene gehandelt und hier ergeben sich auf den preisinelastischen lokalen Märkten stärkere Preisschwankungen, speziell in abgelegenen Gebieten, welche ebenso Investitionsentscheidungen erschweren. Durch die Weltmarktpreise werden aber in zugänglicheren Gebieten die oberen Preisgrenzen abgesteckt und somit bleiben diese für die Produktionsanreize relevant.[962] Oben wurde bereits bemerkt, daß die Landwirtschaft in den Industrieländern eine sehr hohe Produktivitätssteigerung erzielen konnte. U.a. dieser technische Fortschritt[963] führt dazu, daß die Weltmarktpreise ein Niveau erreichen, welches, trotz kapital- und inputintensiver Produktion in den Industrieländer (und vermehrt einigen Entwicklungsländern), die Preise auf einem ähnlichen Niveau liegen wie die Produktionskosten, die Kleinbauern in Entwicklungsländern haben, welche kaum Kosten für Land und Arbeit haben. Selbst wenn sie teils noch niedrigere Produktionskosten erreichen können und damit Importe nicht immer auf lokalen Märkten wettbewerbsfähig sind, läßt sich eine starke Variation von Produktionskosten feststellen, sodaß ein vollständig freier Handel viele Kleinbauern vom Markt verdrängen würde.[964]

5.9.2 Reale Preisentwicklungen. Diese waren teils deshalb ungünstig, weil die meisten afrikanischen Staaten in den siebziger Jahren zweistellige Inflationsraten aufweisen. Die Kleinbauern konnten dadurch weniger mit ihrem Geld kaufen. Und die Inflation führte zu einer realen Aufwertung der Wechselkurse, wodurch Anti-Export-Anreize etabliert wurden, besonders deutlich erkennbar für Tansania, Äthiopien, Madagaskar, Somalia und Sudan.[965] Die Inflation und die reale effektive Aufwertung zwischen 1973 und 1982 (Inflation jährlich durchschnittlich; reale effektive Aufwertung 1973 = 100, letztere Zahl für 1982) betrug in: Uganda 57 %, 167; Tansania 19 %, 145; Sudan 21 %, 82; Somalia 66 %, 162; Sambia 13 %, 87; Kenya 15 %, 90, Malawi 11 %, 78; Madagaskar 15 %, 90, Äthiopien 12 %, 110. Die Indexzahlen für die reale effektive Aufwertung im Vergleich von 1973 zu 1982 verdecken dazwischenliegende Episoden einer höheren Aufwertung, weil einige der Länder

---

[962] Ungünstig wirkt hier speziell, daß niedriger Preise bei der Ernte herrschen und die Preise hernach ansteigen, wenn viele Menschen ihre Vorräte aufgebraucht haben. Die erschwert es in Afrika den Düngemitteleinsatz zu bezahlen und ist ein Grund für die mangelnde Nahrungsmittelsicherheit. Hermanns 2005b: 56-65; Hermanns 2005d: 396-414.

[963] Die Einflüsse der Agrarpolitiken werden hier ausgeklammert und die Produktivitätsentwicklung einfach als 'technischer Fortschritt' benannt von Gabre-Madhin et al. 2003: 7.

[964] Die Studie für Kenya kommt zur Schlußfolgerung, daß einige Bauern in der Lage sind Mais mit Produktionskosten von US$ 84 t zu produzieren. Einige haben höhere Kosten von US$ 104 t bis US$ 140 t und einige liegen sogar bei US$ 250 t. Weltmarktpreise für Mais lagen in den letzten Jahren bei US$ 85 t. Siehe **Tabelle 30**. Inklusive Transport und sonstigen Kosten wird Weltmarktmais für US$ 192 t in Mombasa and für US$ 225 t in Nairobi verkauft (mit 25 % Zoll US$ 231 t und 264 t). Dadurch ist der ausländische Mais in der meisten Zeit das Jahres nicht wettbewerbsfähig gegenüber lokalem Mais. Klar wird aber, wie nah die Weltmarktpreise an den Produktionskosten in Kenya liegen. Kenya interveniert in die Landwirtschaft und etabliert einen Aufkaufpreis der staatlichen Handelsgesellschaft (NCPB) von 160 US$/t (2004). Die Verkaufspreise liegen etwa niedriger, auch weil aus Uganda Mais in das Land geschmuggelt wird. Die bisher erfolgte Liberalisierung hat zu einer Absenkung des Interventionspreises geführt und weniger häufigem Aufkauf, das hat zu einem 30 % niedrigerem Maispreis geführt, wodurch die Armut reduziert wurde (dazu bringt NCPB billigen Mais auf den Markt, wenn es Engpässe gibt). Nyoro et al. 2004: 11-30.

[965] Ghulati et la. 1985: 9.

schon vor 1982 ihre Währung abgewertet hatten. Häufig, aber nicht immer, gibt es einen klaren Zusammenhang zwischen Abwertung und Exportsteigerung. So gehen Kenyas Exporte in den siebziger Jahren beispielsweise schon zurück, als der reale effektive Wechselkurs noch nicht angestiegen war.[966] In den neunziger Jahren hat sich die makroökonomischen Situation in vielen Ländern Afrika deutlich verbessert.[967]

5.10 Afrika und die Auswirkungen der Terms of Trade Schocks

Nun kann womöglich ausgerechnet werden, daß diese ungünstigen Terms of Trade Bedingungen insgesamt nur ein Einkommensverlust von 5,4 % des BSP für afrikanische Länder bedeutet haben und sie nur für 10 % des Rückgangs der Wachstumsraten aufkommen mögen (in Sambia immerhin für eine 1 %tige jährliche Minderung des Wachstums).[968] Hier soll auch nicht geleugnet werden, daß in Afrika gravierende politische Fehler gemacht wurden. Dennoch ist es nicht überzeugend, wenn die Weltbank haarspalterisch aus diesen Ergebnissen folgert: "Although worsening terms of trade hindered growth, they were not decisive in Africa's stagnation and decline:"[969]

Afrika ist kein zusammenhängendes Land und dementsprechend macht es zuerst einmal wenig Sinn durchschnittliche Werte zu berechnen. Es besteht aus einzelnen Staaten, die teils viel drastischer von diesem Preisverfall getroffen wurden. Hier werden einige Episoden präsentiert, auch um zu zeigen, warum es wenig verwunderlich ist, siehe Abschnitt 'G', daß sich diese Ländern in den achtziger Jahren schwerlich von den Booms und Schocks der siebziger Jahre erholen konnten. Geschlossen werden kann, daß sowohl ungünstige externe Veränderungen als auch Fehler heimischer Politik Verantwortung für die Krisen tragen:[970]

Kenya: Diese Land litt zuerst unter der ersten Ölkrise (eine Terms of Trade Verschlechterung innerhalb des Grundstoffgüterbereichs). Dann kam es (aufgrund von Frostschäden in Brasilien) zu einem Boom im Kaffeebereich 1976 bis 1979, wobei sich die staatliche Konsumptionsstruktur eingeschlossen der Importe auf dieses neue Einkommensniveau einrichteten. Mit dem Ende des Kaffee-Booms wurde, mit den gegen Ende der siebziger Jahre noch billigen Krediten, versucht dieses Konsumptionsniveau aufrechtzuerhalten, dazu kam 1979 der zweite Ölpreisschock. Als weiterer ungünstiger Faktor brach schon 1976 die East African Community zusammen, die einen relativ freien regionalen Handel ermöglichte, wobei für das fortschrittlichere Kenya der bedeutsame regionale

---

[966] Ghulati et al. 1985: 9, 17-18.
[967] Siehe die Länderbeispiele in Hermanns 2005b: 157-253.
[968] Diese Zahlen in World Bank 1994: 26-27, 77.
[969] World Bank 1994: 27.
[970] Siehe die folgende überzeugende Feststellung zu dieser Fragestellung: "Jeder Dogmatismus ist wenig hilfreich. Entwicklungsprobleme haben vielfältige Ursachen, deren Mix von Land zu Land variiert. Die wenigen Schwellenländer sind Belege dafür, wie wichtig interne Rahmenbedingungen für Entwicklungserfolge sind. Auf der anderen Seite sind viele der geschilderten externen Rahmenbedingungen von hoher entwicklungspolitischer Relevanz - besonders für die ärmsten Entwicklungsländer." Kontext ist die Entwicklung der Terms of Trade bzw. der externen Veränderungen, die für die kleinen Länder nicht zu beeinflussen sind. Windfuhr 1996: 70.

Handel nach Uganda und Tansania kollabierte.[971] Insgesamt gesehen führten diese Ereignisse in Kenya zu einem Zahlungsbilanzdefizit (denn die Exporte gingen zurück) und zusätzlich kam es zu den Zinssteigerungen, welche die Schuldenkrise auslösten, wodurch erhöhte Transfers über die Leistungsbilanz nach außen nötig waren. Kurz: Kenya war gezwungen Rekurs auf den IWF zu nehmen. Im Jahre 1982 wurde beispielsweise die Währung nominal um 29 % abgewertet (und sinkt danach als crawling peg moderat weiter). Die Exporte wuchsen immerhin wertmäßig im nächsten Jahr etwa um 1,6 % (vorher negative Werte), insgesamt ist die Exportleistung sodann aber fluktuierend.[972]

Senegal. Dort gab seit 1968 eine Dürreperiode, die fast vier Jahre dauerte. Danach, zwischen 1974 und 1977, ausgerechnet zum Zeitpunkt des ersten Ölpreisschocks, gab es gleichzeitig einen Weltmarktpreisboom bei Erdnüssen und bei Phosphat, beides die Hauptexportprodukte. Dadurch bemerkte Senegal den ersten Erdölschock nicht und die Politik versagte darin, Reaktionsstrategien auf solche Veränderungen zu entwickeln. Als dann für beide Grundstoffe der Boom spätestens 1977 endete, wird Senegal vom zweiten Ölpreisschock 1978 besonders hart getroffen. Aufgrund dieser ungünstigen Entwicklungen fiel das BSP um 26 %. Die Kreditzinszahlungen stiegen von 1972, als sie bei vier Prozent der Exporte lagen, auf 1978-1979 fünfzehn Prozent, sodaß auch hier 1981-83 mit dem IWF über Strukturanpassung verhandelt werden muß.[973] Erdnüsse werden in die EU exportiert, denn die U.S. Zölle für Erdnüsse liegen bei 164 %.[974]

Sambia. In Sambia beruhen die Exporte zu über 90 % auf Kupfer, Kobalt und Zink. Die net barter terms of trade für Kupfer sanken von der Indexzahl 127 (Durchschnitt von 1965 bis 1969) auf 43 (1985) ab. Die insgesamten net barter terms of trade für dieses Land lagen 1970 bei 263 und 1985 bei 75. Grund dafür ist zum Teil auch die Wechselkursabwertung.[975] Kaum denkbar, wie eine Nationalökonomie mit einer solchen Schwankung zurechtkommen kann. Der IWF führte eine Wechselkursabwertung (hierzu für Sambia keine Daten) und Kürzungen von Haushaltsausgaben durch.[976]

Elfenbeinküste. Die Elfenbeinküste litt unter sinkenden Kakaopreisen. Hier gibt es einen Preisverfall von über 50 %, der Anteil von Kakao stieg bis 1987 aber auf 47 % der Exporte, wobei Exporte die Hälfte des BSP ausmachen. Weil intern die staatliche Vermarktungsorganisation versuchte, hohe Ankaufpreise aufrechtzuerhalten, kommt es 1987 zu einem Verlust von 1,7 % des BSP durch einen

---

[971] Das Datum 1977 erwähnt Wangwe 1995: 210; das Jahr 1976 wird für den Zusammenbruch genannt von Sharpley/Lewis 1990: 210. Die Frostschäden in Brasilien als Grund für die Preissteigerungen erwähnt Borensztein et al. 1994: 20.
[972] Kenya schafft es durch eine Senkung der Löhne um 20 % eine Inflation über 10 % zu verhindern. Dadurch steigt der reale Wechselkurs nicht extrem an. Dies hatte einen Stabilisierungseffekt. Die genauen Daten der einzelnen Programme werden hier nicht wiedergegeben. Ausführlich Mosley 1991: 274-283. Zum Lohnaspekt, sonst nur kurz Taylor 1988: 84.
[973] Gray 2002: 25-27.
[974] Für Tabak 350 %, Cashew und brasilianische Nüsse 132 %; Fleisch 26 %. Mattoo et al. 2002: 6 Einige Agrarprodukte aus Afrika werden seit kurzer Zeit zollfrei, aber quotenkontrolliert, mittels des African Growth and Opportunity Acts der USA als Importe in die USA zugelassen, darunter auch die Erdnüsse. Mattoo et al. 2002: 26.
[975] Karmiloff 1990: 298-299.
[976] Mkandawire 1993: 466.

Preisverfall auf den Weltmärkten.[977] Der Versuch eine Palmenölproduktion aufzubauen sowie die Baumwollexporte trafen damals ebenso auf einen Preisverfall.[978] Dieser führt zu einem Zahlungsbilanzdefizit mitsamt IWF-Programm, welches weiter auf komparative Vorteile im Kakao- und Kaffeebereich setzt und keine anderen Investitionsprioritäten im verarbeitenden Sektor setzte.[979]

Nigeria. In Nigeria, welches vom Ölboom profitierte, kommt es zu kurzen Perioden schnellen Wachstums und rasanten Importsteigerungen, danach zu ausgeprägten Rezessionen. Nigeria litt durch seinen überbewerteten Wechselkurs zudem an der sog. holländischen Krankheit. Symptome dieser sind u.a.: Der hohe Wechselkurs macht Importe billiger, darunter leidet ein Teil der heimischen Industrie. Dazu ist die Industrie, die in dieser Zeit beginnt Inputgüter für ihre Produktion auf dem Weltmarkt zu kaufen und auf Maschinen und Ersatzteile angewiesen ist, durch den überbewerteten Wechselkurs und durch die Rezessionsperioden stark benachteiligt. Die billigen Importe führten zudem zur Erhöhung des Zollschutzes und sonstiger Schutzbarrieren, auch dies ist problematisch für bestimmte Industrien, die Inputs vom Weltmarkt benötigen. Durch den überbewerteten Wechselkurs wurden zudem Exporte benachteiligt. Indonesien, damals extremer als heute hinsichtlich der Exportanteile ein Ölland, wertete den Wechselkurs Anfang der achtziger Jahre aus Furcht vor der holländischen Krankheit ab[980], auch Nigeria hätte so reagieren sollen.[981]

Ähnliche Vorgänge spielten sind in anderen afrikanischen Länder ab. Insgesamt sanken die net barter terms von Sub-Sahara Afrika zwischen 1970 und 1986 um 30 % im Bereich der nicht-ölexportierenden Länder ab, bei Mineralrohstoffexporteuren lag der Wert bei 50 %. Für Kaffee und Kakao sanken diese realen internationalen Preise zwischen 1980 und 1990 um 70 % ab, der reale Preis von Baumwolle um 28 %. Allein Benin und der Tschad wiesen steigende net barter terms of trade auf.

Zuletzt ein Kommentar zur Wechselkursabwertung, Diversifizierung und Weiterverarbeitung mineralischer Rohstoffe. Bei der Wechselkursabwertung im Rahmen der IWF Programme kommt es darauf an, welche der diversen positiven und negativen Wirkungen dominieren. So werden dadurch die Exportgüter nach außen verbilligt, dies hilft aber nur dann, wenn die Nachfrage darauf reagiert. Gleichzeitig verschlechtern sich die Einnahmen gemessen in ausländischer Währung durch Exporte, die beispielsweise zur Rückzahlung von Krediten nötig sind und die Importe werden verteuert.[982] Es

---

[977] Riddel 1990a: 172, 173-174. Die Aktivitäten der Vermarktungsgesellschaft der Elfenbeinküste Caisse de Stabilisation bis zum Anfang der achtziger Jahre können kritisiert werden, weil die Boom-Profite den Bauern nur zu einem gewissen Grad zugute kamen. Dazu wird ein kurzer Vergleich zu Kolumbien gezogen, welches Kaffee technologisch avancierter anbaut. Dazu: Ridler 1988: 1521-1525.
[978] Riddel 1990a: 173.
[979] Riddel 1990a: 178-189; zu kurz ist die Beschreibung in Taylor 1988: 81-83.
[980] Edwards 1989: 175.
[981] Zur holländischen Krankheit in Nigeria Stevens 1990: 260-268; siehe auch Gilles et al. 1996: 479. Weitere typische Effekte der holländischen Krankheit sind: Durch Erhöhung der Exporte kann die Nachfrage nach nichthandelbaren Gütern zunehmen und dadurch kann es zu einer erhöhten Inflation kommen. Diese Inflation führt dazu, daß die heimischen Preise ansteigen, der inflationsbereinigte reale Wechselkurs nimmt zu und die Produktion innerhalb des Landes wird teurer. Dadurch werden die Exporte teurer. Erst durch eine Abwertung der Währung erhält der Exporteur mehr heimische Währungseinheiten für seine Produkte und kann damit die gestiegenen internen Kosten kompensieren und wieder profitabel arbeiten. Oft macht eine weitere Inflationsepisode dies aber wieder zunichte. Gillis et al. 1996: 477. Aus der ähnlichen Perspektive der 'construction boom theory' Brownbridge/Harrigan 1996: 411-414.
[982] Riddel 1990a: 178; Aghevli/Montiel 1996: 631; Krugman/Obstfeld 1997: 483-485; Boccara/Nsengiyumva 1995: 4.

werden aber die Anreize zu exportieren erhöht, weil aus faktischen und potentiellen Exportgeschäften ('tradables') relativ gesehen mehr einheimisches Geld zu erwerben ist, als im Bereich der nicht-handelbaren Güter ('non-tradables'). Gehofft wird, daß dadurch langfristig eine Umstrukturierung hin zu neuen komparativen Vorteilen ausgelöst wird.[983] Daß dies in Afrika nur unzureichend gelang, wird in Abschnitt 'G' gezeigt.

Der Diversifikationsgrad bezüglich der Exporte, der wichtig ist, um Terms of Trade Risiken breiter abfedern zu können, geht in Afrika unterhalb der Sahara zwischen 1980 und 1990 teils wieder zurück.[984] Zum Vergleich: Bolivien, Peru und Malaysia, die auch stark auf den Export von Primärprodukten ausgerichtet sind, sind diversifizierter. Wenigstens vier Produkte kommen für über 5 % der Exporteinnahmen auf. Für Malaysia fallen die Gummipreise, relativ zu den Importpreisen gesehen, zwischen 1960 und 1987 nur um 4 % ab. Dieses Land ist auch vom negativen Trend beim Palmenöl betroffen, positiv entwickeln sich die Preistrends im Holzbereich.[985]

Ein weiterer Grund für die Probleme Afrikas im Rohstoffpreise ist, daß Afrika weniger ausgeprägt eine Weiterverarbeitung der Rohstoffe in der Verhüttung betreibt, obwohl damit Wert hinzugefügt werden kann: Bei Titan läßt sich 76 % des Rohstoffwertes hinzufügen, bei Aluminium 69 %, bei Zink 51 %. Sambia hat einen Weltproduktionsanteil von 3,3 % bei raffiniertem Kupfer, Südafrika von 1,2 %. Bei raffiniertem Blei ist ein Anteil von Marokko von 1,2 % zu verzeichnen, für Hüttenzink hält Südafrika einen 1,3 % Anteil und für Rohstahl 1,2 %.[986] Afrika, besonders Südafrika, ist aber reich an mineralischen Rohstoffen und kann hier teils substantielle Weltmarktanteile verzeichnen.[987] In Mosambik arbeitet seit kurzem die durch ausländische Investitionen finanzierte Mozal I Aluminiumhütte (US$ 1,3 Mrd. Investitionssumme); eine Verdopplung der Kapazität (ca. US$ 850 Mill.) wird derzeit ausgeführt, die 2004 in Betrieb gehen sollte, dies wird durch Strom aus Wasserkraft möglich (seit 2001 sind die Hauptexporte Mosambiks Aluminium und Strom, bei 8 % Wirtschaftswachstum).[988] Ein Grund für diese Investition ist, daß Aluminium unter die AKP-Präferenzen fällt, sodaß durch die Produktion in Mosambik 6 % Zölle beim Export in die EU

---

[983] Krueger 1978: 1-4, 119-141; Edwards 1989: 5. Dies funktioniert in Afrika aber nicht notwendig gemäß den Modellannahmen. Denkbar ist auch der folgende Zusammenhang: Produzenten von Exportgütern konsumieren substantielle Anteile von nicht exportierbaren Waren, etwa Grundnahrungsmittel. Wenn Grundnahrungsmittel inelastisch im Angebot vorliegen, dann steigen durch den erhöhten Konsum von Grundnahrungsmittel die Preise, dadurch kommt es zu erhöhten Lohnforderungen seitens der Exportarbeiter, wodurch die Exportexpansion wiederum gefährdet werden kann. Ein solcher Preisanstieg ist gleichbedeutend mit Inflation, welche wiederum zu einem absinkenden realen effektiven Wechselkurs führt, welcher eine Abwertung der Währung nötig macht, um nicht die Strukturanpassung zu gefährden. World Bank 2000a: 22.

[984] Siehe **Tabelle 31**. Von 27 Ländern geht in 16 Ländern die Anzahl der exportierten Güter in den achtziger Jahren zurück. Zwölf von 15 afrikanischen Ländern, die nicht der Franc-Zone zugeordnet sind, erreichen eine durchschnittliche reale Abwertung von 64 % zwischen 1980 und 1990-1991. Brownbridge/Harrigan 1996: 418, 422.

[985] Gillis et al. 1996: 462, 467-468. Cuddington 1992: 215-217.

[986] Barth/Kürten 1996: 35-38.

[987] Siehe: **Tabelle 32**, **Tabelle 33**.

[988] Der hauptsächlich die Stromversorgung garantierende Cabora Bassa Damm gehört zu 82 % dem portugiesischem Staat und zu 18 % dem Staat Mosambik. OECD 2004: 235-238, 242. Die Investitionssumme für die Mozal II Erweiterung findet sich im Internet. Mozal Information 2005: 1.

eingespart werden. Gemäß der präferentiellen Ursprungsregeln dürfen nicht mehr als 50 % des Wertes des Aluminium importierte Inputs darstellen, damit der Präferenzstatus aufrechterhalten wird.[989]

6. Das Heckscher-Ohlin Modell

Zurück zu den Modellen internationalen Handels. Der Wirtschaftswissenschaft ist es nicht gelungen, einen substantiellen Wertmaßstab für eine Realkostenrechnung einzuführen, mit der beispielsweise der "Vergleich des Faktoraufwands (etwa Arbeitsleistungen in Stunden)"[990] möglich wäre. Dies ist ein Grund dafür, daß der neoklassischen Ökonomie variable und in Relation zu anderen Werten definierte Faktorintensitäten benutzt werden und eine darauf basierende Außenhandelslehre entwickelt wurde. Die Neoklassik hebt dies als positiv hervor und kritisiert an der klassischen Außenhandelslehre, daß sie weder die Knappheitsverhältnisse der Faktoren untereinander noch die Auswirkungen des internationalen Handels auf die Einkommensverteilung innerhalb gesellschaftlicher Gruppen nachzeichnen könne.[991] In der Tat ist dies ein Novum, welches durch das Heckscher-Ohlin Modell eingeführt wird, das Ricardo-Modell hatte noch impliziert, daß jedes Individuum in einem Land von der Aufnahme internationalen Handels profitieren würde.[992]

Diese explizite Einbeziehung weiterer Faktoren und die Thematisierung von Auswirkungen des internationalen Handels auf interne Einkommensverteilungen erfolgt in den Heckscher/Ohlin- bzw. Faktorproportions-Modellen.[993] Vom Ansatz her liegen diese Modelle gar nicht so weit entfernt von Ricardo, weil es um weitere Faktoren (aber eben nicht um Arbeitsproduktivität) geht, die komparative Vorteile ausmachen können. Zusätzlich geht es um die Wirkungen internationalen Handels auf die jeweiligen Faktorpreise, hier wird Angleichung der Faktorpreise angenommen, siehe weiter unten.[994] Die Annahmen der neoklassischen Gleichgewichtsanalyse werden in diesen Modellen übernommen, u.a. vollkommene Konkurrenz auf den Güter- und Faktormärkten, die Güter- und Faktoren sind homogen, es gibt keine externen Effekte, international sind die Faktoren nicht mobil, aber national. Die Faktoren sind national stets vollbeschäftigt und der Kapitalstock ist konstant. In den Zwei-Länder und Zwei-Güter-Modellen kommen etwa die Annahmen dazu, daß beide Länder beide Güter produzieren, daß die Technologien bzw. die Produktionsfunktionen in allen Ländern gleich sind (Technologieunterschiede sind bei Heckscher-Ohlin kein Erklärungsfaktor für den Handel). Weiterhin wird angenommen, daß es für die Produktion bestimmter Güter etwa bestimmte Kapital/Arbeit-

---

[989] Zolltarif EU 1999: 349-350; ABl. Nr. L 229, 17. August 1991, Viertes AKP-EWG Abkommen, unterzeichnet am 15. Dezember 1989 in Lome. S. 172. Die für die Herstellung von Aluminium notwendigen Rohstoffe sind nicht in Mosambik vorhanden. Es gibt zwar Bauxit in geringen Mengen, dies dürfte aber nicht ausreichen, um substantielle Importe von Inputs unnötig zu machen.
[990] Gerken 1999: 12-13.
[991] Gerken 1999: 12-13.
[992] Krugman/Obstfeld 1997: 39.
[993] Krugman/Obstfeld 1997: 32; 51-56. Zum Heckscher-Ohlin Modell und den empirischen Tests dieses Modells liegt die folgende Literatur zugrunde: Baldwin/Hilton 1984; Bowen et al. 1987; Branson/Monoyios 1977; Davis/Weinstein 1998; Deardorff 1999; Evans 1989a; Evenett/Keller 1998; Hakura 1999; Harrigan/Zakrajsek 2000; Lall 2000; Leamer 1984; 1995; Leamer/Lundborg 1995; Leontief 1956; Samuelson 1948; Schott 2001; Wälde 1994; Wood 1994.
[994] Wakelin 1997: 11; die These der Angleichung der Faktorpreise verteidigt Samuelson 1948.

Relationen gibt, daß die Nachfrage bzw. die Nutzenfunktionen der Konsumenten gleich sind und daß Handel zu einer Angleichung der Faktorpreise führt.[995]

6.1 Theoretische Prognosen des Heckscher-Ohlin Modells

Vom Heckscher-Ohlin Modell werden die Auswirkungen der Faktorausstattung eines Landes auf seine komparativen Vorteile betont und die Verschiebungen der Intensitäten der Faktornutzung, die aus dem internationalem Handel resultieren können.[996] Wenn ein Land im Vergleich zu einem anderen Land relativ im Überfluß mit dem Faktor Kapital ausgestattet ist und ein anderes Land einen Überfluß an Arbeit aufweist, dann wird angenommen, daß es sich auf den Export von Gütern spezialisiert, die wiederum in bezug auf die Faktorintensität relativ gesehen eine kapitalintensive Produktion aufweisen. Beim zweiten Land liegen die komparativen Vorteile bei arbeitsintensiven Gütern. Angenommen wird, daß die Länder die Güter exportieren, deren Produktion intensiv die Faktoren nutzt, mit denen die Länder reich ausgestattet sind. Im Land, das reich an Kapital ist, ist der Zinssatz (bzw. der Preis für Kapital) relativ gesehen geringer als der Preis für Arbeit bzw. die Lohnkosten. Deshalb setzt dieses Land mehr Kapital in der Produktion ein und es hat einen Kostenvorteil im Bereich der kapitalintensiven Produkte. Für ein solches Land müßte gezeigt werden können, daß es Güter exportiert, die mit relativ hohem Kapitalaufwand hergestellt wurden. In der komparativen Statik kann dann verfolgt werden, wie sich durch den internationalen Handel die relativen Gleichgewichtspreise für die Güter und für die Faktoren neu einpendeln. Wenn ein kapitalintensives und ein arbeitsintensives Land anfangen zu handeln, steigt der Preis der Arbeit in dem Land an, welches intensiv mit dem Faktor Arbeit ausgestattet ist, weil die Nachfrage nach dessen Gütern im zweiten Land ansteigt. Das zweite Land spezialisiert sich auf kapitalintensive Güter und, im Vergleich zur Situation ohne Handel zuvor, als weniger Nachfrage für diese Güter vorlag, steigen die Preise für kapitalintensive Güter an und damit die Profite für die Gruppe, die über das Kapital verfügt.[997] Nach dieser angenommenen Konvergenz der Faktorpreise gibt es somit in beiden Länder Gewinner und Verlierer, wobei die Gewinner auf der Seite des fortan intensiver genutzten Faktors zu finden sind.[998] Eine Angleichung der Faktorpreise kann durch zwei Wirkungsmechanismen erfolgen, durch Faktormobilität (Kapital oder Arbeit kommen hier in Frage) oder aber durch den internationalen Güteraustausch. Die These, daß auch der internationale Güteraustausch (ohne weiter angenommene

---

[995] Diese Aufzählung bezieht sich auf mehrere Modelle, hier soll nur eine generelle Tendenz dargelegt werden. Trefler 1993: 962; Gerken 1999: 15; Krugman/Obstfeld 1997: 79; Wakelin 1997: 11.

[996] Krugman/Obstfeld 1997: 68-69. Überfluß wird beispielsweise in Zwei-Länder und Zwei-Faktoren Modellen relativ definiert und die Situation zwischen zwei Ländern wird verglichen. So England im Vergleich zu den USA, wenn es um Arbeit und Land geht. England hat im Vergleich zur USA relativ gesehen Arbeitsüberschuß, weil es simplerweise sehr wenig Land hat Krugman/Obstfeld 1997: 76. In Untersuchungen mit mehr Ländern wird beispielsweise versucht, eine durchschnittliche Faktorausstattung zu berechnen und davon dann die Abweichungen als Überschuß anzusehen. Leamer 1984: 103-104.

[997] Das Beispiel mit Land und Arbeit von Krugman/Obstfeld wird hier verändert, um es etwas realitätsnäher zu gestalten. Der Handel zwischen einem land- und einem arbeitsintensiven Land ist nicht typisch für die Nord-Süd-Richtung. Das wäre eher Süd-Süd-Handel. "Countries tend to export goods whose production is intensive in factors with which they are abundantly endowed." Ohne Hervorhebung im Original. Krugman/Obstfeld 1997: 76-77. Siehe für die Beschreibung oben auch Helpman 1999: 123-124.

[998] "Owners of a country's abundant factors gain from trade, but owners of a country's scarce factors lose". Ohne Hervorhebung im Original reproduziert. Krugman/Obstfeld 1997: 77.

Mobilität von Kapital oder Arbeit) zu einer vollständigen Angleichung der Faktorpreise führen wird (Ohlin ging - vorsichtiger - von einer partiellen Angleichung aus), wurde von Samuelson etabliert.[999]

Bezüglich des Heckscher-Ohlin Modells ist generell bemerkenswert, daß es zwar nicht die absoluten Vorteile aus dem internationalem Handel in Frage stellt. Es können aber sehr wohl Zölle (oder Kompensationen) zum Schutz des kontrahierenden Sektors gefordert werden können (Schutz unausgebildeter Arbeit etwa, es wäre aber auch ein Schutz für knappes Kapital denkbar). Dies kann anhand des Stolper-Samuelson Theorems gezeigt werden. Die Ergebnisse beruhen aber stark auf den Vorabannahmen.[1000] Kurz auch zum Rybczynski Theorem: Wenn die Preise konstant sind und beide Güter produziert werden, bewirkt die Zunahme eines Faktors den Anstieg des Outputs des Gutes, bei dem der Faktor intensiv genutzt wird und ein Absinken des Outputs des anderen Gutes.[1001] Einmal abgesehen davon, daß diesen Umschichtungen zum Trotz der Eintritt für beide Länder insgesamt als wohlfahrtssteigernd angesehen wird, ist festzuhalten, daß auch in diesem Modell der internationale Handel Gewinner- und Verlierergruppen nach sich zieht, wobei dieser Aspekt durch das Heckscher-Ohlin Modell erklärt werden kann.[1002]

In den diversen Weiterentwicklungen des Heckscher-Ohlin Modells und vor allem den empirischen Tests dieses Modells gaben die Autoren der Tendenz nach, die Faktoren weiter auszudifferenzieren

---

[999] Samuelson 1948: 163.
[1000] Markusen et al. 1995: 114-118; Zweifel/Heller: 394. Im Originalartikel erfolgte eine Diskussion, die heute in dieser Form ungewohnt ist. Die Autoren sorgten sich darum, daß Löhne für Landarbeiter im exportorientierten Weizenbereich in Australien absinken könnten, wenn Arbeiter in arbeitsintensiven Bereichen ihre Arbeit verlieren. Gezeigt wird im Stolper/Samulson Modell, daß es bei der Expansion eines kapitalintensiv produzierten Gutes, Weizen, bei konstanter Faktorausstattung dazu kommen muß, daß durch eine Kontraktion im arbeitsintensiven Uhrenbereich Arbeit und Kapital freigesetzt werden. Weil aber vom arbeitsintensiven Uhrenkapital vorher mehr Arbeiter beschäftigt werden konnten, als dies pro Einheit Kapital jetzt im Weizenbereich möglich ist, wird dort relativ mehr Arbeit freigesetzt, als im Rahmen des Modells im Weizenbereich Anstellung finden. Somit würde dort die marginale Produktitivät sowie die realen Löhne absinken. Letztendlich wird gezeigt "that the scarce factor must be harmed absolutely". Stolper/Samuelson 1941/1942: 69, 73. Durch Zollschutz der arbeitsintensiven Uhrenbereichs könnte dies verhindert werden und es wird behauptet, daß sich das landüberschüssige Australien durch einen solchen Zollschutz vor einem Lohnverfall schützen kann. Die Vorteile aus dem Handel werden aber nicht in Frage gestellt und aufgrund der Möglichkeit Kompensationen zu nutzen, wird sich dagegen gewehrt, einem solchen Protektionismus Vorschub zu leisten. Stolper/Samuelson 1941/1942: 69, 73. In einem aktuelleren Szenario würde das Stolper-Samuelson Theorem argumentieren, daß eine Preissteigerung bzw. Handelsexpansion etwa für ein arbeitsintensiv produziertes Gut, etwa Bekleidung, dazu führt, daß in einem Land der Ertrag von Kapital absolut gesehen absinkt, weil die kapitalintensive Güterproduktion, etwa Maschinen, stagniert und dies relativ mehr Kapital freisetzt, als in der expandierenden Bekleidungsproduktion eingesetzt werden kann. Dadurch sinkt der Zinssatz d.h. der Preis für das Kapital relativ gesehen ab. Dies führt dazu, daß bei gegebenem Bestand von Arbeit jede Einheit Kapital mit einer kleineren Arbeitsmenge kombiniert wird. Weil angenommen wird, daß das Grenzprodukt eines Faktor steigt oder fällt, wenn dieser Faktor mit mehr oder weniger Quantitäten andere Faktoren zusammen benutzt wird, sinkt das Grenzprodukt des Faktors Kapital absolut ab und auch der Zinssatz geht absolut zurück. Diese führt wiederum dazu, daß im Bekleidungsbereich jede Einheit Arbeit mit einer größeren Kapitalmenge eingesetzt werden kann: "womit das Grenzprodukt der Arbeit und somit auch der Lohnsatz *in beiden Branchen ansteigt.*" Herv. im Original. Zweifel/Heller 1997: 394. In beiden Branchen nimmt dann die Kapitalintensität zu. Dies ist besser zu verstehen, wenn darauf hingewiesen wird, daß sich bei Änderung der Produktionsstruktur auch die Gewichte der beiden Bereich ändern. Die höhere Kapitalintensität der Maschinenindustrie wird durch den Rückgang der Produktion geringer und die niedrigere Kapitalintensität bei Bekleidung wird aufgrund der steigenden Produktion stärker gewichtet. Die gesamtwirtschaftliche Kapitalintensität bleibt dabei konstant. Weil sich die Faktorpreise bei Konstanz der Faktormengen geändert haben, erfolgt ein absolutes Ansteigen des Lohnsumme und eine absolute Abnahme der Zinseinkommen. Die Lohnempfänger können größere Gütermengen kaufen, die Kapitaleigner müssen Wohlstandsverluste hinnehmen. Zweifel/Heller 1997: 394. Die Faktorausstattung wird dabei konstant gehalten und die Güterpreise verändern sich. Daß sich die Faktorpreise mehr verändern als die Güterpreise wird als 'magnification effect' bezeichnet. Siehe Markusen et al. 1995: 114-117.
[1001] Markusen et al. 1995: 119.
[1002] Krugman/Obstfeld 1997: 56, 76-77.

(Neofaktorproportionsmodelle).[1003] Über Kapital und Arbeit hinaus kommt Land (teils mit Unterdifferenzierungen) dazu und der Faktor Arbeit wird aufgeteilt in Arbeit, bei der mehr oder weniger Fähigkeiten eingesetzt werden (nur 'human capital' oder es ist die Rede von 'low skilled labor' vs. 'high skilled labor' oder es wird differenziert zwischen 'professional workers/technical workers, managerial workers, clerical workers, sales workers, service workers, agricultural workers'[1004]). Hier wird von qualifizierter und unqualifizierter Arbeit die Rede sein, wenn es um diese Differenzierungsmöglichkeit geht.

Aus ethisch-moralischer Perspektive gesehen verspricht das Heckscher-Ohlin Modell einer Wohlfahrtssteigerung, die zudem dazu führt, daß der Handel die Länder für die ungleiche Verteilung der produktiven Faktoren kompensieren kann. Ein Land, daß über eine arbeitsintensive Produktion in der Landwirtschaft verfügt kann theoretisch vermittels des Handels seine Profit- und Lohnniveaus steigern, weil es mit Ländern handeln kann, in denen Kapital im Überfluß vorhanden ist, aber Land oder Arbeiter fehlen. Die Waren werden dabei zu einem Bündel von Faktoren (Land, Arbeit und Kapital) und deren Austausch erfolgt von Ländern in denen sie im Überfluß vorhanden sind, in solche wo sie knapp sind.[1005] Durch die Konvergenz der Faktorpreise gibt es somit nicht nur Verlierer, sondern auch Gewinner, für die Verlierer kommt die Idee mit den Kompensationszahlungen auf (siehe auch das Heckscher-Ohlin Modell als Pareto Heckscher-Ohlin Wohlfahrtssteigerungsversprechen unter Punkt 3 oben).[1006]

Obwohl auch nach einer Liberalisierung solche Gewinnchancen bestehen können, tritt gemäß Heckscher-Ohlin bei der Öffnung für neue Weltmarktpreisniveaus auch das Problem der Anpassungskosten auf, welche meist als unausweichlich dargestellt werden. Die Ergebnisse der auf Heckscher-Ohlin Annahmen basierenden Gleichgewichtsmodelle zum Thema Liberalisierungseffekte sind zwar kritisch zu sehen, weil meist nur statische Effekte einer neuen Ausrichtung von Produktionsfaktoren gemäß neue wirksamer komparativer Faktorvorteile gemessen werden, ohne daß die Kosten dieser Neuausrichtung der Wirtschaft beachtet werden[1007] und es wird meistens angenommen, daß Vollbeschäftigung herrscht. Wenn einmal zugestanden würde, daß diese Modelle Anhaltspunkte für reale Entwicklungen liefern können[1008], ist es bemerkenswert, daß für die Länder insgesamt gesehen Vorteile berechnet werden, es wird aber in der öffentlichen Diskussion kaum thematisiert wird, daß sie dabei massive Veränderungen ihrer Produktionsstrukturen hinnehmen müssen.

[1003] Rose/Sauernheimer 1999: 415.
[1004] Wakelin 1997: 11; Bowen et al. 1987: 12.
[1005] Auf diese beiden normativen Aspekte des Heckscher/Ohlin-Modells wird hingewiesen in Leamer 1995: 1.
[1006] Krugman/Obstfeld 1997: 56.
[1007] Akyüz 2005: 31-35.
[1008] Die WTO schließt vorsichtig: "The numbers that come out of the simulations should only be used to give a sense of the order of magnitude that a change in policy can mean for economic welfare and trade. But much more can be done to create confidence in the results." Piermartini/Teh 2005: 53.

In aktuellen Gleichgewichtsuntersuchungen über die Effekte der Liberalisierung durch denkbare Zollsenkungen durch die Doha Verhandlungsrunde der WTO werden folgende Outputveränderungseffekte bei einem Übergang zu vollständig freiem Handel berechnet. Bei einer Agrarliberalisierung geht in Indien der Agraroutput um - 3,4 % und Vietnam - 13,3 % zurück.[1009] In Sub-Sahara Afrika geht der Output im Chemie- (- 5), Leder- (- 14 %) und Bekleidungsbereich (- 6 %) zurück.[1010] Im Automobilbereich verliert China (- 18 %) und Indien (- 6 %). Die sonstigen Länder Südasiens verlieren sogar - 47 % im Automobilbereich und dazu noch - 19 % bei Motorrädern.[1011] Selbst wenn Liberalisierung in anderen Bereichen Chancen eröffnet, ist klar, daß solche Rückgänge, speziell in solchen Sektoren, negative Konsequenzen für die Industrialisierungsbemühungen im verarbeitenden Sektor der betreffenden Ländern haben könnten. Obwohl sich hier nicht generell dagegen verwehrt wird, daß Länder neue komparative Vorteile anstreben, wird weiter unten thematisiert, daß Studien zeigen, daß ein mindestens 30 % Anteil verarbeitender Industrie am gesamten Output eine Phase der Exportexpansion wahrscheinlicher macht. Somit ist es sicher gut für die Wohlfahrtssteigerung, wenn es, Heckscher-Ohlin zum Trotz oder womöglich auch über Heckscher-Ohlin Vorteile hinaus, zusätzlich zu einer Industrialisierung kommt.[1012]

Bei aller gerechtfertigten Befürchtungen gegenüber den H-O-Anpassungsdynamiken durch den internationalen Handel, sind Anpassungskosten nicht vollständig inakzeptabel, denn neben Gefahren liegen darin auch Chancen einer insgesamt wohlfahrtssteigernden Spezialisierung, zum Beispiel wenn Entwicklungsländer zunehmend arbeitsintensive Güter auf den Märkten der Industrieländer plazieren können. Dazu kommt, daß der internationale Handel nicht nur von Heckscher-Ohlin Dynamiken geprägt ist, sondern auch durch Intra-Industriehandel bzw. Spezialisierung. Bei Spezialisierung wird kein Faktorpreisausgleich erwartet.[1013] Und selbst bezüglich der Heckscher-Ohlin Dynamiken ist es nicht ganz undenkbar, daß die Industrieländern nicht so hohen Anpassungskosten ausgesetzt sind, wie man befürchten könnte. Beispielsweise prognostiziert das Heckscher-Ohlin Modell, daß der Handel mit arbeitsintensiven Güter langfristig zu einer breit angelegten Lohnsteigerung in Entwicklungsländer führen wird. Dadurch vermindern sich deren Faktorvorteile im Lohnkostenbereich wieder. Absinken werden allerdings auch die Löhne für arbeitsintensive Aktivitäten in den Industrieländern. Unklar bleibt, wie lange solche Prozesse dauert und welche Intensität sie annehmen. Nach dem vollzogenen Konvergenzprozess der Faktorpreise wird vom Heckscher-Ohlin Modell weiterhin angenommen, daß sich der internationale Handels über Faktorvorteile erklären läßt.[1014]

[1009] Anderson et al. 2005: 48.
[1010] de Córdoba et al. 2004: 10-11, 27.
[1011] de Córdoba et al. 2004: 27.
[1012] Chenery et al. 1986: 192-193.
[1013] Wood 1994: 29.
[1014] Dies ist der Ansatz in dem Artikel von Davis et al. (1996). Sie untersuchen die Wirksamkeit des Heckscher-Ohlin-Modell in der Heckscher-Ohlin-Vanek Ausprägung, nämlich bei einer angenommenen Faktorpreisangleichung. Anhand von Japan, dort sind die Faktorpreise angeglichen, wird gezeigt, daß sich der Handel zwischen den Regionen durch die verbliebenen Faktorproportionsunterschiede erklären läßt. Davis et al. 1996: 1-2.

6.2 Wie weit geht die Angleichung der Faktorpreise?

Für die Intensität der zu erwartenden Anpassungsprozesse ist es von Relevanz wie weit die Faktorpreisangleichungen sich in der Realität vollziehen. In der Literatur wird die Annahme von Bertil Ohlin als realistischer angesehen, der eine abgewächten Form der Faktorpreisangleichung erwartet.[1015]

Gründe dafür sind neben den künstlichen Handelsbarrieren, eben Zölle etc., weiter bestehende natürliche Handelshindernisse ('natural barriers to trade'), wie Kommunikations- und Transportkosten.[1016] Nun sind aber die Zölle oftmals abgesunken und auch in letzterer Hinsicht wird oft auf sinkende Kosten hingewiesen:

6.2.1 Transportkosten

In sorgfältigen Untersuchungen wird dies nicht durchgängig bestätigt. Tendenziell sind die Kosten speziell für weite Transporte abgesunken, sowohl im Seehandel als auch im Lufttransport. Für den Lufttransport gingen die Kosten um -1,53 % jährlich zwischen 1973 und 1993 zurück, die größten Rückgänge sind zwischen 1973 und 1980 zu verzeichnen.[1017] Speziell der Lufttransport weitete sich schnell aus, zwischen 1970 und 1994 stiegen die internationalen Tonnenkilometer von 6300 auf 64.090 an, ein jährliches Wachstum von 12,8 %.[1018] Im Jahre 1994 erfolgten 21,6 % der Importe und 29,3 % der Exporte der USA über die Luft (51,2 % der Importe und 27,3 % der Exporte erfolgen über die Meere), dies ist eine klare Steigerung im Vergleich zu 1980.[1019] Der Seetransport erreicht erst 1990 wieder das Kostenniveau von 1973, sodann gibt es eine absinkende Tendenz.[1020] Immer noch gilt, daß eine schlechter Infrastruktur (Häfen) und regional höhere Transportkosten Handel substantiell behindern können. Beim Transport bleibt u.a. Afrika benachteiligt, auch wegen hoher Inlandstransportkosten.[1021] Afrika zahlt 2 % höhere Preise als Exporteure gleicher Güter[1022], wobei es Abweichungen nach oben gibt. So haben 25 % der Lufttransporte aus Afrika z.B. Frachtkosten von über 25 % und für 25 % der Schiffstransporte liegen die Frachtkosten bei über 19 %.[1023] Für den

---

[1015] Wood 1994: 29. Bestätigend, mit einen Überblick für Argumente, warum es nicht zu einem perfekten Faktorpreisausgleich kommen mag, siehe Zweifel/Heller 1997: 246-251. Eine wichtige Grund der genannt wird, sind Zölle und andere Handelshemmnisse sowie Transportkosten. Zweifel/Heller 1997: 251.

[1016] Wood 1994: 172.

[1017] Hummels 1999: 35. Immer wieder ein Thema für Alexander J. Yeats, welcher zur Kostensenkung eine Deregulierung der Liner-Konferenzen und eine Abkehr afrikanische Länder von restriktiven Politiken fordert. Yeats 1998: 30. Für eine frühe Diskussion dieses Themas Yeats 1979: 173-201.

[1018] Hummels 1999: 36.

[1019] Für den Rest kommt der Landtransport auf 27,3 % der Importe und 36 % der Exporte. Werte für 1994. Im Jahre 1980 erfolgten erst 11,6 % der Importe und 20,9 % der Exporte über die Luft. Hummels 1999: 36.

[1020] Hummels 1999: 19, 35.

[1021] Yeats 1998: 30. Die sogenannten 'landlocked developing countries' geben 17,7 % ihrer Exporterlöse für den Transport aus, wobei der Landtransport den größten Teil der Kosten ausfüllt. Für die Entwicklungsländer im allgemeinen besteht ein Wert von durchschnittlich 8,7 %. UNCTAD 1999: 11.

[1022] Yeats 1998: 30.

[1023] Fracht in die USA. Yeats 1998: 30-31. Dazu kommen teils hohe Hafengebühren. Für die Abfertigung im Senegal US$ 1000, dies sind die gesamten Frachtkosten nach Hamburg von US$ 1350 für einen Container. Die Kritik hoher Hafengebühren stützt sich hier nur auf Informationen für ein Land. Yeats 1998: 30.

Grundstoffbereich liegen die Frachtkosten für Kakao aus Ghana (6,3 % ad valorem), für Kaffee aus Brasilien (2,6 % ad valorem) und für Kaffee aus Kolumbien 4,9 % ad valorem). Dies Frachtkosten dürften aber ein akzeptables Niveau aufweisen.[1024] Bemerkenswerterweise zeigt diese Studie weiterhin, daß die Frachtraten relativ zum Wert der transportierten Waren insbesondere in der SITC Kategorie Maschinen und Transportausrüstung niedrig liegen.[1025]

6.2.2 Lohnkosten

Die Lohnkosten sind auf der Welt sehr unterschiedlich ausgeprägt und dies wird beispielsweise in Krugman/Obstfeld (1997) als Argument gegen die Heckscher-Ohlin Annahme der Konvergenz der Faktorpreise verwendet.[1026] Entgegengehalten wird hier, daß, den extremen Lohnkostenunterschieden zum Trotz, Konvergenzprozesse erkennbar sind, sodaß die Gültigkeit des Heckscher-Ohlin Modells in diesem Bereich nicht ganz ausgeschlossen werden kann. Zuerst einmal Informationen über die derzeitigen Lohnkostenunterschiede: Nimmt man die USA als Referenz mit dem Indexwert 100, liegen die Lohnkosten in Taiwan und Korea bei 30, in Mexiko bei 15 und in China und Indien bei 5.[1027] Als Beispiel für die allerniedrigste Lohnkategorie eignen sich die Löhne im Bereich Bekleidung. Hier haben bestimmte afrikanische Länder sowie Indien, Pakistan, Bangladesh und Indonesien Lohnkostenvorteile gegenüber China: US$ pro Stunde Madagaskar 0,33; Kenya und Indien 0,38; Pakistan 0,41; Bangladesh 0,39; Indonesien 0,27; China 0,68 (bei der Produktion höherer Qualität 0,88); Mauritius 1,25; Südafrika 1,38.[1028] Korea liegt bei 5,73; in Taiwan bei 7,15. In der Türkei liegt für Textilien der Wert von 2,13 vor, Ägypten liegt bei 1,01, Kolumbien bei 1,82 und Peru 1,63.[1029] In der Karibik liegen die Löhne bei meist um 1,50.[1030]

Generell gilt, daß die Lohnkosten von diversen Faktoren beeinflußt werden, darunter Produktivität bzw. Technologieeinsatz und die Arbeitsmarktnachfrage. So werden niedrige Lohnkosten meist zuerst einmal auf niedrige Produktivität zurückgeführt und von einer Produktivitätssteigerung wird erwartet, daß diese zu höheren Löhnen führt.[1031] Ein direkter Rückschluß von Lohnkosten auf die Wettbewerbsfähigkeit sei schwer möglich, denn darauf hat, neben dem Technologieeinsatz und der Güterart, auch die Leistungsfähigkeit der Arbeiter einen Einfluß, diese wird am besten durch Lohnstückkosten gemessen.[1032]

[1024] Hummels 1999: 35.
[1025] Im Jahre 1995 werden in SITC 7 Maschinen und Transportausrüstung 2,25 Frachtrate am Wert erreicht. Im Bereich Lebensmittel SITC 0 ist er am höchsten: 7,64, sodann folgt SITC 1 Getränke und Tabak: 7,05; SITC 2 Rohmaterialien: 7,63; SITC 3: Treibstoffe 6,88; SITC 4 Tierische und pflanzliche Öle: 6,05; SITC 5 Chemikalien: 4,95; SITC 6: verarbeitete Produkte nach Material sortiert: 4,85 und schließlich SITC 8 sonstige verarbeitete Produkte: 4,37. Hummels 1999: 39.
[1026] "Although this view of trade is simple and appealing, there is a major problem: In the real world factor prices are *not* equalized." Hervorhebung im Original. Krugman/Obstfeld 1997: 79.
[1027] Fouquin et al. 1995: 192-193; Krugman/Obstfeld 1997: 79; siehe dazu **Tabelle 34**.
[1028] USITC 2004: K-24; ergänzt aus: Ferenschild/Wick 2004: 25.
[1029] Ferenschild/Wick 2004: 25.
[1030] Ferenschild/Wick 2004: 25.
[1031] Hinze 1998: 69-73; Rama 2003: 3.
[1032] Hinze 1998: 30.

Dazu kommt, daß Industriecharakteristika eine eigenständige Erklärungsrelevanz haben. In bestimmten Industrien haben Löhne relativ hohe Anteile an der Wertschöpfung, sodaß diese besonders dazu geeignet sind, komparative Vorteile von Ländern mit einem Überschuß des Faktors Arbeit zur Geltung zu bringen. Gleichzeitig machen diese Untersuchungen einen weiteren wichtigen Punkt sichtbar, daß nämlich Löhne in bezug auf die Kostenrechnung der Firmen keineswegs das prägende Element darstellen. Prägendes Element sind die Ausgaben für Inputgüter bzw. Vorprodukte, die durchschnittlich 68 % der Kosten ausmachen (relativ zum Wert des Outputs). Durchschnittlich machen Lohnkosten nur 11 % an den insgesamten Kosten aus. In arbeitsintensiveren Bereiche steigt dieser Wert auf 18 % (Bekleidung), 18 % (Möbel), 18 % (Leder). Auf der Ebene von 16 % liegen verarbeitete Metallprodukte, Glas, Steine und Erden, Gummie und Plastik und Druck. Maschinenbau und Computer liegen bei 14 %. Im Papier- (12 %), Metall- (12 %), Automobil- (11 %), Textil- (11 %) und Lebensmittel- und Chemiebereich (6 %) sowie Petroleumbereich (2 %) liegen die Werte niedriger.[1033] Dies gibt einen Hinweis darauf, wo die Vorteile für Entwicklungsländer gemäß Heckscher-Ohlin liegen, wiewohl andere Faktoren wichtig bleiben.

Diese Relevanz der Industriecharakteristika wird wiederum modifiziert durch das Phänomen der Auslagerung von Teilabschnitten der Produktion in das Ausland und die zunehmende Beschaffung von Inputgütern bzw. Vorprodukten aus dem Ausland, um Lohnkostenvorteile zu nutzen.[1034] Folgt man Samuelson, kann es auch durch diesen Güteraustausch zu einer Faktorpreisausgleich beispielsweise für den Bereich unqualifizierter Arbeit kommen, selbst wenn Arbeit auf internationale Ebene nicht mobil ist.[1035]

In bezug auf die Arbeitskosten wird weiterhin das Phänomen der Erhöhung der innergesellschaftlichen Ungleichheit diskutiert. Dazu eine kurze Anmerkung: Wie schon erwähnt kann Liberalisierung (also die intensivere Integration in den internationalen Handel) zum Absinken der realen Löhne führen, wahrscheinlich vor allem im Bereich unqualifizierter Arbeit, und dies auch in Entwicklungsländern, die eigentlich diesbezüglich einen komparativen Vorteile gemäß Heckscher-Ohlin aufweisen müßten. Steigen relativ dazu die Einkommen für die besser ausgebildete Arbeit an, kann Liberalisierung mit einer Zunahme der Ungleichheit der Einkommensverteilung in Verbindung gebracht werden. Hier muß aber, etwa für die Entwicklungsländer, genauer untersucht werden, ob dies auf Liberalisierung oder etwa auf die Deregulierung des Arbeitsmarktes zurückgeführt werden kann.[1036]

Zur Lohnentwicklung in den Entwicklungsländern: Faktisch weisen eine ganze Reihe Länder sinkende reale Löhne auf (Venezuela, Uruguay, Argentinien, Jamaika, viele afrikanische Länder unterhalb der

---

[1033] Leith/Malley 2003: 4; siehe: **Tabelle 35**.
[1034] Härtel et al. 1996: 112-118; an zentrale Stelle gerückt in der Diskussion von European Commission 2004a: 11.
[1035] Wood 1994: 28-29. Von Wood (1994) wird der Teilehandel noch nicht in den Mittelpunkt gestellt, er konzentriert sich damals noch auf den Aufstieg der asiatischen 'Tiger' Korea, Taiwan, Singapur etc. und auf eine Nachzeichnung der Qualifikationsunterschiede in Süd und Nord. Immerhin bemerkt er die Relevanz des Teilehandel schon. Wood 1994: 211.
[1036] ILO 1997: 193.

Sahara), es gibt aber auch eine ganze Reihe von Ländern mit steigenden realen Löhnen (Singapur, Korea, Hongkong, Türkei, Pakistan, Panama, Philippinen). In Brasilien lagen die realen Löhne in den achtziger Jahren höher als Anfang der siebziger Jahre, um 1991 wurde aber wieder das Niveau von 1975 erreicht.[1037] Sinkende Löhne lagen teils auch an den Finanzkrisen.[1038] In Indien stiegen die Löhne in den Bereichen, die in direkter Konkurrenz zu den Produkten der Industrieländer stehen (Chemie, Transportausrüstung, Maschinenausrüstung) von 1980 bis 1997 jährlich um ca. 5 % an, im Konsumgüterbereich und bei Zwischenprodukten sanken die Steigerungsraten in den neunziger Jahren ab.[1039] Empirisch wird weiterhin festgestellt, daß in einer Ländergruppe von 'Globalisierern' die Löhne zwischen den 1980er und 1990er Jahren um 30 % ansteigen, im Gegensatz zu den 'Nicht Globalisierern', die nur 15 % Steigerung aufweisen. Die These wird vertreten, daß die Liberalisierung kurzfristig zu einem Absinken, langfristig zu einer Lohnsteigerung führen würde.[1040]

Eine Konvergenzbewegung im Sinne einer Steigerung der Löhne von einem niedrigen Ausgangsniveau aus, läßt sich in bezug auf die Transformationsländer feststellen. So lagen die durchschnittlichen Monatsverdienste 1995 in Tschechien, der Slowakei, Ungarn (also fortgeschrittenen Transformationsländern) bei 10 % des deutschen Niveaus, von 1992 bis 1995 steigen diese Löhne in Landeswährung aber im zwei- oder sogar dreistelligen Bereich.[1041] Dieser Effekt wurde durch die Währungsabwertungen aber konterkariert.[1042] In fast allen Transformationsländern erhalten sich danach zweistellige Steigerungsraten. Die Lohnkostenniveaus im verarbeitenden Sektor lagen 2001 pro Monat bei (EU 15-Durchschnitt = 100): Tschechien 17,7 %; Estland (für 2000) 9,3 %; Ungarn 20,5 %; Lettland 8,0 %; Litauen (für 2000) 7,2 %; Polen 22,2 %; Slowakei 13,6 %; Slowenien 13,6 %; Bulgarien 5,1 %; Rumänien 6,8 %.[1043] Zum Vergleich: In den OECD-Ländern hatte der Lohnsatz 1959 durchschnittlich auf 11 % des amerikanischen Wertes gelegen, im Jahre 1989 lag er 12 % darüber.[1044]

Am Rande erwähnt, widerspricht es der allgemeinen Annahme einer Angleichung der Faktorpreise durch den internationalen Güterhandel, daß Primärgüter und Rohstoffe keine deutlicherer preisliche Aufwärtsentwicklung verzeichnen können, siehe die Terms of Trade Diskussion oben. Dies ist sicher einer der Gründe dafür, daß die realen Arbeitslöhne in afrikanischen Ländern eine absinkende Tendenz aufweisen, etwa in Ghana mit realen Arbeitlöhnen, die 1970 auf dem Niveau von 312 lagen, bis 1981 auf 59 absanken, dann auf einem Niveau leicht über 100 stagnieren.[1045]

[1037] ILO 1997: 190-192.
[1038] Rama 2003: 6.
[1039] Auf Konsumgüter 1,87 % (1988-97), Zwischenprodukte -1,76 % (1988-97), für Kapitalgüter liegt der Anstieg in bezug auf diese Zeitperiode bei 3,26 %. Pandey 2004: 36.
[1040] Rama 2003: 3-5.
[1041] Hinze 1998: 162.
[1042] Hinze 1998: 162.
[1043] European Commission 2003: 198.
[1044] Die Stundenlöhne in England konvergieren, sie lagen 1959 bei 29, 1979 bei 76, 1989 sanken sie auf 48 in bezug auf die Indexzahl 100 die für das Lohnniveau in den USA steht. Zweifel/Heller 1997: 255. Ausführlich zur Aussagefähigkeit internationaler Lohnkostenvergleiche, leider nicht unter Einbeziehung von Entwicklungsländern, Hinze 1998.
[1045] Teal 2000: 450.

Diesen internen und externen Einflüssen auf die Lohnkosten zum Trotz, wird hier - alles in allem - dennoch geschlossen, daß es langfristig auf weltweiter Ebene zu moderat wirksamen Preisanpassungsprozessen kommt, die auf den Heckscher-Ohlin Wirkungsmechanismus zurückzuführen sind.

Diese Diskussion wird bekanntlich ebenso in bezug auf die Industrieländer geführt, weil es denkbar ist, daß durch Heckscher-Ohlin Konvergenzeffekte weniger gut ausgebildete Arbeiter durch den zunehmenden Import arbeitsintensiv hergestellter Waren Lohneinbußen erleiden. Von Wood (1994) wird die These vertreten, daß von dem 7 % Rückgang der Beschäftigung im verarbeitenden Gewerbe zwischen 1969 bis 1989 vielleicht 4 % auf den gestiegenen Nord-Süd-Handel zurückzuführen sind, wobei 20 Mill. Jobs in den Entwicklungsländern neu entstanden sind.[1046]

Diese These könnte dadurch gestützt werden, wenn absinkende Güterpreise beobachtet werden könnten, als Ausdruck zunehmender Konkurrenz in diesen Bereichen. Bislang sinken die Preise in den Märkten der Industrieländern in den allermeisten Fällen allerdings nicht ab. Selbst die Preise arbeitsintensiv hergestellter Waren sinken dort nicht deutlich erkennbar ab. Immerhin ist ein moderater Preisrückgang, ausgelöst durch heimische Firmen, zu beobachten, welcher indirekt als Ausdruck zunehmender Importkonkurrenz interpretiert werden kann. Solche absinkenden Preise werden tendenziell in den Bereichen beobachtet, die mit Japan und Korea (und zunehmend China) verbunden werden können: Haushaltswaren, Foto, Optik, weniger anspruchsvolle Elektronik, teils bei Textil- und Bekleidung (in Italien) und bei Möbeln.[1047]

Absinkende Güterpreise sind allerdings nicht Vorraussetzung für das Vorliegen von Anpassungskosten. So kann ein Rückgang der Wertschöpfung in bestimmten Bereichen, etwa im Bekleidungsbereich, dazu führen, daß weniger qualifizierte Arbeitskräfte freigesetzt werden, wodurch eine Rückgang der Löhne in diesem Faktorbereich ausgelöst werden. In den USA fand ein relativer (kein absoluter!) Rückgang der Wertschöpfung in weniger qualifizierten und Importen ausgesetzten

---

[1046] Wood 1994: 211-212; Sachs/Shatz 1996: 239. Ausführlich vertritt die These von Lohn- und Beschäftigungseffekten durch den zunehmenden Nord-Südhandel, darunter auch im Bereich von verarbeiteten Produkten, besonders in den Bereichen unqualifizierter Arbeit ('unskilled labor'), anhand der Heckscher-Ohlin Annahmen: Wood 1994: 210-212, 393-394. Kurze Übersicht in Krugman/Obstfeld 1997: 80-82. Es gibt aber Reaktions- bzw. Abmilderungsmöglichkeiten, insofern kann auch diese starke These hinterfragt bzw. abgemildert werden: Durch eine Spezialisierung in Güterkategorien, die nicht in direkter Konkurrenz zu den Waren der Entwicklungsländer stehen, kann dem aber wieder entgangen werden. Schott 2001: 4. Weitere Reaktionsmöglichkeiten: 'abandon' also die Aufgabe der Firmen, 'splitting up' also die Auslagerung arbeitsintensiver Produktionsprozesse in Länder mit niedrigeren Arbeitskosten, aber das Beibehalten ausbildungsintensiver Abschnitte in den Industrieländern und schließlich 'raising labor productivity', also die Substitution von Arbeit durch Kapital. Wood 1994: 108. Weiterhin müssen Lohnkostendifferenzen nicht unbedingt mit dem Heckscher-Ohlin Modell erklärt werden, so haben Technologiedifferenzen, das Produktivitätswachstum, veränderliche Nachfragestrukturen, sinkende Investitionsraten einen Einfluß und erklären zu 50 % bis 2/3 die Jobverluste in industrialisierten Ländern. Rowthorn/Ramaswamy 1998: 19. Zum internationalen Vergleichen von Lohnkosten bezüglich der Industrieländer ausführlich Hinze 1998.

[1047] Interessanterweise sinken die Preise für die arbeitsintensive Kategorie in Italien deutlich ab, dies deutet auf die dort bestehende intensive Konkurrenzsituation etwa vis-a-vis des auch dort vertretenen Schuhe und Bekleidungsektors hin. Nur die Daten nicht die Interpretation in Neven/Wyplosz 1996: 9-11. Weiter unten werden Informationen zu absinkenden Preisen im Möbelbereich gegeben. Siehe Punkt 11.10. Insgesamt gesehen, leider nicht nach Entwicklungsländern und Industrieländern differenziert, steigt die Importpenetration mehr im Bereich der High-Tech Produkte an. Siehe: **Tabelle 36**.

Bereichen um 16 % statt.[1048] In der EU sind solche Rückgänge der Wertschöpfung nur in sehr wenigen Industriebereichen zu beobachten, dies wird noch unter Punkt 10.1 gezeigt.

Für die Automobilindustrie in Deutschland zeigen Spatz/Nunnenkamp (2002), daß der zunehmende Bezug von Vorleistungen aus dem Ausland in Deutschland nicht zu einem Rückgang der Löhne in der Automobilzuliefererindustrie geführt hat, weil die Humankapitalintensität in diesem Bereich angestiegen ist. In den USA wurde eine solche Strategie nicht verfolgt und gleichzeitig kam es aufgrund der starken Gewerkschaften nicht zu Lohnkürzungen. Dies wird als Grund für eine dort intensivere Auslagerungstätigkeit angeführt.[1049]

Ebenso bedeutsam bleiben industrie- bzw. handelsstrukturelle Charakteristikas. In einer Untersuchung bezüglich der Situation in den Industrieländern, die zwischen strukturellen Industriecharakteristikas unterscheidet, wird herausgefunden, daß es zwar Hinweise auf relative Lohneinbußen im Bereich fragmentierter und segmentierter Industrien mit wenig Produktdifferenzierung gibt, nicht aber im Bereich fragmentierter und segmentierter Industrien, die eine breite Produktdifferenzierung aufweisen. Dies weist auf die Relevanz der Theorie des Intra-Industriehandels für diese Fragestellung hin, siehe unten. Ebenso werden klare Beweise dafür gefunden, daß im segmentierten Industriebereich mit hoher Produktdifferenzierung, welcher eine hohe Exportintensität aufweist, die relativen Löhne ansteigen.[1050]

6.2.3 Kapital und Arbeit

Schließlich wird die These vertreten, daß eine schnelle Angleichung der Faktorpreise dadurch verhindert wird, daß die Faktoren selbst (also Arbeit, Kapital) nicht international in perfektem Sinne mobil sind.[1051]

Diese These wird in bezug auf den Faktor Kapital von Feldstein/Horioka (1980) vertreten, welche herausfinden, daß es einen engen Zusammenhang zwischen der Investitionshöhe und der Sparrate gibt. Somit gleichen internationale Kapitalströme nur partiell Unterschiede in der Sparrate aus und auch höhere Zinsen können nicht eine solche Kapitalmobilität auslösen.[1052] Andere Autoren unterstreichen

---

[1048] Sachs/Shatz 1996: 237.
[1049] Spatz/Nunnenkamp 2002: 39-42.
[1050] Die fragmentierten Industrien mit eher homogenen, nicht differenzierten Produkten sind: Textiles, apparel and leather, wood products and furniture, non-metallic mineral products, other manufacturing. Die fragmentierten Industrien mit differenzierten Produkten sind: metal products, non-electrical machinery, office and computing machinery, electrical machines, radio, TV and communications, professional goods. Segmentierte Industrien ohne Produktdifferenzierung sind: Paper products and printing, petroleum products, rubber and plastic, iron and steel, non-ferrous metals, shipbuilding and repair. Differenzierte Produkte im segmentierten Industriebereich stellen her: Food, beverages, tobacco, chemicals exludings drugs, drugs and medicine, motor vehicles, aircraft, other transport equipment. Oliveira Martins 1994: 144, 146.
[1051] Einen Überblick über unterschiedlichen Modelle, speziell in bezug auf Kapitalmobilität, gibt Ruffin 1984: 237-288. .
[1052] Von diesen Autoren wurde die These aufgestellt, daß nur ein kleiner Teil des Kapitals international mobil ist und somit dazu beitragen kann, Zinsdifferenzen zu verringern. Somit gleicht international mobiles Kapital nicht die unterschiedlichen Sparraten aus. Empirisch wird gezeigt, daß Sparraten in einem deutlichen Zusammenhang mit Investitionsraten stehen. Feldstein/Horioka 1980: 328.

aber die Mobilität des Kapitals, mit dem Hinweis daß die Kosten für Kapital nicht stark variieren[1053], speziell in der heutigen Zeit wird dies als selbstverständlich angesehen.[1054] Dies sei auch an den Direktinvestitionen erkennbar.[1055] Diese fließen allerdings nicht in alle Länder gleichmäßig gemäß Unterschieden der Kosten des Faktors Kapital, weiterhin bleibt erkennbar, daß das heimische Kapital wichtig bleibt, um Investitionen zu finanzieren.[1056] Dennoch ist das Fazit zu ziehen, daß Kapital sicher heute viel mobiler ist, als noch Anfang der achtziger Jahre.

Der Faktor Arbeit wird geläufigerweise nicht als mobil auf internationaler Ebene angesehen. Dennoch gibt es Wanderungen unqualifizierter Arbeitskräfte in die reicheren Länder.[1057] Die Abwanderung qualifizierter Arbeitskräfte, die einen Überschuß qualifizierter Arbeit in den Industrieländern verstärkt, wird als 'brain drain' beschrieben von Bhagwati (1977).[1058] Spektakulär ist Mauritius, welches 30 % seiner Arbeitskräfte in der Textil- und Bekleidungsindustrie 'importiert'.[1059]

6.3 Exkurs China: Ist eine neue Theorie internationalen Handels nötig?

Länder wie China und Indien verfügen im Bereich unqualifizierter Arbeit über ein unlimitiertes Arbeitsangebot ('Reservearmee'). D.h. Lohnsteigerungen in diesen Ländern durch den internationalen Handel ist in bezug auf diese Kategorie der Arbeit erst langfristig und bei stark steigender Arbeitsnachfrage zu erwarten.[1060] Als Phänomen der Globalisierung wird es bezeichnet, daß heute Direktinvestitionen vorgenommen werden, die relativ hohe Produktivität aufweisen und trotzdem auf sehr niedrige Löhne zurückgreifen. Die daraus resultierenden Exporte werden als unfair angesehen.[1061] Damit wird derzeit natürlich vor allem auf China angespielt.

Kurz: Es wird eine neue Theorie internationalen Handels vorgeschlagen, ein Ricardo-Modell wie hier in Punkt 4, welches absolute komparative Vorteile nicht nur der Technologie, sondern der Kombination von Technologie und niedrigen Löhnen zuschreibt. Der Eindruck der Unfairness beruht offenbar darauf, daß der Eindruck besteht, daß dies zu einer vollständigen 'wettbewerblichen Lücke' auf seiten sonstiger Länder in sehr vielen Produktbereichen führen wird.

[1053] Wood 1994a: 36, 39; kritisch gegenüber Feldstein/Horioka (1980), aber nicht gänzlich das Gegenteil beweisend Baxter/Crucini 1993: 432.
[1054] "In a global economy in which both goods and capital are mobile, but labor is not ... " U.S. Department of Commerce Manufacturing in America 2004: 29.
[1055] Ruffin 1984: 240-246.
[1056] Siehe dazu das Fazit am Ende dieses Abschnitts.
[1057] Ruffin 1984: 238.
[1058] So wird vorgeschlagen, diese als Subvention der armen Länder für die reichen Länder bezeichnete Faktorwanderung, durch eine Ausgleichszahlung zu kompensieren oder durch Steuern, welche die Auswanderer an ihren Heimatstaat zahlen. Bhagwati 1977: 29; siehe auch Körner 1998: 29.
[1059] Subramanian /Roy 2001: 13.
[1060] Jha et al. 2004: 10.
[1061] Fouquin et al. 1995: 193-194.

Welche Relevanz hat diese These? Dazu erste Beobachtungen aus der Perspektive technologischer Fähigkeiten, die das Länderbeispiel China in Abschnitt 'G' ergänzen. Zuerst kurz zu Lohnkostenentwicklungen. Immerhin zeigen empirische Untersuchungen in bezug auf qualifizierte Arbeitskräfte, daß die Nachfrage nach diesen durch eine Liberalisierung steigen kann und die Löhne auch in diesem Bereich ansteigen.[1062] Auch China verfügt bezüglich qualifizierter Arbeit über kein unlimitiertes Angebot, sodaß wenigstens die konkreten Zahlen der Hochschulabsolventen dafür sprechen, daß im Bereich der Produktion höherwertiger technologischer Güter die Löhne schneller ansteigen werden.[1063]

Mit den obigen Argumenten wird weiterhin auf die hohen Direktinvestitionen angespielt, die nach China fließen. Mit dem US$ 447 Mrd. hohen Stock an Direktinvestitionen (Zahlen für 2002) liegt China knapp hinter Deutschland (US$ 531 Mrd.), aber schon deutlich vor allen anderen Entwicklungsländern (die USA liegt mit 1505 Mrd. vorne).[1064] Deutlich wird an dieser Stelle schon, daß Direktinvestitionen ein eigenständiger Erklärungsfaktor für den internationalen Handel sind. Sie befinden sich insofern im Einklang mit Heckscher-Ohlin Erklärungen, wenn sie Faktorvorteile der Entwicklungsländer nutzen. Weil nun die Direktinvestitionen in China tatsächlich schnell in den Bereich kapitalintensiver Produktion vorstoßen, müßte die Heckscher-Ohlin Theorie des internationalen Handels tatsächlich verändert werden, denn ein arbeitsüberschüssiges Land würde durch Direktinvestitionen in kurzer Zeit mit einer kapital- und ausbildungsintensiven Produktion ausgestattet werden. Welche Implikationen die Direktinvestitionen und auch die eigenen chinesischen Anstrengungen auf die Erhöhung der Produktivität haben, läßt sich am besten dadurch verstehen, indem untersucht wird, wie weitgehend ein Technologietransfer tatsächlich erfolgt und wie die technologischen Fähigkeiten chinesischer Firmen ausgebildet sind:

Studien zeigen zuerst einmal, daß es in China gelingt, arbeitsintensive Tätigkeiten mit hoher Produktivität durchzuführen. Im Textil- und Bekleidungsbereich gelingt es eine vorteilhafte vertikale Integration der Produktionsstruktur zu etablieren. Im Textilbereich hat es signifikante ausländische Investitionen gegeben (18 % der heimischen Produktion im Jahre 1995, für Bekleidung liegt der Wert sogar auf fast 50 %[1065]). China können sich damit Textil- und Bekleidungsproduktion ergänzen und dies wird zusätzlich kombiniert mit der weltweit größten Baumwollproduktion (dazu kommt die Cashmere Wolle Produktion in der Mongolei[1066]), ergänzt durch Investitionen in der Chemie bzw. Kunstfaserindustrie. Von 1994 bis 2003 sind 55 % aller ausgelieferten Webmaschinen nach China ausgeliefert worden, bei Spinnmaschinen liegt China mit 23 % knapp hinter Indien 27 %. Andere Länder, wie Bangladesh, Sri Lanka, Indonesien, Kambodscha, Vietnam, Philippinen, Nepal oder auch

---

[1062] Anhand von empirischen Untersuchungen von Kolumbien, Costa Rica und Chile. Rama 2003: 8.
[1063] In einem Jahrgang sind 1,4 Mill. Techniker im weitesten Sinn in China an den Universitäten eingeschrieben, in Deutschland sind dies ca. 700.000. In China befinden sich 4 % der Bevölkerung in der tertiären Universitätsausbildung, in Deutschland 36 %. Daten aus Lall 1999: 1781.
[1064] Siehe: **Tabelle 37**.
[1065] Siehe: **Tabelle 38**.
[1066] PSIA Mongolia 2003.

afrikanische Länder wie Madagaskar weisen zwar niedrigere Löhne auf, haben aber den Nachteil Vormaterialien (Textilien, Baumwolle) importieren zu müssen (Südafrika ist allerdings ebenfalls ein Textilproduzent und in Sambia und Mosambik wird Baumwolle geerntet). Sichtbar wird zudem, daß die Löhne in China in den Küstenregionen (nicht aber im Hinterland) angestiegen sind, dies kann aber durch eine höhere Produktivität (55 % China im Vergleich 35 % Indien, Indexwerte) und die Vorteile vertikal integrierte Produktion kompensiert werden.[1067] Wenn es tatsächlich so ist, daß China durch diese vertikale Integration Kostendifferenzen Textilien teilweise um 50 % günstiger als die U.S. Industrie produzieren kann, hilft dies zu erklären, warum China trotz Zöllen und Transportkosten beispielsweise Kostenvorteile gegenüber Mexiko auf dem U.S. Markt hat.[1068] Material hat einen relativ hohen Anteil an der Kostenstruktur bei Bekleidung: Der Anteil der Arbeitskosten, als Schneiden, Nähe liegt zwischen 15 und 25 %, relativ hoch sind die Materialkosten, zwischen 35 und 60 %.[1069]

Blick man auf die weiteren Industriesektoren Chinas ist erkennbar, daß es bisher noch nicht in allen Bereichen zu einem Transfer höherwertiger Technologie gekommen ist. Dies ist das Ergebnis einer aus sicherheitspolitischen Motivationen in Auftrag gegebenen EU Untersuchung von Bennett et al. (1999): Der einzige Hochtechnologiebereich in dem ein Transfer hochwertiger Technologie stattgefunden hat ist der Bereich der Telekommunikationsausrüstung. Dagegen findet in den Bereichen Maschinen- und Instrumentebau, Energieanlagen und Flugzeugherstellung ein Transfer höherwertiger Technologie nicht erkennbar statt.[1070] Diese Tendenzaussage läßt sich auch heute weiter aufrechterhalten.[1071] Zwar hat China erhebliche Fortschritte in der Flugzeugtechnik gemacht. In den achtziger Jahren wurden für McDonnellDouglas 34 Einheiten MD 82/83 Jets montiert und einzelne Teile dafür selbst hergestellt, sodaß Fertigkeiten in der Metallverarbeitung gewonnen wurden.[1072] Weitere, technologisch anspruchsvollere Projekte scheitern aber. Angekündigt wird, daß in bälde ein Regionaljet gebaut werden wird, sowohl die Flugzeugelektronik als auch die Triebwerke können aber nicht in China gefertigt werden.[1073] Es gibt kleinere Kooperationen mit ausländischen Flugzeugteileherstellern[1074] und bei den jeweiligen Verkäufen von Airbussen oder Boeings wurden

---

[1067] Zu diesem Abschnitt Heymann 2005: 2-11; siehe auch OECD 2005: 37-46, 203; China verfügt somit über Vorteile im Textil- und Bekleidungsbereich, siehe dazu auch **Tabelle 39**.
[1068] Dussel Peters 2005: 69.
[1069] Morawetz 1981: 92. Das ist noch heute so, 21,5 % für Arbeit und 54,5 % für die Materialkosten schätzen Kathuria/Bhardwaj 1998: 14; bestätigt in Nordas 2004: 7.
[1070] Ausführlich die Studie zum Technologietransfer nach China mit sicherheitspolitischem Hintergrund im Auftrag der EU Bennet et al. 1999: 6.6-6.16.
[1071] Wenig neue Erkenntnisse liefert U.S. China Economic and Security Review Commission (2002, 2005).
[1072] "Although there was no large scale transfer of technology, there were clearly identifiable gains for SAMC for the assembly contract. (...) The promised income from the contract enabled SAMC to invest in large-scale purchase of advanced machine tools and other advanced equipment, and a large scale transfer of knowledge from MD workers to the Chinese side ..." Nolan 2001: 206-207.
[1073] Dieser Jet soll von der China Aviation Industry Corporation gefertigt werden, Name des Jets: ARJ21. U.S. China Economic and Security Review Commission 2005: 30-31. Die Geschichte der chinesischen Flugzeugindustrie ist komplex und dramatisch. Immer wieder wurde versucht, Passagierdüsenmaschinen zu bauen, darunter in Kooperation mit McDonnellDouglas. China hat schon in den achtziger Jahren substantielle technologische Fähigkeiten vorliegen und kann etwa Propellermaschinen selbst bauen, selbst hinsichtlich der Kontrollinstrumente (mit wenigen Ausnahmen, die importiert werden). Nolan 2001: 195-217.
[1074] Bennet et al. 1999: 6.6-6.16.

Zugeständnisse gemacht Teile in China fertigen zu lassen.[1075] Dabei werden chinesische Hersteller als Zulieferer von Nase, Rudern und den hinteren Teil des Flugzeugkörpers immerhin kontinuierlich von Boeing eingebunden.[1076] Um High-tech dürfte es gehen, wenn Turbinenblätter in Zusammenarbeit mit Rolls-Royce und einer israelischen Firma gebaut werden.[1077] Sehr weit ist China damit aber noch nicht gekommen. Japan hatte es aufgegeben, ein eigenes Flugzeug zu bauen, erreicht als Zulieferer aber US$ 9-10 Mrd., im Vergleich dazu liegt die chinesische Industrie bei ca. US$ 300 Mill..[1078] Im Militärbereich kauft China russische Flugzeuge, weil die eigenen technologischen Fertigkeiten stark veraltet sind.[1079] Die U.S. Regierung unterband den chinesischen Versuch eine U.S. Firma zu kaufen, die Spezialmetalle herstellt, die im Flugzeugbereich gebraucht werden.[1080] Bei Energieanlagen transferierten ausländische Firmen zwar partiell Technologie, siehe unten, wenden aber insgesamt gesehen klar erkennbar eine Strategie der Verhinderung des Technologietransfers an.[1081] Im Halbleiterbereich werden ebenfalls nicht die allerneusten Technologien (Mikroprozessoren von Intel und AMD) weitergegeben, bei der sonstigen Halbleiterproduktion steigen die chinesischen Fähigkeiten aber schnell an.[1082] Im Medium-Technologiebereich liegt eine differenzierte Lage vor: In den Joint Ventures im Automobilbereich wurden Prozesstechnologien transferiert, aber bislang wenig F&E, welches wichtig für einen eigenständigen Erfolg am Markt ist. Die Motorenherstellung wird beispielsweise noch von den Automobilherstellern selbst durchgeführt und weist hohe F&E Kosten auf. Unter anderem aus diesen Gründen gelingt es nicht einen chinesischen Dieselmotorenhersteller zu etablieren. Die Automobilhersteller gehen Joint Ventures mit westlichen Hersteller ein.[1083] Die Fähigkeiten chinesischer Firmen bei der Metall- und Plastikverarbeitung sind mittlerweile auf einem hohem Niveau angelangt.[1084] Als im Chemiebereich klar wurde, daß mit den eigenen Unternehmen nicht die eigene Nachfrage zufriedengestellt werden kann, wurde eine Öffnung für ausländische Investoren durchgeführt.[1085] Ausländische Chemiehersteller engagieren sich in Form von Joint Ventures mit staatlichen chinesischen Unternehmen, die bereits über technologische Fähigkeiten verfügen, sodaß es, so die Literatur[1086], wahrscheinlicher wird, daß es zu einem Technologietransfer

---

[1075] U.S. China Economic and Security Review Commission 2005: 30-31.
[1076] Nolan 2001: 214-216.
[1077] Nolan 2001: 217.
[1078] Nolan 2001: 216-218. Zwar arbeitet Japan als Zulieferer und bleibt teils an Projekten beteiligt, die Entwicklung eines Regionaljets wird aber aus Kostengründen nicht weiterverfolgt. Nolan 2001: 176-178.
[1079] U.S. China Economic and Security Review Commission 2002: Chap. 10; ausführlich Nolan 2001: 190.
[1080] Lee 2005: 8.
[1081] Siehe die Sektorberichte unter Punkt 11.
[1082] Siehe die Sektorberichte unter Punkt 11.
[1083] Der Firma Yuchai gelingt es für US$ 200 Mill. Verkäufe zu erzielen, Caterpillar (US$ 6524 Mill.) und Cummins (US$ 3982 Mill.) liegen weit darüber. Die chinesische Firma hat keine Chance die westlichen Firmen zu übertrumpfen, die weltweite Verkaufsnetzwerke aufgebaut haben. Der chinesische Automobilproduzenten Dongfeng geht u.a. deshalb, aber auch weil er unabhängig von einem dominierenden chinesischen Hersteller sein will, mit Cummins ein Joint Venture ein. Nolan 2001: 583. Diverse andere Firmen gehen weitere Joint Ventures mit westlichen Dieselmotorherstellern ein, es wird auch eine Lizenzproduktion erwähnt. Nolan 2001: 566. Es gibt ansonsten nur eine unabhängige Motorenfabrik in China, Beijing Interna Combustion Engine Company, die 175.000 Motoren produziert. Nolan 2001: 567.
[1084] Siehe die Sektorberichte unter Punkt 11.
[1085] Hermanns 2001: 286.
[1086] Wenn ein Schwellenwert an eigenen Fähigkeiten vorhanden ist, steigt die Wahrscheinlichkeit von Technologietransfer. Müller/Schnitzer 2005: 4; so ist ein höheres Ausbildungsniveau wichtig, damit ein Land von ausländischen Investitionen profitieren kann, einen Überblick gibt ebenso in diesem Sinne Nunnenkamp 2002: 32-34.

kommen wird.[1087] Die dort aufgebauten Großanlagen befinden sich auf dem neuesten Stand, ebenso sollen mittelfristig auch F&E Abteilungen in China angesiedelt werden. Auf der anderen Seite werden viele Spezialchemikalien noch nicht in China produziert und dies führt zu hohen Importen in diesem Bereich. Zu erwarten ist, daß die Kostenvorteile einer lokalen Produktion dazu führen wird, daß über mittlere Sicht multinationale Firmen auch Spezialchemikalien in China produzieren werden.[1088] Die heimischen Firmen leiden u.a. darunter, daß sie noch über viele zu kleine Produktionsstätten verfügen, die keine Skalenökonomien erreichen.[1089] Der Stahlbereich ist unter Nutzung staatlicher Subventionen modernisiert worden und verfügt über 3 große integrierte Stahlwerke.[1090]

In bezug auf den Vorwurf, daß Chinas Vorteile auf unfaire Weise erworfen wurden, sei darauf hingewiesen, einige Autoren nicht irritiert von Erfolg Chinas in technologisch fortgeschrittenen Bereichen sind. Bei Berechnungen nach Heckscher-Ohlin der Faktorvorteile Chinas wurde etwa festgestellt, daß die Vorteile Chinas nicht mehr im Bereich wenig qualifizierten Arbeit (Textil-, Bekleidung) liegen, sondern sich bereits in den Bereich der Arbeit mit höherem Qualifizierungsniveau verschoben haben.[1091] Andere Untersuchungen zeigen, daß die massiven Zuflüsse von Direktinvestitionen insgesamt gesehen wenig zum heimischen Kapitalstock beigetragen haben, sodaß davon ausgegangen werden kann, daß China diese auch aus heimischen Ersparnissen hätte finanzieren können.[1092] Nicht vergessen werden darf aber, daß diese Direktinvestitionen Technologie, Wissen und Managementveränderungen nach China gebracht haben, sodaß deren Rolle keineswegs zu unterschätzen ist.[1093]

Die erstere These eines schon früher technologisch fortgeschrittenen China wird dadurch bestätigt, daß es kapitalintensive staatliche Konzerne im Rahmen der sozialistischen Fünf-Jahrespläne aufgebaut hatte und es aus dieser Zeit über Eisen- und Stahlwerke, eine Energieanlagenherstellung, Düngemittelwerke, Petrochemie sowie elektrische- und elektronische Ausrüstungsherstellung verfügt. In den zwei Fünfjahresplänen zwischen 1971 und 1980 wurden etwa Kapitalinvestitionen von US$ 12,5 Mrd. getätigt, wobei 50 % der Fabriken von japanischen Firmen aufgebaut wurden, wobei sich die enge Zusammenarbeit Japans mit China in den achtziger Jahren lockert. Das Baoshan Stahlwerk in Shanghai, welches 1985 in Betrieb ging, war keine Lieferung veralteter Technologie oder nutzt arbeitsintensive Fertigungstechniken. Es ist eine 1:1 Kopie des Kimitsu Werks von Nippon Steel,

---

[1087] Etwa der staatliche Konzern Sinopec. Perlitz 2005: 3; Hermanns 2001: 286.
[1088] BASF hat mehrere u.a. petrochemische Großanlagen in China aufgebaut, bzw. sie finden sich kurz vor der Fertigstellung. Perlitz 2005: 2-7. Siehe auch **Tabelle 40**.
[1089] Nolan 2001: 484.
[1090] Diese Werke sind Shougang (Beijing), Angang (Nordost), Baogang (Shanghai). Nolan 2001: 464; zu den Subventionen siehe Hermanns 2001: 286.
[1091] Mayer 2004: 22.
[1092] Hinweis auf eine weiter Studie in Taube 2001: 20.
[1093] Taube 2001: 20-21.

damals eines der modernste Stahlwerk der Welt, welches über Sauerstoffblastechnik, Stranggußverfahren und über Computerkontrolle verfügte.[1094]

Um eine Reform dieser bestehenden Industriestrukturen durchzuführen hat der chinesische Staat eine bestimmte Anzahl staatlicher Firmen, 74 der 120 größten Unternehmensgruppen, als "trail enterprise groups" ausgewählt.[1095] Diese weisen aber 1995 etwa nur Exporte von US$ 1,7 Mrd. auf.[1096] Darunter befinden sich zudem viele der wichtigen Joint Venture Unternehmen, sodaß diese Firmen nicht eigenständig für ihre Erfolg verantwortlich sind. Die differenzierten Beobachtungen in bezug auf den Technologietransfer oben beziehen sich somit auch auf diesen Bereich. Diese 'trail enterprises' sollen in Zukunft erfolgreich auf dem Weltmarkt agieren und zunehmend eigenständige Entscheidungen treffen, wobei diese Firmen vor allem durch das staatliche Bankensystem gestützt werden.[1097] Die Firmen sind zudem dazu ausersehen bestehende staatliche Konzerne zusammenzufassen und neu zu strukturieren. Dabei stoßen sie auf das Problem veralteter Technologie und zu kleiner Betriebsgrößen. Typisch für China war beispielsweise, daß die Regionalregierungen u.a. eigene Chemie- oder Automobilproduktionen aufgebaut haben, die den Wettbewerb nicht bestehen können.[1098]

Was steht weiterhin hinter dem Erfolg Chinas? Seit einiger Zeit gelingt es viele kleinen, mittelgroßen und ehemals staatlichen Unternehmen ihre technologischen Fähigkeiten und ihre Produktivität steigern. Einige der Gründe dafür: Die Dekollektivierung führte, zusammen mit technologischem Wandel, zu einer Produktivitätssteigerung auf dem Land.[1099] Das Militär wandelte aufgrund Deng Xiaopings Kürzungspolitik[1100] seine Fabriken für Kampfjets russischer Bauart (Technologie aus dem Jahre 1950) in Produktionsstätten für Haushaltsgeräte, Küchenherde, Motoren, Maschinen zur Lebensmittelverarbeitung, medizintechnische Ausrüstung, Hydraulikteile, Klimaanlagen, Automobile, Automobilteile, Motorräder und Textilmaschinen um.[1101] Die Automobile eines dieser Firmen, AVIC ('Microvans'), erreichen aber keine kostensenkenden Skalenökonomien bei einer Produktion von 8.000

[1094] Japanische Firmen bauten etwa den Baoshan Eisen und Stahlkomplex in Shanghai, den Daqing Petrochemiekomplex in der Provinz Heilongjiang, den Qilu Petrochemiekomplex in der Shandon Provinz und den Yangzi Petrochemiekomplex in der Jiangsu Provinz. Taube 2001: 15-16.
[1095] Nolan 2001: 70, 86-88.
[1096] Nolan 2001: 78; siehe die Liste in Nolan 2001: 100-135.
[1097] Nolan 2001: 96-97.
[1098] "Local goverments were very active setting up small scale refineries" Nolan 2001: 450. Für Automobile: "For various historical reasons, China's auto industry had long been subject to slow, disorderly and inefficient development. Many experts referred to the situation as a 'sheet of loose sand'. China previously had 126 auto manufacturing plants, more than 600 refitting factories and more than 4000 components factories. Most of the factories operated on a small scale, with some having annual output of less than 10000 units." Aus Beijing Review, 6. November 1995. Zitiert in Nolan 2001: 539. Anfang 1998 gab es 47 Stahlproduzenten, die rote Zahlen schrieben, auch diese Produzenten werden unter das Dach einer größeren Firma gebracht. Sicher können nicht alle der Fabriken erhalten werden. Nolan 2001: 114. Die Pharmaindustrie besteht aus 3000 Firmen, die dem Staat gehören, aber sämtlich sehr klein sind. Fünf Firmen wurden hier als 'trial enterprises' ausgewählt. Nolan 2001: 124.
[1099] Mit durchgängig komplexen, teils ambivalenten Auswirkungen auf den Agrarbereich. Huang/Rozelle 1996: 363-364.
[1100] Weil der technologische Rückstand des chinesischen Militärs so hoffnungslos war, entschied Deng Xiaoping zuerst einmal die zivile Wirtschaft aufzubauen und kürzte die Militärausgaben, besonders klar im Flugzeugbereich. Nolan 2001: 189.
[1101] Nolan 2001: 197-198. Eine Bestätigung für Walter Euckens Einschätzung der Anpassungsfähigkeit des kapitalistischen Produktionsapparates. Siehe auch die Webseiten einer dieser Firmen, die jetzt in zwei Unternehmen aufgeteilt wurde: AVIC 1 Information 2006; AVIC 2 Information 2006.

bis 10.000 Einheiten (1997).[1102] Bemerkenswert ist zudem seit kurzem ein boomender privater Sektor, der staatliche Firmen etwa durch 'management buyouts' übernommen konnte und mittlerweile bei der Kreditvergabe weniger benachteiligt wird. Dieser Prozess wurde erst seit 1998 stark beschleunigt, Ende 2001 sind bereits 70 % ehemals staatlicher Firmen partiell oder ganz privatisiert worden.[1103] Dadurch ist vermehrt Rechtsicherheit für privates Engagement in der Wirtschaft geschaffen worden, im Einklang mit ordoliberalen Annahmen. Natürlich würde jetzt eingewandt, daß diese Rechtssicherheit kaum dem westlichen Standard entspricht. Daß der Eigentumsschutz noch nicht westlichen Standards entspricht, kann aber auch als positiv für die chinesische Wirtschaft eingeschätzt werden. Beispielsweise ist ein Patentrecht mittlerweile etabliert, es ist aber mit einem Schwellenwert ausgestattet, der nur Patentrechtsverletzungen, die zu einem erheblichen wirtschaftlichen Schaden führen, verfolgbar macht.[1104] Auch aus diesem Grund findet in China sicher eine wohlfahrtssteigernde Diffusion von Technologie statt, etwas, das in gewissem Grad, auch von Walter Eucken begrüßt werden würde, siehe für die wohlfahrtssteigernden Effekte von Technologiediffusion, welche auch in den Industrieländern zum Normalfall gehören, Abschnitt 'E'.[1105]

Einiges spricht dafür, daß speziell die Privatisierungspolitik seit 1998 eine starke Wirkung in bezug auf die Steigerung der Produktivität in China hatte. In einer wachstumstheoretischen Untersuchung wird berechnet, daß zwischen 1980 und 1995 eine kontinuierliche Steigerung der Arbeitsproduktivität zu verzeichnen war, ein Aufholprozess gegenüber den USA jedoch noch nicht stattfand. Dagegen steigt diese relativ zur USA gemessene Arbeitsproduktivität (BSP pro Arbeiter) zwischen 1995 und 2002 schneller an und erhöht sich von 5,2 % auf durchschnittlich 13,7 %. Auf Werte von 40 % des amerikanischen Niveaus kommen Maschinen und Ausrüstungen, Transportausrüstung und Möbel.[1106] Dieses Ergebnis steht im Einklang mit ökonometrischen Untersuchungen, die dazu führten, daß etwa im GTAP Modell des Welthandels China (und Taiwan) mit einem besonders hohen Produktivitätswachstum von 3 % pro Jahr eingeordnet wurden.[1107]

Die Eingangsfrage kann somit zumindest zum Teil beantwortet werden. In Zukunft werden in China immer mehr Firmen mit hoher Produktivität arbeiten und sie werden ihre technologischen Fähigkeiten

---

[1102] Nolan 2001: 198-199.
[1103] IFC 2005: 5. In IFC (2000) wird noch die Benachteiligung kleiner Unternehmen in den Mittelpunkt gestellt. Die Einschätzung der Lage hat sich danach geändert. Der Privatisierungsprozess wird 1992 angestoßen, aber z.B. erst 1998 stark beschleunigt. Siehe die durchgängig optimistische Einschätzung der Übergabe viele kleinerer und mittlerer Unternehmen in private Hände in IFC 2005: 2-11.
[1104] U.S. China Economic and Security Review Commission 2005: 47-48. Siehe aber Punkt 11, der zeigt, daß es im Pharmabereich Chinas keine Probleme beim Patentschutz gibt.
[1105] Siehe Abschnitt 'B' zur Haltung von Walter Eucken und Abschnitt 'E', der zeigt, daß Technologiediffusion, zu einem gewissen Grad, wohlfahrtssteigernd wirken kann. Siehe ebenso Abschnitt 'J', Punkt 26, TRIPS.
[1106] Die Bereiche sind nach chinesisches statistischen Definition abgegrenzt. Zitat: "This changed after 1996. In a few years comparative productivity increased from 5 to 13,1 per cent of the US level for enterprises at township level and above. After years of preparation, China is engaged in a full-blown catch up spurt of Gerschenkronian proportions." Szirmai et al. 2005: 50-51. Letzterer hatte argumentiert, daß ein rückständiges Land die Technologie führender Länder imitieren kann. Darüberhinaus wird von diesem Autor aber eher eine der Sache angemessene komplexe Wirtschaftsgeschichte betrieben, die etwa auch die Rolle von Bankensystemen, Institutionen etc. thematisiert. Gerschenkron 1962.
[1107] Dort wird differenziert zwischen Regionen mit niedrigem (0,3 %), medium (1 %) und hohem (2%) Produktivitätswachstum. Zu China und Taiwan wird bemerkt: "The latter two countries seem to be growing at rates that cannot be explained with normal rates of productivity growth". Hertel et al. 1999: 10.

über das Niveau mittlerer technologischer Fähigkeiten hinaus steigern können. Um unfair etablierte Vorteile handelt es sich dabei, in den meisten Fällen, nicht. Ebenso unumstritten ist es, daß die Direktinvestitionen, obwohl sie teils auch hemmend auf chinesische Firmen wirken, im großen und ganzen eine klar positive Wirkung auf die chinesische Wirtschaft haben. Unklar bleibt aber, inwieweit chinesische Firmen unter genuin chinesischer Kontrolle sich in den von internationalen Firmen dominierten Bereich im Medium- und Hochtechnologiebereich etablieren können. Die Forschungslage spricht zwar dafür, daß China auch dort weiteren Technologietransfer erhalten wird, weil lokale Unternehmen in bestimmten Bereichen über technologische Fähigkeiten und qualifizierte Arbeiter verfügt und somit Technologietranfer wahrscheinlicher wird.[1108] Zudem wird festgestellt, daß es bei Joint Ventures eher zu Technologietransfer kommt, als bei Firmen, die zu 100 % in ausländischer Hand bleiben. Ebenso bestehen für Firmen Anreize Technologie zu transferieren, wenn sie dafür andere Vorteile (Steuern etc.) eingeräumt bekommen.[1109] Nur der Blick in das Kristallglas kann verraten, wie sich die Geschäftspolitik der Joint Ventures entwickeln wird. Chinesische Unternehmer und deren ausländische Partner müssen zusammen Entscheidungen über Exporte treffen. Ebenso ist klar, daß Joint Ventures von ausländischen Partnern zu dem Zwecke angegangen werden, Technologietransfer zu verhindern[1110] und um den Markt zu dominieren und chinesische Wettbewerber auszuschalten bzw. als Zulieferer einzubinden.[1111] Noch ist es schwer vorstellbar, daß FAW/VW China oder Sinopec/BASF sich entscheiden, massiv in Richtung des europäischen Marktes zu exportieren, denn diese Konzerne haben dort ebenso substantiell in Produktionsstätten investiert. Beispielsweise wird erwartet, daß im großen und ganzen gesehen Chemieprodukte in China billiger produziert werden können[1112] und es prognostiziert, daß im Jahre 2015 der Markt für Chemieprodukte Chinas womöglich auf dem Niveau von Euro 400 Mrd. liegen wird. Dies hört sich beeindruckend an, dies liegt klar über Deutschland mit Euro 200 Mrd.. Der EU-25 Raum wird zu diesem Zeitpunkt allerdings bei Euro 900 Mrd. liegen.[1113] Dies zeigt klar, daß die Märkte der Industrieländer wichtig bleiben und damit auch die dortige regionale Präsenz der führenden Firmen. Diese Geschäftspolitik wird in dieser Hinsicht von Industriebereich zu Industriebereich verschieden sein, so sind etwa U.S. Medizintechnikfirmen, die in China Computertomographen herstellen lassen, klar exportorientiert.[1114] Die für Industrieländer typische Kombination höhere Löhne, höherwertige Ausbildung und höherwertige Technologie (dies korrespondiert mit den Heckscher-Ohlin Annahmen von Vorteilen kapitalintensiver bzw. wissens- bzw. humankapitalintensiver Produktion) wird aber erst dann einer Erosion preisgegeben, wenn in sehr vielen Sektoren (eben Luftfahrt, Automobile, Chemie, Kapitalgüter wie Energieanlagen, Maschinenbau) und der gesamten Bandbreite der Produkte genuin chinesische Firmen als Herausforderer auftreten. Derzeit sind es allein die Größenordnungen, die

---

[1108] Nunnenkamp 2002: 31-32.
[1109] Müller/Schnitzer 2005: 2-4.
[1110] Etwa im Maschinenbaubereich. Bennett et al. 1999: 1-14, 6.6-6.16.
[1111] Nolan 2001: 876-892, 919-933.
[1112] Niedrigere Lohnkosten, niedrigere Baukosten. Perlitz 2005: 2.
[1113] Perlitz 2005: 1.
[1114] Und zwar 70 % Exporte, 30 % heimischer Markt. USITC Tradeshifts Electronic Goods 2004: 17.

gegen eine solche Beeinflussung sprechen.[1115] In Zukunft wird dies davon abhängen, inwiefern die Firmen der Industrieländer ihre sehr guten Positionen auf dem Weltmarkt verteidigen können und wie ihre Firmenpolitik innerhalb der internationalen Firmennetzwerke aussehen wird. Somit ist es nicht unwahrscheinlich, daß China Eintritt in die Weltwirtschaft vorerst weit weniger auslöst, als befürchtet und daß sich die Preise (und die damit verbundenen Löhne) in den Industrieländern, erst längerfristig und sektoral selektiv auf ein neues Niveau einpendeln werden. Weitere Informationen zu dieser Frage im Sektorüberblick unter Punkt 11.

6.4 Empirische Beweise für das Heckscher-Ohlin Modell

Bevor es nun um empirische Beweise für Heckscher-Ohlin geht, kurz der Hinweis auf eine weitere Erklärungsthese für den internationalen Handel, die das Heckscher-Ohlin, aber auch das Ricardo-Modell mittelbar unterstützt, aber einfacher ausgeprägt ist: Es gibt Länder, in denen war vor der Öffnung zum Handel ein großer Teil der Ressourcen ungenutzt, etwa riesige Gebiete, die noch nicht landwirtschaftlich genutzt wurden, etwa in Argentinien. Dies ist als sog. Überschußtheorie ('vent for surplus') des internationalen Handels bekannt.[1116] Welche empirischen Beweise sprechen für den Heckscher-Ohlin Ansatz? Zuerst einmal wird eine Übersicht über Untersuchungen in der Literatur gegeben, dann werden Daten präsentiert:

Dagegen spricht das bekannte Leontief-Paradox: Leontief (1953) zeigte, daß die USA, obwohl angenommen wird, daß sie über Kapital im Überfluß verfügt, Güter exportieren, deren Produktion relativ mehr Arbeit benötigt.[1117] Schon Leontief (1956) nahm jedoch Rekurs auf Faktoren, die Arbeit nach Ausbildungsgrad differenzierten und nahm seine Originalthese insofern zurück, als daß er darstellte, daß die USA immerhin Nettoimporteur im Bereich der (untersten) Kategorie unqualifizierter Arbeit ist.[1118] Zudem zeigt er, daß, trotz relativ gesehen weniger Kapital, im Bereich der qualifizierten Arbeit, immerhin 13,75 % der Exporte vorliegen und prägt mit dieser Aufgliederung den Weg für Einbeziehung des Humankapitals als dritten Heckscher-Ohlin Faktor vor, der die Überzeugungskraft der Heckscher-Ohlin These erhöht.[1119] In späteren Untersuchungen wird

---

[1115] So weisen die USA Importe von 12 % des BSP auf, 14 % davon kommen aus China. Ein Anstieg (Absinken) der Preisniveaus von 1 % würde eine Steigerung der Preise von 0,02 % in den USA auslösen. Diese Werte mögen im konkreten Fall höher liegen, dies gibt aber einen Eindruck der Größenordnungen. Dieser Artikel argumentiert im Kontext der Diskussion, ob China Inflation oder Deflation in die USA exportiert: Feyzioglu/Willard 2006: 7.

[1116] Dieser Ansatz geht auf den burmesischen Wirtschaftswissenschaftler Hla Myint zurück. Gill et al. 1996: 463. Der Terminus stammt wohl von Mill 1848: 350.

[1117] Der Originalartikel erscheint 1953. Hier wird der Folgeartikel zitiert, der eine ausführlichere Diskussion, mit demselben Ergebnis, vornimmt. Leontief 1956: 398.

[1118] Leontief 1956: 399.

[1119] Leontief 1956: 399. Bis 1962 kann die Leontief-These bestätigt werden, später zeigen Untersuchungen aber, daß die USA intensiv mit dem Faktor gut ausgebildeter Arbeit ausgestattet ist und Technologie- und F&E-intensive Waren exportiert. Explizit wird die Einbeziehung eines dritten Faktors, nämlich Humankapital, zur Erklärung der Handelsströme, gefordert. Branson/Monoyios 1977: 124-125. Und zwar schon für Daten von 1963. Dies relativiert das Leontief-Paradox zu einem gewissen Grad. Einen Überblick über die frühe Diskussion gibt Branson/Monoyios 1977: 112. Einen ähnlichen Überblick mit weiteren Literaturverweisen geben Krugman/Obstfeld 1997: 82-83. Es ist auch möglich, das Leontief-Paradox zu widerlegen, indem gezeigt wird, daß die USA wenigstens in dieser frühen Zeit noch einen Überschuß an unausgebildeter Arbeit vorzuweisen hatte. Dieses Ergebnis kann aber wieder kritisiert werden. Davis et al. 1996: 13.

festgestellt, daß das Leontief-Paradox zwischen 1958 und 1972 verschwindet.[1120] Wird noch einmal weiter ausdifferenziert kann gezeigt werden, daß die USA zwar auch über einen Überschuß im Bereich qualifizierter Arbeit verfügen, aber die eigentlichen Faktorüberschüsse gegenüber anderen Ländern im Bereich von Wissenschaft und Forschung im engen Sinne (darunter auch solcher Arbeiter, 'research scientists') sowie technologischen Innovationen liegen. Handelsüberschüsse lassen sich mit Variablen verbinden, die sich auf qualifizierte Arbeit, F&E sowie Firmengröße beziehen. Diese Handelsüberschüsse sind aber geringer, je ähnlicher dieselben Fähigkeiten in anderen Ländern sind. Dies zeigt u.a., daß einige Industrieländer über ähnliche Forschungs- bzw. Technologieniveaus verfügen.[1121] Als klarer Heckscher-Ohlin Vorteil bleibt für die USA der Faktor Land sowie eine natürliche Ressource, nämlich Kohle, die klar weiterhin die Exporte prägt.[1122]

Eine Implikation des Heckscher-Ohlin Modells, nämlich, daß der Überfluß von Produktionsfaktoren zu niedrigeren Preisen für diesen Faktor in einem Land führt[1123], wird durch die Untersuchung von Baldwin/Hilton (1984) bestätigt. Dort wird sich nicht auf eine theoretische Diskussion des Heckscher-Ohlin Modells eingelassen, welches nicht direkt auf diesen Aspekt abstellt, sondern nur auf den Zusammenhang Kostenvorteile/Exporterfolge konzentriert. Für die Industrien werden Anteile der Nutzung von Produktionsfaktoren hinzugezogen, die zur Produktion benötigt werden und anhand von konkret vorliegenden Daten für Faktorpreise ('unskilled labor', 'skilled labor', 'physical capital', 'land', 'natural resources') die Kosten berechnet.[1124] Analysiert wird der Handel der USA mit acht anderen Ländern oder Regionen: Die USA hat im Handel mit Westeuropa und Japan gegenüber diesen Ländern deutliche Faktorpreisvorteile im Bereich Land und natürlicher Ressourcen. Im Vergleich zu Westeuropa und Japan ist physisches Kapital teurer in den USA und qualifizierte Arbeit billiger. Im Vergleich zu Entwicklungsländern, ist qualifizierte Arbeit in den USA ebenso billiger.[1125] Interessant ist, daß die USA sich nicht nur auf einen Faktor spezialisiert, sondern im Bereich der landintensiven Landwirtschaft, weiterverarbeiteten Lebensmitteln, Tabak, Holz, aber auch im ressourcen- und qualifikationsintensiven Bereich Chemikalien, Plastik, synthetischen Materialien, Pharmaprodukten und Computerequipment Faktorkostenvorteile hat.[1126] Klare Faktorkostennachteile gegenüber den Entwicklungsländern liegen im Bereich Bekleidung, Schuhe, nicht aber bei Textilien vor.[1127] Mit diesem Faktorkostenvorteilsansatz lassen sich vielfach Exporterfolge erklären, allerdings keinesfalls in allen Bereichen, so nimmt in den USA der Import des ebenso landintensiven Papiers zu, obwohl die USA hier einen Vorteil hat, dasselbe gilt für diverse verarbeitete Waren: Maschinenbau, elektronische Teile, Flugzeugteile. Hier ziehen anderen Länder, etwa Japan, gleich, die es in bezug auf die

---

[1120] Stern/Maskus 1981: 222.
[1121] Sveikauskas 1983: 548-551. Bezug auf diese Untersuchung auch in Scherer 1992: 11-13.
[1122] Sweikauskas 1983: 547.
[1123] Krugman/Obstfeld 1997: 69-70.
[1124] Die Daten für die Inputanteile sind für 1972, die Exportdaten werden für 1972 und 1979 erhoben. Baldwin/Hilton 1984: 106.
[1125] Es kann aber nicht ganz ausgeschlossen werden, daß diese Unterschiede auf unterschiedliche Technologien oder Skalenökonomien zurückzuführen sind. Baldwin/Hilton 1984: 107.
[1126] Baldwin/Hilton 1984: 108.
[1127] Baldwin/Hilton 1984: 108, siehe auch Leith/Malley 2003: 4; und **Tabelle 35**.

Faktorkosten schaffen, auf gleichem oder besserem Niveau dazustehen.[1128] Hier bietet sich die Theorie des Intra-Industriehandels als Erklärungsansatz an.

Überzeugungskraft behält das Heckscher/Ohlin-Modell nach Ansicht von Leamer (1984), der mittels einer Regressionsanalyse eine Überprüfung anhand von Handelsströmen vornimmt, die auf die Ressourcenausstattung der Länder zurückzuführen seien.[1129] Als Faktorresourcen werden angenommen: Kapital, professionelle ('professional') Arbeit, alphabetisierte ('literate') Arbeit, nicht alphabetisierte ('illiterate') Arbeit, tropisches Land, arides Land, mesothermales Land, microthermales Land, mineralische Rohstoffe, Kohleressourcen und Ölvorräte.[1130] Generell wird gezeigt, daß die Exporte mit natürlichen Ressourcen korreliert werden können, im Bereich verarbeiteter Produkte gelingt die Verbindung mit bestimmten Faktorvorteilen aber nicht mehr auf eine eindeutige Art und Weise.[1131] Im Bereich arbeitsintensiver Exporte kann kein eindeutiges Ergebnis erzielt werden, zumal bis 1975 im diesen Bereichen vor allem Länder wie Korea erfolgreich waren, und die Industrieländer noch für einen großen Teil des Handels von Bekleidung, Schuhen aufkamen.[1132] Kapital kann nicht auf statistisch robuste Art und Weise die Handelsstrukturen im Jahre 1958 erklären, aber im Jahre 1975. Dort wird es aber zum Nachteil, mit gut ausgebildeter Arbeit ausgestattet zu sein.[1133] Immerhin ist Kapital im Jahre 1975 ein robuster Erklärungsfaktor für Exporte im Maschinenbaubereich.[1134] Mit dem Faktor Kapital gut ausgestattete Länder, wie etwa die USA, verfügen zusätzlich über viel Land und können Kapital in der Landwirtschaft einsetzen mit dem Ergebnis, daß sie Agrarprodukte gleichzeitig als landintensive und kapitalintensive Produkte exportieren.[1135] In bezug auf kapitalintensiv verarbeitete Produkte können relativ eindeutig Kapitalintensität und qualifizierte Arbeiter als Erklärung des Handels herangezogen werden.[1136] Im Maschinenbau wird moderate Kapitalintensität und Ausbildungsintensität angenommen[1137], trotzdem dominieren die Industrieländer die Exporte.[1138] Die Chemieproduktion wird als kapital- und ausbildungsintensiv angenommen[1139], es gibt aber bestimmte einfache rohstoffintensive Chemikalien, die mit relativ wenig Kapital beispielsweise von den Entwicklungsländern produziert werden. Selbst wenn dies beachtet wird, gelingt es hier nicht eine klare Zuordnung zu finden.[1140] Noch bemerkenswerter ist das Ergebnis bezüglich arbeitsintensiv hergestellter Waren. Nach einer Dominanz der Industrieländer in diesem Bereich 1958, werden die arbeitsintensiven Waren 1975 sowohl von Ländern wie Italien mit immerhin moderat hohem

---

[1128] Baldwin/Hilton 1984: 110.
[1129] Daten liegen hier zugrunde für 1958 und 1975. Es wird versucht, einen dynamischen Veränderungsprozeß nachzuzeichnen. Leamer 1984: 187.
[1130] Leamer 1984: 187.
[1131] So auch einer kurzen Übersicht über die Ergebnisse von Evans 1989: 272-273.
[1132] Leamer 1984: 260-262.
[1133] Leamer 1984: 266.
[1134] Im Jahre 1958 ist Maschinenbau positiv nur mit dem Faktor Kohle verbunden. Leamer 1984: 267.
[1135] Diese Aspekte werden deutlich in Leamer 1984: 244-259. Er nutzt direkte Schätzungen der Faktorausstattungen, nicht wie in anderen Studien indirekt aussagekräftige Variablen. Evans 1989a: 267.
[1136] Leamer 1984: 263-266.
[1137] Leamer 1984: 73.
[1138] Leamer 1984: 267-269.
[1139] Leamer 1984: 73.
[1140] Leamer 1984: 270-273.

Kapitaleinsatz exportiert als auch, erst dann passend zur Heckscher-Ohlin, in solche Ländern, die der Tendenz nach nur über Vorteile bei unqualifizierter Arbeitern verfügen, hier Hongkong und Korea. Spanien steigt in die Liste der großen Exporteure neu ein. Generell sind die Ergebnisse in diesem Bereich nicht so eindeutig wie erwartet.[1141] Die konzeptuellen Schwierigkeiten Technologieeinsatz zu fassen werden daran deutlich, daß die Zuordnung der Faktorintensitäten zu den SITC Kategorien, bei allem Aufwand, als schwierg bezeichnet wird.[1142] Weiterhin spricht für diese Zuordnungsschwierigkeit, daß die Rolle von Kapital und qualifizierter Arbeit in den Ergebnissen starken Schwankungen unterliegt, und etwa die höchste Klasse ausgebildeter Arbeit im Jahre 1975 einzig für den Chemiebereich aussagekräftig ist.[1143]

Wiewohl Leamer später (1995) diese Zuordnungsschwierigkeiten im Bereich verarbeiteter Güter anerkennt, besteht er weiterhin auf einer klaren Verbindung von Exporten und Faktorausstattung.[1144] Sein Ansatz wird in der Literatur als zu einfach kritisiert. In einem Versuch, dem Heckscher-Ohlin Modell so gerecht wie möglich zu werden, indem Handel, Faktorinputvorraussetzungen und Faktoraustattungsunterschiede gleichzeitig in Beziehung gesetzt werden, werden aber durchwachsene Ergebnisse erzielt. Auch hier wird wieder auf multiple Faktoren hin getestet.[1145] In bezug auf den Nettohandel und seine Korrespondenz zu vorliegenden nationalen Faktoren stellt sich ein ähnliches Bild wie oben ein. Die USA hat beispielsweise Export bzw. Faktorvorteile im Bereich ausgebildeter Arbeit aber auch, wie oben gezeigt, im Faktor Landwirtschaft. Interessant ist auch, daß es Industrieländer gibt, die gleichzeitig Vorteile im Bereich qualifizierter und unqualifizierter Arbeit haben, neben Korea auch England und Italien. Fraglich ist aber, ob diese Länder sich gemäß Heckscher-Ohlin Annahmen von unqualifizierter Arbeit als Faktorvorteil wegentwickeln werden.[1146] Immerhin trifft in dieser Untersuchung der Zusammenhang Faktorhandel und Faktorüberschuß in bezug auf 11 Faktoren zu über 50 % zu. Über 70 % Trefferquote gibt es nur bei vier Faktoren, einfache Produktionsarbeiter, sehr gut ausgebildete Arbeiter, agrarisch nutzbares Land und Wald.[1147] Geschlossen wird, daß sich, alles in allem, nicht feststellen ließe, daß sich die faktorzugeordneten Exporte in eine überzeugende Korrelation mit der Faktorausstattung der Länder bringen lassen.[1148]

Dieses Ergebnis hat zu einer differenzierten Diskussion geführt. Zuerst einmal wird kritisiert, daß der durch die Faktorvorteile voraussagbare Handel in der Realität gar nicht so hohe Werte annimmt, wie dies aus den Modell hervorgehen würde. Dies hat die "mystery of the missing trade"-Debatte

---

[1141] Leamer 1984: 260-262.
[1142] Leamer 1984: 60-78.
[1143] Leamer 1984: 187.
[1144] Leamer 1995: 37.
[1145] Bowen et al. 1987; diese Untersuchung wird auch erwähnt in der Übersicht zu diesem Thema von Krugman/Obstfeld 1997: 82-84.
[1146] Bowen et al. 1987: 795. Genauso schon in Leamer (1984). Deutlich werden die Grenzen des H-O-Modells, wenn argumentiert wird, daß ein Überschuß ausgebildeter Arbeit, der sich in Italien und England zunehmend etabliert, zu einem komparativen Nachteil wird. Leamer 1984: 260-262.
[1147] Bowen et al. 1987: 796.
[1148] Bowen et al. 1987: 805.

ausgelöst.[1149] Es wird weiterhin darauf hingewiesen, daß ein simples Heckscher-Ohlin Modell immerhin den Handel zwischen Nord und Süd erklären kann. Dies aber nicht durch Unterschiede in der Kapitalausstattung, sondern allein durch Unterschiede in der Faktorausstattung zwischen unqualifizierter und qualifizierter Arbeit.[1150] Angenommen wird von diesem Autor, daß, Feldstein/Horioka (1980) zum Trotz, der Faktor Kapital international zunehmend mobil ist. Kapitalkosten würden sich auf internationaler Ebene nicht unterscheiden.[1151] In weiteren Untersuchungen wird anhand von Faktorausstattungsunterschieden und dem Handel zwischen Regionen innerhalb von Japans (hier sind die Faktorpreise bereits angeglichen) das Heckscher-Ohlin Modell als zutreffend erkannt.[1152] Ebenso träfe das Modell in bezug auf den innereuropäischen Handel zu. Unter Rekurs auf Daten über Faktorinputanteile, die in der Produktion von Güter genutzt werden, beweist eine strikte Modellanwendung 50 % des Handels. Eine modifizierte Anwendung, die unterschiedliche Technologien zuläßt, ermögliche es für 70 % bis 90 % des Handels eine Vorraussage zu treffen. Damit werden technologische Differenzen einbezogen, die eigentlich im Heckscher-Ohlin Modell ausgeklammert bleiben müßten.[1153] Mit Daten für Faktorinputanteile bezüglich des Welthandel finden schließlich Davis/Weinstein (1998), daß das Heckscher/Ohlin Modell zutrifft.[1154]

6.5 Heckscher-Ohlin plus Technologie und Diversifizierungskegel

Auch deshalb, weil in den Wirtschaftswissenschaften nicht ein Modell mit immer verbesserten Datensätzen untersucht wird, sondern die Modelle oft ebenfalls verändert werden, können hier nur Tendenzaussagen getroffen werden. Das Heckscher-Ohlin Modell wird in den Untersuchungen

---

[1149] Der Begriff geht zurück auf einen Artikel von Daniel Trefler aus dem Jahre 1995. Davis/Weinstein 1998: 3. Trefler (1995) zeigt, daß die Vorhersagen der Heckscher-Ohlin Modelle nicht stimmen. So exportieren reiche Länder in bezug auf ihre Faktorausstattung gesehen systematisch zuviel, arme Länder viel zu wenig ('case of the missing trade'). Hier werden Technologieunterschiede (aber auch Nachfragepräferenzen für heimische Produkte, Handelsbarrieren oder Transportkosten) als mögliche Erklärung für diesen fehlenden Handel herangezogen. Am besten 'paßt' diese Erklärung durch heimische Nachfrageeffekten, ebenso eine solche, bei der Handelsbarrieren einbezogen werden. Trefler 1995: 1042-1044. Siehe hierzu auch Helpman 1999: 128. Dieses Mysterium des fehlenden Handels läßt sich nach Ansicht weiterer Autoren dadurch auflösen, daß nicht mehr die US Input-Output Daten verwendet werden, welche die Nutzung etwa von Arbeit in Entwicklungsländern unterschätzen. Von diesen Daten ausgehend würde etwa der wahre Gehalt der Nutzung des Faktors Arbeit in der Produktion von Elektronikartikeln in den Philippinen systematisch unterschätzt. Würden hier Anpassungen vorgenommen, verschwände das Mysterium des fehlenden Handels. Schott 2001: 3.
[1150] Wood 1994a: 36, 39. Es wird auch abgelehnt, daß Kapital mit einer guten Ausbildung korreliert werden kann und somit beides zusammen Unterschiede im Nord-Süd Handel erklärt. Zwar gäbe es Industrien, in denen dies zutrifft, wie etwa Eisen und Stahl, Industriechemikalien und Papier. Und es gäbe Industrien, die klar unter die Rubrik wenig Kapital, wenig Ausbildung fallen, Bekleidung, Schuhe, Leder und Möbel. In dem Bereich dazwischen seien aber wenig klare Verbindungen zwischen Ausbildungsintensität und Kapitalintensität zu erkennen. Darauf basierend wird die These vertreten, daß anhand von guter Ausbildung eine Differenzierung vorgenommen werden kann. Wood 1994: 79-83.
[1151] Wood 1994a: 36, 39.
[1152] Davis et al. 1996: 33-34.
[1153] Dies ist möglich anhand von Input-Output Tabellen, die mit multiplen Faktorintensitäten in Verbindung gebracht werden können. Es sind 8 Faktoren, die hier eine Rolle spielen: "capital stock; total labor; manual workers; nonmanual workers; sales and technical workers; and land." Zitat in Hakura 1999: 26. Siehe auch Hakura 1999: 2, 19-20. Ein Einbeziehung von Technologie bzw. Produktivitätsunterschieden findet sich auch in Trefler 1993: 963.
[1154] Davis/Weinstein 1998: 19, 44-45.

teilweise, aber nicht ganz bestätigt, sagen wir zu 50 %.[1155] Zwei Schlußfolgerungen können gezogen werden:

6.5.1 Technologie. Erstens scheint Technologie zur Erklärung des internationalen Handels relevant zu bleiben. Die Erklärungskraft des Heckscher-Ohlin Modells nimmt zu, wenn in den Studien Technologievariabeln zusätzlich zugelassen werden. Technologie könnte also die Erklärungslücke füllen, die bei der Anwendung dieses Modells sonst entsteht. Ein Ansatz, der etwa neben Heckscher-Ohlin-Faktoren auch die Gesamtfaktorproduktivität (total factor productivity, 'TFP') als Erklärung für den internationalen Handel einbezieht und damit nach eigenem Eindruck eine gute 'Schätzung' erreicht, findet sich in Harrigan (1997).[1156] Die Größe der Gesamtfaktorproduktivitäten bezieht sich auf den Residualwert, der sich ergibt, wenn die Inputs Kapital und Arbeit gleichbleiben und trotzdem mehr Output zu verzeichnen ist.[1157]

Dies wäre auch für den common sense einsichtig, denn Technologie verändert potentiell die Faktorvorteile, beispielsweise weil durch Technologie Faktoren vergrößert werden können ('factor augmentation'), sodaß etwa die relativ weniger große Ausstattung mit Land durch den Einsatz von Technologie zu höherem Ertrag gebracht werden kann (dies dürfte nicht nur in den Niederlanden so möglich sein[1158]).

Dies ist die These von Trefler (1993):[1159] Er korrigiert bei der Berechnung das Heckscher-Ohlin Modell in bezug auf Technologieunterschiede und findet erst dann eine klare Bestätigung für diese Modell. Seine Berechnung zeigt, daß die 'reinen', normalerweise herangezogenen Faktoren wie Kapital, Arbeit (hier 7-fach ausdifferenziert) und Land doch die Struktur des internationalen Handels erklären können, aber erst dann, wenn die Technologie- bzw. Produktivitätsbasis[1160] auf der dieser Handel steht, durch Berechnungen weggezogen wird. Dies impliziert zuerst einmal, daß ohne diese Korrektur weiter die Schwierigkeit besteht das Heckscher-Ohlin Modell zu beweisen. Zudem wird die These aufgestellt, daß Technologie bzw. Produktivität dazu genutzt werden kann, Faktoren zu 'vergrößern'. Diese internationalen Unterschiede der Technologie und Produktivität werden in seinem

---

[1155] "Factor endowments correctly predict the direction of factor service trade about 50 % of the time, a success rate that is matched by a coin toss." Trefler 1995: 1029.
[1156] Der Terminus 'Schätzung' wird hier hervorgehoben, weil der Autor hervorhebt, daß diese Modelle nicht in der Lage sind, Tests im eigentlichen Sinne durchzuführen, weil eine ausgearbeitete alternative Theorie nicht zu Verfügung steht. Deshalb sind es Schätzungen, die die Paßgenauigkeit in bezug auf vorhandene Daten prüfen ('estimate, don't test'). Harrigan 1997: 476, 477; 479-481.
[1157] Damit wird Rekurs genommen auf ein Modell der Wachstumstheorie. Dornbusch/Fischer 1992: 745. So wird auch verfahren in Hall/Jones 1998: 9. Siehe zur Erklärung und zur Einschätzung der Stärken und Schwächen der TFP-Herangehensweise. OECD 1996: 54, 58. Dieses Maß hat, je nach theoretischer Ausformulierung, meist den Nachteil, daß Faktoren in die Variabel der technologischen Wandels einbezogen werden, die zum besseren Verständnis der Wachstumsprozesse eigentlich davon abgetrennt werden sollten, beispielsweise Externalitäten und Regulierungen mit ihren Effekten. Dieser Ansatz reflektiert aufgrund der Theoriebasis auch keine Skalenökonomien und Änderungen in der Organisation. Ebenso partizipiert es an den sonstigen Annahmen des neoklassischen Modells, darunter vollständiger Wettbewerb. OECD 1996: 58.
[1158] Der Verweis darauf, daß in den Niederlanden sowohl Land als auch Arbeit mit Kapital ausgestattet werden und deshalb Wachstum erzielt wird, findet sich in Deardorff 1999: 19.
[1159] Trefler 1993: 965; beschrieben auch in Krugman/Obstfeld 1997: 85.
[1160] Er kann nicht zwischen Technologie und Produktivität im Sinne fleißigerer Arbeiter mathematisch unterscheiden. Trefler 1993: 980.

Modell allerdings nicht erklärt, z.B. in dem sie in einen systematischen, endogenen Zusammenhang mit Faktorintensitäten, etwa mit billigerem, besser zugänglichen Kapital oder dem Vorhandensein von qualifizierter Arbeit[1161], gestellt werden. Sie kommen einfach dazu und können eben die Faktorausstattung vergrößern. Dazu erfolgt der Kommentar, daß die Industrieländer bessere Fähigkeiten haben, Technologie zur kommerziellen, kostengünstigen Produktion zu nutzen.[1162] Dies gelte ebenso für den Agrarbereich, auch hier könnten die Exporte der Industrieländer mit höherer Produktivität erklärt werden.[1163] Wenn Technologieeinsatz Faktornachteile zumindest zu einem gewissen Grad wettmachen kann, dann gilt dies sowohl für ein arbeitsintensiv und auch kapitalintensiv ausgestattetes Land. Durch den Einsatz von Kapital bzw. Technologie in arbeitsintensiven Prozessen, kann beispielsweise von kapitalintensiven Ländern der Vorteil von Länder mit Arbeitsüberfluß zumindest partiell abgewehrt werden.[1164]

6.5.2 Diversifizierungskegel. Mehrfach wurde schon sichtbar, daß das einfache Heckscher-Ohlin Modell einer Spezialisierung auf Kapital und Arbeit seine Aussagekraft verliert, wenn mehrere Faktorvorteile zugelassen werden. In der Realität wird aber sichtbar, daß Länder in mehreren Faktorbereichen gleichzeitig Exporte vorweisen können und offenbar Faktoren in Abstufungen miteinander kombinieren können.

Dies impliziert zwar nicht, daß die Rede von Faktorvorteilen sinnlos geworden ist. Es bedeutet aber zuerst einmal, daß das Heckscher-Ohlin Modell seine Trennschärfe für die Vorhersage komparativer Faktorvorteile bzw. Handelsströme zu einem gewissen Grad verliert.[1165] Daraus könnte folgen, daß es nicht den komparativen Vorteile widerspricht, wenn ein Entwicklungsland die geringeren Mengen akkumulierten Kapitals in einen Aufbau arbeitsintensiver Produktion und zusätzlich in eine gute Ausbildung seiner Bewohner steckt und somit einen speziellen, nicht mehr rein arbeitsintensiven Wachstumspfad innerhalb seiner Faktorproportionenkonfiguration anstrebt.[1166] An Indien wird sichtbar, daß ein Land mit Arbeitsüberfluß durchaus Handarbeitswaren, Bekleidung und auch Softwareprogramme exportieren kann.[1167] Ebenso kommt der Bereich einfacher verarbeiteter Produkte in den Sinn.

Geht man weiterhin davon aus, daß das Heckscher-Ohlin Modell mit der Annahme vieler Gütern kompatibel ist, so ist vorstellbar, daß in einem Faktorbereich bzw. Diversifizierungskegel ('cones of diversification') arbeitsintensive Produktion mit weniger großen Mengen qualifizierter Arbeit und

---

[1161] Diese Beobachtung in Helpman 1999: 132.
[1162] Trefler 1993: 980.
[1163] Trefler 1993: 961-965, 975, 977, 981.
[1164] Die These, daß die Produktivitätssteigerungen bzw. Kapitalerhöhungen im Sinne von "unskilled-labor-saving innovation" im Norden nicht als exogene Entwicklung angesehen sollen, sondern in direkter Relation zu schon kleinen Steigerungen von Importen aus den Entwicklungsländern stehen, wird vertreten in Wood 1994: 97, 108, 159-162.
[1165] Deardorff 1999: 17.
[1166] Deardorff 1999: 22.
[1167] Deardorff 1999: 22.

moderat hohem Kapitaleinsatz kombiniert werden kann und darauf basierend viele Güter produziert werden können.[1168]

Die Protagonisten der Heckscher-Ohlin Theorie beharren trotz dieser flexibleren Modellkonstruktion auf der These, daß die Länder letztendlich an ihre jeweiligen tendenziellen Faktorintensivitäten gebunden bleiben und die Produktion der Güter von diesen Faktorintensitäten geprägt bliebt, durch die Bereiche bzw. Kegel zuordnet werden, innerhalb dessen unterschiedliche Kombinationen und Intensitäten der Faktornutzung stattfinden (also mal mehr mal weniger Kapital, qualifizierte und unqualifizierte Arbeit).[1169] Innerhalb dieser Kegel gibt es dann unterschiedliche Wachstumspfade.[1170] Diese These, daß die Rede von komparativen Heckscher-Vorteilen nicht ihren Sinn verliert, wird auch dadurch gestützt, weil empirisch gezeigt werden kann, daß Faktorvorteile mit unterschiedlichen Faktorpreisniveaus zusammenhängen. Es wäre wenig überzeugend, wenn ein Entwicklungsland auf solche preislichen Vorteile ganz verzichten und, im Gegensatz zu komparativen Vorteilen in solchen Bereichen, einzig versuchen würde, eine extrem kapitalintensive Industrie aufzubauen. Eine Politikempfehlung im Sinne einer normativen wirtschaftspolitischen 'soll', eben die Forderung nach Freihandel und die Spezialisierung allein auf naheliegende komparative Vorteile im Sinne eine simplen Vorstellung des Heckscher-Ohlin Modells ist daraus aber schwer zu folgern, insbesondere für solche Länder, bei denen es nicht ganz ausgeschlossen ist, daß sie in mehreren Bereichen komparative Vorteile aufweisen könnten.

6.6 Kommentar aus ethisch-moralischer Perspektive

Zuletzt ein Kommentar zur ethisch-moralisch Relevanz des Heckscher-Ohlin Modells. Selbst wenn die Wohlfahrtswirkungen, die aus dem Modell folgen, umstritten sein mögen, ist es nicht undenkbar, daß die damit beschreibende Spezialisierung anhand der relativen Faktorausstattung und eine moderate Faktorpreisangleichung zu einer Wohlfahrtsteigerung vieler Millionen Menschen auf weltweiter Ebene führt. Allzustarke Effekte Faktorpreisangleichungseffekte werden offenbar dadurch abgefedert, daß die Faktorpreisangleichung nicht perfekt stattfindet, unter anderem deshalb, weil Arbeitsproduktivität, Technologie und im Einzelfalls sogar absolute Ricardo-Vorteile als Erklärung des internationales Handels relevant bleiben. Dadurch bleibt es beispielsweise denkbar, daß in den Industrieländern die Löhne langfristig gesehen, trotz Globalisierung, höher bleiben, sicherlich werden aber in Zukunft Anpassungseffekte spürbar werden.

Schwieriger einschätzbar sind weitere Effekte, die das Heckscher-Ohlin Modells denkbar macht:

[1168] Deardorff 1999: 23-24, 42. Ähnlich wird argumentiert, anhand von empirisch vorliegenden Kapital-Output Zahlen, die diesen Zwischenbereich bestätigen, in Wood 1994: 79-83. Dieser Zwischenbereich moderater Kapitalintensität läßt sich womöglich erst durch die Ausbildungsintensität differenzieren. Dies ist die These von Wood 1994: 83.
[1169] Deardorff 1999: 25, 42.
[1170] Deardorff 1999: 22.

Erstens geht es nicht automatisch aufwärts im Sinne von Entwicklung: Bei Bevölkerungswachstum und einer geringen Sparrate kann es vorkommen, daß ein Land immer arbeitsintensiver wird und durch fallende Löhne werden immer mehr Menschen in arbeitsintensiven Unternehmen beschäftigt werden.[1171] Dies kann einen Aufstieg zu einer moderat kapitalintensiven Produktion verhindern und problematisch sein, wenn sich die Terms of Trade im Bereich arbeitsintensiver Waren negativ entwickeln.

Zweitens besteht Unklarheit in bezug auf Anpassungskosten. Die komparativen Faktorvorteile sind immer relativ zu anderen Ländern gesehen gültig. Das bedeutet, daß die Länder über die Fähigkeit beständiger Anpassungsleistungen verfügen müssen, wobei offen bleibt, welche volkswirtschaftlichen Kosten damit verbunden sind.[1172] Die Länder befinden sich, je nach Wachstumserfolgen und je nach den Erfolgen anderer Länder, in einem Auf und Ab ständig wandelnder Vorteile. Selbst ein relativ schnell wachsendes Land würde nicht mehr kapitalintensiv erscheinen, wenn es von einem weiteren, noch kapitalintensiveren Land überholt wird und müßte dann eigentlich, gemäß Heckscher-Ohlin, seine ganze Produktion wieder auf land- oder arbeitsintensive Prozesse umstellen. Oder ein Land denkt, daß es Vorteile in der arbeitsintensiven Produktion aufweist und diese stellen sich schnell als nicht mehr aktuell heraus: "That lesson is simply this: As a country accumulates factors of production during the process of growth, it is very likely that the goods in which is has a comparative advantage will change over time, and then that they will change again, and yet again. What matters is not a country's absolute endowments, but its factors compared to those of the world (...) The process of development in the HO model is not smooth. Instead, it requires that industries rise and fall, that resources move into and out of activities that become profitable and then cease to be so. This is bound to be costly for those who must bear the burden of that adjustment".[1173]

Somit beschreibt das Heckscher-Ohlin Modell, insgesamt gesehen, eine Reihe von Zusammenhängen, aus denen, trotz Anpassungskosten, substantielle Vorteilen internationalen Handels resultieren können: Ausgleich von Faktorausstattungsnachteilen, Angleichung der Faktorpreise, Bereitstellung von Bereichen mit komparativen Vorteilen. Stellt man sich ein konkretes Land vor, ist ebenso klar, daß die Vorteile, die sich aus der Ausschöpfung dieser Vorteile erzielen lassen, nicht ohne Limits sind. Die Geschwindigkeit der Angleichung der Faktorpreise bleibt unklar. Offen bleibt zudem, ob sich alle Länder aus dem Bereich arbeitsintensiver Vorteile befreien können und wie sich die Terms of Trade in diesem Bereich entwickeln. Zudem ist offen, wie hoch die Anpassungskosten aufgrund von Verschiebungen der Vorteile sind. Die Feststellung, daß das Heckscher-Ohlin Modell nicht in voller Bandbreite gültig ist, ist angesichts möglicher extremerer Anpassungsprozesse, die mit diesem Modell verbunden sein könnten, beruhigend. Diese These gilt vor allem für ein einfaches H-O-Modell, welches einen Inter-Industriehandel impliziert, eben die Spezialisierung einzelner Länder auf

---

[1171] Deardorff 1999: 20.
[1172] Mögliche Anpassungskosten oder zeitliche Verzögerungen werden in den Modellen meist nicht thematisiert. Auf diesen Punkt weist z.B. in diesem Kontext hin Jayme 2001: 7.
[1173] Deardorff 1999: 28-29. Auch eine Umkehrung der Faktorintensitäten ist denkbar und wird von den Modell meist von vorneherein ausgeschlossen. Zweifel/Heller 1997: 249.

Bekleidung oder Nahrungsmittel oder Eisen- und Stahl. Oben konnte aber gezeigt wurden, daß das H-O-Modell auch mit vielen, heterogenen Gütern kompatibel ist und es deshalb auch hier Gründe gibt, mildere Anpassungsprozesse zu erwarten.

Daraus folgt, daß es sinnvoll ist, genauer auf einen Bereich einzugehen, von dem umsomehr erwartet wird, daß mildere Anpassungsprozesse durch den internationalen Handel ausgelöst werden. Stichwort: Intra-Industriehandel, viele Güter, Güterheterogenität, Spezialisierung, Technologieunterschiede bzw. Skalenökonomien und Marktmachteffekte. Das abschließende Wort haben hier somit Evenett/Keller (1998), die sowohl das Heckscher-Ohlin Modell als auch Spezialisierung im Bereich faktoridentisch hergestellter Güter (abgekürzt: 'increasing returns to scale'-Güter bzw. IRS) als erklärungsrelevant für den internationalen Handel ansehen und es zudem nicht ausschließen können, daß technologische Effekte eine Rolle spielen.[1174]

6.7 Daten zum Heckscher-Ohlin Modell

Ein großer Teil des weltweiten Handels, geschätzt wird 44% für 1980, basiert auf natürlichen Ressourcen, Landwirtschaft, mineralischen Rohstoffen, Öl und sonstigen Rohstoffprodukten. Dies gilt zum Teil, im Widerspruch zu Heckscher-Ohlin Erwartungen, auch für die Industrieländer, hier basiert der Handel zu 36 % auf natürlichen Ressourcen. Aber auch die Exporte der Industrie- in die Entwicklungsländer basieren zu 23 % auf natürlichen Ressourcen. Die Importe der Industrieländer aus den Entwicklungsländern weisen einen 79 %-Anteil auf, der ressourcenbasiert ist auf.[1175] Dieser Anteil der primär- und rohstoffbasierten verarbeiteten Produkte am Welthandel geht aber, auch aufgrund der ungünstigen Preis- und Nachfrageentwicklung, relativ gesehen zurück, von 43 % 1985 auf 26 % im Jahre 1998.[1176] Der Handel mit verarbeiteten Waren wird relativ gesehen wichtiger, eine klare Steigerung der Weltmarktanteile findet sich in den Bereichen weniger technologisch avancierter, also tendenziell arbeitsintensiver Waren und ebenso im High-Tech-Bereich, weiterhin gibt es eine moderate Steigerung im Medium-Tech-Bereich. Die Entwicklungsländer konnten ihre Anteile in diesen Bereichen stark ausdehnen, im Bereich der ressourcenbasierten Waren haben sie rückläufige Anteile zu verzeichnen. Insgesamt stieg ihr Anteil am gesamten internationalen Handel leicht an, um 0,7 % zwischen 1985 und 1998.[1177] Dahinter verstecken sich auf Länder- bzw. Regionalebene

---

[1174] Der Artikel basiert auf der sog. Schwerkrafts-Gleichung ('gravity equation'), mit der internationale Handelsvolumina, nach Ansicht der Autoren, gut vorhergesagt werden könnten. "There are three major findings: First, little production is perfectly specialized due to factor proportions differences, making the perfect specialization version of the H-O model an unlikely candidate to explain the empirical success of the Gravity Equation. Secondly, increasing returns are important causes for perfect product specialization and the Gravity Equation, especially among industrialized countries. Third, models of imperfect specialization better explain the variation of bilateral trade flows than perfect specialization models. Factor proportion differences are important determinants of trade flows within the context of imperfect specialization models only, whereas there is evidence that increasing returns is a cause of product specialization along the lines of both trade models with imperfect as well as with perfect specialization of production". Evenett/Keller 1998: 4-5.
[1175] Evans 1989a: 213, 269.
[1176] Siehe **Tabelle 12**. Dies sind Daten für die Kategorien 'primary' und 'ressource based' zusammengenommen. Siehe Lall 2000: 343-344. Einen 25 % Anteil des Handels, der auf Primärprodukten, eingeschlossen Energierohstoffen, basiert, schätzt, wohl für 1998, auch Cashin et al. 2000: 177.
[1177] Siehe **Tabelle 12**. Siehe Lall 2000: 343-344.

signifikante Unterschiede, so der Rückgang der Weltmarktanteile im Bereich Medium-Technologie für Lateinamerika und der Beibehaltung der hohen Weltmarktanteile im Bereich ressourcenintensiven Handels (aber nur eine geringe Ausweitung im Bereich arbeitsintensiver Produkte). In Ostasien findet sich eine Zunahme sowohl ressourceninternsiver als auch arbeitsintensiver Exporte, aber auch solcher im High-Tech Bereich.[1178] All dies steht teilweise, aber nicht ganz, im Einklang mit Heckscher-Ohlin Erwartungen.

Es widerspricht den Erwartungen[1179] der einfach ausgebildeten Heckscher-Ohlin Theorie, daß die USA neben kapitalintensiven Gütern auch landintensive Güter exportieren. Im Bereich unverarbeitetem Mais haben sie einem Weltmarktanteil von 69,5 %, Sojabohnen 67,1 %, Rohbauwolle 34,2 %, Rinder und Pferdehäute 45,3 %, Ölkuchen und Sojarückstände 21,7 % und Sorghum 65,8 %. Unverarbeiteter Mais und Sojabohnen standen absolut gesehen auf Platz 6 und 11 der Liste wichtigster U.S. Exporte, Mais gleichauf mit Flugzeugteilen und über vielen anderen kapitalintensiven Produkten (Daten für 1985).[1180] Hier drängt sich die Erklärung aus, daß dieser Handel neben einer Kombination von Kapital und Land mit absoluten Ricardo Produktivitäts- und Kostenvorteilen (und teils durch Subventionen) erklärt werden kann, denn im Bereich Weizen, Mais, Sojabohnen haben die USA etwa absolute Kostenvorteile beispielsweise gegenüber den Niedriglohnland China vorzuweisen, nicht aber bezüglich Reis oder Schweinefleisch.[1181]

7. Intra-Industriehandel

Der Intra-Industriehandel wurde durch Bela Balassa (1966; 1967) im Kontext der Gründung der EWG bzw. des Wegfalls der Handelsbarrieren zwischen diesen Ländern entdeckt und für die damaligen OECD-Länder und Jugoslawien sowie Australien dargestellt von Grubel/Lloyd (1975).[1182] Mit Intra-Industriehandel ist erst einmal nur gemeint, daß es auf einer relativ groben Aggregationsebene der geläufigen Güterklassifikationssysteme (z.B. der Standard International Trade Classification, 'SITC') einen Zwei-Wege-Handel innerhalb der gleichen Warenkapitel gibt, die mit gleichartigen Industriebereichen in Verbindung gebracht werden.[1183] Anders formuliert: Länder tauschen ähnliche

---

[1178] Siehe die Tabellen aus Lall 2000; dies sind **Tabelle 12, Tabelle 41, Tabelle 42**.

[1179] Das Heckscher-Ohlin Modell prognostiziert, daß relativ gesehen, Kapitalgüter in den USA den Handel dominieren werden. Dies scheint im großen und ganzen auch zu stimmen. Auf der anderen Seite wird auch erwartet, daß der jeweils andere Sektor relativ gesehen, kontrahiert. Wenigstens das scheint im o.g. Fall nicht einzutreffen. Dies liegt natürlich auch an der U.S. Agrarpolitik, aber sich auch daran, daß die USA tatsächlich nicht nur breit angelegte Vorteile im Kapitalgüter, sondern auch breit angelegte Vorteile im Landwirtschaftsbereich aufweist.

[1180] Siehe **Tabelle 16**.

[1181] Hermanns 2001: 284, 297.

[1182] Balassa 1996; Grubel/Lloyd 1975. Diesem Abschnitt liegt die folgende Literatur zugrunde: Aquino 1978; Aturupane et al. 1997; Chiarlone 2000; Clark 1993; Culem/Lundberg 1986; Balassa 1966, 1967, 1986, 1986a; Balassa/Bauwens 1987; Brander 1981; Davis 1995; Dixit/Stiglitz 1977; Drabek/Greenaway 1984; Ethier 1979; Fontagne et al. 1998; Frensch 1993; Gerken 1999; Greenaway et al. 1994; 1995; Greenaway/Milner 1986; Greenaway/Torstensson 1997; Grubel/Lloyd 1975; Harris/Lau 1998; Hummel/Levinson 1993, 1995; Jaquemin 1982; Krugman 1979, 1980, 1981, 1986; Landesmann 1998; Nilsson 1999; Stone/Lee 1995.

[1183] "At the 2-digit and, in some cases, at the 3-digit level of aggregation of the Standard Industrial Classification (SITC), the resultant aggregates of internationally traded goods correspond roughly to 'industries', as the concept is used conventionally in economic analysis, that is, a group of producers producing essentially the same set of commodities." Grubel/Lloyd 1975: 3.

Güter aus. Dieses analytische Vorgehen scheint nicht ganz abwegig zu sein, denn die SITC Warenkapitel differenzieren klar zwischen Primärgütern, ressourceintensiven Gütern und Chemieprodukten; nur im Bereich verarbeiteter Güter wird die Zuordnung diffuser.[1184] Auffällig ist der Einklang der Intra-Industrie-Austauschstruktur mit ordoliberalen Vorstellungen einer komplexen Industrie- und Nachfragestruktur ('riesiger Gesamtprozeß') und von anpassungsfähigen Firmen, die über eine ähnliche technologische Kompetenz verfügen.[1185]

Diese Form des Handels hat die Theoretiker des internationalen Handels irritiert. Warum? Dieses Phänomen spricht, ebenso wie das Leontief-Paradox, eigentlich direkt gegen die Gütigkeit des Heckscher-Ohlin Modells, denn es geht hier um Handel zwischen Ländern mit zumindest ähnlichen Faktorproportionen. Ein Handel, der sich zudem in der Zeit nach dem Zweiten Weltkrieg permanent ausgeweitet hat.[1186] Eine ganze Zeit erschien es der Wissenschaft sogar so, also ob die Rolle komparativer Vorteile im Handel gänzlich in den Hintergrund gedrängt wurde.[1187] Verständlicher wird dieser Eindruck, weil die Industrieländer in den Jahrzehnten nach dem Zweiten Weltkrieg den Welthandel klar erkennbar dominiert haben. Irreführend ist dieser Eindruck aber insofern, weil schon sehr früh die Modelle zur Erklärung des Intra-Industriehandels auch die Faktorausstattung mit einbezogen hatten.[1188] Mittlerweile wird davon ausgegangen, daß sowohl Ricardo, Heckscher-Ohlin, als auch die Intra-Industriehandels-Modelle, die auf Güterheterogenität, Skalenökonomien und monopolistischen Wettbewerb aufbauen, sich ergänzen können.[1189]

In Grubel/Lloyd (1975) werden die Kategorien der Standard International Trade Classification meist[1190] auf der 2- oder 3stelligen Ebene verwendet. Einheitliche Vorgaben für die Güterklassifikation liegen den Statistikämtern der Länder aber bis für die 5stellige Ebene vor und darunter gibt es die Option, eigene Kategorien zu verwenden.[1191] Sogar die Vereinten Nationen verwenden bis 5stellige Klassifizierungen.[1192] Somit könnte diese Ebene der Aggregation viele weitere Warenpositionen verdecken, in denen Intra-Industriehandel im Sinne ähnlicher Güter weniger überzeugend erkennbar

---

[1184] Hier die Warenkapitel auf 1stelliger Ebene: 0 Food and Live Animals; 1 Beverages and Tobacco; 2 Crude Materials, Inedible, Except Fuels; 5 Chemicals and Related Products, N.E.S.; 6 Manufactured Goods Classified Chiefly by Material; 7 Machinery and Transport Equipment; 8 Miscellaneous Manufactured Articles; 9 Commodities and Transactions, N.E.S. SITC Rev. 3 Vereinte Nationen 1994.
[1185] Eucken 1952: 2-11, 225-240.
[1186] Diese Irritation wird betont bei Grubel/Lloyd 1975: 3. In der Mitte der achtziger Jahre:"Conventional trade theory explains trade entirely by differences among countries, especially differences in their relative endowments of factors of production. This suggests an inverse relationship between similarity of countries and the volume of trade between them. In practice, however, nearly half the world's trade consists of trade between industrial countries that are relatively similar in their relative factor endowments. Further both the share of trade among industrial countries and the share of this trade in these countries' income rose for much of the postwar period, even as these countries were becoming more similar by most measures." Helpman/Krugman 1985: 2. Ende der neunziger Jahre: "Intraindustry trade (manufactures for manufactures) does not reflect comparative advantage." (Ohne Herv. im Original) Krugman/Obstfeld 1997: 139.
[1187] Deardorff 1994: 2. Dies war tatsächlich der Eindruck der Autoren, die sich damals angesichts dieser neuen Beweise für den Intra-Industriehandel wieder diesen Erklärungsfaktoren widmeten. Krugman 1979: 469-470; Helpman/Krugman 1985: 2-3.
[1188] Zum Beispiel: Krugman 1981: 970.
[1189] Choudri/Hakura 2001.
[1190] Nur für Australien, welches nicht gerade einen ausgeprägten Intra-Industriehandel vorzuweisen hat, gelingt es an Daten bis auf den 7stelligen Bereich heranzukommen. Grubel/Lloyd 1975: 49.
[1191] Die Ausführungen im Original sind unlogisch, hier wird versucht widerspruchsfrei zu bleiben. Grubel/Lloyd 1975: 19.
[1192] International Trade Statistics, div. Ausgaben.

ist. Damals wurde kritisiert, daß es sich bloß um einen "trade overlap"[1193] handelt. Ebenso früh konnte aber gezeigt werden, daß dieser Zwei-Wege-Handel, also das gleichzeitige Vorliegen von Exporten und Importen auch auf der Ebene geringerer Aggregation vorhanden ist, hier wird aber nur diese allgemeine Aussage reproduziert.[1194] Soweit ersichtlich ist eine Untersuchung auf 6-stelliger und sogar 8-stelliger Ebene erst vor kurzer Zeit und nur in der EU für die Eurostat-Daten erfolgt. Hier liegt das Niveau des Intra-Industriehandel 1980 im EU-Durchschnitt bei 33 % und 1994 bei 38 % (je höher der Aggregationsgrad ist, desto höher liegen die Werte).[1195] In der Literatur ging es dementsprechend vielen Autoren zuerst einmal darum, eine empirische Verbesserung der Indexzahlen vorzunehmen und es wurde eine Ausweitung auf die Entwicklungsländer versucht.[1196]

7.1 Daten zum Intra-Industriehandel

Es ist erstaunlich, daß etwa im Bereich verarbeiteter Produkte, hier Zahlen für England, im SITC Kapitel 5-8, ein solches Ausmaß (70 %) an Intra-Industriehandel festzustellen ist, weil hier eine Produktion mit einem gewissen Kapitaleinsatz erwartet werden kann und es eben tatsächlich so ist, daß Länder mit ähnlichen oder gleichen Faktorausstattungen Handel betreiben. Weiterhin ist es so, daß in diesem Güterbereich der Intra-Industriehandel sogar noch zunimmt und zwar schneller, als dies in anderen Bereichen der Fall ist. Auch in den anderen Kapiteln, in denen der Intra-Industriehandel generell auf niedrigerem Niveau liegt, bei Nahrungsmitteln und lebenden Tieren (SITC 0; 37 %) sowie Getränke und Tabak (SITC 1; 51 %) liegt ein Anstieg vor.[1197] Ein Anstieg des Intra-Industriehandels läßt sich für alle Industrieländer feststellen.[1198] Auch im Handel der Industrieländer mit den Entwicklungsländern steigt der Intra-Industriehandel an.[1199]

Typische Zusammenhänge, die noch nicht unbedingt erklärungsrelevant sind, lauten wie folgt[1200]: Der Intra-Industriehandel steht in einer Verbindung mit dem Grad der wirtschaftlichen Entwicklung, die Industrieländer haben die höchsten Gesamtwerte (0,59 %), die newly industrialized countries haben stark ansteigende Werte (0,42 %) und die am wenigsten entwickelten Länder liegen (0,15 %) weit zurück.[1201] Auch die Nähe der Länder zueinander, die Größe der Länder[1202] und die Aufnahme einer

---

[1193] Finger (1979) zitiert in Balassa 1986a: 28.
[1194] Balassa 1986a: 28.
[1195] Fontagne et al. 1998: 9-11.
[1196] So werden mit Daten für 1972 Brasilien (25,5 %), Mexiko (36,6 %), Indien (21,7 %), Singapur (53,6 %), Korea (37,5 %) und Hongkong (39,5 %) einbezogen (im Vergleich dazu: die industrialisierteren OECD Länder, also nicht Spanien mit 43,8 % und Portugal mit 39,1 % etc. liegen zwischen USA 57 % und Frankreich 86, 5 %) von Aquino 1978: 284. Hier werden nur Daten reproduziert, die mit einer der fünf dort verwendeten Methoden erhalten wurden. Aquino 1978: 284.
[1197] Anhand für Daten über England 1959-1979. Greenaway/Milner 1986: 94, 104.
[1198] Dieser Anstieg ist je nach Land unterschiedlich, teilweise gibt es auch Rückgänge. Hier geht es aber um das Gesamtbild, welches aufrechterhalten bleiben kann. Siehe mit Daten zwischen 1970 und 1980. Siehe **Tabelle 43**.
[1199] Siehe **Tabelle 43**.
[1200] Überblick über diese Studien: Greenaway/Milner 1986: 91-123; Nilsson 1999: 121.
[1201] Daten für 1978. Greenaway/Milner 1986: 96. Siehe mit ähnlichen Daten für 1980 auch **Tabelle 44** und **Tabelle 43**. Aus: Culem/Lundberg 1986. Eine Reihe von ökonometrischen Untersuchungen bestätigen diesen Zusammenhang, der auch so gefaßt werden kann, daß Unterschiede ökonomischer Entwicklung weniger Intra-Industriehandel erwarten lassen: Culem/Lundberg 1986: 125; Balassa 1986: 232; Balassa/Bauwens 1987: 938; Nilsson 1999: 121. Innerhalb der Industrieländer ist zu bemerken, daß Einkommensunterschiede nicht unbedingt zu einem Rückgang von Intra-Industriehandel führen. Balassa/Bauwens 1986: 932.

Zollunion spielt eine Rolle, typischerweise steigt der Intra-Industriehandel danach.[1203] Intra-Industriehandel als Prozentsatz des gesamten Handels, nicht mehr eingeschränkt auf verarbeitete Güter, stieg zwischen den EG-Mitgliedsstaaten von 53 % im Jahre 1959 auf 65 % im Jahre 1967. Von diesem Anstieg findet 70,9 % innerhalb einzelner, zweistelliger SITC-Klassen statt.[1204] Zudem ist ein Anstieg des Intra-Industriehandels auch in Integrationsversuchen der Entwicklungsländer untereinander zu beobachten, dieser liegt dabei aber mit 20% deutlich unter europäischen Werten.[1205] Im Handel zwischen den Industrieländern kann speziell in den Bereichen, die eine hohe Kapital- und auch Innovationsintensivät aufweisen, dieser Zwei-Wege-Handel dokumentiert werden. In der Rangfolge liegen Chemieprodukte ganz oben, gefolgt von im weitesten Sinne verarbeiteten Produkten, etwa elektrische Maschinen, Energieanlagen, aber auch Pharmaprodukte, Büromaschinen.[1206] Ebenso ist aber zu bemerken, daß einige Industrieländer nicht ganz so hohe Werte aufweisen, wie etwa England, Deutschland, Frankreich, Schweden, Belgien. Hier scheinen Faktoren wie geographische Nähe und wiederum der Effekt einer Zollunion, eine Rolle zu spielen. Denn Länder mit ähnlichen Industriestrukturen, Kanada, Japan und die USA haben, im Vergleich dazu gesehen, niedrigere Werte.[1207] Weiterhin ist bemerkenswert, daß nicht nur Konsumgüter bzw. Endprodukte, sondern, in größerem Ausmaß und auf hohem Niveau, Inputgüter und Kapital bzw. Investitionsgüter am Intra-Industriehandel beteiligt sind. Dazu kommt, daß im Handel mit Entwicklungsländern die Inputgüter bzw. Vorprodukte dominieren. Bei den Industrieländern sind die Tendenzen uneinheitlicher.[1208]

7.2 Intra-Industriehandel und Heckscher Ohlin

Haben nun die Autoren Recht, die sehr früh schon und heute noch, den Eindruck haben, daß das Bestehen des Intra-Industriehandels schon beweist, daß das Heckscher-Ohlin Modell ganz seine Erklärungskraft bezüglich des internationalen Handels einbüßt?[1209]

Ein Problem bei der Interpretation des Intra-Industriehandels besteht darin, daß die untersuchten Güterkapitel diverse Warenkategorien sprich unterschiedliche Waren umfassen. Die in SITC 5-8 vertretenen, geläufig als verarbeitete Waren angesehenen Güter unterscheiden sich gemäß Kapitalintensität, Ausbildungsintensität, Technologieniveau, ob es Innovations- oder standardisierte

---

[1202] Balassa 1986a: 40; Balassa/Bauwens 1987: 932; Nilsson 1999: 121.
[1203] Am Beispiel von Lateinamerika, 1975. Greenaway/Milner 1986: 98.
[1204] Eine empirisch genauere Nachzeichnung findet sich in Grubel/Lloyd 1975: 133-138.
[1205] Es läßt sich steigender Intra-Industriehandel, der als Spezialisierung gedeutet wird, im Central American Common Market (Honduras, El Salvador, Guatemala, Nikaragua, Costa Rica) und dem Freihandelsabkommen zwischen Australien und Neuseeland feststellen. Mit Werten 1961 von 22% und 1967 von 40% liegt Zentralamerika dabei über Werten, die andere Entwicklungsländer etwa in Asien aufweisen, die bei 20% Intra-Handel liegen. Grubel/Lloyd 1975: 46, 138-142.
[1206] Bezug ist hier die USA bzw. die OECD-Staaten. Krugman/Obstfeld 1997: 140. Siehe: **Tabelle 45**, **Tabelle 46**.
[1207] Dies wird bemerkt in Hummels/Levinson 1993: 19; die geographische Nähe und gemeinsame Grenzen sowie Offenheit (der Zustand nach dem Abschluß einer Zollunion etwa) spielen auch eine Rolle in der Untersuchung von Balassa 1986a: 40.
[1208] Nicht etwa anhand unterschiedlicher Kosten pro Produkteinheit sondern anhand common sense-Urteil auf 4-stelliger Ebene. Culem/Lundberg 1986: 118. **Tabelle 307**.
[1209] Siehe das ausführliche Zitat oben: Grubel/Lloyd 1975: 3; Helpman/Krugman 1985: 2; Krugman/Obstfeld 1997: 139.

Güter sind, nach Qualität und darin, ob es Endprodukte oder Inputgüter bzw. Vorprodukte sind.[1210] Somit ist es problematisch vom Intra-Industriehandel aus direkt den Rückschluß zu ziehen, daß alle daran beteiligten Länder über eine ähnlich kapitalintensive Industriestruktur verfügen. Ein 'upward bias' der Messung des Intra-Industriehandels könnte somit vorliegen, wenn sämtlicher Intra-Industriehandel als Beweis für Kapitalüberschuß bzw. in den Worten dieses Autors: Technologieintensität, angenommen wird.[1211] Mindestens kann Intra-Industriehandel allerdings weiterhin als ein Hinweis darauf interpretiert werden, daß Länder mit moderatem Kapitaleinsatz und relativ starkem Einsatz von arbeitsintensiven Produktionsabläufen im Bereich der verarbeiteten Produkte mit ähnlich ausgestatteten Ländern und auch mit solchen Ländern handeln, die kapital- und ausbildungsintensive Wirtschaftsstrukturen haben. Damit behalten moderate Faktorproportionsunterschiede gemäß Heckscher-Ohlin, wohlgemerkt nur teilweise, in diesem Bereich ihre Erklärungsrelevanz. Darüberhinaus lassen sich Ländern relativ deutlich anhand der Intensität des Intra-Industriehandels unterschieden, die nur Primärprodukte oder Rohstoffe handeln. Dies bedeutet allerdings wiederum nicht, daß in diesen Bereichen kein Intra-Industriehandel vorliegt. So wird von Grubel/Lloyd (1975) mit Schulterzucken festgestellt, daß die USA in den Bereichen Zuckerzubereitung, Rohgummi, synthetischen Fasern, Sand, Steine und Split einen Intra-Industriehandel von 90 % erreicht. Japan und Australien haben im Bereich Zuckerzubereitungen 90 % Intra-Industriehandel, im Bereich der Rohmaterialen gibt es zwischen der damaligen EEC und England einen Wert von über 90 %, dies gilt für alle Agrar- und Lebensmittelprodukte in den EEC Ländern (immerhin Werte auf 3-stelliger Ebene).[1212] Es ist also nicht überraschend, daß sich um den Intra-Industriehandel eine Debatte über die Erklärungsfaktoren internationalen Handels entzündet hat.

[1210] Obwohl in denselben SITC Kategorien eingeordnet, unterscheiden sich verarbeitete Produkte stark voneinander: So finden sich in SITC Rev. 3: 724 Textiles and Leather Machinery Nähmaschinen und Textilmaschinen, Wasch- und Trockenmaschinen. 726 Printing Machinery: Platten für Bleibuchstaben, einfache Offsetdruckmaschinen genauso wie riesige Rollenoffsettmaschinen für den Zeitungsdruck. In 775 sind sämtliche Haushaltwaren, Waschmaschinen, Spülmaschinen, Rasierapparate, Föns enthalten. 728: Special Machinery: dort sowohl Maschinen für die Mineralienextraktion als auch für die Holzverarbeitung. In 785.1 Motorcycles werden Mopeds und Motorräder in derselben Unterkategorie geführt. In 781.2 sind zwar nur Personenwagen enthalten, hier gibt es aber Qualitätsunterschiede. Die in 762.8 Radio Broadcast Receivers erfaßten können ebenso extrem unterschiedliche Qualitätsniveaus haben. In 776 sind sowohl Bildröhren und einfache Dioden und Transistoren in derselben Untergruppe wie Halbleiter enthalten. In 898 finden sich Klaviere, Kassetten, Metronome, einfache Instrumente aller Art. Siehe: SITC Rev. 3 Vereinte Nationen 2004. Dies hat dazu geführt, daß Leamer (1984) in seiner Untersuchung der Heckscher-Ohlin Theorie viel Arbeit darauf verwendet hat, herauszubekommen, welche Faktorintensität die einzelnen SITC Kategorien (auf 2stelliger Ebene!) haben, so werden 3stellige Unterkategorien herausgesucht, die nicht dazu passen und diese anderen 2stelligen Kategorien zugeordnet. Dabei wird herausgefunden, daß z.B. im Bereich 5 Chemie sich die Kapital- und Ausbildungsintensität deutlich unterscheidet, dennoch wird der Tendenz nach eine Einstufung in hohe Kapital- und hohe Qualifikationsintensität vorgenommen. Maschinenbau wird mit moderatem Kapitaleinsatz zusammengebracht, wobei es hier große Unterschiede in der Qualifikationsintensität gibt. Dies ist in gewisser Weise widersprüchlich, wenn man davon ausgeht, daß Industrieländer sowohl über den einen als auch den anderen Faktor verfügen, Maschinenbau erstreckt sich in Leamer (1984) sodann auf 71, 72, 73, 86. Unter der Rubrik arbeitsintensiv werden 82, 83, 84, 85, 89 klassifiziert. Als nur kapitalintensiv gelten 61, 62, 65, 67, 69, 81. Leamer 1984: 60-78.
[1211] So schon Aquino 1978: 277. Er redet sich aber damit heraus, daß es genauso einen 'downward bias' gibt, denn Kategorien, die nur sehr technologieintensive Waren umfassen, werden nicht extra etwa höher gewichtet, um einen zutreffenderen Eindruck der Technologieintensität zu bekommen. Aquino 1978: 277.
[1212] Grubel/Lloyd 1975: 38-40.

7.3 Intra-Industriehandel aus ethisch-moralischer Perspektive

Aus ethisch-moralischer Perspektive aus gesehen, ist es bemerkenswert, daß früh von Balassa (1966) argumentiert wurde, daß der Intra-Industriehandels zu Wohlfahrtssteigerungen bei geringeren Anpassungskosten führt, im Vergleich zu den traditionellen Formen des internationalen Handels, die eine Inter-Industriespezialisierung implizieren. Die Wohlfahrtsteigerung, die der internationale Handel auslöst, wird dabei nicht mit den Unterschieden der Faktoraustattung und einer Angleichung der Faktorpreise in Verbindung gebracht, sondern, neben den Vorteilen für die Konsumenten durch größere Produktvielfalt, mit Skalenvorteilen, Spezialisierung und Dekonzentration und einem allgemein zunehmenden Wettbewerb.[1213] Dies steht nicht nur im Einklang mit der dynamischen Theorie wirtschaftlicher Prozesse, sondern auch den Erwartungen der Gründerväter der EWG, siehe das Walter Hallstein-Zitat aus dem Jahre 1969 oben im Text[1214] und mit heutigen Erwartungen, daß Globalisierung bei weiter vorliegendem Intra-Industriehandel weniger starke Anpassungskosten nach sich ziehen wird.[1215]

7.4 Wie kann Intra-Industriehandel erklärt werden?[1216]

7.4.1 Nachfrageeffekte, Güterheterogenität, Spezialisierung und Skalenökonomien.

In einer Welt in der eine große Anzahl von heterogenen, nicht substituierbaren Gütern produziert bzw. nachgefragt wird, ist es für eine große Zahl von Unternehmen möglich, sich an der Herstellung dieser Güter zu beteiligen, indem sie sich auf bestimmte Güter spezialisieren und dabei gegenüber dem

---

[1213] Die Formulierung dieser Erwartung findet sich in Balassa (1966). Es lohnt sich, hier länger zu zitieren: "Since, according to traditional explanation, tariff reductions would be followed by interindustry specialization, the validity of this hypothesis requires that within each industry the largest supplier, or suppliers, of the preintegration period have the lion's share in the expansion of intra-area trade. Our results do not reveal such a tendency; instead of concentration, an increasing diversification in export patterns is indicated. Rather than increasingly specializing in industries where they had been leading exporters prior to the establishment of the European Common Market, the member countries have lost ground in these industries and have reduced reliance on them in expanding their exports. It is suggested here that the failure of the traditional explanation stems from the inadequacies of conventional models that deal exclusively with standardized commodities. In the case of standardized goods, cost differences are the main determinants of trade, and a country cannot protect and export the same commodity. In such instances, the traditional conclusion on the reallocation of resources from import-competing to export industries follow: reductions in tariffs lead to a concentration in the former and an expansion in the latter. Only a few manufactured goods (e.g. steel ingots, nonferrous metals, paper) traded among the industrial countries are standardized commodities, however, while a large majority are differentiated products that can be protected *and* exportet. In the presence of national product differentiation, multilateral tariff reductions may lead to an increased exchange of clothing articles, automobiles, and other consumer goods, for example, without substantial changes in the structure of production. Further, the expansion of trade in machinery and in intermediate products at a higher level of fabrication, following all-round reductions in duties, may entail specialization in narrower ranges of products rather than the demise of national industries. These changes, then, would involve intraindustry rather than interindustry specialization." (Herv. im Original) Balassa 1966: 469.
[1214] Walter Hallstein (1969) zitiert in Ipsen 1972: 774. Siehe Abschnitt 'A'.
[1215] Erwartet wird, daß es zu einer Zunahme des Intra-Industriehandels mit den Entwicklungs- und Schwellenländern kommt, befürchtet wird aber, daß aufgrund unterschiedlicher Lebensstandards keine vollständige Reziprozität des Handels etwa der EU gegenüber China etabliert werden kann. Die USA wird aufgrund von Tendenzen einer dort zunehmenden Inter-Industriespezialisierung vor Anpassungskosten gewarnt. Letztere Tendenzen seien aber erst seit kurzem zu erkennen und es ist unklar, ob dies so weitergeht. European Commission 2004a: 71-72.
[1216] Übersicht über die Faktoren in Greenaway/Milner 1986: 111; sowie in Stewart 1984: 85-86.

Autarkiezustand steigende Erträge durch Skalenökonomien genießen können.[1217] Dabei handelt es sich nicht nur Güter im Sinne des Endverbrauchs, sondern auch Inputgüter bzw. Vorprodukte, die zur Produktion anderer Güter benötigt werden.[1218] Es ist nicht unwahrscheinlich, daß die Anzahl dieser Güter bei zunehmenden Wirtschaftswachstum und einer ausdifferenzierten Konsumentennachfrage sogar noch weiter zunimmt und diese sich zu einem großen Teil auf verarbeitete Produkte bezieht. Die von Linder (1961) aufgestellte These beobachtet solche Nachfrageänderungen, die diskontinuierlich bei Veränderungen der Pro-Kopf-Einkommen auftreten. In Indien werden beispielsweise 60 % des Einkommens für Ernährung bzw. für Güter des Primären Bereichs genutzt, in den USA nur 13 %. Somit stehen in den USA 87 % des Einkommens für tendenziell vielfältige Konsumgüter aus dem Bereich der verarbeiteten Produkte bzw. Dienstleistungen zur Verfügung (Daten für 1982).[1219] Alternativ geht die Armington-Annahme davon aus, daß Güter zwar identisch sind, der Konsument sie aber als unterschiedlich wahrnimmt, wenn sie aus unterschiedlichen Ländern kommen. Auch dies kann Güterheterogenität erklären.[1220] Ökonometrisch empirische Untersuchungen sprechen eindeutig für die Relevanz dieser Erklärung (etwa anhand von Untersuchungen über Kostendifferenzen pro Produkteinheit in disaggregierten Warenkategorien, welches darauf hindeutet, daß heterogene Güter vorliegen).[1221] So wird etwa in Krugman (1979) zur Erklärung des Intra-Industriehandels davon ausgegangen, daß diese Konsumgüter in identischen Quantitäten vor und nach der Aufnahme des Handels nachgefragt werden und die Konsumenten nur durch die Zunahme der Produktvariation eine Wohlfahrtssteigerung ('city lights effect') erfahren.[1222] In diesem Szenario ist es denkbar, daß sich Unternehmen in vielen unterschiedlichen Ländern auf die Produktion bestimmter Güter spezialisieren, und weil Faktoren keine Rolle spielen, verteilen sich die Firmen auf der Welt nach dem Zufallsprinzip. Der Intra-Industriehandel findet mit heterogenen Gütern statt, im Extremfall ohne direkte Konkurrenz der Firmen untereinander. Dadurch, daß die jeweiligen Firmen nicht mehr auf ihren Heimatmarkt beschränkt sind, profitieren sie und die gesamte Welt von wohlfahrtssteigernden Skalenökonomien.

[1217] Greenaway/Milner 1986: 110-111. Dies kann entweder wirklich über eine große Produktvielfalt und Nachfrageeffekte erklärten werden oder es kann die Balassa-These dahinterzustehen, nämlich, daß Firmen vor der regionalen Integration eine exzessive Produktionsdifferenzierung vorgenommen haben und diese bei Öffnung zum Handel rückbauen und sich auf bestimmte Produktlinien spezialisieren. Balassa 1966: 468.

[1218] Balassa 1966: 469. Eigens thematisiert von Ethier 1979: 2.

[1219] Die Daten sind 1982 für das Land mit dem damals niedrigstem Pro-Kopf-Einkommen, Indien, und dem Land mit dem damals höchsten Pro-Kopf-Einkommen, die USA, angegeben. Dieser Zusammenhang findet sich in vielen weiteren Ländern wieder. Siehe Markusen 1986: 1003-1004. Dies ist als Linder-Hypothese bekannt. Markusen 1986: 1002-1003; Nilsson 1999: 114-115. Der Autor, Staffan Burenstam Linder, wird oben im Text mit Jahreszahl zitiert, um eine historische Einordnung zu ermöglichen, er findet sich nicht in der Literaturliste.

[1220] Hummel/Levinson 1995: 803. Von doppelten Armington Güter in manchmal die Rede, wenn Entwicklungsländer hochwertige Güter für den Export vorsehen und minderwertige Güter dem eigenen Markt vorbehalten.

[1221] Klar positive Korrelationen werden zwischen Intra-Industriehandel und Produktdifferenzierung gefunden. Zum obengenannten, auf Hufbauer (1970, nicht in der Literaturliste) zurückgehende Vorgehen, siehe Balassa 1986: 224, Balassa/Bauwens 1987: 930. Intra-Industriehandel korreliert mit hohe Werbungskosten, diese sind typisch für Bereiche mit differenzierten Gütern. Clark 1993: 341. Nur eine diesbezüglich negative Studie wird im Überblick zitiert von Greenaway/Milner 1986: 137. Daß Intra-Industriehandel mit Einkommensunterschieden erklärt werden kann, kann indirekt auch als Bestätigung dieser These interpretiert werden. Siehe oben. Hier nur die Referenz auf Nilsson 1999: 121.

[1222] Greenaway/Lindner 1986: 110; mit Referenz auf ein ähnliches Modell in Helpman/Krugman (1985: 187) siehe Frensch 1993: 52-53. Dem Modell von Krugman (1979) liegt das Neo-Chamberlin Modell von Dixit/Stiglitz (1977) zugrunde. Insgesamt gesehen, geht es im Artikel von Paul R. Krugman nicht nur um Produktdiversität, sondern um eine Erklärung des Intra-Industriehandels unter zusätzlicher Heranziehung eines monopolistischen Modells des Firmenverhaltens. Krugman 1979: 469; Dixit/Stiglitz 1977. Bezüglich der Produktvielfalt mögen große Länder einen Vorteil haben. Grubel/Lloyd 1975: 10-11.

Ein solcher Prozess wurde von Bela Balassa (1966; 1967) empirisch angesichts der Wirkungen der EWG-Integration nachgezeichnet: Er zeigt, daß ein zunehmend differenzierter Handel vorliegt, von 91 untersuchten Industrie bzw. Handelsbereichen expandiert der EU-Handel in 84 Kategorien, ein absoluter Rückgang ist nur in wenigen Fällen zu beobachten, hier 12 Fälle.[1223] Dazu kam ein Rückgang der Anteile für die in diesen Bereichen jeweils dominierenden Firmen am Handel, die Anteile der zwei größten Anbieter sinken von 72,5 % (1958) auf 56,5 % (1963).[1224] Er stellt daraufhin die These auf, daß der Abbau der Handelsschranken nicht zum Ausbau dominanter Positionen gemäß komparativer Vorteile führte, sondern dazu, daß sich die Firmen der innerhalb geschützter Heimatmärkte entstandenen, breiten Produktdifferenzierung entledigen, um sich fortan auf die skalenintensive Produktion weniger Güter zu konzentrieren. Womöglich zufällig solche, die Firmen in anderen Ländern in ähnlicher Situation aufgegeben hatten, zu produzieren. Es kam, gemäß Balassa, in Europa zu einer Spezialisierung, dadurch zu Skalenökonomien und weiterhin zur einem wettbewerbssteigernden Dekonzentrationsprozess. Dazu gesellte sich eine allgemeine Erhöhung der Wettbewerbsintensität, welche eine breite Wohlfahrts- und Produktivitätssteigerung auslöste.[1225] Dieses Szenario steht im Einklang mit Untersuchungen, die bis heute immerhin die partielle Relevanz von Skalenökonomien zur Erklärung internationalen Handels bestätigen.[1226] Am Rande: Ob es solche komplementäre Struktur gibt, ist auch ein Faktor, der wichtig ist für regionale Integrationsabkommen der Entwicklungsländer (die auch 'complementarity agreements' enthalten können).[1227] Liegt ein so ausgeprägter Intra-Industriehandel vor, mildert dies in deutlich erkennbarer Form Anpassungsprozesse ab und führt zu einer breit gestreuten Wohlfahrtssteigerung. Nicht mehr so klar ist die Annahme milderer Anpassungsprozesse in den folgenden Modellen:

7.4.2 Vertikale Differenzierung in innovationsintensive und standardisierte Güter.

Der Produktzyklus-Modell von Vernon (1966) besagt, daß in den großen Industrieländern, etwa die USA, Firmen Produktinnovationen tätigen und eine diversifizierte Produktion etablieren. Nach einiger Zeit sind einige dieser Innovationen für den Massenmarkt geeignet, weil aber die USA hohe

---

[1223] Balassa 1966: 468.
[1224] Es ist zwar fast ketzerisch, dies hier zu bemerken, steht aber womöglich im Einklang mit anderen Theorien des internationalen Handels, der von der technologischen Lücke und der, welche die Skalenökonomien und auch monopolistische Marktstrukturen thematisiert, insofern wird es wiedergegeben: Der Anteil der zwei dominierenden Zulieferer geht vor allem für Frankreich, Belgien und Italien (um ca. 15 bis 20 %) zurück. Die Niederlande und Deutschland verzeichnen immerhin auch Rückgänge (von ca. 3 %), besonders Deutschland sticht aber mit einem hohen Konzentrationsgrad heraus: 1963: 84,2 % Anteil (1958: 89.5 % Anteil) am EU-Exporthandel haben in 91 Warenkategorien durchschnittlich nur 2 dominierende Exporteure. Es gab zudem in Deutschland kaum Unterschiede zwischen erst- und zweigrößten Anbieter bezüglich der Konzentration. Die jeweils größten Anbieter hatten 1958 schon 84.2 % Anteile am EU Handel. Bemerkenswert ist allerdings, daß deren Anteil auf 78,6 % 1963 absinkt und somit doch, selbst in Deutschland, eine Dekonzentrationstendenz vorlag. Dies alles zusammengenommen rettet die These von Balassa 1966: 468.
[1225] Balassa 1966: 468, 470-471; ebenso Balassa 1967: 97. Aus heutiger Sicht: "Gains from trade will be large when economies of scale are strong and products highly differentiated" Krugman/Obstfeld 1997: 141.
[1226] So wird von Davis/Weinstein (1998, nicht in der Literaturliste) für 22 OECD Länder berechnet, daß ein 1 % Anstieg der Nachfrage zu einer 1,6 %tigen Outputsteigerung führt. In 11 Industriesektoren kann dieser größer als 1 % Effekt aufrecherhalten werden. Helpman 1999: 141.
[1227] Greenaway/Milner 1986: 99.

Lohnkosten hat, bietet sich eine Auslagerung dieser reifen ('mature') Produkte in Länder mit geringeren Lohnkosten an. Die reifen Produkte umfassen dabei nicht nur Endprodukte, sondern auch Inputgüter, die ihrerseits für Produktionsprozesse benötigt werden (siehe oben, es kann empirisch bestätigt werden, daß Konsumgüter, Inputgüter und Kapitalgüter im Intra-Industriehandel vorkommen). Gegen die Erwartung von einer Auslagerung in Entwicklungsländer spricht, daß der Produktionsprozeß vieler Inputgüter ausgebildete Arbeiter, zuverlässige Energie- und Ersatzteilversorgung benötigt, dazu kommt, daß bestimmte Inputgüter sehr exakt hergestellt werden müssen.[1228] Ist dies nicht der Fall, wird gemäß diesem Konzept erwartet, daß zumindest ein Teil der Massenfertigung von Produkten, die in Industrieländern bereits eingeführt wurden, in Länder mit niedrigen Arbeitskosten abwandert (genannt wird das Beispiel standardisierter Textilien, einfache Stahlprodukte, einfache Düngemittel und Chemikalien, Zeitungspapier oder elektronische Komponenten: einfache Transistoren, wieder werden auch Inputgüter bzw. Vorprodukte thematisiert).[1229] Dies seien, so Raymond Vernon, durchaus kapital- und skalenintensive Produktionsprozesse, die nur teilweise durch relativ hohe Arbeitsintensität geprägt sind, sodaß eine Auslagerung, partiell zumindest, dem Heckscher-Ohlin Modell widerspricht. Argumentiert wird, daß in den Entwicklungsländern, solange es sich nicht um breit angelegte Aktivitäten handelt, nicht unbedingt hohe Kapitalkosten vorliegen müssen. Wenn die niedrigen Arbeitskosten die Transportkosten mehr als wettmachen, würden auch Exporte zurück, etwa in die USA, möglich.[1230] Dieses Szenario würde den Intra-Industriehandel dadurch erklären, daß eine Spezialisierung der Firmen zu erwarten ist und der Handel in innovationsintensive und reife bzw. standardisierte Gütern differenzierbar wäre, dazu kommt der Intra-Industriehandel mit Inputgütern (sowohl für die Relevanz standardisierter Güter als auch der Inputgüter spricht die ökonometrische Empirie[1231]). Weiterhin ist zu beachten, daß in einigen Fällen im Einklang mit den Faktorvorteilen arbeitsintensive Abläufe gewählt werden. Somit bleiben, neben dem Produktzyklus-Modell bzw. der Erklärung mit technologischen Unterschiede auch Faktorproportionen als Erklärungsfaktor relevant. Mit diesem Modell werden im Intra-Industriehandel gewisse Anpassungskosten konzipierbar, wenn in den Industrieländern etwa noch Unternehmen verblieben, die standardisierte Waren herstellen wollen und eine Spezialisierung nicht reibungslos abläuft bzw. gar nicht gewollt ist. Dieses Konzept ist kompatibel mit der dynamischen Theorie des Wettbewerbs, die davon ausgeht, daß Bahnbrecher bzw. Innovatoren und Nachahmer bzw. Imitatoren die Einheit des Wettbewerbsprozesses bilden. Aus dieser Perspektive gesehen ist Intra-Industriehandel auch ein Produkt der historischen Kontingenz dynamischer Wettbewerbsprozesse.

[1228] "Manufacturing processes which require significant inputs from the local economy, such as skilled labor, repairmen, reliable power, spare parts, industrial materials processed according to exacting specifications, and so on, are less appropriate to the less-developed areas than those that do not have such requirements. Unhappily, most industrial processes require one or another ingredient of this difficult sort." Vernon 1966: 203.
[1229] Vernon 1966: 204-205.
[1230] Vernon 1966: 200, 195-203, 207.
[1231] Intra-Industriehandel korreliert mit Produktstandardisierung und mit Inputgütern. Viele Industrien, die Inputgüter produzieren und nutzen, sind auch im Zwei-Wege-Handel engagiert. Clark 1993: 341.

7.4.3 Vertikale Differenzierung beim Handel multinationaler Konzerne

Das Produktzyklus-Modell kann ebenso angewandt werden auf den Handel innerhalb multinationaler Konzerne.[1232] Eine Motivation für diesen Handel ist es sicherlich, daß bestimmte standardisierbare Produktionsprozesse in Länder mit niedrigen Lohnkosten ausgelagert werden, um die multinationalen Konzerne dadurch wettbewerbsfähiger zu machen.[1233] Dies führt teils zum Intra-Industriehandel wie unter Punkt 7.4.2, allerdings innerhalb eines Firmennetzwerks. Die Direktinvestitionen multinationaler Konzerne haben einen handelshemmenden Effekte, der auch den Intra-Industriehandel betreffen kann, weil dadurch direkte Exporte unnötig werden.[1234]

Insgesamt gesehen kann vertikale Spezialisierung helfen zu erklären, warum der Handel in den letzten Jahrzehnten so stark gewachsen ist. Ohne zwischen multinationalen Konzernen und einer sonstigen vertikalen Spezialisierung zu unterscheiden wird geschätzt, daß der Handel, der auf einer solchen Aufteilung der Produktion in viele Stadien beruht, 21 % für den Handel der OECD Länder und Irland, Korea, Taiwan und Mexiko, oder 30 % des Welthandels ausmachen kann.[1235] Eine interessante These in dieser Hinsicht ist, daß Zollsenkungen auf diesen Handel einen doppelten Effekt haben können. Die durchschnittlichen Zölle im Bereich verarbeiteter Produkte fielen von 14 % auf 3 % zwischen 1962 und 1999 (ein Absinken um 11 %). Der Anteil der Exporte am Output der U.S.-verarbeitenden Industrie stieg in dieser Zeit dagegen um 210 %. Um dies besser zu verstehen, wird darauf hingewiesen, daß im Bereich der vertikalen Spezialisierung Zölle Mehrfacheffekte haben können (Inputgüter werden eingeführt, teilweise fertige Teile zur Weiterprozessierung ausgeführt und wieder eingeführt, das Endprodukt wird fertiggestellt und wieder in ein anderes Land exportiert), sodaß die Zollsenkungen in diesen Bereichen zu überproportionalen Handelssteigerungen geführt haben mögen.[1236] Verschwiegen werden soll hier nicht, daß es auch Untersuchungen gibt, die den Rückgang des Handel mit Inputgütern nachzeichnen, dies kann aber für verarbeitete Produkte sicher nicht aufrechterhalten werden.[1237]

7.4.4 Horizontale und vertikale Spezialisierung bei Güterheterogenität in der EU.

In aktuellen Untersuchungen über die Warenströme innerhalb der EU wird die These aufgestellt, daß es zwei Arten von Spezialisierung gibt. Einmal im Bereich horizontal ausdifferenzierter Güter, die andere im Bereich vertikaler Spezialisierung. Letzterer Bereich ist der Bereich, der bezüglich

---

[1232] Dies ist bereits die These in Vernon 1966: 196-202. Die Relevanz des Handels mit Inputgüter im Intra-Firmenhandel betont Stewart 1984: 86-87.
[1233] Greenaway/Milner 1986: 113; Stewart 1984: 86.
[1234] Greenaway/Milner 1986: 54. So wird geläufig erklärt, daß Direktinvestitionen einen negativen Wert in ökonometrischen Untersuchungen für den Intra-Industriehandel haben. Balassa/Bauwens 1987: 932;
[1235] Ersterer Wert in Hummels et al. 2001: 77; die zweite Schätzung in Yi 2001: 5.
[1236] Die Argumentation ist zweiteilig. Durch die Zollsenkungen erfolgen erhöhte Kostensenkungen, sodaß hierdurch der vertikal spezialisierte Handel steigt, weil es noch lohnswerter wird. Weiterhin wird es durch die Zollsenkungen erst attraktiv, vertikal spezialisierten Handel aufzubauen. Die Untersuchung beruht auf Input-Output Tabellen. Yi 2001: 2-3, 5.
[1237] Mit dem Verweis auf des klare Ergebnis in bezug auf verarbeitete Produkte in Yeats (1998) dieser Hinweis in Hummels et al. 76: 76.

Inputgüter bzw. Vorprodukte und bezüglich Auslagerung von Produktionen in Länder mit niedrigeren Lohnkosten interessant ist. Es wird versucht, diese Bereiche durch divergierende Kosten pro Produkteinheit zu unterscheiden. Im Bereich vertikaler Spezialisierung liegen deutlich divergierende Preise pro Produkteinheit vor. Daraus wird geschlossen, daß diese Güter nicht in derselben Qualitätskategorie angesiedelt sind. Die horizontal ausdifferenzierten Güter definieren sich durch nur geringfügige Preisdifferenzen im Intra-Industriehandel. Vom gesamten EU Handel stieg der Anteil des vertikal differenzierbaren Handels von 35 % 1980 auf 40 % 1994 an.[1238] Der Handel mit den horizontalen Gütern liegt auf schwankenden, aber doch ähnlichem Niveau und steigt bis 1994 wieder auf den Stand von 1982, ca. 18 % an.[1239] Die Relevanz des wahrscheinlich auf komparativen Vorteile im Heckscher-Ohlin Faktorbereich beruhenden Inter-Industriehandels sank von 47 % 1984 auf 37 % 1994 ab.[1240] Eingeschlossen des Extremfalls Griechenland, haben Dänemark, Irland und Portugal tendenziell eher eine Inter-Industriehandelsstruktur. Außer Irland steigern aber alle Länder ihren Anteil am Intra-Industriehandel. Spanien und Italien steigern vor allem ihren Handel im Bereich der horizontalen Güter mit ähnlichen Kostenniveaus.[1241] Welche Produktkategorien werden mit diesen Handelstypen zusammengebracht? Zuerst einmal ist bemerkenswert, daß es hier um kontinuierliche Übergänge und nicht um eindeutige Zuordnungen geht. Der Bereich preislich homogen gestalteter Produkte erstreckt sich mit hohen Intra-Industriehandelsanteil auf den Automobil- und Automobilteilebereich, etwas geringere Anteile haben einfache Metallprodukte ('basic metals'), Chemikalien, Holz- und Papierprodukte, hier fängt also die vertikale Differenzierung bereits an zuzunehmen. Der Bereich elektrischer und nicht-elektrischer Maschinen sowie professioneller Ausrüstungsgüter ('professional goods') weist dagegen einen hohen Grad an vertikaler Differenzierung auf. Im Bereich Agrar, Lebensmittel, Getränke, nicht metallische Mineralien und sonstige Rohstoffe und Textilien ist in über 50 % und mehr der Fällen ein Einbahnstraßenhandel festzustellen, wobei dies auf eine Spezialisierung gemäß komparativen Vorteilen hinweist.[1242] Daraus läßt sich schließen, daß ein Teil der horizontal ausdifferenzierten Güter immerhin zu einem gewissen Teil standardisiert bzw. homogen ist und auf einem preislich ähnlich angesiedelten Niveau gehandelt wird. Damit ist wahrscheinlich, daß es auch direkte Konkurrenz zwischen den Unternehmen gibt (und nicht nur Spezialisierung i.S. eines Ausweichens auf die Vielfältigkeit der Waren). Zu Anpassungskosten scheint es in der EU aber trotzdem kaum zu kommen, denn der Anteil des Handels in dieser Kategorie bleibt auf einem ähnlichem Niveau. Im Bereich vertikal differenzierter Güter muß ebenso offen bleiben, ob nicht in der deutlichen Zunahme ein konkurrenzerhöhendes Moment enthalten ist. Dies muß nicht sein, denn auch hier könnte sich in dieser Zeit die Produktvielfalt schnell ausdifferenziert haben. Hinter den unterschiedlichen Kosten bzw. Qualitäten verstecken sich, wie auch im Bereich standardisierter Güter, potentiell diverse Aspekte: F&E-und Technologievorteile, womöglich sogar

---

[1238] Der Tendenz nach hat der Autor jedoch recht, daß im Bereich der horizontal differenzierten Güter, in denen Konsumenten ähnliche Güter bevorzugen, schneller zu alternativen Zulieferern gewechselt werden kann. Zudem hat der Autor der Tendenz nach recht, daß im unteren Preis- bzw. Qualitätsbereich ein schärferer Wettbewerb herrschen wird. Dies folgt allerdings nicht unbedingt aus der Intra-Industrietheorie, sondern ist begründet in der Sorge um die Wettbewerbfähigkeit italienischer Industrie. Chiarlone 2000: 2.
[1239] Abgelesen aus einer Darstellung. Fontagne et al. 1997: 12.
[1240] Abgelesen aus einer Darstellung. Fontagne et al. 1997: 12.
[1241] Fontagne et al. 1997: 13.
[1242] Fontagne et al. 1997: 17.

technologische Lücken, dazu kommen aber auch Faktorproportionsunterschiede. Mindestens im Handel mit den osteuropäischen Transformationsländern (80 bis 90 % vertikaler Intra-Industriehandel) kommen niedrige Löhne bzw. arbeitsintensive Produktion, aber auch Skalenökonomien und ausländische Investitionen als Erklärungsfaktor dazu.[1243] Weil die Unterscheidung zwischen vertikalem und horizontalen Intra-Industriehandel konzeptuelle Schwierigkeiten aufweist, wird hier nicht versucht, vertikalen Intra-Industriehandel direkt mit komparativen Vorteilen im Ricardo bzw. Heckscher-Ohlin Sinne zusammenzubringen und horizontalen mit 'modernen' Handelstheorien, also der Theorie monopolistischem Wettbewerb und Skalenökonomien zu verbinden.[1244]

7.4.5 Intra-Industriehandel bei nicht vollkommenem Wettbewerb

In vielen Modellen des Intra-Industriehandels werden monopolistische Strategien sowie ein nicht vollkommener Wettbewerb und Marktmacht mit dem Intra-Industriehandel zusammengebracht.[1245] Ein weiterer Aspekt ist, daß Skalenökonomien als Erklärungsfaktor thematisiert werden.[1246] Dies ist erst einmal insofern verwunderlich, denn gemäß Balassas Vorstellung von Intra-Industriehandel (1966) nehmen die Spielräume monopolistischen Verhaltens durch die Erosion dominierender Stellungen nicht zu, sondern eher ab. Ebenso erwähnenswert ist, daß diese Monopol-Modelle mit den Instrumenten staatlicher strategischer Handelspolitik kombiniert werden, obwohl, von Ausnahmen einmal abgesehen[1247], ein Rückbau von Handelshemmnissen in den Jahrzehnten nach dem Zweiten Weltkrieg stattfindet. Dieser kritische Einwand wird auf den ersten Blick von der ökonometrischen Empirie bestätigt, die tendenziell keinen Zusammenhang zwischen Intra-Industriehandel und konzentrierten Industriesektoren und besonders hohen Skalenökonomien vorfindet (aber für Entwicklungsländer[1248]). Auf den zweiten Blick finden sich ein solcher Zusammenhang aber für Produktdifferenzierung, immerhin auch eine Möglichkeit Marktmacht auszuüben.[1249]

[1243] Aturupane et al. 1997: 3; ebenso anhand dem Osteuropahandel Landesmann 1998: 1-5. Siehe auch die frühe Berechnung von Intra-Industriehandel in bezug auf Osteuropa im Vergleich zur damaligen EWG Drabek/Greenaway 1984.

[1244] Dieser Punkt wird von den Autoren nicht konsequent genug weiterverfolgt, mal sind horizontale Güter homogen, mal heterogen und vielfältig. Fontagne et al. 1997: 6-8. Auch in anderen Publikationen ist es wenig zufriedenstellend, wenn vertikaler Handel mit Qualitätsunterschieden und horizontaler Handel mit Unterschieden in den Charakteristika der Güter definiert wird. Aturupane et al. 1997: 2. Beidesmal geht es zwar um Unterschiede, wobei aber Qualitätsunterschiede gegenüber Geschmacksunterschieden nicht immer klar differenziert werden können. Beidesmal kann es Produktdifferenzierung geben und somit auch diverse Erklärungsmöglichkeiten, die dahinter stehen können. Der vertikale Intra-Industriehandel wird trotzdem mit Faktorproportionsunterschieden in Verbindung gebracht. Aturupane et al. 1997: 4. Das Problem hier eine klare Unterscheidung zu finden, spiegelt sich in den wenig aussagekräftigen Ergebnissen bezüglich Englands wieder: Greenaway et al. 1995: 1516. Es wird dort um Vorsicht bezüglich der Resultate bzgl. dieser Differenzierungsmöglichkeit gebeten. So steht das Faktorproportionstheorem nicht in Verbindung mit vertikalem Intra-Industriehandel, wie eigentlich erwartet, sondern die Linder-Annahme, siehe Greenaway et al 1994.

[1245] Krugman 1979: 471; Helpman/Krugman 1985: 2-3. Siehe auch das auf den Intra-Industriehandel bezogene Zitat: "one of the key empirical reasons for emphasizing the role of increasing returns and imperfect competition in the world economy" von Elhanan Helpman und Paul R. Krugman aus dem Jahre 1989. Zitiert aus Davis 1995: 201. Das Kapital über Intra-Industriehandel in Krugman/Obstfeld beginnt denn auch mit einer Einführung in die Monopoltheorie. Krugman/Obstfeld 1997: 124-137.

[1246] Daran erinnern Marvel/Ray 1987: 1280.

[1247] Siehe Teil II dieser Arbeit.

[1248] So in Balassa/Bauwens 1987: 933.

[1249] Dies bemerkt Balassa 1986: 226, Fußnote 16. Siehe schon oben: Intra-Industriehandel korreliert mit hohe Werbungskosten, die sind typisch für Bereiche mit differenzierten Gütern. Ebenso korreliert er mit anderen Anzeichen von Güterheterogenität. Es wird kein Zusammenhang zwischen konzentrierten Sektoren und Intra-Industriehandel gefunden, ebenso nicht in bezug auf Sektoren mit ausgeprägten Skalenökonomien. Balassa/Bauwens 1987: 932; Clark 1993: 340-341. Anhand von Industrien mit mehr als 500 Angestellten, die als

Nähert man sich dieser Frage aus wirtschaftswissenschaftlich normative Perspektive, dann sind die Wohlfahrtswirkungen der Monopole bzw. engen Oligopole in bezug auf die Wohlfahrtswirkungen innerhalb der Modelllogik zuerst einmal ambivalent. Ein liberal konzipierter dynamischer Wettbewerb, der empirisch aufzeigbar durch Liberalisierung intensiviert werden kann, ist erstrebenswert, weil er Monopolrenten abbauen hilft. Ebenso ist empirisch darlegbar, daß internationale Handel die technische Effizienz erhöht, unter anderem dadurch daß Skalenökonomien und Spezialisierung zunehmen.[1250] Weiterhin ermöglicht es der Rückbau von Handelshemmnissen heimischen Firmen überhaupt erst gegenüber ausländischen monopolistischen Strukturen aktiv zu werden. Damit spricht einiges dafür, daß der Abbau der Handelshemmnisse nicht als passiver Übergang zu einem vollkommenen Wettbewerb angesehen werden sollte, sondern zuerst einmal als Chance für Unternehmen Monopolrenten auch in anderen Ländern abzuschöpfen. Zu diesem Bereich gehört auch das Phänomen der Direktinvestitionen oder Allianzen, die dazu dienen, in anderen Ländern Marktmacht aufzubauen, um dadurch Wettbewerber vor Investitionen abzuschrecken. Viel spricht dafür, daß dies eine wichtiger Grund für 'reciprocal FDI dumping' bzw. 'two way'-Direktinvestitionen ist.[1251] Erst als langfristige Wirkung sind dann potentiell ein verschärfter Wettbewerb, verbesserte Skalenökonomien und zunehmende Spezialisierung zu verzeichnen, dann aber auf internationaler Ebene.[1252]

Die Monopolmodelle sind auch deshalb interessant für die Erklärung des Intra-Industriehandels, weil es bei vollkommenem Wettbewerb im neoklassischen Sinne, weltweit angeglichenen Preisen und homogenen Gütern (und wenigstens ungefähr gleich verteilter Industrien, wie in den Industrieländern) keinen schnell erkennbaren Anlaß gibt, daß ein gleichartiges Gut exportiert werden muß. Mit Monopolmodellen kann dagegen gezeigt werden, daß selbst in einer solchen Situation sogar Transportkosten in Kauf genommen werden etc. und trotzdem noch Exporte im Bereich homogener

---

Skalenanhaltspunkt verwendet werden, findet sich ein positiver Zusammenhang dagegen in Culem/Lundberg 1986: 126. Der meist negative Zusammenhang mag auch daran liegen, daß es keine sinnvollen Korrespondenzen zwischen SITC-Kategorien und Skalenökonomien gibt. Clark 1993: 340-341. Es wird auch argumentiert, daß Skalenökonomien überhaupt nicht mit Intra-Industriehandel übereinstimmen können, weil angenommen wird, daß im Bereich standardisierter Produkte, bei dem Skalenökonomien erwartet werden, eher kein Intra-Industriehandel stattfindet. Balassa 1986: 225; Balassa/Bauwens 1987: 932. Das ist aber nicht generell anzunehmen, denn auch hier kann Spezialisierung auf wenige Waren kombiniert mit der Produktion von vielfältigen Gütern stattfinden. Extrem skeptisch in bezug auf die Thesen der Protagonisten monopolistischer Erklärungsweisen für den Intra-Industriehandel sind: Hummel/Levinson 1993; 1995.

[1250] Darauf weist hin, mit Verweis auf empirische Studien, Jaquemin 1982: 76-82. Auch heute zeigt die empirische Literatur deutlich, daß exportierende Firmen deutlich produktiver sind als solche, die nur für den Heimatmarkt produzieren. Anhand der USA Bernard et al. 2003: 7. Schon oben im Abschnitt Neoklassik wurde diesbezügliche Literatur zitiert. Hier nur der bestätigende Hinweis, wobei hier zusätzlich auf verbleibende Marktmacht von multinationalen Konzernen trotz Liberalisierung hingewiesen wird, auf Jaquemin et al. 1980; und Scherer/Ross 1990: 371.

[1251] Diese beiden Schlagworte in Baldwin/Ottaviano 1998; siehe auch Dunning 1997: 9, 50. Dies gehört zu den 'normalen' Motivationen, die Firmen bei grenzüberschreitenden Aktivitäten haben können. Diese strategische Positionierung in einem anderen Land bzw. im Land des Wettbewerbers ist im Kontext der Allianzen, aber auch als Grund für FDI erwähnenswert. Es geht hier nicht nur um Markterschließung, um Zugang zu Ressourcen, um Kosteneinsparung oder um den Erwerb von Wissen, sondern um Vorteile, die aus der globalen Strategie bzw. der wettbewerblichen Positionierung einer Firma selbst stammen. Dunning 1997: 9, 50. Dazu sind natürlich nicht nur, aber auch Marktmachtphänomene zuzuordnen. Ein weiterer eigenständiger Grund für ausländische Investitionen oder Firmenübernahmen sind Kettenreaktionen bei Fusionen, die dazu führen, daß Firmen Größe anstreben, um nicht von anderen übernommen zu werden. World Development Report 1999: 101.

[1252] Zu den drei Sätzen vor der Fußnote die Anregung von Marvel/Ray 1987: 1289.

Waren erfolgen. Denn innerhalb von monopolistischen Marktstrukturen bzw. Oligopolen können höhere Preise- bzw. mit höheren Preisen verbundene gleichbleibende Mengen konzipiert werden, wodurch für Firmen aus dem Ausland beispielsweise ein Anreiz besteht, ein bestehendes Monopol oder ein enges Oligopol, das in einem anderen Land befindlich ist, aufzubrechen, solange eben, so würde die Neoklassik argumentieren, bis der Preis bzw. der Anreiz sich wieder auf das Niveau vollkommenen Wettbewerb einpendelt (bzw. bei Cournot sogar auf Null, wenn keine Grenzkosten angenommen werden, sonst pendelt sich der Preis bei den Grenzkosten ein[1253]).[1254] Wiewohl bei vollkommenem (oder zumindest intensivem) Wettbewerb die Gründe für den Intra-Industriehandel verschwinden könnten, bleibt er womöglich selbst dann als Relikt dieser strategischen Interaktion bestehen. Somit können monopolistische bzw. oligopolistische Strukturen durchaus ein Grund dafür sein, warum Intra-Industriehandel stattfindet. Im Prinzip stehen diese Modelle unter dem neoklassischen Vorbehalt, daß bei intensiverem Wettbewerb und zunehmend ähnlichen Preisniveaus, sich die Anreize für den Intra-Industriehandel verringern müßten.[1255]

Zugrunde liegt der Erklärung des Intra-Industriehandels oft ein spezielles Monopolmodell, das Chamberlin/Hotelling Modell von Dixit/Stiglitz (1977), welches eigentlich einen Trade-off zwischen der Notwendigkeit auf einem begrenzten Markt dennoch Skalenökonomien zu erzielen und dem Wunsch der Konsumenten nach Güterheterogenität beschreibt. Dieses Modell wird in einigen der gleich erwähnten Beiträgen für die Erklärung internationalen Handels im Intra-Industriebereich genutzt.[1256] Hier seien Implikationen einiger Modelle von Paul R. Krugman und James A. Brander zusammengefaßt: In einem Ein-Faktor-Modell, gleichen Technologien, mit Güterhomogenität ('similar tastes') wird gezeigt, daß die Eröffnung internationalen Handels sowohl größere Produktvielfalt und größere Skalenökonomien zuläßt (1979).[1257] In einem ähnlichen Modell von Krugman (1980), diesmal mit konstanter Elastizität der Nachfrage[1258], führt Handel gegenüber dem Autarkiezustand zu einer Ausweitung der Auswahl für die Konsumenten (nicht aber, insgesamt gesehen, zu einer weiteren Ausweitung der Skalenökonomien).[1259] Von Krugman (1981) wird, wieder unter Nutzung des Chamberlin/Hotelling-Modells, gezeigt, daß je intensiver eine Güterdifferenzierung vorliegt, desto mehr die Länder in ihrer Faktorausstattung differieren und trotzdem beide Faktoren bei der Aufnahme von Handel gewinnen können.[1260] Der Handel homogener (=vollkommen gleichartiger) Produkte nur aus Gründen oligopolistischer Interaktionen zwischen Firmen wird gemäß dem Cournot-Modell erklärt von Brander (1981). Dieses Modell beruht auf den Annahmen, daß es im Inland und im

---

[1253] Borchert/Grosseketteler 1985: 47-49.
[1254] Ähnlich die Argumentation von Gerken 1999: 58-59. Dieser Prozeß kann dazu führen, daß relativ viele Firmen letztendlich auf dem Markt präsent sind. In bezug auf ein ähnliches Modell von Helpman (1987), siehe so Hummels/Levinsohn 1993: 9-10.
[1255] Gerken 1999: 60-61.
[1256] Dixit/Stiglitz 1977: 297.
[1257] Krugman 1979: 478. Die zunehmenden Skalenökonomien werden von Paul R. Krugman selbst betont, in der Literatur wird aber teilweise darauf hingewiesen, daß hier nur eine Zunahme der Produktvielfalt als Effekt des Intra-Industriehandels gezeigt werden kann, der sog. "'city lights' effect". Dazu Shaked/Sutton 1984: 47-49. Anders der Eindruck wiederum von Stewart 1984: 86.
[1258] Anstatt mit zunehmender Nachfrageelastizität, wenn die Anzahl der Firmen zunimmt. Krugman 1980: 953, Fußnote 3; sowie Krugman 1979: 471-472.
[1259] Krugman 1980: 950-953.
[1260] Krugman 1981: 970.

Ausland jeweils einen Monopolanbieter gibt, die Märkte zusätzlich segmentiert sind und der Gang ins Ausland insofern lohnend ist, weil im Ausland Monopolrenten abgeschöpft werden können.[1261] Dieses Modell impliziert, daß die Aufnahme internationalen Handels nicht wohlfahrtsmaximierend ist.[1262] Ebenso unter Nutzung des Cournot-Modells zeigt Krugman (1984), daß der Zollschutz einem Produzenten auf dem Binnenmarkt einen Output bzw. Kostenvorteil einräumt, indem dadurch die Möglichkeit zunehmende Skalenökonomien zu erzielen, verbessert wird.[1263]

Damit wird der Übergang zu Argumentationen der Strategischen Handelspolitik und Entwicklungspolitik markiert (hier werden diverse weitere Phänomene diskutiert[1264]). Weitere Gründe werden für den Intra-Industriehandel diskutiert, so kann dieser durchaus auch durch Zölle und Subventionen vergrößert werden, weil dadurch in den jeweiligen Märkten das Aufrechterhalten einer breiten, nicht so spezialisierten Produktionsstruktur ermöglicht werden kann (am Beispiel USA vs. EU).[1265]

Ebenso kann Intra-Industriehandel durch Ursprungsregeln ausgelöst werden, die teils die Aufsplitterung in viele Produktionsorte verhindern und die eine Produktion vieler Inputgüter bzw. Vorprodukte vor Ort nahelegen. Dies hat zuerst einmal einen handelshemmenden Effekt, weil dies dazu führt, daß in vielen Länder der Anreiz besteht eine Produktion aufzubauen, anstatt Inputgüter zu importieren, andererseits kann der Aufbau einer Produktion auch zu einer Spezialisierung führen. Die Breite der bestehenden Sektoren, die sich zusätzlich in Richtung Spezialisierung entwickeln, würde dann zu mehr Intra-Industriehandel führen. In der EU sind zwar die Zölle früh abgebaut worden, andere Handelshemmnisse bestanden aber fort und die Subventionsvergabe wurde erst Ende der achtziger Jahre deutlicher beschränkt, sodaß sich eben nicht so eine spezialisierte Produktionsstruktur wie in den USA entwickelt hat.[1266]

7.5 Fazit

Insgesamt gesehen zeigen diese Modelle, daß es mehrere Gründe für Intra-Industriehandel gibt, auch mit dem Heckscher-Ohlin-Modell kompatible Gründe, wobei sich diese Gründe teils überschneiden

---

[1261] Brander 1981: 1-2.
[1262] Im Vergleich zu einer Planungslösung Brander 1981: 7. Auf die möglichen ambivalenten Wohlfahrtsauswirkungen solcher Effekte weist das folgende Zitat hin: "Aufgrund der vorhandenen Marktmacht ist die skizzierte monopolistische Struktur in einer geschlossenen Volkswirtschaft wohlfahrtsinferior. Ob nun die Marktöffnung zu einer Wohlfahrtssteigerung oder Wohlfahrtsabsenkung führt, läßt sich allgemein nicht sagen. Drei Wohlfahrtswirkungen sind gegeneinander abzuwägen: Auf der einen Seite erhöht sich die Wohlfahrt, weil auf dem inländischen Gütermarkt der inländische Monopolist einen ausländischen Konkurrenten erhält, so daß die Konsumentenrente steigt. Auf der anderen Seite sinkt in aller Regel die Produzentenrente des inländischen Unternehmens und damit auch die inländische Wohlfahrt. Der Saldo dieser beiden Effekte ist positiv. Indessen wird die Wohlfahrt zusätzlich durch volkswirtschaftlich sinnlose Transportkosten gesenkt, sofern die Güter homogen, also identisch sind." Gerken 1999: 60.
[1263] Krugman 1984: 185-186.
[1264] So wird von Brander/Spencer (1984) thematisiert, daß ein international agierendes Monopol weltweit höhere Preise durchsetzen könnten. Durch einen Zoll könnte für heimische Firmen einen Teil dieser Profite reserviert werden, zudem kommen die Zolleinnahmen dem Regierungshaushalt zugute. Brander/Spencer 1984: 194.
[1265] In der EU verblieben diverse Handelshemmnisse. Krugman 1991: 78-81.
[1266] In Abschnitt 'E' und Abschnitt 'J', Ursprungsregeln, mehr zu dieser Frage.

können. So bleiben auch bei den Monopolmodellen Spezialisierung, Güterheterogenität, Skalenökonomien, aber auch Technologie und faktorbasierte Spezialisierungsmuster relevant. Weil hier soviel von Heckscher-Ohlin die Rede war, sei noch einmal daran erinnert, daß der hier betrachtete Phänomenbereich zum Teil direkt gegen die Anwendbarkeit dieses Modells spricht: Hervorgehoben wird von der Theorie des Intra-Industriehandels die historisch kontingente Spezialisierung (anhand von 'first mover advantages' etwa), die nicht im Einklang mit komparativen Vorteilen steht und ebenso haben die Vorteile eines so konzipierten internationalen Handels mit H-O-Effekten wohl immerhin teilweise garnichts zu tun.[1267]

Die Wohlfahrtswirkungen des Intra-Industriehandel bei unvollkommenem Wettbewerb können mit Jaquemin (1982) folgendermaßen prägnant zusammengefaßt werden: "At the present stage, it is not possible to arrive at general welfare assessment about gains from trade in such an imperfectly competitive world. However, the theoretical and empirical indications suggest that trade is likely to provide less monopolistic distortions, more technical efficiency and often more product varieties. Nevertheless, such a presumption is not sufficient to consider that free trade is fine in all cases and for everybody. There should be 'market failures' at the international level calling for measures to reduce the social and economic cost of adjustments to sudden changes, to safeguard a minimum level of national security or to control the distibutional effects of trade."[1268]

8. Multinationale Konzerne, Direktinvestitionen und Vorproduktehandel

Im Rahmen globaler Strategien unterhalten die internationalen Unternehmen zunehmend weltweite Produktionsnetzwerke und stehen damit teils im Einklang mit den Erwartungen der Theorien internationalen Handels, wenn sie z.B. den Faktorvorteil einen Überschusses mit unqualifizierter Arbeit nutzen. Ebenso steht dies im Einklang mit einem Intra-Industriehandel, der vertikal nach Qualität differenzierte Produkten aufweist, wobei hier Heckscher-Ohlin Effekte sichtbar werden.

Von den traditioneller ausgerichteten Theorien des internationalen Handels und in der Diskussion um Exportorientierung und Liberalisierung wurde der Aspekt Direktinvestitionen meist theoretisch sauber abgetrennt und die Diskussion über Heckscher-Ohlin Vorteile erfolgte unter der Prämisse, daß in Entwicklungsländern nur die inländischen Firmen die Vorteile des Handels nutzen.[1269] Empirisch

---

[1267] Markusen et al. 1995: 192.
[1268] Jaquemin 1982: 89.
[1269] Srinivasan/Bhagwati 1999: 12-16, 24-25. "It is worth stressing again that the concept of EP or outward orientation relates to trade incentives (direct trade policies or domestic or exchange rate policies that affect trade) but does not imply that the EP strategy countries must be equally outward-oriented in regard to their policies concerning foreign investment. Hong Kong and Singapore have been more favorable in their treatment of foreign investors than the great majority of the IS countries, but the historic growth of Japan, presumably as an EP country, was characterized by extremely selective control on the entry of foreign investment. Logically and empirically, the two types of outward orientation, in trade and in foreign investment, are distinct phenomena, though whether one can exist efficiently without the other is an important question that has been raised in the literature and is surrounded by far more controversy than the narrower question of the desirability of an EP strategy in trade." Srinivasan/Bhagwati 1999: 24-25.

begründet war dies durch die Feldstein/Horioka Hypothese eines international nicht vollständig mobilen Kapitals.[1270] Dazu kam eine viel größeren Unsicherheit in bezug auf die Wirkungen der Direktinvestitionen bei den Protagonisten der Exportorientierung (kapitalintensive Direktinvestitionen werden als Pareto-inferior angesehen, wenn das Land Arbeitsüberschuß aufweist).[1271]

Angesichts stark steigender Direktinvestitionen in den letzten zwei Dekaden hat sich dies geändert, so ist in diversen Publikationen die Rede von globaler Mobilität nicht nur von Gütern, sondern auch von Kapital.[1272] Und die Strategien internationaler Firmen, gefördert von der Politik[1273], prägen klar erkennbar und in eigenständiger Art und Weise den internationalen Handel und den Prozess der Globalisierung.

Gundlach/Nunnenkamp (1996) definieren Globalisierung durch drei Punkte: Anstieg der Relevanz des internationalen Handels, aber ein drei- bis viermal so großer Anstieg der grenzüberschreitenden Direktinvestitionen sowie vermehrte internationale Firmenallianzen.[1274] In absoluten Zahlen sind dies 9,8 % Steigerung des Werts des Welthandels jährlich von 1951 bis 2003, eine 6,2 % Steigerung des Volumens des Welthandels in demselben Zeitraum, im Vergleich zu einer 3,8 % Steigerung des Volumens der Produktion und des weltweiten BSP.[1275]

Gemäß Indexwerten stiegen die jährlichen Direktinvestitionen in derselben Zeitperiode von 1980: 100 auf 1993: 900 (1987 wurde schon ein Wert von 600 erreicht).[1276] Die Motive im Ausland zu investieren sind bezüglich der Industrie- und Entwicklungsländer ähnlich. Meist geht es um Markterschließung, verbesserten Zugang zu Ressourcen und um Effizienzsteigerung.[1277] In den Industrieländern wird die erwartete Effizienzsteigerung besonders von Wissens- und Technologiezugang erwartet, für die Entwicklungsländer geht es um die Nutzung von niedrigen Arbeitkosten.[1278] Bei Ressourcen bzw. rohstofferschließenden Investitionen wird Heckscher-Ohlin Handel in Reinform ausgelöst, der sich auch auf rohstoffintensiv produzierbare Inputgüter erstrecken kann. Im Einklang mit den Heckscher-Ohlin Modellen steht auch, daß Firmen arbeitskostenintensive Produktionsabschnitte in die mit dem Faktor Arbeit intensiv ausgestatteten Entwicklungsländer verlagern ("slicing up the value added chain').[1279] Dagegen stehen Markterschließungsinvestitionen, die zunehmend in Form von Firmenübernahmen stattfinden, eher im Zusammenhang mit Modellen

---

[1270] Feldstein/Horioka 1980: 314-329. Siehe oben Fußnote 6. Die Annahme immobilen Kapitals in der Theorie des internationalen Handels geht u.a. zurück auf Ricardo.
[1271] Srinivasan/Bhagwati 1999: 16.
[1272] U.S. Department of Commerce Manufacturing in America 2004: 29. Nun werden die Direktinvestitionen in der Diskussion der Entwicklungsstrategien durchgängig thematisiert. Bhagwati/Srinivasan 2002: 183-206.
[1273] Siehe Abschnitt 'A'. Dort wurde gezeigt, daß die Politik schon früh spezielle Formen des Lohnveredelungshandels, die zu Direktinvestitionen im Ausland geführt haben, durch Ausnahmen in ihren Zollvorschriften, gefördert hat. USITC 1997b: v.
[1274] Gundlach/Nunnenkamp 1996: 4; siehe schon Nunnenkamp et al. 1994: 81.
[1275] Siehe **Tabelle 47**.
[1276] Gemäß Indexwerten steigt der internationale Handel von 1980: 100 auf 1993: 200. Gundlach/Nunnenkamp 1996: 4. Siehe auch die absoluten Zahlen in: **Tabelle 48**; sowie weitere Daten zur Rolle der Investitionen: **Tabelle 49**, **Tabelle 50**.
[1277] Dunning 1997: 9.
[1278] Dunning 1997: 8-12; bestätigt Farell 1997: 37; siehe dazu **Tabelle 51**; **Tabelle 52**.
[1279] Krugman 1995: 333.

internationalen Handels, die monopolistische Strategien und Intra-Industriehandel betonen. Sonst sind sie gemäß der traditionellen Theorie internationalen Handels schwer zu erklären, denn statt Investitionen könnten die Güter auch gehandelt werden. Weiterhin ist mit diesen Theorien schwer zu erklären, warum es sog. 'two way FDI' bzw. 'reciprocal FDI dumping' gibt, Vorgänge, die innerhalb oligopolistischer Strategien bei diversifiziertem Angebot verstehbar sind.[1280] Bezieht man dynamische Effekte und strategische Interaktionen als Erklärung ein, wird schnell klar, daß es bei einer Firmenübernahme etwa um den Erwerb einer bereits bestehenden vorteilhaften Marktpositionen gehen kann.[1281] Sichtbar ist dies auch am 'tariff jumping FDI', also Investitionen, die durch bestehende Zölle angelockt werden. Durch den internationalen Handels allein wäre Marktzugang in diesem Fall nicht oder nur auf einem zu hohen Preisniveau zu erzielen gewesen, sodaß der Aufbau von Produktionsstätten im Land schließlich im Interesse der Firmen ist. Schließlich gibt es Effekte der Tätigkeit internationaler Firmen, die dezidiert nicht in den Rahmen der hier diskutierten Theorien fallen und als eigenständige Kategorie der Netzwerkeffekte abgegrenzt werden können.[1282]

Durch grenzüberschreitenden Investitionen wird, einmal von weitverbreiteten Teile bzw. Inputgüterhandel abgesehen, der Anstieg des Handels gebremst. So wird etwa in einer U.S. Studie in bezug auf der MERCOSUR-Raum geschlossen, daß die Direktinvestitionen U.S. amerikanischer Firmen, etwa im Automobilbereich, langfristig dazu führen werden, daß die U.S. Exporte dorthin weiter absinken werden.[1283]

Die Wohlfahrtseffekte des Engagements der multinationalen Konzerne sind komplex ausgeprägt. Sie müssen sowohl für die Gastländer als auch die Ländern aus denen die Investitionen stammen nicht immer positiv sein. Wenn ein Produktionsauslagerung in das Ausland erfolgt, dann leiden die Faktorinhaber des intensiv genutzten Faktors im Binnenland.[1284] Im Gastland geht es darum, daß überlegende Wissen des internationalen Konzerns bestmöglich einzubinden (dabei wird der Aufbau eigener Industrien gespart), dies kann aber schlecht gelingen und auf einem niedrigerem Niveau stattfinden, als es beim Aufbau eigener Konzerne möglich gewesen wäre und zudem kann das internationale Unternehmen womöglich Monopolmacht ausüben[1285] und oben wurde schon sichtbar, daß Direktinvestitionen auch zum Zwecke der Verhinderung von Technologietransfer stattfinden können.

Daten zu multinationalen Konzernen und deren Handel: Hinsichtlich ausländischer Direktinvestitionen haben die industrialisierten Ländern und ihre international agierenden Firmen den größten Anteil. Im

---

[1280] Baldwin/Ottaviano 1998: 1-3.
[1281] Der Intra-Industriehandel wird tendenziell dadurch verringert, daß auf dem ausländischen Markt gleiche Waren produziert werden und Importe dadurch absinken oder unnötig werden. Aturupane et al. 1997: 5.
[1282] Kleinert 2000: 24.
[1283] USITC 1998: 35.
[1284] Markusen et al. 1995: 406.
[1285] "The welfare effects of MNEs on host countries seem to involve a complicated tradeoff between increased technical efficiency (exploiting the MNE's knowledge capital rather than recreating it) and the possibility of increased monopoly power." Markusen et al. 1995: 406.

Jahre 1993-1994 gab es 38.000 multinationale Firmen, davon 3.800 aus den Entwicklungsländern. Diese haben 250.000 Tochterunternehmen (101,000 in Entwicklungsländern).[1286] Der in das Ausland investierte Kapitalstock, eben die ausländischen Investitionen, gehören, Zahlen für 1993, zu 94,5 % den Industrieländern, durchschnittlich sind dies 10,7 % von ihrem BSP, der Rest 5,5 % stammt aus den Entwicklungsländern, eingeschlossen der NICs, die macht 2,7 % ihres BSPs aus. Dieser Kapitalstock befindet sich zu 75,2 % in den Industrieländern, dies sind 8,3 %, des BSP, und 24,1 % davon wurde in den Entwicklungsländern investiert, dies macht 11,6 % von deren BSP aus. In absoluten Beträgen ist 1993 vom gesamten investierten Kapitalstock (US$ 2079,5 Mrd.) der Betrag von US$ 500 Mrd. in den Entwicklungsländer investiert. Asien erhielt am meisten ausländische Direktinvestitionen, nämlich 13,4 % des Gesamtbetrags (US$ 278,5 Mrd.). Davon erhielt China allein 28,2 %, (US$ 140 Mrd.). Lateinamerika erhielt 8,1 % (US$ 168,3 Mrd.), Africa erhielt 2,4 % (US$ 49,8 Mrd.).[1287] Ebenso bekommt Osteuropa einen gewissen Anteil. Der Anteil von Firmenübernahmen bzw. Firmenzusammenschlüssen an den Direktinvestitionen schwankt in den neunziger Jahren um 40 % und es wird geschätzt, daß 1/10 dieser Übernehmen auch Unternehmen in den Entwicklungsländer einbeziehen. Legt man den Wert der Übernahmen von US$ 229 Mrd. im Jahre 1995 zugrunde, würde dies immerhin US$ 22,9 Mrd. erreichen.[1288] Zwischen 1986 und 1990 wurden 65 % der Direktinvestitionen als grenzüberschreitende Firmenkäufe getätigt, 1991 lag der Wert bei 35 %, zwischen 1992 und 1993 lag der Wert bei 55 %.[1289]

Für das Jahr 2002 finden sich auf Länderebene folgende Angaben bzgl. des Kapitalstocks.[1290] Geschätzt wird, daß 1998/99 Direktinvestitionen in Entwicklungsländern 13 % zur insgesamten Kapitalbildung beigetragen haben, im Vergleich zu 1989/94 liegt dies auf deutlich höherem Niveau als die damaligen 5 %.[1291] Dies läßt einen Anstieg erkennen, es ist aber ebenso die Schlußfolgerung zu ziehen, daß weiterhin ein großer Teil der Investitionen auf nationaler Ebene finanziert werden muß und auch andere Formen von externer Finanzierung wichtig bleiben, wenn nicht sogar sinnvoller zur Förderung des Wachstums einsetzbar sind.[1292] In der Literatur wird gegenüber der These, daß nur wenige Länder von diesen Direktinvestitionen profitieren, angemerkt, daß die Komposition der Ländergruppe, die von den Direktinvestitionen am meisten profitiert über die Zeit einen Wandel erfahren hat und daß auch Neulinge eine Chance haben. Ebenso wird in bezug auf das zunehmende globale Netzwerk der Investitionen bemerkt, daß die erfolgreichen asiatischen Länder, wie Taiwan, Südkorea, Singapur und Hongkong nicht nur in China, sondern auch in anderen asiatischen Ländern wie Thailand, Vietnam und Indonesien investieren.[1293]

[1286] Dunning 1997: 45.
[1287] Dunning 1997: 42-43, 45.
[1288] World Investment Report 1996: 10-11.
[1289] Dunning 1997: 45.
[1290] Siehe **Tabelle 48**.
[1291] Nunnenkamp 2002: 13.
[1292] Nunnenkamp 2002: 5-14.
[1293] Gundlach/Nunnenkamp 1996: 18-19.

Insgesamt beträgt der Wert des im Ausland investierten Kapitalstock 1993 US$ 2,4 Billionen, die 100 größten multinationalen Konzerne halten davon US$ 1,8 Billionen.[1294] Insgesamt gesehen sind ausländische Investitionen zu 75-80 % in Bereichen angesiedelt, mit "above-average human skills, capital or technology intensity."[1295] Der Austausch zwischen multinationalen Firmen macht dabei einen substantiellen Teil des internationalen Handels aus. Für 1982 wird geschätzt, daß 1/3 des U.S. Güterhandels Intra-Firmenhandel ist und sogar 50 %, wenn der Austausch zwischen Tochterfirmen einbezogen wird.[1296] Zehn Jahre später wird geschätzt, daß 23 % der Exporte und 17 % der Importe des U.S. Handels dem untereinander erfolgenden Austausch großer multinational engagierter Unternehmen zuzurechnen sind.[1297]

Eingeschlossen dem Lohnveredelungshandel im Bekleidungsbereich (bei dem Textilien erst exportiert und dann die fertigen Bekleidungsstücke importiert werden) aber auch bezüglich des Austausches zwischen Unternehmensteile der multinationalen Konzerne im High-Tech- und Automobilbereich wird in einer Schätzung angenommen, daß dieser Inputgüterhandel zwischen 16 % und 30 % des Welthandels darstellt.[1298] Ein großer Prozentsatz daran wird dem Handel mit Einzelteilen und Komponenten ('parts and components') zugesprochen. Dieser Handel mit Inputgütern, der zuerst von Balassa et al. (1967) als "vertical specialization" bezeichnet wurde (andere Termini sind: 'slicing up the value added chain', 'outsourcing', 'fragmentation', 'multi-stage production')[1299], ist seit längerem vorhanden, wird aber ebenso als eigenständiges Charakteristikum der Globalisierung begriffen, bei der es zunehmend um die Relevanz von Lohnkostenunterschiede geht. Dieser spezielle Handel ist sowohl in technologieintensiven Bereichen, Automobile, Elektronik, Luftfahrt und Computer als auch bei Textilien und Bekleidung in den letzten Jahren stark angestiegen.[1300]

Ebenso klar ist aber, daß dieser Handel immer noch in sehr spezieller Weise ausgeprägt ist. Geht man hier noch einmal von einem breiterem Begriff von Internationalisierung aus, der auch ausländische Investitionen, Auslagerung von Produktionsabschnitten und neben Lohnveredelung auch den 'arm's length'-Bezug von Vorprodukten umfaßt, lassen sich anhand empirischer Untersuchungen in Deutschland für 1992 unterschiedliche sektorale Tendenzen bei der Internationalisierung erkennen: Tabakverarbeitung, Gießereien, Druckerei/Vervielfältigung, Leichtmetallbau, Nahrungsmittel, Holz- und Papierverarbeitung, Steine/Erden unterliegen einer geringen Internationalisierungstendenz. Im mittleren Bereich liegen Automobile, Chemie, Maschinenbau und elektrische Erzeugnisse. Deutlich stärker verflochten sind die Bereiche Büromaschinen und Datenverarbeitung, Textilien, Bekleidung,

---

[1294] Zahlen für 1993 und 1997 werden hier gegenübergestellt. Dunning 1997: 45; World Investment Report 1999: 81.
[1295] Dunning 1997: 45.
[1296] Hipple 1990: 1268.
[1297] Daten für 1992. U.S.-Bureau of Economic Analysis 1995: 48.
[1298] Auf 16 % wird der Teilehandel geschätzt in European Commission 2004a: 11; die Schätzung von 30 % wird vorgelegt von Yi 2001: 5. Siehe zum Thema Inputgüterhandel auch Kleinert 2000: 37.
[1299] "To begin with, individual countries can realize economies of scale following an expansion of trade in manufactures by constructing larger plants or combination of plants (economies of scale in the traditional sense), by reducing product variety in individual plants (horizontal specialization), and by manufacturing various parts, components and accessories in separate establishments (vertical specialization)." Balassa et al. 1967: 97. Hinweis auf Balassa in Hummels et al. 2001: 76.
[1300] OECD 1996: 15.

Musikinstrumente/Spielwaren, Flugzeug- und Raumfahrzeugbau (u.a. Airbus) und ressourcenintensive Industrien: Lebensmittel- und Zellstoffindustrie, Mineralölverarbeitung. Neben der Lohnveredelung und der Auslagerung von Produktionsabschnitten wird hier betont, daß ein großer Teil dieses Handels mit Vorprodukten auf der Ebene unverbundener Unternehmen ('arm's length') stattfindet, wobei heimische durch ausländische Zulieferer ersetzt wurden.[1301]

Ein Wert von 30 % für den Inputgüter bzw. Vorproduktehandel im Bereich verarbeiteter Güter der SITC 7 Abgrenzung wird von Yeats (1998) für 1995 berechnet. Auffällig ist dabei, daß die Exporte der OECD in diesem Bereich von US$ 441 Mrd. deutlich über den Importen liegen US$ 365 Mrd. (von US$ 2,7 Billionen Welthandel im SITC 7 Bereich Maschinen und Transportausrüstung).[1302] Diese Ergebnisse werden hier genauer wiedergegeben, weil daran die Schwerpunkte dieses Handels für 1995 deutlich werden. Yeats (1998) benutzt die SITC Güterklassifikation, die in bestimmten Position nur Teile und Komponenten erfaßt, sodaß eine genaue Berechnung möglich ist. Diese Güterbereiche umfassen u.a. die Bereiche Automobilteile, Telekommunikation und Büromaschinen. Andere Güterbereiche kommen nicht vor, sodaß die obige Prozentzahl ungenau ist. Von den Gütergruppen kommt hinsichtlich der Exporte den Automobilteilen eine besondere Rolle zu, er kommt auf 25 % des so abgegrenzten Teilehandels (US$ 109 Mrd.), Motorteile liegen bei US$ 32 Mrd.. Darüberhinaus spielen Teile für Büromaschinen (US$ 61 Mrd.), für die Telekommunikation (US$ 79 Mrd.) und für Schaltanlagen (US$ 49 Mrd.) eine große Rolle.[1303] Bei den Importen fast aller dieser SITC Bereiche liegen für die OECD Welt Handelsüberschüsse vor, mit der Ausnahme von Teilen von Büromaschinen, hier importiert die OECD Welt 13 % mehr als sie exportiert. Dies ist nicht gerade ein extrem hoher Wert. Importe von Automobilteilen liegen bei US$ 91 Mrd., Motorenteile bei US$ 25 Mrd. Im Bereich der Telekommunikation liegen die Importe leicht unter den Exporten bei US$ 64 Mrd. In den anderen SITC Teile Kategorien sind die Importe deutlich geringer.[1304] Diese Zahlen zeigen, daß es noch vor einigen Jahren klare sektorale Schwerpunkte gab, die aller Wahrscheinlichkeit noch bis heute bestehen und auch innerhalb der OECD gibt es einen ausgeprägten Teilehandel. Der Wert für den so abgegrenzten Handel Teile mit der Nicht-OECD Welt beträgt damals für EU 12, Japan und die USA: US$ 129,6 Mrd., dies sind relativ geringe 4,8 % des internationalen Handels zu diesem Zeitpunkt.[1305]

In Hummels et al. (2001) wird für 14 Länder, 10 OECD Länder sowie Irland, Korea, Taiwan und Mexiko ein exportgewichteter durchschnittlicher Wert für 'vertical specialization' von 21,1 % (1990) und 16,5 % (1970) berechnet, dies ist eine 30 %tige Steigerung.[1306] Für die Welt insgesamt wird 30 %

[1301] Definiert als hohe Exporte und Import in Prozent des gesamten Branchenumsatzes. Hohe Werte werden hier mit Internationalisierung gleichgesetzt. Härtel et al. 1996: 10-102. Damals lag der Prozentsatz des 'outsourcing' niedrig: bei den meisten Industrie zwischen 10 und 15 %. Das verarbeitende Gewerbe kommt insgesamt auf 10,6 %. Härtel et al. 1996: 117.
[1302] Yeats 1998: 7, 38-39.
[1303] Yeats 1998: 7-8.
[1304] Yeats 1998: 5-6. Siehe: **Tabelle 53**.
[1305] Für die USA US$ 40,8 Mrd., für Japan US$ 36 Mrd., für EU 12, US$ 52,4 Mrd. Yeats 1998: 9
[1306] Hummels et al. 2001: 77, 87.

geschätzt.[1307] Hier wird eine enge Definition benutzt, es wird nämlich untersucht, welche Produkte in zwei oder mehr Stadien produziert werden. Erfolgen muß ein Import, eine Herstellungsprozeß im Land und, dies ist ungewöhnlich für die 'normale' Nutzung von Vorprodukten, zusätzlich der Export in ein drittes Land.[1308] Die Untersuchung erfolgt anhand von Input-Output Tabellen, die den Anteil ausländischer Inputs beim Export messen lassen.[1309] Bemerkenswert ist, daß speziell die USA stark zurückgehende Werte für den Nord-Nord Handel hat von 48,8 % (1970), auf 40,7 % (1990) und ebenso mehr Südinputs bei seinen Exporten in den Norden nutzt, nicht mehr 17,2 % (1970), sondern 22,6 % (1990).[1310] Aufgrund von fehlenden Daten kann der Handel, der für Japan charakteristisch ist nicht genau berechnet werden. Eben der Export von Teilen nach Südostasien, die dort von japanischen Firmen benutzt werden, um Güter zu herzustellen, die wiederum in Industrieländern exportiert werden.[1311] Für die USA wird im Verhältnis zu Kanada und Mexiko für diesen Handel 8 % errechnet, sowie 4 % bis 5 % für die OECD Länder.[1312]

9. Sich ergänzende Modelle des internationalen Handels

Mittlerweile hat sich die Debatte in der Hinsicht konsolidiert, daß der Intra-Industriehandel ein wichtiger, aber nicht mehr der zentrale Aspekt ist, anhand dessen um die Erklärung des internationalen Handel gerungen wird. Relative und absolute Ricardo- und somit auch Produktivitäts- und Technologieeffekte und das Heckscher-Ohlin Modell sind weiter im Spiel geblieben, auch weil gezeigt werden konnte, daß innerhalb des Intra-Industriehandels solche Effekte einschließlich unterschiedlicher Faktorintensitäten zu einem gewissen Teil wirksam bleiben.[1313]

Oben wurde das Heckscher-Ohlin Modell in den Untersuchungen schätzungsweise zu 50 % bestätigt.[1314] Dies bedeutet im Gegenzug, daß dem Intra-Industriehandel in seiner theoretischen Reinform als Handel zwischen Ländern mit gleichen und ähnlichen Faktorproportionen weiter eine Rolle bei der Erklärung des internationalen Handels zukommt. Eine Schätzung:

Der Intra-Industriehandel in Reinform prägt vielleicht 30 % des internationalen Handel, eben einen großen Teil des Handels mit hochwertigen verarbeiteten Gütern. Diese Handel läßt sich durch relative oder absolute Ricardo Produktivitäts- und Technologievorsprünge erklären bzw. in der Heckscher-Ohlin Terminologie durch Spezialisierung gemäß komparativer Vorteile in diesem Bereich, bei gleich

---

[1307] Hierzu werden diverse Daten für einzelne Länder zusammengenommen, darunter für China 41 % (1994), für Mexiko wird 40 % (1997) geschätzt. Siehe Hummels et al. 2001: 86-87.
[1308] Hummels et al. 2001: 77. Siehe auch Yi 2001: 5.
[1309] Hummels et al. 2001: 80.
[1310] Hummels et al. 2001: 93. Siehe **Tabelle 54**.
[1311] Hummels et al. 2001: 83.
[1312] Hummels et al. 2001: 82, Fußnote 11.
[1313] Allein mit Spezialisierung, Unterschieden technischer Ausstattung und Heckscher-Ohlin Effekten erklärt etwa den Intra-Industriehandel Davis 1995; Hinweis in GreenawayTorstensson 1997: 253.
[1314] "Factor endowments correctly predict the direction of factor service trade about 50 % of the time, a success rate that is matched by a coin toss." Trefler 1995: 1029.

ausgeprägten Faktorvorteilen im Bereich Kapital und qualifizierte Arbeit. Dieser Handel läßt sich mit dem Heckscher-Ohlin Vorhandensein eines relativ ausgeprägten Kapitalüberschusses in Zusammenhang bringen und damit gibt es die erste Überlappung mit der Erklärungsrelevanz des Heckscher-Ohlin Modells. Empirisch steht dahinter der große Anteil verarbeiteter Güter am Welthandel und die weiterhin starke Stellung der Industrieländern in diesem Bereich, siehe dazu gleich.

Darüberhinaus gibt es eine weitere Form des Intra-Industriehandels, der womöglich schon für 20 % des internationalen Handels erklärungsrelevant ist, nämlich den Heckscher-Ohlin Intra-Industriehandel. Der Heckscher-Ohlin Intra-Industriehandel hilft, den Handel mit ähnlich klassifizierten Gütern zu erklären, die qualitativ starke Unterschiede aufweisen und den Handel mit Inputgütern bzw. Vorprodukten. Beidesmal wird der Heckscher-Ohlin Faktor des relativen Überschusses unqualifizierter Arbeit wichtig. Wenn bei Heckscher-Ohlin nicht nur zwei, sondern 'viele Güter' und Diversifizierungskegel angenommen werden, ist es denkbar, daß Bereiche mit moderatem Kapitaleinsatze und moderat vorhandener Ausbildung zu komparativen Vorteilen führen können und ein bestimmtes Handelsvolumen erklärend abdecken können. Ein Teil dieses Handels findet innerhalb der Produktionsnetzwerke internationaler Firmen statt.

Für die verbliebenen Aspekte des Heckscher-Ohlin Modells könnte ein Anteil von 30 % angesetzt werden. Dieser beschreibt dann eine Spezialisierungen hinsichtlich der Faktorvorteile in Reinform, dazu gehört der Landüberschuß, das Vorhandensein von natürlichen Ressourcen und der Überschuß unqualifizierter Arbeit, wenn er nicht mehr zum Intra-Industriehandel führt, sondern vor allem Nord-Südhandel darstellt, wie dies zunehmend bei Bekleidung der Fall ist. Auch hier kommt die Technologie als Erklärungsfaktor hinzu, wenn es um die Weiterverarbeitung von natürlichen Ressourcen geht.

Dazu kommt eine Prise X. Diese steht hier für die Terms of Trade Entwicklungen und die Möglichkeiten staatlicher Politik, die Wachstumspfade der Länder positiv und auch negativ zu beeinflussen und die komparativen Vorteile durch staatliche Politik zu verändern, eben durch die Wirtschaftpolitik, welche u.a. Zollpolitik, Industrie- bzw. Agrarpolitik und die Wechselkurspolitik einschließt, dazu mehr in Abschnitt 'G' unter dem Stichwort 'Exportorientierung'. Ebenso gehören dazu die in den letzten Jahrzehnten populären nicht-tarifären Beschränkungen, die in Abschnitt 'I' näher dargestellt werden. Schließlich läßt sich ein bestimmter Anteil sicher nur durch arbiträre Managemententscheidungen internationaler Konzerne verstehen.[1315] Dies sind eben Gründe, die

---

[1315] Explizit äußert sich dazu Yoffie (1993) und schlägt eine gänzlich auf Firmen und Regierungen zugeschnittene Handelstheorie vor. Yoffie 1993: 1. "This book takes a different approach. Without denying the obvious relevance of the comparative or competitive advantage of nations, we are that, under particular conditions, firms and governments are what really matter in determining international trade. When fragmented global competition is superseded by relatively concentrated global industries, a new logic emerges to explain who exports to whom, and who makes what where. In global oligopolies, patterns of trade and production become a function of the competitive success and failure of individual firms and governments, not the specific characteristics of the nation state. It is the visible and guiding hand of multinational corporations and government policy that are the primary divers of production location decisions and the pattern of exports, not

darüber hinausgehen, daß internationale Konzerne gemäß Heckscher-Ohlin Anreizen intern Austausch betreiben, beispielsweise Markterschließungsinvestitionen. Spezielle wirtschaftrechtliche Regeln, wie die zollrechtlichen Ursprungsregeln wirken noch heute in einigen Bereichen, wie Bekleidung oder Nahrungsmittel, direkt gegen eine Spezialisierung nach komparativen Vorteilen, die durch den internationalen Handel erwartet wird, indem sie teils bewirken, daß Inputgüter vor Ort bzw. im Land hergestellt werden.[1316] Durch die lange bestehenden Beschränkungen in Textil- und Bekleidungsbereich sowie die auch in Zukunft weiter bestehenden agrarpolitischen Interventionen, die zu einer Produktionssteigerung und zum Schutz gegenüber Importen führen, wurde und wird seitens der Industrieländer deutlich erkennbar in die Terms of Trade Entwicklungen für Agrarprodukte und Rohstoffe und somit in Heckscher-Ohlin Spezialisierungsstrukturen eingegriffen. Ebenso läßt es sich plausibel argumentieren, daß die verbliebenen Handelshemmnisse und die Industriepolitik in der EU den Intra-Industriehandel verstärkt haben.[1317]

9.1 Die sieben Modelle

Aus diesen Gründen kann in Anlehnung an Paul Krugman festgehalten werden, daß es mindestens fünf "big ideas"[1318] in der Theorie internationalen Handels gibt, wobei diese Ideen parallel und sich überdeckend[1319] als Erklärungsmodelle für den internationalen Warenaustausch und seine Effekte herhalten können. Überdeckend bedeutet, daß man sie noch auseinanderhalten kann, es aber durchaus Grauzonen gibt. Diese These wird dadurch gestützt, daß es mit den einzelnen, zugespitzten theoretischen Modellen nicht gelingt, unwiderlegbare Resultate zu erhalten. Aus diesem Grund werden zunehmend in der Wirtschaftswissenschaft Modelle entwickelt, in denen Komponenten bekannter Erklärungsmodelle kombiniert werden und die als "integrated economy"-Modelle bezeichnet werden.[1320] Welches sind diese Ideen, wobei hier zwei[1321] weitere Erklärungsfaktoren hinzugefügt werden und einer[1322] gestrichen wird, sodaß hier sieben 'big ideas' präsentiert werden:

---

a country's capital endowment, local competition, or domestic demand." Yoffie 1993: 1. Wiewohl hier ein bestimmter Prozentwert an Wahrheit drinsteckt, geht David B. Yoffie mit dieser pauschalen und andere Faktoren gänzlich ablehnenden Formulierung zu weit.

[1316] Siehe dazu in EU Wirtschaftsverfassung, Abschnitt 'A', Punkt 4.2, weiter unten bei Afrika zu Textil- und Bekleidung, Abschnitt 'G', Punkt 14 sowie Abschnitt 'J', Punkt 24, Ursprungsregeln..

[1317] Unter Rekurs auf Modelle, die geographische Konzentrationsprozesse erklären, anhand von Skalenökonomien und Transportkosten beispielsweise. Krugman 1991: 78-79.

[1318] Krugman 1999: 7.

[1319] Der Terminus parallel ist insofern falsch, weil die ökonomische Theorie danach strebt, sämtliche Einflußfaktoren in komplexe, aber dennoch einfachen Modellen unterzubringen und es dann Verschiebungen und Preiswirkungen gibt, die nicht mehr mit einer bloßen Parallelität einzelner Ansätze zu erklären sind. Allerdings klammern die einzelnen Modelle dabei spezifische Einflußfaktoren aus und heben andere hervor. Insofern können sie doch von anderen Modellen oder Aspekten ergänzt werden. Deshalb ist der Terminus parallel nicht ganz falsch.

[1320] Krugman 1999: 2.

[1321] Hier werden der Aufzählung von Paul R. Krugman hinzugefügt die absoluten Ricardovorteile ('technologische Lücke') und die Direktinvestitionen bzw. das Verhalten multinationaler Konzerne.

[1322] Gestrichen wird hier aus der Liste Paul R. Krugmans der Ansatz Geographie bzw. regionale Agglomerationseffekte. Diese Ansätze beruhen über der zufälligen Spezialisierung gemäß Intra-Industriehandel hinaus auf der These, daß regionale Vorteile durch die Zusammenballung von Industrien entstehen und diese sich, z.B. als zusätzliche Spezialisierungskraft, auch auf Handelsstrukturen auswirken. Es gibt zwar Phänomene, die in diese Richtung wirken, darunter Skalenökonomien und Externalitäten. Genausoviele Phänomene wirken aber regionalen Zusammenballungen entgegen, beispielsweise sinkende und steigende Transportkosten gleichzeitig. Weiter unten in Abschnitt 'E',

1. komparative Vorteile nach Ricardo
2. absolute Vorteile nach Ricardo
3. relative Faktorintensitäten gemäß Heckscher-Ohlin
4. die Terms-of-Trade Beeinflussung durch gegenseitige Nachfrage
5. nachfragegeleitete Güterheterogenität bzw. Produktdifferenzierung, Spezialisierung, zunehmende Skalenerträge, monopolistische Interaktionen
6. die Einflüsse heimisch-wirtschaftspolitischer und handelspolitischer Verzerrungen
7. Direktinvestitionen und das Verhalten multinationaler Konzerne

9.2 Theorie des internationalen Handels und Strukturwandel

Schließlich muß darauf hingewiesen werden, daß die Theorien internationalen Handels keinesfalls schon eine Theorie des Strukturwandels implizieren, sieht man vielleicht von einigen Äußerungen ab, die den Wandel der Heckscher-Ohlin Vorteile über die Zeit beschreiben. Ebenso fehlt eine Theorie der Beeinflussung der Wirtschaft durch die Handelspolitik, denn auch die Wechselkurspolitik (dies konnte oben nur kurz unter dem Punkt Terms of Trade erwähnt werden) ist von zentraler Bedeutung für die Preise, die sich auf den Binnenmärkten etablieren und die Anreizeffekte, denen die Unternehmen ausgesetzt sind. Eine Theorie des Strukturwandels müßte die Theorie internationalen Handels und den Erwerb technologischer Fähigkeiten in Beziehung setzen und versuchen, die externen und internen Einflüsse auf dynamische Phänomenen wie Lerneffekte, Wissensdiffusion, Technologieverbesserung und Skalenökonomien beachten:

"However suggestive the theory of comparative advantage may be for developing countries, it is only the beginning of an explanation of development through international trade. The theory fails to explain growth and structural change because it excludes growth in the stocks of productive factors, as well as improvements in the quality and productivity of those factors. The theory thus provides no mechanism to explain how economies evolve over time and change the composition of the output, consumption, and their trade. In order to understand how trade and development interact, one affecting the other, it is necessary to adopt an eclectic approach, using trade theory where it is useful but reverting frequently to other kinds of analysis."[1323]

Einige Theorien internationalen Handel beziehen Aspekte des Strukturwandel ein, allerdings in heterogener Ausprägung. Seit Ricardo, der schon ein solches Modell entwickelt hat, gibt es Theorien über die Wirkungen des internationalen Handels auf Profitraten, Sparraten, Wachstum und dessen Auswirkungen auf die Terms of Trade etc. Diese Modelle zeichnen etwa Wirkungsketten exportorientierter Modelle wirtschaftlichen Wachstums nach oder setzen leninistische Vorstellungen

---

Punkt 7, Regionalförderung dazu mehr, u.a. ein kurzer Abschnitt zu dieser Theorie, die dort als empirisch nicht haltbar angesehen wird. Siehe aber das Buch zu diesem Thema von Krugman 1991.
[1323] Gillis et al. 1996: 462.

in Modelle um.[1324] Eine Reihe dieser Ansätzen werden von Grossmann/Helpman (1991) in ihrer Modellsammlung präsentiert, die weitgehend auch dynamische Prozesse einbezieht. In einem dieser Modelle wird davon ausgegangen, daß die Dominanz der Industrieländer im Bereich F&E in den Entwicklungsländern die Erträge für Forschung verringert, sodaß allein durch diese Konstellation die Entwicklungsländer Nachteile in diesem Bereich aufweisen und womöglich dadurch ein Aufholen erschwert wird.[1325] Kurz: Auf der Modelebene lassen sich viele denkbare Wirkungsketten konstruieren, darunter auch solche, in denen die Entwicklungsländer von den Industrieländern wirtschaftlich dominiert werden. Hier werden den Länderstudien in Abschnitt 'G' weitere Informationen zum Strukturwandel präsentiert.

10. Zahlen zum Welthandel

Dieser Abschnitt zum internationalen Handel wird abgeschlossen mit einer Diskussion der aktuellen Tendenzen des Welthandels. Oben wurde bereits unter Punkt 8 erwähnt, daß es zu den zentralen Charakteriska der Globalisierung gehört, daß der Welthandel beständig schneller als die Produktion gewachsen ist und seit Anfang der achtziger Jahre die Direktinvestitionen noch schneller angestiegen sind.[1326] Die Intensitätssteigerung dieses Austausches wird auch daran deutlich, daß die Anteile der Exporte am BSP und der Importe gemessen an der heimischen Nachfrage zugenommen haben, besonders deutlich in Europa.[1327] Ebenso sind Exporte in Relation zum BSP ein relevanter Indikator.[1328]

10.1 Anteile der Güterbereiche und Einordnung der Größenordnungen

Sinnvoll ist zuerst einmal zu zeigen, wie groß die Anteil der Güterbereiche am Welthandel ist. Parallel dazu kann verdeutlicht werden, wie ungleich der Welthandel aus der Perspektive der wenigstens entwickelten Länder (LDCs) ausgeprägt ist.[1329] Der internationale Handel weist 2003 eine Höhe von US$ 7294 Mrd. auf, dazu kommen Dienstleistungen mit US$ 1795 Mrd., die hier ausgeklammert bleiben.[1330]

Agrarprodukte haben daran einen Anteil von US$ 674 Mrd. (9,2 % des Welthandels). Rohmaterialien kommen davon für US$ 130 Mrd. auf. Nimmt man Rekurs auf 'back of the envelope'-Berechnungen,

---

[1324] Dabei stehen die 'two gap' Modelle im Einklang mit der Wirtschaftspolitik der Exportorientierung. Krugman entwickelt ein Modell, welches 'wer hat, dem wird gegeben'-Attribute hat und bei dem gemäß Lenin, der Norden erst verarbeitete Produkte exportiert und dann Kapital. Auch die Terms of Trade Diskussion hat hier breiten Raum, u.a. die These des Verelendungswachstums. Ein Überblick über die Modelle gibt Findlay 1984: 198, 220, 229-230.
[1325] Grossman/Helpman 1991: 256-257.
[1326] Siehe: **Tabelle 47**.
[1327] OECD 1996: 27; siehe die beiden Tabellen: **Tabelle 55** und **Tabelle 56**.
[1328] Siehe: **Tabelle 55**.
[1329] Daten, wenn nicht mit weiteren Fußnoten versehen, sind entnommen aus WTO 2004a: 101.
[1330] WTO 2004a: 5.

haben aus dem Bereich der Nahrungsmittel im allgemeinen US$ 534 Mrd., weiterverarbeitete Lebensmittelprodukte den größten Anteil, US$ 310 Mrd.[1331]

Der Welthandel mit Nahrungsmittelrohstoffen hat einen Wert von US$ 160 Mrd.[1332] Die 55 LDCs haben davon einen Anteil von 3 %, also US$ 4,8 Mrd..[1333] Die Gruppe der Entwicklungsländer kommen auf 32 %, die Industrieländer halten davon 64 %.[1334] Zusammen kommen LDCs und Entwicklungsländer auf 36 %. Basierend darauf kann berechnet werden, welche Geldbeträge den Bauern und Landarbeitern in diesen Ländern zugute kommen mag. Schätzt man, daß von diesem Betrag von US$ 57 Mrd. vielleicht 20 % den Produzenten zugutekommen, sind dies US$ 11,4 Mrd.[1335] Die Entwicklungsländer haben immerhin einen Anteil von 25 % am Handel mit verarbeiteten Lebensmittelprodukten, bei dem eine höhere Wertschöpfung erzielt wird, wohingegen die LDCs an diesem Handel mit 0,3 % kaum partizipieren.[1336]

Weiter geht es mit mineralischen Rohstoffen und Öl, welche für US$ 960 Mrd. (13,2 % des Welthandels) aufkommen. Die Ölexporte der LCDs liegen bei US$ 8,1 Mrd.[1337]

Der Bereich der verarbeiteten Produkte dominiert den Welthandel mit einem Betrag von US$ 5437 Mrd. (74,5 % des Welthandels). Verarbeitete Produkte teilen sich wiederum grob auf in: Eisen- und Stahl: US$ 181 Mrd., Chemie: US$ 794 Mrd., sonstige verarbeitete Produkte US$ 529 Mrd., sonstige Konsumgüter US$ 644 Mrd. Dann kommt der Automobilbereich US$ 724 Mrd., Büro- und Telekommunikationsgüter US$ 933 Mrd., sonstige Maschinen und Transportausrüstung US$ 1232 Mrd.

Vor diesem Hintergrund gesehen ist der Anteil von Textilien US$ 169 Mrd. (2,3 % des Welthandels) und Bekleidung US$ 226 Mrd. (3,1 % des Welthandels) relativ gering. Am Bekleidungshandel haben LDCs einen Anteil von ca. US$ 8,4 Mrd..[1338]

Insgesamt liegen die Exporte der LDCs bei ca. US$ 20 Mrd. (mit Öl bei US$ 29 Mrd.).[1339] Dies impliziert, daß 718 Mill. Menschen den Betrag von US$ 27 pro Kopf/pro Jahr durch den Handel erwerben sowie einen Anteil am internationalen Handel vom 0,27 % haben.[1340] Wirklich beruhigend

---

[1331] Zahlen für 2000. FAO State of Agricultural Commodity Markets 2004: 27.
[1332] Für 1991-2000. FAO State of Agricultural Commodity Markets 2004: 27.
[1333] Für 1991-2000. FAO State of Agricultural Commodity Markets 2004: 27.
[1334] Für 1991-2000. FAO State of Agricultural Commodity Markets 2004: 27.
[1335] Für 1991-2000. FAO State of Agricultural Commodity Markets 2004: 27; Bemerkenswert ist auch, daß Exporte von Baumwolle die nicht sonderlich hohe Summe von US$ 805 Mill. einnehmen helfen und es dabei um einen hohen Weltmarktanteil bei Baumwolle von 10 % geht. Daten 2000-2001. UNCTAD LDC Report 2004: 337.
[1336] Für 1991-2000. FAO State of Agricultural Commodity Markets 2004: 26-27.
[1337] Daten 2000-2001. UNCTAD LDC Report 2004: 337.
[1338] Daten 2000-2001. UNCTAD LDC Report 2004: 337.
[1339] Daten 2000-2001. UNCTAD LDC Report 2004: 337.
[1340] Für 2003. UNCTAD LDC Report 2004: 27.

ist nicht, daß diese Länder neben mineralischen Rohstoffen noch für US$ 1,4 Mrd. Fisch und Shrimp exportieren.[1341]

Von den LDCs ein abrupter Schwenk in die Vogelperspektive, die Stellung von USA, Europa und Japan angesichts der Erfolge von China.

Von European Commission (2004a) wird seit kurzem wieder Europas Position auf den Weltmärkten und das Phänomen der Auslagerung in einem besorgten Ton thematisiert. Eingeschlossen des internen EU-Handels wird dort gezeigt, daß sich die Weltmarktanteile der EU zwischen 1995 und 2002 um - 6 % verminderten. Die USA verlor in diesem Zeitraum 1,8 %. Japan hat unter anderem aufgrund der Auslagerung seiner Unterhaltungselektronik-Produktion in asiatische Länder u.a. China einen Verlust von - 6,9 % vorzuweisen.[1342] Der Verlust an Marktanteilen wird als Ausdruck einer innovationsbezogenen Schwäche der europäischen Wirtschaft angesehen und führt zu einer Debatte über mögliche politische Maßnahmen zur Stärkung europäischer Wettbewerbsfähigkeit.[1343] Kurz: Europa hat sich noch nicht daran gewöhnt, daß es in Zukunft wie die USA ein Handelsbilanzdefizit haben wird, ohne daß dies notwendig Rückschlüsse auf die Wettbewerbsfähigkeit seiner Industrie erlaubt.

Sieht man in einer anderen Datenquelle auf die verarbeitenden Produkte zwischen 1990 und 2000, fiel der Anteil der EU an den Weltexporten von 1990: 48,3 % auf 2000: 40,0 % noch deutlicher ab. Der Anteil Japans sank nur leicht 1990: 8,5 %; 2000: 7,6 %; und der Anteil der USA stieg von 1990: 11,6 % auf 2000: 12,5 %.[1344]

Klammert man den EU-internen Handel aus, sieht die Situation aber schon weniger dramatisch aus: Zwischen 1995 und 2003 sank der europäische Anteil am Weltmarkt mit verarbeiteten Produkten von 44,8 % auf 43,1 % ab. Ursächlich dafür sind u.a. sonstige verarbeitete Produkte. Ein Rückgang von 55,1 % auf 50,7 % ('semi-manufactures') und Textilien 44,5 % auf 39,3 %, Bekleidung 36,0 % auf 32,1 % und andere Konsumgüter 49,6 % auf 46,2 %.[1345] Im Bereich der Büro- und Telekommunikationsausrüstung, dort wo in einigen Produktkategorien asiatische Vorteile vorliegen könnten, sank der Anteil nur leicht von 27,7 % auf 27,0 %. Dazu kam ein Rückgang bei Stahl 50,8 % auf 45,8 %. Dies kann aufgrund der politischen Beeinflussung dieses Marktes an vielen Gründen liegen. Zugewinne gab es im Chemie-, Automobil- und Agrarbereich und stark blieb die EU bei sonstigen Maschinen und Transportausrüstungen, siehe die Tabelle.[1346] Moderat zunehmende Anteile an den EU-Importen können dabei zwischen 1995 und 2003 Polen, Tschechei, Korea und die Türkei verzeichnen, die insgesamte Steigerung dieser Ländergruppe, 1,9 % stimmt interessanterweise genau

---

[1341] Daten 2000-2001. UNCTAD LDC Report 2004: 337.
[1342] European Commission 2004a: 23; bestätigt in JETRO White Paper Trade Investment 2004: 21.
[1343] European Commission 2004a: 16, 35.
[1344] Siehe: **Tabelle 57**. In: WTO 2004a: 37.
[1345] Siehe: **Tabelle 58**. In: WTO 2004a: 60.
[1346] Siehe: **Tabelle 58**. In: WTO 2004a: 60.

mit der Steigerung des chinesischen Anteils von 1,8 auf 3,7 % überein.[1347] Länder wie Indien, Thailand, Brasilien, Taiwan, Südafrika verändern ihre Anteile nicht. Insgesamt zeigt dies weder den Verfall der europäischen Wettbewerbsfähigkeit noch eine übermäßige Zunahme der Anteile Chinas.

Bei den Extra-EU 15 Importen 2003 von Euro 988 Mrd. und Exporten von Euro 976 Mrd. sind die US$ 107 Mrd. Importe aus China einer Erwähnung wert.[1348] Sie erscheinen wieder als weniger wichtig, wenn man das BSP der EU 15 von 2003 US$ 8200 Mrd. zur Kenntnis nimmt.[1349] Selbst ein Import aus China der fünfmal so hoch wäre, von US$ 500 Mrd., hätte einen immer noch überschaubaren Anteil von 6 % des europäischen BSP.

Im Vergleich dazu importierten die USA im Jahr 2003 für US$ 163,2 Mrd. aus China[1350]. 2004 sind es US$ 196 Mrd..[1351] Auch hier ist die Situation nicht grundlegend anders. Die USA verfügt 2003 über ein BSP von US$ 10900 Mrd., Exporte von US$ 723 Mrd. und Importe von US$ 1303 Mrd.[1352] Das Handelsbilanzdefizit ist zwar wahrnehmbar, es ist aber auch verstehbar, daß U.S. Wirtschaftsexperten dieses noch in aller Ruhe hinnehmen können. Hier ist immerhin bemerkenswert, daß das Defizit mit China sich 2002 um US$ 20,1 Mrd.; 2003 um US$ 20,7 Mrd. und 2004 um 38,6 Mrd. vergrößert, auf insgesamt US$ 163 Mrd., d.h. die USA exportieren für US$ 32,6 Mrd. Güter nach China (2004).[1353] Hoch ist aber beispielsweise auch der Defizit mit Mexiko US$ 61,9 Mrd. (2004). Die USA exportieren US$ 93,0 Mrd. nach Mexiko, fast sämtlich Vorprodukte zur Weiterverarbeitung, darunter auch Autoteile, Motoren, Chemie- und Stahlprodukte, zurück kommen aus Mexiko US$ 155 Mrd..[1354] Insofern sind es die USA eigentlich gewohnt, daß beim Handel mit Vorprodukten später mehr Importe zurückkommen, als Exporte getätigt werden. Ebenso hat die USA ein Handelsdefizit mit der EU von US$ 118,3 Mrd. (Exporte der USA in die EU US$ 152,0 Mrd., Importe US$ 270,2 Mrd.). Sieht man genauer hin, ist hier der Intra-Industriehandel klar sichtbar ausgeprägt. In allen Produktgruppen liegen gleichermaßen Exporte und Importe vor. Es gibt leichte Vorteile der EU bei energiebezogenen Produkten ('Nordseeöl') sowie Maschinen, Transportmittel und elektronische Produkte.[1355] Vom ingesamten Handelsbilanzdefizit der USA von US$ 580 Mrd. (2003), erreichen die drei Akteure China, Mexiko und EU ca. 60 %.

Wer bei den Daten zu China nervös geworden ist, der kann sich mit den folgenden Daten bezüglich der EU wieder beruhigen. Wertschöpfungsdaten der Europäische Kommission (2004) legen nahe, daß es der Industrie in Europa nicht allzu schlecht geht. Die einzigen Industriebereiche, die in Europäische Kommission (2004) zwischen 1979-2000 einen (leichten) Rückgang der Wertschöpfung verzeichnen

---

[1347] Siehe: **Tabelle 59**.
[1348] Siehe: **Tabelle 60**; **Tabelle 59**.
[1349] Siehe: **Tabelle 60**.
[1350] Siehe: **Tabelle 60**.
[1351] USITC Tradeshifts China 2004: 2.
[1352] Siehe: **Tabelle 60**.
[1353] USITC Tradeshifts China 2004: 1.
[1354] USITC Tradeshifts Mexico 2004: 1.
[1355] USITC Tradeshifts EU 2004: 1-2.

können, sind Bekleidung; Schiffs-, Boots- und Jachtbau; Textilien; Leder und Lederwaren sowie die Herstellung von Spalt- und Brutstoffen. Davon wiederum ist nur im Bekleidungsbereich überhaupt ein signifikantes Defizit der Handelsbilanz zu erkennen (Euro -29,1 Mrd.), bei einem internen Umsatz von Euro 200 Mrd.[1356] Bemerkenswert ist weiterhin ein zunehmendes Handelsbilanzdefizit im Bereich Büromaschinen; Radio- und Fernsehgeräte, hier ist aber nichtsdestotrotz eine deutlich positive Wertschöpfungsentwicklung zu verzeichnen. In den meisten anderen Bereichen liegen für die EU Handelsbilanzüberschüsse vor, besonders erfolgreich ist die EU im Bereich der Exporte von chemischen Erzeugnissen und Automobilen.[1357] Weitere absolute Exportzahlen finden sich hier.[1358] Zeitlich weiter zurück geht die folgende Tabelle.[1359]

Aktuelle Wertschöpfungszahlen für die USA liegen ebenso vor, sind aber leider aufgrund der im Jahr 2002 wirkenden Rezession nicht aussagekräftig.[1360]

Vergleicht man die Wertschöpfungsentwicklung der Industrie- und Entwicklungsländer zwischen 1990 und 2001 ist auffällig, daß die Entwicklungsländer in vielen Bereichen Zuwächse aufweisen können. Auffällig ist aber weiterhin, daß in den Bereichen nicht-elektrischer Maschinen (u.a. Motoren, die mit Benzinkraftstoffen arbeiten) ein Rückgang von -2,0 % und im Bereich elektrischer Maschinen ein Rückgang von -5,0 % zu verzeichnen ist, für den hauptsächlich Lateinamerika verantwortlich ist. Im Bereich Transportausrüstung liegt ein Zuwachs von 7,4 % vor. In Lateinamerika ergeben sich die größten Veränderungen, es ist weiterhin stark in Metallprodukten und bei nicht-elektrischen Maschinen, es gibt aber Rückgänge in anderen Bereiche. Dagegen stehen die durchgängigen, wenn auch nicht immer ausgeprägten Anteilsgewinne von Südostasien. Im Bereich nicht-elektrischer Maschinen und elektrischer Maschinen habe die Industrieländer, die sonst Anteilsrückgänge aufweisen, Zuwächse zu verzeichnen.[1361]

Teilweise wieder in das Genre des Dramas gehören die gleich präsentierten, dynamischen Blicke auf die Anteile der Länder in den jeweiligen Technologiekategorien sowie die danach folgenden Sektorstudien. Zuerst einmal weitere Zahlen, die aus einem anderen Grund aufwühlend sind:

[1356] Europäische Kommission 2003: 4; Europäische Kommission 2004: 47.
[1357] Europäische Kommission 2004: 47. Siehe dazu: **Tabelle 61**; **Tabelle 62**.
[1358] Siehe: **Tabelle 63**.
[1359] Siehe: **Tabelle 64**.
[1360] **Tabelle 308**; siehe zur Beschreibung der ausgeprägten Charakters der Rezession in den USA von 2001 bis fast 2004. U.S. Department of Commerce Manufacturing in America 2004: 18-22.
[1361] Dazu: **Tabelle 65**. In: UNIDO 2004: 34.

10.2 Historische Entwicklungstendenzen der Handelsintegration

Angesicht der in Zukunft in den Industrieländern zu erwartenden erneuten Debatte über Protektionismus und einer zunehmend kritische Sicht von Auslagerungsaktivitäten, sollen hier kurz historische Entwicklungstendenzen der Handelsintegration dargestellt werden.

These ist, daß es siebziger Jahren keinen Grund für protektionistische Maßnahmen der Industrieländer im Textil- und Bekleidungs- und sonstigen Bereichen gab, welche die wirtschaftliche Entwicklung vieler Entwicklungsländer stark erschwert und eine gleichmäßigere Entwicklung der Länder verhindert haben. Diese Maßnahmen und ihre Effekte werden in Abschnitt 'H' und 'I' noch ausführlich beschrieben. Grund für den Protektionismus war damals, daß es in den Industrieländern keine Bereitschaft gab einen Rückgang des Outputs hinzunehmen, in welchem Industriebereich auch immer, eingeschlossen des Textil- und Bekleidungsbereichs.[1362] So expandierte dieser Bereich in den USA kontinuierlich bis weit in die achtziger Jahre hinein.[1363]

Der damalige Protektionismus der Industrieländer kann somit kaum gerechtfertigt und erklärt werden. Zwar war die Politik aus den 'goldenen' fünfziger und sechziger Jahren eine kontinuierliche Expansion in allen Wirtschaftsbereichen gewohnt. Dies für alle Zeiten zu erwarten, ist aber eine naive Annahme. Dazu muß sich die fundamentale politische Fehleinschätzung gesellt haben, die davon ausging, daß die Entwicklungsländer, die sich in den siebziger Jahren hoch verschuldet hatten, sich aus eigener Kraft entwickeln können, ohne Exporte und trotz Handelsbilanzdefiziten, wodurch es erschwert wurde Kapitalgüter und Produktionsinputs etc. zu kaufen. Diese Fehleinschätzung wurde durch die damals nicht auf dem Stand der Dinge befindliche deutsche kritische Entwicklungstheorie bestärkt, die damals wenigstens teilweise Interessengruppenpolitik gemacht hat, nämlich die der Gewerkschaften, welche gegen eine Integration in den internationalen Handel eingestellt waren.[1364]

Weiterhin gab es offenbar damals wenig Schwierigkeiten Interessengruppenpolitik zu betreiben. Dies wurde durch die Machtungleichgewichte zwischen den Industrie- und Entwicklungsländer erleichtert.

[1362] Zwar wird insgesamt gesehen in der bahnbrechenden OECD Studie 'Adjustment for Trade' erklärt: "The displacement effect of imports from developing countries has been minimal when seen in relation to the magnitude of total structural change in industrialized countries." Der spezielle Artikel zu Textil- und Bekleidung hat aber eine ganz andere Stoßrichtung. Die Leistung der Textil- und Bekleidungsindustrie wird etwa mit Sorge betrachtet, weil sich ihr Wachstum etwa langsamer vollzieht als die 'Norm' anderer Industriesektoren vorgibt. Schon dies wird mit Vorteilen der Entwicklungsländer in Verbindung gebracht. OECD 1975: 39. Zugegeben wird aber, daß die Textilindustrie zuwenig investiert und die angeblichen Defizite in der Leistung vor allem daran liegen, daß die Industrie (außer Teile der Industrie in den USA) keinesfalls die gegebenen technischen Möglichkeiten nutzt. So laufen in der französischen Baumwollindustrie noch 1970 die Spindeln aus dem Jahre 1955. Am Rande bemerkt könnte dies eine Folge der eigenen Schutzmaßnahmen sein. Nichtsdestotrotz wird Protektion als Möglichkeit offen thematisiert und es als nicht möglich dargestellt, im Textilbereich mit den Entwicklungsländern mitzuhalten. Eine Politik der Modernisierung und Spezialisierung wird schon am Anfang ausgeschlossen Als Szenario wird ein vollständiger Verlust der Arbeitsplätze in Frankreich debattiert. Es wird darauf hingewiesen, daß Entwicklungsländer von einer Liberalisierung profitieren würde, daß es sich dabei aber um "external benefits from the standpoint from developing countries" handeln würde. Absolute Zahlen zur Importpenetration werden nicht präsentiert, es wird aber zugegeben, daß die Exporte der Entwicklungsländer "relatively modest" sind, ebenso wird darauf hingewiesen, daß dieser Bereich der Industrieländer "extreme sensitiveness" aufweist. OECD 1975: 32-33, 52, 54-56.
[1363] Informationen dazu in: **Tabelle 66**.
[1364] Siehe die beiden Publikationen von Fröbel et al. 1977; Senghaas 1977.

In den Industrieländern waren die Textil- und Bekleidungsunternehmer in ländliche Regionen gezogen, um dort niedrigere Löhne vorzufinden (oft haben Frauen dort gearbeitet). Die Angst einiger Politiker in diesen Regionen eine höhere Arbeitslosigkeit auszulösen, führte dazu, daß Protektionismus als opportun angesehen wurde. Somit konnten einige wenige Regionen in Baden Württemberg, Bayern und Niedersachsen, der Toskana in Italien, in Nordirland und einige ländliche Regionen in Frankreich und Belgien bestimmen, wie der Textilhandel weltweit gestaltet wurde.[1365] Dies fand in einer Periode statt, in der diese ländlichen Regionen durch die damals stark steigenden Agrarsubventionen in erheblichem Ausmaß Vorteile eingeräumt bekamen.

Ergebnis dieser Politik war, daß bis Ende der siebziger Jahren selbst in den Sektoren mit hohen Importen aus Entwicklungsländern die Marktanteile bei unter 10 % lagen, relativ zum heimischen Output gesehen, für welches die Firmen der Industrieländer aufkamen. Bis 1985 wird insgesamt gesehen im verarbeitenden Bereich die Marktpenetration der Entwicklungsländer in der Märkte der Industrieländer bzw. OECD Länder auf 2,9 % bis 3,7 % geschätzt, d.h. 96,3 % des Outputs entstammt aus den Industrieländern selbst. Deren Handelsintegration untereinander wird somit zwar intensiver, es bleibt aber immer noch genügend Platz für die heimische Produktion.[1366] Dies galt auch für die OECD Länder in ihrer Gesamtheit. Zwischen 1975 und 1983 gingen dort die Anteile am Output, die durch Importe der Entwicklungsländer abgedeckt wurden, teilweise sogar zurück, in den USA von 1,3 % auf 1 % und in Japan von 1,2 % auf 0,9 % (!).[1367] Danach stieg dann in bezug auf die OECD Länder die Marktpenetration bis 1983, nicht in bezug auf Textilien (4,4 %), aber in bezug auf Bekleidung, Lederbekleidung und Lederschuhe von unter 10 % auf knapp unter 20 % an. Dies bedeutet mit anderen Worten, daß mehr als 80 % des Outputs in diesen Märkten weiterhin von heimischen Unternehmern in den damals wieder schneller wachsenden Volkswirtschaften erwirtschaftet werden konnte. Die Bereiche Textilien und Bekleidung sind zudem die einzigen Bereiche, in denen die Entwicklungsländer überhaupt Exporterfolge vorweisen konnten, sieht man einmal von einem 12,8 % Anteil im Bereich sonstiger verarbeitender Produkte ab. Dazu kommt, daß hier noch zwischen einzelnen Industrieländern differenziert werden muß, so haben Frankreich oder Japan deutlich geringere Werte als andere Staaten. Deutschland wies 1978 im Bekleidungsbereich einen Marktanteil von 13,9 %, England 15,2 % und die USA 12,5 % der Entwicklungsländer auf.[1368] Sieht man die Exportentwicklung an, dehnten zwischen 1973 und 1985 sowohl die Industrieländer als auch die Entwicklungsländer ihre Bekleidungsexporte aus, die Industrieländer verzeichneten 1973 Exporte von US$ 6,92 Mrd. und die Entwicklungsländer von US$ 3,82 Mrd. Beide dehnten ihre Exporte auf je ca. US$ 21 Mrd. 1985 aus.[1369]

[1365] "While any shift in demand between sectors of an economy gives rise to private and social adjustment costs, the specific characteristics of textiles and clothing employment increases these costs." Siehe auch die Landkarte in OECD 1983: 76-78.
[1366] Siehe: **Tabelle 67**, **Tabelle 68**, **Tabelle 69**, **Tabelle 70**.
[1367] Siehe: **Tabelle 71**.
[1368] Siehe: **Tabelle 72**.
[1369] Siehe: **Tabelle 73**.

Relevant sind in diesem Zusammenhang auch folgende Zahlen: Die Industrieländer exportierten 1970 in Richtung der gesamten Gruppe der Entwicklungsländer (ohne OPEC) für US$ 37 Mrd., 1980 lag dieser Wert bei US$ 216 Mrd. und 1990 bei US$ 397 Mrd. (untereinander handelten die Industrieländer auf einem Niveau von 1980 US$ 891 Mrd. und 1990 US$ 1893 Mrd.). Andersherum führten die Entwicklungsländer 1970 US$ 27 Mrd., 1980 US$ 170 Mrd. und 1990 US$ 364 Mrd. in die Industrieländer ein. Kurz: Die Industrieländer exportierten kontinuierlich mehr in die Entwicklungsländer als sie importierten, im Jahre 1970 lag das Defizit bei US$ 10 Mrd.; im Jahre 1980 US$ 46 Mrd., im Jahr 1990 US$ 33 Mrd.[1370] Einige Industriesektoren der Industrieländer sind dabei zu einem größeren Teil ihres Outputs von Exporten in die Entwicklungsländer abhängig.[1371] In dieser Situation 1978 eine Verschärfung des Welttextilabkommen auszuhandeln und zudem selektiv einige Entwicklungsländer, die keine hohe Verschuldung aufweisen (China) in den achtziger Jahren zu bevorzugen, zeichnet die weitsichtigen Staatsmänner dieser Zeit aus.[1372]

Die aktuellsten, hier verfügbaren Daten für den Anteil der Importe aus Entwicklungsländer am Output im verarbeitenden Gewerbe der Industrieländer liegen von der UNCTAD vor, diese liegen 1988-1989 bei 3,3 %.[1373] Das BSP der Industrieländer ist in dieser Zeitperiode 1965 bis 1980 jährlich 3,8 % und 1980 bis 1989 jährlich 3,0 % (1980 bis 1989 verarbeitendes Gewerbe jährlich 3,4 %) gewachsen.[1374] Somit ist in dieser Zeitperiode die Wirtschaftsleistung der Industrieländer zwischen 1965 und 1980 um absolut ca. 74 % gestiegen, zwischen 1980 und 1989 um ca. 30 %. Ein großer Teil dieses Wachstums wurde den Unternehmen der Industrieländern reserviert. Obwohl die Exporte der Entwicklungsländer keinen Grund zur Sorge gaben, wurde Rekurs auf protektionistische Maßnahmen genommen. Bezieht man Industrie- und Entwicklungsländer ein, um ein allgemeines Maß für die steigende Handelsintegration zu haben, stieg der Anteil der Importe an der heimischen Produktion verarbeiteter Produkte von 1975 bis 1985 von 6,6 % auf 13,1 % an.[1375] In der EU nahm die Importpenetration von 1973 8,7 % auf 1985 13,1 % zu, in den USA erfolgte eine Steigerung von 1973 6,3 % auf 12,3 % und in Japan sank sie etwa ab: 1973 4,9 % auf 1985 4,8 %.[1376] Aktuelle Daten für EU, USA oder die OECD bezüglich Importpenetration durch die Entwicklungs- bzw. Schwellenländer gemessen am Output können leider nicht präsentiert werden.[1377]

[1370] UNCTAD 1994: A 2.
[1371] Siehe: **Tabelle 74**.
[1372] Siehe Abschnitt T.
[1373] Siehe: **Tabelle 68**.
[1374] Weltentwicklungsbericht 1991: 249.
[1375] Revenga 1992: 255.
[1376] Siehe dazu auch **Tabelle 75**.
[1377] Hier noch der Verweis auf Allen et al. 2004. Hier werden Anteile des Handels an der heimischen Produktion nach NACE-Industriekategorien aufgeteilt präsentiert. Es wird aber nicht zwischen Industrie- und Entwicklungsländern differenziert.

10.3 Daten zum Welthandel in einer Aufgliederung nach Technologiekategorien

Der Welthandel kann in Technologie- und Faktorintensitäten im verarbeitenden Sektor aufgegliedert werden.

Bei der Darstellung von Welthandelsentwicklungen zwischen den Jahren 1985 und 1993, die solche Rückschlüsse auf Faktor- und Technologieintensitäten ermöglichen, wird sich gestützt auf Lall (2000), der maßgeblich die bereits oben verwendete Technologiekategorisierung der UNIDO beeinflußt hat.[1378] Zuerst einmal sei darauf hingewiesen, daß dies relative Zahlen sind, absolute Steigerungsraten dürften sich in den meisten Fällen hinter diesen Zahlen verstecken.

Der Welthandel wird in fünf Bereiche aufgeteilt: Primärprodukte, Resource-Based (RB) Low-Tech (LT), Medium-Tech (MT), High-Tech (HT) mit weiteren Untergruppen.[1379]

Es wird versucht hier Tendenzen zusammenzufassen, diese können den Tabellen am besten selbst entnommen werden. Folgenden Tendenzen zeichnen sich zwischen 1985 und 1998 ab:

[1378] Lall 2000. Siehe die Tabellen: **Tabelle 76**, **Tabelle 42**, **Tabelle 12**, **Tabelle 22**, **Tabelle 41**.
[1379] Lall 2000: 342-343; UNIDO Industrial Development Report 2002/2003: 30; **Tabelle 22**. Die Kategorie der ressourcenbasierenden Produkte ('resource-based', RB) tendiert dazu arbeitsintensiv zu sein, beispielsweise der simple Anbau von Nahrungsmitteln oder die Lederherstellung) es gibt aber auch Bereiche, die kapitalintensive Prozesse aufweisen, etwa die Ölverarbeitung oder die moderne Lebensmittelindustrie. Es ist zudem wahrscheinlich, daß auch solche Länder, die über Ressourcen im Überfluß verfügen, aber über ein gewisses Maß an Technologie und über ausgebildete Arbeit verfügen müssen, um im Bereich der eher kapitalintensiven Weiterverarbeitung der Rohstoffe erfolgreich sein zu können.

Der Bereich der einfachen Technologie ('low-technology', LT) weist weltweit weitgehend verbreitete, meist relativ kostengünstige Technologien auf, die in Kapitalausrüstung verkörpert sind und am unteren Ende des Qualitätsbereichs ist ein geringerer Ausbildungsgrad zur Produktion nötig. Im Bereich undifferenzierter Produkte gibt es einen deutlichen Preiswettbewerb, d.h. daß auch Lohnkosten relevant sind. Skalenökonomien sind eher weniger relevant. Dies gilt für die Herstellung von Bekleidung, Schuhe, Reiseausstattung, Spielzeug, Sportgüter und sonstige einfach herzustellenden Güter. Ebenso gibt es aber Segmente, in denen Markennamen, ausgebildete Arbeit und avancierte Technologie, etwa im Bereich höherwertiger Bekleidung, wichtig werden, wenn auch hier keine so hohe Kapital- und Technologieintensität wie in anderen Bereichen erforderlich ist.

Der Bereich mittlerer Technologie ('medium technology', MT). Dieser Bereich beschreibt ausbildungs- und skalenintensive Kapital- und Zwischenproduktindustrien. Diesen Bereich zeichnen komplexe Technologien, lange Lernperioden, moderat hohe F&E Ausgaben, ausgebildete Arbeiter aus. Teile dieser Industrien sind auf Zwischenproduktnutzung aus vielen anderen Industriebereichen angewiesen. Unterschieden werden kann hier in MT 1: Automobil: Hier gibt es relativ arbeitsintensive Prozesse, die in Länder mit günstigen Löhnen ausgelagert werden können. MT 2: Chemie und Metallherstellung. Dies sind Industrien mit großen Anlagen, die oft einen großen technologischen Aufwand benötigen und die Produkte sind teils weniger differenziert. MT 3: Ingenieursprodukte: Maschinenbau. Die Produktion ist arbeitsintensiver, ebenso ist Design und F&E wichtig.

Der Bereich der Hochtechnologie ('high-technology', HT). Dieser zeichnet sich durch avancierte und schnell wechselnde Technologien aus. Um in diesem Bereich präsent zu sein sind hohe Investitionen in F&E nötig, aber auch in Produktdesign. Ein erfolgreiche Tätigkeit in diesem Bereich findet meist dann statt, wenn hochwertige technologische Infrastrukturen vorliegen, ein hohes Ausbildungsniveau der Angestellten, enge Zusammenarbeit zwischen Firmen und zwischen Firmen und Universitäten und anderen Forschungseinrichtungen. Bei der Produktion ist aber beispielsweise im Elektronikbereich ein arbeitsintensiver Endmontageprozess zu beobachten. Deshalb liegt hier eine international ausgesplittete Produktion innerhalb von multinationalen Firmennetzwerken vor. Es wird unterschieden zwischen HT 1: Elektronik- und Elektroprodukte, Energieanlagen. Und HT 2, andere High-Tech Produkte: Luftfahrt, Präzisionsinstrumente und pharmazeutische Produkte, die typischerweise in den avancierten Industrieländern verbleiben, aufgrund von hohen Ausbildungsniveau, Technologie- und Zulieferernetzwerken. Lall 2000: 342-343.

Für den gesamten Welthandel mit verarbeitenden Güter gilt, daß der High-Tech-Bereich das intensivste Wachstum aufgewiesen hat (11,6 %), fast ebenso hohe Wachstumsraten sind im Medium-Tech-(7,8 %) und Low-Tech-Bereich (6,9 %) vorzufinden, die Primärprodukte liegen bei 5,7 %. Die Folge davon ist, daß der Anteil der High-Tech-Produkte am Welthandel zunimmt: Von 1985: 12,4 % auf 21,1 %: 1998. Die Bereiche High-und Medium-Tech zusammen machen 53,8 % des Welthandels aus: Hier dominieren weiterhin die Industrieländer mit Medium-Tech 84,7 %, High-Tech 73 %. Im Jahre 1985 lagen die Werte für die Industrieländer aber noch deutlich höher: Medium-Tech 91,7 %, High-Tech 89,3 %.

Dies liegt an den stark steigenden Anteilen der Entwicklungsländer in den Medium-Tech-Bereichen MT1 ('automotive' 3,0 % auf 10,5 %), MT 2 ('process based', 11,9 % auf 20,1 %) und HT 1 ('electronic, electrical', von 14,0 % auf 34,2 %), geringer bleiben die Anteile im Bereich HT 2 ('other high tech' nur von 4,8 % bis 8,6 %). Zunehmende Anteile gibt es auch in den wertmäßig wichtigeren Bereichen MT 3 ('engineering' auf 16,3 %) und MT 1 ('automotive', auf 10,5 %).

Innerhalb dieser Untergruppen gibt es Umschichtungen innerhalb der Gruppe der Entwicklungsländer zu beobachten. Die asiatischen NICs, hier klassifiziert als Ostasien (eingeschlossen Thailand, Vietnam, China), sind in bezug auf den gesamten Bereich verarbeiteter Produkte führend und weiten ihren sowieso schon großen Anteil von 56,9 % auf 69 % aus. Alle anderen Ländergruppen haben sinkende Anteile. Der Anteil Lateinamerikas ohne Mexiko am Welthandel mit verarbeiteten Produkten, bislang 16,9 % geht auf 8,9 % zurück. Allein wenn Mexiko zu Lateinamerika gezählt wird, läßt sich dieser deutliche Rückgang etwas verdecken. Mexiko kann seinen Anteil an der MT 1 Kategorie durch seine Automobilproduktion in dieser Zeitperiode, eben von 1985 bis 1998 auf 37,3 % verdoppeln. Dies bewirkt wiederum, daß Ostasien seinen relativen Anteil in diesem Bereich nicht steigern, sondern nur aufrechterhalten kann.[1380]

Die Entwicklungsländer können insgesamt gesehen ihren Anteil am Handel mit verarbeiteten Produkten steigern (1985: 16,4 %, 1998: 23,3 %).[1381] Der Anteil der Entwicklungsländer am internationalen Handel bleibt dennoch fast gleich (1985: 24,3 %, 1998: 25 %), weil der Anteil ressourcenbasierter Produkte zurückgeht, teils begründet in den ungünstigen Terms of Trade Entwicklungen.[1382]

Im Bereich der ressourcenbasierten verarbeiteten Produkten ist Lateinamerika weiter mit recht hohen Anteilen vertreten (RB 1 'agro based': 33,1 %, RB 2 'other RB': 23,1 %). Ostasien und Südasien in derselben Kategorie weisen, etwa in RB 2, dynamische Zunahmen auf.

[1380] Siehe: **Tabelle 42**.
[1381] Siehe: **Tabelle 41**.
[1382] Dazu: **Tabelle 12**.

Schließlich Textilien und Bekleidung: Nur geringe prozentuale Verluste gibt es im dominierenden Ostasien (von 69,9 % auf 67,3 %), Lateinamerika fällt auf niedrigem Niveau zurück (8,5 % auf 4,9 %) und es gibt für Südasien (11,6 % auf 12,2%), MENA (8,1 % auf 9,1 %) sowie Mexiko (1,0 % auf 5,5 %) Steigerungen. Dieser relative Rückgang erfaßt in Lateinamerika also auch Low-Tech Produkte, etwa Bekleidung und Schuhe, für die dort durchaus komparative Vorteile bestehen könnten.

Für Afrika finden sich für die verarbeiteten Produkte, um die es hier geht, in allen Bereichen rückläufige Anteile, es gibt somit keinen Bereich, bei dem es eine innerhalb dieses Rahmens erkennbare Aufwärtsentwicklung gäbe. Erwähnenswert ist, daß, mit Südafrika, es bezüglich 'ressource based' immerhin ein Anteil von 4,8 % vorliegt (ohne Südafrika 1,4 %), 'medium tech' kommt auf 1,7 % (ohne Südafrika 0,2 %) und 'high tech' 0,4 % (ohne Südafrika 0,0 %). Wirklich dramatisch ist, daß Afrika im "low tech"-Bereich, also LT 1 'textile/fashion cluster' und LT 2 'other low tech: furniture' etc.' nur auf 1,5 % Weltmarktanteil kommt (ohne Südafrika 0,2 %). Dies widerspricht der Heckscher-Ohlin Theorie.

Es widerspricht dieser Theorie nicht, daß die Entwicklungsländer insgesamt ihren Anteil am arbeitsintensiven 'textile/fashion cluster' von 41,1 % auf 49,1% ausdehnen.[1383]

Schwer zu verstehen anhand von Heckscher-Ohlin ist die immer noch starke Präsenz Koreas im Bereich arbeitsintensiver Güter.[1384] Schwer anhand der traditionellen Theorien zu erklären ist auch warum Brasilien innerhalb recht kurzer Zeit einen große, relativen Verlust von Weltmarktanteilen im verarbeiteten Bereich beklagen muß, bezieht man hier die Direktinvestitionen und Lohnveredelungsproduktion in Mexiko mit ein, ist dies schon einfacher zu verstehen. Weil dies eben relative Zahlen sind, verbieten sich zudem vorschnelle Schlüsse, Brasilien kann absolut gesehen seine Medium-Tech Exporte erhöhen.[1385] Warum dort nur wenig Exporte im Bereich arbeitsintensiver Waren vorliegen ist wenigstens teilweise auf das Multifaserabkommen zurückzuführen. Ein Erklärungsversuch mit dem Argument, daß Brasilien nur komparative Vorteile im Bereich ressourcenintensiver Güter aufweisen würde, überzeugt nur zum Teil, weil auch andere Länder mehrere unterschiedliche Faktorbereiche mit Exporterfolgen vorweisen können. Im Bereich der arbeitsintensiven Güter hat Brasilien immerhin absolute Steigerungsraten aufzuweisen. In bezug auf MT 1 Automobile liegt Brasilien noch deutlich vor Thailand und China, Indien holt hier immerhin auf, der Abstand Brasiliens zu Korea und Mexiko ist aber deutlich erkennbar.[1386]

In den Bereichen Medium- und High-Tech kann gegenüber China, Korea und Taiwan nur Mexiko mithalten. Im Medium-Tech Bereich ist frappierend, daß Mexiko für einen großen Teil der Zugewinne der Entwicklungsländer in diesem Bereich verantwortlich ist, relativ gesehen gibt es nur moderate

---

[1383] Siehe: **Tabelle 41**.
[1384] Dies ist nicht zuletzt so, weil Korea lange Zeit über große MFA Quoten sein industrielles Wachstum stützen konnte und noch 1985 etwa mehr Textilien und Bekleidung exportierte als alle anderen Exportpositionen zusammengenommen. Siehe: **Tabelle 77**.
[1385] **Tabelle 76**; **Tabelle 42**.
[1386] **Tabelle 76**.

Zugewinne in Ostasien und die Anteilsverluste von Lateinamerika. Die Industrieländer haben in diesem Bereich somit weiterhin eine starke Stellung.[1387]

Absolut gesehen ist vor allem China erfolgreich. Innerhalb kurzer Zeit liegen in fast allen Bereichen Exporte verarbeiteter Produkte vor, im Medium-Tech und High-Tech Bereich sogar leicht über denen aus Korea, Taiwan und Mexiko, außer bei MT 1 Automobile.[1388]

Sowohl in Mexiko als auch China sind diese Erfolge im Medium- und High-Tech Bereich zu einem gewissen Grad auf ausländische Direktinvestitionen zurückzuführen, dies steht im Einklang mit Heckscher-Ohlin Erwartungen, wenn man die Theorie internationalen Handels nicht neoklassisch eng faßt und mobiles Kapital ausklammert. Für China gilt aber weiterhin, daß auch im arbeits- und rohstoffintensiven Bereich hohe Exporte vorliegen. Dies paßt nicht zur Heckscher-Ohlin Idee eines einzigen faktorbezogenen Vorteilsschwergewichts. Für Mexiko gilt derselbe Einfluß der Direktinvestitionen für die Maquiladora Fertigung von Unterhaltungselektronik- und Computerteilen, dazu kommen die ausländischen Investitionen in die Automobilindustrie. Dazu kommt es zu stark ausgeweiteten Anteilen der Entwicklungsländer im High-Tech Bereich.[1389]

Alles in allem behalten die Industrieländer im Bereich der komplexen Technologien eine starke Position. Es ist aber unübersehbar, daß in den Entwicklungsländern und zwar nicht nur in den asiatischen NICs und China zunehmend Fähigkeiten vorliegen nicht nur im Computerbereich erfolgreich zu sein, sondern auch "technologically demanding, scale, skill and linkage-intensive products (e.g. automobiles, machinery or chemicals)" herzustellen.[1390] Dies wiederum liegt daran, daß Firmen aus den Industrieländern dort investiert haben und dort nicht nur Lohnveredelung im Sinne von Faktornutzung (Export, Re-Import) und unter Nutzung von lokaler Inputgüter für den Export produzieren (weniger Export, Re-Import), sondern zunehmend an einer lokale Marktpräsenz interessiert sind, wobei dies Produktion für die lokalen Märkte und Exporte von Teilen und fertigen Produkten impliziert.

Der Begriff Welthandel gewinnt also erst Ende der achtziger Jahre eine Bedeutung, die den Gebrauch dieses Begriffs wirklich rechtfertigt: Noch im Jahre 1985 prägten die Industrieländer den Welthandel im Bereich Medium-Tech zu 91,7 % und den Bereich High-Tech zu 89,3 %.[1391] Mit unverminderter Aktualität ist aber heute die Frage relevant, wie kleinere und schwächere Länder von dieser neuen Öffnung profitieren können. Relevant ist diese Frage besonders vor dem Hintergrund der Anteilsverluste im Bereich der Primärprodukte und der Gesamtbewertung in bezug auf den

---

[1387] **Tabelle 78**. Siehe dort die Kategorie: Machinery and transport equipment less electronic. Diese verzeichnet die absoluten Handelssummen von US$ 167 Mrd. für die Entwicklungsländer und US$ 1070 Mrd. für die Industrieländer (2001). UNCTAD 2004: 91.
[1388] **Tabelle 76**.
[1389] Lall 2000: 346.
[1390] Lall 1999: 1776.
[1391] **Tabelle 41**. Lall 2000: 345.

internationalen Handel, daß eine "long-term tendency for *trade to shift from simple to complex technologies*" festzustellen ist.[1392]

11. Sektorale Entwicklungen

Oft wird in Publikationen ein sektoraler Überblick weggelassen oder ein solcher zum Anlaß genommen, sich von der Diskussion der Theorie des internationalen Handels ganz zu verabschieden, um die speziellen sektoralen Dynamiken hervorzuheben. Dies ist fragwürdig, weil sich natürlich die sektoralen Dynamiken in den Daten den o.g. Theorien widerspiegeln und sich anhand sektoraler Informationen besser verstehen läßt, wie sich der internationale Handel entwickelt und welche Wirkungsfaktoren dies beeinflussen. Der Überblick hier wird begrenzt auf Kernsektoren des verarbeitenden Sektors: Automobile, Chemie, Eisen- und Stahl, Schiffbau, Maschinenbau, Energieanlagenbau. Nachfolgend werden Informationen zu Computer und Telekommunikationsausrüstung, Unterhaltungselektronik und dem Pharmasektor präsentiert. Zuletzt geht es um sonstige verarbeitete Produkte und Textil und Bekleidung. Der Dienstleistungshandel bleibt ausgeklammert. An diesen Sektoren sind typische Merkmale der Globalisierung und Bestimmungsfaktoren des Handels zu erkennen, die je nach Bereich unterschiedlich ausgeprägt sind. Der Leser möge es verzeihen, wenn wieder Informationen über China einbezogen werden. China ist ein Land, welches den internationalen Handel stark transformiert und dessen schnelle Verbesserung der technologischen Fähigkeiten historisch ohne Beispiel ist. Gegenüber haben sich auf dem Schachbrett des internationalen Wettbewerbs die internationalen Firmen der Industrieländer aufgestellt, deren F&E Ausgaben, organisationellen Innovationen sowie hohen Umsatz- und Profitzahlen es ebenso schwierig machen historische Vergleiche zu finden, zumal diese Firmen in den letzten fünfzehn Jahren mit der größten Zusammenschlußwelle der Geschichte auf sich aufmerksam machten, wobei es ihnen parallel dazu gelang, ihre Aktivitäten auf die ganze Welt ausdehnten.[1393]

11.1 Automobile

Die globale Automobilproduktion wird dominiert von 15 Unternehmen, die je über 1 Mill. Einheiten Jahresproduktion liegen.[1394] Von 64 Mill. Automobilen und Lkw, die weltweit 2004 produziert wurden, kommen diese Unternehmen für 54 Mill. auf. Die ersten fünf Produzenten verfügen über einen Anteil von 48 % (2004), einen Anteil, den die ersten fünf Produzenten (in anderer Zusammensetzung) schon einmal 1981 hatten. Im Jahre 1994, vor den großen Zusammenschlüssen,

---

[1392] Lall 1999: 1774.
[1393] Siehe dazu Kleinert/Klodt 2000: 4-23; sowie umfassend OECD 2001b; diese hatten etwa 1999 einen Wert von US$ 1790 Mrd. Siehe Hermanns 2005a: 27, 114.
[1394] Siehe: **Tabelle 79**.

war der Anteil der Top 5 auf 25 % abgesunken, sodaß hier ein Dekonzentrationsprozess zu beobachten war.[1395]

Grundlegend für das Verständnis dieser Industrie ist, daß Automobile kein standardisiertes Produktzyklusgut im Sinne von Raymond Vernon sind, sondern daß Forschung- und Entwicklungsaktivitäten sowie Designfähigkeiten nötig sich, um sich erfolgreich auf dem Markt zu positionieren.[1396] Jeder der weltgrößten Automobilhersteller verfügt über F&E Ausgaben von teils deutlich über US$ 3 Mrd. jährlich.[1397] Dies heißt umgekehrt, daß für Firmen, die nicht über diese Fähigkeiten verfügen, substantielle Markteintrittsbarrieren bestehen, die das Aufholen einzelner Firmen in Entwicklungsländern stark erschweren.[1398]

Die Autoindustrie hat sich von ihrer fordistischen Ausrichtung, alles selbst produzieren wollen, entfernt. Zunehmend wurden in den letzten Jahren Komponentenhersteller wichtig, die unter immer größerem Druck standen, Kosten zu senken. Um dies zu erreichen vergrößerten sich diese Unternehmen und versuchen Skalenökonomien zu erreichen. Dies gelang auch deshalb, weil teils an mehrere Hersteller geliefert wird. Ebenso wurden die Komponentenhersteller bewußt von der Ursprungsfirma abgespalten. Die Zahl der Komponentenhersteller hat sich von 30.000 1990 auf 8000 im Jahr 2000 verringert und es wird erwartet, daß sie weiter absinkt.[1399]

Weil es zu Kostenvorteilen führt, wenn die Komponentenfirmen in der Nähe der Automobilproduktion gelegen sind, sind die führenden Komponentenhersteller[1400] den Investitionen der Automobilhersteller in das Ausland gefolgt und sind ebenso weltweit präsent. Delphi (1999 von General Motors abgespalten) hat 168 Produktionsstätten in 37 Ländern und 210.000 Angestellte. Robert Bosch hat 120 Produktionsstätten weltweit. Valeo 129 Produktionsstätten, darunter 5 in China. Denso besitzt 72

[1395] OECD 1996: 170; die größten fünf Unternehmen produzieren 21,6 Mill. Automobile (ohne Lkw), bei einer weltweiten Produktion von 44,2 Mill. Die obersten fünf Konzerne sind General Motors; 4,5 Mill.; Toyota, 5,8 Mill.; Ford/Jaguar/Volvo: 3,4 Mill.; VW: 4,8 Mill.; PSA/Peugeot: 3 Mill. Daten für 2004 aus CCFA 2006. Siehe auch **Tabelle 79** und **Tabelle 81**. Zwischendurch hatte sich die Konzentration in bezug auf die weltweite Produktionsmenge gesehen etwas abgemildert. So lagen 1994 sämtliche Konzentrationswerte im Vergleich zu 1981 deutlich niedriger. Dies war aber vor der Zusammenschlußwelle in den neunziger Jahren. Auf dem Niveau der einzelnen Industriestaaten spiegelt sich, sieht man von Frankreich, Italien, Schweden, Korea ab, bei denen die Top 2 100 % erreichen, diese Dekonzentration ebenfalls wieder. Hier verloren die Top 2 hohe Marktanteile: USA 1980: 83 %; 1993: 67 %; Deutschland 1980: 54 %; 1993: 51 %; Japan 1980: 61 %; 1991: 50 %. Dies sind Produktionswerte, die den Handel nicht einbeziehen. OECD 1996: 170.
[1396] Früh erkannt von Jones/Womack 1985: 401; bestätigt auch in Womack et al. 1994: 138-144; Nolan 2001: 507, 532-535.
[1397] Siehe: **Tabelle 81**.
[1398] "In 'latecomer' countries, the state has also been crucial in those cases of successful 'catch-up' at the firm level in the auto industry. These examples have been an inspiration for China in developing its policy towards the auto industry. As we shall see, its strategy has been firmly built on the belief that the industry should construct a small number of powerful auto assemblers and components firms that can compete on the 'global level playing field'. However, during the period that China has been trying to build its indigenous industry almost from scratch, the international environment of the auto industry has changed beyond recognition. The task of 'catch-up' at the level of the firm is now vastly harder for potential competitive firms on a world scale than it was the case ten years ago. The 1990s saw a dramatic opening up of world markets to international competition and internationalization of production. The intensity of inter-firm competition increased greatly. Only the lowest-cost manufacturers could survive. Scale became even more important than before in achieving minimum cost. Larger scale, along with effective management, enabled cost reductions per unit in R&D, vehicle development costs, marketing and procurement." Nolan 2001: 532.
[1399] Nolan 2001: 519.
[1400] Siehe: **Tabelle 82**.

Produktionsstätten in Japan, 29 in Europa und Nordamerika, 30 in Entwicklungsländern, darunter 5 in China. Die Top 10 der Komponentenherstellern geben 1998 je über US$ 300 Mill. für F&E aus und die Tendenz geht dahin, daß immer komplexere Module bzw. Systeme zum Einbau hergestellt werden.[1401] Bosch hat 1998 F&E Ausgaben von US$ 2,1 Mrd. (größer als Boeing US$ 1,8 Mrd.).[1402] Für sämtliche der Firmen in den Unterkategorien der Zulieferer hat es Firmenzusammenschlüsse gegeben, sodaß sich starke Akteure gegenüber stehen. Für Räder hält eine Firma nach einem Zusammenschluß 35 % der U.S. Marktes. Pilkington Glass, zuständig für Automobilgläser, liefert für 25 % der Weltnachfrage. Bei Bremssystemen teilen sich die Top 4 Firmen 87 % der weltweiten Verkäufe. Breed, eine Firma für Airbags und Anschnallgurte hat 60 Produktionsstätten in 60 Ländern.[1403] Bei den Reifenherstellern hält Goodyear 22,5 %, Michelin und Bridgestone 18,5 %, Pirelli und Continental je 11 %.[1404] Würden alle chinesischen Reifenfirmen fusioniert werden, entstünde eine Firma, die nur 1/5 so groß wäre, wie die Top 3 Firma der Reifenbranche.[1405] Bei aller Überlegenheit dieser internationalen Komponentenhersteller, ist es generell weiterhin so, daß weniger aufwendige Teile billiger in Schwellenländern hergestellt werden können.[1406] Deshalb bleibt eine gewisse Nervosität gegenüber den chinesischen technologischen Fähigkeiten im Automobil- und Komponentenbereich bestehen, so ist die staatliche Firma AVIC ein Produzent u.a. von Automobilkomponenten, bietet aber ebenfalls Automobile und Motorräder an.[1407] Die USA hat etwa für Bremsscheiben produziert von genuin chinesischen Firmen bereits Antidumpingzölle erhoben.[1408]

Ausnahme von diesem Trend weg vom Fordismus ist die Motorenherstellung, die ebenso hohe F&E-Kosten verursacht und Skalenökonomien bei der Produktion aufweist, welche bislang bei den Herstellern verbleibt.[1409] Allein im Dieselmotorenbereich haben sich selbstständige Komponentenhersteller entwickelt: In den USA haben sich drei Hersteller von Truck-Dieseln als eigenständige Firmen etabliert, Detroit Diesel, Cumming und Caterpillar, letztere hat in den neunziger Jahren zwanzig eigenständige Dieselmotorfirmen aufgekauft.[1410]

In den letzten 20 Jahren liegt der Anteil der Automobilindustrie an der Wertschöpfung der Industrieländer bei 10 %, in Entwicklungsländern steigt der Wertschöpfungsanteil von 1980: 5,7 % auf 2001: 10,6 %. Im Jahre 2000 finden weltweit in 55 Ländern 11 Mill. Personen in diesem Bereich

---

[1401] Nolan 2001: 521.
[1402] Nolan 2001: 535.
[1403] Nolan 2001: 525.
[1404] Nolan 2001: 528.
[1405] Nolan 2001: 529.
[1406] Beispiel Korea. Jones/Womack 1985: 405.
[1407] Dies ist ein Staatskonzern, der eigentlich Militärflugzeuge baut, aber aufgrund der geringen Militärausgaben Chinas (bis vor kurzem), dazu überging, alles mögliche andere zu produzieren, von Haushaltwaren, über Motoren, bis zu Klimaanlagen und Textilmaschinen. Und eben auch Autos (127.000 Produktionskapazität 1997) und Motorräder (997.000, 13 % des chinesischen Marktes) etc. Siehe Nolan 2001: 198. Dieser Konzern ist mittlerweile in zwei Teile aufgespaltet worden: Siehe AVIC 1 Information 2006; AVIC 2 Information 2006.
[1408] USITC 2006: 3.
[1409] Nolan 2001: 529.
[1410] Nolan 2001: 529.

Beschäftigung, in China allein 3 Mill., dies liegt dort aber auch daran, daß noch nicht alle ineffektiven Firmen[1411] geschlossen wurden.

Die globalen Automobilexporte liegen 2003 bei US$ 723 Mill., dies stellt 10 % des Welthandels dar. Europa, USA, Japan und Korea dominieren 85 % bis 90 % dieses Handels. Bemerkenswert hinsichtlich der Struktur des Welthandels ist, daß die USA 2003 für US$ 69,3 Mrd. exportiert, aber für US$ 181 Mrd. Automobile einführt. Der U.S. Anteil der Weltimporte steigt von 1980: 20,3 % auf 2003: 28,7 %. Die EU-15 hat dagegen Extra-EU-Exporte von US$ 124,97 Mrd. und Importe von US$ 66,52 Mrd. vorzuweisen. Japan ist führend in den Exporten, mit US$ 102,73 Mrd. und Importen von US$ 11,13 Mrd.. Mexiko taucht als Exporteur mit US$ 30,13 Mrd. auf, importiert aber für US$ 20,19 Mrd., wohingegen Korea US$ 22,36 Mrd. exportiert und in der Liste wichtiger Automobilimporteure nicht auftaucht. In China steigt der Anteil an der heimischen Wertschöpfung von 1980: 3,4 % auf 2001: 7,9 an, Automobilexporte liegen 2003 bei US$ 3,57 Mrd., Importe bei US$ 12,78 Mrd.[1412]

Interessanterweise wirken aber nicht nur Faktoren in Richtung einer Steigerung des Welthandels. Die international ausgreifenden Investitionen, die teils durch protektionistische Maßnahmen in den achtziger Jahren mit ausgelöst wurden, haben dazu geführt, daß etwa japanische Unternehmen nicht mehr soviel in die USA exportieren, weil sie vor Ort produzieren. Ihre Exporte in die USA gehen von 2,3 Mill. 1985 auf 1,5 Mill. 1999 zurück, während Japan innerhalb der USA 1998 2,1 Mill. Einheiten Automobile produziert. Protektionistische Maßnahmen und die Möglichkeit diese Maßnahmen einzusetzen, haben in diesem Fall in massiver Art und Weise Investitionen angezogen und es gibt aber auch nach dem Auslaufen dieser Maßnahmen immer noch ein implizites Einverständnis, daß Japan seine Exporte in die USA nicht steigert.[1413]

Der Automobilhandel wird somit von der EU, Japan und den USA dominiert, dazu gehören mittlerweile Korea und Mexiko, die sich als wichtige Exporteure etabliert haben. Die starke Stellung der ersten vier dieser Länder liegt auch daran, daß die Automobilindustrie F&E intensiv ist, die F&E Ausgaben steigen von 1973 bis 1992 von 2,4 auf 3,3 % des Produktionswerts, über dem Durchschnitt der verarbeitenden Industrie.[1414] Hierdurch können die Industrieländer ihre innovations- und technologiebezogenen absoluten Ricardo- und kapitalbezogenen Heckscher-Ohlin Vorteile ausspielen. Ebenso entwickelt sich ein Intra-Industriehandel aufgrund unterschiedlicher Konsumentenpräferenzen.

Über diese Länder hinaus haben sich Polen, die Tschechei, Ungarn, Brasilien, Türkei, Slowakei, Thailand, China und Taiwan als signifikante Exporteure etabliert. Nicht nur die Komponentenherstellung sondern auch die Automobilproduktion hat sich internationalisiert, d.h. in vielen Ländern der Welt sind die wichtigen Automobilkonzerne mit Produktionsstätten präsent, dieser

---

[1411] Siehe oben Exkurs China, Punkt 6.3.
[1412] OECD 2005: 52-54. Siehe: **Tabelle 83**; siehe auch **Tabelle 84**.
[1413] Siehe die Informationen zum U.S. Japan VER und das implizite Einverständnis danach in Abschnitt 'T', Punkt 2.
[1414] OECD 1996: 165.

Prozess begann seit Ende der achtziger Jahre mit einer umfassenden Übernahme- und Investitionstätigkeit, die zuerst einmal sich auf die Industrieländer selbst bezog, sich dann aber weltweit ausweitete.[1415]

Diese Internationalisierung ist nicht gleichmäßig erfolgt, sondern es sind Schwerpunkte in bestimmten Regionen entstanden: Die Produktion findet 2004 in Nordamerika zu 25 % statt, in Südamerika 4 %, in der EU-15 zu 26 %, in anderen europäischen Ländern einschließlich der Türkei zu 6 %, in Japan 16 %, in Südkorea 5 % und in anderen Ländern, also vor allem Asien 16 %.[1416] Afrika ist allein mit Südafrika vertreten.[1417] Diese Verteilung hat mehrere Gründe, dabei sind Länder, die aufgrund ihrer niedrigen Lohnkosten als Sprungbretter in andere Märkte dienen, Mexiko in die USA, Polen und die Tschechei in die EU, dabei sind aber auch Ländern, die noch über mehr oder weniger Zollschutz verfügen und dadurch ausländische Investoren anlocken können, die dort im Gegenzug zum Marktzugang, eine Automobilproduktion aufbauen. Hier sind insbesondere China, Indien, Brasilien und Rußland zu nennen. Es sind aber auch kleinerer Länder, die mit Zöllen versuchen, eine eigene Industrie ohne ausländische Unternehmen aufzubauen, Malaysia, oder die auf diese Weise ausländische Firmen anzulocken, Thailand und Indonesien.[1418] Hier besteht nur das Problem mindestens 500.000 wenn nicht 1 Mill. Einheiten zu erreichen, um Kostenvorteile durch Massenproduktion zu aktualisieren.[1419] Einige dieser Ländern verfügen über eigene Firmen-Projekte, die wenigstens ansatzweise Skalenökonomien erreichen. In Indien schafft Telco (Tata) immerhin 181.965 Einheiten, das Joint Venture des indischen Staates mit Susuki Maruti Udyog Ltd. ist erfolgreicher (393.837 Einheiten, 1999).[1420] Diverse Hersteller liegen in Indien aber deutlich unter diesen Zahlen und es ist damit unklar, ob sie ohne Zollschutz oder bei einer Restrukturierung überleben könnten.[1421] Indonesien besitzt einen besonders stark fragmentierten Markt, der zwar zollgeschützt ist, auf dem aber kein Hersteller Skalenökonomien erreicht.[1422] In Rußland erreicht Autovaz (ex Lada) 677.687 Einheiten.[1423] In China gibt es neben den internationalen investierten Joint Ventures im Personenwagenbereich, die den Markt von 2003 4,9 Mill. Automobilen[1424] beliefern, noch lange Zeit genuin chinesische Unternehmen. Im Lkw Bereich Dongfeng und Yiqi, die relativ

---

[1415] Japan investiert zuerst einmal in den USA und in England. Die USA investiert in Europa. Europäische Firmen konzentrieren sich erst auf Europa d.h. Spanien und Osteuropa. In den USA werden 1995 18,4 % der Automobile in neugegründeten Fabriken ausländischer Investoren produziert, die Verkäufe importierter Wagen geht auf 20 % der Verkäufe in diesem Jahr zurück, der niedrigste Wert seit 1978. In England produzieren dagegen U.S. Firmen 45 % der Automobile, in Kanada kommen U.S. Unternehmen für 83 % der Verkäufe auf. OECD 1996: 182-138; zu den Komponentenherstellern Nolan 2001: 519-531.
[1416] **Tabelle 85**; aus CCFA 2006.
[1417] In Südafrika liegen 1999 Verkäufe von 295.000 Einheiten vor. Produktionszahlen können hier leider nicht präsentiert werden. Auto International in Zahlen 1999: 395. Siehe Abschnitt 'F' dort sind einige afrikanische Länder erwähnt, in denen Automobil- bzw. Lkw Montage stattfindet. Ebenso wird in Abschnitt 'E' darauf hingewiesen, daß Kenya keine Skalenökonomien erzielt, mit drei Autoherstellern, die in reinen Montagewerken jeweils 5000 Autos jährlich herstellen. Trade Policy Review Kenya 2000: 68.
[1418] Zu Indonesiens Schwierigkeiten bei einer stark fragmentierten Produzentenstruktur Skalenökonomien zu erreichen. Hermanns 2005: 33-35.
[1419] **Tabelle 86**. Nolan 2001: 502-504; **Tabelle 87**. Schmidt 1996a: 87.
[1420] Auto International in Zahlen 1999: 139.
[1421] So etwa Hindustan Motors mit 25.933 Einheiten. Auto International in Zahlen 2000: 139.
[1422] Aswicahyono et al. 2000: 224-227; Hermanns 2005a: 34.
[1423] Auto International in Zahlen 1999: 237.
[1424] JETRO White Paper Trade and Investment 2004: 34.

große Outputzahlen erreichen 113.000 und 156.700 Einheiten und damit zusammen die Zahlen vom Marktführer DaimlerChrysler erreichen. Die Profite liegen allerdings nicht bei US$ 1 Mrd. wie bei letzterem, sondern bei US$ 21 Mill.[1425] Obwohl es in China 80 Lkw Hersteller gab, war die Produktion schon in dieser Zeit konzentriert, Dongfeng und Yiqi erreichten immerhin 1/3 des Outputs.[1426] Dongfeng arbeitet bei der Dieselmotorenproduktion mittlerweile in einem Joint Venture mit amerikanischen Hersteller Cumming zusammen, weil die eigenen technologischen und finanziellen Fähigkeiten nicht ausreichen.[1427] In einem weiteren Joint Venture im Dieselmotorenbereich in China erhält der Investor Perkins eine 60 % Anteil, also vollständige Kontrolle. Dies ist teils im Komponentenbereich auch der Fall.[1428]

Box Brasilien: Die Autoproduktion in Brasilien folgt der Inlandsnachfrage und ist schwankend, 1997 lag die Produktion bei 1,6 Mill. Einheiten, 1999 bei 1,1 Mill. Einheiten, 2004 sind es 1,7 Mill. Einheiten (eingeschlossen Lkw 2,2 Mill. Einheiten). Gegenüber einer Produktion, die sich seit 1975 quasi auf demselben Niveau von ca. 700.000 Einheiten befunden hat, ist damit ein klarer Aufwärtstrend zu bemerken.[1429] Weiterhin exportiert Brasilien für US$ 5,1 Mrd. Autoteile, im Jahre 2003.[1430] Zu erkennen ist weiterhin, daß einige der traditionell binnenmarktorientierten Unternehmen halbherzig zu exportieren beginnen, einem klaren Aufwärtstrend im Export verzeichnen etwa VW und GM, welche Skalenökonomien in der Produktion erreichen und den Markt dominieren.[1431] Das Erreichen von Skalenökonomien liegt auch daran, daß sich die Hersteller zunehmend auf Kleinwagen konzentrieren, 71 % der Produktion (2001).[1432] Grund für diesen Exporttrend sind sicher auch Regeln, denen die Automobilproduzenten durch die brasilianische Regierung unterworfen sind.[1433] Auch in Brasilien gibt es weitere multinationale Firmen, die sich zu etablieren versuchen, es scheint aber so, daß nur für 3 bis 4 Firmen auf dem dortigen Markt für Personenkraftwagen Platz ist. Weil Fiat stagniert, scheinen derzeit Toyota, PSA Peugeot und Honda ihre Chancen wahrnehmen zu wollen.[1434]

[1425] Diese Firmen haben zuerst versucht, mit chinesischer Technologie zu überleben. Nun arbeitet Dongfeng im Dieselmotorenbereich mit Cummings aus den USA zusammen. Ausführlich Nolan 2001: 542.
[1426] Nolan 2001: 553.
[1427] Nolan 2001: 547.
[1428] Im Komponentenbereich bei Asimco, in 13 Joint Ventures. Nolan 2001: 545, 547.
[1429] Anfavea Yearbook 2006: 54; Auto International in Zahlen 2000: 47.
[1430] Anstieg zwischen 1998 und 2003 liegt bei 6,3 % jährlich. Wert eingeschlossen Reifen. Trade Policy Review 2004: 134.
[1431] Produktion Automobile (ohne Lkw etc.) im Jahr 2004. VW produziert 502.554 Einheiten. Die Exporte liegen 1995 bei 24.980, 2004 dann bei 145.637. GM liegt bei einer Produktion 484.805 Einheiten, bei Exporten von 2004: 145.637 und 1995: 24.980. Fiat produziert 370.252 Einheiten (Exporte 1994: 151.173; 2004: 59.017). Afavea Yearbook 2006: 87-129. Exportmärkte für Brasilien sind 2002 Argentinien (14,9 %) und Mexiko (32,7 %), neu kommt China (12,4 %) hinzu. Trade Policy Review Brazil 2004: 134. Trade Policy Review 2000: 90-93.
[1432] Ferraz et al. 2003: 39.
[1433] Für US$ 1 Exporte dürfen die Hersteller für US$ 1,03 Automobile und Teile importieren. Dazu kommen Mindestinlandregeln und Anreize für Investitionen in abgelegeneren Landesteilen. Diese Maßnahmen waren Grund für Konsultationen bei der WTO und es gab eine Abmachung mit der U.S Regierung diese auslaufen zu lassen. Trade Policy Review 2000: 90-93. Ob diese Maßnahmen noch in Kraft sind, kann nicht verifiziert werden, sie werden aber nicht mehr erwähnt in: Trade Policy Review 2004: 134-135. Siehe ausführlich für die Geschichte dieser Maßnahmen in Brasilien die Länderstudie in Abschnitt 'G'.
[1434] Toyota mit einer Produktion 53.131, Honda 56.544 und PSA Peugeot 65.342 erreichen sicher noch nicht zufriedenstellende Skalenökonomien in der Produktion. Afavea Yearbook 2006: 87-129.

Substantielle Aktivität im Automobilbereich weisen, wie schon teils angedeutet, Taiwan, Thailand, Malaysia, Indonesien und Südafrika auf. Bei diesen Ländern liegen die Produktionszahlen aber niedriger und verteilen sich teils zudem auf mehrere Produzenten. Thailand schafft mit einer Zollpolitik Anreize für die heimische Produktion zu schaffen, es findet eine Spezialisierung auf Autoteile und die Produktion kleiner Pick-up Lkw statt. Die Nachfrage auf dem heimischen Markt vermag keine skaleoptimale Fahrzeugproduktion mehrerer Hersteller zu tragen.[1435] Thailand ist allerdings als "global center of production for one-ton pickup trucks" auserkoren und wird, neben China, als zweites Zentrum der Automobilproduktion in der Region gesehen.[1436] Offenbar weist kaum eines dieser Länder eine industriepolitische Schwerpunktsetzung wie in Malaysia auf, dort erreicht der heimische Proton Konzern 172.045 Einheiten (1999).[1437] Malaysias Proton wurde 1983 als staatliches Unternehmen gegründet, aber in einer Kooperation mit Mitsubishi betrieben. Es dauerte mehr als zehn Jahre, bis daraus ein offenbar recht erfolgreiches Unternehmen geformt war, erste Exporte erfolgten 1991.[1438] Dieser Aufbau erfolgte unter hohem Zollschutz, teils 300 %, der verbliebene Anteil von Mitsubishi (7,4 %) wurde neulich durch den Staat gekauft.[1439] Ein weiteres Beispiel für Industriepolitik im Automobilbereich ist Taiwan, hier werden 1996 650.000 Automobile hergestellt mit 120.000 Angestellten, dies erfolgt unter einem Außenschutz von Zöllen von 30 % bis 42 %, zudem werden mit U.S. und EU Importeuren Quoten ausgehandelt. Die Automobilindustrie Taiwans wird in der Literatur nicht als überlebensfähig eingeschätzt.[1440]

Charakteristisch für die nächsten Jahre wird auf weltweiter Ebene der Anstieg des Handels mit Automobilteilen werden, welcher zu einer Auslagerung eines Teils der Wertschöpfung in Entwicklungsländer führen wird. Japan importiert 1997/1998 26 % seiner insgesamt importierten Inputs für die Automobilindustrie aus Ländern mit Lohnkostenvorteilen, die USA kommt auf 23 % und Deutschland auf 29 %.[1441] Deutschland und Japan konnten einen Druck auf Arbeitsplätze und Löhne im Automobilteilebereich dadurch abwenden, weil sich ihre Komponentenindustrie auf

---

[1435] Im Jahre 1999 lag der Zoll für fertige Automobile bei 80%, erhöht gegenüber 42% 1997; der Zoll für Montagebausätze wird von 22% auf 33% erhöht. Trade Policy Review Thailand 1999: 99; Trade Policy Review Thailand 2003: 77. Die heimische Nachfrage steigt in Thailand an. Trade Policy Review Thailand 2003: 12. Die Autoproduktion für den heimischen Markt ging 2005 leicht zurück auf 276.000 Einheiten. Exporterfolge stützen sich auf die Teile (Motoren 1996: 801.000; 2005: 7,9 Mill.) und die Produktion kleiner Lkw. Daneben gibt es in Thailand, ähnlich wie in vielen anderen asiatischen Ländern noch eine vitale Motorräderproduktion. Thai Automotive Institute 2006.
[1436] Dies ist die Meinung von Automobilproduzenten aus den USA, Europa und Japan, welche sämtlich dort investieren. Toyota hat im August 2004 beschlossen die Produktion von sog. 'innovative international multipurpose vehicles', darunter Pickups, von 88.000 (2002) auf 200.000 zu steigern. JETRO White Paper Trade Investment 2004: 17-18.
[1437] Auto International in Zahlen 2000: 187. Ist nicht in den CFFA Daten enthalten.
[1438] Die staatliche/private Zusammenarbeit, bei der Mitsubishi involviert ist, wird erwähnt in Ja 1999: 9. Gegründet wurde Proton als staatliches Unternehmen. Dazu Lall 1995: 762, 767. Ob die Industriepolitik immer konsequent gewesen ist, ist bezweifelbar. So sind neben Proton noch 10 weitere Montageunternehmen in Malaysia aktiv gewesen, die für 30 % des Marktes aufkamen, obwohl der Markt klein ist. Die Nachfrage schwankt, 1985 70.147 Einheiten, 1987 34.138 Einheiten. UNIDO Malaysia 1991: 100-101.
[1439] Trade Policy Review Malaysia 2006: 54, 89. Siehe weiter unten zu Problemen durch die ASEAN Liberalisierung.
[1440] Schon vor einiger Zeit wurde damit begonnen. Amsden 1985: 92. Mit Toyota wurden die Verhandlungen abgebrochen, weil die taiwanesische Seite zu hohe Forderungen stellte, danach wurde die Politik liberaler, aber nicht erfolgreicher. Wade 1990: 102.
[1441] Spatz/Nunnenkamp 2002: 12. Noch im Jahre 1993 dominieren beim Handel mit Autoteilen die traditionellen Produzentenländern, besonders Deutschland, den diesbezüglichen Handel, insgesamt gesehen werden die meisten Autoteile aber lokal produziert. Damals läßt sich nur bei wenigen Herstellern ein Trend feststellen, daß Autoteile global bezogen werden, bei Ford und General Motors in Deutschland etwa. OECD 1996: 173, 175.

Produkte mit hoher Ausbildungs- bzw. Forschungsintensität konzentriert hat.[1442] In Deutschland kommt dazu, daß Nähe weiter eine Rolle spielt und aus weiter entfernten Regionen deutlich weniger Teile bezogen werden als aus Spanien oder der Tschechei.[1443]

Auch handelspolitische Instrumente haben einen Einfluß auf den Automobilhandel und die Entwicklung der Industrie. Interessanterweise verfügt die EU noch über einen 10 % Zoll auf importierte Automobile und 10 % bis 16 % für Busse und 22 % für die meisten Lkw[1444] und die USA erhebt einen Zoll von 2,5 % Automobile und einen 25 % Zoll auf Lkw.[1445] Der letztere Zoll gilt auch für die dort populären Pick-ups, was zur Folge hat, daß die Produktion von ca. 7 Mill. Einheiten Automobile in den USA zollgeschützt stattfindet[1446] (deshalb auch die Angst von U.S. Senator Levin vor einem Freihandelsabkommen mit Thailand, das davon eine Ausnahme enthalten könnte[1447]).[1448] Mexiko verfügt über einen Zoll von 14,5 %, Australien und Neuseeland senkte seinen Zoll von 32,2 % (1993) auf 15 % (2000) ab.[1449] Dazu wird der Automobilhandel durch Ursprungsregeln beeinflußt, so wird NAFTA Ursprung erst dann akzeptiert, wenn 62,5 % der Komponenten dort entstammen. Erst dann ist zollfreier Export von Mexiko oder Kanada in die USA möglich.[1450] Dies war ein Grund dafür, daß in Mexiko substantielle Investitionen u.a. europäischer Hersteller erfolgten, denn ohne die Produktion vieler Teile vor Ort hätten sie nicht von dort aus in die USA exportieren dürfen. Brasilien (35 % Common External Tariff, MERCOSUR[1451]) und Indien (45 %[1452]) nutzen ebenfalls höhere Zölle.[1453] Für Motoren erhebt die EU 1999 noch einen Zoll von 4,2 %.[1454] Es sind also nicht nur einige Entwicklungsländer, die Zölle erheben, um Anreize für eine heimische Montage und eine zukünftige heimische Produktion aufrechtzuerhalten.

Der Automobilbereich bleibt somit schillernd. Er ist geprägt von einer Internationalisierung der Produktion und überlegenen Firmen, die u.a. ihre nicht so hohen Skalenökonomien bei einigen

---

[1442] So die These von Spatz/Nunnenkamp 2002: 39-42.
[1443] Spatz/Nunnekamp 2002: 25.
[1444] Siehe EU Zolltarif 1999: 431-432; Trade Policy Review European Communities WT/TPR/S/72, 14. June 2000: 100. Durchschnittliche Importzölle betragen im Automobilbereich in Japan 0,6 %, den USA 2,5 % und der EU 9,5 % im Jahre 1992. Bletschacher 1992: 72.
[1445] Siehe für die U.S. Light-Trucks die Positionen: 8704.21.00; 8704.22.50; 8704.23.00; 8704.31.00; die Lkw finden sich in 8704.32.00; 8704.90.00. USA Zolltarif 2004: 1682-1683.
[1446] Light Trucks werden 6,9 Mill. Einheiten 1999 produziert, davon 2 Mill. von GM und 1,2 von Ford. Siehe Auto International in Zahlen 2000: 335. Es gab 1989 den Versuch, Mini-Vans und Landrover in die Truck Zollkategorie einzuordnen, dies wurde aber vom Finanzministerium rückgängig gemacht. OECD 1996: 196.
[1447] Levin 2006: 3.
[1448] Trade Policy Review European Communities WT/TPR/S/72, 14. June 2000: 100.
[1449] OECD 1996: 196. In Australien findet eine Produktion von 1999: 320.000 Einheiten statt, seit 1995 fast unverändert. Auto International in Zahlen 2000: 395.
[1450] OECD 1996: 199.
[1451] Trade Policy Review Brazil 2000: 92.
[1452] Die Zollspitze von 105 % bezieht sich auf gebrauchte Automobile. Trade Policy Review India 2002: 32; in den neunziger Jahren bestanden zusätzlich, aufgrund der Zahlungsbilanzmaßnahmen Indiens, mengenmäßige Beschränkungen und eine Lizensierungspflicht. Von den gesamten Importen Indiens waren deshalb nur 1 % Automobile, siehe auch Trade Policy Review India 1998: 218-219.
[1453] Als Brasilien Mitte der neunziger Jahre Schwierigkeiten mit seiner Zahlungsbilanz bekommt, werden Zollkontingente für Automobile benutzt: Japan 22.025 Einheiten (44%), Korea 14.467 Einheiten (29%) und die Europäische Union 13.508 Einheiten 26%. Dieses Quotensystem wird bis 1999 aufrechterhalten. Trade Policy Review 2000: 7-9, 92.
[1454] KN 8407 34 30; KN 8407 34 99. Für die meisten anderen Komponenten liegen die Zölle sehr niedrig, etwa bei 1,7 %. Zolltarif EU 1999: 370.

Modellen, teils ausgelöst durch Designmißerfolge, mit großen Distributionsnetzwerken wettzumachen versuchen. Es ist insgesamt schwer zu sagen, welche Einflußgröße bei der Produktion vor allem ausschlaggebend ist: Es ist kaum möglich, beispielsweise zwischen F&E (überlegene Industrieländer) oder Lohnkosten (überlegene Entwicklungsländer), zu polarisieren. Das Auto der Zukunft wird von beiden Aspekten geprägt sein, dazu kommt, daß die Struktur des internationalen Handels sehr weitgehend durch die Geschäftspolitik der bestehenden Multis aus den Industrieländern bestimmt werden wird.

Historisch gesehen spielen Lohnkosten beim Aufbau der Produktion keine ausschlaggebende Größe, es kommt auf Lerneffekte an. So kostete die Produktion der 'Pony' von Hyundai 1979 in Südkorea schätzungsweise 3.972 US$ bei eine Stundenlohn von 1$. In Japan produziert Toyota den Corolla für 2.300 US$ bei einem Lohnstundensatz von 7$, also 42 % billiger.[1455]

Entwicklungsländer verfügen zwar über komparative Vorteile im Automobilbereich, wenn, wie in den achtziger Jahren in Brasilien auf massiven Kapitaleinsatz verzichtet wird und von erfahrenen Herstellern auf relativ arbeitsintensive, eben lohnkostengünstige Art und Weise produziert wird.[1456] Schon damals hätte aber dort eine kapitalintensivere Produktion erfolgen können. Interessant ist der Lkw Bereich. Die Produktion schwerer Nutzfahrzeuge ist arbeitsintensiv und läßt sich mit weniger Kostennachteilen bei weniger großen Produktionszahlen durchführen.[1457] Dabei haben Entwicklungsländer somit klare Vorteile, unklar bleibt, ob sich der Transport von Asien nach Europa lohnt. Dies wird sich spätestens dann klären, wenn bei uns der erste Dongfeng Lkw zu sehen ist.

11.2 Chemische Industrie

Bereits seit 1988 erfolgte 50 % der Produktion deutscher Chemieunternehmen im Ausland. Investitionen steigen in den neunziger Jahren an und liegen 1993 mit DM 9 Mrd. auf dem Niveau der Investitionen im Inland.[1458] Für 1993 liegt der Wert der Auslandsproduktion bei 70 % der Inlandsproduktion.[1459] Derzeit investieren deutsche Unternehmen investieren massiv in China, ein Markt, der durch seine vielen Vorwärtskopplungen sich gemäß den Vorstellungen der dynamischen Theorie entwickelt.[1460] Insgesamt gesehen expandiert der weltweite Chemiemarkt in hohem Tempo, nicht nur in China gibt es einen stark steigenden Konsum von Chemieprodukten.[1461] Die Frage stellt sich, inwiefern kleine Entwicklungsländer in diesen Markt integriert werden können. Sichtbar wird an China das Problem der Restrukturierung der Industrie, wenn diese von vielen kleineren Betrieben

---

[1455] Struck 1995: 57.
[1456] Fischer/Nunnenkamp et al. 1988: 95-96.
[1457] Auch hier ist eine Mindestzahl nötig. Dabei sind aber keine Skalenökonomien wie im Pkw-Bau nötig. Struck 1995: 58.
[1458] Wilmes 1996: 36.
[1459] Härtel et al. 1996: 131.
[1460] Von den mehreren Projekten des größten Chemiekonzerns der Welt, BASF, kann das Werk in Nanjing in Kooperation mit dem chinesischen Erölkonzern Sinopec erwähnt werden, mit einer Investitionssumme von Euro 2 Mrd. Perlitz 2005: 2-7.
[1461] Siehe: **Tabelle 88**.

geprägt war.[1462] Die Chemieindustrie überdeckt sich teils mit den großen Ölkonzernen (BASF und auch Shell bauen etwa in Joint Ventures Ethylen Produktionskapazitäten in China auf[1463]), die mit immer größeren und dadurch kostengünstigeren Raffineriekomplexen die Grundstoffe für die Chemie bereitstellen.[1464] In der chemischen Industrie kommen die Top 30 Firmen aus den USA (8), aus der EU (15), aus dem sonstigen Europa (3) aus Japan (3) und aus dem Rest der Welt (1), wobei diese 29 % der weltweiten Chemieverkäufe erreichen.[1465] Hinsichtlich der weltweiten Produktionsanteile kommt 1997 Lateinamerika auf 4 % und Asien auf 12 %. Die USA halten 28 %, Europa 31 %, Japan 15 %.[1466] In den letzten Jahren ist die EU der große Gewinner, zwischen 2000 und 2003 kann sie ihren Anteil an den Weltexporten von 52,3 % auf 55,7 % erhöhen, Japan liegt bei 6,0 % und 4,9 %, die USA bei 14,1 % und 11,5 %.[1467] China schafft eine mäßige Ausdehnung der Weltmarktanteile von 1990 1,3 % auf 2003 2,5 %, Indiens Steigerung von 0,4 % auf 0,9 % in demselben Zeitraum ist immerhin eine positive Entwicklung, aber weniger beeindruckend.[1468] In bezug auf enger definierte Bereiche wird die Spezialisierung Asiens deutlich, dort sind etwa signifikant höhere Synthetikfaser- und Plastikproduktionskapazitäten vorhanden, als für den Grundstoff Ethylen.[1469] Der Handel ist beispielsweise 1998 noch klar von den Triadeländern dominiert, die auch signifikante Handelsüberschüsse gegenüber Lateinamerika und Asien erwirtschaften.[1470] Insgesamt wird erwartet, daß sich eine Verschiebung des weltweiten Produktionsschwerpunkts hin nach Asien ergibt.[1471] Lateinamerika bleibt ebenso im Rennen, Brasilien schafft es eine Selbstversorgung an Phosphatdüngemitteln aufzubauen[1472] und exportiert für US$ 3 Mrd. (bei Importen von 8,3 Mrd.) Chemieprodukte (1995), wobei die Exporte oft auf Erdöl basieren.[1473] Der Rohstoff Öl spielt somit eine wichtige Rolle bei den Standorten der Chemieindustrie. Abschließend sei erwähnt, daß es interessant ist, daß die Chemieunternehmen das WTO Antidumpingabkommen nicht reformieren wollen. Damit stimmen sie implizit einer Nutzung solcher Maßnahmen zu, die z.B. dazu gebraucht werden können, die großen Wirtschaftsräume vor Importen (vor wem auch immer, vielleicht vor den eigenen Firmenstandorten in Übersee) zu schützen. Haupteffekt der Antidumpingmaßnahmen, daß die Preisniveaus ansteigen und davon profitiert die ortsansässige Firma, egal ob sie in Europa, China oder Amerika geschützt wird.[1474] Wie läßt sich der Ölbereich kurz charakterisieren? Ölfirmen sind seit den Nationalisierungswelle in den 1970 Jahren großteils in der Hand des Staates. In bezug auf diese großen Unternehmen hat sich allerdings ein Konzentrationsprozeß ereignet. Waren 1996 von den Top 15 Ölkonzernen (1996) nur Exxon, Shell und BP privat, sind nun die Top 7 privat (wobei substantielle

---

[1462] Hermanns 201: 286.
[1463] BASP mit Sinopec, Shell mit CNOOC. Perlitz 2006: 5.
[1464] BP Amoco und Exxon erreichen eine durchschnittliche Menge von 6,1 Mill. t bis 6.5 Mill. t pro Jahr in ihren Raffinerien. Hier liegt Chinas Sinopec nicht einmal sehr weit drunter. Nolan 2001: 447.
[1465] Siehe: **Tabelle 89**; und **Tabelle 90**.
[1466] Siehe: **Tabelle 91**.
[1467] WTO 2004a: 129.
[1468] WTO 2004a: 129.
[1469] Siehe für Ethylen **Tabelle 92**; für Synthetikfasern **Tabelle 93**; für Plastikchemie **Tabelle 94**.
[1470] Ein Überblick über den Welthandel mit Chemieprodukten findet sich in: **Tabelle 95**.
[1471] Indien ist hier abgeschlagen und liegt bei 1/4 der Werte Chinas. Perlitz 1996: 7-8.
[1472] European Market Access Database 1998: 3.
[1473] European Market Access Database 1998: 3.
[1474] Siehe etwa ICCA 2005: 1.

Aktienanteile an den Firmen in den Händen des Staats in England, Italien etc. verbleiben).[1475] Diesen Top 7 Firmen gehören, d.h. sie sind Eigentümer oder haben Förderrechte, an 60 bis 70 Mrd. Barrel Öl- und Gasreserven, dies ist nicht viel, denn die Weltreserven betragen über 1000 Mrd. Barrel. Hinsichtlich des weltweiten Öloutputs kommen sie auf 7 %. Diese Konzerne wollen ihre durch die Zusammenschlüsse geballte Finanzkraft dazu nutzen, eine dominierende Rolle bei der Exploration neuer Reserven zu nutzen und zudem skaleoptimale Raffinerien bauen und dadurch von Produktionskostenvorteile profitieren.[1476] Weil aber die ölproduzierenden Entwicklungsländer hier nicht ganz untätig bleiben werden, ist unklar ob sich diese innovations- und kapitalintensivierende Strategie durchsetzen wird. Sicherlich werden weiter die Heckscher-Ohlin Vorteile der Ressourcenausstattung kombiniert mit Kapitaleinsatzintensitäten auf bestehendem Niveau einen Erfolg auf den Weltmärkten nach sich ziehen.

11.3 Eisen und Stahl

Dieser Bereich wurde und ist noch durch staatliche Interventionen, darunter Antidumping- Ausgleichs-, Schutzzölle, dazu VERs, private Kartellabmachungen, Subventionen und Restrukturierungsprogramme geprägt, mehr dazu in Abschnitt 'H'. Der Handel mit Stahlprodukten lag 2003 auf einem neuen "Rekord"-Niveau von 247 Mill. t (ohne EU internen Handel), dies ist 29.0 % der weltweiten Stahlkonsumption.[1477] Sieht man sich die Zahlen für die Jahre davor an, wird weniger deutlich, warum die Literatur dies einen Rekord nennt, weil dieser nur sehr knapp ausfällt, so wurde 1985 schonmal 28,5 % der Produktion gehandelt und ebenso gab es 1992 einen Höhepunkt mit 28,6 %, wohingegen es dazwischen immer wieder Rückschläge gab (1990: 25,7 %). Generell gilt, daß der Stahlhandel aufgrund von privaten und staatlichen Handelsbarrieren keinesfalls so schnell anstieg, wie der weltweite Handel im Allgemeinen.[1478]

Von den Entwicklungsländern konnten sich Brasilien, Indien, Mexiko und Korea als Exporteure etablieren.[1479] Immerhin kontrastiert die heutige Situation mit den achtziger Jahren als die Export- und Importmengen durch die diversen Interventionen in den Handel auf demselben Niveau blieben und die Netto-Exporte der Entwicklungsländer sogar absinken.[1480] Um auch hier eine Zusammenschlußtimmung auszulösen, bemerkt die Financial Times Mitte der neunziger Jahre, daß die weltweite Stahlindustrie fragmentierter als einige andere Industrien ist.[1481] Dies mag stimmen, immerhin begann aber schon Mitte der achtziger Jahre ein internationaler Austausch von Investitionen, so investierten besonders japanische aber auch europäische und brasilianische Firmen in den USA, in

---

[1475] Dies sind Exxon Mobile; Royal Dutch Shell; BP Amoco; Total Fina; Elf Aquitaine; ENI; Chevron, dann kommt PDVAS, der staatliche Konzern Venezuelas sowie SK aus Korea. Nolan 2001: 407-408, 410, 418-421.
[1476] Nolan 2001: 421.
[1477] OECD 2004a: 2; siehe **Tabelle 96.**
[1478] OECD 1996: 302.
[1479] Siehe: **Tabelle 97**.
[1480] Siehe: **Tabelle 98**.
[1481] Die zehn größten Stahlproduzenten haben 2001 einen Marktanteil von 27,3 % gemessen an der weltweiten Stahlproduktion. Siehe: **Tabelle 99**. Stikova/Maug 2004: Exibit 2. Nicht ganz so niedrig sind die Konzentrationszahlen in **Tabelle 100**.

Europa blieben die europäisches Firmen unter sich, z.B. investierten französische Firmen in Italien und Spanien.[1482] Oben wurde bereits darauf hingewiesen, daß Japan damals das moderne Baoshang Stahlwerk in Shanghai gebaut hat.[1483] Koreas staatlicher Konzern POSCO baute in China zwei und Krupp ein chinesisches Werk auf, japanische Unternehmen investierten in Ägypten und Thailand, dort investierte auch das französisch-italienische Usinor/Ilva.[1484] Die japanische Firma Kawasaki und die italienische Ilva bauten ab 1983 in Brasilien das CST Unternehmen auf (anfangs 50 % Beteiligung), Investition: US$ 1,5 Mrd.[1485] In den großen stahlproduzierenden Regionen der Welt, EU, USA, Japan mehrten sich Ende der neunziger Jahre die Zusammenschlüsse.[1486] Mit der originellen Strategie viele vermeindlich unattraktive Stahlwerke in den Entwicklungsländern und in Osteuropa zu kaufen, gelang der Ispat Holding von Lakshmi Mittal in die Gruppe führender Produzenten aufzusteigen. Diese Gruppe möchte einen Konzentrationsprozeß in der der Stahlindustrie vorantreiben und hat zuletzt die International Steel Group Inc. in den USA gekauft.[1487] Prägend für die Weltstahlmärkte ist derzeit die Steigerung der Produktion in China, von 114,9 Mill. t (1998) auf 288,7 Mill. t (2005), wobei die Stahlwerke mit Hilfe von Subventionen seitens der Regierung modernisiert und ausgebaut wurden.[1488] In vielen anderen Staaten findet ebenso Ausbau dieser Industrie statt. Rußland plant einen Ausbau seiner Kapazitäten.[1489] Rußland und die Ukraine besitzen allerdings noch zu 50 % Stahlwerke, die nicht über das moderne Stranggußverfahren verfügen.[1490] In Brasilien ist die Privatisierung der ehemaligen Staatskonzerne abgeschlossen, wobei diese Konzerne noch mit staatlichen Banken und Pensionsfonds verbunden bleiben und die Öffnung gegenüber ausländischen Investoren nicht sehr weitgehend ist (das europäische Acelor kauft Anteile von Acesia und CST, ausländische Pensionsfonds investieren 4,5 % und 2,5 % des wahlrelevanten Kapitals von Usiminas und CSN[1491]). Mit Unterstützung der staatlichen brasilianischen Entwicklungsbank erfolgt eine umfassende Modernisierung, das Stranggußverfahren ist zu 92 % eingeführt.[1492] In Indien wird die Modernisierung ebenfalls vorangetrieben: Spektakulär ist die geplante Investition von Koreas POSCO einer Summe von US$ 12 Mrd. im Staat Orissa für ein Stahlwerk mit der Kapazität von 12 Millionen t pro Jahr. Im Gegenzug wird Zugang zu insgesamt 600 Mill. t der dortigen Eisenerzressourcen, über die nächsten 30 Jahre verteilt, garantiert. Daneben wird vom Investor ein Hafen, eine 2 spurige Autobahn und eine Eisenbahnlinie zwischen der Mine und dem Stahlwerk gebaut.[1493] Sowohl Rußland, Indien als auch

---

[1482] OECD 1996: 314-317.
[1483] Siehe oben den Exkurs China.
[1484] OECD 1996: 319.
[1485] OECD 1996: 320.
[1486] Dazu mehr in Abschnitt 'H'.
[1487] Walerius/Wang 2004; **Tabelle 99**.
[1488] OECD 2004a: 6; die Subventionen werden mit US$ 6 Mrd. angegeben. Es kommt zu einem substantiellen Transfer moderner Stahlproduktionstechnologie nach China. Hermanns 2001: 286. Dies ist kein Wunder, denn sowohl die Bauindustrie als auch Automobil-, Schiffbau- und die Haushaltsgeräteindustrie boomt Perlitz 2006: 2.
[1489] Perlitz 2006: 5.
[1490] Perlitz 2006: 1.
[1491] Amann/de Paula 2004: 23.
[1492] Perlitz 2006: 5; Privatisierung, Zusammenschlüsse und Wettbewerbspolitik beschreibt de Paula 2004: 14-24; sowie im Detail Amann/de Paula 2004; einen Überblick bietet weiterhin Ferraz et al. 2003: 24-27.
[1493] Perlitz 2006: 4; die Informationen zu POSCOs Indien Projekt sind entnommen aus: POSCO Informationen 2006. Die Kapazität des geplanten Werks liegt bei 35 % des derzeitigen gesamten indischen Stahlverbrauchs: **Tabelle 96**.

Brasilien[1494] haben die Möglichkeit zur einer vertikalen Integration hin zu ihren Eisenerzvorkommen, dazu kommen billige Arbeitskräfte. Versucht wird komparative Vorteile im Ressourcenbereich auf den verarbeitenden Sektor zu übertragen. In Rußland bestehen aus diesen Gründen für Teilbereiche der Produktion niedrigere Preisniveaus als z.B. in Europa. Deutschland holt aber in der Produktivität auf, 1980 wurden 150 t Rohstahl pro Beschäftigten produziert, 2004 sind es über 500 t.[1495] Thyssen Krupp wird in Brasilien investieren, um den 20 % billigeren 'slab'-Stahl zu produzieren, dann einzuführen und hier weiterzuverarbeiten.[1496] Bis 2015 wird eine Verdoppelung der weltweiten Stahlproduktion erwartet. Es werden vor allem in den Regionen der Welt neue Investitionen geplant, die ein substantielles internes Wachstum aufweisen und dort, wo es gelingt, trotz dem Netzwerk weiter bestehender Handelsbeschränkungen zu exportieren, wie aus Rußland oder Brasilien nach China.[1497] In diversen Entwicklungsländer stellt sich die Frage was mit kleinen und mittleren Stahlproduzenten geschehen soll, die unter Kostennachteilen durch zu geringe Skalenökonomien leiden.[1498] Hier kann die Frage nicht abschließend beantwortet werden, ob mittelgroße Stahlwerke notwendig solche Kostennachteile aufweisen, sodaß Standorte in kleineren Entwicklungsländern ohne Zollschutz mittelfristig gefährdet sein werden, etwa die 445.000 t pro Jahr von Pakistan Steel.[1499] Jedenfalls kann in Ländern, die mit kostengünstigem Erdgas ausgestattet sind, offenbar eine wettbewerbsfähige Stahlproduktion mit Mini-Mill-Technologie erfolgen, siehe etwa Saudi Arabien, Ägypten, Indonesien, Venezuela, Mexiko und Trinidad und Tobago. Diese Stahlwerke haben nur eine Kapazität von 1,6 Mill. t pro Jahr.[1500] Deutlich wird an diesen Informationen die Zwitterposition der Eisen- und Stahlindustrie, die kapitalintensiv ist, in Teilbereichen von Innovationen getragen wird, in anderen liegt ein standardisiertes Produkt vor, zudem können Länder zwei unterschiedliche kosten- bzw. ressourcenbezogene Vorteile einsetzen: Produktionskosten können durch eigene, kostengünstige Eisenerzvorkommen oder durch niedrige Energiekosten gesenkt werden.[1501]

11.4 Schiffbau

Im Schiffbau können die europäischen Länder schon früh nicht mit den niedrigen Lohnkosten in Japan und Korea mithalten. Der Weltmarktanteil der EU-Länder, der 1956 noch 59 Prozent betrug, sank 1986 auf 8,5 % ab und liegt 2000 bei 12,3 %. Japan produzierte 1986 allein 48,6 % der Weltproduktion und Korea 21,6 %.[1502] Sowohl die EU[1503] und die USA[1504] subventionieren ihren

---

[1494] Siehe Länderstudie Brasilien Abschnitt 'G', dort u.a. **Tabelle 101**.
[1495] Perlitz 2006: 5-6.
[1496] Perlitz 2006: 6.
[1497] Dies ist die Bewertung des Verfassers, basierend auf den Informationen von Perlitz 2006: 2-8.
[1498] OECD 2005: 49.
[1499] Steel Technology Informationen 2006.
[1500] Midrex Informationen 2000: 2. Dies ist die insgesamte Kapazität der Alexandria National Iron & Steel Company S.A.E in Ägypten. Steel Technology Informationen 2006. Auch in einer Übersicht über zukünftige Projekte weltweit ist auffällig, daß es viele kleindimensionierte Projekte gibt. Diese Projekte werden aber leider nicht hinsichtlich ihrer technischen Ausrichtung differenziert. OECD 2005c: 13-21.
[1501] **Tabelle 101** siehe auch Länderstudie Brasilien Abschnitt 'G'.
[1502] Soltwedel et al. 1988: 158; für 2000 die Marktanteilszahlen siehe OECD 2005: 244. Die Länder mit den größten Lohnstückkostennachteilen, Frankreich, Italien und das Vereinigte Königreich haben auch den größten Verlust an Marktanteilen zu verkraften. Siehe dazu und zu den weiteren Thesen Soltwedel et al. 1988: 159, 174-178. In Europa gehen die Anzahl der Arbeitsplätze von 461.988 (1975) auf 129.761 (203) zurück. Deutschland hält sich hier mit 22.000 Arbeitsplätzen relativ gesehen gut. In Dänemark sind die

Schiffbau. Ebenso auch Länder wie Korea und dies führt zu internationalen Spannungen.[1505] Europa hält beispielsweise einen 80 % Anteil im Bau von Kreuzfahrtschiffen und hat Erfolge bei technologisch avancierten Produkten wie Schnellfähren und Luxusyachten (ebenso wie Australien).[1506] Damit liegt Intra-Industriehandel vor, der (neben Subventionen und Handelsinstrumenten) von Spezialisierung und Differenzierung gemäß spezieller technologischer Vorteile, aber auch von Heckscher-Ohlin Einflußfaktoren im Lohnkostenbereich, geprägt ist. Interessant ist weiterhin, daß Japan seinen Weltmarktanteil von 35 % hält, obwohl Lohnkostenvorteile eigentlich dort nicht mehr bestehen dürften, ein Beispiel für die Relevanz von Technologie.[1507] Die neuesten Daten bestätigen den Aufstieg Chinas in die Liga der Produzenten mit 2004: 14 % (2000: 7 %) am weltweiten Auftragseingang; Japan 25 %; Korea 38 %; EU 12 %; Rest der Welt 11 %.[1508] Im Hintergrund all dieser Entwicklungen steht die lange Krise im Weltschiffbau. Zwischen 1975 und 1980 sank die Produktion um 60 % ab. Seitdem ein Tiefpunkt 1988 erreicht wurde, ging es stetig bergauf und 2004 wird das Niveau von 1975 erreicht.[1509] Über Subventionen und andere mutmaßliche Förderungspolitiken, die sich die Länder gegenseitig unterstellen, gibt es seit Jahren Auseinandersetzungen, die in der OECD und auch der WTO ausgetragen wurden. Mehr dazu in Abschnitt 'H' und 'J'.

11.5 Maschinenbau

Seit vielen Jahren findet hier zwischen japanischen, deutschen, italienischen und U.S. Herstellern ein Wettbewerb um Weltmarktanteile hat, bei denen diese Länder immer wieder in den Rückstand geraten, Nachteile aber immer wieder wettmachen können (derzeit erholen sich die Italien und die USA besonders gut). Diese vier Länder dominieren die Weltmärkte und haben in den neunziger Jahren einen Marktanteil von 60 %, die OECD Länder halten ca. 90 % am internationalen Handel. Bemerkenswert ist, daß kleinere nicht von den großen Industrieländern verdrängt werden.[1510] In China

---

Werften Eigentum großer Handelslinienbetreiber wie Maerk, dort werden so wie in Deutschland ebenso noch große Containerschiffe gebaut. OECD 2005: 244.

[1503] Die Kommission kann den EU-internen Subventionswettlauf nicht stoppen. Rosenstock 1995: 131-147. Es wurden viele EG- und OECD-rechtliche Finten genutzt wurden, um Subventionen zu begründen. Die Subventionierung von Schiffen, die in Entwicklungsländer gehen, wird als Entwicklungshilfe deklariert, die Rüstungsindustrieausnahme im EG-Vertrag wird genutzt und vieles mehr. Siehe: Rosenstock 1995: 153-160.

[1504] Auch die USA subventioniert auf direkte und indirekte Art und Weise ihren Schiffbau. So werden 50 % der Kosten für den Schiffneubau übernommen und auch Zuschüsse zum Betrieb gegeben. Letzteres auch, weil es in den USA bis heute eine Gesetz gilt, daß die Küstenschiffahrt Schiffen vorbehält, die in den USA gebaut sind und von einer Crew bemannt sind, die aus U.S.-Bürgern besteht. Seit 1985 gibt es keine Subventionen mehr für den Schiffneubau. Unklar ist aber, ob dies, angesichts vieler neuer Gesetzesvorschläge bis heute durchgehalten wurde. Hufbauer et al. 1986: 270-274.

[1505] OECD 2005: 51.

[1506] Genauer 80 % Anteil 2003 an den Aufträgen für Kreuzfahrtschiffe. OECD 2005: 247, 254.

[1507] OECD 2005: 247.

[1508] European Commission Shipbuilding 2006.

[1509] OECD 2005: 50.

[1510] In den achtziger Jahren habe die japanischen Firmen Vorteile, weil sie die NC-Technologie schneller als andere einführen. Japanische Firmen haben es teils geschafft in Spitzentechnologiebereichen auch als heute noch Vorteile zu erarbeiten. Deutsche Produkte sind im Vergleich dazu vom Angebot und der Technologie her eher breiter angelegt. Die deutsche Industrie führt zwischen 1987 und 1990 nach Patentanmeldungen. Wilmes 1996: 31; Weiß 2003: 1-4. Siehe für Daten: **Tabelle 102**. Der deutschen Maschinenbauindustrie geht es gut. Sie ist weltweit führend in Spitzentechnologien wie der Automatisierungstechnik und Lasertechnik und liegt mit Patentanmeldungen vor Japan,

gab es z.B. eine substantielle Kontraktion der Produktion nach einer Liberalisierung, aufgrund veralteter Technologie.[1511] In diesem Industriebereich gelten besonders ausgeprägt die Beobachtungen Walter Euckens, daß angesichts der Rahmenbedingungen in Industrieländern, d.h. gute Ausbildung und eine relativ gut funktionierende Technologiediffusion, viele anpassungsfähige Firmen im Maschinenbaubereich bestehen, denen es gelingt trotz temporärer Nachteile im Wettbewerb immer wieder aufzuholen.

Bestimmte Unterkategorien dieses Bereiches werden in den Lohnveredelungshandel und den Bezug von Inputgütern aus Ländern mit Lohnkostenvorteilen einbezogen. Dies kann hier am Beispiel der USA gezeigt werden, weil hier die Daten leichter erhältlich sind, welche auf der aussagekräftigeren EU Ebene noch unzureichend vorhanden sind. Gemäß der speziellen USITC-Abgrenzung steigen im Maschinenbaubereich die Exporte Chinas in die USA von 2000 US$ 7,7 Mrd. auf 2004 17,5 Mrd. Damit kann China den Vorsprung von Mexiko aufholen, welches 2000 US$ 15,4 Mrd. (Importe aus den USA US$ 4,7 Mrd.) und 2004 18,0 Mrd. (Importe aus den USA 10,0 Mrd., gleichbleibend, es gelingt somit nicht, mexikanische Vorprodukte zunehmend bei der Produktion zu nutzen) in die USA exportierte.[1512]

China gelingt es in bezug auf die Importe aber noch nicht eine dominierende Stellung einzunehmen. Die USA exportieren insgesamt für US$ 76,7 Mrd. und importieren für US$ 108,6 Mrd.[1513] Die Importquellen der USA sind relativ diversifiziert, Mexiko US$ 18,0 Mrd., China US$ 17,5 Mrd., Japan US$ 17,0 Mrd., Deutschland 12,0 Mrd., Italien US$ 4,5 Mrd., Taiwan US$ 3,1 Mrd., Korea US$ 2,7 Mrd., Frankreich US$ 2,3 Mrd.[1514] Ebenso gehört Brasilien dazu, dorthin exportiert die USA für 2,27 Mrd. und importiert für 2,46 Mrd.[1515] Dazu kommen weitere Importe aus den Niederlanden, Schweiz, Österreich, Dänemark, Belgien, Israel, Indien, Finnland, Spanien, Malaysia, Thailand (aus diesen Länder importiert die USA sämtlich über US$ 500 Mill.)[1516] Druckmaschinen werden teils aus Japan (US$ 2,4 Mrd.), China (US$ 1,3 Mrd.) und teils aus Deutschland importiert (US$ 905 Mill.). Aus Mexiko werden Inputgüter für Klimaanlagen, Haushaltsmaschinen und Elektrokabel eingeführt, aus China kommen Haushaltmaschinen, Elektroteile bzw. Transformatoren sowie Armaturen, es geht hier um weniger hochwertige Produkte. Darüberhinaus scheint es bisher noch keine Marktpräsenz dieser beiden Länder zu geben.[1517] Leider liegen hier keine in bezug auf die Länder disaggregierten Daten vor, sodaß es schwer möglich ist, bestimmte Produkte Ländern zuzuordnen. Immerhin läßt sich U.S. Konsumption an Maschinenbaugütern berechnen: US$ 246 Mrd..[1518] Nimmt man die Sektoren

---

Frankreich und den USA. Die Maschinenbauindustrie produziert sowohl für etablierte Branchen: Automobil-, Elektro-, Logistik-, Pharma-, Chemie-, Konsumgüterindustrien als auch für junge Industrie: LCD-Monitore und Solar. Auer 2005.
[1511] Siehe Länderstudie China in Abschnitt 'G'.
[1512] USITC Tradeshifts Machinery 2004: 2.
[1513] USITC Tradeshifts Machinery 2004: 1.
[1514] USITC Tradeshifts Machinery 2004: 2.
[1515] U.S. Trade Stats Express 2006.
[1516] U.S. Trade Stats Express 2006.
[1517] USITC Tradeshifts Machinery 2004: 5-6.
[1518] Hier wird die 'apparent U.S. consumption' summiert. USITC Tradeshifts Machinery 2004: 14-24.

zusammen, die gemäß den Informationen in dieser Studie besonders von Importen aus Länder mit niedrigen Lohnkosten betroffen sind, sind dies ca. 27 %.[1519] Bei den 21 anderen Kategorien (diverse Metallbearbeitungs-, Zellstoff-, Papier-, Druck-, Landwirtschafts-, Lebensmittelverarbeitungs-, Verpackungs-, Wiege-, Heizungs- und Industrieheizungs- und Textilmaschinen sowie Armaturen), fällt auf, daß die U.S.-Firmen in keinem Bereich signifikant steigende Exporte vorweisen können (sieht man einmal von den Halbleiterproduktionsmaschinen und von moderaten Steigerungen bei Energieanlagen ab). In allen Kategorien sind Importe vorhanden, die zwischen typischerweise zwischen 20-50 % der heimischen Konsumption fluktuieren.[1520] Das ist der Intra-Industriehandel zwischen den traditionellen Industrieländern, der im Maschinenbau hier idealtypisch auch auf disaggregierter Ebene noch zu finden ist.[1521] An diesem Handel könnten mehr Länder als nur die Industrieländern wohlfahrtssteigernd teilnehmen. Es spricht wenig dagegen, daß Indien und China oder sogar kleinere Entwicklungsländer in Zukunft über eine, wenigstens teilweise, wettbewerbsfähige Maschinenbauindustrie verfügen können, wenn es ihnen gelingt, bestimmte Rahmenbedingungen zu etablieren. Hier kann keine Analyse der Internationalisierung dieser Branche geliefert werden, es sei nur angemerkt, daß die deutsche Maschinenbauindustrie 1993 schon 20 % seiner Produktion im Ausland durchführte.[1522]

11.6 Energieanlagenbau

In den USA sind zwei Firmen, General Electric und Westinghouse (nun von Siemens gekauft), in England und Frankreich GEC-Alsthom klar größer als andere Mitbewerber. In Deutschland hat Siemens beinahe ein Monopol, dazu kommt ABB. Der Weltmarkt bei nicht-nuklearen Energieanlagen wird von dieser Struktur dominiert. Rolls-Rocye wollte sich als starker neuer Herausforderer plazieren, erkannte aber schnell, daß es nicht groß genug ist, dies deutet auf hohe Markteintrittsbarrieren hin.[1523] Die größte und beste chinesische Firma in diesem Bereich, HPEC aus Harbin, hat eine Arbeitskräftzahl, die in etwa gleich hoch ist wie General Electric, letzteres macht aber 19 mal mehr Umsatz mit seinen Arbeitern, 1995 betrugen die Profite US$ 1,2 Mrd. und die F&E Ausgaben US$ 1,3 Mrd., bei der chinesischen HPEC US$ 14 Mill. und US$ 3 Mill..[1524] Die Firma HPEC hat große Fortschritte bei ihren technologischen Fähigkeiten gemacht, es kann kleine Generatoren (bis 550 MW) bauen und es wird angestrebt, daß sie bei der zweiten Phase der Staudammgeneratoren des großen Staudamms (700 MW wird benötigt) mitbieten kann und bekommt dafür Technologie u.a. von Siemens transferiert, welches im Gegenzug an der erste Lieferung

---

[1519] Von den folgenden 7 Kategorien wurden die Importe summiert: Air-conditioning, household appliances, major household appliances, taps, valves (zu 50 %), electric transformers, electric hand tools, non-automotive use wire. USITC Tradeshifts Machinery 2004: 14-24.
[1520] USITC Tradeshifts Machinery 2004: 14-24.
[1521] USITC Tradeshifts Machinery 2004: 14-24.
[1522] Damals ein Wert der hinter der Elektrotechnik (30 %), Automobil (40 %) und Chemieindustrie (70 %) lag. Härtel et al. 1996; 131.
[1523] Soweit die Einschätzung in Nolan 2001: 398; siehe für den Strukturwandel in dieser Branche in den Industrieländern Sutton (1998). Hier haben große Firmen nicht nur wegen F&E, sondern allein deshalb Vorteile gegenüber kleineren Firmen, weil die Größe der produzierten Einheiten rapide anstieg. Von 200 Mw 1955 auf 1200 Mw 1975 bei Dampfturbinen Sutton 1998: 178, 176-199.
[1524] Nolan 2001: 393.

Generatoren beteiligt ist.[1525] Dennoch ist technologische Lücke zwischen chinesischen Firmen und den amerikanischen und europäischen Firmen groß. Zwar versucht die chinesische Seite soviel Technologietransfer wie möglich zu bekommen ('market share against technology'), es wird aber bezweifelt, ob die chinesischen Seite es anstreben soll zu einem integrierten Produzenten von Energieanlagen zu werden. Ein Kauf oder eine Lizensierung moderner Technologie ist zu teuer für HPEC.[1526] Realistischer scheint es zu sein, daß sich die chinesischen Firmen in Joint Venture Strukturen einbinden zu lassen, um als Zulieferer der Weltmarktführer zu arbeiten. Genau dies ist das Ziel, daß die großen Konzerne der Industrieländer mit ihren Markteintrittsbemühungen in China verfolgen. Diesen Firmen geht es nicht um Technologietransfer im idealistischen Sinn, sondern um selektiven Technologietransfer, um Marktführerschaft zu behalten.[1527] Zumal in China einiges zu tun ist. Kurz zur Nukleartechnik: China ist nicht in der Lage (1997) eine Reaktorkern zu bauen. Die acht Atomkraftwerke die China derzeit aufbaut, werden aus Frankreich, Kanada und Rußland importiert, die USA hat sich entschieden ebenso Atomkraftwerke nach China zu exportieren.[1528] In Indien sieht die Situation in bezug auf Energieanlagen ähnlich aus wie in China. Die technologischen Fähigkeiten lokaler Firmen sind beeindruckend und auf breiter Ebene vorhanden, vor allem durch die staatlichen Konzern Bharat Heavy Electricals Ltd. (BHEL), der, neben vielen anderen Produkten, Generatoren und Turbinen baut. Die Kapazität dieser liegt aber auf einem ähnlichen Niveau wie in China, zwar werden z.B. Dampfturbinen mit einer Kapazität von 1000 MW angeboten, dies aber in Zusammenarbeit mit Siemens.[1529] Indien hat in seiner Importsubstitutionsphase in den siebziger Jahren Importe von Energieanlagen stark erschwert und als in den achtziger Jahren Importe anstiegen wurde 1987 ein 80 % Zoll erhoben. Dieser ist allerdings 1991 auf 30 % und 40 % und 1994-1995 auf 20 % für Energieanlagenprojekte gesenkt worden.[1530] Dieses Zollniveau wirkt offenbar nicht vollständig prohibitiv, in Indien kommt es durchaus vor, daß ein Stromversorger General Electric den Auftrag für die Lieferung einer Gasturbine für ein Kraftwerk erteilt.[1531] Der brasilianische Markt für Energieanlagen ist zollgeschützt (30 bis 40 % in den achtziger und frühen neunziger Jahren, dazu kamen Mindestinlandauflagen) und wird von Tochterunternehmen europäischer Unternehmen dominiert, ABB, Siemens, Merlin Gerin (Italien), GEC-Alsthom und Voit (Deutschland). Der Markt hat eine Größe von US$ 2 Mrd. jährlich, die Produktion erfolgt lokal, die importierten Teile liegen bei 18 % dieses Produktionswertes. In der diesbezüglichen U.S. Marktstudie wird erwähnt, daß der staatliche Elektrizitätsversorger Elektrobras die lokal ansässigen Firmen bevorzugt, ebenso wird aber zugestanden, daß die Dominanz europäischer Konzerne gegenüber amerikanischen vor allem aus ihrem Know-how im Bereich Wasserkraft resultiert, woraus in Brasilien 95 % bis 97 % der Energie gewonnen wird. In Argentinien kommen dagegen auch U.S. Gasturbinenhersteller zum Zuge (zwischen 1993-96: US$ 327 Mill.). Weil Brasilien in Zukunft, aufgrund von Risiken wie Erdbeben

---

[1525] Nolan 2001: 376, 392.
[1526] Nolan 2001: 397.
[1527] Nolan 2001: 395
[1528] Nolan 2001: 357.
[1529] BHEL Informationen 2006; die Fähigkeiten werden nur angedeutet in UNIDO 1990; 74-75; UNIDO 1995: 184.
[1530] UNIDO 1995: 184.
[1531] Essar Informationen 1996: 5.

und Überschwemmungen, seine Energieversorgung diversifizieren will, wird General Electric dort ein Kohle/Gas-Kraftwerk bauen.[1532]

11.7 Telekommunikationsausrüstung und Computer

Auf dem Weltmarkt für hochwertige Telekommunikationsausrüstung sind Unternehmen aus den USA, EU, Kanada und Japan führend. Von der Auflösung der staatlichen Telekommonopole in vielen Industrieländern Ende der achtziger und dem nachfolgenden Mobilfunk-Boom profitieren im Bereich der hochwertigen Ausrüstungstechnologien allein Firmen aus Industrieländern und Korea.[1533] In diesen Bereich finden Konflikte um Standards statt: Die EU konnte etwa Exporte amerikanischer Hersteller begrenzen, weil es den GSM Standard einführte.[1534]

Die steigenden Handelsanteile im Bereich Telekommunikation (in einer breiten Abgrenzung) von Ländern wie Korea, Singapur, Taiwan, Malaysia, Thailand, Mexiko und China resultierten anfangs zuerst einmal daraus, daß u.a. Japan seine Produktion weniger hochwertige Produkte auslagerte und somit Telefone, Faxmaschinen, kabellose Telefone und Handys zunehmend in diesen Ländern unter Nutzung der niedrigen Lohnkosten fertigte.[1535] Zu bemerken ist weiterhin, daß zumindest Korea, Singapur, Taiwan und zunehmend China eine zweite Stufe technologischer Fähigkeiten erreichen. Diese Länder können auch Halbleiter fertigten und sind schon Mitte der neunziger Jahre Standort für Auslagerung aber auch Auftragsarbeiten auf einem höheren Niveau technologischer Fähigkeiten geworden. Firmen wie Samsung, Korea, führen Auftragsproduktionen für Motorola (USA) und Nokia (Finnland) aus, Ericsson überläßt die Produktion weniger aufwendiger Handys Flextronic in Singapur.[1536]

China erhöht seit einiger Zeit (meist aufgrund von taiwanesischen aber auch U.S.-Investitionen) seine Fertigungsfähigkeiten im Halbleiterbereich. Im Jahre 2000 importierte die USA für US$ 700.000 Halbleiter aus China, der Export nach China liegt bei US$ 2,3 Mrd. (2003).[1537] Bei diesem Phänomen der Zunahme von technologischen Fähigkeiten spielen die sog. Auftragsproduzenten (electronics manufacturing services, 'EMS') eine Rolle. Dies sind Firmen, die als Montagefirmen auf Basis der Lohnveredelung begannen, dann aber zunehmend das Design und die Vermittlung für die Produktion von Komponenten übernahmen, wie Solectron Crop. und Flextronics International Ltd. die Produktionsstätten in Mexiko, China, Malaysia und weiteren asiatischen Ländern haben.[1538] U.S.

[1532] Zu diesem Abschnitt über Brasilien USITC 1998: 21-27.
[1533] U.S. Firmen wie Lucent, Motorola, Cisco, 3Com, Kanada, Nortel Networks, Frankreich, Alcatel, Deutschland, Siemens, Schweden, Ericsson, Finnland, Nokia, Niederlande, Philipps, Japan, NEC, Fujitsu, Toshiba, Hitachi, Matsushita, Oki Electric, Ricoh, Korea, Samsung, Daewoo. USITC 2002: 23, 27-28.
[1534] USITC 2002: 25.
[1535] USITC 2002: 18.; siehe: **Tabelle 103**.
[1536] USITC 2002: 24; zu Taiwans technologischen Fähigkeiten in diesem Bereich müssen die Andeutungen reichen in USITC Tradeshifts 2004: 3.
[1537] Zahlen für 2003 in USITC Tradeshifts China 2004: 3; siehe: **Tabelle 104**.
[1538] USITC Tradeshifts Electronic Goods 2004: 7.

Firmen haben, um Kosten zu senken, Produktionseinheiten für Komponenten verkauft, weil es nicht gelang, diese effizient zu führen.[1539]

China ist es gelungen in einem Teilbereich der hochwertigen Telekommunikationsausrüstung bei Vermittlungsstationen wettbewerbsfähig zu werden, dies liegt aber auch daran, daß der große staatliche Telekommunikationskonzern China Unicom die hochwertigen Vermittlungsstationen heimischer Hersteller einsetzt.[1540] Weiterhin werden aber Glasfasernetze und diverse andere Technologien von ausländischen Herstellern gekauft und installiert.[1541] Bislang ist nicht sichtbar, daß China im Bereich der Telekommunikationsausrüstungs-Technologie signifikante Exporte vorliegen hat.[1542] Die Exporte Chinas im Telekommunikationsbereich in die USA werden in der Literatur auf japanische Lohnveredelungsunternehmen und chinesische Produzenten geschoben, die Ende der neunziger Jahre beginnen weniger hochwertige Telekommunikationsgüter wie Telefone und Faxmaschinen (und später Mobiltelefone) zu produzieren.[1543] Dies ist ein Phänomen, das sich in den Statistiken des Intra-Industriehandels als vertikale Differenzierung niederschlägt. Innerhalb eines einmal so definierten Industriebereiches trennt sich der Handel in hochwertige und weniger hochwertige Produkte auf, wobei dieser dann wieder mit Heckscher-Ohlin Erwägungen bzw. mit Heckscher-Ohlin Direktinvestitionen erklärt werden kann

Versuche anderer Länder hochwertige Telekommunikationsausrüstung in heimischen Firmen herzustellen, etwa Brasiliens und Indiens, sind gescheitert, vielleicht auch deshalb, weil die Entscheidung zur staatlichen Förderung zu einem ungünstigen Zeitpunkt erfolgte.[1544] Ein weiterer Grund ist ebenso klar faßbar, dies ist die forschungsbezogene und technologische Avanciertheit der großen Firmen aus den Industrieländern: Marktführer Cisco im Bereich von Vermittlungsstationen für die Telekommunikation, bei Netzwerk- und Internettechnik, ist mit einer Marktkapitalisierung von US$ 100 Mrd. und Profiten von jährlich US$ 5 Mrd. ein Beispiel.[1545] In Indien ist zwar eine neue Dynamik entstanden und die heimischen Firmen konnten in den letzten Jahren substantielle technologische Fähigkeiten hinzugewinnen. Sie exportieren Sprachumwandler, Telefone, Funkgeräte und technologisch etwas veraltete Vermittlungsstationen (E-10 B, hier transferierte in den achtziger

---

[1539] Dabei realisieren die EMS auch größere Skalenökonomien und übernehmen das Investitionsrisiko. Dies sind Firmen wie Flextronics, Solectron und Celestica. USITC 2002: 11.
[1540] Ausländische Direktinvestitionen sind in diesem Bereich untersagt, es finden aber ad hoc Käufe ausländischer Technologie statt, um der Nachfrage nachzukommen. Hermanns 2001: 288.
[1541] Nolan 2001: 794-797.
[1542] Hier ist allein die Rede von Vorteilen der traditionellen Industrieländer. USITC Tradeshifts Electronic Goods 2004: 7.
[1543] USITC 2002: 19, 21.
[1544] Zu Brasilien: "There are no strong domestic suppliers, NEC, Alcatel, Ericsson and Siemens have set up local production facilities." European Market Access Database Brazil 1998: 5; siehe auch Abschnitt 'G'. Zu Indien Department of Telecommunication Sanchar Bhavan 2004: 1. Im Jahre 1991-1992 versuchte Indien noch einmal an Technologie zu gelangen und setzt fest, daß ausländische Investoren auf dem heimischen Markt einkaufen müssen. Ebenso müssen Telekommunikationsfirmen bei Ausschreibungen einen Teil an heimische Hersteller von Ausrüstung vergeben. Ab 1994 wird diese Anforderung fallengelassen. Derzeit ist 100 % Besitz an Investitionen für Ausrüstungsproduzenten erlaubt und es bestehen keine weiteren Restriktionen, Zölle für die meisten Inputgüter wurden abgesenkt. Indische C-DoT Produzenten können etwa dem GSM/CDMA Standard nicht mehr folgen. Immerhin wurde eigene Technologie für den 'local loop' entwickelt. Department of Telecommunication Sanchar Bhavan 2004: 2-4.
[1545] Aktuelle Cisco Informationen 2006.

Jahren Alcatel die gesamte Technologie und es konnten lokal, wahrscheinlich aber einfache, s.u., Halbleiter hergestellt werden, sodaß 80-90 % heimische Herstellung gelang[1546]).[1547] Spannend ist ebenso die indische Nutzung der WLL Technologie. Hier erfolgt der normale Telefon- und Internetanschluß mittels einer kleinen Hausantenne, wobei über die dabei genutzte CDMA Technologie viel größere Gebiete unter Nutzung von Funkwellen versorgt werden können als dies über das konkurrierende GSM System möglich ist. Dies hat zu komplexen regulatorischen Fragen, u.a. mit bezug zum WTO Abkommen über Telekommunikationsdienstleistungen geführt.[1548] Ebenso werden für den heimischen US$ 6,6 Mrd. Ausrüstungsmarkt von heimischen Firmen für US$ 2,2 Mrd. Produkte beigesteuert, diese werden aber in den meisten Fällen in Joint Ventures mit ausländischen Firmen hergestellt, der Rest wird importiert.[1549] Während zuvor die meisten Handys importiert wurden, entscheiden sich ausländische Hersteller derzeit, diese auch in Indien zu produzieren (der zweitgrößte Markt derzeit auf der Welt, US$ 3,3 Mrd. für Handys 2003).[1550] Im Hochtechnologiebereich für Mobilfunk Vermittlungsstationen findet kein Technologietransfer statt.[1551] Interessant ist, daß der indische Markt nur deshalb so expandieren kann, weil extrem niedrige Gesprächstarife gelten (und viele Low-End Handys verkauft werden).[1552] Dies übt erheblichen Druck auf die Profitmargen der Telekommunikationskonzerne aus. Die großen ausländischen Ausrüstungshersteller müssen sehr billig anbieten, verzichten sogar auf direkte Bezahlung und räumen langfristige Darlehen ein.[1553]

Im Computerbereich setzt Brasilien Zollschutz (und steuerliche Anreize) ein, um ausländische Hersteller anzulocken. Diese Politik hat die Folge, daß Computer (und auch Drucker etc.) zum Verkauf im Land montiert werden, die meisten Vorprodukte müssen aber eingeführt werden. Dies ist zwar auf den ersten Blick eine Normalität in dieser Industrie, dennoch ist die asiatische Industriestruktur ganz anders ausgerichtet und es gelingt wenigstens in einigen Länder, eine Vorprodukteproduktion aufzubauen und Montagebetriebe konnten ihre technologischen Fähigkeiten erweitern. Der Technologietransfer nach Brasilien beschränkt sich in deutlicher Art und Weise, weil dieses Umfeld dort nicht vorhanden ist. Immerhin lassen sich mit Zöllen weiterhin solche Aktivitäten anlocken.[1554] Indien verfügt bisher noch nicht über eine Fabrik für hochwertige Computerchips[1555], siehe aber weiter unten, und hat im Handel mit Computerteilen vernachlässigbare Anteile.[1556] Im

---

[1546] Department of Telecommunications Sanchar Bhavan 2004: 1.
[1547] USITC 2004a: 66.
[1548] USITC 2004a: 32-38. Indiens Mitgliedschaft im WTO Abkommen über Basic Telecommunications hat dazu geführt, daß das Monopol von Videsh Sanchar Nigam Ltd. (VSNL) auf Auslandgespräche zwei Jahre vor dem Termin beendet wurde. USITC 2004a: 43.
[1549] Zahlen wohl für 2004 siehe USITC 2004a: 61; ähnlich die Schätzung von US$ 6 Mrd. Ausrüstungsmarkt und US$ 9 Mrd. Telekom-Dienstleistungsmarkt für das Jahr 2000 in Euro India 2004: 7.
[1550] Für 2005 werden 100 Mill. Nutzer von Mobiltelefonen erwartet. USITC 2004a: 64. Die USA erreicht diese Zahl 2000. USITC 2002: 29.
[1551] Department of Telecommunications Sanchar Bhavan 2004: 1. Ebenso ist klar: "Many domestic manufactures have not adapted to the introduction of new technologies or transitioned from fixed wire-line to wireless technology. Indian companies have not had sufficient time or financial resources to adapt and make the necessary investments to be competitive." USITC 2004a: 63. Für US$ 1,7 Mrd. erfolgen Importe aus den USA (US$ 414 Mill., China US$ 443 Mill., US$ 316 Mill., Schweden US$ 176 Mill. Deutschland US$ 94 Mill.). USITC 2004a: 67.
[1552] Zwischen US$ 1 und 3,5 Cent die Minute, monatliche Gebühren zwischen US$ 5,56 und 8. Ohne Datum. Die ganz niedrigen Gebühren fallen in den speziellen lokalen WLL Netzwerken an. USITC 2004a: 33.
[1553] USITC 2004a: 66.
[1554] Siehe Abschnitt 'G': 6.4 Brasilien.
[1555] Business Week Online 2005: 1.
[1556] Siehe: **Tabelle 105**.

Gegensatz zu Brasilien setzt Indien nicht auf Zollschutz, sondern plant im Hardwarebereich die Zölle 2005 ganz abzuschaffen.[1557] Indien hat sich nicht auf Computer, sondern auf Software Dienstleistungen spezialisiert, dort kann eine Börsenkapitalisierung von US$ 50 Mrd. erreicht werden (2000) und indische Unternehmen können mit geschätzten US$ 3 Mrd. versuchen U.S. Unternehmen aufkaufen.[1558] Im Jahr 2000/2003 werden US$ 10 Mrd. beim Export eingenommen.[1559] In diesem Bereich halten ausländische Firmen einen Anteil von 56 % an den Exporten.[1560] Indien verfügt, dem einfachen Heckscher-Ohlin Modell widersprechend, über eine Überfluß hochqualifizierter Arbeiter, die zu niedrigen Löhnen arbeiten.[1561] Dies mag nicht nur in diesem spezialisierten Bereich zu weiteren Erfolgen führen.

Generell wurde die Computer- und Computerteileindustrie von der OECD schon 1996 als "highly globalized"[1562] angesehen. Damals beschrieben sie eine Globalisierung, die sich noch stark auf die Industrieländer beschränkte. Vor zehn Jahren war 80 % der Produktion und 90 % des Konsums in OECD Ländern konzentriert.[1563] Dennoch waren damals schon die Tendenzen weltweiter Produktionsvernetzung unübersehbar. Im Vergleich zu der in den siebziger Jahren noch üblichen vertikalen Integration der Computerfirmen d.h. IBM stellte das Gehäuse, die Laufwerke, Tastatur und Maus, Chips und Platinen und sogar Monitore selbst her, war es damals schon sichtbar, daß die Produktion eines Computers zu einer länder- und firmenübergreifende Angelegenheit wurde.[1564] Zwei Motive sind aus Firmenperspektive dabei ausschlaggebend: Kostensenkung, durch Zugang zu Firmennetzwerken, die über spezielle Fähigkeiten verfügen, und Marktzugang.[1565]

Zuerst einmal einige Informationen mit dem Schwerpunkt Halbleiter: Im Jahre 1996 waren gerade die Spannungen der achtziger Jahre vergessen, als es Japan gelang hohe Marktanteile im Halbleiterbereich zu erobern.[1566] In den neunziger Jahren wurde es als bemerkenswerte Entwicklung angesehen, daß Korea, Taiwan und Singapur große Halbleiterfabriken aufbauten oder ausländischen Investitionen beherbergen konnten, wodurch erstmals Halbleiter in signifikanter Mengen außerhalb der OECD gefertigt wurden.[1567] Seit längerem bestand schon der Lohnveredelungshandel mit Halbleitern d.h.

[1557] Euro India 2004: 5.
[1558] Zahlen für 1999/2000. Nolan 2001: 788.
[1559] Dieser Bereich hat 700.000 Angestellte. Euro India 2004: 4.
[1560] Crisil Industry Analysis Information Technolgy 2006: 1.
[1561] Euro India 2004: 6.
[1562] OECD 1996: 111.
[1563] OECD 1996: 111.
[1564] USITC 1997b: 3-40; diesen Trend faßte damals autoritativ zusammen Ernst 1997.
[1565] "... I analyse how this has led to a shift from partial to systemic forms of globalization and the spread of international production networks. I show that international production networks are more than 'governance structures for economizing on transaction costs'. Of equal importance are the search for clusters of specialized capabilities and access to contested growth markets. The focus on capabilities is consistent with the evolutionary theory of the firm which argues that competition today centers around a firm's ability to build capabilities quicker and at less cost than its competitors." Ernst 1997: 3-4.
[1566] Im 'Gemeinsamen Statement über Halbleiter' wird von den USA mit Zufriedenheit festgestellt, daß der japanische Markt gegenüber ausländischen Halbleitern offener war: "The foreign share of Japan's semiconductor market reached a new record at 29.6% in the fourth quarter of 1995 - up over 3 percentage points from the previous record of 26.2% reached in the third quarter of 1995." Semiconductor Agreement U.S. Japan 1996: 1. Siehe Abschnitt 'I' für genaueres.
[1567] USITC 2002: 31.

diese wurden in den USA gefertigt, dann nach Asien zum Testen und zum Löten der Platinen gebracht.[1568] Ungefähr die Hälfte der U.S. Exporte von Halbleitern resultieren heute aus einem so strukturierten Handel.[1569] Diese arbeitsaufwendigen Aktivitäten weisen einen geringeren Teil an der Wertschöpfung auf (57 % der Angestellten und 68 % der Lohnzahlungen bleiben in den USA, dies ist aber weniger als man vorher gedacht haben mag).[1570] Die U.S. Halbleiterindustrie ist auf den Weltmärkten führend, sie weist einen Weltmarktanteil von 46,7 % (Japan 25,6 %, der Rest 26,8 %).[1571] Allerdings ist die U.S. Industrie mit ihrer Produktion zunehmend internationalisiert, mit 70 Produktionsstätten in den USA, 68 außerhalb und 5-8 in China (2006).[1572] Unter anderem sonstige, womöglich sogar relativ geringe Kostenvorteile in Asien scheinen U.S. Produzenten dazu bringen zu können, immer mehr Produktion dorthin auszulagern (Kostenvorteil Asien vgl. zu USA beträgt US$ 1 Mrd. über einen Zeitraum von 10 Jahren durch Steuervergünstigungen und Investitionsanreize).[1573] In Asien nutzen die U.S. Computerunternehmen zudem sog. lokale 'foundry'-Firmen, das Pedant der EMS Firmen im Halbleiterbereich. In diesen Fabriken, die in Taiwan, Singapur und China angesiedelt sind, bekommen die Chips den U.S. Originalfirmenstempel.[1574]

Der U.S. Export von Halbleiterfertigungsmaschinen nach China verdoppelt sich 2004 auf US$ 1,3 Mrd.. Diese Maschinen sind aber, so die Literatur, nicht auf die Fertigung extrem fortschrittlicher Halbleiter ausgerichtet, sondern solche, die in Haushaltsgeräten, Telefonen, TV-Geräten genutzt werden.[1575] Insgesamt gibt es in China bereits 47 Chipfabriken (im Jahr 2000 bereits 28).[1576] Insgesamt liegen die U.S. Exporte von Halbleiterfertigungsmaschinen auf einem hohen Niveau von über US$ 7 Mrd. jährlich (Zahlen ab 2000), zwischen 2003 und 2004 ergab sich eine Steigerung von US$ 7,2 Mrd. auf US$ 12,7 Mrd., wobei die meisten Maschinen nach Asien gehen.[1577] Geschätzt wird weiterhin, daß 2/3 der neuesten und teuren 300mm Technologie, welche es erlaubt Halbleiter effizienter bzw. billiger zu produzieren (es passen 2,5 mal mehr auf einen Wafer drauf), in Asien angesiedelt sein wird.[1578] Teils werden die Halbleiterfabriken in China durch Kredite (quasi-) staatlicher Banken finanziert und bekommen steuerliche Vergünstigungen eingeräumt.[1579]

[1568] Dies wurde auch durch die sog. 'production sharing'-Ausnahmen gefördert, siehe dazu Abschnitt 'A'. Diese seit 1971 vorhandene Möglichkeit, bei Exporten und einer Weiterverarbeitung in Asien sich später Zölle zurückerstatten lassen, wird aber kaum mehr genutzt, weil die Zölle im Computerbereich nicht mehr vorhanden sind, so sind die Zölle gegenüber Mexiko seit NAFTA in diesem Bereich nicht mehr vorhanden und die sonstigen Zölle auf Computerhardware liegen so niedrig, daß der Dokumentationsaufwand für 'production sharing' sich nicht mehr lohnt. USITC 1997b: 4-30.
[1569] Detaillierter: USITC 2002: 31; siehe auch USITC Tradeshifts Electronic Products 2004: 10.
[1570] Daten für 2000. USITC 2002: 31.
[1571] SIA 2006a: 1.
[1572] SIA 2006: 1.
[1573] USITC Tradeshifts Electronic Products 2004: 10.
[1574] Dies sind die Firmen TSMC und UMC in Taiwan, Chartered in Singapur, SMIC in China. Diese vier Firmen kommen auf 80 % der 'foundry'-Verkäufe. USITC Tradeshifts Electronic Products 2004: 10-11.
[1575] USITC Tradeshifts China 2004: 3; bestätigt auf detaillierteren Ebene von Tkacik 2002. Siehe auch: **Tabelle 106**.
[1576] Informationen vom Dezember 2005. Business Week Online 2005: 1.
[1577] Die meisten Maschinen gehen nach Taiwan, Japan, Korea und China. USITC Tradeshifts Machinery 2004: 1, 4. Es werden allerdings von 2000 bis 2004 auch jährlich für US$ 7 Mrd. für die Produktion auf dem heimischen Markt. USITC Tradeshifts Machinery 2004: 12.
[1578] USITC Tradeshifts Electronic Products 2004: 11.
[1579] Der Sohn von Jiang Zemin, Jiang Mianheng, leitet etwa Grace SMC, welches nur formal ein Joint Venture mit einem taiwanesischen Investor ist, denn US$ 1,1 Mrd. werden von chinesischen Banken zu günstigen Raten finanziert und die Steuer ist auf 3 % abgesenkt worden. Tkacik 2002: 4.

Der Technologieführer Intel, welcher in der Produktionstechnologie weiterhin klare Vorsprünge hat, verfügt nicht über eine Produktion mit neuester Technologie in China.[1580] Der chinesische Computerhersteller Lenovo (ex Legend), hat weiterhin nur die PC- und Notebook Sparte von IBM gekauft, nicht den gesamten Konzern und ist nun der weltweit drittgrößte PC-Hersteller. Die Chipdesignsparte von IBM ist nicht von China gekauft worden, relevant auch für Deutschland, denn IBM arbeitet nämlich z.B. mit Intels Konkurrent AMD in Dresden beim Design avancierter Mikroprozessoren zusammen.[1581] Aus Gründen nationaler Sicherheit hätte die U.S. Regierung einem solchen Verkauf womöglich nicht zugestimmt. Für das U.S. Committee on Foreign Investment in the United States (CFIUS) war der Fall Lenovo durchaus dramatisch: Es wurde überprüft, ob Lenovo zu einem IBM Forschungslabor in North Carolina zutritt bekommt und ob Dokumente über Verträge mit der U.S. Regierung in deren Hände gelangen können. Im Februar 2005 hat IBM als Bedingung für den Verkauf zugestimmt, daß bestimmte Gebäudeteile abgeschlossen wurden, tausende von Mitarbeitern wurden an andere Orte überstellt und es wurde sichergestellt, daß kein Zugang zu Regierungsverträgen möglich war.[1582]

In Asien findet derzeit eine Verschiebung der Handels- und Produktionsstrukturen statt. Neue Länder werden in die einfache Lohnveredelung einbezogen, etwa Vietnam und die Philippinen. Ehemalige Lohnveredelungsländer konnten ihre Produktpalette verbessern, sodaß sie qualitativ hochwertige Produkte erfolgreich exportieren können, Malaysia.[1583]

Weil dies einer der wenigen Bereich ist, in denen die USA noch einen Handelsüberschuß hat, sei vermerkt, daß dieser zurückgeht. Die Halbleiter Verkäufe von U.S. Firmen innerhalb der USA liegen bei US$ 80 Mrd., die Verkäufe weltweit bei US$ 166 Mrd., weiterhin wird geschätzt, daß 73 % der Verkäufe der U.S. Firmen außerhalb der USA erzielt werden.[1584] Bei stark steigender weltweiter Nachfrage nach Halbleitern zwischen 2003 und 2004 (Steigerung von US$ 166 Mrd. auf US$ 213 Mrd.), sanken die U.S. Exporte um 2 % (US$ 0,6 Mill.) auf US$ 35,1 Mrd. ab, die Importe stiegen um US$ 2,1 Mrd. auf US$ 26,3 Mrd. (aus China, Taiwan, Japan und Korea).[1585] Somit kann das Fazit gezogen werden, daß, einmal abgesehen von Technologieführern wie Intel und AMD, die U.S. Industrie zunehmend 'ganzheitlich' im Ausland engagiert ist und das Ausland signifikante technologische Fähigkeiten hinzugewonnen hat. Es hört sich wie eine vorab formulierte Entschuldigung an, wenn die wichtigste Industrievertretung der U.S. Halbleiterindustrie argumentiert, daß es wichtig sei, daß F&E Abteilungen so nah wie möglich an der Produktion angesiedelt sind, was

---

[1580] Intel Information 2006: 1.
[1581] IBM Informationen 2006: 1; AMD Informationen 2006: 1; Lenovo Informationen 2006: 1.
[1582] U.S. China Economic and Security Review Commission 2005: 89; allgemeine Informationen zu CFIUS, welches seine Untersuchungen öffentlich macht, in Lee 2005.
[1583] Zu steigenden Anteilen Chinas aber auch andere Länder an den U.S. Importen: **Tabelle 106**. Die Gruppe Mexiko, Korea, Philippinen und China erhöht ihren Marktanteil an den U.S. Importen etwa von 9 % auf 31 %. (2000). USITC 2002: 7.
[1584] SIA 2006: 1.
[1585] USITC Tradeshifts Electronic Products 2004: 10, 12.

dazu führen werde, daß F&E Abteilungen zukünftig vermehrt außerhalb der USA anzutreffen sein werden.[1586]

Insgesamt gesehen wird sich der Schwerpunkt der Computerindustrie, also die PC- und Laptop Herstellung, in den nächsten Jahren ein weiteres Stück nach Asien, vor allem nach China, verschieben. Deutlich wird dies an Daten für 2004 für Exporte gemäß SITC Rev. 2, 752, Computer, Peripherals and Parts. Sieht man vorerst nur auf die Weltmärkte hat China hat hier mit US$ 59 Mrd. die USA als Exporteur überholt, benötigt dafür aber immerhin noch für US$ 14 Mrd. Importe, eine starke Stellung haben Singapur, Malaysia, Korea, Mexiko und Japan, und Deutschland befindet sich überraschenderweise auf dritter Position.[1587] Diese Informationen relativieren sich, wenn weiter aufgegliedert wird und dann festgestellt werden kann, daß China 2005 US$ 25 Mrd. Computerperipherie in die USA exportiert, US$ 1,7 Mrd. Halbleiter, sowie für US$ 24 Mrd. Computer.[1588]

Wiewohl dies die Position China ein wenig relativiert, ist unverkennbar, daß China schnell seine Anteile erhöht. Im Bereich elektronische Produkte d.h. nicht nur Computer, sondern auch Monitore, Peripheriegeräte, medizinische Geräte etc. erreicht China 2004 Exporte in die USA von US$ 69,1 Mrd. (und importiert in diesem Bereich aus den USA für US$ 6,9 Mrd.). Im Jahr 2000 waren dies US$ 27,5 Mrd. Wichtig sind bei elektronischen Produkte weiterhin: Mexiko US$ 38,9 Mrd. (und importiert aus den USA US$ 17,3 Mrd. in diesem Bereich), Japan US$ 32,0 Mrd. (importiert aus den USA US$ 22,2 Mrd. in diesem Bereich), Malaysia US$ 22,2 Mrd. (importiert aus den USA US$ 6,5 Mrd.).[1589] Japans Anteile sinken aber ab, Mexiko stagniert und Malaysia wächst langsam.[1590] Das Handelsdefizit der USA im Bereich elektronischer Produkte erweitert sich um US$ 130,7 Mrd., es liegen Importe von US$ 280 Mrd. vor und Exporte von US$ 149,5 Mrd.[1591]

Legt man die OECD Definition von 'information and communications technology goods (ICT)' wie Mobiltelefone, Laptops und Digitalkameras zugrunde konnte China neulich die USA überholen und exportiert 2004 US$ 180 Mrd., die U.S. Exporte lagen bei US$ 137 Mrd. (im Jahr davor war die USA mit US$ 137 Mrd. noch weltweit führend, beidesmal geht es um Exporte in Richtung Welt). Immerhin importiert China für US$ 149 Mrd., bei dieser Güterdefinition.[1592]

Zum Vergleich: Das insgesamte U.S. Handelsdefizit im Güterbereich (bei Einbeziehung von Dienstleistungen mindert es sich um US$ 71 Mrd.) stiegt 2005 auf US$ 797 Mrd. (Exporte US$ 905,5 Mrd., Importe US$ 1702 Mrd.). Dies sind allerdings 6,3 % des BSP von US$ 12485 Mrd.[1593]

[1586] Dies bemerkt die Interessenvertretung der U.S. Halbleiterunternehmer. SIA 2006b: 2.
[1587] Siehe: **Tabelle 105**.
[1588] U.S. Bureau of Census Foreign Trade Statistics China 2006.
[1589] Alle Zahlen aus der Tabelle EL-1 in USITC Tradeshifts Electronic Products 2004: 2.
[1590] USITC Tradeshifts Electronic Products 2004: 2.
[1591] USITC Tradeshifts Electronic Products 2004: 1.
[1592] OECD 2005a: 1.
[1593] National Economic Accounts 2006.

> Box Processing Trade: Daß es noch nicht möglich ist, sämtliche Vorprodukte in China zu fertigen bzw. daß die dort ansässigen ausländischen Firmen bestimmte Technologie, die dies zulassen würde, dort noch nicht einsetzen, wird daran deutlich, daß der Handelsüberschuß Chinas gegenüber den asiatischen Nachbarländern seit 1999-2000 in ein Defizit gewandelt hat. Dies liegt für High-Tech bei US$ - 18,3 Mrd. und bei Medium-Tech bei US$ - 26,1 Mrd. liegt.[1594] Es sind vor allem Japan, Taiwan, Korea und Malaysia, die halbfertige Gütern und Inputgüter nach China exportieren, weil diese dort in Joint Venture Firmen weiterverarbeitet werden. Geschätzt wird, daß 4/5 aller Hochtechnologieexporte Chinas auf 'processing trade' basieren.[1595] Lohnveredelungshandel ist ebenso in den Bereichen Bekleidung, Schuhe, Chemikalien, Holzprodukte und Automobile vorzufinden. Im Jahre 2000 hatte dieser einen Anteil von 53 % an den gesamten chinesischen Exporten[1596] Diese Zahlen werden von anderen Studien bestätigt, die davon ausgehen, daß in China etwa ein Anteil von 56 % der Exporte auf Lohnveredelung zurückzuführen sind, dies sind 105 Mrd. US$ der 184 Mrd. US$ (1998) gesamtchinesischer Exporte.[1597] Trotz einer solchen, speziell ausgeprägten Hochtechnologieproduktion, die es unzweifelhaft in China gibt, gilt ebenso, daß ausländische Investitionen vor allem in weniger fortschrittlichen Technologiebereichen erfolgt sind.[1598]

Aus globaler Perspektive gesehen, ist die Zahl der Entwicklungsländer, die von diesen arbeitsteiligen und inputintensiven Aktivitäten profitieren, recht klein. Dazu kommt, daß die Computermärkte der großen Entwicklungsländer noch nicht das Kaufkraftniveau der Industrieländer erreicht haben, welches ein Wachstumshindernis darstellt:

Der U.S. Computermarkt (Computer plus Peripherie) ist US$ 146 Mrd. (2004) groß (davon für US$ 89 Mrd. Importe), für TV Geräte US$ 21 Mrd. (davon für US$ 17 Mrd. Importe).[1599] China verfügt über einen IT Markt (breite Abgrenzung) von US$ 16,2 Mrd. (2000), Brasilien einen Computermarkt (im engen Sinn) von US$ 7,6 Mrd. (1999).[1600] Der indische Hardware Markt hat 2002/2003 eine Größe von etwas mehr als US$ 3 Mrd. (65% PC-Systeme, 20% Computerperipherie, 15 % Netzwerkausrüstung). Dies wird für Indien explizit als Wachstumshemmnis thematisiert, allerdings werden für die Zukunft dramatische Wachstumsraten erwartet.[1601] Dell hat den Aufbau eines zweiten Montagewerks in Indien angekündigt. Ingesamt werden dann 15.000 Angestellte, davon 600 in F&E für Dell in Indien tätig sein.[1602] Derzeit scheint AMD dazu bereit zu sein, eine Fabrik für hochwertige Computerchips für US$ 3 Mrd., zusammen mit dem indischen Staat (US$ 230 Mill.) und indischen

---

[1594] Lall/Albaladejo 2004: 1456.
[1595] Lall/Albaladejo 2004: 1456; siehe für Informationen über Japans Wertschöpfung im Inland und Ausland: **Tabelle 20**.
[1596] Lall/Albaladejo 2004: 1456.
[1597] Die Zahlen weichen hier für 1998 von den Zahlen von Lall (2000) ab, vielleicht weil Lall nur verarbeitete Produkte einbezieht. Langhauser 2000: 16, 28-29, 38.
[1598] Von den Direktinvestitionen finden 50,42 % im arbeitsintensiven, 20,73 % im kapitalintensiven und 26,85 % im technologieintensiven Bereich statt. Dies bestätigt die abgewogene These oben. Unten detaillierter Chunlai 1997: 10.
[1599] USITC Tradeshifts Electronic Products 2004: 22-30.
[1600] American University Information 2006; Bastos 1999: 3.
[1601] Euro India 2004: 5.
[1602] Deccan Herald 2006: 1.

Privatinvestoren zu bauen.[1603] Die indische Regierung entscheidet sich unter diesen Umständen (im Unterschied zur Politik in Brasilien) ab 2005/2006 keine Zölle mehr auf IT Hardware zu veranschlagen, auch nicht für vollständig hergestellte Computer (davor noch 10,2 %).[1604] Für öffentliche Aufträge wird aber klar gesagt, daß nur in Indien ansässige Produzenten zum Zug kommen.[1605] Indien wird versuchen in den nächsten Jahren ein ähnlich vernetztes Produktionssystem wie in Ostasien aufzubauen, wahrscheinlich gelingt dies auf niedrigerem Niveau und mit eingeschränkterem Technologietransfer. Dagegen versucht die indische Politik allerdings tätig zu werden. Weil es nicht über die oben erwähnten Auftragsproduzenten ('EMS') verfügt, sollen diese dazu überredet werden sich in Indien niederzulassen.[1606] F&E soll gefördert werden.[1607] Kosten für internationale Patentanmeldungen sollen zu 80 % von der indischen Regierung übernommen werden.[1608]

Wie dem auch sei, der Computermarkt verliert nicht seine Faszination und speziellen Charakteristika. Dadurch werden auch schwächere Entwicklungsländer, wenn diese über eine hinreichend ausgebildete Bevölkerung verfügen, zum Ziel von faktornutzenden Investitionen. Aufgrund der Vielfältigkeit der Kopplungen zu anderen Bereichen, eben der Telekommunikation, der Fertigung von Telefonen, Geräten der Unterhaltungselektronik und Haushaltswaren, sind technologische Fähigkeiten in diesen Bereichen von großer Bedeutung. Die Möglichkeiten zur Spezialisierung erlauben es zudem diversen Länder ein Wachstum zu genießen, welche nicht über diese gesamte Bandbreite von Vorteilen verfügten. Ebenso bleibt ein wenig Wertschöpfung immer vor Ort. Die Montage von PCs gemäß Kundenwunsch erfolgt oft lokal. Auf der anderen Seite geraten Unternehmen, die etwa in Lateinamerika oder Afrika avancierte Produkte der Telekommunikationsausrüstung, Unterhaltungselektronik etc. produzieren wollen, in eine ungünstigere Position, weil sie nicht über diese dichte Vernetzung und die technologischen Fähigkeiten Asiens verfügen.

Die EU kann zumindest im Bereich der Telekommunikationsausrüstung und Netzwerktechnik dem Erfolg von U.S. Firmen entgegensteuern und verfügt über eine positive Handelsbilanz. Ebenso werden auch Halbleiter weiter in der EU produziert, hier besteht ein klares Handelsdefizit mit den USA.[1609]

Schließlich ist im Rahmen dieser Arbeit darauf hinzuweisen, daß es gelangt nach der Gründung der WTO für diesen Bereich ein sektorales Zollsenkungsabkommen abzuschließen, das Information Technology Agreement (ITA) 1996[1610] und daß ähnliche, eigenständige Initiativen weiterverfolgt

---

[1603] Business Week Online 2005: 1.
[1604] Department of Information Technology 2006: 4; davor bezieht sich hier auf 2004/2005: Crisil Industry Analysis Information Technology 2006: 2.
[1605] Weiterhin werden Industrieparks eingerichtet, es gibt steuerliche Anreize, auch in bezug auf den Export (Einkommensteuer wird darauf nicht erhoben). Department of Information Technology 2006:
[1606] Unter anderem sollen dazu steuerliche Anreize etc. eingesetzt werden. Department of Information Technology 2006: 7
[1607] Department of Information Technology 2006: 6.
[1608] Department of Information Technology 2006: 9.
[1609] European Commission Electronic Sector 2006: 1-2.
[1610] Information Technology Agreement 2006.

werden, so wurde 2005 von der EU, Japan, Korea, USA, Taiwan für neuartige Multi-chip packages abgemacht, daß hier ein angewandter Zoll von Null gelten solle. Nachdem diese Länder dieses Abkommen akzeptiert haben, steht es zum Beitritt weiterer Länder, erwähnt sind hier China, Indien, Malaysia und Singapur frei.[1611]

11.8 Unterhaltungselektronik und Haushaltswaren

Diese Industrie ist als internationalisiert zu betrachten, wiederum mit gewissen regionalen Schwerpunkten. So haben japanische Hersteller, welche die Unterhaltungselektronikindustrie weltweit dominieren (darüber hinaus gibt es Samsung, Goldstar, Korea, Philipps, Niederland, Thomson, Frankreich), 141 Produktionsstätten in den USA, 142 in Europa und 514 in asiatischen Ländern außerhalb Japans (Daten 1992). Der Gebrauch des Terminus 'internationalisiert' paßt auch deshalb, weil nicht erkennbar ist, daß nur Heckscher-Ohlin Faktorvorteile im Lohnkostenbereich den Standort von Produktionsstätten bestimmen. In vielen Fällen ist Marktzugang und Marktpräsenz ausschlaggebend. Diese Struktur ist sicher auch Folge der Nutzung protektionistischer Maßnahmen in den achtziger Jahren, welches japanische Firmen zur Produktion in Europa und den USA zwang. Zwar erfolgt die Nutzung von Faktorkostenvorteilen durch die Auslagerung bestimmter Produktionsabschnitte in Länder mit niedrigen Lohnniveaus, insgesamt gesehen bleibt aber eine komplexes Netzwerk der Produktion bestehen. Auffällig ist, daß eine Region, nämlich Lateinamerika bzw. Brasilien mit 24 Produktionsstätten weit zurückfällt (Zahlen für 1992).[1612] Dies liegt an der oft vorherrschenden Ausrichtung der ausländischen Firmen auf den heimischen Markt, siehe die Länderstudie Brasilien Abschnitt 'G'.

Ein weiterer wichtiger Auslöser dieser internationalisierten Produktion und den damit verbundenen Direktinvestitionen war die Aufwertung des Yen nach dem Plaza Abkommen vom 22. September 1985. Zehn Jahre später erreichte die Auslandsproduktion japanischer Unternehmen durchschnittlich 9 %, mehr als dreimal soviel als zuvor.[1613] In den siebziger Jahren waren solche Investition noch zur Importsubstituierung gedacht (und als Mittel zum Marktzugang zu zollgeschützten Märkten), später sind diese zum Export und zur Nutzung der niedrigen Lohnkostenniveaus gedacht.[1614] Bis heute gilt, daß höherwertige Produkte in Japan hergestellt werden und weniger avancierte Produkte in ostasiatischen und zusätzlich nun chinesischen Fabriken hergestellt werden.[1615] An einer aktuellen Tabelle ist erkennbar, daß bei vielen Produkten, bei denen Japan Weltmarktführer ist, kaum noch heimische Wertschöpfung vorliegt.[1616]

[1611] Agreement on Multi-Chip Integrated Ciruits 2005.
[1612] Daten für 1991, deshalb oben nur ungenau wiedergegeben. Siehe zu diesem Abschnitt OECD 1996: 219.
[1613] Farell 1997: 7-8.
[1614] Farell 1997: 23.
[1615] Farell 1997: 24.
[1616] Siehe: **Tabelle 20**.

Die Haushaltswareindustrie weist in den Industrieländern eine Geschichte rapiden strukturellen Wandels aus, bei jeweils zwei Perioden der Stabilität. Dieser Wandel wurde ausgelöst durch Skalenökonomien, die dazu führen, daß in Werken aufwärts von 1 Mill. Einheiten im Jahr noch weiterhin Kostensenkungen von 15 % pro Verdopplung des Volumens im Jahr erreicht werden können.[1617] Im Jahr 1984 hätte der deutsche Markt damit bei mindestoptimalen Skalenökonomien von zwei Herstellern beliefert werden können, faktisch bestanden drei Betriebe, die für 69,5 % des Produktion im Inland aufkamen.[1618] Dies kann wiederum damit erklärt werden, daß es ab Mitte der siebziger Jahren zu einer Proliferation von Modellen kam, wodurch wiederum bei den großen, meist italienischen Herstellern Schwierigkeiten entstanden, weiter Skalenökonomien zu erreichen. Um diese nicht zu gefährden, wurden Modelle anderer Hersteller in das eigene Angebot aufgenommen.[1619] Parallel dazu erfolgt der Aufstieg von Elektrolux, welcher in Europa und den USA beginnt eine Firma nach der anderen zu übernehmen, bis es 1993 einen Weltmarktanteil von 18 % erreicht.[1620] Ähnliche Strategien entwickelt Whirlpool, welches Philipps, den damals zweitgrößten Hersteller in Europa übernimmt, u.a. General Electric übernimmt Firmen aus England, sodaß sich eine neuartige Marktstruktur ergab. Der japanische Markt bliebt unter der Kontrolle japanischer Firmen.[1621] Schon 1988 produziert China 10 Mill. Waschmaschinen (damals 22 % der Weltproduktion, genausoviel wie der jährliche Absatz von diesen in Europa, wiewohl die Qualität noch nicht vergleichbar war).[1622]

Derzeit wird von China und Indien versucht, mit eigenen Unternehmen auch in den Exportmärkten präsent zu sein. Ähnlich wie in China u.a. Haier im Haushaltswarenbereich[1623] gibt es indische Firmen, die sich zu multinationalen Konzerne entwickeln wollen, etwa Videocon[1624] oder Onida (bzw. Mirc).[1625] Der indische Markt ist zwar zollgeschützt (30-40 %), intern ist aber die Konkurrenz intensiv, denn mehrere internationale Firmen sind in Indien aktiv, darunter LG, Samsung und Hitachi. In beiden Märkten sind mittlerweile ausländische Unternehmen vertreten, die Unterhaltungselektronik und auch Haushaltswaren produzieren. Whirlpool, welches 1995 über den Kauf zweier indischer Firmen in den Markt eintrat, hat in Ranjangaon in der Nähe von Pune im Staat Maharashtra eine Fabrik neu aufgebaut, die derzeit alle 30 Sekunden ein Gerät produziert. Daran beteiligt sind 68 Zuliefererfirmen. Die Produktentwicklungszentren von Whirlpool sind weltweit verteilt und befinden sich in den USA,

---

[1617] Siehe Bianchi/Forlai 1993: 171-201; für die frühe Zeit und Skalenökonomien siehe Owen 1983: 134-136; für Skalenökonomien auch Monopolkommission 1984/1985: 242-243. In Europa hat dies, von Italiens Ignis angestoßen, dazu geführt, daß Anfang der siebziger Jahre wenige große Hersteller sich durchsetzten, die ein rapides Wachstums erzielen konnten, weil sie heimische kleine Hersteller verdrängten und zusätzlich auf den Exportmärkten tätig waren. Owen 1983: 120-127, 134-136.
[1618] Monopolkommission 1984/1985: 242-243.
[1619] Bianchi/Forlai 1993: 171-201.
[1620] Bianchi/Forlai 1993: 193-195.
[1621] Bianchi/Forlai 1993: 197-198.
[1622] Bianchi/Forlai 1993: 198-199.
[1623] Hermanns 2001: 288.
[1624] Videocon hat immerhin gerade die Produktionsanlagen von Elektrolux Indien gekauft und von Thomson Elektronik die Fernsehröhrenproduktion übernommen. Videocon ist ein diversifiziertes indisches Unternehmen, daß unter anderem auch in der Erdölexploration arbeitet. Daneben ist es in der Fernsehröhrenproduktion aktiv, produziert dementsprechendes Spezialglas, dazu kommen Haushaltsgeräte, Geräte der Unterhaltungselektronik und Klimaanlagen. Produktionsstätten befinden sich in Mexiko, Polen, Italien und China. Die Zusammenarbeit mit Thomson ist offenbar eher locker. Thomson hat einen Anteil an Videocon gekauft, die Leitung der Firma liegt aber in indischen Händen. Videocon Information 2006.
[1625] Crisil Industry Analysis Consumer Durables 2006: 2.

Italien, Brasilien und nun auch Indien.[1626] Es spricht viel dafür, daß bei der Produktion lokale Inputgüter eingesetzt werden, denn es besteht ein Zoll von 12,8 % für Kompressoren oder Thermostate.[1627] Bei Kühlschränken hält Whirlpool 25 %, Videocon 34 %, bei Waschmaschinen Whirlpool 18 %, Samsung 9 %, LG 21 % und Videocon 34 %.[1628] Die indische Politik sieht es mit Sorge, daß heimische Hersteller von Audio- und TV-Geräten in den neunziger Jahren stark gewachsen sind, daß sie aber mit dem Rückgang der Zölle begannen zunehmend mit Fertigprodukten zu handeln und daß dadurch die Importanteile ansteigen.[1629] Ein Zollrückgang steht derzeit nicht auf dem Programm.[1630] Dies könnte den Importtrend rückgängig machen und eigene Anstrengungen fördern. Dazu kommt, daß der umkämpfte indische Markt auch die indischen Firmen zwingt nach Exporten Ausschau zu halten, so sucht Onida nach Exportmärkten in Rußland auf dem Land.[1631] Die von der neoklassischen Theorie bei Zollschutz befürchteten zu hohen heimischen Preisniveaus liegen in Indien somit nicht vor und es bleiben, aufgrund der internen Konkurrenz, trotzdem Anreize zu exportieren. Ausländische Firmen haben Anreize vor Ort präsent zu sein und mit lokal vorhanden Inputs zu produzieren. Dies hört sich trotz Zollschutz nach einem optimalen Ergebnis an.

Thailand wird von führenden japanischen Haushaltsgeräteherstellern als zweite Basis, neben China, angesehen, unter anderem deshalb, weil durch die Autoproduktion schon eine Industrie vorhanden ist, die Inputgüter bereitstellt, die auch in der Haushaltsgeräteindustrie gebraucht werden. Malaysia wird dagegen als gut geeignet für Unterhaltungselektronik angesehen, weil z.B. Komponenten für Videokameras vor Ort produziert werden.[1632] Derzeit schützt Thailand seinen Markt etwa für Haushaltsgeräte durch Zölle von 10 % bis 15 % und deshalb sind die Importe aus China noch niedrig. Befürchtet wird, daß dieser Markt nach einem Zollabbau von chinesischen Herstellern überflutet werden könnte.[1633]

11.9 Pharmaindustrie

Die Pharmaindustrie weist eine weltweite Wertschöpfung von US$ 541 Mrd. (2002) auf, bei einem langjährigem jährlichen Wachstum von 8 %.[1634] Für 2005/2006 werden die Ladenverkäufe mit US$ 379 Mrd. angegeben: USA/Kanada kommen auf US$ 204 Mrd.; Europa (Deutschland, Frankreich, Italien, UK und Spanien) US$ 93 Mrd.; Japan US$ 57 Mrd., Lateinamerika (Mexiko, Brasilien,

---

[1626] Appliance Magazine 2003: 1-9.
[1627] Crisil Industry Analysis Consumer Durables 2006: 1.
[1628] Videocon Information 2006.
[1629] Department of Information Technology 2006: 1.
[1630] Crisil Industry Analysis Consumer Durables 2006: 1.
[1631] Onida Informationen 2004.
[1632] JETRO White Paper Trade and Industry 2004: 18.
[1633] Dafür gibt es schon erste Zeichen, im Carrefour und in Lotus Discountern sind schon "half-price washing machines and similar products" aufgetaucht. In Thailand haben Supermarktketten schon einen Marktanteil von 60 % an den gesamten Verkäufen , dies würde eine solche Entwicklung extrem beschleunigen. JETRO White Paper Trade and Industry 2004: 14.
[1634] BCC Research 2004: 1.

Argentinien) US$ 18 Mrd.[1635] Indiens Generika Industrie, die mit den F&E Ausgaben der großen Konzerne überhaupt nicht mithalten kann, kommt auf US$ 7 Mrd.[1636] Charakteristisch ist hier der Austausch von Direktinvestitionen besonders zwischen den USA und Europa in den achtziger Jahren und die Zusammenschlußwelle in denselben Ländern in den Neunzigern. In den achtziger Jahren stiegen die Direktinvestitionen zwischen USA, Europa und Japan um 17,5 % jährlich an, mehr als der Handel mit End- und Vorprodukten (12,9 % und 11,3 %).[1637] Ende 1993 halten europäische Firmen für US$ 37,4 Mrd. ausländische Besitztümer (1985: US$ 5,9 Mrd.), die USA hält weltweit US$ 36,5 Mrd. (davon 71 % in Europa und 12,2 % in Japan).[1638] Im Rest der Welt investiert die USA (Daten für Europa fehlen) zwischen Ende 1980 und Ende 1988 US$ 1,8 Mrd..[1639] Diese Firmen kommen in vielen Länder für einen substantiellen Anteil der heimischen Produktion auf. In Japan und den USA werden 21 % und 30 % von ausländischen Firmen erobert, Deutschland und Frankreich liegen im Mittelfeld, 34 % bis 49 %, Italien und England bei 57 % und 61 %, Australien bei 72 % und in Irland 92 % (um 1990). Für die Entwicklungsländer lauten Schätzungen bei 2/3.[1640] Bis 1995 führten die Zusammenschlüsse dazu, daß sich die Top 4 Firmen 18 % des globalen Marktes teilten, die Top 8 kommen auf immerhin 30 %. Zu diesem Zeitpunkt wird in der Literatur geschlossen, daß es keine dominierende Firma gibt, 1995 erreicht die größte Firma 5 % des globalen Marktes.[1641] Wenn dies auch stimmen mag, ist es doch eher Ironie, wenn die Financial Times 1995 vermeldet, daß die weltweite Pharmaindustrie: "extraordinarily fragmented compared to other global industries" sei.[1642] Denn die führenden Firmen können sich durch ihre F&E-Ausgaben abheben. Die Top 20 Unternehmen kommen für 49 % und die Top 35 für 85 % des globalen F&E im Pharmabereich auf (1998).[1643] F&E im Pharmasektor wird massiv von Staat in den Industrieländern finanziert. Besonders die USA subventioniert klar erkennbar die Pharmafirmen über ihre Forschungsförderung, 1998 immerhin mit 13 Mrd. US$, die, sei es über die Universitäten, auch den privaten Konzernen zugute kommen.[1644] Zum Vergleich, die Top 20 geben im Jahr 1997 US$ 20 Mrd. für F&E aus.[1645] Indiens Generika Produzenten geben im Jahr US$ 80 Mill. für F&E aus, 90 % davon sind den Top 11 Firmen zuzurechnen.[1646]

Die zeitlich späteren Zusammenschlüssen ergeben wieder eine neue Situation. So führt die Fusion Glaxo Wellcome/SBK zu einer Firma, die seit Anfang 2000 über einen Anteil von 7,3 % der weltweit patentierten Medikamente verfügt. Die Top 10 kommen 1999 auf 43 % des Weltmarktes. Dahinter

---

[1635] Mexiko: US$ 7,9 Mrd., Brasilien: US$ 8,4 Mrd., Argentinien US$ 2,1 Mrd. Japan mit Krankenhausverkäufen. Australien/Neuseeland US$ 5,7 Mrd., oben nicht angegeben. Für den Zeitraum August 2005 bis August 2006. IMS Health 2006: 2.
[1636] Gehl Sampath 2005: 15.
[1637] OECD 1996: 92.
[1638] OECD 1996: 93.
[1639] OECD 1996: 93.
[1640] Australien Wert für 1986/1987. OECD 1996: 95-98.
[1641] OECD 1996: 83.
[1642] Nolan 2001: 266.
[1643] Nolan 2001: 247.
[1644] Siehe Abschnitt 'H'. Und somit deutlich mehr als alle anderen Bereiche außer Militär. Siehe: **Tabelle 107**; **Tabelle 108**.
[1645] Nolan 2001: 248-249.
[1646] Gehl Sampath 2005: 40.

verbergen sich auf disaggregierter Ebene höhere Anteile bei speziellen Medikamenten und Krankheitsfeldern, so hat Glaxo Wellcome/SBK bei Antiinfektionsmedikamenten einen Weltmarktanteil von 16,9 % und bei Asthmamedikamenten von 31 %.[1647] Der Erfolge indischer[1648] und chinesischer Pharmaunternehmen (etwa im TCM Bereich[1649]) können hier nicht dargestellt werden. Der indische Pharmabereich hat diese Erfolge fast ohne ausländische Direktinvestitionen verzeichnen können.[1650] Sowie Indien als China haben ein großes Marktpotential, es gibt dort substantielle Investitionen in Joint Ventures aller großen internationalen Firmen, auch deshalb weil Medikamententest billiger durchgeführt werden können, aufgrund billigerem Klinikpersonals und mehr Patienten, die an einer Krankheit leiden.[1651] Die ausländischen Joint Ventures können deutlich höhere Profite gemessen an den Verkäufen aktualisieren, immerhin befinden sich aber noch viele chinesische Firmen in der Top 10 Liste aus dem Jahre 1996.[1652] Schließlich gibt es interessanterweise in China im Pharmabereich keine Probleme mit dem Patentschutz.[1653] Eine staatliche chinesische Firma, North China Pharmaceutical, welche Antibiotika produziert, verfügt über einen 10 % Weltmarktanteil.[1654] Indien räumt durch die Änderung des Indian Patent Act seit dem 22. März 2005 Patentschutz für Medikamente ein, die nach dem 1.1.1995 patentiert worden sind.[1655]

11.10 Sonstige verarbeitete Produkte

Dieser Bereich hat eine besondere Bedeutung für die Entwicklungsländer, weil sich mit der Produktion solcher Waren technologische Fähigkeiten erwerben lassen, der Eintritt einer Firmen meist nicht mit extrem hohen Investitionen verbunden ist und trotzdem Erfahrungen auf dem Weltmarkt gemacht werden können. Insofern ist es wünschenswert, daß möglichst viele Entwicklungsländer diese Möglichkeit nutzen, die durch Öffnung des Handels bereitgestellt wird. Daß dies möglich ist, erscheint nicht gänzlich ausgeschlossen, obwohl hier der Erfolg Chinas ein weiteres mal Thema sein wird, auch deshalb, weil davon Gefahren für die anderen Entwicklungsländer ausgehen.

[1647] Bei Medikamenten für Krankheiten des zentralen Nervensystems kommt diese Firma auf 11,6 %, in der Kategorie 'alimentary und metabolic' sind es 7,0 % und bei Impfungen besteht Rang 1, ohne daß nähere Angaben in dieser Quelle verfügbar sind. Nolan 2001: 268.
[1648] Mit 5 staatlichen Unternehmen, bei 250 größeren Unternehmen (die 70 % des Marktes beliefern) , insgesamt 20.000 registrierten Firmen, ist der indische Pharmabereich erfolgreich. Der jährliche Produktionswert erreicht US$ 3,1 Mrd., die Exporte belaufen sich auf US$ 1,5 Mrd. (Wechselkurs 6.3.2006). India Pharma Information 2006: 1-5.
[1649] Beeindruckend ist die Erfolgsgeschichte in den neunziger Jahren von Sanjiu, welches u.a. mit computergesteuerten Mischungsanlagen Kräutermedikamente herstellt. Sanjiu ist finanziert vom chinesischen Militär, welches bekanntlich auch ein diversifiziertes Wirtschaftsunternehmen darstellt, die Firma operiert in ihren Geschäftsentscheidungen aber eigenständig. Mit chinesischer Medizin werden übrigens mehr Profite gemacht, als es die westlichen Firmen mit ihren Medikamenten schaffen (Profitanteil bei Verkäufen 15 % vs. 9,1 % in westlichen Ländern). Detailliert: Nolan 2001: 289-323.
[1650] Von 1991 bis 1998 sind dies 0,44 % der ausländischen Direktinvestitionen. India Pharma Information 2006a. 2.
[1651] Interessanterweise auch deshalb, weil in China das Testen von Medikamenten besser möglich ist, weil mehr Patienten verfügbar sind, nicht aber weil die Zulassungsprozeduren weniger streng sind. So: Perlitz 2006: 4; sämtliche Top 15 Unternehmen haben Joint Venture in China aufgebaut. SmithKline Beechams Joint Venture in Tianjin war 1996 unter den Top 6 der chinesischen Pharmaunternehmen. Siehe Nolan 2001: 283.
[1652] Diese Liste wird hier nicht wiedergegeben, weil sie aus dem Jahre 1996 stammt. Nolan 2001: 284.
[1653] "From 1993 onwards, China basically applied internationally recognized practice in respect to property rights for pharmaceuticals patented in other countries, protecting the company concerned from cloning of the product by local producers." Dies spiegelt sich in den höheren Profiten der ausländischen Joint Ventures wieder. Nolan 2001: 283.
[1654] Perlitz 2006: 4; North China Pharmaceutical Information 2006.
[1655] India Pharma Information 2006a: 1.

Dies ist in den Statistiken begründet: Zwar weiten die Entwicklungsländer ihren Weltmarktanteil an 'low tech'-Produkten (Möbel, Plastikwaren etc.) zwischen 1985 und 1998 aus: Von 16,9 % auf 24,1 %.[1656] Und im Bereich von elektronischen Gütern, die hier miteinbezogen werden, sogar von 14 % auf 34,2 %. Bemerkenswert ist aber ein Rückgang der Weltmarktanteile in diesem 'low tech'-Bereich für Lateinamerika (ohne Mexiko) 13,5 % auf 6,3 %, dem Mittleren Osten von 5,7 % auf 4,2 %, Afrika sinkt von 0,8 % auf 0,3 %. Südasien steigt von 1,7 auf 2,9 %. Ostasien u.a. China bleibt gleich.[1657]

Kurz: Erste Tendenzen einer Polarisierung sind hier sichtbar, ähnlich wie gleich im Bekleidungsbereich. Diese Polarisierung ist vor allem deshalb problematisch, weil dadurch viele Länder von einem lukrativen Markt ausgeschlossen werden: Gelänge es beispielsweise den Entwicklungsländer, jeweils 1/4 der Märkte 'other semi manufactures', 'office and telecom equipment' und 'other machinery and transport equipment' nach der WTO (2004a) Abgrenzung zu beliefern, gäbe es erhebliche Möglichkeiten für die Wohlfahrtssteigerung, immerhin stellt dies einen Weltmarkt von US$ 674 Mrd. 2003 dar.[1658]

Eine solche Polarisierung in Gewinner und Verlierer muß auf disaggregierteren Ebene aber nicht zwangsläufig so erfolgen, denn es könnte sich unter den Entwicklungsländern eine Spezialisierung ergeben. Zudem bleibt nicht nur Masse oder Preis, sondern immer auch Design und Qualität eines Produktes wichtig. Dazu Beispiele aus dem Möbelbereich und Informationen über China

Der Handel mit Möbeln hat 2000 einen Welthandelswert von US$ 57,4 Mrd. (36 % Wachstum zwischen 1995 und 2000).[1659] Im Möbelbereich kaufen internationale Ketten wie IKEA von 2000 Zulieferern aus 52 Ländern.[1660] Selbst mittelgroße Käufer, die nur für ein einzige Land kaufen, haben 1500 Zulieferer und kleinere kommen noch auf Kontakte zu 100 Anbietern.[1661] Dies könnte für viele Entwicklungsländer, u.a. auch Afrika, eine Chance eröffnen, an diesem Handel teilzunehmen. Vorbedingung ist allerdings eine Verbesserung technologischer Fähigkeiten. Industrieländer, die in diesem Bereich tätig sind, verlieren im Möbelbereich derzeit Marktanteile. Dies unterstützt den Eindruck, daß einige Entwicklungs- (und Transformations-) länder hier profitieren könnten. Länder wie die Tschechei, Polen, Rumänien und Slowenien schaffen es die Qualität ihrer Produkte zu verbessern und können höhere Preise verlangen, obwohl insgesamt gesehen die Preise eine absinkende Tendenz aufweisen.[1662] Zu den großen Möbelexporteure gehören Italien, China, Kanada, Polen, Indonesien, Malaysia, Mexiko und Thailand. Zurückgehende Exporte weisen aktuell Dänemark,

---

[1656] Siehe: **Tabelle 41**.
[1657] Siehe: **Tabelle 42**.
[1658] WTO 2004a: 101.
[1659] UNIDO Wood Furniture 2003: 1.
[1660] UNIDO Wood Furniture 2003: 7.
[1661] "Specialized medium-sized buyers, which source from many countries and sell on to retail outlets, usually in a single country or region. These buyers may have over 1,500 suppliers, located in many countries. Even the smaller specialized buyers will typically source from more than 100 suppliers." UNIDO Wood Furniture 2003: 7.
[1662] UNIDO Wood Furniture 2003: 3-4.

Schweden und Rumänien auf.[1663] Der Weltmarktanteil von China liegt, siehe Tabelle, bei 10 %, davon fließen 53 % in die USA.[1664] Südafrika beispielsweise schafft es nur unzureichend seine Produktion auf höherwertige Designs umzustellen. Kommerziell nutzbare, nachhaltig zu bewirtschaftende Holzresourcen liegen vor, aufgrund der geringen Wertschöpfung in der dortigen Möbelbranche lohnt es sich aber kaum die Bäume zu zersägen, sie werden stattdessen zu Zellstoff verarbeitet. Die Exporte standardisierter Gartenmöbel lohnen sich kaum noch, weil die Preise rapide verfallen sind. Dies liegt aber auch an der schlechten Qualität der südafrikanischen Produkte.[1665] Die USA hat ihre Zölle im Möbelbereich sämtlich abgebaut[1666], die EU erhebt Zölle von 2,7 % bis 4,7 %.[1667] Die USA hat in bezug auf Schlafzimmermöbel aus China Antidumpingzölle veranschlagt (8,64 % für Firmen, die sich kooperativ gezeigt haben) und für sonstige Firmen 198,08 %.[1668]

Wie dem auch sei, China hat im Bereich dieser sonstigen verarbeiteten Waren besondere Stärken. Diese sollen hier aufgezählt werden, obwohl diese teils als 'low end'-Produkte auch in die Kategorie Haushaltwaren oder Unterhaltungselektronik passen würden.

Deutschland importiert aus China beispielsweise Toaster, Bügeleisen, Küchenmaschinen, Küchenherde, Staubsauger, Armbanduhren, CD-Player, Radios, Videorecorder, Lautsprecher, Zubehör für Tonwiedergabegeräte, medizinische Instrumente, Bohrwerkzeuge, Schrauben, Metallmöbel, Deckenleuchten, Elekromotoren, Tisch- und Deckenventilatoren, Eßbestecke, Gartenschirme, Kinderwagen, Weihnachts- und Feuerwerksartikel und Container. Dazu kommt der Bereich, der zur Unterhaltungselektronik gezählt werden muß: CD-Player, Radios, Videorecorder, Lautsprecher und Armbanduhren. Geschätzt wird, daß zwischen 56 % und 72 % dieser Produkte aus ausländischen Direktinvestitionen resultieren, die die niedrigen Löhne nutzen wollen und teils sicher auch Lohnveredelung in Reinform betreiben. Geschätzt wird, daß 51 % der Importe Chinas dazu benutzt worden sind, um in solchen ausländisch finanzierten Produktionsstätten für den Export zu produzieren.[1669] Der sonstige Anteil dieser Exporte (eben 44 % bis 28 %) stammt von originär chinesischen Unternehmen.[1670]

Sieht man die Importe der USA aus China näher an, wird sichtbar, daß sie sich ebenso zu 1/3 in diesem schwer definierbaren Bereich sonstiger verarbeitender Güter konzentrieren, geschätzt werden diese Importe auf insgesamt US$ 73 Mrd. (37 % bei US$ 196 Mrd. Importen aus China[1671]).[1672] Dazu

---

[1663] **Tabelle 80**. UNIDO Wood Furniture 2003: 2.
[1664] **Tabelle 80**; ITA 2004: VII-8.
[1665] UNIDO Wood Furniture 2003: 2.
[1666] Bis auf Artikel wie Matratzen, Kissen, Lampen. Zölle von 3 bis 12,8 %. USA Zolltarif 2004: 1783-1791.
[1667] Zolltarif EU 1999: 463-466.
[1668] ITA 2004: A-1.
[1669] Geschätzt für vor 2000 in Hermanns 2001: 287.
[1670] Für 1997. DIW 1997: 65-74.
[1671] Für 2004. USITC Tradeshifts China 2004: 1.
[1672] US$ 1,10 Mrd.: Stone, sand, cement and lime (13020); US$ 1,39 Mrd.: Other finished (shingles, moulding, wallboard) (13110); US$ 3,16 Mrd. Other (boxes, belting, glass, abrasives) (16120); US$ 11,54 Mrd.: Furniture, household items, baskets (41000); US$ 1,04 Mrd.: Glassware, porcelain, and chinaware (41010); US$ 3,46 Mrd.: Cookware, cutlery, house and garden wares, tools (41020); US$ 7,08 Mrd.:

gezählt können ebenso Anteile an den Importen von 29 % der Computerbereich, mit Schwerpunkt Peripheriegeräte (US$ 50,7 Mrd.)[1673], sodann 33 % der folgenden Warengruppen: Telekommunikationsausrüstung US$ 7,0 Mrd., Büromaschinen U$ 3,4 Mrd., Medizintechnik US$ 1,5 Mrd., Reifen für Automobile US$ 1,0 Mrd., Automobilteile US$ 3,9 Mrd., Bekleidung Baumwolle US$ 7,6 Mrd., Bekleidung Wolle US$ 1,0 Mrd., Textilien U$ 13,1 Mrd., Küchenausrüstung US$ 7,0 Mrd., sonstige Küchenwaren US$ 3,4 Mrd., TV/Video US$ 10,7 Mrd., Radio US$ 7,0 Mrd. (US$ 66,6 Mrd.).[1674]

Klar ist, daß die chinesischen Unternehmen schwer in die Klassifikation gemäß technologischer Fähigkeiten in Abschnitt 'F' hereinpassen. Sie verfügen noch nicht über ausgebildete, sondern über mittlere technologische Fertigkeiten, weil sie wenig F&E betreiben, sie verfügen aber zunehmend über Weltmarkterfahrung, sie haben entschieden welche Technologien sie einsetzen und haben Erfahrungen wie flexibel auf Veränderungen reagiert und Investitionsentscheidungen getroffen werden. Es liegen also wenigstens 4 weitere Punkte vor, über die eigentlich ausgebildete technologische Fähigkeiten definiert werden. Afrikanische Firmen verfügen über solche Fähigkeiten beispielsweise nicht oder nur eingeschränkt.[1675]

Der Erfolg Chinas in der Medizintechnik aus dem U.S. Markt paßt gut in dieses Gesamtbild hinein: Ein großer Teil davon sind 'low-tech'-Importe großer U.S. Warenhäusern von Massagegeräten zum persönlichen Gebrauch. Typisch für China, kann es aber seine technologischen Fähigkeiten in der Computertechnik dazu nutzen, auch Blutdrucktest- und Sauerstofftheraphiegeräte für den Hausgebrauch produzieren. Geht es in Richtung höherwertigerer Technologie, wird sichtbar, daß ausländische Investoren eine Rolle spielen: Die Firma General Electric Medical Systems (GEMS) verfügt seit 1979 über Montagefabriken im Land und hat bekanntgemacht, daß China das Hauptquartier für F&E, Produktion und Distribution in Asien werden wird. Produziert wird von dieser Firma zunehmend 'high tech': Patientenüberwachungssysteme, Röntgengeräte und Ultraschallgeräte. Die chinesische Niederlassung ist innerhalb von GEMS der drittgrößte Produzent von Computertomographen (nach den USA und Frankreich). Anteilsbezogen geht 1/3 der Produktion auf den heimischen Markt in China und 2/3 in den Export, d.h. 70 % der Produktion von GEMS wird in die USA und Japan exportiert.[1676]

Household and kitchen appliances (41030): US$ 22,46 Mrd.: Other (clocks, port typewriters, other household goods) (41050); US$ 20,15 Mrd.: Toys, shooting and sporting goods, and bicycles (41120) (41120); US$ 1,47 Mrd.: Jewellery (watches, rings, etc.) (41310); US$ 1,03 Mrd.: Other gem stones-precious, semiprecious, and imitates (41110). U.S. Bureau of Census Foreign Trade Statistics China 2006.
[1673] Siehe den Abschnitt zu Computer oben. U.S. Bureau of Census Foreign Trade Statistics China 2006.
[1674] U.S. Bureau of Census Foreign Trade Statistics China 2006.
[1675] Siehe Abschnitt 'F'.
[1676] USITC Tradeshifts Electronic Goods 2004: 17.

11.11 Textil und Bekleidung

Generell gilt, daß viele Entwicklungsländer (und die Transformationsländer) im der Bekleidungsproduktion mit Lohnkostenvorteilen gegenüber den Industrieländern ausgestattet sind. Das Auslaufen des Multifaserabkommen (MFA) ab dem 1. Januar 2005 etabliert erstmals seit den frühen fünfziger Jahren freien Handel in diesem Bereich. Die handelsbeschränkenden Wirkungen des MFA Abkommen wurden in der Literatur nicht immer genügend hervorgehoben. Von diesem Abkommen wurden Japan, Korea, Taiwan und Hongkong extrem bevorteilt und Länder wie die Philippinen oder Pakistan hatten höhere Quoten als Indien oder Brasilien. Aufgrund einer politischen Entscheidung der Industrieländer konnte China in den achtziger Jahren auf hohem Niveau einsteigen und hat 1988 bereits einen Anteil an den gesamten Quoten von 11 % während Indien und Brasilien auf dem Niveau von 2,3 % blieben.[1677] China konnte zusätzlich vom allgemeinen Präferenzsystem (GSP) für Entwicklungsländer der EU, welches Textil und Bekleidung umfaßte, mehr als alle anderen Länder profitieren, über 70 % der Vorteile wurden von asiatischen (darunter auch Korea, Malaysia, Thailand) Ländern genutzt, davon konnte China 25 % für sich reklamieren (insgesamt damals 1992 ECU 22,48 Mrd. für China, davon fand 5,62 Mrd. unter dem GSP statt).[1678] Spät, am 1. Januar 1996, wurden die EU-Präferenzen für China abgeschafft.[1679]

Eine Wirkung des MFAs war, daß die traditionell erfolgreichen Hersteller zu Investitionen in anderen Ländern gezwungen waren, sobald sie schneller wachsen wollten, als die Quoten es zuließen. So haben japanische Texilproduzenten ihre Produktion in andere asiatische Länder verlagert: Nach Taiwan und Hongkong in den 1960ziger, nach Thailand und Singapur in den 1970ziger, aber auch nach Indonesien, Brasilien und in die USA. China wird ab 1988 zum Ziel von Textil- und Bekleidungsinvestitionen aus Japan (US$ 118 Mill.) und diese Land übertrifft zwischen 1992 und 1995 (US$ 1139 Mill.) in diesem Bereich klar die Investitionen in andere Länder.[1680] Diese Wirkung des Multifaserabkommen wird hier aufgrund der Selektivität des Systems, welches nur wenigen Ländern eine wirklich dynamische Entwicklung erlaubt hat, nicht als positiv angesehen. Die Wirkungen der Handelsbeschränkungen im Textil- und Bekleidungsbericht werden im Abschnitt 'I' genau dargestellt.

Somit war der spätere Aufstieg China zum bedeutensten Textil- und Bekleidungsproduzent der Welt vielleicht bei der Gründung der WTO 1995 noch nicht allen Personen bekannt, als die Abschaffung

---

[1677] Siehe: **Tabelle 109**. Siehe Abschnitt 'I'.
[1678] Waer/Driessen 1995: 97, 110.
[1679] Dies auf Drängen von England, das restliche Europa hatte offenbar von der neuen Situation auf den Weltmärkten noch wenig mitbekommen. Präferenzen bedeuteten nicht freien Handel, sondern ein abgestuftes System von Abzügen von den sonst vorhandenen MFN Zöllen, welches auf einer Klassifikation 'sehr sensitiver', 'sensitiver', 'semi-sensitiver' und 'nicht-sensitiver' Produkte beruhte. Die außerordentlich komplexen Regeln können hier nicht im Ansatz wiedergegeben werden, es bemühen sich in detaillierter Form in ihrem Kommentar der neuen GSP Regeln der EU vom 20. Dezember 1994: Waer/Driessen 1995: 112.
[1680] Farell 1997: 18.

des MFA in der WTO ausgehandelt wurde.[1681] Diese Möglichkeit war aber damals nicht auszuschließen und dies war politisch gewollt.[1682] Schon im Jahre 1990 erreichte China bereits einen Anteil des Welthandels bei Textilien von 6,9 % (Hongkong 2,1 %) und im Bereich Bekleidung 8,9 % Bekleidung (Hongkong 8,6 %) und wird schon damals nur noch von der EU als Exporteur überflügelt und war schon damals größter Importeur.[1683] Einige Jahre später, 2003, erreicht China einen Anteil von 23 % an den Weltexporten Textilien 15,9 % (nimmt man die Re-Exporte über Hongkong dazu, ca. 30 %)[1684], Bekleidung 23 % (mit den Re-Exporten vielleicht 30 %).[1685]

Dies sind Zahlen, die immer noch in die Zeit des WTO Übereinkommen über Textil und Bekleidung fallen (Agreement on Textiles and Clothing, 'ATC').[1686] Das WTO-China Beitrittsabkommens sieht weiterhin eine Schutzklausel vor, die von allen WTO-Mitglieder bis Ende des Jahres 2008 benutzt werden kann.[1687] Die USA und der EU haben diese spezielle Schutzklausel aktiviert.[1688]

In Mexiko gibt es beispielsweise Befürchtungen, in bezug auf steigende Textil- und Bekleidungsimporte aus China, welche schnell anstiegen, aber noch keine hohen Volumina erreichte, obwohl es Anhaltspunkte für Schmuggel gibt.[1689] Mexiko hat sich beim WTO Beitritt Chinas einen von der WTO unkontrollierbaren Gebrauch von Antidumping Zöllen, die es bis Dezember 31, 2007, auf chinesische Produkte erheben kann, eingeräumt, ohne daß dies von der WTO kontrolliert werden darf. Bis 2002 hat Mexiko Quoten auf 1310 chinesische Produkte erhoben: Hauptsächlich im Textil- und Bekleidungsbereich, aber auch auf Fahrräder, Feuerzeuge, Schuhe, Spielzeug, Stifte etc. Teils sind die Antidumpingzölle 1000 % hoch.[1690] Angesichts einer Textilproduktionskapazität von 1:10 im Vergleich zu China ist zu erwarten, daß Mexiko vermehrt billige Textilien aus China importieren wird.[1691] Bis jetzt schon hat China partiell Segmente des U.S. Marktes übernommen, die sonst von

---

[1681] Hier der Hinweis auf einen Artikel, der die Strategien der europäischen Textil- und Bekleidungsunternehmer in dieser Zeit beschreibt, die beginnen sich auf die neue Situation einzustellen. Interessant ist, daß Ende der achtziger Jahre die japanischen Hersteller auf ein komplexeres 'subcontracting' zurückgreifen, die europäischen Hersteller dagegen vermehrt auf reine Lohnveredelung setzen. Nunnenkamp 1995: 556-559.
[1682] "The new Multifibre Arrangement (MFA) negotiated in 1986 between industrial and developing countries, and related agreements, allow for very little export growth from China relative to China's potential - even though China used its economic and political might to obtain larger quotas than normal MFA restrictions allowed." Anderson/Park 1989: 144-145; siehe auch Cline 1987: 142-143; schon von Wolf et al. (1984: 86) wurde auf die rapide steigenden Importe aus China hingewiesen.
[1683] WTO 2004: 148, 155; das Potential Chinas und die schon erreichten Weltmarktanteile (ca. 5 % schon 1984, damals das Niveau Japans) werden auch beschrieben in Anderson/Park 1989: 129-145.
[1684] WTO 2004a: 148.
[1685] WTO 2004a: 155.
[1686] Das ATC zeichnet sich vor allem dadurch aus, daß die Industrieländer die Liberalisierung verzögern, teilweise um in den regional näheren Gebieten eine Textil- und Bekleidungsindustrie aufzubauen. Dadurch ergeben sich erhebliche Veränderungen in bezug auf die Schwerpunktländern aus denen die Waren bezogen werden. So importierte Schweden 25 % der Bekleidung nun aus Osteuropa, eine 200 % Steigerung gegenüber 8 Jahren davor. Ebenso schnell steigen aber Importe aus China, wenn bestimmte Zollpositionen liberalisiert worden sind. In Kanada steigen der Wert der Importe aus China 1998 um 140 % an. Spinanger 2000: 12.
[1687] U.S. GAO Textile Safeguards 2005: 3.
[1688] Siehe das U.S. China Memorandum of Understanding 2005.
[1689] Wahrnehmbar ist der Ansteig bei Schuhen und Spielzeug. Dussel Peters 2005: 117.
[1690] Dussel Peters 2005: 43.
[1691] Dussel Peter 2005: 118.

Lateinamerika aus beliefert werden.[1692] Ganz wirkungslos scheinen aber die U.S. bzw. NAFTA Zölle nicht zu sein, so investieren chinesische Unternehmen US$ 96 Mill. in eine Textilfabrik in Mexiko.[1693]

Ein fast freier Handel im Textil- und Bekleidungsbereich ist somit erst ab dem 1. Januar 2009 zu erwarten. Dann bleiben immer noch die Zölle der Industrie- und der Entwicklungsländer bestehen. Die Industrieländer wenden weiterhin Zölle an, die EU für Bekleidung typischerweise Zölle von 11 % bis 13 %, bei Geweben 9 % und bei Garnen oft 6,5 % durchaus auch mal 12 %.[1694] Die U.S. Zölle variieren mehr und sind teils deutlich höher. Mal liegt ein moderater Zoll von 10 % plus einen Wertzoll von 61,7 Cent pro Kilo für Männerjacken vor; T-Shirts aus Baumwolle werden mit 19,7 % verzollt, es gibt aber auch Zollspitzen von 28,2 % für Skianzügen aus Synthetikfasern und 32 % für Babyhosen und Blusen.[1695] Die durchschnittlichen Zölle betragen für Bekleidung in der EU 3,8 % (keine Tarifposition über 5 %), für die USA 10,3 % (20,6 % der Tarifpositionen über 5 %) und für Japan 12,1 % (37,6 % der Tarifpositionen über 5 %).[1696] Einfache Durchschnittwerte vor der Uruguay Runde betrugen bei der EU 10,7 % und der USA bei 13,2 %.[1697] Diese Zölle werden gegenüber vielen afrikanischen und sonstigen Entwicklungsländer über Präferenzabkommen ausgesetzt. Die Nutzung dieser Präferenzen wird aber, siehe Abschnitt 'A' und 'G' am Beispiel Afrika, durch Ursprungsregeln erschwert. Entwicklungsländer schützen ihre Bekleidungssektoren mit höheren Zöllen: Brasilien mit durchschnittlich 20,0 %, Indien durchschnittlich mit 34,0 %, Thailand 35.5 %.[1698]

Wie sieht die Situation derzeit aus? Zuerst einmal einige Informationen zum tendenziell kapitalintensiveren Textilhandel (Memo item: Welthandel Textil US$ 169 Mrd. 2003), die eigentlich nur zeigen sollen, warum sich hier nicht genauer damit beschäftigt wird, weil dessen Struktur komplex ist und die Rolle entwickelter Länder weiterhin substantiell ist.[1699] Bemerkenswert ist weiterhin, daß bestimmte Länder hohe Importe haben, die auf Lohnveredelung und eigene Fähigkeiten zur Weiterverarbeitung schließen lassen: Mexiko importiert für US$ 5,46 Mrd. Textilien, daraus kommen US$ 7,34 Mrd. Bekleidung; Vietnam importiert US$ 2,79 Mrd. Textilien, als Bekleidung kommt raus US$ 3,56 Mrd.; Rumänien importiert US$ 2,87 Mrd. und US$ 4,07 Mrd. sind Bekleidungsexporte.[1700]

[1692] Dussel Peters 2005: 119.
[1693] Dussel Peters 2005: 120.
[1694] Zolltarif EU 1999: 239-261.
[1695] Beispiele: Chap. 61: 6101.30.15; 6105.10.00; 6112.20.10; 6111.30.30. Siehe USA Zolltarif 2004: 1139-1269.
[1696] Mayer 2004: 6. Siehe: **Tabelle 110**.
[1697] Werte vor der Uruguay-Runde, danach sinken die Zölle auf USA 10.8 Prozent, EU, 8.8 Prozent ab. Dies sind einfache Durchschnittwerte. Aus: Finger et al. 1996: 57. Die Werte für die Jahre davor sind etwas höher. So ist das BRD-Schutzniveau 1970 für Bekleidung 14,7 % bei einem effektiven Zollschutz von 21,5 %. Donges et al. 1973: 25.
[1698] Mayer 2004: 6.
[1699] In Zahlen von 2003 wird der Textilhandel von einer relativ komplexen Struktur bestimmt (Intra-EU 15 Handel wird hier ausgeklammert): China ist der größte Exporteur mit US$ 26,9 Mrd. (plus Hongkong US$ 12,3 Mrd.), es importiert aber mit relativ hohen Steigerungsraten nun für US$ 14,2 Mrd; es folgt darauf die EU 15 mit US$ 26,3 Mrd. Exporte/19,9 Mrd. Importe; USA US$ 10,9 Mrd. Exporte/18,2 Mrd. Importe; Korea US$ 10,1 Mrd. Exporte/2,9 Mrd. Importe; Taiwan US$ 9,3 Mrd. Exporte/Importe nicht erwähnt; Indien US$ 6,5 Mrd. Exporte/Importe nicht erwähnt; Japan US$ 6,4 Mrd. Exporte/US$ 5,0 Mrd. Importe; Pakistan US$ 5,8 Mrd. Exporte/Importe nicht erwähnt; Türkei US$ 5,2 Mrd. Exporte/Importe nicht erwähnt; Indonesien US$ 2,9 Mrd. Exporte/Importe nicht erwähnt. WTO 2004a: 148.
[1700] Obwohl diese Methode nicht ganz sauber ist, wird an den Daten klar, daß diese Länder derzeit Schwerpunkte der Lohnveredelung sind. WTO 2004a: 148, 155.

Italien, Korea, Deutschland und Japan exportieren mehr Textilien als sie importieren.[1701] Ein Kommentar zu den Kostenvorteil chinesischer Textilien wurde schon oben im Exkurs China gegeben.

Zum Bekleidungsbereich (Memo item: US$ 226 Mrd.). Hier kann kein Gesamtüberblick über die Auswirkungen des chinesischen Erfolgs im Bekleidungsbereich gegeben werden. Erwartet wird in der Literatur, daß China große Teile des Weltbekleidungsmarktes für sich erobern kann. Weiterhin wird eine Konzentration der Bekleidungsproduktion auf wenige Länder erwartet, China, Indien und Pakistan. Von anderen Ländern und Regionen, etwa Bangladesh, wird erwartet, daß diese darunter leiden.[1702] Dieses Szenario stützt sich auf eine GTAP Simulation, die prognostiziert, daß China, trotz Zöllen, etwa 50 % (29 %) des amerikanischen (europäischen) Marktes erobern wird. Indien erreicht daran 15 % (9 %). Die meisten anderen Länder werden darunter leiden.[1703] Gebildet hat sich deshalb bereits u.a. eine weltweiten Koalition (USA, Lateinamerika, Afrika, Türkei) von Interessengruppen, die sich für ein neues Abkommen für einen geregelten weltweiten Textil- und Bekleidungshandel nach 2008 einsetzt.[1704] Berichtet wird in deren Publikationen, daß in Japan und Australien China bereits einen Anteil von über 80 % an den Bekleidungsimporten hat.[1705] Ohne daß dies hier weiter untersucht werden kann, beschweren sich die Konkurrenten über die Preisgestaltung[1706] und es wird auch bemerkt, daß die chinesischen Regierung die Umstrukturierung von staatlichen Unternehmen im Textilbereich subventioniert hat, 1997 und 1998 etwa mit ungefähr US$ 185 Mill.. Diese Zahl ist nachzulesen in der Subventionsnotifizierung in den chinesischen WTO-Beitrittsdokumenten.[1707]

Anhand der hier vorliegenden Daten für Bekleidung, die einen Vergleich von 2000 und 2003 erlauben, kann hier nur beobachtet werden, daß es derzeit einige Länder gibt, die Weltmarktanteilsgewinne verzeichnen können, ebenso gibt es eine Reihe von Länder die Verluste aufweisen. Unter den Ländern, die Verluste haben, können einige trotzdem absolute Steigerungsraten der Exporte vorweisen können, Thailand und Mexiko sinken auch absolut gesehen ab.[1708] Mexiko und viele lateinamerikanische Länder mögen allerdings besonders verwundbar sein, denn sie produzieren, so ein Autor, oft nur T-Shirts und Jeans.[1709] Auf die Rivalität zwischen China und Mexiko kann hier nicht eingegangen

---

[1701] Für 2002. OECD 2005: 38.
[1702] Mayer 2004: 21-25.
[1703] Nordas 2005: 30.
[1704] GAFTT 2005: 1; siehe auch die Analyse der U.S. und EU Märkte in NCTO 2006. Auch deutsche NGOs wie Südwind setzen sich für ein neues Abkommen ein. Siehe dort auch ein Überblick über weltweite Reaktionen: Ferenschild/Wick 2004: 52-54.
[1705] NCTO 2006: 5.
[1706] Fallende Preise für chinesische Waren. NCTO 2006: 6. Dies kann hier nicht aus unabhängiger Quelle verifiziert werden.
[1707] Siehe: WT/L/432, S. 68. Umrechung in Dollar mit dem Umtauschkurs des, 13. März 2006. Hinweis darauf und Reproduktion der Daten auch in Dussel Peters 2005: 34.
[1708] Zwischen 2000 und 2003 sinkt der Weltmarktanteil Indonesiens von 2,4 % auf 1,8 %, die Exporte steigen von US$ 4,36 Mrd. auf US$ 4,73 Mrd. Indiens Anteil sinkt von 3,1 % auf 2,9 %, Exporte steigen von US$ 5,15 Mrd. auf 6,46 Mrd.; Mexikos Anteil sinkt von 4,4 % auf 3,2 %, die Exporte sinken von US$ 8,7 auf 7,3 Mrd.; Thailands Anteil sinkt von 1,9 % auf 1,6 %, die Exporte sinken von US$ 3,95 Mrd. auf 3,62 Mrd. Die sonstigen Länder weiten ihre Weltmarktanteile aus: Pakistan von 1,1 % auf 1,2 %, Vietnam von 0,9 $ auf 1,6 %, Rumänien von 1,2 auf 1,8 %, Türkei von 3,3 % auf 4,4 %. Der Anteil von Bangladesch geht leicht zurück von 2,1 % auf 1,9 %. Siehe WTO 2004a: 155. Sowie für die Zahlen aus dem Jahr 2000, leider keine für Bangladesch. WTO 2001: 147. Siehe: **Tabelle 111**. Siehe für die Situation im Jahre 1996: **Tabelle 112**.
[1709] Dussel Peters 2005: 74.

werden.[1710] Italien exportiert gemäß OECD (2005) im Jahre 2002 für US$ 27 Mrd. Bekleidung, bei Importen von US$ 14 Mrd.[1711] Damit hat sich gegenüber 1990 mit US$ 11,8 Mrd. eine Steigerung ergeben, seit 1996 US$ 16,1 Mrd. sinken diese aber auf US$ 13,2 Mrd. ab.[1712] Dies liegt sicher auch an der Auslagerung der italienischen Produktion nach Osteuropa sprich Rumänien, deren Bekleidungsexporte von 1995 US$ 1,3 Mrd. auf 2003 US$ 4,0 Mrd. steigen.[1713] Italien hat mit diversen osteuropäische Länder Lohnveredelungsverbindungen, darunter Polen, Tschechei, Ungarn, Bulgarien und Rumänien aufgebaut und begonnen dort zu investieren.[1714]

Die Studie der OECD (2005) argumentiert, daß regionale Nähe zu den großen Märkten im Bekleidungsbereich weiter wichtig bleibt, besonders in Produktbereichen in denen das Sortiment oft aufgefrischt wird. Dies wird am Beispiel Kolumbien versucht zu beweisen, weil es von dort nur 3 Tage mit dem Schiff in die USA sind oder 3 Stunden im Flugzeug.[1715] Dieselbe Studie zeigt, wie wichtig Ursprungsregeln sind, weil solche Vorteile für Kolumbien erst richtig nutzbar sind, wenn Textilien kostengünstig auf dem Weltmarkt bezogen werden können.[1716] Erst seit kurzem wurde in einem neuen Abkommen mit Kolumbien, Peru, Ecuador und Bolivien diesbezüglich eine wertbezogene Definition ausgehandelt, die besagt, daß 35 % lokale Wertschöpfung für die Ursprungsfeststellung und den damit verbundenen zollfreien Export in die USA ausreicht.[1717] Dies könnte gerade dazu ausreichen, importierte Textilien aus Asien zu benutzen.[1718] Vor allem Peru scheint von diesem Abkommen profitiert zu haben und steigert seine Bekleidungsexporte in die USA.[1719] Die EU hat beispielsweise die Position osteuropäischer Länder gestärkt, indem aus der Türkei gelieferte Textilien genauso wie solche aus der EU behandelt werden, wenn es um Zollersparnisse durch den Lohnveredelungshandel geht.[1720] Bestätigt werden Vorteile der Nähe von Graziani (1998), der dies als wichtiges Motiv darstellt, welches italienische Bekleidungshersteller zu Lohnveredelung und Investitionen in osteuropäischen Ländern gebracht hat (2-3 Tage aus Polen, Ungarn, Rumänien vs. 45 Tage aus Asien per Schiff).[1721]

Andere Autoren stellen aber infrage, ob Vorteile der Nähe ausreichend sind. So zeigt Nordas (2005), daß in Bekleidungswarenkategorien, die häufig gewechselt werden, China erstmalig verlorene

---

[1710] Der Maquiladora Sektor (nicht nur im Textilbereich) erlebte in Mexiko zwischen Ende 2000 und April 2004 eine Beschäftigungsrückgang von 18 % und eine Schließung von 22 % der Fabriken. Studien schätzen, daß 33,8 % der Firmen, 177, ihre Aktivitäten nach China auslagerten. Das Verhältnis China/Mexiko und Lateinamerika thematisiert die Studie von Dussel Peters 2005: 62.
[1711] OECD 2005: 38.
[1712] WTO 2000: 153.
[1713] WTO 2004a: 156.
[1714] Überblick in Grazini 1998: 8-15.
[1715] OECD 2005: 203.
[1716] OECD 2005: 204-205.
[1717] Peru profitiert davon, in Kolumbien stabilisieren sich die Bekleidungsexporte und neue Investitionen durch U.S. Firmen werden getätigt. ATPDEA Report 2005: 4, 23.
[1718] Weil Materialinputs 60 bis 70 % Anteil der Wertschöpfung bei Bekleidung haben. Nordas 2005: 7.
[1719] ATPDEA Report 2005: 9.
[1720] Die EU Vorschriften für den Lohnveredelungshandel werden in Abschnitt 'A' zitiert. Siehe dieses Beispiel in Spinanger 2000: 10.
[1721] Graziani 1998: 13.

Marktanteile langsam zurückgewinnt. In dieser Warenkategorie hatte China 1993 einen Anteil von 18 %, zwischendurch lag er bei 13,2 % (1999), jetzt bei 15,5 % (2002).[1722]

Kurz zur Frage, inwiefern Zölle bei Bekleidung wohlfahrtsteigernd einsetzbar sind: Zollbarrieren in Entwicklungsländern sind vor allem dann sinnvoll einsetzbar, wenn eine wettbewerbsfähige Textilindustrie mit einem relativen breiten Angebot geschützt werden kann, etwa die erfolgreich restrukturierte Textilindustrie Südafrikas, die als Lieferant für die Bekleidungsindustrie dienen kann.[1723] Wenn eine exportorientierte Bekleidungsindustrie aufgebaut werden soll, ohne daß eine solche lokale Textilindustrie besteht, sollten Textilzölle abgebaut werden, um einen globalen Bezug von Textilien zu ermöglichen.[1724] Die dritte Möglichkeit besteht darin, Sonderexportzonen zu gründen, die zollfreie Textilimporte ermöglichen, wobei die Textilindustrie im Land weiter geschützt wird, wie dies Kenya versucht[1725] oder die Philippinen.[1726] Damit könnten Länder, die über einen zollfreien, präferentiellen Zugang in die USA und die EU verfügen (weitere Bedingung: tolerante Ursprungsregeln, die den Import von Textilien erlauben oder eine aktuell gerade erlaubte Kumulation von Ursprungsregeln, damit Südafrika Textilien nach Madagaskar, Lesotho oder Mauritius liefern kann und der Export in die EU trotzdem zollfrei bleibt[1727]), eine Chance erhalten weiter am Markt bestehen zu bleiben. Schließlich setzen viele Entwicklungsländer Zölle im Textil- und Bekleidungsbereich ein, um Märkte für eigene Produzenten zu reservieren und deshalb, weil eine wettbewerbfähige Industrie nicht besteht und ein 'passiver' Schutz bestehender Strukturen versucht wird.[1728] Die ist dann begründbar, wenn auf die Teilnahme am Bekleidungshandel ganz verzichtet wird und durch die Erhaltung dieser Sektoren wirtschaftliche Werte und technologische Fähigkeiten

---

[1722] Nordas 2005: 33.
[1723] Siehe Abschnitt 'G'. Dort auch wieder die Verweise auf Roberts/Thoburn 2002; TIPS Report Employment 2004; USITC 2004: K-39. Natürlich würde von liberaler Seite argumentiert, daß diese Industrie nicht geschützt werden muß, wenn sie denn wettbewerbsfähig ist. Dies ist aber zu einfach. Diese Restrukturierung und die damit verbundenen Investitionen können von Südafrika erst angelockt werden, indem eine minimale Absicherung der Investitionen versprochen wird, eben durch Zollschutz. Damit wird das Risiko abgemildert und es ist schwer zu leugnen, daß derzeit ein gewisses Risiko besteht, weil eben unklar ist, ob chinesische Produzenten noch tiefer mit ihren Preisen gehen können. Der so geschützte Markt ist sicher bei moderat hohen Zöllen nicht absolut geschützt, im Sinne daß hohe Preise verlangt werden können. Dies wäre im Verhältnis zu den Bekleidungsproduzenten sowieso nicht akzeptabel, denn sonst würden diese ihre Wettbewerbsfähigkeit auf dem Weltmarkt verlieren und die Textilindustrie verliert ihren Markt. Zollschutz führt in einer solchen Konstellation somit dort nur eingeschränkt zu hohen Preisen.
[1724] Am Beispiel von Kolumbien. OECD 2005: 203. Lesotho wurde etwa eine Ausnahme von EU Ursprungsregeln eingeräumt, dazu kommt der zollfreie Marktzugang unter der Lomé Konvention. Dies hat zu Investition in der Bekleidungsindustrie geführt. Investitionen in die Textilindustrie kommen dazu, weil die USA 2007 präferentielle Ursprungsregeln wieder auslaufen zu lassen scheint. OECD 2005: 209.
[1725] Am Beispiel Kenya in Abschnitt 'G'.
[1726] Dort gibt es eine Bekleidungslohnveredelung in Export-Produktionszonen für die spezielle Zollbestimmungen existieren. Parallel dazu wird der Heimatmarkt geschützt, weil die dortigen Produzenten zu schwach sind. Diesen "Dualismus zwischen einheimischen und Exportsektor" in den Philippinen beschreibt die detaillierte Studie von Richter 1994: 119, 136-138. Die Philippinen waren im 18. und 19 Jhd. schon ein bedeutender Bekleidungsexporteur, bevor sich die Bekleidungsindustrie in Manchester 1860 wieder erholte. Als billige Importe aus den USA und Europa dann die lokale Industrie vom heimischen Markt vertrieben, gingen die Exporte ganz zurück. Seit 1898 übernahmen die USA von den Spaniern die Kolonialherrschaft und seitdem wurden in Manila exportorientierte Stickereien von U.S. Unternehmern aufgebaut, die für den U.S. Markt produzierten. Richter 1994: 112.
[1727] Siehe Abschnitt 'G' den Punkt Afrika.
[1728] Siehe Abschnitt 'G' den Punkt Afrika.

geschützt werden. Schließlich sei darauf hingewiesen, daß überall auf der Welt inakzeptable Arbeitsbedingungen in der Textil- und Bekleidungsindustrie vorliegen.[1729]

12. Fazit Welthandel

Obwohl Technologie wichtig bleibt, wird der Welthandel in Zukunft nicht mehr so deutlich wie früher von absoluten und relativen Ricardo Vorteilen als vielmehr von Heckscher-Ohlin und einem Heckscher-Ohlin Intra-Industriehandel mit qualitativer (von Innovations- und Technologieniveaus beeinflußter) Differenzierung geprägt sein. Nimmt man die Handelsliberalisierung und das mobile Kapital der Direktinvestitionen dazu, die diese Veränderungen teils beschleunigen und teils initiieren, führt dies zu einer fundamentalen Transformation des Intra-Industriehandels.

12.1 Die zukünftige Relevanz der sieben Modelle

Balassa hatte 1966 die frühe Vision eines solchen Handels in denselben Warenkategorien, welcher bei einer Liberalisierung zu weniger Anpassungskosten führe, als die Inter-Industrie Spezialisierung gemäß dem einfach relativen Ricardo Modell. Beim Intra-Industriehandel produzieren sowohl England als auch Portugal Wein und Tuch und spezialisieren sich auf unterschiedliche Produktvarianten, sodaß eine Kontraktion der daran beteiligten Unternehmen ausbleibt.[1730]

Der Intra-Industriehandel wird weiter von Spezialisierung geprägt werden, mit dem Unterschied, daß es zunehmend eine vertikale Spezialisierung sein wird, wobei zunehmend Waren gleicher Warenkapitel gehandelt werden, die hinsichtlich Qualität und Technologie (und Preis) unterschiedlich sind, darunter manifestiert sich ein steigender Inputgüter bzw. Vorproduktehandel.[1731] Eine solche Differenzierung macht selbst vor dem EU-internen Handel nicht halt, so kann eine Spezialisierung von süd- und osteuropäischen Ländern auf 'medium-range' und 'low-range'-Produkte zu einem gewissen Teil aufgezeigt werden.[1732] Klar ist, daß diese Form des Handels in Zukunft mehr Anpassungskosten nach sich ziehen wird, als Balassa damals treffenderweise für den Intra-Industriehandel von Ländern mit gleicher Faktorausstattung prognostizierte. Kurz: Es werden vermehrt Heckscher-Ohlin

---

[1729] Zu den inakzeptablen Arbeitsbedingungen: Ferenschild/Wick 2004. Damit wird hier aber nicht die von Fröbel et al. aufgestellte These übernommen, daß speziell in weltmarktorientierten Sektoren eine Überausbeutung der Arbeitskräfte stattfindet. So auch Richter 1994: 207.
[1730] Balassa 1966: 469. Es lohnt sich einen Teil des schon oben präsentierten Zitats noch einmal zu bringen: "Only a few manufactured goods (e.g. steel ingots, nonferrous metals, paper) traded among the industrial countries are standardized commodities, however, while a large majority are differentiated products that can be protected and exported. In the presence of national product differentiation, multilateral tariff reductions may lead to an increased exchange of clothing articles, automobiles, and other consumer goods, for example, without substantial changes in the structure of production. Further, the expansion of trade in machinery and in intermediate products at a higher level of fabrication, following all-round reductions in duties, may entail specialization in narrower ranges of products rather than the demise of national industries. These changes, then, would involve intraindustry rather than interindustry specialization." Balassa 1966: 469.
[1731] In bezug auf diesel bidden Veränderungen wird formuliert: "There diverging developments suggest the establishment of a more complex international vertical division of labour than the mere export by the North of components that are assembled in the South." European Commission 2004a: 69.
[1732] "However, vertically differentiated intra-industry trade, reflecting a quality-based specialization of the Member States, is developing fastest. In this internal division of labor, the southern European countries tend to be specialized in medium-range and low-range products." European Commission 2004a: 72.

Angleichungseffekte zu beklagen sein, etwa niedrigere Löhne im Bereich unqualifizierter Arbeit in den Industrieländer, weil arbeitsintensive Produktionsprozesse zunehmend in Ländern mit niedrigeren Löhnen stattfinden werden. Dazu kommt, daß Kapital in diese Länder abfließt, sodaß sowohl die unqualifizierte als auch die qualifizierte Arbeit - wenn man andere Prozesse nicht beachtet - davon negativ betroffen sein können.

Befürchtet werden für den zukünftigen Intra-Industriehandel deshalb höhere Anpassungskosten, mit dem zusätzlichen Argument, daß Länder wie China einen anderen Lebensstandard aufweise, wodurch dieser Handel gehemmt werden könnte.[1733] Angesichts vorerst sehr gradueller Entwicklungen in dieser Hinsicht wird aber von der European Commission (2004a) vorsichtig geschlossen: "If we take a look at the breakdown of the results by trading partner, however, we can see that a process is now under way with China that is very gradually replacing inter-industry trade by vertically differentiated intra-industry trade."[1734]

Dieser Veränderungsprozess wird weiterhin von den relativen und absolute Ricardovorteile in den Bereichen F&E, Technologie und Innovation auf der einen Seite und dem Versuch anderer Ländern ihre technologischen Fähigkeiten und ihre Ricardo Arbeitsproduktivität zu verbessern geprägt sind. Das einfache Heckscher-Ohlin Modell erklärt eben nicht den gesamten internationalen Handel: Es prognostiziert zwar richtigerweise Vorteile von Länder mit einem Überschuß des Faktors Arbeit im Bereich Bekleidung und Vorteile bei natürlichen Ressourcen oder Land. Weil Lohnkostenvorteile aber zusammen mit Kapital eingesetzt werden können, können Lohnkostenvorteile durch Technologie 'vergrößert' werden. Die Möglichkeit, Kapital einzusetzen, um Lohnkostenvorteile zu 'verkleinern' ist ebenso vorhanden. Firmen in Industrieländern setzen diese Option ein, indem sie etwa Technologie und die Revolution in der Kommunikationstechnologie nutzen, um die Produktivität ihrer Unternehmen zu steigern, um wettbewerbsfähig zu bleiben. Auch die Entwicklungsländer können Technologie und Skalenökonomien plus Lohnkostenvorteile einsetzen, um die Lohnkostenvorteile eines anderen Landes zu 'verkleinern'. Sie können auch die komparativen Vorteile im Lohnkostenbereich anderer Entwicklungsländer verändern, indem etwa dieselben 'low tech'-Waren billiger und hochwertiger produziert werden, indem auf Technologie und Kapital zurückgegriffen wird. Somit stehen sowohl die Industrieländer als die Entwicklungsländer, wie es schon immer war, auch durch die Wirkungen der Technologie in Konkurrenz zueinander.

In Zukunft werden die Entwicklungsländer versuchen, durch eine Verbesserung ihrer technologischen Fähigkeiten gegenüber Firmen aus Industrieländer ihrer Konkurrenzfähigkeit erhöhen. Ebenso erweitern derzeit die Firmen der Industrieländer in beeindruckender Weise ihre technischen Fähigkeiten und bleiben, siehe Japan, selbst in Industriebereichen, die vollständig ausgelagert sind,

---

[1733] Hinter dieser diplomatischen Formulierung steht sicher die Befürchtung, daß in China simplerweise alles billiger sein wird und wir dort nicht mehr die breite Palette unserer Produkte verkaufen können. European Commission 2004a: 72. Es ist bemerkenswert, daß sich die Europäische Kommission Gedankenspiele macht, die von den bestehenden Theorien internationalen Handels abweichen und dazu benutzt werden können, Vorwürfe gegen andere Länder zu erheben.
[1734] European Commission 2004a: 72.

weiter Weltmarktführer. So ist der Wert des Outputs eines U.S. Arbeiters bzw. die so definierte Produktivität von 1977 bis 2002 um 109 % gestiegen.[1735]

Die Relevanz des Aussagen Balassas bleiben in diesem Ricardo-Heckscher-Ohlin Mix partiell bestehen, weil neue Formen der Spezialisierung sichtbar werden und deshalb die Hoffnung besteht, daß Anpassungskosten auch weiterhin geringer sein werden, als im Fall einer klaren Zunahme einer Inter-Industrie Spezialisierung.[1736] Flapsig formuliert: Im Extremfall könnte es so sein, daß in 50 Jahren die Industrieländer auf qualitativ hochwertige Güter für die Reichen der Welt spezialisiert sind, dabei Inputgüter aus Entwicklungsländern einsetzen und die Entwicklungsländer produzieren technologisch weniger aufwendige Güter für ärmeren Schichten der Welt produzieren. Dabei können die Industrieländer immer noch gut leben, nicht zuletzt weil sie auch dann noch in diversen Sektoren eine starke Stellung haben werden, so wie im Bereich Automobile, Chemie, Energieanlagenbau, Maschinenbau heute. Bereiche wie Unterhaltungselektronik, Haushaltsgeräte und Computer werden von zunehmender, länderübergreifender Vernetzung der Produktion geprägt werden. Aufgrund ihrer überlegenen technologischen Fähigkeiten und ihrer gewichtigen Präsenz im verarbeitenden Sektor sowie ihrer internationalen Firmen werden die Industrieländer viel Wohlfahrt in ihren Ländern halten können. Viel spricht dafür, daß die Angleichung der Lebensstandards länger dauern wird, als dies derzeit in den Industrieländern in der öffentlichen Diskussion erwartet wird.[1737]

Deutlich ist geworden, daß sich die Chancen und Risiken der Globalisierung besser verstehen lassen, wenn ein dynamischer wirtschaftspolitischer Ansatz gewählt ist, der mehr Faktoren als die neoklassische Theorie einbezieht. Aus dynamischer Perspektive kann Globalisierung folgendermaßen definiert werden. Auf den Weltmärkten stehen sich Firmen mit sehr unterschiedlich ausgeprägten Vorteilen gegenüber. Die Firmen der Industrieländer brillieren mit F&E, Technologie und Innovation, Skalenökonomien, Verbundvorteilen innerhalb der großen Konzerne, Vorteile des Zugangs zu Distributionsmöglichkeiten (wobei diese Firmen versuchen zunehmend Faktorkostenvorteile in ihre Unternehmen zu internalisieren, indem sie Südfirmen aufkaufen) und auf der anderen Seite stehen die Firmen aus Schwellen- und Entwicklungsländer, deren mit Kostenvorteile aus Faktorvorteilen resultieren (wobei diese, wenn sie denn nicht von einer internationalen Firma aus den Industrieländern aufgekauft worden sind, versuchen, diese Vorteile durch den Einsatz von F&E, Technologie und Innovation, Skalenökonomien, Verbundvorteilen innerhalb großer Konzerne und dem Zugang zu Distributionsnetzwerken zu erhöhen).

[1735] Output pro Stunde und ebenfalls pro Arbeiter im verarbeitendem Sektor. U.S. Department of Commerce Manufacturing in America 2004: 14.
[1736] So jedenfalls in European Commission 2004a: 71-73.
[1737] Eine Prognose. Die BRIC Länder (Brasilien, Rußland, Indien, China) erreichen zusammen 2040 ein BSP mehr als die G-6. Die Pro-Kopfeinkommen werden in den USA 2035 immer noch 2,5 fach höher sein als in China, welches dann das Niveau von Südkorea 2002 erreicht. Indien wird 5 fach niedrigere Einkommen als die USA haben. Ungleichheit wird also weiter die weltweite politische Agenda prägen. Dies ist das positive Szenario. In dieser Analyse sind Wechselkursveränderungen ausgeklammert, die auch die Wettbewerbsfähigkeit der Schwellenländer negativ beinflussen können. European Commission 2004a: 83.

Der Welthandel ist derzeit geprägt von vier abgrenzbaren Bereichen, die unterschiedliche Chancen für die Entwicklungsländer und Wirkungen auf die Industrieländer bereithalten:

(1) In den Bereichen Bekleidung-, Schuhen-, Möbeln haben tendenziell viele Entwicklungsländer komparative Heckscher-Ohlin Vorteile, dazu gehört auch Afrika und weitere LDCs. Ebenso werden komparative Vorteile sichtbar, wenn es um land- und ressourcenintensive Güter geht, speziell bei Nahrungsmittel- und Rohstoffprodukten. Große Entwicklungsländer wie Indien und Brasilien können versuchen, dies in komparative Vorteile im Bereich verarbeiteter Waren umzusetzen. Afrika und die LDCs haben zudem - derzeit noch - gegenüber China Vorteile dadurch, daß sie durch Präferenzabkommen von den Industrieländern Textil- und Bekleidungszölle erlassen bekommen. Diese Vorteile würde verschwinden, wenn die Industrieländer ihre noch bestehenden Textil- und Bekleidungszölle abbauen würden in der momentanen Doha-Verhandlungsrunde der WTO.[1738] Damit diese Länder diese Vorteile gegenüber asiatischen Ländern besser nutzen können, bedarf es dringend einer darauf ausgerichteten Handelspolitik seitens der Industrieländer, kurz: Freier Marktzugang und toleranter Umgang mit Ursprungsregeln, damit Afrika und die LDCs Textilien vom Weltmarkt beziehen, weiterverarbeiten und in die USA und EU exportieren können.

(2) Der Bereich verarbeiteter Güter enthält einfache elektronische Güter, einfache Waren der Unterhaltungselektronik, Haushaltswaren, Spielwaren und sonstigen verarbeitete Waren, wie Möbel, bei deren Produktion ein Überschuß unqualifizierter Arbeit komparativ vorteilhaft eingesetzt werden könnte. Unerläßlich ist dabei, daß mittlere technologische Fähigkeiten vorliegen. Damit haben viele Entwicklungsländer Schwierigkeiten. Der Erfolg Chinas in diesen Bereichen ändert nichts daran, daß der verarbeitende Sektoren weiterhin der Schlüssel zur Industrialisierung und Wohlfahrtsteigerung, nicht zuletzt, weil dies den Markteintritt in das wertmäßig bedeutenste Segment des Welthandels bedeutet. Andere asiatische Länder, Indien und die lateinamerikanischen Länder müßten versuchen nachzufolgen. Problematisch könnte der dynamische Effekt wirken, daß Anreize in technologische Verbesserungen zu investieren, durch zunehmend intensive Konkurrenz von außen, absinken.[1739] Afrikanische Firmen reagieren derzeit bei Liberalisierung oft mit einem Rückbau technologischer Anstrengungen.[1740]

(3) Im Bereich Computer- und Unterhaltungselektronik haben genuin exportorientierte internationale Firmen der Industrieländer in den Entwicklungsländern investiert. Mit genuin exportorientiert ist gemeint, daß Fertigprodukte, die früher Zuhause produziert wurden, nun unter der Nutzung günstiger Arbeitskosten im Ausland produziert werden. So haben japanische Firmen die folgende Unterscheidung getroffen: Aus Thailand wird in den Rest der Welt Unterhaltungselektronik exportiert und aus den in China aufgebauten Fabriken zurück auf den Heimatmarkt nach Japan. Diese Firmen

---

[1738] Zum Problem der Präferenzerosion siehe: Hermanns 2005c: 7.
[1739] Grossman/Helpman 1991: 257.
[1740] Siehe Abschnitt 'G'.

sind nur zu 20 % oder 30 % daran interessiert für den inländischen Markt zu produzieren.[1741] Die kostengünstige Auslandproduktion stärkt die Wettbewerbsfähigkeit und führt zu Arbeitsplatzverlusten daheim.

(4) In den Bereiche Automobile, Chemie, Unterhaltungselektronik, Haushaltswaren sind trotz und aufgrund der Direktinvestitionen international agierender Unternehmen zu einem großen Teil weiterhin von einer an nationalen oder regional ausgebildeten Wirtschaftsräumen orientierten Wertschöpfung geprägt, selbst wenn Investitionen in Schwellen- und Entwicklungsländer fließen. Die internationalen Firmen haben in fast allen prosperierenden Wirtschaftsräumen ein Interessen an Marktpräsenz und Produktion. Ein großer Prozentsatz der internationalen Investitionen ist zum Zweck des Marktzugangs (sowohl in Industrie- als auch Entwicklungsländer) erfolgt. Besonders in den oben genannten Industriebereichen werden aber zunehmend lokal produzierte Vorprodukte in die Produktion einbezogen. Wiewohl im Bereich der Unterhaltungselektronik und bei Haushaltwaren noch teilweise Lohnveredelung oder eine rein exportorientierte Produktion betrieben werden, wird der lokale Bezug von Vorprodukten zum Normalfall. Für Automobil und Chemie gilt, daß hier Firmen, die Vorprodukte produzieren mit in die Entwicklungsländer umziehen und lokale Firmen werden als Zulieferer eingebunden. Bei diesen Firmen erfolgt eine Kostensenkung auch durch den Handel mit Inputgütern bzw. Vorprodukten. Diese Handel wird in Richtung Industrieländer zunehmen. Für Energieanlagen, Flugzeuge oder Pharma gilt, daß lokale Zulieferer in Joint Ventures eingebunden werden und Schwerpunkte von Produktion und F&E in den Industrieländern bleibt. Die meisten Firmen, um die es hier geht, haben die USA, Japan und Europa nicht 'verlassen' und sind in die Entwicklungsländer 'gezogen', sondern sie versuchen sowohl in den Wirtschaftsräumen der Industrieländer als auch der Entwicklungsländer ihre Präsenz zu wahren. Ein klar faßbare Heckscher-Ohlin Nachteil der Industrieländer, der aus dieser Strategie resultiert, ist, daß deren relative Kapitalintensität nachläßt - im Vergleich zu einer Situation, wenn diese Investitionen nicht erfolgt wären.

Wird dies beklagt, muß auf der anderen Seite zur Kenntnis genommen werden, daß diese Firmen mit ihrer offensiven, nach außen gerichteten Aktivität einen wichtigen Vorteil erzielen können:

Sie können durch diese vielfach erreichte <u>weltweite Marktpräsenz</u> auf weitgehende Art und Weise den Aufstieg von Konkurrenten aus den Entwicklungsländer (und deren Exporte) verhindern. In vielen Fällen gelingt es, selbst als erfolgreiches Unternehmen dort tätig zu sein (in Brasilien). Oder die aufstrebenden Unternehmen der Entwicklungsländer können in Joint Ventures an sich gebunden werden und es gelingt vielfach sonstige Firme in eigene Produktionsnetzwerke (in China und in ersten Ansätzen in Indien) zu integrieren. Dazu kommt, daß sie selbst <u>Kostensenkungen durch die Nutzung der dortigen Lohnkostenvorteile</u> erzielen können und dadurch ihre Wettbewerbsfähigkeit auf dem Weltmarkt erhalten können. Dadurch werden marktstrukturelle Irreversibilitäten geschaffen mit denen

---

[1741] JETRO White Paper Trade and Investment 2004: 14.

Marktanteile verteidigt werden können, die den Wohlstand in den Industrieländern über Jahrzehnte hinaus erhalten werden.[1742]

Schon jetzt ist absehbar, daß in Zukunft wohl mehrere, aber nicht extrem viele eigenständig operierender internationaler Unternehmen aus den Schwellen- und Entwicklungsländern in den Bereichen Automobile, Chemie und Energieanlagen genuin als Herausforderer aktiv werden können. Im Computerbereich hat es Legend geschafft sich zu positionieren. Vielleicht besteht diese Chance eher im Bereich der Haushaltswaren, wenn Skalenökonomien und Lohnkostenvorteile kombiniert werden, hohe Investitionen aufzubringen sind und aggressiv versucht wird, sich im Angebot der Supermärkte zu plazieren. Einige der Firmen mit Zukunftschancen sind noch unter Kontrolle nationalen Kapitals. Daß diese Firmen Erfolg haben ist wichtig, um in diesen Ländern eine Effizienz- und Wohlfahrtssteigerung zu erreichen, denn trotz den steigenden Anteilen der internationalen Firmen an den Investitionen ist ein großer Teil der Wertschöpfung den lokalen Firmen der Entwicklungsländer vorbehalten.[1743]

Selbst wenn vermehrt Herausforderer erfolgreich würden, haben die internationalen Firmen aus den Industrieländern durch ihre Kostensenkungsmöglichkeiten durch den Bezug von Vorprodukte- bzw. Inputgüter aus den Entwicklungsländern, einiges an Anpassungsfähigkeit gewonnen. Vor diesem Hintergrund kann auch der zu erwartende, sich weiter intensivierende <u>Austausch von Inputgüter bzw. Vorprodukten</u> richtig eingeordnet werden: Als eine zwar wettbewerbsverschärfende, aber aus der Perspektive der Industrieländer gleichzeitig Anpassungsfähigkeiten erhaltende (und angesichts gleichbleibender oder steigender Preise in den Industrieländern profitable) Veränderung. Dabei handelt es sich nicht um ein wettbewerbsverschärfendes Nullsummenspiel oder ein 'race to the bottom', sondern um das Entstehen komplexer Produktionsnetzwerke. Je intensiver die Konkurrenz untereinander und je konsequenter Herausforderer auftreten, wird die Verteidigung von Marktanteilen

---

[1742] Das konkrete Szenario, das dieser Argumentation zugrundeliegt ist dies: Wenn China oder Indien systematisch eigene große Unternehmen in der Automobilbranche, nach dem Vorbild von Korea, ohne ausländische Anteile an der Firmen, sondern nur durch Lizensierung, Technolgietransfervereinbarungen, 'arm's length' Motorenkauf etc. in den nächsten 15 Jahren aufgebaut hätten, ohne daß eine Internationalisierung der Investitionstätigkeit internationaler Firmen erfolgt wäre, wäre es durchaus denkbar gewesen, daß diese Länder mit billigeren und technisch akzeptablen Automobilen auf den amerikanischen und europäischen Markt hätten mithalten können, ohne daß 'unsere' Firmen die Möglichkeit zu einer Anpassung an dieses Kostenniveau gehabt hätten. Dies ist nur noch sehr eingeschränkt zu befürchten, weil die globalen Unternehmen nun über neuartige Möglichkeiten zu Kostensenkungen verfügen. Die obige These wird zum Beispiel auch überzeugend von der folgenden Information bestätigt, die ansonsten weniger leicht zu erklären wäre. Ausländische Investitionen sind zu 75-80 % in Bereichen angesiedelt die "above-average human skills, capital or technology intensity" aufweisen. Dunning 1997: 45.

[1743] Eine Schätzung: Der Wert des Direktinvestitionsstocks als Prozentsatz des BSP stiegt von 4,7 % 1980 auf 8,7 % 1993. Im Jahre 1993 beträgt das Welt BSP US$ 23276 Mrd. in 1993, der Direktinvestitionsstock betrug US$ 2135 Mrd. und die Verläufe der ausländische Vertretungen internationaler Firmen liegen bei US $ 5235 Mrd. im Jahre 1992. Dunning 1997: 39. Die Verkäufe in die Entwicklungsländern können anhand der 24.2 % der Direktinvestitionen, die in die Entwicklungsländer geflossen sind, geschätzt werden. Diese Schätzung ergibt, daß US$ 1266 Mrd. Verkäufe in den Entwicklungsländern stattfinden, welche ein BSP von US$ 7366 Mrd. (1995) aufweisen. Somit kommen diese Verkäufe auf 17 % von deren BSP, sodaß wenigstens 83 % der Wohlfahrt von heimischen Firmen erwirtschaftet wird. Siehe für die Daten Dunning 1997: 42-43, 45; die BSP Daten sind entnommen aus World Development Report 1997: 236.

zunehmend zum einem internationalen Bezug von Vorprodukte (und zu einem gewissen Grad auch Endprodukten) führen, die aus Länder mit niedrigen Lohnkosten eingeführt werden.[1744]

Ein eigenständiger, bislang nicht erwähnter Grund für das Interesse vieler Firmen Vorprodukte international und so günstig wie möglich zu kaufen ('international sourcing'), liegt darin, daß die Produktionsstruktur, die in den Jahren nach dem Zweiten Weltkrieg gewachsen ist, schon auf der Ebene der Nationalstaaten intensiv vernetzt und spezialisiert ist. Materialkosten bzw. eben Vorprodukte, stellen 0,51 % innerhalb der Produktionskosten im verarbeitenden Sektor dar (abgesunken von 0,57 %, 1982).[1745] In der TV Produktion liegen die Materialkosten beispielsweise bei 87 %.[1746]

Diese zusätzliche Information scheint in der Genre des Dramas zu gehören, weil dadurch die Dynamik, die in der Auslagerungswelle für Vorprodukte liegen mag, deutlicher sichtbar wird. Dennoch gilt, daß, alles in allem, das zukünftige Ausmaß und die Verfaßtheit dieses vertikalen Heckscher-Ohlin Intra-Industriehandels schwer absehbar ist, denn dies wird nicht allein durch die komparative Heckscher-Ohlin Vorteile, sondern sehr weitgehend <u>durch Managemententscheidungen bestimmt</u> werden: Schwer vorrauszusehen ist beispielsweise, ob sich Sinopec/BASF dazu entscheidet, auf dem Chemiemarkt in Europa über niedrige Preise den Wettbewerb zu verschärfen, weil es selbst darunter leiden dürfte. Der Internationalisierungsgrad von Konzernen kann zu einer Bremse solcher Strategien werden.

12.2 Elemente der Unsicherheit über die zukünftige Entwicklung

Unter anderem über die Intensität der zu erwartenden Auslagerung herrscht derzeit erhebliche Verunsicherung:

12.2.1 Autoteile. So wird in den USA befürchtet, daß erstens die Exporte von Autoteilen aus China in die USA zweitens die Exporte fertiger Wagen und drittens Exporte genuin chinesischer Produzenten auf den amerikanischen Markt stark zunehmen werden. Genannt wird das Ziel des chinesischen Vize-Wirtschaftsminister, der einen Export von Autoteilen von US$ 100 Mrd. für 2010 anpeilt.[1747] General Motors gibt an, daß es bei der Gründung seiner Joint Venture zugesagt hat, den Export von Teilen schnell zu erhöhen. Ford wird in eine Motorenfabrik US$ 1 Mrd. investieren und sowohl von Ford als auch General Motors wird angepeilt in den nächsten Jahren jährlich für US$ 10 Mrd. Autoteile aus China zu benutzen, allerdings sowohl für die dortige Produktion als auch für die Produktion in andere

---

[1744] "In a global economy in which both goods and capital are mobile, but labor is not, manufacturers' tapping of lower-cost labor by importing it in the form of lower-cost parts, components, and - increasingly - finished goods is simply a function of trying to stay competitive in a global economy." U.S. Department of Commerce Manufacturing in America 2004: 29.
[1745] Lohnkosten haben einen Anteil von 14 % (die Arbeiter in der Produktion bekommen 8 %). Bei gleichbleibenden Kapitalausgaben von 3 %, haben im Jahre 1982 die gesamten Löhne einen Anteil von 17 % an den Verkäufen, die Löhne in der Produktion 10 %. Alle Daten aus U.S. Bureau of Census 2002: 1. Zu diesem Thema mehr in Abschnitt 'E', Punkt 5.4 Empirische Untersuchungen über externe Effekte.
[1746] ITA 2004a: I-6.
[1747] U.S. China Economic and Security Review Commission 2005: 29.

Ländern.[1748] Zu Relationierung: Ford verfügt über ein weltweites jährliches Auftragsvolumen für Komponentenhersteller von US$ 80 Mrd. jährlich.[1749] Die chinesischen Automobilhersteller Geely Auto und Chery Automobile Co. wollen Niedrigpreisautomobile auf dem U.S. Markt verkaufen, dazu muß aber erst einmal eine Distribution aufgebaut werden. General Motors befindet sich derzeit in einer gerichtlichen Auseinandersetzung, weil es Chery beschuldigt das Design einer seiner Modelle zu kopieren.[1750] Die Qualitätsprobleme dieser chinesischen Automobilhersteller sind neulich öffentlich geworden und bedürfen keiner Fußnote. Maßstab für solche Hersteller ist der Dacia Logan, von Renault/Nissan in Rumänien ohne viel Ausstattung als 'Billigauto' gefertigt, der einen Preis von 7.200 Euro hat und bislang weltweit 175.000 mal verkauft worden ist.[1751]

12.2.2 'Production shifting' von U.S. Unternehmen und Arbeitsplatzverluste. Eine Studie für die USA, die sich an Zeitungsberichte hält, die explizit Entlassungen melden und in diesem Zusammenhang den Aufbau von Produktion im Ausland, schätzt[1752], daß zwischen 2001 und 2004 jährlich ca. 70.000 bis 100.000 U.S. Arbeitsplätze durch Auslagerung jeweils nach China und Mexiko verloren gingen.[1753] Wiewohl China eine größere prozentuale Rolle spielt, bleibt Mexiko für die USA in dieser Hinsicht wichtig. Für 2004 wird die Auslagerung auf 99.000 Stellen nach China und 140.000 nach Mexiko geschätzt, Indien kommt auf 47.000 und Lateinamerika auf 66.000, andere asiatische Länder auf 53.000.[1754] Beteiligt sind daran sämtliche der bekannten großen internationalen Firmen, wobei bemerkenswert ist, daß die großen internationalen Firmen häufig in mehrere Länder gleichzeitig verlagern.[1755] Deutlich wird, daß es sich um ein globales Phänomen handelt. Europäische Unternehmen befinden sich auf einen zahlenmäßig ähnlichem Niveau wie die USA und auch andere asiatische Länder und sogar Lateinamerika beteiligt sich an einer Auslagerung nach China.[1756] Auch Produktionsverlagerungen nach Osteuropa werden dokumentiert.[1757] Der Fokus der U.S. Auslagerung verschiebt sich dabei von anfangs noch arbeitsintensiven Güter wie Bekleidung, Schuhe, Reiseausstattung auf kompliziertere Tätigkeiten: Fahrräder, Möbel, Motoren, Kompressoren, Generatoren, Glasfaseroptik, Plastikformgebung und Computerkomponenten.[1758] Ebenso wird die Entwicklung von Computerprogrammen nach Indien verlagert.[1759] Generell sind die internationalen

---

[1748] U.S. China Economic and Security Review Commission 2005: 30.
[1749] Nolan 2001: 534.
[1750] U.S. China Economic and Security Review Commission 2005: 29.
[1751] Dacia Logan Informationen 2006: 1.
[1752] Die Phase einer intensive Zeitungsauswertung war 2004 nur auf 3 Monate beschränkt, im Jahre 2001 wurde sieben Monate lang intensiver geforscht, die Jahreswerte für 2001, 2004 und für die Jahre dazwischen basieren auf diesen Monatszahlen. Bronfenbrenner/Luce 2004: 15, 54-55.
[1753] Bronfenbrenner/Luce 2004: 3; eine Übersicht über Zukunftsprognosen in bezug auf Auslagerung findet sich in OECD (2005: 66), diese Schätzungen scheinen aber sämtlich sehr konservativ angelegt sein oder schwer in ihrer Relevanz zu deuten, weil für Industriebereiche geschätzt wird. OECD 2005: 66.
[1754] Bronfenbrenner/Luce 2004: 55.
[1755] Insgesamt 29 % der untersuchten Firmen (auch aus Europa, Asien, Lateinamerika), die nach China auslagern, lagern gleichzeitig auch in andere Länder aus. Bronfenbrenner/Luce 2004: 65-66.
[1756] Die Zahlen sind wenig aussagekräftig, weil nur für die 3 Monate im Jahre 2004. Bronfenbrenner/Luce 2004: 57-58.
[1757] Für die 3 Monatsperiode, 14,562 Jobs. Bronfenbrenner/Luce 2004: 66.
[1758] Bronfenbrenner/Luce 2004: 4.
[1759] Siemens kündigt an 15.000 Software-Entwicklungsjobs aus den USA und Europa nach Indien, China und Osteuropa zu verlagern. Bronfenbrenner/Luce 2004: 69.

Firmen zwar am dortigen Markt interessiert, planen aber auch Exporte zurück in die USA und auf den sonstigen globalen Markt, referiert wird hier auf Mattels Barbie, Samsonite Reisewaren, Rubbermaid Küchenausstattung, Lexmark Drucker.[1760] Mit einem anderen Fokus, dem Handelsdefizit, wird in der Studie von Scott (2005) berechnet, daß von 1989 bis 2003 1,6 Mill. Jobs durch das Handelsdefizit mit China verloren gegangen sind und 200.000 hinzugewonnen.[1761]

12.2.3 Japans Diskussion um das 'hollowing out': Auch in Japan werden die Effekte von Produktionsverlagerungen diskutiert, unter Nutzung der Terminus der Aushöhlung ('hollowing out').[1762] So werden ca. 500.000 Jobverluste im Bereich der Elektrischer Maschinen und Haushaltsgeräte mit Verlagerungen nach China (dort haben japanische Firmen mittlerweile genau dieselbe Zahl von Angestellten) und der kontinuierlichen Investitionstätigkeit japanischer Firmen ins Ausland in Verbindung gebracht.[1763] Dennoch wird dieser Begriff, vom JETRO Direktor, als nicht zutreffen angesehen.[1764] Wie sieht die Situation in Japan aus? Ein wichtiger Auslöser für die Auslagerung bzw. Produktionsverlagerung war die Aufwertung des Yen durch das Plaza Abkommen 1985 der G-5 Industrieländer, welches gezielt eine Abwertung des Dollars beschloß.[1765] Dies wird als Grund dafür angesehen, daß Japans Weltmarktanteil im Elektronikbereich von 1985 23 % und 1994 17 % bis 2002 auf 4 % absank[1766], obwohl es gerade durch diese Strategie erleichtert wurde, daß die japanischen Firmen ihre Weltmarktpositionen halten konnten.[1767] Zudem ging es den Herstellern darum ihre Marktanteile auf den Heimatmarkt zu halten, der sonst von billigen Produkten anderer Hersteller beliefert worden wäre.[1768] In aktuellen Publikationen in denen zumindest vorsichtig geraten wird, die Auslagerungsstrategie nicht zu übertreiben, wird darauf hingewiesen, daß die Produktion in China etwa für die Unterhaltungselektronik 'nur' um 10 bis 20 % billiger ist als in Japan.[1769] Die Politik reagiert in Japan auf den Verlust von Wettbewerbsfähigkeit auf regionaler Ebene mit Maßnahmen zur Diversifizierung in neue Geschäftsfelder und einer Förderung der Internationalisierung.[1770] Die Internationalisierung ist generell schon weit fortgeschritten: Japan verfügt über 726 ausländische Produktionsstätten im Automobilbereich (incl. Joint Venture) und 1227 im Elektrik- und 819 im Chemiebereich. Dies sind die Schwerpunktbereich und stellen 57 % der gesamten ausländischen Projekte dar.[1771] Japan kann derzeit seine Exporte nach China stark steigern, um 43,5 % 2003, auf US$ 57,2 Mrd., darunter Automobilkomponenten, Instrumente und Maschinen für Kapitalinvestitionen. Die Importe aus China steigen ebenfalls und dies führt zu einem moderat ausgeprägten Handelsdefizit. Im Jahr 2003 steigen die Import um 21,9 % auf US$ 75,2 Mrd., davon

---

[1760] Bronfenbrenner/Luce 2004: 4.
[1761] Scott 2005: 4.
[1762] Horaguchi 2004: 2; Watanabe 2004: 3; JETRO White Paper Trade Investment 2004: 21; Bauer 2003: 23.
[1763] Horgauchi 2004: 10.
[1764] Watanabe 2004: 3.
[1765] Farell 1997: 7-8.
[1766] European Commission 2004a: 58.
[1767] European Commission 2004a: 58; Farell 1997: 7-8.
[1768] Farell 1997: 40; siehe **Tabelle 52**.
[1769] JETRO White Paper Trade Investment 2004: 24.
[1770] Bauer 2003: 29; siehe für einen Überblick über die Internationalisierung der japanischen Branchen Farell 1997: 42-53.
[1771] Farell 1997: 42.

sind ca. 66 % Informationstechnology-Produkte.[1772] Japan hat speziell Mitte/Ende der neunziger Jahr in China investiert. Schon 1997 erreicht Japan mit US$ 30 Mrd. die zweithöchste Investitionsstocksumme in China, mit über 16.000 einzelnen Projekten.[1773] Marktzugang bleibt Hauptmotiv für Investitionen in China, 60,6 % der Verkäufe finden in China statt, 25,9 % werden aber auf den heimischen Markt ausgeführt (1996).[1774] In den einzelnen Produktbereichen werden die unterschiedliche Anteile der Wertschöpfung, die im Ausland erfolgt sichtbar. Japanische Unternehmen stellen F&E intensive und aufwendige Geräte teils noch fast ganz im Inland her. Selbst bei Gütern, bei denen Japan Weltmarktführer ist, ist es aber normal, daß diese fast gänzlich im Ausland stattfindet. Weiterhin ist erkennbar, daß speziell im Bereich standardisierter Haushaltsgüter der inländisch-japanische Wertschöpfungsanteil sinkt.[1775] Insgesamt gesehen verfügt Japan derzeit über ein positive Handelsbilanz von US$ 88,3 Mrd., weil die Exporte stärker steigen als die Importe.[1776] Japan investiert (2002, 2003 je über US$ 30 Mrd.) nicht nur nach China, sondern auf einer relativ breiten Ebene, gleichzeitig in den USA: US$ 10,6 Mrd. (mit Chemieschwerpunkt); nach China: 2003: US$ 3,1 Mrd. (Schwerpunkt Automobile); nach Osteuropa US$ 500 Mill. (Automobile) und in die ASEAN Region Indonesien, Malaysia, Philippinen, Thailand: US$ 1,9 Mrd. (für 2003).[1777] Der ASEAN Raum dient in bezug auf 46,2 % zum Verkauf und für 22,2 % für den rückwärtsgewandten Export nach Japan.[1778] In bezug auf die China-Frage wird immer wieder erwähnt, daß Japan in Südostasien 3,5 mal mehr Investitionen getätigt hat als in China.[1779] Insgesamt gesehen scheint Japan, bei einem BSP von US$ 4500 Mrd. (2005) jedenfalls noch nicht ganz ausgehöhlt zu sein.[1780]

12.2.4 Segmentierung der Märkte in unterschiedliche Qualitätskategorien. Von European Commission (2004a) wird festgestellt, daß die Industrieländer tendenziell höhere Weltmarktanteile in sog. 'upmarket products' haben. Kurz: Intra-Industriehandel mit gleichen Produkten, die aber preislich stark auseinanderliegen (durch F&E, Know-how, Markenimage etc.).[1781] Gefunden wird, daß die Exporten etwa der EU zu 49 % von diesen 'upmarket products' geprägt werden (Japan 52 %, USA 40 %), die Schwellenländer liegen bei 24 % (Indien 20 %, Rußland 17 %, Brasilien 14 %, China 13 %).[1782] Die EU weist bei allen dieser 'up'-Produkte positive Handelsbilanzen auf, die USA hat dagegen bei 'up' und 'down'-Produkten zunehmende Defizite.[1783] China hat, wie erwartet, positive Handelsbilanzen bei 'down'-Produkten. Interessant ist aber, daß dieses Land bei 'up'-Produkten von 1995 bis 2002 die Handelsbilanz nicht verbessern konnte.[1784] Diese Untersuchungen bedeuten nicht, daß ein solcher

---

[1772] JETRO White Paper Trade Investment 2004: 7.
[1773] Farell 1997: 40.
[1774] Farell 1997: 38.
[1775] **Tabelle 20**.
[1776] JETRO White Paper Trade Investment 2004: 7.
[1777] JETRO White Paper Trade Investment 2004: 9.
[1778] Farell 1997: 38.
[1779] Watanabe 2004: 4; in Malaysia befindet sich 1 % des japanischen Direktinvestitionen; in Singapur 2 %; in Thailand 2 %; in Indonesien 4 %; in China 3 %. Zum Vergleich: in den USA 42 %. (1998). Farell 1997: 10.
[1780] GDP, current US$. World Bank Data Profile, Japan, 2005.
[1781] European Commission 2004a: 63.
[1782] European Commission 2004a: 64.
[1783] European Commission 2004a: 65.
[1784] European Commission 2004a: 66.

Handel bereits sämtliche Produktbereiche unterwandert hat. In einigen Märkten, etwa in der Unterhaltungselektronik und zunehmend bei Haushaltswaren, ist eine solche Segmentierung anhand von Qualität, Ausstattung, Markenimage und Preis aber bereits Realität: Für chinesische Billiganbieter von TV Geräten hat sich etwa ein Marktsegment mit sog. OPP ('opening price segment') Produkten gebildet, in denen eine sehr preiselastische Nachfrage besteht.[1785] Die in diesem Segment verkauften Geräte habe keine sonstigen Komfortfunktionen, etwa S-Video Ausgänge, Bild im Bild, hochwertiger Sound, digitale Bildverarbeitung. TV-Geräte werden von den Supermarktketten in die Segmente eingeteilt: "OPP, good, better, and best."[1786] Hier können Marken zugeordnet werden: 'best': Sony[1787], Hitachi, Mitsubishi, Panasonic, JVC; 'good': Toshiba, Samsung, Philips, Magnavox, RCA; 'better': Apex, Sanyo, Sylvania 'OPP'.[1788] Kontrovers wird diskutiert, ob das OPP Segment überhaupt mit den anderen in Konkurrenz steht, weil bestimmte Konsumenten Produkte dieses Segments nicht kaufen. Inwiefern durch das OPP der Druck auf das 'good' Segment zunimmt, kann nicht geklärt werden, weil diese Informationen nicht öffentlich zugänglich sind.[1789]

12.2.5 Antidumping: Die USA reagiert mit handelspolitischen Maßnahmen auf steigende Importe aus China. Zunehmend strengen U.S. Firmen bzw. Behörden Antidumpinguntersuchungen gegenüber China an. Am Stichtag 16. Februar 2006 sind 60 solcher Antidumping Fälle mit positiver Feststellung abgeschlossen und aktiv. Sie betreffen die gesamte Bandbreite chinesischer Exporte, einbezogen sind Bremsscheiben für Automobile und auch TV Geräte.[1790]

12.2.6 Dynamiken regionaler Polarisierung und Zollschutz in Asien. Es könnte möglich sein, durch Zollschutz Dynamiken regionaler Polarisierung entgegenzusteuern, die für bestimmte Regionen wohlfahrtsmindernd sein könnten: Trotz aller Anzeichen für eine - wie auch immer dies definiert werden kann[1791] - weltweit relativ breite erfolgende Streuung von Investitionen, bleibt das Entstehen regional konzentrierter Investitions- und Auslagerungsdynamiken ein relevantes Phänomen. Gemeint ist die Auslagerung der Produktion in bestimmte Länder oder Regionen, etwa von Japan/nach China oder Thailand, USA/nach Mexiko, EU/nach Osteuropa oder der Mittelmehrraum. Zusätzlich dazu kommen die weltweit ausgreifenden Investitions- und Auslagerungsentscheidungen USA/China, EU/China.[1792] Somit besteht schon die Tendenz, daß sich Firmen gern in bestimmten Schwerpunktländern konzentrieren, in denen bereits technologische Fähigkeiten im verarbeitenden

---

[1785] ITA 2004a: II-3. Preiselastizität bedeutet, damit es jeder versteht: Finanzielle weniger gut gestellte Haushalte kaufen eben doch ein TV Gerät, wenn es weitere 50 Euro billiger ist.
[1786] ITA 2004a: II-3.
[1787] Sony scheint den TV-Markt stark beeinflussen zu können, weil es sowohl hinsichtlich der Menge als auch dem Wert pro Einheit der verkauften Einheiten führend ist. Es kann alle anderen Firmen dazu bringen, Preise zu senken, wenn es den Preis für bestimmte technologisch nicht mehr so avancierten Produkte senkt. ITA 2004: II-5.
[1788] ITA 2004a: II-3.
[1789] ITA 2004a: II-3.
[1790] USITC 2006: 2-4.
[1791] Die Definition lautet hier, daß nicht sämtliche Direktinvestitionen nach China fließen. Daß es sich dabei aus weltweiter Perspektive um keine breit angelegte Verteilung handelt, soll hier nicht bestritten werden.
[1792] Einiges spricht dafür, daß diese beiden Tendenzen gleichwertig sind. So zumindest sichtbar anhand von Informationen über den Teilehandel: Yeats 1998: 10. Siehe für die regionale Dimension, die steigende Orientierung des Handels in Mexiko an der USA und ebensolche umgekehrte Steigerungsraten sowie ähnliche Daten für das Verhältnis EU Osteuropa auch Burstein et al. 2005: 28.

Sektor bestehen. Problematisch ist daran, daß hier viele Länder ausgeklammert bleiben und daß Länder, die bisher noch eingebunden sind, in Zukunft weniger attraktiv erscheinen könnte. Dabei spielen bisher noch bestehende Zölle ein Rolle, die durch zukünftige Handelsabkommen weiter absenken werden könnten. Die Frage lautet nun, ob Handelsliberalisierung weitere Konzentrationsprozesse auslösen kann bzw. Zollschutz dazu eingesetzt werden kann, mehrere regionale Wachstumspole aufrechtzuerhalten, ohne daß sonderlich starke Wohlfahrtseinbußen sichtbar werden. Dieses Problem wird sichtbar am asiatischen Raum, siehe folgendes Zitat aus einer JETRO-Publikation:

"To date, the strategy of Japanese automakers has been to treat the ASEAN market as a number of segmented markets, and work to meet demand in each country individually. But due to the lowering of intra-regional tariffs on finished articles (apart from Malaysia), intra-regional export of finished articles is spreading. Sourcing of auto parts from within the region is increasing as well - even ahead of finished vehicles - using schemes as ASEAN Industrial Cooperation (AICO), which, like others, has its drawbacks, such as the need to obtain approval for each individual project. This trend is gathering pace as AFTA develops and the need for complex procedures is eliminated."[1793]

Kurz: Durch Zölle, etwa auf den Import auf Automobile, hat Toyota in Indonesien immerhin noch eine Montagefabrik betrieben und es gibt die industriepolitische Option in diesem bevölkerungsreichen Land mehr zu erreichen.[1794] Dies würde aber bei einer Zollsenkung schwieriger. Ebenso gerät Malaysias staatlich aufgebauter Automobilhersteller Proton unter Druck, weil Malaysia derzeit seine Zölle auf ASEAN Niveau absenkt und zudem ein Freihandelsabkommen mit Japan abgeschlossen wurde.[1795] Bei einem Übergang zu Freihandel, würde Indonesiens Automarkt von Thailand her beliefert. Ähnliches gilt für Länder, wie Brunei Darussalam, Kambodscha, Laos, Myanmar, Philippinen, Singapur, Vietnam, wenn sie ebenfalls die Zölle absenken. Dieselbe Frage stellt sich ebenso, wenn das für 2010 angestrebte ASEAN-China Freihandelsabkommen umgesetzt würde (einige 'sensitive' Produkten werden wohl ausgenommen blieben). So ist der thailändische Markt für Unterhaltungselektronik und Haushaltswaren noch geschützt (15 bis 20 %), dies schützt vor chinesischen Importen. Selbst japanische Hersteller befürchten diese neue Konkurrenz aus China.[1796]

[1793] JETRO White Paper Trade Investment 2004: 13.
[1794] Hermanns 2005a: 34; dies scheitert aber offenbar auch an der Schwäche der Institutionen. Hermanns 2005c: 20.
[1795] "Proton is struggling to survive as its market opens up. In 1999, 66% of cars sold in Malaysia were made by Proton; in 2004 its domestic market share had fallen to 44%. An estimated 520,000 cars will be sold in Malaysia in 2005, up from 343,000 in 2000, which makes Malaysia the biggest car market in ASEAN. Malaysia has long protected its automobile manufacturing industry from foreign competition using tariffs as high as 300% and non-tariff trade barriers, notably the opaque licensing system for automobile imports. The Government, however, has recently begun to dismantle some of its protection in order to meet its commitments in the WTO and the ASEAN Free Trade (AFTA) Agreement. The Government is reducing tariff rates as Malaysia meets its commitments to its ASEAN partners to lower import barriers on made-in-ASEAN cars to 5% by 2008. In addition, one of the most significant outcomes of the Japan-Malaysia Economic Partnership Agreement, Malaysia's first bilateral FTA outside ASEAN, is that Malaysia has agreed to eliminate tariffs on knocked down auto parts for Japanese carmakers by 2010, starting first with the high-end car market segment." Trade Policy Review Malaysia 2006: 89.
[1796] "Thus, there is a strong likelyhood that, if tariffs were abolished, Chinese-made products would flood the Thai market.' JETRO White Paper Trade Investment 2004: 14.

12.2.7 Lateinamerika verliert Weltmarktanteile im Bereich verarbeiteter Produkte. Eine langsame Verlagerung von Schwerpunkten ist im Moment auf weltweiter Ebene zu beobachten, eben nach Asien für Elektronik und andere verarbeitete Produkte. Dies liegt nicht allein an China. An den Daten wird die insgesamte Schwerpunktverschiebung deutlich, wenn viele der asiatischen Staaten, darunter auch Indien, Taiwan, Thailand und Indonesien zusammengenommen werden.[1797] Diese Region weist für den Bereich Elektronik und andere verarbeitete Produkte seit einigen Jahren zudem eine positive Handelsbilanz auf, während die Industrieländer hier ihre positive Handelsbilanz verlieren. Die meisten anderen Länder der Welt haben in bezug auf verarbeitete Produkte eine negative Handelsbilanz.[1798] Schon oben wurde darauf hingewiesen, daß Lateinamerika (Mexiko ausgeklammert) hier nicht mithalten kann und relative Anteil am Weltmarkt verliert, sowohl im Bereich Medium-Technologie als auch im Bereich Low-Tech.[1799] Dadurch werden natürlich auch neue Spezialisierungsmuster ausgelöst und es scheint oft nur möglich zu sein eine passive Politik des Zollschutzes zu verwenden, um ausländische Investoren anzuziehen, so verfährt etwa Brasilien.[1800]

12.3 Wirtschaftlich normatives und ethisch-moralisches Zwischenfazit

Wie lautet das wirtschaftswissenschaftlich-normatives Fazit zur Theorie internationalen Handels? Schon durch die Einbeziehung des Intra-Industriehandel wird sich auf das Feld unvollkommener Märkt gewagt, mit der Folge, daß keine mathematisch berechenbaren, eindeutigen Beweise für gegenseitige Wohlfahrtssteigerungen durch den internationalen Handel mehr vorgelegt werden können. Der Weltmarkt ist zwar durch diverse Möglichkeiten der Spezialisierung geprägt, von denen viele wohlfahrtsfördernd sein mögen, darunter eine Ricardo-, Heckscher-Ohlin-, Intra-Industrie-Spezialisierung[1801], dazu gesellt sich beim Intra-Industriehandel aber die direkte Konkurrenz der Firmen bei standardisierten Gütern in monopolistisch/oligopolistischen Konstellationen, wodurch die Firmen ganz aus dem Markt ausscheiden können.[1802] Der daraus resultierende Zustand der Unsicherheit in bezug auf die Wohlfahrtswirkungen des internationalen Handels ist unausweichlich und muß in der wissenschaftlichen Diskussion anerkannt werden.[1803] Ebenso ist nicht ausgeschlossen,

---

[1797] Siehe: **Tabelle 78**.
[1798] Siehe: **Tabelle 78**.
[1799] Siehe: **Tabelle 42**.
[1800] Abschnitt 'G', Punkt 12, Brasilien.
[1801] Eben gemäß Heckscher-Ohlin, Intra-Industrie und Heckscher-Ohlin Intra-Industrie. Die Länder spezialisieren sich gemäß komparativer Faktorvorteile, die Firmen (und Länder) gemäß Technologie/Qualität, die Firmen beachten den vielfältigen Geschmack der Verbraucher. Dazu kommen diverse Möglichkeiten am Inputgüterhandel, differenziert nach Technologie/Qualität oder Faktorvorteilen teilzunehmen.
[1802] Letzteres wurde gezeigt in Punkt 2.6 Intra-Industrie, Unterpunkt 2.a anhand Vernons Produktzyklustheorie und unter Unterpunkt 3, anhand der Theorie monopolistischer Konkurrenz.
[1803] Diese Schlußfolgerung befindet sich im Einklang mit Gerken 1999a: 76, 132. "Eine *allgemeingültige* Aussage, daß die Gewährleistung von Freihandel zu einem höheren Wohlfahrtsniveau führe als Protektion, läßt sich somit aus der neoklassischen Außenhandelslehre allein nicht ableiten." Herv. im Original. Gerken 1999: 76. Ebenso mit hier die folgenden Aussage über die Neoklassik mitgetragen, allerdings im Rahmen der oben gemachten Thesen in bezug auf die dynamische Theorie, die sehr wohl Äußerungen über 'richtige' Maßnahmen erlaubt: "Das in den einzelnen Modellen stets nur einige Annahmen modifiziert werden und das realitätsfremde Annahmengerüst im übrigen keine Annäherung an die komplexe Wirklichkeit erfährt, läßt sich allerdings mit der neoklassischen Außenhandelslehre auch keine *problemspezifische* Aussage darüber machen, unter welchen halbwegs realistischen Voraussetzungen der Verzicht auf protektionistische Maßnahmen die "richtige", da wohlfahrtssuperiore Politik ist. Bereits deshalb taugt die neoklassische Außenhandelslehre nicht als belastbare Grundlage für oder gegen das Freihandelspostulat." Gerken 1999a: 76.

daß der internationale Handel zu einer deutlichen Wohlfahrtsteigerung führen kann, sodaß formuliert werden kann, daß der internationale Handel *potentiell* zu einer Wohlfahrtssteigerung führt.[1804]

12.3.1 Effizienz oder Freiheitsregeln?

Weil diese Unsicherheit besteht, was auch von Gerken (1999a) überzeugend herausgearbeitet wird, kann die Frage gestellt werden, ob überhaupt noch Aussagen über Effizienz möglich sind. Der genannte Autor bezweifelt genau dies und schlägt stattdessen eine ordoliberal inspirierte Theorie der Freiheitsrechte bzw. "Verhaltensregeln" vor, die sich nicht mehr für die Empirie der Effizienzsteigerung interessiert.[1805] Er argumentiert, daß aufgrund dieser Unsicherheiten in bezug auf Wohlfahrtssteigerung Effizienz nicht mehr Kriterium sein kann, um die Gestaltung der Ordnungspolitik zu messen.[1806] Behauptet wird ein nicht korrigierbarer Wissensmangel in bezug auf effiziente Regeln[1807] und als einzige Alternative wird eine Wirtschaftsverfassung vorgeschlagen, die allein auf Freiheitsrechten begründet wird.[1808] Dem kann hier eingeschränkt sogar zugestimmt werden, denn Freiheitsrechte sind tatsächlich in einer wertebasierten Verfassungsordnung, beispielsweise der deutschen Verfassung, eigenständig begründbar. In Abschnitt 'A' wurde aber ebenso herausgearbeitet, daß Freiheitsrechte, wie die Eigentumsfreiheit in der deutschen Verfassung nicht absolut gelten. An der Debatte zur Wirtschaftsverfassung Europas wurde gezeigt, daß die Stärkung der Eigentumsfreiheit, durch den Zollabbau etwa, aus einer technokratischen Grundhaltung heraus erfolgte. Es wurde nämlich gehofft, daß solche Rechte zur Effizienzmaximierung beitragen. Beidesmal gelten individuelle Freiheitsrechte nicht absolut, vorraussetzungs- und ziellos.

Würde die Schlußfolgerung Gerkens (1999a) übernommen, würde akzeptiert, daß eine weltweite Durchsetzung von Freiheitsrechten, die einem System gänzlich freien Handels gleichkommen könnte, wirtschaftswissenschaftlich und ethisch-moralisch normativ rechtfertigbar wäre. Aufgrund des behaupteten fundamentalen Wissensmangels über Effizienz bei einer Betonung des Eigenwerts der Freiheitsrechte stünde dem nichts entgehen. Zu den Verhaltensregeln zählen nämlich Freiheitsrechte

---

[1804] Auch hier befinde ich mich im Einklang mit Gerken 1999a: 76.
[1805] Diese Entscheidung trifft Gerken 1999: 115.
[1806] Gerken 1999a: 119.
[1807] "Denn das Wissen, das für die unmittelbar effizientorientierte Optimierung einer Regelordnung erforderlich wäre, ist gerade nicht vorhanden." Gerken 1999a: 116. Dieses Beispiel wendet Gerken ebenso auf die Wettbewerbspolitik an. Für ihn ist es nicht überzeugend, wenn die Wettbewerbspolitik reklamiert, daß ihre Regeln effizienzerhöhend wirken können. Gerken 1999: 48. Seine Argumente sind aber nicht überzeugend. Denn durch das Verbot von bestimmten 'unfairen' Wettbewerbsstrategien wird es nicht 'verboten', daß als Folge des Wettbewerbs ein Konkurrent aus dem Markt austritt. Es wird nur ein bißchen schwieriger gemacht und muß über faire Mittel, definiert durch die Wettbewerbspolitik, versucht werden. Welche Mittel dies sind, darüber lassen sich sicher plausible Annahmen gewinnen. Dies wird allein daran sichtbar, daß die Wettbewerbspolitik der USA und der EU den Firmen weitgehende Spielräume effizienzmaximierende Strategien zu verfolgen eröffnet, etwa bei vertikalen Beschränkungen oder Firmenallianzen. Darüber findet eine ständige Debatte statt, die sich in Modifikationen der Wettbewerbspolitik äußert. Selbst wenn nicht immer Effizienz in Reinform dadurch verfolgt wird, wird das Effizienzziel nicht ganz aufgegeben. Somit wird sehr wohl versucht eine Ordnungspolitik zu verfolgen, die das Ziel der Effizienzmaximierung auch im Detail der Regeln verfolgt. Siehe zur Wettbewerbspolitik der Industrieländer mit diesbezüglichen Beispielen zu den kontrovers diskutierten Themen vertikaler Beschränkungen und strategischer Allianzen: Hermanns 2005a: 59-63 (vertikale Beschränkungen), 63-65 (strategische Allianzen).
[1808] In dem dann etwa Eigentumsfreiheit ein eigenes Gewicht hat und außerhalb von Effizienzgedanken begründet wird. Gerken 1999a: 146-147.

(also etwa Eigentumsfreiheit), Gleichheitsrechte aber auch solche, die einen fairen Wettbewerb schützen.[1809] Von diesen Verhaltensregeln ausgehend, werden staatliche Eingriffe in die Wirtschaft oder das Konzept des Marktversagens an sich abgelehnt.[1810] Somit kann Gerken letztendlich als Folgerung einen freien Handel fordern, obwohl er die Aussagekraft neoklassischer Modelle bezweifelt. Der Autor ist konsequent darin, zu erkennen, daß er damit den ethisch-moralischen Anspruch, daß die weltweiten wirtschaftlichen Prozesse im Sinne des Allgemeinwohls wirken sollen, aufgibt.[1811] In einem anderen Zusammenhang, aber ebenso theoretisch konsequent, begrüßt Gerken (1999) einen unlimitierten Wettbewerb der Staaten über die Art und Weise wirtschaftspolitischer Regulierung, mit dem Argument, daß nur über diesen - Prozess - unlimitierten Wettbewerbs der Staaten, die wohlfahrtsmaximierenste Form von Regeln zu finden seien, weil eben kein Wissen darüber vorhanden ist. Der Terminus 'Prozess' impliziert, daß die Art und Weise, wie dieser Wettbewerbsprozess abläuft - nicht politisch gestaltet werden darf. 'Darf' ist die richtige Wortwahl, weil es um normative wirtschaftswissenschaftliche Theorie, also um 'soll'-Vorgaben, geht.[1812]

Wählt man dagegen eine dynamische Sicht der Dinge, können anhand empirischer Untersuchungen sehr wohl informierte Tendenzaussagen darüber getroffen werden, ob und auch wie Effizienzziele erreicht werden können. Beispielsweise können Aussagen darüber getroffen werden, inwieweit genuin neoklassisch liberale wirtschaftspolitische Rezepte dabei wirksam waren oder ob andere Schwerpunktsetzungen ebenso Erfolge vorweisen können. Empirische Untersuchungen können zeigen, daß Länder nicht vom internationalen Handel profitieren und von dynamischen Effekten nachteilig betroffen sind und es kann darüber nachgedacht werden, warum das so ist und wie Effizienz u.a. auch durch Regeln einer internationalen Wirtschaftsordnung gesteigert werden kann. Ein solches Politikpaket läßt sich sehr wohl nach Effizienzerwägungen bewerten.[1813] Alles in allem können somit auch staatliche Politiken, wenn diese die Effizienz erhöhen, sowohl erkannt als auch gerechtfertigt werden, wenn dabei weitere ordoliberale Werte und Prinzipien Beachtung finden.[1814] Mit der hier gewählten Perspektive einer dynamischen Theorie mit normativem Anspruch, wird im Gegensatz zu Gerken (1999a), somit sehr wohl versucht: "*indirekte* Effizienzaussagen im Sinne einer

---

[1809] Gerken 1999: 135-158.
[1810] Gerken 1999: 183-189, 195.
[1811] Dies führt bei Lüder Gerken zu dem etwas absurden Ablauf der Argumentation, daß unklar ist, ob freier Handel Wohlfahrtsgewinne mit sich bringt, daß aber eben Freiheitsrechte geschützt werden müssen, obwohl ebenso unklar ist, daß dies Wohlfahrtsgewinne für alle mit sich bringt. Offenbar zieht Lüder Gerken die letztere Variante vor, weil er sie für sich überzeugender begründen kann. Er bleibt in seiner Argumentation aber klar, in bezug auf die Konsequenzen, die sein Ansatz hat: "Die Frage, ob der Wettbewerbsprozeß der Allgemeinheit zum Wohle gereiche, ist nicht beantwortbar, da bereits in ihrem Ansatz verfehlt." Gerken 1999a: 113.
[1812] Gerken 1999: 46-49.
[1813] Gerken 1999: 116-119.
[1814] Dies gilt wenigstens für staatliche Politiken, die die Effizienz erhöhen, und dabei zu einem wahrnehmbaren Grad auch noch die Freiheit der Individuen nicht gänzlich einschränken, wie dies in einer Demokratie mit einem partiellen Schutz der Eigentumsrechte vollzogen wird. Werden in diesem demokratischen Zusammenhang hier zusätzliche staatliche Maßnahmen zur Effizienzsteigerung ergriffen, ohne daß die prägende Rolle des Marktes in Frage gestellt wird, ist es wohl kaum begründet, von Totalitarismus zu sprechen und davon, daß die Präferenzen der Individuen nicht mehr ernstgenommen werden. Siehe dazu bereits oben. Vgl. dagegen die Argumentation Gerken 1999: 87, 113-116.

Indizienfeststellung zu treffen, daß diejenigen Regeln effizient seien, die umfassend den Funktionsbedingungen der marktwirtschaftlichen Ordnung gerecht würden."[1815]

Die Art und Weise der Ausgestaltung eine effizienzerhöhenden Politik der Exportorientierung wird in Abschnitt 'G' näher diskutiert. Ein grundlegendes normativ wirtschaftspolitisches Ergebnis dieser Diskussion ist, daß eine exportorientierte Politik mit einer mindestens partiellen, später breiteren Liberalisierung anzustreben ist. Weiterhin wird dort, von Abschnitt 'D' und 'E' bestätigt, gezeigt, daß die Teilnahme der Entwicklungsländer am Intra-Industriehandel mit verarbeitenden Gütern aus der Wohlfahrts- und Effizienzperspektive wünschenswert ist: Erstens aufgrund des viel größeren Werts dieses Handels, zweitens damit sie von den damit verbundenen technologischen Lerneffekten und Wissendiffusionseffekten[1816] profitieren können, die höhere Wohlfahrtswirkungen versprechen, als eine Präsenz im Grundstoffbereich. In einer Situation, in der durch den Markt keine solche Impulse erfolgen, kann wirtschaftspolitisch normativ begründet argumentiert werden, daß die Option für den Staat bleiben muß, in den Markt einzugreifen, etwa um Marktversagen entgegenzusteuern und um eine Diversifikation in neue Produktbereiche zu erleichtern, darunter verarbeitete Produkte.[1817]

In den folgenden Abschnitten 'E' und 'G' wird gezeigt, daß die dynamische Theorie solche Schlußfolgerungen keineswegs im Sinne eines naiven Automatismus für staatliche Eingriffe oder im Sinne des gebetsmühlenhaften Festhaltens an Diversifizierung fordert. Der Terminus 'Option für den Staat' wurde im obigen Absatz deshalb gewählt, weil die dynamische Theorie skeptisch ist in bezug auf die Fähigkeiten des Staates, frei von Interessengruppen in einem technokratischen Sinne zu handeln und weil ihr bewußt ist, daß gesellschaftliche Kosten weniger erfolgreicher Eingriffe dynamisch kumulieren können. Aus diesem Grund und ihres Vertrauens in den Markt verfügt die dynamischen Theorie einen ebenso wirkungsvollen Sicherheitsgurt wie etwa Lüder Gerkens Theorie, der verhindert, daß die Wirtschaftverfassung in eine Zentralverwaltungswirtschaft übergeht. Die dynamische Theorie ist aber ebenso davon überzeugt, daß die Möglichkeiten Effizienz zu steigern genutzt werden sollten, etwa um die Armut zu bekämpfen und vorteilhafte Arrangements zu nutzen. Welche vorteilhaften Arrangements dies u.a. sein können, wird im Abschnitt 'E' geklärt, der zeigt, wie die dynamische Theorie Marktfehler konzipiert, die das Erreichen von Effizienz behindern.

12.3.2 Ist Pareto Handel gleichbedeutend mit 'first best' Wohlfahrtsmaximierung?

Aus dem Pareto-Heckscher-Ohlin Modell folgt eine klare Schlußfolgerung: Freier Handel führt auf weltweiter Ebene zur Wohlfahrtsmaximierung. In medias res: Wenn man großzügig ist und dies sind einige Wirtschaftswissenschaftler, kann diese Empfehlung so interpretiert wird, daß hier mit der

---

[1815] Diese Zitat von Gerken (1999) wird hier selbstverständlich genau wiedergegeben, aber inhaltlich so verwendet, als ob es die hier gewählte Position stützt. Im Original wendet es sich gegen die Position, die hier im Text eingenommen wird. Herv. durch den Autor: Gerken 1999: 48.
[1816] Dazu weiter unten mehr.
[1817] Borensztein et al. 1994: 24. Wenn der Staat über die dementsprechenden Fähigkeiten verfügt. Die Diskussion wird weiter unten ausführlich erfolgen.

dynamisch-liberalen Vorstellung von Wettbewerbsprozessen Überdeckungsmomente vorliegen. Dies kann zur Forderung führen, daß trotz in der realen Welt bestehender Abweichungen von den neoklassischen Vorabbedingungen, nicht versucht werden sollte, "das Kind mit dem Bade auszuschütten" und die damit verbunden liberalen Schlußfolgerungen nicht abzulehnen.[1818]

Mit dieser Argumentation wird angenommen, daß das Pareto-Heckscher-Ohlin Modell deshalb einen wahren Kern hat, weil es auf liberale Wirkungsketten hinweist, die beispielsweise von der dynamischen Theorie teils ähnlich angenommen würden. Dies erscheint auf den ersten Blick nicht falsch. Auf den zweiten Blick zeigt sich aber, daß ein weiterer wahrer Kern zur Kenntnis genommen werden muß, der diese Haltung allzu großzügig anmuten läßt:

Das Pareto-Heckscher-Ohlin Modell gehört zum Bereich wirtschaftswissenschaftlicher Modelle mit normativem Anspruch, das heißt, daß auf eine Umsetzung seiner Vorabannahmen in der Realität hingearbeitet werden sollte, durch das Anstreben einer extrem liberalen Wirtschaftspolitik und extrem liberaler Wirtschaftsverfassungsregeln, um die Effizienz der Welt bzw. die weltweite Wohlfahrt zu befördern. Aus dem Pareto-Heckscher-Ohlin Modell des internationalen Handels folgt, daß ein vollständig freier Handel auf weltweiter Ebene d.h. die Determinierung sämtlicher Binnenmarktpreise durch den Weltmarkt und eine Spezialisierung gemäß komparativer Vorteile angestrebt werden sollte, um Pareto-Effizienzmaximierung zu ermöglichen.[1819]

Ob wurden schon gezeigt, daß diese extremen Forderungen verständlicher werden, wenn nachvollzogen wird, daß das Pareto Modell deshalb zu solchen Forderungen führt, weil es keine Gradabstufungen im Sinne von mehr oder weniger effizient darstellen kann. Die Wirtschaftswissenschaftler geraten bei Abweichungen von den Vorabannahmen sofort in die 'second best'-Welt, sodaß sie sozusagen zu dieser extrem liberalen Forderung gezwungen werden. Bei noch so geringen Abweichungen springen die Warnlichter von grün auf rot.

Nun könnte es aber sein, daß die 'second best'-Welt nicht zu diesen effizienzminimierenden Befürchtungen Anlaß gibt, nämlich wenn dynamisch liberale Wettbewerbsprozesse vorliegen, die zudem von einer ordoliberalen Wirtschaftsverfassung im Sinne Euckens gestützt werden. Diesem Argument soll kurz nachgegangen werden:

Gefragt werden kann nämlich, ob die Theorie des internationalen Handels, die von der Heckscher-Ohlin-Pareto Theorie vertreten wird, wirklich die 'erstbeste', optimal-effiziente Welt beschreibt. Dieser

---

[1818] Und angesichts der Kritikmöglichkeiten an der "reinen Theorie" ganz auf diese Modelle zu verzichten. Rose 1981: 398; Rose/Sauernheimer 1999: 565.
[1819] Dies gilt einfach für alles, eben für normale Märkte, für Handel und auch für Agrarmärkte sogar in Afrika: "A key component of structural adjustment programs was to improve market efficiency through policy (trade, agricultural and regulatory) reform. The objective was to reduce government interventions that distorted prices and tied up markets (World Bank 1994). The theoretical notion of efficient markets is that: i) if there are enough markets; ii) if all consumers and producers behave competitively; and iii) if an equilibrium exists, then the allocation of resources in that equilibrium will be Pareto optimal (Ledyard, 1987)." Townsend 1999: 50. Siehe dazu aus der Perspektive afrikanischer Agrarmärkte aber Hermanns 2005b: 19-23.

Zweifel steht im Einklang mit den gleich im Abschnitt 'E' Marktversagen präsentierten empirischen Ergebnissen in bezug auf Skalenökonomien, externe Ökonomien, Wissensdiffusion und Spezialisierungsvorteilen und ist kompatibel zur Theorie technologischer Fähigkeiten in Abschnitt 'F'.[1820] Der Bezug zu diesem Abschnitt 'D' über den internationalen Handel liegt ebenso vor, weil diese These im Einklang mit den Erkenntnissen der Theoretiker des Intra-Industriehandels steht. Das Pareto-Modell definiert nämlich eine Reihe von Aspekten weg, die für sämtliche Länder, die am internationalen Handel teilnehmen, Wohlfahrtssteigerungen ermöglichen, die zusätzlich[1821] oder ergänzend[1822] oder anstatt[1823], zu den Gewinnen, die der vollkommene Pareto-Markt verspricht, konzipiert werden können.[1824] Bei Pareto wird nicht die Möglichkeit einbezogen, durch Technologie Faktoren zu 'vergrößern', Lerneffekte anzustreben oder steigende Skalenerträge zu nutzen und sich auf Spezialisierung einzulassen, all dies zentrale Wohlfahrtsmotoren unserer Zeit. Wissensdiffusion würde als externer Effekt abgelehnt, obwohl diese zu Wohlfahrtsgewinnen führt und die Kernbedeutung hat, möglichst viele Gewinnerunternehmen zu erhalten bzw. Anpassungsfähigkeit innerhalb dynamischer Gleichgewichtszustände zu ermöglichen. Weil nun diese Phänomene nicht nur per se Wohlfahrtsteigerung versprechen, sondern zudem noch kompatibel sind mit dem Intra-Industriehandel, der partiell zumindest, weniger starke Anpassungsprozesse verspricht, scheint es denkbar zu sein, daß durch eine Integration vieler Länder in den internationalen Handel, die u.a. auf diesen dynamischen Phänomenen aufbaut, eine durch diese wirtschaftliche Mechanismen ausgelöste höhere Effizienzsteigerung auf weltweiter Ebene erreicht. Bis zu dem Grad, in dem die Produktvielfalt die Unternehmen tragen kann und Skalenökonomien wirksam werden, könnten die damit verbundenen Wohlfahrtsgewinne ggf. genuin als zusätzliche Gewinne, die über Pareto hinaus vorliegen, konzipiert werden.[1825] Aus dieser Perspektive gesehen ist die Pareto-Welt 'second best' und die Kombination einer Heckscher-Ohlin- und Intra-Industrie-Welt mit einer dynamischen Theorie der Wirtschaft 'first best'. Sodann läßt sich aber fragen, ob zu einer optimalen Effizienz- und Wohlfahrtssteigerung

---

[1820] Der unübliche Hinweis sei gestattet, daß diese 'prekäre' These nicht simplerweise aus Markusen et al. (1995: 192) herausgenommen wurde, sondern selbst entwickelt wurde, umso freudiger die sehr späte Erkenntnis, daß dieser Gedanke weiter verbreitet ist.
[1821] Markusen et al. 1995: 192; Mit Referenz auf Krugman (1981) diese Beobachtung auch in Willmann 2000: 7. Hier wird aber nur kurz angemerkt, daß diese zusätzlichen Gewinne auch zur Kompensation im Pareto-Kontext genutzt werden können. Willmann 2000: 7.
[1822] Markusen et al. 1995: 192.
[1823] In diesem Zusammenhang ein Kommentar zur Verwendung des 'anstatt' oben im Text: Hier wird davon ausgegangen, daß die dynamischen Wohlfahrtswirkungen über die rein neoklassisch konzipierten hinausgehen. Diese These, die jedoch kaum mathematisch berechnet werden kann, läßt sich nicht mehr aufrechterhalten, wenn die nicht neoklassisch vollkommenen, dynamischen Wettbewerbsprozesse zu Wettbewerbsprozessen führen, die wohlfahrtsmindernd sind. Innerhalb dynamischer Wettbewerbsprozesse müßten mittelfristig bzw. langfristig Vorsprungsgewinne abgebaut werden, Marktmachtstellungen partiell erodieren und die Wettbewerbspolitik muß extreme Konzentrationen verhindern, sonst könnte es zu deutlich erkennbaren Ineffizienzen kommen. Für die heutige, real existierende Welt der Industrieländer, die durch eine progressive Handelsliberalisierung ausgezeichnet ist und in der moderate, aber nicht extreme ausgeprägte Konzentrationstendenzen vorliegen, wird hier davon ausgegangen, daß ein solcher funktionsfähiger Wettbewerb in vielen (nicht in allen) Bereichen vorliegt und daß somit wenigstens extreme Wohlfahrtseinbußen nicht drohen - somit spricht viel dafür, daß das oben 'zusätzlich' und 'ergänzend' anstelle von 'anstatt' verwendet werden darf. Auf eine weiteren Grund für Ineffizienzen kann schon hingewiesen werden: Im zweiten Teil der Arbeit wird für die Nachkriegszeit beschrieben, daß die Handelsbarrieren der freiwilligen Selbstbeschränkungsabkommen partiell zu Ineffizienzen geführt haben.
[1824] Auf fundamentaler Ebene wurde diese Frage schon oben anhand der Kritik an der Neoklassik zum Thema ungenügender Anreizeffekte für technologische Innovationen bei 'neoklassischen' Nullgewinnen ausgesprochen. Fritsch et al. 1993: 37-38.
[1825] Genauso die Argumentation in der Literatur: "Of course, in reality, the gains from scale economies occur in *addition* to gains due to comparative advantage." Herv. im Original. Markusen et al. 1995: 192.

überhaupt freier Handel und ein vollständiger Verzicht auf staatliche Eingriffe nötig ist. Diese Fragen werden in den Abschnitten 'E' und 'G' weiterverfolgt.

12.3.3 Ethisch-normative Bewertung der Dynamiken des internationalen Handels

Wünschenswert ist es aus ethisch-moralisch normativer Perspektive, daß der internationale Handel allen Ländern und allen Individuen auf der ganzen Welt Wohlstand bringt, man könnte dies Weltgemeinwohl nennen. Das bedeutet auch, daß die Effizienz von Bedeutung bleibt, denn Effizienzsteigerung führt zu Wachstum und Wohlfahrtssteigerung.

Beginnt man noch einmal mit Pareto, dann impliziert Pareto-Effizienzmaximierung, daß durch die Teilnahme am internationalen Handel ein Land besser gestellt werden kann und ein anderes gleichgestellt bleibt. Gruppen, die einem Faktor zugeordnet sind, stellen intern Verlierer dar. Anhand des kurzen Verweises auf John Rawls wurde oben schon gezeigt, daß diese Art und Weise der Wohlfahrtssteigerung aus ethisch-normativer Sicht nicht überzeugend ist. Die Besserstellung des weniger gut gestellten Landes durch den internationalen Handel wäre vorzuziehen. Hierbei fühlen sich neoklassische Theoretiker selbst nicht ganz wohl.[1826] Aus den Pareto Modellen folgt jedenfalls, daß Pareto-Effizienz durch Kompensationen wieder realisiert werden kann.

Diese Kritik soll aber nicht überzogen werden. Nimmt man eine realistische Haltung ein, ist in einem dynamischen Sinne die 'Gleichstellung' eines Landes bei Effizienzmaximierung in einem anderen Land nicht unbedingt negativ zu bewerten. Schließlich kann eine gelungene dynamische Wohlfahrtssteigerung in einem Land bei relativer Offenheit für den Handel auch positiv auf andere Länder wirken. Auch die Globalisierung mit ihrer Steigerung der internationalen Investitionen und deren - relativ - breite Streuung in eine Reihe dadurch positiv beeinflußter Länder[1827] führt zu solchen wünschenswerten Effekten. Ebenso bietet die zunehmende Entwicklung einer global ausgreifenden vertikalen Spezialisierung - wenn nicht allen - aber vielen Länder eine Chance zur Wohlfahrtssteigerung. Dies gilt selbst dann, wenn die internationalen Unternehmen zur Absicherung ihrer Marktpositionen investieren und dies auch hemmend auf Industrialisierungs- und Wachstumsprozesse von Branchen in Entwicklungsländer wirken kann.

[1826] Hierzu die beiden folgenden Zitate: "Das Marktgleichgewicht könnte eventuell keine 'gerechte' Allokation sein - wenn anfänglich Person A alles besitzt, würde sie nach einem 'Tausch' immer noch alles besitzen. Das wäre effizient, aber es wäre nicht sehr fair. Trotz allem kommt der Effizienz doch eine gewisse Bedeutung zu, und es beruhigend zu wissen, dass ein einfacher Marktmechanismus, wie wir ihn beschrieben haben, in der Lage ist, eine effiziente Allokation zu erzielen." Varian 2001: 507. Diese Beruhigung hält nicht bei allen Autoren lange vor, zumindest wenn dazu noch ein Verstoß gegen das Demokratieprinzip hinzukommt: "A society where a dictator consumes everything is Pareto efficient, but makes us feel uncomfortable." Willmann 2000: 10.

[1827] Die internationalen Direktinvestitionen finden sich vor allem in den folgenden Ländern: USA 42,7 %, Deutschland 15,0 %, Hongkong 10,0 %, Singapur 3,0 %, China 12,7 %, Mexiko 4,4 %, Brasilien 2,8 % , Indien 0,7 %, Korea 0,1 %, Taiwan 0,09 %, Malaysia 1,5 %, Thailand 0,009 %, Indonesien 1,6 %, Südafrika 0,08 %. Anteile berechnet aus der Summe für die in dieser Tabelle erwähnten Länder für das Jahr 2002. Siehe: **Tabelle 48**.

Eine solche realistische Sichtweise impliziert aber auch, daß, wie zu Beginn schon erwähnt, anerkannt werden muß, daß Dynamiken des internationalen Handels absolut negative Entwicklungen auslösen können. Eine bestimmte Ländergruppe, die LDCs, wurde bereits ganz vom internationalen Handel abgekoppelt, auch weil auf diesen Märkten kaum Skalenökonomien erreicht werden können und es diverse andere Marktfehler gibt. Besorgniserregend ist auch, daß bestimmte Regionen, Lateinamerika, über einen relativ kurzen Zeitabschnitt von 13 Jahren, siehe die Daten von Sanjaya Lall oben, zwar keine absoluten, aber relative Rückschritte im wichtigen Bereich verarbeiteter Güter verzeichneten.

Solche Veränderungen im Bereich verarbeiteter Güter können durch einen Fokus auf neuartige komparative Vorteile begründet sein, der nicht negativ bewertet werden muß. Die Türkei ist etwa ein Beispiel für ein Land, welches sich nach einer Konzentration auf eher kapitalintensive Produktion, teilweise zumindest, auf komparativen Vorteilen im Bereich arbeitsintensiver Produktion reorientiert hat, siehe Abschnitt 'G'. Wichtig für die ethisch-normative Bewertung des internationalen Handel bleibt aber, daß dem verarbeitenden Sektor weiterhin eine wichtige Rolle in der Industrialisierung und damit Effizienz- und Wohlfahrtssteigerung der Länder zugeschrieben werden kann. Eine Reorientierung gemäß komparativer Vorteile - sollte - deshalb nicht zu vollständigen Verlust technologischer Fähigkeiten führen, siehe dazu Abschnitte 'E' und 'F'. Schließlich sei das Beispiel der schwachen verarbeitenden Industrie Afrikas erwähnt, die aufgrund unzureichender technologischer Fähigkeiten nur sehr eingeschränkt in positiver Form auf den Wettbewerb auf dem Weltmarkt bzw. auf Liberalisierung reagieren kann, in Abschnitt 'G'.

Weil es solche negativen Effekte gibt, bleibt es begründeterweise die Sorge der ethisch-moralischen Perspektive, inwieweit freier Handel zur Wohlfahrtssteigerung führt. Dieser Abschnitt 'D' zeigt zwar, daß eine ganze Reihe Argumente für Wohlfahrtswirkungen aus dem freien Handel sprechen, beispielsweise die unterschiedlichen Formen der Spezialisierung.[1828] Dennoch kann nicht aus diesen Theorien geschlossen werden, daß ein gänzlich freier Weltmarkt, im Sinne einer festgelegten, nicht mehr veränderlichen Ordnung, die staatliche Eingriffe ausschließt und der weltweit und in allen Wirtschaftsbereichen zuläßt, daß deren Produktionsentscheidugen über Weltmarktpreise definiert werden, akzeptiert werden sollte und ethisch-moralisch begründbar ist.[1829]

[1828] Sowohl das Ricardo-, das Heckscher-Ohlin und das Intra-Industriemodell beschreiben Vorteile, die die Länder aus dem internationalen Handel ziehen können. Die Quellen der Wohlfahrtssteigerungen unterscheiden sich, einmal ist es die wohlfahrtssteigernde Spezialisierung auf die relativen komparativen Vorteile (bei Ricardo auf die Produktivitätsvorteile, bei Heckscher-Ohlin die Faktorvorteile), weiterhin sind beim Intra-Industriemodell die Güterheterogenität (dahinter steht das Wachstums in den Industrieländer und die Ausdifferenzierung der Verbraucherwünsche), das Erreichen von Skalenökonomien, der Abbau von Monopolstellungen durch die Stärkung des Wettbewerbs prinzipiell vorteilhaft. Auch in bezug auf die Theorie der technologischen Lücke sind weltweite Vorteile denkbar, wenn dies als Teil der Spezialisierung begriffen wird, etwa dann, wenn Maschinen aus Deutschland weltweit Wohlfahrt steigern helfen. Spezialisierung impliziert konkret, daß viele Firmen von diesem bestehenden System profitieren können, darunter auch solche aus Entwicklungsländern, die zuerst einmal Faktorvorteile nutzen. Im Bereich des Handels mit verarbeitenden Produkten müssen die Firmen aber lernen anpassungsfähig zu sein und müssen mindestens mittlere technologische Fähigkeiten verfügen, um auf den Märkten bestehen zu können. Hier werden große Unterschiede zwischen Firmen aus den Industrie- und Entwicklungsländern sichtbar, die bei freiem Handel nicht verschwinden werden. Weil es auf den Weltmärkten über alle Spezialisierung hinaus head-to-head Wettbewerb geben wird, werden hier nur Chancen beschrieben und damit impliziert der internationale Handel immer auch negative Effekte für Firmen und Länder, die diese Ansprüche nicht erfüllen.

[1829] So aber beispielsweise Palmeter 2005: 464-466. Allerdings werden Kompensationszahlungen für nötig angesehen. Palmeter 2005: 464-465.

Schon David Ricardo mußte John Stuart Mills Hinweis ernstnehmen, daß Terms of Trade wichtig sind und daß bei Weltpreisänderungen ganz andere Spezialisierungsmuster mit positiven oder negativen Folgen denkbar sind, im Vergleich zur Situation im Moment oder sogar ein gänzlicher Stop des Handels. Das Beispiel der LDCs und Afrikas ist in dieser Hinsicht klar genug. Heckscher-Ohlin beschreibt weiterhin die Existenz von Verlierergruppen und Anpassungskosten, welche z.B. den verarbeitenden Sektor massiv treffen können. Mit Heckscher-Ohlin ist sogar denkbar, daß sich eine Spezialisierung auf arbeitsintensive Güter weiter verstärkt, ohne daß die Spar- und Investitionsneigung ansteigt.

Dazu kommt, daß es bei problematischen Entwicklungen denkbar scheint mit politischen Interventionen Wohlfahrt zu steigern, regionale Wachstumsdynamiken zu schützen, Skalenökonomien aufrechtzuerhalten, Risiken für Unternehmer zu vermindern oder mit Zöllen in schwachen Staaten wenigstens 'passiv' ein bestimmtes Wertschöpfungs- und Fähigkeitsniveau aufrechtzuerhalten. Ein vollständiges Verbot staatliche wirtschaftspolitischer Eingriffe ist somit aus ethisch-moralischer Sicht nicht begründbar, siehe auch hier Abschnitte 'E' und 'G'.

Daraus folgt keinesfalls eine ethisch-moralische Pauschalrechtfertigung für politische Eingriffe in den Handel, die wohlfahrtsmindernde Auswirkungen auf Nachbarstaaten oder überhaupt auf andere Staaten weltweit haben. Weil ein dynamisches Geflecht von Kausalketten die Welt durchzieht, hat jeder Staat darin seinen Platz und somit besteht die Verantwortung eine Politik zu verfolgen, die eine Effizienzmaximierung in anderen Staaten befördert.[1830] Deshalb kann es ethisch-moralisch sehr wohl Pflicht sein, eine liberalere, wohlfahrtssteigernde Politik zu betreiben, insbesondere dann, wenn starke und reiche Staaten schwache and arme Staaten daran hindern ihre Wohlfahrt zu steigern. Ebenso kann es aber ethisch-moralische Pflicht sein, bestimmten interventionistischen Regeln zuzustimmen, wenn diese gut bedacht und sachlich gerechtfertigt sind.

Dies gilt nicht zuletzt auch für den eigenen Staat. Wenn nicht mehr sinnvoll erscheint einen Bereich des verarbeitenden Sektors aufrechtzuerhalten, weil er eine negative Produktivitätsentwicklung aufweist, die Zukunftsprognosen düster sind und Zölle und andere Maßnahmen des Staates die Konsumenten klar wahrnehmbar belasten, wäre es, zumal wenn alternative Gewinnersektoren vorliegen, aus der Effizienz- und Wohlfahrtsperspektive als auch der ethisch-moralischen Perspektive vertretbar, zu fordern, daß ein Staat Zölle und Subventionen abbaut, um eine Reorientierung gemäß erfolgversprechenderer komparativer Vorteile zu ermöglichen.

[1830] Aus ordoliberaler Perspektiv ist Entwicklungspolitik kein Teilbereich, sondern muß auf Kohärenz mit anderen Wirtschaftspolitiken überprüft werden. "Entwicklungspolitik wird in Deutschland schon seit über drei Jahrzehnten als Bestandteil einer auf bestimmte Länder bezogenen Gesamtpolitik verstanden. Immer wieder wird von der Bundesregierung betont, daß der Erfolg dieser Politik von der Kohärenz der anderen Politikbereiche, insbesondere der Agrar- und Handelspolitik abhängt. Schon 1962 hat Minister Scheel (1962, 729) vor den für Entwicklungsländer negativen Auswirkungen gewarnt, wenn Industrieländer ihre Agrarüberschüsse mit hohem Subventionsaufwand exportieren und Importe aus Entwicklungsländern behindern. In der Praxis blieb die Beachtung der Kohärenz vielfach nur Rhetorik." Duijm 1997: 639, 646.

Aus ethisch-moralischer Perspektiv folgt weiterhin, daß breit angelegte, absolut negativ wirksame Dynamiken des Welthandels durch politische Lösungen und damit womöglich auch durch veränderte Handelsregeln korrigiert müßten. Eines der wichtigsten Modelle, welches dazu genutzt wird, freien weltweiten Handel durchzusetzen, das Pareto-Modell, macht schon in einer einfachen Variante Kompensationen erforderlich und erst recht, wenn es ungünstige Terms of Trade Entwicklungen gibt. Dies wird in der Diskussion gerne vergessen. Erst Recht folgt aus einer dynamischen Theorie, die noch mehr Wohlfahrt verspricht, die Folgerung Kompensationen zu nutzen. Hier ist eine konkrete Stützung technologischer Fähigkeiten denkbar wäre oder ein soziales Sicherungssystem auf globaler Ebene.[1831]

Diese Schlußfolgerungen gelten, weil alle Länder dieser Welt von den weltweiten wirtschaftlichen Dynamiken betroffen sind und somit interdependent sind. Dies wird beispielsweise daran erkennbar, daß massive F&E Investitionen in den Industrieländern dazu führen können, daß die Anreize für Unternehmer in den Entwicklungsländern in F&E zu investieren, absinken.[1832] Klar erkennbar wird diese weltweite Interdependenz der Wirkungen auch daran, daß viele schwache Länder dynamische Nachteile und Marktfehler aufweisen, die eine Textbuchreaktion auf Liberalisierung erschweren.[1833] Die LCDs verfügen über einen verarbeitenden Sektor, der 11 % der Wertschöpfung darstellt, ein Wert der weit unter anderen Ländern liegt.[1834] Die Neoklassik würde sich in bezug auf diese Problemstellung keine Sorgen machen und behaupten, daß diese Länder über vollkommene Märkte verfügen, daß sie ihre Faktorvorteile nutzen sollten und keinerlei Unterstützung benötigen. Aus dynamischen Perspektive, welche negative Auswirkungen von Dynamiken kennt, kann dagegen die ethisch-normative Verpflichtung abgeleitet werden, konkrete Hilfestellungen zu leisten und globale Handelsregeln zu schaffen, die auf die Bedürfnisse schwacher Länder Rücksicht nehmen.

An diesem Überblick über den internationalen Handel wurde deutlich, wie massiv die Industrieländern, die sich immer als Freihändler präsentieren, in die Wirtschaft eingegriffen haben und noch eingreifen. Dies ist nicht der einzige Grund dafür, aber einer der Gründe, warum die Entwicklungsländer bis 1989 nur einen 3,3 % Anteil am Output der Industrieländer vermittels des Welthandels für sich reklamieren konnten, wobei die Industrieländer ihre Wohlfahrt zwischen 1965 und 1989 nahezu verdoppeln konnten und darüberhinaus in den siebziger Jahren mehr in die Entwicklungsländer exportiert als importiert haben. Der Sektorüberblick hat zusätzlich gezeigt, daß die Industrieländer, bis heute, ihre Vorteile im Pharmabereich staatlich stützen[1835], im sehr wichtigen

---

[1831] Bringt man eine Minimalanforderung an, wäre ein relativer Rückschritt von Länder oder Regionen womöglich ethisch-normativ dann noch akzeptabel, wenn allen in dieser Situation 'gleichgestellt bleibenden Menschen bzw. Ländern' weitgehend vergleichbare Lebenschancen (also Nahrungsmittel, Gesundheitsversorgung, Schule, Funktionieren der Wirtschaft auf grundlegendem Niveau) gegenüber den Bessergestellten innehaben würden. Ein solches Minimalniveau wird auf weltweiter Ebene bisher nicht garantiert.
[1832] Grossman/Helpman 1991: 257.
[1833] Siehe Afrika in Abschnitt 'G'.
[1834] UNCTAD LDC Report 2004: 325.
[1835] Für den Pharmabereich wirft dies die interessante Frage auf, ob die staatliche Förderung der Pharmaindustrie, die, siehe Abschnitt 'E', mit dem Argument der wohlfahrtsfördernden Grundlagenforschung gerechtfertigt wird, nicht dazu führt, daß Anreize in Indien und China in

Automobilbereich weiter Zollschutz einsetzen, daß der Stahlbereich ebenso geschützt wird und der Agrarbereich fast vollständig zollgeschützt ist (und die Industrieländer den Rohstoffhandel mit 64 % und den Handel mit Lebensmitteln mit 74 % dominieren, wertmäßig geht es hier um 9,2 % des Welthandels). Aus dieser Perspektive erscheint die Liberalisierung im Textil- und Bekleidungsbereich (2,3 % und 3,2 % des Welthandels), wobei im Textilbereich die Industrieländer weiter präsent bleiben, fast wie eine Ablenkung.

Vor diesem Hintergrund läßt sich weiterhin die Frage aufwerfen, wie ethisch-moralisch normativ zwischen der Rechtfertigung staatlicher Eingriffe in Industrieländern und Entwicklungsländern differenziert werden kann. Die Industrieländer verfügen aus dynamischer Perspektive über diverse Vorteile, etwa gute Ausbildung, eine relativ gut funktionierende Diffusion von Technologie und Wissen und können tendenziell auf staatliche Eingriffe verzichten. Ob die Industrieländer vor dem Hintergrund dieser Umstände und Zahlen rechtfertigen können, korrigierende Engriffe in den Handel zu vollziehen, etwa durch Nutzung WTO konformer Maßnahmen wie der Schutzklausel oder durch Antidumpingzölle, ist eine Frage, die mit Sach- und Fairness-Argumenten und Argumenten, die den Grad bisheriger Interventionen einbeziehen, kombiniert mit einem weisen Verständnis von sinnvoller internationaler Arbeitsteilung, beantwortet werden muß.

Kompensationen i.S. von Pareto könnten jedenfalls problemlos von den Industrieländern bezahlt werden, die massiv und konstant vom internationalen Handel profitieren. Immerhin geht es um Staaten oder Staatengemeinschaften mit einem BSP fast US$ 27 Billionen, dies sind die USA mit: US$ 12,4, die EU mit US$ 10,0 und Japan mit US$ 4,5 Billionen (2005)[1836], bei einem steigenden BSP der Schwellenländer. Dazu kommt, daß die internationalen Firmen eine Klasse für sich darstellen und aufgrund ihrer Wirkungen auf die Weltwirtschaft eigenständig zu Entwicklungshilfezahlungen und konkreten Hilfeleistungen herangezogen werden könnten. Die LDCs werden derzeit mit US$ 14 Mrd. Entwicklungshilfe unterstützt.[1837] Sub-Sahara Afrika wird jährlich mit US$ 20 Mrd. unterstützt, dies sind 0,07 % des BSP der USA, EU und Japan, welches, siehe oben, US$ 27.000 Mrd. beträgt. Es muß hier nicht formuliert werden, daß die schwachen Länder einiges mehr an Stützung gebrauchen könnte, nicht zuletzt um dort eine wettbewerbsfähige Industrie aufzubauen. Sinnvoll wären auch jährlich US$ 2 Mrd., um durch Düngemittelverteilungsprojekte in Afrika die Nahrungsmittelproduktion zu erhöhen. Zudem müßten die Agrarmärkte gestärkt werden, unter anderem durch substantielle Investitionen in Infrastruktur.[1838] Auch weitere wirksame Politikmaßnahmen, mit denen LDCs geholfen werden kann, sind bekannt, so die Aufhebung der Ursprungsregeln in Präferenzabkommen, damit dort Bekleidungsherstellung stattfinden kann sowie ein weiterer präferentieller Marktzugang, u.a. im Agrarbereich.

F&E zu investieren absinken, mit dem Effekt, daß dortigen, genauso klugen Wissenschaftler nach dortigen Prioritäten weniger erfolgreiche Forschung durchführen. Dies spricht beispielsweise für die Notwendigkeit einer weltweit gleichmäßigen Förderung der Grundlagenforschung im Pharmabereich.

[1836] GDP, current US$. World Bank Data Profile USA, EU, Japan. Zahlen für 2005.

[1837] Dies sind 'total financial flows', 2002. UNCTAD LDC Report 2004: 340.

[1838] Hermanns 2005d: 405.

E Einwände gegen die Neoklassik aufgrund dynamischem Wettbewerb, Politischer Ökonomie und Entwicklungsökonomie

Inhalt

1.	Einleitung	3
2.	Einwand gegen Neoklassik Nr. 1: Statik vs. Dynamik	6
3.	Einwand gegen Neoklassik Nr. 2: Fehlende Theorie des Staates	9
3.1	Fehlendes staatliches Lenkungswissen: These und Kritik	10
3.2	Eigennützig handelnde Politiker: These und Kritik	11
3.3	Theorie der Rentensuche	17
3.4	Wirtschaftsverfassung gemäß 'public choice' auf internationalem Niveau	27
3.5	'Public choice' und Zollsenkungsverhandlungen	28
3.6	Fazit	30
4.	Einwände gegen die Neoklassik durch dynamischen Wettbewerb und Entwicklungsökonomie	30
4.1	Nirwana Vorwurf	31
4.2	Theorie des Zweitbesten	31
4.3	Marktversagen I: Theorie der Verfügungsrechte	32
4.4	Marktversagen II: Versagen von Marktfunktionen und staatliche Interventionen	34
4.4.1	Kollektivgüter	36
4.4.2	Meritorische Güter	37
4.4.3	Natürliche Monopole	38
4.4.4	Skalenökonomien	39
4.4.4.1	Skalenökonomien und Erziehungszölle	47
4.4.4.2	Theorie der Erziehungszölle	53
4.4.4.3	Zollschutz und Direktinvestitionen	58
4.4.4.4	Skalenökonomien und Liberalisierung bei nicht-perfekten Märkten	58
4.4.4.5	Die ambivalenten Wirkungen von Zollschutz: Hamilton vs. List	61
4.4.4.6	Fazit: Neoklassik, Skalenökonomien und Zölle	62

5.	Externalitäten	63
5.1	Nicht-marktgemäße Externalitäten	63
5.2	Nicht-marktgemäße Externalitäten und interventionistische Eingriffe	64
5.3	Marktgemäße Externalitäten	67
5.4	Empirische Untersuchungen über externe Effekte	73
5.5	Externalitäten und Risikoreduzierung	75
6.	Marktversagen der Kapitalmärkte	79
7.	Regionalförderung	80
8.	Patentschutz, Wissensdiffusion und Innovationsanreize	82
8.1	Internationale Allianzen in den Industrieländern	87
9.	Informationen	88
10.	Faktormobilitätshindernisse	89
10.1	Faktormobilitätshemmnisse in Entwicklungsländern	90
11.	Subventionswettlauf	91
12.	Fazit Abschnitte 'C', 'D', 'E'	91
13.	Frühe Entwicklungsökonomie	94
13.1	Wachstumstheorie	94
13.2	Theorie des Strukturwandels	97
13.3	Der weitgehende Perspektivwechsel liberaler Theorie	99

E   Einwände gegen die Neoklassik aufgrund dynamischen Wettbewerbs, Politischer Ökonomie und Entwicklungsökonomie

1. Einleitung

Die neoklassische Ökonomie stellt ein intern kohärentes und faszinierendes Theoriegebilde dar, welches partiell überzeugende Aspekte hat, insbesondere hinsichtlich bestimmter Wirkungsmechanismen, die der Wirtschaft zugrundeliegen. Schon die Preisbildung auf den Märkten vollzieht sich in der Realität aber nur zu einem gewissen Grad gemäß neoklassischer Modellannahmen. Diverse weitere Phänomene, die in den Bereich dynamischen Wettbewerbs fallen, müssen beachtet werden, sodaß eine Theorie internationalen Handels nicht ohne diese denkbar ist. Fortan ist es eine empirische Frage, inwiefern diese Mechanismen wirksam sind und welche weiteren Faktoren hier Einfluß nehmen. Weil dies so ist, können aus neoklassischen Modellen nicht mehr eins zu eins normative Forderungen in bezug auf die Wirtschaftspolitik abgeleitet werden und auch nicht verlangt werden, diese eins zu eins in rechtliche Regeln umzusetzen. Dies muß aber nicht bedeuten, daß deshalb sämtliche theoretischen Anhaltspunkte aufgegeben wird, die auf liberalen Annahmen basieren. Nur weil es Abweichungen von den neoklassischen Vorstellungen gibt, ist dies beispielsweise kein Grund, deshalb ganz auf anders strukturierte Modelle, wie sie etwa die strukturalistische Entwicklungsökonomie anbietet, zurückzugreifen.[1839]

Die Theorie dynamischen Wettbewerbs stellt diesbezüglich den überzeugensten Anhaltspunkt dar, der intensive Konkurrenz auf den Märkten begrüßt, Vorsprungsgewinne toleriert, aber offener gegenüber empirisch nachweisbaren Abweichungen und der Erklärung sonstiger Marktunvollkommenheiten bzw., neutraler formuliert, sonstiger Wettbewerbsfaktoren ist. Die neoklassische Theorie bietet, aus dieser Theorieperspektive aus gesehen, einen wichtigen Referenzpunkt, weil sie auf die wichtige Rolle des Wettbewerbs, der Märkte und der Preise hinweist, mehr aber nicht. Die dynamische Theorie ist weiterhin durchaus in der Lage, ebenso den Anspruch zu erheben, eine normative Theorie zu sein, weil sie ebenso untersucht, wie eine optimale Wohlfahrtssteigerung zu erzielen ist, ohne dabei allerdings so dogmatisch vorzugehen.[1840] Aufgrund der wenig realistischen Annahmen, die

---

[1839] Die strukturalistischen Erklärungsmodelle können neoklassische oder ggf. dynamische Modelle aber durchaus ergänzen, siehe dazu die Publikationen im Bereich Makroökonomie von Taylor 1983; Taylor 1988. In seinem Überblick über den Stand der Dinge der Entwicklungsökonomie in bezug die Debatte zwischen Neoklassik und Strukturalismus schreibt Chenery (1975): "The simplifying assumptions of the models currently in use tend to exaggerate the differences between neoclassical and structuralist prescriptions. (...) Neoclassical policy consists essentially in removing impediments to the functioning of markets as to make the real world as much like the abstract model as possible. However, it will never be possible to achieve perfect knowledge or instantaneous adjustment to market signals. It is therefore necessary to incorporated these 'imperfections' into the model itself. Once this has been done, it will become possible to take account of the existence of internal or external disequilibria and to devise more realistic policies to cope with them. In the theoretical literature, these policies are misleadingly referred to as "second best" in relation to the neoclassical model. It would be more accurate to characterize the model itself as overly simple and "first best" policies as simply unattainable. More attention should be given to improving the realism of basically neoclassical models instead of discarding them in favor of equally oversimplified structuralist models". Chenery 1975: 315.

[1840] Normative Analyse wird hier mit einer Analyse und dem Vergleich institutioneller Strukturen gleichgesetzt, die das Ziel hat, herauszufinden, welche eine bessere Wohlfahrtsleistung erbringen. Hier sei ein Dogmatismus nicht hilfreich. Nelson/Winter 1982: 404. Im

neoklassischen Modellen, etwa dem Pareto-Kriterium zugrundeliegen, werden in Teilen der Literatur wirtschaftliche Wohlfahrts- bzw. Effizenzgewinne dynamischen bzw. funktionsfähigen Wettbewerbsprozessen zugeschrieben[1841] bei denen nur teilweise und nur tendenziell Bedingungen wirken, welche die neoklassische Theorie postuliert.[1842]

Weiterhin impliziert die Theorie dynamischen Wettbewerbs nicht, wie dies befürchtet werden könnte, daß die wirtschaftlichen Dynamiken unkontrollierbare Ausschläge haben müssen. Die dynamische Theorie des Wettbewerbs anerkennt sogar das Vorhandensein von längerfristig bestehenden Gleichgewichtssituationen. Dies sind aber Gleichgewichte, die sich innerhalb dynamischer Modelle erklären lassen.[1843] Diese Theorie dynamischen Wettbewerb zeigt weiterhin viel deutlicher und realistischer als die neoklassische Theorie, wie die Bedingungen aussehen müssen, damit sich solche dynamischen Gleichgewichtssituationen perpetuieren lassen. Dadurch wird überhaupt erst die Grundlage dafür geschaffen, wirtschaftliche Dynamiken zu verstehen, sodaß in einem zweiten Schritt darüber debattiert werden kann, welche wirtschaftspolitischen Maßnahmen helfen können ein - in der Realität bestehendes - Gleichgewicht zu erhalten oder wie es möglich ist von einer Gleichgewichtssituation zu einer nächsten überzugehen, im Sinne komplexer Prozesse des Strukturwandels in den jeweiligen Industriesektoren. Erst vor diesem Hintergrund lassen sich bestimmte Dimensionen des Wirtschaftsrechts und Fragen der Wettbewerbspolitik in ihren zentralen Bedeutungsdimensionen verstehen.

Dies zu zeigen ist einer der Gründe für die nun folgende Diskussion empirischer Abweichungen von neoklassischen Modellen, die unter dem Thema Marktversagen systematisiert wird. Präsentiert werden empirische Beweise für diverse dynamische Aspekte der modernen Wirtschaft: Skalenökonomien, Externalitäten, darunter pekunäre Externalitäten durch Wachstum und große Märkte, Strukturwandel durch Wettbewerbs, Technologiewandel und Liberalisierung sowie die wohlfahrtssteigernde Rolle der Wissensdiffusion. Marktversagen wird hier nicht einfach behauptet, sondern mit empirischen Untersuchungen belegt und aus dynamisch ordoliberaler Perspektive auf Relevanz und Korrigierbarkeit überprüft. Damit wird auch die Frage nach den Regeln einer internationalen Wirtschaftsordnung und nach Interventionen des Staates gestellt, wobei letztere dazu genutzt werden können, Marktversagen zu korrigieren. Ebenso wird hier ein Überblick über die Haltung zu diesen

---

Gegensatz zu Nelson/Winter (1982) wird hier aber nicht allein Effizienz angestrebt, sondern diese wird eingebettet in einen ordoliberalen Rahmen, der über Effizienz hinaus einer Wirtschaftsordnung und deren institutioneller Ausgestaltung weitere Werte und Kriterien zuweist.

[1841] Fritsch et al. 1993: 37-42; Olten 1995: 65-70; "Similary, it seems clear that orthodox conceptions of maximization and equilibrium must be stretched severely if they are to encompass much of the Schumpeterian formulation of the competitive process." Nelson/Winter 1982: 401-402. Einer Schumpeter-Hypothese, die von Nelson/Winter (1982) oft hervorgehoben wird, wird sich hier nicht angeschlossen, so schon Abschnitt 'B', siehe Symeonidis 1996: 7, 8, 20, 33-34.

[1842] So etwa auch der Befürworter neoklassischer Konzepte: Herdzina 1993: 119.

[1843] Siehe das schon oben gebrauchte Zitat aus Nelson/Winter (1982): "Evolutionary models are consistent with, and can 'predict' the same sorts of characteristics of equilibrium and the same kinds of qualitative responses to changed market conditions, as can models built out of more orthodox components. However, the explanations for these patterns are different, and so are the assumptions that delimit the circumstances under which these patterns might be expected to obtain." Explizit wird hier der Terminus dynamische Analyse verwendet: "Our models contain such a dynamic analysis. And they point out clearly to some key determinants of industry structure and performance under Schumpeterian competition: ease of imitation, the degree to which large firms restrain investment, the character of the technological change regime." Nelson/Winter 1982: 401-402.

Faktoren in der Entwicklungsökonomie und in der Wachstumstheorie gegeben, die einer dynamisch ordoliberale Sichtweise nicht widerspricht.

Dieser Ansatz unterscheidet sich deutlich von der These von Gerken (1999), der angesichts wenig überzeugender und teils sogar widersprüchlicher neoklassischer wirtschaftschaftswissenschaftlicher Modelle und komplexer wirtschaftlicher Zusammenhänge schließt, daß nur ein unzureichendes Wissen besteht, wie wirtschaftspolitische Eingriffe erfolgen sollen, die ein Effizienzziel verfolgen. Hier wird zwar zugestanden, daß die wirtschaftlichen und ordnungspolitischen Zusammenhänge komplex sind, aber nicht akzeptiert, daß diese so komplex sind, daß davon ausgegangen werden muß, daß "jede bewußte Änderung von Regeln (...) zu nicht im voraus erkennbaren Friktionen im Gesamtsystem führen"[1844] können. Diese Anspielung auf potentiell chaotische oder sogar destruktive dynamische Prozesse im Falle staatlicher Eingriffe stimmt nicht mit der common sense Erfahrung eines kontinuierlichen Wirtschaftswachstums - trotz privater monopolistischer Wettbewerbsabschwächungen und partieller staatlicher Eingriffe - in den letzten fünf Jahrzehnten überein, wobei dieses Wachstum nicht nur in den Industrieländern anzutreffen ist. In einem "dynamischen Umfeld", welches den Wettbewerb prägt, können zwar einfache wirtschaftswissenschaftliche Modelle nicht unbedingt und in allen Fällen 'allgemeingültige Aussagen' vorgeben, wie eine effiziente Wirtschaftspolitik auszusehen hat.[1845] Daraus muß aber nicht die Schlußfolgerungen gezogen, daß generell zu "unmittelbaren Effizienzerwägungen" das notwendige Wissen fehlt und deshalb staatliche Eingriffe allein ausgehend von einem "System von Verhaltensregeln" aus zu bewerten sind.[1846]

Zur Erinnerung und Zusammenfassung: Die Neoklassik wählt die folgenden restriktiven Bedingungen, um Gleichgewichtssituationen zu beschreiben und einen Pareto-optimalen Zustand beschreiben zu können.[1847] Wiewohl es im Einzelfall Abweichungen gibt[1848], können die für die Neoklassik typischen Annahmen wie folgt zusammengefaßt werden: "1. Gegebene Ressourcenausstattung; 2. konstante Produktionstechnik (keine Produkt- oder Verfahrensinnovationen und konstante Produktpalette); 3. Gegebene und konstante Präferenzen; 4. formale Freiheit der Wahl zwischen Alternativen (Produktionsfreiheit, Investitionsfreiheit, Freiheit der Berufswahl, freie Konsumwahl); 5. Homogenität der Güter (keine sachlichen Präferenzen d.h. der Nachfrager bevorzugt nicht bestimmte Güter eines Anbieters, keine persönlichen und räumlichen Präferenzen, letzteres bedeutet, daß es keine Transportkosten gibt); 6. atomistische Marktstruktur (sehr viele kleine Anbieter und Nachfrager mit jeweils geringem Marktanteil); 7. vollständige Markttransparenz (vollständige und kostenlose

---

[1844] Gerken 1999: 116.
[1845] Gerken 1999: 112, 119, 120-121.
[1846] Gerken 1999: 99-102. Diese Thesen ähneln der Neo-Österreichischen Schule, die Effizienz als Fiktion ansieht und nur die individuelle Freiheit als zugrundeliegendes Prinzip einer Wirtschaftsordnung akzeptiert. Hildebrand 2002: 157.
[1847] In der statischen allgemeinen Gleichgewichtstheorie von Léon Walras muß als Bedingung jede Firma effizient produzieren, die Haushalte ihren Nutzen maximieren und für alle Konsumgüter und Produktionsfaktoren das Gesamtangebot gleich der Gesamtnachfrage sein. Söllner 1999: 110-111.
[1848] Die folgende Liste zeichnet ein zugespitztes Bild der Neoklassik. Dies ist aber legitim, weil diese orthodoxe Richtung der Modellbildung bis heute Bestand hat. Nelson/Winter 1982: 11-14; 24-27.

Informationen sämtlicher Marktakteure über Gütereigenschaften und Preise); 8. unbegrenzte Mobilität sämtlicher Produktionsfaktoren und Güter, insbesondere freier d.h. kostenloser Marktzu- und Marktaustritt; 9. unbegrenzte Teilbarkeit sämtlicher Produktionsfaktoren und Güter (dies impliziert die Abwesenheit von Skalenökonomien); 10. unendliche Reaktionsgeschwindigkeit (kein Zeitbedarf für Anpassungsprozesse); 11. keine unfreiwilligen Austauschbeziehungen (Abwesenheit technologischer externer Effekte)."[1849] Dies bedeutet im Umkehrschluß, daß die neoklassische Ökonomie gemäß ihrer Modellogik tendenziell die folgenden Phänomene als störend oder sogar als problematisch ansieht: Innovationen, Imitation, Technologiediffusion, Skalenökonomien, Produktzyklen, Lernkurven und dadurch zunehmende Profite, marktstrukturelle Faktoren, Firmengrößen als eigenständige Erklärungsfaktoren, Informationsmängel, Transaktionskosten, Externalitäten, öffentliche Güter und Faktormobilitätshemmnisse.[1850] Im folgenden wird dagegen, so oft wie möglich anhand empirischer Studien, gezeigt, daß es die Phänomene in letzterer Liste gibt und versucht einzuschätzen, welche Relevanz diese haben. Diese Einwände gegen die neoklassische Theorie sollen dabei systematisiert, und - dies ist ebenso wichtig - schließlich u.a. im Fazit noch einmal relativiert werden.

2. Einwand gegen Neoklassik Nr. 1: Statik vs. Dynamik

Der erste fundamentale Einwand gegen die Neoklassik und Wohlfahrtsökonomik paretoscher Ausprägung besteht darin, darauf hinzuweisen, daß das Pareto-Kriterium sich in statischer Art und Weise auf das Marktergebnis bezieht, nämlich auf ein Marktgleichgewicht, ohne über eine Vorstellung vom konkreten Verlauf des Marktprozesses zu verfügen.[1851]

Es wird nicht untersucht, inwiefern der Markt Anreize für Innovationen bereithält oder welche Rolle weitere Phänomene haben, die von der neoklassischen Theorie per Definitionem ausgeschlossen werden. Kurzum: Eine dynamische Vorstellung vom Wettbewerbsprozess liegt nicht vor. Weil der Fokus auf der statischen Allokation der Ressourcen liegt, könnten im Prinzip auch staatliche Interventionen oder Kontrollen die Allokation verbessern und es bleibt eigentlich unklar, warum die neoklassischen Ökonomen einen freien Markt fordern.[1852] Dies hat beispielsweise dazu geführt, daß Schumpeter euphorisch Pareto als Begründer einer sozialistischen Kalkulationsmethode begrüßt hat. [1853] Dieses Verständnis der Wohlfahrtsökonomik hielt noch eine längere Zeit danach an. Um diese Spannung aufzulösen hilft es wenig, darauf hinzuweisen, daß Pareto sich für freie Märkte ausgesprochen hat, denn in den Modellen selbst sind keine weitergehenden Vorstellungen vom Wettbewerbsprozess enthalten, die über neoklassische Annahmen hinausgehen.[1854] So findet sich etwa im Mikroökonomielehrbuch von Stigum/Stigum (1968) ein Zitat, welches davon ausgeht, daß wenn

---

[1849] Zusammengestellt aus einer Tabelle ergänzt durch Kommentare im Text aus Fritsch et al. 1993: 15.
[1850] Die oben genannten Phänomenbereiche werden als Auslassung der neoklassischen Ökonomie hervorgehoben von: Nelson/Winter 1982: 5, 256, 258, 262, 282-307, 356-358.
[1851] Söllner 1999: 136.
[1852] Nelson/Winter 1982: 358-359.
[1853] Zitiert in Hayek 1945: 529-530.
[1854] Hayek 1945: 529.

bestimmte Informationen vorliegen, kein Problem darin gesehen wird, daß die Pareto-Kriterien auch in einer Zentralverwaltungswirtschaft erreicht werden können:

"Since any reasonable definition of optimality implies that an optimal economic state is also an efficient one, what is the likelihood that an economy operating in the real world will attain an efficient point? Well, theoretically, if the government of a planned economy had data on the preference of all consumers, on the production functions for all outputs, and on the initial quantities of all productive resources available, then it would be able to identify the efficient points and organize economic activity so that the economy operated at one of these points. (...) But what about a market economy that was able to operate free from government restrictions? Could it attain an efficient point? An imperfectly competitive economy will in general allocate resources ineffectively. On the other hand, however, a perfectly competitive economy can attain not only one efficient point, but many, because: Every point (and there are usually many of them) at which a perfectly competitive economy might attain general equilibrium corresponds to an efficient point."[1855]

Noch früher, in seiner Reaktion auf Schumpeter, wies schon Friedrich August von Hayek (1945) auf diese Problematik hin und argumentierte mit Recht, daß es nicht ausreichend sei, die Bedingungen für eine effiziente, rationale Allokation der Ressourcen aufzuzeigen und dann zu behaupten, daß bloß diese Bedingungen vorliegen müssen, um in einem Sozialismus genau dasselbe Ergebnis wie in freien Märkten erzielen zu können.[1856] Ebenso merkte er darauf bezogen, daß die zeitgenössische Gleichgewichtstheorie keine direkte Relevanz bezüglich der Lösung praktischer Probleme hat: "it is time that we remember that is does not deal with the social process at all and that it is no more than a useful preliminary to the study of the main problem".[1857] Hayek kommt es in seiner Theorie vor allem darauf an, welche Dynamiken die konkreten Wettbewerbsprozesse prägen und von welchen Organisationsprinzipien diese geprägt sind.[1858] Er nimmt plausiblerweise an, daß das Preissystem eine gewisse Überlegenheit darin hat, dezentral agierende Akteure mit nicht perfektem Wissen (aber genug Wissen, um sich anzupassen) nicht nur über Knappheiten zu informieren, sondern ihnen auch Anreize zu setzen, weitaus besser als dies in einer zentralistischen Planwirtschaft möglich wäre.[1859] Mit diesem informationstheoretischen Ansatz wendet sich Hayek auch gegen staatliche Eingriffe in die Wirtschaft, mit dem Argument, daß es dem Staat an Lenkungswissen mangelt. Dabei kommt er zu dem dogmatischen Schluß, daß dieser Zustand prinzipiell unaufhebbar sei.[1860]

Am Rande: Vom hier vertretenen Konzept des dynamischen, teils gemäß ordoliberalen Vorstellungen ablaufenden Wettbewerbs, der von als unveränderlich angesehenen rechtlichen Werten, Regeln und

---

[1855] Stigum/Stigum 1968: 278.
[1856] Hayek 1945: 529-530.
[1857] Hayek 1945: 530.
[1858] Hayek 1945: 529.
[1859] Hayek 1945: 524, 527.
[1860] Der Staat erscheint immer als Bedrohung der Marktordnung und es wird an keiner Stelle diskutiert, inwiefern der Staat sich das imperfekte Wissen aneignen kann, weil sich dies eben nur im Wettbewerbsprozeß vollziehen kann. Siehe dazu die Nobelpreisvorlesung 'The Pretence of Knowledge' von Hayek 1974: 4, 7. Einen Vergleich von Eucken und Hayek bieten Streit/Wohlgemuth 1999.

Institutionen eingehegt wird, entfernt sich Hayek aber, indem er diesen Wettbewerbsprozess gleichsetzt mit einer unbewußt verlaufenden sozialen Evolution, die fast gänzlich unbeeinflußt von Staat ablaufen soll. Angenommen wird, daß rechtliche Regeln ebenso evolutionär und unbeeinflußt entstanden sind und daß sie sich deshalb, wie immer schon, gemäß der Marktprozesse wandeln sollen. Der Staat sollte solche evolutionär vorgefundenen, allgemeinen Rechtsregeln akzeptieren und sich auf neue Entwicklungen einlassen. Keinesfalls sollte er versuchen die vorgefundenen Regeln auszugestalten oder zu verändern, um eigene Zwecke zu verfolgen. Letztere Forderung wird hier nicht akzeptiert, denn diese Neugier auf völlig veränderte gesellschaftliche Umstände wird nicht geteilt.[1861]

Davon abgesehen, bleibt es aber plausibel, wenn Hayek gegenüber der neoklassischen Theorie ihr fehlendes Wettbewerbskonzept anmahnt. Genau diesen Vorwurf erheben auch Nelson/Winter (1982), die ebenso zum Schluß kommen, daß die Neoklassik und die Wohlfahrtsökonomie Paretos nicht über eine Theorie des Wettbewerbsprozesses (Nelson/Winter sprechen von einer 'organizational theory') verfügen. Sie beklagen, daß es der Neoklassik und der Wohlfahrtsökonomie Paretos dadurch verunmöglicht wird, viel deutlicher für einen freies Unternehmertum einzutreten, als dies in Rekurs auf ihre Theorieannahmen möglich sei.[1862] Hierzu ist anzumerken, daß die Ergebnisse zu denen diese Autoren in ihrem Buch kommen, auch zu anderen Schlüssen führen können. Sie entwickeln in ihrem Buch dynamische Wettbewerbsprozesse im Einklang mit den hier verwendeten Vorstellungen, eingeschlossen Wissensdiffusion und modellieren etwa auf dynamischen Variablen basierende Situationen relativen Gleichgewichts.[1863] Aus ihren Szenarien folgt nicht unbedingt der Einsatz für ein freies Unternehmertum, sondern auch die Aufforderung ein umfassendes Konzept des dynamischen Wettbewerbs zu entwickeln, um zu untersuchen, welche Rahmenbedingungen zur Effizienzmaximierung nötig sind und ob und inwiefern dies durch staatliche Institutionen und Interventionen positiv beeinflußt werden könnte.

3. Einwand gegen Neoklassik Nr. 2: Fehlende Theorie des Staates

Als zweiter fundamentaler Einwand ist zu nennen, daß der Neoklassik und der Wohlfahrtsökonomie eine Theorie des Staates und weiterhin eine politische Ökonomie fehlt, wodurch die Möglichkeiten und Grenzen staatlicher Eingriffe in die Wirtschaft in realistischer Art und Weise beschrieben werden könnten. Der Staat erscheint in der Wohlfahrtsökonomie erstens entweder garnicht oder als störend oder zweitens als allwissender, wohlfahrtsmaximierender Staat, dem zugetraut wird, die vielen zweitbesten Zustände und Ineffizienzen zu korrigieren, die dadurch entstehen, daß Märkte in

---

[1861] Streit/Wohlgemuth 1999: 9-10; Söllner 1999: 288-289. Weiterhin fordert Friedrich August von Hayek in seinen Publikationen, daß Handlungsrechte, also auch Eigentumsrechte, besser definiert werden müssen, es wird geschlossen, daß es kaum Gründe für staatliche Interventionen gibt und es wird implizit unterstellt, daß Marktergebnisse immer akzeptabel sind. Kriterien zu Bewertung von Marktergebnissen werden nicht entwickelt. Punktuelle Interventionen des Staates sind nicht begründbar. Es wird davon ausgegangen, daß die wichtigsten gesellschaftlichen Institutionen nicht bewußt geplant, sondern aus unbewußter sozialer Evolution entstanden sind. Söllner 1999: 288-289.
[1862] Über eine solche Theorie verfügen sie nur implizit: Sie haben eine "implicit theory of the role of organization solving big allocation problems, and some conjectures about the way in which different organizational structures perform". Nelson/Winter 1982: 359.
[1863] Nelson/Winter 1982: (Imitation) 265-266; (Gleichgewicht) 315, 341-342, 401.

Wirklichkeit nicht perfekt sind.[1864] Aus der Perspektive der Wohlfahrtsökonomie können dem Beobachter die real vorliegenden Marktprozesse durchaus als nicht perfekt, und damit als verbesserungswürdig, erscheinen, speziell deshalb, weil die Vorabbedingung so anspruchsvoll sind. Aus der alternativen Perspektive im großen und ganzen funktionierender dynamischer Wettbewerbsprozesse würde diese Diagnose nicht notwendig geteilt und womöglich erst bei viel stärkeren Abweichungen gestellt. So gesehen, liegt die Gefahr vor, daß an diesen Modellen orientierte Korrekturwünsche zu einem unnötigem staatlichem Aktionismus führen. Die Kehrseite dieser Aktionismusgefahr besteht im vollständigen Rückzug des Staates. Aus den Prinzipien der Wohlfahrtsökonomie folgt gleichermaßen, daß der Staat pauschal als störend anzusehen ist, wenn er in die optimale Allokation bzw. die vollkommenen Märkte eingreift, denn damit gefährdet er die individuelle Nutzenmaximierung, die unternehmerische Gewinnoptimierung und eine optimale Ressourcenallokation.[1865] Weil eine politische Ökonomie fehlt, läßt die Wohlfahrtsökonomie also extrem widersprüchliche Schlußfolgerungen für staatlichen Aktivitäten zu, je nachdem welcher Art von Wettbewerb als wünschenswert angesehen und wie die Realität wirtschaftlicher Austausch- und Wettbewerbsprozesse eingeschätzt wird.

Ebenso fehlt ihr eine Theorie des Staates, bei der, wie in der 'public-choice'-Theorie das Handeln der Politiker thematisiert wird, die eigeninteressiert sind und teils unter dem Einfluß von Interessengruppen stehen. Eine solche Herangehensweise wurde bereits von Walter Eucken entwickelt, der daraufhin einen starken Staat forderte, der sich gegen Interessengruppen durchsetzen kann.

Eine realistische Einschätzung staatlicher Fähigkeiten fehlte auch den ersten Entwicklungstheoretikern, welche die neoklassische saubere Trennung ökonomischer und politischer Sphären anerkannten und implizit davon ausgingen, daß der Staat als Agent des Wandels über fast unbegrenzte Möglichkeiten verfügt.[1866] Fraglich ist aber, ob bei einer Kritik dieser Haltung so weit gegangen werden kann, dem Staat wohlfahrtsfördernde Fähigkeiten gänzlich abzusprechen oder sogar seine Aktivitäten generell als kontraproduktiv einzustufen.[1867] Diese Fragen werden anhand der nun folgenden Diskussion über das Marktversagen und der damit ggf. rechtfertigbaren staatlichen Eingriffe näher diskutiert. In den Abschnitten wird so vorgegangen, daß die neoklassische Position rekonstruiert und anhand empirischen Studien auf Plausibilität geprüft wird. Sodann wird versucht, aus der Perspektive einer dynamisch ordoliberalen Theorie eine realistische Einschätzung dazu zu entwickeln,

---

[1864] Söllner 1999: 157. Daß der Staat garnicht vorhanden ist, wurde schon von Walter Eucken widerlegt, der zeigt, daß der Staat ein grundlegendes rechtliches und institutionelles Rahmenwerk für die Wirtschaft bereitstellen muß.
[1865] Söllner 1999: 162. Diese Ambivalenz spiegelt sich in den liberale Schriften der siebziger Jahre offenkundig wieder. Die liberale Denker, wie Stigler (1975) sind damals in eine Auseinandersetzung u.a. zwischen konservativ und liberal eingebunden und beschuldigen die konservativen Denker, sämtliche Regierungsinterventionen, auch die offenkundig unnötigen Interventionen, zu verteidigen. Sie selbst sehen sich als Vordenker, die einfordern, daß man die wohlfahrtssteigernden Effekt mancher Regulierung nicht erkennen kann und daß solche Regulierung abgeschafft werden können. Stigler 1975: 3-13,26-27. Damit haben sie recht, wenn der Staat übermäßig in die Wirtschaft interveniert. Sie habe nicht damit Recht, einem Staat, der bereits in einem großteils liberalen Umfeld agiert, selektive Maßnahmen zur Wohlfahrtserhöhung zu verbieten.
[1866] Shapiro/Taylor 1990: 865.
[1867] Shapiro/Taylor 1990: 865.

inwiefern der Staat Möglichkeiten hat, die Effizienz- und Wohlfahrtssteigerung durch Interventionen zu verbessern.

3.1 Fehlendes staatliches Lenkungswissen: These und Kritik

Zentral für das Feststellen der Grenzen staatlicher Wirtschaftspolitik ist das, einige Zeilen vorher schon erwähnte, von Friedrich August von Hayek aufgeworfene Problem des staatlichen Lenkungswissens, welches von ihm als gravierend angesehen wird.[1868] Selbst Hayek gesteht aber immerhin die Abstufung zu, daß staatliche Unternehmen, die im Wettbewerb zu anderen Unternehmen stehen, sich womöglich besser am Markt orientieren können, als dies einem lenkenden Staat möglich ist.[1869]

Das Problem unzureichenden staatlichen Lenkungswissens wird von der neoklassischen Theorie nicht thematisiert und ist grundlegend für die Einschätzung der Gründe und der Effizienz staatlicher Eingriffe. Schon Eucken konnte darlegen, daß eine zentrale Steuerung des Wirtschaftsablaufs unmöglich ist, weil eben ein "Lenkungsproblem" vorliegt und er legt den Wirtschaftsablauf deshalb in der Hände privater Akteure.[1870] Wiewohl dieses Argument in seiner Kernbedeutung, der Ablehnung einer Zentralverwaltungswirtschaft, überzeugend ist, ist fraglich, ob es ohne weitere Abstufung akzeptiert werden muß. Die Verteidiger einer strategischen, selektiven und multidimensional ansetzenden Industriepolitik[1871], welche jegliche Anklänge an eine Zentralverwaltungswirtschaft meiden, führen etwa an, daß der Staat sehr wohl, neben dem Markt und anderen wirtschaftlichen Institutionen, der Wirtschaft Koordinationshilfen geben kann.[1872]

Gegen eine absolute Geltung des Arguments vom fehlenden staatlichen Lenkungswissen wird von Chang (1994) eingewandt, daß sich der Staat das Wissen der Unternehmen, zumal es um nicht perfektes Wissen geht, im Prinzip genauso aneignen kann. Es wird darauf hingewiesen, daß der Staat auf gut informierte Wissensdienstleister zurückgreifen kann, daß er im engen Kontakt zu den Firmen bleiben und selbst Wissen sammeln kann, womöglich sogar besser als die Firmen.[1873]

[1868] Der Staat erscheint immer als Bedrohung der Marktordnung und es wird an keiner Stelle diskutiert, inwiefern der Staat sich das imperfekte Wissen aneignen kann, weil sich dies eben nur im Wettbewerbsprozeß vollzieht. Siehe die Nobelpreisvorlesung 'The Pretence of Knowledge' Hayek 1974: 4, 7. Einen Vergleich von Eucken und Hayek bieten Streit/Wohlgemuth 1999.
[1869] Sogar Hayek macht diesbezüglich mal abweichende Äußerungen und sieht Staatsunternehmen nicht als Hauptgefahr an, sondern warnt vor Staatsmonopolen. Dies ist aber eher eine untypische Äußerung von Hayek 1971: 290.
[1870] "Niemand aber kann hier den Gesamtprozeß, wie er täglich abläuft, überblicken" und "Viele Betriebe und Haushalte tragen so den Wirtschaftsprozeß und sind durch Preise miteinander verbunden." Eucken 1952: 3-7.
[1871] "We propose to define industrial policy as a policy aimed at particular industries (and firms as their components) to achieve the outcomes that are percieved by the state to be efficient for the economy as a whole. This definition is close to what is usually called 'selective industrial policy'. Chang 1994: 60. Den Terminus strategisch verwenden Autoren im Terminus "industrial strategists", deren Schule sie der Neoklassik gegenüberstellen. Aber auch sie beharren auf selektiven Interventionen Pack/Westphal 1986: 89, 118.
[1872] Chang 1994: 53-54.
[1873] Chang 1994: 68-70. In diesem Sinne wird in bezug auf Korea der Informationsaustausch und die enge Absprache staatlicher mit privaten Akteuren hervorgehoben. Pack/Westphal 1986: 99.

Beschrieben wird hier eine Industriepolitik, die sich im Einklang mit den Annahmen dynamischen Wettbewerbs befindet. Der Staat kann die Bereitschaft fördern, risikoreiche Investitionen auszuführen, indem er langfristige Sicherheiten bereitstellt, daß sich diese Investitionen auch auszahlen. Der Staat könne nicht nur den Rahmen für wirtschaftliche Tätigkeit passiv bereitstellen, sondern auch aktiv gestalten.[1874] Koordinationsmängel könne er beheben, indem er etwa verhindert, daß zwei Firmen gleichzeitig hohe Investitionen ausführen, obwohl dies in einem kleinen Markt verhindern würden, daß schnell die nötigen Betriebsgrößenvorteile erreicht werden.[1875] Für einen solchen Fall sieht das deutsche Wettbewerbsrecht Ausnahmen u.a. für Spezialisierungsvereinbarungen vor.[1876] Diese Argumente gelten zumindest solange selektive, staatliche Aktivitäten gegenüber einem reinen laissez faire Zustand (bei dem sich der Staat gänzlich heraushält und dem privaten Sektor alles überläßt), nach einer Kosten/Nutzen-Analyse (staatliche Aktivitäten kosten Geld und bergen auch Risiken), insgesamt gesehen, hinsichtlich der gesamtgesellschaftlichen Vorteile ('social benefits') ein höheres Wohlfahrtsniveau erwarten lassen.[1877] Diese Argumente werden aus dynamischer Perspektive hier in Abschnitt 'E' ausführlicher verfolgt und in Abschnitt 'G' in bezug auf die Entwicklungsökonomie und die Entwicklungserfahrungen der Entwicklungsländer kritisch überprüft. Dem zum Trotz behält der Einwand von Hayek partiell seine Berechtigung. Staatliche Interventionen werden sich fortan daran messen lassen müssen, ob sie in der Lage sind, Lenkungswissen in irgendeiner überzeugenden Form zu erwerben und langfristig auch zu behalten.[1878]

3.2 Eigennützig handelnde Politiker: These und Kritik

Daß nicht unbedingt zu erwarten ist, daß der Staat eine gesamtgesellschaftliche Wohlfahrt anstrebt, weil vielmehr kurzfristige Profitmaximierungsinteressen eigennütziger Politiker im Vordergrund stehen können, wird von der 'public choice'-Schule bzw. Neue Politische Ökonomie gezeigt. Diese bezweifelt, daß der Staat überhaupt daran interessiert ist, die gesamtgesellschaftliche Wohlfahrt zu maximieren. Sie lehnt sich dabei an das neoklassische Nutzenmaximierungskonzept an und untersucht das Verhalten der Politiker und die von ihnen vertretenen Interessengruppen (und auch die Bürokratien[1879] und auch Wähler[1880]) unter dem Gesichtspunkt der Maximierung von Eigeninteressen.[1881]

[1874] Chang 1994: 74, 76-77. Siehe dazu Abschnitt 'G' zu Korea aber auch Brasilien.
[1875] Chang 1994: 68-70.
[1876] Weiterhin gibt es Strukturkrisen- und Rationalisierungskartelle, damit Firmen auf bestimmte Formen von nicht gewünschten oder nicht wünschenswerten Marktentwicklungen reagieren können. Immenga/Mestmäcker 1992: 313; 268, 293.
[1877] Chang 1994: 33.
[1878] Streit 1992: 131. Wenn der Staat nicht über diese Fähigkeiten verfügt, muß er ggf. auf Interventionen verzichten. Dies wird auch von den Befürwortern staatlicher Aktivitäten festgehalten. Pack/Westphal 1986: 104.
[1879] Die Frage nach den Bürokratien, denen unterstellt wird, daß sie nur an der Maximierung ihrer jeweiligen Geldzuweisungen an die eigene Abteilung oder Behörde interessiert ist, wird hier nicht speziell diskutiert: Siehe dazu, mit dem Verweise auf die einschlägigen Publikationen Chang 1994: 22-35; sowie Fritsch et al. 1993: 273-274.
[1880] Die Wähler und bestimmte Wählerinteressengruppen, etwa Verbände, sind oftmals an verteilungspolitischen Maßnahmen interessiert, welche potentiell übertrieben werden und kontraproduktiv wirken können. Fritsch et al. 1993: 271-253.
[1881] Grundlegend Amelung 1989: 515-520; aktuelle Informationen zur Einflußnahme privater Interessengruppen i.S. von "public-private networks" auf die Handelspolitik faßt zusammen: Shaffer 2003a: 10-18. Sein Ansatz sei, so Shaffer (2003a) weniger radikal als die 'public choice' Theorie, es wird aber zugestanden, daß es hier nicht nur um eine verbesserte internationale Arbeitsteilung geht, sondern daß sich die

Zum Thema wird hier, daß der Staat in wirtschaftliche Zusammenhänge eingreift, um Interessengruppen höhere Profite (Rentensuche, 'rent-seeking') oder Schutz vor Konkurrenz zukommen zu lassen. Grundzug der 'public choice'-Theorierichtung ist damit die Einbeziehung von nicht-marktgemäßen, u.a. staatlichen Aktivitäten in die Wirtschaftswissenschaft.[1882] Von Tullock (1959) wurde erstmals bemerkt, daß sich durch den fraktionenübergreifenden Stimmentausch auch Minderheiteninteressen durchsetzen lassen, die bestimmten Wählergruppen Kosten auferlegen. Mit Stimmentausch ('logrolling i.e. vote-trading') ist gemeint, daß sich die Fraktionen gegenseitig anbieten, Partialinteressen der jeweils anderen Fraktion zu tolerieren, wobei der Allgemeinheit oder wiederum anderen Gruppen Kosten auferlegt werden. Besonders gefährdet sind diesbezüglich solche Gruppen, die sich nicht so einfach organisieren können.[1883] Daraus wird geschlossen, daß die Rolle der Politiker als Stimmenmaximierer nicht ein wirtschaftspolitisch sachgemäßes Verhalten garantieren kann.[1884] Daß es diese Phänomene der Rentensuche gibt, ist nicht zuletzt empirisch aufzeigbar und auch die Determinanten der Rentensuche werden empirisch untersucht.[1885] Rentensuche wird im dynamisch ordoliberalen Rahmen dieser Arbeit allerdings nicht gleichgesetzt mit einem simplen Abweichen von Pareto-Optimalbedingungen oder vom freien Handel, denn dann würden extrem viele Phänomene darunter fallen. Rentensuche kann nichtsdestotrotz erkannt werden. Als Rentensuche kann eine Abweichung von einer grundsätzlich ordoliberal ausgerichteten Wirtschaftspolitik bezeichnet werden, die ohne sachliche Notwendigkeit bestimmten Gruppen oder Unternehmen Schutz einräumt, teils über lange Zeiträume, der zu erhöhten Profiten etwa auf einem zollgeschützten Binnenmarkt führt, wobei auf Möglichkeiten dynamischer Effizienz bzw. Wohlfahrtssteigerung verzichtet wird. Für die Entwicklungsländer ist Rentensuche, neben einem selektiven Schutz, vor allem mit einem überzogen breiten Schutz der eigenen Industrie gleichzusetzen, der zu breit angelegten ineffizienten Industriestrukturen mit hohen Kosten für die gesellschaftliche Wohlfahrt führte. Dazu weiter unten

---

Interessengruppen klare Vorteile von ihren Versuchen der Einflußnahme versprechen. Shaffer 2003a: 16. Aber nicht nur mit dem Einfluß spezieller Interessengruppen kann die Schutzstruktur einer Volkswirtschaft erklärt werden. Diese These stellt das 'vote adding'-Modell auf, welches davon ausgeht, daß solche Industrien geschützt werden, die in Wahlbezirken mit vielen Wählern bzw. Bewohnern angesiedelt sind. Schließlich gibt es das 'national policy'-Modell, das davon ausgeht, daß die Schutzstruktur durch die entwicklungspolitischen Ziele der Staaten, darunter der Aufbau bestimmter Industrien ('Erziehungszölle') bestimmt wird. Amelung 1989: 516-520.

[1882] Buchanan 1980: 14.

[1883] Dieses Argument gründet bekanntlich auf Mancur Olsons Beitrag zu dieser Debatte, der darauf hinweist, daß in großen Gruppen Anreize bestehen, daß sich die Mitglieder als Freifahrer ('free rider') verhalten und Leistungen ohne Gegenleistung in Anspruch nehmen. Das stellt einen Grund dafür dar, daß spezielle Interessen wirksamer vertreten werden können, als Interessen breiter Bevölkerungsschichten, wie der Steuerzahler oder der Konsumenten. Olson 1968: 49; siehe auch Söllner 1999: 158-159; und Fritsch et al. 1993: 276.

[1884] Auch hier wird mit Pareto argumentiert und die Mehrheitsentscheidung nicht als effiziente Methode bezeichnet. Dem Despotismus wird sie aber dann doch vorgezogen. Tullock 1959: 578-579; siehe auch Söllner 1999: 158-159; sowie Fritsch et al. 1993: 271-273. Auch die Bürokratie, in der der Behördenleiter etwa seinen Status mit der Zahl seiner Angestellten identifiziert, kann aus diesem Grund ökonomisch fragwürdig handeln, besonders indem er darauf beharrt, daß Interventionen, die von ihm betreut werden, weiter aufrechterhalten bleiben. Fritsch et al. 1993: 273-274. Interessenverbänden kann aber ebenso auch ein positiver Einfluß auf die Wirtschaftspolitik zugesprochen werden. Fritsch et al. 1993: 275-277; siehe auch Blankart 1994: 14, 28-29.

[1885] Zur Rentensuche in den USA etwa Ray 1989; Bovard 1991. Die statistischen Untersuchungen, die Rentensuche bestätigen sollen, haben wenig klare Ergebnisse vorzuweisen. Ein erweitertes Modell für Brasilien, daß Zulieferindustrien miteinbezieht, hat eine bessere, bestätigende Aussagekraft. Generell werden die empirischen Beweise, die auf diesen Modellen beruhen aber skeptisch gesehen. Überblick in Amelung 1989: 526-529. Siehe weiterhin die weiterführende statistisch gestützte Diskussion über die Determinanten der Protektion in Mansfield/Busch 1995.

mehr. Bezüglich der Industrieländer gibt es Rentensuche etwa in den Wirtschafts- und Außenwirtschaftspolitiken der EU[1886] und der USA.[1887]

Dies gilt, obwohl empirisch gezeigt werden kann, daß sich viele international agierenden Unternehmen in den Industrieländern für eine für sie vorteilhafte Liberalisierung einsetzten.[1888] Wiewohl also Exportorientierung und der Erfolg von Firmen auf dem Weltmarkt ein Faktor ist, der der Rentensuche entgegenwirkt, wurde sie dadurch nicht ganz verhindert. In Abschnitt 'I' dieser Arbeit wird genauer für die Zeit nach dem Zweiten Weltkrieg dokumentiert, daß auch international agierende Unternehmen daran interessiert waren, durch Schutzinstrumente, darunter solche, die das GATT selbst zuläßt, Renten abzuschöpfen. Somit ist die empirische Realität nicht ganz auf der Seite der 'public choice'-Theorie, aber auch nicht ganz gegen sie, sodaß bestimmte internationale Handelsregeln zumindest partiell mit diesem Argument einer Zurückdrängung sachlich unnötiger Rentensuche begründet werden können. Dies gilt nur bzw. immerhin aus der Effizienzperspektive, mögliche Kollisionen mit anderen normativen Werten, etwa Verteilungszielen, werden, wie schon anfangs erwähnt, hier ausgeklammert.[1889]

Bezüglich einer effizienzmindernden Rentensuche in den Entwicklungsländern, kann hier auf die richtungsweisenden Studien von Bhagwati/Srinivasan (1975) und Bardhan (1984) über Indien[1890] hingewiesen werden. Erkennbar ist dies auch an der frühen Entwicklungsphase Indonesiens, dazu Pitt (1991)[1891] und bezüglich den Philippinen, hier die überzeugend Darstellung von Richter (1994).[1892] Auch in der explizit an dieser Fragestellung orientierten Untersuchung von Gomez/Jomo (1999) über Malaysia finden sich Beispiele für Rentensuche.[1893]

[1886] Nicht nur in bezug auf die Stahlpolitik, sondern als allgemeine Zustandsbeschreibung Brüsseler Politik mit expliziter Referenz auf die Terminologie von Anne O. Krueger (1974) Waelbroeck 1984: 108-109. Siehe Beispiele dazu in der Abschnitten 'H' und 'I'.

[1887] Die einzelnen Politiken werden im zweiten Teil dieser Arbeit genauer dargelegt. Statt vieler hier Ray (1989), der die Effekte der U.S. Zoll- und sonstiger Protektion auf die Entwicklungsländerexporte untersucht. Hier der Verweis auf eine detaillierte Kritik aus dem neoliberalen Lager am Interessengruppeneinfluss an der amerikanischen Handelspolitik von Bovard 1991. Siehe dazu Abschnitt 'H' und 'I'.

[1888] Siehe dazu die empirisch aufwendige, überzeugende Untersuchung von Milner 1988: 222-247. Auf dieses Buch wird im zweiten Teil der Arbeit noch einmal zurückgekommen.

[1889] Eine wohlgemerkt partielle Zustimmung zu den empirischen Beobachtungen der 'public choice'-Theorie, ähnlich wie oben, findet sich auch in Krajewski 2001: 156-158. Dort wird aber überzeugenderweise darauf hingewiesen, daß neben Effizienz noch andere normative Werte in einer demokratischen politischen Ordnung und der zugrundliegenden Verfassung verfolgt werden. Eine direkte Umsetzung der empirischen Erfahrungen der 'public choice'-Theorie in normative Regeln, würde die Verfolgung einiger dieser normativen Ansprüche, z.B. Gerechtigkeits- und Verteilungsziele, erschweren, wenn nicht verunmöglichen. Krajewski 2001: 158.

[1890] Für eine Analyse der Interessengruppen in Indien siehe Bardhan 1984; aus der Perspektive der Wirtschafts- und Außenhandelspolitik, aber auch unter Erwähnung der Expansion der Bürokratie schon Bhagwati/Srinivasan 1975: 43. In dieser letzteren Studie werden die negativen Effekte des übermäßigen Schutzes und der sonstigen indischen Maßnahmen so beschrieben, daß dies durchaus mit einer dynamischen Sicht übereinstimmt. So werden mangelnde Skalenökonomien und die fehlende technologische Fortschrittsdynamik kritisiert. Bhagwati/Srinivasan 1975: 212-219.

[1891] Die Rentensuche wurde zuerst ohne, dann unter dem Deckmantel des Sozialismus durchgeführt. Von den staatlichen Konzernen profitierten dieselbe Elite, die vorher von Premia auf exklusive Importrechte profitiert haben. Pitt 1991: 13-76. Bekanntlich gab es, neben einer partiellen Liberalisierung, später auch unter Suharto Rentensuche, vor allem unter den Mitgliedern seiner Familie. Diese Periode ist aber darauf nicht zu reduzieren, weil auch staatliche Konzerne involviert waren und zudem gezielt Importsubstitution betrieben wurde. Hier spielt also auch eine 'national policy' im Sinne einer Entwicklungsstrategie eine Rolle. Dhanani 2000: 29.

[1892] Richter 1994: 47-51.

[1893] Ebenso gibt es aber Beispiele dafür, daß Rentensuche zur Etablierung effizienter Firmen führte, siehe dazu gleich unten. Gomez/Jomo 1999. Für eine Analyse der als eng präsentierten Beziehungsgeflechte zwischen Wirtschaft und Politik ohne genauen Bezug zur Effizienz der jeweiligen wirtschaftlichen Aktivitäten in bezug auf Südostasien Kunio 1988.

Die Konzepte der Neuen Politischen Ökonomie, die zuerst einmal positiv, also beschreibend verstanden werden, wurde nun von der 'public choice'-Theorierichtung auf die Spitze getrieben und in der Fusion der 'public choice'-Theorie und der ökonomischen Verfassungstheorie zu einer normativen Theorie verändert.[1894] Die 'public choice'-Theorie bzw. die Neue Politischen Ökonomie in ihrer dezidiert normativen Form der 'constitutional political economy'[1895] fordert, ähnlich, aber etwas pointierter als die ordoliberale Theorie, daß eine nationale und internationale Wirtschaftsverfassung Regeln enthalten sollte, die auf einer Analyse des nicht effizienten und eigennützigen Verhaltens von Staatenvertretern basieren und diesen Einschränkungen auferlegen sollten.[1896]

Erwähnenswert ist diese Theorierichtung nicht zuletzt deshalb, weil sie sich oftmals dezidiert gegen die neoklassische Theorie gewandt hat. Und zwar insofern, weil sie die Verluste, die mit wirtschaftspolitischen Instrumenten ausgelöst werden, die der liberalen Richtung widersprechen, als noch extremer eingeschätzt, als dies in der neoklassisch ausgerichteten Analyse der Fall ist. Dies führte zu einer sehr skeptischen Haltung gegenüber außenhandelspolitischen Maßnahmen. Schulbildend wirkte hier die Kritik an zwei frühen Modelluntersuchungen Arnold C. Harbergers, bei denen Effizienzverluste geschätzt werden, die durch Zölle und Monopole ausgelöst werden können.[1897]

Im Mittelpunkt der Auseinandersetzung stehen die Annahmen, die den Kostenberechnungen zugrundeliegen, aber auch die Benutzung theoretischer Modelle der Wohlfahrtsökonomie, mit denen etwa alternative Faktorallokationen gefordert werden können. Von Harberger (1959) wurden in bezug auf Chile unter anderem Effizienzverluste durch Zölle untersucht. Dabei wurden die Kosten durch höhere Zölle auf partialanalytische und komparativ-statische Weise berechnet, mit Hilfe des Harberger-Dreiecks, das als Effekt von Zöllen eine dementsprechend sinkender Nachfrage sowie eine Umverteilung der nun höheren Gewinne von den Konsumenten auf die Unternehmer berechnet.[1898] Berechnet wurden bezüglich Chile die statischen Wohlfahrtskosten und diese wurden auf niedrige 2,5 % des BSP geschätzt.[1899] Es wurden keine weiteren Quellen von Effizienzverlusten diskutiert, die bei einer komplexeren Sicht des Wettbewerbsprozesses augenfällig werden.

In der Kritik dieser Annahmen durch Tullock (1967) wird darauf hingewiesen, daß durch Zölle ineffizient produzierende Industrien ermöglicht werden und daß dadurch weitere Effizienzverluste entstehen.[1900] Diese werden auf darüberhinausgehend wirksame dynamische Prozesse und dynamisch-

---

[1894] Söllner 1999: 158-159.
[1895] Zur 'constitutional political economy' Brennan/Buchanan 1993; Vanberg 1992.
[1896] Mehr dazu weiter unten. Aus der Sekundärliteratur dazu Wagner 1997: 61-62.
[1897] Harberger 1959; Harberger 1954. Dazu Buchanan et al. 1980: 1.
[1898] Das Harberger-Dreieck wurde von ihm nicht dazu verwendet, Kosten durch Zölle zu berechnen, sondern solche durch Monopole und erst später haben Autoren es für Zölle verwendet. Tullock 1967: 40. Es befindet nicht in einem Artikel über Zölle und andere Verzerrungen, sondern in seinem Artikel über Monopole Harberger 1954: 78. Zu den Modellen Zollkosten zu berechnen weiter unten ausführlicher.
[1899] Harberger 1959: 136. Statische Wohlfahrtskosten implizieren, daß die Konsumenteneinkommen steigen und daß nicht länger Güter produziert werden, die billiger importiert werden können. Hier auch zu Harberger Wagner 1997: 113.
[1900] Tullock 1967: 40, 42.

höhere Kosten der Protektion zurückgeführt.[1901] Ebenso werden Aspekte der politischen Ökonomie einbezogen und volkswirtschaftlich unproduktive Kosten erwähnt, die in Lobbyaktivitäten fließen, um von der Regierung Zollschutz zu erwirken.[1902] Im Bereich der Entwicklungsökonomie wird von Anne O. Krueger (1974) auf die zusätzlichen Kosten verwiesen, die durch die staatliche Vergabe von Importlizenzen für bestimmte Einfuhrmengen erzeugt werden.[1903] Sie verwendet den Terminus der Rentensuche ('rent seeking'), der sich hernach[1904] als zentraler Terminus etabliert hat (zusammen mit den Begriffen Einkommenssuche: 'revenue seeking', 'profit seeking'), mit dem die wirtschaftlichen Vorteile und gesamtwirtschaftlichen Schäden beschrieben werden, die private Akteure aus staatlichem Schutz und sonstigen Interventionen erzielen können.[1905] Von Anne O. Krueger wird gezeigt, daß Händler die Importlizenzen erst einmal durch Korruption erhalten und dann durch Preisaufschläge gegenüber den Konsumenten hohe Profite machen, wodurch sich die Effizienzverluste kumulieren.[1906] Weiterhin wird darauf verwiesen, daß ein breit angelegter Schutz und überteuerte Importe negative Auswirkungen auf sehr viele Aspekte eines hier mehrdimensional konzipierten Wettbewerbsprozesses haben können.[1907] Sogar ein simples Importverbot könne bei solch hohen Wohlfahrtsverlusten effizienzsteigernder sein als Importlizenzen, besser seien aber Zölle und vorgezogen wird ein freier Handel.[1908] Inspiriert wurden diese Thesen unter anderem durch die ineffiziente, selektive und ohne klare Kriterien erfolgte Nutzung von innerhalb von Industriebereichen verkaufbaren Importlizenzen in Indien, wobei die hier erzielbaren Aufschläge ('premia') als Exportsubventionen dienen sollten, die gegenüber einem hohen Wechselkurs als Kompensation gedacht waren.[1909] Weitere Autoren, etwa Leibenstein (1966) richten sich ebenfalls gegen die Annahme geringer Wohlfahrtseinbußen. Er argumentiert, daß mangelnder Wettbewerb dazu führt, daß Firmen unter anderem aufgrund von mangelnder Motivation der Manager ineffizient geführt werden, sodaß es nicht ausreicht, allokative Effizienzverluste zu berechnen, sondern es sollte zusätzlich diese Quelle von "X-efficiency" beachtet werden.[1910]

[1901] In einem schon 1966 erschienenen Artikel von Bela Balassa. Differenziert wird dort zwischen statischen, auf neoklassischen Modellen basierenden Kosten und dynamischen Kosten. Es wird damit impliziert, daß die beiden Modelle miteinander kompatibel sind und aufeinander aufbauen. Zitiert und weiter ausgeführt in Balassa et al. 1971: 80-82.

[1902] Zusätzlich wird angemerkt, daß sich diese Lobbyaktivitäten gegenseitig aufheben können. Dies ermöglicht es, höhere Kosten anzunehmen, als eine einmalige Lobbyaktivität, die erfolgreich ist. Tullock 1967: 44. Viele Szenarios werden diskutiert, darunter die Kosten, die dadurch entstehen, daß Politiker versuchen auf Posten zu kommen, auf denen sie von hohen Geldbeträgen der Lobbyisten profitieren können. Tullock 1980: 98, 104.

[1903] Krueger 1974: 291-292.

[1904] Buchanan et al. 1980: 1; Buchanan 1980.

[1905] Krueger 1974: 291-294. Für eine Theorie der Zölle aus der Perspektive des 'revenue seeking' siehe Bhagwati/Srinivasan 1980; den sämtliche dieser Aktivitäten umfassenden Terminus "directly unproductive, profits seeking (DUP) activities" (DUP wird 'dupe' ausgesprochen) erfindet Bhagwati 1982. Etabliert hat sich der Terminus 'rent seeking' bzw. sogar 'rent-seeking society'. Buchanan et al. 1980. Die Abkürzung DUP ist ein ironisch-kritischer Verweis auf Albert O. Hirschman, der in Hirschman (1967: 78) von DPA, ' direct productive activities" spricht. Die Aufmerksamkeit gegenüber Interessengruppen wurde aber nicht von Anne O. Krueger erfunden. Schon vorher wird von entwicklungshemmenden Einflüssen von 'strong vested interests' gesprochen. Und dies nicht nur von Myrdal (1968: 1888), sondern auch von Little et al. 1970: 157.

[1906] Für die Türkei 1968 wird bei einer hohen Schätzung 15 % des BSP als Wert von Importlizenzen geschätzt. Krueger 1974: 294.

[1907] Krueger 1974: 301-303.

[1908] Krueger 1974: 300-301.

[1909] Bhagwati/Srinivasan 1975: 66-68, 73.

[1910] Leibenstein 1966: 413. Interessant ist, daß Leibenstein für Entwicklungsländer nicht nur fehlende Motivationen für Manager ihre Firmen effizienter zu machen erwähnt und dies dem fehlenden Wettbewerb zuschreibt, sondern daß er auch anführt, daß die Märkte nicht gut

Wiewohl diese Thesen ernstzunehmen sind, verlieren diese Argumente einen Teil ihrer Überzeugungskraft, weil sie teils dynamisch argumentieren, aber weder mögliche positiven Wirkungen des außenhandelspolitischen Schutz noch Marktversagen als Grund für Handelsbarrieren akzeptieren. Zu den Mehrfacheffekten von Handelsbarrieren gehört es, daß sie einerseits Renten ermöglichen und ein wettbewerblich problematisches Verhalten von Unternehmen auslösen können, andererseits sind sie ein mögliches Instrument zur Unterstützung des Aufbaus neuer Industrien, das aus privater und sozialer Sicht effizient sein kann. Stattdessen wird in Entwicklungsländern die Rentensuche oft mit den problematischen Wirkungen gleichgesetzt, die mit der Politik der Importsubstitution (IS) in Verbindung gebracht werden.[1911]

Aber auch hier gilt es zu differenzieren. Denn nicht der Schutz an sich und die Nutzung bestimmter außenhandelspolitischer Instrumente, sondern ein überzogener Schutz und die übermäßige Nutzung bestimmter außenhandelpolitischer Instrumente zusammen mit einer ungeschickten insgesamten Ausrichtung der Entwicklungspolitik eingeschlossen problematischer interner Maßnahmen scheint das Versagen der Importsubstitutionspolitik etwa in Indien erklären zu können.[1912] In Südkorea und in Taiwan wurde noch bis in die siebziger Jahre Importsubstitutionspolitik betrieben, allerdings einigermaßen gezielt und mit Exportverpflichtungen verbunden und diese Politik wird von einigen Autoren als erfolgreich angesehen.[1913] In Brasilien sieht die Situation weniger schmeichelhaft für staatliche Interventionen aus, es können aber partielle Erfolge der Importsubstitutionspolitik vorgewiesen werden.[1914] Weiterhin kann aus wirtschaftstheoretischer Perspektive gezeigt werden, daß unter bestimmten Bedingungen Erziehungszölle aus Effizienzgründen gerechtfertigt werden können.[1915] Auf der Firmenebene sind die Ergebnisse für geschützte junge Industrien durchwachsen, positiv für ein Südkorea[1916], in einer frühen Übersichtsstudie zu diesem Thema positiv für ein Projekt in Brasilien, negativ insbesondere für Industrien in den Entwicklungsländern mit weniger beeindruckenden Wachstumserfolgen.[1917] Somit kann festgehalten werden, daß die Schutzstruktur einer Volkswirtschaft sowohl Rentensuche widerspiegeln kann, es aber ebenso denkbar ist, daß sie

---

organisiert sind, speziell Kapitalmärkte und solche für Information und Inputs und daß auch dies zu Effizienzverlusten führen kann. Leibenstein 1966: 407.

[1911] Krueger 1997: 1-2; Gillis et al. 1996: 502.

[1912] Sicher gilt dieses Argument für eine extreme Politik der Importsubstitution, die neben hohen Zöllen und ungeschickt verwalteten mengenmäßigen Beschränkungen beispielsweise weitgehend auf ausländische Direktinvestitionen verzichtet und dazu noch interne Beschränkungen nutzt, die den internen Wettbewerb weitgehend abmildern. Diese Politik erfolgte in Indien. Hier hat die Außenhandelspolitik sicherlich eine wichtige, negative Wirkung auf den Entwicklungsprozess gehabt, aber nicht die einzige und bestimmte weitere Instrumente, die von der neoklassischen und auch der dynamischen Schule mit Sorge betrachtet werden, wurden in enger Abstimmung mit der Außenhandelspolitik eingesetzt. Um diesen Punkt zu verstehen, siehe die detaillierte Nachzeichnung der indischen Politik in Bhagwati/Srinivasan 1975; siehe bestätigend Lall 1984: 477, Lall 1984a: 555; Lall 1987: 23-28. Mehr zu Indien in Abschnitt 'F'.

[1913] Dazu in Abschnitt 'G' mehr. Hier der Verweis auf Westphal et al. 1981; Westphal 1990: 47.

[1914] Dazu in Abschnitt 'G' mehr. Hier der Verweis auf Moreira 1995: 139.

[1915] Westphal 1981; Gillis et al. 1996: 503-504.

[1916] Westphal 1990: 55-56.

[1917] Dies sind Indien, Türkei, Argentinien, Tansania, Sambia und Puerto Rico. So zumindest die frühe Übersichtsstudie von Bell et al. 1984: 112.

von "national policy" im Sinne der Entwicklungspolitik eines Staates bestimmt sein kann, wodurch Wohlfahrtssteigerung angestrebt wird.[1918]

Somit scheint es bestimmte wirtschaftspolitische Möglichkeiten zu geben, die das Versagen selektiver Schutzpolitiken vermeiden helfen. Erscheint diese Schlußfolgerung als akzeptabel, folgt daraus, daß eine Theorie des staatlichen Handels benötigt wird, die in der Lage ist diese komplexen, nicht immer positiven Erfahrungen mit staatlichen Eingriffen widerzuspiegeln. Deshalb werden in der Literatur seit einiger Zeit institutionelle Vorraussetzungen diskutiert, die ein Versagen des Staates in dieser Hinsicht weniger wahrscheinlicher machen. Rodrik (2004) formuliert die institutionellen Vorraussetzungen für eine Industriepolitik prägnant: Nötig sei dazu genügend Abstand der politischen Beamten zum Privatsektor, um Rentensuche zu vermeiden, gleichzeitig sei ein enger Kontakt zu den Firmen nötig, um die richtigen Informationen zu erhalten und die richtigen Anreize zu setzen.[1919]

3.3 Theorie der Rentensuche und die Neoklassik

Dieser differenzierteren Sachlage zum Trotz, wird die generelle Einsicht der 'public choice' und der 'rent seeking' Theorie von bestimmten Autoren zu einem extremen Fazit zugespitzt. Sie richten ihre Aufmerksamkeit auf die Zölle und andere Instrumente, die innerhalb einer Anwendung neoklassischer Modelle und der Pareto-Wohlfahrtstheorie dazu führen, daß der Konsum nicht mehr optimal ist, u.a. weil durch Zölle höhere heimische Preisniveaus ausgelöst werden.[1920]

Daraus wird geschlossen, daß sämtliche Aktivitäten, bei denen über politische Einflußnahme Profiterhöhungen möglich sind und die vom unverzerrten, freien Handel abweichen, als "directly unproductive rent-seeking" bezeichnet und als unerwünscht abgelehnt werden müssen. Zugestanden wird allerdings, daß die Verluste durch diese Aktivitäten kaum zu quantifizieren sind.[1921] Dies führt

---

[1918] Ein 'national policy'-Modell, das davon ausgeht, daß die Schutzstruktur durch die entwicklungspolitischen Ziele der Staaten, darunter der Aufbau bestimmter Industrien ('Erziehungszölle') bestimmt wird, wird von Harry G. Johnson entwickelt. Amelung 1989: 516-520. Anhand des Beispiels ihrer Ansicht nach effektiver Interventionen in Korea formulieren Pack/Westphal (1986): "Tariffs or quantitative controls are superiors to free trade if the resulting immediate loss in users' surpluses is more than offset by restriction-induced future gains in users' surpluses. (...) Furthermore, contrary to neoclassical prescription, quantitative controls can be superior to tariffs if they are administered to balance costs and benefits to society." Pack/Westphal 1986: 117. Siehe auch: "The neoclassicals are not wrong in pointing out that certain policy instruments are more likely to be subverted to rent-seeking than to be used in service of achieving dynamically efficient industrialization. But neither are the strategists wrong in saying that these same policy instruments have been used to promote industrialization, apparently very successfully." Pack/Westphal 1986: 103; ähnlich Streit 1991: 63-64.
[1919] Rodrik 2004: 17.
[1920] Dies sind Modelle, in denen jeweils die sozialen von den privaten marginalen Kosten abweichen und gezeigt werden kann, daß zur Korrektur nicht Zölle, aber Subventionen oder Steuern so eingesetzt werden können, daß ein optimaler Konsumzustand wiederhergestellt werden kann. Innerhalb der Modelle erzeugen Zölle eine neue Divergenz zwischen sozialen und privaten marginalen Kosten und die Konsumenten verlieren einen Teil ihrer Produzentenrente. Johnson 1971: 90-92; Corden 1974: 5-13.
[1921] Eine Theorie der Zölle aus der Perspektive des 'revenue seeking' von Bhagwati/Srinivasan 1980; den sämtliche dieser Schutzbarrieren umfassenden Terminus "directly unproductive, profits seeking (DUP) activities" erfindet Bhagwati 1982. Nach allgemeiner Definition führen DUP Aktivitäten zu Profiten, produzieren aber keine Güter oder Dienstleistungen, die sich in der konventionellen Nutzenfunktion widerspiegeln. Insoweit diese Aktivitäten reale Ressourcen nutzen, Schaden sie einer Volkswirtschaft. Bhagwati et al. 1984: 135. Vorsichtiger folgende Aussage von Jagdish N. Bhagwati: "It must be admitted that, although economists have now begun to make attempts at estimating these costs, they are nowhere near arriving at plausible estimates simply becuase it is not yet possible to estimate realistically the production functions for returns to different kinds of lobbying. But, as Harrod once remarked, arguments that cannot be quantified are not

zur Forderung nach einem Rückzug des Staates aus der Wirtschafts- und Außenwirtschaftspolitik, der es durch "bureaucratic failure" genauso oder noch schlimmer als "market failure" verunmögliche das Pareto-Optimum zu erreichen.[1922]

Hier geht es nicht mehr um die Frage, wie Marktversagen in Entwicklungsländern korrigiert oder wie am besten liberalisiert werden kann, um dynamische Effekte des internationalen Handels mitzunehmen. Argumentiert wird, daß auch dann, wenn die Märkte nicht perfekt sind, der Staat alles noch schlimmer macht und "bureaucratic failure" schlimmer als "market failure" ist.[1923] Jegliche Form von staatlichem Interventionismus wird abgelehnt, denn wenn der Staat alles schlimmer macht, ist der liberale Markt allemal besser. Nun stimmt dies, wenn der Staat wirklich alles schlimmer macht und es ist berechtigt, die Fähigkeiten eines Staates in die Überlegungen einzubeziehen. Fraglich ist aber, ob dies tatsächlich empirisch in den meisten Fällen zutrifft und daraus eine generell anwendbare Theorie folgt. Das Gegenargument ist genauso simpel: Wenn der Staat nicht notwendig alles schlimmer macht, zumal der common sense schon sagt, daß nicht alle wirtschaftspolitischen Maßnahmen administrativ extrem anspruchsvoll sind und dazu noch die dynamischen Vorteile groß sein könnten, warum sollte er dann in begründeten Fällen nicht intervenieren?[1924]

Bemerkenswert ist weiterhin, daß die Autoren aus dieser Denkrichtung trotz der eigenen Kritik an der Neoklassik und Wohlfahrtsökonomie (diese Kritik richtete sich vor allem an die zu gering veranschlagten Verluste durch staatliche Interventionen), die grundlegenden Vorstellungen der Wohlfahrtsökonomie und Neoklassik hinsichtlich der Bedingungen, die einen vollkommenen Wettbewerb auszeichnen und die eine optimale Wohlfahrt garantieren sollen, aufrechterhalten.[1925] Und dies, obwohl etwa in den Beschreibungen negativer Effekte der Importsubstitutionspolitik durchaus dynamische Aspekte, wie mangelnde Skalenökonomien und technologische Fortentwicklung erwähnt werden.[1926] Ignoriert wird zum Beispiel, daß einem gern verwendetem Ansatz, Leibensteins 'X-

---

necessarily unimportant in economics, and the losses arising from DUP and rent-seeking activities seem presently to illustrate this observation." Bhagwati 1988: 37-38.

[1922] Lal 1983: 14-15.

[1923] Lal 1983: 15.

[1924] In bezug auf Südkorea und die Förderung von jungen Industrien findet sich dieses Argument in Westphal 1990: 55-56. Mit einem etwas anderen Schwerpunkt formuliert: Wenn Marktversagen zu sehr hohen Kosten für die Gesellschaft führt, was m. E. durchaus vorstellbar ist, und der Staat womöglich mit einem simplen, nicht unbedingt sehr bürokratischen Instrument intervenieren kann, das weniger geeignet zur Rentensuche ist und die nötigen Informationen von guter Qualität sind, warum sollte er es nicht tun. Natürlich hat Lal (1983: 16) Recht, daß dies nicht gilt, wenn die Interventionen wirklich zu schlimmeren Resultaten führen, als eine laissez-faire Politik. Es ist aber zu einfach, dem Staat eine solche Fähigkeit per se, ohne überzeugende empirische Beweise, abzusprechen und darauf eine für alle Staaten geltende Entwicklungstheorie zu formulieren. Ähnlich Toye 1991: 329-331.

[1925] Lal 1983: 10-14. Das ist deshalb bemerkenswert, weil der Staat als Akteur gesehen wird, der Kosten auslösen kann, die von den Modellberechnungen der Neoklassik nicht erfaßt werden. Von hier aus wäre es nur ein kleiner Schritt, sich zumindest darüber Gedanken zu machen, daß auch wirtschaftliche Akteure und die von diesen ausgelösten Dynamiken, Kosten auslösen können, die von neoklassischen Modellen ebenso nicht widergespiegelt werden. Dieses Phänomen, daß dynamische Vorstellungen benutzt werden, aber weiterhin die neoklassische Vorstellung wirtschaftlicher Wirkungen zugrundeliegt und darauf etwa normative Forderungen etwa nach perfekten Märkte etc. basiert werden, wird auch erwähnt von Hildebrand (2002). Sie charakterisiert so die Auseinandersetzung der beiden wettbewerbspolitischen Schulen (die pragmatische und realistische Harvard School vs. die neoklassisch und gleichzeitig dynamisch argumentierende Chicago School). Hildebrandt 2002: 145.

[1926] Bhagwati/Srinivasan 1975: 212-219.

efficiency'-Argument, explizit eine komplexere, dynamische Vorstellung von Wettbewerbsprozessen zugrundeliegt.[1927]

Somit wird die Wirtschaft einerseits als dynamisch angesehen, aber verweigert zu diskutieren, welche Folgerungen daraus zu ziehen wären, wenn konkret vorhandene Märkte mit dynamischen Konzeptionen übereinstimmen würden, also nicht im neoklassischen Sinne vollkommen sind und dies zum Anlaß werden kann (aber nicht muß), daß Marktversagen auftritt, welches einen Grund für staatliche Interventionen darstellen kann.[1928] Wie hart gegen die Einbeziehung solcher dynamischen Phänomene und Schlußfolgerungen argumentiert wird, zeigt sich an der Auseinandersetzung der 'public choice'- und der liberalen Schule mit den u.a. aus der Industrieökonomie kommenden Argumenten der Strategischen Handelspolitik, die solche dynamischen Effekte zuläßt.[1929]

Nicht nur die Wirtschaftspolitik der Entwicklungsländer, sondern auch die Auswirkungen protektionistischer Maßnahmen des 'managed trade' durch die Industrieländer, der teils untereinander, teils gegenüber Entwicklungsländern angewandt wurde, geriet aus der 'rent seeking'-Perspektive in die Kritik. Der 'managed trade' erfolgte in Form von partiell hohen Zöllen, dem Rekurs auf die Schutzklausel des GATT, die Aushandlung von freiwilligen Selbstbeschränkungsabkommen ('voluntary export restraints', VERs) und durch die Subventionsvergabe.[1930]

Beweist dies nicht, daß sowohl die Neoklassik als auch 'public choice' und 'rent seeking' Überlegungen doch gelten? Nein, denn nicht nur mit der neoklassischen Theorie im Hintergrund und basierend auf 'rent seeking' und 'public choice'-Überlegungen ist es möglich, die Wirkungen des neuen Protektionismus zu verstehen und aus wirtschaftswissenschaftlicher Sicht abzulehnen. Eine dynamisch ordoliberale Theorie kann zu ähnlichen Schlußfolgerungen kommen: Allein aufgrund u.a. funktionierender Finanzmärkte und einer zufriedenstellenden Wissensverbreitung, Innovationsfähigkeit und sonstiger strategischer Optionen der Firmen ist anzunehmen, daß es in den meisten Fällen unnötig ist, in den Industrieländern Industrien zu schützen. Zudem erwartet die dynamisch ordoliberale Theorie, ähnlich wie eine extremere, neoklassisch beeinflußte liberale Theorie, daß sich durch Schutz technologische Entwicklungen verzögern, ein Wandel zu effizienteren Industriestrukturen unterbleibt, Einkommensverluste für Konsumenten erfolgen sowie die

---

[1927] Leibenstein 1966: 407-408. Leibenstein betont in seinen neueren Arbeiten insbesondere die organisatorischen Vorgänge innerhalb der Firmen und wie institutionelle Faktoren auf diese Organisation einwirken. Die Vorgänge in einer Firma seien weiterhin keine reinen Marktvorgänge, sondern durch Autoritäts- und sonstige menschliche Interaktionen beeinflußt. Die Gründe für X-Ineffizienz ist eine Kombination von historischen, motivationalen, organisatorischen und sonstigen inadequaten Druckstrukturen. Eine Form von Druck ('von unten') kommt vom Markt her, wenn kein Monopol vorliegt, eine andere Form von Druck vom Management ('von oben'). Letzterer interner Druck kann zu einem gewissen Grad den Markt ersetzen. Aber auch des externe Umfeld bleibt wichtig und Importsubstitutionspolitik kann durch exzessiven Schutz zu ineffizienten Organisationsformen führen. Kritisiert wird die neoklassische Mikroökonomie, die dies nicht beachtet und nicht so erklärt. Leibenstein 1989: 1364, 1370-1371. Für eine empirische Untersuchung von X-Ineffizienzen, die zum Ergebnis kommt, daß in Entwicklungsländern oftmals mehr Kapital und mehr Arbeit eingesetzt werden als in Industrieländern, aber trotzdem teilweise deutlich weniger Wertschöpfung erzielt wird, siehe Shen 1984: 102.
[1928] Grundlegend Fritsch et al. 1993: 260-262. Siehe zu diesem Abschnitt mit ähnlichen Schlußfolgerungen Shapiro/Taylor 1990: 862-863, 876; Pietrobelli 1994: 121.
[1929] Siehe dazu die ablehnende Haltung gegenüber diesen Argumenten in Baldwin 1992a: 804; siehe auch Brander 1986.
[1930] Statt vieler Curzon/Curzon Price 1979; Hufbauer et al. 1986; Ray 1989.

internationale Arbeitsteilung weniger ausgeprägt ist, als dies, mit effizienzsteigernden Effekten, hätte möglich sein können. Somit ist es durchaus möglich auch aus dieser Perspektive eine effizienzmindernde Rentensuche zu erkennen. Dazu kommt, daß die 'managed trade' Maßnahmen umgesetzt wurden, obwohl nicht wirklich hohe Importe vorlagen.[1931]

Darüberhinaus weist eine dynamisch ordoliberale Theorie weitere Vorteile auf. Mit den neoklassischen Modellen kann beispielsweise nicht erklärt werden, warum bestimmte Firmen durch die 'managed trade' VERs massive Gewinne durch dadurch ausgelöste höhere Preisniveaus auf den Binnenmärkten erzielen konnten. Dies läßt sich nur verstehen, wenn zugestanden wird, daß der Wettbewerb in den jeweiligen Binnenmärkten nicht vollkommen war, denn sonst hätte der vollkommene Wettbewerb in den Binnenmärkten höhere Preisniveaus erodieren lassen müssen. So wurde das de facto Kartell der U.S.-Automobilhersteller durch die von der U.S.-Regierung ausgehandelten freiwilligen Selbstbeschränkungsabkommen (VER) gestützt, die ab Mai 1981 wirksam waren.[1932] Die massiven Modernisierungsinvestitionen der U.S.-Automobilindustrie, die in den folgenden Jahren durchgeführt wurden, wurden nicht über die Kapitalmärkte, sondern durch die U.S.-Konsumenten finanziert, über "excessively high prices".[1933]

Zu einem letzten Beispiel dafür, daß die 'rent seeking' Theoretiker ihre Thesen teils unnötig zuspitzten und sich nicht zwischen dynamischen Vorstellungen und neoklassischen Annahmen entscheiden können: So hat die neoklassische Theorie auch bezüglich Monopolen bzw. den Folgekosten für die Konsumenten durch konzentrierte Industriesektoren in den Modellen von Arnold C. Harberger (1954) niedrige soziale Kosten angenommen.[1934] Schon damals wird in kritischer Reaktion auf diesen Artikel angemerkt, daß weitere wohlfahrtsmindernde Aspekte, etwa ineffiziente Produktion und unflexible Anpassung an konjunkturelle Veränderungen nicht beachtet würden.[1935] Dieser Artikel wird aufgrund ähnlicher Einwände wie oben kritisiert und in Untersuchungen werden diese Kosten als merklich höher eingeschätzt.[1936] In weiteren Untersuchungen wird festgestellt, daß die sozial schädigenden Kosten durch Monopole, konzentrierte Industriesektoren und Kartelle vor allem dann besonders hoch sind, wenn sie aus staatlicher Regulierung, die etwa zu künstlichen Eintrittsbarrieren führen, resultieren.[1937] Damit wird staatliche Regulierung und Wettbewerbspolitik zum zweiten Schauplatz der

---

[1931] Dazu in Abschnitt 'I'.
[1932] OECD 1987: 40-42.
[1933] OECD 1987: 40-42. Für die U.S.-Firmen können 1980 die folgenden Zahlen präsentiert werden: 1980, Profite von US$ 4,7 Mrd., 1981 Profite von US$ 2,3 Mrd., 1982 Profite von US$ 0,6 Mrd. Mrd., im Jahr 1983 US$ 5,3 Mrd. und im Jahre 1984 US$ 10,4 Mrd. US$. Der Wert für 1984 ist aus den Werten die von Januar bis Juni 1984 vorlagen geschlossen worden. Die Profite lagen mit Sicherheit deutlich über US$ 5 Mrd.. Hufbauer et al. 1986: 256. Am Rande bemerkt: Diese 'Erklärungslücke' trägt nicht sonderlich zur Glaubwürdigkeit der extrem liberalen Schule bei, die immer behauptet, daß bei ihr der Konsument im Mittelpunkt steht.
[1934] Schätzungen des Wohlfahrtsverlustes liegen bei 0,1 % bis 1 %. Harberger 1954: 82-83.
[1935] Mack in Harberger 1954: 89.
[1936] Cowling/Mueller 1980: 125-126. Die Schätzungen von Harberger eines Wohlfahrtsverlustes von 0,1 bis 1 % des BSP der USA durch Monopole wird in dieser Untersuchung allein durch General Motors erreicht. Geschätzt werden insgesamt für die USA Kosten von 4 bis 13 % des BSP. Cowling/Mueller 1980: 141-142.
[1937] Posner 1975: 819. So wird für die verarbeitende Industrie und Rohstoffextraktion geschätzt, daß 0,6 % des BSP Kosten monopolistischer Sektoren seien. Demgegenüber werden die Kosten, die durch staatlich regulierte Bereichen, etwa Landwirtschaft, Transport,

Diskussion. Eingewandt wird, daß staatliche Regulierungen nicht idealisiert werden sollten und daß nicht angenommen werden sollte, daß der Staat effizient interveniert. Beklagt werden in diesem Zusammenhang beispielsweise Effizienzverluste durch öffentliche Unternehmen, etwa im Post- und Telekommunikationsbereich.[1938] Die These, daß ausgerechnet das private monopolistische Verhalten der Unternehmen weniger Schaden anrichtet als staatlich ermöglichte Monopole, ist aber schwer zu verstehen, denn eigentlich deuten Untersuchungen (und die Vorstellungen vom Wettbewerbsprozeß), die aus derselben Theorierichtung stammen, auf hohe Kosten privater Wettbewerbsbeschränkungen hin.[1939] Basierend auf der ersteren These, wurden nun Forderungen nach der Privatisierung (bzw. Deregulierung) staatlich geregelter Sektoren gestellt.[1940] Verwunderlich ist weiterhin, daß mit dem Argument, daß private monopolistische Praktiken weniger wohlfahrtsmindernd seien, die Forschungsergebnisse der eigenen Schule ignorierend, sogar die Abschaffung der Wettbewerbspolitik gefordert wurde (hier schloß sich die Kritik der Chicago Schule der U.S.-Wettbewerbspolitik an, die letztendlich zu einer toleranteren Ausrichtung dieser führte).[1941]

Hier interessiert vor allen, daß auch in diesem Zusammenhang die Annahmen der Paretoschen Wohlfahrtsökonomik kritisiert wurden. Und ein weiteres Mal geraten die Fähigkeiten des Staates in die Kritik. War es eben noch vor allem die Außenwirtschaftspolitik, sind es jetzt staatlich geführte Konzerne oder vom Staat reservierte Bereiche für monopolistische Privatunternehmen und solche Sektoren, in denen der Staat regulierend eingreift. Kritisiert wird die neoklassische Annahme vollkommener Konkurrenz, weil von dieser Annahme in der Realität schnell Abweichungen erfolgen. Staatliche Eingriffe können leicht damit begründet werden, daß diese Abweichungen korrigiert werden

---

Telekommunikation, Energieversorgung, Banken, Versicherungen und Medizin entstehen, als deutlich höher eingeschätzt. Posner 1975: 818-819.

[1938] Stigler 1975: 106, 112,132-134.

[1939] Cowling/Mueller 1980: 141-142. Ein Teil dieser Debatte setzt sich in der Theorie der Wettbewerbspolitik fort. Gegen hohe Kosten durch Monopole oder monopolistische d.h. konzentrierte Märkte und für hohe Kosten staatlicher Interventionen argumentiert Demsetz 1974; Untersuchungen, die höheren Preisniveaus in konzentrierten, privaten Sektoren finden, verteidigt dagegen Weiss 1974. Das zentrale Werk, das eine tolerantere Wettbewerbspolitik gegenüber privaten Firmen fordert, ist Bork (1978). In seinen Schlußfolgerungen spricht er sich etwa dafür aus, Marktmacht, die etwa anhand von Eintrittsbarrieren erkennbar ist, weitgehend zu tolerieren, um "productive efficiency" zu erreichen. Ebenso sollten vertikale Firmenzusammenschlüsse nicht mehr von Wettbewerbsbehörden verfolgt werden, sondern nur horizontale Zusammenschlüssen, wenn sehr große Marktanteile etabliert werden. Weiterhin sollten Gebietsbeschränkungen und Verkaufsverweigerungen toleriert werden. Dies wird als Wettbewerbspolitik bezeichnet, die vor allem am Konsumenten ausgerichtet ist. Bork 1978: 405-407. Den Ansatz der 'Chicago Schule' bezüglich Wettbewerbspolitik beschreibt auch Posner 1979. Später wird dann versucht nachzuweisen, daß konzentrierte Industriesektoren deshalb geringe Wohlfahrtseinbußen nach sich ziehen, weil sie schon durch einen potentiell drohenden Markteintritt von Konkurrenten preislich diszipliniert werden. Dazu: Baumol 1982; Demsetz 1982. Dies kritisiert wiederum Shepherd 1984.

[1940] Wagner 1997: 104-109.

[1941] Es wird argumentiert, daß die Kosten, die durch private Kartelle entstehen, niedriger sind, als die Kosten zur Aufrechterhalten einer Wettbewerbsbehörde und es sich deshalb lohnen würde, diese abzuschaffen. Posner 1975: 820. Informationen über die Veränderung der U.S. Wettbewerbspolitik ab Anfang der achtziger Jahre finden sich in Hermanns 2005a: 48-59. Hätte die Chicago Schule diese unsachliche Differenzierung zwischen Staat und Privat nicht durchgeführt, hätte sie wohl kaum die amerikanische Wettbewerbspolitik so stark beeinflussen können, denn die Forderungen nach der Deregulierung staatlicher Sektoren ist im Prinzip dem ähnlich, wenn ein Wettbewerbsbehörde ein privates Monopol auflöst und in viele autonome Firmenteile aufspaltet. Mit einem Zerschlagen großer privater Firmen ist die Chicago Schule aber keineswegs einverstanden. Gerade dies will sie mit ihrer 'Effizienz'-These ebenso verhindern. Ihrer Meinung nach sind große private Firmen tendenziell immer 'effizient', selbst wenn sie große Marktanteile haben und müßten keine Zerschlagung durch die Wettbewerbsbehörden fürchten. Große staatliche Firmen seien dagegen immer ineffizient und eine Deregulierung d.h. u.a. auch Zerschlagung sollte jedenfalls stattfinden. So auch die Charakterisierung dieser Debatte in Hildebrand 2002: 149.

müssen, um einen effizienten Zustand wiederherzustellen.[1942] In den neoklassischen Modellen werde implizit von einem effizient intervenierenden Staat ausgegangen.[1943] Diese Annahmen werden von diesen Autoren nicht geteilt.[1944] Es wird aber wenig abgestuft argumentiert und nicht etwa gefragt, inwieweit sich die Qualität der Interventionen verbessern läßt und in welchen Bereiche Interventionen vielleicht doch begründbar sind. Nein, staatliche Interventionen werden generell als effizienzmindernd angesehen und zentrale Argumente, die Marktversagen festgestellt werden kann (aber nicht muß) abgelehnt, beispielsweise Externalitäten und öffentliche Güter.[1945]

Somit läßt sich diesbezüglich ebenso fragen, ob diese, nun nicht mehr nur auf neoklassischen Modellen beruhenden Schlußfolgerungen, daß sich der Staat gänzlich aus der Wirtschaft heraushalten sollte, wirklich überzeugend sind. Die 'public choice'-Theorie konnte beispielsweise empirisch nicht zeigen, daß sich der Staat (und seine Bürokratie) überhaupt nicht im Sinne gesamtgesellschaftlicher Wohlfahrtssteigerung verhalten können.[1946] Weiterhin ist von Interesse, wie die Wirkungen von 'rent-seeking' einzuschätzen sind. Nicht immer sind dessen Folgen so, daß nach einer Kosten/Nutzen-Analyse Nettowohlfahrt zerstört wird. Dies wird aber von der 'rent seeking'-Theorie pauschal angenommen.[1947]

Wenn 'rent seeking' dazu führt, daß Firmen damit eine dynamische Produktivitätsentwicklung finanzieren, kann es auch eine Wohlfahrtssteigerung auslösen.[1948] Dies kann etwa für Malaysia empirisch gezeigt werden. In mehreren Fällen gelangt es dort, eine solche dynamische Entwicklung durch 'rent-seeking' zu etablieren, in anderen Fällen aber nicht, welche somit ein klares Beispiel für wohlfahrtsminderndes 'rent seeking' darstellen.[1949] In den Philippinen führte 'rent seeking' dazu, daß die Elektronikindustrie nicht in der Lage war dem technischen Fortschritt zu folgen, weil die 'Neue Gesellschaft' von Präsident Marcos sich die Gewinne aneignete, ohne sie zu reinvestieren.[1950] Im Einzelfall hat Rentensuche auch in Indien zu einer dynamischen Entwicklung geführt, bei vielen anderen Firmen war aber wohlfahrtsmindernde Rentensuche weitverbreitet.[1951] Speziell wenn

---

[1942] Stigler 1975: 103; Fritsch et al. 1993: 12-34, 260-268.
[1943] Stigler 1975: 110.
[1944] Stigler 1975: 110-112.
[1945] Es werden hier aber nicht nur sämtliche Arten und Weisen von Interventionen pauschal kritisiert. Es werden auch sämtliche Begründungen für öffentliche Interventionen abgelehnt. Gegen Externalitäten, öffentliche Güter und das Argument der Inkompetenz der Konsumenten als Gründe für staatliche Interventionen wendet sich Stigler 1977: 110-112.
[1946] Chang 1994: 24-25; Toye 1991a: 322-323. Auf Marktversagen und die unter bestimmten Bedingungen womöglich positiven Folgen von staatlichen Interventionen geht auch ein: World Bank 1993: 294-294.
[1947] Chang 1994: 30.
[1948] Diese These in Shapiro 1990: 130-135; Gomez/Jomo 1999: 5-8, 41-51; skeptischer, mit ähnlichem, aber noch differenzierterem theoretischem Zugang Beez 2000: 40-61. Zur internationalen Wettbewerbsfähigkeit Anfang der achtziger Jahre: Fischer/Nunnenkamp et al. 1988: 81.
[1949] Ein Beispiel ist die Sapura-Gruppe, die im Telekommunikationsbereich agiert. Drei weitere Firmen werden genannt. Andere wiederum ruhen sich auf ihren Renten aus und tragen nicht zu Exporten bei. Gomez/Jomo 1999: 71-74, 119-120. In Malaysia gibt es darüberhinaus eine erfolgreiche staatliche Entwicklungspolitik, die ähnlich wie in Korea im schwerindustriellen Chemie-, Stahl- und Zementbereich angesiedelt ist. Davon ist vor allem der Automobilkonzern Proton erfolgreich. Lall 1995: 762.
[1950] Richter 1994: 50.
[1951] Das Ambani Unternehmen investierte die Gewinne, die aus seinen Importquotenrechten resultierten, die es vom indischen Staat erhalten hatte und etablierte damit innerhalb weniger Jahre ein großes, effizientes Textilunternehmen. Bardhan 1984: 42. Es ist aber gerechtfertigt Indien als Beispiel für Rentensuche und Ineffizienz anzuführen, welche aus dem Handeln der Regierungsorgane resultierten. Hier sei nur die

Entwicklungsländer durch große Märkte über Verhandlungsmacht verfügen, können sich Staat und Unternehmen Renten aufteilen und es kann statt 'rent seeking' zu "rent distribution" kommen, mit gesamtgesellschaftlichen Wohlfahrtszuwächsen, ohne daß dies problematisch für das betroffene Unternehmen sein muß. Dies zeigt das Beispiel der brasilianischen Automobilindustrie, die trotz Zollschutz und 'rent distribution' Anfang der achtziger Jahre internationale Wettbewerbsfähigkeit erreichte.[1952] Für Korea wird herausgearbeitet, daß sich dort durchaus auch Rentensuche etabliert hatte, zumal bis 1961, dem Datum der Machtübernahme von Präsident Park Chung Hee. Diese Form der Rentensuche wurde danach aber mit privaten Profitstreben kombiniert und von der Politik darauf geachtet, daß die Renten effizient eingesetzt wurden, wodurch sich ein, eingestandenermaßen sehr spezielles, "wachstumsförderliches Rent-Seeking-Arrangement herausgebildet hat".[1953]

Nicht nur das letzte Beispiel zeigt, daß es mit zusätzlichen Anreizen, darunter auch den außenhandelspolitischen Anreizen einer partiellen, aber nicht notwendig vollständigen Liberalisierung versucht werden kann, negative Effekte der Rentensuche abzuwenden. Weiter unten werden die Effekte von Importsubstitutionspolitiken in bestimmten Staaten genauer untersucht. Aus dieser Sicht gesehen ist 'rent seeking' vor allem dann problematisch, wenn der Staat ineffiziente Firmen schützt oder sogar das Entstehen ineffizienter Firmen fördert.[1954] Somit ist die Frage nach dem Grad der Rentensuche und der Art und Weise der Einbettung dieser in sonstige wirtschaftspolitische Anreizstrukturen zu stellen.

Ein weiterer Aspekt ist die Reaktion des Staates auf Rentensuche: Walter Eucken hat zwar einen starken Staat gefordert, er kann dies aber nicht im Sinne des notorischen Zitats von Lal (1983) gemeint hat: "A courageous, ruthless and perhaps undemocratic government is required to ride roughshod over these newly-created interest groups."[1955] Dieses Zitat bezieht sich wahrscheinlich auf frühe Politiken in Korea, die aber schnell in ein kooperativeres Arrangement übergingen.[1956] Weiterhin wird in der Literatur über die Rolle des Staates gerade bestritten, daß autoritäre Staaten immun gegenüber

---

mehrjährige Dauer für die Genehmigung von Investitionsvorhaben und unsinnige Kapazitätsbeschränkungen für die Firmen erwähnt. Als Illustration sei der Fakt erwähnt, daß noch in den achtziger Jahren eine Fabrik für Telekommunikationsausrüstung erweitert wurde, die auf dem Stand der Technologie von 1940 produzierte. Mehr Details in Agarwal 1985.
[1952] Am Beispiel der brasilianischen Automobilindustrie Shapiro 1990: 130-135; ähnlich Chang 1994: 30-31. Daß die brasilianische Automobilindustrie Anfang der achtziger Jahre hinsichtlich der Kosten internationale Wettbewerbsfähigkeit erreichte, wird in der ausführlichen Studie von Fischer/Nunnenkamp et al. (1988) gezeigt. Fischer/Nunnenkamp et al. 1988: 59-79, 81.
[1953] Ohne Herv. im Original. Beez 2000: 60. Ähnlich wird dies gesehen in Weltbank (1993) in ihrem Bericht über das asiatische Wirtschaftswunder. Dort wird von Renten gesprochen, die durch geschützte Märkte eingeräumt wurden, die durch die spezielle Natur des koreanischen Entwicklungspolitik aber investiert wurden. Weltbank 1993: 96-97.
[1954] Chang 1994: 30. Daß das Problem der Rentensuche bestehenbleibt, sehen auch so Shapiro/Taylor 1990: 873.
[1955] Lal 1983: 33. Für den Hinweis auf dieses Zitat, mit derselben inhaltlichen Argumentationsrichtung, siehe Shapiro/Taylor 1990: 867.
[1956] Die Maßnahmen gegen das frühe 'rent seeking' in Korea waren durchaus rigoros, darunter die Beschlagnahme von Besitz und die kriminelle Verfolgung von sog. 'illicit wealth accumulators'. Danach wurde die Gruppe der vom Staat bevorzugten Unternehmen stark reduziert und diese dazu angehalten, ihre Renten effizient einzusetzen bzw. teilweise wurden Renten als Belohnung für erwartungskonformes Handeln eingeräumt. Die Erwartung bestand darin, die Exporte auszuweiten. Dies wurde in den siebziger Jahren in monatlichen Export Promotion Meetings besprochen, an denen ein kleiner Kreis von Unternehmern und der Präsident selbst teilnahm. Der Staat war relativ unabhängig von den Unternehmern und konnte diese durch Kreditsperren und Steuerprüfungen disziplinieren. Siehe: Beez 2000: 152, 161, 175.

Interessengruppeneinflüssen sind.[1957] Weiterhin kann bezweifelt werden, daß autoritäre Staaten unbedingt entwicklungsförderlich agieren.[1958] Auch in weniger autoritären Staaten ist es denkbar, Unternehmer in institutionelle Arrangements einzubinden, welche die Rentensuche vermindern, bei denen der Staat klare Regeln vorgibt, für welche Entscheidungen Firmen Vorteile erhalten, wobei die nationale wirtschaftspolitische Richtung aber weiterhin mit den Unternehmern abgestimmt werden kann. Ein solches Arrangement enthält neben Elementen der Kooperation auch den Wettbewerb zwischen den Unternehmen.[1959] Schließlich muß auf ein Argument hingewiesen werden, welches nicht nur aus neoklassischer, sondern auch aus dynamischer Perspektive effizienzmindernd wirken kann, aber nichtsdestotrotz als 'second best'-Effizienzargument Bestand hat. In einem Staat, der durch binnenstaatliche Konflikte, etwa ethnisch abgrenzbare Fraktionen, geprägt ist, kann die Demokratie 'log rolling' und Rentensuche dazu einsetzen, um Konfliktparteien jeweils Vorteile einzuräumen, wodurch der Konflikt eingedämmt werden kann. Dies ist Grundvoraussetzung für jede Wirtschaftstätigkeit und wirkt effizienzsteigernd, sicher aber nicht im erstbesten Sinn.[1960]

Schließlich wird eine abgestufte Argumentation durch die industrieökonomische Forschung nahegelegt, die zeigt, daß es nicht nur der Staat ist, der Monopole etablieren kann, sondern daß es Alltag privatwirtschaftlicher Akteure ist, Eintrittsbarrieren gegenüber ihren Konkurrenten zu errichten, sodaß diese immer in gewisser Hinsicht 'rent seeking' betreiben.[1961] Solange dies nicht gegen das Wettbewerbsrecht verstößt, ist dies ist ein normaler Vorgang, der sich teils mit den Vorsprungsgewinnen überdeckt, die der dynamischen Theorie des Wettbewerbs und der Theorie der Wettbewerbspolitik bekannt sind.

Zusammenfassend weist eine bestimmte Ausprägung der 'public choice' und 'rent seeking' Theorie folgende theoretische Inkohärenzen auf: Zuerst erfolgt eine teilweise überzeugende Kritik der Neoklassik und von deren Modellschlußfolgerungen, durch die Einbeziehung dynamischer Effekte. Nachfolgend wird sich verweigert, bestimmte dynamische Effekte zu diskutieren und es liegt, bei einigen Autoren die Tendenz vor, trotzalledem, wirtschaftspolitische Schlußfolgerungen allein auf der Basis neoklassischer Modelle vorzunehmen. Diese Spannung prägt nicht zuletzt auch die Debatte um

---

[1957] Von Tullock wird die These aufgestellt, daß in autoritären Staaten kleine und exklusive Interessengruppen sogar einflußreicher sind als in Demokratien. Amelung 1989: 518.
[1958] Diese Debatte kann hier nicht weiterverfolgt werden: Einen Überblick über die Positionen bieten Shapiro/Taylor 1990: 867-868. Ein Beispiel für einen autoritären Staat, der nicht entwicklungsförderlich agiert hat, ist Argentinien. In einer Weltbank Studie von Cavallo/Cottani (1991) über Argentinien wird überzeugend betont, daß z.B. Liberalisierungsmaßnahmen deshalb nicht akzeptiert wurden, weil sie von einer autoritären Regierung durchgesetzt wurden. Cavallo/Cottani 1991: 134.
[1959] Im Bericht der Weltbank zum asiatischen Wirtschaftswunder werden solche "deliberation councils", die unter der Leitung von Wirtschaftsexperten bzw. -technokraten tätig sind, erwähnt, welche in der Lage sind Koordinationsprobleme zu bearbeiten und die es durch Wettbewerb zwischen Firmen und durch transparente Anreize trotzdem schafften mögliche negative Effekte von Rentensuche zu vermeiden. World Bank 1993: 14. In bezug auf diese 'deliberation councils' wird, trotz des Wettbewerbselements, die starke bzw. eben lenkend intervenierende Rolle des koreanischen Staates eingestanden von World Bank 1993: 183.
[1960] Auch wenn es klare ethnische Konfliktlinien gibt, muß das nicht zur wirtschaftlichen und sozialen Problemen führen, es kann sogar wirtschaftlichen Fortschritt fördern, auch dann, wenn mit bestimmten Förderungsmaßnahmen bestimmte Gruppen der Gesellschaft unterstützt werden. Allerdings kann dies auch zu Ineffizienzen führen. Gerade 'log rolling' in der Form von Machtaufteilung ist dabei wichtig, um Konflikte zu vermeiden und Anpassungsschwierigkeiten nicht allein einer bestimmten Gruppen anzulasten. Bardhan 1997: 1392, 1394.
[1961] Chang 1994: 30.

die entwicklungsökonomische Orientierung von IWF und Weltbank über Politikelemente der Exportorientierung[1962] und die über die liberale Wettbewerbstheorie der Chicago Schule, die es fertigbringt den Wettbewerb als dynamischen Prozess anzusehen, aber die Erkenntnisse der Industrieökonomie ablehnt, hierzu Hildebrand (2002):

"The Chicago School views competition as a dynamic process. This implies a certain distance from the static model of neoclassics is maintained, whereas, on the other hand, their idea of fictions equilibrium resembles clearly the idea developed by neo-classics. (...) In analysing industrial markets. Stigler, a leading Chicago school representative, refers to pure economic theory, i.e. neoclassical price respectively resource allocation theory, rejecting the field of reseach that is called Industrial Organization."[1963]

Insgesamt gesehen läßt sich aus dieser Kritik der 'public choice'- und 'rent seeking' Theorie aber keine pauschale, eindimensionale Schlußfolgerung ziehen. Besonders in bezug auf den Staat gibt es eine Reihe von Überdeckungen zwischen der 'public choice', 'rent seeking' Theorie auf der einen und der dynamisch ordoliberalen Theorie auf der anderen Seite. Beide Theorieansätze dürften sich darüber einig sein, daß das Ausmaß staatlicher Interventionen keinesfalls so groß sein darf, daß ein Übergang zu einer Zentralverwaltungswirtschaft zu befürchten ist. Anders formuliert: Ein großer Teil des Wirtschaftsgeschehens sollte auf Märkten und Preisen basieren. Gefordert wird aus ordoliberaler Sicht ebenso ein skeptisches Herangehen nicht nur an die Fähigkeiten des Staates, sondern auch die Interessenhintergründe und die marktstrukturellen und sonstigen Folgen staatlicher Interventionen. Wird Wirtschaft dynamisch konzipiert, muß zudem angenommen werden, daß eine wenig erfolgreiche Intervention des Staates zu dynamisch kumulierende, also sehr hohen Kosten führen kann. Dagegen können die extrem liberalen Ausprägungen der 'public choice' und 'rent seeking' Theorie nicht darin überzeugen, daß dynamische Effekte von Politikinstrumenten allein vor dem neoklassischen Hintergrund bewertet werden müssen und davon ausgehend alle selektive staatliche Eingriffe (in einem großteils liberalen Umfeld) als wohlfahrtsmindernd abgelehnt und dem Staat ganz die Fähigkeit zu gesamtgesellschaftlich wohlfahrtssteigernden Interventionen abgesprochen werden muß (und z.B. allein freier Handel als optimal wohlfahrtserzeugend ansehen wird).

Die ordoliberale Theorie braucht eine solche extreme Argumentation zur Betonung der wichtigen Rolle der Märkte nicht: Schon Walter Euckens Beobachtung vom historisch durchgängig wirksamen 'Hang zur Monopolbildung' reicht dazu aus. Allein daraus folgt bereits, daß Märkte zur Entmachtung privatwirtschaftlicher Akteure etabliert und staatliche Eingriffe nicht übermäßig eingesetzt werden dürfen. Für die Entwicklungsökonomie mag dies bedeuten, daß der Staat die Chancen seines Landes realistisch einschätzen muß, dazu gehört es - auch - auf breiter Ebene Märkte zulassen und - in

---

[1962] Wobei es innerhalb der Weltbank eine moderate und weniger moderate liberale Position gab. Siehe zu dieser Diskussion Abschnitt 'G'.
[1963] Diese These dieser Arbeit wird somit in aller Deutlichkeit in einer aktuellen Publikation bestätigt, die autoritativ den neuen Ansatz der EU Wettbewerbspolitik im Sinne einer neuen wettbewerbstheoretischen European School formuliert. Hildebrand 2002: 144.

wahrnehmbaren Maß - im Einklang mit den komparativen Vorteilen zu handeln, um die Wohlfahrt zu maximieren.[1964]

Ist die grundlegende Entscheidung für den Markt einmal erfolgt, ist es, so die These hier, aber nicht ausgeschlossen, wirtschaftspolitische Instrumente differenziert zu diskutieren. Somit stellt sich weiterhin die Frage, ob es nicht doch bestimmte Kriterien und Anhaltspunkte gibt, anhand derer Marktversagen erkannt werden kann.[1965] Aus der Perspektive dieser Arbeit interessiert dies vor allem deshalb, weil durch die Korrektur von Marktversagen Effizienz- und Wohlfahrt gesteigert werden kann.

Festzuhalten ist: Die Theorie staatlicher Intervention und des Marktversagens ist nach der 'public choice'- und der 'rent seeking' Kritik (und Walter Euckens 'Hang zur Monopolbildung) nicht mehr dieselbe. Der naive Glauben an effiziente Eingriffe des Staates, der noch in der frühen Neoklassik vorhanden war, ist schon seit geraumer Zeit überholt.[1966] Die ordoliberale Theorie stimmt hier theoretisch und auf wirtschaftshistorischer Basis argumentierend zu. Auch die hier bereits zitierten empirischen Studien lassen erkennen, daß Rentensuche ein reales Phänomen ist und zu Ineffizienzen führen kann.

3.4 Wirtschaftsverfassungsbildung gemäß 'public choice' auf internationalem Niveau

In aller Kürze noch zu einer bestimmten Ausprägung der 'public choice'-Theorie, der Theorie der Wirtschaftsverfassung, die sich nicht nur auf die nationale, sondern auch die internationale Ebene bezieht. Dort wird noch einen Schritt weitergegangen. Der von der ökonomischen Theorie (sowohl von der Neoklassik, der Wohlfahrtsökonomie als auch der dynamischen Theorie des Wettbewerbs) meist gewählte Fokus auf Effizienz wird abgelehnt und argumentiert, daß hauptsächlich die grundlegenden Rechte auf Eigentum und Vertragsfreiheit für (immerhin noch als tolerierbar effizient bezeichnete) marktgemäße Ergebnisse sorgen und Rentensuche minimieren sollten.[1967] Diese Absicherung privater Rechte durch eine regelbasierten Einschränkung staatlicher wirtschaftspolitischer Spielräume[1968] wird dadurch begründet, daß dadurch den Tendenzen von Staaten und Interessengruppen nach protektionistischer Rentensuche entgegengesteuert werden kann, die aus

---

[1964] Siehe Abschnitt 'D' und 'G'.
[1965] Fritsch et al. 1993: 260-268.
[1966] Chang 1994: 33; Shapiro/Taylor 1990: 865. Der Zweifel an einem der gesamtgesellschaftlichen Wohlfahrt dienenden Staat, ist in diversen Publikationen als Problemstellung anerkannt, u.a. auch in solchen, die sich dem Marktversagen widmen und deshalb ebenso eine hilfreiche Rolle des Staates annehmen können. Fritsch et al. 1993: 269-278. Ebenso ist Rentensuche als Problem anerkannt in der Entwicklungsökonomie, ohne daß hier eine Referenz zur Neoklassik erfolgt, von Gillis et al. (1996): "Regulations created higher-than-necessary profits, which economists call rents, for those able to gain a favorable treatment from bureacrats or to evade the rules." Gillis et al. 1996: 108-110.
[1967] Buchanan 1980: 10, 15. Diese Haltung schließt auch an Ronald Coase an, der Transaktionskosten in den Mittelpunkt der ökonomischen Analyse gesetzt hatte und zu der These gekommen war, daß in einem System privater Eigentumsrechte Transaktionskosten niedriger sind, wenn sich die privaten Akteure untereinander einigen, als wenn sich der Staat einmischt. Wagner 1997: 107-108.
[1968] In der Formulierung von Mestmäcker "Verfassungstheoretisch geht es um die Garantie von individuellen Freiheitsrechten als Schranke und als Legitimation von Hoheitsbefugnissen". Mestmäcker 1993: 18.

deren Sicht Wohlfahrtseinbußen bzw. Effizienzverlustes auslösen, weil dadurch vom freien Handel abgewichen wird.[1969] Die Einschränkung staatlicher wirtschaftspolitischer Spielräume durch Verfassungsbildung ('constitutionalization') erfolgt entweder durch Grundrechte oder sonstige rechtliche Regeln, die unmittelbar oder indirekt wirtschaftliche Freiheitsrechte stärkten, wodurch der Kompetenzbereich der Politik dauerhaft eingeschränkt werden soll.[1970] In bezug auf die internationale Ebene wird eine Stabilisierung des Marktzugangs durch die Selbstbindung der Staatenvertreter betont, wobei internationale Verträge, also das GATT bzw. die WTO als 'zweite' Wirtschaftsverfassung angesehen werden, deren Regeln von nationalen Gerichten unmittelbar angewendet werden sollten, um einen effizienzfördernden freien Handel irreversibel zu machen und um private Eigentumsrechte zu stärken. In den Worten von Tumlir (1983):

"Yet it is also apparent that, under certain conditions, the structure of international commitments which governments undertake in order to provide a stable framework for economic transaction between countries, can reinforce the constitutional protection of property rights within each. The international economic order can be seen as the second line of national constitutional entrenchment."[1971]

Siehe auch folgendes Zitat:

"This reasoning leads to the conclusion that national courts, rather than diplomacy, can and should provide the necessary authoritative interpretation of the international commitments governments under take in matters of economic policy."[1972]

Gefordert wird somit letztendlich eine umfassende rechtliche Absicherung von Eigentum, wobei die weitgehenden Implikationen dessen nicht beachtet werden. Eigentumsschutz könnte soweit ausgedehnt werden, daß jegliche Verzerrungen auf den Gütermärkten gerichtlich untersagt werden können. Dies käme einem weltweitem Subventionsverbot gleich. Denkbar wäre ebenso eine individualrechtliche Absicherung der Außenhandelsfreiheit, d.h. das privat einklagbare Recht Güter einzuführen und auszuführen ohne staatlichen Beschränkungen zu unterliegen.[1973] Die

---

[1969] Vgl. Tumlir 1983; 1985; Frey 1991; Vanberg 1992; Petersmann 1997. Fraglich ist aber, ob es ausreichend ist, eine normative Theorie für den internationalen Handel allein auf der Absicherung von privaten Rechten, der Zurückdrängung des Einflusses privater, mutmaßlich an Schutz interessierter Interessengruppen und einer damit verbundene Liberalisierung und einer Absicherung der Liberalisierungsniveaus basieren zu lassen. Es könnte etwa sein, daß der Einfluß von Interessengruppen ungerechtfertigterweise pauschal als schädigend angenommen wird.

[1970] So auch Mestmäcker 1993: 19. Dies ist von zentraler Bedeutung: "Der Respekt vor der Eigengesetzlichkeit des Ökonomischen verlangt daher vom Staat nicht mehr und nicht weniger als den Verzicht auf Maßnahmen, die das System der privatwirtschaftlich organisierten Wettbewerbswirtschaft außer Kraft setzen". Und dieser Verzicht soll weiterhin durch rechtliche Regeln irreversibel gemacht werden, "welche die Hoheitsgewalt der Mitgliedstaaten in Bezug auf die Wirtschaft beschränken". Behrens 1994: 78, 80. Vgl. den Hinweis darauf in Krajewski 2001: 128-129.

[1971] Tumlir 1983: 80.

[1972] Tumlir 1983: 83.

[1973] In diesem Sinn erwähnt die Außenhandelsfreiheit Stoll 1997: 90. Immerhin wird eine Importfreiheit für inländische Importeure ausländischer Güter und eine Freiheit für den Export gefordert von Lüder Gerken. Er zählt aber nicht das Recht ausländischer Exporteure dazu, Güter auf den inländischen Markt zu verbringen. Gerken 1999: 218.

Überzeugungskraft dieser Forderungen einer von privaten Akteuren durchsetzbaren internationalen Wirtschaftsordnung ohne staatliche Interventionen steht und fällt im Rahmen dieser Arbeit mit dem Zweifel daran, daß es ausgerechnet diese liberalen Regeln sind, deren Einhaltung weltweit optimale Effizienz verspricht. Mit anderen Worten: Es ist durchaus denkbar, daß eine internationale Wirtschaftsverfassung oder - besser - internationale Wirtschaftsordnung (siehe Abschnitt 'A') einen höheren Grad an Effizienz erreicht, wenn sie, in einem graduellen Sinne, sowohl gewisse Spielräume für dynamisch effizienzsteigernde Politik enthält und gleichzeitig ermöglicht, vor wohlfahrtsmindernden staatlichen Interventionen, ausgelöst durch Interessengruppen oder den Staat, zu schützen.

3.5 'Public choice' und Zollsenkungsverhandlungen

Immerhin ist die Einsicht von 'public choice'-Autoren plausibel, daß das GATT bzw. die WTO es ermöglicht in auf Gegenseitigkeit beruhenden Verhandlungen über verbindlich festgelegte Zollreduktionen heimische an Protektion interessierte Gruppen gegen an Exporten interessierte Gruppen auszuspielen und so ein höheres Liberalisierungsniveau zu erreichen.[1974] Auch ist deren Einsicht, daß eigennützig handelnde Politiker Zollniveaus hoch ansetzen können richtig, sodaß ein internationales Abkommen sicherlich den Zollabbau vorantreiben kann. Das GATT ist hier ein weiterer Stein im Brett, der sicherlich eine solche Liberalisierung erleichtert, weil in den Verhandlungsrunden der Druck auf die Ländern steigt, sich auf eine neue, wohlfahrtsfördernde Struktur des Außenhandelsregimes zu einigen. Warum nur ein weiterer, zugegebenermaßen effektiver, Stein? Weil auf nationaler Ebene diese Konflikte zwischen Interessengruppen auch ohne das GATT bestehen würden und es wenigstens im Prinzip vorstellbar ist, daß sich ein Land, auch ohne GATT, ausgelöst durch eine Konkurrenz von Interessengruppen, zu einer Liberalisierung entschließen könnte.[1975] Weiterhin etabliert der ausgeprägte Intra-Industriehandel und deren Wohlfahrtwirkung bei geringen Anpassungskosten, mindestens zwischen entwickelteren Ländern einen eigenständigen Anreiz für breiter angelegte Zollsenkungen.[1976]

Insgesamt gesehen bedeutet dies, daß eine internationale Wirtschaftsordnung, etwa die des GATT oder der WTO, im Bereich Zollsenkungen und der Einschränkung weiterer Maßnahmen, die protektionistisch verwendet werden können, als sinnvoll anzusehen ist, u.a. weil dadurch effizienz- und wohlfahrtssteigernde Dynamiken ermöglicht und Rentensuche zurückgedrängt werden kann. Es

---

[1974] Finger 1991: 126-127. Moser 1990: 139-141. Empirisch wird bestätigt, daß Firmen, die von internationalen Geschäften profitieren, sich für einen Liberalisierung des Handels einsetzen von Milner 1987: 664; Milner 1988: 294. Es wird aber von anderen Autoren etwas vorschnell geschlossen, daß systematische Beweise für eine Korrelation zwischen Interessengruppen und der Höhe des Protektionismus nicht in systematische Weise vorliegen. Krajewski 1999: 145. Dem wird hier nicht zugestimmt: Diesbezüglich überzeugend: Ray 1989; Moser 1990. Gezeigt wird u.a. daß Rentensucher nicht auf Zölle beschränkt sind, sondern alternative Instrumente nutzen, eben VERs, Antidumpingzölle etc. dazu Moser 1990: 140. Siehe etwa auch Abschnitt 'I'.
[1975] Die Ergebnisse von Milner (1987: 664; 1988: 294) zeigen, daß Interessengruppen gegeneinander arbeiten und das dies positive Aspekte haben kann, hier dadurch, daß Exportinteressengruppen für eine Liberalisierung eintreten können. Dies ist ein Beispiel dafür, daß die Konzeption des Staates als Ort der Konkurrenz zwischen Interessengruppen nicht unbedingt negativ konzipiert werden muß. Darauf weist hin Toye 1991a: 325.
[1976] Marvel/Ray 1987: 1286-1287.

ist aber fraglich, ob die noch vorhandenen Spielräume immer weiter eingeschränkt werden sollten. Dies gilt umso mehr, weil es bezüglich des Problems eigennützig handelnder Politiker immerhin die Alternativlösung gibt, auf heimischen Niveau durch eine Veränderung bestimmter heimischer Gesetze oder dem Aufbau bestimmter Gremien und Kontrollinstitutionen, in denen beispielsweise Verbraucherinteressen besser repräsentiert werden, diese Probleme anzugehen.[1977] Auch auf der WTO-Ebene sind differenzierte Herangehensweise denkbar, als die 'public choice'-Theorie vorschlägt. In bezug auf die Schutzklausel sind etwa spezielle Ansätze denkbar, die einen offensichtlichen Mißbrauch verhindern könnten. Bevor eine extreme Stärkung der Grundrechte erfolgt, welche die 'public choice'-Theorie vorschlägt, zumal viele ihrer Anhänger die Annahme eigennütziger politischer Akteure ebenso radikal vertreten, wie eine extrem liberale wirtschaftspolitische Auffassung[1978], gibt es somit auch institutionelle und regelbezogene Alternativen. Diese Alternativen zeichnen sich dadurch aus, daß ihnen moderater liberale Ansätze zugrundeliegen und auch die Einsichten der 'public choice'-Theorie ihre Bedeutung behalten. Einzig fallen die Regeln, die daraus folgen nicht so extrem aus.[1979]

3.6 Fazit

Alles in allem kommt den Argumentationen der 'public choice'- und 'rent seeking'-Theorie, ähnlich bei der These des fehlenden staatlichen Lenkungswissens von Hayek, eine partielle Plausibilität zu und es ist festzuhalten, daß sich das Bild eines neutralen, an der gesellschaftlichen Gesamtwohlfahrt orientierten Staates, der problemlos die Effizienz der Wirtschaft erhöhen kann, begründeterweise gewandelt hat.[1980] Wird aber mit Gründen auf einer nur partielle Plausibilität dieser Feststellung beharrt, sind es fortan die Zwischentöne, die interessant werden und mit der sich die Politische Ökonomie auseinandersetzen muß. Eine solche differenzierte Herangehensweise wird beispielsweise auch von Chang (1994) in seiner "new institutionalist theory of state intervention" erarbeitet, der die Möglichkeiten betont, aus der Perspektive der ökonomischen Theorie bestimmte staatliche Eingriffe weiterhin zu begründen.[1981] Um diese Fragestellung anzugehen, muß der Terminus des Marktversagens noch einmal aufgenommen werden: Hier prallen die Schulen, darunter die Neoklassik und auch die Theorie des internationalen Handels zusammen und führen zu unterschiedlichen Schlußfolgerungen, auch für die Möglichkeiten staatlicher Interventionen, die aus dynamischer Sicht in realistischer Weise eingeschätzt werden sollen. Vor diesem Hintergrund wird nun in den folgenden

---

[1977] Eine Veränderung der Regeln der Antidumping- und Ausgleichszollgesetzgebung würde hier schon einiges bewirken.
[1978] Eine extremere Version wird vertreten, wenn Liberalisierung kombiniert mit der Abwesenheit jeglicher Eingriffe von Regierungen, die per se als effizienzmindernd angesehen wird. Ziel einer Verfassungsbildung sei es sodann, vor Interessengruppen zu schützen, die effizienzmindernde Schutzmaßnahmen wünschen, beispielsweise Zölle. Petersmann 1995: 9-10, 15-16; Petersmann 1986: 248-249; Petersmann 1988: 240-241; Petersmann 1997: 10-16. Pauschal wird angenommen, daß "liberal (free) trade is the best policy for all countries" von Tumlir 1983: 75.
[1979] Dies wird deutlich in den Ausführungen von Frey 1984; Vaubel 1986. Dort wird 'public choice' als weithin anwendbarer Forschungsrahmen vorgestellt, der sich auf viele Politikfelder beziehen kann und in dem es unter anderem darum geht, wie internationale Organisationen Koordinationsproblemen entgegensteuern können. Offen wird zugegeben, daß der Analyse im Wirtschaftsbereich die neoklassische Ökonomie zugrundeliegt und davon ausgehend auf Regeln zurückgeschlossen wird, die die "most desirable and effective political institutions" auszeichnen sollen. Genausogut könnte eine abgeschwächt neoklassische Ökonomie solchen Regeln zugrundeliegen. Siehe Frey 1984: 8.
[1980] Chang 1994: 33; Shapiro/Taylor 1990: 865.
[1981] In diesem Sinne auch Chang 1994: 33.

Abschnitten die Diskussion um das Marktversagen geführt. In Abschnitt 'G' erfolgt dann eine Diskussion der Erfahrungen einiger Entwicklungsländer in der Nachkriegszeit mit dem Anreizpaket der Politik der Exportorientierung, welches u.a. dazu dienlich sein kann, potentiell negative Aspekte staatlicher Eingriffe und Tendenzen der Rentensuche zu korrigieren.

4. Einwände gegen die Neoklassik durch dynamischen Wettbewerb und Entwicklungsökonomie

Ausgehend von bestimmten Formen des Marktversagen und den diesbezüglich oft angeführten Argumenten werden hier vor dem Hintergrund neoklassischer Modelle die teilweise abweichenden Erkenntnisse der dynamischen Theorie des Wettbewerbs und der Entwicklungsökonomie diskutiert. Versucht wird, diese Diskussion anhand empirischer Studien zu führen.

4.1 Nirwana Vorwurf

Gegenüber dem Argument, daß der Staat sämtliche Ineffizienzen korrigieren kann, die nach der Theorie Pareto-optimaler Allokation vorstellbar sind, wird eingewandt, daß ein Zustand optimaler Allokation in der Realität gar nicht vorhanden und nicht erreichbar ist (Nirwana-Vorwurf).[1982] Dieses Argument greift aus der Perspektive dynamischen Wettbewerbs nicht, weil Unvollkommenheiten sowieso toleriert werden, beispielsweise um Innovationsanreize zu bieten. Bei vollkommen Wettbewerb, bei unendlich schneller Mobilität der Produktionsfaktoren und unter marginalen Bedingungen ist das bei Wettbewerb vorliegende Gewinnniveau nämlich gleich Null[1983], dadurch kann kaum erklärt werden, wie Innovationen finanziert werden sollen.[1984] Kurz: Die dynamische Theorie ist weniger anspruchsvoll gegenüber dem Staat und toleranter gegenüber dynamischen Marktentwicklungen.

4.2 Theorie des Zweitbesten

Die Theorie des Zweitbesten ('second best') geht von Anbeginn an davon aus, daß Abweichungen vom Pareto-Optimum vorliegen und somit eine erstbeste Welt nicht erreichbar ist. Dies wird von James E. Meade (1955) detailreich diskutiert, auch in bezug auf die Außenhandelstheorie.[1985] Um unter den Bedingungen dieser Abweichungen doch eine maximale Wohlfahrt zu erzielen, müsse nun nicht ein vollkommener Markt etabliert werden, sondern es wird verlangt, daß jeweils zweitbeste Phänomene durch andere zweitbeste Interventionen (oder durch das Unterlassen von Interventionen) korrigiert

---

[1982] Streit 1991: 21.
[1983] Varian 2001: 325.
[1984] Fritsch et al. 1993: 35-36. Ähnlich Richardson (1960: 57), der darauf hinweist, daß perfekte Informationen garnicht erwünscht sind, um besser informierten Akteuren Vorsprungsgewinne zu ermöglichen.
[1985] Mit seinem Beispiel zweier privater Monopole, die mit unterschiedlichen Kostenstrukturen operieren. Hier führt die Anwendung einer Antimonopolpolitik auf den Straßentransport dazu führt, daß dort trotz ungünstigeren Kostenniveaus, mehr Transporte getätigt werden, als im Eisenbahnbereich. Dies führt zu höheren sozialen Kosten. Meade 1955: 102-118; siehe für eine generelle Theorie des Zweitbesten: Lipsey/Lancaster 1956: 11.

werden. Dies folgt etwa aus dem Pareto-Modell.[1986] Aber auch in einer von vorneherein dynamischen Situation könnte dies angewandt werden: Wenn ein enges Oligopol vorliegt, das hohe Preise verursacht, sollte darauf verzichtet werden Markttransparenz zu erzielen, um dadurch Preisabsprachen zu erschweren.[1987] Es wird also gefordert, selektiv von Bedingungen der neoklassischen Modelle abzuweichen, um ein zweitbestes Wohlfahrtsoptimum ("second best optimum") zu erreichen.[1988] Weil es aber nicht möglich sein dürfte, diese Effekte in einer Volkswirtschaft umfassend auszubalancieren, ohne daß der Staat jegliche wirtschaftspolitische Richtung aufgibt, ist es ratsam die 'second-best'-Theorie nicht generell anzuwenden.[1989] Die hier verwandte, ordoliberal informierte, dynamische Theorie des Wettbewerbs kann sich zwar einen selektiven Einsatz zweitbester wirtschaftspolitischer Instrumente vorstellen, allerdings nur wenn es deutliche Abweichungen von den erwarteten wohlfahrtssteigernden Marktdynamiken gibt und sicher nicht im Sinne einer umfassenden Balancierung dieser.[1990]

4.3 Marktversagen I: Theorie der Verfügungsrechte

Marktversagen kann vor dem neoklassischen Hintergrund als Abweichung von den neoklassischen Bedingungen gedeutet werden, wobei nicht pauschale Eingriffe in die Allokation aber eine Stärkung oder Veränderung der regelbezogenen Rahmenbedingungen für die Wirtschaftstätigkeit gefordert wird, um Effizienz zu steigern. In diesem Zusammenhang wird die Theorie der Verfügungsrechte relevant:[1991]

Die neoklassische Theorie geht davon aus, daß Eigentumsverhältnisse geklärt sind (auch Güter werden darunter subsumiert: Eigentum wird generell zum Verfügungsrecht: 'property rights'). Angenommen wird nun, daß die Besitzer dieser Rechte alle Vorteile und Nachteile allein selbst tragen müssen. Nur wenn dies der Fall sei, können die Ressourcen effizient eingesetzt werden. Wenn Externalitäten vorliegen, also Effekte, die beim eigenen Konsum und der eigenen Produktion auf andere Marktteilnehmer überschwappen, dann bestehe diese Effizienz nicht mehr und Marktversagen läge vor.[1992] Externalitäten bedeuten, daß Eigentum nicht mehr "privat und exklusiv" ist.[1993] Eine solche

---

[1986] "It is well known that the attainment of a Paretian optimum requires the simultaneous fulfillment of all the optimum conditions. The general theorem for the second best optimum states that if there is introduced into a general equilibrium a constraint which prevents the attainment of one of the Paretian conditions, the other Paretian conditions, although still attainable, are, in general, no longer desirable. In other words, given that one of the Paretian optimum conditions cannot be fulfilled, then an optimum situation can be achieved only by departing from all the other Paretian conditions". Lipsey/Lancaster 1956: 11.
[1987] Dieses Beispiel findet sich in Fritsch et al. 1993: 36.
[1988] Lipsey/Lancaster 1956: 11.
[1989] Fritsch et al. 1993: 36-37. Etwas moderater wird formuliert, aber ebenso skeptisch ist auch schon Meade 1955: 132. Dies kann daran illustriert werden, daß etwa davon ausgegangen wird, daß in einer Ökonomie, die teils frei ist und teils staatlich kontrolliert ein zweitbestes, effizienzsteigerndes Optimum dadurch erzeugt werden kann, daß die Kontrolle erweitert wird oder aber auch dadurch, daß sie abgebaut wird. Lipsey/Lancaster 1956: 16. Auch aus Clark (1940) geht hervor, daß ein 'second best' durch ein anderes korrigiert werden kann. Hildebrand 2003: 120-122.
[1990] Zumal aus der ordoliberalen Theorie folgt, daß, der Tendenz nach, große Teile der Wirtschaft liberal verfaßt bleiben müssen.
[1991] Zum folgenden Abschnitt Söllner 1999: 161-165.
[1992] Denn Externalitäten verändern die Pareto-Gleichungen und damit kommt es sofort zu einem ineffizienten Ergebnis. Zu Externalitäten grundlegend Scitovsky 1954; Varian 2001: 554-574; Fritsch et al. 1993: 54-122.
[1993] Ohne Herv. d. Autors. Söllner 1999: 163.

Schädigung verursache natürlich auch eine Abweichung von der Pareto-Optimalität (diese Abweichung wird gleichgesetzt mit sozialen Kosten[1994]). Diese wird meist definiert durch eine Unterversorgung mit Güter im Vergleich zum Gleichgewichtszustand bei vollkommenen Märkten. Pauschal wird von der Theorie der Verfügungsrechte dem Staat zugeschrieben, daß seine Eingriffe in Verfügungsrechte Externalitäten erzeugen und daraus geschlossen, daß der Staat dies unterlassen soll.[1995]

Nun ist es so, daß das Vorliegen von Externalitäten kein Novum ist und dazu führen kann, daß der Staat in bestimmter Art und Weise in die Wirtschaft eingreift, etwa aus Umweltschutzgründen, um zu verhindern, daß externe Effekte durch Verschmutzung Individuen unnötig schädigen.[1996] Die Theorie der Verfügungsrechte argumentiert nun, daß externen Effekte auf dem 'Markt' der Verhandlungen von Privatpersonen untereinander verhindert (bzw. internalisiert) werden können, dies wurde herausgearbeitet von Ronald H. Coase.[1997] Dies ist in der Realität aber nur sehr eingeschränkt umsetzbar, nicht zuletzt deshalb, weil den Individuen dann immer auch die dementsprechenden Verfügungsrechte zugesprochen werden müßten. Wie könnte ich mit einem Unternehmen über Wasser oder Luftnutzung verhandeln, wenn mir nicht ein Teil davon gehört (siehe auch den Handel mit Emmissionsrechten)?[1998] Nicht nur von Umweltökonomen[1999], sondern teils auch von Neoklassikern[2000] wird anerkannt, daß sich diese Theorie u.a. aus diesen Gründen nicht oder nur partiell umsetzten läßt.

Trotzdem werden private Verfügungsrechte etwa für Bereiche gefordert, die der Staat mit dem Verweis auf Marktversagen und öffentliche Güter verwaltet, weil dadurch eine Erhöhung der Effizienz erwartet wird. Kurzum: Ziel ist, daß der Staat das öffentliche Gut des Leuchtturms privatisiert, damit die Leuchtumwärter das Licht nur für Schiffe anmachen, die dafür bezahlen, um das angeblich effizienzmindernde Trittbrettfahrerproblem bezüglich öffentlicher Güter zu lösen.[2001] Weiterhin geht es darum, die Durchsetzbarkeit privatwirtschaftlicher Verfügungsrechte zu verbessern, um die sogenannten Transaktionskosten (Informations-, Verhandlungs-, und Kontrollkosten) zu

---

[1994] Varian 2001: 561.
[1995] Söllner 1999: 162.
[1996] Varian 2001: 573-569.
[1997] Diese Internalisierung kann man sich so vorstellen, als ob beide gegenüber einander ihre Nutzeneinbußen geltend machen, um jeweils unter diesen Bedingungen wieder zu einem Nutzenmaximum zu kommen. Dies ist dann so, als ob der Stahlkonzern den Fischereibetrieb aufkauft und damit auch auf den Gewinn des letzteren achten muß und dann die Verschmutzung zu einem solchen Grad unterläßt, daß sich für beide wieder ein gewinnmaximierendes Optimum unter marginalen Bedingungen einstellt. Varian 2001: 261.
[1998] Sehr skeptisch bezüglich der Umsetzbarkeit Fritsch et al. 1993: 70-72, 90-92.
[1999] Nichtsdestotrotz fangen die ernsthaften Werke der Umweltökonomie erst einmal mit einer genauen Darstellungen des Pareto-Modells an und müssen sich daran erst kritisch abarbeiten, um zum Schluß zu kommen, daß "das genannte Instrumentarium zur Lösung von Umweltproblemen (...) sich grundsätzlich auch ohne Rückgriff auf die formale neoklassische Analyse ableiten" ließe. Bartmann 1996: 44. Siehe dazu auch den zentralen Artikel über die Gemeingüter bzw. Allmendegüter ('global commons') bei denen ein Ausschluß durch Verfügungsrechtsverteilung nicht möglich ist und wieder sehr viel für staatliche Eingriffe spricht. Hardin 1968.
[2000] Varian 2001: 558-559, 573-569.
[2001] Beispiel von Arrow beschrieben in Lal 1983: 13.

minimieren.[2002] Diesen Forderungen schließt sich unter anderem die 'Ökonomische Theorie des Rechts' sowie die 'Evolutionäre Institutionenökonomik' teils an.[2003]

Aus der Perspektive einer dynamischen Theorie kann eingewandt werden, daß das marktwirtschaftliche System schon bestimmt seit mehr als einem Jahrhundert ohne eine weitere Perfektionierung der Verfügungsrechte und eine vollständige private Kontrollierbarkeit derer funktioniert und dabei auch Effizienz- und Wohlfahrtssteigerung erreicht. Es scheint also akzeptabel zu sein, wenn private Verfügungsrechte nur partiell und unvollkommen durchsetzbar sind.[2004] Dies wird bestätigt u.a. durch die Forschung bezüglich der Profitabilität von Innovationen[2005] und bezüglich der Kontrollmöglichkeit ('appropriability') für firmeninternes Wissen, die im großen und ganzen zum Resultat kommt, daß Innovationen sehr wohl zu privaten Profiten führen können, auch dann, wenn gleichzeitig soziale Erträge ausgelöst werden, die die Firma nicht privat approbiieren kann.[2006]

Auf der anderen Seite wäre es unnötig, hier zu fordern, einen begründeten Vorschlag von seiten dieser Schule ohne weitere Prüfung abzulehnen, denn es ist durchaus denkbar, daß auf diese Weise Effizienz gesteigert werden kann, etwa durch eine sachlich sinnvoll erscheinende Privatisierung oder indem Innovationen belohnt werden. Weiterhin spricht wenig dagegen, daß der Staat versucht Institutionen zu etablieren, die den Firmen helfen Transaktionskosten zu minimieren, etwa durch Beratungsinstitutionen, Außenhandelskammern und effektiv arbeitende Gerichte.[2007] Zur hier auch relevanten Frage nach dem Patentschutz u.a. in Entwicklungsländern mehr unter Punkt 8 und Abschnitt 'J', TRIPS. Womöglich kann der Staat aber auch insofern Transaktionskosten senken, daß er die Koordination von Wirtschaftsakteuren erleichtert, indem er, selektiv, versucht, deren Pläne besser aufeinander abzustimmen, um hohe Verhandlungskosten gerade bei vielen Akteuren zu vermeiden

---

[2002] Söllner 1999: 162-163.
[2003] Der wichtigste Vertreter Richard A. Posner der Ökonomischen Theorie des Rechts nimmt in seinem Spätwerk zurück, daß Effizienz das einzige Ziel des Rechts sein soll. Söllner 1999: 168. Zur Evolutionären Institutionenökonomik, die diverse Autoren zu ihrer Traditionsrichtung zählen, siehe Geue 1997. Weiterhin läßt sich zur Theorie der Verfügungsrechte das Werk von Douglass C. North zählen. Hier werden in umfassender Weise die staatlich und privat nutzbaren Verfügungsrechte zum Ausgangspunkt der Erklärung wirtschaftlichen Wachstums in der Geschichte. Dabei wird Institutionen einen zentrale Rolle eingeräumt. Andere relevante Faktoren, etwa der technische Fortschritt oder Rohstoffe werden nicht einbezogen. Siehe North 1981. Söllner 1999: 170-171. Zu einer differenzierten Kritik unter anderem an den Ansichten von Douglass C. North siehe Bardhan 1989.
[2004] In diesem Sinne Nelson/Winter: "Yet Western economists tend to advocate free enterprise as a basic organizational solution to the economic problem, even though it is admitted that many of the conditions required for the optimality theorems do not obtain. It is acknowledged that in many technologies there are economies of scale that give rise to nonconvexities (and hence profit-maximizing firms will not likely act as price takers). Many goods are 'public' and externalities are pervasive. Complex contracts are hard to write and enforce. It is acknowledged that firms and households may lack perfect information. And it is certainly recognized that the political economy of reality may not generate an ethically ideal (or even humane) system for redistribution of wealth. These problems with competitive organizational solution are viewed as partially remediable with ancillary organizational machinery to spur competition as much as possible, make demand effective for public goods, control externalities, and aid the needy. It is this patched-up system, with admitted flaws, that Western economists tend to support and advocate. It should be apparent that such advocacy cannot rest much weight of argument on modern welfare economics." Nelson/Winter 1982: 358.
[2005] So werden etwa durchschnittlich 6,1 % erhöhte Profite durch Innovationen in einer Studie bezüglich englischer Unternehmer berechnet. Geroski et al. 1993. Die OECD schätzt einen 15 % Ertrag auf Investitionen in F&E OECD 1996c: 10. In einer Studie über die kanadische Industrie liegen Erträge zwischen 25 % und 47 % vor. Obwohl einige Industrien, zum Beispiel Elektroprodukte höhere F&E-Ausgaben haben, bleibt ihr Ertrag von 38 % akzeptabel. Bernstein 1989: 324-325.
[2006] Mansfield et al. 1977: 233; Bernstein 1989: 327; Levin et al. 1987: 795. Mehr unter Punkt 5 und 8 zum Thema externe Effekte.
[2007] Chang 1994: 48-49.

oder, im begründeten Ausnahmefall, indem er bei Investitionen exzessiv hohe Risiken bzw. Ungewißheiten für private Akteure abwendet.[2008] Hier wird ein gradueller Übergang zu industriepolitischen Argumentationsmöglichkeiten sichtbar.

4.4 Marktversagen II: Versagen von Marktfunktionen und staatliche Interventionen

Marktversagen kann sowohl aus der Pareto-Perspektive als auch aus der Perspektive dynamischen Wettbewerbs so definiert werden, daß auf eine klar erkennbare und extreme Art und Weise Marktfunktionen (Markträumung, Renditenormalisierung, Übermachterosion, Verhinderung dauerhafter Innovationsrückstände, Stabilitäts- und Niveaudefekte) nicht mehr erfüllt werden.[2009] Dies kann etwa bedeuten, daß Märkte für Güter nicht entstehen können, wodurch eine Unterversorgung mit diesen Gütern vorliegt. Weiterhin kann sich der Terminus auf ökonomisch bedeutsame Beziehungen zwischen wirtschaftlichen Akteuren beziehen, die nicht durch Markthandlungen entstehen und zudem auf solche Marktvorgänge, die von den Vorstellungen vollkommener Konkurrenz und denen einer optimalen Wohlfahrtserzeugung abweichen.[2010] In solchen Fällen werden staatliche Eingriffe als begründet angesehen.[2011] Weil sich die Ansprüche an Marktfunktionen ähneln, ist es durchaus legitim, aus einer dynamischen Perspektive Marktversagen zu diskutieren und dabei auch neoklassische Argumentationsmuster zu verwenden, wobei diese aber auf ihren Realitätsgehalt überprüft werden müssen.[2012]

Unterschied ist, daß aus Pareto-Perspektive die Alarmglocken früher schrillen, weil eben die Ansprüche an Märkte so hoch sind. Auf der anderen Seite würde viel eher davon ausgegangen, daß sich ein Gleichgewicht wieder einpendeln wird, weil von einem vollkommenen Wettbewerb ausgegangen wird. Aus welchen Gründen die Theorie dynamischen Wettbewerbs hier weniger (und aus wettbewerbspolitischer Sicht andere) Sorgen hat, wurde partiell schon erwähnt und wird an der weiteren Diskussion von Marktversagen deutlich werden. Denn nicht jede Abweichung von den Idealbedingungen, dies zeigt auch die Empirie, führt bei den Unternehmern zu weniger wohlfahrtserzeugenden Aktivitäten. Es gibt aber auch im dynamischen Szenario durchaus einige Bedingungen, die vorteilhaft für die Firmen sind und diesbezüglich kann Marktversagen vorliegen, wenn diese Bedingungen fehlen. Weiterhin beschreibt die dynamische Theorie wirtschaftliche Prozesse als kumulativ und pfadabhängig, mit dem ambivalenten Effekt, daß hohe Wohlfahrtsgewinne, auch gestützt durch direktere Formen der Intervention, als erreichbar erscheinen, wenn ein erfolgreiche Strategie gewählt wurde.[2013] Auf der anderen Seite erhöht sich aber auch das

---

[2008] Chang 1994: 51-53. Dies steht im Einklang mit der Erwartung der Evolutionären Institutionenökonomik, daß Institutionen Ungewißheit reduzieren können und den Akteuren bei der Planung angesichts vieler Optionen helfen können. Geue 1997: 83, 87-94.
[2009] So einvernehmlich Fritsch et al. 1993: 39-45; Borchert/Grosseketteler 1985: 174-176; Schmidt 1996a: 11.
[2010] Modifiziert und verkürzt, aus Streit 1991: 13.
[2011] Fritsch et al. 1993: 37-38.
[2012] Dieses hier genau passende Argument findet sich in Pack/Westphal 1986: 109-110. In der genau selben Weise, wie hier in dieser Arbeit werden dort im folgenden Marktversagen und interventionistische Optionen vor dem Hintergrund einer dynamischen Wettbewerbskonzeption in bezug auf Korea diskutiert.
[2013] Genau dieser Aspekt wird aus der Perspektive dynamischen Wettbewerbs betont in Pack/Westphal 1986: 115.

Risiko falsche Entscheidungen zu treffen, denn es ist auch zu erwarten, daß die Kosten kumulieren, beispielsweise bei längerfristigen staatlichen Interventionen. Somit ist die dynamische Theorie nicht von vorneherein eine Theorie der Intervention. Sie ist aber offener gegenüber diesbezüglichen Argumenten und weicht einer empirischen Überprüfung der Effektivität solcher Politiken nicht aus.

Aus diesen Gründen werden hier 'harte' Argumente für Marktversagens diskutiert, die faktisch dazu genutzt werden staatliche Politiken zu begründen: Handelspolitische Schutzmaßnahmen, Subventionen, Forschungs- und Entwicklungssubventionen, Regionalförderprogramme, wettbewerbspolitische Ausnahmen und andere Förderprojekte, etwa im Agrarbereich. Marktversagen wird in den folgenden Fällen untersucht: Kollektivgüter ('public goods'), meritorische Güter ('merit goods'), natürliche Monopole bzw. Unteilbarkeiten, Skalenökonomien, Externalitäten, Informationsmängel ('imperfect or asymmetric information'), Faktormobilitätshemmnisse, Subventionierung ausländischer Wettbewerber:[2014]

4.4.1 Kollektivgüter

Diese werden meist durch zwei Aspekte definiert: Nichtausschließbarkeit und Nichtrivalität im Konsum. Beispiele sind meist Leuchttürme, Straßenbeleuchtung und Radio- und Fernsehen vor der Erfindung von Kodierungstechniken und der Werbedauersendungen. Angenommen wird, daß es bei diesen Gütern nicht möglich ist, Menschen durch Verfügungsrechte vom Konsum auszuschließen und weiterhin entsteht beim Konsum selbst keine Knappheit für andere Konsumenten, also keine Rivalität, d.h. viele andere können in derselben Weise daran teilhaben, ohne daß sich die Qualität des Produkts vermindert. Liegt dies so oder ähnlich vor, sind die Güter nicht marktfähig. Es entsteht kein Markt, über den eine Bezahlung eingefordert werden könnte und somit gibt es keinen oder nur geringe Anreize für Unternehmer ein solches Gut bereitzustellen.[2015] Sieht man dieses Problem auf neoklassische Art und Weise und bezieht die Möglichkeit von Trittbrettfahrern ein, die nichts oder weniger bezahlen wollen, lautet das Ergebnis, daß vom öffentlichem Gut im Vergleich zu einer Lösung ohne Trittbrettfahrer zu wenig angeboten wird.[2016] Am Rande: Dieser Schluß bezieht sich eben

---

[2014] Ausgeklammert wird hier der Punkt institutionelle Hemmnisse ('institutional rigidities'). Weil dieser die umfassenste Liste vorschlägt, liegt hier die Aufzählung von Marktversagen zugrunde von Meiklejohn 1999: 25. Dieser Autor verteidigt nicht zuletzt Politiken der EU mit diesem Text. Vgl. auch die ähnlichen Aufzählungen von: Streit 1991; Fritsch et al. 1993; Blankart 1994. Speziell im Zusammenhang der Entwicklungsökonomie wird Marktversagen in der Literatur mit etwas anderer Schwerpunktsetzung aufgezählt: Skalenökonomien und Monopole, Externalitäten und Erziehungszölle, unterentwickelte Institutionen, makroökonomische Problematiken bzgl. der Anpassungsfähigkeit anderer Faktoren, etwa Arbeitsmärkte etc. Siehe Gillis et al. 1996: 100-103. Auch die Weltbank erwähnt einige Aspekte des Marktversagens als potentielle Begründung für staatliche Eingriffe: Skalenökonomien, pekunäre Externalitäten, lernbezogene Externalitäten, das Erziehungszollargument sowie Eingriffe des Staates bei Verhandlungen um Technologietransfer. Siehe World Bank 1993: 293-295. Ausgeklammert werden in der obigen Diskussion die Allmendegüter, die sich durch Nichtausschließbarkeit und Rivalität beim Konsum auszeichnen. Am Beispiel der Hochseefischerei bedeutet dies, daß der Zugang zu den Gütern nicht begrenzt werden kann und es entsteht durch den Zugang zum Konsum eine Nutzeneinbuße für das Individuum, welches konsumiert. Hier wird gefordert, daß klar umgrenzte private Zugangsrechte nötig sind. Diese Konzept ist auf andere Umweltgüter ausdehnbar, aber etwa auch auf Parkplätze in der Innenstadt. Blankart 1994: 60-63.
[2015] Grundlegend Streit 1991: 93-98. Bei einigen Güter kommt es zu einer Übernutzung. Wie etwa in bezug auf die Umwelt. Streit 1991: 95. Darauf, daß heutzutage das Ausschlußprinzip fast bei allen Gütern angewendet werden kann, weisen hin: Fritsch et al. 1993: 255-256.
[2016] Varian 2001: 615-617.

nur auf einen Vergleich mit dieser einen Rechnung vorher. Es könnte durchaus politisch beschlossen werden, daß genug von einem öffentlichen Gut angeboten wird und Trittbrettfahrer toleriert werden. Aus liberaler Sicht kann staatliches Handeln in bezug auf Kollektivgüter in einigen Fällen begründet werden, beispielsweise beim staatlichen Ausbau und der Aufrechterhaltung der Infrastruktur. Ebenso bei der Förderung der Grundlagenforschung: Weil deren direkter Nutzen beizeiten noch unklar ist, es deshalb schwer ist dafür Verfügungsrechte zu definieren und aus diesen Gründen ist wiederum eine relativ freie Zugänglichkeit unvermeidbar.[2017] In dem frühen, grundlegenden Artikel zu diesem Thema argumentiert Nelson (1959), daß es für eine Gesellschaft rechtfertigbar ist in Grundlagenforschung zu investieren, wenn der Grenznutzen für die Gesellschaft für dieses Gut über den Grenznutzen hinausgeht, den die privaten Akteure diesem Gut zuschreiben. Dadurch wäre aus gesamtgesellschaftlicher Perspektive ('social benefits', 'interest of society') die Allokation der Ressourcen nicht optimal.[2018] Weiterhin werden die positiven externen Effekte der Grundlagenforschung hervorgehoben, von deren breiter Wissensbereitstellung viele (und andere[2019]) Unternehmen, auch bezüglich ihre eigenen Forschung, profitieren. Es wird aber auch erwähnt, daß gerade die großen Firmen, die ein breites Güterangebot haben, Anreize haben, selbst Grundlagenforschung auszuführen und es werden auch Firmenkooperationen erwähnt.[2020] Aktuelle Studien zeigen auf, daß Firmen beginnen Grundlagenforschung zu betreiben und daß dies in klarem Zusammenhang mit dem Anstieg der eigenen Produktivität steht.[2021] Von Nelson (1959) wird hier aber keine Pauschalausnahme gefordert, sondern auch diese Politik unterläge einer Kosten/Nutzen-Abwägung.[2022] Die pauschale Annahme, daß in diesem Bereich Marktversagen vorliegt, mag hier aus

---

[2017] Streit 1991: 108. Weitere Beispiele, die im Zusammenhang mit dem wirtschaftlichen Geschehen weniger wichtig sind, sind Landesverteidigung und der Hochwasserschutz. Selbst wenn Grundlagenforschung durch Nutzungsentgelte finanziert werden würde, wäre eine Unterversorgung unvermeidlich, weil Nutzen oft nicht direkt feststeht. Die Infrastruktur würde anders ausfallen und womöglich gäbe es eine Unterversorgung, wäre sie privatfinanziert. Es sind meist mehr Gründe, als die oben erwähnten Aspekte, die hier zum Konsens führen, daß ein Gut Kollektivgut ist. Streit 1991: 93-95. Siehe auch Fritsch et al. 1993: 208-209. Bildung ist von staatlicher Seite als Kollektivgut bestimmt und wichtig, um Humankapital für die wirtschaftliche Entwicklung zu erzeugen. Streit 1991: 107. Es wäre leicht, mehr Argumente dafür zu finden, daß es für Bildung eine Unterversorgung oder ungleiche Versorgung und dadurch eine Unterversorgung gäbe, wenn diese nur von privaten Anbietern bestritten würde.

[2018] "But when the marginal value of a 'good' to society exceeds the marginal value of the good to the individual who pays for it, the allocation of resources that maximizes private profits will not be optimal. For in these cases private-profit opportunities do not adequately reflect social benefit, and, in the absence of positive public policy, the competitive economy will tend to spend less on that good 'than it should'. Therefore it is in the interest of society collectively to support production of that good". Vgl. Nelson 1959: 298. Es werden hier diverse weitere Argumente verwendet, etwa die weniger große Wahrscheinlichkeit, daß es bei zweckgebundener Forschung zu Zufallsentdeckungen kommen, die dann weiterverfolgt werden. Weiterhin braucht man für Grundlagenforschung einen langem Atem, den private Akteure nicht haben. Nelson 1959: 301, 304.

[2019] Dies ist gerade das Problem der externen Effekte: Würde eine private Firma Grundlagenforschung betreiben, könnte es sein, daß sie eine Erfindung macht, die nicht für sie aber für eine andere Firma sehr wichtig ist. Dieses Ergebnis kann aber nicht schnell genug patentiert werden, sodaß keine Belohnung vorliegt oder es wird der anderen Firma überhaupt nicht bekannt. Diese Probleme werden bei einer staatlich geförderten Grundlagenforschung, die daran interessiert ist, die Forschungsergebnisse schnell zur Verfügung zu stellen, umgangen. Nelson 1959: 306.

[2020] Nelson 1959: 302-303. Richard R. Nelson ist als Autor später beteiligt am schon oft zitierten Nelson/Winter 1982. Die in diesem frühen Artikel genannten Argumente sind bis heute akzeptiert. Selbst wenn Grundlagenforschung durch Nutzungsentgelte finanziert werden würde, wäre eine Unterversorgung unvermeidlich, weil Nutzen oft nicht direkt feststeht. So: Streit 1991: 107-108; Fritsch et al. 1993: 208-209.

[2021] Siehe zu diesem Thema zuerst Mansfield 1980: 871; mit einem erweiterten Datenset werden seine Ergebnisse bestätigt, nämlich daß private Grundlagenforschung durchaus Erträge bringt, die womöglich sogar über denen der anwendungsorientierten Forschung liegen können. Dies und daß die regierungsfinanzierte Forschung schlechter abschneidet zeigt Griliches 1986: 151-153.

[2022] "The discounted flow of benefits of which we deprive ourselves by allocating resources to basic research and not to other activities may be defined as the social cost of a given expenditure on basic research. The difference between social value and social cost is net social value, or social profit." Nelson 1959: 298.

dynamischer Perspektive einer differenzierteren Annahme weichen, daß die Grundlagenforschung nur noch den Bereichen staatlich gefördert wird, in der Firmen kein eigenes Forschungsinteresse haben.[2023]

4.4.2 Meritorische Güter

Die sogenannten meritorischen Güter ('merit goods') sind im Kontext dieser Arbeit weniger wichtig. Hier handelt es sich um solche Güter die, trotz Ausschließbarkeit und Rivalität, zu wenig oder zu viel nachgefragt würden und deshalb staatliche Eingriffe nötig machen, die bis hin zum Zwangkonsum oder zum Konsumverbot gehen. Es wird so argumentiert, daß es dafür übergeordnete, über die Konsumentensouveränität hinausgehende Gründe gibt, die dies stützen. Hiermit wird geläufigerweise das Gesundheitssystem mitsamt der Krankenversicherungspflicht, das Bildungssystem, die Universitätsausbildung und die Schulpflicht gezählt. Weiterhin fallen hierunter Verbote und Besteuerungen von Alkohol und Suchtmitteln.[2024] Beim Bildungssystem einschlossen der Universitäten und dem Gesundheitssystem ist es zudem möglich, signifikante Externalitäten bzw. 'Spillover'-Effekte auszumachen, denn das Bildungssystem stellt den Firmen eine breite Wissensbasis zur Verfügung gestellt, deren individuelle Träger sich zudem guter Gesundheit erfreuen.[2025] Bildungssystem und ein freier Arbeitsmarkt fördern zudem einen funktionierenden Wettbewerb, denn Firmen partizipieren auf breiter Ebene am aktuellen Forschungsstand und können weiterhin über die Abwerbung und Anstellung von Experten ihre Wettbewerbsstellung verbessern. Eine solche positive Bewertung gesamtgesellschaftlicher Vorteile impliziert aber immer eine Abkehr von einer rein individualistischen Betrachtungsweise, welches von der neoklassischen Theorie nicht gern gesehen wird.

4.4.3 Natürliche Monopole

Natürliche Monopole liegen vor, wenn Kostenvorteile durch Massenfertigung (Skalenökonomien: 'economies of scale') und Verbundvorteile ('economies of scope') bestehen. Um eine effiziente, kostenminimale Versorgung mit einem Gut in einem solchen Fall zu erreichen, muß eine so große Fabrik oder ein so großes Unternehmen etabliert werden, welches den gesamten Markt in einer Nationalökonomie beliefert und damit wäre zugleich ein Monopol etabliert.[2026] Walter Eucken würde ein solches Monopol der Preisaufsicht einer Wettbewerbsbehörde unterstellen, die das Monopol dazu anhalten würde, sich so zu verhalten, als ob es im Wettbewerb stünde und eine Verstaatlichung wird abgelehnt.[2027] Er geht ebenso richtigerweise davon aus, daß es, zumindest in den Industrieländern,

---

[2023] Mit dem Hinweis, daß staatliche Initiative private Aktivitäten verdrängen kann, wohl auch Streit 1991: 108.
[2024] Fritsch et al. 1993: 251-253; Blankart 1994: 66-67.
[2025] Meiklejohn 1999: 26. Einigen Autoren bezweifeln, daß es einen Grund gibt, diesen Gütern in der Theorie des Marktversagens eine Sonderstellung zu geben. Denn hier würde nur auf übergreifende Gründe hingewiesen und schon sei eine Pauschalausnahme etabliert. So kritisiert Blankart 1994: 66-67. Dies ist partiell richtig, sichtbar wird aber an den Externalitäten, daß es durchaus eine Reihe von handfeste Gründen für staatliche Eingriffe in diesen Bereichen gibt.
[2026] Fritsch et al. 1993: 123.
[2027] So Eucken (1952: 291-299) skeptisch dazu Hayek. Weiterhin besteht aus 'public choice'-Perspektive das Problem, daß der Staat ein eigenständiges Interesse an der Aufrechterhaltung des Monopols dadurch bekommen kann. Siehe dazu Streit/Wohlgemuth 1999: 14. Schon

auch aufgrund technischer Bedingungen und der Wettbewerbsordnung, nur wenige natürliche Monopole gibt.[2028] Dies wird heute dadurch unterstützt, daß es den politischen Willen gibt, Deregulierungen in bestimmten Bereichen vorzunehmen, die vormalig als natürliche Monopole angesehen wurden, etwa im Telekommunikations- und Energieversorgungsbereich.

Liegt ein natürliches Monopol vor, wäre es nicht wohlfahrtssteigernd, wenn es in einzele Teile aufgespalten wird, um Wettbewerb zu erzeugen, denn dies würde die kostenminimale Produktion gefährden. Ebenso gibt es weitere Möglichkeiten, eine monopolistische Stellung zu disziplinieren, etwa durch einer Öffnung der Märkte, um die Firma durch Konkurrenz aus anderen Ländern dem Wettbewerb auszusetzen. Dies liegt auch im Bereich von der Ordnungspolitik akzeptierter Maßnahmen.

Am Rande: Im Ausnahmefall einer monopolistischen Marktbeherrschung auf internationaler Ebene läßt sich eine deutliche Ausnahme von staatlichen Interventionsverbot erkennen: Eine monopolistische Marktbeherrschung, die von hohen Marktzutrittschranken und Skalenökonomien geprägt ist, ließe sich durch die Schaffung einer gleichgewichtigen Gegenmacht korrigieren.[2029] Als Beispiel könnte Airbus angeführt werden. Erst durch dessen langjährige Förderung gelang es soviel Produktionserfahrung zu sammeln, daß überhaupt den amerikanischen Firmen Konkurrenz gemacht werden konnte.[2030] Inwiefern dies letztendlich zu einem intensiveren Wettbewerb geführt hat, ist allerdings umstritten.[2031]

4.4.4 Skalenökonomien

Bei optimalen Entscheidungen der Unternehmen unter steigenden Skalenerträgen ergeben sich für die Neoklassik Schwierigkeiten. Skalenökonomien sind dadurch definiert, daß bei der Erhöhung zweier Inputs um einen Faktor t sich ein t-facher Output ergibt.[2032] Diese Skalenökonomien können durch Lerneffekte ('learning by doing') noch intensiviert werden.[2033] Liegen in der Neoklassik Skalenökonomien vor, überschreiten die Durchschnittskosten der Produktion die Grenzkosten und die Firmen machen deshalb negative Gewinne. Gemäß dem Ziel der Gewinnmaximierung erhöhen die Firmen ihren Output, dies ist aber inkompatibel mit dem Nachfrageniveau nach Outputs und dem Inputangebot.[2034] In einem solchen Fall treten Schwierigkeiten auf den vollkommen Märkten auf,

---

Eucken wendet sich aber gegen die Verstaatlichung, eben genau deshalb, weil dadurch der Staat ein Interesse an der Aufrechterhaltung von Monopolen bekommen kann. Eucken 1952: 291-299.

[2028] Eucken 1952: (Technik und Konkurrenz) 227-230; (Wettbewerbsordnung) 292-293.
[2029] Meiklejohn 1999: 27. Hier wird von der Modellannahme ausgegangen, daß ein bilaterales, zweiseitiges Monopol genauso zu einem Pareto-Optimum führt, wie vollkommene Konkurrenz. Fritsch et al. 1993: 159. Daß dies in einer solchen zweiseitigen Struktur nicht zwangsläufig so geschehen muß, ist auch klar.
[2030] Bei der Produktion von Großflugzeugen werden Lerneffekte erst durch Fertigung größerer Zahlen erzielt, sodaß es notwendig war solche Zahlen zu erreichen, um überhaupt preislich konkurrenzfähig zu werden. Dies war aber nur möglich durch Subventionen, denn vorher konnten nicht soviele Flugzeuge abgesetzt werden, um diese Lerneffekte zu erzielen. Dazu detailreich Bletschacher/Klodt 1992: 70-78.
[2031] Meiklejohn 1999: 27. Skeptisch bezüglich dem intensivem Wettbewerb in diesem Fall sind Neven/Seabright 1995.
[2032] Varian 2001: 312.
[2033] Arrow 1962: 155.
[2034] Genauer, dem Inputangebot der Konsumenten. Dies wurde oben weggelassen, weil in diesem Text bislang nicht davon die Rede war, daß Konsumenten Firmen Arbeit als Input zur Verfügung stehen und daß dies in die Modelle integriert werden kann. Varian 2001: 526.

weil Preise nicht mehr die ganze Information übermitteln, die zur Wahl einer effizienten Allokation der Ressourcen notwendig ist. Die Steigung der Produktionsfunktion und der Indifferenzkurven wird dann zusätzlich wichtig.[2035] In der realen Welt werden durch Skalenökonomien die Marktstrukturen beeinflußt, denn die vorhandenen Firmen streben mittelfristig an auf dem effizientesten Niveau zu produzieren und ein weites oder enges Oligopol kann das Ergebnis sein. Das Dilemma, das für die Wettbewerbspolitik charakteristisch ist, besteht darin, daß Skalenökonomien nicht verhindert werden sollten, weil sie wohlfahrtsfördernd sind, diese können aber ebenso zu konzentrierten Märkten führen und dadurch sind wieder wohlfahrtsverringernde Effekte zu befürchten.[2036] Je nach gewählter Theorie monopolistischer Konkurrenz bzw. faktischer Preisstrategien treten dabei die unterschiedlichsten Wohlfahrtseffekte auf, die allesamt zu einem dynamischen Wettbewerbsgeschehen führen. Tendenziell wird es einer Firma, die über Kostenvorteile durch Skalenökonomien verfügt, erleichtert Marktmacht auszuüben und Preisstrategien umzusetzen. So kann sie durch das niedrig angesetzte "exclusionary pricing" kleine Firmen zum Marktaustritt zwingen oder durch das "strategic limit pricing" Eintrittsbarrieren hoch halten und somit letztendlich zwar keine sehr hohen, aber akzeptabel hohe Gewinne machen.[2037] Die neoklassische Ökonomie würde bei solchen, auf Skalenökonomien basierenden monopolistischen Strategien, mangelnde Pareto-Effizienz wegen nicht optimalem Output befürchten.[2038]

Aufgrund dieser konzeptuellen Schwierigkeiten der neoklassische Wohlfahrtsökonomie ist es ihr unmöglich, eine positive Bewertung gegenüber dem zentralen Wohlfahrtsmotor der modernen Gesellschaft abzugeben, der auch als technischer Fortschritt bezeichnet wird.[2039] Denn mit Skalenökonomien[2040] ist das "ungeheure Anwachsen der Produktion", das zu "allgemeinem Wohlstand" führt[2041], durch Spezialisierung und Arbeitsteilung gemeint, das Adam Smith in seinem berühmten Stecknadelbeispiel beschreibt: Ein Arbeiter, der dies nicht gelernt hat und nicht über Maschinen verfügt kann täglich höchstens zwanzig Nadeln herstellen, in einer Manufaktur mit 10 Arbeitern gelingt es dagegen schon damals täglich 48.000 Stück herzustellen, d.h. pro Arbeiter 4800 Stück.[2042] Im Jahr 1980 gelingt es einem Arbeiter 800.000 Nadeln pro Tag herzustellen.[2043]

[2035] "Steigende Skalenerträge sind ein Beispiel für eine Nicht-Konvexität. (...) Derartige Nicht-Konvexitäten stellen große Schwierigkeiten für das Funktionieren von Konkurrenzmärkten dar. (...) Wenn aber die Technologie und/oder die Präferenzen nicht konvex sind, dann vermitteln die Preise nicht die gesamte, zur Wahl einer effizienten Allokation erforderliche Informationen. Informationen über die Steigungen der Produktionsfunktionen und der Indifferenzkurven weiter entfernt vom derzeitigem Produktionsniveau sind ebenfalls erforderlich." Varian 2001: 526-527.
[2036] Kantzenbach 1994: 296, 295-302.
[2037] Diese Preisstrategien werden beschrieben von Scherer/Ross 1990: 359-361, 364.
[2038] Varian 2001: 406-408.
[2039] Allgemein den technischen Fortschritt und die Schwierigkeiten, diesen in die neoklassische wirtschaftswissenschaftliche Theoriebildung und die Wachstumstheorie einzubauen, thematisieren David 1975; Rosenberg 1976, 1982; Mowery/Rosenberg 1989; Nelson/Rosenberg 1993.
[2040] Zur Genese dieses Begriffs und einer kritischen Diskussion der Ansätze und Meßkonzepte Gold 1981. Siehe für empirische Beispiele bzw. Untersuchungen Fritsch et al. 1993: 125; Scherer 1990: 98; Pratten 1988: 10; Monopolkommission 1983/1984: 248; Schmidt 1996a. Siehe für Skalenökonomien in Entwicklungsländern: Little 1989; Little et al. 1989; Lee 1992a; Tybout/Westbrook 1996; Gillis et al. 1996: 100, 492-495, 503-504.
[2041] Smith 1776: 14.
[2042] Smith 1776: 9-10.
[2043] Scherer/Ross 1990: 613.

Einige Bemerkungen zu Skalenökonomien: Skalenökonomien entstehen durch Mindesteinsatzmengen für Produktionsfaktoren. Maschinen sind beispielsweise nicht auf einer frei definierbaren Skala von sehr klein bis riesig groß bestellbar und deshalb ist es günstiger die einmalige Anschaffung bei einer größeren Outputmenge zu amortisieren (es besteht also im Gegensatz zu den neoklassischen Annahmen eine Unteilbarkeit bzw. 'indivisibility').[2044] Daß heißt, daß Produktionsfaktoren nicht beliebig teilbar einzusetzen sind und es in der Kostenkalkulation sprunghafte Möglichkeiten der Kosteneinsparung gibt. Wenn Unteilbarkeiten vorliegen können einmalige, aber notwendig anfallende Kosten, bei der Massenproduktion auf viele Stücke umgelegt werden. Beispielsweise die einmalige Konzeption von Werbung oder das erstmalige Layout für ein Buch, sowie F&E- und Designkosten für Automobile, Motoren etc., ebensolches gilt für den Kauf oder die Einrichtung automatisierter Produktionsanlagen und für Informationskosten.[2045] Manche Industrieanlagen werden nur zu Zwei-Drittel teurer, obwohl sich die damit mögliche Produktion verdoppeln läßt.[2046] Relevant wird hier, wenn die Inputgüter für die Produktion nicht gekauft werden, das Prinzip des kleinsten gemeinsamen Vielfachen. Es ist oft nötig, die Produktionsmenge auch anderer Produktionsabschnitte auf den Fertigungsteil abzustimmen, der der größten Menge bedarf, um mindestoptimal arbeiten zu können.[2047] Wie schon gesagt, sind Skalenökonomien nicht rein auf Maschinen beschränkt. Auch Lerneffekte ('learning-by-doing')[2048] oder Externalitäten durch Wissensdiffusion, etwa innerhalb einer Firma die mehrere Waren herstellt, spielen eine Rolle.[2049] Neben den Skalenökonomien ('economies of scale') wird auch der Terminus der Verbundvorteile ('economies of scope) benutzt. Dieser beschreibt die Vorteile, die daraus resultieren, wenn etwa Lkw und Pkw zusammen in einer Firma produziert werden, eben Vorteile, die aus dem gleichzeitigen Betreiben mehrerer Produktionsbetrieben entstehen.[2050] Solche Kostenvorteile müssen nicht unbedingt nur auf Massenfertigung zurückgeführt werden, zumal sich die Vorteile von Firmen auch auf andere Bereiche erstrecken. Subadditivitäten liegen vor, wenn etwa die Zusammenlegung von Abteilungen dazu führt, daß EDV, Geschäftsleitung, Forschungsabteilungen für mehrere Produkte gemeinsam genutzt werden oder wenn bei der Produktion eines Gutes ein anderes mitentsteht.[2051] Mit Subadditivitäten wird auch bezeichnet, wenn eine Firma, die ein Leitungsnetz besitzt und durch die, bereits amortisierte, Verfügung darüber konkurrenzlos niedrige Preis veranschlagen kann und dadurch hohe Markteintrittsbarrieren für Konkurrenten aufrechterhält.[2052] Allgemein gilt, daß die Schätzungen, ab welcher Produktionszahl Skalenökonomien erreicht werden, nach dem Zweiten Weltkrieg immer höhere Werte erreichen. Dies ist nicht zuletzt auf die Fortschritte der organisationellen Rationalisierung und der

---

[2044] Ähnlich gelagert sind die Losgrößenvorteile bei fixen Umrüstkosten. Frisch et al. 1993: 124.
[2045] Pratten 1988: 10.
[2046] Dies gilt bei Kapitalgütern wie Röhren, Kessel, Tanks, insbesondere im Chemiebereich, weil zum Beispiel Wandstärken oder Instrumente nicht verändert werden müssen. Diese sog. Zwei-Drittel-Regel gilt aber nicht ohne Limits, also wenn man immer größer bauen würde. Fritsch et al. 1993: 125; Pratten 1988: 10; Monopolkommission 1983/1984: 248.
[2047] Fritsch et al. 1993: 125.
[2048] Scherer 1990: 98.
[2049] Romer 1986: 1003.
[2050] Kantzenbach 1994: 295-296.
[2051] Fritsch et al. 1993. 132-133.
[2052] Streit 1991: 88; Fritsch et al. 1993: 152; 123-162.

Automatisierungstechniken zurückzuführen.[2053] Insofern wird, den komplexen Zusammenhängen und Wirkungen dieser Vorteile zum Trotz (nicht immer ist größer besser[2054]), verständlicher, warum Bain (1954) feststellt, daß die Firmen meist größer sind, als es die technische Notwendigkeit zur Kostenersparnis, also die reinen Skalenökonomien, vorgeben.[2055] So sind Firmen drei bis zehnmal so groß.[2056] Eine Reihe dieser Vorteile, u.a. eben die Verbundvorteile, sind zudem typisch für Firmen mit mehreren Produktionsstätten ('multiplant firms'[2057]), also für die großen, tendenziell auch multinationalen Konzerne.[2058] Zugestandenermaßen zeichnet die industrieökonomische Forschung ein komplexes Bild der Firmenvorteile, dies liegt aber auch daran, daß "there are so many ways to survive"[2059] für kleinere Firmen gilt, die keine Skalenökonomien erreichen und weiterhin sind die 'multi-plant economies' im Einzelfall manchmal nur geringfügig oder moderat ausgeprägt.[2060] Nichtsdestotrotz wird geschlossen, daß "*some* multi-plant economies in nearly every industry" zu finden sind und daß geringfügige Vorteile zu substantiellen Vorteilen kumulieren können. Von Scherer et al. (1975) wird als Fazit gezogen, daß es wünschenswert ist, daß mehr Firmen in den Industrieländern (insbesondere im damals als rückständig angesehenen Europa[2061]) über 'multi-plant advantages' verfügen, weil auch geringe Kosteneinsparungen die Wohlfahrt der Gesellschaft erhöhen.[2062]

In der Entwicklungsökonomie wird schon früh, zum Beispiel in Little et al. (1970), darauf hingewiesen, daß es wichtig ist Skalenökonomien zu erzielen.[2063] Ebenso erwähnt Balassa et al. (1971), daß in den kleinen Märkten der Entwicklungsländer die Schwierigkeit besteht, Skalenökonomien zu nutzen und er schlägt deshalb vor, eine Politik zu vermeiden, die Anti-Export-

---

[2053] Hier sind die Steigerungsraten allerdings nicht extrem und jeweils unterschiedlich. So bleiben bei Automobilen die Skalenökonomien, die schon 1951 bei 300.000 bis 600.000 geschätzt werden, bis 1982 bei 500.000 (für 2 Modelle). Für Haushaltswaren steigt der Wert von 1965 von 800.000 auf 1.500.000 Einheiten in diesem Zeitraum an. Für Reifen von 1951 von 4000 bis 5000 auf 20.000 bis 40.000. Stahl steigt von 0,9-2,3 Mill. t p.a., geschätzt 1951, auf 9,5 bis 12,0 Mill. t p.a. 1982. Für Ölraffinerien gibt es eine Steigerung von 6 Mill. auf 10 Mill. p.a. von 1951 bis 1982. Bei Zement erfolgt keine Steigerung. Bei Bier gehen die Schätzungen für Skalenökonomien zurück. Diese Übersicht über diverse Studien und Schätzungen, darunter eine von 1982, vom DIW: Pratten 1988: 89.
[2054] Dazu siehe die Untersuchung von Scherer et al. 1975: 259, 334-335; 354; Scherer/Ross 1990: 125.
[2055] Bain 1954: 34.
[2056] Hier geht es um spezifische Beispiele: Für Batterien und die Webindustrie sind die Marktanteile zehnmal so hoch als nötig, um Skalenökonomien zu aktualisieren. Für Farben, Glasflaschen, Schuhe, Stahl sind die Marktanteile zwischen vier und sechsmal so hoch. Im Zementbereich zwischen drei und fünf. Scherer et al. 1975: 393.
[2057] Siehe dazu die Untersuchung von Scherer et al. 1975.
[2058] Allgemein zur Erfolgsgeschichte und den Erfolgsfaktoren, die den Aufstieg dieser Konzerne prägten: Chandler 1990; Chandler/Hikino 1997.
[2059] Scherer et al. 1975: 340.
[2060] Scherer et al. 1975: 334-335. Transportkosten und andere Faktoren spielen eine Rolle, welche 'multi-plant'-Ökonomien verringern. Scherer/Ross 1990. 123-124.
[2061] Siehe den frühen Bericht der OECD mit dem Titel 'Gaps in Technologie', der die Notwendigkeit des Aufholens gegenüber der als Vorbild angesehenen USA postuliert, insbesondere hinsichtlich dem Aufbau größerer Firmen, die Skalenökonomien erreichen. Dazu wird auch ein europäischer freier Binnenmarkt als sinnvoll angesehen. Weiterhin wird diskutiert, ob die Staaten direkt die Firmen unterstützen sollen, wie in den USA u.a. durch öffentliche Auftragsvergaben oder durch die Förderung von F&E, wie in Europa. OECD 1968: 23-25.
[2062] Hervorhebung im Original. Scherer et al. 1975: 339. Nur Farben-, Glasflaschen-, Zement- und bestimmte Stahlfirmen sind nicht unter den Kandidaten, die sich jedenfalls auf 2 bis 8 Produktionsstätten erweitern sollten, um 'multi-plant-Vorteile nutzen zu können. Scherer et al. 1975: 336.
[2063] Little et al. 1970: 151.

Anreize nutzt. Stattdessen sollten Exporte angestrebt werden.[2064] Neuerdings hat die Weltbank (1992) in ihrer Studie 'East Asian Miracle' anerkannt, daß durch Skalenökonomien mehrere Marktfehler auftreten können. Wenn Investitionen zueinander passen, kann die Koordination von Investitionsentscheidungen helfen, Skalenökonomien zu erreichen. Skalenökonomien haben zudem einen Bezug zu Kapitalmarktfehlern, wenn private Kapitalmärkten nicht über die Mittel verfügen oder es ihnen zu risikoreich erscheint diese beiden Investitionen zu finanzieren. Staatliche Koordination kann hier zu positiven Effekten führen, birgt aber auch das Problem, Wettbewerb abzuschwächen.[2065] Dazu mehr in der Diskussion von Importsubstitution und Exportorientierung am Beispiel von Korea und Brasilien in Abschnitt 'G'.

Um Skalenökonomien einschätzen zu können, wird auf Ingenieursschätzungen zurückgegriffen, die eine mindestoptimale Betriebsgröße definieren. Hier werden, zusätzlich zu weiteren Ergebnissen[2066], Schätzungen für Skalenökonomien relativ zum deutschen Markt gesehen präsentiert, die von der Monopolkommission (1984) veröffentlicht wurden[2067]: Für LKW, Traktoren, Mähdrescher, Motorräder, Kühlschränke, Farbfernseher, Videorekorder, elektrische Schreibmaschinen und Zigaretten sind drei oder weniger Produktionsstätten nötig, um den heimischen Markt zu beliefern. Mehr Firmen würden zu einem weniger optimalen Ergebnis führen. Zehn und weniger Firmen erreichen mindestoptimale Betriebsgrößen im Automobilbereich, Reifen, digitale Telefonvermittlungseinrichtungen, Ölprodukte, einfache Chemikalien und Stahl.[2068]

Zwar gelang es den japanischen Herstellern im Automobilbereich eine 'schlanke' Produktion anzustreben, mit jährlich 125.000 Exemplaren jedes Modells, westliche Großhersteller lagen Ende der achtziger Jahre bei zweimal so viel). Über die ganze Lebensdauer eines Modells werden 'nur' 500.000 Einheiten zu produzieren, bis ein Modellwechsel ansteht, während die Automobilhersteller in den USA und Europa z.B. 2 Mill. Einheiten produzieren.[2069] Durch diese 'schlanke' Produktion konnte Toyota eine ähnliche Modellpalette anzubieten, wie General Motors, obwohl es 1990 nur halb so groß war. [2070] Auch andere Autoren bemerkten diesen Zwang, eine gesamte Modellpalette anzubieten und berechneten, auf einer anderen Zahlenbasis beruhend, daß ohne diesen Zwang der amerikanische Automobilmarkt 17 bis 35 Herstellern Platz bieten würde.[2071] Trotz dieser Möglichkeiten 'schlanker' Produktion bleiben Skalenökonomien im Automobilbereich aber weiter relevant. Die Einrichtungskosten für die Pressen und den sonstigen Produktionsablauf verursachen bei einem

---

[2064] Hier wird weiterhin gegen die Politik der Importsubstitution argumentiert und damit auch gegen Zollschutz. Balassa et al. 1971: 76-79. Diese beiden Aspekte können aber auseinandergehalten werden, zumindest dann, wenn darauf geachtet wird, daß der Wechselkurs nicht auf Anti-Export Niveau steigt, welches durch ein Vermeidung von Importen so passieren kann.
[2065] World Bank 1992: 92-93.
[2066] Pratten (1971) in Shaw/Sutton 1976: 17; Pratten 1988. Siehe die folgenden Tabellen: **Tabelle 3**, **Tabelle 4**, **Tabelle 113**, zu Skalenökonomien um Automobilbereich **Tabelle 114**. Siehe auch Scherer/Ross 1990: 77; hier: **Tabelle 5**.
[2067] Siehe Monopolkommission 1984/1985: 231-269. Siehe **Tabelle 87**.
[2068] Für Motorräder, Traktoren und Mehrfacherntemaschinen ist der Markt nicht groß genug, um den Firmen eine mindestoptimale Produktion zu ermöglichen. Monopolkommission 1984/1985: 31.
[2069] Siehe dazu das bekannte Buch von Womack et al. 1994: 60-75, 97. Die amerikanische Originalausgabe erschien 1990.
[2070] Womack et al. 1994: 70.
[2071] Adams/Brock 1990: 109.

Produktionsvolumen von 100.000 Autos die Kosten von US$ 7000, gelingt es 500.000 Einheiten zu produzieren, sinken die Kosten auf US$ 1400 pro Einheit. Diese Kosten sinken bis zu 2 Mill. Einheiten immer weiter ab.[2072] Auch für sämtliche weiteren Tätigkeiten im Automobilbereich gibt es Skalenökonomien.[2073]

Insgesamt zeigen diese Untersuchungen, daß es Skalenökonomien sehr wohl gibt und es langfristig sicher so ist, daß die in diesem Sinne optimal großen und kostengünstig produzierenden Hersteller, speziell in den Märkten mit standardisierten Gütern und Massenproduktion, in denen geringe Kostenvorteile zählen, den Markt dominieren. Für die Industrieländer gilt dabei tendenziell, daß die Märkte so groß sind, daß in den meisten Fällen mehrere mindestoptimale Produktionsstätten und womöglich ein enges bis weites Oligopol Platz findet und eine ansatzweise wettbewerbliche Marktstruktur aufrechterhalten werden kann.[2074] Für kleine und mittlere Unternehmen ist dabei nicht ausgeschlossen, daß diese ebenfalls relativ hohe Fertigungszahlen erreichen, denn oft operieren sie in Nischenmärkten, dort aber in Oligopolen, haben substantielle F&E-Fähigkeiten und ergänzen in den Industrieländern die großen diversifizierten Firmen.[2075]

Für Entwicklungsländer mit deutlich kleineren Märkten ist dies schwieriger und Firmen in bestimmten Sektoren, etwa Ölprodukte, Chemikalien, Stahl, Automobile, Unterhaltungselektronik und Haushaltsgüter operieren unausweichlich in einem natürlichen Monopol oder engen Oligopol.[2076]

Nicht zuletzt zeigt die Untersuchung der Monopolkommission (1984) auch, daß Skalenökonomien nicht durchgängig und ohne Limits relevant sind, denn in einigen Fällen wären die Kostennachteile bei einer geringeren Produktionsgröße nicht sehr groß, zwischen 5 % und 10 %, wenn eine Firma 1/3 der mindestoptimalen Menge produziert, bei einem Drittel der Tabelle etwa unter 10 %.[2077] In einer größeren Anzahl der Firmen sind diese Kostennachteile allerdings schon bedeutend. So zum Beispiel, siehe unten, im Automobilbereich mit 20 % Kostennachteilen bei geringeren Produktionszahlen.[2078] Weiterhin produzieren manche Firmen unterhalb der mindestoptimalen Betriebsgröße um flexibler auf Nachfrageschwankungen reagieren zu können. Eine Verringerung der mindestoptimalen Betriebsgröße ist auch durch Auslagerung skalenintensiver Produktionsabschnitte möglich, etwa durch den Einkauf von Motoren und anderen Inputs. Weiterhin entsteht durch Exporte Platz auf den heimischen Märkten, sodaß ein kritischer Konzentrationsgrad nicht vorliegen muß. Schließlich sind in einigen Branchen Transportkosten zu beachten, welche die Absatzmenge in entfernte Gebiete beschränken, etwa bei

---

[2072] Nolan 2001: 503.
[2073] Siehe **Tabelle 114**.
[2074] Siehe in diesem Sinne die frühen Untersuchungen von Bain 1954; Scherer 1973; aus heutiger Sicht Schmidt 1996a: 85.
[2075] Niosi/Rivard 1990: 1539-1541.
[2076] Gillis et al. 1996: 100, 492-495, 503-504. "In developing countries, economies of scale (the decline of unit costs as output rises) may be so large relative to market size that monopoly is inevitable in some industries, while oligopoly is the rule in many others. Truly competitive markets, where not one seller or buyer has any influence over market prices, typically exist in agriculture, fishing, handicraft industries, construction, transportation, retail trade, personal services, and sometimes in banking. In much of mining, manufacturing, utilities, airlines, communications, and wholesale trade, monopoly or oligopoly are common." Gillis et al. 1996: 100.
[2077] Monopolkommission 1984/1985: 31.
[2078] Fischer/Nunnenkamp et al. 1988: 74-77.

Bier und Zement.[2079] Wiewohl sicherlich in vielen Sektoren auch mit mittelgroßen Produktionsstätten und Konzernen Wettbewerbsfähigkeit erreicht werden kann, ist es zumindest nötig eine solche mittlere Größe anzustreben. Die Weltbank hat beispielsweise viel Mühe dafür verwendet, diese hier verwendete Argumentation von der Relevanz der Skalenökonomien statistisch zu untermauern, um die Förderung kleiner Unternehmen durch die indische Regierung zu kritisieren, die zu ineffizienten Betriebsgrößen führt.[2080] Für die Textilindustrie zeigen Länderstudien in Entwicklungsländern, daß aufgrund mangelnder Spezialisierung, technisch erreichbare Skalenökonomien durch längere Produktionsabläufe nicht erreicht werden und dies ein wichtiger Grund für niedrige Produktivität ist.[2081]

In den Industrieländern gibt es einen kontinuierlichen Trend zu größeren Unternehmen, der insbesondere zum Verschwinden sehr kleiner Unternehmen führte. In der verarbeitenden Industrie in der USA werden 1982 nur 21 % der Verkäufe Firmen zugeschrieben, die weniger als 500 Angestellte haben, dies bedeutet im Umkehrschluß, daß fast 80 % aus großen Firmen stammte (meist werden kleinere Firmen mit weniger als 200, mittlere mit 200 bis 499 und große ab 500 Angestellte angenommen).[2082] Wiewohl mittelgroße Firmen bestehen blieben, liegt das oft daran, daß sie sich Lücken zunutzte machen, welche die großen Konzerne offenlassen oder diese sind als spezialisierte Zulieferer für große Konzerne tätig. Kleinere und mittelgroße Konzerne sehen geringe Produktionszahlen partiell als Nachteil an.[2083] Schließlich gibt es einen Vorteil großer Konzerne, nämlich die großen Distributionsnetze, die es möglich machen, überall in Kundennähe zu sein und hohe Verkaufsvolumina zu erreichen, die es auch möglich machen, etwa einen Designfehler im Automobilbereich zu verkraften.[2084]

Im Gegensatz zu den skeptischen Tybout/Westbrook (1996) ist somit das Fazit zu ziehen, daß Skalenökonomien und Firmengrößen auch für die Effizienz- und Wohlfahrtsgewinne in Entwicklungsländern wichtig sein können. Deren Annahme, daß die Kostenvorteile einer skalenoptimalen Produktion nur um 10 % und niedriger liegen ist sicher nicht in bezug auf sämtliche Industriesektoren haltbar[2085]:

[2079] Schmidt 1996a: 86.
[2080] Siehe die umfassende Untersuchung von Little et al. (1987), die vor allem gegen die indische Politik gerichtet war, bestimmte Sektoren oder bestimmte Produkte per administrativer Anordnung kleinen Unternehmen zu reservieren. Im Textilbereich sind beispielsweise die Nachteile kleiner Unternehmen nicht extrem ausgeprägt, aber dennoch vorhanden. Little et al. 1987: 40-41. Als diese These bestätigender Ländervergleich Little 1987. Aus einer anderen Studie: Auch im Elektronik- und Computerbereich werden in Indien kleine Unternehmen, teils Familienunternehmen, gefördert. Diese haben keine Möglichkeit genügend Kapital aufzubringen, um bestimmte moderne Technologien anzuwenden. Agarwal 1985: 280.
[2081] Anhand von Länderstudien in Kenya und den Philippinen. Pack 1987: 96, 137, 175.
[2082] Little et al. 1987: 13-18.
[2083] Little et al. 1987; Pratten 1991.
[2084] Nolan 2001:503.
[2085] Und dies, obwohl in dieser Publikation die Erkenntnisse von Pratten (1988) einbezogen werden: "Among the forty-five products covered in this survey, Pratten finds that a half the minimum efficient scale, costs average about 8 percent above minimum costs. Even this low figure appears to be overstated the increase in median costs because the distribution is skewed to the right by a few outlying industries (motor vehicles, wide body aircraft, and bricks). Eighteen product categories show cost increases of less than 5 percent, thirteen show increases between 5 and 10 percent, eleven show increases between 10 and 15 percent, and only three show more dramatic reductions in efficiency. Overall, then, the pattern confirms Scherer and Ross's (1990, pp. 114-15) conclusion that average cost curves are typically much flatter than

Deutlich über 10 %, teilweise bei 25 % (bei 1/3 oder 1/2 der mindestoptimalen Produktion) liegen die Kostennachteile für Produktion unter nicht mindestoptimalen Betriebsgrößen in der Petrochemie, Zement, Ziegel, synthetisch hergestelltes Gummi, Titanoxid, Turbogeneratoren und Fernsehgeräte.[2086] Größere Firmen sind zudem etwa in der Lage qualitativ bessere Produkte herzustellen und weisen Vorteile im Marketing, Design, Export, Forschung und Entwicklung etc. auf. Diese Industriesektoren sind mal mehr und mal weniger von Skalenökonomien geprägt und weisen schon dadurch mal weniger weite oder sogar enge oligopolistische Strukturen auf.[2087] In vielen Industriebereichen sind sicher auch die Verbundvorteile wichtig, die vor allem auch aus der effizienten und gleichzeitig flexiblen Organisation resultieren und auch mit anderen Vorteilen, etwa einen schnellen Zugang zu Distributionskanälen oder Vorteile beim Export in Verbindung zu bringen sind.[2088] Geringere Skalenökonomien weisen auf: Pflastersteine und anderen Produkte für die Baubranche, Farbenherstellung, bestimmte einfachere synthetische Fasern, Werkzeugherstellung, Maschinenbau, Fahrräder, Textilien, Schuhe, Teppiche und Papier. In solchen Industriebereichen dürfte die Konzentration allein aufgrund der Skalenökonomien zumindest in den großen Märkten der Industrieländern nicht einmal in Richtung weiter Oligopole tendieren.[2089] Einige Sektoren sind sogar so strukturiert, daß sie der vollständigen bzw. womöglich sogar der vollkommenen Konkurrenz nahekommen, etwa wenn Kleinbauern untereinander konkurrieren.[2090] Dies gilt aber schon nicht mehr für die Agrar- und Lebensmittelindustrie, die besonders in den USA einen Konzentrationsprozeß durchmacht und vertikale Strukturen aufbaut. Die Supermärkte weisen ebenso einen Konzentrationsprozeß auf, der ihre Aufkaufmacht erhöht.[2091]

Insgesamt gesehen behält Eucken (1952) somit bis heute, wenn auch in anderer Form[2092] Recht, wenn er auch auf gegenläufige Entwicklungen bezüglich von Konzentrationstendenzen verweist, etwa die Elektrizität und die breite Verfügbarkeit von Motoren und Maschinen, die es auch kleinen

---

they are drawn in textbooks" Tybout/Westbrook 1996: 112. Dies mag stimmen, trotzdem wird sich hier nicht dem folgenden Fazit für die Produktion in Entwicklungsländern angeschlossen: "Nonetheless, taking into account the various estimation problems and their severity in different contexts, we find several basic messages in the available evidence. The first is that, although many plants are inefficiently small, the cost disadvantage they suffer is typically modest, rarely exceeding 10 percent in the relevant size range. The second is that the bulk of production in most industries takes place at plants that are nearly scale efficient. Thus unexploited scale economies do not constitute a major source of potential gains in efficiency." Tybout/Westbrook 1996: 111-112, 134.

[2086] Siehe: **Tabelle 3**. Pratten 1988: 76-80. Diese Untersuchung von Pratten (1988) liegt auch den Einschätzungen der Skalenvorteile durch den europäischen Integrationsprozess zugrunde von Emerson et al. 1988: 118-124, 206.

[2087] "The overall picture then is one of production or marketing compulsions toward oligopoly, usually loose, in more industries than not." Scherer/Ross 1990: 139.

[2088] Jovanovic 1997: 230; Scherer et al. 1975: 256. Diese Vorteile größerer Betriebseinheiten betont in einer Studie über indische Unternehmen und die indische Politik zur Förderung kleiner Firmen auch Little et al. 1989: 313-315.

[2089] Im selben Zusammenhang, aber mit anderen Beispielen: "On the other hand, oligopoly was rather clearly not necessary for the most production in shoes, batteries, paints, fabrics." Scherer/Ross 1990: 139.

[2090] Scherer/Ross 1990: 16.

[2091] Grundlegend über die Lebensmittelindustrie in den USA Connor et al. 1985; für die aktuellen Tendenzen siehe: Cotteril 1999: 1-6.

[2092] Hierzu liegen widersprüchliche Ergebnisse vor, die aber gut nachzuvollziehen sind. So wird geschlossen, daß Skalenökonomien weiter bedeutsam bleiben, zumal in den großen Firmen bereits eine flexible Massenfertigung eingeführt wurde und trotzdem die großen Betriebsgrößen bestehen blieben. Es besteht aber für Firmen, die in Nischenmärkten operieren eine größere Chance diese Märkte gegenüber beispielsweise größeren Firmen zu verteidigen, weil auch die kleinen Firmen über einen hohen Grad von Automatisierung trotz geringerer Produktionsmengen verfügen können. So zumindest das Ergebnis in Alcorta 1994: 765-766.

Unternehmen erlaubt, kostengünstig und flexibel zu produzieren. Dennoch liegt ein Trend zu einer steigenden Größe der Fabriken vor. Immerhin hat Eucken aber bis heute richtigerweise vorausgesehen, daß die Bedürfnisse der Gesellschaft nicht in einzelnen großen Werken hergestellt werden, die mit den jeweiligen Industriesektoren deckungsgleich sind.[2093]

4.4.4.1 Skalenökonomien und Erziehungszölle

Nun sind Skalenökonomien mit der neoklassischen Theorie schwer zu vereinbaren und verändern deren Ergebnisse. Auch werden mit diesem Phänomen interventionistische Politiken begründet:

Ein Argument für Erziehungszölle lautet, daß die temporäre Protektion einer Industrie durch Zölle oder andere Schutzmaßnahmen ermöglicht eine beschleunigte und deutlichere Kostenverringerung u.a. durch Skaleneffekte zu erzielen, sodaß die anfänglich höheren Kosten dadurch kompensiert werden, letztendlich internationale Wettbewerbsfähigkeit erreicht und eine Profitrate etabliert wird, die mit der in anderen Investitionen übereinstimmt.[2094] Dies dränge sich zum Beispiel dann auf, wenn Unteilbarkeiten vorliegen und ein Projekt im großen Stil finanziert werden muß, um Skalenökonomien zu erreichen und dem erst einmal der heimische Markt vorbehalten werde, um dort viele Waren risikoloser verkaufen zu können.[2095] Auch für die binnenwirtschaftliche Entwicklung könnten Skalenökonomien vor Vorteil sein, wenn anderen Firmen dadurch kostengünstigere Produktionsinputs zur Verfügung ständen. Auf diesen Aspekt wird näher unter dem Begriff Externalitäten eingegangen.[2096] In der Theorie strategischer Handelspolitik wird das Erziehungszollargument ('new infant industry argument') erneut rezipiert und anhand von Beispielen wird teils errechnet, daß Zölle die Wohlfahrt zu einem gewissen Grad steigern können (teils erhöht sich die Effizienz von Firmen aber auch nicht).[2097] Ebenso wird beispielsweise die Theorie monopolistischer Konkurrenz mit dem Vorliegen von Skalenökonomien kombiniert. Davon ausgehend kann gezeigt werden, daß es in einem vor Importen geschützten heimischen Markt und dortigen stabilen Marktanteilen leichter fällt genug Produkte zu verkaufen, um schneller als andere Unternehmen Lerneffekte zu erzielen ('moving down the learning curve') oder F&E-Kosten bezahlen zu können. Später könne auf diese Weise dann erfolgreich in andere Länder exportiert werden und es können von anderen Firmen, die nicht über eine

---

[2093] Eucken 1952: 232-233. Auf diese differenzierte Weise bestätigt diese letzten Sätze auch: Scherer/Ross 1990: 118-119.
[2094] Meier 1995: 475; Greenaway in Meier 1995: 476; ähnlich World Bank 1993: 294.
[2095] Chang 1994: 111-115. So auch das Argument in Krugman 1984: 180. Ähnlich schon Meade 1955: 125.
[2096] Wie auch immer die Klassifikation von externen Ökonomien erfolgt, fallen doch Skalenökonomien auch darunter, auch wenn sie beispielsweise als pekuniäre Externalitäten klassifiziert werden und nicht als echte Externalitäten eingestuft werden. Dazu mehr unter dem Punkt 5, Externalitäten. Siehe hierzu Stewart/Ghani 1992: 139.
[2097] An zwei Beispielen: Anhand des 16 k RAM-Halbleiterchipmarkts, bei dem sehr steile Lernkurven und ein sehr kurzer Produktzyklus vorliegt (7 Jahre) errechnen Richard E. Baldwin und Paul Krugman, daß es ohne Protektion keine japanischen Halbleiterhersteller gegeben hätte und daß ein 26 % Zoll dazu geführt hat, daß es sowohl japanische als auch U.S.-amerikanische Hersteller bestehen konnten. In bezug auf die Wohlfahrt kommen sie, bei freiem Marktzutritt, zum Ergebnis, daß diese in Japan und den U.S. dadurch vermindert worden wären. Am Beispiel Kühlschränke errechnen Anthony J. Venables und Alasdair Smith, bei Marktzutrittsverbot, daß ein 25 % Zoll auf Kühlschränke in England, zu einer Steigerung der Produktion auf dem Heimatmarkt und bezüglich des Exports kommt. Die gesamtgesellschaftliche Wohlfahrt erhöht sich in geringem Maß. In weiteren Beispielen werden aber auch negative Effekte sichtbar. Piazolo 1994: 43.

derartige Unterstützung verfügen, Märkte erobert werden.[2098] Die Theorie strategischer Handelspolitik operiert, wie die Entwicklungsökonomie und ihre Diskussion des Zollschutzes dabei mit Modellen, die von neoklassischen Freihandelsvorstellungen abweichen.[2099] Diese Modelle sind sicher ernstzunehmen, in vielen Fällen aber nur realistisch, wenn wirklich ein Land eine monopolistische Stellung hat oder die Vorraussetzungen vorliegen, daß wirklich ein solcher effizienterer und schnellerer Entwicklungspfad im Heimatmarkt erreichbar ist. Auch besteht die Gefahr, daß andere Länder Gegenmaßnahmen ergreifen. Für eine insgesamt eher skeptische empirische Bewertung der Möglichkeiten staatlicher strategischer Handelspolitik anhand von konkreten Fällen in den Industrieländern (wobei diese Politik im Einzelfall aber durchaus funktioniert hat), siehe das Fazit in Abschnitt 'I'.[2100]

[2098] Zusätzlich wird die dezidiert unfaire Option des 'discriminatory pricing' erwähnt, der Versuch, durch hohe Preise auf dem Heimatmarkt im Ausland mit Billigprodukten konkurrieren zu können. Krugman 1984: 180; siehe auch Shaked/Sutton 1984; Bander/Spencer 1984: 194-195; sowie Helpman/Krugman 1985. Von Bander/Spencer wird weiterhin das 'rent snatching'-Argument verwendet. Sie gegen von einem Duopol zweiter Firmen aus, die auf dem Weltmarkt um Marktbeherrschung wetteifern, wobei angenommen wird, daß der Gewinner Monopolgewinne erzielen kann. Hier kann eine Firma, die, egal was kommt, vom heimischen Staat subventioniert wird, den weiteren Wettbewerber abschrecken, sodaß dem fördernden Staat schließlich die Monopolgewinne zugutekommen. Zu diesem nicht sehr realistischen Beispiel: Greenaway in Meier 1995: 477.

[2099] Der Ausbau der Skalenökonomien kann dabei nach Ansicht der Theoretiker strategischer Handelspolitik durch unterschiedliche Eingriffe beeinflußt werden. (1) Der Heimatmarkt kann mit Zöllen geschützt werden. Damit wird eine höheres Produktionsvolumen reserviert, welches andere Unternehmen, die auf ihren Märkten der Konkurrenz ausgesetzt sind nicht zur Verfügung steht und insofern können statische Skalenvorteile aktualisiert werden. Hinsichtlich der Instrumente muß die strategische Handelspolitik vom Staat unterstützt werden und mit Zöllen, Quoten, VERs, technischen Handelshemmnissen etc. ausgeführt werden. Ähnliche Effekte können durch die öffentliche Auftragsvergabe erzielt werden. Krugman 1984: 185-187. (2) In einer dynamischen Form treten Skalenökonomien in Form von Lernkurven auf. Größeres Output zu Beginn der Produktion verringert die Produktionskosten später, weil es zu "learning-by-doing"-Effekten kommt, es wird eben während des Betriebs dazugelernt, wie sich Kosten minimieren lassen und Produktionsabläufe rationalisieren lassen. Lernkurven können durch Zollprotektion, öffentliche Auftragsvergabe aber auch durch Exportsubventionen erhöht werden. Krugman 1984: 190-191; Grossman 1986: 49-52. (3) Durch frühzeitige Forschungs- und Entwicklungsanstrengungen kann eine Firma ihre Kosten reduzieren. Hier kommt der Staat ins Spiel, der Forschungsprogramme finanziert und zwar nicht nur bezüglich der Grundlagenforschung, sondern auch der angewandten Forschung. Krugman 1984: 187-190; Klodt/Stehn 1992: 42. Als empirischer Hintergrund wird angenommen, daß hochwertige Technologie eine immer wichtigere Rolle spielt ('Innovationen') wenn es um Vorteile von Firmen geht. Wird dies noch durch eine schnelle Reaktion und schnelle Lernkurven ergänzt, können bei Beginn eines Produktzyklus hohe Gewinne erzielt werden. Krugman 1986: 8. (4) Durch Skalenökonomien, Lernkurven und Forschungs- und Entwicklungsanstrengungen können Firmen solche Vorteile akkumulieren, daß hohe Eintrittsbarrieren vorliegen ('barriers to entry') und die Firmen, denen es gelingt, in dieser Struktur zu überleben, machen hohe Gewinne. Dies wird einerseits als Beschreibung der Wirklichkeit angenommen und andererseits kann daraus ein Argument für die strategische Handelspolitik hergeleitet werde Krugman 1986: 13. Durch Schutz oder sonstige Interventionen von Regierungen kann Firmen geholfen werden, die Eintrittsbarrieren zu überwinden. Allerdings stellt sich dann zuerst einmal eine Situation verbesserten Wettbewerbs ein, bestes Beispiel dafür ist Airbus. Damit die strategische Handelspolitik wieder zu ihrem Recht kommt, müßten weitere Interventionen erfolgen, die nicht bei einem Gleichstand an Fähigkeiten haltmacht, sondern bei der es darum geht, deutliche Vorteile zu establieren. Die strategische Handelspolitik würde fordern, Airbus weiter zu subventionieren, um gegenüber Boeing größere Skalenökonomien und Lernkurven zu aktualisieren, um den Markt zu dominieren und Profite nach Europa zu verschieben: 'profit shifting', 'rent-snatching'. Krugman 1986: 13. Es gibt einige Beispiele für international oligopolistische Industrien, deren Charakteristikas eindeutig mit den Erwartungen der strategischen Handelspolitik übereinstimmen. Eindeutiges Beispiel ist die Luftfahrtindustrie. Ein Duopol mit Boeing, USA (vor der Fusion mit Boeing noch McDonnell Douglas) und Airbus, EU. Dann auf dem Markt kleinerer Flugzeuge ein enges Oligopol: Embraer aus Brasilien, Havilland Canada und Saab Schweden. Hier geht es neben der geringen Produzentenzahl um homogene Güter, um signifikante Verkäufe in Drittländermärkten und es liegen deutliche Kostenvorteile durch höhere Produktionszahlen vor, die zudem deutlich auf die Position der Firmen im Wettbewerb zurückwirken. Balwin/Flam 1989: 498; speziell zu Brasiliens Embraer Frischtak 1994. Der Theorie strategischer Handelspolitik wird denn auch vorgeworfen, daß ihre Argumente nur für die Luftfahrtindustrie zutreffen. Greenaway in Meier 1995: 478.

[2100] An dieser Stelle der Hinweis auf die skeptische Bewertung der Monopolkommission 1990/1991: 381-382. Sowie auf die weitere Literatur, die, im großen und ganzen, ebenso vorsichtig argumentiert, und neben partiell positive Effekten die negativen Auswirkungen und die Schwierigkeiten bei der Umsetzung einer staatlichen strategischen Handelspolitik hervorhebt. Dennoch wird geschlossen: "Ein völliger Verzicht auf handels- und industriepolitische Instrumente durch einzelne Länder muß allerdings nicht rational sein, insbesondere dann nicht, wenn die Länder weiterhin strategische Ziele verfolgen." Bletschacher/Klodt 1992: 181. Siehe Abschnitt 'I'.

Gegen die Argumente einer interventionistischen Förderung des Erreichens von Skalenökonomien werden immer wieder die folgenden Argumente angeführt: Daß man sich damit abfinden muß, daß in kleinen Märkten oft keine genügenden Skalenökonomien erreicht werden können (dies ist aber ein zynisches Argument, daß nicht wirklich überzeugend ist), weiterhin wenn weitere Firmen freien Markteintritt haben (dies könne unnötige Verdopplungen erzeugen, dies könnte aber durch staatliche Investitionskoordination abgewendet werden[2101]) und durch eigeninteressierte Politiker gar keine Wettbewerbsfähigkeit angestrebt wird, sondern nur ein höherer interner Konsumentenpreis bleibt, und daß außenhandelspolitische Gegenmaßnahmen angestrebt werden können.[2102] Weiterhin wird angemerkt, daß es normal ist, wenn die Kosten anfangs höher sind und daß solange eine internationale Wettbewerbsfähigkeit erreicht werden kann, die Kapitalmärkte den Investitionsbedarf auch bereitstellen werden.[2103] Ist dies nicht so, wäre dies aber Marktversagen und zuerst einmal müßte das Versagen der Kapitalmärkte korrigiert werden, dann würden sich, als zweitbeste Politik eine Subvention anbieten und ganz unten in der Hierarchie kommen Outputsubventionen und Zölle.[2104]

Diesen differenzierten Diskussionslage zu Trotz lassen sich mit Skalenökonomien und dynamischen Wohlfahrtssteigerungen Erziehungszölle weiterhin mit dem einfachen Argument begründen, daß sie sich dann lohnen, wenn die statischen Kosten durch eine verzerrte Resourcenallokation durch spätere dynamische Wohlfahrtsgewinne wieder kompensiert werden.[2105]

In der liberalen Literatur wird dazu meist die Position eingenommen, daß in diesem Fall keine Zölle, sondern Subventionen eingesetzt werden sollten, aus dem theoretischen Grund, weil letztere nicht die Pareto-Anreizstrukturen negativ verändern würden. Gleichzeitig muß zumindest ein Argument zusätzlich beachtet werden, nämlich daß Subventionen Geld kosten und Zölle dem Staat Gelder einbringen.[2106]

Die frühe liberale entwicklungsökonomische Literatur anerkennt in Little et al. (1970), daß Subventionen zur Förderung von Skalenökonomien sinnvoll wären, unter der Bedingung das weitere Politiken verwendet werden, allerdings begrenzt auf spezielle Industrien, in denen es sehr wahrscheinlich wäre, daß die Industrien kleiner gegründet würden, als mit Skalenökonomien

---

[2101] Chang 1994: 66-67.
[2102] Meier 1995: 475-476; genauso Baldwin 1969: 297; ähnlich kritisch mit teils abweichenden Argumenten auch Little et al. 1970: 149-155. Zum Preisargument Johnson 1971: 94.
[2103] Baldwin 1969: 296-297.
[2104] Meier 1995: 475.
[2105] Vgl. die folgende Stellungnahme zu Erziehungszöllen mit klarem Pareto-Bezug sowie einer Unterscheidung zwischen statischen und dynamischen Prozessen: "We have considered the so-called static or allocative costs of protection which result from distortions in relative prices due to the application of protective measures. The infant industry argument tells us that an industry should nevertheless be protected if this cost is recouped as a result of productivity increase over time. (...) Whichever formulation is chosen, the gist of the matter is that the present (static) cost of protection is accepted for the sake of future (dynamic) benefits..." Balassa et al. 1971.
[2106] So Balassa et al. 1971: 94. In anderen Stellungnahmen sind die Autoren kritischer und es wird angemerkt, daß der einzige Grund, warum keine Gelder für Subventionen vorliegen, administrative Schwierigkeiten sind, Steuern einzutreiben. Little et al. 1970: 114. Dieses Argument greift aber sehr kurz, denn es könnte beispielsweise so sein, daß ein Staat tatsächlich nur wenig Steuern eintreiben kann.

vereinbar. Beispiel: Die Stahl-, Düngemittel-, Zement-, und Synthetikfaserherstellung.[2107] Ebenso wird argumentiert, daß Skalenökonomien im Automobilbereich auch in Entwicklungsländern genutzt werden sollten. Deshalb sollten nur Ländern mit größeren Märkten versuchen eine Automobilindustrie aufzubauen und dort könnten durchaus Zölle (hohe Zölle auf Luxuswagen und 50 % auf dort produzierte Wagen) erhoben werden. Weiterhin sollte darauf geachtet werden, daß Mindestinlandauflagen nicht zu extrem formuliert werden, um die Kosten durch teure eigene Inputgüter für die Produktion nicht in die Höhe zu treiben, weshalb von einem extremen Zollschutz für Inputgüter abgeraten wird. Es sei aber durchaus denkbar, daß trotz einem solche Zollschutz ein hoher Ertrag aus einer Automobilproduktion in Entwicklungsländern resultiert.[2108]

Skalenökonomien führten in den kleineren Märkten der Entwicklungsländer dazu, daß zwangsläufig konzentrierte Marktstrukturen entstehen, also Monopole oder enge Oligopole.[2109] Welche Ergebnisse habe hier empirische Studien? Für den Zeitraum der sechziger und siebziger Jahre ist es schwierig, die Effekte, die aus den konzentrierten Industriesektoren herrühren, auseinanderzuhalten. Einerseits gibt es Anhaltspunkte für höhere Profite, die zudem oft höher sind, je höher die Protektion erfolgt. Einerseits könnten diese Profite auch reinvestiert werden, andererseits kann der Schutz ineffiziente Firmen aufrechterhalten.[2110] Hier u.a. das Beispiel der Automobilindustrie in Korea und Indonesien:

In Korea, das unter den Entwicklungsländern noch über einen relativ großen Markt verfügte, gab es zwar keine wirklichen Monopole, aber doch dominierende marktbeherrschende Stellungen. Dies ist auch ein Hinweis darauf, daß in Südkorea sehr früh Skalenökonomien angestrebt wurden. Im Jahre

---

[2107] Weitere Industrien werden genannt: Aluminium, Glas und Soda. Little et al. 1970: 152, 154. Dort wird aber ausdrücklich darauf hingewiesen, daß dies nicht automatisch einem Argument für Zollschutz gleichkommt, weil Zollschutz die Industrien tendenziell auf den Heimatmarkt begrenzen würde. Dieses Argument ist aber schwach, denn trotz Zollschutz können Exporte erfolgen. Unter bestimmten Bedingungen werden Subventionen vorgeschlagen: Wenn die Industrie wichtig ist und eine elastische Nachfrage vorliegt, wenn exportverhindernde Politiken, etwa zu hohe Wechselkurse oder zu extremer Zollschutz, abgeschafft werden und wenn dafür gesorgt würde, daß nicht gleichzeitig weitere, ineffiziente Produzenten auf dem Markt verbleiben und geschützt werden. Weiterhin wird darauf hingewiesen, daß durch Preiskontrollen verhindert werden soll, daß die Firmen Marktmacht vermittels zu hoher Preise ausüben. Little et al. 1970: 154.
[2108] Von acht Entwicklungsländern, in denen Standorte der Automobilindustrie auf ihre Rentabilität untersucht werden, wird in zwei Fällen ein klar positives Ergebnis mit hohem sozialen Ertrag prognostiziert. Little et al. 1970: 426-427.
[2109] Eine größere Konzentration gerade in den kleineren Entwicklungsländer bestätigt Kirkpatrick et al. 1984: 68-85; Lee 1992a: 114-116; Gillis et al. 1996: 100, 492-495, 503-504. "In developing countries, economies of scale (the decline of unit costs as output rises) may be so large relative to market size that monopoly is inevitable in some industries, while oligopoly is the rule in many others. Truly competitive markets, where not one seller or buyer has any influence over market prices, typically exist in agriculture, fishing, handicraft industries, construction, transportation, retail trade, personal services, and sometimes in banking. In much of mining, manufacturing, utilities, airlines, communications, and wholesale trade, monopoly or oligopoly are common." Gillis et al. 1996: 100. Tendenziell bestehen deshalb Nachteile, die es ggf. nötig machen, daß eine Zusammenschlußkontrolle nicht nach dem Vorbild der Industrieländern vollzogen werden kann und temporär in skalenintensiven Industriesektoren Monopole toleriert werden müßten. Gillis et al. 1996: 492-495. Siehe: **Tabelle 115** und **Tabelle 116**.
[2110] Kirkpatrick et al. 1984: 80-81. "However, insufficient information is yet available to determine with confidence the direction, let alone the magnitude, of many of the welfare effects that are occurring. One viewpoint is that these forms of concentration are, on balance, beneficial to economic development. It is argued that a mix of large-scale groups, TNC subsidiaries and public enterprises operating within concentrated markets helps to overcome the imperfections in internal markets, increases accessibility to capital and technical knowledge, and provides the blend of market stability and commercial inducement that is needed to stimulate entrepreneurial activity and economic expansion. An alternative view is that high levels of concentration have had adverse effects on the well-being of the LDCs by causing short-term welfare losses, promoting greater inequalities in wealth and income, restricting the domestic base from which entrepreneurship might be expanded, and reducing the competitive pressures that might mold technical change and innovation more closely to LDC needs." Kirkpatrick et al. 1984: 84.

1977 wurden 36 % der Industriegüter von Firmen hergestellt, die nicht weniger als 70 % des Marktes belieferten. Weitere 15 % der Güter wurden in Duopolen hergestellt, bei denen 2 Firmen einen 50 % Anteil des Marktes haben. Nur 14 % fielen in die Wettbewerbskategorie.[2111] Bevor ausländische Märkte erobert werden konnten, gab es 1984 in Korea zwei Firmen, die Automobile produzieren konnten, mit einem Output von 159.000 Automobilen insgesamt. Diese Anzahl lag deutlich unter der mindestoptimalen Betriebsgröße für die Automobilproduktion und implizierte Kostennachteile von 20 % gegenüber einer effizienten Massenfertigung von 250.000 Einheiten pro Modell. Nur eine Firma, die sich auf die Massenfertigung eines Modells konzentrierte, erreichte eine für Entwicklungsländerstandards relativ hohe Fertigungszahl, nämlich die 39.000 Einheiten des Hyundai Pony.[2112] In einer Anfang der achtziger Jahre umgesetzten Rationalisierungspolitik beschränkte die koreanische Regierung von 1981 bis 1986 künstlich den Markteintritt anderer Herstellung und reservierte die Kfz-Produktion den großen Herstellern Hyundai und Daewoo. Warum? Um Doppelinvestitionen zu verhindern und Skalenökonomien für die etablierten Hersteller abzusichern.[2113] Anders formuliert: Wettbewerb wird nicht ohne Limits gefördert, sondern erst einmal auf einem gewissen Niveau vermieden.[2114] Erst im Jahre 1987, als Hyundai mit seinem Pony erste Erfolge auf dem kanadischen und amerikanischen Markt zu verzeichnen hatte, wurde es Kia erlaubt, wieder seine Kfz-Produktion aufzunehmen (in den siebziger Jahren produzierte Kia schon den Kleinwagen 'Brisa' und montierte den Fiat 132, danach wurde dieses Unternehmen temporär auf die Lkw Sparte beschränkt).[2115] Kia gelang es schnell Daewoo zu überflügeln und schon 1987 und 1989 wurden eigene Mittelklassemodelle herausgebracht.[2116] Bis 1989 wurde wiederum kein neuer Markteintritt mehr genehmigt.[2117] Spätestens im Jahre 1988 ist eine skalenoptimale Produktion erreicht, mit einer Produktion von insgesamt 872.074 Wagen jährlich in Korea.[2118]

Dies steht ganz im Gegensatz zur Situation in Indonesien. Weil der indonesische Markt zu klein ist besteht dort das Problem, daß die Automobilindustrie zu fragmentiert ist, um Skalenökonomien zu erreichen, obwohl sie schon stark konzentriert ist.[2119] Toyota, der effizienteste Produzent, der zu der größten Firma (der Astra-Gruppe) gehört, produzierte im Jahr 1996 nur 8600 Automobile.[2120] Womöglich wäre es deshalb sinnvoll, die weiteren verbliebenen Firmen unter dem Dach von Astra/Toyota zu fusionieren, Export- und Leistungsanreize (vielleicht sogar Zollschutz) bereitzustellen, allerdings verbunden mit einem klaren Zeitplan, wann eine Liberalisierung erfolgt. Der

---

[2111] Der Autor erreicht mit diesen Zahlen nicht 100 %. Yang 1991: 1-5.
[2112] Siehe für die letzten drei Sätze Fischer/Nunnenkamp et al. 1988: 74-77. Danach wurde diese Begrenzung weniger bedeutend, aufgrund dem Erfolg auf dem amerikanischen Markt.
[2113] Kim 1993: 87.
[2114] Auf dieses Problem und diese Lösung weist schon hin Little et al. 1970: 336-337.
[2115] Schon 1988 wurden 53 % der koreanischen PKW-Produktion in Kanada und den USA abgesetzt. Kim 1993: 74-
[2116] Kim 1993: 86
[2117] Das Industrieentwicklungsgesetz 1986 stuft die Fertigwarenindustrie, genauso wie dies unter dem Rationalisierungsgesetz von 1981 schon erfolgte, abermals als Rationalisierungsindustrie ein. Erst 1989 wurden die Maßnahmen aufgehoben. Kim 1993: 87.
[2118] Kim 1993: 77.
[2119] Aswicahyono et al. 2000: 226-227.
[2120] Aswicahyono et al. 2000: 227.

subventionierte Markteintritt von PT Timor Putra Nasional war aus diesen Gründen genau die falsche Entscheidung, weil dies den Markt noch weiter fragmentierte.[2121]

Dieses Beispiel zeigt, auf welche Weise kleine Märkte die Unternehmen in Entwicklungsländern benachteiligen, zumindest solange sie nicht exportieren können. Es wäre sicher viel schwerer für die koreanischen Firmen gewesen, international wettbewerbsfähig zu werden, wenn in den achtziger Jahren 4 oder mehr Firmen eine komplette Modellpalette produziert hätten. Dann wären die Fertigungszahlen pro Modell weitaus niedriger gewesen wären mit den resultierenden Kostennachteilen, dies wird am Vergleich mit Brasilien deutlich.[2122] Deutliche Kostennachteile haben Länder in denen nur 20.000 Wagen pro Modell hergestellt werden, im Jahre 1986 etwa Argentinien, Indien, Taiwan, Türkei und Venezuela.[2123] Überhaupt keine Skalenökonomien werden in Kenya erzielt, mit drei Autoherstellern, die in reinen Montagewerken jeweils 5000 Autos jährlich herstellen.[2124] So schwer es auch ist, hier zu einer abschließende Bewertung zu kommen, weil kein Vergleich mit einem kontrafaktischen, liberaleren Entwicklungsweg möglich ist, wird geschlossen, daß die Entscheidung der koreanischen Regierung den Markteintritt zu steuern und, erst etwas später, die Konkurrenz im eigenen Land zu intensivieren, aus einer dynamisch wirtschaftspolitischen Argumentation heraus begründbar war.[2125] Auch die Wirkung von Zöllen ist erkennbar. Sie können in solchen Situationen genutzt werden, auf den heimischen Märkten Skalenökonomien zu erzielen, solange Exporte noch nicht gelingen. Sobald Exporte vorliegen, spricht wenig dagegen, eine Liberalisierung anzustreben.

Zur Frage, ob es sich automatisch um Marktversagen handelt und ob es notwendig staatlicher Eingriffe bedarf, wenn keine Skalenökonomien vorliegen: Aus dynamischer Perspektive gesehen scheint es so, daß für die Industrieländern das Erreichen von Skalenökonomien in einer Marktwirtschaft ein normaler Vorgang ist, der nicht staatlicher Eingriffe bedarf. Weiterhin kann die wirtschaftlichen Entwicklung auch über Wirtschaftszweige erfolgen, die weniger skalenintensiv sind, speziell dann wenn Faktorvorteile niedriger Lohnkosten vorliegen, zumal interventionistische Politiken nicht immer positive Wirkungen haben. Bevor also auf solche Instrumente zurückgegriffen wird, muß sich auch in Entwicklungsländern um ein Gesamtbild bemüht werden. Somit könnte in bestimmten Situationen, etwa bei kleinen Märkten, risikoadversen Finanzmärkten, sehr hohen Investitionssummen und begründeten Entwicklungsprioritäten (wobei nicht nur Nutzen, beispielsweise positive externe Effekte auf andere Unternnehmen, sondern auch Kosten beachtet werden), sowie unter Beachtung des Lenkungswissensproblems, des Problems eigennütziger Politiker und wenn Konzepte vorliegen, wie Wettbewerbsanreize (künstlich solche Anreize setzen braucht einen starken

---

[2121] Aswicahyono et al. 2000: 224.
[2122] Fischer/Nunnenkamp et al. 1988: 74-76. Ähnlich die Schlußfolgerungen schon in Little et al. 1970: 336-337, 424-427.
[2123] Rodrik 1988: 116; siehe: **Tabelle 84**, **Tabelle 117**, **Tabelle 118**.
[2124] Trade Policy Review Kenya 2000: 68.
[2125] Chang 1994: 122.

Staat[2126] und eine Politik der Exportorientierung) etabliert werden können, über eine temporäre Nutzung von Erziehungszölle, begleitet von anderen Maßnahmen, nachgedacht werden. Das Nicht-Vorliegen von Skalenökonomien bedeutet nicht automatisch, daß interventionistisch gehandelt werden muß.

Genauso wie für die Industrieländern kann es für die Entwicklungsländer Grund für Liberalisierung sein, skalenintensive und dadurch monopolistisch bzw. oligopolistisch verfaßte Industrien zu einem disziplinierteren Preisverhalten zu zwingen.[2127] Weil in den Industriestrukturen der Industrieländer relativ hohe marktstrukturelle Konzentrationen toleriert werden, um wohlfahrtserzeugende Skalenökonomien zu erhalten, wird Liberalisierung aus diesem Grund eingesetzt, um solche Firmen zu disziplinieren.[2128] Erst neuerdings wurden von Entwicklungsländern vermehrt Wettbewerbsbehörden gegründet, die gegen einen Mißbrauch von Marktmacht in diesen konzentrierten Sektoren vorgehen können.[2129] Dagegen wurden in den Jahrzehnten davor in Entwicklungsländern (und auch in einigen Industrieländern) u.a. Preiskontrollen angewendet, um gegen überhöhte Preise, die durch heimische Monopole verursacht wurden, vorzugehen.[2130]

4.4.4.2 Theorie der Erziehungszölle

Erziehungszölle sind Zölle, die über eine gewisse Zeitperiode heimischen Unternehmen eingeräumt werden, bis sie auf internationalen Märkten wettbewerbsfähig werden.[2131] Warum sind Zölle erst am unteren Ende der Hierarchie neoklassisch wünschenswerter außenhandelspolitischer Maßnahmen zu finden? Und restriktivere außenhandelspolitische Maßnahmen wie Quoten noch weiter hinten? Welche möglichen positiven und negativen Auswirkungen haben Zölle theoretisch auf das Erzielen von Skalenökonomien? Welche Zollwirkungen sind beim Heckscher-Ohlin Handel denkbar? Wie schon erwähnt, sind aus neoklassischer Sicht Zölle am unteren Ende der Hierarchie außenhandelspolitische Maßnahmen zu finden. Um ein potentielles Marktversagen zu korrigieren, müßte zuerst einmal das Versagen der Kapitalmärkte korrigiert werden, dann würde sich, als zweitbeste Politik eine Subvention anbieten (welche nicht zu einer Preiserhöhung führt) und ganz unten in der Hierarchie befinden sich Zölle und schließlich mengenmäßige Beschränkungen, weil diese die Märkte extrem verzerren.[2132] Warum?

[2126] So wie das 'tight performance monitoring system' in Korea. Chang 1994: 114. Wiewohl schwächer als in Japan, hebt den staatlichen Zwang in Korea, aber auch die enge Abstimmung mit dem privaten Sektor hervor Pack/Westphal 1986: 99; siehe auch die Ansprüche an eine erfolgreiche Industriepolitik in Rodrik 2004: 17.
[2127] So im großen und ganzen die Diskussion in Little et al. 1970: 149-154, 336-337.
[2128] Großmann et al. 1998: 24-25, 72-73.
[2129] Für eine Liste siehe WTO 1997: 46.
[2130] Preiskontrollen wurden für die Bereiche vorgeschlagen, in denen Importe nicht die heimischen Preise disziplinieren können. Little et al. 1970: 336-337. Zur desaströsen Wirkung von zu rigide angewandten Preiskontrollen in Indien siehe Lall 1987: 31. In Korea wurden noch 1986 für 110 Güter Preiskontrollen verwendet: Mehl, Zucker, Kaffee, Pfeffer, Elektrizität, Gas, Stahl, Chemikalien, Kunstfasern, Papier, Medikamente, Nylonstrümpfe, Automobile und Fernseher. Amsden 1989: 17. Auch Industrieländer verwandten bis Anfang der siebziger Jahre Preiskontrollen, siehe für die USA Zinn 1978.
[2131] Diese Definition wird entnommen Balassa et al. 1971: 75.
[2132] Meier 1995: 475.

Folgende statische, partialanalytisch beschränkte Effekte von Zöllen können unterschieden werden: (1) Der Produktions- oder Protektionseffekt: Der heimische Output steigt um einen bestimmten Grad an und der heimische Preis für die Produkte steigt an. (2) Ein Konsumptionseffekt: Der Konsum fällt. (3) Es gibt einen Effekt auf die Importe und die Zahlungsbilanz. Die Importe fallen gemäß den Effekten auf das Output und den Konsum. (4) Einnahmeeffekte durch die staatlichen Zolleinnahmen. (5) Verteilungseffekt. Einkommen wird von heimischen Konsumenten auf heimische Produzenten umverteilt.[2133] Statisch und partialanalytisch werden Zölle abgelehnt, weil sie sowohl die Anreize für Produzenten als auch Konsumenten verändert. Die heimischen Produzenten erreichen zwar eine höhere Produktion, es wird aber davon ausgegangen, daß sich diese verteuert bis zu einem Punkt an dem die Grenzkosten mit dem durch den Zoll erhöhten Preis übereinstimmen. Dadurch werden zusätzliche Einheiten eines Gutes produziert, welches billiger aus dem Ausland bezogen werden könnte. Die Konsumenten haben durch den zollinduziert höheren Preis einen Verlust, wodurch sie zuwenig vom Gut konsumieren. Insgesamt entsteht ein Wohlfahrtsverlust für die Wirtschaft.[2134] In einem allgemeinen Gleichgewicht läßt sich ebenso ein Wohlfahrtsverlust zeigen (selbst wenn die Einkünfte durch Zölle den Konsumenten ausgezahlt werden).[2135] Importkontingente bzw. mengenmäßige Beschränkungen werden deshalb als noch problematischer angesehen, weil sie bei einem Nachfrageanstieg (bzw. Preisanstieg) nicht zulassen, daß das ausländische Güterangebot diese Lücke schließt und damit einen weiteren Preisanstieg verhindern kann, sodaß die heimischen Produzenten ihre ineffiziente Produktion weiter ausweiten.[2136] Anhand dieser Standardmodelle sind Subventionen deshalb vorzuziehen, weil sie zwar die Produktion erhöhen, dafür das Preisniveau erhalten bleibt und dadurch Konsumentenverluste umgangen werden können.[2137]

Weiterhin werden mit Zöllen die Pareto-Optimalbedingungen nicht mehr erreicht. Denn die marginale Transformationsrate für die heimische Produktion, die marginale Grenzrate der Substitution für den Konsum und die marginale Transformationsrate gleichen sich nicht mehr aneinander an.[2138]

Die Liberalisierung, also ein Zollabbau, führt aus neoklassischer Perspektive zu einem statischen Effizienzgewinn, weil die damit verbundenen wohlfahrtsreduzierenden Verzerrungen der heimischen Preise rückgängig gemacht werden.[2139] Exportsubventionen werden aus exakt denselben Gründen wie

---

[2133] Corden 1974: 7.
[2134] Krugman/Obstfeld 1997: 196-197. Ähnlich Corden 1974: 5-7: Johnson 1971: 94.
[2135] Krugman/Obstfeld 1997: 210-212.
[2136] Sauernheimer 2004: 10-11.
[2137] Rose/Sauernheimer 1999: 589.
[2138] Corden 1974: 6; Johnson 1971: 90; Baldwin 1992a: 806. Ausführlich und genau Gerken 1999: 22-29. Mit dieser Pareto-Perspektive läßt sich weiterhin behaupten, daß die einseitige Marktöffnung eines Landes immer zu einer Wohlfahrtssteigerung führt. Das gilt selbst dann, wenn sich der Rest der Welt protektionistisch verhält. Nach dem Pareto-Modell verändern sich durch den Protektionismus der anderen Ländern nur die Preisvektoren, durch den Handel kommt es zu einer Angleichung der marginalen Transformationsraten und dies wird als Wohlfahrtssteigerung angesehen. Um die Wohlfahrt der Welt zu steigern, müssen aber auch die anderen Länder die Zölle abbauen. Gerken 1999: 27-29.
[2139] Krugman/Obstfeld 1997: 220.

der Zoll abgelehnt, denn auch hier steigt die Produktion künstlich induziert an und weil der Export befördert wird, steigen auf dem Heimatmarkt die Preise zu Ungunsten der Konsumenten.[2140]

Gemäß Heckscher-Ohlin Modell sind die Wirkungen von Zöllen schwieriger einzuschätzen: Generell erhöht der Zoll den 'Wohlstand' des Faktors, der in dem geschützten Sektor intensiv eingesetzt wird und der 'Wohlstand' des anderen Faktors verringert sich.[2141] Vor der Entwicklung des Stolper-Samuelson Modell wurde noch davon ausgegangen, daß ein solch breiter Effekt auf einen Produktionsfaktor (und die damit verbundenen Einkommen) durch Zollschutz kaum möglich sei.[2142] Von Stolper/Samuelson wird aber argumentiert, daß ein landintensives Land, wie Australien, durch Zollschutz den Arbeitslohn für Arbeiter erhöhen kann, wenn damit der absolute Rückgang des Lohnes durch die Abwanderung von Kapital weg von Arbeit hin zum Faktor Land abgemildert wird.[2143] Dies mag rational sein in einem Land, welches, trotz hoher Arbeitslöhne Vorteile bei der landintensiven Produktion hat. Vorstellbar wäre aber auch eine Heckscher-Ohlin Zollliberalisierung, die genau andersherum wirkt und ein Zollabbau für verarbeitete Güter dazu führt, daß die Löhne sinken und mehr Kapital hin zum Faktor Land fließt, wenn dort Arbeiter effektiv eingesetzt werden können (und das Lohnniveau sozial tragbar erscheint). Dies macht strategische Möglichkeiten des Zolleinsatzes auf der Ebene einer gesamten Volkswirtschaft anhand eines neoklassischen Modells sichtbar.

Differenziert werden Zölle in der zweitbesten Welt konzipiert. Wenn in einer 'second best'-Situation das Erreichen des Pareto-Optimum durch das Vorliegen von heimischen Verzerrungen nicht möglich ist, etwa durch Externalitäten, die als Begründung für eine Zollpolitik angeführt werden, ist es nicht ratsam Zölle einzusetzen.[2144] Anhand von Modellen kann gezeigt werden, daß wenn private und soziale marginale Kosten aufgrund von Externalitäten divergieren, die Angebotskurve niedriger liegt als ohne das Vorliegen dieser Externalitäten. Durch Subventionen könne, ohne daß in die Konsumpreisniveaus für heimische und importierte Produkte eingegriffen wird, dasselbe Outputniveau wiederhergestellt werden.[2145] Wird ein Zoll eingesetzt, um diese Verzerrung zu korrigieren, führt dies zu negativen Effekten auf den Konsum, welches somit zu einer weiteren Verzerrung führt, die ebenfalls korrigiert werden müßte. Bemerkenswert ist, daß auch in der 'second best' Welt der Verlust an Konsum größer sein kann, als der durch Zoll erzielte Gewinn durch den Produktionseffekt.[2146] Aus diesen Gründen werden Subventionen (und Steuern) gegenüber Zöllen als erstbeste Maßnahmen bevorzugt.[2147]

[2140] Krugman/Obstfeld 1997: 197-198.
[2141] Zweifel/Heller 1997: 395.
[2142] Corden 1974: 94.
[2143] Dahinter steht weiterhin die Annahme, daß die Verschiebung des Kapitals von Arbeit zu Land proportional mehr Arbeiter freisetzt, als bei der Landarbeit eingesetzt werden würden, sodaß dort die Löhne absinken würden, wobei dies unerwünscht ist und durch die Zölle verhindert werden soll. Stolper/Samuelson 1941/1942: 73; siehe Corden 1974: 96-98.
[2144] Corden 1974: 7-11; Johnson 1971: 90.
[2145] Corden 1974: 9-11.
[2146] Corden 1974: 5-13, 18-19; Johnson 1971: 91-92.
[2147] Johnson 1971: 92-93, 95; Donges 1981: 34. Dies gilt nur unter den Bedingungen, daß Subventionen finanziert werden können durch nichtverzerrende Steuern, die Besteuerung keinerlei Kosten verursacht und auch nicht die Subventionierung und daß die einkommensverteilenden Effekte, etwa der Besteuerung, vernachlässigt werden können. So: Corden 1974: 42.

Die einzige, auf breiter Ebene von der neoklassischen Theorie akzeptierte Abweichung von der These, daß Zölle Wohlfahrtsverluste auslösen, ist der Fall eines großen Landes, welches wie ein privates Monopol auf dem heimischen Markt auf dem Weltmarkt agieren kann und mit einem Exportzoll auf seine Exportware seinen Wohlfahrt maximieren kann ('Optimalzolltheorie').[2148] Solche Fälle gibt es nur im Einzelfall: Beispielsweise stellt Kenya 70-80 % der Weltproduktion von Pyrethrum (ein natürliches Insektizid) her.[2149]

Auch folgendes wird in der Literatur erwähnt: Zölle sind effizienter als Subventionen, wenn es darum geht Importe zu verringern.[2150] Und für Entwicklungsländer mögen Subventionen schwerer einsetzbar sein, weil ihnen die Gelder dazu fehlen (hier werden Steuererleichterungen als Alternative vorgeschlagen, das überzeugt aber nicht ganz).[2151]

Wie dem auch sei, die Diskussion weiterer Argumente wird etwa von Neoklassikern wie Johnson (1971) unter ein anderes Label abgeschoben, so wird zum Beispiel das Ziel der Selbstversorgung in die Rubrik 'Non-Economic Arguments for Protection' eingeordnet, wobei dann von vorneherein angenommen wird, daß damit in die Welt des 'second best' abgetaucht wird[2152] und es scheint ausgemacht, daß es für die Gesellschaft Wohlfahrtseinbußen gibt.[2153]

Daß es Wohlfahrtseinbußen gibt, ist aber nicht in allem Fällen klar, denn in diesen Modellen wird das simple, oben bereits erwähnte Argument ignoriert, daß sich Zölle dann lohnen, wenn die statischen Kosten durch eine verzerrte Resourcenallokation durch spätere dynamische Wohlfahrtsgewinne wieder kompensiert werden können.[2154] Ein Beispiel zur Automobilindustrie in Korea und Indonesien wurde eben genannt. Weiterhin ist zu erwähnen, daß die Theorie strategischer Handelspolitik, teilweise zumindest, wohlfahrtserhöhende Effekte von Zöllen berechnet.[2155] Nur sind nicht immer die Bedingungen und ein sachlicher Anlaß für einen solchen dynamischen Einsatz der Zölle vorhanden.

[2148] Wobei dies die weltweite Wohlfahrt verringert. Siehe die detaillierte Darstellung dieses Konzepts quer durch die Wirtschaftsgeschichte in Gerken 1999a: 31-38; siehe auch Baldwin 1992a: 807.
[2149] Trade Policy Review Kenya 2000: 59.
[2150] Johnson 1971: 95.
[2151] Johnson 1971: 93.
[2152] Johnson 1971: 93.
[2153] Corden 1974: 16-17. Siehe hierzu auch Abschnitt 'J', Punkt 8, Subventionen und Ausgleichsmaßnahmen.
[2154] Vgl. die folgende Stellungnahme zu Erziehungszöllen mit klarem Pareto-bezug sowie einer Unterscheidung zwischen statischen und dynamischen Prozessen: "We have considered the so-called static or allocative costs of protection which result from distortions in relative prices due to the application of protective measures. The infant industry argument tells us that an industry should nevertheless be protected if this cost is recouped as a result of productivity increase over time. (...) Whichever formulation is chosen, the gist of the matter is that the present (static) cost of protection is accepted for the sake of future (dynamic) benefits..." Balassa et al. 1971.
[2155] Schon oben wurden die Beispiele in einer Fußnote näher beschrieben. Rekurriert wird hier auf Richard E. Baldwin und Paul Krugman in Piazolo 1994: 43.

Unklarheit herrscht im Bereich der Neoklassik über die tatsächliche Größe der Wohlfahrtsauswirkungen von Zöllen.[2156] Mal scheinen die Einbußen durch Zölle garnicht so weitgehend zu sein. So könne ein "second best optimum tariff" gefunden werden, der zur Korrektur heimischer Verzerrungen eingesetzt wird, der etwas niedriger angesetzt wird, um Konsumentenverluste zu minimieren.[2157]

Aus der common sense Perspektive sind die Zollwirkungsmodelle somit nicht gänzlich überzeugend:

Wohlfahrtseinbußen wären etwa geringer, wenn der heimischen Produktion bei ihrer durch den Zollschutz ausgelösten Produktionssteigerung nicht so weitgehende Ineffizienzen zugrundeliegen würden, wie dies angenommen wird (dies wird simplerweise aus der Abweichung vom Gleichgewichtspreis geschlossen). Je höher die Effizienz der Industrie, desto geringer würde der Verlust durch den Zoll wiegen (daß der Staat den Konsumenten die Zolleinnahmen überweisen würde, wird hier nicht als realistisch angesehen[2158]), wobei allerdings dazukommen muß, daß die heimischen Unternehmen zusätzlich darauf verzichten müßten, ihre Preise auf das neue, vom Zoll eingeräumte Preisniveau zu erhöhen.

Von Corden (1974) wird zur Einschätzung der Zollwirkungen auf den Modellcharakter dieser normativen Vorgaben der orthodox neoklassischen Theorie hingewiesen. Er fordert die Wirtschaftswissenschaftler auf, anstatt auf der Modellebene die Auswirkungen einzelner Zölle zu untersuchen, Länderstudien hinzuzuziehen, um die Anreizeffekte der gesamten Zollstruktur abzuschätzen.[2159] Und immerhin akzeptieren auch liberale Autoren ein Erziehungszollargument, das auf einer dynamischen Perspektive beruht, wenn die Verzerrungen bzw. Veränderungen der Preisniveaus nicht ganz so groß sind.[2160] Es könnte also in bestimmten Fällen durchaus so sein, daß negativen Effekte weniger groß sind, daß die heimischen Unternehmen durch Zölle in ihrer Investitionstätigkeit angeregt werden und Produktivitätszuwächse stattfinden, die zu niedrigeren heimischen Verbraucherpreisen führen, wobei später dann Exporte erfolgen.

[2156] "Die abgeleiteten Wohlfahrtseffekte bedürfen einer Relativierung". Dort wird weiterhin bereits, siehe unten, einer Argumentation gegen Zölle verwendet, die auch negative dynamische Effekte dieser auf den Wettbewerb etwa erwähnt. Rose/Sauerheimer 1999: 582.
[2157] Corden 1974: 18-20. Das Standardbeispiel für Verzerrungen sind negativ zu bewertende externe Effekte durch die Verschmutzung, durch die unterschiedliche individuelle und soziale Kosten entstehen: "but the basic idea remains that the tariff would impose a new divergence between private and social cost in the process of offsetting an existing disadvantage." Corden 1974: 13. Siehe dazu auch die 'second best'-Diskussionen in Meade 1955. Bis heute wird sich an diese Diskussionen erinnert und zugestanden, daß wenn 'second best'-Bedingungen vorliegen, ein Optimalzoll oder eine Exportsteuer die Wohlfahrt erhöhen kann. Baldwin 1992a: 809.
[2158] Dies verringert die Wohlfahrtseinbußen. Teilweise wird in den Modellen sogar unterstellt, daß der Staat die Zolleinnahmen als Pauschalbeträge ('lump sum') zurückgibt. Rose/Sauernheimer 1999: 582, 589.
[2159] Corden 1971: 71-72.
[2160] Balassa et al. 1971: 75, 76-78. Das Erziehungszollargument wird auch akzeptiert in Balassa 1971: 187. Dort wird, neben einem Erziehungszoll für einzelne Industrien, generell ein moderater Zollschutz ebenso für sinnvoll erachtet, um die verarbeitende Industrie zu fördern. Dieser Zollschutz soll aber nicht diskriminierend angewendet werden und auf einer Ebene von höchstens 20 % angesiedelt sein. Balassa 1971: 187. Insgesamt gesehen ist dies eine im großen und ganzen überzeugende Argumentation, die allerdings die Möglichkeiten staatlicher Politik nicht thematisiert und ein wenig zu oft darauf hinweist, daß nur die naheliegenden komparativen Vorteile für den anzustrebenden Entwicklungspfad ausschlaggebend sind.

Dieselben liberalen Autoren kritisieren diese Argumente aber richtigerweise auch, weil dieser Idealfall nicht immer eintreffen muß. Den dynamischen Wohlfahrtsgewinnen könnten nämlich auch dynamische Wohlfahrtsverluste entgegengestellt werden. Es muß also ebenso gefragt werden, ob Erziehungszölle und die Außenhandelspolitik nicht die gegenteilige Wirkung haben kann, nämlich, daß sie Produktivitätsgewinne über die Zeit hemmt. Dies kann etwa dadurch geschehen, daß die Firmen annehmen, daß der Schutz niemals aufgehoben wird ("there are generally no expectations for the removal of protection").[2161] Zölle und Schutz können also durchaus auch aus dynamischer Perspektive kontraproduktiv wirken, das Erzielen von Skalenökonomien verhindern, technischen Wandel durch verminderten Wettbewerb verzögern und somit das Gegenteil bewirken, was ihnen ebenfalls aus dynamischer Perspektive zugesprochen werden kann.[2162]

Letztendlich bleibt es damit von einer Reihe von Faktoren abhängig, ob Zollschutz sinnvoll eingesetzt werden kann. Wichtig ist u.a. die Industriestruktur, damit u.a. verbunden der erreichte Effizienzgrad, das Preisverhalten der Industrie und schließlich die allgemeine Ausrichtung der Wirtschaftspolitik, wobei eine exportorientierte Politik eingesetzt werden kann, um dynamischen Wohlfahrtsverlusten entgegenzusteuern.

4.4.4.3 Zollschutz und Direktinvestitionen

Wenn die Theorieannahmen gewechselt werden und nicht mehr die neoklassische Theorie internationalen Handels ausschlaggebend ist, sondern angenommen wird, daß die Staaten um das mobile Finanzkapital auf weltweiter Ebene konkurrieren, wird eine weitere potentiell wohlfahrtssteigernde Verwendungsmöglichkeit von Zollschutz deutlich. Dadurch, daß Marktzugang für Unternehmen durch Zollschutz erschwert wird, wird das Interesse geweckt, durch Direktinvestitionen Marktzugang zu erhalten, speziell dann, wenn ein Land groß genug ist und Absatzmöglichkeiten verspricht: Dieser erfolgt durch den Aufbau einer neuen Fabrik, die Übernahme von lokalen Firmen oder Joint Ventures. Entschließen sich die Firmen dazu, werden zudem die Profitaussichten durch die Schutzbarrieren erhöht. Zölle stellen somit einen Anreiz dar, in diesem Land zu investieren. Genannt werden solche Investitionen oft 'tariff jumping investments'. Beispiel dafür ist Brasilien mit seiner Maschinenbau-, Automobil- und Luftfahrtindustrie, die von Anbeginn an mit diesem Prinzip relativ erfolgreich angelockt werden konnte.[2163]

[2161] Dies dürfte man eigentlich nicht mehr als Erziehungszoll bezeichnen, weil damit eben ein dynamischer Prozess der Produktivitätsverbesserung geschützt werden soll und der Zoll später wegfallen muß. Balassa et al. 1971: 75.
[2162] Balassa et al. 1971: 75-80, 98; so auch Rose/Sauernheimer 1999: 582-583.
[2163] Bergman/Malan in Balassa et al. 1971: 134; siehe auch Corden 1974: 218-219; aus heutiger Sicht beschreibt dies als eine Möglichkeit Kapital und Investitionen anzulocken: Gerken 1999: 27-29; als Motivation multinationaler Konzerne in ausländischen Märkten aktiv zu werden, wird aufgezählt: "To overcome government-mandated trade or investment barriers." Dunning 1997: 50. Siehe ebenso den Länderteil Brasilien in Abschnitt 'G'.

4.4.4.4 Skalenökonomien und Liberalisierung bei nicht-perfekten Märkten

Skalenökonomien bieten ein überzeugendes Argumente gegen Liberalisierung, denn wenn durch Liberalisierung und höhere Importe der Output heimischer Industrien kontrahiert, können ehemals erzielte Skalenökonomien nicht mehr erreicht werden oder es wird verhindert, daß in Zukunft solche Ökonomien erreicht werden. Dies würde zu einem Rückgang der Wohlfahrt führen.[2164] Gefürchtet wird zudem der Effekt, daß durch Liberalisierung vor allem moderne, skalen- und gleichzeitig kapital- und wissensintensive Sektoren kontrahieren, sodaß Skalenökonomien, positiv bewertbare Externalitäten für andere Firmen und höhere Profite als im Rohstoffbereich ausbleiben.[2165] Dieser Effekt mag zudem für die Entwicklungsländer wahrscheinlicher sein, weil dort die Industriebereiche konzentrierter zu sein scheinen. Für Korea wurde dies oben gezeigt, in Lateinamerika gehörten in den siebziger Jahren Tabak, Eisen- und Stahl, Gummiprodukte, Papierprodukte, Zement, Kunstfasern und Getränke tendenziell zu den konzentrierten Bereichen. Hier gibt es aber signifikante Unterschiede zwischen den Ländern und Branchen, sodaß denkbar ist, daß immerhin mehrere Firmen in einem Bereich aktiv sind. Viele für diese Diskussion wichtige Fakten bleiben somit unklar bzw. können schwer generalisiert werden[2166]:

Die kleinen internen Märkte können somit, trotz Zollschutz, dazu führen, daß die Firmen zu klein sind, um optimale Skalenökonomien zu erreichen. Ein plausibles Argument von Seiten der neoklassisch liberalen Seite besagt zudem, daß die hohen Preisniveaus, die der Zollschutz verspricht, ausgerechnet dazu führen, daß zuviele Firmen in den Markt eintreten, die aber dann kaum optimale Skalenökonomien erreichen und gegenseitig höhere Kosten auslösen.[2167] Dies wird beispielsweise sichtbar an der Automobilindustrie in vielen kleinen Entwicklungsländern[2168] und an der Papier- und Zellstoffindustrie Brasiliens vor der Restrukturierung in den neunziger Jahren.[2169] In anderen Fällen gab es sicher auch skalenoptimal angelegte Projekte, darauf deuten die hohen Konzentrationswerte ebenso hin.[2170] Empirisch klar scheint weiterhin, daß in den Entwicklungsländern, wenn konzentrierte Märkten vorlagen, dort durchaus höhere Profite gemacht wurden, wenigstens in den siebziger Jahren.[2171]

Prinzipiell ist in solchen komplexen Konstellationen einerseits skalenoptimaler andererseits zu kleiner Firmen aus dynamischer Perspektive beides denkbar, Wohlfahrtsgewinne und Wohlfahrtsverluste durch Liberalisierung, in den Worten von Dani Rodrik (1988):

[2164] Rodrik 1988: 110-111.
[2165] Rodrik 1988: 110-111.
[2166] Kirkpartrick et al. 1984: 73. Siehe: **Tabelle 115** und **Tabelle 116**. "It appears, however, that imperfect competition is in fact more pervasive in the industrial sectors of the developing countries than of the developed ones." Rodrik 1988: 112.
[2167] Rodrik 1988: 115.
[2168] Siehe: **Tabelle 117**, **Tabelle 118**.
[2169] Siehe Abschnitt 'G'.
[2170] Aber gab sicher auch viel zu groß dimensionierte Projekte, die weder durch den Binnenmarkt noch durch Exporte aufrechtzuerhalten waren, die sogenannten Weißen Elefanten. Rodrik 1988: 115.
[2171] Kirkpatrick et al. 1984: 76-77.

"In the presence of imperfect competition and increasing returns to scale, trade liberalization is compatible both with a magnification of the welfare gains *and* with welfare losses. It all depends on how the economy is expected to adjust, which in turn depends on the frustrating ambiguities of oligopoly theory. At one extreme, we could imagine that free entry eliminates all excess profits and that liberalization rationalizes industry structure by reducing the number of firms and forcing the remaining down their average cost curves. In such a view of the world, the benefits of trade liberalization can easily amount to several times the usual Harberger triangles. (...) But at the other extreme, we can imagine a world in which the contracting sectors tend to be those with supernormal profits and unexploited industrywide scale economies. The protectionists' fears may then well be justified."[2172]

Wohlfahrtsgewinne durch Liberalisierung können somit dann erzielt werden, wenn dadurch Hochkostenproduzenten zum Marktaustritt gezwungen werden und die restlichen Unternehmen dadurch die Chance erhalten, ihren Output zu erhöhen und dadurch größere Skalenökonomien erzielen können, wobei sie dies schließlich sogar dazu nutzen könnten, um auf dem Weltmarkt zu expandieren. Dies hängt aber davon ab, ob genügend Firmen den Markt verlassen und es leicht fällt, den Markt zu verlassen ('free exit'[2173]).[2174] Dies könnte als Rationalisierung oder Restrukturierung bezeichnet werden (letzteres, wenn man versuchte, etwas mehr Produktionsstätten zu retten), worauf auch der Staat Einfluß nehmen kann.[2175] Wenn dagegen die meisten Firmen am Markt präsent bleiben, ist eine Expansion der Industrie insgesamt nötig, um Skalenvorteile zu erhöhen. Treten bei einer Liberalisierung unter solchen Umständen zuwenig Firmen aus dem Markt aus, ergeben sich Wohlfahrtsverluste.[2176] Im beiden Fällen können Exporte zu einer Outputerhöhung verhelfen, dies muß aber gelingen und ist speziell in vielen erstmalig geschützten Bereichen nicht einfach.[2177] Bei einer Rationalisierung und Restrukturierung stellt sich auch die Frage, wieviel dieser Firmen und Arbeitsplätze gerettet werden können.[2178] Wenn die Industrie großteils ineffizient und nur eine

---

[2172] Rodrik 1988: 110-111.
[2173] "Taken literally, this scenario implies that whole factories are dismantled, sold piecemeal at full economic value in perfect markets, and ultimately used to enhance the productive capacity of expanding firms in the same sector or in others." Rodrik 1988: 130.
[2174] Rodrik 1988: 110, 127-128.
[2175] Zum verbreiteten staatlichen Einfluß auf die Restrukturierung, obwohl dort nicht gern gesehen, siehe die Weltbankpublikation von Pomerleano et al. 2005.
[2176] D.h. konkret, daß Profite und Outputmengen zurückgehen. Nur dadurch, daß signifikante Renten (3,2 %) für die Automobilindustrie angenommen werden, werden hier insgesamt gesehen keine Rückgänge der Wohlfahrt berechnet (dies wird aber etwa bei Haushaltsgeräten festgestellt). Rückgang des Outputs liegt in der Automobilindustrie bei 'freiem Markteintritt' bei - 7,2 % (Profit - 3,2), in einer Cournot Situation - 7,5 % (Profite - 3,2), bei 'collusion' - 0,2 % (Profite - 1,9 %). Weiteres Resultat ist, daß bei 'free exit' das Ergebnis erzielt wird, daß die Preisniveaus ansteigen, sodaß die Vorteile der Liberalisierung nicht den Konsumenten, sondern den Produzenten zukommen. Siehe die modellhafte Untersuchung einer möglichen Handelsliberalisierung in der Türkei. Rodrik 1988: 122, 126, 129-130. Interessanterweise kommt Rodrik zu der Feststellung, daß ein Zollschutz von 25 % verhindern kann, daß eine Liberalisierung wohlfahrtszerstörend wirkt und schließt, daß eine deutliche Liberalisierung in den Entwicklungsländern möglich wäre, trotz nicht-perfektem Wettbewerb. Rodrik 1988: 130.
[2177] Rodrik 1988: 122.
[2178] Problematisch ist, daß bei vielen der geschützten skalenintensiven Industrien gemäß dem (einfachen konzipierten) Paradigma der komparativen Vorteile für Entwicklungsländer angenommen wird, daß sie hier nicht über Vorteile verfügen d.h. eben Exporte nicht zu erwarten sind und somit eine Kontraktion nach der Liberalisierung in Kauf genommen müsse, ohne sich viel Gedanken über Restrukturierung zu machen. Rodrik 1988: 122.

Kontraktion zu befürchten ist, können Zölle dazu dienen wenigstens ein Teil dieser Industrie zu erhalten, bis sich diese etwa modernisieren läßt. Die wäre aber eine 'passive' Nutzung von Zöllen, weil dies Wohlfahrt auf einem bestimmten Niveau erhalten hilft, kaum aber dynamische Prozesse erwarten läßt. In Abschnitt 'G' wird ein partiell angelegter, passiver Zollschutz für afrikanische Länder als begründbar angesehen.

Hier kann keine Überblick über empirische Studien zu diesen Argumenten Rodriks (1988) gegeben werden, weil sich hierzu, eben dem dynamischen Strukturwandel unter Bedingungen progressiver Liberalisierung in Entwicklungsländern, keine ausreichend komplexen und detailgenauen Langzeituntersuchungen finden.[2179] Das Ergebnis einer Studie sei wiedergegeben: So hat es, als Reaktion auf die relativ umfassende Liberalisierung in Chile seit den 1970ziger Jahren, keine Zunahme der Marktaustritte ('exit rates') gegeben. Es war aber durchaus der Fall, daß die Fabriken teilweise ihre Produktion stoppten, aber später auf die Produktion anderer Güter umstellten (ein schöner Beweis für die These Walter Euckens von der Flexibilität des modernen Produktionsapparates). Nur die Markteintritte sanken ab und wenn es zusätzliche Markteintritte gab, waren diese größer als zuvor, sodaß sich die Skalenökonomien allein dadurch etwas verbesserten.[2180] Dazu wird die Beobachtung gemacht, daß die Industrien wettbewerbsfähiger als U.S. Industrien sind, auch in den Bereichen, die nicht zunehmenden Importen ausgesetzt waren.[2181]

4.4.4.5 Die ambivalenten Wirkungen von Zollschutz: Hamilton vs. List

Auch ohne über die theoretischen Grundlagen des zwanzigsten Jahrhunderts zu verfügen wurden von Alexander Hamilton (1791) und Friedrich List (1841) die Vorteile und Nachteile von Zöllen bzw. das Erziehungszollargument bereits auf dem hier erreichten Argumentationsniveau differenziert diskutiert.[2182] List (1841) war sich nicht nur über die positiven, sondern auch die negative Folgen einer protektionistischen Politik bewußt. In bezug auf Deutschland konstatiert er, daß die negativen Folgen nicht zutrafen. Es wird dargelegt, daß Schutzzölle von 20 % bis 60 % auf Manufakturwaren in Deutschland einen Boom bezüglich solcher Waren auslösten und er stellte ebenso fest, daß die Gefahren des Zollschutzes nicht vorlagen, denn, einmal abgesehen von einer kurzen Zeitspanne in der dies zutraf, stiegen die Preise für die Konsumenten aufgrund der internen Konkurrenz nicht auf die vom Zollschutz ermöglichten hohen Preisniveaus heran und die Qualität der Produkte ließ ebenfalls

---

[2179] Siehe die wenig aussagekräftigen Studien über Mexiko, Marokko, Kolumbien und die Türkei in Tybout/Westbrook 1996. Oben wurde schon die These von Tybout/Westbrook (1996) kritisiert, daß die Kostensteigerungen bei suboptimaler Produktion moderat seien. Tybout/Westbrook 1996: 111-112.
[2180] Tybout 1996: 215.
[2181] Tybout 1996: 215.
[2182] Hamilton 1791; List 1841: 541. Es ist kaum überzeugend, sie einfach als Abweichler ('heretics') abzustempeln. So aber Johnson 1971: 84. Weiterhin wird dieses Argument von John Stuart Mill erwähnt: "The only case in which, on mere principles of political economy, protecting duties can be defensible, is when they are imposed temporarily (especially in young and rising nations) in hopes of naturalizing a foreign industry, in itself suitable to the circumstances of the country. The superiority of one country over another in a branch of production often arises only from having begun it sooner. There may be no inherent advantage on one part, or disadvantage on the other, but only a present superiority of acquired skill and experience." Corden 1974: 59.

nichts zu wünschen übrig.[2183] Diese Schutzpolitik könne als Erfolg angesehen werden, wenn begründet werden könne, daß eine solche Entwicklung ohne Zölle nicht auf diese Art und Weise erfolgt wäre. List ist weiterhin darauf bedacht, daß dieser protektionistische Zustand temporär bleibt. In bezug auf die internationale Ebene wünscht er, daß die Ländern einen ausgeglichenen Handel miteinander treiben und sich gleichermaßen Rohstoffe und Manufakturprodukte abnehmen.[2184] Ob dagegen Hamilton (1791) begründeterweise die Einführung von Zöllen vorschlug, kann in bezug auf bestimmte Sektoren bestritten werden. Als Präsident Jefferson 1807 aus politischen Gründen ein Embargo gegen englische Güter beschloß, führte dies zu einem Aufschwung der amerikanischen verarbeitenden Industrie.[2185] Inwieweit die spätere Einführung von Zöllen, ab 1824, wirklich zu Verbesserungen geführt hat, wird in Untersuchungen, beispielsweise für die Baumwolltextilindustrie, bezweifelt.[2186] Der Schutz der amerikanischen Baumwollindustrie zog keine signifikanten Lerneffekte nach sich und führte sogar zur einer relativen Stagnation.[2187] In bezug auf den frühen Industrialisierungsprozess in Europa ist es schwierig eine generell positive Wirkung von Zöllen festzumachen. Zwar haben die 1873 in vielen großen Ländern erfolgten Zollerhöhungen, darunter in Deutschland, sicher nicht extrem nachteilig gewirkt. Daraus ein noch heute allgemein gültiges Argumente für den Zollschutz zur Beschleunigung des Entwicklungsprozesses zu konstruieren ist aber aufgrund der speziellen Umstände schwierig. So konnten sich auch kleine Länder mit niedrigeren Zollniveaus wirtschaftlich schnell entwickeln, obwohl sie zuerst einmal von Rohstoffexporten geprägt waren. Dies lag jedoch deutlich erkennbar daran, daß damals noch viele entscheidende Erfindungen gemacht werden konnten und sich kleine Länder damit erfolgreich auf Nischenmärkten etablieren konnten und dadurch ein schnelles Aufholen möglich war.[2188] Diese Bemerkungen richten sich auch skeptisch gegen Chang (2002), welcher den Erziehungszölle bzw. dem Zollschutz in dieser Zeitperiode der Geschichte der Industrieländern eine positive Rolle, neben anderen wirtschaftspolitischen Spielräumen, einräumt. Er gesteht allerdings ebenso ein, daß Zölle nicht das einzige, geschweige den wichtigste wirtschaftspolitische Instrument dieser Zeit waren.[2189] Zuletzt ist bemerkenswert, daß die damaligen Kolonien und Japan damals zu niedrigen Zöllen gezwungen wurden.[2190]

[2183] Weiterhin hat die Landwirtschaft ihre Produkte zu höheren Preisen absetzen können. List 1841: 499-500. Damals wird geplant und argumentativ verteidigt, daß die deutschen "Runkelrüben-Zuckerfabriken" nicht "dieses Bedürfnis im Wege des Tausches mit den Ländern der heißen Zone auf vorteilhafte Weise als durch Selbstproduktion" verschafft. List 1841: 543. Dies ist die Geburt des Zuckerprotektionismus, der bis heute besteht, nun auf EU-Niveau. Von Lundvall (1992) wird List zutreffenderweise als Vorläufer der 'National Systems of Innovation'-Theorie bezeichnet.

[2184] Wiewohl es ihm um die generelle Ausweitung von Handel geht, im Zollverein mit Österreich sogar um "vertragsmäßig wechselseitige Konzession", ist er aber auch der bilateralen Zusicherung von Märkten nicht abgeneigt, so sollten die Holländer in Deutschland Kolonialwaren absetzen, dafür aber im Gegenzug ihre Maschinen nicht in England kaufen, sondern einen Zoll gegenüber England erheben. Ebenso sollten die türkischen Provinzen "zum Vorteil der Manufakturindustrie und ihres auswärtigen Handels" ausgebeutet werden. List 1841: 549, 542, 538-550.

[2185] Gillis et al. 1996: 502.

[2186] David 1975: 165-168.

[2187] David 1975: 165-167.

[2188] Siehe in diesem Sinne die detailreiche Studie von Menzel 1988: 523-580.

[2189] Chang 2002: 65; zum Thema politischer Regulierung von Direktinvestitionen Chang 2003: 11-38; zum Thema wirtschaftspolitischer Spielräume Chang 2005: 19-20.

[2190] Chang 2005: 6-9.

4.4.4.6 Fazit: Neoklassik, Skalenökonomien und Zölle

Zusammengefaßt leiten sich Gründe für die Ablehnung von Zöllen von neoklassischen Modellen her, die einen wichtigen Orientierungspunkt darstellen. Nicht zuletzt deshalb, weil es auch dem common sense einleuchtet, daß Zölle die Preise für heimische Produkte stark anheben können, daß dadurch so wenig konsumiert wird, sodaß dies die eigentlich angestrebten Outputzuwächse konterkariert und insgesamt gesehen ein Wohlfahrtsverlust entsteht. Die Geltung dieser Modelle ist aber durch das mögliche Vorhandensein von dynamischen Effekten eingeschränkt. Und die wohlfahrtsmindernden Effekte können, unter bestimmten Umständen, abgemildert werden, etwa wenn intern Wettbewerb besteht, sodaß die internen Preisniveaus nicht allzu stark ansteigen. Die Warnung vor den negativen Effekten der Zölle sollte dennoch ernstgenommen werden. Solche sind insbesondere dann wahrscheinlich, wenn der Schutz von Unternehmen als dauerhaft wahrgenommen wird und dann, wenn der Schutz im Rahmen einer Politik der Importsubstitution hoch angelegt und breit ausgedehnt wird. Dadurch werden so viele negative Effekte ausgelöst, daß dynamische Prozesse, die eigentlich durch Erziehungszoll-Anreize ausgelöst werden sollen, gefährdet werden. Eines dieser Probleme, welches die IS-Politik mit ihrem breiten Schutz aufwirft, ist, daß dringend benötigte Produktionsinputs bzw. Inputgüter nicht in der benötigten Bandbreite und Qualität vorliegen und daß dadurch die Produktion in anderen Bereichen der Volkswirtschaft benachteiligt wird.[2191] Bei einem breiten Schutz kann zudem nicht mehr vom 'infant industry'-Argument die Rede sein, sondern es liegt eine 'infant-economy' vor.[2192] Skalenökonomien wiederum können durch Zollschutz nur garantiert werden, wenn der Markt groß genug ist. Ist der Markt zu klein, sich Exporte nötig, um Skalenökonomien zu erzielen. Problematiken, aber auch Chancen, die mit einer Liberalisierung verbunden sind, werden durch die realistische Einschätzung von Rodrik (1988) zutreffend beschrieben.

5. Externalitäten

Externalitäten sind markgemäße und nicht-marktgemäße Effekte, denen die Konsumenten und Produzenten ausgesetzt sind. Normalerweise werden die marktgemäßen Beeinflussungen als pekunäre technologische Externalitäten beschrieben und aus neoklassischer Perspektive (hier darf es sie nicht geben)[2193] und aus dynamischer Perspektive (hier sind sie normal) nicht weiter als diskussionswürdig erachtet.[2194] Eine Diskussion soll dennoch erfolgen:

[2191] David 1975: 103; siehe auch Donges 1976: 635-644.
[2192] Bruton 1989: 1605, 1601-1606.
[2193] Baldwin 1969: 297.
[2194] Fritsch et al. 1993: 55.

5.1 Nicht-marktgemäße Externalitäten

Zuerst werden die nicht-marktgemäßen Effekte, etwa Wissensdiffusion, fokussiert.[2195] Die Neoklassik nimmt an, daß externe Effekte zu Ineffizienzen führen (etwa im Sinne einer Abweichung vom Pareto-Optimum): Konsumenten sollten nur ihren Konsum im Augen haben und sich um die anderen nicht kümmern.[2196] Und die Firmen dürfen weiterhin die Konsumentscheidungen nicht beeinflussen. Dasselbe gilt für die Unternehmensebene. Die Entscheidung eines Unternehmens darf die Produktionsmöglichkeiten eines anderen nicht beeinflussen.[2197] Ineffizienzen entstünden beispielsweise dann, wenn eine Firma von der Technologie einer anderer Firma profitierten, denn in diesem Fall erniedrige der Output der anderen Firma die Kostenkurve der ersteren Firma.[2198] Dies macht aus der pragmatischen Sicht des dynamischen Wettbewerbs weniger Sorgen, mehr dazu weiter unten. Aus der Perspektive der neoklassischen Ökonomie erscheint dies aber, dies wurde in der Theorie der Verfügungsrechte schon thematisiert, als dramatisch.[2199]

Die Forderung nach einer besserer Kontrolle der Externalitäten ('conditions of appropriability'[2200]) wird gestellt, weil gemäß der neoklassischen Modelle, der dadurch erzeugte soziale Zusatznutzen ohne Gegenleistung erbracht würde. Könnte die Firma diesen Nutzen für sich selbst reklamieren, würde ihre Gewinnmaximierung bei einem bestimmten Preisniveau bzw. einer bestimmten Menge höher liegen. Nun produziert aber die andere Firma, die von den Externalitäten profitiert, mehr. Aus neoklassischer Perspektive entgeht der Gesamtgesellschaft das höhere Wohlfahrtsniveau der ersteren Firma. Aus der Perspektive eines einmal vorliegenden Gleichgewichtspreises kann geschossen werden, daß der Preis der von den Externalitäten profitierenden Firma gesamtgesellschaftlich zu niedrig liegt (denn ohne Externalität wäre er höher) und der Preis der Firma mit den Kontrollproblemen liegt zu hoch.[2201] Mit der Pigou-Steuer (und Subvention) könnte dies korrigiert werden, welche vorsieht, daß Unternehmen, die von externen Effekten profitieren, eine Steuer zahlen, die genau auf diesen Betrag zugeschnitten ist und diese Steuer wird dann als Subvention dem Unternehmen gegeben, das die externen Effekte

---

[2195] Eigentlich wird zwischen einer direkten Interdependenz zwischen zwei Produzenten, die als technologische Externalität beschrieben wird und pekunären Externalitäten, die dies, aber auch die Marktbeziehungen zwischen vielen Firmen und die Nicht-Marktbeziehungen umfassen, unterschieden. Scitovsky 1954: 145-146; vgl. auch Meade 1955: 256-259. Diese Unterscheidung wird heute enger vorgenommen. Pekunäre Externalitäten sind Marktbeziehungen, also solche über den Preisvektor. Der Begriff technologische Externalitäten wird nur noch für direkte Nicht-Marktbeziehungen, also beispielsweise Wissensdiffusion, benutzt. So wird er verwendet in Fritsch et al. 1993: 55; und in Stewart/Ghani 1002: 132.
[2196] Varian 2001: 512.
[2197] Varian 2001: 512-513. Weiterhin müssen die Produzenten ihren Output genau zu dem Punkt erhöhen, bei dem ihre marginalen Kosten genau dem Preis entsprechen, zu dem sie ihren Output verkaufen. Stignum/Stignum 1968: 290.
[2198] Stignum/Stignum 1968: 281.
[2199] Nelson/Winter 1982: 358.
[2200] Levin et al. 1987.
[2201] Fritsch et al. 1993: 59-61. Ein Gegenargument fällt sofort ins Auge: Aus gesamtgesellschaftlicher Perspektive findet doch, selbst aus statischer Sicht, gar kein Wohlfahrtsverlust statt, wenn der Verlust des einen, durch den niedrigen Preis des anderen Unternehmens kompensiert wird. Und immerhin findet eine Verbreitung von Technologie statt. Die Antwort der Pareto-Theoretiker wäre wahrscheinlich der Verweis darauf, daß individuelle Nutzenvergleiche nicht möglich sind und mit Friedrich A. Hayek ist nicht zu bewerten, ob nicht die falsche Industrie davon profitiert.

produziert.[2202] Fragt sich nur, ob diese Vorstellung überhaupt zutrifft und Externalitäten nicht gesamtgesellschaftlich als wünschenswert angesehen werden können?

5.2 Nicht marktgemäße Externalitäten und interventionistische Eingriffe

Generell gilt, daß Externalitäten gerne als Begründung für interventionistische Eingriffe angeführt werden.[2203] Es gibt aber eine Reihe von ernstzunehmenden Gegenargumenten, wobei hier der skeptische Artikel von Robert E. Baldwin (1969) die argumentative Struktur vorgibt, der aus liberale Perspektive davon ausgeht, daß es vor allem für Erziehungszölle kein valides Argument gibt, das aus der Korrektur von Externalitäten herzuleiten ist.[2204] Externalitäten werden dabei in einem engen Sinn diskutiert, es geht vor allem um nicht marktgemäße, nämlich technologische Externalitäten im Zusammenhang mit Wissensdiffusion und solche, die in bezug auf Ausbildung von Mitarbeitern vorliegen, weil dies, so Baldwin, die einzig überzeugenden Argumente seien.[2205]

Diskutiert werden Situationen, bei denen Abweichungen von neoklassischen Bedingungen vorliegen und es möglich erscheint, daß eine staatliche Intervention bewirkt, daß ein sozial höheres Wohlfahrtsniveau erreicht wird, verglichen mit dem bei rein privaten Aktivitäten.[2206] Für einen Erziehungszoll wird beispielsweise argumentiert (Skalenökonomien werden hier nicht einbezogen), wenn es einer Firma in einer anfänglichen Zeitperiode nicht gelingt, technologische Externalitäten zu kontrollieren und wenn dies in höheren Kosten für eine Outputeinheit resultiert (als im Gleichgewicht) und der Kapitalmarkt würde eine solche Aktivität (weil dies weniger Rendite verspricht) nicht finanzieren. Dies könne dazu führen, daß gegenüber dem optimalen Zustand zu wenige Firmen in den Markt eintreten.[2207] In diesem Fall könne ein dafür kompensierender Zoll gemäß der neoklassischen Annahmen wohlfahrtserhöhend wirken. Eingewandt wird von Baldwin gegen eine solche Notwendigkeit von Interventionen, daß für die viele Unternehmen keine Externalitätsprobleme existieren, weil sie ihr Wissen schützen können.[2208] Ein Schutzzoll sei weiterhin nicht automatisch eine Garantie dafür, daß Firmen in den Technologieerwerb investieren, denn wenn es Externalitäten gibt, dann können anderen Firmen im selben Sektor das Wissen weiterhin kopieren und das Risiko, daß die

---

[2202] Fritsch et al. 1993: 74-77.

[2203] Siehe zu diesem Abschnitt Meade 1955: 256; Baldwin 1969: 297; Meier 1995: 475; Greenaway in Meier 1995: 476; Pack/Westphal 1990: 55. Siehe grundlegend zu diesem Abschnitt Baldwin 1969; Meade 1955; Corden 1971; Corden 1974; Johnson 1971; Meier 1995; Greenaway in Meier 1995; Steward/Ghani 1992; Harrison 1994.

[2204] Vgl. das Zitat aus Baldwin: "It the infant-industry argument for tariff protection is worthy of its reputation as the major exception to the free-trade case, it should be possible to present a clear analytical case, based on well-known and generally accepted empirical relationships unique to infant industries, for the general desirability and effectiveness of protective duties in these industries. The contention of the paper is that such a case cannot be made." Baldwin 1969: 303. Der Pareto-bezug wird klar ausgesprochen: "In short, not only do infant-industry duties distort consumption - as do all duties - by they may fail to achieve a socially efficient allocation of productive resources in new industries and may even result in a decrease in social welfare." Baldwin 1969: 304. Dies ist immerhin eine klare Aussage. Baldwin bemüht sich allerdings nicht um empirische Fälle und insofern ist dieses Statement schon weniger überzeugend. Bis heute wird von der liberalen Seite auf dieselben und ähnliche Argumente rekurriert siehe Meier 1995: 475-476.

[2205] Siehe grundlegend zu diesem Abschnitt Baldwin 1969; Meade 1955; Corden 1971; Corden 1974; Johnson 1971; Meier 1995; Greenaway in Meier 1995; Steward/Ghani 1992; Harrison 1994.

[2206] Baldwin 1969: 295-296, 303.

[2207] Baldwin 1969: 297; siehe zu dieser Argumentation auch Meier 1995: 475; Greenaway in Meier 1995: 476.

[2208] Baldwin 1969: 297.

Kosten für den Wissenserwerb nicht weiter eingespielt werden können, bleiben bestehen.[2209] Es würde sich sogar mehr lohnen für andere Firmen das Wissen von innovativen Unternehmen zu erwerben, um diesen dann Konkurrenz zu machen, wobei dies negative Wohlfahrtsauswirkungen haben kann.[2210] Zugestanden wird aber, daß die Situation anders wäre, wenn die Wissensdiffusion einem anderen Sektor zugute kommen würde.[2211] Aus liberaler Perspektive wird nur dann, wenn während der Zeit des Wissenserwerbs keine anderen Kosten entstehen, als solche, die für eine effiziente Produktion eingesetzt werden können, zugestanden, daß ein Zoll die langfristige Allokation der Ressourcen verbessern kann.[2212] Es biete sich alternativ aber an, neben den nicht gern gesehenen Zöllen, als erstbeste Maßnahme, die Kapitalmärkte direkt zu verbessern (falls das nötige Geld für Niedrigzinskredite zur Hand ist).[2213] Am Rande: Aus dynamischer Perspektive drängt sich das Argument auf, daß aus empirischen Untersuchungen, die zeigen, daß sich Wissen verbreitet, nicht folgt, daß dafür eine Kompensation nötig ist, sodaß sich hier dieses Argument für Zollschutz garnicht erst stellt.[2214]

Eine weiteres Argumentationspaar Baldwins (1969) lautet, daß die Ausbildung von Arbeitern Kosten verursacht. Weil die Arbeiter später zu anderen Firmen abwandern, läge eine Externalität vor, die durch Fördermaßnahmen korrigiert werden könnte. Dagegen wird argumentiert, daß Arbeiter für ihre Ausbildung bezahlen könnten, indem sie einem niedrigeren Lohn akzeptieren.[2215] Ähnlich wird in bezug auf Ausbildungsbeihilfen argumentiert, denn Firmen könnten weniger Interesse an der Ausbildung ihrer Mitarbeiter haben, weil diese ihren Arbeitsplatz wechseln könnten, wodurch die Kosten einer Ausbildung größer als die daraus resultierenden Vorteile sein könnten.[2216] Als weiteres Argument wird auf fehlende perfekte Informationen für Investoren hingewiesen, die die Risiken überschätzen können, die mit einer Investition verbunden sind. Hierzu wird immerhin akzeptiert, daß ein Zoll zumindest eine Marktstudie finanzieren helfen könnte. Ein weiteres Gegenargument von Baldwin lautet aber, daß ein Zoll den Preis verzerrt und dadurch die Informationen für die Investoren wieder unsicherer macht.[2217]

[2209] Baldwin 1969: 298-299.
[2210] Baldwin 1969: 298. Dieses Argument ist nicht so pedantisch wie es sich anhört. Eine Untersuchung bezüglich der Effekte von Zöllen auf die Wissensverbreitung in der Textilindustrie in den USA 1832-1900 zeigt, daß Zölle den Eintritt von zusätzlichen Firmen auslösen und diese müssen dann als Gruppe durchaus eine recht schnelle Produktivitätsentwicklung vorweisen, um insgesamt gesehen keinen Wohlfahrtsrückschritt zu implizieren. David 1975: 155-156.
[2211] Dann könnte ein Zoll eine Firma anregen, Lernkosten auf sich zu nehmen. Baldwin 1969: 299.
[2212] Baldwin 1969: 299.
[2213] Baldwin 1969: 297, 303. Siehe auch Meier 1995: 475. Allerdings, so würde die liberale Seite warnen, müßte die Regierung über ein besseres Wissen als die Finanzmärkte verfügen, welche Aktivitäten langfristig erfolgreich sein werden. Meiklejohn 1999: 29. Weil kleine und mittlere Unternehmen, dies wird unterstellt, keinen so guten Zugang zu den Finanzmärkten haben wie große Unternehmen, können von seiten der öffentlichen Hand diverse Hilfen bereitgestellt werden, darunter Kreditverbilligungen und direkte Subventionen. Ebenso werden Institutionen finanziert, die kleinen und mittleren Unternehmen bei der Informationsbeschaffung zur Seite stehen. Meiklejohn 1999: 29.
[2214] Anhand empirischer Studien kann gezeigt werden, daß Wissen nicht perfekt zu schützen ist. Auf der anderen Seite gibt es eine Reihe von Möglichkeiten, die Zeit ausnützen, in der dies noch gelingt. Levin et al. 1987: 795, 811. Siehe unter dem Punkt 8, Patentschutz, mehr dazu.
[2215] Baldwin 1969: 301.
[2216] Meiklejohn 1999: 29.
[2217] Baldwin 1969.

Von einem anderen Autor wird in bezug auf die Frage nach der Finanzierung ein Machtwort gesprochen: "the problem comes down to the fact that even the most alert and foresighted entrepreneurs might will 'hesitate' to finance an initial interlude of commercial loss".[2218] Noch deutlicher: "Of course in most developing nations the capital market would be more accurately modelled as non-existent rather than as perfect."[2219] Letzteres wird, siehe oben, auch von Baldwin zugestanden und somit wäre eine temporäre konzessionäre Bereitstellung von Kapital durch die Kapitalmärkte oder eine Subvention bei substantiellen Externalitäten aus liberaler Sicht begründbar, wenn ansonsten die Finanzierung von Investitionen nicht erfolgen würde. Zollschutz wird aber aus Pareto-Gründen abgelehnt, aber auch aus common sense Gründen, weil dadurch Preissteigerungen für heimische Produkte und kontraproduktive Anreizwirkungen ausgehen können.[2220]

Fraglich bleibt aus dynamischer Perspektive, ob die von Baldwin behaupteten kontraproduktiven Wissensdiffusionseffekte auf die Bereitschaft in Technologie zu investieren wirklich ein solches Ausmaß erreichen, siehe dazu auch Punkt 8 mit Informationen zur Empirie der Wissensdiffusion und der Anreize weiter unten. Weiterhin stellen sich sämtliche anderen Fragen, die bei Interventionen relevant werden, etwa das Problem, ob die richtigen Sektoren gefördert werden und welche Maßnahmen sinnvoll sind. Es drängt sich aus dynamischer Perspektive nicht gerade auf, Zölle zur Beschleunigung der Wissensdiffusion einzusetzen. In der Literatur wird zur Verhinderung kontraproduktiver Externalitäten etwa eine Modellfabrik vorgeschlagen, die Technologien ausprobiert und Fachkräfte ausbildet, die dann Wissen gezielt verbreiten und es wird sich gefragt, ob wirklich Subventionen oder eine breiter Zollschutz speziell für solche 'spillovers' erforderlich sind.[2221] Festzuhalten ist weiterhin, daß diese sehr kritische Diskussion von Externalitäten nicht zu einer pauschalen Ablehnung von staatlichen Maßnahmen zur Stärkung der Kapitalmärkte geführt hat.

5.3 Marktgemäße Externalitäten

Externe Effekte beschränken sich aber nicht auf Anreize für den Wissenserwerb und- verbreitung, Lerneffekte, Anreize für die Ausbildung und damit verbundene Fragen nach der Risikoeinschätzung von Kapitalmärkten. Mit dem Terminus der pekunären technologischen Externalitäten kritisiert der frühe Tibor Scitovsky (1954), die seiner Ansicht nach unzureichende Herangehensweise der neoklassischen Theorie an Externalitäten, die pauschal als wohlfahrtsmindernd angesehen werden und es werden die marktgemäßen Interaktionen einbezogen[2222]:

[2218] David 1975: 102. Sogar Baldwin (1969) gesteht hier zu, daß das Verhalten der Investoren einen knifflichen Punkt darstellt. Er akzeptiert, daß es einen Grund für einen Zoll darstellen kann, wenn Investoren auf permanente Art und Weise ihre Risikoevaluation nicht korrigieren. Dies sieht er dann aber als ein permanentes Problem an, welches nicht unter der Rubrik temporären Schutzes diskutiert werden müsse. Baldwin 1969: 303.
[2219] In diesem Zusammenhang Baldwin 1992: 238.
[2220] Baldwin 1969: 296, 298.
[2221] David 1975: 109, 167.
[2222] "Indeed, I shall argue, that there are two entirely different definitions of external economies, one much wider than the other; and that external economies as defined in the theory of industrialization include, but go far beyond, the external economies of equilibrium theory." Scitovsky 1954: 143. Er nutzt eine Definition externer Ökonomien, die vorsieht, daß die Profite einer Firma nicht nur von ihrem eigenen Output und den Faktorinputs abhängen, sondern auch vom Output und den Faktorinputs anderer Firmen: "This definition of external

Aus der Perspektive der Entwicklungsländer, welche ihre Ersparnisse auf alternative Investitionen aufteilen müssen, werden die neoklassischen Annahmen kritisiert. Er argumentiert, daß bei zwei Firmen pekunäre Externalitäten auftreten, wenn der Profit von Firma A von Investitionen in Firma B gesteigert werden kann, wobei das erste vorliegende Preisniveau keine Auskunft darüber gibt, welches das zukünftige soziale Optimum ist. Denn die Profite dieser beiden Firmen verstärken sich reziprok, so wird Firma B ein weiteres Mal investieren, denn zusätzliche Profite bei A lassen diese Firma weiter expandieren. Weil nach Ansicht des Autors in einem solchen Fall die Preise gemäß der neoklassischen statischen Konzeption überhaupt keine Informationen über solche zukünftigen Prozesse tragen, sei ein Investitionsplan erforderlich, der die nötige Signale gibt.[2223] Nicht umsonst findet sich dort eine Referenz auf Rosenstein-Rhodan (1943) der die These vertritt, daß die privaten marginalen Gewinnmaximierungserwartungen bzw. damit korrespondierenden Investitionsneigungen notwendig auf einem niedrigerem Niveau liegen, im Vergleich zu einer breit geplante Anstrengung gleichzeitiger Investitionen in viele Fabriken, mit der ein höheres soziales marginales Nettoprodukt erzielt werden kann.[2224] Als externer Effekt wird dabei unter anderem die Risikoreduzierung durch die künstliche Vergrößerung der Märkte für die einzelnen privaten Akteure angesehen.[2225] Dieser Effekt wird heute unter dem Terminus "home market effect" thematisiert, hier geht es um die These, daß ein hohes Nachfrageniveau dazu führt, daß sich Firmen in diesen Märkten niederlassen.[2226] Auch Albert O. Hirschman (1967) erwähnt die Möglichkeit positiver Komplementaritäten, weil mit diesen "eine Erhöhung der Produktion des Gutes A die Grenzkosten der Produktion von B senkt", wovon weitere wohlfahrtserzeugende Effekte abgeleitet werden können.[2227] Genau dies sind pekunäre Externalitäten, also gegenseitige Beeinflussungen der Produktionsfunktionen der Firmen mittels des Preisvektors, wobei hier auch Kostenverringerungen durch Skalenökonomien wieder relevant werden. Denn dadurch werden die heimischen Preise für Firmen niedriger, die diese Waren als Produktionsinputs benötigen. Aus diesem Grund kann bei zwei Firmen, die wirtschaftlich eng miteinander verbunden sind (in den Termini von Hirschman Rückwärts- und Vorwärtskopplungen[2228]), die dadurch

---

economies obviously includes direct or nonmarket interdependence among producers, as dicussed above and defined by Meade. It is much broader, however, than this definition, because, in addition to direct interdependence among producers, it also includes interdependence among producers through the market mechanism. This latter type of interdependence may be called 'pecuniary external economies' to distinguish it from the technological external economies of direct interdependence." Scitovsky 1954: 146.

[2223] Scitovsky 1954: 145-150. Erwähnt auch in World Bank 1993: 294.

[2224] "The main driving force of investment is the profit expectation of an individual entrepreneur which is based on experience of the past. Experience of the past is partly irrelevant, however, where the whole economic structure of a region is to be changed." Rosenstein-Rhodan 1943: 206. Ähnlich das Argument bezüglich externer konglomerater gegenseitig stimulierender Effekte ("external economies of conglomeration") in Meade 1955: 129.

[2225] "The planned creation of such a complementary system reduces the risk of not being able to sell, and, since risk can be considered as a cost, it reduces costs. It is in this sense a special case of "external economies". Rosenstein-Rhodan 1943: 206.

[2226] Die These geht im Rahmen der Diskussion über den Einfluß der Geographie noch weiter, so wird nicht nur die Niederlassung in einem Land, sondern die Niederlassung der Firmen in einer Region oder an einem Ort auf solche Effekte zurückgeführt, wobei hier etwa Skalenvorteile angeführt werden. Unten im kurzen Abschnitt zu diesem Thema mehr dazu, warum dieser Ansatz hier nicht mitgetragen wird. Siehe Krugman 1991: 15; Davis/Weinstein 1996: 5, 36-38.

[2227] Hirschman 1967: 63-64. Der Autor war aber nicht so naiv, nur positive Effekte anzunehmen, sondern er beschreibt teils in sehr drastischer Weise die teils selbst verschuldeten Schwierigkeiten der Unternehmen in Entwicklungsländern, die sich gemäß seiner Theorie der Rückwärts- und Vorwärtskopplungen auch negativ auf andere Unternehmen auswirken können. Hirschman 1967: 127-128.

[2228] Hirschman 1967: 110-111.

gegenseitig die Marktpreise beeinflussen sowie Skalenökonomien unterliegen gezeigt werden, daß eine Investition in beide Firmen gleichzeitig profitabler ist als nur in eines der Unternehmen. Oder aber eine wettbewerbsfähige Industrie ist verbunden mit einer zweiten, wobei die Expansion der ersteren die Situation der zweiteren verbessert, weil diese dann vermehrt Skalenökonomien einsetzen kann. Dann kann anhand von Modellen gezeigt werden, daß die Expansion der ersteren Firma privat und auch sozial gerechtfertigt werden kann.[2229] Und es kann als Marktfehler angesehen werden, würde bei guten Erfolgsaussichten auf eine derartige Koordination von Anstrengungen verzichtet.[2230] Diese Argumente werden als Begründung für die interventionistische Politik des sogenannten großen Schubes ("big push") verwendet, welcher noch einmal in diesem Sinne nachmodelliert wurde von Murphy et al. (1989).[2231]

Dies wird hier nicht nur erwähnt, um das Konzept der externen Ökonomien und auch dessen breite Anwendbarkeit zu illustrieren, sondern um zu zeigen, daß dieses Konzept für die planerische, strukturalistische und interventionistische Richtung der Entwicklungsökonomie (und deren Kritik an der Neoklassik) richtungsweisend war. Beispielsweise für das Konzept des 'balanced growth' von Nurkse (1953), der sich explizit auf die Rosenstein-Rhodansche Argumentation bezieht[2232] oder die planerischen Ansätze von Mandelbaum (1961), der unter anderem davon überzeugt war, daß wirtschaftliches Wachstum über die kapitalintensive Schwerindustrie zu erfolgen hat, zumal daraus positive Einflüsse auf andere Bereiche resultieren.[2233] Eine umfassende Vision von Externalitäten, die sich auf das gesamte politische, ökonomische und soziale System erstreckten erarbeitet Myrdal (1968), der dazu noch die Theorie des 'big push' vertritt, in der Ausformung eines "big plan", wobei nur dieser ermöglicht aus den negativ wirkenden Teufelskreisen der Armut ("circular causation") herauszukommen.[2234] Er fordert eine Planwirtschaft, die explizit sämtliche Preise verändert und der offenbar zugetraut wird, im Sinne der 'second best'-Theorie, sämtliche unerwünschten Nebeneffekte

---

[2229] Pack/Westphal 1986: 111-114; Stewart/Ghani 1992: 132.
[2230] Das folgende Fazit wird gezogen, wobei u.a. auf die Annahme unterschiedlicher Import- und Exportpreise hingewiesen wird, die dem verwendeten Modell zugrundeliegt. Im Kern geht es aber um pekunäre Externalitäten innerhalb eines dynamischen Wettbewerbsumfelds: "The welfare loss is the additional cost of importing rather than producing plus the foregone gain from exporting. Contrary to the notion that export possibilities reduce the likelihood of market failure to nil, those possibilities increase the cost of market failure where it occurs. (...) The likelyhood (or frequency) of market failure, and its welfare cost when it occurs, depend on many things. One of them is the degree of increasing returns owing to investments in technology and to static economies of scale. But even with constant returns everywhere, the absence of perfect tradability still results in reciprocal pecuniary externalities that have the same consequences: delayed investments or investments too small". Pack/Westphal 1986: 115.
[2231] Murphy et al. 1989. Das Konzept des großen Schubes errinnert auch an den Terminus des "take-off", dieser ist aber eher deskriptiv als Phase des zunehmender Investitionen und des Produktivitätswachstums gemeint, der durch wie auch immer geartete Einkommenszuwächse entsteht. Ob durch höhere Preise für exportierte Rohstoffe oder interne Anstrengungen, etwa in Japan. Rostow 1960: 103-108.
[2232] Chenery 1975: 311. Siehe auch Nurkse (1953: 13-15) der dort sein Konzept des 'balanced growth' mit genau diesen Effekten im Einklang sieht.
[2233] Kapitalintensive Industrien haben nach Ansicht des Autors beispielsweise positive externe Effekte, etwa bezüglich der Entwicklung der Fertigkeiten der Arbeiter. Siehe Mandelbaum 1961: 8, 13, 15.
[2234] Myrdal 1968: 1898-1899; ähnlich schon Myrdal 1959. So auch die Beschreibung von Myrdals Thesen in Hein 1998: 237. Myrdal scheut sich auch nicht den Satz zu schreiben "The majority of contemporary Western economists, with a few notable exceptions, *are* planners, at least with regard to the underdeveloped countries." (Herv. im Original). Myrdal 1968: 1905. Dieses und weitere Statements ärgern einen anderen Wirtschaftswissenschaftler so sehr, der er sich dementsprechend um eine umfassende, teils überzeugende Widerlegung der Thesen von Myrdal bemühte, unter anderem bezüglich der Annahme des 'circular causation'. Siehe die liberalen Positionen von Bauer 1971: 69-88.

eines Planes wiederum planerisch zu kontrollieren.[2235] Damit entfernt er sich auch von moderaten liberalen Ansätzen und seine Theorie liegt damit außerhalb der Annahmen, die dieser Arbeit zugrunde liegen. Auf welcher prekären Basis die Autoren auch empirisch gesehen standen, wird etwa daran deutlich, daß Nurkse Unrecht hatte mit seiner am Anfang seines Buches präsentierten Annahme, daß in Japan die Wirtschaft bis 1914 durch staatliche Intervention und hauptsächlich gestützt auf den heimischen Markt aufgebaut wurde, denn nur in der frühen Phase gab es in Japan solche staatlichen Aktivitäten, die aber schnell durch privates, exportorientiertes Engagement ergänzt und übertroffen wurden.[2236] Diese Ansätze, die zusätzlich vor allem hohe Investitionsniveaus fordern, wurden damals weiterhin mit wachstumstheoretischen und Argumenten in bezug auf den internationalen Handel und die Industrialisierungsprozesse untermauert. Siehe dazu Punkt 13, Frühe Entwicklungstheorie, am Ende dieses Abschnitts.

Schon von Hirschman (1967) wurden die 'big push'-Ansätze kritisiert, denn es sei völlig unrealistisch, daß alles gleichzeitig fertiggestellt werden kann. Er entwickelt eine Theorie eines dynamischen, ungleichzeitigen "Schaukelwachstums", bei dem immer wieder durch Investitionen weitere Investitionen erzwungen werden, welches dann entweder durch den privaten Sektor oder durch staatliche Intervention erfolgt. Wobei der Staat versuchen kann die Rückwärts- und Vorwärtskopplungen zwischen vor- und nachgelagerten Industrien, die vermittels Zwischen- und Endprodukten enge Verbindungen aufweisen bzw. potentiell aufweisen könnten, selektiv zu optimieren und dabei auch Zölle, Subventionen und anfangs auch eine Politik der Importsubstitution einsetzen darf.[2237] Wiewohl er sicher nicht ausschließlich Planwirtschaft fordert, bleibt bei ihm die Gewichtung von Staat und Markt letztendlich unklar.[2238] Deutet man diesen Autor im Sinne dynamisch liberaler bzw. ordoliberaler Wirkungsannahmen, scheint er jedenfalls partiell davon auszugehen, daß eine ausschließlich zentral durchgeführte Planung und Lenkung von Investition realistischerweise nicht umzusetzen sei, zumal aufgrund der dynamischen, ungleichgewichtigen Natur wirtschaftlicher Wachstumsprozesse und den sonstigen Schwierigkeiten mit Industriepolitik. Ganz ausgeschlossen sei nicht, daß im Einzelfall gut geplante und selektive Interventionen gelingen und dabei pekunäre Externalitäten wirksam werden.

Dies wird durch empirische Untersuchungen unterstützt: So errechnen 'big push'-Theoretiker am Beispiel von Südkorea, daß es dort gelungen ist, über eine gelenkte Industrialisierung eine Markt für Eisenbahntransportdienstleistungen zu schaffen, der ohne diesen Eingriff nicht so groß gewesen, wobei dadurch die Kosten für die Bereitstellung der Infrastruktur gesunken sind.[2239] Anhand des

---

[2235] Myrdal 1968: (Preise) 1887, (planerische Allmacht) 1900.
[2236] Nurkse 1953: Daß dies nicht so pauschal der Fall war und nur am Anfang, also nicht bis 1914, Hilfen des Staates vorlagen, wird, etwa am Beispiel der Textilindustrie in der historischen Nachzeichnung gezeigt von Howe 1996: 179-180.
[2237] Hirschman 1967: 38-39, 49-50, 56, 59-62, 101, 109.
[2238] Es ist schwierig, bei Hirschman eine genaue Gewichtung von Staat und Markt herauszulesen. Immerhin wird dem internationalen Handels bzw. dem Export und dem Wettbewerb sowie internationaler Wettbewerbsfähigkeit der Firmen aus Entwicklungsländer eine wichtige Rolle zugemessen. Er läßt sich sowohl für die interventionistische als auch die moderat liberale Perspektive anführen. Hirschman 1967: 117, 127.
[2239] Murphy et al. 1989: 1024-1025.

Externalitäten-Arguments werden weitere selektive Interventionen in Südkorea für privat und sozial wohlfahrtsfördernd erachtet, unter anderen weil dadurch eine differenzierte und spezialisierte Industriestruktur etabliert wurde, von der mittels pekunärer Externalitäten wiederum alle Firmen profitierten, wobei aber wichtig war, daß vor allem darauf achtgegeben wurde, daß sich die Firmen in einem dynamischen Prozess technologische Fertigkeiten aneigneten um international wettbewerbsfähig zu werden.[2240]

Somit ist es offenbar wichtig zu beachten, daß mit einem solchen 'big push' oder dem Druck, der von Kopplungsoptionen ausgeht oder mit selektiven Interventionen nur ein Faktor benannt ist, durch den Firmen erfolgreich werden können. In anderen Worten: Das Aufzeigen einer einzigen solchen kausalen Wirkungskette bzw. die Erwähnung eines einzigen Faktors reicht nicht aus, um zu plausibel zu machen, daß eine Intervention sinnvoll ist. Beispiel: Auch für die Industrieländern kann in empirischen Studien gezeigt werden, daß ein Nachfrageschub (dies könnte als 'big push' oder Kopplung interpretiert werden) eindeutig mit Innovationen korreliert werden kann.[2241] Dies bedeutet aber nicht, daß ein künstlich erzeugter Nachfrageschub (etwa durch das simple Installieren eines Erziehungszolls oder einer breiten Batterie von IS-Zöllen) automatisch zu einer innovativen Wirtschaft führt. Der Erwerb technologischer Fähigkeiten wird sicherlich durch heimische Kopplungen in vielen Fällen positiv beinflußt, es gibt aber darüberhinaus weitere Kanäle, über die eine Verbreitung von technologischem Wissen erfolgt und weitere Faktoren, die Anreize für eine effiziente Anwendung von Technologie setzen. Kanäle sind etwa nicht nur nationale, sondern auch internationale Zuliefererbeziehungen, Mobilität von Fachkräften und Kontakte zu unterstützenden Institutionen, die Forschung- und Entwicklung betreiben, darunter solche, die der Staat etabliert. Als Faktoren bleiben nicht zuletzt auch die Anreize, die der Staat durch die Markt- und Eigentumsregeln setzt von Bedeutung, also auch Wettbewerb und Profitanreize durch Exportverkäufe.[2242] Also bleibt der liberale Ansatz mit im Spiel. Auch Hirschman anerkennt, daß Erfolg bedeutet, daß Firmen technologische Fähigkeiten erwerben, Innovationen tätigen und international wettbewerbsfähig werden.[2243]

Dies bedeutet aber wiederum nicht, daß der liberale Ansatz in seine extremen, dogmatischen Ausprägung, auch hinsichtlich Exportorientierung und Liberalisierung, allein aussagekräftig ist. In Indien konnte im formellen verarbeitenden Sektor zwischen 1980 und 1997 durchgängig, trotz breit angelegtem und intensiven Schutz durch Zölle und mengenmäßige Beschränkungen, ein jährliches Outputwachstum von ca. 10 % erreicht wird (bei einem durchschnittlichen Wachstum von 3,8 % von 1980 bis 2000) und dadurch positive Innovationseffekte und pekunäre Externalitäten erzielt werden.[2244] Ebenso fand dort relativ gesehen eine Zunahme skalenintensiver Produktion statt. Das

---

[2240] Weitere Marktfehler, die genannt werden, sind solche in den Kapitalmärkten. Pack/Westphal 1986: 100-104. Siehe genauso Westphal 1990: 54-56. Immerhin erwähnt werden diese Argumente auch in World Bank 1993: 293-294.
[2241] This correlation is impressive in the realm of manufacturing, particularly in the field of capital goods production. See: Scherer 1982: 236.
[2242] Eine genauere Aufzählung dieser Kanäle erfolgt weiter unten. UNCTAD 1996b: 15-23. Hier wird auch die von Rosenberg entwickelte Konzeption des Marktes als Wirkung von 'incentives' (better off) und 'pressures' (worse off) hingewiesen. UNCTAD 1996b: 60.
[2243] Hirschman 1967: 117, 127, 129.
[2244] Der registrierte, formelle verarbeitende Sektor kommt in Indien 1998-99 für 10,3 % des BSP auf. Pandey 2004: 25, 30. Dahinter stehen noch höhere Wachstumsraten und zwar nicht nur im Bereich Textil- und Bekleidung, Lebensmittel, sondern auch in den Bereichen

Wachstum hat sich insbesondere im Bereich der Konsum- und Kapitalgüter abgespielt und 41 % des Output liegen bereits im Bereich von skalenintensiven Industrien, die für Industrialisierung und Wohlfahrtssteigerung wichtig sind.[2245] Dies widerspricht nicht dem Forschungsergebnis, welches für Indien zeigt, daß etwa im Dienstleistungsbereich ein schnelleres Wachstum in den Bereichen zu erkennen ist, in denen selektiv liberalisiert worden ist.[2246] Sicherlich haben viele Firmen Indiens dadurch noch keine internationale Wettbewerbsfähigkeit erreicht, sicher gelang es aber, ihre technologischen Fähigkeiten zu stärken, sodaß eine erfolgreiche Restrukturierung und spätere Exporterfolge wahrscheinlicher geworden sind.

Balassa et al. (1971) weist in bezug auf Hirschman darauf hin, daß es nicht gänzlich unplausibel ist, anzunehmen, daß eine breite Förderung der verarbeitenden Industrie angesichts von "linkages among industries" und dem Fakt, daß die verarbeitende Industrie schneller wächst und produktiver ist als die Landwirtschaft sinnvoll erscheinen mag. Dies gilt aber im Rahmen seiner Argumentation nur dann, wenn dafür gesorgt wird, daß die Industrien sich auch wirklich technologisch und produktivitätsbezogen entwickeln.[2247] Dies kann durch Kopplungsphänomene auf nationaler Ebene erfolgen, aber diese sind sicherlich nicht die einzigen Faktoren die relevant sind und weiter unten wird gezeigt, daß diese dazu nicht ausreichen mögen. Eine Firma kann auf der anderen Seite womöglich auch ohne solche Kopplungen international wettbewerbsfähig werden, denn es kann sogar von Nachteil sein, wenn heimische Zulieferer nur qualitativ unzureichende Waren herstellen können, die zudem höhere Preise als die Weltmarktpreise haben.[2248] In diesem Fall könnte auch eine Liberalisierung für die diesbezüglich benötigten importierten Inputgüter sinnvoll sein[2249], denn damit können externe Kopplungsökonomien ebenso genutzt werden, nur diesmal eben über den Weltmarkt, der billige Inputs aus Ländern anbietet, die sich auf diese Inputgüter spezialisiert haben und dort etwa Skalenökonomien erreichen. Aus demselben Grund sind überzogene Mindestinlandauflagen kontraproduktiv (und erzeugen "external diseconomies"), wenn heimische Produzenten nicht in der Lage sind, die nötige Qualität zu liefern.[2250] Daraus folgt, daß die Schwierigkeiten von Firmen erfolgreich zu arbeiten und neuere Technologie zu nutzen nicht nur auf fehlende Rückwärts- und

---

kapitalintensiver Produktion: Papier, Chemikalien, Eisen- und Stahl, Maschinen und Transportausrüstung. Pandey 2004: 29. Siehe **Tabelle 133** sowie **Tabelle 134**. Diese Dynamik resultierte zumindest zu einem gewissen Teil aus internen Reformen: Trotz einem damals stark ausgeprägten Schutz gegen Importe wächst Indien nun seit zwei Jahrzehnten kontinuierlich, von 1980-2000 mit durchschnittlich 3,8 %. Indien ist damit ein Beispiel für den Erfolg interner Reformen und einer dadurch ausgelösten internen Dynamik, die anfangs kaum mit einer Liberalisierung in Verbindung steht, dies beschreiben Rodrik/Subramanian (2004) als "pro-business"-Orientierung. Rodrik/Subramanian 2004: 1, 19-21. Näheres zu Indien in Abschnitt 'F', Punkt 4.2.1.

[2245] Pandey 1004: 31-33; siehe: **Tabelle 119**.
[2246] Jha et al. 2004: 56.
[2247] "Furthermore, linkages among industries often favor the establishment of inefficient industries that supply inputs to other industries at high cost." Balassa et al. 1971: 94. Aber: "Nevertheless, one may argue that manufacturing offers some advantages over primary production in the form of labor training and in encouraging the expansion of related industries that do not enter into the profit calculations of the firm but benefit the national economy. (...) There is some presumption, then in favor of using direct and indirect measures to promote manufacturing industry in developing countries." Balassa et al. 1971: 96.
[2248] Auch dieses Problem erwähnt Hirschman 1967: 111.
[2249] Balassa et al. 1982: 18.
[2250] Statt vieler anhand einer Studie über die Automobilindustrie Little et al. 1970: 424-425.

Vorwärtskopplungen (und einen fehlenden, daraus resultierenden Druck[2251]) reduziert werden kann.[2252] Von Balassa et al. (1982) wird hierzu passenderweise darauf hingewiesen, daß beides vorhanden sein sollte, der Zugang zu qualitativ hochwertigen und preiswerten Inputs und ein ausdifferenziertes heimisches Produktionssystem:

"In fact, to the extend that the products in question had to use some domestic inputs produced at higher than world market costs, exporters were at a disadvantage in foreign markets. It may be assumed that the inability of fully exploit economies of scale and the lack of sufficient specialization in the production of parts, components, and accessoires in the confines of a protected domestic markets retarded the development of the exports of intermediate products and producer and consumer durables."[2253]

Einzig scheint Bela Balassa nicht zur Kenntnis nehmen zu wollen, daß ein solches ausdifferenziertes Produktionssystem nicht nur durch liberalisierte Märkte, sondern auch innerhalb von selektiv geschützten Märkten entstehen und durch staatlichen Schutz- und Interventionspolitiken immerhin unter bestimmten Umständen verbessert werden kann.

Alles in allem hat somit Hirschman (1967) auf einen wichtigen Kanal für Technologietransfer hingewiesen und auf die Relevanz von pekunäre Externalitäten. Diese scheinen durchaus als eigenständiger Faktor für die Wohlfahrtssteigerung in Frage zu kommen, dies zeigen Studien für die Entwicklungs- und Industrieländer. Es handelt sich aber nicht um den einzigen Kanal und auch nicht um den einzigen Faktor und Anreiz, der wirtschaftliches Wachstum positiv beeinflußt. Dies erschwert es, pekunäre Externalitäten durch staatliche Intervention zu verbessern. Darauf wird empirisch näher eingegangen, wenn es in Abschnitt 'F' um technologische Fähigkeiten geht und wenn in Abschnitt 'G' die Exportorientierung thematisiert wird. Dort wird auch sichtbar werden, daß noch heute in vielen Entwicklungsländer Kopplungen weniger stark ausgeprägt sind.

5.4 Empirische Untersuchungen über externe Effekte

Nicht nur die Entwicklungsökonomie stützt diese Schlußfolgerungen bzgl. der Externalitäten. Eine Reihe von Studien zeigen die gegenseitigen positiven Beeinflussungen als Charakteristikum der modernen Wirtschaft, welches nicht zuletzt auch mit dem Terminus Spezialisierung bezeichnet werden kann.

[2251] Neben dieses oft erwähnten Drucks, der aus diesen strukturellen Verbindungen resultieren soll, wird aber auch, aber eher am Rande, der Wettbewerb erwähnt. Wobei dieser aber in Entwicklungsländern aufgrund monopolistischer Strukturen oft unzureichend vorhanden ist und deshalb wird gefolgert, daß in den Firmen selbst Diziplin entstehen muß. So die etwas hilflose Schlußfolgerung von Hirschman 1967: 127.
[2252] Es muß die gesamte Bandbreite der Kanäle und Anreize beachtet werden, um ein realistisches Bild vom nationalen und internationalen Technologietransfer zu bekommen. In diesem Sinne als Kritik am explizit erwähnten Hirschman siehe UNCTAD 1996b: 15.
[2253] Balassa et al. 1982: 18.

Generell gilt, daß technologische Entwicklung auf der Interaktion und dem Zusammenwirken vieler Firmen beruht.[2254] Diese Feststellung allein erklärt noch nicht viel. Um zu zeigen, was damit gemeint ist, sollen Studien referiert werden, die aufzeigen, daß bestimmte Industriesektoren mit ihrer Produktion positive Auswirkungen, also externe Effekte, auf die Produktivität von anderen Sektoren haben ('inter-industry spillovers') oder in altertümlicher Terminologie pekunäre Externalitäten oder Kopplungseffekte (die - wohlgemerkt - in den meisten Fällen nicht durch staatliche Interventionen entstanden sind).[2255] Allgemein kommen Forschungs- und Entwicklungsanstrengungen eines Unternehmens anderen Firmen zugute und die dort gesteigerte Wertschöpfung wird, weil diese über die Ebene privater Profite hinausgeht als gesellschaftlicher Ertrag bezeichnet ('social rate of return').[2256] Durchschnittlich liegen die sozialen Erträge um die Hälfte (56 %) höher als die privaten Profite (25 %).[2257] In 5 von 17 Fällen sind die privaten Profite höher als 40 %, sodaß belegt werden kann, daß sich F&E für die Firmen lohnt. In 30 % der Fälle liegen die privaten Profite eher niedriger, die Erträge für die Gesellschaft sind aber sehr hoch und es kann aus der Perspektive der Gesellschaft geschlossen werden, daß sich diese Investitionen in F&E ausgezahlt haben.[2258] Aufgrund dieser hohen sozialen Erträge wird für die USA gefolgert, daß die F&E-Ausgaben vier mal so hoch sein müßten, um als optimal bezeichnet werden zu können.[2259] Empirisch gesehen erstrecken diese sich hauptsächlich auf begrenzte Bereiche, wiewohl aber eine Verbindung aller Sektoren ('multiple spillover sources') vorliegt.[2260] So wird geschätzt, daß die gesellschaftlichen Erträge des Bereichs wissenschaftlicher Instrumente in bezug auf Chemie- und Elektrikprodukte 10 mal höher sind als die privaten Erträge. Relativ hohe Werte gibt es für die Bereich nichtelektrischer Ausrüstung in ihrer Relation zu den Transportmittelherstellern, wobei der soziale Ertrag 2 bis 3 mal über dem der privaten Profite liegt. Forschung- und Entwicklung in der chemischen Industrie kommt mit eine sozialen Ertrag von bis 2 mal den Bereichen wissenschaftliche Instrumente und nichtelektrischer Ausrüstung zugute.[2261] Weitere Anhaltspunkte für positive gegenseitige Effekte wirtschaftlicher Verflechtung, wenn auch partiell auf käuflich kontrolliertem Wege: Daß der Kauf von Zwischenprodukten, die Ergebnisses von F&E enthalten, zu höheren Profiten führt, dafür finden sich unter anderem Belege in einer Studie von Scherer (1982).[2262] In einer weiteren Untersuchung wird festgestellt, daß in der verarbeitenden Industrie Forschung und Entwicklung, die in gekauften Inputs verkörpert war, einen größeren Beitrag zum Produktivitätswachstum geleistet hat, als die eigenen Forschungsaktivitäten.[2263]

[2254] Hervorgehoben anhand des amerikanischen Wachstumsprozesses begonnen im 19 Jhd. von Rosenberg 1982: 55-80. Siehe dazu auch Steward/Ghani 1992: 130.

[2255] Allein schon deshalb gibt es, in der Terminologie der Neoklassik, diverse Formen von Externalitäten. Die Neoklassiker haben dann keine Probleme, wenn diese als reine Markttransaktionen vonstatten gehen. Die dynamische ordoliberale Theorie sieht dagegen viele weitere Formen der Beeinflussung nicht als problematisch an.

[2256] Bernstein/Nadiri 1988: 429. Diese These wird bestätigt von den Studien zu diesem Thema: Mansfield et al. 1977; Bernstein/Nadiri 1989; Bernstein 1989.

[2257] Mansfield et al. 1977: 233. Bestätigt wird diese Größenordnung von späteren Studien: Bernstein/Nadiri 1989: 264.

[2258] Diese Ergebnisse in Mansfield et al. 1977: 233-235.

[2259] Jones/Williams 1997: 14, 16.

[2260] Bernstein 1989: 327. Hierauf konzentriert sich die Forschung von Bernstein 1989; Bernstein/Nadiri 1988, 1989.

[2261] Bernstein/Nadiri 1988: 432-433.

[2262] Scherer 1982: 634.

[2263] OECD 1996c: 65. Ähnliche Ergebnisse mit positiven Effekte der Sektoren auf das Produktivitätswachstum untereinander, gibt es in Länderstudien. Hier sind sektorale Muster zu erkennen, die common sense Erwartungen entsprechen. Etwa die Produktivitätsquellenposition

Eine große Rolle der Zwischenproduktinputs in bezug auf das Outputwachstum, der sogar über die Kapital und Arbeitsinputs hinausgeht, wird auch von der Wachstumstheorie erkannt.[2264] Ebenso ist aus der Theorie des Strukturwandels eine vernetzte Produktionsstruktur bekannt und dadurch wird der Grad der Industrialisierung zu einem wichtigen Erklärungsfaktor für die Industrialisierung selbst. Neben den den Anreizen durch heimische Nachfrage und Exporte wird ein signifikanter Teil des Wachstum von der Input-Output-Ebene industrieller Verflechtung im Bereich der Zwischenprodukte getragen. Diese Intensivierung der Verflechtung ('deepening') ist schon im Stadium der Importsubstitution zu bemerken. Durchschnittlich steigt der Beitrag der Zwischenprodukte von 33 % auf 45 % als Anteil an der heimischen Nachfrage. In den kleineren und mittelgroßen Ländern stieg dieser Anteil etwas schneller an.[2265] Wenn die Phasen der Expansion von Exporten mit dem Grad des schon abgeschlossenen Strukturwandels in Verbindung gebracht werden, wird weiterhin deutlich, daß typischerweise eine Exportexpansion erst dann zu beobachten sind, wenn die Industrialisierung bereits fortgeschritten ist. Viel spricht dafür, daß mindestens ein 30 % Anteil verarbeitender Industrie am gesamten Output nötig ist, um eine solche Phase der Exportexpansion wahrscheinlich zu machen.[2266] Der Industrialisierung kommt somit eine eigenständige kausale Relevanz zu und sie ist offenbar notwendig, um ein kontinuierliches Wachstums aufrechterhalten zu können.[2267] Ein hoher Anteil der Zwischenprodukte an der Wertschöpfung ist, dies wurde von Chenery et al. (1986) herausgearbeitet, ein generelles Charakteristikum von entwickelten Ökonomien. In den Industrieländern werden, um für US$ 100 Produkte zu produzieren, für US$ 75 Zwischenprodukte benötigt. In weniger entwickelten Ökonomien liegen diese Werte tiefer.[2268] Dies sind interessante Daten. Wie immer man zur Frage staatlicher Interventionen steht: Eines kann durch staatliche Interventionen sicher nicht erreicht werden, nämlich daß ad hoc eine solche komplexe, verflochtene Struktur aufgebaut wird.

5.5 Externalitäten und Risikoreduzierung

Weiterhin relevant für die Diskussion von Externalitäten bleibt das von Rosenstein-Rhodan (1943) verwendete Argument der Risikoreduzierung für Unternehmen durch interventionistische Politiken, wobei von ihm angenommen wird, daß dies positive Effekte auf die Investitionsneigung hat.[2269] Mit

---

des Industriemaschinenbaus, der Elektronik- und Kommunikationsteilehersteller für das Produktivitätswachstum der Hersteller metallbearbeitender Maschinen, der Büro-, Haushalts-, und Dienstleistungsmaschinenenhersteller und der Luftfahrtindustrie. Und einer weniger starke Abhängigkeit von äußeren Impulsen für die sowieso sehr forschungsaufwendigen Industrien: Pharma, Chemie, Kommunikationsequipment und des Industriemaschinenbaus. Siehe für Japan: Goto/Suzuki 1989: 560, 563-564.

[2264] Jorgenson et al. 1987: 197-200.
[2265] Chenery et al. 1986: 176, 195, 202-203.
[2266] Chenery et al. 1986: 192-193.
[2267] Ausnahmen dürften nur sehr stark ansteigende Einnahmen im primären Sektor bieten, die sowohl die steigende Nachfrage nach verarbeiteten Produkten als auch Zwischenprodukten finanzieren können. Zudem kann es in Einzelfällen vorkommen, daß der Dienstleistungssektor, etwa Tourismus oder Finanzdienstleistungen, für Einkommen sorgt. Davon einmal abgesehen, scheint es in bezug auf die Handelspolitik zuallererst einmal so zu sein, daß eine Periode der Importsubstitution als sinnvoll erscheint, um eine Industriebasis aufzubauen, mit der es dann überhaupt erst möglich ist, auf dem Weltmarkt zu konkurrieren. Chenery et al. 1986: 187.
[2268] So die Berechnung in Chenery et al. 1986: 205; siehe ähnliche Daten in Abschnitt 'D'.
[2269] Rosenstein-Rhodan 1943: 206; ähnlich UNCTAD 1996b: 61-62.

Risikoreduzierung - wohlgemerkt Risikoreduzierung, nicht völlige Risikovermeidung - wird eine Sichtweise auf wirtschaftliche Prozesse eröffnet, die heute wieder an Aktualität gewinnt.[2270]

Riskoreduzierung ereignet sich sowohl im privaten Sektor als auch durch staatliche Aktivitäten:

Es ist im privaten Sektor ein völlig normales Verhalten, nicht nur in bezug auf die externe Umwelt der Firma, sondern auch innerhalb einer Firma Risiken zu reduzieren.[2271] Risiken lassen sich durch längerfristige Lieferverträge, vertikale Integration (hin zum Distributionsbereich etwa oder Rückwärts zur Kontrolle von Rohstoffquellen) oder durch technologische Kooperation (bsp. strategische Allianzen) und einen anderweitigen Zugang zu neuester Technologie oder qualitativ hochwertiger Produktionsinputs vermindern. Das bekannteste marktkonforme Instrument der Risikoreduzierung ist aber der Preis, weil er einen wichtigen Informationsgehalt für Unternehmensentscheidungen hat. Dazu kommen sonstige wichtige Informationen, wie Studien über Konsumentenpräferenzen, verfügbare Technologien und Marktstrukturen. Weitergehende, marktinkonforme Koordinationen, etwa die Koordination von Investitionsentscheidungen, sind dem privaten Sektor durch das Wettbewerbsrecht verboten, finden aber de facto statt. Daß eine private Abstimmung der Investitionen aus neoklassischer Perspektive wohlfahrtsmaximinierend wirken kann, gesteht etwa Baldwin (1969) zu.[2272]

Risikoabmildernd (und aus neoklassischer Sicht als marktkonform akzeptiert) wirkt ebenso die staatliche Förderung der Ausbildung, weil hiermit Firmen ein Fachkräftepool bereitgestellt wird, auf den sie im Falle von Schwierigkeiten zurückgreifen können. Aber auch eine staatliche Intervention in die Märkte kann eine solche Wirkung haben: Eine staatliche Investitionslenkung, bei der einer Firma für eine gewisse Zeit ein Marktsegment (kombiniert mit einem Zollschutz) vorbehalten wird, hat eine risikovermindernde und somit immerhin potentiell wachsumsfördernde Funktion.[2273] Spezialisierungsverabredungen, bei denen der Markt aufgeteilt wird, sind ebenso risikoreduzierend und werden etwa auf Antrag hin vom deutschen Wettbewerbsrecht erlaubt, ebenso im Ausnahmefall

---

[2270] Chang 1994: 70-71. Hier auch der Hinweis auf das Buch von Richardson (1960), welcher in seiner Analyse von Informations- und Unsicherheitseffekten in der Wirtschaft ein Standardwerk vorlegt, welches erst heute wieder entdeckt wurde: Das neue Vorwort schrieb David J. Teece, ein bekannter Wirtschaftswissenschaftler und Wettbewerbstheoretiker aus den USA.
[2271] Chang 1994: 70-71.
[2272] Für das letztere, wettbewerbspolitische verbotene Verfahren, wird interessanterweise auf Coase verwiesen, der privaten Absprachen von Firmen die Qualität zuweist, Externalitäten reduzieren zu können. Baldwin 1969: 298. Für eine wirtschaftstheoretische Herleitung dieses Arguments siehe Barzel 1968. Dieses Argument findet sich auch in Chang 1994.
[2273] Am Beispiel einer solchen Industriepolitik bezüglich der koreanischen Automobilindustrie. Chang 1994: 80-82.

Rezessions- bzw. Krisenkartelle, die benutzt werden können, um Preiskämpfe zu vermeiden.[2274] Auch in Entwicklungsländern könnten solche Optionen sinnvoll eingesetzt werden.[2275]

Risikoreduzierung kann weiterhin mit Kreditgarantien und staatlichen Hilfen im Notfall, Beispiel Korea, betrieben werden.[2276] Ebenso kann Risikoreduzierung als Erklärung für die enge Zusammenarbeit zwischen Staat, Banken und Industrie herangezogen werden, die manche Autoren als typisch für spätindustrialisierende Länder ansehen. Weil es für Banken, etwa aufgrund von unvorhergesehenen Zinsschwankungen (und unvorhersehbaren Problemen, denen die kreditnehmenden Firmen ausgesetzt sein können), risikoreich sein kann langfristige Kredite einzuräumen, wird ein Teil dieses Risikos durch den Staat abfedert und die Informationen der Bank werden verbessert, indem sie selbst Einfluß auf die Firmenpolitik, etwa durch Aufsichtsratssitze, nehmen kann.[2277] Dieses System ist stellt natürlich keine Patentlösung dar, denn es besteht die Gefahr, daß der Staat es ganz verunmöglicht, daß eine unabhängige Banken- und Firmenpolitik betrieben werden. Die Gefahren sind ebenso am Beispiel Korea zu erkennen. Selbst dann, wenn es gelingt, die Firmen großteils zu effizientem Verhalten anzuhalten und im Ernstfall mit großen Summen zu unterstützen und nicht-effiziente Firmen fallenzulassen (bsp. den sechsgrößten Chaebol Kukje in der Krise 1979-81), ist zusätzlich nötig, den staatlich kontrollierten Bankensektor zu reformieren, um allzu enge Beziehungen zur Industrie abzumildern.[2278] Beachtet werden muß, daß die Risikoreduzierung nur für solche Firmen gelten darf, die Ambitionen haben international wettbewerbsfähig zu werden. Wenn der Staat Risiko auf eine solche Weise reduziert, daß er ineffiziente Firmen langfristig schützt und

---

[2274] Immenga/Mestmäcker 1992: 14, 269. In den fünfziger und sechziger Jahren spielten Spezialisierungskartelle eine gewissen Rolle. Bis Ende 1988 sind 124 Spezialisierungskartelle notifiziert. Immenga/Mestmäcker 1992: 315. Weiterhin gibt es Rationalisierungskartelle. Bis Ende 1988 wurden in 9 Fällen Krisenkartelle beantragt und in 2 Fällen zugelassen, beides Mal in der Baumaterialindustrie. Immenga/Mestmäcker 1992: 285; für die sechziger Jahre mit einem kurzen Verweis auf die Zeit vor dem Zweiten Weltkrieg siehe Eckstein 1971: 12. Ebenso erlaubt sind solche Maßnahmen vom japanischen Kartellrecht. Zur relativ unkonventionellen Anwendung solcher Maßnahmen, etwa Krisenkartelle mit unzureichender Kapazitätsreduzierung kombiniert mit Subventionen sowie teils einer Firmenzusammenarbeit und protektionische Maßnahmen in Japan siehe Peck et al. 1988.

[2275] Mangelnde Spezialisierung ist ein Hauptgrund für niedrige Produktivität in der Textilproduktion in den Entwicklungsländern Kenya und Philippinen. Explizit werden hier Spezialisierungsvereinbarungen der Textilindustrie in Europa genannt, die zumindest als Option auch in diesen Ländern verwendet werden könnten. Pack 1987: 175.

[2276] So die 'bailouts' der koreanischen Regierung für überschuldete Großkonzerne. Beez 2000: 321. Oder durch Risikoaufteilung bei Krediten: "In many cases, the government simply designated an individual to invest in a particular project, allocating to him designated amounts of bank loans and imported foreign capital. This practice implied that it is ultimately the government's role to assume risk of investment; (...) This system made it possible for firms investing in priority industries to shift risk to, or at least share risk with, the government." Cho in Köllner 1998: 85. Siehe hierzu für die Dimension der WTO Regeln Abschnitt 'J', Punkt 8, Subventionen und Ausgleichsmaßnahmen.

[2277] Hier wird auf die Charakterisierung von Zysman verwiesen, der in bezug auf diesen Länder, Deutschland, Japan, Korea, Taiwan, von "credit based systems" spricht, die dazu geeignet sind, Risiken zu reduzieren. Herausgestellt werden die Risiken für die Banken, etwa durch Zinsveränderungen. Um dies zu korrigieren gibt es "(a) incentives to joint-ownership of banks and manufacturing companies, with the aim of reducing the banks' and firms' risks of engaging in long-term borrowing; (b) subsidised credit lines (rediscount facilities and preferential loans at below market interest rate) to cushion the risk of interest- rate and macroeconomic fluctuations, and to encourage investment in imperfection and externality-prone industries; (c) interest rate ceilings (but with positive rates) to promote investment, reduce financial costs of highly indebted firms and to control monopolistic spreads of financial institutions and: (d) direct government ownership of segments of the whole financial system." Aus: Moreira 1995: 25. Dies korrespondiert mit den Überlegungen von Williamson (1985), der bekanntlich über komplexe kontraktuelle, effizienzmaximierende Arrangements schreibt. Etwa über Absicherungen, die Anteilseigner und Banken benutzen, um sicher zu gehen, daß Firmen adäquat geleitet werden. So können Banken darauf bestehen im Aufsichtsrate repräsentiert zu werden, wenn sie langfristig an Firmen ausleihen und ihnen die Risiken als höher erscheinen. Sie interessieren sich dann zunehmend für die Details der Firmenpolitik und üben Einfluß durch ihre Präsenz im Aufsichtsrat aus. Williamson 1985: 307.

[2278] Ein Grund für die Krise in Korea in den neunziger Jahren. Leipzinger/Petri 1993: 13, 24-30.

zum 'lender of last resort' für zu viele Firmen wird, dann hat dies sicher keine positive Wirkung mehr.[2279]

In Korea wurde dieses Problem dadurch gelöst, daß diese risikoreduzierenden Instrumente nur dann eingeräumt wurden, wenn die Firmen internationale Wettbewerbsfähigkeit anstrebten, wobei meistens Exporte verlangt wurden. War dies der Fall, hat der koreanische Staat durchaus auch in der Hinsicht Riskien reduziert, in dem er im Krisenfall die Firmen von Schulden freikaufte. Andererseits war der koreanische Staat durchaus in der Lage Firmen Vorteile zu entziehen, die keine Erfolge vorweisen konnten. Teilweise hat der Staat dabei aber durchaus Geduld bewiesen. Im Falle der Automobilindustrie, die potentiell einem Marktversagen aufgrund von fehlenden Skalenökonomien im anfangs kleinen koreanischen Markt ausgesetzt war und die weiterhin eine Industrie ist, die über signifikante Externalitäten bzw. positive Rückwärtskopplungen zur Zuliefererindustrie im Eisen- und Stahl, Chemie und dem Bereich der sonstigen verarbeitenden Industrie verfügt, wurde der Industrie mehr als 30 Jahre Zeit eingeräumt, bis internationale Wettbewerbsfähigkeit verlangt wurde.[2280]

Daß es sinnvoll im Bereich der Wirtschaftswissenschaften über Risiko zu sprechen, kann an der Luftfahrtindustrie gezeigt werden, die von großen anfänglichen Investitionen, Skalenökonomien und Lerneffekten geprägt ist. Am Beispiel von Brasiliens Embraer sind es die privaten Akteure selbst, also der Flugzeugproduzent Embraer und seine weltweiten Zulieferer, die eine Lösung für erstmalig hohe Investitionen (also Marktversagen) gefunden haben, indem sie untereinander 'risk sharing agreements' aushandeln, darunter den längerfristigen Verzicht der Zulieferer auf die Bezahlung von Inputgütern. Es wäre interessant zu erfahren, ob diese Abmachungen sogar eine Subventionskomponente aufweisen. Kurz: Private Akteure entscheiden sich unter Umständen, in denen 'arm's length' bzw. neoklassische Marktvorstellungen keine Effizienzmaximierung mehr versprechen, zu Verhaltensformen, die exakt denen von Regierungen entsprechen, wenn diese etwa über einen niedrig verzinsten, längerfristig angelegten Kredit Entwicklungsfinanzierung betreiben würden. Am Beispiel Embraer kann zudem gezeigt werden, daß die - wenn auch teuren - stützenden Interventionen des Staates, den Erfolg von Embraer ermöglicht haben.[2281]

Risikoverringerung kann womöglich auch durch 'falsche' Preise gelingen. Als 1981 eine Restrukturierung der koreanischen Automobilindustrie durchgeführt wurde, siehe dazu weiter unten, wurde diese durch die Senkung von Verbrauchssteuern auf Automobile und durch eine erhebliche Absenkung der Steuern auf Benzin gestützt, wodurch sich der Benzinpreis halbierte.[2282] Die koreanischen Wagen waren im Heimatmarkt weiterhin teurer als vergleichbare Automobile in anderen Ländern, dadurch lag eine Subventionierung der Hersteller vor.[2283] Der koreanische Stahlkonzern

---

[2279] So agierte aber beispielsweise der indische Staat, etwa mit diversen staatlichen Auffanggesellschaften, etwa für den Textilsektor. Bardhan 1984: 42, 63; diese Warnung auch in UNCTAD 1996b: 62.
[2280] UNCTAD 1996b: 62; zur Automobilindustrie Kim 1993: 147-162.
[2281] Länderbeispiel Brasilien Abschnitt 'G'.
[2282] Der Preis für Normalbenzin wurde von 740 Won pro Liter im Jahre 1982 auf 373 Won im Dezember 1989 herabgesetzt. Kim 1993: 76.
[2283] Kim 1993: 188.

POSCO wurde durch billigen Strom subventioniert und subventionierte seinerseits Minimill-Stahlwerke durch die Bereitstellung billiger Stahlinputs.[2284] Mit diesem Beispiel soll aber nicht pauschal versucht werden, zu suggerieren, daß 'falsche', also interventionistisch veränderte Preise per se sinnvoll einsetzbar sind (und somit im Umkehrschluß die 'richtigen' Preise, die die liberale Schule fordert, nicht erwünscht wären). Dies wird hier als ein Beispiel für eine selektiv eingesetzte Risikoreduzierung erwähnt. Preiskontrollen sind hiermit ebenso nicht gemeint, denn diese legen Firmen oft auf niedrigere Preise als erwünscht fest, siehe dazu später das Beispiel Indien. Beispielsweise wurden von Korea Preiskontrollen, die es zum Korrektur monopolistischer Marktmacht eingesetzt wurden, Anfang der achtziger Jahre abgeschafft, weil dies zu einem Schwarzmarkt führte.[2285]

Es spricht somit nichts dagegen, daß, neben privaten auch staatliche Politiken eine solche risikoreduzierende Wirkung haben können - wohlgemerkt reduzierend, nicht gänzlich ausschaltend. Aus dynamisch ordoliberaler Perspektive drängt sich allerdings auf, daß eine solche Risikoreduzierung durch den staatlich bereitgestellten Rahmen für die Wirtschaftstätigkeit erfolgt, vor allem durch die Bereitstellung eines Ausbildungssystem und die bewußte Tolerierung von Wissensdiffusion, dazu gleich mehr.

6. Marktversagen der Kapitalmärkte

In vielen, selbst in den größeren Entwicklungsländern ist es schwer zu erreichen, daß Privatunternehmer oder private Finanzmärkte hohe Investitionssumme tragen, sodaß von einem Marktversagen der Finanzmärkten gesprochen werden kann. Selbst der Staat hat teils Schwierigkeiten, solche Summen zu leihen. Beispiel ist der Aufbau einer modernen Stahlindustrie. Marktversagen lag hier in einigen Ländern insofern vor, weil die Risiken zwar hoch waren, aber ebenso aufgrund von Vorwärtskopplungen zu diversen anderen Industrien pekunäre Externalitäten bezüglich der Automobilindustrie und anderen Industrien erkennbar und somit hohe soziale Wohlfahrtseffekt zu erwarten waren. Teils lagen in diesen Ländern auch komparative Vorteile, durch eigene Eisenerzvorkommen, vor und trotzdem traten diese Finanzierungsschwierigkeiten auf.

Die Kosten für den Bau eines integrierten Stahlwerk sind hoch (mitsamt Hochöfen und einem Konverter, der nach dem Sauerstoffblasverfahren flüssiges Roheisen von Rückständen befreit, Oxygenstahl) und lagen 1988 für eines mit einer skaleneffizienten Jahresproduktion von 6 Mill. t bei US$ 7,3 Mrd..[2286] Diese hohen Kosten führten dazu, daß die Stahlindustrie oft als staatliches Unternehmen gegründet wurde. Im Fall von Korea hatte sogar der Staat selbst Schwierigkeiten das Kapital aufzutreiben. Der Aufbau der koreanischen Stahlindustrie wurde, nachdem sich die Weltbank

---

[2284] Amsden 1989: 317.
[2285] Kim 1991: 65-66, 73.
[2286] Werte für 1988. Howell et al. 1988: 24.

verweigert hatte, aus japanischen Kriegskompensationsgeldern finanziert.[2287] Der somit doch gelungene Aufbau der koreanischen Stahlindustrie gilt als beispielhaft, das staatliche Stahlwerk POSCO hat den Ruf des effizientesten Stahlwerks der Welt.[2288] Auch im Bereich des Aufbaus der Düngemitteln, Chemie- und Petrochemieindustrie engagierte sich der koreanische Staat.[2289]

Allen Unzulänglichkeiten zum Trotz kann auch der Aufbau der teils staatlichen brasilianischen Stahlindustrie als Erfolg angesehen werden[2290], der allein zwischen 1977 und 1980 die Summe von US$ 10 Mrd. kostete. Diese Summe wurde vor allem von staatlichen Stellen aufgebracht.[2291] Der private Sektor aus den Industrieländern war hier offenbar unnötig risikoscheu. Trotz vorliegender komparativer Vorteile Brasiliens sah das private Unternehmen U.S. Steel in den fünfziger Jahren solch hohe Risiken, daß es die Anregung der brasilianischen Regierung ausschlug, dort ein Stahlwerk aufzubauen.[2292] In Brasilien zeigt sich allerdings, daß der brasilianische Staat im Gegensatz zu Korea immer wieder gezwungen wurde im Stahlbereich zu subventionieren und rettend einzugreifen, um den Betrieb aufrechtzuerhalten und die Fertigstellung neuer Projekte sicherzustellen.[2293] Auch in Indien hätte ein staatliches Programm im Stahlbereich erfolgreich umgesetzt werden können, wenn die Wirtschafts- und Handelspolitik anders angelegt worden wäre.[2294]

Auch dem Privatsektor gelingen aber solche hohen Investitionen, wenigstens heutzutage. In Mosambik produziert seit 2001 die Mozal I Aluminiumhütte erfolgreich und eine Verdopplung der Kapazität ist 2004 geplant. Die Investitionsumme von US$ 1,3 Mrd. lag so hoch, daß sie sich fast auf dem Niveau das BSP von Mosambik von US$ 1,4 Mrd. befand. Wäre dies nicht durch eine private, ausländische Direktinvestition (nur 100 Mill. ist von der Weltbanktocher International Finance Corporation) finanziert worden, wäre die Investition wohl nicht erfolgt. Das Land Mosambik hätte wohl kaum einen solchen Kredit bekommen.[2295] Die Schlußfolgerung daraus ist klar. Liegt das Marktversagen unnötig risikoscheuer Finanzmärkte vor, kann ein wohlinformierter Staat eine wohlfahrtssteigernde Rolle spielen, wenn er dazu in der Lage ist und kein privates Interesse vorliegt. Weitere Fragen, ob die Kreditvergabe gelenkt erfolgen soll etc. schließen sich an.

[2287] Es handelt sich hier um die Gründung des bekannten POSCO-Stahlwerks. Howell et al. 1988: 293.
[2288] Eine detailreiche Darstellung des Aufbaus von POSCO findet sich in Amsden 1989: 291-318.
[2289] Pack/Westphal 1986: 96.
[2290] Ausführlich zur brasilianischen Stahlindustrie, der bei aller detailreichen Darstellung der Probleme, insgesamt Wettbewerbsfähigkeit zugesprochen wird Fischer/Nunnenkamp et al. 1988: 90-95. Für eine positive Bewertung des brasilianischen USIMINAS-Stahlwerks, wobei aber auch die Unterstützung für die Kapazitätsausweitung in den siebziger Jahren positiv bewertet wird, siehe Dahlman/Fonseca 1987: 168, 171-172. Siehe für die Importsubstitutionserfolge Brasiliens im Stahlbereich: **Tabelle 120**.
[2291] Für Details staatlicher Subventionierung siehe Howell et al. 1988: 265-278. Diese, von einigen tendenziösen Passagen einmal abgesehen, sachlich neutral recherchierte Studie ist von U.S.-Stahlinteressen in Auftrag gegeben worden, die das Vorwort schreiben und mit diesem Buch beweisen wollten, wie in den Entwicklungsländern der Aufbau von Stahlindustrie staatlich gefördert wurde.
[2292] So dokumentiert in Moreira 1995: 100.
[2293] Howell et al. 1988: 265-278.
[2294] Siehe dazu die Beschreibung im Abschnitt zu Indien weiter unten. Die Stahlproduktion in Indien weist komparative Vorteile aufgrund heimischer Eisenerzvorkommen aus und kann auf einem niedrigem Preisniveau produzieren. Die Stahlwerke waren aber nicht mit moderner Technologie ausgestattet und haben unzureichend investiert. UNIDO India 1995: 174.
[2295] OECD 2004: 238. BSP für 1995. Weltentwicklungsbericht 1997: 236-237.

7. Regionalförderung

Wenn vermittels des Externalitätsarguments angenommen würde, daß Wirtschaftsräume durch Zusammenballung von Firmen und Fähigkeiten über sogenannte Agglomerationsexternalitäten ('externalities of agglomeration') oder Cluster-Effekte ('clustering effects') verfügten, dann könnten Politiken der Regionalförderung damit begründet werden. Um regionale Asymmetrien zu vermindern, könnten, in Rekurs auf diese Argumentation, diverse Wirtschaftspolitiken gerechtfertigt: Infrastrukturverbesserungen, Ausbildungsförderung, finanzielle Beihilfen für Firmen, damit diese in diesen Gebieten investieren. Ziel einer solchen Politik ist es, eine kritische Masse zu erreichen, durch die auch in einer vormals benachteiligten Region Agglomerationsvorteile entstehen.[2296]

Ähnlich wie eben beim Thema Externalitäten argumentiert, läßt sich hier kritisch anmerken, daß solche Vorteile wohl existieren, dies aber ein normaler Vorgang ist und es zudem sicher noch andere Erfolgsfaktoren für Unternehmen gibt.[2297] Dazu kommt, daß es neben polarisierenden Dynamiken ebenso Dynamiken und Faktoren gibt, die auch ohne Interventionen, regionalen Polarisationsvorgängen entgegenwirken, etwa die in den Industrieländern recht gut funktionierende Wissensdiffusion. Zusätzlich wirken hohe und gleichzeitig niedrige Transportkosten so[2298] und es gibt von vorneherein bestimmte, an die lokale Nachfrage gebundene Waren und Dienstleistungen.[2299]

In empirischen Untersuchen haben etwa in Japan schon kleine- und mittelgroße Regionen hier bestimmte Agglomerationsvorteile, die eine Ansiedlung diverser Industrie (wenn auch nicht gerade extrem skalenintensiver Industrien, wie Chemie oder Stahl) auslösen.[2300] Empirische Studien zeigen weiter, daß die regionalen Disparitäten bzw. Spezialisierungstendenzen in den USA seit 1930 (wieder) abnehmen. Dies ist umso bemerkenswerter, weil dies trotz einem freien Binnenmarkt so geschah. Hinweise auf einen übermäßigen Einfluß externer Ökonomien, die zu einer Zusammenballung von Produktion führen, sind nicht zu erkennen.[2301] Die USA ist allerdings immer noch auf der lokalen

---

[2296] Meiklejohn 1999: 31. Oben wurde bereits erwähnt, daß dies schon so benannt wurde von Meade 1955: 129.

[2297] Siehe die breite Aufzählung von Faktoren, die die Verbreitung von Technologie positiv beeinflussen. UNCTAD 1996b: 15-23. Diese Aufzählung kann als Hinweis auf technologische unternehmerische Erfolgsfaktoren angesehen werden. Für organisatorische unternehmerische Erfolgsfaktoren siehe etwa Chandler 1990.

[2298] Hohe Transportkosten wirken so, weil sie regionale Wirtschaftskreisläufe entstehen lassen, niedrige Transportkosten, weil dadurch die Produktion in entfernten, weniger dicht vernetzten Gebieten möglich wird.

[2299] Diese Debatte wurde durch einen Artikel von Krugman aus dem Jahre 1991 angestoßen, der sich hier nicht in der Literaturliste findet, siehe aber das Buch Krugman 1991. Siehe für einen umfassenden Überblick über neuere raumwirtschaftliche Theorien Krieger-Boden 1995: 76-77. Typischerweise unterschätzen Polarisationstheorien, die einer Polarisation entgegenwirkenden Kräfte systematisch oder nehmen sie erst garnicht erst zur Kenntnis und kommen aus diesen Gründen zur Annahme einer sich verstärkenden Entwicklung regionaler Ungleichgewichte. Dies führt bis zur Forderung einer Abkehr vom marktwirtschaftlichen Wirtschaftssystem. So zum Beispiel bei Gunnar Myrdal. Aus der Perspektive der Wirtschaftsgeographie Schätzl 1996: 157. Die Wirtschaftsgeographie muß widersprüchliche Wirkungskräfte, u.a. wie oben erwähnt, zur Kenntnis nehmen, zieht sich aber sodann auf einen sehr breit angelegten, beschreibenden Ansatz zurück, der sich schließlich auf die gesamte Weltwirtschaft und ihre Dynamiken erstreckt. Damit verläßt die Wirtschaftsgeographie die hier herausgehobene enger gefaßte Fragestellung. Siehe etwa: Schätzl 1996a.

[2300] Siehe die Untersuchung von Mun/Sasaki 2001: 228-229.

[2301] Die ökonomische Struktur zeichnet sich durch Lokalisierung und Spezialisierung aus, aber Regionen entwickeln auch eine Despezialisierung und Skalenökonomien werden weniger bedeutend. Alles in allem gibt es keine Hinweise auf regionale externe Ökonomien. Die USA ist heute weit weniger regional spezialisiert als 1860. Kim 1995: 903.

Ebene spezialisierter als die EU, dies wird zum Teil auf die Handelsbarrieren zurückgeführt, die in der EU bis 1992 noch bestanden.[2302] Auch in der EU ist aber Polarisation durch solche Effekte nicht unbedingt zu befürchten. So wurden Spanien und Portugal durch ihren EU-Beitritt nicht in eine Position der Spezialisierung gedrängt, es gibt allerdings Qualitätsunterschiede, die den Intra-Industriehandel teilweise prägen.[2303] In Spanien liegen nicht nur die traditionellen wettbewerblichen Vorteilen bei arbeits- und rohstoffintensiven Waren vor, sondern es wurden neue komparative Vorteilen durch Direktinvestitionen in die Chemie- und Automobilindustrie durch Unternehmen aus anderen europäischen und sonstigen Staaten erworben, welche die Integration erleichtern und deutliche Wohlfahrtsgewinne ermöglichen.[2304] Eine pauschale Begründung für regionale Förderungspolitiken oder sonstige Interventionen läßt sich hieraus nicht schließen.

8. Patentschutz, Wissensdiffusion und Innovationsanreize

"Thus, a world without patents quite clearly would not be a world without innovation."[2305]

Die neoklassische Ökonomie braucht einerseits keinen Patentschutz, denn um Innovationen kümmert sie sich nicht und gemäß neoklassischer Bedingungen kommen Externalitäten nicht vor. Auf der anderen Seite ist Patentschutz für sie absolut und ohne jede Abschwächung notwendig, um Wissensdiffusion möglichst vollständig zu vermeiden, weil, wie eben schon erwähnt, solche Externalitäten die Pareto-Bedingungen verzerren und als wohlfahrtsmindernd angesehen werden.[2306] Diese beiden denkbaren neoklassischen Herangehensweisen widersprechen sich und sind gleichermaßen weit von der Realität entfernt.[2307]

In dieser Realität wird Technologiediffusion als wünschenswert angesehen, weil sie als zentraler Faktor für das Produktivitätswachstum eingeschätzt wird. Eine Studie der OECD (1996) schätzt, daß intersektorale und internationale Technologiediffusion für über die Hälfte des Wachstums der Gesamtfaktorproduktivität aufkommt. Seine Relevanz sei typischerweise größer ist als die von F&E auf Firmenebene und die Rolle der Technologiediffusion habe zwischen den 1970ziger und 1980ziger Jahren zugenommen.[2308]

[2302] So befindet sich die Automobilindustrie im mittleren Westen, ansonsten gibt es nur bzw. immerhin Montagewerke, die breiter über die USA verstreut gelegen sind. In Europa finden sich diese in Frankreich, Spanien, England, Deutschland, Schweden, Italien. Krugman 1991: 78-81.
[2303] Fontagné et al. 1998: 26-27. Für die EU wird der Globalisierung kein Konzentrations- bzw. Polarisierungseffekt zugeschrieben, im Gegenteil, die Aktivitäten verbreiten sich und es gibt multiple lokale Vorteile. Der Anteil lokal konzentrierter Produktion sinkt von 1970-1994 von 48 % auf 41 % ab. Storper et al. 2000: 20-22, 26. Generell ist die EU weniger polarisiert als die USA Midelfart-Knarvik et al. 2000; ähnlich Krieger-Boden 2000: 24--31, 28; Brühlhart/Torstensson 1996; Brühlhart 1998; Brühlhart 2001; European Commission 1993.
[2304] Die Pro-Kopf-Einkommen der Spanier nähern sich dem EU Niveau an: 1980: 58 vH, 1991: 71 vH. Empirisch werden diese Thesen dokumentiert in Hohlfeld 1995: 249-250.
[2305] Schlußfolgerung u.a. anhand der hier diskutierten Literatur, u.a. von Mansfield, in: Scherer/Ross 1990: 629.
[2306] Darauf weist beispielsweise hin Scitovsky 1954: 144-145.
[2307] Siehe zu diesem Abschnitt die folgende Literatur: Davies 1979; Mansfield 1985; Mansfield 1986; Mansfield et al. 1981, 1982; Streit 1991; Schiff 1971; Levin et al. 1987; Maskus 2000; Sherwood 1990; OECD 1996c; OECD 1996j.
[2308] Pilat 1996: 129; OECD 1996j: 31.

Dies ist aber sicher nicht typisch für die Literatur. Die neoklassisch beeinflußte Literatur läßt freie Technologiediffusion ungern zu und wenn, dann thematisiert sie Diffusion ausgehend von staatlichen Interventionen, die, s.o., im Sinne von Nelson, Grundlagenforschung betreiben und Patentschutz wird betont, denn nur dieser würde Innovationsanreize bereitstellen.[2309]

Oben wurden bereits unter Punkt 5.4 und weiter unten werden weitere Studien vorgestellt, die anhand relativ konkreter Analysemethoden zeigen, welche Rolle diese Technologiediffusion spielt. So erhöhten etwa verbesserte Meßinstrumente die Produktivität in der Chemieindustrie. Der Schwerpunkt liegt hier aber nicht auf einer von Ausrüstung abhängigen Technologiediffusion ('equipment-embodied diffusion'), sondern es geht um die nicht auf Markt gehandelte, freie Verbreitung von Ideen, Know-how und Expertise ("simple 'borrowing' of ideas, know-how and expertise (disembodied diffusion)"), welche ebenso einen positiven Effekt auf die Produktionssteigerung hat. Obwohl es schwer ist zwischen diesen Effekten zu differenzieren, wird beiden eine große Wirkung zugeschrieben.[2310] Dies wird gleich mit weiteren Studien gestützt.

Folglich ist also empirisch begründbar, warum die Abwägung bzw. Frage nach der "zeitlichen Dosierung gewerblicher Schutzrechte", die durch Innovationsanreize begründet werden und die "volkswirtschaftlich wünschenswerte Diffusion", die ebenso zu Innovation führt, die heutige Debatte über den Patentschutz prägt.[2311] Dabei fordert die Theorie der Verfügungsrechte einen gestärkten Patentschutz und ein verbessertes gerichtliches Durchsetzungssystem. Die industrieökonomische Forschung zeigt dagegen, daß Firmen auch ohne Patentschutz Innovationen ausführen, denn auch ohne diese verfügen sie über "means of appropriation", also Mittel zur Aneignung der Vorteile, die aus ihren Innovationen resultieren: Dies gelingt durch Geheimhaltung, zeitliche Vorsprünge und schnellere Lerneffekte, abgesichert unter anderem durch die Möglichkeit zu einer schnellen und massenhafte Verbreitung der Produkte durch eigene Distributionskanäle sowie Vorsprünge bei der Kundenbetreuung. Empirische Untersuchungen zeigen, daß diese Aneignungsmittel in ihrer Wirkung sogar wichtiger als das Patent sind.[2312] Dies erklärt, warum Firmen, trotz einer relativ schnellen

---

[2309] So die Studie der WTO (2006) über Subventionen. Zwar werden auch 'cluster' diskutiert, also regionale Formen der Wissensdiffusion. Dieses Spezialthema wird aber dazu genutzt, um von der nationenweiten oder weltweiten Technologiediffusion abzulenken, welche überhaupt nicht erwähnt wird. Damit, ausgehend von 'clustern', diese Diskussion nicht aufkommt, wird behauptet, daß Wissensdiffusion diesbezüglich und im Allgemeinen unzureichend erforscht ist. WTO 2006: 82-86. Dies ist nicht der Fall, s.o.
[2310] Zitat aus OECD 1996j: 37.
[2311] Streit 1991: 134.
[2312] "Lead time accrues naturally to the innovator, even in the absence of any deliberate effort to enhance its protective effect. Secrecy, learning advantages, and sales and services efforts can provide additional protection, though they require the innovator's deliberate effort. The survey confirmed that these other means of appropriations are typically more important than the patent system." Levin et al. 1987: 816. Insofern ist es keine Überraschung, wenn von der Wirtschaftsgeschichtsschreibung geschlossen wird, daß Industrialisierung auch ohne nationalen Patentschutz gelingen kann, siehe für die diesbezügliche Untersuchung der Schweiz und der Niederlanden Schiff 1971. Für die Niederlanden können die positiven und negativen Effekte (negativ: weniger Anreize Innovationen auszuführen) nicht voneinander getrennt werden. Für die Schweiz profitiert die chemische Industrie zumindest Anfangs von der Nichtgeltung ausländischer Patente in der Schweiz. Schiff 1971: 104-105.

Diffusion von Wissen in den Industrieländern, weiterhin erfolgreich und profitabel auf dem Markt agieren können.[2313]

In bezug auf die freie Wissensdiffusion zeigen Studien folgendes Bild: Durchschnittlich sind innerhalb von 12 bis 18 Monaten Informationen über Entscheidungen ein größeres neues Produkt zu entwickeln bei 28 % der konkurrierenden Firmen angelangt (für Prozessinnovationen bei 19 %). Die Art und Weise bzw. die Details dieser Innovation sind in 12 bis 18 Monaten für Produktinnovationen bei 13 % der konkurrierenden Firmen bekannt (bezüglich Prozessinnovationen bei 20 % der Firmen).[2314] Schnell verbreiten sich diese Informationen in den Bereichen elektrischer Ausrüstung, Maschinen- und Instrumentenbau und in der Metall- und Erdölverarbeitung. Im Pharma- und Transportgüterbereich, der chemischen Industrie und im Bereich Steine und Erden werden Produktinnovationen schnell, Prozessinnovationen hingegen langsamer bekannt.[2315] Durchschnittlich dauert es 4 Jahre, bis ein ausländischer Wettbewerber zu einer neuen Technologie Zugang bekommt, die eine im Ausland präsente Tochter eines U.S.-Multis einführt.[2316] Weil aber zu diesem Zeitpunkt die dort eingeführte U.S.-Technologie durchschnittlich 5,8 Jahre alt ist, dauert es also 10 Jahre bis sich diese Technologie verbreitet hat.[2317] Die Entwicklungsländer werden mit durchschnittlich 10 Jahre alter Technologie versorgt (im Joint-Venture oder Lizenzfall ca. 13 Jahre alt) und somit steigt die Zeit bis zu einer in diesem Sinne größeren Verbreitung einer bestimmten Technologie schon auf 14 bis 17 Jahre an.[2318] Den letzteren Ergebnisse liegen Daten immerhin bis 1978 zugrunde[2319], sodaß hiermit die oft vertretene These in der Literatur von einem langsameren Technologietransfer in die Entwicklungsländer bestätigt wird, dazu ergänzend in Abschnitt 'F'.

Empirische Studien zeigen weiterhin, daß in 60 % der Fälle innerhalb von 4 Jahren patentierte Innovationen imitiert (bzw. um das Patent herum entwickelt) worden sind, in 15 % dauert dies länger als 4 Jahre.[2320] Firmen, die bereits Innovationen patentiert haben, schätzen, daß sie in weniger als 1/4 der Fälle auf Innovationen verzichtet hätte, wenn es keinen Patentschutz gäbe. Umgekehrt formuliert: In 3/4 der Fälle erfolgen Innovationen auch ohne Patentschutz.[2321] Durch Patente werden Imitationskosten durchschnittlich um 11 % erhöht.[2322] Zum Vergleich: Wie hoch sind Innovationskosten? Für 30 von 48 Produkten liegen die Innovationskosten über US$ 1 Millionen, für

---

[2313] Für patentiertes Wissen gilt, daß es 1 bis 3 Jahre dauert, bis Innovatoren ihren Vorsprung verlieren, für nicht-patentiertes Wissen sechs bis zwölf Monate. Levin et al. 1987: 796.
[2314] Mansfield 1985: 218-220.
[2315] Mansfield 1985: 220. Siehe für die Details: **Tabelle 121**. Eine eher langsamere Verbreitung von Prozessinnovationen, allerdings für die frühere Nachkriegszeit in England, für nur relativ wenige Innovationen, bestätigt die nur darauf ausgerichtete Studie von Davies 1979: 158-166. Vier Innovationen werden von der Hälfte der Firmen innerhalb von 6 Jahren eingesetzt, für weitere 16 Innovationen wird eine 50 % Verbreitung noch in 8 Jahren nicht erreicht. Davies 1979: 160.
[2316] Mansfield et al. 1982: 38.
[2317] Mansfield et al. 1982: 37-38.
[2318] Mansfield et al. 1982: 37.
[2319] Diese Zahlen beziehen sich ansonsten auf 1960-1968. Mansfield et al. 1982: 37.
[2320] Mansfield et al. 1981: 916-917; Mansfield et al. 1982: 147.
[2321] Mansfield et al. 1981: 915.
[2322] Mansfield et al. 1982: 147.

12 Produkte über US$ 5 Millionen.[2323] In einer weiteren Studie wird ebenso festgestellt, daß viele Erfindungen bzw. Innovationen auch ohne Patentschutz auf dem Markt eingeführt worden wären. Klare Ausnahme davon ist der Pharmabereich, hier würden 65 % der Erfindungen nicht ohne Patentschutz eingeführt werden. Im Chemiebereich liegt der Wert schon deutlich niedriger, bei 30 %, damit würden hier immerhin 70 % der Innovationen auch ohne Patentschutz erfolgen. Im Ölproduktebereich sind es 18 %, beim Maschinenbau 15 %, verarbeitete Metallprodukte 12 %, primäre Metalle 8 %, elektrische Ausrüstung 4 %, Instrumente 1 % und schließlich Büroausrüstung, Automobile, Gummie und Textilien mit 0 %.[2324] Ebenso wird herausgefunden, daß selbst in den Bereichen, in denen Patentschutz nicht als wichtig empfunden wird, trotzdem patentfähige Erfindungen oft patentiert werden (66 %).[2325] Patente setzen somit zusätzliche Anreize, speziell in einige Sektoren, in denen Produktionsgeheimnisse schwer aufrechterhalten werden können und die Forschungs- und Entwicklungskosten hoch sind, beispielsweise im Pharmabereich.[2326] Eine Stärkung des Patentschutzes wird aber nicht notwendig als sozial vorteilhaft angesehen.[2327] Auch im Pharmabereich wird immerhin ein Kompromiß gesucht. So verlängerte der Drug Act von 1984 in den USA zwar die Patentlaufzeit, gleichzeitig beschleunigt er aber die Zulassung von Generika-Medikamenten.[2328] Generell zeigt dies für die Industrieländer ein Bild von einer funktionierenden Technologiediffusion, bei der aber Vorsprungsgewinne nicht gänzlich ausbleiben.[2329] Dieses Bild kann aber dadurch bedroht werden, daß Interessengruppen Wissensdiffusion verhindern wollen, wodurch auf nationaler und weltweiter Ebene Wohlfahrt vermindert werden kann.[2330]

[2323] Mansfield et al. 1981: 909.

[2324] Siehe Mansfield 1986: 175. Einzige Einschränkung ist hier, daß sich in dieser Studie nur auf große Firmen konzentriert wird. Erwähnt wird, daß die Ergebnisse anders ausfallen könnte, wenn kleinere Firmen (unter US$ 25 Mill.) einbezogen würden. Es wird aber ebenso gefunden, daß große Firmen Patente relativ gesehen häufiger nutzen als kleine Firmen. Mansfield 1986: 175, 177. Siehe: **Tabelle 129**. Dies steht im Einklang mit den frühen Untersuchungen von Taylor/Silberston (1973), die schätzen, daß für die Pharmaindustrie 60 % der F&E Ausgaben vom Patentschutz abhängig sind, für Spezialchemikalien sind dies 5 %, für Basischemikalien ist der Wert vernachlässigbar. In den Bereichen mechanischer und elektrischer Ingenieursprodukte sind die Werte ebenso gering (zwischen 3,6 % und 1 %). Diese Autoren versuchten damals einzuschätzen, welche Auswirkung die Einführung eines durchgängigen Systems der Zwangslizensierung von Patentinnovationen hätte. Taylor/Silberston 1973: 202, 265.

[2325] In den Bereichen, in denen Patente als wichtig empfunden werden, werden 84 % der patentfähigen Erfindungen auch patentiert. Als Grund wird angeführt, daß ein Patent immer Vorteile hat, die über die Kosten der Patentierung hinausgehen, z.B. wird jeglicher Vorsprung gegenüber Wettbewerbern als anstrebenswert erachtet. Mansfield 1986: 176-177.

[2326] Hier werden die Imitationskosten um 30 % erhöht. Mansfield et al. 1982: 148; Levin et al. 1987: 796. Siehe aber Mansfield (1985: 220) woraus geschlossen werden kann, daß auch die sich nicht extrem schnell verbreitenden Prozessinnovationen Vorsprungsgewinne im Pharmabereich ohne Patentschutz erlauben. Zugestandenermaßen sind aber 33 % der konkurrierenden Firmen doch schon nach 6 bis 12 Monaten darüber informiert. Mansfield 1985: 220. **Tabelle 121**.

[2327] "Finally, improving the protection of intellectual property is not necessarily socially beneficial. Empirical work has so far indicated a positive cross-sectional relationship between strong appropriability, as measured by variables constructed from our survey, and innovative effort. But the social cost-benefit calculation is not straightforward. Stronger appropriability will not yield more innovation in all contexts and, where it does, innovation may come at excessive cost." Levin et al. 1987: 816.

[2328] Bei einer durchschnittlichen Patentlaufzeit von 8,9 Jahre wurde diese um maximal 5 Jahre verlängert. Grabowski/Vernon 1986: 198.

[2329] So auch der Kommentar zu Mansfield in OECD 1996c: 21. Dies dürfte auch im großen und ganzen das Fazit sein, daß diese Autoren ziehen, wenn auch am Schluß des Artikels der Diffusionsaspekt stark betont wird. Siehe die unterschiedlichen Argumentationsschwerpunkte in dieser Hinsicht in Mansfield 1985: 221, 222-223.

[2330] Davor warnt Stiglitz (1998a) in einem Kommentar ohne empirische Herleitung: "Policies adopted by the technological leaders also matter. There can be a tension between the incentives to produce knowledge and the benefits from more dissemination. In recent years concern has been expressed that the balance industrial countries have struck - often under pressure from special interest groups - underemphasizes dissemination. The consequences may slow the overall pace of innovation and adversely affect living standards in both richer and poorer countries." Stiglitz 1998a: 24; siehe auch Abschnitt 'J', TRIPS.

Im Einklang mit diesen Erkenntnisse wird Technologiediffusion als wichtiger Einflußfaktor für das Produktivitätswachstums angesehen: "Firms can improve productivity by adopting production processes and products developed elsewhere (imitation). This allows them to improve productivity in a relatively straightforward way, as they do not have to engage in, often costly, innovative activity."[2331]

Einige weitere Informationen zur Technologiediffusion in den Industrieländern: Ein Großteil neuer Technologie dem wohlfahrtsfördernde überschwappende Effekte ('spillovers') zukommen, ist in Kapitalgütern verkörpert, Maschinen, Computer und Produktionsanlagen. Kleinere Länder importieren zu mehr als 50 % diese Technologie (auch größere Länder wie England und Kanada), einige große Länder wie Japan, Deutschland und USA sind zu einem etwas größeren Teil Selbstversorger, aber auch sie kaufen Technologie in anderen Ländern, die USA etwa in Asien [2332] Generell gibt es Bereiche, in denen mehr Technologie erworben wird.[2333] Für fast alle relativ stark differenzierte Industriebereiche gilt, daß ein Anteil der Technologie aus dem Ausland kommt.[2334] Darüber hinaus ist aber eine Spezialisierung festzustellen: Hochtechnologie in den USA also Computer; Deutschland im Mitteltechnologiebereich Maschinenbau, Automobile und Chemie, charakterisiert durch Skalenökonomien und Produktdifferenzierung; Japan, Hochtechnologie oder Produkte mit Skalenökonomien und Produktdifferenzierung; Italien im Bereich einfacher Technologien und Arbeitsintensiven Exporten. Die kleineren OECD-Länder Australien, Finnland, Neuseeland und Norwegen weisen eine relativ starke Spezialisierung auf rohstoffintensive Produkte auf, später industrialisierte Länder Griechenland, Portugal und die Türkei auf arbeitsintensive Produkte. Länder mit einer längeren Geschichte der Industrialisierung: Österreich, Belgien, Dänemark, Niederlande, Schweden und Spanien haben relativ diversifizierte Exportprofile und haben sich sowohl auf

---

[2331] In einer Studie über Wettbewerb und Produktivitätswachstum wird Technologiediffusion als einer von drei wichtigen Einflußfaktoren auf das Produktivitätswachstum genannt, neben Innovation und Wettbewerb, der zum Abbau ineffizienter Produktionsformen führt. Pilat 1996: 109.
[2332] OECD 1996c: 46, 128.
[2333] Hier steht in allen Industrieländern (USA, Japan, Deutschland, Frankreich, England, Italien, Dänemark, Niederlande, Italien, Australien, Kanada) hinsichtlich der erworbenen Technologie Informationstechnologie an erster Stelle (Computer, Instrumente, Kommunikationsausrüstung, Halbleiter) zu nennen, dann folgenden Materialien (Pharma, Petroleum, Chemie, Eisen- und Stahl, Steine und Erden, Glas, Papier, Holz, Landwirtschaft), sodann, mit unklarerer Positionierung untereinander, Transport (Schiff-, Flugzeug-, Automobilbau) und Fabrikation (verarbeitete Metallprodukte, nichtelektrische Maschinen, andere verarbeitete Produkte). Ganz am Ende folgen Konsumprodukte (Nahrung, Getränke, Tabak, Textilien, Bekleidung, Schuhe). OECD 1996c: 50-51. Davon wiederum werden im Bereich der Materialien und der Fabrikation oft die Technologien im eigenen Land erworben und sind weiter verbreitet. Informations- und Transporttechnologie wird von viele Länder dagegen importiert und ist, etwa im Bereich der Flugzeugindustrie, nicht so breit verbreitet. OECD 1996c: 52.
[2334] Die großen Länder sind immer noch deutlich erkennbar Selbstversorger und dieser Grad an Selbstversorgung mit Technologie ist in den Bereichen am höchsten, die sehr forschungsintensiv sind: Flugzeugbau, Computer, Chemie, Instrumente, mit unterschiedlichen Gewichtungen in den Ländern. Immerhin stammt auch bei den großen Länder in diesen Bereichen ein Teil der Technologie aus dem Ausland (BRD 25 %, Frankreich 35 %, Australien 35 %, Italien 45 %, England 52 %, Dänemark 59 %, Kanada 62 %, Niederlande 72 %). In den USA hat sich der Anteil verdreifacht, von 4 auf 12 %, in Japan leicht abgesunken, von 7 % in den frühen siebziger Jahren auf 6 %. Zahlen für 1993. In den weiteren Sektoren sind die Anteile weitaus höher, regelmäßig bei 50 % bis 100 %, etwa in den Bereichen, in denen Maschinen für die Produktion erworben werden können. Sehr hoch sind die Anteile im Bereich der Dienstleistungen, die eben ihre Computersysteme simplerweise in den USA kaufen. Siehe die Schätzungen in OECD 1996c: 40-41, 47. Der Tendenz nach wird dies bestätigt in wachstumstheoretischen Studien, die sich an Patentzahlen orientieren: Eaton/Kortum 1994: 24; 1995: 23.

Hochtechnologie und Rohstoffe spezialisiert.[2335] Insgesamt überdeckt sich die Technologieverbreitung somit stark mit den Handelsströmen.[2336]

Auch sektoral wird festgestellt, daß teilweise eine reine Wissensdiffusion wichtig ist. In der Elektronikindustrie ist Wissensdiffusion wirkungsvoller als direkt gekaufte Waren.[2337] Gemünzt auf den Hochtechnologiesektor, der hohe F&E-Ausgaben hat, wird, im Einklang mit den schon oben präsentierten Ergebnissen bezüglich der Vernetztheit moderner Wirtschaft, geschlossen: "the social rate of return of intersectoral and international technology diffusion far exceeds direct productivity gains in that sector".[2338] Dies entspricht den Aussagen Walter Euckens, der betont, daß die konzentrationsverhindernde Anpassungsfähigkeit der Firmen durch die Wissensdiffusion erhalten bleibt und der auch ein weniger perfektes Patentsystem mit kürzeren Schutzfristen für wohlfahrtssteigernd erachtet.[2339] Zur Bewertung des WTO Abkommens über handelsbezogene Aspekte des Schutzes geistigen Eigentums, welche auf dieser Passage aufbaut, siehe Abschnitt 'J', TRIPS.

8.1 Internationale Allianzen in den Industrieländern

Ein weiterer Aspekt muß in diesem Zusammenhang genannt werden, der es ermöglicht, die heutigen Wirkungen der Wissensdiffusion besser einzuschätzen. Wissensverbreitung innerhalb und durch große internationaler Firmen wird beschleunigt durch eine relativ neues Phänomen: Allianzen.[2340] Von 1980 bis 1989 wurden 4192 strategische und technologische Allianzen gezählt, die über Elemente von Technologietransfer verfügten.[2341] Typischerweise finden sich die Allianzen in den folgenden Sektoren: Biotechnologie, neue Materialien, Computer- und Informationstechnologie, Industrieautomation, Mikroelektronik, Software, Telekommunikation, Automobilindustrie, Flugzeugbau, Chemie und schwere elektrische Maschinen.[2342] Es ist sicher, daß Allianzen zu mehr Austausch von Erfahrung und Technologie führen als Marktbeziehungen.[2343] In nicht wenigen Fällen

---

[2335] OECD 1996c: 106-107, 132. **Tabelle 122**. Siehe auch eine Studie bezüglich USA und Deutschland, in der substantieller Transfer nachgezeichnet wird, ohne das aber eine klare Quantifizierung vorgenommen wird und in der auch Spezialisierungsmuster entdeckt werden. Ausgeglichene Bilanz bei intensive Transfer: Chemie; Vorteil Deutschland: Maschinenbau; Vorteil USA: Elektronik- und Datenverarbeitung. Börnsen et al. 1985.: 110-112.
[2336] Generell erfolgen 26 % 1993 der Exporte verarbeiteter Güter zwischen OECD Länder im Hochtechnologiebereich, ein Anteil der sich von 1970 16 % um 10 % gesteigert hat. OECD 1996c: 102-103. Die Handelsbeziehungen überdecken sich dabei mit den Technologieverkäufen, insbesondere dann, wenn der Handel klar aus technologieintensiven Produkten besteht. Die USA hat in bezug auf neun andere Länder eine positiven Technologiewert. Ebensolches gilt für Importe von Frankreich aus Deutschland, Importe von England aus dem Rest der Welt sowie Japan sowie aus weiteren asiatischen Staaten. OECD 1996c: 49.
[2337] OECD 1996c: 65.
[2338] OECD 1996c: 64, 67-74, 128.
[2339] Eucken 1952: 229, 268-269.
[2340] Siehe Dunning 1997; Yoshino/Rangan 1995.
[2341] In dieser Datenbank sind nur Verträge gesammelt, die Arrangement für Technologietransfer oder gemeinsame Forschung enthalten: Beispiel: Joint research pacts, second-sourcing and licensing agreements, joint ventures with technology transfer or R&D implications. Ausgeschlossen sind marketing oder production joint ventures. Freeman/Hagedoorn 1994: 780.
[2342] Dieser Überblick über die Anzahl solcher Allianzen wird gegeben von Freeman/Hagedoorn 1994: 774; siehe ebenso den kurzen und präzisen Überblick in Gundlach/Nunnenkamp 1996: 7-11. Vgl. für Beispiele: Yoshino/Rangan 1995: 96, 170, 179, 200. Für die Allianzennetzwerke in der Computerindustrie siehe Ernst 1997.
[2343] Yoshino/Rangan 1995: 68.

haben diese Allianzen Firmen vor einem Untergang gerettet.[2344] Realistischerweise muß davon ausgegangen werden, daß hier eine Gradskala zwischen einer engen Kooperation (bis hin zu einer kartellrechtlich problematischen Koordination), in der Mitte ein streng reziproker Austausch von Information und am anderen Ende ein weiter bestehenbleibender offener Wettbewerb mit punktuellen Austauschinteressen vorliegt.[2345] Nichtdestotrotz ist die positive Wirkung der Allianzen auf den Technologietransfer klar. Verstärkt wird sie durch die Welle der Firmenzusammenschlüsse, wodurch Firmen jeweils Zugang zur Technologie von Konkurrenten bekommen. Diese Vorteile sind großteils auf die USA, Europa und Japan beschränkt. Zwischen den Firmen aus diesen Ländern wurden 95,7 % der strategischen Technologieallianzen geschlossen: Joint-F&E-Projekte, Joint Ventures und der Kauf von Minderheitenanteilen. Einen kleinen Anteil von 2,3 % können sich die 'newly industrialized countries' sichern, meistens sind dies Joint-Ventures, beispielsweise in der Automobilindustrie und der Informationstechnologie. Sonstigen Entwicklungsländern kommt ein 1,5 %tiger Anteil zu, für Allianzen mit Firmen aus Triadeländer, hier sind prozentual führend solche im Bereich der Automobil- und Chemieindustrie.[2346] Studien zeigen, daß viele dieser Allianzen mit Firmen aus Entwicklungsländern zum Zwecke des Marktzugangs erfolgten, immerhin 1/5 ist an Zusammenarbeit in der Produktion oder im Bereich Technologie interessiert.[2347] Warum diese wenig ausgeprägte Präsenz von Entwicklungsländern bezüglich der internationalen Allianzen? Dazu mehr im nächsten Abschnitt zur Verbreitung technologischen Wissens auf weltweiter Ebene.

9. Informationen

Informationen können aus neoklassischer Sicht zu Problemen führen, denn eigentlich sollen sich die Akteure nur auf den Marktpreis konzentrieren. Wenn über den Marktpreis hinaus Infos etwa über Produktionstechniken oder Besitz vorliegen, führt dies zu Problemen.[2348] Informationen können in der Tat dazu führen, daß das Funktionieren von Märkten in Frage gestellt wird. Bei asymmetrischen Informationen kann etwa gezeigt werden, daß es für Besitzer höherwertiger Waren erschwert wird, diese zu verkaufen, bis dahin, daß die Märkte völlig zusammenbrechen.[2349] Sind frühzeitig Informationen über Produktionsmengen vorhanden, kann dies Preisabsprachen erleichtern. In der U.S.-Automobilindustrie werden beispielsweise bis zu sechs Monate bevor die Produktion stattfindet Pläne veröffentlicht, in denen die monatliche Automobilproduktion der Hersteller bekanntgegeben wird. Dies macht Preisabsprachen einfacher.[2350] Es wird geschlossen, daß asymmetrische und unvollständige Informationen zu "deutlichen Unterschieden in der Art des Marktgleichgewichts

---

[2344] Beispielsweise die Fälle von Ford, Caterpillar und Motorola. Generell haben Allianzen positive Effekte für die beteiligten Firmen gehabt, am konkreten Beispiel wird dies gezeigt für General Electric und des Toyota/General Motors Joint-Venture. Siehe Yoshino/Rangan 1995.
[2345] Yoshino/Rangan 1995: 17-22.
[2346] Unter die Kategorie 'newly industrialized countries' (NICs) fallen hier die folgenden Länder: Korea, Taiwan, Singapur, Hongkong, Basilien, Mexico und Argentinien. Die lateinamerikanischen Ländern haben noch geringere Anteile. Freeman/Hagedoorn 1994: 771.
[2347] Darüber liegen nicht sehr viele Studien vor. Siehe für die obigen Informationen Gundlach/Nunnenkamp 1996: 10.
[2348] Varian 2001: 513.
[2349] Varian 2001: 629-632.
[2350] Doyle/Snyder 1997: 23-24.

führen."[2351] Unter Marktversagen werden auch Informationskosten und Informationsmängel geführt.[2352] Auf der anderen Seite ist es, aus der Perspektive eines dynamischen Wettbewerbs, sicher so, daß Märkte immer gewisse Informationsmängel aufweisen und dies wird nicht negativ bewertet, weil es immer Anreize für Firmen setzt, ihre Vorsprünge zu nutzen.[2353] Ein Großteil dieser Hemmnisse und Kosten gehören zum Alltag der Wirtschaft selbstverständlich hinzu (etwa die Substitutionskosten, d.h. auch Umstellungskosten auf neue Techniken oder neue Verbraucherwünsche[2354]), und wiewohl auf allen Ebene Verbesserungen denkbar sind, sind hier staatliche Eingriffe oft nicht nötig. Generell, dies wurde schon erwähnt, sind Informationen eng mit Risiken verbunden und eine Reihe von Faktoren geben den Firmen Informationen darüber, wie diese Risiken aussehen: Darunter Preise bzw. Studien über langfristig erwartete Preiselastizitäten, Studien über Konsumentenpräferenzen, die technologische Entwicklung und Marktstrukturen.[2355] Teils sind solche Informationen in Entwicklungsländern nur unzureichend oder zu teuer vorhanden, es liegt also Marktversagen in dieser Hinsicht vor. Ebenso können Informationen in dem Sinne falsch sein, wenn sie durch einen zu große Risikovermeidungshaltung geprägt sind, siehe dazu oben, Punkt 5.5.

10. Faktormobilitätshemmnisse

Der Begriff Faktormobilitätshemmnisse gründet auf der Heckscher-Ohlin Auffassung, daß sich die Produktionssektoren einer Volkswirtschaft den Faktorvorteilen gemäß auszurichten haben. Also entweder eine arbeitsintensive, landintensive oder ausbildungs- bzw. wissensintensive bzw. kapitalintensive Produktion zu erfolgen hat. Schon diese Annahme ist, nicht ganz, aber zu einem gewissen Grad in Frage zu stellen, denn ein gewisser Grad der Industrialisierung scheint, siehe oben, für die Entwicklung notwendig zu sein, um überhaupt eine Weltmarktintegration erreichen zu können. Insofern kann argumentiert werden, daß insbesondere schwache Entwicklungsländer nicht unbedingt ihre Produktionsstrukturen rein und ausschließlich auf ihre naheliegenden Faktorvorteile ausrichten müssen. Zu einem gewissen Grad kann dies allerdings doch sinnvoll sein, um erst einmal Wachstum zu ermöglichen. Unter den Begriff der Faktormobilitätshemmnisse fallen dann beispielsweise Restrukturierungsbeihilfen. Meist implizieren solche Hilfen, daß Industriestrukturen noch eine Weile erhalten werden, weil es vermieden werden soll, daß Produktionsfaktoren, wie etwa Arbeit, in großer Zahl nutzlos werden. Dabei besteht die Gefahr, daß alte Strukturen aufrechterhalten werden oder daß schwierige Entscheidungen umgangen werden, weil erwartet wird, daß die Regierung stützend eingreift.[2356] Als Mobilitätshemmnis wird auch bezeichnet, wenn Investitionsentscheidungen eines Anlegers nicht dazu führen, daß nötige, komplementäre Investitionen durch andere vorgenommen werden.[2357] Dies kommt einem Aufruf zur direkten Subventionierung einer Firmengründung gleich. In

---

[2351] Varian 2001: 648.
[2352] Streit 1991; Fritsch et al. 1993; Blankart 1994; Meiklejohn 1999: 25.
[2353] Richardson 1960: 57. Siehe auch das Zitat von Friedrich A. Hayek "'a situation in which all the facts are supposed to be known' leaves 'no room whatever for the activity called competition" (ohne Hervorhebung, aber mit einer Einfügung des Autors) in Chang 1994: 63.
[2354] Streit 1991: 66-67.
[2355] Richardson 1960: 150-151.
[2356] Meiklejohn 1999: 31.
[2357] Streit 1991: 67; Chang 1994: 66-67.

diesem Zusammenhang werden auch Strukturkrisen diskutiert. Diese können durch Überkapazitäten, teils im Zusammenhang mit einem Nachfragerückgang, ausgelöst werden, wobei hier Marktversagen insofern behauptet wird, als daß hier Irreversibilitäten vorliegen, die durch sunk costs ausgelöst werden, also hohe Investitionen, die nicht in einen anderen Gebrauch überführt werden können und dazu führen, daß die Unternehmen den Markt erst spät verlassen. Die passiert deshalb, weil für den Unternehmer in einer solchen Situation nicht mehr die Gesamtkosten relevant sind, darunter die Kosten für eine spätere Modernisierung, sondern es wird allein darauf geachtet, daß die Preise die reversiblen Kosten decken, also etwa für Rohmaterialien und die Arbeitskosten. Die Produktion wird erst abgebrochen, wenn auch diese Kosten nicht mehr gedeckt werden können. Folge kann sein, daß ein ruinöser Preiskampf entsteht, der erst dann beendet wird, wenn Ersatzinvestitionen bei den irreversiblen Ressourcen erforderlich sind. Weil keine Rücklagen dazu mehr vorliegen, wird es dann rational den Markt zu verlassen. Dies kann dazu führen, daß effizientere Anbieter den Markt verlassen, etwa wenn sie noch hohe Kreditkosten haben und ineffiziente Anbieter am Markt bleiben. Oder der Zutritt von neuen Konkurrenten wird in einer solchen Situation verhindert, weil diese anfangs mit hohen irreversiblen Kosten konfrontiert sind.[2358] In bezug auf einen solchen Fall werden oft Marktzutrittbeschränkungen gefordert oder Ausnahmen vom Wettbewerbsrecht, etwa Rezessionskartelle. Ebenso gibt es hier Hilfen zur Erleichterung des Marktaustritts oder solche, die mit dem Abbau von Überkapazitäten verbunden sind. Generell kann aber bezweifelt werden, ob es immer zu einer falschen Reihenfolge des Marktaustritts kommt, denn Firmen können auch wieder in den Markt eintreten, wenn die Preise gestiegen sind.[2359] Auf einer noch allgemeineren Ebene ist die Diagnose mangelnder Faktormobilität auch immer vom Zeithorizont abhängig, der gewählt wird. Auf lange Sicht können sehr viele Faktoren als mobil bezeichnet und Eingriffe somit als unnötig angesehen werden.[2360] In diesen Fällen muß ein informierter und ebenso starker Staat einscheiden, ob er Interventionen für nötig hält. Rentensuche kann dabei verringert werden, wenn diese Intervention von einer Institution, wie eine Wettbewerbsbehörde, anhand neutraler Kriterien verwaltet wird.[2361] Oftmals gelingt nur durch eine entschlossene Restrukturierung, die Firmen zum Marktaustritt überredet, eine langfristig wirksame Stärkung der Industrie. Beispiele für die hier zuletzt genannte Problematik finden sich in Abschnitt 'I'.

10.1 Faktormobilitätshemmnisse in Entwicklungsländern

Aus der Perspektive neoklassischer Modellbildung erscheint es oft so, daß in der realen Welt Prozesse zu langsam funktionieren. Die neoklassischen Modellkreateure träumen teils von einer Volkswirtschaft, die sich so wie die neoklassische Modelle vollständig flexibel verhält, wobei sich der

---

[2358] Fritsch et al. 1999: 231-238; Chang 1994: 68-69. Diese Argumente sind nicht ganz von der Hand zu weisen. In Abschnitt 'I' wird am Beispiel der schwedischen Stahlindustrie gezeigt, daß die Familienunternehmen in den siebziger Jahren mit ihren alten Produktionsanlagen Stahl produzierten, als sich dies längst nicht mehr wirtschaftlich lohnte. Die theoretische Argumentation oben ist sicher stark von den Geschehnissen in den siebziger Jahren beeinflußt.
[2359] Fritsch et al. 1999: 237; Chang 1994: 68-71.
[2360] Fritsch et al. 1993: 229-230.
[2361] Ob Rezessionskartelle noch in die heutige Zeit passen, muß hier nicht entschieden werden. Generell gilt hier, daß die Entwicklungsländer größeren Schwankungen ausgesetzt sind, sodaß solche Instrumente bei temporären Problemen jedenfalls weiter sinnvoll einsetzbar sind.

reale Sektor, also Industrie und Beschäftigung, ohne Kosten an neue Faktorvorteile anpassen können und nebenbei makroökonomische Probleme lösen.[2362] Aus dynamischer Perspektive kann argumentiert werden, daß in Entwicklungsländern Marktversagen auftritt, weil bestimmte Strukturen nicht so variabel sind wie in den OECD-Ländern. Wiewohl es in ärmeren Entwicklungsländern Reaktionen auf Preisveränderungen durchaus gibt[2363], kann jedenfalls gezeigt werden, daß diese nicht so intensiv erfolgen, wie dies in den OECD-Ländern zu erwarten ist.[2364] Zur Erklärung sind sicher diverse Faktoren nötig. Zum Beispiel weniger ausgebildete Kapitalmärkte, sicher liegt dies aber auch daran, daß die Firmen weniger anpassungsfähig sind, weil es den Entwicklungsländern bisher nicht gelang auf einem Intensitätsgrad wie in den Industrieländern ein teilweise risikoreduzierendes Umfeld von Ausbildung, Wissensdiffusion und Spezialisierung zu etablieren.

11. Subventionswettlauf

Wenn in anderen Staaten subventioniert wird, kann dies als Marktversagen angesehen werden.[2365] Wenn sich alle Staaten auf einen Subventionswettlauf einlassen, können sämtliche dieser Staaten davon profitieren, wenn diese Subventionen koordiniert wieder eingestellt werden.[2366] Aus der Perspektive der Wohlfahrterzeugung gesehen kann es, siehe oben, aber durchaus so sein, daß Subventionen Marktfehler etwa im Bereich der Skalenökonomien korrigieren helfen und im Endeffekt Wohlstand erzeugt wird. Aus neoklassischer Sicht sind Subventionen Zöllen vorzuziehen, weil Preisverzerrungen vermieden werden könnten. Auf der anderen Seite können Subventionen aus weltweiter Perspektive als unfair und wohlfahrtsmindernd wahrgenommen werden, weil denkbar wäre, daß dadurch effiziente Produzenten auf ausländischen Märkten vom Markt gedrängt werden. Für letzteres Problem sieht die internationale Wirtschaftsordnung davor schützende Ausgleichszölle vor. Und der Abbau von Subventionen kann durch Verhandlungen erfolgen. Dies war der Ansatz, der im GATT verfolgt wurde, bevor die WTO Regeln eine direkte Klagemöglichkeit gegen Subventionen einräumten. Siehe zur letztendlichen Bewertung Abschnitt 'J', Punkt 8, Subventionen und Ausgleichsmaßnahmen.

12. Fazit Abschnitte 'C', 'D', 'E'

Diese von empirischen Untersuchungen gestützten Ausführungen beschreiben die moderne Wirtschaft als einen dynamischen Wettbewerbsprozess, der sich in den Industrieländern durch eine

---

[2362] Liberale Autoren träumen von flexiblen Volkswirtschaften in denen der 'reale' Sektor ohne Limits sowohl makroökonomische Aufgaben als auch Aufgaben der Umstellung einer Wirtschaft auf Exportorientierung erfüllen kann. Es wird z.B. angenommen, daß die Kontraktion von nicht exportorientierten Industrien intern zu einer niedrigeren Nachfrage und dadurch absinkenden Preisen führt und dadurch exportorientierten Unternehmen geholfen wird ihre Produktion zu erhöhen, wobei durch die intern fallenden Preise heimische Ressourcenkosten ebenso absinken und eine Expansion von Exporten ohne eine Abwertung der Währung stattfinden kann. World Bank 2005c: 69. Hier wird eine Umstellung der Anreize nicht abgelehnt, aber bezweifelt, daß der reale Sektor unlimitiert belastungsfähig ist, sodaß durchaus Währungsabwertungen, Eingriffe der Zentralbank und ggf. auch andere staatliche Politiken unterstützend sinnvoll sind.
[2363] Diese Debatte mit Hervorhebung der Angebotselastizität etwa in Afrika, etwa in Weltentwicklungsbericht 1986: 80-84.
[2364] Ghulati et al. 1985: 28.
[2365] Sämtliche dieser Thesen in Meiklejohn 1999: 31.
[2366] Meiklejohn 1999: 31.

funktionierende und breit angelegte Wissensdiffusion und durch herausragende Fähigkeiten der Firmen zur Anpassung an veränderte Umstände auszeichnet. Die moderne Wirtschaft ist dynamisch und zeichnet sich durch eine Reihe von Wirkungs- und Einflußfaktoren mehr aus, als die Neoklassik annimmt. Ein so konzipierter Wettbewerbsprozess zeigt in vielen, empirisch aufzeigbaren, Aspekten die Wirksamkeit und die Stimmigkeit der ordoliberalen Konzeptionen Walter Euckens.[2367] So sind Preise wichtig zur Koordination-, Information- und zur Risikoreduzierung und der Wettbewerb wirkt, wenn dies die Industriestrukturen zulassen, im Sinne der Preisdisziplinierung, läßt aber Vorsprungsgewinne zu. Die statischen neoklassischen Modelle sind dagegen nur eingeschränkt dazu tauglich Rückschlüsse auf die Realität zu ziehen bzw. normative Forderungen darauf basieren zu lassen.

Auch an der Art und Weise wie die Neoklassik Marktversagen diskutiert, ist dies erkennbar. Weder in bezug auf Verfügungsrechte, öffentliche Güter, Skalenökonomien, Externalitäten und Patentrecht lassen sich aus neoklassischen Modellen allein plausible Schlußfolgerungen ableiten. Teilweise würde die neoklassische Theorie sogar kontraproduktive und wohlfahrtsmindernde Regeln befürworten, etwa durch eine sachlich nicht begründbare Beschränkung der Wissensdiffusion, denn Externalitäten erscheinen in der neoklassischen Theorierichtung pauschal als wohlfahrtsmindernd. Zwar ist die Skepsis gegenüber dem Staat und seinen Fähigkeiten zweifellos begründet, unbegründet ist aber, daraus Folgerungen ohne jede Abstufung in der Argumentation zu ziehen.

Die Dynamik der real vorfindbaren Marktprozesse zeigt sich durch empirisch beweisbare Phänomene wie Skalenökonomien und pekunären Externalitäten in einer vernetzten, spezialisierten Wirtschaft. Diese Darlegung stützt die schon im Abschnitt zum internationalen Handel aufgestellte These, daß eine Pareto-Welt, die diese Phänomene ausschließt und sogar als wohlfahrtsmindernd ansieht sogar als

---

[2367] Die empirische Forschung bestätigt für den Wettbewerb innerhalb der Industrieländer damit weiterhin die Aspekte, die siehe oben, aus ordoliberaler Perspektive Voraussetzungen darstellen, um einen Wettbewerbsprozess zu etablieren, der durch eine vollständige (und nicht vollkommene) Konkurrenz geprägt ist. Also ein Prozess, bei dem die Unternehmen über Anpassungsfähigkeit verfügen, über die Fähigkeit von Innovation und Imitation, gestützt durch eine relativ gut funktionierende Diffusion des technischen Wissens, erleichtert durch das staatlich geförderte Bildungssystem und ein funktionierendes Bankwesen. Dadurch etabliert sich ein Wettbewerbsprozess, der den Firmen kurzfristige Vorteile als Belohnung für Investitionen und Innovationen einräumt, der langfristig zu breit angelegten Produktivitätssteigerungen durch Anpassungsleistungen führt. Kurz zum Thema Risiko: Die ordoliberale Theorie ist für das Phänomen Risiko in der Wirtschaft offen, das von der Neoklassik ebenso nicht thematisiert wird, denn sie ist etwa gegenüber staatlichen Eingriffen skeptisch, weil diese zu inkonstanten, risikoreicheren Wirtschaftspolitiken führen können, wodurch Unternehmer von Investitionen abgehalten werden. Mit dem Prinzip der Konstanz der Wirtschaftspolitik wurde von Eucken herausgearbeitet, daß Unternehmer sensibel auf Risiken reagieren. Politiken, die solche Risiken reduzieren, darunter eine konstante Wirtschaftspolitik, sind somit wichtig, um die Investitionsbereitschaft der Unternehmen auf einem hohen Niveau zu halten. In bezug auf wirtschaftsverfassungsbezogene Rechtsregeln und ihre Funktionen formuliert: Rechtliche Regeln können somit sinnvollerweise dafür sorgen, daß staatliche Interventionen nicht in einem solchen Ausmaß erfolgen, daß sie zu Risiken für Unternehmer werden bzw. aus anderer Perspektive: Nicht in ihre Freiheitsrechte bzw. Investitionsentscheidungen eingreifen. Aber auch hier ist eine Abstufung denkbar. Bestimmte interventionistische staatliche Politiken, die sich im großen und ganzen an diese Vorgaben halten, aber durch den Einsatz wirtschaftspolitischer Instrumente für einige Unternehmer gezielt Risiken reduzieren, aber nicht ganz aufheben, können offenbar wachstumsförderlich zu sein und damit wiederum für weitere Firmen profitabel. Somit widerspricht eine solche Politik der gezielten und jedenfalls nicht extrem breit angelegter Risikoreduzierung bei offensichtlichem Marktversagen weder hinsichtlich der Zielvorstellung noch den zugrundeliegenden Werten des ordoliberalen Ansatz. Noch einmal zum Punkt Marktversagen aus der Risikoperspektive: Dies liegt etwa vor, wenn es unnötig risikoaverse Kapitalmärkte gibt, wenn Koordinationsmängel bei Investitionen zu allzu hohen Risiken führen, die durch eine Strukturpolitik bzw. Rationalisierungspolitik vermieden werden können. Schließlich kann ein Umfeld fehlen, daß Unternehmer mit ausgebildeten Arbeitern, Wissen und Informationen versorgt, denn auch damit lassen sich Risiken zu einem gewissen Grad abmildern.

'second best' bezeichnet werden kann, im Vergleich zu einer 'first best'-Welt dynamischen Wettbewerbs anpassungsfähiger Unternehmen, in der diese Phänomene und ihre wohlfahrtssteigernden Wirkungen von einer Wirtschaftsverfassung teils zugelassen werden.

Die dynamisch ordoliberale Welt läßt es ebenso zu, wenn auch mit anderen Schwerpunkten, daß Marktversagen erkannt werden kann. Wenn etwa Marktdynamiken in Entwicklungsländern, so verfaßt sind, daß Skalenökonomien, pekunäre Externalitäten und Wissensdiffusion nicht erreicht werden und Kapitalmärkte nicht in der Lage sind angesichts von Chancen Risiken einzugehen, ist es nicht verwunderlich, wenn bestimmte Wohlfahrtswirkungen nicht erzielt werden. Liegt dies auf breiter Ebene vor, kann begründeterweise aus dynamischer Perspektive von Marktversagen gesprochen werden, weil die dynamische 'first best'-Welt nicht erreicht wird.

Diesbezüglich ist es dann denkbar, daß beispielsweise staatliche Eingriffe zur Förderung des Erreichens von Skalenökonomien, von pekunären Externalitäten und von Wissensdiffusion positiv wirken können. Interventionistische Politiken lassen sich aber erst dann begründen, wenn diese das Problem der Rentensuche von vornherein beachten, wenn sie gut informiert erfolgen und private Aktivitäten großteils aufrecherhalten werden. Weitere positiv wirksame Rahmenbedingungen für Interventionen, wie die Exportorientierung, werden weiter unten erläutert.

Hervorzuheben ist, daß aus der Perspektive der dynamischen Theorie der Schritt von der theoretischen Begründung für staatliche Interventionen in die Praxis eine weitaus wichtigere Bedeutung hat als für die Neoklassik, weil die dynamische Theorie sowohl von der Erkenntnis der Schwäche und der Informationsprobleme des Staates informiert ist als sich auch leicht vorstellen kann, daß die Kosten für staatliche wirtschaftspolitische Eingriffe dynamisch bzw. kumulativ ansteigen können. Der frühe Friedrich August von Hayek warnt richtigerweise aus diesen Gründen vor diesen schwierigen und risikobehafteten Eingriffen. Eine dogmatische Stellung dieses Arguments, aus dem ein gänzlicher Verzicht auf staatliche Eingriffe folgt, ist aber für die dynamische Theorie schon deshalb weniger dringlich, weil Marktversagen aus dynamischer Perspektive nicht in dem breiten Sinne erkennbar ist, wie dies aus der neoklassischen Theorie gefolgert werden könnte:

Erstens ist die Schwelle viel höher angesiedelt, ab der überhaupt von Marktversagen gesprochen wird, weil eben Vorsprungsgewinne und sonstige Asymmetrien erst einmal akzeptiert werden und eine viel klarere Vorstellung von den ausgleichenden und die Firmen stärkenden Faktoren vorliegen. Zweitens werden andere Arten und Weisen von Marktversagen, im Vergleich zur Neoklassik, als wichtig empfunden. Ob Marktversagen vorliegt, hängt stark von der wirtschaftlichen Entwicklung eines Landes, seinen Ressourcen, seine Institutionen und den Fähigkeiten der dort ansässigen Unternehmer ab. Die Korrektur von Marktversagen würde gemäß der dynamischen Theorie, nicht zuletzt aufgrund der Skepsis gegenüber staatlichen Fähigkeiten, vorsichtiger und pragmatischer vorgehen und zudem erst dann, wenn genügend Informationen vorliegen.

Dies gilt auch deshalb, weil die dynamische Theorie bemerkt, daß sich durch staatliche Interventionen niemals ad hoc eine solche komplexe, spezialisierte und vernetzte Wirtschaftsstruktur auf hohem technologischen Niveau aufbauen läßt, wie dies in den Industrieländern der Fall ist. Schon deshalb ist sie mit einem weitgehenden Vertrauen in die Marktkräfte ausgestattet. Sie besteht dennoch darauf, daß wenn trotzdem offensichtliche Verbesserungsmöglichkeiten erkennbar sind, ein weises, gut informiertes, selektives Vorgehen denkbar bleiben muß. Ein prinzipielle Ablehnung staatlicher Eingriffe in die Wirtschaft ist aus der dynamischen Theorie nicht herzuleiten, weil es durchaus möglich erscheint, daß so die Wohlfahrt gesteigert werden kann.

Daß dies nicht nur Theorie ist, konnte schon oben überzeugend dargestellt werden. Marktfehler lassen sich dadurch korrigieren, daß öffentliche Güter bereitgestellt werden, wenn dies über die Märkte nicht gelingt. Eine gutes Ausbildungssystem ist nötig und Subventionen für die Grundlagenforschung sind begründbar und erst neuerdings kontroverser diskutierbar. Transaktionskosten können eher durch funktionierende Gerichte, als durch eine perfekte Kontrolle über alle Aspekte privater Eigentumsrechte gesenkt werden, weil letzteres aus dynamischer Perspektive garnicht nötig ist. Rentensuche und Zölle haben nicht per se schlechte Auswirkungen, aber durchaus z.B. dann, wenn ein Zollschutz zu breit erfolgt und kein Wettbewerb mehr zu befürchten ist. Skalenökonomien sollten beachtet werden und Externalitäten eröffnen, vor allem ihrer pekunären Form, die Chance den Grad der Integration der Wirtschaft zu verbessern. Auch dies gilt nicht für alle Industriebereiche und Interventionen sind oft schwer sinnvoll einsetzbar. Schließlich sind Marktfehler in bezug auf die Kapitalmärkte sichtbar geworden, wodurch der Staat wohlfahrtssteigernd intervenieren kann.

Im nächsten Abschnitt 'F' geht es darum, anhand der Theorie technologischer Fähigkeiten genauer zu zeigen, inwieweit diese modifiziert liberalen Annahmen zutreffen. Ausgangspunkt sind Untersuchungen über die teils unzureichende weltweite Wissensdiffusion, die mit Hilfe der Theorie technologischer Fähigkeiten erklärt werden kann. Dies legt die Basis für die spätere Einschätzung der technologischen Fähigkeiten von Firmen in unterschiedlichen Entwicklungsländern: Hier liegt ein Schwerpunkt auf Korea, Indien und Afrika. Gründe für Marktversagen werden herausgearbeitet und der erste Schritt zur Untersuchung handelspolitischer Anreizstrukturen gemacht, welcher dann in Abschnitt 'G' genauer erfolgt.

13. Frühe Entwicklungsökonomie

Oben wurde schon der Flirt der Entwicklungsökonomie mit planwirtschaftlichen Ideen erwähnt, darunter die Idee des 'big push', also einer außerordentlichen einmaligen Investitionsanstrengung. Wie kann besser verstanden werden, wie es zu diesen Vorstellungen kam? Wie kann die deutliche Umorientierung charakterisiert werden, die das Konzept des exportorientierten Wachstums mit sich führt? Grund dafür waren nicht nur die Vorstellungen externer Ökonomien, die die Entwicklungsländer damals in ihrer wirtschafts- und handelspolitischen Ausrichtung beeinflussten. Drei weitere Aspekte, die teils eng voneinander abhängen, sollen hier genannt werden.

13.1 Wachstumstheorie. Dies ist erst einmal die damalige Wachstumstheorie.[2368] Generell ist Wachstumstheorie mit diversen Schwierigkeiten behaftet, sie kann Kausalität nicht feststellen und es gibt Probleme der Trennschärfe zwischen Variablen ('Kolinearität'). Weil sie um diese Schwierigkeiten weiß, ist sie dementsprechend bescheiden in bezug auf den Wert ihrer Erkenntnisse.[2369] Auf der anderen Seite fließen in die Wachstumstheorie durchaus bodenständige Daten ein, die beispielsweise auch die ökonomische Geschichtsschreibung für relevant hält.[2370] Dies trägt wieder zum Glaubwürdigkeitsgewinn dieser Theorie bei.[2371] Schon oben wurde erwähnt, daß die neoklassische Theorie nicht ohne Ambivalenzen bezüglich Planung blieb. Dies gilt umsomehr für die Wachstumstheorie, die Wachstum tendenziell auf die Wirkung weniger Faktoren reduziert, die in mathematischen Bedingungszusammenhängen konstruiert werden. Als Beschreibungen empirischer Vorgänge interpretiert, implizieren wachstumstheoretische Modelle, etwa das von Domar (1946) immer Automatismen, beispielsweise, daß Wachstum durch Kapital und Investitionen ausgelöst wird. So wird etwa angenommen, daß die Arbeitsproduktivität zu einem gewissen Grad immer von der Kapitalakkumulation gesteigert wird, auch wenn es keinen eigenständigen technischen Fortschritt gibt.[2372] Solche Annahmen spiegeln sich beispielsweise wider in der frühen Konzeption von Entwicklungspolitik unter Premierminister Jawaharalal Nehru in Indien.[2373]

Interessanterweise wurde zwar schon damals eine ebenso große Rolle des technischen Fortschritts für das Wachstum herausgefunden. Es wurde aber darauf hingewiesen, daß dieser eng mit dem

---

[2368] Siehe zur Wachstumstheorie eine Nachzeichnung der Modelle von Solow in Dornbusch/Fischer 1992: 741-753; weiterhin siehe zur nachfolgenden Entwicklung, die immer mehr Faktoren einbezieht Ramser 1992; Söllner 1999; Maddison 1987, 1995; Denison 1967, 1985, 1993; Jorgenson et al. 1987. In den vielen Ansätzen firmieren mal Bildung, mal Wettbewerb, mal die Gesamtheit liberale Anreize als Wachstumsgrund. Denison 1993: 44-45; North 1993: 70, 75; Peacock 1993: 414-415.
[2369] "Growth accounting of this type can not provide a full causal story. It deals with 'proximate' rather than 'ultimate' causality and registers the facts about growth components; it does not explain the elements of policy or circumstance, national or international, that underlie them, but it does identify which facts need more ultimate explanation." Maddison 1987: 651. Mankiw 1995: 301-309.
[2370] Dies sind Daten über: Kapitalinvestitionen, Forschung und Entwicklung nicht nur durch Firmen, sondern auch durch Universitäten und weitere Aspekte staatlicher Förderung, Umsetzung und praktische Anwendung des technischen Wissens im Produktionprozess, Diffusion des Wissens im Land und über die Grenzen hinweg, Einfluß des Patentrechts, Aspekte der Firmenorganisation, Ausbildung der Bevölkerung, Produktionsmengen und dadurch entstehende Skalenökonomien, die Rolle von natürlichen Ressourcen, den Einfluß ausländischer Konkurrenz Nelson/Wright 1992: 1931-1964.
[2371] Denison 1993: 44-45. Die Wachstumstheoretiker sind, wiewohl sie oft die Faktoren reduzieren, nicht uninformiert darüber, daß es vielerlei Faktoren gibt, die kausalen Einfluß auf das Wirtschaftsgeschehen haben und über die sich das Nachdenken lohnt. So wird nicht nur über in der Produktion gebundenes Kapital ('non-residential capital') und die technologische Entwicklung reflektiert und fundamentale Grundgrößen, wie etwa das Bevölkerungswachstums und die eingesetzte Arbeitskraft eingebunden, sondern es wird sich auch mit vermeidlich skurrilen Größen, etwa dem Einfluß der Transportmittel und den von Erfindungen, wie beispielsweise des Kühlschranks und der Kühlschiffe, auf die Warenströme beschäftigt. Wenn es auch hier bei einer Erwähnung bleibt: Maddison 1995: 33-34.
[2372] "Even without technological progress, capital formation increases labor productivity, at least to a certain point, both because more capital is used per workman in each industry and because there is a shift of labor to industries that use more capital and can afford to pay higher wages." Domar 1946: 139. Die Artikel aus dieser Zeit erscheinen oftmals als politische Programme in wachstumstheoretischer Verpackung. Hier geht es etwa darum, in einem Modell aufzuzeigen, daß Arbeitslosigkeit verhindert werden kann, wenn es nur zu ausreichenden Investitionen kommt und daß die pessimistischen Annahmen von Keynes unbegründet sind. Von vornherein ausgeklammert wird der obige Aspekt, weil vor allem andere Fragen, nach der Erhöhung der Sparrate und der Investitionen, interessierten, bei Nurkse 1953: 2-3.
[2373] Unter anderem wurde angenommen, daß Arbeitskräfte in kapitalintensiven Industrien produktiver eingesetzt werden können. Dort gelang es aber fortan nur sehr eingeschränkt, die Produktivität zu steigern. Zudem wurden öffentliche Investitionen als Schlüssel für einen Wachstumsprozesse angesehen. Hinzu kommt der Einfluß sowjetischer Ideen auf P. C. Mahalanobis, einen der Architekten der indischen Fünfjahrespläne. Ausführlich: Chakravarty 1987: 11, 3-38.

Kapitaleinsatz verbunden ist und es wurde wenig thematisiert, wie technischer Fortschritt überhaupt zustandekommt. Konsens herrschte darüber, daß die wichtigste Größe, die das Wachstums der europäischen und amerikanischen Wirtschaftsräume seit 1820 beeinflußt hat, der beschleunigte technologische Fortschritt war, der es ermöglichte eine andauerndes Wachstum der Produktivität beispielsweise in bezug auf die Inputs Kapital und Arbeit aufrechtzuerhalten.[2374] Daß ein klarer Einfluß der ständig verbesserten Technologie vorliegt ist unübersehbar schon anhand Berechnungen des Outputanstiegs in Relation auf Einheiten von Inputs. So wird ein Outputanstieg von 36 % zwischen 1904 bis 1913 und 1929 bis 1938 berechnet, der sich nicht mit Inputs, also Arbeit und Investitionen, erklären läßt.[2375]

Solow (1957) stellt bemerkenswerterweise fest, daß 87,5 % des Outputwachstums auf den technischen Fortschritt zurückzuführen sind und die übrigen 12,5 % auf den zunehmenden Kapitaleinsatz.[2376] Generell wird technischer Fortschritt aber exogen einbezogen, steht also nicht mit einer weiteren Variable im Zusammenhang.[2377] Die Stimmungslage dieser Zeit wird aber daran deutlich, daß sich Solow angesichts des hohen Anteils des technischen Fortschritts dazu angehalten fühlt, auf die wichtige Rolle des Kapitals hinzuweisen, denn Innovationen können keineswegs freischwebend für Wachstums sorgen, sondern müßten in Anlagen und Fabriken verkörpert werden.[2378]

In einem weiteren prägenden Artikel von Solow (1956) wird das Bevölkerungswachstum in ein Wachstumsmodell einbezogen und davor gewarnt, daß Kapital/Arbeits-Ratio unter einen bestimmen Punkt absinken zu lassen, weil es dann zu einem Absinken des Wachstums kommt. Wenn dagegen die anfängliche Relation höher sei, gäbe es einen selbstlaufenden Prozess steigenden Pro-Kopf-Einkommens ('self-sustaining process of inceasing per capita income').[2379] Hier ist es nicht mehr weit zu Rosenstein-Rodan, der vorschlägt, daß der technische Fortschritt durch breit angelegte Kapitalinvestitionen gesteigert werden kann, weil organisatorische und technische Fähigkeiten am besten vor Ort, auf der Arbeit, erlernt werden können.[2380] Zur weiteren Illustration: Wie schon

---

[2374] Boltho/Holtham 1992: 2; für eine dementsprechende Sicht direkt nach dem Zweiten Weltkrieg siehe Mills 1952: 553-555; Abramowitz 1956: 6.
[2375] Eingeschlossen Landwirtschaft. In Solow 1957: 316. Andere Berechnungen sind noch höher, etwa 175 % seit 1956, von Abramowitz 1956: 11. Beidesmal für die USA. Für Japan vor dem Zweiten Weltkrieg liegen ähnlich hohe Werte für den technologischen Fortschritt vor: 1908-1910: 12 %; 1910-1920: 32 %; 1921-30: 62 %; 1931-1938: 54 %. Howe 1996: 248.
[2376] Solow 1957: 320.
[2377] Solow 1957: 312-313.
[2378] Solow 1957: 316. Damit nimmt er seine späteren Arbeiten vorweg, in denen er versucht den technischen Fortschritt in immer wieder neue Generationen von Kapitalinvestitionen erfaßbar zu machen. Maddison 1995: 43.
[2379] Weiter: "The interesting thing about this case is that it shows how, in the total absence of indivisibilities or of inceasing returns, a situation may still arise in which small-scale capital accumulation only leads back to stagnation but a major burst in investment can lift the system into a self-generating expansion of income and capital per head." Solow 1956: 91.
[2380] Auch Rosenstein-Rodan, der eigentlich deutlich genug auf die Rolle des Wissens beim Wachstumsprozess hinweist und bei dem die positiven Wirkungen, die eine Verbreitung des unternehmerischen Wissens in einer Volkswirtschaft haben kann, eine zentrale Rolle zur Untermauerung seiner Theorie spielen, analysiert nicht genau genug die Komponenten, die nötig sind, um dies zu garantieren. So betont er, daß "effective knowledge" nicht durch Bücherlesen, sondern allein durch die praktische Erfahrung auf der Arbeit erworben werden kann. Lernen findet bei ihm dann statt, wenn, durch den "big push", ein gesamtes Industriesystem ad hoc etabliert wurde und dann während der Arbeit weitere technische und organisationelle Verbesserungen stattfinden. Vgl. Rosenstein-Rodan 1961: 64. Eine Reflektion, ob ein marktwirtschaftliches System nicht auch Vorteile bei der Verbreitung von Wissen aufweist, erfolgt nicht.

erwähnt, wurde etwa von Rostow (1960) für Japan fälschlich angenommen, daß es egal war, ob der Staat oder private Firmenbesitzer die Investitionen vorgenommen haben, solange eben investiert wurde und Innovationen vorliegen.[2381] Tatsächlich war es in Japan so, daß der Staat nur zu Anfang in diesem Sinne behilflich war, nach einer kurzen Phase ging aber eine dynamische Entwicklung auch hinsichtlich der Innovationen von privaten Akteuren aus.[2382] Prägend blieb jedenfalls für diese frühe Zeit, daß von der Wachstumstheorie eine zentrale Rolle der Zunahme des investierten Kapitals zugemessen wurde.[2383]

13.2 Theorie des Strukturwandels. Diese Annahmen standen in einem wenig spannungsreichen Verhältnis zu den Vorstellungen von wirtschaftlicher Entwicklung, die bis heute vor allem als in bestimmter Form ablaufender Strukturwandel angesehen wird. Allgemein gebräuchlich ist es, den Terminus Strukturwandel in bezug auf eine Nationalökonomie als Erwartung zu verstehen, daß der Anteil der Wertschöpfung, der auf die verarbeitende Industrie zurückzuführen ist, ansteigt und der Anteil der Landwirtschaft zurückgeht. Mit dem Begriff Strukturwandel wird somit vor allem die zunehmende Industrialisierung eines Landes bezeichnet.[2384] Eine solche Verschiebung hat sich, mehr oder weniger intensiv, in allen Ländern der Welt auf dieser Weise abgespielt. Mit zunehmendem Einkommensniveau ereignen sich zudem Verschiebungen innerhalb der einzelnen Sektoren der Industrie. Meist steigt nach einem Wachstum der Leichtindustrie der Anteil der Schwerindustrie am Output an. Die Produkte der Industrie können weiterhin als handelbare Güter bezeichnet werden, um sie von den nichthandelbaren Güter abzugrenzen. Auch der Anteil der nichthandelbaren Güterproduktion, die Energie- und Wasserversorgung, der Transport, die Kommunikation und schließlich der der sonstigen Dienstleistungen an der Wertschöpfung steigt, wenn auch weniger stark, nach einiger Zeit an. Im vollständig entwickelten Stadium, für das die Industrieländer stehen, sinkt der Anteil der verarbeitenden Industrie an der gesamten Wertschöpfung meist wieder ab und die Dienstleistungen nehmen einen größeren Teil der Wertschöpfung ein.[2385] Dies liegt in den Industrieländern wiederum nicht unbedingt an einer Abnahme des Outputs im verarbeitenden Sektor (oder einer Krise[2386]), sondern daran, daß simplerweise mehr Dienstleistungen nachgefragt werden, auch von den Unternehmen selbst. Bis heute wird das Wachstum in den modernen Industriestaaten durch beeindruckende Produktivitätsverbesserungen im verarbeitenden Sektor getragen. So verbesserte sich der Output pro Stunde im verarbeitenden Sektor in den USA zwischen 1974 bis 2001 um 132 %, im sonstigen Bereich der Wirtschaft um 69 %.[2387]

[2381] Rostow 1960: 106.
[2382] Ausführlich Howse 1996: 179-187.
[2383] Mit weiteren Verweisen Bruton 1998: 907-909.
[2384] Diese Definition ist nicht sonderlich genau, aber als Arbeitshypothese brauchbar. Chenery et al. 1986: 1-5, 188. Am Rande sei darauf hingewiesen, daß der Fokus hier auf dem wirtschaftlichen Wachstum liegt und es sich nicht um einen umfassenderen Begriff von Entwicklung oder Wohlstand geht. Vgl. dazu Sen 1988.
[2385] Chenery et al. 1986: 70-74 Tabellen
[2386] Die angesichts dieser Zahlen fragwürdige These, daß dieser relative Rückgang der verarbeitenden Industrie sich zu einer Krise aufweiten kann, wenn nur noch auf Dienstleistungen gesetzt wird, wird etwa vertreten von Cohen/Zysman 1987.
[2387] Dabei sinken die Beschäftigtenzahlen ab, im verarbeitenden Sektor von (Einheit Tausend) 19,538 (1974) auf 17,319 (2001). Im Dienstleistungsbereich verdoppelte sich die Beschäftigung, von 40,324 (1974) auf 85,464 (2001). USITC 2003: 44.

Hinsichtlich der wirtschaftlichen Einflußfaktoren, die diesen Strukturwandel der Industrialisierung tragen, gibt es in der Wirtschaftstheorie verschiedene Hypothesen: Eine wichtige Rolle spielt hier Engels Gesetz ('Engels law'), das den Industrialisierungsprozess über eine, bei steigendem Einkommen, zu beobachtende Verschiebung der Nachfrageanteile weg von der Ernährung bzw. der Landwirtschaft hin zu verarbeitenden Waren erklärt.[2388] Dies steht im Einklang mit der Linder-Hypothese von Nachfrageänderungen, die den internationalen Handel prägen. In Indien werden beispielsweise 60 % des Einkommens für Ernährung bzw. für Güter des Primären Bereichs genutzt, in den USA nur 13 % (Daten für 1982), wobei also in den USA 87 % des Einkommens für andere Konsumgüter zur Verfügung stehen.[2389] Aus der Perspektive der Wachstumstheorie in ihrer neoklassischen Standardausprägung wird die Relevanz der Faktoren Kapital und Arbeit für solche internen Wandlungsprozesse betont. Kapital, daß zur Finanzierung von Investitionen eingesetzt werden kann, kann entweder durch das interne Sparen oder Auslandsschulden erworben werden. Angenommen wird, daß sich durch den Einsatz dieser Faktoren ein Strukturwandel ereignet, welcher anhand von Marktkräften stattfindet und in Richtung eines zunehmenden Einsatzes von Kapital geht. Der Einfluß der technologischen Entwicklung wurde jedenfalls in der damaligen Wachstumstheorie als exogene, unveränderliche Größe angenommen, die für jedes Land gleich wirksam ist.[2390] Nimmt man die damalige Wachstumstheorie und Engels Gesetz zusammen, wird sehr wohl denkbar, daß Wachstum und Strukturwandel in jedem Land der Erde völlig autonom und ohne auswärtige Einflüsse stattfinden können. Auch heutige Ansätze bezüglich Strukturwandel, welche die technologische Entwicklung in den Mittelpunkt stellen, so die Substitution von Naturprodukten durch solche, die artifiziell hergestellt werden, beschreiben einen Prozess, der kompatibel mit Engels Gesetz ist, welches auf der Erwartung von Nachfrageänderungen basiert.[2391]

Sieht man Importsubstitution, also einen breiten Schutz, darunter durch Zölle, zum Zwecke der Ersatzes von Importen, kann dies, im Kontext der hier verwendeten Argumentation, als Instrument zur Beschleunigung des Strukturwandels betrachtet werden, weil sie auf künstliche Art und Weise die Nachfrage nach Güter erhöht, die im eigenen Land produziert werden. Dies ist kompatibel mit der Definition von Importsubstitution: "that by replacing imports of certain commodities by domestic production, the economy will be so modified that it will begin to be more independent, more resilient, more diversified, and better able to generate increasing welfare as a matter of routine."[2392] Weil Engels Gesetz wirksam werden würde, wurde erwartet, daß sich eine Nachfrage nach Industriegüter entwickeln und ein Strukturwandel anhand von internen Veränderungen ergeben kann. Die Anreizstruktur der Importsubstitution schiebt sich dabei wie ein Schirm vor die Anreize, die ansonsten vom Weltmarkt ausgehen würden und tritt anstelle einer womöglich langsameren oder anders

---

[2388] Dazu und zum folgenden Abschnitt vgl. Chenery et al. 1986: 1-4, 38-39.
[2389] Die Daten sind 1982 für das Land mit dem damals niedrigstem Pro-Kopf-Einkommen, Indien, und dem Land mit dem damals höchsten Pro-Kopf-Einkommen, die USA, angegeben. Dieser Zusammenhang findet sich aber in vielen weiteren Ländern wieder. Siehe Markusen 1986: 1003-1004.
[2390] Solow 1957: 312-313.
[2391] Chenery et al. 1986: 1-2, 39.
[2392] Bruton 1989: 1604.

angelegten Verschiebung der Ressourcen, die sich ansonsten ereignen würde, wenn sich nur auf die internationalen Einflüsse verlassen werden würde.[2393] Vor diesem Hintergrund wird verständlich, warum die Politik der Importsubstitution, die breite Anreize für die heimische Produktion versprach, auf diese optimistische Weise wie oben definiert wird. Im Abschnitt 'G' wird gezeigt, daß diese Politik diese Versprechung nur zu Beginn einhalten konnte, weil sich später die Anreizkraft heimischer Märkte abschwächte. Erst bei hohem Wirtschaftswachstums zeigte die Importsubstitution einen zweiten Atem.

13.3 Der weitgehende Perspektivwechsel liberaler Theorie. Im Kontrast dazu kann verdeutlicht werden, welchen bemerkenswert weitgehenden entwicklungsökonomischen Perspektivwechsel die liberale Theorie implizierte. Die liberale Theorie begreift den internationalen Handel als sehr weitgehendes Instrument, die Fähigkeiten der Ländern weltweit untereinander vorteilhaft abzugleichen, welches weiterhin so wirkt, daß von außen (bzw. eben gleichzeitig von innen, weil es ja die eigenen Unternehmen sind, die so reagieren) bewirkt wird, daß die über Vorteile verfügenden Faktoren höhere Produktionsanreize haben, wodurch der interne Strukturwandel letztendlich weitgehend vom Handel geprägt wird. Dies ist durch die liberale Theorie internationalen Handels schon länger bekannt, diese verfügt aber bis heute nicht über eine Theorie des Strukturwandels durch den internationalen Handel und das Heckscher-Ohlin Modell trat damals seinen Siegeszug erst an. In der letzteren Ausprägung erwartet die liberale Theorie von der Anbindung eines Landes an externe Anreizstrukturen wohlfahrtssteigende Verschiebungen der Produktionsstruktur bzw. einen Strukturwandel, der zu einem bevorzugten Einsatz bzw. Export eines der Faktoren, mit dem ein Land besonders gut ausgestattet ist, führt: natürliche Ressourcen, Land, Arbeit, Kapital oder Wissen.[2394] Natürlich ist dies nicht völlig inkompatibel mit Engels Gesetz, dieses tritt aus dieser Perspektive aber insofern an die zweite Stelle, weil es nur insofern akzeptiert wird, als die interne Nachfrage und der Strukturwandel - zusätzlich - und sehr weitgehend durch internationalen Handel beeinflußt wird.

Dazu kommt, daß damals womöglich die These schwer zu verstehen war, daß nur durch Handel und die davon ausgehenden Preis- und Allokationseinflüsse ein angemessenes Produktivitätswachstums erzielt werden können. Noch heute gäbe es Widerspruch, denn auch binnenwirtschaftlichen Dynamiken kann dabei gerechtfertigterweise eine Rolle zugeschrieben werden, die ergänzend zu möglichen positiven Effekten durch den Handel wirksam werden können.[2395]

Wie wurden die Einflüsse, die vom internationalen Handel ausgehen, damals gesehen? Entgegen der verbreiteten Darstellung haben damals die Theoretiker, die für ein extremes Konzept der

---

[2393] Pack 1988: 347.
[2394] Krugman/Obstfeld 1997: 21-25, 75-77. Auf das ihrer Meinung nach ohne weitere Modifikation gültige Prinzip der komparativen Vorteile, welche in der frühen Entwicklungsökonomie ignoriert wurde, weist hin Krueger 1997: 3-10.
[2395] Noch heute wird, siehe weiter unten, neben dem Handel, der Entwicklung eigener technologischer Fähigkeiten, die die Steigerung der Produktivität aus eigenen Kompetenzen heraus ermöglicht, eine wichtige Rolle bei Entwicklung und Strukturwandel zugesprochen. Dabei muß allerdings beachtet werden, daß, teils in Kooperationen mit Firmen aus Industrieländern, der Tendenz nach auch wirklich neue Technologien eingesetzt werden.

Importsubstitution vereinnahmt werden, keineswegs den Handel verdammt oder die Vorteile durch Exporte per se geleugnet[2396], vielmehr wurde die Importsubstitution als Übergangsphase konzipiert. Schon früh wurden die Vorteile der Handelsliberalisierung diskutiert. Etwa ob es nicht sinnvoll sei, zwischen den Entwicklungsländer Zölle abzusenken, um größere Märkte zu schaffen.[2397] Der sog. Exportpessimismus ("current trade pessimism theory") der Theoretiker richtete sich vor allem auf die Wertentwicklung der Exporte primärer Produkte, also Agrarprodukte und Rohstoffe.[2398] Gehofft wurde, daß die Importsubstitution dazu beitragen könne, eine industrielle Basis aufzubauen, weil, dies ist der Kerngehalt der Prebisch/Singer-These, erwartet wurde, daß sich die Austauschbedingungen (Terms-of-Trade) für primäre Produkte (Agrar- und Mineralien) nicht so vorteilhaft entwickeln würden, wie im Industriegüterbereich.[2399] Auch dies ist ein Argument, daß auf Engels Gesetz basiert, denn es wurde erwartet, daß aufgrund des weitergehenden Strukturwandels, deren Nachfragestruktur sich noch weiter in Richtung Industriegüter verschiebt, in den Industrieländern eine unelastische Nachfrage nach Primärgüter vorliegen würde und daß somit eine Industrialisierung, die sich auf einer Förderung der Landwirtschaft und auf deren Exporte stützt, nur ein verlangsamtes Wachstums stützen würde.[2400] Daß dieses Argument zutreffen könnte, lag damals nicht nur durch Langzeittendenzen nahe[2401], sondern auch durch gerade gemachte länderspezifische Erfahrungen: Für Argentinien sanken die Terms-of-Trade beispielsweise zwischen 1929 und 1934 um 33 % und das Volumen der Primärgüterexporte ging um 6 % zurück.[2402]

Dazu kommt, daß die liberalen Autoren, die sich angeblich schon damals für ein Abstützen von Entwicklung durch internationalen Handel oder die grenzüberschreitende Diffusion von Technologie[2403] einsetzten, damals nicht so liberal waren, wie dies heute oft dargestellt wird. So wies der von der Literatur als liberaler Vordenker vereinnahmte Viner (1953) darauf hin, daß eine allgemeine Tendenz aller Länder zur Autarkie zu konstatieren ist und macht die Entwicklungsländer darauf aufmerksam, daß die Industrieländer massiv politisch in ihren Außenhandel eingreifen und daß es somit wahrscheinlich ist, daß sich die Industrieländer vor den Exporten aus Entwicklungsländern schützen werden.[2404]

[2396] So schreibt sogar Rosenstein-Rodan (1961: 63) Positives über den internationalen Handel: "international trade reduces the size of the minimum push required, so that not *all* the wage-goods need be produced in the developing country, but is does not eliminate it." (Hervorhebung im Original)

[2397] Nurkse 1953: 22; Anfang der sechziger Jahre beginnt Prebisch auf einen Latin American Common Market zu drängen. Die praktische Umsetzung gelingt zwar in einigen partiellen Verträgen, die aber nach einiger Zeit stagnieren und nicht zu einer Liberalisierung beitragen. Zu dieser Idee Prebisch 1984: 181.

[2398] So wird diese Strömung bezeichnet von Kravis 1970: 850.

[2399] Prebisch 1950: 16. Es gibt wohl kaum einen widersprüchlicheren Text in der Wirtschaftswissenschaft. So warnt Prebisch vor Importsubstitution und fordert sie wenige Sätze später. Er suggeriert Exportpessimismus bezüglich sämtlicher Waren und wendet sich dagegen. Vgl. Prebisch 1950: 3.

[2400] Bruton 1998: 905. Zu dieser Konklusion kommt auch Lewis 1954, der fordert, daß sämtliche Investitionen im modernen Sektor erfolgen müssen. Bruton 1998: 909.

[2401] So wenigstens die Argumentation in Kravis 1970: 851-863.

[2402] Cavallo/Cottani 1991: 14.

[2403] So schon Haber 1958: 81; siehe auch Nelson/Wright 1992: 1935

[2404] Viner 1953: 84-90. Er weist auch darauf hin, daß ein pauschal angewendeter Protektionismus gerechtfertigt ist, wenn dadurch eine Reichtumsumverteilung von Nord nach Süd initiiert wird. Viner 1953: 40. Dies sind nicht gerade Äußerungen, die es rechtfertigen, ihn als

Zum besseren Verständnis der Attraktivität der Importsubstitution lohnt es sich noch ein wenig früher anzusetzen und Afrika einzubeziehen: Der Welthandel bestand im Jahr 1913 zu 65 % aus Primärgütern und zu 38 % aus Industriewaren und der Primärgüterbereich wuchs sogar mit 3,4 %, etwas stärker als der Handel mit Industriewaren.[2405] Dies hätte doch als Chance wahrgenommen werden können? Die teilweise noch kolonialisierten Länder begriffen dies aber nicht als Chance, sondern verbanden den Welthandel, aufgrund konkret vorliegender Erfahrungen, neben schwankenden Terms-of-Trade, vor allem mit politischer Abhängigkeit und der Erfahrung einer dadurch ausgelösten Deindustrialisierung ihrer Manufakturbetriebe.[2406] Dazu kommt, daß die damaligen Kolonialunternehmen damals sämtliche denkbaren unfairen Methoden nutzten, welche erst nach dem Zweiten Weltkrieg durch das Wettbewerbsrecht verboten wurden. Dies war ein Grund dafür, daß in diesen Ländern keine Vorstellung davon bestand, was eigentlich Wettbewerb auf liberalen, institutionell eingehegten Märkten bedeuten könnte. Schließlich gab es in dieser Zeitperiode keine stabile Welthandelsordnung, die gegen willkürlichen Protektionismus und eine politische Inanspruchnahme von Handelsbeziehungen schützte. Es wurde damals nicht nur zwischen Nationen diskriminiert, sondern, trotz unterschiedlicher wirtschaftlicher Bedingungen, dem gesamten Kolonialimperium oft auch ähnliche Geldpolitiken und sogar Sozialstandards aufgezwungen - eine Form der Entwicklungshilfe, die in schlechter Erinnerung blieb - die aber gleichzeitig, etwa in Indien, den Eindruck hinterließ, daß sich Wirtschaft mittels der englischen bürokratischen Institutionen umfassend lenken ließ.[2407] Die Kolonialfirmengruppen waren im Prinzip nicht unangreifbar, weil sie aufgrund ihrer Größe Ineffizienzen aufweisen und es privaten Akteuren durchaus gelingen konnte Marktanteile zu erobern. Um direkt gegen diese Firmen anzugehen hatte die meisten afrikanischen Unternehmen aber nicht die monetären Ressourcen. Eintrittsbarrieren bestanden durch die hohen Kapitaleinlagen und die damit verbundenen Vorteile, durch vertikale Strategien (viele Aufkauf- und Verkaufsstationen). Dazu kamen Verkaufsprivilegien bzw. festgelegte Verkaufsmengen, die innerhalb der dominierenden Firmengruppen bestimmten Distributeuren zugeteilt wurden, wobei keine Gebietsmonopole vorlagen, aber de facto solchen Vorschub geleistet wurde, indem sich andere Distributeure bereiterklärten, auf den Import dieser Waren zu verzichten. Bekanntgeworden ist damals ein Versuch den Handel mit Stockfisch aus Norwegen in Afrika zu monopolisieren und die Preise hochzutreiben (wobei Importeure außerhalb der Firmengruppen kein Stockfisch verkauft wurde). Die Exporte wurden damals von den kolonialen Vermarktungsbehörden kontrolliert, die ebenso den

---

frühen liberalen Autor zu bezeichnen, der schon damals ahnte, wie wichtig Exporte und der internationale Handel für das Wachstum sind, wie dies erfolgt in Bruton 1998: 910.

[2405] Hardach 1995: 29.

[2406] Hardach 1995: 29.

[2407] Seit 1880 waren britische Unternehmer nach den 'factory acts' dazu verpflichtet, indische Arbeit nach Regeln zu beschäftigen, die auch in England gelten. Dies war von den britischen Unternehmer durchgesetzt worden, um Niedriglohnkonkurrenz zu vermeiden. Natürlich hielten sich die Unternehmer in Indien nicht daran, sondern stellten nur eine geringe Zahl Arbeiter permanent und damit geschützt ein. Dies führte zu kruden und flexiblen Arbeitsanwerbungssystemen. Die Kolonialmächte teilten damals willkürlich die Märkte auf, bestimmten die Währungspolitik, gewährten Schutzzölle und änderten wenige Jahre später ihre Haltung wieder - wenn es Konkurrenzprobleme innerhalb ihrer Imperien gab. So teilten sie auch die Märkte zwischen Produzenten auf z.B. Stahlproduzenten aus Indien und Großbritannien. Die Erfahrung der Willkür und der problematische Dimension der Eingriffe in die Wirtschaft wird durch die Erfahrung der Lenkbarkeit ergänzt: Indien kann beispielsweise den wirtschaftlichen Interventionsapparat der Engländer übernehmen. Rothermund 1995: 108-110

dominierenden Firmengruppen den Export überließen, nicht aber sonstigen privaten Akteuren. Zudem wurde nach der Zeit der Kriegswirtschaft der Association of West African Merchants das Privileg eingeräumt, direkt die Außenhandelpolitik der Kolonialadministration zu bestimmen, wodurch erstere ihre Konkurrenz ohne weitere Probleme behindern konnten. Es ist somit nicht ganz unverständlich, wenn afrikanische (und andere) Händler und Konsumenten darob irritiert waren und es Proteste gab[2408] und daß danach über die Einräumung von staatlichen Privilegien versucht wurde, einen Raum für afrikanische Akteure zu schaffen, wenn auch sofort, ebenso mit Recht angemerkt werden kann, daß dies natürlich auch zu Ineffizienzen führen kann. Ein weiterer Effekt dessen war nämlich auch, daß sich dadurch Rentensuche etablieren konnte. Dies bestätigt jedenfalls die These, daß die afrikanischen Händler und die Länder kaum Erfahrung damit hatten, welche Chancen ein freier Handel konkurrierender Firmen für sie intern und auf dem Weltmarkt bedeuten konnte.[2409]

Kurzum: Viele der heute in Industrieländern verbotenen wettbewerbsschädigenden Praktiken wurden damals angewendet und dies mit deutliche Auswirkungen auf den Handel, wodurch verständlich wird, daß die Sorge der Entwicklungsländer vor solchen monopolistische Praktiken großer Firmen noch lange vorhielt[2410] und es wird klar, daß sich dieses Länder damals kein Bild davon machen konnten, wie ein freier Handel von auf faire Weise konkurrierender Firmen überhaupt aussieht (sieht man einmal vom dem für Afrika zuständigen liberalen Visionär Lord Peter Thomas Bauer ab) Daß Konkurrenz so abläuft wie in den Jahrzehnten nach dem Zweiten Weltkrieg war damals wohl selbst im teils kartellisierten Europa schwer vorstellbar (einmal abgesehen von solchen Visionären wie Walter Eucken und Franz Böhm). Bis heute ist es so, daß Industrieländer eher zögerlich auf Verstöße gegen das Wettbewerbsrecht vorgehen, wenn diese außerhalb ihrer Wirtschaftsräume erfolgen[2411] und damals

---

[2408] So wurde etwa eine Revolte in Accra in der Goldküste 1948 (die später zur Unabhängigkeit 1957 Ghanas unter Kwame Nkruma führte) u.a. durch einen zweiten neutralen Bericht ausgelöst, der solche Geschäftspraktiken dokumentierte. Im ersten Bericht, der nur die Sicht der Association of West African Merchants wiedergab, wurden diese Anschuldigungen unfairer Geschäftspraktiken nicht akzeptiert. Anlaß dieses Berichts ist der Streit zwischen den Firmen anläßlich des Erfolg eines unabhängigen Unternehmers, Mr A. G. Leventis, der sich nicht in die Association of West African Merchants eingliederte. Bauer 1954: 81-83. Ausgegrenzt wurden damals auch die arabischen Händler. Bauer 1954: 149. In höflich englischem Stil, aber in aller Deutlichkeit, wendet sich Bauer (1954) gegen die Privilegierung der Association of West African Merchants, die angesichts der damaligen Situation mehr als kurzsichtig war. Bauer 1954: 150-152.

[2409] Damals wurde in Nigeria und der Goldküste der Handel von der Association of West African Merchants kontrolliert, die für Nigeria 58 % des Importhandels kontrollieren, dies sind die United Africa Company Ltd. (mit G.B. Ollivant Ltd. und G. Gottschalk and Co. Ltd); John Holt and Co (Liverpool Ltd.), Compagnie Francaise de L'Afrique Occidentale; Société Commerciale de L'Oest Africain; Paterson, Zochonies and Co. Ltd.; Union Trading Company Ltd. Ebenso war davon der Exporthandel betroffen. Dazu Bauer 1954: 67-68 (die Firmenaufzählung und die Importmarktanteile), 77-78 (Preisfestlegung und Marktanteilsübereinkommen), 99-100, 120 (generelle Bewertung), 104 (Vorteile durch Firmengröße und Kapitalreichtum), 106 (fehlende lokale Unternehmerklasse), 109, 125-126 (hohe Markteintrittsbarrieren, auch durch vertikale Integration), 122-124 (Beispiele für räuberische Preispraktiken, so gegenüber einem Unternehmer, der in Nigeria eine Seifenfabrik aufbauen wollte), 131-132 (exklusive Distributionsrechte und Mengen), 133 (Stockfischbeispiel), 147 (Vermarktungsgesellschaften), 149 (Diskriminierung der Levante-Händler), 151 (Bestimmung der Außenhandelspolitik auch nach dem Krieg durch die Association of West African Merchants).

[2410] Im Zuge der Verhandlungen zur Neuen Weltwirtschaftsordnung wurde versucht auf internationaler Ebene sich darüber zu einigen, welche wettbewerblichen Verhaltensweisen inakzeptabel sind. Hier gelang eine Ablehnung u.a. solcher Praktiken wie Markt- oder Kundenabgrenzungen, Mengenbeschränkungen für Produktion und Vertrieb und sonstige Verhaltensweisen. Dieser Kodex über restriktive Geschäftspraktiken wurde am 5. Dezember 1980 von der Generalversammlung der VN verabschiedet, blieb aber unverbindlich. Siehe Stoll 1994: 118-119.

[2411] Dies liegt an der Bindung des Wettbewerbsrechts an das Territorialitätsprinzip, sodaß nur der Wettbewerb im inländischen Markt geregelt wird. Das Wirkungsprinzip erlaubt es zwar, auch ausländische Firmen betreffende Vorgänge zu untersuchen, wenn sich deren Wirkungen auf den Binnenmarkt erstrecken. Dies ermöglicht aber, Verstöße gegenüber dem Wettbewerbsrecht, die von inländischen Firmen im Ausland erfolgen, weniger entschieden zu beachten. Diese Beachtung erfolgt nur dann, wenn wiederum dadurch klar erkennbare Effekte

lagen in Entwicklungsländern kaum Erfahrungen im Wettbewerbsrecht vor, sodaß womöglich die Einführung staatlichen Handels wenigstens teilweise sogar Effizienzgewinne durch verbesserte Einkaufsmacht auslösen konnte. Jedenfalls lag es nicht nur am Nationalismus oder sozialistischen Ideen, sondern an Erfahrungen mit der Verfaßtheit der Wirtschaft, wenn Entwicklungsländer staatliche Unternehmen gegründet haben, die für den Handel mit Öl- und anderen Gütern aufkamen, statt sich für ein marktwirtschaftliches System zu entscheiden.[2412]

Während der Weltwirtschaftkrise Anfang der dreißiger Jahre wurde weiterhin deutlich, daß die Industriestaaten bei Problemen mit Protektionismus reagieren, der damals auch für die Entwicklungsländer katastrophale Auswirkungen hatte. Der Welthandel, der zwischen 1913 und 1948 nur um 0,5 % im Jahr gewachsen war[2413], lag nach dem Zweiten Weltkrieg danieder.[2414] Die Gründung der ITO war gerade gescheitert und es war damals kaum vorhersehbar, wie sich das GATT entwickeln würde. Das Konzept der Importsubstitution wurde weiterhin von den internationalen Organisationen unterstützt. Das Schutzargument war seit langem bekannt und eine Zollpolitik schon vor der Weltwirtschaftskrise von den Industriestaaten angewendet. Staaten, die nicht direkt unter sowjetischer Einflußnahme standen, übernahmen zumindest Teilaspekte der sowjetischen Industrialisierungsstrategie oder verfolgten, wie Indien, einen dritten Weg.[2415] Viele von sozialistischen Ideen beeinflußte Staaten entschieden sich für die Importsubstitution.[2416] Die Vorstellung technokratisch-planbarer Einflußnahme auf Wachstumsprozesse entsprach in dieser Zeit den ökonomischen Vorstellungen vieler Politiker und Wirtschaftswissenschaftler, die sowjet-kommunistischen Industrialisierungserfahrungen wurden damals wenig kritisch gesehen und eine Importsubstitution kam den sicherheitspolitischen Interessen der neugegründeten Staaten entgegen. In vielen Ländern, auch in einigen Industrieländern, wurde in den ersten Jahrzehnten nach dem Zweiten Weltkrieg Entwicklungsplanung betrieben, was in diesen Ländern aber nicht zu einer Abschaffung des privaten Sektors führte.[2417] Daß der Staat regulierend gegen Fluktuationen auf dem Arbeitsmarkt vorgehen muß, entsprach nach der Weltwirtschaftskrise dem Stand der Dinge und einer nachfrageorientierten keynesianischen Theorie. Insofern ist es verständlich, daß erst einmal eine Rolle des Staates beim Anschub der Industrialisierung vorstellbar war und nur größeren Anstrengungen die Eigenschaft zugesprochen wurde, für Wachstumsschübe zu sorgen. Deshalb haben von der öffentlichen Hand geführte, staatliche Unternehmen auch in den Industrieländern eine gewisse Rolle

---

auf dem Binnenmarkt auftreten. Stoll 1994: 110-112. Im Binnenland verbotene Praktiken, die aber bei der Anwendung im Ausland nicht verboten sind, finden sich etwa bei der Technologielizensierung. In vertraglichen Beziehungen zu ausländischen Firmen können Exportverbote, spezielle Nutzungsbeschränkungen ('field of use or field of sale limitations'), Marktabgrenzungen und mengenmäßige Beschränkungen für die Produktion vorhanden sein. Siehe dazu empirisch Vickery 1988: 32-33; Australia Importing Technology 1988: 23. Siehe zu den rechtlichen Aspekten Byrne 1998; Timberg 1981: 84-138; Bellamy/Child 2001: 663-664. Ebenso sind Exportkartelle von vielen Industrieländern erlaubt, 1994 sind in den USA 100 dieser Kartelle aktiv. Schoenbaum 1994: 419. Siehe Abschnitt 'J', TRIPS, für Informationen über die gescheiterten Verhandlungen über das Verbot bestimmter Praktiken der Technologielizensierung.

[2412] Die hohen Anteile des Öls am Handel der Association of West African Merchants beschreibt Bauer 1954: 135.
[2413] World Bank 1991: 41.
[2414] Absurderweise machten gerade die Pioniere der Industrialisierung der Dritten Welt einzig während der beiden Weltkriege Wachstumserfahrungen. In der Zwischenzeit fand eine Stagnation statt. Rothermund 1995: 107.
[2415] Bajjai/Sachs 1997: 137
[2416] Mit dieser Politik verbindet sich der Name von Nehru und seine Entwicklungsstrategie Bajpai/Sachs 1997.
[2417] Bruton 1998: 910-911. Ein klares Votum für, anfängliche, Planung gibt ab Nurkse 1953: 155-156.

gespielt, nicht nur in den anfangs sozialistisch orientierten Entwicklungsländern. Ihnen kam teilweise ein bis zu 30 und 40 prozentiger Anteil an den Kapitalinvestitionen zu.[2418] Wenn auch schlußendlich unterschiedliche Entwicklungswege eingeschlagen wurden, einig waren sich die Staaten und Ökonomen weiterhin darin, daß es ein schneller Prozess werden sollte, etwas, daß am Slogan des brasilianischen Präsidenten Juscelino Kubitscheks "50 years in 5" deutlich wurde.[2419] Auch diese Bedeutung tragen die Termini des "big push"[2420] oder "wave of new investments"[2421] oder die Vorstellung einer kritischen Masse ('critical minium effort'[2422]) oder die einer umfassenden, breit angelegten Anstrengung zu Beginn, um einen selbsttragenden Wachstumsprozeß ('take off')[2423] zu erzielen.[2424]

Basierend auf diesen Annahmen gerieten andere Aspekte, die das Wachstum beeinflussen zuerst einmal in den Hintergrund. So Forderungen nach dem Ausbau von Schulen, Universitäten, der Ausbildung und der Förderung von Forschung und Entwicklung auf Firmenebene, denn es wurde unzureichend verstanden, wie Lernen auf Firmenebene und Produktivitätssteigerung tatsächlich abläuft. Und die wachstumstheoretischen Modelle und die Vorstellungen vom Strukturwandel hatten eben, trotz der frühen Einbeziehung von Technologie, keinen Vorstellung davon vermittelt, wie komplex der Prozess des Erwerbs technologischer Fähigkeit ist und wieviele unterschiedliche Fähigkeiten zum erfolgreichen Betrieb einer Firma nötig sind. Dies gilt genauso für die Theorie des internationalen Handels, die zwar mögliche Bereich von komparativen Faktorvorteilen aufzeigte, aber eine umfassende Erklärung von Entwicklung durch den internationalen Handel nicht bereitstellen konnte. Die Theorie des internationalen Handels verfügt bis heute nicht über eine komplexere Vorstellung vom Wachstum und Strukturwandel, der den Aufbau produktiver Faktoren und der Verbesserung der Qualität und Produktivität dieser Aktivititäten beschreibt, aber auch negative Aspekte einbezieht. Es fehlte damals weiterhin eine Vorstellung davon, wie sich die Volkswirtschaften über die Zeit entwickeln und wie sich ihr Output, ihr Konsum und ihr Handel verändert.[2425] Erst recht spät wurden diesbezügliche Faktoren deutlicher wahrnehmbar in der Entwicklungsökonomie thematisiert. Ende der siebziger Jahren lagen die Publikationen mit den Daten zum Strukturwandel von Chenery (1979) und dann Chenery et al. (1986) vor, bei der auch außenhandelspolitische Strategien thematisiert wurden. Mitte der achtziger Jahre wurde die Herausbildung von technologischen Fähigkeiten ('technological capabilities') als eigenständiger Forschungsansatz in der Entwicklungsökonomie thematisiert.[2426] Und Ende der achtziger Jahre thematisierte die

---

[2418] Chang/Singh 1994: 73-76; **Tabelle 224**.
[2419] Zitiert aus Humphrey et al. 1998: 119. Der Slogan lautete "fifty years of progress in five years of development". Damit verbunden war der Zielplan "Plano de Metas", der ausländische Direktinvestitionen aber auch staatliches Engagement in der Wirtschaft als wünschenswert ansah. Siehe dazu OECD Brazil 2002: 3.
[2420] Rosenstein-Rodan 1943: 205-207; 1961: 67.
[2421] Nurkse 1953: 15.
[2422] Leibenstein 1957: 94-106.
[2423] Rostow 1956: 32.
[2424] In diesem Sinne auch Chenery et al. 1986: 1-2.
[2425] Gillis et al. 1996: 462.
[2426] Vgl. weiter unten mehr. Hier nur der Verweis auf Lall 1987; Lall 1990; Lall 1992. Vgl. auch das Eingeständnis, daß das Verständnis der Faktoren, die das Produktivitätswachstum in der Wirtschaftstheorie erklären, unzureichend sei, von Bruton 1989: 1604.

Wachstumstheorie Technologie nicht mehr als exogen gesetzte Größe, sondern endogen in den Gleichungen und damit wird versucht, Technologie, Wissensdiffusion und kumulative, dynamische Effekte auf das Wachstum und auf Vorteile im internationalen Handel zu beachten.[2427] Anhand dieser Modellen wird etwa gezeigt, daß F&E Subventionen immer lohnenswert sind.[2428] In der empirischen Überprüfung dieser neuen Wachstumstheorien kommen aber teils wieder die älteren Thesen zur Geltung. So wird zum Ergebnis gelangt, daß die älteren, neoklassischen Theorien doch gute Vorhersagen ermöglichen.[2429] Ebenso wird gezeigt, daß zwar nicht Kapitalinvestitionen in der normalerweise genutzten breiten Abgrenzung, aber Kapitalinvestitionen in Ausrüstung bzw. Maschinen, in einem klarem Zusammenhang zu höheren Wachstumsraten stehen.[2430] Bezweifelt wird aber - und hier schließlich sich der Kreis - daß dies im Sinne eines mechanistischen Zusammenhangs, wie in der alten Wachstumstheorie impliziert, zu deuten ist. Aus kausalitätsanalytischer Perspektive zeige sich, daß nicht Kapitalinvestitionen zu Wachstum, sondern Wachstum zu nachfolgenden Kapitalinvestitionen führe. Damit öffnet sich die Wachstumstheorie wieder der Relevanz von anderen Faktoren, etwa einer exportorientierten Wirtschaftspolitik, die erst eine effiziente Nutzung der Investitionen ermöglichen soll.[2431] Weiterhin wird auch in den neoklassisch inspirierten Modellen Humankapital bzw. die Ausbildung der Menschen eine tragende Rolle bei der Erklärung von Wachstum und Wachstumsunterschieden zugeschrieben.[2432] Wie immer bei einer solchen stilisierten Darstellung ist es sinnvoll, die historisch oft vorhandenen Abweichungen nicht zu verschweigen. Wenigstens punktuell war in der Entwicklungstheorie schon früh ein breites Verständnis von Wachstumsprozessen vorhanden, das beispielsweise die Rolle von Ausbildung und von Produktivitätsfortschritten als unerläßlich erkannte.[2433]

[2427] Grossman/Helpman 1991: 1-18. Siehe Romer 1986; Romer 1994. Aus der Sekundärliteratur etwa Ramser 1992.
[2428] Grossman/Helpman 1991: 170-171.
[2429] Barro 1996: 1-2.
[2430] De Long/Summers 1991: 446.
[2431] Blömström et al. 1996: 275.
[2432] Kendrick 1993: 143.
[2433] Etwa die Betonung von 'skilled manpower' im Bericht der Economic Commission for Asia and the Far East, deren Argumentation sich nicht von heutigen Texten unterscheidet. UN 1966: 47-52, 164-169. Vgl. auch die Betonung der Komplexität des Wachstumsprozesses und der Rolle von Innovationen, Wissen und Organisationsfähigkeit, in Rostow 1960: 10, 106.